KB230526

프랑스어 전치사 사전

Dictionnaire des prépositions françaises

구기헌

제이앤씨
Publishing Company

　　이 사전은 종래의 일반 사전에서 프랑스어에서의 실제의 역할에 비해 다소 제한된 범위에서 다루어지고 있는 전치사와 전치사구를 대상으로 좀 더 상세한 기술과 더 많은 용례와 예문을 제시함으로써 전치사라는 범주에 대해 익숙하지 않은 한국인 프랑스어 학습자가 프랑스어를 읽고, 쓰고, 말하는 능력을 기르는 데 도움이 되었으면 하는 의도로 편찬되었다.

　　이 사전에서는 전치사와 함께 지금까지 언어학적으로 품사 분류가 명확하지 않은 comme와, 보통 전치사로 분류되지만 실제로는 동사나 부사 등의 속성을 지니고 있기도 한 voici, voilà가 다루어지고 있다. 사용 빈도가 매우 높은 à와 de를 비롯한, après, avant, avec, contre, dans, en, entre, par, pour, sans, sous, sur 등의 전치사에 대해서는 상세하게 기술했다. aussitôt, passé와 같이 주로 다른 품사로 쓰이면서 전치사로도 쓰이는 어휘들은 그 전치사 기능을 중심으로 기술하였다. 또한 auprès de, à travers와 같이 부사 또는 명사가 전치사와 결합되어 형성된 일부 전치사구도 제시되어 있다. 그러한 전치사구는 모두 수록하자면 수가 무척 많을 뿐만 아니라 전치사 사전의 테두리를 넘어서게 되므로 일부만 기술하였는데, 그 수록 대상의 범위에 대해서는 더 검토되고 보완되어야 한다.

　　이 사전은 전문사전으로서는 아직 체제와 분량, 항목의 선택, 기술방식과 통일성, 예문의 제시에 있어 앞으로 더 연구되고 재검토와 함께 보완되어야 할 부분이 많다. 이 사전을 이용하고 살피는 모든 분들로부디 질책과 조언이 있기를 바라며, 필자 또한 수정하고 보완하는 작업을 계속해 나갈 것이다.

　　이 사전의 출판을 흔쾌히 수락해주신 도서출판 제이앤씨의 사장님과 편집부장님을 비롯한 편집진 여러분께 깊이 감사드린다.

곽 기 현

약어 및 기호

cond	conditionnel	……	조건법
ind	indicatif	……	직설법
inf	infinitif	……	부정법
qc	quelque chose	……	사물
qn	quelqu'un	……	인물
sub	subjonctif	……	접속법

[ ] (1) 발음 표시
(2) 구문 표시
(3) 대체 가능성의 표시

( ) (1) 생략 가능한 글자나 어구의 표시
(2) 뜻풀이에서 그 내용을 보완할 때

(( )) (1) 어휘적, 의미적, 통사적 특성에 대한 정보의 표시
(2) 뜻풀이에 대한 보충적 설명이나 백과사전적 정보의 표시

《 》 화계, 빈도, 표준어/지방어의 구분 따위의 화용적 정보 표시

(=) 동의어, 유의어 표시

(↔) 반의어 표시

/ 구문정보에서 교체 가능성 표시

⇒ 참조 표시

☆ 표제어에 관련된 문법 사항이나 특이한 구문적 속성 따위에 대한 보충 설명

목 차

머리말 · 3

Dictionnaire des prépositions françaises

프랑스어 전치사 사전

프랑스어 전치사 사전

à

자음 또는 유음 h 앞에 쓰이는 정관사 le와 함께 쓰이면 au, 정관사 복수 les와 함께 쓰이면 aux의 형태로 축약됨.

 장소

1. 방향

1) 방향·도착점 : ···에, ···으로, ···쪽으로.

❶ [동사 + à + 명사]

oiseaux qui émigrent *au* sud 남쪽으로 이동하는 새. ruelle qui aboutit *à* la rivière 강으로 이어지는 골목길. route qui va *au* château 성에 이르는 도로. accéder *à* la mer par un petit chemin privé 조그마한 사유도로를 거쳐 바다에 이르다. aller *à* la banque 은행에 가다. aller[monter] *au* ciel 천국에 가다; 죽다. aller *à* l'épicerie 식료품가게에 가다. aller *à* la plage 바닷가에 가다. aller *au* trou 《**구어**》 감옥에 가다. aller[se rendre] *aux* urnes 투표하러 가다. arriver *à* l'hôtel 호텔에 도착하다. arriver *à* destination 목적지에 도착하다. courir *au* but 결승점을 향해 달리다. courir *au* feu 불난 곳으로 달려가다. descendre *à* la cave 지하실로 내려가다. monter *au* sommet de la tour Eiffel 에펠탑 정상에 올라가다. partir *à* l'école 학교로 떠나다. parvenir *au* refuge 대피소에 당도하다. passer *au* salon 응접실로 가다. passer *à* table 식탁으로 가다. rentrer *à* sa base 기지로 귀환하다. tourner *à* droite 오른쪽으로 돌다.

- Il va souvent *à* Paris pour affaires. 그는 사업 때문에 파리에 자주 간다.
- Ce bus va-t-il *à* Pusan? 이 버스는 부산에 갑니까?
- Nous allons *à* la mer ou *à* la montagne, deux fois par an. 우리는 바다 또는 산으로 1년에 두 번 간다.
- Les gens courent *à* ce spectacle. 사람들이 이 구경을 위해 몰려들고 있다.
- Cette salle donne *à* l'est. 이 방은 동쪽을 향해 있다.
- J'ai été *à* Rome l'an dernier. 작년에 나는 로마에 갔었다.
- Elle est de retour *à* Séoul[Hong Kong]. 그녀는 서울[홍콩]에 돌아왔다.
- Tous les chemins mènent *à* Rome. 《**격언**》 모든 길은 로마로 통한다.
- En rentrant, passe *à* la papetrie. 돌아오다가 문방구에 들러라.
- Elle s'est rendue *à* l'étranger. 그녀는 외국에 갔다.
- Il a une heure de trajet pour se rendre *à* son bureau. 그는 출근하는 데 한 시간 걸린다.
- Retournez *à* vos places respectives. 각자의 자리로 돌아가시오.
- L'enfant est revenu *à* moi. 아이가 내게 돌아왔다.
- Il est venu *à* Paris hier. 그가 어제 파리에 왔다.
- Je suis bien obligé de venir *à* la séance, puisque je suis président. 내가 의장직을 맡고 있으니

회의에 가지 않을 수가 없다.

❷ [동사 + 명사 + à + 명사]

accompagner son enfant *à* l'école 아이를 학교에 데려다주다.　amener des fruits exotiques *à* Londres par avion 외국산 과일들을 런던으로 공수하다.　conduire un enfant *à* l'école 아이를 학교에 데리고 가다.　envoyer[expédier] *qn au* cimetière …을 묘지로 보내다, 죽이다.　livrer *qc à* domicile …을 집으로 배달하다.　mener les bêtes *aux* champs 가축을 들판으로 몰고 가다.　orienter une maison *au* sud 집을 남향으로 앉히다.　porter la raie *à* gauche 왼쪽으로 가르마를 타다.　ramener *au* bercail une brebis égarée 길 잃은 양을 교회의 품으로 인도하다.　rentrer sa voiture *au* garage 차를 차고에 들이다.　tirer la couverture *à* soi 《구어》 담요를 자기 쪽으로 더 많이 잡아당기다; 자기 몫 이상을 요구하다.　transporter le siège de la société *à* Londres 회사의 본사를 런던으로 이전하다.

- Ces conduites amènent l'eau *à* la maison.　이 수도관들로 각 가정에 물이 공급된다.
- Le bateau l'a passé *à* l'autre rive.　배가 그를 다른 편 연안으로 건네주었다.
- Elle le traîne *à* des réuinons fastidieuses.　그녀가 그를 지루한 모임에 억지로 끌고 간다.

❸ [이동동사 + 동사 + à + 명사]

aller chercher un enfant *à* l'école 아이를 데리러 학교에 가다.　aller voir un film *au* cinéma 영화관에 영화를 보러 가다.　passer *à* la banque retirer de l'argent 은행에 돈을 찾으러 가다.

- J'irai vous prendre *à* la gare.　역으로 모시러 가겠습니다.
- Passez chercher votre colis *à* la poste.　우체국에 들러 소포를 찾아가시오.
- Ils sont venus m'accueillir *à* l'aéroport.　그들은 공항으로 나를 맞이하러 나왔다.

❹ 생략문

- Tous *aux* abris!　전원 대피호로!
- *À* la porte!　나가!
- *À* table! ; 《구어》 *À* la graille!　식사하세요!
- Bienvenue *à* Paris!　파리에 오신 것을 환영합니다!

❺ 명사의 보어

accès *aux* quais 플랫폼 통로.　afflux de capitaux *au* Japon 일본으로의 자본 유입.　un grand arrivage de fruits *aux* halles 도매시장에 과일 대량입하.　son arrivée *à* l'école 그의 학교 도착.　fréquents déplacements *à* l'étranger 빈번한 해외출장.　descente *aux* enfers 황천으로 내려감.　disparition du soleil *à* l'horizon 해넘이, 일몰.　expédition du paquet *à* la maison 소포를 집으로 보내기.　livraison *à* domicile 집으로의 배달.　rentrée des voitures *à* Paris (휴가가 끝날 무렵 따위에) 자동차들의 파리 귀환.　renvoi *à* la commission 위원회에의 파견.　retour *au* bercail de l'enfant prodigue 탕자의 귀환.　retour *à* la nature 자연으로 돌아감.　son voyage *à* la campagne 그의 시골 여행.

2) [de … *à* …]

d'ici *à* la Nice 여기에서 니스까지.　du levant *au* couchant 동쪽에서 서쪽까지.　du nord *au* sud 북쪽에서 남쪽까지.　aller de Séoul *à* Pusan via Daejon 서울에서 대전을 거쳐 부산까지 가다. faire cinq voyages du grenier *à* la cave 다락방과 지하실 사이를 다섯 번 왔다 갔다 하다.　passer d'une pièce *à* une autre 한 방에서 다른 방으로 가다.　se traîner du lit *au* fauteuil 침대에서 소파로 간신히 움직이다.

- De Séoul *à* Daejon il y a environ 200 kilomètres.　서울에서 대전까지의 거리는 약 200킬로미터이다.
- Il est allé de Paris *aux* Antilles en avion.　그는 파리에서 서인도제도까지 비행기를 타고 갔다.
- Partie aujourd'hui de Séoul, elle arrivera *à* Paris.　오늘 서울을 떠난 그녀는 내일 파리에 도착할 것이다.
- Combien de kilomètres y a-t-il d'ici *à* la ville?　여기서 그 도시까지 몇 킬로미터나 됩니까?
- Il n'y a pas loin de la gare *à* chez moi.　역에서 내 집까지는 멀지 않다.
- Il y a[Ça fait] une bonne trotte d'ici *à* là-bas.　여기에서 거기까지는 상당한 거리이다.
- La ligne droite est le plus court chemin d'un point *à* un autre.　직선은 두 점을 연결하는 최단거리이다.
- La maison a été fouillée de la cave *au* grenier.　집을 구석구석 수색했다.

❷ 명사의 보어

distance d'un point *à* un autre 한 점에서 다른 점까지의 거리.　effectuer[faire] le trajet de Lyon *à* Paris 리용에서 파리까지의 여정을 가다.

- L'autoroute de Paris *à* Marseille passe par Lyon.　파리에서 마르세유까지의 고속도로는 리용을 경유한다.
- C'est le bateau de Busan *à* Incheon.　이것은 부산에서 인천으로 가는 배다.

> ☆ 도시명 앞에는 à를 쓰고 도시명에 관사가 있을 때는 au, à la, aux를 씀.　aller *au* Havre[Caire, Vatican] 르아브르[카이로, 바티칸]에 가다.

- J'ai été *à* la Havane.　나는 하바나에 갔었다.
- Il habite *aux* Baux-de-Provence.　그는 보드프로방스에서 산다.

> ☆ 도시의 경계 안을 나타내거나 수식어가 붙은 도시명 앞에서는 dans을 씀.　dans le Paris d'aujourd'hui [d'autrefois] 오늘날[예전]의 파리에서.　faire un tour dans Kyungju 경주를 한 바퀴 돌아보다.

- Je cherche un logement dans Séoul même, pas en banlieue. 나는 서울 근교가 아니라 시내에 있는 집을 찾고 있다.
- Je me plais dans ce Paris des artistes. 나는 이 예술가들의 파리가 좋다.

3) 국가명과 함께

> aller *au* Japon[Canada, Mexique] 일본[캐나다, 멕시코]에 가다.

- C'est la deuxière fois qu'elle va *au* Chili[Panama]. 그것이 그녀가 칠레[파나마]에 두 번째로 간 것이다.
- Il a vécu *aux* État-Unis et antérieurement, en France. 그는 미국에서 산적이 있는데 그전에는 프랑스에서 살았다.

> ☆ 여성 국명이나 모음으로 시작되는 남성 국명 앞에서는 en을 쓰고 복수로 된 국명 앞에서는 언제나 aux를 씀. aller en France[Afghanistan, Iran] 프랑스[아프가니스탄, 이란]에 가다. aller *aux* États-Unis[Indes, Pays-Bas, Philippines] 미국[인도, 네덜란드, 필리핀]에 가다.

> ☆ 수식어가 붙은 국명 앞에서는 dans을 씀. dans la Corée d'aujourd'hui 오늘날의 한국에서. dans la Corée d'il y a trente ans 30년 전의 한국에서. dans la belle France 아름다운 프랑스에서. dans toute la France 프랑스 전체에서. dans la Grèce antique 고대 그리스에서.

4) 《옛·속어》 직업명과 함께 : …의 사무실[상점, 가게]에 (= chez).

> aller *au* boulanger[médecin, dentiste] 빵집[병원, 치과]에 가다.

> ☆ 직업명 앞에서 chez를 사용하는 것이 더 옳은 표현임. aller chez le boulanger 빵집에 가다(= aller *à* la boulangerie), aller chez le boucher 정육점에 가다(= aller *à* la boucherie).

2. 위치

1) ❶ …에(서)(= dans, en).

> *à* l'air libre; *au* grand air 야외에서(= en plein air). *aux* contours de Paris 파리근교에. *au* fond du bois 숲 속 깊은 곳에. *à* l'intérieur de la ville 시내에서. *au* loin; *au* lointain 멀리, 멀리에. *à* la moitié d'une côte 구릉의 중턱에서. *à* la surface du sol 지면에. *à* tous les coins de rue 거리 도처에, 사방에. *au* même endroit 같은 장소에서. *au* plus épais d'une forêt 숲의 한복판에. *au* verso d'une feuille 종이의 이면에. sous-marin basé *à* Toulon 툴롱에 기지를 둔 잠수함. match joué *à* l'extérieur 옥외 경기. goémons traînant *à* terre 육지에 널린 해초들. enfant qui travaille bien *à* l'école 학교에서 열심히 공부하는 아이. gardiens qui veillent *à* l'entrée 입구에서 경비를 서고 있는 경비원. acheter *qc au* marché 시장에서 …을 사다. arborer un drapeau *à*

la fenêtre de sa maison 집의 창문에 국기를 게양하다.   avoir des trous *à* ses chaussures 신발에 구멍이 뚫렸다.   se baigner *à* la piscine 수영장에서 물놀이 하다.   chercher une retraite *à* la campagne 시골에 은거처를 찾다.   comparaître *au* tribunal 법원에 출정하다.   déclarer une naissance *à* la mairie 시청에 출생 신고를 하다.   descendre *au* prochain arrêt 다음 정류장에서 내리다.   établir[fixer] sa résidence *à* Nice 니스에 거주지를 정하다.   être *à* la rue (집 없이) 거리를 떠돌다; 무일푼이다.   être assis *au* bout de la table 테이블 끄트머리에 앉다.   être présent *à* la réunion 회의에 참석하다.   faire la queue *au* guichet d'un poste 우체국 창구에 줄지어 서다. faire un trekking *au* Népal 네팔에서 트레킹을 하다.   faire une trouvaille *aux* puces 벼룩시장에서 의외의 것을 발견하다.   habiter (*au*) 9 rue Bonaparte 보나파르트가 9번지에 살다.   habiter *au* troisième étage 3층에 살다.   s'installer *à* sa place accoutumée 늘 앉는 자리에 앉다.   loger *à* l'annexe de l'hôtel 호텔 별관에 유숙하다.   manger *au* restaurant 식당에서 식사하다.   se marier *à* l'église 교회에서 결혼식을 하다, 종교의식에 따라 결혼식을 올리다.   mettre un cheval *au* vert 말을 방목하다.   mettre un inculpé *au* secret 피의자를 독방에 가두다.   mettre un objet *à* la bonne place 물건을 알맞은 자리에 놓다.   mettre sa valise *à* la consigne 가방을 수하물 보관소에 잠시 맡기다.   mettre sa voiture *au* parking 자동차를 주차장에 넣다.   se mettre[rester] *au* lit 침대에 누워 있다.   passer ses vacances *à* la mer 바다에서 휴가를 보내다.   prendre une chambre *à* l'hôtel 호텔에 방을 하나 얻다.   prendre un verre *au* comptoir 카운터에서 한 잔 하다.   réserver une table *au* restaurant 식당에 자리를 예약하다.   rester *à* table 식탁을 떠나지 않다; 식사를 계속 하다.   sonder des bagages *à* la douane 세관에서 짐을 검사하다.   tracer un triangle *au* tableau 칠판에 삼각형을 그리다.   travailler *à* domicile 집에서 일하다.   travailler *à* l'étranger 외국에서 일하다.   travailler *à* l'usine 공장에서 일하다.   vivre *à* la cour 궁정생활을 하다.   voyager *aux* quatre coins de l'univers 세계의 곳곳을 여행하다.

- *À* la fourche, tournez à droite.   갈라지는 곳에서 오른 쪽으로 가시오.
- *Au* milieu de la table trônait un gros vase.   커다란 화병이 탁자 한 가운데에 당당히 놓여 있었다.
- *Au* royaume des aveugles, les borgnes sont rois.   《속담》 장님의 나라에서는 애꾸눈이 왕이다.
- *Aux* Eats-Unis, de nombreux immigrants se sont assimilés.   미국에서는 많은 이주민들이 동화되었다.
- Le cheval s'abreuve *à* la rivière.   말이 강에서 물을 마신다.
- C'est le mont Blanc qu'on aperçoit *à* l'horizon.   저기 지평선에 보이는 것이 몽블랑이오.
- Il y a des ajoutés *à* toutes les pages.   페이지마다 가필되어 있다.
- Il n'y a pas un nuage *au* ciel.   하늘에 구름 한 점 없다.
- Il n'y a personne *à* cette adresse.   이 수소엔 아무도 살지 않는다.
- La réception aura lieu *à* l'Ambassade de la France.   프랑스 대사관에서 리셉션이 열릴 것이다.
- Des soldats confluent *au* pied des murailles.   병사들은 성벽 밑으로 집결하고 있다.
- Il souhaitait continuer ses études *à* Paris.   그는 파리에서 학업을 계속하기를 원했다.
- Je la croyais *à* Paris.   나는 그녀가 파리에 있다고 생각하고 있었다.
- Vous descendez *à* la prochaine (station)?   다음 역에서 내리세요?
- Le train est *à* quai   기차가 플랫폼에 정차 중이다.
- Il fait trente degrés *à* l'ombre.   그늘에서는 30도이다.
- Ces industries se localisent *aux* abords des grandes villes.   이 산업은 대도시 주변에 집중되어 있다.

- Mettez votre nom *au* bas de la page.　페이지 아래에 이름을 기입하세요.
- Je suis né *à* Séoul.　나는 서울에서 태어났다.
- Ouvrez le texte *à* la page 27.　교재의 27페이지를 펴세요.
- Il a passé ses vacances *à* la campagne.　그는 시골에서 방학을 보냈다.
- La scène se passe *à* Paris.　무대는 파리다.
- Plantez un saule *au* cimetière. J'aime son feuillage.　내 무덤에 버드나무를 한 그루 심어주오. 나는 그 잎을 사랑하오.
- Elle a pris de belles photos *à* Hawaï[la Réunion, la Martinique].　그녀는 하와이[레위니옹섬, 마르티니크섬]에서 아름다운 사진을 찍었다.
- On prend le soleil *à* la plage.　사람들이 해변에서 일광욕을 한다.
- Je l'ai rencontré *à* la gare.　나는 역에서 그를 만났다.
- Il repose *au* cimetière.　그는 묘지에 잠들어 있다.
- Le romancier a situé cette scène *à* Rome.　소설가는 로마를 그 장면의 무대로 설정했다.
- Tournez à droite *au* prochain carrefour[croisement].　다음 사거리에서 오른쪽으로 도세요.
- Sa maison se trouve *au* bout du village.　그의 집은 마을 끝에 있다.

> ☆ 작은 섬이나 잘 알려지지 않은 섬에는 à(복수로 된 섬 이름 앞에서는 aux)를 쓰고, 비교적 큰 섬이나 잘 알려진 일부 섬에는 en을 씀.

- Il va faire un voyage *aux* Antilles la semaine prochaine.　그는 다음 주에 서인도제도로 여행을 갈 것이다.
- Il veut rester une semaine de plus en Crète[Corse, Sardaigne, Sicile].　그는 크레타[코르시카, 샤르데냐, 시칠리아] 섬에 일주일 더 머물고자 한다.

❷

à la fraîche 서늘한 곳에.　*au* grand soleil 양지에서; 공공연히, 백일하에.　s'asseoir *au* soleil 양지에 앉다.　tenir[mettre; garder] *qc au* frais et *au* sec …을 서늘하고 건조한 곳에 보관[간수]하다.

- La viande se conserve *au* froid.　고기는 차가운 곳에 저장되어야 한다.

❸ 명사의 보어

aérogare des Invalides *à* Paris 파리 앵발리드 항공 터미널.　annotations *au* bas des pages 각주(脚註).　buveurs *à* la terrasse 테라스에서 커피 마시는 사람들.　causerie *au* coin du feu 노변한담.　cérémonie civile du mariage *à* la mairie 시청 결혼식.　démarchage[vente] *à* domicile 방문 판매.　soins *à* domicile 가택 치료.　exposition de marchandises *à* une devanture 진열대의 상품 진열.　femme[mère] *au* foyer 가정주부, 전업주부.　fouille des bagages *à* la douane 세관에서의 짐 검사.　marchandises en consigne *à* la douane 세관에 차압된 물건.　mise *au* secret 유폐.　navigation *au* large 원양 항해.　nos filiales *à* l'étranger 해외의 우리 자회사들.　orphelin seul *au* monde 외톨박이 고아.　retenue d'une marchandise *à* la frontière 국경에서의 상품의 압류.　un séjour *à* Paris 파리에서의 체류.   une promenade *à* la campagne 시골에서의 산책.   sa mort *à* Londres 그의 런던에서의 죽음.   soirée[représentation] de gala *à* l'Opéra 오페라 극장에서의 특별 공연.   sport *à* l'école 체육.   travail *à* domicile 재택근무.   le Tchad, *aux* confins du Sahara 사하라 사막 끝에 있는 차드.   la Trinité *à* Paris 파리의 트리니테 성당.   vagues *au* rivage 해소(海嘯), 쓰나미.   vente *à* domicile 방문 판매.   vie *à* la maison 가정생활.   vie *aux* champs 전원생활.   vote des lois *au* Parlement 국회의 법률심의.

· Cette rencontre *à* Nice, c'est arrangeable.   니스에서의 이 회합을 마련하는 것은 가능합니다.
· Racontez-moi votre vie *à* l'université.   내게 당신의 대학 생활에 대해 이야기해 주세요.
· Cette semaine *à* la montagne l'a requinqué.   그는 그렇게 일주일을 산에서 보내어 원기를 되찾았다.
· Son séjour *à* l'étranger l'a transformé.   외국 체류가 그를 변화시켰다.

❹ 주재

ambassade de France *à* Séoul 서울 주재 프랑스 대사관.   consul de France *à* Rome 로마주재 프랑스 영사.   de notre correspondant(e) permanent(e) *à* Washington 워싱턴 주재 본사 특파원에 의하면.   correspondant *à* l'étranger 해외통신원.   envoyé spécial *à* Pékin 북경 주재 특파원.   représentant de la Corée *à* l'ONU 국제연합 주재 한국 대표.   représentation japonaise *à* Séoul 서울 주재 일본 대표단.   députer des représentants *à* qc …에 대표를 파견하다.   députer *aux* États généraux 삼부회(三部會)에 대표를 파견하다.   envoyer *qn* comme ambassadeur *à* Paris …을 파리 주재 대사로 보내다.

· Il est nommé ambassadeur de la Corée *à* Londres.   그는 런던 주재 한국 대사로 임명되었다.
· Il représente la Chine *à* la conférence internationale.   그는 국제회의에서 중국 대표로 참가한다.

2) 거리 · 높이 · 간격

❶

à cent mètres sous terre 지하 100미터 지점에.   *à* cinq mètres d'intervalle 5미터 간격으로, 5미터 마다.   *à* longues intervalles 드문 간격으로.   *à* 500 mètres d'altitude; *à* l'altitude de 500 mètres 표고 500 미터에.   *à* courte distance 근거리의.   *à* dix lieues *à* la ronde 십리 사방에.   *à* vingt[cent] lieues *à* la ronde 아주 넓은 범위에 걸쳐.   *à* un doigt[deux doigts] de *qn/qc* …에서 아주 가까이에.   *à* égale distance 등거리에, 등간격으로.   *à* une distance d'environ trois mètres 약 3미터 거리에서.   *à* une faible[grande] distance 가까이[멀리]에서.   *à* faible hauteur 그다지 높지 않은 곳에.   *à* une faible profondeur 표면에서 그다지 내려가지 않는 곳에.   *à* un jet de pierre 돌을 던지면 닿는 거리에.   *à* (la) portée de la main 손이 미치는 거리에. *à* (la) portée d'une voix 목소리가 들리는 곳에.   fenêtre *à* hauteur d'appui 팔꿈치로 기댈 만한 높이의 창문. oiseau volant *à* une grande hauteur 매우 높이 나는 새.   île située *à* 8km en aval de Nantes 낭트 하류 쪽 8킬로에 위치한 섬.   habiter *à* proximité du métro 지하철 부근에 살다.   naviguer *à* mille mètres d'altitude 고도 천 미터로 비행하다.   tenir *qn à* longueur de gaffe 《옛 · 비유》 …을 가까이하지 못하게 하다[불신하다].

- On apercevait *au* loin l'incendie d'un village.　멀리 마을에 불이 난 것이 보였다.
- Il s'est assis *à* une distance respectueuse de son professeur.　그는 선생에 대한 예의상, 조금 떨어져서 자리에 앉았다.
- Ce puits descend *à* 30 mètres.　이 우물은 깊이가 30미터에 달한다.
- Le clocher s'élève *à* une hauteur de vingt mètres.　종루가 20미터나 높이 솟아있다.
- Sa voix ne s'entend pas *à* plus de trois mètres.　그의 목소리는 3미터가 넘는 곳에서는 들리지 않는다.
- L'aboutissement de l'autoroute est *à* 5km.　5킬로미터 후면 고속도로가 끝난다.
- Busan est *à* 400km de Séoul.　부산은 서울에서 400km 떨어져 있다.
- C'est *à* deux pas[minutes] d'ici.　그곳은 여기서 아주 가깝다.
- C'est *à* un jour de train.　그곳은 기차로 하루 걸리는 거리에 있다.
- Je suis *à* une heure de voiture de cette ville.　나는 이 도시에서 차로 한 시간 걸리는 곳에 삽니다.
- Paris est *à* 48° de latitude Nord.　파리는 북위 48도에 위치하고 있다.
- La ville est *à* trente mètres au-dessus du niveau de la mer.　도시는 해발 30미터 지점에 있다.
- Ne laisse pas ces médicaments *à* la portée des enfants.　이 약은 아이들이 손이 닿는 곳에 놓지 마라.
- Il s'est tenu *à* distance respectueuse du barrage de police.　그는 경찰의 저지선에 가까이 가지 않았다.
- Des enfants traînaient *à* quelques distances.　아이들은 상당히 뒤처져 있었다.

❷ 명사의 보어

commande *à* distance 원격조정.　communication[trafic] *à* longue distance 장거리 통화[수송].　manipulation *à* distance de substances radioactives 방사능 물질의 원격 처리.　répondeur interrogeable *à* distance 원격조정 자동응답 전화기.　vol *à* basse altitude 저공비행.

3) 신체부위 명사와 함께

❶

robe qui arrive *à* la cheville 발목까지 닿는 옷.　idée qui s'offre *à* l'esprit 마음속에 떠오르는 생각.　aller la bride *à* la main 말에서 내려 고삐를 잡고 걷다;《구어》(사업에) 신중히 처신하다.　aller droit *au* coeur 곧장 가슴에 와 닿다, 매우 감동적이다.　ne pas aller[arriver, venir] *à* la cheville de *qn* …의 발밑에도 미치지 못하다, …와는 비교도 안 된다.　attacher[mettre] un cadenas *aux* lèvres de *qn*《구어》…의 입을 봉하다.　s'attraper *à* la jambe 다리를 잡히다.　s'attraper *aux* cheveux (특히 여자가) 서로 머리채를 쥐어뜯다.　avoir des ampoules *aux* mains 손에 물집이 생기다.　avoir de la barbe *au* menton 턱에 수염이 나다, 성년이 되다.　avoir un bijou *au* cou 보석 목걸이를 하다.　avoir un boulet *au* pied 힘들고 괴로운 일에 매여 있다.　avoir des bourrelets *à* la taille 지방질로 배가 늘어지다.　avoir un but *au* bout de pied (축구에서) 좋은 득점 기회를 맞이하다.　avoir un cigare *à* la bouche 입에 궐련을 물고 있다.　avoir du coeur *au* ventre 담력[배짱]이 있다.　avoir le coeur *au* bord des lèvres 토할 것 같다, 토하고 싶다.

avoir des couilles *au* cul 《속어·구어》 용기가 있다, 사내답다.　avoir un coup de hache (*à la* tête) 《옛·구어》 머리가 약간 돌다.　avoir une crampe *au* mollet 장딴지에 쥐가 나다.　avoir [éprouver, sentir] des démangeaisons *au* dos 등이 가렵다.　avoir l'eau *à* la bouche 군침이 돌다; 구미가 당기다, 탐내다.　avoir des écorchures *aux* genoux 무릎이 까지다[할퀴다].　avoir une épine *au* le pied 곤란한[어려운] 상황이다.　avoir le feu *aux* fesses 《구어》 몹시 바쁘다.　avoir froid *aux* pieds 발이 시리다.　n'avoir pas froid *aux* yeux 대담하다, 조금도 기죽지 않다; (여자가) 말괄량이이다.　n'avoir pas la gale *aux* dents 《옛·구어》 식욕이 왕성하다.　avoir la goutte *au* nez 《구어》 코를 흘리다, 콧물이 나오다.　avoir une grosseur *à* la jambe 다리에 종기가 나다. avoir la larme *à* l'oeil 걸핏하면 눈물을 흘린다; 지나치게 다정다감하다(= avoir la larme facile). avoir mal *à* la tête[*au* ventre, *aux* dents] 머리[배, 이]가 아프다.　avoir mal *aux* cheveux 《구어》 (과음으로) 머리가 아프다.　avoir mal *au* coeur 구토증이 나다.　avoir mal *au* crâne 두통을 앓다.　avoir la puce *à* l'oreille 이상한 낌새를 느끼다, 경계심을 품다.　avoir la rage *au* coeur 내심으로 격분하다.　avoir le sourire *aux* lèvres 입가에 미소를 띠다.　avoir toujours un même mot *à* la bouche 언제나 같은 이야기만 되풀이하다.　baiser *qn au* front …의 이마에 입맞추다. blesser *qn à* la tête[*au* bras] …의 머리[팔]에 상처를 입히다.　corner *qc aux* oreilles de *qn* 《구어》 …에게 아주 큰 소리로 …을 말하다; 귀에 못이 박히도록 말하다.　courir coudes *au* corps 양팔을 허리에 붙이고 뛰다.　dire *qc à qn à* l'oreille …을 …의 귓전에 대고 말하다[속삭이다].　donner [recevoir] des coups de pieds *au* cul[*au* derrière, *aux* fesses] 엉덩이를 걷어차다[걷어채이다]. empoigner[prendre] *qn au* collet …의 덜미를 잡다.　faire mal *au* ventre à *qn* …의 마음을 상하게 하다.　faire venir les larmes *aux* yeux 눈물을 자아내다.　se faire une coupure *au* doigt 손가락을 베다.　se faire une entorse[foulure] *au* poignet[*à* la cheville] 팔목[발목]을 삐다.　mettre à *qn* la corde *au* cou …을 교수형에 처하다.　se mettre la corde *au* cou 《비유·구어》 곤경에 빠지다; 결혼하다.　mettre les mains *au* dos 뒷짐을 지다.　mettre la puce *à* l'oreille de *qn* …에게 경계심 [의혹]을 품게 하다, 경고하다.　mourir les armes *à* la main 전투 중에 죽다.　s'offrir *aux* yeux 눈에 보이다.　passer un anneau *au* doigt 반지를 끼다.　porter une alliance *à* l'annulaire 약지에 결혼반지를 끼고 있다.　porter *qc aux* oreilles de *qn* …을 …에게 귀띔하다. prendre ses jambes *à* son cou 큰 보폭으로 달리다; 부리나케 도망치다.　se prendre *aux* cheveux 《구어》 (여자들이) 서로 머리끄덩이를 잡고 싸우다.　recevoir un coup *à* la saignée du bras 팔뚝 오금에 바늘을 꽂고 사혈을 받다.　saigner *qn au* bras …의 팔에서 피를 뽑다.　saisir *qn au* corps …을 체포하다. saisir *qn aux* épaules …의 어깨를 잡다.　saisir l'occasion *aux* cheveux 《구어》 기회를 재빨리 잡다, 호기를 놓치지 않다.　sentir une brusque chaleur *à* la tête 머리에 갑작스런 열이 나다.　souffler *qc à* l'oreille de *qn* …을 …의 귀에 속삭이다.　se suspendre[être suspendu] *aux* lèvres de *qn* …의 이야기를 경청하다.　tomber *aux* mains de *qn* …의 수중[지배하]에 들어가다.　se traîner *aux* pieds de *qn* …에게 무릎을 꿇고 부탁하다, 머리를 조아리다.　travailler *qn au* corps 《구어》 (권투에 서) 몸통을 치다, 보디를 공격하다; 참을성있게 …을 공략하다, …을 설득하다.

· Il n'a que cinq dixièmes *à* l'oeil droit.　그는 오른쪽 눈의 시력이 0.5밖에 안 된다.

· Elle s'est brûlée *à* la main.　그 여자는 손을 데었다.

· Il s'est coupé *au* doigt.　그는 손가락을 베었다.

· Elle s'est écorchée *aux* mollets.　그녀는 종아리를 긁혔다.

- La nouvelle m'a fait un coup *au* coeur.   그 소식을 듣고 나는 가슴에 충격을 받았다.
- Le géant l'a frappé *au* visage.   거인이 그의 얼굴을 때렸다.
- Le feu lui a monté *au* visage.   그는 얼굴이 확 달아올랐다.
- C'est un vrai diamant qu'elle porte *au* doigt.   그녀가 손가락에 끼고 있는 반지는 진짜 다이아몬드다.
- Elles se sont prises *aux* cheveux.   그 여자들은 서로 머리채를 잡고 싸웠다.
- Elle me susurrait des mots doux *à* l'oreille.   그 여자는 내 귓가에 달콤한 말들을 속삭였다.
- La résine des pins tient *à* la peau.   송진이 피부에 붙어 있다.
- Une balle l'a touché *à* la jambe.   총알이 그의 다리에 맞았다.
- Les cornes lui en sont venues *à* la tête.   그는 깜짝 놀랐다, 대경실색했다.

❷ 명사의 보어

chiquenaude *au* nez (남의) 콧등을 손가락으로 튀기기(= croquignole).   cor *au* pied 발의 티눈.
un coup *au* coeur 강렬한[진한] 감동.   douleur *à* la tête 두통.   tumeur *au* cerveau 뇌종양.   ulcère
à l'estomac 위궤양.

Ⅱ 시간

1. 시간의 한계점

1) ❶ …까지, …로.

stationnement limité *à* deux heures 두 시간까지만 허용되는 주차.   arriver *au* bout de sa vie
인생의 종착역에 도달하다.   différer un paiement[le départ] *à* une date ultérieure 지불[출발]을
후일로 연기하다.   parvenir *à* la moitié de son existence 인생의 중반에 다다르다.   passer *à*
la postérité 후세에 전해지다.   porter la durée *à* deux ans 기간을 2년으로 늘리다.   remettre
une réunion *au* lendemain 회의를 다음날로 미루다.   remettre *qc à* un autre temps …을 다른
때로 미루다.   remettre[renvoyer] *qc aux* calendes grecques …을 무기 연기하다((그리스의 책력에
는 calendes(고대 로마 책력의 초하룻날)라는 날이 없으므로)).   remonter *à* un temps très éloigné
아주 오래 전 시대로 거슬러 올라가다.   reporter *qc à* une date ultérieure …을 후일로 연기하다.

- Son nom est parvenu *à* notre époque.   그의 명성이 오늘날까지 전해지고 있다.
- Il ne faut pas remettre *au* lendemain ce que l'on peut faire le jour même. 《**속담**》 오늘 할 수
  있는 일을 내일로 미루지 마라.
- Je suis pris lundi prochain, remettons cela *au* lundi suivant   다음 월요일에는 약속이 있으니,
  이 일을 그 다음 월요일로 미룹시다.
- Cela remonte *à* la plus haute antiquité.   그것은 아주 먼 옛날로 거슬러 올라간다.
- Cela remonte *à* loin.   오래 전으로 거슬러 올라간다.
- La disparition de l'enfant remonte *à* huit jours.   그 아이가 실종된 지 일주일 째다.
- L'affaire a été renvoyé *à* après-demain.   일이 모레로 연기되었다.

· Ce souvenir nous reporte *à* l'hiver dernier.　이 추억은 우리에게 지난 겨울의 일을 다시 떠올리게 한다.

❷ 명사의 보어

renvoi d'une discussion *à* une date ultérieure 토의를 후일로 연기함.

2) [de … à …]

❶

du matin *au* soir 아침부터 저녁까지, 하루 종일.　du soir *au* matin 밤사이 내내.　d'ici *à* mardi 지금부터 화요일까지.　d'ici *au* 31 décembre 2007 지금부터 2007년 10월 31일까지.　du jour *au* lendemain 하룻밤 새에; 대번에, 갑자기.　d'un soleil *à* l'autre 한 날에서 다음 날까지 걸쳐서.　de juillet *à* septembre 7월부터 9월까지.　du premier janvier *au* trente décembre[*à* la Saint-Sylvestre] 1월 1일부터 12월 31일까지, 일 년 내내(=toute l'année).　la période qui va du 1er avril *au* 15 mai 4월 1일부터 5월 15일까지의 기간.

· La réunion a été avancée du 14 *au* 7 juin.　모임이 6월 14일에서 7일로 앞당겨졌다.
· Il y aura une coupure de quatre heures *à* cinq heures.　4시부터 5시까지 정전이 있을 것이다.
· La réunion déroule du 7 *au* 10 juillet.　회의가 7월 7일에서 10일까지 열린다.
· L'heure la plus douloureuse est de 5 *à* 6.　가장 고통스러운 시간은 5시에서부터 6시까지였다.
· Il était à Paris de 1991 *à* 2000.　그는 1991년부터 2000년까지 파리에 있었다.
· Ce pays promet de retirer ses troupes d'ici *à* vendredi.　그 나라는 지금부터 금요일까지 병력을 철수하겠다고 약속했다.
· Ils travaillent du lever *au* coucher du soleil.　그들은 일출에서부터 일몰까지 일한다.

❷ 명사의 보어
· Les trains de 4 *à* 6 heures sont tous bondés.　4시부터 6시까지의 열차는 모두 만원이다.

☆ 구어에서는 [d'ici à + 공간·시간]의 표현에서 흔히 à를 생략함. d'ici là 여기에서 거기까지; 지금부터 그때까지. d'ici Pusan 여기에서 부산까지. d'ici demain 지금부터 내일까지. d'ici le douze 지금부터 12일까지. d'ici la fin du mois de juin 지금부터 6월말까지. d'ici peu 곧. d'ici quelques jours 지금부터 며칠 후까지.

· Venez me voir à Noël, mais écrivez-moi d'ici-là.　크리스마스에 저한테 오시되 그 사이에 편지 주세요.

◎ [d'ici … (à ce) que + *sub*]
· D'ici (*à ce*) qu'on sache la vérité, on attendra longtemps.　진실을 알기까지는 오랜 시간이 걸릴 것이다.
· D'ici (*à ce*) qu'elle vous le rende, il se passera du temps.　그녀가 그것을 돌려줄 때까지는 시간이 꽤 걸릴 것이다.

2. 시간상의 위치

1) 시각·시기 : …(때)에.

❶
à l'aube (naissante) 새벽에. *à* date(s) fixe(s) 정해진 날짜에; 규칙적으로(= régulièrement). *à* la brunante《지방어 : 캐나다》해질녘에, 저녁에. *au* chant du coq 수탉이 울 때; 새벽에. *au* coucher du soleil; *au* crépuscule; *au* déclin[*à* la fin, *à* la chute] du jour 해질녘에, 황혼 무렵에. *au* début de la journée 아침에. *au* commencenment[*à* la fin] de la vie 인생의 초기[말년]에. *au* lever[*au* point, *à* la pointe] du jour; *au* petit jour 해 뜰 무렵에, 새벽에. *à* la date du 22 courant 금월 22일자에. *à* une date donnée 정해진[주어진] 날짜에. *à* l'heure accoutumée 여느 때와 같은 시간에. *à* l'heure actuelle; *à* l'heure qu'il est 이제, 지금(쯤). *à* l'heure de pointe 러시아워에. *à* la dernière heure 최후에, 막판에. *à* la première heure 아침 일찍. *à* pas d'heure 때 아닌 시각에, 매우 늦게. *aux* heures de bonheur 행복한 시절에. hier *à* pareille heure 어제 이맘때. hier (*au*) soir 어제 저녁. le lendemain (*au*) soir 다음날 저녁에. *à* ce jour 오늘(날), 지금(= aujourd'hui). *au* grand jour 대낮에, 백주에. *au* jour d'aujourd'hui《구어》오늘날, 오늘 이날에((aujourd'hui를 강조)). *à* jour fixe[nommé] 정해진 날에. *à* jour ouvrant 새벽녘에; 그날의 심문 초에, 개정(開廷) 모두(冒頭)에. *à* jour frisant 해가 낮게 기울[뜰] 무렵에. *aux* premiers jours de la guerre 개전 초기. le troisième jour *au* matin 사흘째 되는 날 아침에. *à* midi[minuit] 정오[자정]에. *à* lundi 월요일에. (le) lundi 23 août *au* matin 8월 23일 월요일 오전. la veille *au* soir 전날 저녁에. *à* chaque[tout] instant 줄곧, 끊임없이. *à* l'instant 방금; 곧, 당장. *à* ce moment 그때. *à* un moment donné 어떤 순간에; 갑자기(= soudain, tout à coup). *au* moment voulu 필요[적절]한 때에. *à* mes moments d'humeur《문어》내 기분이 나쁜 때에. *à* l'automne (de) 1981 1981년 가을에. *au* coeur de l'hiver[l'été] 한겨울[한여름]에. *à* l'entrée de l'hiver 초겨울에. *à* l'expiration des délais 유예기간이 지난 뒤에. *à* cette occasion 이 기회에. *à* la moindre occasion 조금이라도 기회가 닿으면. *à* l'occasion 기회가 닿으면, 필요할 경우. *à* l'occasion de *qc* …을 맞이하여. *à* la première occasion 기회가 닿는대로. *à* la prochaine occasion 다음 기회에. *à* la veille de la catastrophe 재앙이 일어나기 직전에. *au* fort du combat 전투가 한창 벌어지고 있을 때. *au* plus fort de la douleur 고통이 절정에 달했을 때. *au* seuil de l'année nouvelle 새해가 시작할 때. *au* siècle dernier 지난 세기에. *au* siècle où nous vivons 우리 시대. *à* la sortie des théâtres 연극이 파할 때. *au* sortir de l'hiver 겨울이 끝날 때. *au* sortir d'un entretien 회담이 끝날 때. *à* temps perdu 한가할 때에. *aux* temps immémoriaux; *au* temps où les bêtes parlaient 태고적에, 아득한 옛날에. *au* terme prescrit 정해진 기한에. le quinze *au* soir 15일 저녁. bail qui finit *au* 1ᵉʳ avril 4월 1일에 만기가 되는 임대계약. enfant mort *à* la naissance 사산아. îlot qui émerge *à* marée basse 간조시에 수면 위로 나타나는 작은 섬. joueurs qui se reposent *à* la mi-temps 하프 타임 중에 휴식을 취하는 선수들. marchandises payables *à* la commande 주문시 지불하는 상품. personne présente *au* moment de l'accident 사고 당시 현장에 있었던 사람. arriver *au* bon moment 적시에 도착하다. arriver *à* temps 늦지 않게 도착하다. chercher midi *à* quatorze heures 일을 공연히 어렵게 만들다; 사서 고생하다. communier *à* Pâques 부활절에 성체배령하다. être *à* l'âge du biberon 아주 어리다. être *à* la charnière de deux époques 두 시대의 전환점에 있다. être *à* deux doigts de la mort[mourir] 죽기 직전에 있다. éviter de prendre le métro *aux* heures d'affluence 러시아우어에 지하철 타기를 피하다.

manger des céréales *au* petit déjeuner 아침 식사로 씨리얼을 먹다.　　manger *à* heures fixes [régulières] 정해진 시간에[규칙적으로] 식사하다.　　mourir *à* la fleur de l'âge 꽃다운 나이에 죽다, 요절하다.　　naître *à* terme[*à* huit mois] 예정일에[8달만에] 태어나다.　　partir *à* l'heure 정시에 출발하다.　　partir *à* la fraîche 서늘할 때 출발하다.　　refouler les ennemis *au* premier choc 최초의 교전에서 적을 격퇴하다.　　situer un événement *à* telle époque 사건을 어떤 시기에 위치시키다.　　venir *à* son jour et *à* son heure 정해진 시기에 반드시[필연적으로] 일어나다.　　vérifier si le train part toujours *à* la même heure 기차가 항상 같은 시각에 떠나는지 알아보다.

- *À* l'âge de 4 ans, il savait déjà lire.　　네 살에 그는 이미 읽을 줄 알았다.
- *Au* commencement Dieu créa le ciel et la terre.　　태초에 하느님이 하늘과 땅을 창조했다.
- *À* l'époque de notre mariage, je gagnais à peine de quoi vivre.　　우리가 결혼했을 때 나는 생계비만 겨우 벌었다.
- *À* cette heure, les rues sont vides.　　이 시간에는 거리가 한산하다.
- *À* l'issue de la réunion, on publiera un communiqué.　　회의가 끝난 후 공식 성명이 발표될 것이다.
- *À* chaque virage, la maison apparaissait, disparaissait, reparaissait au loin.　　모퉁이를 돌 때마다 멀리 그 집이 보였다 안보였다 다시 보이곤 했다.
- Une tempête nous a accueillis *à* la sortie du détroit.　　해협을 빠져나올 무렵 폭풍우가 우리를 덮쳤다.
- Cette espèce a apparu[est apparue] *à* l'ère tertiaire.　　그 종(種)은 제 3기에 출현했다.
- Il est arrivé *à* 7 heures.　　그는 7시에 도착했다.
- Ils sont arrivés *à* l'apéritif.　　그들은 식전에 도착했다.
- Elle s'est décommandée *à* la dernière minute.　　그녀는 막판에 약속을 취소했다.
- Les arbres deviennent verts *au* printemps.　　나무는 봄이 되면 푸르러진다.
- La majorité gouvernementale s'effrite *à* chaque vote.　　투표 때마다 정부 다수파의 세력이 감소한다.
- Il est blanc *à* quarante ans.　　그는 40살에 머리가 하얗게 세었다.
- Elle en est *à* son septième mois (de grossesse).　　그녀는 임신 7개월째다.
- Elle est *à* l'âge nubile.　　그 여자는 결혼할 나이이다.
- Je n'étais pas *à* la maison *à* leur arrivée.　　그들이 도착했을 때 나는 집에 없었다.
- Nous sommes *au* mois de mars.　　3월이다.
- On était *au* dimanche.　　일요일이었다.
- Le rendez-vous est *à* onze heures.　　약속은 11시이다.
- On lui a fait un cerclage *à* quatre mois de grossesse.　　그녀는 임신 4개월에 자궁경부결제 수술을 받았다.
- Elle habite en Italie *à* présent.　　그녀는 지금 이대리에 산다.
- On s'instruit *à* tout âge.　　사람은 평생동안 배운다.
- Il mange toujours un bifteck *au* déjeuner.　　그는 점심에 항상 비프스테이크를 먹는다.
- Il est mort *à* mon âge.　　그는 내 나이에 죽었다.
- Je pars *à* la minute.　　나는 곧 떠난다.

- Je vous répondrai *à* mon heure.　때가 되면 대답하겠소.
- Il m'a raccroché *au* moment où je sortais.　내가 막 나가려고 할 때 그는 나를 불러 세웠다.
- Les effets des grèves vont se sentir *à* la fin du mois.　파업의 영향이 이 달 말이면 나타날 것이다.
- L'action se situe *au* XVIIe siècle.　이야기는 17세기를 배경으로 하고 있다.
- Cet événement se situe *aux* abords de 1900.　이 사건이 일어난 시기는 1900년경이다.
- La question sera soulevée *à* la prochaine session.　그 문제는 다음 회기에 제기될 것이다.
- L'orage nous a surpris *au* retour de la promenade.　우리가 산책에서 돌아오는 길에 갑자기 소나기가 쏟아졌다.
- Vous pouvez me téléphoner *aux* heures du bureau.　근무시간 중에 제게 전화를 거셔도 좋습니다.
- Il y est déjà venu (*à*) l'automne dernier.　그는 지난 가을에 이미 거기 왔었다.

> ☆ 요일명 앞에는 à를 붙이게 되어 있으나 보통은 생략함.

- Nous ne sommes encore qu'*à* lundi.　아직 월요일밖에 되지 않았다.
- On était *au* lundi.　월요일이었다.
- On était le lundi 6 novembre.　12월 6일 월요일이었다.

❷ 생략문

- *À* ce soir!　오늘 저녁에 봅시다!
- *À* demain!　내일 만납시다!
- *À* la semaine prochaine!　다음 주에 만납시다!
- *À* la prochaine (fois)!　곧 또 만납시다!(= *À* bientôt!).

❸ 명사의 보어

son arrivée *à* cinq heures 그의 5시 도착. attiédissement de l'atmosphère *au* début du printemps 초봄의 따뜻해진 대기. encombrement des rues *aux* heures de sortie d'usine 공장 퇴근 시간의 거리의 혼잡. éveil de la nature *au* printemps 봄에 깨어나는 자연. femme *à* l'âge critique 갱년기의 여자. notre départ *à* l'aube 우리의 새벽 출발. formation de l'unité italienne *au* XIXe siècle 19세기의 이탈리아의 통일 국가 형성. son passage *à* midi 정오에 그가 지나감. promenade *à* quatre heures précises 4시 정각의 산책. rendez-vous *à* trois heures 3시 약속. retraite *à* soixante ans 60세 정년. témoignages de sympathie *à* l'occasion d'un décès tkak 사망시의 조의 표시. notre vie *à* l'avenir 미래의 우리 생활.

2) 동시성 : ⋯했을 때에, ⋯하자.

à l'apparition de *qn/qc* ⋯이 나타나자, 나타났을 때. *à* l'aspect de *qn/qc*; *à* la vue de *qn/qc* ⋯을 보고서. *à* l'atterrissage 착륙 시에. *à* mon retour 내가 돌아왔을 이 울리자. *à* votre retour de service militaire 당신이 제대하자. *au* débotté[débotter] 도착하자마자; 불시에, 갑자기(= *à* l'improviste). *au* réveil; *au* saut du lit 잠에서 깼을 때, 잠에서 깨어나서. *au* spectacle de *qc* ⋯을 보고서. *au*

> sortir du ventre de ma mère 태어나자마자.   homme, *au* premier abord[*à* l'abord] un peu fermé 첫눈에 좀 폐쇄적으로 보이는 사람.   payable *à* la livraison 현품 인수시 돈을 지불하는.   voiture qui broute *au* démarrage 시동 걸 때 꿀렁거리는 자동차.   éprouver un saisissement *au* contact de l'eau glacée 차가운 물에 몸이 닿자 오싹한 한기를 느끼다.   retirer *au* premier bouillon 끓자마자 꺼내다.

- *À* l'annonce de cet événement, elle s'est affolée.   그 사건 소식에 그녀는 이성을 잃었다.
- *À* la premier alerte, nous appellerons le docteur.   위험 징후가 나타나기만 하면 의사를 부를 것이다.
- *À* leurs cris, il s'arrêta.   그는 그들의 고함소리를 듣고 멈췄다.
- *À* la descente de l'avion, j'ai les oreilles qui bourdonnent.   비행기에서 내리니까 귀가 멍하다.
- *À* la première difficulté, il s'est dégonflé.   그는 난관에 부딪치자마자 자신감을 잃었다.
- *À* son entrée, le silence se fit.   그가 들어서자 갑자기 조용해졌다.
- *À* cette nouvelle, il s'est épanoui.   그 소식을 듣자 그의 표정[마음]이 밝아졌다.
- *À* ce spectacle, tout le monde a frappé des mains.   그 광경을 보고 모든 사람이 박수를 쳤다.
- *À* cette vue, son coeur s'est soulevé.   그 모습을 보자 그는 구역질이 났다.
- *À* sa vue, la foule recule d'épouvante.   그의 모습을 보고 군중들이 공포에 질려 뒤로 물러선다.
- Son visage s'est allongé *à* ces mots.   그 말을 듣자 그의 얼굴은 시무룩해 졌다.
- On l'attendait *à* sa descente du train.   사람들은 기차에서 내리는 그를 기다리고 있었다.
- Il se cassait *à* chaque volée du marteau.   망치로 내려칠 때마다 그것은 부서져가고 있었다.
- Les soldats sont démobilisés *à* la cessation des hostilités.   전투가 끝나자 병사들은 동원해제 되었다.
- Je hâte le pas *à* l'approche de mon logis.   나는 숙소가 가까워지자 발걸음을 재촉한다.
- Le froid nous a saisis *au* sortir de l'eau.   물에서 나오자 한기가 우리를 엄습했다.
- Je vous verrai *à* mon arrivée.   도착하면 뵙겠습니다.

3) 기간

❶ ···동안에, ···동안의.

> *à* bref délai 가까운 시일 내에.   *à* courte[longue] date 장기[단기]의.   *à* courte[longue] échéance 단기간[장기간]에, 단기간[장기간]의.   *à* 4 mois d'échéance 넉 달 기한의.   *à* la vie et *à* la mort 평생 동안, 영원히.   *à* (tout) jamais 영원히, 언제까지나.   règlements faits pour être observés *à* perpétuité 영구히 지켜지도록 만들어진 규칙.   être condamné *à* perpète[perpette] 종신형 선고를 받다.   obtenir des résultats *à* brève échéance 단기간 내에 성과를 거두다.   renvoyer l'affaire *à* huitaine 사건 심리를 1주일간 연기하다.   travailler *à* plein-temps[*à* temps complet] 정규직[풀타임]으로 일하다.   travailler *à* temps partiel[*à* mi-temps] 파트타임으로[반나절 동안] 일하다.

- Il est condamné *à* cinq ans de prison pour avoir tué un homme.   그는 살인죄로 5년형을 받았다.

❷ 명사의 보어

> assignation *à* bref délai (5일 이내의) 즉시 소환.   bail *à* long terme 장기 임대차.   billet *à* courte[longue] échéance 단기[장기]어음.   bons *à* 10 ans 10년 기간의 채권.   concession[fondation]

à perpétuité 영구 양도[기금]. condamnation aux travaux forcés *à* perpétuité 무기징역형. emploi *à* vie 종신 고용. emprisonnement *à* temps[*à* vie] 유기[종신] 금고형. membre *à* vie 종신회원. prison *à* vie 종신형. pension[annuité] *à* vie 종신 연금. plan[projet] *à* long[court] terme 장기[단기] 계획. projet *à* longue[courte] échéance 장기적인[단기적인] 계획. travail *à* plein-temps[*à* temps partiel, *à* mi-temps] 풀타임[파트타임, 반나절] 근무. renvoi d'un procès *à* huitaine 소송의 1주일 연기. souscrire un billet *à* six mois d'échéance 6개월 만기의 어음에 서명하다[어음을 발행하다].

4) 주기 · 간격

à intervalles uniformes 일정한 간격으로. *à* deux jours d'intervalle 이틀 간격으로. *à* intervalles égaux[réguliers] 똑같은[규칙적인] 간격으로. *à* trois mois de distance 3개월 간격으로. *à* deux ans de distance 2년 사이에.

1. 과정 · 진행

1) 진행 · 전개의 한계점

❶ …까지.

élévation d'un officier *au* grand supérieur 장교의 승진. retour *aux* sources 근원으로 돌아감. accéder *au* trône 왕위에 오르다. aller[venir] *à* bien 잘되다, 성공하다. aller *au* fond des choses 사물의 본질을 파고들다. aller *à* mal 나쁘게[잘못] 되어가다, 악화되다. aller *à* la[sa] ruine 파멸의 길을 가다, 몰락하다. aller droit *au* but[fait] 곧장 본론으로 들어가다. arriver[aboutir] *à* un bon résultat 훌륭한 성과를 거두다. arriver[venir] *à* composition 타협[화해]하다. arriver *à* la conclusion de son discours 연설의 결론에 이르다. arriver[venir] *à* échéance en 2008 2008년에 만기가 되다. arriver[venir] *à* expiration 만기가 되다. arriver *à* la fin d'un livre 책을 다 읽다. arriver[en venir, parvenir] *à* ses fins 목적을 달성하다, 성공하다. ne pas arriver *à* la ceinture de *qn* …보다 열등하다(= être inférieur *à qn*). borner ses vues *à qc* 목적을 …에 한정하다. atteindre[parvenir] *à* la célébrité 명성을 얻다. conduire une affaire *à* sa fin 사건을 해결하다. courir *à* la catastrophe 파멸을 향해 나아가다. se hausser *au* niveau de *qn* 자신을 …의 수준으로 끌어올리다. limiter ses dépenses *au* strict minimum 지출을 최소한으로 억제하다. mener *qc à* bien[*à* fin; *à* bonne fin; *à* (son) terme] …을 성공적으로 수행하다, 잘 마무리하다(=accomplir, achever). mener sa grossesse *à* terme 달을 채워 해산하다. miniaturiser un circuit électronique *à* l'extrême 전자 회로를 극단적으로 소형화하다. parvenir *à* un accord 합의에 도달하다. parvenir *au* plus haut degré de la gloire 영광의 정점에 이르다. passer *à* l'action; passer *aux* actes 행동[실천]으로 옮기다. passer *au* débat 토론으로 들어가다. passer *à* l'attaque[la contre-attaque] 공격[반격]으로 전환하다. se porter tout de suite *aux* extrêmes 곧바로 극단적인 행동으로 나아가다. pousser[porter] *à* l'extrême 극단으로 몰고가다. ramener plusieurs problèmes *à* un seul 여러 가지 문제들을 하나로 귀결시키다.   retourner *à* la vie civile 민간인으로 돌아가다, 퇴역하다.   supprimer les troubles politiques et ramener la nation *à* son état antérieur 정치적 혼란을 해결하고, 국가를 이전의 상태로 돌려놓다.   tendre *à* sa fin 거의 끝나가다. venir *à* bout d'une difficulté[résistance] 어려움[저항]을 극복하다.   venir *à* une conclusion 결론에 이르다.   venir *au* pouvoir 권력을 잡다.

· Chaque jour nous achemine *à* la mort.   《구어》 하루하루 우리는 죽음을 향해 나아간다.
· Allez[Venons] *au* fait, sans alambiquer.   세부에 연연하지 말고 본론으로 들어갑시다.
· Cette affaire est allée *à* l'échec.   그 사업은 실패하고 말았다.
· La grève ira *à* son terme jusqu'à lundi minuit.   파업이 월요일 자정까지는 끝날 것이다.
· Vous savez combien il est difficile d'atteindre[de parvenir] *à* la perfection.   당신은 완성의 경지에 도달한다는 것이 얼마나 어려운 일인가를 아시죠.
· Les faits m'ont conduit *à* cette conclusion.   나는 여러 가지 사실에 근거하여 이와 같은 결론에 도달했다.
· Il a été elevé *au* grade de capitaine.   그는 대위로 승진되었다.
· Cette loi s'étend *à* tous les citoyens.   이 법은 모든 시민에게 확대 적용된다.
· Passons *à* un autre problème.   다른 문제로 넘어갑시다.
· Finalement, tout se ramène *à* un problème de conscience.   결국 모든 것이 양심의 문제로 귀결된다.
· La tension entre les deux pays se résout *à* un différend commercial.   양국간의 긴장은 무역 마찰로 귀착된다.
· Passons, revenons *aux* choses sérieuses.   자 이제 그 얘긴 그만 두고 본론으로 돌아갑시다.
· L'hiver tire *à* sa fin.   겨울이 끝나간다.

❷ [en venir à *qc* / *inf*] : …(하기)에 이르다.

en venir *à* un accommodement 화해하다.   en venir *aux* mains 완력에 호소하다, 주먹을 휘두르게 되다.   en venir *aux* injures 서로 욕설을 하기에 이르다.   en venir *à* une extrême pauvreté 몹시 가난해지다.   en venir *à* perdre tous ses amis 친구를 모두 잃게 되다.

· *Où* veut-il en venir?   그는 결국 어쩌자는 것인가?

❸ [de … à …]

de A *à* Z 처음부터 끝까지, 완전히.   du commencement *à* la fin 처음부터 끝까지.   du premier *au* dernier 첫째 사람[것]에서부터 마지막 사람[것]까지.   de pater *à* amen 처음부터 끝까지. le chapitre qui va de la page 20 *à* la page 35 20쪽에서 35쪽에 이르는 장(章).   son qui descend de l'aïgu *au* grave 고음에서 저음으로 낮아지는 소리.   aller d'un pôle *à* l'autre 극과 극을 달리다. conduire les élèves du simple *au* complexe 학생을 간단한 것으로부터 복잡한 것으로 가르쳐 가다. flotter d'une pensée *à* une autre 이 생각 저 생각 하다.   passer[sauter] du coq *à* l'âne 횡설수설하

> 다.　passer d'un extrême *à* l'autre 극단에서 극단으로 나아가다.　passer du général *au* particulier
> 일반적인 것에서 특수한 것으로 넘어가다.　passer du grave *à* l'aigu 저음에서 고음으로 옮겨가다.
> passer d'un sujet *à* un autre 화제를 바꾸다.

- Il y a loin du faire *au* dire.　행동과 말 사이에는 먼 거리가 있다.
- Elle a bien écouté sa conférence du début *à* la fin.　그녀는 그의 강연을 처음부터 끝까지 경청했다.
- Elle a lu cette revue d'un bout *à* l'autre.　그녀는 그 잡지를 처음부터 끝까지 다 읽었다.
- Selon une étude de la Réserve fédérale américaine, la quantité d'Américains propriétaires de leur logement passe de 65% *à* 69% en 10 ans.　미국 연방준비위원회의 연구에 의하면 미국 주택 소유자가 10년 사이에 65%에서 69%로 늘었다.
- Le secret de cette liqueur a été transmis d'une génération *à* l'autre.　이 술의 비결은 대대로 전해져 내려왔다.

❹ [de … à *inf*]

- De là *à* prétendre que c'est un incapable, il n'y a pas loin.　그렇게 말하는 것은 그가 무능한 사람이라고 주장하는 것과 별 차이가 없다.

2) 상태 변화

❶ …(의 상태)로.

> barre de fer portée *au* rouge 빨갛게 달아오른 쇠막대.　manifestation qui a tourné *à* la chienlit 난장판이 된 시위.　arriver *au* bout de son existence 죽다.　convertir *qn au* christianisme …을 기독교로 개종시키다.　se convertir *au* catholicisme 가톨릭으로 개종하다.　parvenir *à* la sagesse 달관의 경지에 이르다.　passer *à* l'état chronique 만성상태가 되다.　ramener un noyé *à* la vie 물에 빠진 사람을 소생시키다.　ramener *qc à* l'état normal …을 정상적인 상태로 되돌려 놓다. ramener les prix *au* niveau antérieur 물가를 이전 수준으로 환원시키다.　réduire *qn à* la misère …을 궁핍에 빠지게 하다.　retourner *à* l'état sauvage 원시 상태로 돌아가다.　retourner *au* néant 무로 돌아가다.　revenir *à* soi 제정신이 돌아오다.　revenir *à* la vie 소생하다, 의식을 되찾다. toucher *à* la vieillesse 노년기에 이르다.　tourner *à* l'acesence[l'acide, l'aigre] 시어지다.　tourner *au* drame[tragique] 비극적 양상을 띠다; (일·사태가) 심각해지다.

- Le parti socialiste bascule *à* droit.　사회당이 우경(右傾)한다.
- Il s'est converti *à* votre avis.　그는 당신의 의견을 따르기로 마음을 바꾸었다.
- Une vie trop facile nous incline *à* la paresse　지나치게 편한 생활은 우리를 나태에 빠뜨린다.
- Le feu est passé *au* rouge.　신호등이 빨간불로 바뀌었다.
- Cet échec le portera *à* plus de prudence.　그 실패로 그는 더욱 신중해질 것이다.
- Notre travail touche *à* sa fin.　우리 일은 거의 끝나가고 있다.

❷ [de … à …]

> aller[passer] de vie *à* trépas 죽다, 운명하다.　aller[passer, changer] du blanc *au* noir 극단에서

극단으로 가다, 일정한 견해가 없다.   basculer de la richesse *à* la pauvreté 부유한 상태에서 가난한 상태로 변하다; 부유와 가난 사이를 왔다갔다하다.   passer de l'amour *à* la haine 사랑이 증오로 변하다.   passer de la puissance *à* l'acte 잠재태에서 현실태로 이행하다.

❸ 명사의 보어

conversion d'un païen *au* christianisme 이교도의 기독교로의 개종.   glissement électoral *à* gauche 좌경화되는 투표 성향.   passage de l'état liquide *à* l'état gazeux 액체 상태에서 기체 상태로의 변화.   passage de l'enfance *à* l'adolescence 소년기에서 청년기로의 이행.   retour *à* la sagesse (종교적인) 참회.   édifices de la transition du roman *au* gothique 로마네스크양식에서 고딕양식으로의 이행을 보여주는 건물.

2. 소유 · 소속 · 포함

1) 명사의 보어

un ami *à* lui 그의 친구 중의 하나.   un ami *à* mon frère 내 형의 친구.   auditeur *à* la Cour des comptes 회계원의 감사관.   un fils *à* Joseph 요셉의 아들.   étudiant *à* l'Université de Lyon 리용대학 학생.   vague parent *à* lui 그의 먼 친척.   professeur *à* la Sorbonne 소르본느 대학 교수.

· C'est la dame *à* monsieur Legrand.   그는 르그랑씨의 부인이다.
· Elle veut travailler comme hôtesse de l'air *à* Air France.   그녀는 에어프랑스의 스튜어디스로 일하기를 원한다.

☆ 명사의 보어로 소유를 나타내는 용법은 une bête *à* bon Dieu(무당벌레), le dernier *à* Dieu(고용인에게 주는 팁), la barque *à* Caron(삼도내의 나룻배) 따위와 같은 관용적 어구 이외에는 속어적 표현임.

2) 소유를 강조 · 인칭대명사 앞

❶

ses lunettes *à* elle 그녀의 안경.   son parapluie *à* lui 그의 우산.   ne pas avoir un moment *à* soi 잠시도 틈이 없다.   ne pas avoir une heure *à* soi 시간이 전혀 없다, 몹시 바쁘다.

· C'est un ami *à* moi.   그는 내 친구다.
· C'est mon avis, *à* moi.   그것은 내 의견이다.
· C'est une conception, *à* elle.   그것은 그녀의 생각이다.
· Cet écrivain a un style bien *à* lui.   그 작가는 자신의 독특한 문체를 가지고 있다.
· Son affaire *à* lui, c'est d'écrire.   그의 관심사는 글 쓰는 일이다.
· Son opinion *à* lui, c'est que nous avons tort.   그의 의견으로는 우리가 잘못했다는 것이다.

❷ 애정의 뜻

> ma femme *à* moi 나의 사랑하는 아내.

3) ❶ [être à + 명사]

- *À* qui sont ces livres?   이 책들은 누구 것이오?
- *À* qui (est) la faute?   누구 잘못이오?
- Ce livre est *à* vous ou pas?   이 책이 당신 거요 아니요?
- Ces bijoux sont *à* elle.   이 보석들은 그녀의 것이다.
- Cette villa est *à* moi.   그 별장은 내 것이다.
- Je suis *à* vous dans un instant.   곧 (돌)보아 드리겠습니다(=Je suis à votre disposition.).
- Je suis *à* vous dès que j'ai fini avec Monsieur.   그 분 일이 끝나면 곧 (돌)보아 드리겠습니다.
- La parole est *à* M. Dubois.   이제 뒤부아씨가 말씀하시겠습니다.

❷ 편지의 결구

- Bien *à* vous[toi]; Tout *à* vous.   근백(謹白), 근고(謹告), 경구(敬具).

4) 신체부위명사의 소유주

> casser la tête *à* qn …을 골치 아프게 하다, 성가시게 하다(=assourdir, fatiguer).   serrer la main *à* qn …의 손을 잡다.   trancher la tête *à* qn …을 참수(斬首)하다.

- Ce compliment *me* va (droit) au coeur[à l'âme].   이 찬사는 나에게 깊은 감동을 준다.
- Le coeur *lui* battait.   그의 가슴이 두근거렸다.
- La neige *me* cinglait la figure.   눈보라가 내 얼굴을 후려치고 있었다.
- Je *me* suis brûlé la main.   나는 손을 데었다.
- Il *m'*a coupé les cheveux.   그는 내 머리를 깎았다.
- La colère *lui* a débordé du coeur.   그의 분노가 폭발했다.
- Le stylo *lui* a échappé des mains.   그는 손에서 만년필을 놓쳤다.
- Les ronces *lui* ont écorché les jambes.   그는 가시덤불에 다리를 할퀴었다.
- La balle *lui* est entrée dans le poumon gauche.   총알이 그의 왼쪽 폐에 맞았다.
- La pluie *lui* frappe le visage.   비가 그의 얼굴을 내리쳤다.
- La balle *lui* a perforé le poumon.   총알이 그의 폐를 관통했다.
- Elle a senti qu'on *lui* tapait sur l'épaule.   그 여자는 누군가가 자기 어깨를 치는 것을 느꼈다.
- Des larmes *lui* sont venues aux yeux.   그의 눈에 눈물이 고였다.
- Une pitié *lui* est venue au coeur.   그의 마음속에 동정심이 생겼다.
- Un sourire *lui* venait aux lèvres.   그의 입가에 미소가 돌았다.
- Il *m'*est venu à l'idée d'aller voir un film.   영화를 보러가고 싶은 생각이 났다.

5)

> bien qui appartient *à* la collectivité 공동체의 재산.   affecter une recrue *à* un centre d'instruction 신병을 훈련소에 배치하다.   compter *au* nombre de *qn/qc* …에 속하다.   mettre *qn/qc* *à* l'index …을 요주의 대상[블랙리스트]에 넣다, 위험시하다; 배제[제외]하다.

- Ce livre appartient *à* mon frère.   그것은 내 형의 책이다.
- Cette question appartient *à* la philosophie.   이것은 철학에 속한 문제다.
- Cela n'appartient pas *à* mon sujet.   그 것은 내 문제가 아니다.
- Ce livre est *à* l'index.   이 책은 금서이다.
- Je ne me compte pas *au* nombre de ses amis.   나는 그의 친구에 들지 않는다.
- Je le compte *au* nombre de mes ennemis.   나는 그를 적으로 간주한다.
- Ce procès ressortit *à* la cour d'appel.   이 소송은 고등 법원 관할이다.
- Tout ce qui ressortit *au* cinéma m'intéresse.   나는 영화에 관련된 것이라면 모두 흥미가 있다.

6) ❶ [동사 + 목적어 + à + 명사]

> les superbes peignes d'écaille que l'on voit *aux* femmes de ce pays 그 지방 여인들에게서 볼 수 있는 멋진 조가비 비녀.   une vieillerie qu'il connaissait *à* sa mère 어머니가 가지고 있다는 것을 알고 있는 골동품.   chercher[entendre] finesse *à* *qc* 《문어》 …에 저의가 있다고 생각하다, …을 곡해하다.   ne pas connaître grand-chose *à* *qc* …에 대해서는 별로 아는 것이 없다.   ne rien connaître *à* *qc* …에 대해서는 아무 것도 아는 것이 없다.   découvrir un talent *à* *qn* …의 재능을 찾아내다.   ne pas entendre grand-chose *à* *qc*; n'entendre rien *à* *qc* …에 대해 아는 것이 없다, 정통하지 못하다.   ne pas entendre malice *à* *qc* …을 악의 있는 것으로 보지 않다.   n'avoir rien *à* envier *à* *qn/qc* …에 비해 전혀 부러울 것이 없다, …보다 못하지 않다.   trouver de grandes qualités *à* *qn* …에게서 훌륭한 자질을 발견하다.   ne pas voir malice *à* *qc* …에 악의가 보이지 않다.

- Je *lui* connais plusieurs amis.   나는 그에게 친구가 여럿이 있는 줄 알고 있다.
- Je ne *lui* connais que des qualités.   내가 보기에 그는 장점만을 갖고 있다.
- Tous *lui* envient les richesses.   모두가 그의 부를 부러워한다.
- Ce pays n'a rien *à* envier *au* nôtre.   그 나라는 우리나라보다 못한 것이 없다.
- Il ne reconnaît *à* personne le droit de le critiquer   그는 아무에게도 자기를 비판할 권리를 인정하지 않는다.
- Je ne *vous* reconnais pas le droit de me réprimander en public.   나는 당신에게 공공연하게 나를 질책할 권리를 인정하지 않는다.
- Je ne *lui* savais pas d'ennemis.   나는 그에게 적이 있는 줄 몰랐다.
- Je *lui* trouve mauvaise mine.   그의 안색이 좋지 않은 것 같다.

❷

> ne rien changer *à* ses habitudes 습관을 전혀 바꾸지 못하다.   ne prendre[trouver] aucun goût

> *à* rien 아무 것도 먹고 싶지 않다; 아무런 의욕이 없다.　trouver un sens *à* l'existence 인생의 존재이유를 발견하다.

- Il comprend quelque chose *à* la peinture.　그는 그림을 좀 안다.
- Je ne comprends rien *à* ce qu'il dit.　나는 그가 무슨 말을 하는지 전혀 모르겠다.
- Il n'a rien compris *au* film. 《구어》그는 무슨 일인지[말인지] 전혀 이해하지 못하고 있다.
- Il ne comprend rien *à* rien.　그는 전혀 아무것도 모른다
- Votre proposition ne chengera rien *à* ma décision.　당신의 제안도 나의 결정을 전혀 변경시키지 못합니다.
- Tu a changé quelque chose *à* ta coiffure?　너는 머리 모양을 좀 바꿨니?
- Je ne peut rien *à* cela.　그것은 나로서는 어쩔 수 없다.

❸
> rien d'impossible *à* qc … (하는 것)이 전혀 불가능하지 않다.

- Il y a impossibilité *à* cela.　그것은 불가능하다.
- Rien d'étonnant *à* cela.　그건 별로 놀랄 일이 아니다.
- C'était vraiment facile. Je n'ai aucun mérite *à* cela.　정말로 쉬운 일이라서 저는 상 받을 이유가 없습니다.

❹ [passer *qc* à *qn*]

> passer une faute *à* qn …의 잘못을 눈감아주다.　enfant *à* qui ses parents passent tout 무슨 짓을 해도 양친이 묵인하는 아이.

- Je *vous* passe cela.　그건 눈감아 주겠소.
- Passez-*moi* le mot[l'expression].　실례의 말씀입니다만((거북한 말을 할 때)).

7) [c'est à *qn* de / à *inf*] : …하는 것은 …의 일이다[차례이다].

❶
- C'est *à* elle de chanter.　그녀가 노래할 차례이다.
- C'est *à* eux de prendre leurs responsabilités.　책임은 그들이 져야 한다.
- C'est *à* nous de décider.　우리가 결정을 해야 한다.
- C'est *à* vous de jouer.　당신이 할 차례이다.
- C'est *à* vous de vous excuser.　사과는 당신이 해야 한다.
- C'est *à* vous de juger ce qu'il faut faire.　당신이 무엇을 해야 하는지 판단해야 합니다.
- C'est *à* vous à parler.　당신이 말할 차례가 왔다.
- Ce soir, c'est *à* toi à faire la vaisselle.　오늘 저녁 설거지는 네 차례이다.
- Il a engrené, c'est *à* lui de moudre. 《속담》뿌린 씨는 거두어야 한다.
- La maison est *à* moi, c'est *à* vous d'en sortir.　이것은 내 집이다, 당신이 나가야 한다.

❷ 생략문

· *À* lui de décider.　그가 결정할 것이다.
· *À* qui de faire?　(카드를) 누가 나눌 차례인가?
· *À* vous de jouer.　당신 차례입니다;《**비유·구어**》이제 당신(들)이 나서야 할 때다.
· *À* vous de parler.　당신이 말할 차례입니다.
· *À* vous de servir.　당신이 서브를 넣을 차례요.

8) [c'est + 형용사 + à *qn* de *inf*]

· C'est tellement aimable *à* vous d'être venus nous voir.　친절하게도 우리를 보러 와 주셔서 정말로 감사합니다.
· C'est bien *à* vous de m'inviter.　초대해 주셔서 대단히 감사합니다.
· C'est gentil *à* vous d'être venus.　당신들이 와주시다니 고맙습니다.
· C'est gentil *à* elle de m'avoir écrit.　그녀는 친절하게도 나에게 편지를 써 주었다.
· C'est honteux *à* lui d'avoir agi ainsi.　그가 그렇게 행동한 것은 수치스러운 일이다.
· Cela *m'*est égal de partir.　나는 떠나도 상관없다.

9) [il est + 형용사 + à *qn* de *inf*]

il est pénible *à qn* de *inf* ···하는 것은 ···에게 괴로운 일이다.　il est amer *à qn* de *inf* ···하는 것은 ···에게는 견딜 수 없는 일이다.

· Il *me* serait agréable de vous rencontrer.　만나 뵐 수 있다면 기쁘겠습니다.
· Il *m'*est difficile de vous répondre sans consulter une encyclopédie.　백과사전을 찾아보지 않고는 당신에게 대답해 주기가 어렵군요.
· Il *lui* était parfaitement égal d'être ici ou là.　여기든 저기든 그에게는 전혀 상관없다.
· Il *lui* est facile de refuser.　그에게는 거절하기가 쉽다.
· Il est honteux *à* lui d'avoir agi ainsi.　그가 그렇게 행동한 것은 수치스러운 일이다.
· Il *m'*est loisible de refuser.　나는 내 맘대로 거절할 수도 있다.
· Il *m'*est pénible de devoir partir.　떠나야 하다니 괴롭다.
· Il ne *lui* est pas possible de venir.　그는 올 수 없을 것이다.

3. 직책·직위

appeler *qn à* une fonction[une charge, un poste] ···을 어떤 직위에 임명하다.　être *à* sa place 제자리에 놓여 있다, 적임이다.　mettre *qn à* un poste clé ···을 요직에 앉히다.　présenter *qn à* un emploi ···을 일자리에 추천하다.　rétablir *qn à* sa place ···을 복직시키다.　se tenir[rester] *à* sa place 본분을 다하다.

· Il a été applé *à* un nouveau directeur.　그는 신임 부장으로 임명되었다.
· Ses qualités l'ont appelé *à* ce poste.　여러 가지 자질이 인정되어 그는 그 자리에 임명되었다.

· J'approuve avoir été nommé *à* ce poste.   나는 내가 그 자리에 임명되었음을 시인한다.

4. 대회·경기·놀이

1)

> question qui sort *à* un examen 시험에 나오는 문제.   annoncer[poser]sa candidature *aux* élections 선거에 입후보하다.   appuyer un candidat *à* une élection 선거 입후보자를 지지하다.   arriver sixième *à* la course 경주에서 6번째로 도착하다.   arriver centième *au* Tour de France 프랑스일주 경주에서 100등으로 도착하다.   battre son adversaire *aux* échecs[*au* tennis] 장기[테니스]에서 상대방을 이기다.   échouer *à* la session de juin 학년말 시험에서 실패하다.   être admis *à* un examen 시험에 합격하다.   être reçu *à* l'écrit 필기시험에 합격하다.   être fort *aux* échecs 체스에 강하다.   se faire ratisser *au* jeu 노름에서 빈털터리가 되다.   gagner *à* la Bourse 증권 거래를 해서 돈을 벌다.   gagner beaucoup d'argent *aux* courses 경마에서 많은 돈을 따다.   gagner cent mille euros *au* loto 복권에서 10만 유로가 당첨되다.   gagner le gros lot *à* la loterie 복권에서 특상에 당첨되다.   jouer[parier] *aux* courses 경마에 돈을 걸다.   passer *qn à* la course 경주에서 …을 추월하다.   passer *à* l'examen 시험에 합격하다.   prendre[recevoir] une belle raclée *aux* élections 선거에서 완패를 당하다.   présenter le latin *au* bac 대학입학 자격고사에서 라틴어를 선택하다.   présenter des candidats *aux* élections générales 총선거에 후보자를 내세우다.   se présenter[réussir, échouer] *à* l'agrégation de lettres[mathématiques] 문학[수학] 교수자격시험에 응시하다[합격하다, 떨어지다].   se rattraper *à* l'oral 구두시험으로 실점을 만회하다.   se (re)présenter *aux* élections 선거에 (재)출마하다.   se (re)présenter *à* un examen[concours] 시험에 (다시) 응시하다.   suivre un cheval *aux* courses 경마에서 같은 말에 계속 돈을 걸다.   suivre un numéro *à* la roulette 룰렛 게임에서 계속 같은 번호에 돈을 걸다.   tricher *aux* cartes 카드 패를 속이다.   truander *à* un examen 시험에서 부정행위를 하다.   tuer un animal *à* la chasse 사냥에서 동물을 죽이다.   vaincre *qn à* la course 경주에서 …을 이기다.

· *Au* football, l'obstruction volontaire est de l'antijeu.   축구에서 고의적인 진로 방해는 스포츠 정신에 위배되는 행위다.

· Il est très fort *aux* anneaux.   그는 링종목에 강하다.

· Il a fait second *à* la course de bicyclettes.   그는 자전거 경기에서 2위를 했다.

· Il a fait zéro faute *à* sa dictée.   그는 받아쓰기에서 하나도 틀리지 않았다.

· Il me gagne toujours *aux* échecs.   그는 체스에서 나를 항상 이긴다.

· Le parti a gagné vingt sièges *aux* dernières élections.   당은 지난번 선거에서 20석을 얻었다.

· Il a tout reperdu *au* poker.   포커에서 그는 딴 돈을 모두 다 잃었다.

· Il s'est ruiné *au* jeu.   그는 도박으로 파산했다.

· Le un est sorti *au* loto.   복권놀이에서 1번이 나왔다.

· Son parti a triomphé *aux* élections.   그의 당이 선거에서 압승했다.

2) 명사의 보어

> combinaison *au* jeu (복권) 당첨번호(=martingale).   partenaire *au* bridge 브리지의 파트너.   prise d'un

pion *aux* échecs 장기[체스]에서 졸을 잡기.　raz de marée socialiste *aux* élections 선거에서의 사회당의 급격한 대두.　succès *à* un examen 시험에 합격함, 시험에서의 좋은 결과.　vainqueur du marathon *aux* Jeux olympiques 올림픽 마라톤 종목의 우승자.

· Le succès *aux* dernières élections a raffermi le gouvernement.　지난 번 선거에서의 승리로 인해 정부의 입지가 공고해졌다.

5. 상황 속에서의 위치

1) 동작의 진행·상태·종사 : …하고 있는.

❶ 명사의 보어

animal *au* repos 휴면중의 동물.　machine *au* repos 정지상태의 기계.　muscle *au* repos[*à* l'état de repos] 정지상태의 근육.　bestiaux *à* l'engrais 비육중인 가축.　chasseur *à* l'affût 매복 사냥꾼.　cheval *au* galop 달리는 말.　cheval *au* trot 속보로 가는 말.　chien *à* l'arrêt (짐승의 소재를 알리기 위해) 멈춰선 사냥개.　voiture *à* l'arrêt 정차 중인 차.　corps *à* l'état solide[liquide, gazeux] 고체[액체·기체] 상태의 물체.　étirage des métaux *à* froid 금속의 냉간인발(冷間引拔).　femme *au* travail 직장 여성.　fonctionnaire *à* la retraite 퇴직 공무원.　gens *à* l'aise 살림이 넉넉한 사람들.　laminage *à* chaud[froid] 열연[냉연].　opération *à* chaud 응급수술.　ouvrage *à* l'impression 인쇄 중인 작품.　parti *au* pouvoir 여당.　parents *à* l'écoute de leurs enfants 자녀들의 언행에 신경을 쓰는 부모.　poids net *à* l'empaquetage 450g 포장 상태의 무게 450그램.　poulet *à* la gelée 닭고기 냉육.　prendre[saisir] la balle *au* bond 튀는 공을 잡다; 기회를 포착하다.　siffloter une chanson *à* la mode 유행가를 휘파람으로 불다.　tirer un oiseau *au* vol 날아가는 새를 쏘다.

❷

métal qui se travaille *à* chaud 열가공되는 금속.　prise de sang à faire *à* jeun 공복 상태에서의 채혈.　avoir l'oeil[l'oreille] *au* guet 주의하여 살펴보다[귀를 기울이다].　blaguer *à* froid 얼굴색도 바꾸지 않고 농담하다.　forger le fer *à* froid 쇠를 달구지 않고 벼리다.　prendre[cueillir] un adversaire *à* froid (경기 초반) 몸이 풀리기 전에 상대방을 기습공격하다.　catir une étoffe *à* chaud[froid] 직물을 가열[냉각] 압착하여 윤을 내다.　demeurer *à* l'état latent (병 따위가) 잠복 상태에 있다.　garder[tenir] un plat *au* chaud 요리를 따뜻하게 보관하다.　mettre les choses *au* pis 최악의 경우를 가정하다[생각해 보다].　laisser le vin *au* repos 포도주를 묵히다.　mettre[tenir] *qn au* courant de *qc* …에게 …을 알려주다.　mettre *qn à* la diète …에게 절식하게 하다.　mettre *qc à* la mode …을 유행시키다.　mettre *qn au* parfum de *qc* 《구어》 …에게 …을 알리다.　mettre *qn à* la raison …을 이치를 따져 설득시키다.　mettre *qn à* la retraite …을 (연금을 주어) 퇴직시키다.　se mettre[rester] *au* garde-à-vous 차려 자세를 취하다[자세로 있다].　se mettre *au* port d'armes 총을 메는 자세를 취하다.　se mettre[se jeter, se lancer] *à* la poursuite de *qn* …을 추적 중이다[추적하기 시작하다].　se mettre *au* travail 일에 착수하다.　se mettre *au* volant 운전하다.　opérer *à* chaud 위급한 때에 수술하다.　opérer *à* froid 염증이 없어진 뒤 수술하다.

· Pour démarrer *à* froid, tirez le starter!　예열하지 않고 시동을 걸려면 시동기를 당기세요.

- Raconte, tu nous mets *au* supplice.　어서 말해봐, 우린 궁금해 죽겠어.
- Le temps s'est mis *au* beau.　날씨가 좋아졌다.
- Un journaliste doit rester *aux* écoutes de l'actualité 24h sur 24.　기자는 24시간 내내 최신 정보에 주의를 기울려야만 한다.
- Restez *à* l'écoute.　(전화·방송을) 끊지 말고 기다려 주십시오(= Ne quittez pas l'écoute).

❸

> adjectif[adverbe] *au* comparatif 비교급 형용사[부사].　adjectif *au* superlatif 최상급 형용사.　mot *au* pluriel 복수형의 낱말.　verbe *à* l'indicatif 직설법으로 쓰인 동사.　verbe *à* l'infinitif 부정법 동사.　conjuguer[mettre] un verbe *au* présent[futur] 동사를 현재[미래]형으로 변화시키다.　mettre le verbe *au* pluriel 동사를 복수형으로 하다.

- Ce mot change de genre *au* pluriel.　이 단어는 복수에서 성이 바뀐다.
- "Journal" fait "journaux" *au* pluriel.　journal의 복수는 journaux이다.

❹ [(en) être + à + 명사]

> être *à* l'accul 궁지에 빠져 있다.　être *à* l'affût 숨어 기다리다; 염탐하다(= épier).　être *à* l'agonie 죽어가고 있다, 임종하다.　être *à* l'aise (마음이) 편(안)하다; (태도·옷차림을) 편하게 하고 있다, 어색함이 없다; 거리낌이 없다.　être *à* son aise 안락하다, 편안하다; (생활이) 넉넉하다.　être *à* l'ancre 닻을 내리고[정박하고] 있다.　être *à* l'antenne 방송 중이다.　être *à* la baguette 지휘[감독]하다.　être *au* chômage 실직 중이다.　être *au* courant de *qc/que* + *ind* …을 알고 있다.　être *à* la conversation 대화에 참여하다; 대화에 귀를 기울이다.　être *à* la diète 절식하고 있다.　être *à* (l'article de) la mort 죽음이 임박하다, 죽어가다.　être *à* demi-mort de froid 추워서 죽을 지경이다.　être *à* moitié mort 반송장이다.　être *au* point mort 정체 상태에 빠져 있다.　être *à* l'écoute (방송 따위를) 듣다.　être *à* l'entraînement 훈련 중이다.　être *à* l'étude 검토중에 있다.　être *à* la fête 매우 흡족하다.　être *aux*[*à ses*] fourneaux 요리를 하다.　être *au* gouvernail 키를 잡고 있다; 지도적 지위에 있다.　être *à* jeun 단식 중이다.　être *aux* leviers de commande 지도적 입장에 있다.　être *à* l'oeuvre[*au* travail] 일하고 있다, 작업 중이다.　être *au* parfum 《구어》 감을 잡다, 낌새를 채다.　être tout *à* ses pensées 명상에 잠기다.　être *au* port d'armes 총을 메고 있다.　être *à* la poursuite de *qn* …을 추적 중이다.　être *au* rouge 적자이다; (재정적으로) 어려운 상황에 있다.　être *au* service de *qn* …을 섬기다, 봉사하다.　être *au* supplice 심한 고통을 받다; 몹시 괴로운 처지에 있다.　être *au* téléphone 전화 통화 중이다.　être *au* volant 운전하다.

- Le manuscrit est *à* la frappe.　원고는 타자중이다.
- Il est *à* son travail.　그는 근무 중이다.
- Il en est *à* son troisième whisky.　그는 벌써 위스키를 석 잔째 마시고 있다.
- Ils sont *au* dessert.　그들은 디저트를 들고 있다.
- Les invités étaient tout *à* leur discussion.　손님들이 온통 토론에 정신이 팔려 있었다.
- Le feu était *au* rouge.　신호등은 빨간 불이었다.

· Je suis (tout) *à* votre service.　도와드리지요.

· Nous en sommes *à* la moitié du chemin.　우리는 길을 절반쯤은 온 셈이다.

❺ [être à ce que + *ind*]

· Je suis *à* ce que vous dites.　당신이 하는 말을 귀담아 듣고 있소.

❻ [être / se trouver / rester + à *inf*]

> se trouver *à* jouer dans la cour 마당에서 놀고 있다.

· Il est *à* prendre sa sieste.　그는 낮잠을 자고 있다.

· Ils sont toujours *à* se plaindre.　그들은 항상 불평을 한다.

· Il lui fallait rester des vingt minutes *à* attendre.　그는 20분이나 기다려야 했다.

· Elle est restée des heures *à* regarder la télévision.　그녀를 몇 시간이나 텔레비전을 보면서 보냈다.

· Ne restez pas dehors *à* vous geler.　바깥에서 떨지 말고 들어와요.

· Ne restez pas planté là *à* me regarder.　거기 그렇게 서서 날 쳐다보지 마.

❼ [동사 + 명사 + à *inf*]

> prendre *qn à* voler des pommes …가 사과를 훔치는 것을 잡다.

· Je l'ai attrapé[pris] *à* voler de l'argent.　나는 그가 돈을 훔치는 것을 잡았다.

· Je l'ai repris *à* fouiller dans mes affaires.　나는 소지품을 뒤지고 있는 그를 다시 잡았다.

· On les a surpris *à* s'embrasser.　사람들은 그들이 입맞추고 있는 현장을 발견했다.

· Je l'ai trouvée *à* écrire une lettre.　나는 그녀가 편지를 쓰고 있는 것을 보았다.

2) ❶ [동사 + 명사 + à + 명사]

condamner[mettre] *qn à* l'amende …을 벌금형에 처하다. condamner *qn à* l'exil 유배형을 선고하다. condamner *qn à* mort[*aux* dépens, *aux* travaux forcés] …에게 사형[비용의 부담, 징역]을 선고하다. condamner *qn à* la potence …을 교수형에 처하다. exposer *qn à* la critique …을 비난의 대상이 되게 하다. livrer *qn à* la mort …을 죽게 하다; …을 사형에 처하다. livrer une ville *au* pillage 마을을 약탈하다. mettre une machine *à* l'épreuve 기계의 성능을 시험하다 mettre la patience de *qn à* l'épreuve …의 인내심의 한계를 시험하다. mettre *qc à* étanche …을 물이 새지 않게 하다. mettre *qc à* exécution (계획·명령·결정 따위를) 실행[이행]하다. mettre les boeufs *au* joug 소에 멍에를 씌우다. mettre un devoir[une lettre] *au* net 숙제[편지]를 정서하다. mettre *qn à* la ration …에게 배급제를 시행하다. offrir son corps *aux* coups 때리도록 몸을 내맡기다. offrir le flanc *à* la critique 비난을 사다. soumettre *qn au* contrôle de la police …을 경찰의 감시 하에 두다. soumettre les élèves *à* une discipline rigoureuse 학생들에게 엄격한 규칙을 부과하다. soumettre *qc à* l'examen …을 조사하다.

· L'état de nos finances nous condamne *à* l'austérité.　　현재의 재정 상태는 우리로 하여금 엄격한 생활을 하지 않을 수 없게 만든다.

· Son métier l'expose constamment *au* danger.　　그는 직업상 끊임없이 위험에 처해 있다.

❷ [동사 + 명사 + *à inf*]

> condamner *qn à* rester chez soi 집에 감금하다.　　mettre *qc à* rafraîchir …을 차게 하다.

· On l'a condamné *à* payer une amende.　　그에게 벌금형을 선고했다.

· Ses maladresses l'ont exposé plusieurs fois *à* perdre son poste.　　그의 미숙함이 그가 여러 번 직위를 잃을 위험에 빠뜨렸다.

3) 과정·단계

❶
> *à* un degré éminent 고도로, 특출하게.　　battu par knock-out *à* la cinquième reprise 5회에서 K.O.로 진.　　battre son adversaire *au* sprint 라스트 스퍼트에서 상대를 따돌리다.　　étouffer le mal *au* berceau 나쁜 것을 초기에 없애 버리다.　　en être[rester] *à* l'abc de *qc* … 분야의 초보 단계에 있다.　　n'en être qu'*à* alphabet (예술, 과학 따위가) 초보적이다.　　en être *à* son apprentissage 첫 진출하다, 데뷔하다(= faire ses premières armes).　　être *à* l'aube de *qc* …의 시초에 있다.　　être *à* l'aurore de *qc* …의 초기[여명기]에 있다.　　être[tomber] *au* plus bas degrés de *qc* …의 밑바닥에 있다[떨어지다].　　être *à* bout de patience 더 이상 참을 수 없게 되다.　　être *à* bout de ressources 자금이 바닥나다.　　être *au* bout de ses peines 고통이 끝나가다.　　être *au* comble de la joie 환희의 절정에 있다.　　être *au* dernier[suprême, plus haut] degré de la colère 노발대발하다.　　être *à* moitié mort 반쯤 죽다.　　être *au* stade expérimental 실험단계에 있다.　　ne pas faire les choses *à* moitié[demi] 일을 중도에서 멈추지 않다; 타협하지 않다.　　maintenir la température *au* même degré 같은 온도를 유지하다.　　remplir son verre *à* moitié 잔을 반쯤 채우다.　　se trouver *au* même point que la veille 전날과 똑같은 상태이다.

· *À* ce point de haine, quelle paix sera possible ici?　　증오가 이 정도에 이르렀는데, 여기 그 어떤 평화가 가능하랴?

· *À* quel stade en est-il dans ses études?　　그의 학업은 어느 정도 수준이냐?

· Ils se détestent *au* plus haut point[*au* dernier point].　　그들은 서로를 극도로 미워한다.

· Ma patience est *à* bout.　　내 인내력은 한계에 달했다.

· Il n'est pas *au* bout de ses tribulations.　　그의 고난은 아직 끝나자 않았다.

· Ils sont *à* mi-chemin.　　그들은 가는[오는] 도중이다.

· L'émotion était *à* son comble.　　감정이 절정에 이르렀었다.

· La pièce faiblit *au* dernier acte.　　이 연극은 종막에 와서 시작보다 흥미가 떨어진다.

· Ton avis m'importe *au* plus haut point.　　내게는 네 의견이 극히 중요하다.

❷ 명사의 보어

> le chômage aux États-Unis *au* plus haut depuis quinze ans 15년 이래 가장 높은 미국의 실업.
> cousins *au* deuxième degré 재종, 육촌.　cousins *au* troisième degré 팔촌, 삼종(三從)((quatrième를
> 넘으면 petits-cousins이라 부름)).　fonctionnaire *au* troisième échelon 3급 공무원.　humour *au*
> second degré 바로 이해할 수 없는 유머.　maladie *à* un stade très avancé 많이 진행된 단계의
> 질병.　faire une plaisanterie *au* premier degré 바로 이해할 수 있는 농담을 하다.

3) 동작·상태의 주제 : ⋯하는 데.

❶ [동사 + à + 명사]

> s'attarder *à* des détails sans importance 대수롭지 않은 지엽적인 문제로 시간을 끌다.　bayer *aux*
> chimères 공상에 잠기다.　bayer *aux* corneilles[grues] 멀거니 하늘만 보면서 소일하다, 우두커니
> 시간을 허비하다.　s'échiner *au* travail 일을 하느라 몹시 애쓰다.　exceller *au* tennis 테니스를
> 뛰어나게 잘한다.　servir *à* divers usages 여러 가지 용도로 사용되다.

· Cet outil sert aux porteurs *au* transport de meubles.　이 연장은 짐꾼들이 가구를 옮기는 데 사용한다.

❷ [동사 + 명사 + à + 명사]

> appliquer[apporter, consacrer] toute son énergie *à* qc ⋯에 전력을 기울이다.　apporter de l'attention
> *à* qc ⋯에 주의를 기울이다.　apporter de la passion *à* qc 정열적으로 ⋯하다.　donner du coeur
> *à* l'ouvrage 일에 열의를 보이다.　employer cette somme *à* l'achat d'un piano 피아노 구입에 이
> 금액을 쓰다.　mettre de la persistance *à* qc 끈질기게 ⋯하다.　mettre son zèle *à* qc ⋯에 열성을
> 다하다.　passer trop de temps *à* la parure 치장하는 데 시간이 너무 오래 걸리다.　perdre son
> temps *à* des bagatelles[broutilles, sottises] 쓸데없는 짓에 시간을 허비하다.

· *À* quoi peut-on occuper le temps ici?　여기서 무엇을 하며 시간을 보내죠?
· Il m'a aidé *à* la préparation de mon examen.　그는 내가 시험 준비하는 것을 도와주었다.
· Il a passé tout son temps *à* la lecture.　그는 책 읽는 데 온 시간을 보냈다.
· Elle perd son temps *à* des frivolités.　그녀는 하찮은 일에 시간을 뺏기고 있다.
· Elle prend du plaisir *à* la lecture.　그녀는 독서하는데 즐거움을 느낀다.

❸ [동사 + à *inf*]

> s'avachir *à* ne rien faire 아무것도 하지 않으며 무기력하게 지내다.　s'oublier *à* lire 독서에 몰두하
> 다.　peiner *à* grimper 언덕을 오르느라 애쓰다.

· Il s'est attardé *à* nous raconter tous les détails de l'histoire.　그는 우리에게 그 이야기의 세밀한
　내용을 말하느라 지체했다.
· Il s'est échiné *à* porter cette valise.　그는 그 가방을 운반하느라 몹시 애를 썼다.

· Il excelle *à* peindre le paysage.　그는 풍경화를 잘 그린다.

· Il s'est fait chier pendant trois heures *à* réparer la voiture.　그는 세 시간 동안 차를 수리하느라고 애를 먹었다.

· Cet argent servira *à* payer nos dettes.　그 돈이면 우리가 빚을 갚는 데 도움이 될 것이다.

❹ [동사 + 명사 + *à* *inf*]

> appliquer[apporter, consacrer] toute son énergie *à* *inf* …하는 데 전력을 기울이다.　apporter ses soins *à* *inf* 정성을 들여[신경을 써서] …하다.　avoir de l'appréhension *à* faire *qc* …하는 데 대해 두려움을 느끼다.　avoir avantage *à* *inf* …하는 것이 좋다[유리하다].　avoir du[beaucoup de] plaisir *à* *inf*; éprouver[trouver] du plaisir *à* *inf*; prendre (du[beaucoup de]) plaisir *à* *inf* …하는 데서 (큰) 기쁨을 느끼다.　avoir[se donner] bien de la peine *à* *inf* …하는 데 많은 고생을 하다.　avoir intérêt[trouver son intérêt] *à* *inf* …하는 것이 이롭다.　employer toute une journée *à* rédiger mon courrier 편지를 쓰는 데 온종일을 보내다.　éprouver de la délectation *à* faire *qc* …을 하면서 희열을 느끼다.　éprouver une certaine gêne *à* avaler 삼키기가 힘이 든다.　mettre de l'acharnement *à* *inf* 악착스럽게 …을 하다.　mettre beaucoup d'empressement *à* aider *qn* …을 돕는 데 많은 열의를 쏟다.　mettre de la bonne volonté *à* faire son travail 열의를 가지고 자신의 일을 하다.　mettre de la hargne *à* vaincre 이기려고 투지를 발휘하다.　mettre de la hâte[peu de hâte] *à* *inf* …하기를 서두르다[서두르지 않다].　mettre de la persistance *à* *inf* 끈질기게 …하다.　mettre un soin particulier *à* faire *qc* …을 하는데 각별한 신경을 쓰다.　mettre son orgueil *à* *inf* …하는 것을 자랑스럽게 생각하다.　mettre un[son] point d'honneur *à* *inf* …하는 데에 명예를 걸다.　mettre son zèle *à* faire *qc* …을 열심히 하다.　passer son temps *à* lire 독서하면서 시간을 보내다.　passer sa journée *à* ne rien faire 아무것도 하지 않으며 하루를 보내다.　passer ses journées *à* cancaner 험담으로 소일하다.　passer la veillée *à* faire *qc* …하면서 저녁 식사 후의 시간을 보내다.　prendre de l'amusement *à* *inf* …하면서 즐기다.　trouver[mettre] son bonheur *à* *inf* …함을 낙으로 삼다.

· Il aide son père *à* travailler.　그는 아버지가 일하는 것을 돕는다.

· Il a de la difficulté *à* respirer.　그는 호흡이 곤란하다.

· J'ai mal *à* lire ce manuscrit.　그 원고를 읽기가 어렵다.

· Elle a mis un mois *à* faire ce travail.　그녀는 그 일을 하는 데 한 달 걸렸다.

· Il occupe ses dimanches[tout son temps] *à* pêcher.　그는 일요일을[자기 시간을 모두] 낚시하면서 보낸다.

· Il a passé deux années *à* étudier le français avant d'aller en France.　그는 프랑스에 가기 전에 2년간 프랑스어를 공부했다.

· Tu perds ton temps *à* essayer de le convaincre.　그를 설득하려 해 봤자 시간 낭비다.

· Son père prend du plaisir *à* l'écouter.　그의 아버지는 즐겨 그의 이야기를 듣는다.

❺ [형용사 · 부사 + à *inf*]

demeurer longtemps *à* écrire 편지 쓰는 데 오랜 시간이 걸리다.　être actif *à* défendre ses amis 친구들을 옹호하는 데 적극적이다.　être exact *à* payer ses dettes 어김없이 빚을 갚다.　être expert *à* manier une arme 무기를 다루는 데 능숙하다.　être lent *à* se décider 우유부단하다.　être long *à* s'habiller 《구어》 옷 입는데 늑장부리다.　être unanime *à* condamner une telle attitude 전원이 그러한 태도를 비난하다.

- C'est long *à* venir, cette réponse.　《구어》 답변이 너무 지체된다.
- Cet arbre est long *à* reprendre.　이 나무는 뿌리내리는 것이 더디다.
- Elle est lente *à* s'habiller.　그는 옷 입는 데 느리다.
- Elle a été longtemps *à* finir ce travail.　그녀는 그 일을 오랜 시간에 걸쳐 끝마쳤다.
- Elle est occupée *à* faire la vaisselle.　그녀는 설거지하느라 바쁘다.
- Il a été très rapide *à* exécuter mes ordres.　그는 매우 재빠르게 내 명령을 집행했다.

❻ [il y a + 명사 + à *inf*]

il y a avantage *à* inf …하는 것이 좋다[유리하다].　(il) y a intérêt *à* inf 《구어》 …하는 것이 좋다[바람직하다]((때로 협박의 의미)).　il y a (de l')utilité *à* inf …하는 것이 유익하다.

- Il y a (du) danger *à* faire de la vitesse sur cette route.　그 도로에서 속도를 내는 것은 위험하다.
- Il n'y a pas de déshonneur *à* avouer son échec.　자신의 실패를 인정하는 것은 수치가 아니다.
- Il n'y a pas grand risque *à* agir ainsi.　그렇게 행동하면 별 위험이 없다.
- Il n'y a pas d'inconvénient *à* prendre ce médicament.　이 약은 복용해도 문제가 없다.
- Il y a péril *à* traverser le désert sans avoir suffisamment d'eau.　충분한 물 없이 사막을 횡단하는 것은 위험하다.

4) [수량형용사 · 부정형용사 + à *inf*]

- C'est un des seuls candidats *à* avoir réussi.　그 사람은 관문을 통과한 몇 안 되는 지원자 중 한 명이다.
- Ce n'est pas une ville *à* affriander les étrangers.　그곳은 외국인들을 끌만한 도시가 아니다.
- Elle est la septième *à* partir.　그녀는 7번째로 출발한다.
- Elle était la seule *à* répondre.　그녀만이 유일하게 대답했었다.
- Il serait le dernier *à* vous prêter de l'argent.　그는 당신에게 절대로 돈을 빌려주지 않을 거다.
- Ils sont plusieurs *à* ne pas être d'accord.　그들 몇 명이 동의하지 않았다.
- Jean a été le premier *à* rendre service.　장이 제일 먼저 도와주었다.
- Les ouvriers étaient nombreux *à* faire grève.　파업하고 있는 노동자들이 많았다.
- Nous sommes cinq *à* vouloir partir.　우리 다섯 사람이 출발하고자 한다.
- Combien étaient-ils *à* venir nous voir?　우리를 만나러 온 그 사람들은 몇 명이었니?

5) 추세 · 경향

❶ …의 추세인, 경향인.

> indice *à* la baisse[hausse] 하락[상승]세의 지표   jouer *à* la baisse[hausse] (주식·상품 등의) 값이 내릴[오를] 때 사다[매점하다].   réviser[corriger] *qc à* la baisse …을 하향 조정하다.   spéculer *à* la hausse[baisse] 오를[내릴] 것을 예상하고 투기하다.

· Le chômage est reparti *à* la hausse en avril.   4월에 실업율이 다시 상승하기 시작했다.

❷ [être *à* + 명사]

· À la Bourse, la tendance est *à* la hausse.   주가(株價)가 상승세다.
· Le ciel[temps] est *à* l'orage.   폭풍우가 몰아칠 하늘[날씨]이다; (표정 따위가) 노기를 띠고 있다.
· La flèvre est *à* son décours.   열이 내리고 있다.
· L'or est *à* la baisse.   금 가격이 내리고 있는 추세다.
· Le prix est *à* la hausse.   가격이 오르는 추세다.
· Le soleil est *à* son déclin.   해가 지고 있다.
· Le temps est *à* la pluie.   비가 올 듯하다.
· Le vent est *à* l'optimisme.   형세는 낙관적이다.

6. 정도 · 결과

1) 정도 : …도록, …정도로(= au point de).

❶ [*à* + 명사]

> aimer *qc à* la folie …을 미치도록 좋아하다.   courir *à* perte d'haleine 죽어라 하고 달리다. s'embêter [s'ennuyer] *à* mort 따분해서[지겨워서] 미칠[죽을]지경이다.   haïr *qn à* mort …을 몹시 증오하다.   simplifier *à* l'excès 극도로 단순화시키다.

· Il a été battu *à* mort.   그는 죽도록 맞았다.
· Elles s'en veulent *à* mort.   그 여자들은 서로 죽도록 미워한다.
· Ils ont ri *aux* larmes.   그들은 눈물이 날 정도로 웃었다.

❷ · C'est sérieux *à* ce point-là?   그 정도로 심각해?
· Il ne pensait pas qu'il était malade *à* ce point.   그는 그녀가 그 정도로 아플 것이라고는 생각하지 않고 있었다.
· Il ne s'est jamais senti seul *à* tel point.   그 정도로 외로움을 느껴본 적이 없었다.
· Il ne fait pas froid *au* point de porter un manteau.   외투를 입을 정도로 춥지는 않다.
· Son frère a travaillé *à* tel point qu'il est tombé malade.   그의 형은 일을 너무 많이 해서 병이 났다.
· Est-ce grave *au* point qu'elle soit fâchée?   그것이 그녀가 화를 낼 정도로 대단한 일인가?

❸ [à *inf*]

> à n'en pas[point] douter 틀림없이. à faire pitié 불쌍할 정도로, 가엾게도. à s'en jeter par la fenêtre 《구어》미쳐서 투신할 정도로, 열광적으로. à réveiller les morts (소리 등이) 몹시 시끄러운; (술·음식 따위가) 독한, 맛이 강한. applaudir à tout rompre 떠나갈 듯이 갈채를 보내다. bâiller[rire] à se décrocher[se démonter] la mâchoire 크게 하품하다[웃다]. chanter à faire pitié 민망할 정도로 노래를 못 부르다. conduire la voiture à tout casser 전속력으로 자동차를 몰다. courir à perdre haleine 죽어라 하고 달리다. donner un coup à décorner un boeuf 매우 강한 일격을 가하다. s'ennuyer à périr 몹시 권태롭다. être bouleversé à ne savoir que faire 무엇을 해야 할지 모를 정도로 당황하다. manger à crever 폭식하다. manger à (en) être dégoûté 물리도록 먹다. manger à s'en faire péter la sous-ventrière 실컷[배터지게] 먹다. pleurer à fendre l'âme 비통하게 울다. suer à en mouiller[à en tremper] sa chemise 셔츠가 젖도록 땀을 흠뻑 흘리다.

- Ce spectacle nous ennuie à mourir.　이 공연은 지겨워서 죽을 지경이다.
- C'est à crever de rire.　포복절도할 지경이다.
- C'est à n'y pas croire.　도저히 믿어지지 않을 정도이다.
- C'est à faire pipi (dans sa culotte) ; C'est à pisser de rire[à pisser dans sa culotte]. 《구어》아주 우습다[괴상하다](=C'est très drôle).
- Elle était si maigre que c'était à faire pitié.　그녀는 너무 말라서 불쌍할 정도였다.
- C'est à mourir d'ennui　지겨워서 죽을 지경이야.
- C'est à mourir de rire.　우스워 죽을 지경이다.
- Cette tour est à donner le vertige.　이 고층 건물은 아찔할 정도로 높다.
- Elle est d'une adresse à désespérer un diplomate.　그 여자는 외교관 저리가라 싶게 능수능란하다.
- Il fait une chaleur à crever.　더워서 쪄 죽겠다.
- Il fait un temps à ne pas mettre un chien dehors.　매우 고약한 날씨이다.
- Il fait un vent à décorner les boeufs.　거센 바람이 불다.
- Il ne faut pas manger et boire à s'en faire mourir.　폭식, 폭음을 해서는 안된다.
- Il gèle à pierre fendre.　지독하게 춥다.
- Elle est grandie à ne plus la connaître.　그녀는 알아볼 수 없을 정도로 성장했다.
- Ils se ressemblent à s'y méprendre.　그들은 누가 누구인지 못 알아볼 만큼 서로 닮았다.
- Son frère jumeau lui ressemble à s'y tromper.　그의 쌍둥이 형제는 착각할 정두로 그를 빼닮았다.
- Il me serrait le poignet à le meurtrir.　그는 자국이 날 정도로 나의 손목을 꽉 잡았다.

❹ [명사 + à *inf*]

> alcool à ressusciter un mort (죽은 사람을 일어나게 할 정도로) 아주 독한 술. plat à ressusciter un mort 아주 강한 자극성의 요리. apprentissage à bien mourir 지독한 입문 수업. bêtise à couper au couteau 어처구니없는 바보짓. brouillard à couper au couteau 매우 짙은 안개. bruit[bombe] à tout casser 요란한 소리[향연]. conte[histoire] à dormir debout 터무니없는 이야

기. coup[gifle] *à* tuer un boeuf 통렬한 일격. cris *à* fendre l'âme 《비유》가슴을 찢는 듯한 비명소리. discours[applaudissements] *à* n'en plus finir 한없이 이어지는 연설[박수갈채]. gueule *à* chier dessus 《속어》보기 흉한 얼굴. vin *à* faire danser les chèvres 아주 신 포도주.

❺ [형용사 + *à* *inf*]

chaud *à* étouffer 숨이 막힐 정도로 더운. ivre *à* rouler[tomber] sous la table (테이블 밑으로 굴러 떨어질 정도로) 곤드레만드레가 된. joli *à* croquer 매우 예쁜, 아주 귀여운. laid *à* faire peur[*à* faire fuir] 아주 추한. scène drôle *à* se rouler par terre 포복절도하도록 우스운 장면. valise pleine *à* craquer 터지도록 가득 찬 트렁크. être beau *à* ravir 황홀해질 정도로 아름답다. être bête *à* manger du chardon[foin] 매우 어리석다. être bête *à* payer sa patente 《구어·익살》어쩔 수 없는[소문난] 바보다. être fait *à* peindre (그림같이) 완벽하게 되다. être fou *à* enfermer[lier] 미쳐도 단단히 미치다. être laid *à* faire fuir 몹시 추하다. être malade *à* mourir[crever] 중병이다. n'être pas bon *à* jeter aux chiens 전혀 가치가 없다, 매우 나쁘다. être soûl *à* rouler sous la table 테이블 아래로 굴러 떨어질 정도로 취하다. être triste *à* mourir 죽고 싶을 정도로 슬퍼하다.

· C'est ennuyeux *à* crever. 따분하기 짝이 없다.
· C'est un film triste *à* (faire) pleurer. 그것은 눈물이 날 정도로 슬픈 영화다.
· Il était bouleversé *à* ne savoir que faire 어떻게 해야 할지 모를 정도로 당황해하고 있었다.
· Elle est malade *à* garder le lit. 그녀는 자리에 누울 정도로 아프다.
· Jean est riche *à* rendre jaloux. 장은 질투가 날 정도로 부자다.
· La salle était pleine *à* craquer. 그 방은 초만원이었다.

2) 결과 : …도록, …하게(도).

❶ [*à* + 명사]

à la grande confusion de *qn* …에게 불명예[수치]스럽게(= *à* la honte de *qn*). *à* ma grande joie 매우 기쁘게도. *à* mon grand étonnement 내게 매우 놀랍게도. *à* mon préjudice 나에게 해롭게. *au* préjudice de l'honneur de *qn* …의 명예에 손상을 입히고. *à* notre (grand) stupeur 우리로서는 (정말) 놀랍게도. *à* la stupéfaction de *qn* …에게 놀랍게도. *à* la stupéfaction générale 모두들 깜짝 놀라게. vieilles voitures compressées *à* la casse 고철로 압축된 낡은 차들. battre *qn* *à* terre …을 때려눕히다. battre *qn* *à* plate(s) couture(s) …을 때려눕히다, 완전히 격파하다. blesser *qn* *à* mort …에게 치명상을 입히다. chauffer un métal *au* rouge[*à* blanc] 금속을 빨갛게[하얗게] 되도록 달구다. chauffer *qn* *à* blanc 《구어》…을 몹시 흥분시키다; 몸이 달게 하다. saigner *qn*/*qc* *à* blanc …을 피흘려서 창백하게 하다. être frappé *à* mort 치명상을 입다; 죽을병에 걸리다. mordre les lèvres *au* sang 입술에 피가 나도록 깨물다.

· *À* mon grand désespoir, elle n'est pas venue me voir. 내게 몹시 실망스럽게도 그녀가 나를 보러 오지 않았다.

- *À* ma grande surprise, il n'était pas là.   나로서는 정말 놀랍게도 그가 거기에 없었다.
- Il s'abaisse *à* des compromissions.   그는 비굴하게도 타협을 받아들인다.
- Les faits m'ont conduit *à* cette conclusion.   나는 여러 가지 사실에 근거하여 이와 같은 결론에 도달했다.
- On l'a contraint *au* silence.   그는 침묵을 강요당했다.
- J'ai fait cela *à* ma grande honte.   몹시 수치스럽게도 나는 그것을 했다.
- Son maladie l'a mis *à* plat.   그는 질병으로 쇠약해졌다.
- Il en est réduit *à* la mendicité.   그는 걸식을 할 수밖에 없는 지경에 이르렀다.

❷ [à *inf*]

> s'avancer *à* *inf* 경솔하게 …하기까지 하다.   contraindre *qn* à agir contre son gré …을 자신의 의사에 반하여 행동하도록 하다.   être conduit *à* *inf* …하기에 이르다.

- Il s'abaisse *à* lui demander pardon.   그는 비굴하게도 그에게 용서를 구한다.
- Les accords de Genève ont abouti *à* couper ce pays en deux.   제네바 협약은 그 나라를 둘로 분단시키는 결과를 낳았다.
- J'en arrive[viens] *à* me demander s'il pense ce qu'il dit.   나는 그가 말하는 것이 정말 그의 생각인지를 자문하게 되었다.
- Voici les motifs qui le conduisent *à* écrire cet ouvrage.   이것이 그로 하여금 그 작품을 쓰게 한 동기이다.
- Nous n'en sommes pas *à* le renvoyer.   그를 해고할 단계에까지 이르지 않았다.
- Le pays en est *à* se lever de ses ruines.   그 나라는 폐허를 딛고 일어서게 되었다.
- On a été naturellement porté *à* penser qu'il était parti.   필연적으로 그가 떠났다고 생각하게 되었다.
- La misère l'a réduit *à* quitter le pays.   가난은 그로 하여금 고향을 떠나게 했다.

❸ [à ce que + *ind* / *sub*]

- Les syndicats ont acculé le ministre *à* ce qu'il démissione.   노동조합은 장관이 사표를 내지 않을 수 없게 만들었다.
- Je suis arrivé *à* ce qu'il le reconnaisse.   나는 그가 그것을 인정하도록 했다.
- La misère l'a réduit *à* ce qu'il mendie.   가난은 그로 하여금 걸식하게 했다.

7. 용도·목적

1) 용도 : …을 위한, …하기 위한(= pour).

❶ [à + 명사]

> armoire *à* vêtements 옷장.   assiette *à* poisson[dessert] 생선[디저트] 접시.   atomiseur *à* parfum 향수 뿌리개.   bassine *à* frites 튀김용 냄비.   batteur *à* oeufs 계란 거품기.   bocal *à* poissons rouges 금붕어 어항.   boîte[coffre] *à* bijoux 보석 상자.   boîte *à*[aux] allumettes 성냥갑.

boîte[corbeille, panier] *à* couture[ouvrage] 바느질 상자, 반짇고리.   boîte[houppe] *à* poudre 분갑, 콤팩트.   bouteille *à* encre 잉크병.   brosse *à* dents 칫솔.   brosse *à* habits 옷솔.   cabane *à* lapins 토끼장;《비유》초라한 집; 비좁은 아파트   cabane *à* outils 도구·연장을 넣어 두는 작은 오두막(=cabanon).   cage *à* poules 닭장   cage *à* volailles 가금 우리.   caisse *à* outils 공구상자, 연장통.   camion *à* remorque 견인차.   canne *à* pêche 낚싯대.   canule *à* injection 주사기 바늘. carton[papier] *à* dessin 도화지.   casier *à* hommards[langoustes] 바다가재[큰새우]잡이 통발. casier *à* livres 서가(書架).   cave *à* provision[fromages] 지하의 먹거리[치즈] 저장실.   chaîne *à* neige 스노우 체인.   char *à* foin 건초 수레.   chariot *à* bagages 여행 가방용 운반 수레. chiffon *à* chaussures 구두 닦는 헝겊.   chiffon *à* poussière 총채, 털이게.   citerne *à* mazout 중유탱 크.   compartiment *à* glace 냉동실.   composteur *à* tickets 티켓 개찰기.   compteur *à* gaz[eau] 가스[수도]계량기.   coquille *à* hors-d'oeuvre 오르되브르용 접시.   corbeille *à* papier 휴지통. corde[pince] *à* linge 빨랫줄[빨래집게].   coupe *à* champagne 샴페인 잔.   couteau *à* beurre[pain] 버터[빵] 자르는 칼.   couvert *à* poisson 생선요리용 나이프와 포크   crayon *à* sourcils 눈썹그리는 연필.   cruche *à* eau 물 항아리.   cuiller *à* café[soupe] 채[수프] 스푼.   cuve *à* vin 포도주 통. épingle *à* cravate (보석 달린) 넥타이 핀.   essoreuse *à* salade 샐러드용 야채 탈수기.   étagère *à* livres 책장, 책꽂이.   étui *à* violon 바이올린 케이스.   fard *à* joue 볼연지.   feuille de papier *à* cigarette 궐련을 마는 종이.   filet *à* papillons 잠자리채.   filtre *à* huile 오일필터.   four *à* pain[pâtisserie] 빵굽는[제과용] 화덕.   fourche *à* foin 건초용 쇠스랑[갈퀴].   fourchette *à* dessert[gâteau] 디저트[케이크]용 포크.   fourgon *à* bétail 가축 차량.   gomme *à* crayon[encre] 연필[잉크]지우개.   grenier *à* blé 밀 창고.   hangar *à* marchamdises 상품 창고   kiosque *à* journaux 신문 가판점.   lime *à* ongles 손톱 다듬는 줄.   machine *à* café 카피 자판기.   machine *à* traitement de texte 워드프로세서.   magasin *à* vins 술 저장고.   manche *à* balai 비의 자루; 삐쩍 마른 사람.   manche *à* gigot (넓적다리 고기를 먹을 때) 뼈에 끼우는 손잡이.   manche *à* incendie 소화용 호스.   mare *aux* canards 오리 기르는 연못.   marteau *à* percussion[réflexes] 무릎 반사 신경 검사용 망치.   masques *à* oxygène 산소마스크.   mémoire *à* lecture seule 읽어내기 전용 기억장치.   moule *à* gaufre 와플 굽는 틀.   moulin *à* café[poivre] 커피[후추] 빻는 기계. panier *à* provisions 시장바구니.   papier *à* lettres 편지지.   papier *à* musique 오선지.   parc *à* huîtres 굴 양식장.   passoire *à* thé 차 거르는 기구(=passethé).   pâte *à* pain 빵 반죽.   piège *à* rats 쥐덫.   pierre *à* briquet 부싯돌.   pince *à* escargots 달팽이 요리용 집게.   pince *à* linge 빨래집게.   placard *à* balais 빗자루 함.   places réservées *aux* handicapés[mutilés] 장애인[상이군인] 우선석.   voie réservée *aux* autobus 버스 전용차선.   plat *à* légumes[tarte] 야채[파이]접시. poêle *à* crêpes 팬케이크용 팬.   pot *à* beurre 버터 항아리.   planche *à* dessin 제도판.   planche *à* pâtisserie 밀가루 반죽판.   poudre *à* canon 총포용 화약.   râteau *à* foin 건초용 갈퀴[쇠스랑]. râtelier *à* pipes 파이프 받침대.   réservoir *à* essence (자동차 따위의) 연료 탱크.   sac *à* blé 밀 담는 부대.   sacoche *à* outils 연장 가방.   savon *à* barbe 면도용 비누.   seau *à* glace 얼음톱. serre *à* ananas 파인애플밭[온실].   service *à* café 커피세트.   shampoing[shampooing] *à* moquette 양탄자용 세제.   silos *à* céréales 곡식 사일로.   stérilisateur *à* biberons 젖병 소독기.   support *à* plateau 쟁반 받침대.   tasse *à* café 커피 잔.   tondeuse *à* gazon 잔디 깎는 기계.   tringle *à* rideaux 커튼 봉.   trousse *à* ongles 손톱 손질 기구 세트.   tube *à* essai 시험관.   usine *à* gaz 가스 공장;《비유》매우 복잡한 것.   vaporisateur *à* parfum 향수 스프레이.   vernis *à* ongles

매니큐어.　verre *à* apéritif 아페리티프 잔.　verre *à* dents 양치질 컵.　verre *à* vin 포도주 잔.
verre *à* vitre 창문 유리.　wagon *à* bagages 수하물 차량.　wagon *à* bestiaux 가축운반차.

· La direction réserve ce local *aux* réunions.　회사에서는 이 방을 회의용으로 잡아 두고 있다.

❷ [à + 특정명사]

à dessein de *inf*/que + *sub* 《옛》…하기 위해, …할 목적으로.　*à* cette fin; *à* ces fins 이러한
목적으로, 이러한 목적을 위해.　*aux* fins de *qc* …의 목적으로, …하기 위하여.　*à* seule(s) fin(s)
de *inf*/que + *sub* 오로지 …하기 위해.　*à* telle fin que de raison 정당한 목적을 위해서; 온갖
결과에 대비하여, 필요한 때에 유용하도록.　*à* cet effet 그러한 목적으로(=en vue de cela).
à l'effet de *inf* (법률용어로) …할 목적으로.　*à* cette intention 이러한 목적으로; 그런 목적 때문
에.　*à* l'appui de ses arguments 자기의 논의를 뒷받침하기 위해.　*à* la gloire de *qn/qc* …의
영광을[명예를] 위하여; …을 찬양하기 위하여.　*à* la mémoire de *qn/qc* (묘비명 따위에서)…을
추모하여.　*à* usage d'habitation 주거용의.　*à* l'usage professionnel 전문가용의.　livre *à* l'usage
des étudiants 학생용의 책.　association *à* but lucratif 영리 단체.　discours *à* la louange d'un
héros 영웅을 찬양하는 연설.　acheter *qc* *à* des fins spéculatives 투기의 목적으로 …을 사다.
ignorer l'individu *au* profit de la communauté　공동체를 위해 개인을 무시하다.

· *À* quelle fin?　무엇 때문에, 왜(= pourquoi).
· J'ai acheté ceci *à* votre intention.　당신을 위해 이것을 샀다.

❸ a)

foire *aux* bestiaux 가축 시장.　foire *à* la brocante 고물[골동품]시장.　foire *à* la ferraille 고철
시장.　halle *au* poisson 어시장.　marché *aux* esclaves 노예시장.　marché *aux* fleurs 꽃 시장.
marché *à* la volaille 가금 시장.

b)

arbre *à* caoutchouc 고무나무(= hévéa, landolphia).　arbre *à* fruit 과수.　arbre *à* suif 유지(油脂)
가 나는 나무.　arbre *à* thé 차나무.

c)

mouton *à* laine[viande] 양모용[식용] 양.　vache *à* lait 젖소; 《비유》 사람들에게 이용당하는
사람.　ver *à* soie 누에.

d)

boîte *à* malice[surprise] 도깨비 상자.　sac *à* malice (요술쟁이의) 요술 주머니.

❹ [à *inf*]

> aiguille *à* coudre[tricoter] 바느질[뜨개] 바늘.　bois *à* brûler 장작.　chambre *à* coucher 침실.
> chanson *à* boire 권주가.　chausse *à* filtrer 여과용 헝겊 깔때기.　cire *à* cacheter 봉랍(封蠟).
> ciseaux *à* cranter 톱니가위.　coton *à* démaquiller 화장용 솜.　couteau[fourchette] *à* découper
> 고기를 자르는 칼[포크].　couteau *à* raser 면도칼.　crème[huile] *à* bronzer 썬텐크림[기름].
> crème *à* raser 면도크림.　fer *à* friser 머리인두, 헤어아이언.　fer *à* souder 용접용 인두.　fil[coton]
> *à* broder 자수용 실[면].　fil *à* couper le beurre 버터절단용 실.　machine *à* laver[coudre] 세탁기
> [재봉틀].　machine *à* centrer 축 구멍을 뚫는 공구.　machine *à* perforer 펀치.　machine *à* sonder
> les fonds marins 해저의 깊이를 재는 기계.　métier *à* tisser 베틀.　mousse *à* raser 면도용 무스.
> outils *à* travailler le bois 목공도구.　pâte *à* frire 튀김 가루 반죽.　pierre *à* aiguiser 숫돌
> (=aiguisoir).　pince *à* épiler 족집게.　pierre *à* bâtir 건축용 석재.　pommes *à* cuire 가공용
> 사과.　pommes *à* croquer 생식용 사과.　robe *à* danser 무용복.　terrain *à* bâtir 건축용 부지.
> planche *à* laver 빨래판.　planche *à* repasser 다림질판.　poêle *à* frire 튀김용 냄비; 프라이팬.
> poudre *à* laver 분말 세제.　presse *à* imprimer 인쇄기.　salle[《스위스》 chambre] *à* manger 식당.
> tour *à* décolleter 나사 홈을 깎는 선반.

❺ [형용사 + à + 명사]

> animaux utiles *à* l'homme 인간에게 유익한 동물.　homme[outil] qui n'est bon *à* rien 아무짝에도
> 쓸모없는 사람[도구].　qualités nécessaires *à* cet emploi 이 일에 필요한 자질.　station favorable
> *à* la croissance de la lavande 라벤더 성장에 유리한 서식지.　terrains propres *à* la construction
> 건설용으로 적합한 토지.

- Puis-je vous être bon *à* quelque chose?　제가 도와 드릴 일은 없습니까?
- La nutrition est essentielle *à* la vie.　영양섭취는 생명을 유지하는 데 필수적이다.
- Aujourd'hui, le pétrole est indispensable *à* la vie quotidienne.　오늘날 석유는 일상생활에 없어서는 안된다.
- Ces notes sont utiles *à* la compréhension de l'oeuvre.　이 주석들은 작품의 이해에 유익하다.

❻ [형용사 + à *inf*]

> bois bon *à* faire du feu. 불을 피우기에 좋은 나무.　endroit propice *à* camper 야영하기에 적합한
> 장소.　machine commode *à* manier 다루기 편한 기계.　mesure destinée *à* ralentir l'inflation
> 인플레이션 억제 조치.

2) [특정동사 + 명사]

❶
> aller *au* bois 나무하러 가다.　aller *au* bowling 볼링 하러 가다.　aller *au* catéchisme 교리 교육을

받으러 가다. aller *aux* champignons 버섯 따러 가다. aller *à* la chasse[la pêche] 사냥[낚시]하러 가다. aller *à* la découverte 탐험[정찰]하러 가다. aller *à* la défense de *qn/qc* …을 지키러 가다. aller *aux* fraises 딸기를 따러가다; 《**비유**》 연인끼리 숲속으로 놀러가다. aller[partir] *à* la guerre 출정하다. aller *aux* informations 문의하러 가다. aller *aux* nouvelles 정보를 얻으러 가다; 정찰하러 가다. aller *au* pain 《**구어**》 빵을 사러가다 (= aller l'acheter). aller *aux* provisions 장보러 가다. aller *aux* pâquerettes 들로 꽃을 꺾으러 가다; 《**구어**》 (자동차가) 길에서 이탈하다. aller *aux* renseignements 정보[자료] 수집하러 가다; 문의하다. aller[venir] *à* la rescousse de *qn* …을 도우러 가다[오다]. aller *à* la soupe 밥 먹으러 가다; (무슨 돈이든 관계없이) 돈 나오는 곳을 이용하다. aller *au* travail; 《**구어**》 aller *au* turf; 《**옛·속어**》 aller *au* turbin 일하러 가다, 출근하다. aller *aux*[《**옛**》 *à*] vêpres 저녁 예배에 참석하다. envoyer du linge *au* blanchissage 세탁물을 세탁소에 보내다. grimper *à* l'assaut de *qn/qc* …을 공략하기 위해 기어오르다. partir *à* la poursuite du voleur 도둑을 추적하기 시작하다. venir *à* la rencontre de *qn* …을 만나러 가다. voler *au* secours de *qn* …을 구하러 달려가다.

· Ils sont accourus *à* notre aide.   그들은 우리를 돕기 위해 달려왔다.
· Venez vite *à* notre aide.   빨리 와서 우리를 도와주시오.

❷

boire *à* la santé de *qn* …의 건강을 위해 마시다.   trinquer *à* la santé de *qn* …의 건강을 위해 건배하다.

· Nous allons boire *à* votre succès.   당신의 성공을 위해 건배하겠소.

❸ 생략문
 · *À* l'aide!   도와 줘요!
 · *À* l'attaque!   공격!
 · *À* la (《**구어**》 bonne) nôtre!   건배.
 · *À* votre santé! ; *À* la (《**구어**》 bonne) vôtre!   당신의 건강을 위해 (건배)!
 · *À* ta santé! ; *À* la tienne!   네 건강을 위해 (건배)!

3) 의무·필요 : …해야 할.
 ❶ [명사 + à *inf*]

chocolat *à* croquer 판(板)초콜릿.   chololat *à* cuire (끓여서 마시는) 코코아; 가공용 초콜릿. comprimé *à* sucer 빨아먹는 정제.   enfants *à* nourrir 부양해야 할 자식들.   exemple *à* suivre[fuir, éviter] 따를만한 할 (좋은)[피해야 할 (나쁜)] 본보기.   fils *à* marier 결혼시켜야 할 아들.   gomme *à* mâcher 껌(=chewing-gum).   lettre *à* poster 부쳐야 할 편지.   maison *à* louer[vendre] 세놓을[팔] 집.   manque *à* gagner 놓쳐버린 돈벌이; 벌 수도 있었는데 놓쳐버린 돈.   médicament *à* prendre par voie buccale 복용약.   ouvrages *à* consulter 참고문헌.   plat *à* brunir 전자레인지로 데워먹는 음식.   plat *à* emporter (집으로) 가져가서 먹는 요리.   plat *à* consommer sur place 가져가지

않고 먹는 요리.   rien *à* signaler 특기할 만한 것이 없음.   secteurs *à* rénover 재개발 예정 구역. soins *à* donner aux asphyxiés 질식자 소생 처치.   sommes *à* verser au fisc 세무서에 납부해야 하는 금액.   spectacle *à* ne pas manquer 놓치기 아까운 볼거리.   tabac *à* chiquer 씹는담배. type de l'erreur *à* ne pas faire 범해서는 안 될 실수의 표본.   vin *à* servir frais 차갑게 해서 마시는 포도주.   zone *à* urbaniser en priorité 도시계획 우선지구(Z.U.P.).   apprêter une surface *à* peindre 페인트칠을 할 면을 매끄럽게 하다.   avoir d'autres chats[chiens] *à* fouetter 다른 할 일이 있다, 보다 중요한 일이 있다.   n'avoir qu'un geste *à* faire pour *qc* …을 쉽게 손에 넣을 수 있다. avoir[donner] du grain *à* moudre 생각할 거리를 갖다[주다].   n'avoir rien *à* cirer 《구어》 아무런 관심도 없다.   n'avoir rien *à* croûter 《구어》 먹을 것이 없다.   n'avoir rien *à* perdre mais tout *à* gagner 더 이상 나빠질 것[잃을 것]이 없다.   donner la bourse *à* garder au larron 도둑에게 돈을 지키게 하다; 고양이에게 생선을 맡기다.   donner du fil *à* retordre *à* *qn* …을 골치아프게 만들다, …에게 난처한 일을 맡기다.   donner son linge *à* blanchir 빨래거리를 맡기다.   se donner un but *à* atteindre 달성해야 할 목표를 설정하다.   être indécis sur le parti *à* prendre 태도를 결정 하지 못하다.   laisser un travail *à* faire *à* *qn* ...에게 할 일을 맡기다.

- Elle a deux lettres *à* écrire.   그녀는 편지 두 장을 써야 한다.
- J'ai encore un an *à* tirer.   《구어》 나는 아직도 1년을 더 때워야 해.
- J'ai plusieurs choses *à* vous dire.   몇 가지 드릴 말씀이 있습니다.
- J'ai trop de choses *à* faire.   나는 할 일이 너무 많다.
- J'ai une proposition *à* vous faire.   당신에게 제안할 것이 있습니다.
- N'avez-vous rien *à* déclarer   신고할 물건 없습니까?
- Il n'y a pas un instant *à* perdre.   지체할 시간이 없다.
- Il n'y pas une virgule *à* changer.   한 자도 바꿀 데가 없다.
- Il n'y a plus grand-chose *à* faire.   더 이상 해야 할 큰 일이 없다.
- Il n'y a plus rien *à* manger.   먹을 것이 하나도 남아 있지 않다.
- Il n'y a rien *à* frire.   《구어 · 비유》 이익이 없다; 할 일이 없다.
- C'est un boulet *à* traîner.   주체하기 힘든 일[사람]이다.
- C'est une chance *à* saisir.   놓치지 말아야 할 기회이다.
- C'est un jour *à* marquer d'une pierre blanche.   아주 운 좋은[성공적인] 날이다.
- C'est[Ce n'est pas] la mer *à* boire.   그것은 어림없는[어렵지 않은] 일이다.
- C'est pas des choses *à* dire[faire].   《구어》 그것은 할 말[짓]이 아니다.
- C'est le prix *à* payer pour réussir.   그것은 성공하기 위해 치러야 할 대가이다.
- Quelle est la procédure *à* suivre pour se faire naturaliser?   귀화하기 위해 밟아야 할 수속이 무엇입 니까?
- Je lui ai laissé ma voiture *à* réparer.   나는 그에게 내 차 수리를 맡겼다.

> ☆ 명사가 대명사화 되면 과거분사는 대개 불변이나 일치시키기도 함.

- Cette tâche, on me l'a donné(e) *à* exécuter.   그 임무가 내게 부여되었다.

❷ 생략문

- *À* consommer avant juin 98   유효기간 98년 6월까지.

❸ 부사와 함께

> avoir fort *à* dire[faire] 할 말[일]이 많다.   en avoir long *à* conter 《구어》 말하자면 길어지다, 할 애기가 많다.

- Il n'y a pas gras *à* manger.   먹을 것이 별로 없다.
- Il y a beaucoup *à* supprimer dans ce texte.   이 텍스트에는 지워버려야 할 부분이 많다.
- Il y a plus *à* y gagner qu'*à* y perdre.   그렇게 해서 잃는 것보다 얻는 것이 더 많다.
- Elle a beaucoup *à* faire.   그녀는 할 일이 많다.
- J'ai trop *à* faire, je n'en sors pas.   나는 너무 할 일이 많아서 거기서 헤어나지 못하고 있다.
- Il me reste beaucoup *à* faire.   나에게는 아직 해야 할 일이 많다.

❹ [être / rester + à *inf*] : …할 대상이다, …할만하다.

> être *à* encadrer 《구어·비꼼》 액자에 넣어서 장식해 둘 만하다, (모습·주장·이야기 따위가) 기이 [엉뚱]하다.   n'être pas *à* prendre avec des pincettes 몹시 더럽다; 성격이 나쁘다, 사귀기 어렵다.

- S'agissant des salaires, une décision est *à* prendre.   봉급에 관해서는 어떤 결정이 내려져야 한다.
- Ce travail est *à* refaire.   이 일은 다시 해야 한다.
- C'est *à* craindre.   그건 걱정스러운 일이다.
- C'est *à* prendre ou *à* laisser.   사든지[받아들이든지] 말든지 양단간에 결정해야 합니다.
- C'est *à* voir.   두고 보아야 할 일이다.
- Ce n'est pas *à* considérer.   그것은 고려[생각] 안해도 된다.
- Ce n'est pas *à* croire.   믿어지지 않는다.
- Cette villa est *à* vendre.   그 별장은 팔 것이다.
- Il est plus *à* plaindre qu'*à* blâmer.   그는 비난보다는 동정을 받아야 할 사람이다.
- Le lieu et l'heure de la réunion restent *à* déterminer.   모임의 장소와 시간은 아직 미정이다.
- S'il a raté son examen, il n'est pas *à* plaindre.   그가 시험에 떨어진 것은 자업자득이다.
- Tout reste *à* faire.   모든 것이 이제부터이다, 문제가 산적해 있다.
- Une trois mille euros restaient *à* payer.   지불해야 할 돈이 3천 유로 남았다.

❺ 비인칭

> il serait *à* désirer que + *sub* …하는 것이 바람직하다.

- Il est *à* craindre que cela ne se reproduise.   그런 일이 재발할 우려가 있다.

4) [à + 자동사; à + faire + 동사]

❶
les années passées et celles *à* venir 지나간 세월과 다가올 세월.   générations *à* venir 미래의 세대.   siècles *à* venir 앞으로 다가올 세기.   enfant *à* naître 태아.   histoire *à* faire frémir 오싹한 이야기.   n'avoir pas le coeur *à* rire 웃을 기분이 아니다.

- C'est *à* faire frémir!   무시무시하군!
- C'est *à* gerber. 《**구어**》 구역질난다.

❷ 생략문

- *À* paraître prochainement   근간(近刊).

❸ a) · Le médecin lui donne trois mois *à* vivre.   의사에 말에 따르면 그는 석 달밖에 살지 못할 것이라고 한다.

b)

vente *à* livrer[emporter] 배달[비(非)배달] 판매.

c)

maître *à* penser 지도적 사상가.

5) 부정법과 함께 직접목적보어 역할(=quelque chose à *inf*, de quoi *inf*)

apprêter *à* manger 식사 준비를 하다.   avoir[trouver, voir] *à* redire à *qc* …의 흠을 잡다, …을 비난하다.   donner *à* goûter aux enfants 아이들에게 간식거리를 주다.   donner à *qn* à manger …에게 먹을 것을 주다.   donner *à* entendre 암시[시사]하다.   donner *à* parler[rire] 화젯거리[웃음거리]가 되다.   donner [laisser] *à* penser 생각하게 하다, 생각할 여지가 있다.   donner *à* téter à son enfant 아이에게 젖을 빨게 하다.   offrir *à* boire à tout-venant 누구에게나 음료를 대접하다.   offrir *à* rire 웃음거리가 되다.   payer[offrir] *à* boire à *qn*《**구어**》…에게 술을 한잔 사다.   trouver *à* glaner 주울만한 이삭을 발견하다.   trouver *à* gagner sa vie 생계를 꾸려갈 방도를 찾아내다.   trouver *à* se procurer de l'argent 돈을 구할 수 있게 되다.   verser généreusement *à* boire 음료를 넘치게 따라주다.

- Apportez-moi *à* boire.   무엇이든 마실 것 좀 갖다 주세요.
- Il n'a pas *à* se plaindre.   그는 불평할 처지가 아니다.
- Ce travail laisse *à* désirer.   이 일은 만족스럽지 못하다.
- Je te laisse *à* deviner sa réaction.   그의 반응이 어땠는지 네가 알아맞춰 봐.
- Tu me paies *à* dîner?   저녁 값을 내겠니?
- Elle leur a servi *à* manger[boire].   그녀는 그들에게 먹을[마실] 것을 대접했다.
- On ne trouve pas facilement *à* se distraire ici.   여기서는 쉽게 기분전환할 거리가 없다.
- Verse-moi *à* boire.   내게 마실 것 좀 따라주렴.

6) ❶ [il y a à *inf*]

  · Il y a *à* boire et *à* manger là-dedans.　그 안에는 마실 것과 먹을 것이 있다.

  · Il y avait *à* boire et *à* manger à discrétion.　실컷 마시고 먹을 수가 있었다.

  · Il y a *à* boire et *à* manger dans cette affaire.　이 일에는 좋은 점도 있고 나쁜 점도 있다.

❷ [Il n'y a pas à *inf*] : …할 필요가 없다.

  · Il n'y a pas *à* chiquer.　《**구어·속어**》환상을 품어서는 안 된다 ; 주저해서는 안 된다.

  · Il n'y a pas *à* dire, elle a gagné.　두말할 것 없이 그녀가 이겼다.

  · Il n'y a pas *à* hésiter.　주저할 것 없다, 뻔한 일이다.

  · Il n'y a pas *à* s'inquiéter.　걱정할 것 없다.

❸ 생략문

  · Y a pas *à* chier.　《**구어·속어**》뻔한 일이다 ; 그것은 어쩔 수 없는 일이다.

8. 부여·부과·기여

1) [동사 + à + 명사]

se consacrer *à* une tâche 어떤 일에 몰두하다.　contribuer *aux* dépenses du ménage 가계비를 일부 분담하다.　se donner *à* sa patrie[ses enfants] 조국을[자녀를] 위해 헌신하다.　se donner *à* son travail 일에 전념하다.　se livrer *à* un travail[*à* l'étude] 일[공부]에 전념하다.　participer *au* succès d'une entreprise 기업의 성공에 기여하다.　se sacrifier *à* une idée[*à* une noble cause] 이념을[고결한 대의를] 위해 자신을 바치다.　se vouer *à* l'étude des questions sociales 사회 문제 연구에 헌신하다.

2) [동사 + 명사 + à *qn/qc*]

accorder une amnistie *à qn* …에게 사면을 내리다.　accorder[donner, offrir, prêter] son appui *à qn* …을 지지[원조]하다.　accorder[donner] son pardon *à qn* …을 용서하다.　allotir les terres *aux* héritiers 상속인에게 토지를 나누어주다.　appliquer[donner, flanquer] une gifle[un soufflet] *à qn* …의 뺨을 때리다.　apporter des facilités *à qc* …을 용이하게 하다(=faciliter).　apporter sa pierre[son tribut, son écot] *à* l'édifice 공헌[기여]하다.　apporter[offrir, prêter] son aide *à qn* …을 도와주다.　apporter son soutien *au* gouvernement 정부를 지지하다.　assigner un emloi *à qn* …에게 일자리를 제공하다. assigner des limites *à* une activité 활동에 한계를 정하다.　attacher[attribuer] de l'importance *à qc* …을 중시하다.　attribuer une part *à* un héritier 어떤 상속인에게 몫을 할당하다.　concéder un privilège *à qn* …에게 특권을 부여하다.　conférer un certain sens *à qc* …에 어떤 의미를 부여하니.　consacrer son énergie[temps] *à* une tâche 어떤 일에 정력[시간]을 바치다.　décerner un prix[une décoration] *à qn* …에게 상[훈장]을 수여하다.　donner des poupées *aux* enfants. 아이들에게 인형을 주다.　donner le jour *à qn* …을 태어나게 하다.　donner naissance *à* une polémique 논쟁을 일으키다. donner[prêter, porter] son assistance *à qn* …을 도와주다.　donner des limites *à qc* …에 제한을 가하다.

faire la charité *à qn* ⋯에게 동냥을 주다[적선하다].　faire *à qn* le plaisir de *inf* ⋯에게 ⋯하는 기쁨을 주다.　faire[offrir] des sacrifices *aux* dieux 신들에게 희생을 바치다.　faire la charité *à* un mendiant 거지에게 적선하다.　faire[offrir] un cadeau[présent] *à qn* ⋯에게 선물을 하다.　faire un vaccin *à* un enfant 아이에게 백신[예방] 접종을 시키다.　faire une offrande *à* une oeuvre de bienfaisance 자선사업에 기부를 하다.　impartir un délai de deux semaines *à qn* ⋯에게 2주일의 유예 기간을 주다. imposer un lourd tribut *au* vaincu 패전국에 과중한 공물을 부과하다.　infliger une amende *à qn* ⋯을 벌금형에 처하다.　infliger[donner] un blâme *à* un fonctionnaire 공무원을 징계하다.　laisser le choix *à qn* ⋯에게 선택권을 주다.　laisser son bien *à* ses héritiers 재산을 상속자에게 물려주다.　livrer [donner] passage *à qn* ⋯에게 길을 내주다.　ménager une surprise *à* un ami 친구에게 줄 뜻밖의 선물을 마련해 두다.　mettre des[ses] souliers *à qn* ⋯에게 신발을 신기다.　mettre un pansement *au* blessé 부상자에게 붕대를 감아주다.　offrir un bouquet de fleurs *à qn* ⋯에게 꽃다발을 주다. offrir ses victimes *aux* dieux 신에게 제물을 바치다.　partager la tâche *aux* ouvriers 일을 일꾼들에게 분담시키다.　passer l'appareil *à qn* ⋯에게 전화기[수화기]를 건네주다.　passer la parole[le volant] *à qn* ⋯에게 발언권[핸들]을 넘겨주다.　passer les pouvoir *à qn* ⋯에게 권력을 이양하다.　prêter de l'argent *à qn* ⋯에게 돈을 빌려주다.　restituer *à qn* son honneur ⋯의 명예를 회복시켜 주다. sacrifier un animal *à* la divinité 신에게 짐승을 제물로 바치다.　servir une rente *à qn* ⋯에게 연금을 지급하다.　soumettre une question *à* la décision de *qn* 문제의 해결을 ⋯의 결정[판정]에 맡기다. transmettre un message *à qn* ⋯에게 메시지를 전하다.　valoir une réputaion *à qn* ⋯에게 명성을 얻게 하다.　verser une allocation *aux* gens âgés 노인들에게 수당을 지급하다.　vouer sa jeunesse *à* l'étude 젊음을 연구에 바치다.　vouer un temple *à* Dieu 신에게 신전을 봉헌하다.

· Il a acheté une bicyclette *à* son petit-fils.　손자에게 자전거를 사주었다.

· Elle a apporté trois lettres *à* son mari.　그녀가 그의 남편에게 세 통의 편지를 가져다주었다.

· L'artiste a donné libre cour *à* sa fantaisie.　그 예술가는 창조성을 마음껏 발휘했다.

· Le garçon a jeté une banane *au* singe.　그 소년은 원숭이에게 바나나를 하나 던져 주었다.

· Il a livré sa vie *à* la science.　그는 전 생애를 학문에 바쳤다.

· Mettez un astérisque *à* ce mot.　그 단어에 별표를 하시오.

· Il a procuré un appartement *à* son fils.　그는 아들에게 아파트를 한 채 얻어주었다.

3) 생략문

· *À* chaque saint son offrande.　《속담》 성공을 하기 위해서는 요로에 뇌물을 안겨주어야 한다.

· *À* nous la liberté!　우리에게 자유를!

· *À* tout péché miséricorde.　《속담》 남의 잘못을 용서할 줄 알아야 한다.

· *À* tout seigneur tout honneur.　《속담》 지위에 맞게 마땅한 예우를((자주 빈정대는 뜻으로 사용)).

· *À* vous l'honneur!　(운동 경기에서 상대방에게) 먼저 하시지요!

· Affectueux[meilleurs] souvenirs *à* votre frère.　당신 형에게 안부 전해 주십시오

· Bonne année. − Et *à* vous pareillement.　새해 복 많이 받으세요. − 당신께도 같은 인사를 드립니다.

· Mon bon souvenir *à* votre soeur.　당신 누이에게 안부 전해주세요

· Paix *à* leurs cendres!　죽은 자를 중상(中傷)하지 말자!

- Place *aux* jeunes!　젊은이들에게 활동무대를!
- Salut *à* tous!　여러분 모두 안녕!

4) 명사의 보어

affectation d'une part du budget *à* l'aménagement des environnements 환경 정비를 위한 일부 예산의 할당.　aide *aux* pauvres 빈민 구제.　apport de la France *à* la philosophie 철학에 미친 프랑스의 기여.　attribution d'un rôle *à* un acteur 배우에게 어떤 역할을 맡기기.　complément *à* un ouvrage 작품의 보완물((보유, 부록 따위)).　contribution *à* une entreprise 기업에 한 출자.　denier *à* Dieu 이사할 때 문지기에게 주는 팁.　cotisation *à* une association 협회 회비.　message télévisé du président de la République *à* la nation 대통령의 대국민 TV 특별 담화.

5) 헌정

❶ *à* mes parents 부모님께.　*à* ma femme bien-aimée 사랑하는 아내에게.　chanson *à* lui dédiée 《문어》 그에게 바쳐진 노래.　hymne *à* l'amour 사랑의 찬가.　monuments *aux* morts 위령비. dédicacer un livre *à* un ami 책을 친구에서 헌정하다.　dédier ses biens *aux* bonnes oeuvres 자선 사업을 위해 재산을 바치다.

❷ 《문어》 [à + 강세형대명사 + 과거분사 / 형용사]

chanson *à* lui dédiée 그에게 바쳐진 노래.　une lettre *à* lui adressée 그에게 부쳐진 편지.

9. 탈취 · 이탈 · 출처

1) [동사 + à + 명사]

s'arracher *à* un cercle vicieux 악순환에서 빠져 나오다.　se cacher *aux* yeux de tout le monde 누구의 시선에도 띄지 않다.　couper *à* une corvée 《구어》 고역을 면하다.　se dérober *aux* regards 사람의 눈을 피하다.　échapper *à* ses gardiens 간수들을 따돌리다.　se ressourcer *aux* philosophes grecs 그리스 철학자에게서 근원적인 가치를 찾다.　se soustraire *au* danger 위험을 피하다.　se soustraire *aux* yeux[*aux* regards, *à* la vue] de qn ⋯의 눈[시선]을 피하다.

- L'oeuvre d'art échappe *à* son créateur.　예술작품은 창조자의 손을 벗어난다.
- On n'échappe pas *à* son destin!　자신의 운명에서 빠져나올 수가 없다.

2) [동사 + 명사 + à + 명사]

acheter un objet d'art *à* un antiquaire 골동품 주인에게서 예술품을 사다.　arracher qn *à* la misère[*à* un danger] ⋯을 가난[위험]으로부터 벗어나게 하다.　arracher qn *au* sommeil[*à* ses rêves] ⋯을 잠[꿈]에서 깨어나게 하다.　confisquer qc *à* qn ⋯로부터 ⋯을 몰수[압수]하다, 빼앗다.　couper les cheveux à qn …의 머리를 깎다.　dérober une montre à qn …의 시계를 훔치다.　emprunter un livre à la bibliothèque 도서관에서 책을 대출하다.　enlever un sac à qn …의 핸드백을 빼앗다.　escroquer de l'argent à qn …에게서 돈을 빼앗다.　extorquer à qn de l'argent …에게서 금전을 갈취하다.　extraire un secret à qn …에게서 비밀을 캐내다.　faire passer à qn le goût …의 입맛이 가시게 하다.　filouter un montre à un passant 행인의 시계를 소매치기 하다.　ôter la vie à qn …의 생명을 빼앗다.　prendre de l'argent à la banque 은행에서 돈을 인출하다.　puiser de l'eau à la fontaine[au puits] 샘[우물]에서 물을 긷다.　ratiboiser deux mille euros à qn …에게서 2천 유로를 빼앗다[훔치다].　ratisser un portefeuille à qn …의 지갑을 훔치다.　ravir de l'argent à qn …의 돈을 빼앗다.　retirer ses harnais à un cheval 말의 마구를 떼다.　retirer un enfant à ses parents 아이를 부모에게서 떨어지게 하다.　retrancher deux mille euros à qn par mois …에게 매달 2천 유로를 걷어가다.　rogner les griffes à un chat 고양이의 발톱을 깎아주다.　soustraire de l'argent à qn …에게서 돈을 사취하다.　soustraire 4 à[de] 9 9에서 4를 빼다.　soutirer de l'argent à qn …에게서 돈을 우려내다.　subtiliser une lettre à qn …의 편지를 (몰래) 가로채다.　supprimer les sorties aux soldats 병사의 외출을 금지하다.　tirer des larmes à qn …을 울리다, 감동시키다.　voler un portefeuille à un passant 행인의 지갑을 훔치다.

· Elle a acheté des fleurs à une fille.　그녀는 소녀에게서 꽃을 샀다.
· On l'a arrachée toute petite à sa mère.　사람들은 그녀가 아주 어렸을 때 엄마로부터 떼어놓았다.
· Cela lui coûte sa tranquillité.　그것은 그에게서 마음의 평정을 앗아갔다.
· Il m'a pris mille euros pour ces réparations.　그는 수리비용으로 내게 천 유로를 받았다[요구했다].

3) 명사의 보어

achat au marchand 상인으로부터의 구매.　arrachement d'un enfant à sa mère 아이를 엄마로부터 떼어놓기.　emprunts à l'anglais 영어에서 온 차용어.　emprunt à la banque 은행으로부터의 대출.　retenue à la source (세금의) 원천징수.　retrait d'argent à la banque 은행에서 돈을 인출하기.

10. 결합 · 첨가 · 참여

1) [동사 + à + 명사]

pneu qui colle à la route 접착력이 좋은 타이어.　substance qui s'incorpore aisément à une autre 다른 물질에 쉽게 혼합되는 물질.　idées qui se lient les unes aux autres 서로 연결되어 있는 생각.　palan qui se rattache à un câble 밧줄에 매여 있는 도르래.　adhérer à un syndicat 조합에 가입하다.　s'adjoindre à une troupe 한 무리가 되다.　s'affilier à un parti 정당에 가입하다.　s'agréger à une troupe de théâtre 극단에 들어가다.　aller à la messe 미사에 나가다[참석하다].　aller[participer] à une manifestation 시위에 참가하다.　s'allier à une grande famille 명문과 인척 관계를 맺다.　s'apparenter à une grande famille 명문과 혼인 관계를 맺다.　assister à une réunion 회의에 참석하다.　s'associer au dessein de qn …의 계획에 참여하다.　s'associer à la joie de qn …와 기쁨을 함께 나누다.　avoir part au mouvement syndical 조합 활동에 참여하다.　coopérer à l'exécution d'un projet 계획의 실천에 협력하다.　entrer à l'Académie française 프랑스 학술원 회원이 되다.　s'inscrire à un

> club[parti] 클럽에 가입하다[입당하다].   se joindre *à* la foule 군중에 합류하다.   se mêler *à* la foule 환영 군중 속에 끼어들어 어울리다.   se nouer *à* *qn* d'une étroite amitié ···와 긴밀한 우정으로 맺어지다. participer *à* un complot 음모에 가담하다.   se rallier *à* un parti 정당에 들다.   s'unifier *à* *qn/qc* ···와 일체가 되다.

· *À* ce facteur s'en ajoute d'autres.   이 요인에 다른 것들도 첨가된다.
· La poix s'attache *aux* doigts.   송진이 손가락에 달라붙는다.
· Venez vous joindre *à* notre petit complot.   우리의 작은 음모에 끼시죠((나쁜 뜻 없이)).
· Les lianes se nouent *aux* grilles.   덩굴이 철책에 달라붙어 있다.

2) [동사 + 명사 + à + 명사]

❶
sentiments qui m'attachent *à* vous 나를 당신에게 집착하게 하는 감정들.   amitié qui me lie *à* votre frère 나와 당신의 형과의 우정.   rapport qui lie la cause *à* l'effet 원인과 결과의 관계. accoupler des boeufs *à* la charrue. 소들을 두 마리씩 쟁기에 매다.   adapter un tuyau *à* un autre 관을 다른 관에 맞추어 연결하다.   adapter des roulettes *aux* pieds d'une table 탁자의 다리에 바퀴를 달다.   adjoindre des équipements antipollution *à* un bâtiment 건물에 매연 방지 설비를 가설하다.   ajouter un chapitre *au* texte original 원본에 한 장(章)을 추가하다.   allier la force *à* la prudence 힘과 신중함을 겸비하다.   annexer un acte de naissance *à* un dossier 서류에 출생증명서를 첨부하다.   appareiller des verres *à* des assiettes 접시와 컵을 짝지어서 차리다.   apparier un vin *à* un mets 요리와 포도주를 짝지어서 차리다.   apposer une clause *à* *qc* ···에 조항을 붙이다. associer *qn* *à* ses affaires ···을 자기 사업에 참여하게 하다.   attacher une chèvre *à* un arbre 염소를 나무에 붙들어 매다.   atteler une locomotive *aux* wagons 기관차를 객차에 연결하다. conjuguer *qc* *à* *qc* ···을 ···와 결합하다[연결하다].   connecter un calculateur périphérique *à* une unité centrale 주변계산장치를 중앙처리장치에 접속하다.   coudre un bouton *à* un vêtement 옷에 단추를 달다.   embrancher une voie ferrée *à* la ligne principale 철로를 주선(主線)에 연결시키다. emmancher un tuyau *à* une conduite d'eau 수도관에 호스를 끼우다.   engager sa fille *à* un jeune homme 딸을 어떤 청년과 정혼하다.   faire une marque *à* un mot 단어에 표시를 하다.   fixer [mettre] l'appât *à* l'hameçon 낚시에 미끼를 달다.   fixer la baïonnette *au* canon du fusil 총대에 칼을 꽂다.   initier *qn* *à* la franc-maçonnerie ···을 프리메이슨단에 가입시키다.   intégrer une région *à* la France. 어떤 지역을 프랑스에 합병하다.   joindre l'utile *à* l'agréable 즐거움과 실익을 겸하다.   jumeler une ville *à* une autre 두 도시를 자매의 관계로 넌실하나.   ligoter *qn* *à* une chaise ···을 의자에 붙들어매다.   marier sa fille *à* un médecin 딸을 의사와 결혼시키다.   mélanger de l'eau *à* du vin 포도주에 물을 타다.   mêler la bonhomie *à* la force 기력과 친절을 겸비하다. mettre *qn* *au* nombre des saints ···을 시성(諡聖)하다.   mettre un bouton *à* une veste 상의에 단추를 달다.   mettre[tenir] un chien *à* la chaîne 개를 사슬에 묶다.   passer alliance *à* gauche 좌파 진영에 가담하다.   prendre une part très actif *à* *qc* ···에 적극적으로 참여하다.   raccrocher une idée *à* une autre plus générale 어떤 생각을 더 일반적인 다른 생각에 결부시키다.   raccrocher des wagons *à* une locomotive 기관차에 객차를 연결하다.   rallier *qn* *à* un projet ···을 어떤 계획에 참여시키다.   rattacher un fil électrique *à* un circuit 전선을 회로에 연결하다.   rattacher un

territoire *à* un pays 영토를 국가에 편입시키다.　unir le geste *à* la parole 몸짓을 해 가며 말하다.
unir une province *à* un pays 어떤 지방을 나라에 병합시키다.

- Un ami l'a affilié *à* la franc-maçonnerie.　한 친구가 그를 프리메이슨단에 가입시켰다.
- Il faut ajouter un chapitre *au* texte original.　원문에 한 장을 덧붙여야 한다.
- Il allie[associe] le courage *à* la prudence.　그는 용기와 신중함을 겸비하고 있다.
- Son père a voulu apparenter son fils *à* une grande famille.　그의 아버지는 그가 명문가와 혼인하기를 원했다.
- Il veut engager sa fille *à* un jeune officier.　그는 딸을 젊은 장교와 결혼시키고자 한다.
- Les parents ont fiancé leur fille *à* ce jeune homme.　부모가 딸을 그 젊은이와 약혼시켰다.
- Je joins *à* ma lettre celle écrite par le prince.　내 편지에 왕자가 쓴 편지를 동봉한다.

❷ 생략문
- Baïonnette *au* canon!　꽂아 칼!

3) 명사의 보어

accès du Portugal *au* Marché commun 포르투갈의 유럽경제공동체 가입.　accession de l'Italie *au* pacte atlantique 이탈리아의 북대서양조약 가입.　addition d'un 's' *au* pluriel des substantifs 명사 복수에 's'를 붙이기.　adjonction de deux nouveaux membres *au* comité directeur 중역회의에 두 사람을 추가 배정하기.　annexion de l'Autriche *à* l'Allemagne en 1938 1938년 독일에 의한 오스트리아의 합병. apparentement *à* la noblesse 귀족과의 명부[정책] 연합.　assistance *à* la messe 미사 참석.　association des travailleurs *au* bénéfice de l'entreprise 기업의 이윤에 노동자들의 참여.　fixation d'un tableau *au* mur 벽에 그림을 부착하기.　incorporation d'un territoire occupé *à* un empire 제국의 점령지 병합.　intégration des noirs *au* système d'éducation commun 흑인의 공교육 체제에의 통합.　jonction d'une chose *à* une autre 두 물체의 접합.　participant *à* une compétition 경기 참가자.　participation des habitants *à* l'administration 주민의 행정 참여.　rapport de cause *à* effet 인과관계.　rattachement d'une région *à* un pays 지역을 국가에 병합하기.　son affiliation *à* la Société 그의 협회 가입.

- L'architecte a décidé l'adjonction d'un garage *à* la maison　건축가는 그 집에 차고를 덧붙여 짓기로 결정했다.
- J'ignorais votre appartenance *à* ce parti.　나는 당신이 그 당에 가입했다는 사실을 모르고 있었다.
- Son ralliement *à* notre cause est inattendu.　그가 우리의 명분에 찬동하는 것은 뜻밖의 일이다.

4) 형용사의 보어

❶
alliable *à* qc …와 결합될 수 있는, 조화될 수 있는.　conjugué *à* qc …와 결합된, 짝을 이룬.　grévistes affiliés *à* C.G.T. 노동총동맹에 가입한 동맹파업자.　maison attenante *à* la ferme 농장에 이웃한 집.　lettre jointe *à* un paquet 소포에 첨부된 편지.　avoir l'âme[la vie] chevillée *au* corps

(중병을 이겨낼 만큼) 생명력이 강하다.　avoir l'espoir chevillé *à* l'âme 무슨 일이 있어도 희망을 잃지 않다.

❷

famille alliée *aux* Bourbons 부르봉 왕가와 사돈이 된 가문.　être lié étroitement *à* qn …와 친밀하다.

· Il est apparenté *à* ma femme.　그는 내 아내의 친척이다.

11. 부합·대응·호응

1)
en réponse *à* qc …에 대한 회답으로서; …에 대응[호응]하여.　bijou qui s'harmonise *à* la couleur des cheveux 머리 색깔과 잘 어울리는 보석.　couleur assortissante *à* son âge 그의 나이에 어울리는 빛깔.　expression admirablement ajustée *à* la pensée 생각을 아주 잘 드러내는 표현.　politique accommodée *à* la situation internationale 국제정세에 부합하는 정책.　techniques agricoles accordées *au* climat 기후에 맞는 농업기술.　tenue adéquate *à* la circonstance 주변 상황에 맞는 옷차림.　s'accommoder *à* de nouvelles conditions d'existence. 새로운 생활조건에 적응하다.　accorder *à* la deuxième chaîne 제2 채널에 맞추다.　accoutumer *à* un nouveau climat 새로운 기후[풍토]에 적응시키다[길들이다](= acclimater).　adapter ses dépenses *à* sa situation 자신의 처지에 맞추어 돈을 쓰다.　s'adapter *au* réel 현실에 적응하다.　affleurer *au* grattoir les joints d'un parquet 대패로 마루판 접합부의 수평을 맞추다.　aguerrir les enfants *au* froid 아이들을 추위에 익숙해지게 하다.　ajuster un air *à* des paroles 가사에 맞게 곡조를 붙이다.　ajuster un pantalon *à* la longueur des jambes 다리에 맞추어 바지 길이를 고치다.　s'apprivoiser *à* son nouveau milieu 새로운 환경에 친숙해지다.　approprier un discours *aux* circonstances 상황에 맞는 연설을 하다.　assortir une cravate *à* son costume 옷에 넥타이를 맞추다.　avoir réponse *à* tout 무엇에고 척척 대답할 수 있다; 무슨 일에도 대처할 수 있다.　chercher un synonyme *à* un autre 어떤 단어의 동의어를 찾다.　se conformer *aux* circonstances 환경에 순응하다.　faire équilibre *à* qn/qc …와 평행을 이루다, 대등하다; 상쇄되다.　faire pendant *à* qc …와 짝[쌍]을 이루다.　mettre une montre *à* l'heure 시계의 시간을 맞추다.　répondre *à* une attente 기대에 부합하다.　trouver chaussure *à* son pied[point] 찾던[알맞은] 것을 구하다; 제 짝을[호적수를] 만나다.

· *À* malin, malin et demie.　《속담》 뛰는 놈 위에 나는 놈 있다.
· (*À*) petit mercier petit panier.　《속담》 자기의 역량이 미치지 못하는 일을 하려고 해서는 안된다.
· *À* père avare, fils prodigue.　인색한 아버지에 낭비하는 자식.
· *À* travail égal, salaire égal.　평등 근로에 평등임금((여권신장론자들의 주장)).
· Il a l'art d'accommoder ses paroles *aux* circonstances.　그는 때와 장소에 따라 적절히 말하는 재주가 있다.
· La science doit s'accommoder *à* la nature.　과학은 자연에 합치되어야 한다.
· Ces chaussures vont *à* mon pied.　이 구두는 내 발 치수에 맞는다.
· Notre corps s'approprie *aux* changements des climats.　우리들의 육체는 기후의 변화에 적응한다.
· Son manteau s'assortit *à* la robe.　그녀의 외투는 옷과 잘 어울린다.

- Il a conformé sa vie *à* ses principes.　그는 자신이 세운 원칙에 따라 생활했다[원칙과 생활을 일치시켰다].
- Cela ne correspond *à* rien.　그것은 아무 것에도 부합하지 않는다.
- L'an 1 de l'hégire correspond *à* l'an 622 de l'ère chrétienne.　이슬람 기원 원년은 서기 622년에 해당한다.
- Dans une démocracie, le parlement fait équilibre *au* pouvoir exécutif.　민주주의 체제에서 입법부는 행정부와 대등한 위치에 있다.
- Elle s'est faite *à* ce genre de vie.　그녀는 그런 생활에 익숙해졌다.
- La flûte répond *au* violon.　플루트 소리가 바이올린 소리에 호응을 한다.
- L'organisme répond *aux* exitations extérieures.　생물체는 외부의 자극에 반응을 보인다.

2)

> être *au* goût de *qn* …의 기회[취향]에 맞다, …의 마음에 들다.　trouver *qn/qc à* son goût …이 기회[취미]에 맞는다고 생각하다.

- C'est *à* mon goût.　그것은 내 취향에 맞는다, 그것은 내 마음에 든다.

3)

> terrain adjacent *à* un bois 숲에 인접한 땅.　droite perpendiculaire *à* un plan 한 면에 직각을 이루는 선.　passage qui s'allonge perpendiculairement *à* la rue 길에 직각으로 뻗어 난 통로.　mener une parallèle *à* une droite 하나의 직선에 대한 평행선을 긋다.

4) 명사의 보어

> adaptation *à* la lumière[l'obscurité] 빛[어둠]에 대한 (눈의) 적응.　adaptation d'un enseignement *à* l'age des élèves 교육을 학생들의 연령에 적합하게 맞추기.　adéquation de l'expression *à* l'idée 표현이 생각과 꼭 맞음.　appropriation d'un local *au* service des malades 방을 환자들에게 맞도록 개조하는 것.　appropriation du style *au* sujet 문체를 주제에 맞추기.　réponse *à* des objections 반대의견에 대한 반박.

- La coexistence pacifique est la seule alternative *à* ce péril.　평화 공존이 이 위기의 유일한 해결책이다.

12. 지지 · 지탱

1)

> liane qui s'enlace *à* un arbre 나무에 제 몸을 얽어매고 있는 칡.　pneux qui adhèrent bien *à* la route dans les virages 커브길에서 잘 미끄러지지 않는 타이어.　poutre qui s'arc-boute *au* mur (횡으로 받쳐져) 벽을 지탱하는 도리[대들보].　viande qui pend *au* crochet 갈고리에 걸려 있는 고기.　villages qui s'appendent *aux* montagnes 산에 매달려 있듯이 펼쳐져 있는 마을들.　s'accouder *à* la balustrade 난간에 팔꿈치를 괴다.　accrocher un tableau *au* mur 그림을 벽에 걸다.　adosser un malade *à* un oreiller 환자 등을 베개로 버티다.　s'agripper *à* la main de *qn* …의 손에 매달리다.　appuyer son dos *à* la balustrade 난간에 등을 기대다.　appuyer sa main *à qc* …을 손으로 누르다.　s'appuyer

> *au* mur 벽에 기대다.   clouer un tableau *au* mur 벽에 못을 쳐서 그림을 걸다.   grimper *aux* arbres 나무에 오르다.   grimper *à* l'échelle[*à* la corde] 사다리를 오르다[밧줄을 타고 올라가다].   pendre *qc à* la cheville …을 갈고리에 걸다.   se rattraper *à* un arbuste de justesse 가까스로 작은 관목에 매달리다.   se retenir *à* une branche d'arbre 나뭇가지에 매달리다.   suspendre des cintres *à* une tringle 옷걸이를 가로봉에 걸다.   se suspendre *au* bras de *qn* …의 팔에 매달리다.   se tenir *à* une branche 나뭇가지에 매달리다.   se tenir *à* une corde d'une main 손으로 줄을 붙잡다.

- Il y avait un client qui s'accotait *au* comptoir.   손님 한 사람이 바에 기대어 있었다.
- Accrohez-vous *à* la rampe.   난간을 꼭 붙드세요.
- Le sanglier s'accula *à* un arbre et attendit les chiens.   멧돼지는 나무에 등을 기대고 사냥개들을 기다렸다.
- Il s'adossa *à* la barrière.   그는 울타리에 등을 기댔다.
- Le chat saute et s'agriffe *à* la tapisserie.   고양이가 뛰어올라 벽걸이 양탄자에 달라붙는다.
- Il s'arc-boute *au* sol pour arracher la racine.   그는 뿌리를 뽑기 위해 땅을 단단히 딛고 힘을 쓴다.
- Le cerf fraye son bois *aux* arbres.   사슴이 나무에 대고 뿔을 비벼댄다.

2)
> s'accrocher *à* son passé 과거에 집착하다.   s'agrafer *à qn* …에게 매달리다, …을 붙잡고 늘어지다.   s'agripper *au* passé 과거에 집착하다.   se tenir *au* gros de l'arbre 강핸[큰] 쪽에 빌붙다.

- Il s'est accroché *à* moi.   그는 내게 매달렸다.

3) 형용사의 보어

> clochettes suspendues *au* cou du bétail 가축의 목에 매어달린 방울.

- Adossé *à* la porte, il m'empêchait de sortir.   그는 등을 문에 기댄 채 나를 나가지 못하게 하였다.

13. 대립·대항·대치

1)
> amitié qui a résisté *à* de longues années de séparation 긴 세월 동안 떨어져 있어도 지속된 우정.   plat qui résiste *au* feu 불에 상한 섭시.   enfant qui s'oppose *a* son pere 아버지에게 반항하는 아이.   proposition s'opposant *à* une autre 반대 제안, 역제의(=contre-proposition).   s'affronter *à* un obstacle 장애에 부닥치다.   apporter un démenti formel *à* une nouvelle 어떤 소식을 단호하게 부인하다.   contredire *au* choix de mes parents 《옛·문어》 부모님의 선택에 반대하다.   dire halte *à qn/qc* …에 반대하다, …을 제지하다.   élever [mettre] une digue *à qc* …을 가로막다[억제하다].   faire concurrence *à qn/qc* …와 맞서 경쟁하다.   faire un contrecarre *à qn* …을 방해하다.   faire échec *à qc* …을 방해하다, 저지하다.   faire la guerre *à qn/qc* …와 싸우다.   faire[formuler] une objection *à* une théorie 어떤 이론에 대해 반론을 제기하다.   faire[mettre] opposition *à qc* …을 방해하다.   faire pièce *à qn/qc* …에 반대[대항]하다(= s'opposer à); …을 방해하다.   manifester[exprimer] de l'hostilité *à* ce projet 이 계획

에 반대하다.   mettre[opposer] son veto *à* une décision 결정에 반대하다.   objecter de bonnes raisons *à* un argument 어떤 논거를 반박하는 합당한 이유들을 제시하다.   opposer l'âme *au* corps 영혼과 육체를 대립시키다.   opposer une armée puissante *à* l'ennemi 강한 군대를 적과 맞서게 하다.   opposer une farouche résistance *à* un projet 계획에 격렬하게 반대하다.   réplquer *à* un argument 논거에 반박하다.   réplquer *à* la critique 비평[비난]에 응수하다.   résister *à* une offensive 공격에 항전하다.   résister *à* l'envahisseur 침략자에 항전하다.

· L'opposition fait contrepoids *aux* tentations autoritaires du gouvernement.   야당은 여권의 독주를 억제한다.

· Ses parents ont fait obstacle *à* ce voyage.   그의 부모가 이 여행에 반대하고 나섰다.

· La substance s'oppose *à* l'accident.   실체는 우연과 대비된다.

· Je souhaite qu'aucune obstacle ne vienne s'opposer *à* nos projets.   우리의 계획이 어떤 장애물에 의해서도 방해받지 않기를 바란다.

· Ces murailles épaisses ont résisté *au* séisme.   이 두꺼운 성벽은 지진에 버티었다.

· Cette preuve ne résiste pas *à* une analyse sérieuse.   이 증거는 엄밀한 분석에는 살아남지 못한다.

2) 명사의 보어

allergie *au* travail 일에 대한 반감.   allergie *à* la politique 정치에 대한 혐오.   antidote *à* l'ennui 권태 치유책.   guerre *à* la drogue 마약 퇴치 운동.   hostilité *à* la compromis 타협에 대한 반감.   opposition de *qn à* une politique 어떤 정책에 대한 …의 반대.   opposition d'un enfant *à* sa mère 아이의 어머니에 대한 반항.   résistance d'un corps *au* choc 충격에 대한 물체의 저항.

3) 형용사의 보어

acte attentatoir *à* la justice 정의[법]에 위배되는 행위.   deux êtres aheurtés l'un *à* l'autre 서로 대립하는 두 사람.   affirmation contradictoire *à* une autre 다른 것에 상반되는 주장.   armée affrontée *à* l'ennemi 적과 대치하고 있는 군대.   décision contraire *aux* lois 법률에 반하는 결정.   enfant rebelle *à* toute discipline 모든 규율에 반항하는 아이.   fièvre rebelle *aux* remèdes 해열제가 듣지 않는 열.   microbe résistant *aux* antibiothiques 항생제가 잘 듣지 않는 균.   personne opposée *à* tout changement 변화를 싫어하는 사람.   être opposé *à* tous les excès 어떤 종류의 폭력에도 반대하다.

· Il est allergique *au* jazz.   그는 재즈음악을 견디어내지 못한다.

· La position défensive est antipathique *au* caractère français.   방어적인 태도는 프랑스인의 성격과 상반되는 것이다.

· Les agriculteurs coréens apparaissent affrontés *à* de gros problèmes.   한국 농민들은 심각한 문제에 직면한 듯하다.

· Cela est contraire *au* règlement.   그것은 규칙에 반(反)한다.

· Il est hostile *à* ce candidat[cette opinion].   그는 그 후보자에게[그 의견에] 반대한다.

· Il est opposant *à* cette mesure.   그는 그 조치에 대해 반대한다.

4) 부사의 보어

> adversativement *à qc*《**드물게**》…와 반대로, 반의적으로.　contradictoirement *à ses habitudes* 자신의 습관과는 다르게.　contrairement *aux autres* 다른 사람들과는 달리.　agir contrairement *à ses décisions[principes]* 결정[원칙]과는 반대로 행동하다.

· Il fait beau, contrairement *aux* prévisions.　예고와는 달리 날씨가 좋다.

14. 대상·목표

1) ❶

> appliquer de l'attention *à qc* …에 주의를 기울이다.　attenter *à la vie de qn* …을 살해하려 하다. attenter *à ses jours[à sa vie]* 자살을 기도하다.　avoir affaire *à forte partie* 강적을 만나다. avoir égard *à qc* …을 고려하다.　barrer le passage[la route, le chemin] *à qn* …의 통로를 막다; …의 계획을 가로막다.　barrer la porte *à qn* …을 내쫓아버리다, 못 들어오게 하다.　couper le chemin *à qn* …을 가로막다.　couper la retraite *à l'ennemi* 적의 퇴각로를 차단하다.　donner (libre) carrière *à son imagination* 상상의 날개를 마음껏 펴다.　donner (du) corps *à qc* …을 구체 화하다, 실현시키다.　donner corps *à son ambition* 자신의 야망을 실현시키다.　donner un brusque coup de barre *à une conversation* 갑자기 이야기의 방향을 바꾸다.　donner un coup de frein *à qc* …에 제동을 걸다, …의 진전을 억제하다.　donner cours *à un nouveau type de monnaie* 새로운 통화를 발행하다.　faire un accroc *à son patalon* 바지에 흠집을 내다.　faire une attrape *à qn* …을 속여 넘기다, 골탕먹이다.　faire barrage *à qn/qc* …을 저지하다, 방해하다 (=barrer la route, faire obstacle).　faire une brèche *à la réputation de qn* …의 명성을 손상시키다. faire[donner] la chasse *à qn* …을 쫓다, 추적하다.　faire la chasse[guerre] *au gaspi* 낭비[과소비]를 추구[추방]하다.　faire diversion *à qc* …을 달래주다, …을 잠시 잊게 하다.　faire fête *à qn* …을 뜨겁게 반기다, 환대하다.　chien qui fait fête *à son maître* 꼬리를 치며 주인을 반기는 개. faire[rendre] justice *à qn/qc* …을 정당하게 평가하다, …의 정당함[가치, 공적]을 인정하다; 보상하 다.　faire nargue *à qn/qc* …을 경멸하다.　faire des reprises *à un vêtement* 옷을 깁다.　faire trêve à *qc* …을 중단하다.　fermer sa[la] porte *à qn/qc* …을 못 들어오게 하다; …의 말을 듣지 않다.　mettre une barrière *à qc* …을 가로막다.　mettre un emplâtre *à qc* …을 미봉하다, 임시변 통으로 처리하다.　mettre le feu *à un bâtiment[une voiture]* 건물[자동차]에 불을 지르다.　mettre fin *à sa vie[ses jours]* 자살하다(=se suicider).　mettre un frein *à la hausse des prix* 물가 상승을 억제하다.　mettre le holà *à qc* …에 종지부를 찌다; 잘 마무리하다, 수습하다.　porter atteinte *à la liberté d'expression* 언론의 자유를 침해하다.　porter atteinte *aux* privilèges acquis 기득권을 침해하다.　prendre goût *à qc* …을 좋아하게 되다(=se mettre à apprécier).　prêter le flanc *à la critique[médisance]* 비난[험담] 거리를 주다.

· Il faut avoir égard *aux* circonstances.　상황을 고려해야 한다.
· Faisons trêve *à* nos querelles.　싸움을 그만둡시다.
· Le tabac fait des dégâts *à* la santé.　담배는 건강에 해를 끼친다.
· Un voyage ferait diversion *à* sa solitude.　여행을 하면 고독을 달랠 수 있을 텐데.
· Il est temps de mettre fin *à* cette affaire.　그 문제를 종결지어야 할 때다.

· Il faut mettre un frein *à* nos dépenses.　우리의 지출을 억제할 필요가 있다.
· La postérité *lui* rendra justice.　후세가 그를 정당하게 평가해 줄 것이다.

❷ 생략문

· Gare *à* ce type.　그 친구 조심해야 돼.
· Gare *à* la peinture!　페인트 주의!
· Halte *aux* essais nucléaires!　핵실험 중지[반대]!

❸ 명사의 보어

accroc *à* la règle 규율 위반.　atteinte *à* la sûreté de l'État 국가 안보의 침해.　attentat *à* la vie [liberté] 생활[자유]의 침해.　attentat *à* la sûreté de l'État 국가 안보에 대한 침해.　chasse *à* l'homme 사람의 추적, 뒤쫓기.　chasse *au* loup 늑대 사냥.　chasse *aux* papillons 나비 채집.　pêche *au* thon 참치잡이.　stop *au* nettoyage ethnique au Kirghizstan 키르기즈스탄에서의 인종 청소의 중지.

· C'est une atteinte *à* ma réputation[mon honneur].　그것은 나에 대한 명예 훼손이다.
· Cette loi est une entrave *à* la liberté de la presse.　이 법은 언론자유에 대한 속박이다.

2) [à *inf*]

appliquer de l'attention *à* inf; faire attention *à* inf …하는 일에 주의를 기울이다.

· Faites attention *à* ne pas tomber.　떨어지지 않도록 주의하시오.
· Gare *à* ne pas tomber.　넘어지지 않도록 조심해.

1. 방법·양태

1)
à grande[toute, vive] allure; 《구어》 *à* pleins gaz; *à* un train d'enfer; 《구어》 *à* fond de train; *à* franc étrier; 《구어》 *à* toute barde; 《구어》 *à* toute pompe; *à* toutes rames 전속력으로.　*au* petit bonheur (la chance) 되는대로, 닥치는 대로.　*à* bouche que veux-tu 잔뜩, 충분히.　*à* pleine bouche 입 가득히.　*à* gros bouillons 부글부글; 철철, 콸콸.　*à* (la) boule 허겁지겁, 다짜고짜.　*à* bout de bras 팔을 쭉 펴서; 열심히.　*à* bras tendu(s) 팔을 쭉 펴서.　*à* pleins bras 양팔 가득, 한아름; 열심히.　*à* tour de bras 힘껏; 능숙하게.　*à* bride abattue; *à* toute bride 전속력으로; 아무런 제약 없이.　*à* brûle-pourpoint 갑자기, 느닷없이; 다짜고짜.　*à* une bonne cadence 적당한 속도로.　*à* tout bout de champ 끊임없이, 줄곧; 공연히, 까닭 없이.　*à* ciel ouvert 야외에서, 공공연히.　*à* coeur déboutonné 흉금을 터놓고 *à* coeur joie 몹시 즐겁게; 마음껏.　*au* grand complet 전부, 빠짐없이(=intégralement).　*à* cor et *à* cri 소란스럽게(=bruyamment).　*à* son corps défendant 마지못해.　*à* corps perdu 맹렬히(=fougueusement);

성급하게(=impétueusement). *à* coup sûr 반드시, 틀림없이. *à* la dérobade; *à* la dérobée 몰래, 은밀히. *à* dessein 고의로, 일부러. *à* la douce 《옛·구어》 부드럽게, 슬슬; 이럭저럭. *à* la dure 엄격하게, 모질게. *à* l'échelon national 전국적인 규모로. *à* bon[mauvais] escient 분별있게[분별없이]. *à* étripe-cheval 전속력으로. *à* l'excès 지나치게, 과도하게. *à* faible[forte, haute] dose 소량[다량]으로. *à* la file 연달아, 연속해서(=de suite, successivement). *à* la file indienne 일렬종대로. *à* la fourche 《비유·옛·구어》 아무렇게나, 거칠게. *à* grand fracas 대대적으로, 떠들썩하게. *à* la galopade[《옛·구어》 galope] 급히, 부랴부랴. *au* hasard de la fourchette 포크에 찍히는대로 아무 음식이나; 《비유·구어》 무차별로, 아무렇게나. *au* hasard de l'humeur 기분에 따라. *à* la hâte 서둘러서, 급히. *à* huis clos 비공개로. *à* l'horizontale 수평으로, 횡으로. *à* l'inverse 정반대로(= tout au contraire). *à* jet continu 끊임없이, 꾸준히. *au* juste 정확하게. *au* plus juste 가능한 한 정확하게. *à* livre ouvert 유창하게, 막힘없이(=couramment). (tout) *à* loisir 한가로히, 여유있게; 한껏, 마음껏. *à* la loyale 공정[정직]하게; 정정당당하게. *à* main armée 무기[흉기]를 들고. *à* main(s) nue(s) 맨손으로. *à* pleine(s) main(s) 두 손 가득히; 많이, 후하게. *au* (grand) maximum 최대한; 기껏해야, 고작(=tout au plus). *à* miracle 놀라울 정도로 훌륭하게. *à* la muette 말없이, 잠자코, 손짓[몸짓]으로. *à* nu 벌거벗고, 나체로. *à* pas comptés 느린[엄숙한] 걸음걸이로; 착실하게. *à* pas de velours 살금살금. *au* pas cadencé 보조를 맞추어. *à* grand peine 간신히, 아주 힘들게(=difficilement). *à* la pelle 다량으로, 많이. *au* pied levé 준비없이, 즉흥적으로(=impromptu). *à* portes ouvertes[closes] 공개적으로, 공공연하게[비밀리에]. *à* tête reposée 침착하게. *à* titre provisoire 임시로, 일시적으로. *à* juste titre 정당하게, 당연히. *à* l'unanimité 만장일치로. *à* visage découvert 《비유》 솔직하게, 숨김없이 (=franchement); 당당하게. *à* la vitesse d'éclair 번개같이 빠르게, 번개처럼. *à* voix haute; *à* haute voix 큰 목소리로. *à* vue de nez 얼핏, 어림짐작으로(=à première vue, approximativement). conte *à* plaisir inventée 제멋대로 꾸며낸 이야기. fromage[beurre] vendu *à* la coupe 잘라 파는 치즈[버터]. droite prolongée *à* l'infini 무한히 긴 직선. entreprise qui travaille *à* perte 적자영업[덤핑]을 하는 기업. hélicoptère qui s'élève *à* la verticale 수직으로 이륙하는 헬리콥터. jardin laissé *à* l'abandon 되는대로 방치된 정원. oiseaux qui volent *à* tire-d'aile 쉴 새 없이 날갯짓하며 나는 새. roche coupée *à* vive arête 예리하게 절단된 바위. rochers qui s'élèvent *à* pic au-dessus de la mer 바다 위로 수직으로 솟아있는 바위. deux rues qui se croisent[se coupent] *à* angle droit 직각으로 교차하는 두 길. accueillir un ami *à* bras ouverts 친구를 환대하다. acheter[vendre] *à* crédit [《지방어:벨기에》 pouf] 외상으로 사다[팔다]. acheter[vendre] *à* tempérament 할부로 사다[팔다]. acheter[vendre] *qc au* comptant …을 현금으로 사다[팔다]. agir *à* l'étourdie 경거망동하다. agir *au* hasard 되는대로 행동하다. aimer *qn à* la fureur …을 열렬히 사랑하다. aimer *qn à* la rage …을 열렬히 사랑하다. aliéner un biens *à* fonds perdu 종신연금을 받는 조건으로 재산을 양도하다. aller *à* la défilade 한 줄로 열지어 가다. aller *à* la dérivé 표류하다; 되어가는 대로 내버려두다. aller *à* grands pas 성큼성큼 가다. aller *à* reculons 뒷걸음질 치다. applaudir *à* l'unisson 일제히 박수치다. approuver *qc à* la majorité[*à* l'unanimité] …에 대해 다수결[만장일치]로 동의하다. arriver *à* l'improviste[《문어》 *à* l'impromptu] 아주 갑자기 오다. aspirer[respirer] *à* pleins poumons 심호흡을 하다. s'asseoir *à* califourchon 걸터앉다. avancer[progresser] *à* pas de géant 급속도로 진전되다[발전하다]. s'avancer *à* pas lents 느릿느릿 걸어 가다. avoir[tenir] *qn à* sa merci …을 마음대로 하다. marcher *à* pas de loup 살금살금 걷다. marcher *à* pas silencieux 소리를 내지 않고 걷다. bâtir *à* grands points 듬성듬성 꿰매어 가봉하다. boire *au* goulot 병째 마시다. boire *à* la gourde 수통째 마시다. boire *à* longs traits 천천히 마시다.

boire *à* petits coups[petites gorgées]. 홀짝홀짝 마시다.　boire *à* petites[grandes] lampées 찔끔찔끔[벌컥벌컥] 마시다.　boire *à* la ronde (잔을 돌려가며) 차례로 마시다.　changer *à* vue d'oeil 눈에 띄게 변하다.　chanter *à* pleine voix[pleins poumons, tue-tête] 크게 노래부르다.　combattre *à* armes égales 같은 조건으로 싸우다.　se comporter *à* la manière d'un aristocrate 귀족처럼 행동하다.　comprendre une lettre *à* demi-mot 다 읽지 않고도 편지를 이해하다.　conduire *à* grandes guides 전속력으로 가다. mener la vie *à* grandes guides 사치스럽게 생활하다;《옛》 재산을 낭비하다; 몸을 혹사하다.　coudre *à* grands points 시침질하다.　couler *à* flots 물결쳐[철철] 흐르다.　courir *à* grandes[petites] foulées 넓은[좁은] 보폭으로 달리다.　courir *à* trop grande allure 너무 빠른 속력으로 달리다.　crier *à* plein gogier[*à* gorge déployée, *à* pleine gorge] 고래고래 소리치다.　manger *à* plein gogier 잔뜩 먹다. crier *à* tue-tête 목청을 다하여 소리지르다.　cuire *à* gros bouillons 부글부글 끓다.　défiler *au* pas cadencé 발맞추어 행진하다.　se développer *à* un rythme plus rapide 더 빠른 속도로 발전하다.　dire *qc au* flan《구어》입에서 나오는 대로 …을 말하다.　dire *qc à* voix basse 나직한 소리로 …을 말하다. discourir[raisonner] *à* perte de vue 한없이 이야기를 늘어놓다.　dormir *à* plat ventre 엎드려서 자다. dormir *à* poings fermés 깊이 잠들다.　s'enfuir *à* toutes jambes 전속력으로 달아나다.　engager *qn à* l'essai …을 시험적으로 고용하다.　s'enrichir *au* détriment des autres 남을 발판으로 치부하다.　être habillé *à* la dernière mode 최신 유행의 옷을 입고 있다.　être payé *à* la vacation 자유 계약에 의해 보수를 받다.　étudier *qc à* fond …을 철저히 연구하다.　examiner la question *à* nouveau 문제를 재검토하다.　faire *qc à* l'esbroufe 뻔뻔스럽게 …하다.　faire un travail *à* la va comme je te pousse 일을 아무렇게나 하다.　faire une couture *à* grands points 가봉하다.　faire passer une bande vidéo *au* ralenti 비디오테이프를 저속으로 돌리다.　fermer *à* double tour 문을 이중으로 잠그다.　filer *à* toute berzingue《구어》전속력으로 빠져 나가다.　fuir *à* toute blinde《구어》전속력으로 도망하다.　gonfler un pneu *à* bloc 타이어에 공기를 가득 넣다.　s'habiller *à* sa façon 자기 방식대로 옷을 입다.　se jeter sur *qn à* bras raccourcis …을 있는 힘을 다해서 치다.　jouer *à* bureaux[guichets] fermés (당일권이 없이) 예매자들만을 대상으로 상연하다.　laisser les dossiers *à* la traîne 서류를 아무렇게나 방치하다. lancer *qc à* toute volée …을 힘껏 던지다.　se laver *à* grande eau 물을 흠뻑 사용하여 몸을 씻다. manger *à* belles dents 게걸스럽게 먹다.　manger *à* même le plat 접시에 입을 대고[접시째] 먹다. manger *à* sa faim; manger *à* ventre déboutonné 실컷[배불리] 먹다.　manger du caviar *à* la louche 캐비어를 듬뿍 퍼먹다.　marcher *à* grands pas[*à* grandes enjambées] 큰 걸음으로[성큼성큼] 걷다. marcher *au* pas de l'oie 무릎을 굽히지 않고 뻣뻣하게 걷다.　marcher *à* tâtons dans les ténèbres 어둠 속을 더듬으며 걷다.　mener une affaire *au* (grand) trot 일을 급히 해치우다.　mettre *à* plomb un mur 수직으로 벽을 세우다.　mettre *qc à* part …을 별도로 떼어놓다.　mettre la radio *à* plein tube 라디오의 볼륨을 최대로 높이다.　mordre *à* la grappe (포도알을 따지 않고) 송이채 먹다;《비유·옛》(제안 따위를) 고스란히[있는 그대로] 받아들이다.　nager *à* contre-courant 흐름을 거슬러 헤엄치다; 대세[시류]를 역행하다.　parler *à* bâtons rompus 두서없이 말하다.　parler *à* bouche que veux-tu 실컷 이야기를 하다.　parler *à* coeur ouvert 솔직하게 말하다.　parler *à* découverte 솔직하게 말하다.　parler *à* haute voix 높은 목소리로 말하다.　parler *à* mots couverts 돌려서[간접적으로] 말하다.　passer une rivière *à* pied sec 발을 적시지 않고 강을 건너다.　payer *à* bureau ouvert 즉석에서 지불하다. peindre *à* larges traits 대담한 필치로 그리다.　pleurer *à* chaudes larmes 눈물을 펑펑 쏟으며[비통하게] 울다.　poursuivre un combat *à* outrance 결사 항전하다, 최후까지 싸우다.　prendre une affaire *à* contre-poil 일을 반대로 하다.　protester *à* grands cris 고함을 지르며 반대하다.　raconter *à* grands traits 대충 이야기하다.   réagir *à* retardement 뒤늦게 반응을 보이다.   se réunir *à* la cadence de trois fois par semaine 주 3회 모이다.   recevoir un ami *à* la bonne franquette 격식차리지 않고 친구를 맞다.   recevoir *à* bras ouverts 환영하다.   respirer *à* pleine poitrine 심호흡을 하다.   rouler *à* tombeau ouvert 맹렬한 속도로 차를 몰다.   saluer *à* cul ouvert 머리가 땅에 닿도록 허리 굽혀 절하다.   sauter *à* cloche-pied 한 발로 뛰다.   suer[transpirer] *à* grosses gouttes 구슬같은 땀을 뻘뻘 흘리다.   tomber *à* la renverse 벌렁 뒤로 나자빠지다.   tourner *à* vide 헛돌다, 공회전하다.   travailler *à* façon 대어주는 재료로 품삯 받고 일하다.   vendre *qc au* détail …을 소매로 팔다.   vendre *qc à* forfait 미리 정한 가격으로 …을 팔다.   vendre *qc à* perte …을 손해보고 팔다.   verser l'or *à* pleines mains 돈을 마구 뿌리대[낭비하다].   vivre *à* l'étroit 옹색하게 살다.   vivre *à* sa guise 자기 방식대로 살다.   voler *à* main armée 강도질하다.

- Cette pianiste accompagne *à* merveille.   그 피아니스트는 반주를 기막히게 한다.
- Bois et mange *à* tire-larigot!   실컷 마시고 먹어라.
- Ce chanteur chante *à* la perfection.   그 가수는 더할 나위 없이 훌륭하게 노래한다.
- Elle chante *à* la perfection.   그녀는 더할 나위 없이 훌륭하게 노래한다.
- L'économie récente de ce pays s'est développée *à* un rythme accéléré.   최근 그 나라의 경제가 급속하게 발전했다.
- Il a diminué *à* vue d'oeil.   그가 눈에 띄게 쇠약해졌다.
- Il est économe *à* outrance.   그는 지나치게 검소하다.
- Il est heureux *à* sa manière.   그는 자기 나름대로 행복해 한다.
- Il a gelé *à* blanc.   하얗게 서리가 내렸다.
- Cet auteur ne s'intéresse pas *à* la politique.   그 작가는 정치에 관심이 없다.
- Cet argument joue *à* plein.   그 논지는 결정적이다.
- J'ai lu ses livres *au* complet.   나는 그의 책을 전부 읽었다.
- Les frais sont partagés *à* égalité entre les deux pays.   비용은 두 국가 간에 균등하게 분할된다.
- Ça passe *à* l'aise.   《구어》 그것은 아주 간단하다.
- Le camion a passé *à* toute vitesse.   트럭이 전 속력으로 지나갔다.
- Il pleuvait *à* seaux[verse].   비가 억수로 쏟아지고 있었다.
- Ce problème se pose *à* l'échelle nationale.   이 문제는 전국적인 차원의 것이다.
- Ils ont pris ma proposition *à* la légère.   그들은 내 제안을 가볍게 여겼다.
- Un bon acteur sait pleurer ou rire *à* volonté.   좋은 배우는 마음 내키는 대로 울거나 웃을 줄 안다.
- Ça sent le gaz *à* plein nez.   가스 냄새가 지독하게 난다.
- Servez-vous *à* discrétion.   마음껏 드십시오.
- Il s'en est tiré *à* bon compte.   그는 까다로운 그 일을 용케 해냈다.
- La pluie tombe *à* seaux[*à* torrents, *à* verse].   비가 억수같이 내린다.
- Ce marchand vend *à* perte.   그 상인은 손해를 보면서 판다.
- Elle se vieillit *à* plaisir.   그녀는 노티 내기를 좋아한다.

2) 명사의 보어

achat[vente] *à* crédit 외상 구매[판매].　achat[vente] *à* tempérament 할부 구매[판매].　achat *au* comptant 현금 구매.　aliénation *à* titre gratuit[onéreux] 무상[유상] 양도.　assemblage *à* onglet 연귀이음.　avancement *à* l'ancienneté 선임순으로의 승진.　avancement[promotion] *au* choix 발탁에 의한 승진.　bombe *à* retardement 시한폭탄.　chanson *à* la mode 유행가.　tripes *à* la mode de Caen 캉 식의 트리프((소의 위·장·다리 따위를 사과주로 찐 노르망디 지방의 요리)).　combat *à* outrance 사투.　compte *à* rebours (로켓 발사할 때의) 초읽기, 카운트다운.　construction *à* cru 토대 없이 지면에 바로 세운 건물.　conte *à* plaisir inventée 제멋대로 꾸며낸 이야기.　contrat *à* titre onéreux[gratuit] 유상[무상]계약.　conversation *à* bâtons rompus 두서없는 대화.　course *à* égalité 무승부 경주.　course *au* trot 속보 경주.　couturière *à* façon 삯바느질.　discussions *à* l'infini 한없이 계속되는 토론.　divorce *à* l'amiable 합의이혼.　estimation *à* la louche 어림짐작.　lecture *à* voix haute 낭독.　règlement *à* l'amiable 협상에 의한 해결.　marchandise *au* détail 소매 상품.　marché *au* comptant (시세에 의한) 현금 거래.　membre *à* part entière 완전한 자격을 가진 회원.　passage *à* vide (기계 따위의) 공전; 《비유》 헛수고, 도로(徒勞).　pêche *à* la dérive 물결에 따라 표류하는 소형 배에서 하는 낚시질.　tir *à* blanc 공포 사격.　réception *à* grand tralala 성대한 연회.　représentation *à* bureaux fermées (초대객들만을 대상으로 한) 특별 상연.　susurrement *à* voix basse des gens 사람들이 나지막이 속닥거리는 소리.　travail *à* forfait 청부[도급]작업.　vente *à* l'essai 싫으면 무르기로 약속한 판매.　vente *au* détail 소매.　vers *à* la manière de Baudelaire 보들레르 식의 시구.　vin[pain] *à* volonté 마음껏 들 수 있는 포도주[빵].

3) [à la + 형용사·명사]

❶ …식의, …풍의.

à l'antique (그리스·로마의) 고대풍으로.　*à* la capucine 독실한 신자인 체하여; (의자·벽난로 따위가) 소박한, 장식이 없는.　*à* la cosaque 난폭하게, 거칠게(=brutalement).　*à* la diable 아무렇게나, 되는대로.　*à* la dragon 용기병 식으로; 대담하게; 음탕하게.　*à* la grecque (야채 따위를) 그리스 식으로 조리한((올리브유와 향신료를 넣음)).　*à* la marinière 선원[어부]처럼.　*à* la provençale (마늘과 파슬리를 많이 넣어) 프로방스식으로 조리된.　*à* l'orientale 동양풍으로; 오리엔트식의.　*à* la papa 《구어》 천천히, 한가로이.　*à* la parisienne 파리식으로, 파리식의.　*à* la prussienne 프로이센식으로; 엄격하게, 기계처럼.　tableau dessiné *à* la Picasso 피카소식으로 그려진 그림.　draper une statue *à* l'antique 조각에 고대풍으로 늘어진 옷주름을 표현하다.　être assis *à* la turque 책상다리를 하고 앉다.　traiter *qn* *à* la turque 《구어·경멸》 …을 사정없이 다루다.　être bouché *à* l'émeri 《구어》 머리가 꽉 막혀 있다, 우둔하다.　être coiffé *à* la chienne 애교머리를 하다.　nager *à* la chien 개헤엄을 치다.　filer[s'en aller, partir, pisser] *à* l'anglaise 인사도 없이 슬그머니 사라지다.　gagner *à* l'arraché 간신히 이기다.　s'habiller *à* la garçonne 사내아이 같이 옷을 입다.　manger *à* la carte 메뉴 중에서 하나씩 선택해서 먹다.　peindre *à* la gouache 고무수채화법으로 그리다.　traiter *qn* *à* la hussarde …을 거칠게 다루다.　travailler[être payé] *à* la pige 행 단위로 고료를 받고 기고하다.

· Il a fallu manger *à* l'indienne pendant une semaine. 일주일 동안 인도식으로 식사를 해야만 했다.

❷ 명사의 보어

barbe *à* l'impériale 황제 수염.　biscuit *à* la cuiller 길고 가느다란 비스킷.　blanquette de veau *à* l'ancienne 옛날식의 백소스로 양념한 고기스튜.　boulot *à* la con 어처구니없는 일(거리).　cabinet *à* la turque 좌변기가 없는 화장실.　cartonnage[reliure] *à* la bradel 브라델 제본((19세기 파리의 장정가 Bradel이 시작한 표지제본 방식)).　cheveux crépus coiffés *à* l'afro (동그랗게 곱슬머리가 말린) 아프로[흑인] 스타일의 곱슬머리.　coiffure *à* la Bressant 브레상(프랑스의 배우)식의 이발.　coiffure *à* l'iroquois (이로쿼이어 인디언 스타일의) 닭 벼슬 모양의 머리.　cornichons *à* la russe 소금물에 절인 오이, 오이지.　course *à* l'américaine 몇 팀이 릴레이로 벌이는 자전거 트랙 경주.　enchère *à* l'américaine (앞서의 경매가와의 차액을 그 때마다 지불하는) 미국식 경매.　homard *à* l'américaine 토마토, 양파, 백포도주 등을 넣고 프라이팬에 볶은 바다가재 요리.　vol *à* l'américaine 먼저 신용을 얻어놓고 나서 행하는 사기.　format *à* l'italienne (가로가 긴 판형(判型)의) 이탈리아판(版).　fromage *à* la pie 가느다란 잎이 섞인 흰색 치즈.　cuisine *à* la coréenne [chinoise, française] 한국[중국, 프랑스]식 요리.　toits de tuiles *à* la coréenne 한국식 기와지붕.　entrecôte (à la) bordelaise 적포도주 소스를 친 갈비 안창살.　expressions *à* l'emporte-pièce 신랄한 표현.　fraise *à* la Médicis 메디치풍의 장식깃.　glace *à* la chantilly 생크림 아이스크림.　crevettes *à* la pékinoise 북경식 새우 요리.　entrecôte *à* la bordelaise 적포도주 소스를 친 갈비 안창살.　jardin *à* la française[*à* l'anglaise] 프랑스[영국]식 정원.　mariage *à* l'anglaise 《**구어**》 별거 결혼.　pommes *à* l'anglaise 버터를 곁들인 삶은 감자.　tir *à* l'anglaise 영국식 발파공법.　moustache *à* la Charlot 찰리 채플린 식의 콧수염.　moustache *à* la gauloise 길게 늘어뜨린 수염.　nez *à* la Bourbon 부르봉 코, 긴 매부리코.　outil *à* la noix 조잡하게 만든 도구.　pantalon *à* la hussarde 승마 바지.　poulet *à* la basquaise 바스크식 닭요리.　poulet *à* la hongroise 헝가리식 영계((파프리카로 조미하고 크림을 섞어 만든 것)).　programme *à* la carte 각자가 선택하는 프로그램.　reliure *à* la cathédrale 대성당 양식의 장정.　style *à* la cathédrale 대성당 양식.　salade *à* la niçoise 니스식 샐러드.　riz (à la) créole 크레올 밥((밥을 지어 말려서 과일, 고추, 토마토 등을 곁들인 음식)).　travail *à* la chaîne 연속작업.　victoire *à* l'arraché 간신히 거둔 승리.　vol *à* l'arraché 들치기.　vol *à* la grecque 《옛·속어》 신용을 이용한 사기.　victoire *à* la Pyrrhus 너무 큰 희생을 치르고 얻은 승리.

· Il portait un chapeau *à* la Napoléon.　그는 나폴레옹식 모자를 쓰고 있었다.
· Elle veux mener une vie *à* l'européenne.　그녀는 유럽식으로 생활하기를 원한다.

2. 수단·도구

1) …으로, …에 의한 (= avec, par).

❶

à la force du poignet 팔 힘으로; 혼자 힘으로, 자력으로.　*à* main(s) nue(s) 맨손으로.　*à* l'oeil nu 육안으로.　peinture qui s'applique *au* rouleau 롤러로 칠하는 페인트.　texte écrit *à* la main 손으로 쓴 원고.　texte tapé *à* la machine 타자 친 원고.　abattre un arbre *à* coups de hache 도끼로 나무를 쓰러뜨리다.　abattre le chêne *à* la scie mécanique 기계톱으로 떡갈나무를 잘라버리다.　aller *à* la rame 노를 저어 가다.　allumer la cigarette *au* briquet 라이터로 담뱃불을 붙이다.　aplatir une couture *au* fer *à* repasser 다리미로 천을 펴다.　attraper des lièvres *au* lacet 올가미로

토끼를 잡다.   avoir *qn* *à* l'usure 《구어》 …을 점점 지치게 하여 우위에 서다.   bâtir *qc* *à* ciment[*à* chaux et *à* sable] …을 견고하게 짓다.   battre *à* coups de pied[poing] 발길질하다[주먹으로 갈기다].   battre le blé *au* fléau 밀을 도리깨질하다.   se battre *à* fer émoulu (중세의 기마시합 따위에서) 진검 승부를 펼치다.   blanchir un mur *à* la chaux 벽을 희게 회칠하다.   boire *à* la bouteille 병째 마시다.   broder *à* l'aiguille[*au* tambour] 손[수틀]자수를 놓다.   chasser *à* cor et *à* cri 사냥나팔과 사냥개로 사냥하다.   chasser *à* la trappe 덫을 놓아 사냥하다.   chasser le lapin *au* furet 흰족제비를 부려 토끼를 사냥하다.   se chauffer *au* fioul[*à* l'électricité] 경유[전기]로 난방을 하다.   choisir *au* pifomètre 직관적으로 선택하다.   ciseler[graver, sculpter] *au* burin 끌로 조각하다.   commander[mener] les gens *à* la baguette 사람들을 마음대로 다루다.   coudre *à* la main[machine] 손으로[재봉틀로] 바느질하다.   couper des boulons *à* la cisaille 절단기로 나사를 자르다.   courber *au* feu une barre de fer 쇠꼬챙이를 불에 달구어 구부리다.   cuire *à* l'étouffée 증기로 요리[찜]하다.   débiter un arbre *à* la tronçonneuse 절단기로 나무를 자르다.   découper une pièce de métal *au* chalumeau 용접기로 금속 조각을 절단하다.   découvrir un astéroïde *au* télescope 망원경으로 소혹성을 발견하다.   déglacer une poêle *au* vinaigre 프라이팬에 있는 즙을 식초를 넣어 용해시키다.   démarrer *au* starter 시동모터로 시동을 걸다.   démarrer une voiture *à* la manivelle 자동차의 기동(起動) 핸들을 돌려 시동을 걸다.   désinfecter une plaie *à* l'alcool 알코올로 상처를 소독하다.   dessiner *au* fusain 목탄으로 데생하다.   détacher un tissu *au* savon[*à* la benzine] 비누로[벤젠으로] 직물의 얼룩을 빼다.   déteindre une étoffe *au* chlore 염소로 옷감을 탈색하다.   distancer[rattraper] *qn* *à* la course 뛰어서 …와 간격이 벌어지게 하다[…을 따라잡다].   dresser une planche *au* rabot 대패로 판자를 다듬다.   écrire *à* l'encre[*au* stylo] 잉크[만년필]로 쓰다.   s'éclairer *à* la chandelle 촛불로 밝게 하다.   écheniller une haie *à* l'insecticide 살충제를 뿌려 생울타리의 쐐기벌레를 없애다.   empeser une chemise *à* l'amidon 와이셔츠에 풀을 먹이다.   empoisonner son mari *à* l'arsenic 비소로 남편을 독살하다.   emporter une tranchée *à* la baionnette 백병전으로 참호를 탈취하다.   essuyer ses mains *à* une serviette 수건에 손을 닦다.   être bâti *à* chaux et *à* sable (건물 따위가) 견고하게 세워져 있다;《비유》 (사람이) 매우 건장하다.   examiner une préparation *au* microscope 현미경으로 표본을 관찰하다.   explorer le ciel *à* la jumelle 쌍안경으로 하늘을 탐색하다.   faire un carton de fresque *au* charbon 목탄으로 프레스코화의 밑그림을 그리다.   faire cuire *qc* *à* la cocotte …을 스튜냄비로 익히다.   faire des exercices *aux* agrès 기계체조 운동을 하다.   faire des exercices *aux* appareils 기구를 사용해 운동하다.   faire un livre[un ouvrage] *à* coup de ciseaux 풀과 가위로 책을 엮다; 여기저기서 인용[표절]하여 책을 쓰다.   faire mourir *qn* *à* petit feu …을 조금씩 말려죽이다.   fendre du bois *à* la hache 도끼로 나무를 패다.   fermer une porte *au* cadenas 맹꽁이자물쇠로 문을 잠그다.   gagner la côte *à* la nage 헤엄쳐서 해안에 도달하다.   gagner sa vie *au* jeu 도박을 해서 생활비를 벌다.   gagner son pain *à* la sueur de son front 자신의 노력으로 먹고 살다.   griller un poisson *au* barbecue 생선을 바베큐로 굽다.   se hisser *à* la force des bras 팔 힘으로 기어오르다.   jouer *qc* *à* pile ou face …을 동전을 던져 결정하다.   labourer *au* tracteur 트랙터로 밭을 갈다.   laver le carrelage *à* l'eau de javel 타일을 자벨수로 닦다.   lire *à* la clarté d'une lampe 전등불로 책을 읽다.   manger *à* la cuiller 숟가락으로 먹다.   marcher *à* l'essence[l'électricité] 휘발유[전기]로 움직이다.   marquer *qc* *au* crayon …에 연필로 표시하다.   mesurer *à* l'oeil 목측하다.   mesurer *qc* *au* compas …을 컴퍼스로 측정하다.   mesurer la capacité respiratoire *au* spiromètre 폐활량계

로 폐활량을 재다.   mesurer la vitesse *à* l'aide d'un chronomètre 스톱워치로 속도를 측정하다.   moissonner *à* la faucille 낫으로 수확하다.   nager (*à*) la brasse 평영으로 헤엄치다, 평영을 하다.   naviguer *à* la boussole 나침반을 써서 항해하다.   naviguer *à* la sonde 수심을 측정하며 항해하다.   nettoyer *à* sec 드라이클리닝 하다.   observer les astres *à* la lunette 망원경으로 천체를 관찰하다.   obtenir un rendez-vous *au* forcing 압력을 써서 약속을 얻어내다.   ouvrir une enveloppe *à* l'aide d'un couteau 칼로 봉투를 뜯다.   passer le parquet *à* la cire 마루에 밀랍을 칠하다.   passer une plaie *à* l'alcool 상처를 알코올로 소독하다.   pêcher *à* la ligne 낚시질하다.   pêcher la morue *au* chalut 트롤망으로 대구를 잡다.   pêcher la sole *à* la foène 큰 작살로 넙치를 잡다.   peindre *à* la brosse 솔로 칠하다.   peindre *à* l'huile 유화를 그리다.   porter son cartable *à* la main 책가방을 손으로 들다.   prendre une photo *au* flash 플래쉬를 터뜨려 사진을 찍다.   prendre un poisson *à* l'hameçon 낚시로 물고기를 낚다.   prendre un renard *au* piège 덫으로 여우를 잡다.   prendre un veau *au* lasso 올가미를 던져 송아지를 잡다.   se réchauffer *à* la chaleur d'un feu de bois 장작불에 몸을 녹이다.   soulever *qc au* cric …을 잭으로 들어올리다.   se suicider *au* gaz 가스를 맡아 자살하다.   taper *qc à* la machine …을 타자기로 치다.   se tenir la tête *à* ses mains 두 손으로 머리를 감싸다.   tirer[charger] *à* la mitraille 산탄(散彈)을 발사[장전]하다.   tirer un supplicié *à* quatre chevaux 사형수를 말 4마리로 능지처참시키다.   tracer *au* cordeau 먹줄로 선을 긋다.   traiter un champ *au* D.D.T. 밭에 디디티를 뿌리다.   voler *à* la tire 소매치기하다.   voter *à* main levée 거수로 표결하다.

- Mme Dubois accompagnera le chanteur *au* piano.   뒤부와 부인이 그 가수의 피아노 반주를 할 것이다.
- Il apprécie les dimensions avec exactitude *à* la seule vue.   그는 보기만 해서도 크기를 정확하게 측정한다.
- Il essaye de nous le faire *à* l'influence.   《구어》그는 압력을 가해 우리가 그 일을 하도록 애쓰고 있다.
- Elle est en train de taper une lettre *à* la machine.   그녀는 타이프로 편지를 치고 있다.
- Il a fallu transporter tout cela *à* bras.   그 모두를 손으로 운반해야 했다.
- Il ne manquera pas de fermer *à* clef[*au* verrou].   그는 틀림없이 열쇠로[빗장으로] 잠글 것이다.
- L'anguille se pêche *au* ver de terre.   장어는 지렁이 미끼로 잡는다.
- Ce poisson se prend généralement *au* filet.   그 물고기는 대개 그물로 잡는다.
- Ce fusée se propulse *à* l'hydrogène.   이 로켓은 수소 연료로 추진된다.
- Il voulait *à* toute force que nous l'accompagnions.   그는 어떻게 해서든지 우리가 동행하기를 바랐다.

❷

faire des exercices *au* piano 피아노 연습을 하다.   improviser *à* l'orgue[la trompette] 오르간[트럼펫] 즉흥 연주를 하다.   jouer une danse *au* piano 피아노로 무용곡을 연주하다.

❸

passer *qc à* l'étamine …을 체로 거르다.   passer *qc à* moulinette …을 믹서로 갈다.   passer qc *au* peigne fin 《비유》 (장소 따위를) 샅샅이 조사하다[뒤지다].　 passer de la farine *au* crible 밀가루를 체로 치다.　 passer une idée[opinion] *au* cribleau 《비유》 생각[의견]을 엄선하다.

❹

piquer *qn à* la morphine …에게 모르핀을 주사하다. se piquer *à* l'héroïne 헤로인 주사를 맞다. se shooter *à* l'héroïne 자기에게 헤로인 주사를 놓다.

· Il s'est fixé *à* l'héroïne.　 그는 헤로인을 주사했다.

2) 명사의 보어

abattage d'un sapin *à* la scie 톱으로 전나무를 베어 넘기기.　 accouchement *aux* fers[*au* forceps] 겸자 분만.　 affiche *à* la main 전단, 광고지.　 apparail[machine] *à* sous 슬롯머신, 자판기.　 appareil *à* touches sensitives 접촉식 작동 기계.　 arme *à* feu 화기.　 arme *à* percussion 격발 무기.　 attaque *à* main armée 무장 습격.　 atterrissage *aux* instruments 계기착륙.　 atterrissage *au* radar 레이더에 의한 착륙.　 vol *à* main armée 무장강도(= hold-up).　 attentat *à* la bombe[*à* l'explosif] 폭탄공격. automobile *à* moteur électrique 전기 자동차.　 avion *à* hélice(s) 프로펠러 비행기.　 bagages *à* main 휴대품, 핸드캐리 여행물품.　 baromètre *à* mercure 수은 기압계.　 barque *à* rames 노젓는 배.　 bateau *à* vapeur 기선.　 machine *à* vapeur 증기기관.　 battage *à* la machine 기계 타작.　 blanchiment *au* chlore 염소 표백.　 bombe *à* hydrogène 수소폭탄(= bombe H).　 briquet *à* essence[gaz] 기름[가스]라이 터.　 broyage *au* pilon 절구로 빻기.　 chanteur *à* voix de soprano 남자 소프라노 가수(=sopraniste). char *à* beoufs 소달구지.　 charge *à* la baïonnette 총검 돌격.　 charrette *à* bras 손수레.　 moulin *à* bras 수동 제분기.　 chasse *à* tir[*au* fusil] 엽총사냥.　 chauffage *au* charbon[gaz] 석탄[가스]난방. chaudière *à* gaz[mazout] 가스[기름] 보일러.　 coiffure *à* la brosse et *au* séchoir 솔과 헤어드라이어를 이용한 머리손질.　 combat *à* l'arme blanche 백병전.　 commandement *au* sifflet 호각에 의한 구령. couture *à* la main[machine] 손[재봉틀] 박음질.　 dégagement *au* pied[poing] (축구·럭비에서) 롱킥[펀 칭].　 dessiccation *à* l'air libre 대기 건조.　 dessin *au* crayon[charbon] 연필[목탄] 데생.　 duel *à* l'épée[*au* pistolet] 검[권총]을 사용하는 결투.　 éclairage *au* néon 네온 조명.　 essai (de dureté) *à* la bille 강구에 의한 경도 시험(=billage).　 essoreuse *à* rouleaux 롤러식 탈수기.　 examen *à* la radioscopie X선 검사.　 examen gynécologique *au* spéculum 검경을 사용한 부인과 검사.　 extincteur *à* mousse carbonique 포말 소화기.　 flash *à* piles[*au* magnésium] 건전지 사용 플래쉬.　 four *à* infrarouge 적외선 오븐.　 four *à* micro-ondes 전자레인지.　 frein *à* huile[main] 유압[핸드]브레이크.　 friction *à* l'eau de Cologne 오드콜로뉴 마사지.　 fusée *à* combustible liquide 액체 연료 로켓.　 générateur *à* turbines 터빈 발전기.　 gonfleur *à* air comprimé 압축 공기 펌프.　 glace *à* main 손거울.　 horloge *à* sable[eau, balancier] 모래[물, 추]시계.　 hygromètre *à* cheveu 모발 습도계.　 imprimant *à* jet encre 잉크젤 프린터. imprimant (*à*) laser 레이저 프린터.　 inscription *à* la bombe 스프레이 낙서.　 instruments *à* vent 관악기. moulin *à* vent 풍차.　 labour *à* la charrue 쟁기질.　 labour *au* tracteur 트랙터로 갈기.　 lampe[réchaud] *à* alcool 알코올램프[버너].　 lampe *à* pétrole 석유램프.　 laser *à* gaz carbonique 탄산가스 레이저. marionnette *à* fils 실로 조종하는 인형.　 moteur *à* air chaud 열기관.　 moulin *à* eau 물레방아. navigation *à* l'estime[*à* vue] 추측항법[유시계(有視界) 비행].　 nettoyage *à* sec 드라이크리닝.　 opération de la cataracte *au* laser 레이저를 이용한 백내장 수술.   pêche *à* la traîne 저인망 어업.   pêche *au* trait 인망 어업.   peinture *à* l'huile[l'eau] 유화[수채화].   pompe *à* vide 진공 펌프.   ponçage *au* papier de verre 사포로 연마하기.   radiateur *à* gaz 가스 난방기.   saut *à* la perche 장대높이뛰기.   sondages *au* trépan 착암기에 의한 굴착.   sondeur *à* ultrasons 초음파탐지기.   soudage *au* gaz 가스 용접.   soudure *à* l'acétylène 아세틸렌 용접.   sous-marin *à* propulsion nucléaire 원자력 추진 잠수함.   station électrique *à* la force des marées 조력발전소.   tableau *au* pastel 파스텔 그림.   thermomètre *à* mercure[alcool] 수은[알코올]온도계.   tir *à* l'arc[*au* fusil, *au* pistolet] 활[소총, 권총]쏘기.   tireur *à* l'arc[*au* fusil] 궁수[소총사격수].   tirage *à* la main[presse mécanique, rotative] 수동[프레스, 윤전기] 인쇄.   traitement *au* rayon X 방사선치료.   train *à* sustentation magnétique 자기부상열차.   transport *à* dos de chameau 낙타를 이용한 운반.   transport *à* dos d'homme 등짐 운반.   travail *à* l'aiguille 바느질. travail *à* la main 손일, 수공일.   usinage *à* coupe[chaud] 절삭[열]가공.   vente *à* la criée 공매, 경매.   vente *aux* enchères 경매.   viande *à* l'étouffée 고기 찜.   victoire *aux* points (권투의) 판정승.   voleur *à* la tire 소매치기.   vote *à* bulletins secrets 비밀투표.   vote *à* main levée 거수 표결.

3) [à *inf*]

gagner de l'argent *à* faire *qc* ···해서 돈을 벌다.   gagner sa vie *à* chanter 노래를 불러서 생활비를 벌다.

· Quel bénéfice avez-vous *à* mentir?   거짓말을 해서 무슨 득이 있습니까?
· Nous gagnons rarement *à* mentir.   거짓말해서 득이 되는 경우는 드물다.
· Qu'est-ce que vous gagnez *à* vous obstiner ainsi.   이렇게 고집 부려서 얻는 게 뭐요?

4) 교통수단

❶

à cheval[《어린애말》 dada] 말을 타고.   *à* la daumont (마부가 두 사람인) 4두 마차로.   aller *à* bicyclette[cheval, ski] 자전거를[말을, 스키를] 타고 가다.   aller *à* vélo 자전거를 타고 가다.   faire dix kilomètres *à* pied 걸어서 10킬로미터를 가다.   monter *à* bicyclette 자전거에 올라타다.   se promener *à* bicyclette 자전거 하이킹을 하다.   traverser l'Atlantique *à* la voile 범선으로 대서양을 횡단하다.   voyager *à* pied 도보 여행을 하다.

· Il n'y a pas de bus, alors je suis venu *à* pied.   버스가 없어. 그래서 나는 걸어서 왔어.

❷ 명사의 보어

chasseurs *à* pied 보병.   course *à* pied 도보경주.   excursion *à* pied[bicyclette] 도보[자전거]로 하는 소풍.   promenade *à* cheval[bicyclette] 승마 산책[자전거 하이킹].   vache *à* roulettes 《구어》 자전거를 탄 경찰관.   voyage *à* pied[bicyclette] 도보[자전거] 여행.

> ☆ 교통수단을 나타낼 때 일반적으로 몸이 탈것 안에 들어가면 en을 쓰고 몸이 드러나는 경우에는
> à를 쓰나 en bicyclette도 쓰임. 신는 것에는 en을 쓰므로 en ski도 가능. 명사에 한정사가 붙으
> 면 en은 dans으로, à는 sur로 쓰고, avec를 쓰기도 함. dans sa voiture 그의 차로.

· Il est parti sur la bicyclette de son père.　그는 아버지의 자전거를 타고 떠났다.
· Comment est-tu revenu hier? – Avec la voiture de Jean.　어제 어떻게 돌아왔니? - 장의 차로
돌아왔어.

> ☆ par를 쓰기도 하는데 명사에 따라 관사가 쓰이기도 하고 쓰이지 않기도 함.

par avion[bateau] 항공[선]편으로.　par le train 기차로.　par (le) chemin de fer 철도편으로.

❸ 명사적 용법

loger *à* pied et *à* cheval (여관이) 걸어온 사람이나 말 타고 온 사람이나 모두 재워 주다.

5) 매체 · 통신

❶

appeler *qn à* l'interphone …을 인터폰으로 부르다.　appeler *qn au* téléphone …을 전화로 불러내
다.　écouter *au* casque d'écoute 헤드폰으로 듣다.　écouter les nouvelle*s à* la radio[télévision]
라디오[텔레비전] 뉴스를 듣다.　écrire *au* journal 신문에 투고하다.　être *à* la une des journaux
신문의 1면에 나다.　faire une déclaration commune *à* la presse 언론에 공동성명을 발표하다.
faire paraître un décret *au* Journal officiel 법령을 관보에 싣다.　intervenir *à* la télévision 텔레비전
에 나가서 말하다.　passer *à* la télévision[un programme] 텔레비전[프로그램]에 출연하다.　porter
un roman *à* l'écran 소설을 영화화하다.　regarder un film *à* la télévision 텔레비전에서 영화를
보다.　retransmettre un discours *à* la télévision 경기를 텔레비전으로 중계 방송하다.　travailler
à la radio 라디오 방송국에 근무하다.

· On vous demande *au* téléphone.　어떤 사람이 당신 찾는 전화가 왔습니다.
· Allo, allo, qui est *à* l'appareil?　여보세요, 여보세요, 누구시죠?
· Il est passé une bonne pièce *à* la télévision.　텔레비전에서 좋은 작품이 방영되었다.
· On a transmis *à* la télévision ce match de tennis.　텔레비전으로 그 테니스 경기를 중계했다.

❷ 명사의 보어

dans une interview *à* la BBC BBC 방송과의 인터뷰에서.　intervention d'un homme politique
à la télévision 정치가의 텔레비전 회견.　plages musicales *à* la radio 라디오의 음악방송 시간대.
publicités *à* la radio[télévision] 라디오[텔레비전] 광고.　spots en rafale *à* la télévision 텔레비전에
서 연속적으로 방영되는 짧은 상업광고들.　transposition d'une affaire *à* la télévision 어떤 사건을
텔레비전 프로로 방영하기.

· Elle est reporter *à* la télévision.　그녀는 텔레비전 방송 특파원이다.

· Il ne supporte pas la violence *à* la télévision.　그는 텔레비전에 폭력 장면이 나오는 것을 참지 못한다.

3. 특징 · 재료 · 성질

1) 특징 · 부속

❶ …을 가진, …이 있는.

animaux *à* quatre pattes 네 발 짐승.　animal *à* sang chaud[froid] 온혈[냉혈]동물.　animaux *à* température constante[variable] 항온[변온]동물.　antibiotique *à* large spectre 광범위 항생물질.　arbre *à* feuilles persistantes[caduques] 상록수[낙엽수].　arme *à* double tranchant 양날의 검; (자기에게) 이로울 수도 해로울 수도 있는 수단.　armoire *à* glace 문이 거울로 된 장롱; 《구어》 어깨, 체구가 튼튼한 사람.　assiettes *à* fleurs 꽃무늬 접시.　avion *à* deux réacteurs 쌍발 제트기.　avion *à* géométrie variable 가변익(可變翼) 비행기.　bateau *à* fond plat 바닥이 평평한 배.　bêtes *à* cornes 뿔 달린 짐승.　boeuf *à* bosse (등에 혹이 있는) 혹소.　boîte[tiroir] *à* plusieurs cases 몇 개의 칸이 있는 상재[서랍].　bonnet *à* poil(s) 깃 달린 모자.　bureau[table] *à* tirette 착탈식 널빤지가 달린 책상[탁자].　cahier *à* spirale 나선형 스프링 공책.　caillou *à* facettes (풍화작용에 의한) 다면석.　calendrier *à* feuillets mobiles 한 장씩 바꿔 끼울 수 있는 달력.　camion *à* plateforme 무개화물차.　casque *à* aigrette 깃털 장식을 한 모자.　cétacés *à* fanons 수염고래류.　chambre *à* deux lits 트윈 베드 룸.　chameau *à* deux bosses 쌍봉낙타.　chandelier *à* sept branches (유태교의 제례용) 칠지(七枝)촛대.　chanson *à* message 메시지 샹송.　chansons *à* reprises 돌림노래.　chant *à* quatre parties 4부 합창.　chapeau *à* plume 깃장식이 있는 모자.　chapiteau gothique *à* décor végétal 초목 모양의 고딕 양식의 주두(柱頭).　châssis *à* guillotine 위아래로 여닫는 창(틀).　château[mur] *à* créneaux 방어용 요철을 갖춘 성[벽].　chaussée *à* trois bandes 3차선 도로.　chaussettes *à* clous 《구어》 징박은 구두.　chaussures *à* crampons 스파이크 슈즈.　chemise *à* col tenant 깃이 붙어 있는 셔츠.　chemise *à* jabot 가슴 장식이 달린 셔츠.　choeur *à* quatre parties 4부합창곡.　cinéma *à* salles multiples 상영관이 여럿인 영화관.　circulation *à* sens unique 일방통행.　clôture *à* jour 살울타리.　coffre[tiroir] *à* compartiment 칸막이로 나누어진 금고[서랍].　comble *à* la mansarde 망사르드 지붕.　comble *à* un pan 한면으로 경사진 지붕.　corps *à* facettes égales 정다면체.　corsage *à* manches courtes 짧은 소매의 블라우스.　coupe-circuit *à* réaction différée 시한스위치.　crayon[stylo] *à* bille 볼펜.　cycle *à* quatre temps 4행정 사이클.　écharpe *à* franges bleus 피란 술이 달린 스카프.　écrou *à* oreilles 나비꼴 너드[암나사].　édition *à* tirage limité 한정판.　église *à* bulbes 구형 돔이 있는 교회.　plantes *à* bulbe 구근식물.　enfant *à* problèmes 문제아.　familles *à* problèmes 문제 가정.　entreprise *au* statut public[privé] 공[사]기업.　enveloppe *à* fenêtre (속을 보이기 위한) 투명한 봉투.　équation *à* deux inconnues 미지수 둘을 갖는 방정식.　espace *à* trois dimensions 3차원의 공간.　étoffe *à* ramages[rayures] 당초문양[줄무늬] 옷감.　étoffe *à* tissure serrée[lâche] 올이 촘촘한[성긴] 피륙.　être *à* buste de femme et queue de poisson 인어.　évier *à* un bac[deux bacs] 1[2]조식 개수대.　fenêtre *à* double vitrage 이중 유리창.　fenêtre *à* guillotine 내리닫이 창.　figure *à* cinq côtés 5각형.　filet *à* larges mailles 눈이 성긴 그물.　film *à* grand spectacle 대형 스펙타클 영화.　four *à* thermostat 온도조절장치가

부착된 솥. fourche *à* trois dents 세 갈래 쇠스랑. fraise *au* sucre 설탕을 친 딸기. fromage *à* croûte fleurie 외피에 곰팡이가 핀 치즈. fruit *à* chair ferme 과육이 단단한 과일. fruit *à* grosse peau 껍질이 두꺼운 과일. fruits *à* pépins 씨 있는 과일. fusée *à* trois étages 3단 로켓. fusil *à* deux canons 2연(連)총. fusil *à* harpon 작살총. galerie *à* colonnes 주랑(柱廊). glace *à* trois faces 삼면경. granit *à* gros grains 표면이 우툴두툴한 화강석. groupe *à* risque 어떤 위험[질병]에 특별히 노출된 집단. habitations *à* loyer modéré 집세가 싼 주택((《약》 H.L.M.)). hache *à* deux tranchants 양날 도끼. gouvernement *à* poigne 강압적인 사람[정부]. horloge *à* carillon 자명종 시계. hôtel *à* air conditionné[climatisé] 냉방시설을 갖춘 호텔. immeuble *à* quatre étages 5층집. imperméable *à* capuchon 모자[두건] 달린 비옷. imprimé *à* fleurs 꽃무늬를 박은 직물. inflation *à* deux chiffres 두 자릿수 인플레이션. instrument *à* clavier[cordes] 건반[현]악기. journal *à* grand[gros, fort] tirage 발행부수가 많은 신문. jupe *à* damiers 체크무늬의 치마. jupe *à* fronces[plis] 주름 치마. képi *à* feuilles de chêne (떡갈나무잎 장식이 달린) 프랑스 장군의 모자. langue *à* flexions 굴절어. langue *à* triple dard 독설. lentilles *à* foyer variable 가변 초점 렌즈, 줌 렌즈. ligne *à* double voie 복선(複線). ligne *à* haute tension 고압선. lit *à* une place[*à* deux places] 1인용[2인용] 침대. livre *à* grandes marges 여백이 많은 책. lunettes *à* double foyer 이중 초점 렌즈 안경. lunettes *à* monture de métal 금속테 안경. magasin *à* succursales multiples 수많은 지점을 거느린 상점. maison *à* toit bas 지붕이 낮은 집. maison *à* toit de chaume 초가집. manteau *à* doublure de soie 비단 안감을 댄 외투. marche *aux* flambeaux 횃불행진. matelas *à* ressorts 스프링이 들어있는 매트리스. matière *à* coefficient 4 배점계수가 4인 시험과목. médaille *à* l'effigie[l'empreinte] d'un grand homme 위인의 초상을 새긴 메달. mesure *à* deux temps 2분의 2박자. mètre *à* ruban (말았다 폈다 할 수 있는) 줄자. meuble *à* secret 비밀 서랍이 달린 가구. montagne *aux* versants très raides 사면이 매우 가파른 산. montre *à* cadran lumineux 야광 문자반 시계. mot *à* double sens 이중적 의미를 지닌 단어. mot *à* plusieurs sens 다의어. mots *à* prononciations identiques 동음어(=homonyme). mot *à* nombreuses acceptions 다의어. moteur *à* quatre cylindres 4기통 엔진. moteur *à* quatre temps 4사이클 기관. mouton *à* cinq pattes 희귀한[진기한] 사람[물건]. nature morte *aux* oranges 오렌지 정물화. nom *à* tiroirs 여러 말로 이어진 이름. pièce[roman] *à* tiroir(s) 삽화극[소설]. nom *aux* consonances harmonieuses 음조가 조화를 이룬 이름. ouvrage *au* goût du jour 시류를 따른 작품, 유행에 따른 작품. papier *à* rayures 괘지(罫紙). papier *à* carreaux 모눈 종이 (=quadrillé). veste *à* carreaux 체크 무늬 상의. pantalon *au* pli cassant 주름을 빳빳하게 잡은 바지. patins[planche] *à* roulettes 롤러스케이트[롤러보드]. pavillon *à* tête de mort 해적기. pays *à* forte émigration 이출민이 많은 나라. pays *à* forte[faible] natalité 출산율이 높은[낮은] 나라. piano *à* bretelle(s) 아코디언(=accordéon). pièce *aux* dimensions modestes 과히 크지 않은 방. pierre *à* chaux 석회석. pneu *à* clous 스파이크 타이어(=pneu clouté). poème *à* forme fixe[libre] 정형시[자유시]. pont *à* trois arches 아치가 셋인 다리. porte[placard] *à* coulisse 미닫이 문[벽장]. porte *à* un[deux] battant[battants] 문짝이 하나[둘]인 문. porte *à* glissière 미닫이문. porte-savon *à* ventouse 흡반 달린 비누 받침. prêt *à* intérêt 이자가 붙은 대여금. prisme *à* réflexion totale 전반사 프리즘. questions *à* mutiples choix 다지 선택 문제. réchaud à gaz à quatre feux 네 구멍짜리 가스레인지. région *au* climat égal 항상 일정한 기후 지역. religion *à* mystère 밀교(密敎). revolver *à* silencieux 소음기 달린 권총. robe *à* paillettes d'or 금장식으로 번쩍이는 옷.   robe *à* pastilles 물방울무늬의 옷.   roman *à* tendance 경향소설.   route *à* fort trafic 교통량이 많은 노선.   route[voie] *à* grande circulation 통행량이 많은 도로.   route *à* quatre voies 4차선 도로.   sac *à* surpiqûres 밖음질 장식이 새겨진 가방.   serpent *à* lunettes 코브라.   serpent *à* sonnettes 방울뱀.   siège *à* dossier inclinable 등받이를 기울일 수 있는 의자.   société *à* responsabilité limitée 유한 책임 회사((《약》 S.A.R.I.)).   souliers *à* talons hauts 굽 높은 구두, 하이힐.   spectacle *à* un seul personnage 원맨 쇼.   statue[colosse, géant] *aux* pieds d'argile 《비유》 겉보기와는 달리 허약한 사람[조직], 종이 호랑이.   stylo (*à*) bille 볼펜.   une table *à* (r)allonges (넓이를 넓히기 위해) 날개판을 단 탁자.   tapisserie *aux* couleurs gaies 밝은 빛깔의 벽지.   télévision *à* écran plat 평면 브라운관 TV.   terrain *à* dix-huit trous 18홀의 골프장.   tête *aux* cheveux clairsemés 머리칼이 듬성듬성한 머리.   thé *au* lait[citron] 밀크[레몬]티.   théâtre *à* thèse 문제극.   tire-bouchon *à* vis[levier] 나선식[지레식] 코르크마개 뽑이.   tissu *à* bandes bleues 청색 줄무늬의 직물.   tissu *à* raie 줄무늬 천.   tissu imprimé *à* grands motifs de fleurs 꽃무늬 천.   tracteur *à* chenilles 무한궤도 트랙터.   université *à* orientation scientifique 이과 계통 중심의 대학.   valise *à* double fond 이중 바닥의 가방.   valse *à* trois temps 3박자 왈츠.   ville *au* passé préstigieux 화려한 역사를 지닌 도시.   voiture *à* quatre places 4인승 자동차.   voiture *à* quatre portières 4도어의 자동차.   voyage *à* thème 테마 여행.   voyage *à* trois étapes 3박 여행.   wagon *à* chargement exceptionnel 적재 제한이 초과된 화차.   avoir nom *à* particule 이름에 de가 붙어 있다, 귀족 출신이다.   avoir les yeux[un oeil] *au* beurre noir 《구어》 (얻어맞아) 눈언저리에 멍이 들다.

- Elle cherche des trèfles *à* quatre feuilles.   그녀는 네 잎 클로버를 찾는다.
- C'est une rue *à* sens unique.   그것은 일방통행로이다.

❷

adolescent *à* la personnalité fragile 상처받기 쉬운 성격의 청소년.   avorton *à* la démarche claudicante 절뚝거리며 걷는 난장이.   le chevalier *à* la triste figure 슬픈 얼굴의 기사((돈키호테의 별명)).   dame *à* lunettes 안경을 쓴 부인.   femme *aux* épaules découvertes 어깨를 드러낸 여자.   femme *aux* formes généreuses 몸이 풍만한 여자.   garçon *aux* cheveux rouges 적갈색 머리의 소년.   général *à* trois étoiles 3성 장군.   gens *à* chichi 격식을 좋아하는 사람들.   homme *à* courte vue; homme *à* la vue bornée 시야가 좁은[선견지명이 없는, 통찰력이 없는] 사람.   politique *à* courte vue 근시안적인 정책.   homme *à* deux envers 표리부동한 사람.   homme *à* double face[deux faces] 표리부동한 사람.   homme *à* femmes 호색가, 바람둥이(=Don Juan, séducteur).   homme *à* histoires 《구어》 말썽을 쉽게 일으키는 사람.   homme *aux* idées arriérées 시대에 뒤떨어진 생각을 가진 남자.   homme *à* poigne 강압적인 사람.   homme *à* toutes mains 만사에 능한 사람.   individu *à* l'air mauvais 험상궂게 생긴 사나이.   jeune fille *aux* yeux bleus 눈이 푸른 소녀.   personnage *à* facettes (상황에 따라) 태도[성격]가 변하는 인물.   personne *à* mobilité réduite 거동이 불편한 사람.   vieillard *à* l'allure débonnaire 어진 모습의 노인.

2) 재료・소재

❶

acier *au* chrome 크롬강.   alliages *au* cobalt 코발트 합금.   dentrifice *au* fluor 불소치약.   dorure *à* l'or moulu 금가루를 입히기.   moule *à* cire perdue 밀납을 녹여 만든 틀.   savon *à* la lavande 라벤더향을 첨가한 비누.   verre *au* plomb 납유리.

❷

boisson *à* l'orange 오렌지 음료(=orangeade).   bonbon *au* chocolat 초콜릿 사탕.   canapé *au* saumon 연어 조각을 얹은 카나페((생선, 햄, 치즈, 야채 따위를 얹은 토스트)).   café *au* lait 카페오레.   chewing-gum *à* la menthe 박하 껌.   chou *à* la crême 슈크림.   cocktail *au* gin 진의 칵테일.   compote de pommes *à* la cannelle 계피향을 넣은 사과잼.   coq *au* vin 포도주가 든 소스를 넣어 삶은 닭요리.   couscous *au* mouton 양고기 쿠스쿠스.   crême *au* beurre 버터크림.   cuisine *à* huile 기름에 튀긴 요리.   friture *au* beurre[*à* l'huile] 버터[기름]에 프라이하기.   gâteau *à* la noix de coco 코코넛이 들어간 과자.   gaufrette *à* la vanille 바닐라 웨하스.   gigot *à* l'ail 마늘을 곁들인 양 넓적다리 고기.   glace aromatisée *à* la vanille 바닐라 향을 넣은 아이스크림.   granité *au* café 커피 그라니테.   kir *au* vin rouge 적포도주로 만든 키르.   macaroni *au* gratin 마카로니 그라탱.   mayonnaise *à* l'ail 마늘이 들어간 마요네즈 소스(=ailloli).   pain *au* levain 효모를 쓴 빵.   pain *aux* raisins 건포도 빵.   pain *au* son 밀기울 빵.   plat *aux* champigons 버섯요리.   potage *aux* ailerons de requin 상어지느러미 수프.   riz *au* curry 카레라이스.   riz *au* gras 지방[고기즙]이 들어간 밥.   poulets *aux* germes de soja 콩의 싹을 넣어 만든 닭요리.   sandwich *au* fromage 치즈 샌드위치.   sauce normande *à* la crême 노르망디식 크림소스.   soupe *aux* choux 양배추 수프.   soupe *à* la viande[l'oignon] 고기[양파] 수프.   tartes *aux* fraises[prunes] 딸기[자두] 파이.   thé *au* jasmin 자스민 차.   faire la cuisine *au* beurre 버터로 요리하다.   faire un repas *au* champagne 샴페인을 곁들이며 식사하다.   parfumer une crème *à* l'essence de café 크림에 커피향을 넣다.

- *À* quel parfum est votre glace? – Parfum (*à* la) vanille.   아이스크림을 어떤 맛으로 해드릴까요? – 바닐라요.
- Je veux bien une glace *au* chocolat.   초콜릿 아이스크림이 매우 먹고 싶다.

3) 형태

lampe *à* arc 아크등.   scie *à* arc 활(모양)톱.   scie *à* archet 활(모양)톱.   radiateur *à* nid(-)d'abeilles 벌집 모양의 방열기.   vanne *à* papillon 나비 모양의 판.

4) 성질·성격·능력

❶ …한 성질을 가진, …할 수 있는(= de nature à, capable de).

arbre *à* pousse rapide 성장속도가 빠른 나무.   arme *à* répétition 연발식 화기.   montre *à* répétition 반복 타종시계((정시 또는 15분마다 시각을 알려주는 시계)).   des ennuis *à* répétition 반복되는 골칫거리.   arme *à* tir automatique[semi-automatique] 자동[반자동]화기.   canon *à* tir rapide 속사포.   artillerie lourde *à* grande portée 장거리 중포병.   auteur *à* l'écriture nette et concise 명쾌하고 간결한 문체의 작가.   avion *à* grand rayon d'action 항속 거리가 긴 비행기.   missiles *à* courte [moyenne] portée 단[중]거리 미사일.　barrage *à* faible retenue d'eau 저수량이 적은 댐.　béton *à* haute résistance 고강도 콘크리트.　chaise[fauteuil] *à* bascule 흔들의자.　ciment *à* prise rapide[lente] 양생이 빠른[느린] 시멘트.　évenement[nouvelle] *à* sensation 이목을 끄는 사건[소식].　presse *à* sensation 선정적 성향의 언론매체.　enfant *à* la conception vive. 이해력이 뛰어난 아이.　film *à* suspense 긴박감 넘치는 영화.　ligne *à* retard 지연 회로.　maladie *à* caractère infectieux 전염성이 있는 질병.　moteur *à* combustion interne 내연기관.　objectif *à* flou 소프트 렌즈.　poêle *à* combustion lente 완만 연소 스토브.　parachute *à* ouverture commandée 수동식 낙하산.　remède *à* efficacité suprême 특효 처방.　restaurant *à* service rapide 패스트푸드 식당.　télescope *à* fort grossissement 고배율 망원경.　train *à* grande vitesse 고속열차((《약》 T.G.V.)).　wagon *à* renversement 덤프차.

❷ [à *inf*]

homme *à* tout faire 무엇이든지 할 수 있는 사람.　être femme *à* *inf* 능히 …할 수 있는 여자이다.

· C'est une femme *à* tout tenter.　저이는 무슨 일을 저지를지 모르는 여자다.
· Ce n'est pas le genre de chirurgien *à* prendre des risques.　그는 위험한 짓을 할 그러한 외과 의사가 아니다.
· Elle n'est pas femme *à* être jalouse.　그녀는 시샘하는 그런 여자가 아니다.
· Il n'est pas homme *à* manquer son devoir.　그는 자신의 의무를 저버릴 사람이 아니다.
· Ils ne sont pas gens *à* exagérer.　그들은 과장할 사람들이 아니다.

☆ [à *inf*]의 형태로 성질·능력을 나타내는 용법은 bonne *à* tout faire(집안 잡일을 다 하는 가정부)와 같은 관용적 표현 이외에는 위에 주어진 예문들과 같이 [il[elle] est homme[femme] *à* *inf*]나 [c'est un homme[une femme] *à* *inf*], [c'est le type[genre] de + 명사 + à *inf*]의 구문으로 쓰임.

4. 주제·관점·시각

à cet égard 그 점에 대해서는; 그러한 관점에서(=de ce point de vue).　*à* son égard 그(녀)에 관해서.　*à* tous (les) égards 모든 점에서.　*à* l'endroit de *qn* 《문어》 …에 대하여(=envers).　*au* point de vue social 사회적 관점에서.　*au* point de vue de la théorie 이론적인 견지에서.　*à* propos de *qn/qc* …에 관하여(=au sujet de, concernant).　*à* ce propos 그 점에 관해서(는), 그것에 대해서(는); 그건 그렇고, 지금 생각났는데((화제 전환)).　politique menée *à* l'égard de la Chine 대(對)중국 정책.　se montrer indulgent *à* mon endroit 나에게 관대한 태도를 취하다.

· Cela m'arrange *à* bien des égards.　그것은 여러 면에서 내게 도움이 된다.
· J'ai eu certains doutes *à* ce sujet.　나는 그 문제에 대해 상당히 의문을 가졌다.

- Il n'a jamais varié *à* ce sujet.　그에 대한 그의 생각은 변함이 없었다.
- N'ayez aucun souci *à* cet égard.　그 점에 대해서는 아무 염려하지 마세요.
- Vous êtes sévère *à* son égard.　당신은 그에게 엄격하다.
- Il est de bon conseil *à* tous égards.　그는 모든 면에서 훌륭한 보좌인이다.
- Quelle est son attitude *à* l'égard de ce problème?　이 문제에 대한 그의 태도는 어떠합니까?

5. 가정 · 조건

1)

au pis 최악의 경우에. *au* pis aller 최악의[부득이한] 경우에는; 아무리 나빠도[잘못 되어도]. *au* cas où il mourrait 그가 죽는다면. *au* cas qu'il vienne 그가 온다면[온다 할지라도]. *au* train où vont les choses 이런 추이로 계속된다면. *à* charge de revanche 사례를 한다는 조건으로. *à* telle condition 그 조건으로만, 그 경우에만(=seulement dans ce cas). *à* condition de *inf* …한다는 조건으로, 만약 …한다면. *à* moins d'avis contraire 반대 의견이 없으면. *à* votre place 당신의 처지라면. *à* l'extrême rigueur 만부득이한 경우에.

- À égalité de mérite, le plus âgé doit avoir la préférence.　업적이 같다면 최연장자가 우선권을 가져야 한다.
- À ce compte-là, je n'aurai aucune chance de réussir.　그런 조건이라면, 나는 결코 성공할 수 없을 것이다.
- À équivalence de prix[À prix équivalent], ce produit est meilleur.　값이 같다면 이 제품이 낫다.
- À ce prix-là, j'accepte.　그 값이라면 좋소.
- À ce régime-là, il va ruiner sa santé.　그런 식이요법을 하면 그는 건강을 해칠 것이다.
- À mon signal, tu entreras.　내가 신호를 하면 안으로 들어가.
- À cette vitesse-là, nous ne serons pas arrivés ce soir.　이러한 속도로 가면 오늘 저녁에 도착하지 못할 것이다.
- J'y consens bien volontiers *à* la condition que vous dînerez chez moi ce soir.　당신이 오늘 저녁 우리 집에서 식사를 한다면 나는 기꺼이 그것을 승낙하겠습니다.
- N'hésitez pas, *au* besoin, à me téléphoner.　필요한 경우 주저하지 말고 나에게 전화하시오.
- Il ne m'est pas permis, *à* ces conditions, de vous rien refuser.　그런 조건이라면 당신이 요구하는 그 어떤 것도 거절할 수 없군요.
- Vous pouvez utiliser ma voiture *à* charge de la maintenir en bon état.　잘 쓴다는 조건으로 제 차를 쓰셔도 됩니다.

2) [à *inf*]

à compter de ce jour 오늘부터 계산해서. *à* considérer la chose par cet endroit 일을 이러한 측면에서 고찰해 보면. *à* tout considérer 모든 것을 고려해 볼 때. *à* l'en croire 그의 말을 믿는다면. *à* vrai dire; à dire (le) vrai 사실을 말한다면. *à* franchement parler 솔직히 말해서. *à* proprement parler 엄밀하게[정확하게] 말하자면. *à* bien prendre les choses; *à* le bien prendre 사리를 잘 생각해보면. *à* tout prendre 모든 것을 따져보면, 결국. il y a tout à gagner *à inf* …하면 득이 될 뿐이다.

- *À* l'entendre, l'affaire serait sérieuse. 그 사람 말을 들어보면, 일이 심각한 것 같다.
- *À* vous priver(=en vous privant) ainsi, vous tomberez malade. 이렇게 먹지 않으면 당신은 병에 걸릴 것이다.
- *À* supposer que je gagne gros lot, je ferais le tour du monde. 내가 복권에서 큰 상금을 타게 되면 세계일주를 하겠다.
- Il n'est pas philosophe, *à* proprement parler. 엄밀하게 말해서 그는 철학자가 아니다.
- Ils estiment qu'*à* choisir, il vaut mieux un Proche-Orient en ébullition qu'un Iran nucléaire. 그들은 선택해야 한다면 이란이 핵을 가지는 것보다는 중동이 혼란스러운 것이 더 낫다고 생각한다.

6. 원인·이유

1) …하면, …해서.

chemise qui déteint *au* lavage 빨면 물 빠지는 셔츠. fleurs agitées *au* moindre souffle 미풍에도 한들거리는 꽃. mer qui étincelle *au* clair de lune 달빛에 번쩍이는 바다. poisson qui se délite à la cuisson 구워서 결에 따라 떨어지는 생선. rosée qui s'évapore à la chaleur du soleil 햇볕에 증발하는 이슬. étal qui flamboie[resplendit] *au* soleil 햇빛에 반짝이는 금속. voiles qui palpitent *au* vent 바람에 펄럭이는 돛. couleur qui a passé *au* soleil 햇빛을 받아 바랜 색깔. planche qui pourrit à l'humidité 습기 때문에 썩는 판자. rubans qui volettent *au* vent 바람에 나부끼는 리본. se crever *au* travail 과로해서 지치다. s'émouvoir à la pensée de *qn/qc* …을 생각하고 감동하다. s'enchanter à l'idée de *inf* …하리라는 생각을 하고 즐거워하다. s'enivrer *au* whisky 위스키에 취하다. luire *au* soleil 햇빛으로 빛나다. mourir à la peine[tâche] 과로로 죽다; 순직하다. se soûler *au* whisky[à la bière] 위스키[맥주]에 취하다. succomber à l'épidémie de choléra 콜레라에 전염되어 사망하다. tourner [virer] à tous les vents[*au* moindre vent] 변덕이 심하다. tressaillir *au* plus léger bruit 작은 소리에도 소스라치다. s'user *au* travail 일을 많이 해서 쇠약해지다. voler *au* vent (옷·천 따위가) 바람에 흩날리다.

- *À* ce labeur colosal, les plus robustes s'épuisaient. 엄청나게 힘든 이 일에는 대단한 장사들도 기진맥진했다.
- Le vin s'altère *au* contact de l'air. 포도주는 공기를 쐬면 변질된다.
- Il s'est asphysié *au* gaz. 그는 가스에 질식사했다.
- Le cuir s'assouplit à l'eau. 가죽은 물에 닿으면 부드러워진다.
- Le drapeau claque *au* vent. 깃발이 바람에 펄럭거린다.
- Il se civilise à votre contact. 그는 당신과 만나더니 사람이 되어간다.
- Il s'est découragé à la résistance du ministre. 그는 장관의 반대에 부딪치자 의욕을 상실했다.
- Cette toile donne à l'usage. 이 천은 사용하면 늘어난다.
- Elle s'énerve à la moindre contrariété. 그녀는 조금만 방해해도 신경질을 낸다.

- On serait fâché *à* moins.　더 작은 일로도 화를 냈을 것이다.
- Il s'exaspère *à* la moindre remarque.　그는 사소한 지적에도 몹시 화를 낸다.
- La fièvre a fini par céder *à* ce traitement.　그 치료로 마침내 열이 내렸다.
- La glace se fond *au* soleil.　얼음은 햇볕에 녹는다.
- Il a gagné *à* cette sortie d'être attrapé un bon rhume.　그는 이번 외출 때문에 심한 감기에 걸렸다.
- La voile se gonfle *au* vent.　돛이 바람에 부푼다.
- Le blé jaunit *à* maturité.　밀은 익으면 누래진다.
- Ce tissu a raccourci *au* lavage.　이 천은 세탁으로 줄어들었다.
- La viande se racornit *à* la cuisson.　쇠고기는 가열하면 딱딱해진다.
- Elle tremble *à* l'idée qu'elle pourrait perdre sa trace.　그녀는 그의 자취를 잃을지도 모른다는 생각에 떨고 있다.
- Cette maison trépide *au* passage des camions.　트럭이 지나가면 집이 흔들린다.
- Il se tue *au* travail.　그는 일을 너무 많이 해서 녹초가 된다.

2) [à force de *inf*]

- *À* force de crier, ma gorge s'est irritée.　소리를 너무 질러 목이 아팠다.
- *À* force de faire de l'équitation, mes fesses se raidissent.　승마를 하니 엉덩이가 단단해진다.
- J'ai mal au dos *à* force de taper la machine.　타이프를 너무 쳐서 등이 아프다.
- Ses yeux ont bouffi *à* force de pleurer.　울어서 그의 눈이 퉁퉁 부었다.
- Il s'est enroué *à* force de crier.　그는 고함을 너무 질러 목이 쉬었다.

3) [à *inf*]

> s'alambiquer le cerveau[l'esprit] *à inf* … 하느라 골치를 썩이다[머리를 쥐어짜다].　se crever les yeux *à* lire dans la pénombre 희미한 불빛 아래 책을 읽느라 눈을 버리다.　s'égosiller *à* répéter dix fois la même chose 똑같은 말을 열 번 반복해서 목이 쉬다.　s'énerver *à* attendre 기다리는 데 짜증을 내다.　s'époumoner *à* nous convaincre 우리를 설득하느라 목이 쉬다.　s'érailler la voix *à* crier 소리를 지르다가 목이 쉬다.　s'éreinter *à* préparer un concours 시험 준비하느라고 기운이 다 빠지다.　s'esquinter *à* travailler 일을 하느라고 몹시 지치다.　s'esquinter la vue *à* lire sans lumière 불빛 없이 독서를 하다 눈을 버리다.　s'exténuer *à* crier 소리를 지르다가 기진맥진하다.　se glacer *à* attendre *qn* dans la rue 거리에서 …을 기다리느라 몸이 꽁꽁 얼다.　user[se casser] les yeux *à* lire 책을 읽다가 눈을 버리다.

- *À* raconter ses maux, souvent on les soulage.　고통은 이야기를 하면 덜어질 때가 많다.
- *À* trop veiller, il s'est usé les yeux.　그는 밤샘을 너무 많이 해서 눈을 버렸다.
- Je m'épuise *à* vous le répéter.　당신에게 같은 말 되풀이 하는 것이 진력이 납니다.
- Je me fatigue *à* lui expliquer cela depuis deux heures.　나는 그에게 이것을 설명하느라 두 시간 전부터 애쓰고 있다.
- Ce vin gagne *à* vieillir.　이 포도주는 오래될수록 맛이 좋아진다.
- Il se tue *à* travailler.　그는 일을 너무 많이 해서 녹초가 된다.

7. 근거 · 기준

1) …에 의해, …에 의하면.

> *à* la demande généralale 대다수의 요구에 따라.   *à* la diligence de *qn* …의 청구에 의하여.   *à* dire d'experts 전문가의 주장에 의하면, 감정인의 견해로는.   *à* l'invitation de *qn* …의 권유에 따라.   *au* jugement de *qn* …의 판단[의견]에 의하면.   *à* ma souvenance 내 기억으로는.   *à* mon commandement 내 구령에 따라.   *au* nom de la loi 법의 이름으로.   *au* nom du Père, du Fils et du Saint-Esprit 성부, 성자, 성신의 이름으로.   *à* (《옛》 la) première vue 일견, 언뜻 보기에는.   *à* la requête de *qn* …의 요청[신청]에 의하여.   *à* son intention 그의 뜻에 따라.   *à* la tête du client (사람의) 겉모습으로, 겉모습에 의해.   *aux* yeux de certains 어떤 사람들이 보기에는.   *aux* yeux de la loi 법적 견지로는.   voiture classée première *à* l'indice de performance 배기량에 따라 1등급으로 분류된 차.   robe faite *aux* mesures de la cliente 손님의 몸 치수에 맞게 만든 옷.   pièce usinée *aux* cotes requises 정격 제조된 공산품.   agir[juger] *à* son idée 제멋대로 행동[판단]하다.   asservir les autres *à* son compas 남을 자기 기준[생각]에 따르도록 강요하다.   auner les choses[les gens] *à* sa mesure 《옛》 자기 자로[기준으로] 사물[사람]을 평가하다.   comprendre *à* demi-mot 입만 뻥끗해도 알아차리다.   connaître *qn à* sa voix 목소리로 …을 알아보다.   découvrir *à* l'autopsie que … 검시에서 …인 것을 발견하다.   s'entendre *à* demi-mot 몇 마디 말로도 서로 알아듣다.   être payé *au* pourcentage 매상고의 일정 비율을 보수로 받다.   faire *qc à* la demande de *qn* …의 요청으로 …을 하다.   juger *qn à* sa mise …을 옷차림을 보고 판단하다.   travailler *à* la demande 주문에 따라 작업하다.   mesurer les autres *à* son aune 자기 기준으로 남을 평가하다.   mesurer le châtiment *à* l'offense 죄의 경중에 따라 벌을 정하다.   mesurer ses dépenses *à* son revenu 수입에 맞추어 지출을 결정하다.   mesurer un travail *aux* résultats 실적에 의하여 일을 평가하다.   mouler *qn à* son image …을 자신의 모습대로 만들다[교육하다].   réduire des fractions *au* même dénominateur 분수를 통분하다.   suivre *qn/qc à* la trace[piste] …의 자취를 쫓아가다.   taller un costume *à* *qn* …에 맞추어 옷을 재단해주다.

- *À* ma connaissance, il n'a jamais été malade.   내가 아는 한 그는 병을 앓아본 적이 없다.
- *À* l'imitation de ses amies, elle a changé de coiffure.   자기 친구들을 따라서 그 여자도 머리 모양을 바꾸었다.
- *À* l'oeuvre, on connaît l'artisan.   《격언》 한 일을 보면 그 사람의 진가를 알 수 있다.
- *À* mon goût, ceci ne vaut rien.   내가 보기에 이것은 아무 가치도 없다.
- *À* l'ongle on connait le lion.   《속담》 사람은 어디엔가 자기의 본성을 드러내는 법이다.
- *À* ma montre, il est 8 heures.   내 시계에 이하면 8시다.
- Il apparaît, *à* la lecture des textes, que la loi est pour tous.   이 글들을 읽어 보면, 법은 만인을 위한 것임이 명백하다.
- L'arbre se connaît *à* ses fruits.   나무는 그 열매로 식별된다.
- C'est *au* fruit qu'on connaît l'arbre.   《격언》 열매를 보면 나무를 알 수 있다; 행위의 결과를 보면 사람의 가치를 알 수 있다.
- On ne connaît les gens qu'*à* l'user.   《옛·문어》 사람은 교제해 보아야만 안다.
- Sa voiture coûte vingt mille euros *à* l'Argus.   (자동차 매매전문 잡지) 아르귀스지(紙)에 따르면 그의 자동차 시세는 2만 유로이다.

- Le festival d'Avignon a été créé *à* l'initiative de Jean Vilar.   아비뇽 연극제는 장 빌라가 제창하여 만들어진 것이다.
- C'est un très bon restaurant, enfin *à* mon avis.   그건 아주 좋은 식당이야, 내 의견이지만 말이야.
- Dieu a fait l'homme *à* son image[sa ressemblance].   신은 자신의 모습대로 인간을 창조하였다.
- C'est *aux* résultats qu'on le jugera.   결과를 보고 그를 심판할 것이다.
- Une bonne autobiographie se juge *à* son degré de sincérité.   좋은 자서전은 그 진정성의 정도에 의해 평가된다.
- Le courage se mesure *aux* actes, non *aux* paroles.   용기는 말이 아니고 행동으로써 평가된다.
- Payez *à* l'ordre de M. Dupont   뒤퐁 씨의 이서에 따라 지불하시오.
- Tout le monde se trompe *à* son air naïf, en réalité, c'est un homme méchant.   모두들 그의 순진한 태도에 속아 넘어가지만 사실 그는 악낭이나.

2) 생략문

- *À* votre aise!   마음대로 하세요!
- *À* votre[ton] gré!   좋을 대로 하세요.
- *À* vos ordres!   알겠습니다; 분부대로 하겠습니다.

3) [à *inf*]

> *à* l'en croire 그의 말에 의하면, 그의 말을 믿는다면.   *à* en croire les journaux 신문 보도에 따르면.   *à* en juger par[d'après] son attitude 그의 태도로 판단하면.   *à* tout considérer 모든 것을 다 검토한 결과, 잘 생각해 본 즉.

- *À* vous entendre, tout est perdu.   당신 말을 들어보니, 만사가 틀렸군요.
- *À* la voir si pâle, j'ai pensé qu'elle était malade.   그녀의 얼굴이 그토록 창백한 것을 보고 나는 그녀가 아프다고 생각했다.
- Qu'est-ce que tu as *à* saigner du nez?   코피가 흐르는 데 무슨 일이 있느냐?
- Vous avez bien de la vertu *à* le supporter.   그것을 참고 견디시니 참 무던하시군요.

4) [à ce que + *ind*]

> *à* ce que j'ai compris 내가 이해한 바에 의하면.   *à* ce que je crois[pense] 내 생각으로는.   *à* ce qu'il dit[prétend] 그의 말[주장]에 따르면.   *à* ce qu'on en peut préjuger 예측할 수 있는 바에 따르면.   *à* ce qu'on suppose 《옛》 추측컨대.

- *À* ce qu'on dit, il y a eu plus de deux cents morts.   사람들 말에 의하면 200명 이상의 사람들이 죽었다.
- *À* ce qu'on m'a dit, elle serait enceinte.   사람들이 내게 말한 바에 의하면 그녀가 임신한 것 같다.
- *À* ce qu'elle a pu remarqué, il portait une cravate bleue.   그녀가 본 바에 따르면 그는 파란 넥타이를 매고 있었다.

· *À* ce que je vois, c'est sa faute.　　내가 보기에는 그 것은 그의 잘못이다.

· Je reconnais Sylvie *à* ce qu'elle porte un chapeau rouge.　　나는 실비가 빨간 모자를 쓰고 있다는 것으로 알아본다.

❷ · Elle n'a pas le droit, *à* ce qu'il me semble, de leur dire cela.　　나의 생각으로는 그녀는 그들에게 그것을 말할 권리가 없다.

· Elle va se marier, *à* ce qu'il paraît.　　보아하니 그녀는 결혼할 모양이다.

· Ils ne viendront pas, *à* ce qu'il paraît.　　보아하니 그들은 올 것 같지 않다.

8. 수량적인 표현

1) 가격 · 가치

❶ ···의 가격에(= pour).

> *à* aucun prix 어떤 대가를 치르고라도, 절대로(=jamais).　*à* prix courants 현시가로, 액면가로. *à* très haut prix; *à* prix d'or 매우 비싼 값으로.　*à* tout prix; *à* n'importe quel prix 값이 얼마가 되든지, 반드시(=impérativement).　*au* prix fort 아주 비싸게, 에누리 없이(=très cher, sans rabais). *à* bas[moitié] blot 《은어》 싼[반] 값으로.　*à* moitié prix 반값으로.　*à* n'importe quel prix 어떤 값으로라도　*à* un prix abordable à tous 누구나 살 수 있는 가격으로　salaire qui culmine *à* vingt mille euros 최고 2만 유로에 달하는 급료.　acheter *qc à* beaux deniers comptants ···을 비싸게[현금으로] 사다.　acheter[vendre] *au* mieux 가장 나은 가격으로 사다[팔다].　acheter [vendre] *qc à* bon prix ···을 싼 값에 사다[팔다].　acheter[vendre] *qc à* moitié prix ···을 반값에 사다[팔다].　acheter[obtenir] *qc à* ce[tel] prix ···을 그만한 대가를 치르고 사다[획득하다]. apprécier *qc à* 100 euros ···을 100유로로 평가하다.　apprécier[estimer] *qc à* son (juste) prix ···을 정당한 값으로 평가하다.　chiffrer les dépenses d'un voyage *à* 5.000 euros 여행 경비를 5,000유로로 산정하다.　construire une usine *au* coût de 30 millions de dollars 3000만 달러를 들여 공장을 하나 건설하다.　se débarrasser de son stock *à* bas prix 염가로 재고품을 처분하다.　débuter *à* trois mille euros par mois 초임으로 월 3천 유로를 받고 일을 시작하다.　estimer la valeur d'un tableau *à* deux cent mille euros 그림의 가격을 20만 유로로 평가하다.　évaluer la foule *à* trois mille personnes 군중을 3천 명으로 추산하다.　juger *qn à* sa juste valeur ···을 진가를 올바로 평가하다.　mettre *qc à* son vrai prix ···에 제값을 매기다.　vendre *qc* (*à*) bon[meilleur] marché ···을 싸게[더 싸게] 팔다.　vendre *qc* (*à*) mille euros ···을 천 유로에 팔다.

· *À* quel prix est cette robe?　　이 드레스의 가격은 얼마입니까?

· Les oeufs sont *à* 2 euros.　　계란은 2유로이다.

· Elle a acheté cette robe *à* 80 euros.　　그녀는 이 옷을 80유로에 샀다.

· J'ai mieux *à* moins cher.　　나는 더 싼 가격에 더 좋은 것이 있다.

· La dépense se chiffre *à* 200 euros.　　지출이 200유로 정도 된다.

· Il m'a compté la réparation (*à*) mille euros.　　그는 수리비로 내게 천 유로를 요구했다.

· Le dollar s'échange *à* dix yens.　　1달러 당 10엔에 환전된다.

· Le budget s'élève *à* plusieurs millions de dollars.　　그 예산은 수백만 달러에 달한다.

- Le premier versement s'élève *à* deux mille euros.　첫 불입금이 2천 유로에 이른다.
- On estime ce tableau *à* deux cent mille euros.　그 그림은 2만 유로로 평가된다.
- Je suis preneur *à* mille euros.　내가 천 유로에 사겠소.
- Le déficit s'est évalué *à* cent mille euros.　적자는 십만 유로로 산정되었다.
- Je vous le fais *à* 500 euros.　나는 당신에게 이것을 500유로에 팔겠다.
- Ce tableau n'a pas été jugé *à* sa juste valeur.　그 그림은 진가대로 평가되지 못했다.
- Je vous laisse ce tapis *à* deux mille euros.　2000유로면 이 양탄자를 싸게 파는 겁니다.
- On ne l'obtiendra pas *à* moins.　그것을 더 싸게 구할 수는 없을 것이다.
- Ces objets démodés se sont rachetés *à* bas[vil] prix.　이 구식 물건들은 싼 값에 매입되었다.
- Vous en trouverez *à* mille euros et au-dessous.　천 유로나 그 이하로 그걸 살 수 있을 거요.

❷ *à* bon compte 싸게.　*à* ses (propres) dépens; *à* ses frais et dépens 자비로, 큰 희생을 치르고　*aux* dépens de qn/qc ⋯의 비용으로; ⋯에 피해를 입혀가며, ⋯을 희생시켜.　*à* grand frais 비용을 많이 들여;《비유》애를 써서, 큰 희생을 치루고　*à* moindres frais 더 싼 비용으로, 경제적으로; 크게 애쓰지 않고　*à* frais communs 비용을 공동 부담하여.　*aux* frais de l'État 국비로.　avoir qn *à* sa solde ⋯을 돈을 주어 고용하다; 매수하다.　construire une usine *au* coût de 30 millions de dollars 3000만 달러를 들여 공장을 하나 건설하다.　s'outiller *à* peu de frais pour la pêche 얼마 안되는 비용으로 낚시도구를 갖추다.　publier un livre *à* compte d'auteur 저자의 비용 부담으로 책을 내다.　publier un recueil de poèmes *à* ses frais 시집을 자비로 출판하다.　prendre des congés *à* son compte 무급 휴가를 가다.

❸ 명사의 보어

abonnement *à* prix réduit 정기 회원을 위한 할인 요금으로 가입하기.　billet *à* demi-tarif 반액 할인권.　billet *à* prix réduit[*à* demi-tarif] 할인[반액]권.　article *à* moins de cent euros 백 유로 이하의 물건.　carte *à* demi-tarif 반액권.　cravate *à* 20 dollars 20달러짜리 넥타이.　édition *à* bon marché 염가본.　exportation *à* un prix inférieur au prix pratiqué sur le marché intérieur 덤핑 수출.　fraises *à* cinq euros le kilo 킬로 당 5유로하는 딸기.　menu *à* prix fixe 정식 메뉴.　montre *à* 50 euros 30유로짜리 시계.　repas *à* 80 dollars, service compris 봉사료를 포함한 80달러짜리 식사.　timbre *à* 2 euros 2유로짜리 우표.　valeurs *à* basse[faible] cote 저가주.　vente *à* prix fixe 정가 판매.　vente *à* prix sacrifiés 염가[출혈]판매.

☆ 명사의 보어로 값을 나타낼 때 de는 보통의 가격 개념을, à는 염가의 물건 또는 경멸의 뜻을 나타냄.　un chapeau *à* 5 euros 5유로싸리 (싸구려) 모자.　un chapeau de 100 euros en soie 100유로 주어야 사는 실크 모자.

❹

magasin *à* prix unique 균일 염가 판매점.　restaurant *à* bon marché 싸구려 음식점.

habitation *à* bon marché 저렴한 가격의 주택((《약》 H.B.M.)).　habitation *à* loyer modéré 서민 주택((《약》 H.L.M.)).

2) 측정·정도

❶

à 11% d'intérêt 11퍼센트의 이율로.　métier féminisé *à* plus de 80% 여자가 80 퍼센트를 넘는 직업.　voiture lancée *à* 200 km/h 시속 200km로 질주하는 자동차.　voiture où l'on peut tenir *à* cinq 5명이 탈 수 있는 자동차.　se battre *à* trois contre un 3대 1로 싸우다.　être brûlé *au* second degré 2도 화상을 입다.　chauffer de l'eau *à* 100°C 물을 100°C로 끓이다.　parier *à* dix contre un 10대 1의 내기를 하다.　élever un nombre *à* la puissance deux 어떤 수를 2제곱하다.　s'estimer *à* sa juste valeur[son prix] 자기를 정당하게 평가하다.　imprimer[tirer] un livre *à* mille exemplaires 책을 천부 찍다.　limiter la vitesse *à* 100km à l'heure 속도를 시속 100km로 제한하다.　reproduire un dessin *à* des miliers d'exemplaires 데생을 수천 장 복제하다.　voler *à* mach 2 마하 2의 속도로 날다.

- *À* plus de 900 tours/minute, cette machine chauffe trop.　분당 900회 이상 회전하면 이 기계는 과열된다.
- L'eau bout *à* 100 degrés.　물은 100도에서 끓는다.
- Les Alpes culminent *à* 4.807m.　알프스 산맥은 그 정상이 4,807m에 달한다.
- Ils cultivent l'opium *à* 92 %, pour lutter contre la pauvreté.　그들은 92%가 가난을 벗어나기 위해 아편을 재배한다.
- Ses romans se débitent *à* plus de mille par jour.　그의 소설은 하루에 천 부 이상 팔린다.
- Le fils et le père sont parentés *au* premier degré.　아버지와 아들 사이는 1촌이다.
- Il est breton *à* cent pour cent.　그는 순수한 브르타뉴 사람이다.
- Il est riche *à* milliards.　그는 억만장자다.
- Ce canon porte *à* 2km.　이 대포는 사정거리가 2km이다.
- Le ministre a proposé de plafonner les impôts *à* 70% des revenus.　장관은 세금의 상한을 수입의 70퍼센트로 할 것을 제안했다.
- Son mobilier complet se réduit *à* deux chaises.　그가 가진 가구라곤 의자 2개 밖에 없다.
- Il a été repêché *à* cinq points.　그는 5점을 올려받아 합격하였다.
- La fièvre est retombée *à* 35°C.　열이 다시 35°C로 다시 떨어졌다.
- Cette voiture roule *à* 90km à l'heure.　이 차는 시속 90km로 달린다.
- La hausse des prix se stabilise *à* 3 % sur un an.　일 년 동안의 물가 인상이 3%로 안정되었다.
- La saccharine sucre beaucoup plus que le sucre, *à* poids égal.　사카린은 같은 무게의 실탕보다 단맛을 훨씬 더 많이 낸다.
- Ce projet de loi est voté *à* 90 voix contre 35.　그 법률안은 90대 35로 가결되었다.

❷

à dix contre un 수적으로 우세한 (상태에서).　se battre *à* dix contre un 수적으로 유리한 처지에서

싸우다. être *à* dix contre un dans la bataille 전투에서 병력이 우세하다.

❸ 명사의 보어

antibiotique *à* 100,000 unités 10만 단위의 항생제. carte *au* 1/1000 1000분의 1 지도. emprunt *à* taux fixe 정해진 이율에 따른 차용. fromage *à* zéro pour cent de matière grasse 지방 0%의 치즈. or *à* 24 carats 순금. or *à* 9/10 de fin 순도 90%의 금. rente *à* cinq pour cent 연리 5퍼센트 국채. sot *à* 24 carats 《**구어**》진짜 바보. tirage *à* mille exemplaires 천 부 발행. vin *à* 10% en volume d'alcool 알코올 도수 10도의 포도주.

3) 어림수

❶ ⋯ 내지(=environ, ou).

cinq *à* huit étudiants 5명 내지 8명의 학생. 90 *à* 110 milliards de dollars 9백억 내지 1천억 달러.

· Ce garçon a douze *à* treize ans. 그 소년은 열두세 살쯤 되었다.
· Il gagne quatre *à* cinq cents euros par semaine. 그는 일주일에 400 내지 500유로를 번다.

❷ [de ⋯ à ⋯]

boîte de six *à* sept pouces de hauteur 높이가 6, 7인치쯤 되는 상자.

· Son frère a de seize *à* dix-sept ans. 그의 형은 16, 7세쯤 되었다.
· Il y a de deux *à* trois cents travailleurs dans cette usine. 그 공장에는 200 내지 300명의 근로자들이 있다.
· Ils sont de 3.000 *à* 4.000 *à* vivre en permanence *à* Dandong. 그들이 단동에서 상주하는 인원은 3천 내지 4천명이다.
· Dans les îles Cyclades en Grèce, la consommation d'eau estivale est de cinq *à* dix fois plus élevée qu'en hiver. 그리스의 시클라드제도에서는 여름 물 소비량이 겨울보다 5배 내지 10배 많다.

> ☆ 어림수를 나타낼 때 중간 수가 성립하지 않으면 ou를 사용하여 quatre ou cinq étudiants(4명 내지 5명의 학생)과 같이 말하는 것이 더 옳은 표현임.

4) 수량 단위

❶

chambre louée *au* mois 사글세방. garage louable *à* l'année 년 단위 임대차고. marchandises vendues *à* la pièce 낱개로 파는 상품. objets vendus *à* la douzaine 다스로 파는 물건. ouvrier payé *à* l'heure 시간급 노동자. prix *à* l'unité 단가. prix *à* la tonne 톤당 가격. voiture qui

<blockquote>
fait[pompe] dix litres *aux* cent 백 킬로미터당 10리터의 가솔린을 소비하는 자동차.　acheter du beurre *à* la motte 버터를 덩어리로 사다.　être payé *à* la journée[semaine] 급료를 일급[주급]으로 받다.　être payé *à* la ligne 한 행에 얼마로 지불받다.　être vendu *au* kilo 킬로그램 단위로 판매되다.　faire du cent *à* l'heure au compteur 속도계 상으로 시속 100을 놓다.　travailler *à* la journée 날품팔이로 일하다.　louer[travailler] *à* la semaine 주 단위로 빌리다[일하다].　mesurer *qc au* mètre …을 미터로 재다.　vendre *qc au* mètre linéaire …을 미터 단위로 팔다.　vendre *qc au* poids …을 무게 단위로 팔다.　se vendre *à* la pièce[douzaine] 낱개[다스]로 팔리다.
</blockquote>

- Cette auto fait ses 150 kilomètres *à* l'heure.　이 차는 시속 150 km를 낼 수 있다.
- Il a fait cent kilomètres *à* l'heure; Il a roulé à cent (kilomètres) *à* l'heure.　그는 시속 100km로 달렸다.
- Il travaille *à* l'année.　그는 1년 계약으로 일한다.
- Ce projet de loi est voté *à* 130 voix contre 30.　그 법률안은 130대 30으로 가결되었다.

❷ · La précision de cette mesure est *au* milimètre.　이 측정의 정밀도는 밀리미터 단위이다.

❸ 명사의 보어

<blockquote>
blanchissage *au* poids[à la pièce] 무게로[품목 별로] 요금을 받는 세탁.　fertilité *à* l'hectare 헥타아르 당 생산량.　nombre d'habitants *au* kilomètre carré 1평방킬로당 인구 밀도.　treize *à* la douzaine 12개 값에 하나를 더 얹어 파는 것.　prix *à* la semaine[au mois] 주급[월급].　salaire *au* temps 시간급.
</blockquote>

5) 배분 : [à + 수량형용사]

❶
<blockquote>
difficulté à vivre *à* deux 부부[동거] 생활의 어려움.　faire part *à* deux 둘이서 나누어 가지다.　se mettre *à* trois pour déplacer une table 탁자를 옮기기 위해 3명이 달려들다.　vivre *à* plusieurs dans un appartement étriqué 비좁은 아파트에서 여럿이 살다.
</blockquote>

- *À* nous trois, nous y arriverons.　우리 세 사람이 거기에 도착할 것이다.
- *À* eux deux[trois], ils forment une belle équipe!　두[세] 명이서 그들은 좋은 한 패가 된다.
- *À* nous quatre, nous en viendrons à bout.　우리 넷이면 할 수 있을 것이다.
- Wal-Mart approvisionne ses magasins *à* plus de 50 % en Chine.　월마트는 매장 물품의 50%이상을 중국에서 구매한다.
- Les pommes sont *aux* deux tiers pourries.　이 사과들은 3분의 2가 썩었다.
- Ce jeu se joue *à* quatre.　이 게임은 네 사람이 하는 게임이다.
- Ils se sont mis *à* quatre[plusieurs] pour traduire ce texte difficile.　그들은 그 어려운 텍스트를 번역하기 위해 네[여러] 명이 달려들었다.
- Ils sont venus *à* cinq[plusieurs].　그들은 다섯[여러] 명이 함께 왔다.

- Ils vivent *à* six dans un logement de deux pièces.　그들은 2칸짜리 집에서 6명이 산다.
- Une telle somme, qui représente environ un quart du PIB, serait *à* 60 % versée par des banques et des groupes chinois.　국민총생산의 약 4분의 1에 해당하는 그러한 액수의 60%가 중국의 은행과 그룹에 의해 지불된다.

❷ 명사의 보어

> catch *à* quatre 프로 레슬링 4인조 경기.　ménage *à* trois 세 사람이 이루는 일가(一家).
> négociation *à* six 6자 회담.　rugby *à* treize 13인제 럭비.　solitude *à* deux 둘만의 고독.

6) 횟수

> *à* deux[trois, maintes] reprises 두 번[세 번, 몇 번] 되풀이하여.　*à* la deuxième resucée 두 번째로.
> apprendre sa leçon *à* plusieurs reprises 수업 내용을 여러 번 배우다.　y regarder *à* deux fois 거듭[곰곰이] 생각하다.　s'y reprendre *à* deux[plusieurs] fois pour faire *qc* …하기 위하여 두 번[여러 번] 다시 해보다.

7) 배수

❶

> *au* triple[septuple, décuple, centuple] 세[일곱, 십, 백]배로.　deux *au* cube 2의 3승(= 2^3, deux puissance trois).　élévation *au* carré[au cube] 제곱[세제곱].　un mètre *au* carré 1평방미터.
> élever un nombre *au* carré[cube] 어떤 수를 제곱[세제곱]하다.　être récompensé *au* centuple 백배로 보답을 받다.　payer *au* double 두 배를 지불하다.

❷

> carte *à* grande[petite] échelle 대[소]축척지도.

8) [수사 + à + 수사]

> descendre[dévaler] l'escalier quatre *à* quatre 층계를 몇 계단씩 건너뛰며 급히 내려가다.　monter les marches deux *à* deux 층계를 두 계단씩 올라가다.　trier des semences une *à* une 종자를 하나하나 고르다.

- J'ai examiné chacune des pommes, une *à* une, et elles sont toutes bonnes.　나는 이 사과를 하나씩 하나씩 살펴보았는데 모두 좋았다.
- Mettez-vous en rang trois *à* trois.　3명씩 열 지어 서시오.
- J'ai vu partir un *à* un tous les invités.　나는 손님들이 하나씩 하나씩 모두 떠나는 것을 보았다.

9. 비교 · 대조 · 비율

1) 비교 · 대조

❶ …에, …보다, …에 비해.

> monde qui préexiste *à* notre existence 우리들의 존재보다 선재하는 세계.   assimiler une indemnité *à* un salaire 수당을 보수 같은 것이라고 생각하다.   comparer un écrivain *à* un autre 어떤 작가를 다른 작가와 비교하다.   préférer le bain *à* la douche 샤워보다 욕조에서 하는 목욕을 선호하다. préférer le salé *au* sucré 단 음식보다 짠 음식을 더 좋아하다.

- Son opinion s'apparente *à* la mienne.   그의 견해는 나의 견해와 비슷하다.
- Dans son discours, il a assimilé cet homme *à* Napoléon.   그는 연설에서 그 사람을 나폴레옹에 비교했다.
- Son hésitation s'assimile *à* une lâcheté.   그의 망설임은 비겁한 것으로 간주된다.
- On ne peut comparer aucun poète *à* Racine.   어느 시인도 라신느에 비길 수는 없다.
- Rien ne peut se comparer *au* bonheur d'une conscience tranquille.   평온한 양심의 행복에 비길만한 것은 아무 것도 없다.
- Cette réponse équivaut *à* un refus.   이 대답은 거절이나 마찬가지이다.
- Il préfère le vin *à* la bière.   그는 맥주보다 포도주를 좋아한다.
- Lui aussi bien que sa femme préfère[préfèrent] la mer *à* la montagne.   그도 그의 아내도 다 같이 산보다는 바다를 더 좋아한다.
- Il faudrait proportionner notre action *aux* circonstances   상황에 맞게 행동해야 할 것이다.
- Ce buste ne ressemble guère *au* modèle.   그 흉상은 본인과 별로 닮지 않았다.
- Elle a survécu dix ans *à* son mari.   그 여자는 남편보다 10년을 더 살았다.
- Il a survécu *à* tous les siens.   그는 자기 집안사람들 중에서 가장 오래 살았다.

❷ 형용사의 보어

> coextensif *à* qc …와 외연이 같은.   équivalent *à* qc …와 대등한.   identique *à* qc …와 동일한. parallèle *à* qc …에 평행한.   transcendant *à* qn/qc … 보다 우위의.   spectacle apparenté *à* son imagination 그가 상상했던 것과 비슷한 광경.   hausse des prix concomitante *à* la dépréciation de la monnaie 화폐가치 하락에 따른 물가상승.   copie conforme *à* l'original 원본과 일치하는 사본.   produit conforme *à* l'échantillon[*au* modèle] 견본과 동일한 상품.   somme égale ou supérieure *à* cinq cents euros 5백 유로 상당 또는 그 이상의 금액.   indemnité équivalente *au* dommage 피해에 상응하는 배상금.   note inférieure *à* la moyenne 평균 이하의 점수.   conversation préalable *à* la conclusion du traité 조약 체결의 예비회남.   être inférieur *à* sa tâche 자기가 맡은 일을 감당하지 못하다.   se croire supérieur *aux* autres 자신을 다른 사람들보다 우월하다고 여기다.

- J'ai eu une idée analogue *à* la tienne.   나는 너와 비슷한 생각을 갖고 있었다.
- Ce dont je vais vous parler est antérieur *à* votre naissance d'une dizaine d'années.   내가 지금 당신에게 이야기하려는 것은 당신이 태어나기 10여년 전의 일이다.

- Son travail est assimilable *à* celui d'un journaliste.　그가 하는 일은 신문 기자 비슷한 것이다.
- Rien n'est comparable *à* cela.　그것에 필적할 만한 것은 아무 것도 없다.
- L'espace parcouru est égal *au* produit du temps par la vitesse.　달린 거리는 시간과 속도의 곱과 같다.
- Il a trouvé que x est égal *à* zéro.　그는 x가 0이라는 것을 알아냈다.
- Rien n'est égal *à* cette beauté.　이 아름다움에 비길 만한 것은 아무것도 없다.
- Elle reste toujours identique *à* elle-même.　그 여자는 항상 변함없이 그대로이다.
- La situation est inassimilable *à* celle de l'an passé.　상황이 지난해에 비할 바가 아니다.
- Sa voiture est pareille *à* la mienne.　그의 차는 내 차와 같은 것이다.
- Le document est très postérieur *à* l'année 1800.　이 문서는 1800년대보다 훨씬 후의 것이다.
- Cette solution est préférable *à* toute autre.　이 해결책이 다른 어떤 해결책보다 낫다.
- Le tarif téléphonique est directement proportionnel *à* la distance.　전화 요금은 거리에 정비례한다.
- Cette fleur est ressemblante *à* la rose.　이 꽃은 장미를 닮았다.
- Son parapluie est semblable *au* mien.　그의 우산은 내 것과 비슷하다.
- La vérité est supérieure *à* toutes les fictions.　진실은 어떤 허구보다도 앞선다.
- Le prix du riz y est trois fois supérieur *à* celui du blé −1,61 dollar par kilo.　쌀값이 킬로그램당 1.61달러로 밀값보다 세 배 비싸다.

❸ 부사(구)의 보어

antérieurment[postérieurment] *à* qc …보다 먼저[후에].　comparativement *à* autre chose 다른 것에 비해서.　parallèlement *à* qc …와 평행하게.　préférablement *à* autre chose 다른 것보다는 오히려.　gamins vêtus pareillement *à* leurs papas 아빠들과 같은 옷차림을 한 아이들.　choisir qc de préférence *à* tout autre 다른 무엇보다도 …을 택하다.

- La hausse des prix est relativement faible, par comparaison *à* l'année dernière.　물가의 상승은 지난해와 비교해서 비교적 낮다.
- La viande est trop chère, relativement *au* prix du poisson.　고기는 생선 값에 비해 너무 비싸다.

❹ [à *inf*]

préférer écouter de la musique *à* lire un livre 책을 읽는 것보다 음악을 듣는 것을 더 좋아하다.

- Cette réponse équivaut *à* refuser.　이 대답은 거절이나 마찬가지이다.
- Ne pas voter serait équivalent *à* voter oui.　기권은 찬성투표와 마찬가지일 것이다.

2) 비율·비례

❶

deux jeux *à* trois 2대 3((테니스·죄 드 폼의 게임 스코어)).　proportion de la hauteur *à* la largeur 높이와 폭의 비율.　proportion de trois *à* un 3대 1의 비율.　équipe qui mène (par) deux *à* zéro

2대 0으로 리드하고 있는 팀.　proportionner le travail *au* but visé 설정된 목표에 맞춰 일을 하다.

- L'équipe a été battue par trois *à* zéro.　그 팀은 3 대 0으로 졌다.
- À la mi-temps, la marque était de deux *à* un.　전반전의 득점상황은 2대 1이었다.
- La France mène le Brésil par 2 buts *à* 1.　프랑스가 브라질을 2대1로 이기고 있다.

❷ programme d'enseignement proportionnable *au* niveau de chacun des élèves 학생 개개인의 수준에 맞게 조정할 수 있는 교육 프로그램.　traitement proportionnel *à* l'ancienneté 근속년수에 상응하는 대우.　donner à *qn* une punition proportionnée *au* crime commis …에게 저지른 죄에 합당한 벌을 주다.

❸ augmenter les salaires proportionnellement *à* la hausse des prix 물가 상승에 맞춰 급료를 올리다.

- Ce pays est, proportionnellement *à* sa population, plus armé qu'aucun autre.　이 나라는 인구에 비례해 다른 어떤 나라보다 더 군비를 갖추고 있다.

❹ *au* fur et *à* mesure de vos besoins 당신의 필요에 따라.　*à* raison de trois euros par le paquet 한 꾸러미에 3유로씩.　*à* raison d'un quart d'heure par jour 하루에 15분씩.　adversaire *à* sa mesure 호적수(好敵手).　être rémunéré *à* proportion de sa participation 참여 비율에 따라 보수를 받다.　*à* proportion que + *ind* …함에 따라.

- Sa réussite n'est pas *à* la mesure de ses ambitions.　그의 성공은 자신의 야심에 못 미친다.
- On s'aime *à* mesure qu'on se connaît mieux.　상호간의 이해가 깊어짐에 따라 애정도 깊어진다.
- La participation aux bénéfices est généralement fixée *au* prorata des salaires.　이익 배분은 일반적으로 급여에 비례하여 정해진다.
- Il recule *au* fur et *à* mesure que j'avance.　그는 내가 앞으로 나아감에 따라 물러선다.

10. 동작주

1) 수동과거분사와 함께 : …에 의한.

étoffe mangée *aux* mites 좀이 쏠은 천.　habits troués *aux* mites 좀먹은 옷.　être mangé *aux* poux 이에 물리다.　être mangé *aux* vers 벌레에 파먹히다.

☆ 수동과거분사와 함께 쓰이는 [à + 명사]형태의 동작주는 문어체에서 위에 주어진 예와 같은 제한된 표현에 쓰임.

2) 사역・지각동사 구문

faire faire connaissance *à* deux personnes 두 사람을 서로 알게 하다. se laisser vaincre *à* la tentation 유혹에 넘어가다.

- Il entend chanter une chanson *à* son frère. 그는 그의 형이 노래 부르는 소리를 들었다.
- J'ai entendu dire cela *à* mon voisin. 나는 이웃사람이 그렇게 말하는 것을 들었다.
- Il va faire construire une maison *à* un architecte. 그는 건축가에게 집을 짓게 할 것이다.
- J'ai laissé planter les choux *à* ces jardiniers. 나는 그 정원사들이 양배추를 심도록 내버려두었다.
- Il a laissé lire cette lettre *à* son fils. 그는 그의 아들에게 그 편지를 읽게 했다.
- J'ai vu planter des choux *à* ces jardiniers. 나는 그 정원사들이 배추를 심는 것을 보았다.

> ☆ 사역・지각동사 구문에 쓰일 때는 부정법 동사가 목적어를 가지고 있어야 함. 목적어가 없으면 *à*가 쓰이지 않음.

- J'entends chanter ma soeur. 나는 누이가 노래하는 소리를 듣는다.
- J'ai fait venir cette femme. 나는 그 여자를 오게 하였다.
- Il laisse entrer tout le monde. 그는 모든 사람이 다 들어오게 내버려둔다.

11. 경쟁

défier *qn à* qui boira le plus …에게 마시기 시합을 하자고 도전하다. jouer *à* qui perd gagne 진 사람이 승자기 되는 규칙으로 승부하다; 작은 손해를 보고 큰 득을 얻다.

- C'est *à* qui parlera le plus fort. 각자 다투어 큰 소리로 말한다.
- C'était *à* qui arriverait le premier. 제각기 먼저 도착하려고 했다.
- C'était *à* qui ne parlerait pas le premier. 제각기 먼저 말하려 하지 않았다.
- C'était *à* qui serait le plus malin[menteur]. 누가 가장 꾀바른지를[거짓말을 잘하는지를] 보여주려 했다.
- C'est une course *à* qui arriverait le premier. 그것은 누가 가장 빨리 도착하는지를 겨루는 경기였다.

12. [… *à* …]

le bouche *à* bouche 입을 맞대고 하는 인공호흡. chiquet *à* chiquet 조금씩. cap *à* cap avec *qn* 《옛》 …와 얼굴을 마주대고. coeur *à* coeur 흉금을 터놓고. côte *à* côte 나란히, 가지런히. deux amis qui marchent côte *à* côte 나란히 걷고 있는 두 친구. des livres placés côte *à* côte dans une bibliothèque 서가에 가지런히 꽂혀 있는 책들. coude *à* coude 팔꿈치를 맞대고, 나란히; 협력[협동]하여. dos *à* dos 등을 맞대고. renvoyer les deux parties dos *à* dos 《비유》 어느 한쪽도 지지하지 않다, 양편을 무승부로 하다. face *à* face 서로 마주 대면하고. rester face *à* face 줄곧 마주보고 있다. flanc *à* flanc 옆으로 나란히; (뱃전을)나란히 하고(=côte à côte). front *à* front 마주보고, 맞대고. goutte *à* goutte 한 방울

한 방울, 한 방울씩; 조금씩, 천천히.　couler goutte *à* goutte 한방울 한 방울 흐르다, 방울져 흐르다. verser un liquide goutte *à* goutte 액체를 한 방울씩 따르다.　gré *à* gré 수의(隨意) (계약).　minute *à* minute 매순간, 계속해서.　mot *à* mot (번역에서) 한 마디 한 마디, 충실하게.　traduction mot *à* mot 축어적인 번역.　pas *à* pas 한 걸음 한 걸음.　petit *à* petit 조금씩.　pièce *à* pièce 하나씩하나씩, 조금씩, 서서히(=progressivement, morceau par morceau).　pied *à* pied 한 걸음씩, 차츰; 필사적으로.　résister pied *à* pied 필사적으로 항전하다.　pierre *à* pierre 하나씩하나씩; 《비유》 차츰(=progressivement).　poco *à* poco 조금씩.　seul *à* seul 단 둘이서만.　tête *à* tête 머리를 맞대고.　impression feuille *à* feuille 낱장 인쇄.　navires bord *à* bord 뱃전을 나란히[가까이] 한 배들.　trafic porte *à* porte 택배(宅配).　faire du porte *à* porte 방문판매를 하다.　affronter corps *à* corps la réalité 현실에 정면으로 맞서다.　combattre [lutter] corps *à* corps 백병전을 벌이다.　amasser sou *à* sou 한 푼 한 푼 돈을 저축하다.　coudre deux morceaux de tissu bout *à* bout 두 장의 천 조각을 끝을 맞대어 꿰매다.　être botte *à* botte (경쟁·시험에서) 백중세[호각지세]를 이루다.　être but *à* but 비기다.　être joue *à* joue; faire du joue-*à*-joue 서로 볼을 맞대다.　être manche *à* manche 세트 스코어가 동점이다((최종 결승전을 la belle하고 함)).　mettre des tuyaux bouche *à* bouche 관과 관을 서로 잇대다.　se trouver nez *à* nez[neane] avec *qn* …와 뜻밖에[갑자기] 마주치다(=rencontrer brusquement[à l'improviste]).

- Corsaire *à* corsaire, rien à gagner.　《속담》 동료끼리 다투어야 돌아오는 것은 아무 것도 없다.
- Petit *à* petit, l'oiseau fait son nid.　《속담》 천리 길도 한 걸음부터; 티끌 모아 태산.
- L'eau qui tombe goutte *à* goutte cave la pierre.　《속담》 낙숫물이 댓돌을 뚫는다.
- Les éléments de ces ceux ensembles se correspondent un *à* un.　이 두 집합의 원소들은 서로 일대일 대응한다.
- Les dépenses diminuent peu *à* peu.　지출이 점점 줄어든다.
- La vieilesse nous édente tour *à* tour.　늙어가면 이가 하나씩 빠진다.
- Les bateaux étaient accolés bord *à* bord.　그 배들은 뱃전이 서로 닿을 정도로 나란히 묶여 있었다.
- Les batraciens sont tour *à* tour aquatiques et terrestres.　양서류는 물에서 살다 뭍에서 살다 한다.
- Ils habitent porte *à* porte.　그들은 바로 옆집에 산다.
- De chez moi à mon bureau, je mets une heure porte *à* porte.　집에서 사무실까지 한 시간 걸린다.
- Madame, il faut que je vous parle seul *à* seul.　부인께 친히 드릴 말씀이 있습니다.
- La paix se rétablit peu *à* peu.　평화가 점차 회복되고 있다.

Ⅴ 문법적 기능

1. 명사의 보어

1) [à + 명사]

adaptation *à* la lumière[l'obscurité] 빛[어둠]에 대한 (눈의) 적응.　addiction *au* tabac 담배 중독.　appel *aux* armes 무기를 들고 일어나라는 외침.　appel *à* la révolte 반란의 선동.　âpreté *au* gain 돈벌이에 급급함.　aptitude *au* service militaire 복무 능력.　ardeur *au* travail 일에 대한 열의.　aspiration *au* bonheur 행복을

얻고자 하는 열망.　asservissement *à* la mode 유행의 맹종.　assuduité *au* travail 일에 열중함. assujettissement *aux* modes[*aux* usages] 유행[관습]의 추종.　assujettissement *à* un impôt 납세의무. attachement *à* la famille 가족애.　attachement *au* passé 과거에의 집착.　autorisation des parents *au* mariage de leurs enfants 미성년 자식들의 결혼에 대한 부모의 동의.　compassion *aux* misères d'autrui 다른 사람의 재난에 대한 연민. course *aux* armes 군비경쟁.　croyance *au* progrès 진보에 대한 믿음. dédommagement *aux* peines de *qn* …의 노고에 대한 대가.　défi *à* l'autorité de ses parents 부모 권위에 대한 도전.　dérogation *au* règlement 규칙 위반.　dévotion *à* la Sainte Vierge 성모마리아 숭배. dévouement *à* la vérité et *au* bien 진리와 선에의 헌신.　distribution des tâches *aux* membres d'une équipe 조원들에 대한 임무 할당.　disposition *à* la paresse 게으름을 피우는 경향.　droits *à* compensation 구상권(求償權).　droit *au* travail 근로권.　encouragement de l'État *à* l'épargne 국가의 저축 장려.　endurance *au* froid 추위에 대한 참을성.　endurcissement *à* la pitié 연민의 정에 무감각해 지다.　excitation *à* la violence 폭력 선동.　exhortation *à* la patience 인내심을 갖자는 상호 격려. fidélité[infidélité] *à* ses promesses 약속을 충실히 지킴[지키지 않음].　imperméabilité *à* la pitié 연민의 정에 무감각함.　impulsion *au* vol 도벽(盜癖)(=cleptomanie).　inadaptation d'un enfant *à* la vie scolaire 어린이의 학교생활 부적응.　inaptitude *à* la génération 불임(不姙).　inadéquation de l'expression *à* la pensée 사고와 표현의 불일치.　incitation *à* la révolte 폭동 선동.　indifférence *à* la mode 유행에 대한 무감각.　infraction *à* une règle 규칙위반.　initiation *à* la philosophie 철학입문. insensibilité *à* la douleur 고통에 대한 무감각.　insoumission *à* la loi 법률에의 불복종.　intolérance d'un malade *aux* antibiotiques 항생제에 대한 환자의 알레르기 반응.　invitation *à* un cocktail[mariage] 칵테일 파티 [결혼식] 초대.　manquements *au* règlement 법규의 위반.　obéissance *aux* lois 법의 준수. obéissance *aux* parents 부모에 대한 순종.　offense *au* devoir 의무의 경시.　outrage *à* la raison[*au* bon sens] 이치[양식]에 어긋남.　perméabilité *à* l'eau 투수성.　préparation *au* baccalauréat 대학입학 자격고사 준비.　promesse d'un cadeau *à* l'enfant 아이에게 한 선물 약속.　propension *à* l'avarice 인색한 성향. provocation *à* la révolte 반란 선동.　recours *à* la force 힘에 호소하는 것.　renonciation *à* un projet[une succession] 계획[상속]의 포기.　renvoi d'une lettre *à* l'expéditeur 편지를 발송인에게 반송함. résignation *à* l'injustice 부정의 감수.　résistance *à* l'oppression 압제에 대한 저항.　salut *au* drapeau 국기에 대한 경례.　subventions de l'État *aux* collectivités locales 지방 단체들에 대한 국가 보조금. sujétion *aux* passions 정념에 사로잡힘.　sursis *à* l'exécution des peines 형 집행의 유예.　tendance *à* l'exagération 과장벽.　accorder[refuser] son consentement *à* qc …에 동의[반대]하다.　avoir un penchant *à* la paresse 게으른 기질이 있다.　avoir une prédisposition *au* mal 악으로 빠져들 성향이 있다.

2) [à *inf*]

accréditation d'un journaliste *à* suivre une épreuve sportive. 운동경기를 취재하도록 기자에게 취재권을 주는 것.　appel *à* aider les pauvres 가난한 사람들을 돕자는 호소.　aptitude *à* comprendre 이해력. ardeur *à* aider ses amis 친구를 도우려는 열의.　aspiration *à* être heureux 행복해지고자 하는 열망. assuduité *à* travailler 일에 열중함.　capacité d'un enfant *à* apprendre 아이의 학습 능력.　citation *à* comparaître 소환장.　dextérité *à* traiter les affaires 일을 다루는 솜씨.　difficulté *à* s'exprimer 자기표 현의 어려움.　disposition *à* douter de tout 모든 것을 의심하는 경향.　droit des peuples *à* se gouverner eux-mêmes 민족 자치[자결]권.　encouragement *à* bien faire 잘 하라는 격려.　habileté *à* mener une affaire 능란한 사업 수완.   habilitation *à* diriger une thèse 논문 지도 자격.   habilité *à* succéder 상속인 자격.   incapacité *à* communiquer 자폐증(=autisme).   lenteur *à* se décider 우유부단.   prédisposition *à* envisager l'avenir avec optimisme 장래를 낙관하는 경향.   promptitude *à* riposter 즉각적인 반박. propension *à* consommer[épargner] 소비[저축] 성향.   provocation *à* se battre 싸움을 부추김.   avoir une grande aptitude *à* parler en public 대중 앞에서 말하는 뛰어난 재주가 있다.   lancer une exhortation *à* être prudent 신중하라는 권고의 말을 하다.   avoir de la facilité *à* écrire 글재주가 좋다.   avoir mauvaise grâce *à inf* …하는 것은 부당하다, …할 자격이 없다.   avoir une certaine[de l'] inclination *à* mentir 거짓말하는 성향이 있다.   avoir un penchant *à* mentir 거짓말하는 버릇이 있다.

- Son adresse *à* inventer des histoires drôles est tout à fait exceptionnelle.   그가 우스운 이야기를 지어내는 재주는 가히 천재적이다.
- La probabilité d'une théorie dépend de sa capacité *à* expliquer les phénomènes.   어떤 이론의 확실성은 현상을 설명하는 능력에 달려 있다.
- Ce malade a[éprouve] de la difficulté *à* marcher.   이 환자는 보행이 곤란하다.
- Ce prix est un engagement *à* continuer la recherche.   이 상은 연구를 계속하라는 격려이다.
- Je n'ai pas l'esprit *à* m'amuser en ce moment.   나는 지금 놀 기분이 아니다.
- Il y a motif *à* se fâcher.   화를 낼만한 까닭이 있다.
- Pourquoi cette obstination *à* se taire?   어째서 이토록 침묵만을 지키려고 하는가?
- Je n'ai pas la patience *à* supporter la faim.   나는 배고픔을 참지 못한다.
- Il a quelque répugnance *à* se marier avec elle.   그는 그녀와 결혼할 마음이 별로 내키지 않는다.
- Les prix ont tendance *à* monter.   물가가 오르는 추세에 있다.

2. 동사(구)의 보어

1) [동사 + à + 명사]

❶

accéder *à* la propriété 소유권을 취득하다.   acquiescer *à* une demande 요구에 동의하다.   aspirer *au* bonheur 행복을 열망하다.   bouder *au* jeu 노름을 싫어하다.   céder *aux* suppliques de *qn* …의 탄원을 들어주다.   cogner[frapper, heurter] *à* la porte 문을 두드리다.   compéter *à qn/qc* …의 관할에 속하다, 권한 내에 있다.   complaire *à qn* …의 비위를 맞추다, 환심을 사다. condescendre *aux* désirs[*à* la volonté] de *qn* …의 요구[뜻]대로 해주다.   contrevenir *à* la loi[*au* réglement] 법률[규칙]을 위반하나.   contribuer *aux* dépenses du ménage 가계비를 일부 분담하다. crier *à* l'oppression[l'injustice] 탄압[부정]을 규탄하다.   croire *aux* spectres 귀신의 존재를 믿다. déférer *à* la décision[l'avis] de *qn* …의 결정[의견]에 따르다.   désobéir *à* la loi 법을 지키지 않다. déplaire *à qn* …의 마음에 들지 않다.   déroger *à* la loi[un traité] 법[조약]을 위반하다.   échapper *à* un accident[danger] 사고를[위험을] 모면하다.   écrire[parler] *à qn* …에게 편지를 쓰대[말을 하다].   faire rébellion *à* la justice 사법 당국의 명령을 거역하다.   faillir[forfaire] *à* son devoir 의무를 게을리 하다.   forfaire *à* l'honneur 명예를 더럽히다.   frapper[toucher] *au* but 문제의 핵심을 찌르다.   gratter *à* la porte 문을 가볍게 두드리다.   hurler *à* la ségrégation raciale 인종차별을 규탄하다.   incliner *à* l'indulgence 관대하게 처리하고자 하다.   insulter *au* bon sens 《문어》

상식을 무시하다. jouer *au* généreux 관대한 사람인 척하다. manquer *à* la bienséance 예의가 없다[점잖지 못하다]. manquer *à* sa parole[promesse] 약속을 어기다. mordre *à* l'appât [l'hameçon] 미끼[낚시]를 물다. nuire *à* la réputation de *qn* …의 명성을 훼손하다. obéir *à* *qn* …에게 복종하다. obtempérer[se rendre] *à* une injonction 명령에 따르다. obvier *à* un accident 《문어》 사고를 방지하다. opiner *à* la peine de mort 사형에 동의하다. pardonner *à* *qn* …을 용서하다. parer *à* une attaque[*au* pire] 공격[최악의 경우]에 대비하다. pencher *à* l'indulgence 관대한 쪽으로 마음이 기울다. penser *à* ses parents 자기 양친에 대해 생각하다. penser *à* son voyage 여행에 대해 생각하다. poser *au* justicier 《구어》 정의의 수호자인 체하다. pourvoir *aux* besions de *qn* …에게 필요한 것을 마련해주다. préluder *à* un orage 뇌우(雷雨)를 예고하다. présider *à* une cérémonie 의식을 주재하다. procéder *à* une arrestation 체포하다. remédier *à* un inconvenant 불편을 개선하다. renoncer *à* *qc* …을 포기하다. repiquer *au* plat 《구어》 먹다가 만 음식을 다시 들다. répondre *au* salut de *qn* …에게 답례하다. satisfaire *aux* conditions requises 필요한 조건을 충족시키다. songer *à* sa patrie 조국을 생각하다. songer *à* son amie pendant le voyage 여행하는 동안 여자 친구를 생각하다. subvenir *aux* dépenses[frais] 비용을[경비를] 대다. succéder *à* *qn* …의 뒤를 잇다, 후임이 되다. succomber *au* sommeil[*à* la tentation] 졸음[유혹]을 이기지 못하다. surseoir *à* l'exécution[*au* jugement] 집행을[선고를] 유예하다. taper *aux* carreaux 창문을 두드리다. tendre *à* un but 목표를 지향하다. ne pas toucher *à* un cheveu (de la tête) de *qn* …의 털끝도 만지지 않다, 전혀 해를 끼치지 않다. travailler *à* l'ornementation d'une façade 힘을 기울여 건물 정면을 장식하다. vaquer *à* son travail 일에 열중하다. veiller *à* la sécurité de *qn/qc* …의 안전에 신경을 쓰다.

- J'adhère *à* votre opinion.　나는 당신의 견해에 찬동합니다.
- Ton arrivée ajoute *à* mon bonheur.　네가 오니 더욱 기쁘구나.
- Il compatit *à* notre douleur.　그는 우리의 고통을 동정하고 있다.
- Les juges ont conclu *à* l'acquittement.　판사들은 무죄석방을 결정했다.
- Il a concouru *à* mon succès.　그는 나의 성공에 협력[공헌]했다.
- La Belgique confine *à* la France.　벨기에는 프랑스와 국경을 접하고 있다.
- Les parents ont consenti *au* mariage.　부모들은 결혼을 승낙했다.
- Tout conspire *à* mon malheur.　모든 것이 한결같이 나를 불행하게 만들고 있다.
- Cette terre convient *à* la culture de la vigne.　이 토양은 포도 재배에 알맞다.
- Cela ne correspond pas *à* ses désirs.　그것은 그의 욕망을 충족시키지 못한다.
- La publicité entraîne *à* la consommation.　광고는 소비를 조장한다.
- Un policier doit faire attention *à* tout.　경찰은 모든 일에 주의를 해야 한다.
- Le repos importe *à* la guérison.　치유에는 안정에 중요하다.
- C'est *à* moi qu'il faut obéir.　바로 나에게 복종해야 한다.
- Il plaît *à* tout le monde.　그는 모든 사람이 좋아한다.
- Prenez garde *aux* voitures.　차를 조심하시오.
- Sa conduite a prêté *à* la critique.　그의 행동은 비판을 불러일으켰다.
- Elle répugne *à* ce mariage.　그녀는 이 결혼에 마음이 내키지 않는다.

- La douleur résiste *au* temps.　세월이 지나도 고통은 없어지지 아니한다.
- Elle ressemble *à* sa mère d'une manière frappante.　그녀는 어머니를 꼭 닮았다.
- La terre retournera *à* son propriétaire.　땅은 주인에게 반환될 것이다.
- Il est vain de songer *à* cela.　그것에 대해 생각해 보았자 쓸데없는 일이다.
- Ce mariage ne sourit pas *à* son père.　그의 아버지는 그 결혼이 탐탁지 않아 한다.
- La nuit succède *au* jour.　낮이 지나면 밤이 온다.
- Cela suffit *à* mon bonheur.　난 그것만으로도 충분히 행복하다.
- La rapidité de ce joueur suplée *à* son manque de puissance.　이 선수의 민첩성이 힘의 부족을 보완해준다.
- Au contraire de ses concurrents, il a survécu *à* la crise.　경쟁자들과는 반대로, 그는 그 위기를 견디어냈다.
- Elle tient *à* son autonomie.　그 여자는 자신의 독립성을 아주 중요하게 여긴다.
- Les parents veillent respectivement *à* l'éducation des enfants.　부모는 제각기 자녀 교육에 신경을 쓰고 있다.

❷ s'abandonner *à* la débauche 방탕에 빠지다.　s'abonner *à* un journal 신문을 정기구독하다. s'accoutumer *au* froid 추위에 익숙해지다.　s'adonner *à* la boisson 술에 빠지다.　s'appliquer *à* une étude 학업에 전념하다.　s'asservir *à* un tyran. 폭군에게 굴복하다.　s'attaquer *à* une politique[un projet] 정책[계획]을 비난하다.　s'atteler *à* un long travail 지루한 일에 착수하다. se conformer *à* un ordre 명령을 따르다.　se consacrer *à* une tâche 어떤 일에 몰두하다.　se décider *à* une opération 수술을 하기로 결심하다.　se défausser *à* trèfle 클로버를 버리다.　se délecter *à* la lecture de ce livre 그 책을 아주 즐겨 읽다.　se dérober *aux* regards 사람의 눈을 피하다.　se dévouer *à* son travail 일에 몰두하다.　se disposer *au* combat 싸울 각오를 하다. se donner[se livrer] tout entier *à* qc …에 전력을 기울이다, 헌신하다.　s'efforcer *à* une cordialité 다정한 태도를 보이려 노력하다.　s'employer *à* la recherche d'une solution 해결책을 찾기 위해 노력하다.　s'endurcir peu à peu *au* froid 점차 추위에 강해지다.　s'essayer *à* la course 시험 삼아 경주를 해보다.　s'exercer *au* violon 바이올린 연습을 하다.　se fier *à* son instinct 예감을 믿다.　se fixer *à* une décision 어떤 결정을 내리다.　s'habituer *à* une nouvelle existence 새로운 생활(방식)에 익숙해지다.　se heurter *à* une contradiction 자가당착에 빠지다.　s'inféoder *à* un parti 당에 충성을 맹세하다.　s'interesser *à* l'actualité politique 정치 현황에 관심을 가지다. se limiter *à* trois phrases 단지 세 마디만 하다.　s'obstiner *au* silence 끝까지 침묵을 지키다. s'ouvrir *aux* premiers feux de l'amour 사랑의 첫 불길에 빠져들다.　se plier *aux* volontés de *qn* …의 뜻을 따르다.　se prendre *à* son travail 《문어》 일에 열중하다.　s'en prendre *à* ses adversaires politiques 정적(政敵)을 비난하다.　se préparer *au* combat 싸울 준비[각오]를 하다.　se ranger *à* une opinion 어떤 견해를 따르다.　se refuser *à* l'évidence 분명한 사실을 인정하려 하지 않다. se reporter *au* contexte 문맥을 참조하다.　se soumettre *aux* lois 법에 따르다, 법을 준수하다. se soumettre *à* un arbitrage 중재에 따르다.　s'en tenir *à* la superficie des choses 사물의 겉모습만을 보다.

- Il s'adressait ensuite *aux* assistants.　그는 이어서 참석자들에게 말을 건넸다.

- Nous nous affectionnons *aux* gens qui nous consolent.   우리는 위로를 주는 사람에게 애정을 품는다.
- Elle s'apprête *au* départ.   그녀는 떠날 준비를 한다.
- Il s'attache trop *à* l'argent.   그는 돈에 너무 집착한다.
- On s'attendait *au* pire.   최악의 사태가 예상되었다.
- Le feu s'est communiqué *aux* autres maisons.   불이 다른 집들로 번졌다.
- Il se destine *à* la diplomatie.   그는 외교관을 지망하고 있다.
- Le pays se déterminerait *à* la guerre si les accords n'étaient pas respectés.   그 나라는 합의 사항이 준수되지 않으면 개전(開戰)을 결정할 것이다.
- Aucun de ces hommes politiques ne pouvait s'égaler *à* Mirabeau.   그 정치가들 중 어느 누구도 미라보에 필적할 수 없었다.
- Il ne faut pas se fier *aux* apparences.   겉모습을 믿어서는 안된다.
- Un homme d'action se plaît rarement *aux* oeuvres d'art violentes.   행동가는 격렬한 예술작품을 거의 좋아하지 않는다.
- Ne t'en prends pas *à* lui, il est bien bâti[baraqué].   그자에게 덤벼들지 마, 아주 건장하니까.
- Il s'est résolu *à* la retraite.   그는 은퇴하기로 결심했다.

2) [동사 + 명사 + à + 명사]

❶ [동사 + 사물명사 + à + 명사]

adresser une lettre *à qn* ···에게 편지를 보내다.   apprendre la grammaire[le latin] *aux* élèves 학생들에게 문법을[라틴어를] 가르치다.   assurer *à qn* une indépendance totale ···에게 완전한 독립을 보장하다.   céder la parole *à qn* ···에게 발언권을 넘기다.   communiquer ses desseins *à* son ami 자신의 의도를 친구에게 알리다.   confesser ses péchés *à* un prêtre 신부에게 죄를 고해하다.   déclarer son amour *à qn* ···에게 사랑을 고백하다.   découvrir ses intentions[projets] *à* un ami 친구에게 자기의 의향[계획]을 털어놓다.   dire la vérité[son avis, son nom] *à qn* ···에게 진실[의견, 이름]을 말하다.   dire merci[au revoir] *à qn* ···에게 감사하다고 말하다[작별 인사를 하다].   dissimuler une nouvelle *à qn* ···에게 소식을 알리지 않다.   distribuer *aux* pauvres tout son bien 전 재산을 가난한 사람들에게 나누어주다.   endurcir un corps *au* froid 몸을 추위에 견딜 수 있도록 단련하다.   enseigner l'espagnol *aux* étudiants 학생들에게 스페인어를 가르치다.   expliquer ses projets *à qn* ···에게 자신의 계획을 설명해주다.   faire[présenter] des excuses[ses excuses] *à qn* ···에게 사과하다.   faire[rendre] un salut *à qn* ···에게 인사하다.   habituer son corps *au* froid 아이개[몸이] 추위에 익숙해지게 하다.   indiquer[montrer] *à qn* son chemin ···에게 길을 가르쳐주다.   inféoder la presse *à* l'État 언론을 국가에 종속시키다.   insinuer *qc à qn* ···에게 ···을 넌지시 말하다.   inspirer de l'amour *à* une personne 어떤 사람에게 사랑을 불러일으키다.   ménager une surprise *à* un ami 친구에게 줄 뜻밖의 선물을 마련해 두다.   montrer *qc à* tout venant ···을 누구에게나 보여주다.   nier *à qn* le droit de *inf* ···가 ···하는 것을 거부하다.   promettre un cadeau *aux* enfants 아이들에게 선물을 주겠다고 약속하다.   signifier ses intentions *à qn* ···에게 자기 의도를 명백히 하다.   souffler une réplique *à* un acteur 배우에게 대사를 읽어[알려]주다.   souhaiter bon voyage *à qn* ···에게 즐거운 여행을 기원하다.   transférer *à qn* le bénéfice d'une rente ···에게 연금 수혜권을 양도하다.

- Il ne veut devoir rien *à* personne.　그는 누구에게도 신세지고 싶어 하지 않는다.
- Je ne sais comment exprimer ma reconnaissance *à* votre oncle.　당신 삼촌에게 어떻게 고마움을 표현해야 할 지 모르겠습니다.
- Je *vous* garantis mon soutien.　당신을 지지할 것을 보장한다.
- Je livre[soumets] cela *à* votre jugement.　그것은 당신의 판단에 맡기겠습니다.
- Il a obtenu un poste *à* son fils.　그는 아들에게 일자리를 하나 얻어주었다.
- Mon père a pardonné ses bêtises *à* ma soeur.　아버지는 누이의 어리석은 짓을 용서했다.
- Vous permettez tout *à* cet enfant.　당신은 그 아이한테는 모든 것을 눈감아주시는군요.
- Je n'ai jamais rien refusé *à* personne.　나는 아무에게도 무엇 하나 거절해 본 적이 없다.

❷ [동사 + 인물명사 + à + 명사]

disposer *qn à* une mauvaise nouvelle ···로 하여금 나쁜 소식에 대해 마음 준비를 하게 하다. encourager son fils *au* travail 아들에게 공부하도록 격려하다.　exercer des enfants *à* la lecture 어린이에게 독서 습관을 길러주다.　exhorter *qn à* la résignation ···에게 체념을 권고하다. habituer un enfant *au* froid 아이가[몸이] 추위에 익숙해지게 하다.　inciter *qn à* la méfiance ···의 경계심을 자극하다.　initier *qn à* la philosophie ···에게 철학의 기초를 가르쳐주다.　plier *qn à* une discipline ···에게 규율을 따르게 하다.　pousser *qn au* crime ···을 사주하여 범죄를 저지르게 하다.　préparer *qn à* la mort ···에게 죽음에 대한 마음의 준비를 하게 하다.　préposer *qn à* la garde des parkings ···을 주차장을 관리하도록 임명하다.　provoquer *qn au* meurtre ···에게 살인을 교사하다.　styler *qn à qc* ···을 ···에 숙달시키다.

- Il faut accoutumer les enfants *à* l'obéissance.　아이들에게 복종하는 습관을 붙여주어야 한다.
- Ses parents l'ont assujetti *à* de dures règles　그의 부모는 그에게 엄격한 규칙을 지킬 것을 강요했다.
- On l'a contraint *au* silence　그는 침묵을 강요당했다.
- Je l'ai décidé *à* ce voyage.　나는 그가 그 여행을 하도록 했다.
- Ses conseils m'ont déterminé *à* l'action.　그의 조언으로 나는 행동의 결심이 섰다.
- Je l'ai engagé *à* la patience.　나는 그에게 참으라고 했다.
- La mort de leur camarade les excitera *à* la révolte.　동류의 죽음이 그들이 반란을 일으키도록 자극할 것이다.
- On l'a forcé *à* l'obéissance.　그는 복종을 강요당했다.
- La situation m'oblige *à* un départ précipité.　나는 급히 떠날 수밖에 없는 상황이다.
- Ses origines le prédestinaient *à* un rôle important dans l'État.　그는 태어날 때부터 국가에서 중요한 역할을 하도록 운명지워졌다.
- Son éducation le prédisposait *à* la vie austère.　교육이 그가 엄격한 생활을 하도록 만들었다.
- La guerre nous a rompus *à* la vie dure. 《문어》 전쟁은 우리를 힘든 생활에 익숙해지게 만들었다.

3) [동사 + à *inf*]

❶

> aimer *à* inf …하기를 좋아하다.　apprendre *à* lire[écrire, nager] 읽기를[쓰기를, 수영을] 배우다. aspirer *à* aller en France 프랑스에 가는 것을 동경하다.　chercher *à* comprendre[savoir] 이해하려고[알려고] 애쓰다.　faillir *à* faire son devoir 의무를 저버리다.　résister *à* inf 《문어》쉽사리 …하지 않다.　travailler *à* bien penser 바르게 생각하려고 노력하다.　veiller *à* ne pas être en retard 늦지 않도록 유의하다.

- Il balance depuis longtemps *à* prendre cette décision.　그는 이 결심을 하는데 오래 전부터 망설이고 있다.
- Il commence *à* neiger.　눈이 오기 시작한다.
- Il a condescendu *à* faire la besogne lui-même.　그는 그 일을 자신이 할 것을 쾌히 승낙했다.
- Le directeur consent *à* lui accorder deux jours de congé.　사장은 그에게 2일간의 휴가를 주는데 동의했다.
- Tout conspire *à* me rendre malheureux.　모든 것이 한결같이 나를 불행하게 만들고 있다.
- Il continue *à* parler.　그는 계속해서 말한다.
- Cela correspond *à* dire le contraire.　그것은 반대의 말을 하는 것과 마찬가지다.
- Ce succès a beaucoup contribué *à* la rendre heureuse.　이번 성공이 그녀를 행복하게 하는데 큰 몫을 했다.
- Il demande *à* partir plus tôt.　그는 더 일찍 떠났으면 한다.
- Ne différez pas *à* lui écrire.　《문어》그에게 편지 쓰는 것을 미루지 마시오.
- Faites attention *à* ne pas tomber.　떨어지지 않도록 주의하시오.
- Il n'a pas hésité *à* se déjuger.　그는 주저없이 이전의 의견을 취소했다.
- Je penche *à* croire qu'il a tort.　그가 그르다는 생각이 든다.
- Il n'a pas pensé *à* vous avertir.　그는 당신에게 알릴 것을 생각하지 못했다.
- Il persévère *à* penser qu'il s'est trompé.　그는 고집스럽게도 그가 틀렸다고 생각한다.
- L'accusé persiste *à* nier.　피고는 끈질기게 부인하고 있다.
- Sa conduite a prêté *à* rire.　그의 행동은 웃음거리가 되었다.
- Il regarde *à* venir nous aider.　그는 우리를 도우러 오는 일에 게을리 하지 않는다.
- Il a renoncé *à* partir.　결국 그는 출발을 포기했다.
- Il répugne *à* parler en public.　그는 대중 앞에서 말하는 것을 싫어한다.
- Ils ont réussi *à* prendre le pouvoir.　그들은 권력을 장악하는데 성공했다.
- Je songe *à* me venger.　나는 복수할 생각이다.
- Il faut un siècle pour construire ce qu'un jour suffit *à* détruire.　파괴하는데 하루면 족할 것을 건설하는 데는 한 세기가 걸린다.
- Ce plan ne tardera pas *à* s'effectuer.　이 계획은 곧 실천에 옮겨질 것이다.
- Cette coutume tend *à* disparaître.　이러한 관습은 사라져가는 추세에 있다.
- Je tenais *à* bien remplir ma tâche.　나는 내 임무를 잘 수행하고 싶었다.

❷

> s'appliquer *à* conserver son calme 침착성을 잃지 않으려고 애쓰다.　se décider *à* ne pas aller travailler 일하러 가지 않기로 결심하다.　se délecter *à* raconter ses souvenirs 추억담을 늘어놓기를 좋아하다.　se disposer *à* combattre 싸울 각오를 하다.　s'employer *à* réparer les dégât 피해를 보상[복구]하려고 애쓰다.　s'empresser *à* soigner des malades 열의를 다해 환자들을 돌보다. s'endurcir *à* soutenir la douleur 고통을 견딜 수 있게 되다.　s'engager *à* payer ses dettes 빚을 갚기로 약속하다.　s'enhardir *à* *inf* 용기를 내어 …하다.　s'entêter *à* travailler 끈질기게 일하다. s'entraîner *à* prendre la parole en public 여러 사람 앞에서 말하는 훈련을 하다.　s'escrimer *à* faire des vers 시구를 만들려고 애쓰다.　s'essayer *à* parler en public 대중 앞에서 연설을 시도해 보다.　s'essouffler *à* rattraper son retard 뒤진 것을 만회하지 못하다.　s'exercer *à* tirer 사격 연습을 하다.　s'habituer *à* parler devant un auditoire 청중 앞에서 이야기하는 데 익숙해지다. se hasarder *à* entreprendre *qc* 감히 …을 기도하다.　s'ingénier *à* trouver une solution 해결책을 찾으려고 애를 쓰다.　se limiter *à* ne dire que trois phrases 단지 세 마디만 하다.　s'obstiner *à* mentir 끝까지 거짓말을 하다.　s'opiniâtrer *à* *inf* …할 것을 고집하다, 기어코 …하려 하다. se prendre *à* rire 《문어》 웃기 시작하다.　se préparer *à* partir 떠날 준비를 하다.

- On s'accoutume *à* tout faire.　사람은 무엇에나 다 하도록 익숙해진다.
- Elle s'affaire *à* préparer son dîner.　그 여자는 저녁 식사를 준비하느라 분주하다.
- Elle s'apprête *à* partir.　그녀는 떠날 준비를 한다.
- Il ne s'attendait pas *à* me voir arriver si tôt.　그는 내가 그렇게 일찍 도착하는 것을 보리라고는 예상하지 못했다.
- Il s'autorise *à* dire ce que beaucoup pensent tout bas.　그는 많은 사람들이 마음속으로 생각하는 것을 감히 말한다.
- Elle se complaît *à* me taquiner.　그 여자는 나를 짓궂게 괴롭히기 좋아한다.
- Il s'est déterminé *à* quitter son pays.　그는 자기 나라를 떠나기로 결심했다.
- Il s'efforce *à* l'entraîner hors de la maison.　그는 그를 집 밖으로 끌어내려 애쓴다.
- Il s'est foutu *à* chialer.　그는 울기 시작했다.
- Il s'est mis soudain *à* pleuvoir.　갑자기 비가 내리기 시작했다.
- Il se plaît *à* tout critiquer.　그는 매사를 비판하기 좋아한다.
- Il s'est résigné *à* partir.　그는 체념하고 혼자 떠났다.
- Je me suis résolu *à* plaider sa cause.　나는 그의 입장을 변호하기로 결심했다.

4) [동사 + 명사 + à *inf*]

> admettre *qn à* siéger au tribunal …의 판사직을 인정하다.　astreindre les automobilistes *à* mettre leur ceinture de sécurité 운전자에게 안전띠 착용을 의무화하다.　contraindre *qn à* agir contre son gré …을 자신의 의사에 반하여 행동하도록 하다.　convier *qn à* se taire …에게 조용히 해주기를 요구하다. disposer un malade *à* mourir 환자가 자기 죽음을 맞이하도록 준비시키다.　encourager son fils *à* travailler 아들에게 공부하도록 격려하다.　endurcir *qn à* soutenir des efforts prolongés …을 장시간의 노력을 참아낼 수 있도록 단련시키다.　exciter *qn à* se révolter …가 반란을 일으키도록 선동하다.

exercer le corps *à* supporter le froid 추위에 견디도록 몸을 훈련하다.   forcer un malade *à* manger 환자에게 억지로 먹게 하다.   former des stagiaires *à* gérer des dossiers 연수생들에게 문서 관리에 관한 교육을 시키다.   garder *qn à* dîner …을 저녁 식사하라고 붙들다.   habiliter un incapable *à* passer un acte juridique 무능력자에게 법률행위를 할 수 있는 자격을 주다.   instruire *qn à* lire …에게 읽기를 가르치다.   motiver *qn à* faire *qc* …에게 …을 할 의욕을 불어넣다.   préparer *qn à* sortir …을 외출할 준비를 시키다.   préposer *qn à* garder des parkings …을 주차장을 관리하도록 임명하다. provoquer *qn à* travailler …에게 자극을 주어 일[공부]하도록 하다.   retenir *qn à* dîner …을 저녁 식사하고 가라고 붙들다.   résoudre *qn à* *inf* …가 …하도록 결심시키다.

- Il faut accoutumer les enfants *à* se lever tôt.   아이들에게 일찍 일어나는 습관을 붙여주어야 한다.
- Cela m'appelle *à* partir.   나는 그로 인해 떠나야만 한다.
- On l'a autorisé *à* exploiter cette mine.   그는 그 광산의 개발을 허가받았다.
- Cet événement l'a décidé *à* prendre des mesures exceptionnelles.   그 사건이 그로 하여금 예외적인 조치를 취하도록 했다.
- Ses amis l'ont déterminé *à* partir.   그의 친구들이 그에게 떠나도록 결심시켰다.
- Ce succès l'a enhardi *à* s'attaquer à une nouvelle entreprise.   그 성공으로 그는 대담하게 새 기업 창업에 뛰어들게 됐다.
- Il a entraîné son camarade *à* voler.   그는 동료로 하여금 도둑질하도록 부추겼다.
- Il m'exhortait *à* chercher fortune.   그는 나에게 행운을 찾으라고 부추기는 것이었다.
- Il faut l'habituer *à* se lever tôt.   그가 일찍 일어나는 습관을 갖게 해야 한다.
- Tout m'incline *à* croire que vous avez raison.   모든 것으로 미루어 보아 당신이 옳다는 생각이 든다.
- Elle m'a invité *à* venir dîner chez elle.   그녀는 나를 저녁 식사에 초대했다.
- Ses parents l'ont obligé *à* travailler.   부모가 그에게 공부를[일을] 하도록 시켰다.
- Le besoin d'argent l'avez poussé *à* voler.   그는 돈이 필요해서 도둑질하게 되었다.
- Ses origines le prédestinaient *à* jouer un rôle important dans l'État.   그는 태어날 때부터 국가에서 중요한 역할을 하도록 운명지워졌다.
- Son éducation l'avait prédéterminé *à* être enseignant.   그는 교육에 의해 교사가 되도록 이미 정해져 있었다.
- Son éducation le prédisposait *à* réagir ainsi.   교육이 그가 이런 식으로 반응하도록 만들었다.
- Son salaire le restreint *à* ne dépenser que le nécessaire.   그의 봉급은 필요한 것만 지출하도록 그를 제한한다.

5) [동사 + à *qn inf*]
- Je *lui* ai appris avoir vendu ma voiture.   나는 그에게 내 차를 팔았음을 알려주었다.
- Je ne *vous* cache pas avoir une opinion différente.   당신에게 내가 견해를 달리 하고 있음을 숨기지 않겠습니다.
- Je *lui* ai communiqué avoir retrouvé son portefeuille.   나는 그에게 그의 지갑을 찾았다고 연락해주었다.
- Il *nous* a longuement développé avoir réinventé le procédé.   그는 자신이 그 방법을 재발명했다는 것을 우리에게 장황하게 설명했다.

- Il *m'*a dit être fatigué[avoir besoin d'argent].   그는 내게 피곤하다고[돈이 필요하다고] 말했다.
- Il *leur* a exposé avoir inventé la poudre.   그는 그들에게 화약을 발명했다고 말했다.
- Je *vous* garantis avoir transmis votre commande.   당신의 주문을 전달했음을 보장합니다.
- Il *leur* a objecté n'avoir pas été prévenu.   그는 그들에게 사전에 통지받지 못했다고 반박했다.
- Ils *lui* ont rapporté avoir vu la marquise.   그들은 그에게 후작부인을 보았다고 말했다.
- Elle *lui* a répondu avoir fait tout ce qui était possible.   그녀는 그에게 가능한 모든 것을 했다고 답변했다.

6) [동사 + à + 명사 + à *inf*]

❶ · Il veut apprendre *à* son fils *à* jouer au tennis.   그는 아들에게 테니스를 가르쳐 주고자 한다.
  · Cet outil sert *aux* ouvriers *à* réparer les voitures.   이 도구는 직공들이 자동차를 수리하는 데 쓰인다.

❷ [plaire à *qn* à *inf*] ((흔히 조건법으로)) : ···에게 ···하고 싶은 생각이 들게 하다.
  · Ce pays *me* plairait *à* habiter.   나는 이 고장에 살고 싶은 생각이 든다.

7) [동사 + à + 명사 + de *inf*]

⇒ de

8) [동사 + à + 명사 + que + *ind*/*sub*]

> dire *à* *qn* qu'il est malade[qu'elle viendra] ···에게 그가 아프다고[그녀가 올 것이라고] 말하다.   hurler *à* *qn* que + *ind* ···에게 ···라고 외치다.   inculquer *à* *qn* que + *ind* ···에게 ···라고 주입[세뇌]시키다.   préconiser *à* *qn* qu'il prenne du repos ···에게 휴식을 취하도록 권하다.

- Je *lui* ai appris que la terre tourne autour du soleil.   나는 그에게 지구가 태양 주위를 돈다는 것을 가르쳐 주었다.
- Je viens *vous* apprendre qu'il est arrivé.   그가 도착했다는 것을 당신에게 알리러 왔습니다.
- Elle *vous* a caché qu'elle m'avait vu.   그녀가 당신에게 나를 본 사실을 숨겼다.
- Je commande *à* mon fils qu'il fasse son travail.   나는 내 아들에게 자기의 일을 하라고 명령한다.
- Je *lui* ai communiqué que nous arriverions bientôt.   나는 그에게 우리가 곧 도착할 것이라고 연락했다.
- On *m'*a déconseillé que je fasse trop de sport.   나는 지나친 운동을 하지 말라는 충고를 받았다.
- C'est *à* ce gouvernement que l'on doit que les allocations familiales ont été augmentées.   현 정부 덕분에 가족보조수당이 올랐다.
- Il *nous* a longuement développé qu'il avait réinventé le procédé.   그는 자신이 그 방법을 재발명했다는 것을 우리에게 장황하게 설명했다.
- Je dois *à* Pierre qu'on m'ait offert du travail.   내게 일자리가 생긴 것은 피에르 덕분이다.
- Elle *m'*a écrit qu'elle avait assez de nous.   그녀는 내게 우리가 지긋지긋하다고 편지했다.
- Il *m'*a envoyé que j'avais tort.   그는 내가 틀렸다고 말했다.
- Ses diplômes *lui* ont épargné qu'on lui fasse passer un examen d'entrée. 《드물게》 그는 졸업 증서가

있어서 입학시험을 치르지 않아도 되었다.

- Il explique *à* ses élèves que la terre est ronde.   그는 학생들에게 지구가 둥글다는 것을 설명한다.
- Le conférencier *nous* a exposé que l'avenir serait sombre.   연사는 우리에게 장래가 어둡다고 말했다.
- Je *te* garantis que tout ira bien.   모든 것이 잘 될 것이라고 보장한다.
- Ses amis *lui* ont inspiré qu'il retente l'examen.   그의 친구들은 그에게 다시 응시해 볼 마음이 생기게 했다.
- On *m'*a interdit que je propage cette rumeur.   나는 그 소문을 퍼뜨리지 말라는 명령을 받았다.
- Je *lui* ai suggéré que c'était moins facile qu'il ne pensait.   나는 그에게 그것이 생각만큼 쉽지 않다고 넌지시 알려 주었다.

9) [동사 + *à* + 명사 + 간접의문절]

❶ 부정법절

> apprendre *à qn* comment faire ···에게 어떻게 하는지를 가르쳐 주다.

- Je *lui* ai demandé que[quoi] faire.   나는 그에게 무엇을 해야 할지를 물었다.
- Il *nous* a développé comment procéder à l'amélioration du terrain.   그는 토지개량을 어떻게 하는지 우리에게 자세히 설명해주었다.
- Dites-*moi* sur qui compter.   내게 당신이 누구를 믿어야 할지를 말해주시오.
- Il *m'*a exposé pourquoi faire cela.   그는 왜 그것을 해야 하는지 내게 설명했다.

❷ 시제절

> décrire *à qn* comment l'accident s'est passé ···에게 사건이 어떻게 일어났는지 설명하다.
> demander *à qn* s'il vient ···에게 그가 오겠는지 물어보다.   résumer *à qn* comme cela s'est passé ···에게 그것이 어떻게 일어났는지 요약해 주다.

- Elle ne *m'*a pas caché qui elle aimait.   그녀는 내게 누구를 사랑하는지를 숨기지 않았다.
- Il faudra déclarer *à* la douane si vous avez des marchandises.   물품을 가지고 있는지 세관에 신고해야 합니다.
- Je *vous* demandez pourquoi vous riez.   나는 당신에게 왜 웃는지 묻고 있소
- Il *lui* a demandé quand elle viendrait.   그는 그 여자에게 언제 올지를 물었다.
- Il *nous* a développé comment la situation a évolué.   그는 상황이 어떻게 전개되었는지 우리에게 설명했다.
- Dis-*moi* où tu vas[comment il faut faire].   어디로 가는지[어떻게 해야 할지] 내게 말해라.
- Dites-*moi* ce que vous pensez[quel est son nom].   내게 당신이 무엇을 생각하고 있는지를[그의 이름을] 말해주시오
- Il *leur* explique ce qui s'est passé[pourquoi les jours allongent].   그는 그들에게 무슨 일이 일어났는지[왜 낮이 길어지는가]를 설명한다.

· Il *m*'a exposé pourquoi il avait pris cette décision.   그는 왜 그러한 결정을 내렸는지 내게 설명했다.

· Il a représenté *à* son étudiant pourquoi il a mal agi.   그는 그의 학생에게 왜 그가 잘못 행동했는지를 지적했다.

· On ne *nous* a toujours pas transmis quelle était l'ampleur de la catastrophe.   그 재앙이 얼마나 큰지는 여전히 전해지지 않았다.

❸ 비인칭문

· Il *m*'importe peu par qui je suis critiqué.   누구에 의해 비판을 받는가 하는 것은 내게 별로 중요하지 않다.

10) [동사 + à ce que + *ind* / *sub*]

· Elle ne pouvait pas s'accoutumer *à* ce qu'on la traitât ainsi.   그녀는 그렇게 대우받는 데 익숙해 질 수 없었다.

· Je m'attendais *à* ce que tu viennes en retard comme toujours.   나는 여느 때와 다름없이 네가 늦게 오리라고 예상했다.

· Je ne m'attendais pas *à* ce qu'il arrivât si tôt.   그가 그렇게 일찍 오리라고는 기대하지 않았었다.

· Cherchez *à* ce qu'on soit content de vous.   사람들이 당신에게 만족할 수 있도록 하시오.

· Je consens volontiers *à* ce qu'il vienne avec nous.   나는 그가 우리와 함께 오는 것에 기꺼이 동의한다.

· Votre proposition correspond *à* ce que l'on abandonne le projet.   《드물게》 당신의 제안은 계획을 포기하자는 것과 같다.

· J'ai demande *à* ce que cela soit vite fait.   나는 그 일이 빨리 이루어지기를 바랐다.

· Le capitaine s'est engagé *à* ce qu'aucun soldat ne sorte.   대위는 어떤 병사도 나가지 않게 할 것을 약속했다.

· Faites attention (*à* ce) que le chien ne sorte pas.   개가 나오지 않도록 주의 하십시오.

· Elle s'oppose *à* ce qu'on modifie en quoi que ce soit l'appartement.   그녀는 아파트를 조금이라도 변경하는 것을 반대한다.

· Je parvins *à* ce qu'il fût placé dans mon bataillon.   나는 그를 내 대대에 배속시키는 데 성공했다.

· Prenez garde *à* ce que toutes les portes soient bien fermées.   모든 문이 꼭 잠겨 있는지 살펴보시오.

· Regardez *à* ce que l'on fasse suivre notre courrier.   우편물을 이전된 주소로 보내주도록 신경을 써 주시오.

· J'ai réussi *à* ce que cela soit fini à l'heure.   나는 그것을 제 시간에 끝내도록 하는 데 성공했다.

· Il songe *à* ce qu'il devrait bien y aller.   그는 꼭 거기에 가야 할지도 모른다는 것에 대해 생각하고 있다.

· Je tiens *à* ce que vous veniez.   나는 당신이 꼭 오시기를 바랍니다.

· Veillez (*à* ce) que cela ne se reproduise plus.   다시는 그런 일이 일어나지 않도록 주의하시오.

· Veillez (*à* ce) que l'ordre ne soit pas troublé.   질서가 문란해지지 않도록 신경을 쓰다.

11) [동사 + 명사 + à ce que + *ind / sub*]

> encourager *qn à* ce qu'il poursuive ses études …에게 학업을 계속하도록 격려하다.

- Je l'ai décidé *à* ce qu'il poursuive ses études. 나는 그가 학업을 계속하도록 결심시켰다.
- Je l'ai décidé *à* ce qu'il prenne du repos. 나는 그가 휴식을 취하게 했다.
- Le président l'a appelé *à* ce qu'il forme un nouveau cabinet. 대통령은 그에게 새 내각을 구성하게 했다.
- Il faut l'habituer *à* ce qu'il se lève tôt. 그가 일찍 일어나는 습관을 갖게 해야 한다.
- Tout nous pousse *à* ce que nous agissions rapidement. 모든 상황으로 보아 재빨리 행동해야 한다.
- Avez-vous quelque chose à objecter *à* ce que je fasse cela? 내가 그 일을 하는 데 대해 반대할 무엇이라도 있습니까?
- On rapporte la disparition de cette peuplade *à* ce qu'un maladie l'a[ait] décimée. 사람들은 그 미개인 집단이 소멸된 것이 질병이 그 집단을 대량으로 죽인 탓으로 돌린다.
- On rattache la pauvreté de cette région *à* ce que la centralisation ait freiné son développement. 사람들은 그 지역의 빈곤을 중앙집중이 그 발전을 억제한 탓으로 돌린다.

3. 형용사의 보어

1) [à + 명사]

> acharné *à* l'étude 연구에 열중[몰두]한. adonné *au* jeu[*aux* plaisirs] 노름[쾌락]에 열중하는. adroit *à* tous les exercices 어떤 운동도 잘 하는, 만능인. appliqué *au* travail 일에 전념하는. âpre *au* gain 돈벌이에 악착스러운. assujetti *à* l'impôt 납세의무가 있는. conforme[contraire] *aux* usages 관례에 맞는[어긋나는]. croyant *au* talent de son fils 아들의 재능을 믿고 있는. décision conforme *à* la raison 도리에 맞는 결정. connaturel *à* qn/qc …과 본질적으로 합치하는. contraire *aux* usages 관례에 어긋나는. disposé *à* qc …할 의향이 있는, …할 채비가 된. enclin *à* la méfiance 불신하는 성향을 지닌. endurci *au* travail pénible[*à* la fatigue] 힘든 일[피로]에 잘 견디는. étranger *à* qc …에 관심이 없는, 어두운; …와 관계가 없는. fidèle[infidèle] *à* sa parole 약속에 충실한[충실하지 못한]. habitué[inhabitué] *au* climat 기후에 익숙해진[익숙해지지 않은]. impénétrable *à* l'influence étrangère 외국의 영향을 받아들이지 않는. incliné *à* l'indulgence 관대한 성향의. inconnu *à* qn …에게 알려져 있지 않은. indifférent *au* destin 운명에 초연한. inébranlable *à* la violence 《**문어**》 폭력에 굴하지 않는. insensible *au* froid 추위에 무감각한, 추위를 타지 않는. intelligible *à* tous 모든 사람이 이해할 수 있는. obéissant *à* la règle 규칙을 잘 지키는. perceptible *à* l'oeil[l'oreille] 눈으로 볼 수 있는[귀로 들을 수 있는]. prédisposé *à* la paresse 나태한 성향을 가진. préposé *à* une fonction 어떤 직무에 임명된. prompt *à* la colère 걸핏하면 화내는. lecteurs abonnés *à* un journal (어떤) 신문의 정기구독자. coeur accessible *à* la compassion 정에 약한 마음. renseignements afférents *à* une affaire 사건에 관련된 정보. sons agréables *à* l'oreille 듣기 좋은 소리. solution appropriée *à* un problème 문제에 맞는 해결책. régions les plus aptes *à* la culture du riz 벼농사에 가장 알맞은 지역. élève assidu *à* l'étude 학업에 열심인 학생. étrangers facilement assimilables *aux* autochtones 원주민에게 쉽게 동화되는 이방인. attitude bienséante *à* une jeune fille 소녀다운 태도. point commun *à* deux lignes

두 직선의 공유점.   idée congruente *à* la situation 상황에 어울리는 생각.   domaine connexe *à* une science 어떤 학문의 관련분야.   accident consécutif *à* une imprudence 부주의로 일어난 사고.   décharge d'adrénaline consécutive *à* une émotion 감정 격화에 따른 아드레날린의 분비.   conduite conséquente *à* ses principes 자신의 원칙에 부합되는 행위.   maisons contiguës *à* l'église. 교회에 인접한 집들.   affirmation contradictoire *à* une autre 다른 것에 상반되는 주장.   homme cramponné *à* son passé 과거에 집착하는 남자.   foule crédule *aux* fausses rumeurs 유언비어를 쉽게 믿어버리는 군중.   acte dérogatoire *aux* règles 규칙에 저촉되는 행위.   tissu désagréable *au* toucher 촉감이 좋지 않은 천.   produits destinés *à* la nourriture des hommes 인간의 식용품.   savant dévoué *à* la vérité 진리에 충실한 학자.   erreurs dommageables *à* la nation entière 국가 전체에 손해를 끼치는 실책.   point extérieur [intérieur] *à* un triangle 삼각형 밖[안]의 점.   station favorable *à* la croissance de la lavande 라벤더 성장에 유리한 서식지.   votes favorables *à* un projet de loi 법률안에 대한 찬성표.   père ferme *aux* enfants 아이들에게 엄한 아버지.   politique funeste *aux* intérêts du pays 국익을 해치는 정책.   homme habile[inhabile] *aux* échecs 체스에 능한[능하지 못한] 사람.   esprit conservateur hostile *aux* nouveautés 변혁을 싫어하는 보수적인 인물.   finalité immanente *à* la vie 생명에 내재하는 궁극성.   terrains impropres *à* la construction 건설용으로는 부적합한 토지.   faute imputable *à* qn …의 탓으로 돌릴 수 있는 잘못.   texte scientifique inaccessible *au* profane 문외한은 이해할 수 없는 과학 논문.   yeux inaccoutumé*s* *à* ces spectacles 이런 광경에 익숙치 않은 눈.   moyens inadapté*s* *au* but recherché 추구하는 목표에 맞지 않는 수단.   démonstration incompréhensible *à* ceux qui ne sont pas spécialistes 전문가 아닌 사람은 이해할 수 없는 증명.   journal inféodé *à* un groupe financier 재벌의 지배하에 있는 신문.   nuances imperceptibles *à* la masse des lecteurs 대다수의 독자가 간과하기 쉬운 미묘한 뉘앙스.   qualités inhérentes *à* la personne 타고난 자질들, 개성.   individu inutile *à* la société 사회에 도움이 안되는 사람.   éléments nécessaires *à* une recherche 연구에 필요한 요소들.   climat nuisible *à* la santé 건강에 해로운 기후.   corps opaque *aux* rayons ultraviolets 자외선 불투과체.   argument opposable *à* sa décision 그의 결정에 대항할 수 있는 논거.   bibliothèque ouverte *à* tous 누구든지 이용할 수 있는 도서관.   canal ouvert *à* la navigation 자유로이 항행할 수 있는 운하.   parfum particulier *à* cette fleur 그 꽃 특유의 향기.   matière pénétrable *à* la lumière 빛이 투과할 수 있는 물질.   corps perméable *à* la lumière 투명한 물체.   enfant prédestiné *au* malheur 불행한 팔자를 타고난 아이.   enfant promis *à* un bel avenir 양양한 장래가 약속된 아이.   lieu propice *au* travail 작업하기에 좋은 곳.   temps propice *à* la promenade 산책하기에 좋은 날씨. caractère propre *à* une personne 어떤 사람에게 고유한 성격.   difficultés propres *aux* petites et moyennes entreprises 중소기업 특유의 애로사항.   enfant rebelle *à* toute discipline 모든 규율에 반항하는 아이.   élève rebelle *aux* mathématiques 수학적인 재능이 없는 아이.   chevelure rebelle *au* peigne 빗기 어려운 머리털.   argile réfractaire *au* feu 내화 점토.   microbe résistant *aux* antibiothiques 항생제가 잘 듣지 않는 균.   diffusion restreinte *à* Paris 파리에 한정된 보급.   devenir pesant *aux* autres 다른 사람들에게 귀찮은 존재가 되다.   être accoutumé *à* qc …에 익숙하다.   être asservi *à* une passion 정열에 사로잡히다.   être attaché *à* une opinion 어떤 의견을 고집하다.   être attaché *à* la tradition 전통에 충실하다.   être dévot *à* la Vierge[Croix] 성모마리아[십자가]를 믿다.   être dur *à* la détente 방아쇠가 빡빡하다;《구어》인색하다; (부탁에) 쉽게 응낙하지 않다; 이해가[반응이] 느리다.   être dur *à* la souffrance 고통을 견뎌내는 힘이 있다.   être enclin *à* la tristesse 슬픔에 빠지는 경향이 있다.   être exact *au* rendz-vous 약속 시간을 잘 지키다.   être inapte *à* qc …에 부적격이다.   être inégal *à* sa tâche《옛·문어》자기 일을 감당하지 못하다.

- Son père s'est montré accueillant *à* nos projets.   그의 아버지는 우리의 계획에 호감을 보였다.
- Il est maintenant acquis *à* notre projet.   그는 이제 우리 계획에 적극 찬동하고 있다.
- Il est français très affectionné *à* sa patrie.   그는 프랑스 사람으로 자기 조국을 매우 사랑한다.
- Il est ardent *au* travail.   그는 일에 열심이다.
- Soyez attentif *à* ce que je dis.   내가 말하는 것을 명심하시오.
- Les parents sont consentants *au* mariage.   부모들은 결혼에 동의하고 있다.
- Le fils est consubstantiel *au* Père.   성자는 성부와 동질[동체]이다.
- Cela est contraire *au* règlement.   그것은 규칙에 반한다.
- Je suis décidé *au* divorce.   나는 이혼할 생각이다.
- Il est défavorable *à* mon projet[ce candidat].   그는 내 계획[그 후보]에 반대한다.
- La nutrition est essentielle *à* la vie.   영양섭취는 생명을 유지하는 데 필수적이다.
- Elle est favorable *à* mon projet.   그녀는 나의 계획에 호의적이다.
- Il est fermé *à* toutes les nouveautés.   그는 새로운 것에 대해서는 완전히 무감각하다.
- Il est complètement hermétique *à* ce genre d'humeur.   그는 이런 종류의 유머는 전혀 이해를 못한다.
- Il est hostile *à* ce candidat[cette opinion].   그는 그 후보자에게[의견에] 반대한다.
- Aujourd'hui, le pétrole est indispensable *à* la vie quotidienne.   오늘날 석유는 일상생활에 없어서는 안 된다.
- Il est mort *au* monde.   《비유·문어》 그는 세상일에 관심이 없다.
- Il a été nourri *à* cette philosophie.   그는 이 철학을 교육받았다.
- Qui est propre *à* tout n'est propre; Propre *à* tout, propre *à* rien.   《속담》 다재(多才)는 무재(無才); 팔방미인치고 명인(名人) 없다.
- Il est résigné *à* un changement de situation.   그는 상황의 변화를 체념하고 받아들였다.
- Cet animal est très sensible *au* froid.   그 동물은 추위에 매우 민감하다.
- Elle est sympathique *à* la douleur cachée de son ami.   그녀는 자기 남자 친구의 내면의 고뇌를 동정하고 있다.
- Elle a été déclarée traître *à* sa patrie.   그 여자는 반역 혐의로 고발당했다.
- Il veut se rendre utile, agréable *à* tout le monde.   그는 모든 사람들에게 유익하고 유쾌하게 보이기를 바란다.

2) [à *inf*]

❶

bon *à* manger 먹을 수 있는, 식용의.　bon *à* tirer (인쇄에서) 교정필.　commode *à* transporter 들고 다니기에 편한.　empressé *à* *inf* 《문어》 …하는 데 열의가 있는; …하기를 열망하는.　habitué[inhabitué] *à* vivre seul 혼자 사는 데 익숙해진[익숙해 있지 않은].　inexact *à* remplir ses devoirs 직무를 소홀히 하는.　préparé *à* accepter un échec 실패를 받아들일 마음의 준비가 된.　prompt *à* riposter 곧 반박하는.　simple *à* comprendre 이해하기 쉬운.　plus hardi *à* faire qu'*à* parler 말보다는 행동에 더 용감한.　préjudiciable *à* la sécurité 안전을 해치는.　livre aisé *à* consulter 펴보기 쉬운 책.　ennemies acharnés *à* se détruire 서로 멸망시키려고 기를 쓰는 적들.　spectacle amusant *à* voir 보기에 재미있는 광경.　machine commode *à* manier 다루기 편한 기계.　produit dangereux *à* inhaler 흡입하면 위험한 물질.　affaire délicate *à* traiter 다루기 힘든 문제.　chose désagréable *à* voir 보기에 좋지 않은 것.　mesure destinée *à* ralentir l'inflation 인플레이션 억제 조치.　robe difficile *à* laver 세탁하기 어려운 옷.　hiver dur *à* supporter 견뎌내기 힘든 겨울.　caractère enclin *à* se fâcher 화를 잘 내는 성격.　personne facile *à* tromper 속여먹기 쉬운 사람, 잘 속는 사람.　travail fatigant *à* faire 하기 힘든 일.　verre imperméable *à* la lumière 빛이 투과하지 않는 유리.　idée impossible *à* admettre 인정할 수 없는 생각.　employé impropre *à* faire ce travail *qc* …이 일을 하기에 적합하지 않은 직원.　vêtement léger *à* porter 입어서 가벼운 느낌이 드는 옷.　plat long *à* préparer 시간이 많이 소요되는 요리.　paquet lourd *à* porter 운반하기에 무거운 상자.　chose malaisée *à* faire 《문어》 하기 힘든 일.　spectacle pénible *à* voir 차마 볼 수 없는 광경.　enfant prédestiné *à* devenir médecine 의사가 될 팔자를 타고난 아이.　endroit propice *à* camper 야영하기에 적합한 장소　discipline propre *à* former des savants 학자를 양성하기에 적합한 학과[전문분야].　livre utile *à* lire 읽으면 유익한 책.　être assidu *à* *inf* …하는 데 열심이다.　être attentif *à* bien faire 잘할 수 있도록 주의를 기울이다.　n'être bon ni *à* rôtir ni *à* bouillir 《구어》 아무 짝에도 못쓰다.　être buté *à* l'agacer 집요하게 그를 못살게 굴다.　être habile[inhabile] *à* *inf* …하는 데 능하다[능하지 못하다].　être impuissant *à* *inf* …할 수 없다.　être incliné *à* penser que …라는 생각이 들다.　être malhabile *à* conduire 운전이 서투르다.　être prêt *à* servir ses amis 언제든 친구들을 도와줄 준비가 되어 있다.　être propre *à* remplir un emploi 어떤 일을 수행하는 데 적임이다.　être réticent *à* signer un contrat 계약서에 사인하기를 주저하다.

· C'est un homme adroit *à* tromper.　그는 사람을 잘 속인다.

· Ce garçon est accoutumé *à* faire tous ses caprices.　그 아이는 제멋대로 하는 습관에 젖어있다.

· Je suis affairé *à* acheter un second volume.　제2권을 급히 사야겠다.

· Cette chanson est agréable *à* entendre.　그 노래는 듣기에 좋다.

· Moins on sent une chose, plus on est apte *à* l'exprimer.　사람은 무엇을 덜 느낄수록 말은 더 하기 일쑤다.

· Il est ardent *à* travailler.　그는 일에 열심이다.

· Il est très attaché *à* tenir ses promesses.　그는 매우 충실히 약속을 지킨다.

· La vérité n'est pas toujours bonne *à* dire; Toute vérité n'est pas bonne *à* dire.　《격언》 사실이라 해서 다 말해도 좋은 것은 아니다.

· Elle n'est pas commode *à* vivre.　그녀는 사귀기 쉽지 않다.

· C'est assez compliqué *à* expliquer.　설명하려면 아주 복잡하다.

· Je suis décidé *à* y aller.　나는 거기에 갈 생각이다.

- Le but où il tends n'est pas difficile *à* atteindre.   그가 추구하는 목적은 달성하기가 어렵지 않다.
- Nous sommes tout disposés *à* vous rendre service.   우리는 기꺼이 당신을 도울 채비가 되어 있습니다.
- Ce problème est facile *à* résoudre   이 문제는 풀기 쉽다.
- Vous n'êtes pas fondé *à* vous plaindre.   당신은 불평할 자격이 없습니다.
- C'est une chose horrible *à* penser.   그것은 생각하기도 끔찍한 일이다.
- Ce serait trop long *à* expliquer.   그것은 설명하기에는 너무 긴 듯하다.
- L'addition est lourde *à* payer.   지불할 비용이 크다.
- Elle est malvenue *à* se plaindre.   그녀는 불평할 권리가 없다.
- Cette boîte n'est pas pratique *à* ouvrir.   이 상자는 열기가 불편하다.
- Elle est résolue *à* ne pas céder à la tentation.   그는 유혹에 넘어가지 않겠다고 단단히 결심하고 있다.
- Il n'est pas sujet *à* faire des imprudences.   그는 부주의한 짓은 좀처럼 하지 않는 사람이다.

❷ 생략문

- Facile *à* dire!   말하기는 쉽다.

3) [à ce que + *ind* / *sub*]

> être décidé *à* ce que + *sub* ···하기로 결심하다.

- Heureuse de ce que ses enfants sont bien portants, cette mère est attentive *à* ce que rien ne leur manque.   자식들이 건강한 것을 기쁘게 여기는 어머니는 그들에게 아무런 부족함이 없도록 신경을 쓴다.
- Elle n'était pas accoutumée *à* ce qu'on la traitât ainsi.   그녀는 그렇게 대우받는 데 익숙하지 못했다.
- Elle est habituée *à* ce qu'on ne lui résiste pas.   그녀는 남이 자기에게 반항하지 않는 것에만 익숙하다.
- Je suis bien résolu *à* ce qu'on ne l'admette pas dans notre groupe.   나는 그를 우리 모임에 넣지 않기로 작정하고 있다.

4. 부사의 보어

1) [à + 명사]

> adversativement *à* qc《드물게》···와 반대로, 반의적으로.   conformément *à* vos instructions 당신의 명령[지시]에 따라.   conformément *aux* prescriptions de la loi 법의 규정에 따라.   conséquemment *à* qc ···의 결과로서, ···에 따라서.   contradictoirement *à* ses habitudes 자신의 습관과는 다르게.   privativement *à* qn/qc《옛》···을 제외하고(=à l'exclusion de).   agir contrairement *à* ses décisions [principes] 결정[원칙]과는 반대로 행동하다.

- Consécutivement *à* la hausse du prix du pétrole, le prix de l'essence a augmenté.   원유가의 상승으로 결국 휘발유 값이 인상되었다.
- Il fait mauvais, contrairement *aux* prévisions.   예고와는 달리 날씨가 좋지 않다.

2) [à ce que + *ind* / *sub*]

> contrairement *à* ce que l'on m'avait dit 내가 들은 것과는 반대로.

☆ [à + 명사]나 [à *inf*]를 보어로 삼는 동사, 형용사, 부사가 절을 보어로 취할 때 [à ce que + *ind* / *sub*]의 형태가 되고 경우에 따라 [que + *ind* / *sub*]의 형태가 되기도 함.

· Il consent (*à* ce) que je parte.   그는 내가 떠나는 것에 동의한다.

5. 비인칭문의 논리적 주어 [à *inf*]

· Il vous reste *à* faire la vaisselle.   당신에게는 설거지할 일이 남아 있다.
· Il ne nous reste plus qu'*à* partir.   이제 우리에게 남은 일은 출발하는 일뿐이다.
· Pour mettre cette machine en marche, il n'y a qu'*à* appuyer sur le bouton.   이 기계를 작동시키려면 단추를 누르기만 하면 된다.

afin

1. [afin de *inf*] : ···하기 위하여, ···하도록, ···하려고 (= pour *inf*).

envisager des relocalisations des entreprises *afin* de réduire les transports de leurs salariés 사원들의 교통량을 줄이기 위해 기업의 재배치를 고려하다.   se hâter *afin* d'arriver à l'heure 제시간에 도착하기 위해 서두르다.   finir étudier son adversaire *afin* de trouver son point faible 상대의 약점을 찾아내기 위해 그를 주의 깊게 살피다.   travailler *afin* de gagner sa vie 생활비를 벌기 위해 일하다.

· *Afin* d'éviter une crise majeure, les autorités financières se sont efforcées de rassurer les marchés financiers 중대한 위기를 피하기 위해 금융 당국은 금융시장을 안심시키려고 노력했다.
· L'administration Bush a accepté une déclaration sur les programmes nucléaires nord-coréens *afin* de relancer les négociations à Six.   부시 행정부는 6자회담을 재개시키기 위해 북한의 핵계획에 대한 선언을 받아들였다.
· Le gouvernement sud-coréen a classé Dokdo 'Monument national no. 336' *afin* de protéger son écosystème.   한국 정부는 생태계를 보호하기 위해 독도를 천연기념물 336호로 지정했다.
· La Russie a demandé à la Corée du Nord de ne pas procéder au lancement de missile *afin* d'apaiser la situation.   러시아는 북한에게 상황을 진정시키기 위해 미사일 발사를 하지 말도록 요청했다.
· Il s'est placé *afin* d'être vu.   그는 눈에 띄도록 자리 잡았다.

- Il a pris son carnet *afin* d'y noter une adresse.　　그는 주소를 적어 놓으려고 수첩을 꺼냈다.
- Socrate recommandait à l'homme de s'étudier *afin* de se connaître.　　소크라테스는 자신을 알기 위해 스스로를 관찰하라고 인간들에게 권했다.

2. [afin que + *sub*] : …하기 위하여, …하도록, …하려고(=pour que + *sub*).

afin que nul n'en ignore 모두가 알 수 있도록.　　demander de rédiger une invitation *afin* qu'un de leurs responsables obtienne un visa 그들의 책임자 중의 한 사람이 비자를 얻을 수 있도록 초청장을 작성해 달라고 요청하다.　　marcher sur la pointe des pieds *afin* qu'on ne l'entende pas 발소리가 들리지 않도록 발끝으로 걸어가다.

- *Afin* que nos institutions financières aident à gérer la crise et préviennent de nouvelles crises, nous devons renforcer leur efficacité et leur légitimité.　　우리의 금융기관이 위기를 관리하고 새로운 위기를 예방하기 위해 그 효율성과 합법성을 강화해야 한다.
- La phase 3 avait été déclarée *afin* que la communauté internationale se prépare à une possible transmission interhumaine du virus aviaire H5N1.　　국제 사회가 있을 수 있는 조류독감 바이러스 H5N1의 사람간 전이에 대비할 수 있도록 하기 위한 3단계가 선언되었다.
- Nous avons besoin que chacun de vous développe ses compétences *afin* que vous puissiez aider à résoudre nos problèmes les plus difficiles.　　우리의 가장 어려운 문제를 해결하는 것을 도와주기 위해 여러분들의 각자가 능력을 개발하는 것이 필요하다.
- Ecrivez-lui *afin* qu'il soit au courant.　　그가 사정을 알 수 있게 편지를 쓰십시오.
- Vous laisserez votre numéro de téléphone *afin* que je puisse vous prévenir.　　당신에게 미리 알려줄 수 있도록 전화번호를 남겨 두세요.

approchant

《옛》 … 경, 무렵에.

- Ils partirent *approchant* midi.　　그들은 정오 무렵에 떠났다.

après

1. 시간

1) ❶ …후[뒤, 다음]에.

après la classe 방과 후.　*après* le dîner 저녁 식사 후에.　*après* l'introduction dans les lieux 그 장소에 침입한 후((형법의 한 구절)).　*après* de longues circonlocutions 장황하게 말한 다음.　*après* de nombreux avatars 숱한 우여곡절 끝에.　arc-en-ciel qui paraît *après* l'orage 폭풍우가 지나간 뒤 나타난 무지개.　arriver à une solution *après* bien des détours 우여곡절 끝에 해결의 실마리를 찾다.　arriver *après* le pot 식사를 시작한 후에 도착하다.　avoir un moment de repos *après* une crise aiguë 심한 발작 후 소강상태를 갖다.　chercher un port *après* une vie agitée 파란 많은 생애를 겪은 뒤 안식처를 구하다.　se décider *après* bien des hésitations 많은 망설임 끝에 결정하다.　se frictionner *après* le bain 목욕 뒤에 몸을 문지르다[닦다].　fuir *après* la défaite 패주하다.　partir en voyage de noces *après* le mariage 결혼식 후 신혼여행을 떠나다.　prendre un petit verre d'alcool *après* le repas 식사 후에 술을 조금 들다.　prendre un souper *après* le spectacle 연극을 보고난 후 밤참을 먹다.　réapprendre à marcher *après* un accident 사고를 당한 후에 다시 걷기 연습을 하다.　se remettre d'aplomb *après* une maladie 병을 앓고 난 후 건강을 회복하다.　se reposer *après* bien d'efforts 많은 노력을 한 후에 휴식을 취하다.　ressemer des orges *après* une gelée 서리가 내리고 난 후에 보리씨를 다시 뿌리다.

- *Après* la pluie, le beau temps.　《속담》 궂은 날 다음에는 갠 날이 온다 ; 고생 끝에 낙이 온다.
- *Après* cet événement, son autorité s'est affermie.　그 사건 이후로 그의 권위가 확고해졌다.
- *Après* les examens, on a besoin de défoulement.　시험을 치른 후에는 기분을 푸는 것이 필요하다.
- *Après* le penalty, le match a basculé en faveur de l'équipe de France.　페널티킥 이후에 시합은 프랑스 팀 쪽으로 기울었다.
- *Après* une dispute, ils se sont boudés quelque temps.　말다툼이 있고 나서 그들은 한동안 서로 토라져 있었다.
- *Après* beaucoup d'atermoiements, elle avait consenti à la séparation.　수많은 망설임 끝에 그 여자는 이혼에 동의했다.
- *Après* l'accident, il était encore conscient.　사고 후에도 그는 여전히 의식이 있었다.
- *Après* cette victoire, l'équipe ne peut plus être inquiétée.　이번 승리로 팀은 더 이상 위협받지 않게 되었다.
- *Après* le partage, chacun a été loti d'une maison.　분배 후에 각자는 집을 한 채씩 갖게 되었다.
- *Après* le séisme, toute la région offre une vision d'apocalypse.　지진이 휩쓸고 간 후 그 지역 전체는 눈뜨고 보기 힘든 처참한 모습이었다.
- *Après* la crise économique, le protectionnisme s'est raffermi.　경제 위기가 닥친 뒤로 보호무역주의가 강화되었다.

- *Après* cette conversation, chacun s'en retourna chez lui.　대화가 끝나자 각자는 자기 집으로 돌아갔다.
- *Après* une courte résistance, les ennemis se sont soumis.　적들은 잠깐 저항하다가 항복했다.
- *Après* la troisième sommation, la sentinelle a tiré.　보초는 세 번째 정지 명령 후 발포했다.
- La ville s'est agrandie *après* la guerre.　전쟁이 끝나고 나서 그 도시는 커졌다.
- Il a arrêté de fumer *après* sa maladie.　그는 병이 난 다음부터 담배를 끊었다.
- La question s'est décidée *après* une longue discussion.　그 문제가 오랜 토의 끝에 해결되었다.
- La solution ne se découvrit qu'*après* de longues recherches.　오랜 연구를 한 뒤에야 해결책을 찾을 수 있었다.
- L'esprit se détend *après* un tel effort.　그런 힘든 일을 한 후에는 정신이 해이해진다.
- Que deviendra sa fortune *après* sa mort?　그가 죽은 후 그의 운명은 어떻게 될 것인가?
- Le pont s'est effondré *après* notre passage, nous l'avons échappé belle.　우리가 지나간 후에 다리가 무너졌는데 하마터면 큰일 날 뻔 했다.
- Les arc-en-ciels sont visibles souvent *après* une averse.　무지개는 흔히 소나기가 내린 뒤에 보인다.
- Il veut se faire incinérer *après* sa mort.　그는 죽은 뒤에 화장해주기를 바란다.
- Laissez votre message *après* le bip sonore.　신호음이 울린 뒤에 말씀을 남겨주세요.
- On doit rabattre sa voiture sur la droite *après* un dépassement.　추월한 후에는 차를 우측 주행차선으로 되돌려야 한다.
- Le mode d'expression se renouvela totalement *après* la découverte de l'imprimerie.　인쇄술의 발견 이후 표현법은 완전히 새로운 양상을 띠었다.

❷ [après + 무관사명사]

> *après* approbation par le Congrès 의회의 동의 후에.　*après* consultation d'un expert 전문가의 자문을 받은 후에.　*après* coup 일이 벌어진 후에, 사후(事後)에; 늦게서, 나중에(=plus tard, après).　*après* dissipation des brouillards matinaux 아침 안개가 걷힌 후.　*après* mûre réflexion 심사숙고한 후에.　reposer un chauffe-eau *après* réparation 급탕기를 수리 후 다시 설치하다.

- *Après* expiration du délai, vous perdez vos droits de pêche.　기한이 만료되면 당신은 어업권을 상실합니다.
- Il n'a compris qu'*après* coup.　그는 나중에 가서야 깨달았다.
- Ce type de baguettes se jette *après* usage.　이러한 종류의 젓가락은 사용 후에 버린다.
- Le décorateur exécute, *après* lecture du scénario, les maquettes des décors.　무대장치가는 시나리오를 읽고 배경 세트를 제작한다.

❸ [après + 시기]

> *après* midi 정오 후에.　oeuvres d'artistes nés *après* 1945 1945년 이후에 태어난 예술가들의 작품.　arriver *après* l'heure 약속시간 전[후]에 도착하다.　être libre *après* deux heures 두 시 이후에는 시간이 있다.

· La Chine et un certain nombre d'autres pays ont commencé à acheter des dollars américains *après* 1997 dans le cadre d'une stratégie délibérée visant à sous-évaluer leur monnaie.   중국과 많은 다른 나라들이 1997년 이후에 그들의 화폐 가치를 평가절하하기 위한 전략의 일환으로 미국의 달러를 사기 시작했다.

❹ [après + 기간]

> *après* deux ans difficiles 어려운 2년을 보낸 후에.   *après* longtemps 오래 뒤에.

· *Après* dix ans, j'ai trouvé mon pays natal tout à fait différent.   십 년 후에 나는 고향이 완전히 변했음을 알았다.
· *Après* quelques mois, elle a commencé à vivre avec un paysan qui a le double de son âge et dont elle a eu son enfant.   몇 개월 후 그녀는 나이가 두 배나 많은 농민과 살기 시작해서 아이를 하나 낳았다.
· Tel caractère reparaît *après* plusieurs générations.   이런 형질은 몇 세대 후에 다시 나타난다.

❺ [après + 시간명사 + de + 명사]

> *après* des années d'absence 여러 해 자리를 비운 후에.   *après* plusieurs années de difficultés 여러 해 동안의 어려움을 겪은 후에.   *après* deux heures de réunion 두 시간의 회의 후에.   *après* trois heures de cours 세 시간 강의 후에.   obtenir sa retraite *après* trente ans de service 30년 근속 후 퇴직 연금을 받다.   récrire *après* six mois de silence 6개월이 지나고서야 비로소 답장하다.   se remarier *après* une année de veuvage 1년간의 홀아비[과부] 생활 후에 재혼하다.

· *Après* quatre heures de marches, ils ont abouti dans un village.   네 시간을 걸은 끝에 그들은 마침내 어느 마을에 이르렀다.
· *Après* cinq minutes de silence, il a dit deux ou trois mots.   5분 정도 침묵하더니 그는 두세 마디 말을 했다.
· *Après* deux heures d'attente anxieuse, elle était complètement épuisée.   두 시간이나 초조하게 기다린 끝에 그녀는 완전히 기진맥진했다.
· *Après* plusieurs jours de doute, il a opté pour cette solution.   며칠 동안 주저한 끝에 그는 이 해결책을 댁했다.
· *Après* un mois d'hospitalisation, il a repris ses actions de maire de Lyon.   한 달 간 입원한 뒤 그는 리용 시장으로서의 업무를 다시 시작했다.
· Cette chanteuse a explosé soudain *après* dix ans de carrière sans éclat.   그 여가수는 10년간의 무명생활 뒤에 갑자기 각광을 받았다.

❻ [시간표현 + après + 명사]

> deux ans *après* sa mort 그가 죽은 지 2년 후에.   quatre mois *après* l'élection de Nicolas Sarkozy

· Dix jours *après* son départ, elle m'a écrit.   그가 떠난 열흘 후에 그녀가 내게 편지했다.

· Elle est arrivée sitôt *après* mon départ.   그 여자는 내가 떠나자마자 도착했다.

· Les pompiers sont arrivés trois minutes *après* l'alerte.   경보 발령 3분 후에 소방관이 도착했다.

· Un an *après* son discours de Prague sur le désarmement, le président américain Barack Obama a dévoilé, mardi 6 avril, une nouvelle politique nucléaire.   바락 오바마 미국대통령은 군축에 관한 프라하에서의 연설을 한 1년이 지난 4월 6일 월요일에 새로운 핵 정책을 밝혔다.

· Aussitôt[Dès, Immédiatement, Peu de temps] *après* son coup de téléphone, elle est sortie.   그녀는 그의 전화를 받자마자 외출했다.

❼ [après + 인물명사]

· *Après* moi[nous, lui] le déluge!   《구어》 내[우리, 그]가 죽은 뒤에 무슨 일이 일어나든 아무 상관없다; 내일 일은 내일 걱정하라.

· Répétez *après* moi ce que je vais vous dire.   내가 말하는 것을 따라하시오.

· Ils se demandaient ce qui arriverait *après* de Gaule.   그들은 드골이 퇴진한 후에는 어떤 일이 일어날까 자문하고 있었다.

❽ [전치사 + après]

· Ce cera pour *après* le repas. Ce n'est pas trop tard?   그것이 식사 이후가 될 텐데 너무 늦지 않은가요?

· Ils ont versé ses biens à un orphelinat. C'est ce qu'il désirait pour *après* sa mort.   그들은 그의 재산을 고아원에 기부했다. 그것이 그가 사후에 그렇게 되기를 바랐던 것이다.

❾ [après tout] : 결국, 요컨대.

· *Après* tout, cela ne me regarde pas.   요컨대, 그것은 나와는 상관이 없나.

2) ❶ [après ce que / qui + *ind*]

· *Après* ce que j'ai fait pour lui, me traiter d'égoïste!   내가 그를 위해 그렇게 해 주었는데도 나를 이기주의자로 취급하다니!

· Ils ont encore le courage de vivre ensemble *après* tout ce que l'on raconte à leur sujet!　그들은 사람들이 그들에 대해 그렇게 말을 해도 아직 같이 살고 있다니!

· Il vous appartient bien de parler de générosité, *après* tout ce que vous avez fait.　《비꼼》 그렇게 해 놓고서 당신이 아량을 운운하다니 가당치 않다.

❷ [après + cela / ça / quoi]

· *Après* cela[ça], je me suis obligé d'abandonner.　그래서 나는 포기해야만 했다.

· Mangeons ensemble, *après* quoi nous pourrons aller au cinéma.　같이 식사합시다, 그리고 나서 영화관에 가시지요.

· Documentez-vous d'abord sur le sujet, *après* quoi vous pourrez présenter un plan de travail. 우선 주제에 대한 자료를 찾아보세요. 그러고 나서 연구 계획을 제출하도록 하세요.

3) 명사의 보어

❶

accalmie sur le front *après* la bataille 전투가 끝난 뒤의 전선의 소강상태.　délivrance *après* l'aveu 고백 후에 찾아오는 해방감.　détente *après* une crise 발작 후의 이완.　escamotage du train d'atterrisage d'un avion *après* l'envol 이륙 후 착륙 장치를 비행기 동체 안으로 도로 접어 넣기. fragilisation de l'organisme *après* une logue maladie 오래 앓고 난 뒤의 신체 약화.　laminage d'un parti politique *après* un scrutin 투표 후 정당의 쇠락.　raideur du corps *après* la mort (사체의) 사후 경직.　réparation des tissus *après* une blessure 부상 후의 조직 재생.　retrait des eaux *après* le déluge 홍수 후에 물이 빠져나감.　tremblement du sol *après* une explosion 폭발 후 지면의 진동.　la vie *après* la mort 사후의 삶.

· Un bon café *après* le repas, je ne connais que ça.　식후에 커피 한 잔이야말로 더할 나위 없지.

❷ [après + 무관사명사]

l'an 250 *après* Jésus-Christ 서기 250년.　deuxième siècle *après* Jésus-Christ 서기 2세기.　décision *après* mûre délibération 충분한 토론을 거쳐 내린 결정.　expulsion du placenta *après* l'accouchement 분만 후 태반의 배출.　inventaire *après* décès 사후 재산 목록 작성.　réponse de l'expert *après* enquête 설문 조사 이후 전문가의 답변.　reprise du travail *après* une grève 파업후의 작업 재개.　semaine *après* Pâques 부활절 수간((부활절 후의 1주간)).　service *après*(-)vente 애프터서비스

· C'est de la moutarde *après* dîner.　《속담》 원님 행차 뒤에 나팔 불기.

4) 부정법과 함께

❶ [après + 부정법 과거]

après avoir à ses débuts abordé le théâtre 초창기에 연극에 입문한 뒤.　*après* avoir attiré de nombreux investisseurs étrangers 많은 해외 투자자들을 유치한 후에. *après* avoir battu le Japon 118-108 en quart de finale 준준결승에서 일본을 118대 108로 물리친 후에. *après* avoir illégalement traversé la frontière 국경을 불법적으로 넘은 후에. baisser le col de sa chemise *après* avoir mis sa cravate 넥타이를 맨 후 와이셔츠의 깃을 접어내리다. se décider après *avoir* longtemps hésité 오랫동안 망설인 끝에 결심하다. démuseler un chien *après* avoir attaché 개를 묶고 난 다음 부리망을 벗기다.

- *Après* avoir bagabondé, il s'en vint chez lui. 그는 돌아다니다가 집으로 돌아왔다.
- *Après* s'être longtemps contenu, il déborda. 그는 오랫동안 참고 있다가 마침내 화를 냈다.
- *Après* avoir dîné, elle est partie. 저녁을 먹은 후에 그녀는 떠났다.
- *Après* avoir bien réfléchi, vous me donnerez une réponse. 잘 생각한 다음에 답변해 주시오.
- Tu pourras te lever de table *après* avoir tout mangé. 다 먹은 후에야 식탁에서 일어날 수 있다.
- Le won coréen paraît aussi avoir trouvé ses marques *après* avoir perdu un tiers de sa valeur face au dollar fin 2008. 한국의 원화가 2008년 말 달러 대비 3분의 1의 가치 하락 후에 제 가격을 회복한 것 같다.

❷ 《드물게》 [après + 부정법 현재]

faire une petite promenade *après* manger[déjeuner, dîner] 식사[점심식사, 저녁식사] 후에 가벼운 산책을 하다.

- J'irai chez vous *après* dîner. 나는 저녁 식사 후에 당신 집으로 가겠다.
- Il chante *après* boire. 그는 한잔하고 나면 노래를 부른다.

❸ [시간표현 + après + 부정법 과거]

quelques heures *après* avoir appris que la Corée du Sud l'avait emporté 한국이 이겼다는 것을 알고 난 몇 시간 후.

- Deux heures *après* avoir commencé la traduction, il en avait terminé les deux tiers. 번역을 시작한지 두 시간이 후에 그는 3분의 2를 마칠 수 있었다.
- La Corée du Nord a affirmé mercredi n'être plus liée par l'armistice qui a mis fin à la guerre de Corée, deux jours *après* avoir procédé à un essai nucléaire. 북한은 핵실험을 한 이틀 후에 한국전쟁을 끝낸 휴전협정에 더 이상 구속되지 않겠다고 말했다.

5) [après que + *ind*]

❶

après que 65 députés de droite et de gauche eurent envisagé de créer une commission d'enquête sur ce sujet 우파와 좌파의 의원 65명이 그 문제에 대한 조사위원회를 만들 것을 고려한 후에.

- *Après* qu'il eut prononcé ces paroles, il s'en alla. 그 말을 하고 그는 가 버렸다.

- Il faut bonne mémoire *après* qu'on a menti.   거짓말을 한 후에는 기억력이 좋아야 한다.
- Elle a parlé *après* qu'il a eu fini.   그의 말이 끝나자 그녀가 말했다.
- Tokyo n'a finalement rien fait pour intercepter l'engin ou ses débris *après* que Washington a annoncé n'envisager aucune intervention militaire.   미국이 군사적인 개입을 고려하지 않는다고 발표한 후에도 일본은 결국 미사일이나 그 잔해를 요격하기 위한 아무런 일도 하지 않았다.
- Dans le cas du Vietnam, les réformes économiques n'ont porté ses fruits qu'*après* que les États-Unis ont levé leurs sanctions, ouvrant la voie aux investisseurs.   베트남의 경우에는 미국이 제재를 풀어 투자자들에게 길을 열어준 후에야 경제개혁이 결실을 맺을 수 있었다.

❷ [시간표현 + après que + *ind*]

> cinq ans *après* qu'il eut quitté son pays 그가 고국을 떠난 5년 후에.   deux mois *après* que le président américain a autorisé le financement par des fonds fédéraux de ces recherches 미국 대통령이 그러한 연구에 대한 연방 재원에 의한 지원을 허락한 2개월 후에.

- Cet afflux d'aide américaine intervient quelques jours *après* que la Corée du Nord a fourni la liste de ses programmes nucléaires et détruit la tour de refroidissement de sa centrale atomique de Yongbyon.   북한이 핵프로그램의 목록을 제시하고 영변 핵시설의 냉각탑을 폭파한 며칠 후 미국의 많은 지원이 있었다.

> ☆ [après que + *cond*]는 일상어에서는 거의 쓰이지 않는 옛 용법이고 [après que + *sub*]는 종종 쓰이긴 하나 [avant que + *sub*]의 영향과 단순과거와 접속법 반과거의 혼동에 의한 오류임.
> *après* qu'il eût fermé la porte 그가 문을 닫은 후에.

6) [après + 명사 / 대명사 + 과거분사]

> (*après*) tout bien pesé 심사숙고 한 후에.

- Il est revenu *après* la paix faite.   그는 평화가 이루어진 후에 돌아왔다.
- Il vient *après* le travail fini.   그는 일이 끝난 후에 왔다.

2. 공간

1)

> tout de suite *après* la barrière 울타리 바로 다음에.   aller[marcher] *après* *qn* …을 뒤따라가다[긷다]. être loin *après* *qn* …의 뒤에 멀리 떨어져 있다.   faire le chien *après* *qn* …을 수행하다.   traîner *qn/qc après* soi …을 데리고 다니다[동반하다].

- Au bas de la côte, *après* le pont, commence une chaussée.   언덕 아래 다리를 지나서 바로 차도가 이어진다.

- Sa maison est juste *après* le l'hôpital.　　그의 집은 병원 바로 뒤에 있다.
- La rue fait un angle *après* la place.　　그 길은 광장을 지나 꺾어진다.
- Il habite *après* le cathédrale.　　그는 대성당 뒤에 산다.
- Tournez à droite *après* la mairie.　　시청을 지나서 오른쪽으로 돌아가시오.

2) 명사의 보어
- Le premier bâtiment *après* le carrefour, c'est celui que vous cherchez.　　네거리를 지나 첫 번째 건물이 당신이 찾는 그 건물입니다.
- C'est la première gare *après* Cheonan.　　그것은 천안 다음의 첫 번째 역이다.

3. 차례

1)

> nom qui vient *après* le verbe 'être' être 동사 뒤에 오는 명사.　　être seul maître *après* Dieu 최고 책임자[결정권자]이다.　　placer la famille *après* le travail 가정보다 일을 더 중요시하다.

- *Après* son introduction, il a enchaîné avec[par] une longue explication.　　그는 서두에 이어 긴 설명을 했다.
- *Après* l'or, c'est le platine qui est le plus précieux des métaux.　　금 다음으로는 백금이 가장 귀중한 금속이다.
- *Après* les pommes, ce sont les poires qui se vendent le mieux dans ce magasin.　　이 가게에서는 사과 다음으로 배가 가장 잘 팔린다.
- *Après* lui, il faut tirer l'échelle.　　그 사람은 당할 재주가 없다.
- *Après* le lieutenant vient le sous-lieutenant.　　중위 아래는 소위다.
- Il est arrivé *après* tout le monde.　　그가 제일 늦게 도착했다.
- Il s'est classé deuxième *après* Jean.　　그는 장에 이어 2위를 했다.
- Le vin se déguste mieux *après* le fromage.　　포도주는 치즈를 먹은 다음이 맛이 더 좋다.
- Le Vietnam est le plus grand pays exportateur de riz *après* la Thaïlande.　　베트남은 태국에 이어 2위 쌀 수출국이다.
- La discussion s'est engagée *après* la conférence.　　강연이 끝나자 토론이 시작되었다.
- La quantité des films produits dans ce pays est la deuxième du monde, *après* celle des État-Unis.　　그 나라에서 제작되는 영화 편수가 미국에 이어 세계에서 두 번째다.
- L'amusement passe *après* le travail.　　오락은 일을 하고 난 다음이다.
- L'automne vient *après* l'été.　　가을은 여름 다음에 온다.
- Notre équipe vient en deuxième position *après* la vôtre.　　우리 팀이 당신들 팀의 뒤를 이어 2위를 차지하고 있다.

2) 생략문
- *Après* vous(, je vous en prie).　　먼저 가세요[하세요].

· *Après* l'entrée, le fatal veau   《**구어**》 앙트레 다음에 반드시 나오는 송아지 고기.

3) [명사 + après l'autre ; l'un(e) après l'autre ; les un(e)s après les autres]

> arriver l'un *après* l'autre 차례대로 도착하다.   marcher l'un *après* l'autre 앞서거니 뒤서거니 걷다.

· L'une *après* l'autre, toutes les boutiques ferment.   모든 가게들이 하나씩 차례대로 문을 닫는다.
· Il a bu une bouteille *après* l'autre.   그는 한 병 한 병 차례대로 마셨다.
· Ces évènements sont arrivés les uns *après* les autres.   그 사건들은 차례대로 연이어 일어났다.
· Ils président l'un *après* l'autre.   그들은 차례대로 번갈아 사회를 보았다.
· La Havane a cessé d'exporter la révolution, et, l'un *après* l'autre, les pays latino-américains ont renoué des relations diplomatiques avec le régime castriste.   쿠바는 혁명 수출을 중단했고, 남미 국가들은 차례대로 다시 카스트로 정부와 외교관계를 맺었다.

4) [명사 + après + 명사]

> heure[minute] *après* heure[minute] 시시각각.   jour *après* jour 나날이.   année *après* année 매년, 해마다.

· Semaine *après* semaine, les alertes indiquant que l'industrie européenne est entrée dans une zone de turbulences se multiplient.   유럽의 산업이 소용돌이 영역에 진입했음을 나타내는 경고가 매주 늘어나고 있다.
· Nous avons traversé village *après* village, sans voir personne.   우리는 마을을 하나하나 차례대로 지났는데 아무도 보지 못했다.

4. 접촉

volant qui pend *après* un rideau 커튼에 달린 밑자락 장식.   accrocher son pardessus *après* le portemanteau. 외투를 옷걸이에 걸다.   être pendu *après* les jupes de sa mère 엄마의 치마폭에 매달려 떠나지 않다.

· Il a attaché son cheval *après* un poteau.   그는 말을 말뚝에 매어 놓았다.
· Il y a de la boue *après* votre pantalon.   당신 바지에 진흙이 묻어 있습니다.
· La clef est *après* la porte.   열쇠가 문에 있나.
· Les léopards grimpent habilement *après* l'arbre.   표범은 나무를 능숙하게 기어 오른다.

5. 추구 · 애착

1) ❶

s'acharner *après* qn …을 악착같이 따라다니다, 추격하다.   attendre *après* qn/qc …을 초조하게 기다리다.   bramer *après* qn/qc …을 애타게 찾다, 갈구하다.   cavaler *après* qn …을 뒤쫓다. chercher *après* qn/qc …을 찾아 헤매다.   courir *après* une femme 여자의 뒤꽁무니를 쫓아다니다.

courir *après* les honneurs 명예를 추구하다.   courir *après* les papillons 《비유》 쓸데없는 일에 열중하다.   courir *après* son ombre 《비유》 불가능한 것을 추구하다.   enrager *après* 《옛》 …에 열중하다.   être haletant *après* qc 《옛·문어》 …을 열망하다.   galoper *après* les femmes 《구어》 여자 뒤를 쫓아다니다.   galoper *après* la fortune 《구어》 재산을 추구하다.   haleter *après* l'amour 《옛·문어》 사랑을 열망하다.   languir *après* une lettre 편지를 애타게 기다리다.   soupirer *après* un peu de repos 약간의 휴식을 갈망하다.

- Le vent s'était acharné *après* nous.   바람이 우리 뒤에서 몰아쳤다.
- Il y a longtemps qu'on attend *après* vous.   당신을 기다린 지 오래 되었다.
- Je n'attends pas *après* votre aide.   내겐 당신의 도움이 필요치 않다.
- Il ne sert à rien de courir *après* la gloire.   영예를 추구해봤자 헛된 일이다.
- Il pleure *après* une augmentation.   그는 봉급 인상을 애원한다.
- Le prisonnier respire *après* la liberté.   죄수는 자유를 갈망하고 있다.

❷

demander *après* qn …이 있는 곳을 묻다; …을 오라고 요구하다; …의 안부를 묻다.

- On a demandé *après* toi tout à l'heure.   누가 조금 전에 네 안부를 물었어.
- Personne n'a demandé *après* moi pendant mon absence?   내가 없는 동안에 누가 나를 찾지 않았소?

2) [동사 + 목적어 + après]

découpler des agents *après* un évadé 경관들에게 탈주자를 쫓게 하다.   lâcher le faucon[les chiens] *après* un cerf 매[개]를 풀어 사슴을 쫓게 하다.

3) 《옛》 ❶ [être après qc] : …에 열중하다, 정성을 쏟다.
- Le cuisinier était *après* son gâteau.   요리사는 과자를 만드는 일에 전념하고 있었다.

❷ [être après à *inf*] : …하고 있다.

6. 반감·대립

1) ❶

femme qui criaille *après* ses enfants 아이들을 쫓아다니며 잔소리를 해대는 여자.   aboyer[courir, être, hurler] *après* les chausses de qn 《옛·구어》 …을 귀찮게 쫓아다니다, 괴롭히다.   aboyer *après* qn …을 향해 짖다.   crier *après* de mauvais élèves 불량학생들에게 야단치다.   être fâché[furieux] *après* qn …에게 화가 나 있다.   grogner[gronder] *après* qn/qc …에 대해 불평하다.   jurer *après* le gouvernement 정부를 비난하다.   ronchonner *après* qn/qc …에 대해서 불평하다.

- Le chien aboie *après* le facteur.   개가 우체부에게 짖어댄다.

· Un policier en colère aboyait *après* les piétons.   화난 경관은 보행자들에게 소리를 지르는 것이었다.

· Il en a *après* tout le monde.   그는 모든 사람에게 원한을 품고 있다.

· Elle est toujours *après* ses enfants.   그녀는 언제나 자기 아이들을 달달 볶는다.

· Il est souvent en colère *après* son fils.   그는 아들에게 자주 화를 낸다.

· Il ne faut pas se mettre *après* les faibles.   약한 자를 괴롭혀서는 안된다.

❷ · Les mites se sont mises *après* la veste.   좀이 윗도리를 먹어 망쳐놓았다.

2)
> être (toujours) *après* *qn* ···을 못살게 굴다 ; ···을 어디나 따라다니다.

· Elle est toujours *après* ses enfants.   그녀는 항상 아이들을 못살게 군다.

· Je ne puis bouger sans que cet enfant soit *après* moi.   내가 움직이기만 하면 그 아이가 귀찮게 따라다닌다.

7. 원인·이유

1)
> estomac gonflé *après* un repas trop copieux 너무 푸짐한 식사로 부풀어 오른 위장.   lancé *après* deux verres de vin 《옛·구어》 포도주 두 잔에 술이 오른.   peau qui s'exfolie *après* un coup de soleil 햇볕에 타서 껍질이 벗겨지는 피부.   sportifs exténués *après* une épreuve 경기가 끝나자 기진맥진한 운동선수들.   terre délavée *après* l'inondation 홍수로 침수된 토지.   avoir les jambes flageolantes *après* une longue marche 오래 걸어서 다리가 휘청거린다.   rentrer triste chez soi *après* son échec à l'examen 시험에 실패하고 우울하게 귀가하다.

· *Après* deux jours de pluie, la rivière a débordé.   이틀간 비가 오더니 하천이 범람했다.

· *Après* un an[une année] d'études, elle parlait couramment le français.   그녀는 1년간 공부를 하고나더니 불어를 유창하게 말한다.

· *Après* deux verres, il ne tient plus debout.   그는 술을 두 잔 마시더니 더 이상 몸을 가누지 못한다.

· Il est complètement désespéré *après* cet échec.   이번 일의 실패로 그는 완전히 절망하고 있다.

· Il est resté infirme *après* son accident.   그는 사고를 당한 후 불구가 되었다.

2) [apres ce que / qui + *ind*]

· *Après* ce qui s'est passé, vous ne pourrez plus jamais reconstruire une ménage heureux.   그런 일이 있었으니까 당신은 결코 행복한 가정을 다시 꾸릴 수 없을 것입니다.

8. [d'après + 명사]

1) ···에 의하면[따르면], ···에 의해서[따라서], ···을 본떠서(= selon, suivant).

> d'*après* ses convictions 그의 신념에 따라.   d'*après* ses dires 그의 말에 의하면.   d'*après* la notoriété

> publique 대중의 일반적인 견해에 따라.　d'*après* un récent sondage 최근의 조사에 의하면.　d'*après*
> le témoignage de *qn* …의 증언에 의하면.　d'*après* telle théorie 그러한[어떠어떠한] 이론에 따르면.
> modèle d'*après* lequel on confectionne un vêtement 옷본.　juger d'*après* l'expérience[les faits] 경험[사
> 실]에 비춰 판단하다.　juger *qn* d'*après* sa mise …을 옷차림을 보고 판단하다.　juger les gens d'*après*
> leurs actes 행동을 보고 사람을 판단하다.　mesurer *qc* d'*après* *qc* …로 …을 평가하다; …을 …에
> 따라 조절하다.　peindre d'*après* le modèle 모델을 보고 그리다.　peindre d'*après* la nature 사생하다.
> tailler une robe d'*après* un patron 옷본에 따라 옷을 재단하다.

- D'*après* mes calculs il arrivera demain.　내 짐작에 그는 내일 올 것이다.
- D'*après* nos informations, l'AIEA détient des données qui appuient cette analyse.　우리의 정보에
  의하면 국제원자력 기구는 그러한 분석을 뒷받침하는 자료를 가지고 있다.
- La corvette "Cheonan" aurait été torpillée, d'*après* Séoul.　서울 당국에 따르면 천안함이 어뢰 공격을
  받은 것 같다.

2) [d'après + 인물명사]

> d'*après* Pascal 파스칼에 의하면.　d'*après* les témoins 증인에 따르면.

- D'*après* le porte-parole de l'armée américaine à Kaboul, ces trois soldats appartiennent aux forces
  armées américaines.　카불의 미국 대변인에 의하면 그 세 명의 병사는 미군 소속이다.
- D'*après* Rousseau, l'homme naîtrait bon, mais c'est la société qui le corromprait.　루소에 의하면
  인간은 선하게 태어나는데 사회가 타락시킨다.
- D'*après* lui, cette plante ne pousse pas dans une terre argileuse.　그에 의하면 이 식물은 진흙 토양에서
  는 자라지 않는다.

3) [d'après ce que / qui + *ind*]

> d'*après* ce qu'il dit 그의 주장에 따르면.　d'*après* ce que j'ai lu dans les journaux[ce que disent les
> journaux, ce qui est écrit dans les journaux] 신문 보도에 의하면.　d'*après* ce que nous en savons
> 우리가 그에 대해 아는 바에 따르면.

- D'*après* ce qui se dit[ce qu'on raconte], le président va former un nouveau cabinet.　사람들의 말에
  따르면 대통령은 새 내각을 구성할 것이다.
- D'*après* ce que pensent certains spécialistes des questions nucléaires, le régime nord-coréen aurait
  procédé à une série de tirs de missiles, puis à un essai nucléaire.　일부 핵문제 전문가의 견해에
  의하면 북한은 일련의 미사일 발사에 이어 핵실험을 한 것 같다.

4) 명사의 보어

> dessin d'*après* Renoir 르느와르 풍의 그림.　enseignement des langues d'*après* une méthode
> traditionnelle 전통적인 방법에 의한 언어 교습.　reproduction d'*après* l'original 원본에 따른 복제.

부 사 적 용 법

1. 시간

1) 후에, 나중에(= ensuite, plus tard).

> les événements qui suivent *après* 뒤이어 일어나는 사건들.   soit avant, soit *après* 그 이전이든 그 이후든.

· Et qu'est-ce que vous allez faire *après* ?   그리고 다음에는 무엇을 하려고 합니까?
· Déjeunons ensemble, *après,* nous nous mettrons en route.   같이 점심을 먹읍시다, 그 다음에 길을 떠나지요.
· Il a su ma maladie, mais ni pendant ni *après* il n'est venu me voir.   그는 내가 아프다는 것을 알고 있었는데, 앓고 있는 동안에도 그 후에도 나를 보러 오지 않았다.

2) [시간표현 + après]

> dix ans *après* 10년 후에.   trois heures *après* 세 시간 후에.   une semaine *après*; huitaine *après* 일주일 후에.   immédiatement[aussitôt, peu de temps] *après* 곧이어.   quelque temps *après* 얼마 후에.

· Bientôt *après* il est arrivé à l'école.   바로 그 후에 그는 학교에 도착했다.
· Le train arrivera cinq minutes *après*.   기차가 5분 후에 도착할 것이다.
· Son père devait mourir deux jours *après*.   그의 아버지는 이틀 후에 죽도록 되어 있었다.
· Il a téléphoné. Et vingt minutes *après*, l'ambulance est arrivée.   그가 전화를 하고, 20분 후에 앰뷸런스가 도착했다.

3) [(Et) (puis) après?] : (말을 재촉하거나 회의 · 무관심 · 도전의 뜻을 나타내어) 그 다음에는? 그래서 (어떻다는 거야)?

· Vous allez le tuer, et *après*?   당신이 그를 죽인다고 하고, 그 다음에는?
· Tu ne veux pas aller à l'école? – Et *après*?   학교에 가지 않겠다고? – 그래서 (어떻게 하겠다는 거야)?

2. 공간

1) 뒤에, 다음에(=derrière).

· Voici la poste, l'école est *après*.   여기가 우체국이고, 학교는 이 다음이다.
· Les soldats marchaient *après*.   병사들이 뒤따라 걸어가고 있었다.

2) [수량표현 / 부사 + après]

· Un autre homme le suivait cinq mètres *après*.   다른 한 사람이 5미터 뒤에서 그를 따라가고 있었다.
· D'abord, on trouve la montagne, bientôt[immédiatement] *après* la ferme.   먼저 산이 있고, 바로 뒤에 농장이 있다.

3. 차례

- La préface est avant, la conclusion *après*.　머리말이 앞에 있고, 결론이 뒤에 있다.
- Parlez d'abord, je parlerai *après*.　먼저 말하시오, 다음에 내가 말하겠소.
- Cela passe *après*.　그것은 덜 중요하다.
- La réussite professionnelle passe *après*.　직업적인 성공은 그 다음이다.

4. 《구어》 추구

attendre *après* 고대하다.

- Tout le monde m'a couru *après*.　그가 나를 뒤쫓았다.
- Avez-vous lu ce livre? – Je suis *après*.　이 책을 읽었습니까? – 지금 읽고 있습니다.

5. [명사 + d'après]

l'instant d'*après* 다음 순간.　le jour[le mois, l'année] d'*après* 다음 날[달, 해]　la page d'*après* 다음 페이지.

6. 《옛》 [par après] : 그 다음에(= ensuite).

형용사적 · 명사적　용　법

le jour *après* 그 다음날.　imaginer un *après* 미래를 상상하다.

attendant

1. 《옛》 [attendant (de) *qc*] : …에 인접한, … 곁[옆]의.

2. 1) [en attendant *qn / qc*] : …까지.

en *attendant* l'arrivée du courrier 우편물이 도착할 때까지.

- En *attendant* l'heure de partir, il parlait avec son oncle sur la situation politique.　출발시간까지 그는 삼촌과 정치적인 상황에 대해 이야기하고 있었다.

- Promenons-nous en *attendant* le dîner.   저녁 식사가 준비될 때까지 산보나 합시다.
- Elle faisant les cent pas en *attendant* son mari devant la gare.   그녀는 남편을 기다리면서 역 앞에서 서성거렸다.

2) [en attendant de *inf*]

- Qu'est-ce qu'on fait en *attendant* de prendre le train.   기차를 탈 때까지 무엇을 할까?
- On ne peut rien faire en *attendant* de recevoir sa lettre.   그의 편지를 받을 때까지 아무 것도 할 수 없다.

3) [en attendant que + *sub*]

> en *attendant* que son oncle arrive 그의 삼촌이 도착할 때까지.

- Restez ici, en *attendant* que le directeur revienne.   부장님이 돌아올 때까지 여기 계십시오.

4) 부사적 용법

❶ 그동안, 그때까지.

- J'ai rendez-vous dans deux heures; en *attendant* prenons un verre.   나는 두 시간 후에 약속이 있으니 그동안 한 잔 합시다.
- Reposez-vous en *attendant*.   그동안 쉬세요.

❷ 어쨌든 ; 지금으로서는, 당장은, 우선은.

- C'est peut-être nécessaire, mais, en *attendant*, c'est très désagréable.   그것은 아마 필요하겠지만 어쨌든 상당히 불쾌하다.
- Nous n'avons rien à faire. Faisons une peomenade en *attendant*.   아무 할 일이 없으니 우선 산보나 합시다.

attendu

1. ···에 비추어(=étant donné, vu).

- *Attendu* la situation politique de notre pays, nous ne pouvons lui accorder le droit d'asile.   우리나라의 정치적인 상황 때문에 우리는 그에게 망명을 허가할 수 없다.
- *Attendu* la gravité de l'état du malade, il ne peut être opéré.   환자의 상태가 심각해서 수술이 불가능하다.
- *Attendu* sa jeunesse, le prisonnier fut relâché.   어린 나이를 고려해서 그 죄수는 석방되었다.
- Il fut exempté du service militaire, *attendu* sa faiblesse.   그는 몸이 허약해서 병역이 면제되었다.

2. [attendu que + *ind*] : ···하므로, ···때문에(= comme, parce que).

· On ne peut pas se fier à ce résultat, *attendu* que l'enquête a été mal faite.　조사가 잘못 되었기 때문에 그 결과는 신뢰할 수 없다.

auparavant 

1. 《옛》 ···전에(=avant).

auparavant la nuit 밤이 되기 전에.　*auparavant* lui 그 사람보다 먼저.

2. 1) 《옛》 [auparavant (que) de *inf*] : ···하기 전에(=avant (que) de *inf*).
· On est étouffé *auparavant* (que) de trouver la terre.　사람들은 육지에 닿기 전에 질식했다.

2) 《옛》 [auparavant que + *sub*] : ···하기 전에(=avant que + *sub*).

auparavant que la barbe lui crût 수염이 자라기 전에.

부　사　적　용　법

un mois *auparavant* 한 달 전에(=un mois avant).　longtemps[peu de temps] *auparavant* 훨씬 이전에[조금 전에].　comme *auparavant* 그전[종전]대로.

· Vous me raconterez cela, mais *auparavant* asseyez-vous.　나에게 그 이야기를 좀 해주세요, 한데 우선 앉으세요((동사 앞에 놓일 때는 avant보다 즐겨 쓰임)).

명　사　적　용　법

un[le] moment d'*auparavant*; un [l']instant d'*auparavant* 조금 전에.　le mois d'*auparavant* 전 달.　l'année d'*auparavant* 전 해.

auprès de

1. [auprès de *qn* / *qc*] : …의 곁에, 옆에(=tout près, à côté de).

médecin assidu *auprès* d'un malade 환자 곁을 떠나지 않는 의사.　avoir des assuduités *auprès* de *qn* …을 늘 곁에서 돌보아주다.　s'attarder *auprès* de *qn* pour causer avec lui …와 이야기하기 위해 그의 곁에서 지체하다.

· Approchez-vous, venez vous asseoir *auprès* de moi.　이리 오시오. 내 곁에 와서 앉으세요.
· Personne n'osait s'asseoir *auprès* de lui.　아무도 감히 그의 곁에 앉지 못했다.
· Le portier s'affairait *auprès* des clients qui descendaient de voiture.　문지기는 자동차에서 내리는 손님 주위에서[손님을 맞이하느라] 바쁘게 움직였다.
· Il était assis *auprès* de la fenêtre, perdu dans ses rêveries.　그는 창가에 앉아 몽상에 빠져 있었다.
· Sa maison est tout *auprès* de l'école.　그의 집은 학교 바로 옆에 있다.
· Il voulait passer les vacances *auprès* de ses parents.　그는 부모님의 곁에서 휴가를 보내고자 원했다.
· Elle est restée toute la nuit *auprès* du malade.　그녀는 밤새도록 환자 곁에 있었다(=à son chevet).

2. 관계

1) 파견 · 전속

avocat *auprès* du tribunal 재판소 전속 변호사.　ambassadeur *auprès* du roi de Suède 스웨덴 주재 대사.　ambassadeur de Sa Majesté britanique *auprès* de la République française 프랑스 주재 영국대사. accréditer un ambassadeur *auprès* d'un chef d'État (par une lettre de créance) 대사에게 신임장을 주어 외국에 파견하다.　députer des représentants *auprès* de *qn*/*qc* …에 대표를 파견하다.　envoyer une délégation *auprès* de *qn* …에게 대표단을 파견하다.　envoyer un député *auprès* d'un gouvernement 정부에 대표를 파견하다.

2) …에게(서), …에 대하여.

agir *auprès* du ministre 장관에게 운동하다.　aller pleurer *auprès* de *qn* pour obtenir *qc* …을 얻으려고 …에게 애원하다.　s'assortir *auprès* d'un grossiste 도매상인에게서 물품을 사들이다.　avoir accès *auprès* des puissances 유력자들에게 접근하다.　avoir (un) libre accès *auprès* de *qn* …와 자유롭게 교제하다; …의 집에 자유로이 드나들다.　avoir habitude *auprès* de *qn* 《옛》 …와 친교가 있다.　chercher à se justifier *auprès* de *qn* …에게 자기의 무죄를 증명하려 하다.　demander l'assistance *auprès* de *qn* …에게 도움을 청하다.　desservir *qn auprès* de ses amis 친구들에게 …을 중상하다.　dévaloriser *qn auprès* de ses amis 친구들에게 …을 헐뜯다.　s'empresser *auprès* des jolies femmes 예쁜 여자들의 환심을

사려고 애쓰다.　s'enquérir de *qc* *auprès* de *qn* …에게 알아보다, 물어보다.　s'épancher *auprès* de *qn* …에게 심중을 털어놓다.　être accrédité *auprès* d'une banque 은행에 신용을 개설하다.　être gagé *auprès* de *qn* …에 의해 고용되다.　être intercesseur *auprès* de *qn* …을 위해 중재하다.　s'excuser *auprès* de *qn* …에게 사과하다.　faire des démarches *auprès* du maire pour se procurer un permis 허가를 얻기 위해 시장과 교섭하다.　faire l'empressé *auprès* de *qn* …의 비위를 맞추다, …에게 아첨하다.　faire des instances *auprès* de *qn* …에게 간청하다.　se faire l'interprète de *qn* *auprès* de *qn* …에 대해 …을 대변하다.　faire un sondage *auprès* des agriculteurs 농부들의 여론을 조사하다.　hasarder une démarche *auprès* de *qn* 감히 …에게 청탁해 보다.　s'insinuer *auprès* de *qn* …에게 빌붙다[아첨하다].　intervenir *auprès* de *qn* …에게 중재하다.　introduire *qn* *auprès* de *qn* …을 …에게 소개하다.　justifier *qn* *auprès* de ses accusateurs 고소인들에게 …의 결백함을 증명하다.　nuire *à qn* *auprès* de ses amis 친구들에게 …을 나쁘게 말하다.　permettre accès *auprès* de *qn* …의 면회를 허락하다.　prendre un avis *auprès* d'un spécialiste 전문가의 의견을 듣다.　protester de son innocence[sa loyauté, sa bonne foi] *auprès* *qn* …에게 자신의 결백을[충절을, 성의를] 확언[맹세]하다.　se renseigner *auprès* de *qn* sur *qn/qc* …에게 …에 관해 문의[조회]하다.　trouver assistance *auprès* de *qn* …의 도움을 받다.

- Les journaux ont accrédité cette nouvelle *auprès* de l'opinion publique.　신문이 이 소식을 세상에 널리 알렸다.

- Il a cherché *auprès* d'elle un abri contre l'hostilité générale.　그는 세간의 적의를 피하여 그녀에게서 안식처를 구했다.

- Soyez ma messagère *auprès* de lui.　부디 그에게 내 말을 전해 주세요.

- Il a fait des démarches *auprès* du ministre.　그는 장관에게 운동[교섭]했다.

- Insistez *auprès* d'elle, elle acceptera peut-être.　그 여자에게 간청하면 아마 들어줄 거예요.

- Ils ont de nombreuses fois insisté *auprès* du G20 pour que cette taxation soit coordonnée afin d'éviter le pire.　그들은 최악의 경우를 피하기 위해 그 과세에 대해 공조가 이루어지도록 주요 20개국에 여러 번 요청했다.

- Il a plaidé en sa faveur *auprès* de ses parents.　그는 그의 부모에게 그를 옹호해주었다.

- J'irai me plaindre de cet employé *auprès* du chef de service.　나는 이 직원에 대해 지배인에게 항의하러 가겠다.

- Il se rajeunit *auprès* des journalistes.　그는 기자들 앞에서 나이를 실제보다 젊게 이야기한다.

- Les marchandises étaient endommagéss, j'ai réclamé *auprès* du fourinisseur.　상품이 훼손되었으므로 나는 공급 상인에게 항의했다.

3) 관점 : …에게 (…하다) ; …에 대해 (…하다).

écrivain accrédité *auprès* du public 대중에게 잘 알려진 작가.　produits très populaires *auprès* des Japonais 일본인들에게 매우 인기가 좋은 제품들.　avoir la cote *auprès* de *qn* …에게 인기가 있다.　avoir du pouvoir *auprès* de *qn* …에 대해 영향력을 가지고 있다.　se déconsidérer *auprès* de tous par une mauvaise conduite 좋지 않은 행동으로 모든 사람에게 신용[신망]을 잃다.　démériter *auprès* de *qn* …의 존경을[애정을, 호의를] 잃다.　se décrédibiliser *auprès* de *qn* …에게 신용을 잃다.　se disculper *auprès* de *qn* ···에게 자신이 무고함을 밝히다.   être attentionné *auprès* de *qn* ···에 대해서 친절[정중]하다.   être bien *auprès* de *qn* ···의 마음에 들다.   être bien établi *auprès* de *qn* ···의 두터운 신임을 얻다.   être en défaveur *auprès* de *qn* ···에게 신망을 잃고 있다.   être en discrédit *auprès* de *qn* ···의 신임을 얻지 못하다.   être en faveur *auprès* de *qn* ···의 총애를 받다.   être en grâce *auprès* de *qn* ···의 총애를 얻다, ···의 마음에 들다.   être perdu *auprès* de *qn* ···의 신임을 잃다. ne pas être en odeur de sainteté *auprès* de *qn* 《**구어**》 ···에게 신임을 받지[높이 평가받지] 못하다. faire l'agréable *auprès* d'une femme 어떤 여자의 환심을 사려고 하다.   faire le galant *auprès* d'une dame 여자에게 수작을 걸다.   jouir d'un grand crédit *auprès* de *qn* ···의 절대적인 신망을 얻다. manifester[montrer, témoigner] de l'empressement *auprès* de *qn* ···에게 호의를 보이다.   recueillir une très large adhésion *auprès* du public 대중으로부터 매우 광범위한 지지를 받다.   user de son crédit *auprès* de *qn* ···에게 영향력을 행사하다.

· Elle a beaucoup de succès *auprès* des hommes.   그녀는 남자들로부터 인기가 좋다.
· L'auteur[Ce film] a eu du succès *auprès* du public.   그 작가는 [이 영화는] 대중들로부터 호평을 받았다.
· Il est complètement déconsidéré *auprès* de ses amis.   그는 친구들에게 완전히 신용을 잃었다.
· Elle est en hausse *auprès* du public.   그녀에 대한 대중의 인기가 높아지고 있다.
· Il passe pour un avare *auprès* d'elle.   그는 그 여자에게 바보 취급 받는다(= à ses yeux, dans son esprit).
· Cet écrivain a trouvé audience *auprès* des étudiants.   그 작가는 학생층에서 독자를 얻었다.

3. 비교 : ···에 비하면(= en comparaison de).

être[se sentir] un[tout] petit garçon *auprès* de *qn* ···와는 감히 상대가 안 된다.

· *Auprès* de De Gaule, il faisait piètre figure.   그는 드골에 비하면 초라하게 보였다.
· La fortune n'est rien *auprès* de la santé.   재산은 건강에 비하면 아무 것도 아니다.
· Mes malheurs ne sont rien *auprès* des vôtres.   나의 불행은 당신의 불행에 비하면 아무 것도 아니다.
· Ce service n'est rien *auprès* de ce qu'il a fait pour moi.   그가 나를 위해 해준 것에 비하면 아무 것도 아니다.
· On le prend pour un génie, mais *auprès* de vous, il n'est qu'un incapable.   사람들은 그를 천재로 여기고 있으나 당신에 비하면 무능한 사람일 뿐이다.
· Le rouge tranche *auprès* du bleu dans ce tableau.   이 그림에서는 빨간색이 파란색과 대조를 이룬다.

4. 《옛》 [auprès de *inf*] : 막 ···하려고 하다(= sur le point de *inf*).

1. 곁에, 옆에(= tout près, dans le voisinage).

1)
> les lieux situés *auprès* 아주 가까이에 위치한 장소.

- Sa mère etait malade, elle est restée *auprès*. 그녀는 어머니가 아파서 그 옆에 있었다.
- Vous voyez la cathédrale, la gare est *auprès*. 저기 성당이 보이지요, 역은 그 옆에 있습니다.

2) · Oeuvres magnifiques, il n'a rien à mettre *auprès*. 훌륭한 작품으로서 이에 견줄만한 것이 없다.

2. 《옛》 [par auprès] : 옆에, 아주 가까이에(서).

- La balle a passé par *auprès*. 총알이 아주 가까이 스쳐지나갔다.

… 직후에.

---

aussitôt le jour 날이 밝자마자.

- *Aussitôt* mon arrivée, je lui ai téléphoné. 도착하자마자 나는 그에게 전화를 했다.
- *Aussitôt* l'annonce de ces décès, une équipe de la police criminelle s'est rendue sur les lieux. 그 죽음이 발표되자 경찰 범죄반이 현장으로 갔다.
- J'y vais *aussitôt* le déjeuner. 점심을 먹고 나면 곧 갈 거야.

부 사 적 용 법

1. 곧, 즉각, 곧장(=dans le moment même, au même instant).

- On envoya chercher le médecin, il arriva *aussitôt*. 의사를 불러오게 하자 의사가 곧 도착했다.
- J'ai compris *aussitôt* ce qu'il voulait. 그가 무엇을 원하는지 나는 곧 알아차렸다(=immédiatement).
- La question fut réglée *aussitôt*. 그 문제는 곧 해결되었다.
- Pierre *aussitôt* répondit: "Non". 피에르는 즉각 "아니오"라고 대답했다.

2. [aussitôt + après / avant]

---

aussitôt après son départ 그가 출발하자마자.   *aussitôt* avant sa sortie de l'école 졸업 직전에.

---

3. [aussitôt + 상황보어]

- *Aussitôt* dehors, je m'emportais.　밖으로 나오자 나는 화가 치밀어올랐다.

4. 과거분사와 함께

1)　- *Aussitôt* arrivé, il se couche.　도착하자마자 그는 잠자리에 눕다.
　　- *Aussitôt* levé, il partit.　그는 일어나자 곧 떠났다.
　　- *Aussitôt* la lettre reçue, vous partirez.　편지를 받자마자 출발하세요.

2)　- *Aussitôt* dit, *aussitôt* fait; *Aussitôt* dit que fait.　말하자마자 그렇게 했다[행해졌다].

5. [aussitôt que + *ind*] : ···하자마자, ···하자 곧(=dès que).

- *Aussitôt* que j'ai eu dîné, je m'en suis allé.　나는 저녁을 먹자마자 즉시 떠났다.
- *Aussitôt* que tu seras arrivé, donne-moi des nouvelles.　도착하는 대로 나에게 기별하렴.
- Il se repentit de ses paroles *aussitôt* qu'il les eut prononcées.　그는 그 말을 하고나서 곧 바로 후회했다.
- Il m'a salué *aussitôt* qu'il m'a reconnu.　그는 나를 알아보자마자 곧 인사를 했다.
- Un jeune homme s'est sauvé *aussitôt* qu'il m'a vu.　한 젊은이가 나를 보자마자 달아났다.

6. [aussitôt que + 과거분사]

aussitôt qu'arrivés 《문어》 도착하자마자(=*aussitôt* qu'ils furent arrivés).

- J'en cache les deux tiers *aussitôt* qu'arrivés.　그들이 도착하자마자 나는 곧 그 중 3분의 2를 감추었다.

7.

aussitôt que possible 가능한 한 빨리.　*aussitôt* qu'on le pourra 가능한 한 빨리.

autour de

1. [autour de *qn* / *qc*] : ···의 주위에, 둘레에, 근처에.

1)
corde qui s'est nouée *autour* de la jambe 다리에 둘둘 감긴 밧줄.　fleurs bandées *autour* du front 이마에 둘려진 꽃[화환].　serpent qui s'enroule *autour* d'une branche 나뭇가지를 휘어 감는 뱀.

service de cars qui rayonne *autour* d'une ville 도시 주변을 운행하는 노선버스.　vêtements amples qui flottent *autour* du corps 몸에 헐렁헐렁한 낙낙한 옷.　s'asseoir en couronne *autour* de la table 책상을 중심으로 둥그렇게 앉다.　entortiller une ficelle *autour* d'un carton 끈을 마분지에 감다. mettre une écharpe *autour* du cou 목에 스카프를 두르다.　nouer une cravate *autour* du cou 넥타이를 매다.　se rassembler *autour* d'un feu de camp 캠프파이어 둘레에 모이다.　répandre la joie *autour* de soi 희색만면하다.　tourner *autour* d'un axe 축을 중심으로 회전하다.

- *Autour* de lui, l'on faisait cercle.　그를 둘러싸고 사람들이 모여 있었다.
- Une foule s'est amassée *autour* de lui.　군중이 그의 주위로 모여들었다.
- Des nuages s'amoncellent *autour* du sommet.　정상 주변에 구름이 몰려들고 있다.
- On s'est tous assis en cercle *autour* du feu.　모두들 불 둘레에 둥글게 앉았다.
- Le fleuve décrit un méandre *autour* de la ville.　강이 도시 주위를 곡선을 그리면서 흐른다.
- Nous nous sommes disposés en cercle *autour* de lui.　우리는 그를 가운데 두고 빙 둘러 자리를 잡았다.
- Les planètes gravitent *autour* du soleil.　행성들은 태양 둘레를 돈다.
- Il a regardé *autour* de lui.　그는 주위를 둘러보았다.
- L'armée resserre son étreinte *autour* de l'ennemi.　군대는 적을 둘러싸고 포위망을 좁히고 있다.
- La terre tourne *autour* du soleil.　지구는 태양 주위를 돈다.
- Des papillons de nuit voletaient *autour* des lampions.　나방들이 파닥이며 램프 주위를 맴돌고 있었다.

2) 명사의 보어

orbite elliptique d'une planète *autour* d'un astre 항성의 주위를 도는 행성의 타원궤도.　période de Neptune *autour* du Soleil 태양 주위를 도는 해왕성의 공전 주기.　périple de Magellan *autour* du monde 마젤란의 세계 일주.　placement des convives *autour* d'une table 식탁에서의 손님들의 좌석배치.　se couper les peaux *autour* des ongles 손톱 주위의 거스러미를 잘라내다.

- Un voyage *autour* du monde coûte combien?　세계 일주 여행은 비용이 얼마나 들까?
- Toutes les avenues *autour* de la place se répondent.　광장 주위의 도로는 대칭형으로 되어 있다.

2. …의 주위[주변]에, …을 중심으로.

1)
société ralliée *autour* d'un but. 하나의 목표를 위하여 구성된 단체.　faire le silence *autour* de *qc* …에 대해 침묵하다.　faire le vide *autour* de *qn* …을 고립시키다, 외톨이로 만들다.　graviter *autour* du pouvoir 권력의 주변을 맴돌다.　se grouper *autour* d'un chef 지도자를 중심으로 결속하다. papillonner *autour* d'une femme 여자 주위를 맴돌다.　rôder *autour* d'une femme 어떤 여자 주위를 어슬렁거리다.　tourner *autour* de la question[du pot] 《**구어**》 에둘러 말하다.

- Le portier s'affairait *autour* des clients qui descendaient de voiture.　문지기는 자동차에서 내리는 손님 주위에서[손님을 맞이하느라] 바쁘게 움직였다.

- La campagne électorale s'est articulée *autour* du problème des prix.　선거전의 초점은 물가문제에 맞춰졌다.
- Le débat se circonscrit *autour* de cette idée.　논쟁은 이 견해를 중심으로 전개 되었다.
- Le mystère s'épaissit *autour* de cette affaire.　이 사건을 둘러싼 의혹이 더욱 짙어간다.
- Tout le monde était empressé *autour* d'elle.　모든 이가 그녀를 상냥하게 대했다.
- Il aime que l'on soit heureux *autour* de lui.　그는 자기 주위 사람들이 행복하기를 바란다.
- On a fait beaucoup de battage *autour* de ce livre.　이 책에 대해 요란하게 광고를 했다.
- Il flottait *autour* d'elle une aura de mystère.　그 여자 주위에는 신비스런 분위기가 감돌고 있었다.
- On ne sait pas ce qui se passe *autour* de lui.　사람들은 그의 주변에 무슨 일이 일어나고 있는지 모르고 있다.
- Le filet se resserre *autour* de quelques suspects.　수사망이 몇 명의 용의자를 중심으로 좁혀지고 있다.

2) 명사의 보어

> choeur[cortège] de flatteurs *autour* des puissants 세도가 주변의 아첨꾼 무리.　querelle sordide *autour* d'un héritage 유산을 두고 벌이는 치사한 싸움.　polémiques *autour* de la peine de mort 사형 제도를 둘러싼 논쟁.

3. 대략, 약.

autour des années 1940 1940년쯤에.　arriver *autour* de 8 heures 8시쯤에 도착하다.　ramener l'inflation *autour* de 3% 인플레이션을 약 3%로 끌어내리다.

- Elle a *autour* de trente ans.　그녀는 서른 살쯤 되었다.
- Sa robe doit coûter *autour* de 300 euros.　그녀의 드레스는 값이 300유로쯤 될 것이다.
- Ce garçon doit peser *autour* de 60 kilos.　그 소년은 몸무게가 60kg쯤 나갈 것이다.
- En ce moment, la température tourne *autour* de 20°.　현재 기온은 20도쯤 된다.

부 사 적 용 법

> ici[là] *autour* 이[저] 부근에, 이[저] 언저리에.　ville avec des murs tout *autour* 주위에 성벽이 있는 도시.　regarder (tout) *autour* (사방) 주위를 둘러보다.

- Il y a une épaisse forêt (tout) *autour*.　(온통) 주위에 빽빽한 숲이 있다.
- Comme le paquet est gros, il faut mettre de la ficelle *autour*.　소포의 덩치가 커서 둘레를 끈으로 묶어야 한다.

형 용 사 적 용 법

· Je fais aussi partie du monde *autour*.　나도 또한 주위 세계의 일부이다.

avant

1. 시간

1) ❶ …전에, …보다 먼저; …이내에(↔ après).

> *avant* sa mort 그가 죽기 전.　*avant* la récolte 수확 전에.　attaquer le fromage *avant* le dessert 디저트 전에 치즈부터 먹기 시작하다.　avoir de[être dans] l'appréhension *avant* son examen 시험을 앞두고 불안해하다.　concilier les parties *avant* un procès 소송 전에 당사자들을 화해시키다. exhorter ses troupes *avant* le combat 전투에 앞서 부대원을 격려하다.　faire Pâques *avant* les Rameaux 《구어》 혼전 관계를 갖다; 결혼 전에 임신하다.　humecter du linge *avant* le repassage 다림질하기에 앞서 속옷에 물을 뿌리다.　liquider ses liaisons amoureuses *avant* son mariage 결혼하기 전에 연애 관계를 정리하다.

· Agiter *avant* l'utilisation.　사용 전에 흔들어주십시오.
· Ne pas descendre *avant* l'arrêt complet du véhicule.　차가 완전히 정지할 때까지 내리지마시오.
· Il faut finir ton travail *avant* le dîner.　저녁식사 전까지 일을 끝내야 한다.
· Les adversaires se jaugent *avant* le combat.　맞수들이 시합 전에 상대편을 서로 훑어본다.
· Il a été bien inspiré de vendre ses actions *avant* le krach.　공황 전에 그가 주식을 판 것은 잘 판단한 것이었다.

❷ [avant + 시기]

> *avant* l'été 여름 전에.　*avant* une heure 한 시 전에.　*avant* la fin de l'hiver 겨울이 끝나기 전에. *avant* la fin de la semaine 주말 전에.　*avant* la fin de son mandat 그의 임기 전에.　*avant* le temps 여느 때보다 이르게.　alunissage d'un Américain *avant* 1970 1970년 이전의 미국인의 달 착륙.　adopter le plan de relance de l'économie *avant* la mi-février 2월 중순 전에 경제 활성화 계획을 채택하다.　arriver *avant* l'heure 약속시간 전에 도착하다.　cultiver un légume *avant* sa saison 야채를 제철보다 앞당겨 재배하다.　élaguer des arbres *avant* le printemps 봄이 오기 전에 나무를 가지치기 하다.　gagner *avant* la limite 최종 라운드 전에[KO로] 이기다.　se lever *avant* le jour 해가 뜨기 전에 일어나다.　partir *avant* l'heure de sortie 시간 전에 퇴근하다.

· *Avant* l'heure c'est pas l'heure, après l'heure c'est plus l'heure.　《속담》 시간은 무슨 일이 있어도

정확히 지켜야한다.

- Le gouvernement sud-coréen n'attend pas une reprise *avant* le deuxième semestre 2009. 한국 정부는 2009년 하반기 전에는 경기가 회복되리라고 기대하지 않는다.
- La plupart des fumeurs commencent à fumer *avant* l'âge de 20 ans. 대부분의 흡연자들이 20세 전에 흡연을 시작한다,
- Je me suis éclipsé *avant* la fin de la cérémonie. 《**구어**》나는 식이 끝나기 전에 빠져나왔다[자리를 떴다].
- Il est sûr que le travail sera fini *avant* 8 heures. 작업이 저녁 8시 전에 끝나리라는 것은 확실하다.
- Les États-Unis avaient jugé incomplète la liste des programmes nucléaires que Pyongyang devait fournir *avant* le 31 décembre. 미국은 북한이 12월 31일 전에 제출하기로 한 핵 프로그램의 목록 이 불완전하다고 판단했었다.
- Les épreuves l'ont mûri *avant* l'âge. 그는 시련을 통해 나이에 비해 원숙해졌다.
- Il faut rentrer *avant* la nuit, ne nous attardons pas. 어두워지기 전에 돌아가야 하니 지체하지 말자.

❸ [avant + 무관사 명사]

> accoucher *avant* terme 조기분만하다. naître *avant* terme 달을 못 채우고 태어나다.

- À consommer *avant* mai 2008 유효기간 2008년 5월까지.
- Je ne doute pas qu'il ne revienne *avant* midi. 그가 정오 전에 돌아오리라는 것을 의심하지 않는다.
- Pour terminer *avant* midi, c'est la bousculade! 정오 이전에 끝내려면 서둘러야 한다!
- Elle ne viendra pas *avant* demain. 그녀는 내일은 되어야 올 것이다.
- Ce travail ne pourra pas être terminé *avant* Noël. 그 일은 성탄절 전에 끝내지 못할 것이다.

❹ [avant + 기간]

> *avant* une heure 한 시간 이내에. *avant* peu (de temps) 곧.

- Ce doit être fini *avant* un mois. 그것은 한 달 안에 끝내야 한다.
- L'adoption de cette loi par le Parlement n'est pas espérée *avant* un an. 그 법률이 의회에서 1년 안에 채택되기는 어렵다.
- Ces actions ne sont pas cessibles *avant* deux ans. 이 주식은 2년 안에는 양도할 수 없다.
- Il met dans sa lettre qu'il reviendra *avant* longtemps. 그는 편지에서 머지않아 돌아 올 것이라고 적고 있다.
- John McCain promet une victoire en Irak et l'arrestation de Ben Laden *avant* cinq ans. 존 매케인은 5년 안에 이라크에서 승리하고 빈 라덴을 체포하겠다고 약속한다.
- Il paraît exclu que la RPDC puisse reprendre *avant* plusieurs mois sa production de plutonium. 북한이 몇 개월 안에 플루토늄 생산을 재개하는 것은 불가능한 것 같다.

❺ [시간표현 / 부사 + avant + 명사]

aussitôt *avant* sa sortie de l'école 졸업 직전에.   bien *avant* l'heure (prévue) (예정) 시간보다 훨씬 전에.   un an *avant* les élections législatives 의회 선거 1년 전.   douze ans *avant* "Le Déclin de l'Occident de Spengler" 슈펭글러의 "서구의 몰락"이 나오기 12년 전에.   un quart d'heure *avant* sa mort 그가 죽기 15분 전.   quelques heures *avant* le discours de Barack Obama sur le désarmement 군축에 관한 오바마 대통령의 연설이 있기 몇 시간 전에.   quelques minutes de cafouillage *avant* le départ 출발 전의 몇 분의 야단법석.   trois semaines *avant* le troisième sommet 세 번째 정상회담 3주 전에.   un communiqué publié peu *avant* le discours qu'il doit prononcer sur le thème de la prolifération nucléaire 핵 확산 문제에 대해 행할 연설이 있기 직전에 발표된 성명서.

- Juste *avant* son arrivée, Hillary Clinton avait dit que la question des droits de l'Homme ne doit pas occulter les autres sujets.   도착 직전에 힐러리 클린턴은 인권 문제가 다른 문제들을 가려서는 안 된다고 말했다.
- Ils s'étaient connus bien longtemps *avant* leur mariage.   그들은 결혼하기 훨씬 전부터 알고 지냈다.
- Ils ont égalisé une minute *avant* la fin de match.   시합 종료 1분 전에 그들은 동점을 이루었다.
- C'était bien *avant* midi.   정오보다 훨씬 전이었다.
- Son père est mort deux mois *avant* sa naissance.   그의 아버지는 그가 태어나기 두 달 전에 죽었다.

❻ [avant + 인물명사]

- *Avant* Platon, Socrate avait remarqué un des signes du déclin de la pensée avec la montée des sophistes.   플라톤 이전에 소크라테스는 소피스트들의 대두와 함께 사유가 퇴조하는 징후 중의 하나를 지적했다.
- Ce philosophe a vécu *avant* Jésus-Christ.   그 철학자는 기원전의 인물이다.

❼ [전치사 + avant]

dès *avant* le repas 식사를 하기 전부터.   dès *avant* la fin de l'année 연말 이전부터.

- Ils se connaissaient depuis bien *avant* leur mariage.   그들은 결혼하기 훨씬 전부터 서로 알고 있었다.
- Ce sera fini pour *avant* Pâques.   그것은 부활절 전에는 끝날 것이다.

2) 명사의 보어

❶

cinquième siècle *avant* notre ère 기원전 5세기.   Eden *avant* la chute (인간의) 타락 이전의 에덴동산.   entretiens exploratoires *avant* des négociations 협상에 앞선 예비회담.   épreuve *avant* la lettre 작가의 이름을 써넣기 전의 교정쇄.   escarmouches parlementaires *avant* le débat 의회의 본격적인 토의에 앞선 가벼운 논전.   pronostics *avant* les élections 선거 전의 예상.   quelques minutes de cafouillage *avant* le départ 출발전 몇 분 간의 야단법석.

- Elle fut une féministe *avant* la lettre.　그 여자는 여성주의자라는 말이 생기기도 전의 여성주의자였다.

❷ [avant + 무관사 명사]

> l'an 150 *avant* Jésus-Christ 기원 전 150년.　deuxième siècle *avant* Jésus-Christ 기원전 2세기.
> semaine *avant* Pâques 부활절 전 1주간, 성주(聖周)(=semaine sainte).　accouchement[naissance]
> *avant* terme 조산.　démarque *avant* inventaire 목록작성 이전의 할인 판매.

3) ❶ [avant de *inf*]

> chat qui se ramasse *avant* de bondir 뛰어오르기 전에 웅크리는 고양이.　habitude de lire *avant*
> de s'endormir 잠들기 전에 책읽는 습관.　mouillage du linge *avant* de le repasser 다림질 전에
> 천에 물을 축이기.　anésthésier[endormir, insensibiliser] un malade *avant* de l'opérer 수술 전에
> 환자를 마취시키다.　arroser un fagot d'essence *avant* d'y mettre le feu 불을 붙이기 전에 장작에
> 휘발유를 끼얹다.　brasser les cartes *avant* de donner 카드를 나눠주기 전에 패를 섞다.　cirer
> ses bottes *avant* de mourir 죽기 전에 속죄하다.　composter son billet *avant* de monter dans le
> train 기차에 타기 전에 표를 개찰하다.　décélérer *avant* de freiner 브레이크를 걸기 전에 감속하다.
> délibérer longuement *avant* de se décider 결정을 내리기 전에 오랫동안 생각해 보다.　demander
> une démonstration *avant* d'acheter un appareil ménager 가정용품을 사기 전에 사용법의 시연을 요
> 구하다.　se démaquiller *avant* de se coucher 자기 전에 화장을 지우다.　flipper *avant* de passer
> examen 《구어》 시험 보기 전에 불안해하다.　hisser le drapeau blanc *avant* de capituler 항복하기
> 전에 백기를 들다.　marquer une hésitation *avant* de répondre 대답 전에 잠시 머뭇거리다.　bien
> mélanger le sucre et la farine *avant* d'ajouter les oeufs 계란을 넣기 전에 설탕과 밀가루를 잘 섞다.
> lessiver les murs *avant* de repeindre 페인트칠을 다시 하기 전에 벽을 씻다.　mettre son clignotant
> *avant* de tourner 돌기 전에 방향지시등을 켜다.　niveler un terrain *avant* de construire une maison
> 집을 짓기 전에 땅을 평탄하게 하다.　opérer une diversion *avant* d'attaquer 공격하기 전에 교란작
> 전을 펴다.　se rafraîchir *avant* d'aller dîner 저녁 식사를 하러 가기 전에 간단히 몸단장을 하다.
> raisonner *avant* d'agir 행동하기 전에 숙고하다.　vouloir voler *avant* d'avoir des ailes 날개가 나기
> 도 전에 날려고 하다, 무턱대고 무엇을 하려 하다.

- *Avant* de décrire, il faut définir.　기술하기 전에 필히 (개념·용어 따위를) 정의해야 한다.
- Encore un mot, *avant* de terminer.　끝마치기 전에 한 미디만 더 하겠습니다.
- Agiter le produit *avant* de s'en servir　(액체 제품 사용주의서에서) 사용 전 흔들어주십시오.
- Des gens attendaient cinq minutes *avant* de pouvoir traverser la rue.　사람들이 길을 건너려면
  5분을 기다려야만 했다.
- Il faut balayer *avant* de cirer.　왁스칠하기 전에 비질부터 해야 한다.
- Va te changer *avant* de sortir.　나가기 전에 옷을 갈아입어라.
- Comparez *avant* de choisir.　선택하기 전에 비교하시오.
- Ils se sont consultés *avant* d'agir.　그들은 행동하기 전에 서로 상의했다.
- Il a longtemps douté *avant* de croire.　그는 신앙을 갖기 전에 오랫동안 의심하였다.

· Elle s'est maquillée *avant* de sortir.　그 여자는 외출하기 전 화장을 했다.
· N'oubliez pas d'éteindre dans la chambre *avant* de sortir.　나가기 전에 꼭 방의 불을 끄시오.
· Il a passé deux années à étudier le français *avant* d'aller en France.　그는 프랑스에 가기 전에 2년간 프랑스어를 배웠다.
· Il faut tourner sept fois sa langue dans sa bouche *avant* de parler.　《속담》말하기 전에 심사숙고해야 한다.
· Restaurez-vous un peu *avant* de reprendre la route.　다시 떠나기 전에 뭘 좀 들어 기운을 차리시오.
· Elle a traîné plusieurs mois *avant* de mourir.　그 여자는 세상을 떠나기 전 몇 달 동안 고통스럽게 목숨을 부지했다.
· Ils vivaient ensemble *avant* de se marier.　그들은 결혼식을 올리기 전에 같이 살았었다.
· L'Assemblée, *avant* de se séparer, vota plusieurs lois.　의회는 산회하기 전까지 여러 법안을 처리했다.

❷ [avant de + 부정법과거]
· Nous ne pourrons pas entreprendre cette tâche *avant* d'avoir clairement compris ce qui a cloché. 우리는 무엇이 잘못되었는지 명확히 알기 전에는 그 일을 할 수가 없을 것이다.
· On ne pourra pas répondre *avant* d'avoir bien saisi le sens de la question.　질문의 의미를 잘 파악하기 전에는 대답할 수 없을 것이다.
· Il ne faut pas quitter le bureau *avant* d'avoir fini ce travail.　이 일을 끝내기 전에는 퇴근해서는 안 된다.
· Il ne faut pas vendre la peau de l'ours *avant* de l'avoir tué.　《속담》떡 줄 사람은 생각도 않는데 김칫국부터 마셔서는 안 된다.

❸ 《문어》[avant que de *inf*]
· *Avant* que de combattre, ils s'estiment perdus.　그들은 싸워 보기도 전에 졌다고 판단한다.
· Le lâche renonce *avant* que d'avoir entrepris.　겁쟁이는 해보기도 전에 포기부터 한다.

❹ 《옛·속어》[avant *inf*]

jugement *avant* dire droit 가(假)판결.　prendre un médicament *avant* manger 식전에 약을 복용하다.

· À prendre *avant* manger　식전 복용할 것.

4) ❶ [avant que (ne) + *sub*]

avant que personne s'en aperçoive 누군가가 그것을 알아차리기 전에.　*avant* que la dégradation économique n'ait dégénéré en crise politique 경제 악화가 정치적인 위기로 악화되기 전에.　il coulera[passera] de l'eau[beaucoup d'eau] sous les ponts *avant* que + *sub* …하기까지 긴 세월이 걸릴 것이다.

- Deux agents ont ceinturé le malfaiteur *avant* qu'il ne puisse s'enfuir.　강도가 달아나려는 순간에 경관 두 명이 달라들어 그를 붙잡았다.
- Je vous connaissais de vue *avant* qu'on ne nous présente.　당신을 소개받기 이전부터 면식으로 당신을 알고 있었습니다.
- Il crie *avant* qu'on l'écorche.　그는 아무것도 아닌 일에 아우성을 친다.
- L'administration Obama veut éviter de compromettre le dialogue avec Pyongyang *avant* même qu'il n'ait commencé.　오바마 행정부는 북한과의 대화가 시작도 되기 전에 위태롭게 되는 것을 피하고자 한다.
- Il faudra des semaines *avant* que cette aide parvienne aux populations.　그 원조가 국민들에게 전달되기까지는 여러 주가 걸릴 것이다.
- Il faudra entre dix et quinze ans *avant* que ce pays puisse développer seul un véhicule.　그 나라가 독자적으로 자동차를 개발하기 위해서는 10년 내지 15년이 걸릴 것이다.
- Ne parlez pas *avant* qu'il (n')ait fini.　그의 말이 끝나기 전에 말하지 마세요.
- Je vous reverrai *avant* que vous ne partiez.　떠나기 전에 다시 뵙겠습니다.

❷ [시간표현 + avant que (ne) + *sub*]

> quelques heures *avant* que l'Elysée publie un premier communiqué 엘리제궁에서 첫 번째 성명이 발표하기 몇 시간 전에.

- Il en a été averti une demi-heure *avant* que cette décision soit annoncée.　그는 그 결정이 발표되기 30분 전에 통보를 받았다.
- Cette session de discussions a eu lieu quelques jours *avant* que la Chine ne dévoile son budget militaire pour 2009.　그 토론을 위한 회의는 중국이 2009년 국방 예산을 발표하기 며칠 전에 열렸다.

2. 공간

la maison (juste) *avant* l'église 교회 (바로) 앞에 있는 집.　mettre la charrue *avant* les boeufs 일의 순서가 바뀌다; 본말이 전도되다.

- Le train n'arrêtera pas *avant* Daejeon.　기차가 대전 전에는 서지 않는다.
- Il y a encore quelques kilomètres *avant* notre destination.　우리들의 목적지까지는 아직 몇 킬로미터가 더 남아 있다.
- Ces deux routes se coupent *avant* le village.　이 두 도로는 마을에 이르기 전에 서로 교차한다.
- Elle était *avant* lui dans la queue.　그녀는 줄에서 그 사람 앞에 있었다.
- Une moto est passée *avant* la voiture quand l'accident est arrivé.　사고가 났을 때 오토바이 한 대가 승용차 앞에 지나갔다.
- Ce bâtiment se trouve *avant* le grand magasin.　그 건물은 백화점 앞에 있다.

3. 차례 · 서열

---

avant toute chose 우선, 무엇보다도.   considérer sa santé *avant* son travail 일보다 건강을 먼저 생각하다. faire passer *qn avant* les autres …을 다른 사람들보다 중시[우선시]하다.   faire passer son intérêt personnel *avant* l'intérêt général 개인의 이익을 전체의 이익에 앞세우다.   mettre[placer] la vertu *avant* la richesse 덕을 부보다 중시하다.   prendre date *avant qn* …보다 우선권을 가지다.

- *Avant* tout, il faut éviter la guerre.   무엇보다도 전쟁은 피해야 한다.
- Ils s'attachent *avant* tout à remplir leur devoir.   그들은 무엇보다도 그들의 의무를 이행하려 애쓴다.
- Cela consiste *avant* tout à avoir le meilleur produit à vendre.   그것은 무엇보다도 판매할 가장 좋은 제품을 가지는 데 있다.
- Toi et lui, vous êtes arrivés *avant* eux.   너와 그는 그들보다 먼저 도착했다.
- C'est le Royaume-Uni qui réalise, *avant* Hongkong, la plus belle performance en maths.   홍콩에 앞서 수학에서 가장 좋은 성과를 나타낸 것은 영국이다.
- Il sera sûrement arrivé *avant* moi.   그는 틀림없이 나보다 앞서 도착해 있을 것이다.
- Qui était le roi de la Corée *avant* Sejong?   세종 이전의 왕은 누구였습니까?
- Elle met son travail *avant* sa famille.   그녀는 가족보다 일을 우선적으로 여긴다.
- L'article se met *avant* le nom.   관사는 명사 앞에 놓인다.
- Il est parti *avant* nous.   그가 우리보다 먼저 떠났다.
- Son père passe *avant* son mari.   그의 부친이 남편보다 더 소중하다.
- Je pourrais passer mon examen médical *avant* vous.   제가 먼저 진찰을 받을 수 있을까요?
- Pour lui, cela vient *avant* tout le reste.   그에게는 그것이 무엇보다도 중요하다.

4. 정도

- Ce peintre était bien *avant* son temps.   그 화가는 시대를 훨씬 앞섰다.
- Il ne reste plus que deux pages *avant* la fin de ce livre.   이 책을 다 읽는 데 두 페이지 밖에 안 남았다.

5. [전치사 + avant]

1) [depuis avant]

- Ils se connaissaient depuis bien *avant* mon arrivée en Corée.   그들은 내가 한국에 오기 오래 전부터 서로 알고 있었다.

2) [pour avant]

- Ce travail sera fini pour *avant* le repas.   그 일은 식사 전에 끝날 것이다.

1. 시간

1)

> soit *avant*, soit après 그 이전이든 그 이후든.

- *Avant*, ça ne se passait pas comme ça.　《구어》예전에는 그것이 그런 식으로 일어나지 않았다(= autrefois).
- Il fallait le dire *avant*!　먼저 그것을 말했어야 했는데!
- La troisième grande catégorie de perdants, ce sont les grands pays très peuplés qui étaient déjà très vulnérables *avant*.　손해를 본 세 번째 큰 범주의 국가들은 이미 전부터 매우 취약했던 인구가 매우 많은 큰 국가들이다.
- Je participerai aux frais sous réserve d'être consulté *avant*.　사전에 상담을 받는다는 조건이라면 비용을 분담하겠습니다.
- Réfléchissez bien *avant*, vous parlerez après.　먼저 잘 생각하고, 말은 나중에 하시오.

2) [시간표현 / 부사 + avant]

> quelques heures[jours] *avant* 몇 시간[며칠] 전에.

- Cet accident est arrivé bien *avant*.　그 사고는 상당히 전에 일어났다.
- Il m'en a prévenu quatre jours *avant*.　그는 그것을 내게 4일 전에 미리 알려 주었다.
- Une semaine *avant*, j'ai dîné avec sa mère et elle était en pleine forme.　일주일 전에 그녀의 어머니와 저녁식사를 같이 했는데 그녀는 건강이 매우 좋았었다.

2. 공간

- Allez vers le grand magasin, l'église est *avant*.　백화점 쪽으로 가세요, 교회는 그 전에 있어요.
- Les patrouilleurs marchaient *avant*.　정찰병들이 앞에 걸어가고 있었다.
- Voyez *avant*.　앞을 참조하시오(=plus haut).

3. 차례 · 서열

- Cet enfant est *avant* au classement.　그 아이는 석차가 앞이다.
- L'introduction est *avant*, la conclusion après.　서론이 앞에 있고, 결론이 뒤에 있다.
- Lequel des deux doit-on mettre *avant*.　둘 중에 누구를 상위에 놓아야 할까요?

4. 《문어》정도

bien[très, fort] *avant* dans la nuit 밤이 꽤[아주] 깊어서(=tard).　creuser *avant* dans son âme 마음속을

깊이 파들어가다. s'enfoncer trop *avant* dans la forêt 숲속으로 너무 깊이 들어가다. pénétrer plus *avant* dans la connaissance du français 불어를 더 깊이 알게 되다. pousser ses recherches plus *avant* 연구를 좀 더 깊이 밀고나가다.

5. [명사 + d'avant]

le jour[le mois] d'*avant* 그 전날[달]. la nuit d'*avant* 전날 밤. le samedi d'*avant* 그 전 토요일.

· Le train d'*avant* était complet. 이전의 기차는 만원이었다.

6. [en avant]

1)

fuite en *avant* 앞으로 달아나기; 《비유》 전방 탈출((위기·불황으로부터 탈출하기 위한 적극적인 정책)). marche en *avant* 전진. aller en *avant* 앞으로 가다. mettre *qc* en *avant* …을 (근거·구실로) 내세우다, 주장하다(=alléguer). mettre *qn* en *avant* …을[…의 권위를]내세우다. se mettre en *avant* 자기를 과시하다, 주제넘게 나서다. se pencher en *avant* 몸을 앞으로 기울이다. regarder en *avant* 앞을 보다; 《비유》 멀리 내다보다.

· En *avant*, marche! 앞으로 가!
· Il est très loin en *avant*. 그는 아주 선두에 있다.

2) [en avant de *qn* / *qc*]

· L'auteur était en *avant* de son siècle. 저자는 시대를 앞서 있었다.
· Les leaders marchent en *avant* de la foule. 리더들이 군중의 선두에서 걷는다.

형 용 사 적 용 법

marche *avant* 전진(=en *avant*). places[sièges] *avant* d'un voiture 차의 앞좌석(↔ arrière). pneus *avant* 앞바퀴 타이어. portière *avant* 앞문. roues *avant* d'un voiture 차의 앞바퀴. traction *avant* 전륜 구동. roulade *avant* 앞으로 구르기. semaine *avant* 전 주일(=d'*avant*).

avec

1. 동반

1) 주어와 동반

❶
> adames des alentours conviées *avec* leurs maris 부부동반으로 잔치에 초대된 근처의 부인들.
> homme *avec* qui on ne se gêne pas 함께 있으면 편한 사람.　aller[voyager] de compagnie *avec*
> *qn* …와 함께 가다[여행하다].　aller[agir] de conserve *avec qn* …와 함께 가다[행동하다].　casser
> la croûte *avec qn* 《구어》 …와 간단한 식사를 하다.　chahuter *avec* les enfants 아이들과 밀치며
> 소란스럽게 놀다.　combattre contre son ennemi *avec* ses alliés 연합군과 함께 적에 맞서 싸우다.
> être en cheville *avec qn* 《구어》 …와 같이 사업을 하다.　être maqué *avec qn* 《속어》 …와 동거하
> 다, 살림을 차리다.　être seul *avec qn* …와 단 둘이 있다.　faire cause commune *avec qn* …와
> 같은 주장을 표방하다, 공동보조를 취하다.　faire route *avec qn* …와 동행하다.　habiter *avec*
> *qn* …와 동거하다.　jouer à cache-cache *avec qn* …와 숨바꼭질하다.　loger *avec* les pigeons
> 《구어》 다락방에 살다.　se mettre de compte à demi *avec qn* …와 손익 반분으로[공동 출자로]
> 개업하다.　partir en tournée *avec* un théâtre 단원들과 순회공연을 떠나다.　passer un moment
> exquis *avec qn* …와 감미로운 시간을 보내다.　se plaire *avec qn* …와 함께 있기[어울리기]를
> 좋아하다.　posséder *qc* en communauté *avec qn* …와 …을 공유하다.　se promener *avec* sa femme
> 부인과 함께 산책하다.　trinquer *avec* des amis 친구들과 건배하다.　vivre sur un pied de
> camaraderie *avec qn* …와 서로 도움을 주고받으며 살아나가다.　voyager *avec* un ami 친구와
> 여행하다.

- Cet homme s'affiche *avec* sa maîtresse　저 사람은 정부와 함께 공공연히 나다닌다.
- J'irai *avec* vous.　당신과 함께 가겠소.
- Il est arrivé *avec* toute sa tribu.　그는 일가족 모두를 끌고 왔다.
- Il bêtifie *avec* ses enfants.　그는 아이들과 함께 유치한 놀이를 한다.
- Jésus-Christ célébra la Cène *avec* ses apôtres dans le cénacle.　예수는 만찬실에서 그의 12사도와 함께 최후의 만찬을 가졌다.
- Il a débarqué chez nous *avec* toute sa famille.　그는 온 가족과 함께 별안간 우리 집에 들이닥쳤다.
- Demandez-lui s'il veut venir dîner *avec* nous.　그에게 우리와 함께 저녁 식사를 하러 오겠는지 물어보시오.
- Comment n'êtes-vous pas *avec* les autres?　당신은 왜 다른 사람들과 함께 있지 않습니까?
- Hier soir, il était *avec* les Dubois.　어제 저녁 그는 뒤부아씨 가족과 함께 있었다.
- Il joue *avec* un camarade.　그는 자기 동무와 놀고 있다.
- Elle passe Noël *avec* les siens.　그 여자는 크리스마스 때 가족과 함께 보낸다.
- Ce soir, je sors *avec* ma mère.　오늘 저녁 나는 어머니와 외출한다.

· Il traîne *avec* des gens peu recommandables.　그는 못된 녀석들과 어울려 다닌다.

· Je travaille *avec* lui depuis un an.　나는 일 년째 그와 일하고 있다.

· Elle a trompé son mari *avec* son meilleur ami.　그녀는 남편을 두고 남편의 가장 친한 친구와 바람을 피웠다.

· Il est venu *avec* toute sa smala.　그는 자기 패거리를 모조리 데리고 왔다.

· Venez *avec* nous.　우리와 함께 갑시다.

· Vivre tout une existence *avec* une femme pareille, c'est de l'héroïsme.　평생을 그런 여자와 살다니, 정말 대단한 일이군!

◎ [l'un avec l'autre.]
　· Ils sont toujours l'un *avec* l'autre.　그들은 항상 붙어 다닌다.

❷ [특정동사 + avec *qn*]

> apprendre à skier *avec* un moniteur 스키 강사에게 스키 타는 법을 배우다.

· J'ai appris l'anglais *avec* un professeur anglais.　나는 영국인 선생님으로부터 영어를 배웠다.

2) 목적어와 동반

❶

> jeter le bébé *avec* l'eau du bain 골치아픈 문제를 송두리째 팽개치다; 교각살우(矯角殺牛).
> manger le fonds *avec* le revenu 원금도 이자도 다 없애다, 밑천까지 날리다.

· J'ai du mal à me la représenter mariée, *avec* trois enfants.　그녀가 결혼해서 자식을 3명 두고 있다는 것은 상상하기 어렵다.

· Il a été surpris de la voir *avec* Paul.　그는 그녀가 폴과 함께 있는 것을 보고 놀랐다.

❷ [주어 + 동사 + 목적어 + avec + 주어의 강세형대명사]
　· La guerre amène *avec* elle tout un cortège de misères.　전쟁은 온갖 종류의 불행을 동반한다.

　· Le temps apporte *avec* lui l'oubli.　시간이 흐르면 잊혀진다.

　· Il a toujours son chien *avec* lui.　그는 항상 개를 데리고 다닌다.

3) 공유

> être[agir, se mettre] de moitié dans *qc avec qn* …와 몫을 반씩 나누어 …을 함께 하다.　faire bourse commune *avec qn* …와 재산을 공유하다; 계산을 공동으로 하다.　partager son appartement *avec* un ami 친구와 아파트를 같이 쓰다.　partager une orange *avec qn* 오렌지를 …와 나누다.

4) 비인칭문

· Il y a toujours *avec* lui des si et des mais.　그는 항상 조건을 붙이고 이의를 제기한다.

5) 명사의 보어

> cohabitation *avec qn* …와의 동거.   communiqué commun[conjoint] *avec qn* …와의 공동 성명.
> course *avec* entraîneur 오토바이를 탄 트레이너가 선도하는 사이클 질주.   déclaration conjoint*e avec*
> les États-Unis 미국과의 공동선언.   partage du pouvoir *avec qn* …와 권력을 공유하기.

· Ce taxi ne prend pas les clients *avec* des chiens.   이 택시는 개를 동반한 손님은 태우지 않는다.

2. 소유·부속

1) ❶ …을 가지고 ; …가 딸린.

> *avec* l'espoir de *qc/inf*[que + *ind*] …할 것을 희망 [기대]하며.   agir *avec* la permission de *qn*
> …의 승인을 받아[받지 않고] 행동하다.   être arrêté *avec* un revolver 권총을 가진 채 체포되다.
> être né *avec* une cuillère d'argent dans la bouche 부유한 집안에서 태어나다.   se mettre en route
> *avec* son fourbi 《군대은어》 군장을 갖추고 출발하다.   partir *avec* l'idée de ne pas revenir 돌아오지
> 않을 생각으로 떠나다.   partir *avec* le tiroir-caisse 금전등록기의 돈을 갖고 가버리다.   partir *avec*
> tout son saint-crépin 《옛·구어》 세간을 전부 가지고 떠나다.

· C'est un méchant homme, il abîmera *avec* son bien.   그는 악인이다, 온 재산을 날리고 파산할
  것이다.
· L'hiver arrive *avec* son escorte de froideur et de neige.   겨울은 추위, 눈을 동반하고 찾아온다.
· Il est arrivé *avec* tout son saint-frusquin.   《구어》 그는 자기의 모든 세간을 가지고 왔다.
· Les manifestants défilaient *avec* leurs calicots.   시위대는 현수막을 들고 행진했다.
· L'hélicoptère s'est enlevé *avec* son passager.   헬리콥터가 승객을 태우고 이륙했다.
· C'est le plus long pont de cette région *avec* ses mille trois cents mètres.   그것은 1,300미터의
  길이로 그 지역에서 가장 긴 다리이다.
· La lettre est revenue *avec* la mention "Décédé".   편지가 "수취인 사망"이라고 기재되어 되돌아왔다.
· Elle est sortie *avec* son parapluie.   그녀는 우산을 가지고 외출했다.
· Je le vois[l'entends] venir *avec* ses gros sabots.   《구어》 그의 의도는 뻔하다.
· Le voilà *avec* son éternel sourire aux lèvres.   그가 입가에 특유의 미소를 짓고 있다.

❷ [avec + 무관사명사]

> s'en aller *avec* armes et bagages 모든 물건[전 재산]을 가지고 가버리다.   être reçu *avec* mention
> (바칼로레아 따위에서) 가(passable)보다 나은 성적으로 합격하다.   laisser un enfant seul *avec*
> ordre de n'ouvrir à personne 아무에게도 문을 열어주지 말라고 단단히 이르고 아이를 혼자 남겨놓다.

· *Avec* ou sans glaçon?   (음료 따위에) 얼음을 넣어드릴까요?

2) [특정동사 / 형용사 + avec + 명사]

> se préférer *avec* les cheveux courts 머리를 짧게 한 자기 모습을 더 좋아하다.

- Je m'aime *avec* ce chapeau.　나는 이 모자를 쓰는 것이 좋다(= se plaire).
- Je me déteste *avec* les cheveux courts.　짧은 머리를 하고 있는 내 모습이 싫다.
- Elle est affreuse *avec* cette coiffure.　그녀가 머리를 그렇게 하니 보기 흉하다.
- Tu es bath *avec* cette robe.　《구어》 너 이 옷 입으니까 정말 멋지다.
- Elle est très chic *avec* son chapeau.　그녀가 모자를 쓰니까 아주 멋지게 보인다.
- Je me plais (mieux, plus) *avec* les cheveux longs.　나는 내 머리가 긴 것이 (더) 좋다.

3) 명사의 보어

❶

assiette de moules *avec* des frites 감자튀김을 곁들인 홍합 요리.　chambre *avec* l'eau courante 수도가 있는 방.　foyer *avec* deux enfants à charge 두 아이를 부양하는 가정.　homme *avec* son éternel chapeau 늘 같은 모자를 쓰고 다니는 사람.　morceau *avec* deux dièses à la clé 음부기호에 반음 올림표가 두 개 붙은 작품.　parking pour femmes *avec* des places de stationnement plus larges 더 넓은 면적을 가진 여성용 주차장.　robe *avec* des (parements de) dentelle 레이스 장식을 한 드레스.

- C'est une histoire incroyable *avec* une fin heureuse.　그것은 행복한 결말로 끝나는 믿을 수 없는 이야기이다.
- La dame *avec* les accessoires rouges, c'est sa mère?　빨간 색 액세서리를 한 부인이 그의 어머니입니까?
- Hier soir, il est venu un monsieur *avec* un habit noir et les lunettes épaisses.　어제 저녁에 검정색 옷을 입고 굵은 안경을 낀 어떤 분이 왔습니다.

❷ [avec + 무관사명사]

appareil photo *avec* flash intégré[incorporé] 플래쉬 내장 카메라.　chambre *avec* vue sur la mer 바다로 전망이 난 방.　cigarettes *avec* filtre 필터 담배.　coiffure *avec* raie 가르마 있는 머리 모양.　contrat d'assurance *avec* franchise 기본부담 약정의 보험 계약.　édition *avec* notes et commentaires 주석판.　ingénieur *avec* cinq ans d'expérience minimum 최소 5년의 경력이 있는 기사.　jus de fruit *avec* conservateur 방부제가 들어있는 과일주스　maison *avec* étage 2층집.　salle de bains *avec* douche 샤워시설 딸린 욕실.　salle de séjour *avec* coin cuisine 부엌 공간이 있는 거실.　studio *avec* kitchenotte 작은 부엌이 딸린 원룸 아파트.　symphonie *avec* choeur 합창 교향곡.　temps pluvieux *avec* éclaircies 가끔씩 개는 비오는 날씨.　trois ans de prison *avec* sursis 징역 3년의 집행유예.

- Quelles sont vos conditions pour une chambre *avec* salle de bains?　욕실이 달려 있는 방값이 얼마입니까?
- Il a loué une voiture *avec* chauffeur.　그는 운전수가 딸린 차를 빌렸다.
- Elle nous a servi du café dans des tasses *avec* anse.　그녀는 우리에게 손잡이가 달린 찻잔에 커피를 제공해 주었다.

3. 부가 · 첨가

1) …와 더불어, …에.

- Il prend souvent quelques gouttes de cognac *avec* son café.   그는 자주 커피에 약간의 코냑을 넣어서 마신다.
- Servir du bourgogne rouge *avec* le poisson, quelle hérésie!   생선요리에 부르고뉴 붉은 포도주를 내놓다니, 이건 말도 안 되는 일이다!
- Il a visité la Suède, le Danemark et Angleterre *avec* l'Écosse et l'Irlande.   그는 스웨덴, 덴마크, 영국과 더불어 스코틀랜드와 아일랜드를 방문했다.

> ☆ 'avec'가 'et'처럼 쓰여 연결된 두개의 실사나 대명사가 문장의 주어일 경우에((옛 어법)), 동사를 복수로 일치시킨다.

- Le vieillard *avec* son fils malade furent hébergé par les voisins.   그 노인과 병든 아들은 이웃 사람들에 의해 수용되었다.
- Le singe *avec* le léopard gagnaient de l'argent dans la foire.   원숭이와 표범이 장터에서 돈을 벌고 있었다.

2) [avec + ça / cela]

❶ 그 외에; 게다가(=en plus).

- Et *avec* ça[cela], Madame?   그리고 또 뭐가 필요하시죠, 부인? ((상점에서))
- Et *avec* ça, ce sera tout?   이밖에 더 없으신가요, 그게 전부 인가요?
- Il conduit mal, et *avec* ça la chaussée est mouillée et glissante.   그는 운전이 서툰 데다가 도로가 젖어서 미끄럽다.

❷ *avec* (tout) cela 그럼에도 불구하고, 어쨌든(=malgré cela, de toute façon, en tout état de cause).

- Je le lui ai expliqué cinq fois, et *avec* ça il n'a pas compris!   나는 그에서 그것을 다섯 번이나 설명을 했는데도 그는 이해를 못했다.

❸ [avec ça[cela] que + *ind*] :《구어》 …하다는 것은 차치하고(=sans compter que…).

- Je n'ai l'intention d'y aller, *avec* ça que j'ai des choses plus importantes à aire.   더 중요한 할 일들이 있지만, 나는 거기에 가고 싶은 의사가 없다.

❹ [avec ça[cela] que + *ind / cond*] :   (문두에서 반어적으로 쓰여) …일 리가 없다.

- *Avec* ça qu'il ne s'est jamais trompé!   그가 한 번도 틀린 적이 없다니! 당치도 않다!
- *Avec* ça qu'elle était malade!   그녀가 아팠다고! 그럴 리가 없다!
- *Avec* ça qu'il est facile de travailler en face de quelqu'un qui pleure tout le temps.   내내 우는 사람 앞에서 일하는 것이 쉬울 리가 없다.

· *Avec* ça qu'il n'aurait pas fait comme moi!   그가 나처럼 안 했을 리가 없지!

4. 동시성 · 수반

1) …와 함께.

champ de la vision qui se rétrécit *avec* l'âge 나이가 들수록 좁아지는 시야.   inquiétude qui se ravive *avec* le temps 시간이 흐름에 따라 더욱 고조되는 불안감.   paix qui descend *avec* le crépuscule 황혼과 함께 찾아오는 고요함.   se coucher[se lever] *avec* les poules 아주 일찍 자다[일어나다].   se lever *avec* les alouettes 아침 일찍 일어나다.   se lever *avec* le jour[soleil] 해가 뜰 때 일어나다.

· *Avec* l'automne, les nuits s'allongent.   가을이 되면서 밤이 길어진다.
· *Avec* ce nouveau livre, on assiste à l'affirmation de sa personnalité.   이 새 책에는 그의 개성이 뚜렷이 드러나 있다.
· *Avec* le temps les haines ont fini par s'assoupir.   시간이 지나면서 증오는 마침내 가라앉았다.
· Le froid s'accentuait *avec* le temps.   시간이 지나면서 추위가 더 심해져 갔다.
· Tout s'arrange *avec* le temps.   시간이 가면 모든 것이 해결된다.
· *Avec* les années, il s'habitue à la vie parisienne.   해를 더하면서 그는 파리 생활에 익숙해지고 있다.
· *Avec* l'age, la mémoire[l'intelligence] vacille.   나이가 들면서 기억력[지능]이 약해진다.
· Son coeur se racornissait *avec* l'âge.   나이를 먹어감에 따라 그의 마음은 무감각해졌다.
· Le film s'achève *avec* la mort du héros.   영화는 주인공의 죽음과 함께 끝난다.
· Ces syntômes apparaissent *avec* telle maladie.   이런 증상들은 그런 병에 나타난다.
· Son agitation augmentait *avec* l'attente.   기다릴수록 그는 마음이 점점 더 동요되었다.
· Il dit que l'histoire ne commence qu'*avec* l'avènement de l'État.   그는 역사란 국가의 출현과 더불어 비로소 시작되었다고 말한다.
· La température décroît *avec* l'altitude.   고도에 따라서 기온이 낮아진다.
· La nature ressuscite *avec* le printemps.   자연은 봄과 함께 소생한다.

2) 명사의 보어

approfondissement d'une pensée *avec* le temps 시간의 흐름에 따라 사고가 더 깊어짐.   émission de radio réalisée en multiplex *avec* Londres et Madrid 런던과 마드리드에서의 다원동시 라디오 방송.

5. 상호관계

1)

s'aboucher *avec* un receleur d'objets volés 장물아비와 흥정하다.   avoir un commerce d'amitié *avec* qn 《옛·문어》 …와 교제하다.   avoir[entretenir] une correspondance *avec* qn ; être en correspondance *avec* qn …와 편지를 교환하다.   avoir un bon contact *avec* qn …와 좋은 관계를 유지하다.   entrer[se mettre, prendre] contact *avec* qn …와 접촉하다.   entrer en contact *avec* l'ennemi 적과 교전하다.   rester en contact *avec qn* …와 계속 접촉하고 있다.　avoir un flirt *avec qn* …와 가볍게 사귀다.　avoir habitude *avec qn*《옛》…와 친교가 있다.　avoir[entretenir] des intelligences *avec qn* …와 내통하다. commercer *avec* des hommes de lettres 문인들과 교제하다.　se commettre *avec* des gens méprisables 비열한 사람들과 어울리다.　compagnonner *avec qn* …와 친구지간이다.　se compromettre *avec qn* …와 위험한 관계를 맺다.　conclure[faire] un pacte *avec qn* …와 계약[협정]을 맺다.　conserver [garder, prendre, tenir] ses distances *avec qn* …와 거리를 유지하다, 친밀한 관계를 맺지 않다.　cousiner *avec qn* …와 친한 사이다, 사이가 좋다.　se débrouiller *avec* les autorités《구어》당국과 타협하다. demeurer[être] en reste *avec qn* …에게 빚이 있다, 신세진 것이 있다.　être[se mettre] bien[mal] *avec qn* …와 사이가 좋다[나쁘다].　être du dernier bien *avec qn*《구어》…와 사이가 매우 좋다; …와 애인 사이이다.　être en compte *avec qn* …와 채무관계[외상 거래]가 있다.　être en dette *avec qn* …에게 빚이 있다.　être en relations épistolaires *avec qn* …와 편지 왕래를 하다.　être[se trouver] face à face *avec* son ancien camarade 옛 동료와 마주보고 있다.　faire affaire *avec qn* …와 거래[교섭] 하다.　faire[lier] connaissance *avec qn* …와[을] 알게 되다.　renouer connaissance *avec qn* …와 교제 를 다시 시작하다.　faire couronne *avec qn* …와 사이좋게 지내다.　faire un forfait *avec* un entrepreneur pour la construction d'une maison 집을 건축하기 위해 청부업자와 계약을 맺다.　faire un pacte *avec* le diable[démon] 이익을 위해 위험한 사람과 손을 잡다.　faire un troc *avec qn* …와 물물교환하다.　filer le parfait amour *avec qn* …와 변함없는 사랑을 이어가다.　fraterniser *avec qn* …와 친하게 지내다.　n'avoir pas gardé les cochons[dindons] *avec qn*《구어》…와 절친하지 않다. lier connaissance *avec qn* …와 알게 되다.　se mettre en règle *avec* Dieu (죽기 전에) 고해를 통해 죄의 사함을 얻다.　se mettre en règle *avec* ses créanciers 채무관계를 깨끗이 정리하다.　pactiser *avec* l'ennemi 적과 협정을 맺다.　passer un accord *avec qn* …와 협정을 체결하다.　prendre des arrangements *avec* créanciers 채권자들과 타협을 하다.　prendre[se permettre] des familiarités *avec qn* …와 허물없이 지내다.　prendre langue *avec qn* (교섭하려고) …와 접촉하다.　rester en rapports étroits[en liaison étroite] *avec qn* …와 긴밀한 관계를 유지하다.　traiter d'égal à égal *avec qn* …와 대등하게 교섭하다.　traiter une résiliation de contrat *avec* une compagnie 회사와 계약 해지를 교섭하 다.　se trouver nez à nez *avec qn* …와 뜻밖에[갑자기] 마주치다.

· Il s'est accointé *avec* un escroc.　《경멸》그는 사기꾼하고 흥정을 했다.
· Ça accroche bien[mal] *avec qn*　…와 접촉이 잘[잘 안] 이루어지다.
· La Corée commerce *avec* de nombreux pays.　한국은 많은 나라들과 교역한다.
· Marie correspond *avec* Jeanne.　마리는 잔느와 편지를 주고받는다.
· Il s'est énasé *avec* moi.《드물게》그는 나와 맞닥뜨렸나.
· Il ne s'entend pas bien *avec* elle.　그는 그 여자와 사이가 좋지 않다.
· Il frayait peu *avec* ses collègues.　그는 동료들과 별로 어울리지 않았다.
· Qu'est-ce que tu fais tête-à-tête *avec* lui?　너 그 사람이랑 단 둘이서 뭐 하고 있는 기니?

2) 대화·담화

avoir un long conciliabule *avec qn* …와 긴 밀담을 하다.　avoir[tenir] une conférence *avec qn* …와 협의[회담]하다.　avoir un court entretien *avec qn* …와 잠시 회견을 하다.　avoir une entrevue *avec qn* …와 회담[대담]하다.　avoir une franche explication *avec qn* …와 흉금을 터놓고 이야기하다. batifoler *avec* une jeune fille 젊은 계집과 시시덕거리다.　causer *avec* ses amis de peinture 친구들과 그림에 대해 이야기하다.　communiquer *avec* un ami 친구와 연락하다. concerter une décision *avec* ses collaborateurs 협력자들과 결정을 협의하다.　conférer de son affaire *avec* son avocat 자기 일에 관해 변호사와 협의하다.　converser à voix basse *avec* les voisins 이웃들과 작은 소리로 이야기하다. débattre un problème *avec qn* 어떤 문제에 대해서 …와 토론하다.　se déboutonner *avec* ses amis 친구들과 흉금을 터놓고 이야기하다.　dialoguer *avec* un ami sur l'avenir 친구와 장래에 대해 이야기를 나누다.　entrer en consultation *avec qn* …와 협의에 들어가다.　entrer en communication *avec qn/qc* …와 연락을 취하다, 통신하다.　s'entretenir en aparté *avec qn* …와 은밀히 속삭이다.　être en communication *avec qn* …와 통화중이다, 연락이 있다.　être en négociation[pourparlers] *avec qn* …와 협상 중이다.　lier conversation *avec qn* …와 대화를 시작하다.　s'épancher *avec qn* …에게 심중을 털어놓다.　être à tu et à toi *avec qn* …와 너나하는[막역한] 사이이다.　s'expliquer *avec qn* …에게 해명하다.　faire la causette[un bout de causette, un brin de causette, une petite causette] *avec qn* …와 허물없이 잡담하다.　faire la conversation *avec qn* …와 대화하다.　folâtrer *avec* les femmes 여자들과 농담을 주고받다.　lier[entrer en] conversation *avec qn* …와 이야기를 시작하다.　négocier *avec qn* sur *qc* …와 …에 대해 교섭하다.　nouer une conversation *avec qn* …와 대화를 시작하다.　parlementer *avec* le gouvernement 정부와 교섭하다.

· Il a consulté *avec* l'avocat sur cette affaire.　그는 이 문제에 대해 변호사와 의논했다.

· Il s'est entretenu *avec* Marie du mariage de leur ami.　그는 마리와 그들의 친구의 결혼에 대해 이야기를 했다.

· Mettez-moi en communication *avec* le directeur.　부장님을 대주세요.

· On ne peut raisonner *avec* les fanatiques.　광신자들과는 대화가 안 통한다.

3) [avec *qc*]

❶

avoir des démêlés *avec* la justice 소송사건에 말려들다.　se brouiller *avec* la justice 범법 행위를 저지르다.　biaiser *avec* sa conscience 양심을 속이다.　capituler *avec* sa conscience 자신의 양심을 속이다.　composer *avec* la réalité[l'ennemi] 현실과 타협하다[적과 화해하다].　se débrouiller *avec* sa conscience 《비유》 양심과 타협하다.　être en paix *avec* sa conscience 양심에 거리낄 것이 없다, 청렴결백하다.　être[se trouver] face à face *avec* une grande difficulté 커다란 위험에 직면하다.　faire connaissance *avec qc* …을 처음으로 알게 되다[체험하다].　faire un pacte *avec* la chance 항상 운이 따르다.　faire un pacte *avec* la vérité 진실을 존중할 결심을 굳히다.　se familiariser *avec* une langue étrangère 외국어에 익숙해지다.　marchander *avec* sa conscience 《비유》 양심과 흥정을 벌이다.　pactiser *avec* sa conscience 양심을 굽히다.　transiger *avec* l'injustice 부정과 타협하다.

· L'hydrogène réagit *avec* l'oxygène en donnant de l'eau.　수소는 산소와 작용하여 물을 생성한다.

❷

terrasse de plain-pied *avec* la chambre 방과 같은 평면에 있는 테라스　faire l'angle *avec qc* …의

모퉁이에 있다.　former un angle droit *avec qc* …와 직각을 이루다.

- La chambre communique *avec* la salle de bains.　그 방은 욕실과 통한다.
- La Belgique confine *avec* la France.　벨기에는 프랑스와 국경을 접하고 있다.
- La trame est croisée *avec* la chaîne.　씨실은 날실과 교차한다.
- Cette étagère n'est pas d'équerre *avec* le mur.　이 책장은 벽과 직각으로 세워져 있지 않다.
- Ce terrasse est de niveau *avec* le sol.　이 테라스는 지면과 같은 높이다.

4) 친족관계

❶ · Il est apparenté *avec* ma femme.　그는 내 아내의 친척이다.
- Il est parent *avec* Jean.　그는 장과 친척이다.

❷ · Il a eu deux enfants *avec* sa première femme et un *avec* la seconde.　그는 첫 번째 부인과의 사이에 두 아이를, 그리고 두 번째 부인과의 사이에 한 아이를 얻었다.

5) [avoir (+ 대명사 +) à faire / voir avec *qn* / *qc*]

avoir (quelque chose) à faire *avec qn* …와 관계가 있다; …와 함께 할 일이 있다.　n'avoir grand-chose[rien] à faire *avec qn*　…와 그다지[아무런] 관계가 없다.　n'avoir plus rien à faire *avec qn* …와 손[접촉]을 끊다.　avoir à voir *avec qn* …와 관계가 있다.　n'avoir pas grand-chose à voir *avec qc* …와 별로 관계가 없다.　n'avoir rien à voir *avec qc*　…와 아무 관계가 없다.

- Je n'ai rien à faire *avec* cet homme.　나는 이 사람과 아무런 관계가 없다.
- Cette maladie a quelque chose à faire *avec* l'environnement.　이 질병을 환경과 어떠한 관계가 있다.
- Cela a à voir *avec* notre discussion d'hier.　그것은 어제의 우리 논의와 관계가 있다.

6) 명사의 보어

accord de libre-échange *avec* la Corée du Sud 한국과의 자유무역 협정.　communication *avec* le monde extérieur 외부세계와의 연락.　longue familiarité *avec* les grandes oeuvres classiques 고전 작품을 오랫동안 접하기.　frontière *avec* la Chine 중국과의 국경.　prise de contact *avec qn/qc* …와의 접촉.　rencontre historique *avec* le pape 교황과의 역사적인 만남.　pourparlers indirects *avec* Israël 이스라엘과의 협상.　service chargé des rapports *avec* le public (기업 따위의) 홍보과.　situation des échanges *avec* l'étranger 대외무역 상황.　afficher sa liaison *avec qn* …와 유대 관계가 있다는 것을 과시하다.　améliorer les relations *avec* la France 프랑스와의 관계를 개선하다.　fantasmer une idylle *avec* une inconnue qui passe 지나가는 낯선 여자와의 연애를 꿈꾸다.　montrer de la raideur dans ses rapports *avec* autrui 다른 사람들을 대하는 것이 부드럽지 못하다.

- Ses relations *avec* le doyen sont bien connues.　그의 학장과의 관계는 잘 알려져 있다.
- Quel est son lien de parenté *avec* le directeur?　그는 부장과 어떤 친척 관계입니까?

6. 결합

1) ❶

de complicité *avec* qn …와 공모하여 ; …와 짝패가 되어.   de concert *avec* qn …와 협력하여.
en partenariat *avec* qn/qc …와 협력[제휴]하여.   somme qui se cumule *avec* une autre 다른 금액에
누가되는 금액.   agir[être] de connivence *avec* qn …와 짜고 행동하다[공모하다].   agir en
complicité *avec* qn …와 공모하여 행동하다.   agir[signer] conjointement *avec* qn …와 공동으로
행동하다[서명하다].   s'allier *avec* l'Angleterre 영국과 동맹하다.   s'apparenter *avec* une grande
famille 명문가와 혼인 관계를 맺다.   apparier un vin *avec* un mets 요리와 포도주를 짝지어서
차리다.   avoir partie liée *avec* qn …와 굳게 맺어져 있다 ; 이해관계를 같이하다, 결탁하다, 공모하다.
conclure[contracter, nouer] une alliance *avec* un pays 어떤 나라와 동맹 관계를 맺다.   conniver
avec qn 《옛·문어》 …와 공모하다.   conserver des attaches *avec* son pays natal 고향과의 유대를
간직하다.   contracter mariage *avec* qn …와 정혼하다.   convoler en justes noces *avec* qn 《옛·익살》
…와 정식으로 결혼하다.   convoler en secondes noces *avec* qn 《옛·익살》 …와 재혼하다.   entrer
en liaison *avec* qn/qc …와 관계를 맺다.   être d'intelligence *avec* qn …와 공모하고 있다, 한통속이
되어 있다.   être de mèche *avec* qn 《구어》 (은밀하게) …와 공모하다, …와 한 패가 되다.   être
solidaire *avec* qn …와 굳게 결속이 되어 있다.   faire alliance *avec* qn …와 결탁하다.   faire[lier,
nouer] amitié *avec* qn …와 우정을 맺다.   faire l'amour *avec* qn …와 육체관계를 맺다.   faire
bloc *avec* qc ; former un bloc *avec* qc …와 일체를 이루다.   faire corps *avec* qn/qc …와 하나가[일
체가] 되다.   faire correspondance *avec* qc (기선·기차가) …와 연결되다.   ne faire qu'un *avec*
qn/qc …와 일체가 되다.   faire qc en conjonction *avec* qn …와 힘을 합쳐 …을 하다.   faire
équipe *avec* qn …와 팀을 짜다.   fricoter *avec* qn …와 성관계를 갖다.   se lier *avec* Pierre et
Paul 《구어》 누구하고나 사이좋게 지내다.   se liguer *avec* qn/qc pour *inf* …하기 위해 …와 합세하다.
se marier[fiancer] *avec* qn …와 결혼[약혼]하다.   renouer *avec* un ami après une brouille 한 번
다투고 난 후 친구와 관계를 회복하다.   travailler en association *avec* un ami 친구와 힘을 합쳐
일하다.   travailler en coopération *avec* qn …와 협력하여 일하다.   travailler en synergie *avec*
d'autres professions 다른 분야 종사자들과 공조해서 일하다.   s'unifier *avec* qn/qc …와 일체가
되다.   s'unir *avec* ses amis pour former une association 친구들과 손을 잡고 조합을 결성하다.

· Il s'est accointé *avec* cette femme.   그는 이 여자와 내연의 관계를 맺었다.

· Le ciment s'amalgame facilement *avec* l'eau   시멘트와 물은 쉽게 혼합된다.

· La bielle s'articule *avec* le piston.   크랭크 암은 피스톤에 연결되어 있다.

· Il s'est associé *avec* son frère pour ouvrir une boutique.   그는 형과 손을 잡고 가게를 열었다.

· Le séminaire de M. Dubois se chevauche *avec* celui de M. Dupont.   뒤부아씨의 세미나는 뒤퐁씨
의 세미나와 겹친다.

· L'Allier conflue *avec* la Loire.   알리에강은 루아르강과 합류한다.

· La Corée a coopéré *avec* la France dans ce domaine.   한국과 프랑스는 그 분야에서 공동 노력을
하였다.

· L'entreprise a fusionné *avec* une société concurrente.   그 기업이 경쟁 회사와 합병했다.

· Les ouvriers se sont solidarisés *avec* leurs collègues licenciés.   노동자들은 해고된 동료들과 연대
했다.

❷ [동사 + de + 명사 + avec + 명사]

> se lier d'amitié *avec qn* …와 우정을 맺다.

2) [동사 + 목적어 + avec + 명사]

> agglomérer le sable *avec* le ciment 모래를 시멘트와 섞어서 굳히다.   allier la force *avec* la prudence 힘과 신중함을 겸비하다.   appareiller des verres *avec* des assiettes 접시와 컵을 짝지어서 차리다.   assembler une couleur *avec* une autre 어떤 색체를 다른 색체와 배합하다.   combiner le cynisme *avec* l'habileté 파렴치와 재치를 겸비하다.   connecter un fil *avec* un autre 실을 연결하다.   cumuler les erreurs *avec* les imprudences 과오에 경솔함이 겹치다.   fondre un ouvrage *avec* un autre 어떤 작품을 다른 것과 합쳐 하나로 만들다.   jumeler une ville *avec* une autre 두 도시를 자매의 관계로 연결하다.   lier un mot *avec* un autre 낱말을 연결하다.   mêler la danse *avec* la musique 음악에 춤을 곁들이다.   solidariser *qn avec* les ouvriers …을 노동자들과 결속시키다.

· Ce pays a conjugué ses efforts *avec* ceux de la Corée pour irriguer le Sahara.   그 나라는 사하라 사막에 물을 대기 위해 한국과 함께 노력했다.
· Il a marié sa fille *avec* le fils d'un de ses amis.   그는 자기 딸을 친구 중 한 사람의 아들과 결혼시켰다.

3) [특정동사 + avec *qc*]

❶

> poètes qui renouent *avec* les traditions populaires 민간전승(民間傳承)의 명맥을 이어가는 시인들.

❷

> accoupler une chienne *avec* un chien-loup 암캐와 늑대개를 교미시키다.   croiser une espèce *avec* une autre 한 종을 다른 종과 교배하다.

· Quand la tourterelle a perdu sa compagne, elle ne s'appareille plus *avec* une autre.   멧비둘기는 자기 짝을 잃으면 다른 멧비둘기와는 짝짓기를 하지 않는다.
· Le loup peut se croiser *avec* le chien.   늑대와 개는 교잡이 가능하다.

4) 명사의 보어

· Solidarité *avec* nos camarades!   우리 동지들과 단결합시다!
· Nous aurons besoin de davantage de coopération *avec* nos alliés asiatiques.   우리는 아시아의 동맹국들과의 더 많은 협력을 필요로 할 것이다.
· Son mariage *avec* Sylvie est remis au mois prochain.   그의 실비와의 결혼이 다음 달로 연기되었다.
· Son rendez-vous *avec* le président a été annulé.   그의 대통령과의 만남이 취소되었다.

7. 감정·관심의 대상

1) …와, …에게(=envers).

> avoir des difficultés *avec* ses collègues 동료들과 사이가 좋지 않다.   avoir[prendre] des libertés *avec* une femme 여자에게 지나치게 친근하게 굴다.   avoir de la patience *avec* qn …에게 관대하다.   avoir[se permettre] des privautés *avec* une femme 여자에게 지나치게 친근하게 굴다.   avoir des rapports tendus *avec* qn …와의 관계가 긴장되어 있다.   avoir un ticket *avec* qn 《구어》 (이성으로부터) 호감을 받고 있음을 분명히 느끼다.   charrier droit *avec* qn 《구어》 …에게 공정하게 대하다.   être aux petits soins *avec* qn …을 위해 세심한 배려를 하다.   être en sympathie *avec* les malheureux 불행한 사람들을 동정하다.   se permettre des hardiesses *avec* qn …에게 감히 무례한 태도를 취하다.   tricher *avec* qn …을 위선적으로 대하다, 속임수를 쓰다.

- Il a de l'influence et il faut compter *avec* lui.   그는 영향력이 있는 사람이니까 고려해야 한다.
- Inutile de finasser *avec* moi!   내게 술책을 부리려 해도 소용없어!
- Vous vous acoquinez *avec* le premier venu.   누구하고나 가리지 않고 잘 어울리는 군요.
- Il coquetait *avec* elle toute la soirée.   그는 저녁 내내 그녀의 환심을 사려고 했다.
- Ces parents manquent de fermeté *avec* leurs fils.   이 부모는 아이들에게 너무 너그럽게 대한다.

2) 형용사의 보어

> professeur patient *avec* ses étudiants 학생들에게 관대한 선생님.   être aimable *avec* qn …에 대해 친절[상냥]하다.   être autoritaire *avec* ses enfants 아이들에게 권위적이다.   être brusque *avec* qn …에게 거칠게 굴다.   être brutal *avec* qn …에게 난폭하게 굴다.   être désagréable *avec* tout le monde 누구에게나 불쾌하게 대하다.   être doux *avec* qn …을 부드럽게[다정하게] 대하다.   être faible *avec* qn …에게 약하다, 엄하지 못하다.   être froid *avec* qn …에게 쌀쌀맞다.   être gentil *avec* ses amis 친구들에게 친절하다.   être grossier *avec* qn …에게 무례하게 굴다.   être humble *avec* ses supérieurs 상사에 대해 공손한 태도를 취하다.   être impertinent *avec* qn …에게 무례하게 굴다.   être impoli *avec* qn …에게 무례하다.   être incorrect *avec* qn …에게 무례하게 굴다.   être indulgent *avec* qn/qc …에 대해 관대하다.   être infect *avec* qn …에게 못되게 굴다.   être inique *avec* qn …에게 편파적으로 대하다.   être insolent *avec* ses parents 부모에게 불손하다.   être insupportable *avec* qn …에게 성가시게[귀찮게] 굴다.   être intime *avec* qn …와 친밀하다.   être libre *avec* qn …와 허물없이 지내다.   être lié étroitement *avec* qn; être très lié *avec* qn …와 친밀하다.   être méchant *avec* les animaux 동물에게 잔인하게 굴다.   être odieux *avec* qn …에게 몹시 불쾌하게 굴다. être rosse *avec* qn …에게 심술궂게[고약하게] 대하다.   être serviable *avec* qn …을 잘 도와주다.   être sévère *avec* les autres 다른 사람에게 엄격한.   être sincère *avec* soi-même 자신에게 성실하다.   être tendre *avec* qn …에게 다정하다.   être vache *avec* qn …에게 짓궂게 굴다.   se montrer bienveillant *avec* qn …에게 친절히 대하다.   se montrer fraternel *avec* qn …에게 우의를 보이다, 형제처럼 굴다.   se montrer galant *avec* une femme 여자에게 정중하게 대하다.

- Il a été abominable *avec* ses amis.   그는 친구들에게 못되게 굴었다.
- Le ministre a été très affable *avec* nous au cours de l'audience.   장관은 회견 중 우리에게 매우 친절했다.

- Il a été une fois très ami *avec* Nicole.　그는 한 때 니콜과 매우 친했었다.
- Il a été bath *avec* moi.　《구어》 그는 나한테 친절했다.
- Elle est bien *avec* tout le monde.　그녀는 모든 사람들과 사이가 좋다.
- Sois bon *avec* les gens âgés.　어른들께 친절해야 한다.
- Il a été tout à fait charmant *avec* ses invités.　그는 손님에게 무척 상냥했다.
- Autant il est charmant *avec* elle, autant il est désagréable *avec* nous.　그는 그녀에게 친절한 만큼이나 우리에 대해서는 불쾌하게 군다.
- Il est très chic *avec* moi.　그는 내게 매우 친절하다.
- Il a été très chouette *avec* moi.　《구어》 그는 나에게 아주 호의적이었다.
- Il n'a pas été correct *avec* son frère.　그는 자기 형에게 정직하지 않았다.
- Il est enjôleur *avec* les femmes.　그는 여자들을 감언이설로 유혹한다.
- Il n'est pas facile *avec* ses subordonnés.　그는 아랫사람들에게 까다롭게 대한다.
- Cet élève est trop familier *avec* ses professeurs.　이 학생은 선생들한테 버릇없이 군다.
- Je serai franc *avec* vous.　솔직하게 말할게요.
- Vous avez été juste *avec* vos amis.　당신은 친구들을 공평하게 대하지 않았습니다.
- Vous n'avez pas été très large *avec* lui.　당신이 그 사람에게 그렇게 후하게 한 것도 아니었다.
- Il a été moche *avec* elle.　그는 그 여자에게 야비하게 굴었다.
- Il est très populaire *avec* les jeunes filles.　그는 소년들에서 매우 인기가 많다.
- Il a été trop rude *avec* elle.　그는 그녀에게 너무 거칠게[심하게] 대했다.
- Tu as été vraiment salaud *avec* elle.　당신은 정말 그녀에게 비열하게 행동했다.
- Elle n'est pas spontanée *avec* les inconnus.　그 여자는 낯선 사람에게는 속을 털어놓지 않는다.
- Elle a été très sport *avec* sa concurrente.　그녀는 경쟁상대에 대해 매우 정정당당 했다.
- Il est timide *avec* les femmes.　그는 여자들 앞에서 수줍어한다.
- Elle file doux *avec* son mari.　그녀는 남편에게 순종한다.
- Je me suis montré de très bonne composition *avec* sa soeur.　나는 그의 누이를 아주 유화적으로[부드럽게] 대했다.
- Il s'est montré ironique *avec* elle.　그는 그녀를 냉소적으로 대했다.
- Il se montre prodigue *avec* ses amis dans le besoin.　그는 어려움에 처한 친구들을 아낌없이 도와준다.
- Bien qu'ayant rompu ses fiançailles, elle reste amie *avec* lui.　그녀는 파혼은 했지만 여전히 그와 친하게 지낸다.

3) [특정동사 + 부사 + avec *qn*]

> se comporter[conduire] bien[mal] *avec* *qn* …에게 제대로[잘못] 처신하다.　en user bien[mal] *avec* *qn* 《옛·문어》 …에게 정중하게[모질게] 굴다.

- Est-ce ainsi que vous en agissez *avec* lui?　당신은 그에게 이렇게 대하십니까?
- Comment se comporte-t-il *avec* vous?　그 사람이 당신에게 어떻게 처신하나요?
- Il s'est conduit très incorrectement *avec* moi.　그는 나에게 몹시 버릇없게 군다.

4) [avec *qc*]

comme on fait *avec* un chien ···개에게 하듯이.   ministre qui coquette *avec* l'opposition 야당에 추파를 던지는 장관.   compter *avec* l'opinion 여론을 고려하다.   être fâché *avec* les maths 《**구어**》 수학을 전혀 못하다[싫어하다].   se fâcher *avec* la chimie 《**구어**》 화학을 잘 못하다[싫어하다].   prendre des libertés *avec* l'orthographe 철자를 제멋대로 쓰다.

· L'allergie le fâche *avec* le soleil.   《**구어**》 그는 알레르기 때문에 햇볕을 싫어한다.
· La Corée du Nord rouvre sa frontière *avec* le Sud.   북한은 남한에 다시 국경을 개방한다.

8. 일치 · 조화

1) ···와, ···와 같이.

en concomitance *avec qc* ···와 병행하여, 동시에.   en conformité *avec qc* ···에 맞도록, ···에 따라서. en coordination *avec qn/qc* ···와 연계되어.   en corrélation *avec qc* ···와 상관하여, ···와 관련하에. en bonne intelligence *avec qn* ···와 사이가 좋은, 사이가 좋게.   acteur qui s'identifie *avec* son personnage 작중 인물과 일체가 되는 배우.   projet qui s'articule bien *avec* la décentralisation industrielle 공업의 지방분산 정책과 잘 맞는 계획.   rouge qui hurle *avec* ce bleu 이 청색과 어울리지 않는 적색.   veste qui va *avec* ce pantalon 이 바지와 조화를 이루는 웃옷.   aller[marcher] de pair *avec qn/qc* ···와 어깨를 나란히 하다; ···에 뒤떨어지지 않다.   avoir des atomes crochus *avec qn* 《**비유**》 ···와 뜻이 맞다.   avoir des intérêts communs *avec qn* ···와 공통의 이해관계가 있다.   corder *avec qn/qc* 《**문어·옛**》 ···와 어울리다, 적합하다.   être[se mettre] d'accord *avec qn* ···와 의견이 일치하다. être[se mettre] bien *avec qn* ···와 사이가 좋다.   être en conformité de goûts *avec qn* ···와 취미가 같다.   être[entrer] en résonance *avec qc* ···와 공명하고 있다[공명을 일으키다].   être de (tout) coeur *avec qn* ···와 마음이 맞다; ···와 같은 감정이다.   être en communion d'idéés[de sentiments] *avec qn* ···와 사상[감정]이 일치하다.   être en communion *avec* la nature 자연과 일체가 되다, 자연에 몰입해 있다.   faire bon ménage *avec qn* ···와 사이가 좋다.   faire la paix *avec qn* ···와 화해하다.   fumer ensemble le calumet de la paix *avec qn* ···와 화해하다.   marcher *avec qn* ···와 의견이 일치하다. sympathiser *avec* les idées socialistes 사회주의 사상과 상통하다.   vivre *avec* son époque 시대에 맞게 살다.   vivre dans l'intimité[dans la plus grande intimité] *avec qn* ···와 친밀하게[더할 나위없이 가깝게] 지내다.   vivre en harmonie *avec* ses voisins 이웃과 사이좋게 지내다.   vivre en paix *avec qn* ···와 화목하게 지내다.   vivre en symbiose *avec qn* ···와 밀접한 관계를 맺고 살아가다.

· D'accord *avec* mon père, je suis allé voir cet homme.   아버지의 동의하에 나는 그 남자를 만나러 갔다.
· Ses recherches de métallurgiste s'accomodaient en lui *avec* l'ardente passion pour la peinture.   야금학 자로서의 그의 탐구는 그의 내부에서 미술에 대한 강렬한 열정과 양립하고 있었다.
· Ils s'accordent *avec* moi sur ce point.   그들은 이점에서 나와 의견이 같다.
· Il faut que nos actions s'accordent *avec* nos opinions.   우리의 행동은 우리의 생각과 일치해야 한다.
· Le verbe s'accorde *avec* son sujet en genre et en nombre.   동사는 주어와 성·수가 일치된다.
· Ce rideau vert s'associe *avec* le tapis.   이 녹색 커튼은 카펫과 잘 어울린다.

- Son manteau s'assortit *avec* la robe.   그녀의 외투는 옷과 잘 어울린다.
- Ces explications ne cadrent pas *avec* le texte.   이 설명은 원문과 맞지 않는다.
- Son arrivée au pouvoir coïncide *avec* les progrès observés dans les relations entre Washington et Pyongyang.   그는 마침 미국과 북한의 관계가 개선되고 있을 때 집권하게 되었다.
- Je communie parfaitement *avec* lui.   나는 그 사람과 완벽하게 정신적인 연대감을 갖고 있다.
- Il communiait *avec* ces sentiments.   그는 그 느낌에 공감하고 있었다.
- Son caractère ne peut compatir *avec* le mien.   《옛》 그의 성격은 내 성격과 일치하지 않는다.
- Son train de vie concorde *avec* ses ressoures.   그의 생활양식은 그의 수입과 어울린다.
- Qu'il soit question de ceci ou de cela, il n'est jamais d'accord *avec* vous.   무엇에 관한 일이건, 그는 당신과 의견이 일치하지 않는다.
- Cette cravate fait bien *avec* votre habit.   이 넥타이는 당신 옷과 잘 어울린다.
- Ce bleu fait très bien *avec* le fond blanc.   이 파란 색은 흰 바탕에 아주 잘 비친다.
- Tout le monde a fait chorus *avec* lui pour condamner ces mesures.   모두 그와 합세하여 그러한 조치들을 비난했다.
- Les intérêts particuliers ne faisaient pas toujours bon ménage *avec* la raison.   개개인의 이익이 양식과 언제나 양립하는 것은 아니었다.
- Elle s'est raccommodée *avec* son mari.   그 여자는 남편과 화해했다.
- Ce chapitre se raccorde bien *avec* l'introduction.   이 장은 서론과 잘 연결된다.
- Ils se sentent de plain-pied *avec* nous.   그들은 우리와 마음이 맞는다고 느낀다.
- Elle a sympathisé *avec* ses voisins.   그 여자는 이웃 사람들과 잘 통하게 되었다.

2) [동사 + 목적어 + avec + 명사]

❶
accorder la couleur du tapis *avec* celle des rideaux 양탄자와 커튼의 색을 맞추다.   assortir une cravate *avec* son costume 옷에 넥타이를 맞추다.   concilier les dépenses *avec* l'exiguïté du budget 지출을 빠듯한 예산에 맞추다.   concilier la richesse du style *avec* la simplicité 훌륭한 문체에 소박함을 겸하다.   harmoniser les tapisseries *avec* les meubles 벽지를 가구와 어울리게 하다.   identifier le parfait *avec* l'absolu 완벽과 절대를 동일시하다.   mettre ses actes en concordance *avec* ses principes 행동을 원칙에 일치시키다.   raccommoder un fils *avec* son père 아들을 아버지와 화해시키다.

- Il cherche toujours à accommoder ses actes *avec* ses paroles.   그는 늘 행동을 말과 일치시키려고 노력한다.
- Il faudrait concilier les dépenses à faire *avec* l'exiguïté du budget.   예산이 부족한 것을 감안하여 지출을 조정해야 할 것이다.
- Nous devons coordonner notre action *avec* la leur.   우리 활동을 그들의 활동에 맞추어야만 한다.

❷ [특정동사 + avec *qn* que …]

dire[penser] *avec* cet auteur que … 그 저자처럼 …라고 말하다[생각하다](=comme).

- On dirait *avec* Albert Camus que c'est une situation absurde.　그것은 알베르 카뮈가 말한 대로 부조리한 상황이라고 할 수 있을 것이다.

3) 형용사의 보어

> couleur assortissante *avec* son âge 그의 나이에 어울리는 빛깔.　avoir quelque chose de commun *avec* qn/qc …와 닮다.

- Son cas n'a rien de commun *avec* le mien.　그의 경우는 내 경우와 전혀 관련이 없다.
- La fonction de préfet n'est pas compatible *avec* celle de député.　도지사직은 국회 의원직과 겸직될 수 없다.
- Il n'est pas conséquent *avec* lui-même.　그는 자기모순에 빠져있다.
- Le fils est consubstantiel *avec* le Père.　성자는 성부와 동질[동체]이다.

4) 명사의 보어

> accord de l'adjectif *avec* le substantif 형용사와 실사의 일치.　adéquation de l'organe *avec* la fonction 어떤 기관이[장치가] 특정 기능을 수행하기에 적합함.　assimilation de la vie *avec* un rêve 삶과 꿈의 동일시.　conformité d'une chose *avec* une autre 이것과 저것의 유사성.　identité d'une chose *avec* une autre 하나와 다른 하나 사이의 일치[동일성].　compatibilité de A *avec* B A와 B의 양립가능.　ressemblance d'un objet *avec* un autre 한 물체와 또 다른 것과의 유사함.　unité d'action *avec* la C.G.T. 노동총연맹과의 행동 통일.　en arriver[consentir] à un compromis *avec* qn …와의 타협에 이르다[동의하다].　vérifier la conformité d'une copie *avec* l'original 사본이 원본과 일치하는가를 확인하다.

9. 비교 · 비례 · 대조

1)

> en proportion *avec* qc …에 비례하여, …에 따라.　un rapport qui doublonne *avec* un autre 다른 것과 중복되는 보고서.　avoir des affinités *avec* qn …와 친근성이 있다.　contraster très vivement *avec* qc …와 강한 대조를 이루다.　être sur un pied d'égalité *avec* qn …와 동등하다.　être sans commune mesure *avec* …와 비교할 바 아니다.　faire une comparaison *avec* qn/qc …와 비교하다.　faire[être en] contraste *avec* qc …와 대조를 이루다.　presenter les différences *avec* qc …와의 차이를 보여주다.　soutenir la comparaison *avec* qn/qc …와 견줄 만하다, …에 필적할 만하다.

- Leur profession ne pouvait se comparer *avec* nulle autre.　그들의 직업은 다른 어느 것과도 비교될 수 없었다.
- L'esprit n'est pas comparable *avec* la matière.　정신은 물질과 비교될 수 없다.
- Cette dépense n'est rien par comparaison *avec* ce qu'il gagne.　그 정도 지출은 그가 버는 것과 비교할 때 아무 것도 아니다.
- J'ai deux ans de différence *avec* mon frère.　나는 형과 두 살 차가 난다.
- Quelle est la différence de l'appartement *avec* une maison ordinaire?　아파트와 일반 주택과의 차이가

무엇인가요?

· Son livre ne supporte pas la comparaison *avec* le précédent.　그의 책은 먼저 나온 책과 비교할 바가 못 된다.

· Son silence tranchait *avec* l'agitation générale.　그의 침묵은 시끌벅적한 전체적 분위기와 대조를 이루는 것이었다.

· Les costumes varient *avec* les lieux.　지방에 따라 복장이 다르다.

2) [동사 + 목적어 + avec + 명사]

> comparer une copie *avec* l'original 사본을 원본과 대조하다.　comparer un écrivain *avec* un autre 어떤 작가를 다른 작가와 비교하다.　confronter le prévenu *avec* les témoins 피의자를 증인과 대질시키다.　couper une jupe *avec* un patron 옷본을 대고 치맛감을 재단하다.　mettre une chose en comparaison *avec* une autre 어떤 것을 다른 것과 비교하다.

· Il ne faut pas comparer les chagrins de la vie *avec* ceux de la mort.　삶의 괴로움을 죽음의 괴로움과 견주어서는 안 된다.

10. 혼합 · 혼동

> confondre Pierre *avec* Jean 피에르를 장으로 잘못 알다.　confondre un sept *avec* un 4 7을 4와 혼동하다.
> confondre ses pleurs *avec* qn 《비유》 …와 슬픔을 같이 하다.　se confondre *avec* la foule 인파에 휩쓸리다.
> mélanger l'huile *avec* le vinaigre 기름과 식초를 혼합하다.

· Vous avez confondu le numéro *avec* le mien.　(전화)번호를 나의 것과 혼동하셨습니다.
· Il na faut pas mélanger[Ne pas mélanger] les torchons *avec* les serviettes.　《구어》 사람을 봐가면서 대접을 해야 한다.

11. 교환 · 교체

1)
> échanger des regards[sourires] *avec* qn …와 서로 시선을[미소를] 주고받다.

· Les vents violents alternaient *avec* des calmes plats.　강풍이 멎으면 고요함이 찾아들곤 했다.
· Je ne changerai pas *avec* vous.　나는 당신과 입장을 바꾸고 싶지 않소.
· A commute *avec* B.　A는 B와 교환된다.
· Il faut commuter A *avec* B.　A를 B로 치환해야 한다.

2) [동사 + de + 무관사명사 + avec + 명사]

> changer de place *avec* qn …와 장소를[자리를, 입장을] 바꾸다.　faire un échange[l'échange] de *qc* *avec* qn …와 …을 서로 바꾸다.

- J'ai changé de place *avec* Jean.　　나는 Jean과 자리를 바꾸었다.
- Il veut changer de rôle *avec* elle.　　그는 그녀와 역할을 바꾸기를 원한다.

◎ [l'unz avec l'autre]

- Changez de place les uns *avec* les autres.　　서로 자리를 바꾸시오.

12. 찬성 · 지지

être *avec* le gouvernement 정부를 지지하다(=pour).　　hurler *avec* les loups 《비유》 대세를 따르다; 부화뇌동하다.　　se mettre *avec* qn …와 같은 편이 되다(=prendre son parti);《구어》 동거하다.　　voter *avec* un parti 어느 정당에 투표하다.

- Dieu[La chance]est *avec* vous.　　신[행운]은 당신 편입니다.
- Qui n'est pas *avec* moi est contre moi.　　내 편이 아닌 사람은 나의 적이다.
- Si vous approuvez le projet, les socialistes seront *avec* vous.　　당신이 그 계획에 찬성하신다면 사회당에서 당신을 지지할 것입니다.

13. 대립 · 경쟁

1) ❶ …을 상대로(= contre).

en mauvaise intelligence *avec* qn …와 사이가 나쁜, 사이가 나쁘게.　　sans proportion *avec* qc …와 어울리지 않는; …와 비교도 안되는.　　chaussures qui jurent *avec* la robe 옷과 어울리지 않는 신발.　　couleur qui dissone *avec* une autre 다른 색과 어울리지 않는 색.　　projet qui s'articule mal *avec* la décentralisation industrielle 공업의 지방분산 정책과 잘 맞지 않는 계획.　　avoir qc à démêler *avec* qn …와 …에 관하여 다투다.　　avoir une altercation *avec* qn …와 언쟁하다.　　avoir une chicane *avec* qn …와 말다툼하다.　　avoir des complications *avec* qn …와의 사이가 복잡하게 꼬이다.　　avoir une contestation *avec* qn …와 다투다.　　avoir de continuelles disputes *avec* qn …와 끊임없이 다투다.　　avoir des crosses *avec* qn《구어》 …와의 사이에 불화의 씨를 안고 있다.　　avoir un différend *avec* qn …와 다투고 있다.　　avoir une engueulade *avec* qn …와 말다툼을 하다.　　avoir des histoires *avec* qn《구어》 …와 말썽이 생기다.　　avoir maille à partir *avec* qn …와 다투다.　　avoir une prise de bec *avec* qn …와 말다툼하다.　　n'avoir aucune proportion *avec* qc …와 전혀 어울리지 않다.　　se battre[lutter] *avec* qn …와 싸우다.　　briser *avec* qn …와 절교하다.　　se brouiller *avec* qn …와 사이가 틀어지다.　　se chicaner *avec* qn …와 말다툼하다.　　croiser[engager] le fer *avec* qn …와 칼싸움을 하다;《비유》 …와 대립하다; …와 논쟁하다.　　se débattre *avec* ses collègues 동료들과 논쟁하다.　　en découdre *avec* qn …와 싸우다.　　se disputer *avec* qn sur qc …와 …에 관해 언쟁하다.　　engager le combat *avec* qn …와 전투를 개시하다.　　engager[entretenir] une polémique *avec* qn …와 논쟁을 시작하다.　　s'engueuler *avec* qn …와 서로 욕을 하다[싸우다].　　entrer en conflit *avec* qn …와 충돌하다.　　entrer en rivalité *avec* qn …와 경쟁[적대]관계에 들어가다.　　escarmoucher *avec* qn …와 가벼운 논전을 벌이다.　　être à couteaux tirés *avec qc*; être aux épées et aux couteaux *avec qn* ···와 격렬하게 대적하고 있다; ···와 험악한 관계이다.　être[se trouver] aux prises *avec qn/qc* ···와 싸우다, ···와 실랑이하다.　être en bisbille *avec qn*《구어》···와 사이가 틀어져 있다.　être en brouille *avec qn* ···와 반목하다.　être[entrer] en compétition *avec qn/qc*···와 경쟁 관계에 있다[들어가다].　être[se trouver] en concurrence *avec qn/qc* ···와 경쟁관계에 있다.　être en contestation *avec qn* ···와 계쟁(係爭) 중이다.　être en contradiction *avec qn/qc* ···와 대립[모순]되다.　être en délicatesse *avec qn* ···와 관계가 좋지 않다.　être[se trouver] en désaccord *avec qn* sur *qc* ···에 관해 ···와 의견이 대립되다.　être en froid *avec qn* ···와 틀어져 있다[불화 중이다].　être en guerre *avec* un pays 어떤 나라와 교전 상태에 있다.　être en mésintelligence *avec qn*《문어》···와 알력이 있다.　être sur le pied de guerre *avec qn* ···와 임전태세에[반목하고] 있다.　vivre en guerre *avec qn* ···와 반목하며 살다. être en procès *avec qn* ···와 소송중이다.　se fâcher *avec* ses voisins 이웃들과 사이가 벌어지다. faire la course *avec qn* ···와 경주를 하다.　faire mauvais ménage *avec qn* ···와 사이가 좋지 않다.　n'avoir pas gardé les cochons[dindons] *avec qn*《구어》···와 절친하지 않다.　jouer au plus fin *avec qn* ···와 간계를 다투다.　jouter *avec qn* ···와 겨루다.　mesurer ses forces *avec qn* ···와 힘을 겨루다, ···에 도전하다.　se prendre de querelle *avec qn* ···와 싸움을 시작하다. rompre la paille *avec qn*《옛》···와 사이가 틀어지다.

· Il s'est bagarré *avec* son frère.　그는 자기 형제와 주먹다짐하며 싸웠다.
· Je ne veux pas contester *avec* vous.　나는 당신과 다투고 싶지 않소
· Sa conduite est en opposition *avec* ses idées.　그의 행동은 그의 생각과 모순된다.
· L'homme se découvre quand il se mesure *avec* l'obstacle.　인간은 역경과 싸울 때 자신을 발견하게 된다.
· Ses oeuvres rivalisent *avec* les plus grands chefs-d'oeuvres.　그의 작품들은 가장 위대한 걸작들에 필적한다.

◎ [l'un avec l'autre]

· événements qui interfèrent les uns *avec* les autres　서로 경합하는 사건들.

❷ [동사 + de + 명사 + avec + 명사]

combattre d'esprit[de générosité, de politesse] *avec qn* ···와 재치를[관대함을, 예의바름을] 겨루다. faire assaut d'esprit[de paroles] *avec qn* ···와 재지[말재수]를 겨루다.

2) [동사 + 목적어 + avec + 명사]

· Cet événement a fini par l'fâcher *avec* son ami.　그 사건이 그와 그의 친구 사이를 틀어지게 했다.

3) 형용사의 보어

affirmation contradictoire *avec* une autre 다른 것에 상반되는 주장.　être[se mettre] mal *avec qn* ···와

> 사이가 나쁘다[나빠지다].　être brouillé *avec* qn/qc …와 사이가 좋지 않다; 《**구어**》…에 약하다; …와
> 인연이 없다.　être ennemi *avec* qn …와 사이가 나쁘다.　être fâché *avec* ses collègues 동료들과
> 사이가 좋지 않다.　être irréconciliable *avec* qn …와 반목하며 지내다.

· Ce modèle est concurrentiel *avec* celui d'un autre marque.　이 모델은 다른 상품의 모델과 경합하고
  있다.

· La culture moderne n'est pas incompatible *avec* la foi.　현대 문명과 신앙이 양립할 수 없는 것은
  아니다.

· Ce voyage est inconciliable *avec* votre emploi du temps.　이 여행은 당신의 시간표와는 맞지 않는다.

· Il est inconséquent *avec* lui-même.　그는 자기모순에 빠져있다.

4) 명사의 보어

> conflit *avec* l'Allemagne 독일과의 갈등.　confrontation militaire *avec* l'Iran 이란과의 군사적 대립.
> guerre *avec* le Japon 일본과의 전쟁.　incompatibilité de A *avec* B A와 B의 양립불능.　sa rivalité
> *avec* le vice-président 그의 부통령과의 경쟁관계.　attiser la tension *avec* un pays 어떤 국가와의 긴장
> 관계를 조장하다.　commencer la lutte *avec* la mière 빈곤과의 투쟁을 시작하다.　déclencher la crise
> nucléaire *avec* la Corée du Nord 북한과의 핵 위기를 촉발하다.　réduire les frictions commerciales
> *avec* les États-Unis 대미무역마찰을 완화하다.

· Ce pays veut la fin de la relation hostile *avec* les États-Unis.　그 나라는 미국과의 적대적인 관계가
  종식되기를 원한다.

14. 분리 · 단절 · 종료

1)

> couper le câble *avec* qn …와 관계를 끊다, 절교하다.　divorcer *avec* un mari atroce 잔학한 남편과
> 이혼하다.　divorcer *avec* toutes ses amies 모든 여자 친구들과 인연을 끊다.　divorcer *avec* la pudeur
> 수치심을 벗어던지다.　être en rupture *avec* la société 사회와 단절되어 있다.　faire bourse à part
> *avec* qn …와 계산을 따로 하다.　perdre le contact *avec* qn …와 연락이[교제가] 끊어지다.　rompre
> *avec* sa famille 가족과 관계를 끊다.　rompre *avec* son passé 자신의 과거와 끊다.

· Je suis à vous dès que j'ai fini *avec* Monsieur.　그 사람 일이 끝나면 곧 (돌)보아 드리겠습니다.

· Il est en rupture *avec* tout le monde.　그는 모든 사람들과의 관계를 끊고 있다.

· Cette peinture rompait *avec* les traditions académiques.　그 그림은 관학파의 전통과 결별하는 것이었다.

2) 명사의 보어

> divorce de Pierre *avec* sa femme 피에르와 그의 아내의 이혼.　rupture *avec* le passé 과거와의 단절.

15. 주제 · 대상

1) ❶ 문두에서 : ···로 말하자면; ···의 말을 들으면.

  · *Avec* lui, inutile de biaiser.   그에게는 돌려서 말할 필요가 없다.
  · *Avec* elle, je m'arrangerai toujours.   그녀와 함께하면 나는 언제나 뜻이 맞을거야.
  · *Avec* cette maladie, il n'y a pas de pardon.   이 병에 걸렸다하면 살아남기 힘들다.
  · *Avec* vous, il n'y a que l'argent qui compte.   당신 말대로라면, 중요한 건 돈 밖에 없다(= à vous entendre).
  · *Avec* elle, il n'est pas sûr si elle viendra demain.   그녀에 대해서는 내일 올지 확실하지 않다.
  · *Avec* un tel sujet, le photographe perd toute objectivité.   그러한 주제에 대해서는 사진사가 전혀 객관성을 지니지 못한다.
  · *Avec* un marché mondial de l'armement en pleine expansion, la France représente 5,9 % des parts de marché.   팽창하고 있는 세계의 군수 시장에서 프랑스는 5.9%의 시장 점유율을 차지하고 있다.
  · *Avec* elle, on ne sait jamais à quoi s'en tenir.   그 여자는[그 여자 말은] 도무지 종잡을 수 없다.
  · Les voisins, *avec* eux, c'était bonjour bonsoir.   이웃 사람들, 그들과는 그저 오가다 인사하는 정도의 사이였어.

  ❷ 대상

  · Tu es allé un peu[trop] loin *avec* tes plaisanteries.   너의 농담은 도가 좀[너무] 지나쳤다.
  · Il ne badine pas *avec* la discipline.   그는 규율에 관한한 엄격하다.
  · On ne badine pas *avec* l'amour.   사랑은 장난이 아니다((A. Musset의 희곡)).
  · Il ne faut pas blaguer *avec* la santé.   《비유》 건강 문제를 가볍게 생각하면 안 된다.
  · Laissez-moi tranquille *avec* cette affaire.   내게 그 일을 거론하지 말아 주세요.
  · On ne plaisante pas *avec* ces choses-là.   그것은 가볍게 넘길 일이 아니다.
  · Il ne faut pas rigoler *avec* ça.   그런 것을 가지고 농담하면 안 된다.

2) 명사의 보어

  · Le malheur *avec* lui, c'est que, même malade, il ne veut pas aller chez le médecin.   그에게 있어 불행한 것은 아파도 의사에게 가려고 하지 않는다는 것이다.
  · Le problème *avec* cette malade, c'est qu'il ne veut rien mangerentendre.   그 환자의 그가 아무 것도 먹으려 하지 않는다는 것이다.
  · Le plus étonnant *avec* lui, c'est qu'il ne sait pas ce qui s'est passé.   그에게 있어 가장 놀라운 점은 그가 무슨 일이 일어났는지 모른다는 것이다.

16. 수단 · 도구 · 방법

1) ❶

  avec la complicité de la nuit 《비유》 야음을 틈타서.   *avec* le concours de *qn* ···의 도움으로
  avec la participation de *qn* ···의 협력에 의해.   s'abriter[se protéger] de la pluie *avec* un parapluie
  우산으로 비를 피하다.   adoucir une glace *avec* l'émeri 유리를 금강사로 연마하다.   appâter *qn*

avec de l'argent …을 돈으로 유혹하다.　arracher un clou *avec* un arrache-clou 장도리로 못을 뽑다.　aspirer l'eau *avec* une pompe 펌프로 물을 빨아들이다.　assujettir *qc avec* des coins …을 쐐기로 고정시키다.　attacher un paquet *avec* une ficelle 끈으로 소포를 묶다.　s'attacher les cheveux *avec* un élastique 고무줄로 머리를 묶다.　attirer *avec* de l'appât 미끼로 유인하다 (=appâter).　attiser le feu *avec* un soufflet 풀무로 불을 일으키다.　battre l'eau *avec* un bâton 헛수고하다.　battre le blé *avec* le fléau 밀을 도리깨질하다.　battre des pieux *avec* un marteau 망치로 말뚝을 때려 박다.　boire du jus d'orange *avec* une paille 빨대로 오렌지 주스를 마시다.　buter un pont *avec* une culée 다리를 교대(橋臺)로 떠받치다.　chanter en s'accompagnant *avec* la guitare 기타를 치며 노래하다.　se chausser *avec* un chausse-pied 구두주걱으로 신을 신다.　cliquer *avec* la souris 마우스로 클릭하다.　se consoler *avec* une bouteille de champagne 《구어》 샴페인 한 병으로 슬픔을 달래다.　couper *qc avec* un couteau …을 칼로 베다.　couvrir le calice *avec* la pale 성배를 성작개(聖爵蓋)로 덮다.　déboucher une bouteille *avec* un tire-bouchon 병따개로 병을 따다.　décrire[tracer] un cercle *avec* un compas 컴퍼스로 원을 그리다.　distiller l'alcool *avec* un alambic 증류기로 알코올을 증류하다.　donner du bouffant *avec* des fronces 주름을 잡아 부풀리다.　éclaircir des cheveux *avec* du décolorant 탈색제로 머리 색깔을 옅게 하다.　éclairer la route *avec* les phares 전조등으로 길을 비추다.　enchanter l'assistance *avec* son histoire 이야기로 청중을 매료시키다.　enfoncer un clou *avec* un marteau 망치로 못을 박다.　enjoliver une robe *avec* des dentelles 드레스를 레이스로 장식하다.　envelopper les raisons *avec* un journal 포도를 신문지로 싸다.　éponger de l'eau *avec* un torchon 행주로 물을 닦다.　essuyer[frotter] *qc avec* un linge …을 천[걸레]으로 닦다.　étendre une peinture *avec* du diluant 페인트를 용제로 묽게 하다.　faire joujou *avec* une poupée 인형을 가지고 놀다.　faire levier *avec* une pelle 삽을 지렛대처럼 이용하다.　faire des moulinets *avec* sa canne 지팡이를 휘두르다.　faire le point *avec* le sextant et la boussole 육분의와 나침판으로 좌표를 정하다.　faire une piqûre *avec* une seringue 주사기로 주사를 놓다.　fendre du bois *avec* une hache 도끼로 나무를 패다.　fertiliser un sol pauvre *avec* du fumier 퇴비로 척박한 땅을 기름지게 하다.　fixer les volets *avec* des crochets 쪽문을 걸쇠로 고정시키다.　garnir une paroi *avec* des plaques de bois 간막이 벽에 나무 판자를 대다.　gaver des oies *avec* un entonnoir 깔때기로 거위에게 억지로 많이 먹이다.　gratter un plancher *avec* de la paille de fer 쇠수세미로 마루바닥을 문지르다.　guinder une charge *avec* une grue 기중기로 들어올리다.　jongler *avec* les chiffres 숫자의 마술을 부리다.　jouer de la trompette *avec* la sourdine 약음기를 써서 나팔을 불다.　lancer une pierre *avec* une fronde 투석기로 돌을 던지다.　lier les bras de *qn avec* une corde …의 팔을 줄로 묶다.　lisser ses plumes *avec* son bec 부리로 깃을 다듬다.　manger du riz *avec* des baguettes 쌀밥을 젓가락으로 먹다.　manger *avec* une cuillère 숟가락으로 먹다.　manger *avec* un lance-pierre 급하게 먹다.　marcher *avec* un béquilles 목발로 걷다.　menacer *qn avec* un couteau 칼을 들고 …을 위협하다.　mesurer un angle *avec* un rapporteur 각도기로 각을 재다.　meubler ses loisirs *avec* quelques bons livres 재미있는 책 몇 권을 읽으면서 여가를 보내다.　nettoyer des tapis *avec* un aspirateur 청소기로 양탄자를 청소하다.　nouer ses cheveux *avec* une ficelle 끈으로 머리를 묶다.　parler *avec* une voix sonore 낭랑한 목소리로 말하다.　percer *qc avec* une vrille 나사송곳으로 …에 구멍을 뚫다.　peser un objet *avec* une balance [bascule] 물건을 저울에 달다.　picoter une feuille de papier *avec* une aiguille 바늘로 종이를 콕콕 찌르다.　prendre ses mensurations *avec* un mètre 미터자로 신체측정을 하다.　se protéger la gorge *avec* une écharpe 머플러로 목을 보호하다.   puiser de l'eau *avec* un seau 물통으로 물을 긷다.   rajeunir les vieillards *avec* des injections d'hormone 노인에게 호르몬 주사를 놓아 젊어지게 하다.   ramasser *qc avec* un râteau …을 갈퀴로 긁어모으다.   repasser *avec* un fer chaud 다리미로 다리다.   retourner la terre *avec* un bêche 삽으로 땅을 파 엎다.   sous-louer un appartement *avec* l'agrément du propriétaire 소유주의 동의를 얻어 아파트를 다시 세를 주다.   tisonner le feu *avec* un tisonnier 부지깽이로 불을 뒤적거렸다.   tracter une caravane *avec* une voiture 자동차로 캠핑트레일러를 끌다.   tuer *qn avec* une épée …을 칼로 죽이다.   voyager *avec* un billet de première 일등표로 여행하다.   vouloir sécher la mer *avec* une éponge 불가능한 일을 도모하다.

- Est-ce qu'on peut l'acheter *avec* cent dollars?   백 달러로 그것을 살 수 있습니까?
- Il cherche à nous amadouer *avec* de bonnes paroles.   그는 감언이설로 우리의 환심을 사려 애쓰고 있다.
- Cet enfant s'amuse *avec* sa petite voiture.   이 아이는 자기 작은 장난감 자동차를 가지고 논다.
- Il été blessé *avec* une arme blanche   그는 총검에 의해 부상을 입었다.
- Écrivez ce mot *avec* un stylo.   이 단어를 만년필로 쓰시오.
- Cent onze s'écrit *avec* trois un.   111은 1을 3개 쓴다.
- Je ne veux pas vous encombrer *avec* ce paquet.   이 짐이 불편하게 해 드리지 않았으면 좋겠습니다.
- Il s'escrimait *avec* sa canne.   그는 지팡이를 칼처럼 휘둘렀다.
- Je m'évantais *avec* mon chapeau.   나는 모자로 부채질 하고 있었다.
- Il faut laisser chacun manger *avec* sa cuiller.   《속담》 나도 살고 너도 살자, 공존공영.
- Il a obtenu d'excellents résultats *avec* cette méthode.   그는 그 방법을 써서 아주 좋은 성과를 얻었다.
- Elle a orné sa chambre *avec* des estampes.   그녀는 그녀의 방을 판화로 장식했다.
- On ne prend pas les mouches *avec* du vinaigre.   《속담》 엄격함으로는 사람의 마음을 얻을 수 없다.
- Ce magnétophone reproduit les sons *avec* une haute fidélité.   이 녹음기는 하이파이로 소리를 재생한다.
- J'ai réussi *avec* l'aide de mon frère.   나는 내 형의 도움으로 성공했다.
- On sondait *avec* un plomb la hauteur des eaux.   추를 내려 수심을 재곤 했다.

❷ [avec + 무관사명사]

fissure bouchée *avec* plâtre 회칠을 해서 막은 균열.   chanter *avec* accompagnement de piano 피아노 반주로 노래하다.   décider[juger] *avec* pièces à l'appui 증거에 입각하여 결정[판단]을 내리다.

❸ [avec + 신체부위명사]

broyer *avec* ses dents 이로 씹다.   creuser sa fosse *avec* ses dents 《비유》 과식으로 건강을 해치다.   parler *avec* les mains 손짓으로 나타내다.   voter *avec* les(ses) pieds 《비유》 기권[망명]하여 반대의 뜻을 나타내다.

· Il a fait tomber son adversaire *avec* sa jambe.　그는 다리를 이용하여 상대를 쓰러뜨렸다.
· Ne mange pas *avec* les doigts, ce n'est pas propre.　불결하니 손가락으로 먹지 마라.

❹ [avec + 교통기관명사]

· J'irai faire les courses *avec* la moto de mon oncle.　나는 삼촌의 오토바이를 타고 시장 보러 갈 거다.
· Vous n'irez pas loin *avec* cette voiture.　이 차로는 멀리 갈 수 없을 거예요.
· Il est venu en France *avec* l'avion d'Air France.　그는 에어프랑스 비행기를 타고 파리에 왔다.

⇒ à, dans, en, sur

2) 명사의 보어

chasse *avec* des oiseaux (매 따위의) 새를 이용한 사냥.　construction d'un adjectif *avec* une proposition 전치사와 함께 쓰이는 형용사 용법.　grève *avec* occupation des locaux (작업장) 점거 농성.

17. 재료

étoffe qui se trame *avec* du coton 면사(綿絲)로 짜여지는 직물.　de la viande accommodée *avec* une sauce sucrée 단 맛을 낸 고기 요리.　accommoder du poisson *avec* une sauce 소스로 생선을 조리하다.　adoucir l'acidité d'un citron *avec* du sucre. 레몬의 시큼한 맛을 설탕으로 부드럽게 하다.　alimenter un bébé *avec* du lait 아기에게 우유를 먹이다.　aromatiser le gâteau *avec* du rhum 케이크에 럼주를 넣어 향을 내다.　assaisonner *avec* de l'huile et du vinaigre 기름과 식초로 조미하다.　assaisonner la salade *avec* une vinaigrette 초기름 소스로 샐러드의 맛을 내다.　bâtir une boîte *avec* du bois 나무로 상자를 만들다.　composer un bouquet *avec* des fleurs de la saison 제철의 꽃들로 꽃다발을 만들다.　décorer une table *avec* des fleurs 식탁을 꽃으로 장식하다.　diluer de l'alcool *avec* de l'eau 알코올을 물로 희석하다.　dîner *avec* qc ⋯로 저녁 식사를 하다.　dîner *avec* les chevaux de bois 《**구어**》 식사를 거르다.　faire un coussin *avec* le tissu restant 남는 천으로 방석을 만들다.　faire une pâte *avec* la farine 밀가루 반죽을 하다.　faire (tout) un plat *avec* qc 《**비유**》 ⋯을 두고 야단법석을 떨다; ⋯을 공연히 과장하다.　fourrer des crêpes *avec* une crème au chocolat 초코 크림으로 크레프 속을 채우다.　mouiller un ragoût *avec* du vin blanc 스튜에 백포도주를 타다.　sucrer son café *avec* du sucre 설탕을 넣어 커피를 달게 하다.

· C'est une table faite *avec* du bois.　그것은 나무로 만든 탁자다.
· On fait le makkoli *avec* du riz.　막걸리는 쌀로 만든다.
· On va faire *quoi* avec ce gamin?　이 녀석을 무엇이 되게 될까?
· La dinde se farcit *avec* des marrons.　칠면조는 밤으로 속이 채워졌다.
· Ce pain se fait *avec* de la farine de seigle.　이 빵은 호밀가루로 만들어진다.

18. 양태

1) …으로, …을 가지고.

---

avec un air méchant 심술궂은 태도로.　*avec* toute son âme 마음을 다하여, 성심성의껏.　*avec* son béret tout de traviole 베레모를 삐딱하게 쓰고.　*avec* beaucoup de bonne grâce 아주 호의적으로.　*avec* les meilleures intentions 성심성의껏.　*avec* un lance-pierre 급하게, 서둘러(=très rapidement); 부족하게(=insuffisamment).　*avec* des larmes aux yeux 눈물을 글썽이며.　*avec* des larmes dans la voix 울먹이는 목소리로.　*avec* un grand luxe de précautions 무척 조심하면서.　*avec* une prudence excessive 지나치게 신중하게.　*avec* la rapidité de l'éclair 번개같이 빠르게, 번개처럼.　*avec* beaucoup de sagacité 아주 통찰력 있게.　*avec* une violence inouïe 놀라울 정도로 거칠게.　agir *avec* un sage lenteur 차분하게 행동하다.　avertir *qn avec* de grands ménagements 아주 조심스럽게 …에게 통보하다.　dire *qc avec* un soupir 한숨을 내쉬며 …을 말하다.　faire un travail *avec* beaucoup de conscience 성심성의껏 일하다.　faire un travail *avec* la minutie 면밀하게 일을 처리하다.　grimper *avec* une merveilleuse agilité 놀라울 정도로 민첩하게 기어오르다.　jouer *avec* beaucoup d'expression 감정이 풍부하게 연주하다.　manger *avec* une voracité animale 짐승처럼 탐욕스럽게 먹다.　marcher *avec* un mouvement onduleux 몸을 흔들며 걷다.　marcher *avec* des roulements de hanches 엉덩이를 흔들며 걷다.　observer *qc avec* une vive curiosité 강한 호기심을 가지고 …을 관찰하다.　observer *qn avec* un surcroît d'inquiétude 더욱 불안한 마음으로 …을 지켜보다.　parler anglais *avec* une parfaite aisance 영어를 자유자재로 구사하다.　parler *avec* beaucoup de pathétique 매우 비장하게 말하다.　parler *avec* une franchise brutale 단도직입적으로 말하다.　parler *avec* le verbe mordant 신랄한 어조로 말하다.　recevoir *qn avec* des marques de joie 기쁜 표정으로 …을 맞이하다.　regarder *avec* un oeil d'envie 선망의 눈초리로 바라보다.　regarder *qn avec* des yeux exorbités …을 눈이 휘둥그레져서 바라보다.　répliquer *avec* l'aigreur 신랄하게 대꾸하다.　rouler *avec* une rapidité fulgurante 번개같이 질주하다.　soigner *qn avec* beaucoup de dévouement …을 정성스럽게 돌보다.　subtiliser *qc avec* une adresse diabolique …을 귀신같은 솜씨로 갈취하다.　traiter *qn avec* beaucoup d'égards …을 정중하게 대우하다.　voir sa fille se développer *avec* tant de charmes 딸이 그렇게 매력적으로 성장하는 것을 바라보다.

- Il a accueilli ma demande *avec* beaucoup de bonne[mauvaise] grâce.　그는 내 요구를 아주 호의적으로[마지못해] 받아들였다.

- Il a accueilli cette demande *avec* un sourire ironique.　그는 빈정거리는 듯한 웃음을 띠면서 그 요구를 받아들였다.

- Cet équipage difficile à mener s'avance *avec* des à-côtés.　작동시키기에 어려운 이 기계장치는 덜컹거리면서 움직이고 있다.

- Elle a chanté *avec* beaucoup de sentiment.　그 여자는 무척이나 감정을 잡으면서 노래했다.

- Il écoutait *avec* une attention accrue.　그는 더욱 주의 깊게 듣고 있었다.

- Les troupes ont manoeuvré *avec* un ensemble impressionnant.　부대는 놀랍도록 일사분란하게 작전을 펼쳤다.

- Elle parle *avec* un tremblement dans la voix.　그녀는 떨리는 목소리로 말한다.

- L'avion passe *avec* un bruit fracassant.　비행기가 굉음을 내며 지나간다.

- Ce livre fut reçu *avec* un applaudissement incroyable.　그 책은 믿어지지 않을 정도로 좋은 호응을

얻었다.

· Il me répond *avec* une affectation de pitié.   그는 나에게 짐짓 동정한다는 듯이 대답한다.

2) [avec + 무관사명사]

avec affection 자애롭게.   *avec* agressivité 호전적으로.   *avec* aisance 수월하게, 어색함이 없이, 여유있게. *avec* allant 정열적으로.   *avec* amertume 신랄하게.   *avec* amour 정성들여; 애정을 갖고.   *avec* anxiété 걱정스럽게.   *avec* aplomb 태연자약하게.   *avec* âpreté 심하게, 신랄하게, 사정없이.   *avec* à-propos 적절하게, 알맞게.   *avec* ardeur 열심히, 열렬히.   *avec* assuduité 끈기있게.   *avec* audace 대담하게. *avec* bienveillance 친절하게, 호의적으로.   *avec* bonheur 성공적으로, 희한하게 잘.   *avec* brusquerie 거칠게, 무례하게.   *avec* civilité 예의바르게.   *avec* coeur 열심히, 성의껏.   *avec* cohérence 일관성 있게, 조리정연하게.   *avec* componction 점잔빼며.   *avec* confiance 자신을 갖고, 확신을 갖고, 신뢰하고. *avec* constance 끈기있게, 끈질기게.   *avec* contrainte 조심스럽게.   *avec* courtoisie 정중하게.   *avec* cupidité 탐욕스럽게.   *avec* cynisme 파렴치하게.   *avec* décontraction 편안하게, 느긋하게; 거리낌없이. *avec* défi 도발적으로, 거만하게.   *avec* délectation 몹시 즐겁게.   *avec* efficacité 능률적으로, 적절하게. *avec* effort 힘들게, 간신히.   *avec* effronterie 뻔뻔스럽게, 염치없이.   *avec* endurance 참을성 있게. *avec* ennui 지겹게.   *avec* enthousiasme 열렬히; 기꺼이.   *avec* entrain 활기[원기]있게.   *avec* envie 부러운 듯, 탐나는 듯이.   *avec* excès 지나치게, 과도하게.   *avec* férocité …을 가혹[혹독]하게.   *avec* finesse 정교하게, 미묘하게; 예민하게.   *avec* force 강력하게.   *avec* fougue 격렬[맹렬]하게; 격분하여. *avec* froideur 쌀쌀맞게, 냉정하게.   *avec* habileté 능숙하게, 교묘하게.   *avec* hâte 서둘러서.   *avec* humeur 언짢은 기분으로, 화가 나서.   *avec* humilité 겸허하게.   *avec* impertinence 무례하게.   *avec* impétuosité 격렬하게, 열렬하게.   *avec* impolitesse 무례하게.   *avec* incrédulité 회의적으로.   *avec* indulgence 관대하게.   *avec* insistance 집요하게, 끈질기게.   *avec* jovialité 쾌활하게.   *avec* (juste) raison 정당한 이유로.   *avec* justesse 올바르게, 정확하게.   *avec* justice 올바르게; 정당하게; 공정하게. *avec* libéralité 너그럽게.   *avec* loyauté 충직하게, 솔직히.   *avec* maestria 능숙하게, 교묘하게.   *avec* maladresse 서투르게.   *avec* malveillance 악의를 가지고.   *avec* mesure 절도있게.   *avec* méthode 순서를 세워, 정연하게, 요령있게.   *avec* modestie 겸손하게.   *avec* mollesse 나약[무기력]하게.   *avec* négligence 아무렇게나, 소홀히.   *avec* ostentation 보란듯이, 뻐기며.   *avec* partialité 편파적으로. *avec* perte et fracas 거칠게, 난폭하게(=brutalement).   *avec* placidité 침착[평온, 온화]하게.   *avec* poids et mesures 신중하게, 분별력 있게.   *avec* préciosité 겉멋 부리며, 젠체하며.   *avec* prédilection 특히, 유달리(좋아해서)(=de préférence).   *avec* ravissement 황홀하여.   *avec* sérénité 침착하게.   *avec* soin 정성 들여, 공들여서.   *avec* souplesse 유연하게.   *avec* tendresse 다정[상냥]하게.   *avec* urbanité 예의 바르게.   *avec* vaillance 용감하게.   *avec* vénération 존경심을 가지고, 정중하게.   *avec* verve 흥이 나서.   *avec* vigilance 주의[경계]하여.   meurtre *avec* préméditation 고의적[계획적]인 살인. vases disposés *avec* symétrie 대칭을 이루게 배치해 놓은 꽃병들.   vol *avec* hélice calée (엔진을 끈 채 나는) 활공(滑空).   accepter[donner] qc *avec* plaisir 기꺼이 받아들이다[주다].   accepter *avec* réticence 주저 하며 받아들이다.   accueillir qn *avec* chaleur …을 따뜻이 맞아들이다   défendre qn *avec* chaleur …을 열렬히 변호하다.   accueillir un projet *avec* sympathie 계획에 찬동하다.   accueillir une proposition *avec* enthousiasme 제안을 열렬히 환영하다.   affirmer *avec* certitude 확신을 갖고 단언하다. affirmer qc *avec* persistance …을 고집스럽게 단언하다.   affirmer *avec* sûreté 자신있게 확언하다. affronter la mort *avec* indifférence 담담하게 죽음에 맞서다.   agir *avec* célérité 재빠르게 행동하다.

agir *avec* circonspection 신중하게[경솔하게] 행동하다. agir *avec* considération 분별있게 행동하다. agir *avec* décision 과단성 있게 행동하다. agir *avec* détermination 단호하게 행동하다. agir *avec* discernement 분별력 있게 행동하다. agir *avec* désintéressement 사심없이 행동하다. agir *avec* désinvolture 무례하게 행동하다. agir *avec* dissimulation 엉큼하게 처신하다. agir *avec* énergie 정력적으로 행동하다. agir *avec* étourderie 경솔하게 행동하다. agir *avec* méchanceté 악의를 품고 행동하다. agir *avec* probité 올바르게 행동하다. agir *avec* promptitude 민첩하게 행동하다. agir *avec* réalisme 현실적으로 행동하다. agir *avec* rouerie 교활하게 행동하다. agir *avec* sagesse 현명하게 행동하다. agir *avec* droiture 올곧게 행동하다. aimer *avec* ferveur 열렬히 사랑하다. analyser la situation *avec* clairvoyance 날카롭게 상황을 분석하다. annoncer *qc avec* fierté 자랑스럽게 …을 알리다. applaudir *avec* frénésie 열광적으로 박수를 치다. attaquer *avec* furie 맹렬하게 공격하다. attendre les résultats de l'examen *avec* fébrilité 흥분해서 시험 결과를 기다리다. attendre *avec* espérance 기대를 갖고 기다리다. attendre *qn avec* patience[impatience] …을 끈기있게[초조하게] 기다리다. s'avancer *avec* résolution 단호하게 나아가다. avouer *avec* sincérité 솔직하게 고백하다. se battre *avec* courage[《문어》 valeur] 용감하게 싸우다. se battre *avec* fureur 격렬하게 싸우다. se battre *avec* panache 《비유》 용감하게 싸우다. célébrer *qc avec* pompe 화려하게 … 의식을 거행하다. chanter *avec* âme 감정을 담아 노래하다. complimenter *qn avec* outrance …을 지나치게 칭찬하다. se conduire *avec* grossièreté 무례하게 행동하다. se comporter *avec* naturel 자연스럽게 행동하다. se conduire *avec* prudence 신중하게 행동하다. se conduire *avec* imprudence, 제멋대로 행동하다. se conduire *avec* inconvenance 버릇없이 굴다. connaître *qc avec* exactitude …을 정확하게 알다. considérer *qn avec* dédain …을 멸시의 눈으로 바라보다. controverser *avec* passion 격렬하게 논쟁하다. critiquer *avec* impartialité 공정하게[객관적으로] 비판하다. danser[parler] *avec* grâce 우아하게 춤추다[말하다]. décrire [raconter] *qc avec* véracité 있는 그대로 묘사하다[이야기하다]. défendre son idée *avec* obstination 자기 생각을 완강히 고집하다. déguster des vins fins *avec* volupté 고급 포도주를 기분좋게 음미하다. demander *avec* instance 간곡하게 청하다. dévorer *avec* voracité 게걸스럽게 먹다. dire[insinuer] *qc avec* perfidie 감언이설로 …을 말하다. dire son opinion *avec* rondeur 솔직하게 자기 의견을 말하다. discuter *avec* animation 열정적으로 토론하다. discuter[parler] *avec* emportement 격한 어조로 토론하다[말하다]. discuter *avec* fièvre 열띤 토의를 하다. disposer des fleurs *avec* goût 꽃을 아취있게 배치하다. distribuer de l'argent *avec* parcimonie 돈을 아주 조금씩 나눠주다. donner *avec* largesse 아낌없이 주다. donner *qc avec* prodigalité …을 후하게 주다. écouter *qn avec* sollicitude …의 말을 열심히 듣다. écrire[nager] *avec* facilité 힘 안들이고 글을 쓰다[수영을 하다]. élever un enfant *avec* sévérité 아이를 엄하게 키우다. embrasser *qn avec* transport 《문어》 …와 정열적으로 포옹하다. endurer[subir] *qc avec* résignation 체념하고 …을 감수하다. s'enfuir *avec* précipitation 황급히 도망치다. envisager l'avenir *avec* appréhension 불안한 마음으로 미래를 바라보다. envisager la situation *avec* optimisme 사태를 낙관하다. s'épancher[parler] *avec* abandon 마음놓고[허심탄회하게] 심중을 털어놓다[말하다]. être vêtu *avec* décence 단정하게 옷을 입다. exécuter un morceau *avec* maîtrise 곡을 훌륭하게 연주하다. s'exprimer *avec* précision 자기 생각을 명확하게 밝히다. s'exprimer *avec* retenue 조심스럽게 자기 생각을 말하다. faire *qc avec* complaisance …하는 호의를 베풀다. faire *qc avec* difficulté …을 가까스로 해내다. faire *qc avec* répugnance 마지못해 …을 하다. flatter *qn avec* bassesse …에게 비열하게 아첨하다. fuir *avec* lâcheté 비겁하게 달아나다. gérer son avoir *avec* économie 자신의 재산을 경제적으로 관리하다. s'habiller *avec* élégance 세련되게 옷을 입다.

s'haibiller *avec* chic 멋있게 옷을 입다.　s'habiller *avec* coquetterie 우아하게 차려입다.　s'habiller *avec* discrétion 소탈하게 옷을 입다.　s'habiller *avec* excentricité 괴상한 옷차림을 하다.　juger *avec* mansuétude 관대하게 판결하다.　juger *qn/qc avec* perspicacité …을 명석하게 판단하다.　lire *avec* délectation 독서에 심취하다.　lire *avec* intérêt 흥미있게 읽다.　lutter *avec* bravoure contre *qn/qc* …에 대항해 용감하게 싸우다.　lutter *avec* intrépidité 용감하게 싸우다.　manger *avec* gourmandise 게걸스럽게 먹다.　manger *avec* goût 맛있게 먹다.　manger *avec* propreté 정갈하게 먹다.　manier le pinceau *avec* dextérité 붓을 능란히 다루다.　manier un vase *avec* précaution 꽃병을 조심스럽게 다루다.　manifester ses sentiments *avec* exubérance 자기 감정을 한껏 드러내다.　marcher *avec* légèreté 경쾌하게[민첩하게] 걷다.　obéir *avec* empressement 얼른 복종하다.　s'occuper d'une affaire *avec* compétence 유능하게 일을 처리하다.　s'opposer *avec* force 단호히 반대하다.　parler *avec* abondance 구변좋게[유창하게] 말하다.　parler *avec* affectation 부자연스럽게 말하다.　parler *avec* assurance 자신있게 말하다.　parler *avec* brutalité 상스럽게 말하다.　parler *avec* clarté 분명하게 말하다.　parler *avec* commisération 연민을 갖고 말하다.　parler *avec* conviction 확신을 가지고 말하다.　parler *avec* cordialité 성의를 갖고 말하다.　parler *avec* crudité 노골적으로 말하다.　parler *avec* dérision 조롱하듯이 말하다.　parler[répondre] *avec* détachement 초연하게 말[대답]하다.　parler *avec* élan 열정적으로 말하다.　parler *avec* émotion 흥분해서 말하다.　parler *avec* emphase 거창하게 말하다.　parler *avec* exagération 과장하여 말하다.　parler *avec* feu 《문어》 열띤 어조로 말하다.　parler *avec* flamme 열의를 가지고 말하다.　parler *avec* hésitation 더듬거리면서[주저하면서] 이야기하다.　parler *avec* netteté 명확하게 말하다.　parler *avec* pertinence 적절하게 말하다; 핵심을 찌르는 말을 하다.　parler *avec* solennité 엄숙한 어조로 말하다.　parler *avec* volubilité 쉴 새 없이 말하다.　parler à *qn avec* familiarité …에게 스스럼없이 말하다.　parler à *qn avec* fermeté …에게 단호하게 말하다.　parler de *qn avec* avantage …을 좋게 말하다.　payer *avec* retard 늦게 지불하다.　pratiquer un sport *avec* dilettantisme 도락으로 운동을 하다.　prier *avec* tremblement 두려움에 떨며 기도하다.　protester *avec* indignation 분연히 항의하다.　protester *avec* véhémence 격렬하게 항의하다.　recevoir *qn avec* amabilité …을 호의적으로 영접하다, 환대하다.　recevoir *qn avec* amitié …을 환대하다.　recevoir *qn avec* cérémonie …을 과분하게 접대하다.　recevoir *qn avec* gentillesse …을 상냥하게 맞이하다.　recevoir *qn avec* magnificence 《문어》 …을 성대하게 맞이하다.　récompenser *qn avec* générosité …에게 후하게 보답하다.　reconnaître *avec* loyauté les mérites de l'adversaire 상대의 장점을 솔직히 인정하다.　regarder[examiner, observer] *qn/qc avec* attention …을 주의깊게 바라보다[관찰하다].　regarder *qc avec* convoitise …을 선망의 눈으로 바라보다.　regarder *qn avec* dédain …을 경멸하듯이 훑어보다.　regarder *qc avec* défiance …을 의심[경계]의 눈초리로 바라보다.　regarder *avec* effroi 두려운 눈으로 바라보다.　regarder *qn/qc avec* extase …을 황홀한 눈으로 바라보다.　remercier *qn avec* effusion 진심으로 …에게 감사하다.　rendre *qc avec* usure 《문어》 …을 받은 것 이상으로 갚다.　répliquer *avec* hargne 퉁명스럽게 대꾸하다.　répondre *avec* affabilité 친절히 대답하다.　répondre *avec* arrogance 거만하게 대답하다.　répondre *avec* docilité 고분고분하게 대답하다.　répondre *avec* flegme à des reproches 비난에 동요되지 않고 대답하다.　répondre *avec* hardiesse 단호하게 대답하다.　répondre *avec* ingénuité 솔직하게 대답하다.　répondre à *qn avec* insolence[《문어》 outrecuidance] …에게 불손하게 대답하다.　repousser *qn avec* brusquerie …을 퉁명스럽게 되돌려 보내다.　résister *avec* opiniâtreté 완강하게 저항하다.　résoudre un problème *avec* diplomatie 문제를 능란하게[유연하게] 해결하다.　saisir un objet fragile *avec* délicatesse 깨지기 쉬운 물건을 조심스럽게 잡다.　saluer *avec* raideur 뻣뻣하게 서서 인사하다.　soulever un fardeau *avec* peine 짐을 간신히 들어올리다.　sourire *avec* confusion 당황한 나머지 미소를 짓다.　sourire *avec* tristesse 서글프게 미소짓다.　soutenir le contraire *avec* animosité 격앙된 어조로 반론을 펴다.　supporter une maladie *avec* stoïcisme 참을성 있게[의연하게] 병을 견뎌내다.　se tirer d'affaire *avec* intelligence 현명하게 곤경에서 벗어나다.　toiser *qn avec* hauteur …을 거만하게 훑어보다.　traiter *qn avec* bonté …에게 친절하게 대해다.　traiter *qn avec* courtoisie …을 정중하게 대하다.　traiter *qn/qc avec* cruauté …을 학대하다.　traiter *qn avec* déférence …에게 정중하게 대하다.　traiter *qn avec* douceur …을 상냥하게 대하다.　traiter *qn avec* dureté …을 가혹하게 다루다.　traiter *qn avec* équité …을 공평하게 다루다.　traiter *qn avec* mépris 멸시하는 태도로 …을 대하다.　traiter *qn avec* rudesse …을 거칠게 다루다.　traiter un coupable *avec* humanité[inhumanité] 범죄자를 인간적으로[비인간적으로, 잔인하게] 대하다.　traiter un problème *avec* largeur 문제를 대국적으로 다루다.　travailler *avec* acharnement 악착스럽게 일하다.　travailler *avec* application 열심히 일하다.　travailler *avec* diligence 열심히[신속하게] 일을 하다.　travailler *avec* ordre 차근차근 일을 하다.　travailler *avec* paresse 느릿느릿 일하다.　travailler *avec* persévérance 참을성[끈기] 있게 일하다.　travailler *avec* zèle 열정적으로 일하다.　vivre *avec* simplicité 검소하게 살다.　voir *qc avec* soulagement 안도감을 가지고 …을 바라보다.　voir venir la rentrée *avec* épouvante 불안하게 개학을 기다리다.

- Pouvez-vous nous accompagner? – *Avec* (grand) plaisir.　우리와 함께 가시겠습니까? – 기꺼이 그러죠.
- Elle nous accueillit *avec* bonhomie.　그녀는 우리를 친절하게 맞이했다.
- Ils se contemplaient *avec* étonnement.　그들은 어쩔 줄 몰라 서로를 바라보고 있었다.
- Il l'écoutait *avec* dévotion.　그는 존경심을 갖고 그의 말을 경청했다.
- Il fait tout *avec* apparat.　그는 매사에 거들먹거린다.
- Il grimpe *avec* agilité.　그는 날쌔게 기어 올라간다.
- Ce morceau de piano veut être joué *avec* légèreté　그 피아노곡은 경쾌하게 연주해야 한다.
- Il en parlait *avec* exaltation.　그는 그것에 대해 열정적으로 이야기하는 것이었다.
- Il en parle *avec* frivolité.　그는 그것에 대해 경솔하게 말한다.
- La Corée du nord a procédé *avec* succès à un nouvel essai nucléaire.　북한은 성공적으로 새로운 핵실험을 했다.
- Je la regardais *avec* ivresse.　나는 황홀한 듯이 그녀를 쳐다보고 있었다.
- Le candidat répondit *avec* brio à toutes les questions.　지원자는 모든 질문에 탁월하게 대답했다.
- L'artiste qui se respecte travaille *avec* désintéressement.　자기의 직업에 긍지를 가지고 있는 예술가는 이해관계를 생각하지 않고 일한다.
- Le vent souffle *avec* violence.　바람이 심하게 분다.
- Le boxeur travaillait *avec* régularité.　그 권투선수는 규칙적으로 훈련을 했다.

3) [동사 + avec + 시간표현]

- Ils sont arrivés (*avec*) 15 minutes d'avance (sur l'horaire).　그들은 (정시보다) 15분 빨리 도착했다.
- Le train est fainalement parti *avec* un retard d'une heure[*avec* une heure de retard].　기차는 마침내 한 시간 늦게 출발했다.

· Il a prévu, *avec* huit mois d'avance, l'assassinat du président.   그는 8개월 전에 대통령의 암살을 예견했다.

19. 이유 · 원인

1) … 때문에, …으로 인해.

> avoir un tas d'empoisonnements *avec* son fils 자식 문제로 고민이 많다.   se brûler *avec* de l'eau bouillante. 끓는 물에 데다.   s'étrangler *avec* une arête 생선 가시가 목에 걸리다.   s'galvauder *avec* qn …와 교제하여 평판이 손상되다.

· *Avec* tous ces enfants, je ne m'appartiens plus.   나는 이 아이들 때문에 더 이상 자유롭지 못하다.

· *Avec* la montée des prix, il faut compter sans cesse.   물가가 오르니까 항상 절약해야 한다.

· *Avec* l'humidité, le plancher se délabre.   습기 때문에 마루가 썩어가고 있다.

· *Avec* mes mauvais yeux, je ne peux distinguer son écriture.   눈이 안 좋아서 그가 쓴 것을 알아볼 수가 없다.

· *Avec* tous ces touristes, le village est bien agité.   그 모든 여행객들 때문에 마을이 상당히 소란하다.

· *Avec* lui, tout est compliqué.   《구어》그 사람 때문에 모든 게 복잡해졌다.

· *Avec* son air sévère, il frigorifiait les candidats.   그의 냉엄한 태도는 응시자들을 얼어붙게 했다.

· Il a aquis la célébrité *avec* son dernier film.   그는 최근에 만든 영화로 명성을 얻었다.

· La terrain s'est amolli *avec* la pluie.   지면은 비에 부드러워졌다.

· J'ai du mal à me propulser *avec* cet attirail.   나는 이 쓸데없는 짐짝 때문에 이동하기가 어렵다.

· Elle aurait des difficultés, je pense bien, *avec* ce garçon-là.   그녀는 틀림없이 저 애하고 어려움이 많을 거야.

· J'ai eu des ennuis *avec* ma voiture.   차가 고장이 났었어.

· J'ai eu tellement d'enquiquinements *avec* cette voiture.   나는 이 차 때문에 애 많이 먹었다.

· Je ne vais pas m'enquiquiner *avec* ça.   나는 이것 때문에 골치 썩이지 않을 거야.

· Il est comique *avec* ses grands airs.   그가 으스대는 모습은 우스꽝스럽다.

· Il est salement emmerdé *avec* cette affaire.   그는 그 일 때문에 아주 난처해한다.

· Les investisseurs sont devenus allergiques au risque *avec* la crise du crédit.   신용위기로 인해 투자자들이 위험에 대해 과민반응을 보이게 되었다.

· Le fleuve a gelé *avec* le froid.   강이 추위 때문에 얼었다.

· Il m'intrigue *avec* ses cachotteries.   그가 자꾸 감추려 하는 것이 미심쩍다.

· Il se ruine *avec* ses folles dépenses.   그는 엄청난 지출로 파산한다.

2) [특정동사 / 형용사 + avec + 명사]

> endormir *qn* avec ses histoires 장황한 이야기로 …을 지루하게 하다.   énerver *qn* avec ses plaintes continuelles 끊임없는 불평으로 …을 신경질 나게 하다.   ennuyer *qn* avec ses histoires 장황한 이야기로 …을 지루하게 하다.   gâter tout *avec* un mot maladroit 경솔하게 말하여 모든 것을 그르치다.   impatienter *qn* avec son bavardage 수다를 떨어 …을 짜증나게 하다.   indisposer *qn* avec ses critiques

acides 신랄한 비판으로 …의 반감을 사다.   irriter *qn* *avec* ses plaintes continuelles 끊임없는 불평으로 …을 성가시게 굴다.

- Laisse-moi tranquille, tu m'agaces *avec* tes bavardages!   수다 떨며 귀찮게 굴지 말고 나를 좀 내버려 둬!
- Vous m'attristez, *avec* vos histoires.   당신의 이야기를 들으니 내 마음이 울적해진다.
- Il m'embête *avec* ses questions.   그는 여러가지 질문으로 나를 귀찮게 한다.
- Il m'épuise *avec* ses récriminations continuelles.   그치지 않는 그의 욕지거리에 나는 진절머리가 난다.
- Tu es lancinant *avec* tes questions.   너는 질문들로 나를 끈질기게 괴롭힌다.
- Il est fastidieux *avec* ses histoires.   그의 이야기는 지겨워서 견딜 수 없다.
- Il est fatigant *avec* ses histoires.   그는 대수롭지 않은 이야기로 사람을 짜증나게 한다.
- Elle m'insupporte *avec* son bavardage.   그 여자의 수다에 나는 진절머리가 난다.

20. 조건

avec votre permission 허락하신다면((공손한 표현)).   accepter *avec* restriction[*avec* des restrictions] 조건부로 수락하다.   vendre *qc* *avec* une garantie d'un an 1년간의 보증 조건으로 …을 판매하다.

- *Avec* telle somme, vous pouvez l'acheter.   그 돈이면 그걸 살 수 있을 겁니다.
- *Avec* mille cinq cents euros par mois, nous n'irons pas loin.   월 1500유로로는 우리는 오래 버티지 못할 것이다.
- *Avec* ce médicament, la douleur va vite s'apaiser.   이 약을 드시면 통증이 금방 가실 것입니다.
- *Avec* de la patience, on arrive à tout.   인내심이 있으면 뭐든지 할 수 있다.
- *Avec* cette installation, les dépenses vont cuber!   이것을 설치하려면 막대한 비용이 들겠는걸!
- *Avec* ce sirop, ta voix s'éclaircira.   이 시럽을 마시면 목이[목소리가] 좀 트일 것이오.
- *Avec* un pareil caractère, il n'est guère mariable.   그런 성격을 갖고는 그는 결혼하기 힘들다.
- *Avec* six bouches à nourrir, mon salaire est insuffisant.   내 봉급으로는 여섯 식구를 부양하기가 빠듯하다.
- *Avec* des si, on mettrait Paris dans une bouteille.   '만약'이라면 파리를 통째로 병 속에 넣을 수도 있으리라; 상상 속에서는 어떠한 일이라도 가능하다.
- *Avec* un peu d'imagination, il aurait pu se tirer d'affaire.   그가 조금만 머리를 썼으면 곤경을 벗어날 수 있었을 것이다.
- *Avec* un peu de travail, il aurait réussi à l'examen.   그가 조금만 더 공부를 했다면 시험에 합격했을 것이다.
- La famille s'accomplit *avec* les enfants.   아이들이 있어야 완전한 가정이 된다.
- On ne s'ennuie jamais *avec* lui.   그 사람하고 있으면 지루하지 않다.
- C'est meilleur *avec* du beurre.   거기에 버터를 넣으면 훨씬 더 낫다.
- Il gâtifie *avec* son petit-fils.   그는 손자하고 있으면 애가 된다.
- Vous y parviendrez *avec* un peu d'entraînement.   조금만 더 연습하면 될 겁니다.
- On en viendrait à bout *avec* quatre hommes et un caporal.   그런 일이라면 몇 사람만으로도[간단히] 해치울 수 있을 것이다.

· On voit gros *avec* ces lunettes.　이 안경을 쓰면 크게 보인다.

21. 양보 · 대립

1) …을 가지고도.

· *Avec* son courage, ça n'irait pas.　그의 용기로도 그건 안 될 것이오

· *Avec* la meilleure volonté du monde, on n'y arrivera pas.　아무리 의지가 강할지라도 해낼 수 없을 것이다.

· *Avec* tous ses distinguos subtils, il ne fait qu'embrouiller la question.　그는 꼬치 꼬치 따지고 들지만 문제를 복잡하게 만들 뿐이다.

· *Avec* tant de qualités, il n'a pas réussi.　많은 자질이 있음에도 불구하고, 그는 성공하지 못했다.

· Je l'aime *avec* tous ses défauts.　나는 그의 모든 결점에도 불구하고 그를 사랑한다.

· Je t'aime bien tout de même *avec* ton sale caractère.　너의 고약한 성격에도 불구하고 나는 너를 사랑한다.

· Il parle de l'économie *avec* une totale incompétence.　그는 알지도 못하면서 경제를 논한다.

2) [même + avec + 명사]

· Même *avec* une circulation normale, il ne pourra arriver dans 30 minutes.　교통 소통이 정상이라 하더라도 그는 30분 안에는 도착하지 못한다.

· Même *avec* la une meilleur meilleur salaire, je ne changerai pas mon emploi.　보수가 더 좋다 하다라도 나는 직업을 바꾸지 않겠다.

· Il ne faut pas battre une femme, même *avec* une fleur.　《속담》설령 꽃으로라도 절대 여자에게 손찌검을 해서는 안 된다.

22. 결과

calculer *avec* une erreur inférieure à 2% 2 퍼센트 미만의 오차로 계산하다.　être reçu *avec* la mention 'très bien' '수'의 성적으로 합격하다.

· Il y était entré en conquérant *avec* l'approbation de la ville entière.　그는 온 시민들의 박수갈채를 받으며 의기양양하게 귀환했다.

· Il a lu *avec* fruit les auteurs classiques.　그는 고전 작가들의 작품을 유익하게 읽었다.

· Il remporta l'épreuve de saut *avec* un bond de 2,10m.　그는 높이뛰기에서 2미터 10을 뛰어 우승했다.

23. [d'avec + 명사]

1) 분리 · 구별

découcher d'*avec* qn 《옛》…와 잠자리를 달리 하다.　se désolidariser d'*avec* ses collègues 동료들과 결별하다.　différer d'*avec* qn par un caractère …와 성격이 다르다.　divorcer d'*avec* un mari

> atroce 잔학한 남편과 이혼하다.

❷ [동사 + 목적어 + d'avec + 명사]

> ces mers qui divisent la Grèce d'*avec* l'Italie 이탈리아와 그리스를 갈라놓는 이 바다.　démêler le vrai d'*avec* le faux 진위(眞僞)를 분간하다.　désolidariser le moteur d'*avec* la transmission 모터를 전동 장치에서 떼다.　différencier l'homme d'*avec* les animaux 인간을 동물과 구별하다.　distinguer le rouge d'*avec* le vert 빨강을 초록과 구별하다.　séparer une chose d'*avec* une autre 하나를 다른 것과 분리하다.　séparer l'ivraie d'*avec* le bon grain 선인과 악인을 나누다((최후의 심판에 따라 선인은 천국에 가고 악인은 지옥에 가다)).

- Il faut séparer les bons d'*avec* les mauvais　선인과 악인을 분리시켜야 한다.

2) 명사의 보어

> discernement de la vérité d'*avec* l'erreur 참과 허위의 판별.　dissidence d'*avec* le pouvoir 권력과의 불화.　son divorce d'*avec* sa femme 그의 아내와의 이혼.　séparation d'*avec* son frère 형과의 이별.

부　사　적　용　법

1. 《구어》 사물 : 그것과 함께 ; 그것을 가지고. les sacrifices qui vont *avec* 그에 따르는 희생.

- Il a pris son chapeau et il est parti *avec*.　그는 모자를 집어들고는 그대로 가버렸다.
- Il faudra bien faire *avec* (ce qu'on a)!　아쉬운 대로 (있는 걸로) 어떻게 해 보아야지!
- Ça ne me plaît pas mais il va falloir faire *avec*.　마음에 들지 않지만 참을 수밖에 없겠다.

2. 《지방어》 인물 : …와 함께, 같이.

- Nous allons faire un promenade. Vous voulez venir *avec*?　우리는 산책을 하려고 하는 데, 같이 가시겠습니까?
- Comment voulez-vous que je sache ça? Je n'ai jamais dîné *avec*.　내가 그것을 어떻게 압니까? 나는 한 번도 같이 저녁 식사를 같이 한 적이 없어요.

형　용　사　적　용　법

> les jours *avec* et les jours sans 재수좋은 날과 재수없는 날((1940-1945년 동안 식량배급으로 술과 고기 등을 구한 날과 그렇지 못한 날을 뜻함)).

chez

1. ⋯의 집에(서)

1) ❶

aller *chez* sa tante 고모 댁에 가다.   s'attarder *chez qn* ⋯의 집에 오래 머물다.   condamner à rester *chez* soi 집에 감금하다.   entreposer des meubles *chez* un ami 가구를 친구의 집에 맡기다. envoyer un enfant *chez* sa grand-mère 아이를 할머니 댁에 보내다.   être cantonné *chez* soi 자기 집에 틀어박히다.   être toujours *chez* l'un ou *chez* l'autre 자주 남의 집을 방문하다.   être en condition *chez qn* ⋯의 집에 고용살이를 하다.   faire une incursion *chez qn* ⋯의 집에 난입하다. finir la journée *chez* un ami 친구 집에서 낮 시간을 다 보내다.   s'impatroniser *chez qn* ⋯의 집에서 주인 행세하다.   laisser son chien en garde *chez* son voisin 개를 이웃집에 맡기다.   loger *chez* l'habitant 민박하다.   manger *chez* soi 집에서 식사하다.   passer *chez qn* ⋯의 집에 들르다. passer la soirée *chez qn* ⋯의 집에서 저녁 시간을 보내다.   pénétrer *chez qn* de force ⋯의 집에 강제로 들어가다.   prendre pension *chez* un particulier 개인의 집에 하숙하다.   se présenter *chez qn* les mains vides ⋯의 집에 빈손으로 가다.   renvoyer des écoliers malades *chez* leurs parents 아픈 아동들을 집으로 돌려보내다.   résider *chez* son oncle 아저씨 댁에 기숙하다.   se retirer *chez* soi 자기 집에 틀어박히다.   retourner *chez* soi 자기 집으로 돌아가다.   surprendre *qn chez* lui ⋯을 집으로 불시에 방문하다.   vivre confiné *chez* soi 집에 틀어박혀 살다.

- *Chez* les Dubois, c'est Madame qui commande.   뒤부아씨 집에서는 부인이 휘두른다.
- Bonjour *chez* vous!   가족 모두 안녕하십니까!
- Il nous a accueillis *chez* lui.   그는 우리를 그의 집에 묵도록 했다.
- Comment ça va *chez* vous?   가족들 모두 안녕하십니까?
- Je n'irai ni *chez* l'un ni *chez* l'autre.   나는 그들 누구의 집에도 가지 않겠다.
- Je n'irai pas *chez* elle.   나는 그녀의 집에 가지 않을 것이다.
- Je suis allé[J'ai été] *chez* Paul hier soir.   어제 저녁 나는 폴의 집에 갔었다.
- Je prends ma voiture et je cours *chez* vous.   내 차를 타고 당신 집으로 곧 가겠소.
- C'est agréable d'être enfin *chez* soi.   마침내 자신의 집에 돌아오게 되는 것은 유쾌한 일이다.
- C'est coquet[gentil] *chez* vous.   당신 집은 아담하군요.
- C'est spécial *chez* eux.   그 사람들 집은 별난 집이다.
- C'est une usine à gosses *chez* vous.   《구어》 당신네는 아이들이 많군요.
- Charbonnier est maître *chez* soi.   《속담》 누구나 자기 집에서는 왕.
- Elle est *chez* elle à l'heure des repas.   그녀는 식사시간에는 자기 집에 있다.
- Je ne suis pas certain, mais elle doit être *chez* elle.   확실히는 모르지만 그녀는 아마 집에 있을 것이다.
- Cet homme est un tyran *chez* lui.   그는 집안의 폭군이다.

- Il a fait irruption *chez* moi.   그는 우리 집에 불쑥 나타났다.
- Il habite sagement *chez* ses parents.   그는 자기 부모 집에서 얌전하게 살고 있다.
- Je crains de vous gêner en m'installant *chez* vous.   제가 댁에 있으면 폐가 되지나 않을까 두렵습니다.
- Elle n'a jamais été invitée *chez* eux.   그녀는 그들의 집에 한번도 초대받은 적이 없다.
- Je vais vous ramener *chez* vous en voiture.   차로 당신 집까지 데려다 드리겠소
- Il faut que je rentre *chez* moi pour changer.   옷을 갈아입기 위해 집에 돌아가야겠다.
- Elle est repartie *chez* elle sans m'attendre.   그녀는 나를 기다리지 않고 자기집으로 되돌아가 버렸다.
- Il a été arrêté qu'on se réunirait *chez* vous.   당신 집에서 모이기로 결정이 되었습니다.
- Les cambrioleurs ont tout saccagé *chez* lui.   도둑들이 그의 집안을 온통 뒤죽박죽으로 만들어 놓았다.
- Il viens *chez* nous tous les jours.   그는 우리 집에 매일 온다.
- Elle est venue faire du fracas *chez* moi.   그 여자가 와서 우리 집에는 대소동이 일어났다.
- Ce sera *chez* elle que nous nous verrons.   바로 그 여자 집에서 우리는 서로 만나볼 것이다.
- Il ne nous veut plus *chez* lui.   그는 우리가 더 이상 그의 집에 머무는 것을 좋아하지 않는다.

❷ 전화할 때

- Allô, je suis bien *chez* M. Legrand?   여보세요, 르그랑씨 댁입니까?

❸ être partout *chez* soi; se sentir *chez* soi (자기 집에 있듯이) 편안하다.

- Faites comme *chez* vous.   (댁에 계신 것처럼) 편히 하십시오.

2) 명사의 보어

> cantonnement *chez* l'habitant 민가에서의 숙영.

- Une soirée *chez* lui, c'est pas triste!   그의 집에서 열린 야회는 근사했어!

3) 명사적 용법 : [chez(-)moi / toi / lui / ⋯ / soi] : 자택, 집.

> dans ton *chez*-toi 너의 집[가정]에서.

- Elle a un *chez* soi.   그녀는 자기 집이 있다.
- Rien ne vaut un *chez*-soi.   제 집보다 좋은 곳은 없다.
- Chacun veut un *chez*-soi.   누구나 자기 집을 원한다.

2. ⋯의 가게[상점, 사무실]에(서)

1)
> acheter un bouquet *chez* le fleuriste 꽃집에서 꽃다발을 사다.   commander une gerbe *chez* un fleuriste

꽃집에 꽃다발을 주문하다. acheter un objet d'art *chez* un antiquaire 골동품 주인에게서 예술품을 사다. acheter un sac *chez* le maroquinier 피혁 제품 가게에서 가방을 사다. aller *chez* le dentiste 치과에 가다. aller *chez* le directeur 부장실로 가다. aller *chez* le préfecture de police 경찰서에 가다. s'approvisionner *chez* l'épicier du quartier 마을 식품점에서 식료품을 구입하다. s'assortir *chez* un grossiste 도매상인에게서 물품을 사들이다. conduire[emmener] un malade *chez* le médecin 환자를 의사에게 데리고 가다. entrer *chez* un commerçant 상점에 들어가다. se fournier toujours *chez* le même commerçant 언제나 같은 상점에서 물건을 구입하다. se faire couper les cheveux *chez* le coiffeur 이발소에서 머리를 깎다. se faire faire un costume *chez* un tailleur 양복점에서 옷을 맞추다. s'habiller *chez* un couturier réputé 유명한 양장점에서 옷을 맞추다. être passé *chez* Monsieur le maire 《옛·구어》 정식으로 결혼하다. se servir toujours *chez* le même boulanger 언제나 같은 빵집에서 빵을 사다.

· Elle n'achète que *chez* le grossiste. 그녀는 물건을 도매상에서만 산다.
· Je me chausse *chez* le chausseur. 나는 제화업자에게서 신을 구입해 신는다.
· Elle prend sa viande toujours *chez* le même boucher. 그녀는 늘 같은 정육점에서 고기를 산다.
· Il s'est ruiné *chez* cet antiquaire. 그는 이 골동품 가게에서 정말 많은 돈을 썼다.
· Vous avez un joli vase, j'ai vu son frère *chez* un antiquaire. 멋진 항아리를 갖고 계시군요. 그 비슷한 것을 어떤 골동품상에서 본 적 있습니다.

☆ 속어에서는 à를 쓰기도 함. aller au boulanger 빵집에 가다. aller au docteur 병원에 가다.

◎ [chez + 특정명사]
· Il a été élevé *chez* les frères. 그는 수도원에서 양육되었다.

2) 명사의 보어

placier *chez* un libraire 서적 판매원. examen général *chez* le médecin 병원에서의 종합검진.

3) 상호와 함께

troisième grève *chez* Honda en Chine 중국의 혼다 회사에서의 세 번째 파업. cadre dirigeant *chez* Schneider Electric 슈나이더 전자의 경영 관리자. la dernière cuvée des voitures de *chez* Hyundai 《비유·구어》 현대의 신형차. économiste *chez* T&D Asset Management T&D 자산운용사의 경세전문가. ingénieur *chez* Peugeot 푸조 회사의 엔지니어. travailler *chez* Posco 포스코에서 일하다.

· *Chez* Renault, on invoque tout simplement le pragmatisme. 르노사에서는 단순히 실용주의를 내세운다.
· Il a passé 32 ans *chez* Goldman Sachs. 그는 골드만삭스에서 32년을 보냈다.

❷ 상호로 쓰여

> *Chez* Sylvie 실비네 가게[카페, 식당].

· Sa mère s'habille *chez* Saint-Laurent.　그의 어머니는 생-로랑 양장점에서 옷을 맞춘다.

3. …의 나래[고장]에(서)

1)
> équipe qui est imbattable *chez* elle 홈경기에서는 지지 않는 팀.　combattre *chez* l'ennemi 적지에서 싸우다.

· Les entreprises dépensent désormais plus en recherche et développement à l'étranger que *chez* elles. 기업들은 이제 자기들 나라에서보다 외국에서 연구개발비를 더 쓴다.
· C'est une tradition *chez* nous.　그것은 우리나라[지역]의 전통입니다.
· L'augmentation de la redevance est beaucoup plus faible en France que *chez* nos voisins européens. 채무의 증가는 이웃 국가들에서보다 프랑스에서 훨씬 미미하다.
· On préfère le thé *chez* les Anglais.　영국에서는 차를 더 좋아한다.
· La Corée ne supporte pas l'idée d'un contrôle international *chez* elle.　한국은 자국 내에서 국제적인 통제를 받는다는 생각을 용인하지 못한다.

2) [bien de chez nous]
> coutume bien de *chez* nous 우리나래[고장] 고유 풍습.　paysan bien de *chez* nous 우리 고장의 전형적인 농부.

4. …에게(서); …사이에서(=parmi)

avoir un compte *chez* qn …와 채무관계[외상 거래]가 있다.　découvrir une nouvelle maladie *chez* un patient 환자에게서 새로운 병을 발견하다.　exciter la commisération *chez* qn …의 동정심을 유발하다. faire son apprentissage *chez* qn …의 밑에서 수련을 쌓다.　provoquer un trouble *chez* qn …의 관능을 자극하다.

· *Chez* lui, la science s'unit à la sagesse.　그는 학문과 지혜를 겸비하고 있다.
· J'avais un battement de coeur, la vie était épuisée *chez* moi.　나는 심장이 뛰고, 생명력이 소진되었다.
· Il y a trop d'apprêt *chez* elle.　그녀는 허식이 너무 많다.
· Le premier cas suspect a été détecté jeudi *chez* un garçon de 17 ans qui a récemment séjourné au Canada. 첫 번째 의심 사례가 최근 캐나다에서 체류한 적이 있는 17세의 소년에게서 발견되었다.
· Il dort tard; c'est *chez* lui une habitude.　그는 늦게 잔다. 그것은 그의 습관이다.
· C'est *chez* lui une vieille habitude.　그것이 그에게는 오래된 습관이다.

- C'est une réaction courante *chez* cette femme.　그것은 그 여자의 상투적인 반응이다.
- Il persiste *chez* lui un restant de professeur faisant sa classe.　그의 머릿속에는 수업을 하시던 선생님의 모습이 남아 있다.
- Ces scandales suscité des amertumes *chez* ses amis.　그러한 추문들은 그의 친구들을 씁쓸하게 했다.
- Il conserve son calme dans une situation difficile, c'est ce qu'il y a d'étonnant *chez* lui.　그는 어려운 상황에서도 평정을 잃지 않는데, 그것이 그에게 있어 매우 놀라운 점이다.

5. …에게(서); …사이에서(=parmi)

1)

> agressivité constitutionnelle ou accidentelle *chez* l'adulte 성인의 체질적인 또는 우발적인 공격성의 발현.　art d'exprimer *chez* l'orateur 연설가의 웅변술.　précision de geste *chez* le chirurgien 외과의사의 동작의 정확함.　saillie du larynx *chez* l'homme 사람의 목젖(=pomme d'Adam).

- Le bassin est plus large *chez* la femme que *chez* l'homme.　골반은 남자보다 여자가 더 넓다.

2) [chez + 복수명사]

> *chez* les abeilles 꿀벌에게서, 꿀벌의 세계에서.　aussi bien *chez* les jeunes que *chez* les personnes âgées 젊은 층에서도 노년층에서도.　la mortalité *chez* les adultes 성인 사망률.

- *Chez* certains, la méfiance est maladive.　어떤 사람들에게는 경계심이 병적이다.
- *Chez* les démocrates, Barack Obama s'est imposé comme le candidat d'une génération et d'une ère nouvelles.　민주당원들 사이에서 바락 오바마는 새로운 세대, 새로운 시대의 후보로 인정되고 있다.
- Il y a de l'intelligence *chez* les bêtes.　짐승에게도 지능이 있다.
- Ce virus a été détecté pour la première fois *chez* des porcs au Canada.　그 바이러스가 캐나다의 돼지에게서 처음으로 검출되었다.
- Il en est ainsi *chez* les Chinois.　중국인들 사이에서는 그렇습니다.
- L'abus d'alcool est en forte augmentation *chez* les jeunes depuis quelques années.　지나친 음주가 몇 년 전부터 젊은이들 사이에서 급증하고 있다.
- Cette politique est impopulaire aussi bien à droite que *chez* les écologistes.　그 정책은 우파에게 뿐만 아니라 자연 보호론자들에게도 환영을 받지 못하고 있다.
- Il passe *chez* eux pour un menteur.　그는 그들 사이에서는 거짓말쟁이로 알려져 있다.
- L'aptitude au langage est souvent présentée comme plus développée *chez* les femmes.　언어에 대한 재능은 흔히 여성에게 있어서 더 발달되는 것으로 제시된다.
- La forte chute du Dow Jones a provoqué un choc *chez* les investisseurs.　다우존스 지수의 급락은 투자자들에서 큰 충격을 주었다.
- On peut trouver ce phénomène *chez* les tribus africainnes.　그러한 현상이 아프리카 부족에게서도 볼 수 있다.

6. …의 작품·이론에(서).

mot fréquent *chez* un auteur 어떤 저자의 글에서 자주 나타나는 낱말.　le mythe de la caverne *chez* Platon 플라톤이 한 동굴의 비유.　opposition langue/parole *chez* Saussure 소쉬르 이론에서의 랑그/빠롤의 대립. passages qu'il a pillés *chez* un auteur étranger 외국 작가의 작품에서 베낀 구절.　style inconcevable *chez* les écrivains orthodoxes 정통파 작가에게서는 생각할 수 없는 문체.　prendre un exemple *chez* Racine 라신느에게서 예문을 인용하다.　puiser des exemples *chez* les auteurs classiques 고전 작가들에게서 용례를 차용하다.

· Cette maxime est *chez* Molière.　그 금언은 몰리에르 작품에 나온다.
· Il a pris cet exemple *chez* Flaubert.　그는 그 예문을 플로베르에게서 인용했다.
· On trouve ceci *chez* Hugo.　위고 작품에서 이러한 것을 발견할 수 있다.

7. …의 시대에.

chez les Anciens 고대에는.　*chez* les Grecs 그리스 시대에는.　*chez* les Romains 로마 시대에는.

8. [전치사 + *chez*]

robes qui sortent de *chez* les grands couturiers 유명한 재단사가 만든 부인복.　partir de *chez* soi 집을 떠나다.　passer devant *chez* son ami 친구 집 앞을 지나다.　passer par *chez* son oncle 아저씨 집에 들르다. se promener aux alentours de *chez* soi 집 주변을 산책하다.　sortir de *chez* soi 집에서 나오다.

· Il y a une tirée jusqu'à *chez* toi.　《**구어**》 네 집까지는 너무 멀어.
· Les peintres me chasse de *chez* moi.　페인트공들이 일을 하는 바람에 집에서 쫓겨났다.
· Les trois quarts des internautes se connectent depuis *chez* eux.　인터넷 이용자의 4분의 3은 집에서 접속한다.
· Elle est enlevée près de *chez* elle.　그녀는 그녀의 집 근처에서 납치되었다.
· La première gare est à 5km de *chez* moi.　첫 번째 역이 우리 집에서 5km 떨어져 있다.
· Il est de *chez* nous.　그는 우리 고장 출신이다.
· Ce sont des gens de *chez* vous?　그들은 당신과 동향 사람들입니까?
· Elle habite vers *chez* lui.　그녀는 그이 집 근처에 산다.
· Il n'est pas ressorti de *chez* lui.　그는 자기 집에 들어갔다가 다시 나오지 않았다.
· Je viens de *chez* lui.　나는 그의 집에서 오는 길이다.

comme

전 치 사 접 속 사

1. 비교·유사

1) ❶ …처럼, …와 같이, …와 마찬가지로.

comme père et mère 부모처럼.　*comme* la prunelle de ses yeux 소중히.　*comme* une trombe (소용돌이처럼) 세차게, 질풍처럼.　clochers gothiques travaillés *comme* des bibelots d'ivoires 상아 세공품처럼 만들어진 고딕식 종탑.　jambes *comme* des allumettes 가느다란 다리.　une voix coupante *comme* une voix d'acier 쇠소리처럼 날카로운 목소리.　s'abattre *comme* une volée de moineaux 《구어》 일제히[앞을 다투어] 달려들다.　s'agiter *comme* un diable dans un bénitier 안절 부절 못하다.　s'agiter *comme* une puce 길길이[미친 듯이] 날뛰다.　aimer *comme* un fou 열렬히 사랑하다.　aimer *qn comme* un[son] frère …을 무척 사랑하다.　aimer *qn comme* sa propre fille …을 친딸처럼 사랑하다.　aimer son prochain *comme* soi-même 이웃을 자기 자신처럼 사랑 하다.　aller[courir] *comme* un Basque 《구어》 대단히 빨리 걷다[뛰다].　aller[marcher] *comme* une écrevisse[les écrevisses] 뒷걸음을 치다.　aller[avancer, marcher] *comme* un escargot 느릿느릿 가다[전진하다, 걷다].　s'aplatir *comme* une carpette[crêpe] devant *qn* …앞에서 비굴하게 굴다. arriver[tomber] *comme* une bombe 갑자기 닥쳐오다.　arriver *comme* un cyclone 맹렬한 기세로 달려오다.　arriver *comme* mars[marée] en carême 때맞춰[제때에] 도착하다.　arriver[passer] *comme* un ouragan 질풍처럼 달려오다[지나가다].　attendre *qn comme* le messie 《구어》…을 초조하게 기다리다.　avoir les cheveux *comme* de l'étoupe 머리카락이 엉켜 빗기 어렵다.　avoir de l'esprit *comme* un démon 기지(奇智)가 매우 뛰어나다; 매우 심술궂다.　avoir des jambes *comme* des fils de fer 다리가 바싹 말랐다.　avoir les pieds *comme* des bateaux 《구어》 발이 굉장히 크다.　avoir la tête dure *comme* une bûche 《구어》 고집불통이다, 완고하다.　bâiller *comme* une carpe 입을 벌리고 연달아 하품하다.　bâiller *comme* une huître 입을 크게 벌리고 하품하다.　s'ennuyer *comme* une carpe 몹시 권태로워하다.　battre *qn comme* plâtre …을 세게 치다.　se battre *comme* un petit coq 맹렬히 싸우다.　se dresser *comme* un coq sur ses ergots 고압적으로 나오다.　se battre *comme* un lion 사자와 같이 용감하게 싸우다.　tourner *comme* un lion en cage 힘이 미치지 못해 안절부절못하다.　boire *comme* un trou[une éponge, un Polonais, un templier] 밑 빠진 독처럼 술을 마신다.　boire[fumer, jurer] *comme* un troupier 《옛·구 어》 상스럽게 술을 마시다[담배를 피우다, 욕하다].　bondir [sauter] *comme* un cabri 즐겁게 깡총 깡총 뛰다.　bondir[sauter] *comme* une chèvre 경쾌하게 뛰다.　se briser[se casser] *comme* (du) verre 쉽게 깨지다.　se brûler à la chandelle *comme* un papillon 유혹에 빠져 파멸하다.　bûcher *comme* un sourd 《속어》 사정없이 때리다.　chanter *comme* un rossignol 꾀꼬리처럼 노래하다. se conduire *comme* un mufle 상놈처럼 처신하다.　se coucher[se lever] *comme* les poules 아주 일찍 자다[일어나다].　couper *comme* un genou (칼 따위가) 들지 않다.　courir *comme* un chat 재빠르게 뛰어다니다.　courir *comme* un cerf 사슴처럼 빨리 달리다.　courir[filer, partir] *comme* un dératé 쏜살같이[재빨리] 달리다[도망하다, 떠나다].　courir *comme* un lévrier 매우 빨리 달리다.　courir *comme* un lapin 재빨리 도망치다.　courir[filer] *comme* un zèbre 매우 빨리 뛰다[내빼다].　crier *comme* un brûlé 큰 소리로 외치다.　crier[travailler] *comme* un forcené 미친듯이 울부짖다[일하다].　crier *comme* un fou[damné, sourd, veau] 고래고래 소리를 지르다.　croire *qc comme* l'Évangile[*comme* parole d'Évangile, *comme* article de foi] …을 굳게 믿어 의심치 않다, 금과옥조로 여기다.　croire *qc* dur *comme* fer 철석같이 믿다.　croître[pousser] *comme* un champignon[chiendent] 매우 빨리[무럭무럭] 자라다.　se débattre *comme* un beau diable 악을 쓰며 발버둥치다.　se débrouiller *comme* un chef 훌륭히 잘 해 나가다.　se démener *comme* un possédé 미치광이처럼 난폭하게 굴다.　dire des bêtises grosses *comme* soi[les montagnes] 매우 어리석은 말을 하다.　se disputer[se battre] *comme* des chiffonniers 체면 불구하고 마구 다투다.　dormir *comme* une bûche[une brute, un loir, un pieu, un plomb, un sabot, un sonneur, une marmotte, une souche] 깊이 잠들다.　écrire *comme* un chat[cochon] 글씨를 알아볼 수 없게 갈겨쓰다.　s'écrouler *comme* un château de cartes 한꺼번에 와르르 내려앉다.　s'embêter *comme* un rat mort[une croûte de pain derrière une malle] 따분해서[지겨워서] 미칠[죽을] 지경이다.　s'empiffrer *comme* un glouton 식충이처럼 잔뜩 먹다.　s'emporter[s'enlever, monter] *comme* une soupe au lait 《구어》 발끈 성을 내다, 격노하다.　être emporté[traîné] *comme* un fétu 지푸라기처럼 날려[끌려]가다.　s'enfuir *comme* un voleur 슬그머니 도망치다.　s'engraisser *comme* un chanoine 살이 많이 찌다; 부유해지다.　engueuler *qn comme* du poisson pourri 《구어》 …에게 심한 욕설을 퍼붓다.　s'ennuyer *comme* un rat 《구어》 몹시 지루하다.　s'entendre *comme* larrons en foire (나쁜 짓을 하는 데에) 놀랍도록 뜻이 맞다.　errer *comme* une âme en peine 서글프게 헤매다.　être amis[copains, camarades] *comme* cochons 《속어》 절친하다, 단짝이다.　être voleur *comme* une pie 손버릇이 나쁘다.　s'évanouir *comme* un songe 꿈처럼 사라지다.　se faire avoir[se laisser manoeuvrer] *comme* un conscrit 쉽사리 넘어가다.　être fait[pris] *comme* un rat 《구어》 함정에 빠지다, 독안에 든 쥐처럼 되다.　être fait *comme* un voleur 옷차림이 지저분하다; 함정에 빠지다, 독안에 든 쥐처럼 되다.　être fait[pris] *comme* un rat[voleur] 《구어》 함정에 빠지다, 독안에 든 쥐처럼 되다.　se faufiler[glisser, échapper, filer] *comme* une anguille 미꾸라지처럼 빠져나가다.　filer *comme* un dard 《구어》 매우 빨리 지나가다.　filer[trotter] *comme* une souris 몰래 도망치다.　filer[partir] *comme* un trait 쏜살같이 가버리다.　frapper *comme* un sourd 있는 힘을 다해 때리다.　fuir[craindre, haïr] *qn/qc comme* la peste[mort] …을 피하다[매우 두려워하다, 매우 싫어하다].　fuir *qn comme* un pestiféré (페스트 환자처럼) 어떤 일이 있어도 …을 피하다.　fumer *comme* une locomotive 담배를 많이 피우다, 골초이다.　fumer *comme* un pompier[sapeur] 담배를 많이 피우다.　glisser entre les doigts *comme* une anguille[une couleuvre, un poisson] 미꾸라지[뱀, 물고기]처럼 손에서 빠져 달아나다.　hacher menu *comme* chair à pâté 잘게 토막내다.　se hérisser *comme* un porc-épic 잔뜩 화가 나있다.　jurer *comme* un fiacre 더러운 욕을 퍼붓다.　jurer *comme* un poissonier 생선장수처럼 욕설을 퍼붓다.　laisser tomber *qn comme* une crêpe …을 가차없이 내치다[저버리다].　laisser tomber *qn comme* une vieille chaussette …을 헌신짝처럼 내버리다.　loger *comme* les pigeons 《구어》 다락방에 살다.　manger *comme* un cochon 지저분하게 먹다.　manger *comme* une alouette[une mauviette, un oiseau] 몹시 적게 먹다.　manger *comme* un porc 돼지처럼 게걸스럽게 먹다.　manger *comme* quatre[un ogre] 무지하게 먹다.　marcher *comme* un automate 자동인형처럼 걷다.　marcher *comme* un canard 몸을 좌우로 흔들며 걷다(=se dandiner).　marcher *comme* un pantin 꼭두각시처럼 뒤뚱거리며 걷다.　marcher *comme* un somnambule 몽유병자처럼 걷다.　mentir *comme* un arracheur de dents 거짓말을 식은 죽 먹듯이 하다.　mépriser *qn comme* la boue de ses souliers 《구어》…을 발가락의 때만큼도 여기지 않다.　mourir[tomber] *comme* des mouches (파리떼처럼) 무더기로 죽다[쓰러지다].　nager *comme* un chien de plomb[un fer à repasser, une meule de moulin] 《구어》 전혀 헤엄칠 줄 모르다.　nager *comme* un dieu[poisson] 수영을 매우 잘한다.　ouvrir la bouche *comme* un four 입을 크게 벌리다.　ouvrir [faire] des yeux *comme* des soucoupes[portes cochères] 놀라서 눈이 휘둥그래지다.　parler *comme* l'Apocalypse 난해하게 말하다.　parler *comme* un livre 학자답게[박식하게] 말하다; 《경멸》 지나치게 이론적으로[현학적으로] 말하다.　parler *comme* un oracle 권위 있게 말하다.　partir[filer] *comme* une flèche 쏜살같이 출발하다[도망치다].　partir *comme* une fusée 갑작스럽게 떠나다.　passer *comme* une lettre à la poste 《구어》 척척 진척되다; 쉽게 소화되다; 쉽게 가결되다.　passer[briller] *comme* un météore 유성과 같이 지나가다[빛나다]; 《비유》 잠시 각광을 받고 곧 사라지다.　passer *comme* une ombre 허무하게 사라지다.　suivre *qn comme* une[son] ombre …을 따라다니다, 추종하다.　pleurer *comme* une Madeleine[une vache, un veau, une fontaine] 엉엉 울다, 목놓아 울다.　pleuvoir[fondre] *comme* la grêle 빗발치듯 쏟아지다, 격렬하게 퍼붓다.　plier *comme* un roseau 갈대처럼 약하다.　se porter *comme* le Pont-Neuf 《구어》 매우 건강[건재]하다.　pousser *comme* une mauvaise herbe (아이가) 빨리 그리고 수월하게 자라나다.　pousser fort *comme* un chêne 건장하게 자라다[건장하다].　prendre feu *comme* de l'amadou 《격언》 걸핏하면 성을 내다, 성미가 욱하다.　presser *qn comme* un citron …을 이용할 대로 이용하다, 착취하다.　râler *comme* un pou 《구어》 몹시 화내다.　redouter *qn comme* la foudre …을 몹시 두려워하다.　regarder *qn comme* une bête curieuse …을 짓궂게[무례하게] 바라보다.　regarde passer un train *comme* une vache 우두커니[멍청히] 기차가 지나가는 것을 보다.　se regarder tout le monde *comme* du fumier 사람들을 경멸하는 눈초리로 바라보다.　rengorger *comme* un paon 으스대다, 거만을 떨다.　se répandre *comme* une traînée de poudre (소문 따위가) 순식간에 퍼지다.　répéter [réciter]*comme* un perroquet 저도 모르는 말을 지껄이다.　ressembler à *qn comme* un frère …을 많이 닮다.　se ressembler *comme* deux gouttes d'eau[deux jumeaux, deux oeufs] 꼭 닮다.　rester *comme* une bûche[souche] 꼼짝 않고 있다(=sans bouger).　rester[en être] *comme* deux ronds de flan 대경실색하다, 놀라서 말문이 막히다.　retourner *qn comme* une vieille chaussette …의 의견을 좌지우지하다.　retourner *qn comme* une crêpe[un gant] …의 생각을[태도를] 완전히 바꾸다.　se retourner *comme* un gant 생각[태도]가 일변하다.　rire[se tordre] *comme* une baleine 입을 크게 벌리고 웃다, 포복절도하다.　ronfler *comme* une forge 드르렁 드르렁 코를 골다.　secouer *qn/qc comme* un prunier 《구어》 …을 거칠게 흔들다; 호되게 야단치다.　souffler *comme* une forge (숨이 가빠) 식식거리다.　rougir[rougeoyer] *comme* une forge 얼굴이 새빨개지다.　rouler *comme* une boule 공처럼 굴러가다.　savoir *qc comme* son pater …을 잘 알고 있다.　s'en soucier *comme* les neiges d'antan 조금도 개의치 않다.　souffler *comme* un boeuf[un phoque, une locomotive] 거칠게 숨을 쉬다.　souffrir *comme* un damné[possédé] 지옥의[호된] 고통을 겪다, 지독하게 고생하다.　suivre *qn comme* un caniche[un mouton, un toutou, son ombre] …을 졸졸 따라다니다, 충실히 따르다.　se tenir droit *comme* cierge 촛대처럼 꼿꼿하게 서 있다.　tomber *comme* un fruit mûr 시의적절하게 행동하다.　tomber *comme* une pierre 털썩 쓰러지다.　tomber *comme* une tuile (재난 따위가) 뜻밖에 닥치다.　se tortiller[se tordre] *comme* un ver 《구어》 몸을 뒤틀다.　tourner *comme* un ours en cage 하는

일 없이 방안을 왔다갔다하다. traiter *qn comme* un nègre …을 학대하다. trimer *comme* un nègre 흑인 노예처럼 죽도록 일하다. travailler *comme* un apprenti 일을 망쳐 놓다. travailler *comme* un bénédictin 아주 끈기있게 일하다. travailler *comme* un boeuf 황소처럼 일하다. travailler *comme* une brute 《구어》 억척스레 일하다. travailler *comme* un esclave[un forçat, un galérien, un nègre, une bête de somme] 중노동을 하다, 고된 일을 하다. travailler *comme* un mercenaire (보잘것없는 보수로) 고된 일을 하다. trembler *comme* une feuille 부들부들 떨다, 겁에 질리다. en user avec *qn comme* ses amis 《옛·문어》 …을 친구처럼 대하다. se vendre [partir] *comme* des petits pains 매우 잘 팔리다. vivre[s'entendre] *comme* chien et chat 사이가 매우 나쁘다. vivre *comme* des frères 매우 정답게 살다. vivre *comme* frère et soeur (남녀가) 서로 순결하게 살다. vivire *comme* une larve 못난 인생을 살다. vivre *comme* un moine 고행자 같은[금욕] 생활을 하다.

- Elle s'affolait, *comme* un oiseau pris aux pipeaux. 그녀는 끈끈이 막대에 걸린 새처럼 이성을 잃고 날뛰는 것이었다.
- Tu aimeras ton prochain *comme* toi-même. 네 이웃을 네 몸과 같이 사랑하라.
- Sa langue (lui) va *comme* le claquet d'un moulin. 《구어》 그는 말이 너무 많다.
- Ça y va *comme* un gant. 더할 나위 없이 적합하다.
- Nous nous sommes amusés *comme* des fous. 우리는 미친 사람처럼 즐겼다.
- Sa fille lui apparaissait *comme* un ange. 자기 딸이 그에게는 마치 천사처럼 느껴졌다.
- Il connaît Paris *comme* sa poche. 그는 파리를 속속들이 알고 있다.
- Il dévorait *comme* un loup affamé. 그는 굶주린 늑대처럼 탐욕스럽게 먹고 있었다.
- L'argent file entre mes doigts *comme* du sable. 돈이 모래알처럼 내 손에서 빠져나간다.
- Nous ne faisons pas *comme* vous. 우리들은 당신들처럼 하지 않는다.
- Qu'est-ce qu'ils font *comme* pétard! 저 녀석들 웬 소란이야!
- Il se jette sur les plats *comme* un goinfre. 그는 아귀(餓鬼)처럼 음식에 달려든다.
- Ça se lit *comme* un roman. 이것은 소설처럼 쉽게 읽힌다.
- Je pense *comme* vous. 나는 당신과 같은 생각이다.
- Il pleut *comme* vache qui pisse. 《속어》 비가 억수같이 쏟아진다(= Il pleut à verse).
- "Compte" se prononce *comme* "conte". "Compte"는 "conte"처럼 발음된다.
- Il a réussi *comme* son oncle. 그는 자기 삼촌과 마찬가지로 성공했다.
- Il siffle *comme* une merle. 그는 (티티새처럼) 휘파람을 썩 잘 분다
- Il l'a soignée *comme* sa propre mère. 그는 그녀를 자기 어머니처럼 돌보았다.
- Il travaille *comme* un fou[《구어》 malade]. 그는 미친 듯이 일한다.
- Cela se voit *comme* le nez au milieu de la figure[du visage]. 뻔한 일이다, 명약관화하다(= C'est très apparent).
- J'ai rarement vu des gens *comme* lui. 나는 그 사람 같은 사람을 별로 보지 못했다.

❷ [être comme + 명사 / 형용사]

être *comme* l'âne de Buridan 우유부단하게 망설이다. être *comme* l'anguille de Melun 손도 대기

전에 울다, 아프기도 전에 엄살하다. être *comme* l'eau et le feu 물과 기름 사이이다. être *comme* un chien à l'attache 혹사당하다, 자유롭지 못하다. être *comme* le chien du jardinier 심보가 나쁘다. être *comme* un coq en pâte 귀여움 받다(=être choyé). être *comme* un crin 《비유》 성미가 까다롭다; 기분이 매우 언짢다. être *comme* cul et chemise 《구어》 서로 떼어 놓을 수 없다; 매우 친하다. être *comme* un éléphant dans un magasin de porcelaine 《구어》 미묘한 일에 참견하는 어리석은 사람이다. être *comme* frère et soeur (남녀가) 서로 순결하다. être *comme* Job sur son fumier 몹시 궁핍하다. être *comme* le jour et la nuit 상반된다, 전혀 다르다. être *comme* l'ombre et le corps 일심동체다, 떼어놓을 수 없다(=être inséparable). être *comme* un poisson dans l'eau 고기가 물을 만난 듯하다; 제 세상을 만난 듯하다. être *comme* un poisson hors de l'eau 물을 떠난 물고기 같다, 난처[곤란]하게 되다. être *comme* un porc à l'auge 《속어》 무엇이든 풍족하다. être *comme* une poule qui a trouvé un couteau; être *comme* une poule qui aurait couvé un canard[un oeuf de canne] 당황하다, 질겁하다. être *comme* un rat dans un fromage[《옛》 en paille] 유복하게[안락하게] 살다.

· L'entreprise, c'est *comme* la bicyclette : si elle n'avance pas, elle tombe. 기업은 자전거와 같아서, 앞으로 나아가지 않으면 넘어진다.
· C'est *comme* l'oeuf de (Christophe) Colomb. 그것은 콜럼버스의 달걀이다.
· C'est *comme* l'oeuf et la poule. 그것은 달걀이 먼저냐 닭이 먼저냐 하는 것과 같다.
· Je suis *comme* lui, je n'aime pas les bananes. 나는 그 사람처럼 바나나를 좋아하지 않는다.
· Moi, je ne suis pas *comme* ton oncle. 나는 네 삼촌과는 다르다.

❸ [형용사 + comme + 명사]

aimable *comme* une porte de prison 《구어》 무뚝뚝한, 붙임성 없는; 아주[대단히] 불쾌한(= très désagréable). triste *comme* une porte de prison 《구어》 대단히 슬픈, 침통한. agile *comme* un cerf 사슴처럼 민첩한. agile[vif] *comme* un écureuil 몹시 활발[민첩]한. amer *comme* chicotin 지독하게 쓴. beau[grand, insolent] *comme* un dieu 매우 아름다운[큰, 무례한]. belle *comme* une madone 성모상과 같이 아름다운. bête *comme* une oie; bête *comme* des[ses] pieds; bête *comme* un pot; bête[sot] *comme* un panier 매우 어리석은. bête *comme* un jeune chien 경망스러운. blanc *comme* le lait 우유처럼 흰. blanc *comme* un linge[un cachet d'aspirine] 얼굴이 몹시 창백한[흰]. blanc *comme* un lis 흰 백합처럼 하얀. blanc *comme* neige 순백의; 순진무구; 결백한. blond *comme* les blés 눈부신 금발의. chiant *comme* la pluie 몹시 지루한[성가신]. con *comme* la lune[un balai] 아주 멍청한. con *comme* une valise (sans poignée) 지독한 바보인. différent *comme* le lour et la nuit 판이하게 다른. doux[tendre] *comme* un agneau 어린 양처럼 순한. doux *comme* un mouton 양처럼 유순한. droit *comme* une statue 꼼짝않고 서있는. dur *comme* du bois[béton] 나무[콘크리트]처럼 단단한. dur *comme* de la corne 아주 딱딱한[질긴]. dur *comme* un roc 바위처럼 단단한[건강한; 완고한]. effronté *comme* un page[moineau] 아주 뻔뻔스러운, 후안무치한. ennuyeux *comme* la pluie 몹시 지루한. facile *comme* bonjour[tout] 매우 쉬운. faux *comme* un jeton 《구어》 엉큼한, 위선적인(=dissimulé, hypocrite). ficelé *comme* un saucisson 꽁꽁 묶여 있는. fier *comme* un coq 의기양양한, 매우 으스대는. fin *comme* un cheveu 아주 가느다란. fragile *comme* du verre 깨지기 쉬운(=très fragile). franc *comme* l'or

매우 솔직한, 전혀 숨김이 없는.　frisé *comme* un mouton 고수머리를 한.　froid *comme* le[un] marbre 아주 냉담한.　gai *comme* un pinson 매우 명랑한.　gros *comme* un cochon 돼지처럼 뚱뚱한.　grossier *comme* du pain d'orge (언동 따위가) 조야한, 질이 좋지 않은.　haut *comme* trois pommes (어린이가) 키가 몹시 작은.　heureux *comme* un pape 매우 행복한.　ignorant *comme* une carpe 아주 무식한.　immobile *comme* une souche[statue] 미동도 하지 않는.　jaloux *comme* un tigre 질투심이 아주 강한.　jaune *comme* (de la) cire[*comme* un coing, *comme* un citron] 샛노란.　laid *comme* un crapaud (두꺼비처럼) 몹시 추한[못생긴].　laid *comme* un pou[les sept péchés capitaux] 매우 더러운.　laid *comme* un singe 아주 못생긴.　léger *comme* un papillon 몹시 경솔한.　léger *comme* une plume[bulle de savon] 깃털[비누방울]처럼 가벼운, 몹시 가벼운.　libre *comme* l'air 전적으로 자유로운.　long *comme* un jour sans pain 대단히 긴[지루한].　maigre *comme* un clou[coucou, hareng saur] 매우 여윈, 피골이 상접한.　malin *comme* un singe 아주 약삭빠른.　méchant[mauvais] *comme* un âne rouge 매우 심술궂은.　méchant *comme* un aspic 몹시 심술궂은.　méchant[mauvais] *comme* gale 성미가 고약한.　méchant *comme* la grêle 심술궂은; 몹시 불쾌한.　mince *comme* un fil 아주 홀쭉한.　mouillé *comme* canard 흠뻑 젖은.　myope *comme* une taupe 근시가 아주 심한(=avoir une vue basse).　noir *comme* un corbeau 아주 새까만.　noir *comme* (de) l'encre 새까만.　orgueilleux[vaniteux] *comme* un paon[pou] 매우 거만한, 오만하기 짝이 없는.　paresseux *comme* une couleuvre[un lézard] 아주 게으른.　pauvre *comme* Job 몹시 가난한.　perfide *comme* l'onde (사람의 마음 따위가) (파도처럼)믿을 수 없는.　plein *comme* une bourrique[barrique] 《구어》 만취하다.　plein *comme* un oeuf 《구어》 꽉 찬, 초만원의; 배부른; 만취한.　prompt *comme* l'éclair[une flèche, la foudre] 몹시 빠른.　propre *comme* un sou neuf 아주 깨끗한.　rapide *comme* la foudre 전광석화와 같이 빠른.　raide *comme* balle 주저하지 않고, 곧장.　raide *comme* la justice 《구어》 완고하고 엄격한.　raide *comme* un passe-lacet 일전한푼 없는.　raide *comme* un piquet[un manche à balai] 꼿꼿이 선채 움직이지 않는.　sage *comme* un [d']ange 더 없이 얌전한.　sage *comme* une image (아이가) 아주 얌전한.　sale *comme* un porc[un peigne, une truie] 매우 더러운.　sec *comme* un coup de trique; sec *comme* un hareng 《구어》 빼빼마른, 피골이 상접한.　serrés[pressés] *comme* des harengs (en caque) 《구어》 콩나물 시루같이 빽빽한.　sérieux *comme* un pape 《구어》 아주 근엄한(=très sérieux).　sobre *comme* un chameau 식생활이 절제가 있는.　souple *comme* un verre de lampe 《비유·구어》 (반어적으로) 전혀 부드럽지 않은, 단단한.　sourd *comme* un pot 귀가 아주 먼.　tendre *comme* la rosée (야채고기 따위가) 매우 부드러운.　trempé *comme* une soupe 속속들이 흠뻑 젖은.　triste *comme* un bonnet de nuit 슬픈, 울적한.　triste *comme* un lendemain de fête 몹시 슬픈[쓸쓸한].　unis *comme* les doigts de la main 사이가 매우 좋은, 단짝인.　vêtu *comme* un chiffonnier 누더기를 걸친, 구겨지고 더러운 옷을 입은.　vif *comme*[un écureuil 매우 민첩한[활발한].　vif *comme* la poudre 격하기 쉬운.　vieux *comme* Adam[Mathusalem, Hérode, les chemins, les rues, le monde] 《구어》 나이가 매우 많은; 매우 오래된.　appartement[jardin] grand *comme* un mouchoir 손바닥만한 아파트[정원].　(des cheveux) raides *comme* des baguettes de tambour 《구어》 (머리카락이) 매우 뻣뻣한.　coup raide *comme* une balle 격렬한 타격.　femme membrue *comme* un homme 남자처럼 사지가 탄탄한 여자.　grêlons gros *comme* des oeufs de pigeon 비둘기 알만큼 커다란 우박알.　légume onctueuse *comme* une crème 크림처럼 연한 채소.　pierre grosse *comme* le poing 주먹만한 크기의 돌.　être adroit *comme* un singe 아주 능숙하다.　être amoureuse *comme* une chatte (여자

가) 누구에게나 잘 유혹당하다; 사랑에 쉽게 빠지다. être avare *comme* un rat 쥐처럼 인색하다. être bavard *comme* un perroquet[une pie (borgne)] 아주 수다스럽다. être belle[fraîche] *comme* une fleur 꽃처럼 아름답다[상큼하다]. être blanc *comme* un cygne (색이) 새하얗다. être buté *comme* un âne[une mule] 지독한 고집쟁이다. être connu *comme* le loup[merle] blanc 널리 알려져 있다(=être très connu). être couvert *comme* un oignon 옷을 몇 겹으로 입고 있다. être droit *comme* cierge 촛대처럼 꼿꼿하게 서 있다. être dur *comme* la pierre 돌처럼 단단하다, 반석 같다. être malheureux *comme* les pierres 외롭고 불행하다. être empêtré *comme* une poule qui n'a qu'un poussin 하찮은 일에도 신경을 쓰다, 쩨쩨하다. être excité *comme* une puce 몹시[미친 듯이] 흥분하다. être fagoté[ficelé] *comme* un sac 볼품없는 옷차림을 하다. être fier *comme* Artaban[un coq, un paon, un pou] 지극히 오만하다. être fort *comme* un bœuf[Turc] 힘이 매우 세다. être lourd *comme* un boeuf 둔중하다. être fort *comme* un chêne 건장하다. être frais *comme* l'oeil[une rose, un gardon] 생기발랄하다, 얼굴색이 환하다. être futé[rusé] *comme* un renard 여우처럼 교활하다. être gonflé[plein] *comme* une outre 지나치게 많이 먹다[마시다]. être gros *comme* une outre 아주 뚱뚱하다. être gourmand(e) *comme* un(e) chat(te) 먹성이 좋다. être gras *comme* un cent de clous 피골이 상접하다. être gras[gros] *comme* un chanoine[moine] 살이 많이 찌다, 몹시 뚱뚱하다. être gras[sale] *comme* un porc 돼지처럼 뚱뚱[지저분]하다. être gros *comme* une vache 매우 뚱뚱하다. être sorcier *comme* une vache 《구어》 서투르다. être gueux *comme* un rat (d'église) 몹시 가난하다. être heureux *comme* un roi 몹시 행복해하다. être (heureux) *comme* un poisson dans l'eau 물을 만난 물고기같다, 제 세상을 만나다, 무척 편안하다. être imbibé *comme* une éponge 술을 진탕 마시다. être jaune *comme* (de la) cire[un citron] (얼굴이) 노랗다. être libre *comme* le vent 매우 자유롭다. être malade *comme* une bête 중병이다. être malin *comme* un singe 원숭이처럼 약삭빠르다. être méchant *comme* une teigne[la gale, un diable, un âne rouge] 몹시 심술궂다. être[se sentir] mou *comme* une chiffe 완전히 기운[맥]이 빠져 있다. être muet *comme* une carpe[la tombe] 전혀 말이 없다, 무겁게 침묵하고 있다. être muet *comme* un poisson 말없이 잠자코 있다. être noir *comme* un pruneau 《구어》 피부가 감다[볕에 탔다]. être nu *comme* une pierre 발가벗고 있다. être nu *comme* un ver[la main] 알몸[벌거숭이]이다(=être tout nu). être pâle *comme* un linge[la mort] 흰 천[죽은 사람]처럼 창백하다. être[rester] planté *comme* une borne[un piquet] 꼼짝도 않고 있다, 부동자세를 취하다(=être immobile). être plat *comme* une carpette devant *qn* …앞에서 슬슬 기다. être plat *comme* une galette 아주 납작하다. être plat *comme* une limande 아주 납작하다; (여자가) 젖가슴이 빈약하다; 아주 비굴하게 굴다. être plate *comme* une planche à pain (여자가) 말라깽이; 젖가슴이 빈약하다. être plat *comme* un punaise 몹시 비루하다, 천하다. être raide *comme* un passe-lacet 《구어》 한푼도 없다. être réglé *comme* une horloge (시계처럼) 규칙적으로 생활하다; 시간을 잘 지키다. être réglé *comme* du papier à musique (사람이) 아주 규칙적인 습관을 갖고 있다, 꼼꼼하다; (사물이) 올 것이 왔다. être riche *comme* Crésus 대단한 부자이다. être rond *comme* une queue de pelle[barrique] 만취하다. être rouge *comme* une cerise[un coq, un coquelicot, une crevisse, une pivoine, une tomate] (당황, 수치심, 부끄러움 따위로) 얼굴이 새빨개지다. être rouge *comme* une écrevisse[un homard] (햇빛, 열기 따위 때문에) 얼굴이 새빨개지다. être sec *comme* un pendu (d'été) 《구어》 몹시 말라 있다. être sérieux *comme* un âne qu'on étrille 짐짓 진지한 표정을 짓다, 시치미를 떼다. être solide *comme* un roc[le Pont-Neuf] (사람이) 바위처럼 단단하다, 강건하다.

être soûl *comme* un cochon[une grive, un âne, un Polonais, une bourrique] 곤드레만드레[몹시] 취하다(= très ivre).　être souple *comme* un gant (성격이) 온순하다, 고분고분하다.　être souple *comme* un roseau 갈대처럼 약하다.　être têtu[entêté] *comme* une bourrique[une mule, un mulet] 고집불통이다.　être tranquille *comme* Baptiste 꼼짝하지 않다; 태연자약하다.　rester figé[planté] *comme* un ballot 얼간이처럼 (할일을 하지 않고) 우두커니 있다.　rester planté *comme* un poireau 기다리다.　rester planté *comme* une souche 꼼짝않고 있다.

- Elle est chaude *comme* une caille.　《구어》그 여자는 매우 다정하다.
- Je suis chargé *comme* un âne[une mule, un mulet].　《구어》나는 짐이 잔뜩 있다.
- Il est chauve *comme* un oeuf[une bille, un caillou].　《구어》그는 (완전히) 대머리다.
- C'est clair *comme* le jour[*comme* de l'eau de roche].　명약관화하다.
- Elle est gentille[jolie] *comme* un coeur.　그녀는 매우 사랑스럽다[귀엽다].
- C'est gros *comme* une maison.　그거 굉장하다[지나치다].
- Cet homme est raide *comme* une barre de fer.　그는 어떤 일에도 굴하지 않는 사람이다.
- C'est simple *comme* bonjour.　그것은 아주 쉬운 거다, 문제될 게 없다.

❹ [comme personne; comme pas un] : 누구 못지않게, 누구보다도 잘.
- Je le connais *comme* pas un.　나는 누구보다도 그를 잘 안다.
- Il a de l'esprit *comme* personne.　그는 누구 못지않게 재치가 있다.

❺ [comme le[un] chien]

arriver[venir] *comme* un chien dans un jeu de quilles 계제 나쁘게 오다.　être malade *comme* un chien 중병에 걸려 있다.　faire *comme* le chien du jardinier 심보가 나쁘다.　recevoir *qn* *comme* un chien dans un jeu de quilles …을 푸대접하다.　mourir *comme* un chien 비참하게 죽다; 종교적인 축복도 받지 못하고 죽다.　vivre *comme* un chien 비참하게 살다.　traiter *qn* *comme* un chien …을 푸대접하다; 멸시하다.　tuer *qn* *comme* un chien …을 무자비하게 죽이다.

❻ [tout comme] : 바로 …처럼, 거의 …같은(=exactement comme).
- Il sera médecin tout *comme* son pére.　그는 바로 자기 아버지처럼 의사가 될 것이다.
- Ils ne sont pas mariés mais c'est tout *comme*.　그들은 결혼은 안했지만 결혼한 것과 거의 마찬가지다.

❼ [comme tout] : 《구어》형용사에 최상급의 가치 부여 : 매우, 극히, 극도로(=extrêmement).
- C'est gentil *comme* tout.　아주 매력적이다.
- Elle est jolie *comme* tout.　그녀는 굉장히 예쁘다.

2) [comme + 부사(구) / 전치사구]

❶

comme ailleurs 다른 데와 마찬가지로.　*comme* auparavant 그전[종전]대로.　*comme* autrefois 예전처럼.　*comme* par enchantement 마치 요술처럼.　*comme* par magie 신기[기묘]하게.　en un mot *comme* en cent 한 마디로 말하자면; 결국, 요컨대.　yeux percés *comme* avec une vrille 오목하게 들어간 작은 눈, 새우눈.　aller[marcher] *comme* sur des roulettes (계획·사업 따위가) 아주 순조롭게 진행되다.　changer de *qc comme* de chemise 끊임없이[쉽게] 바꾸다[갈아치우다].　se conduire *comme* en pays conquis 제멋대로[난폭하게] 행동하다(=se conduire avec imprudence, sans ménagement).　entrer dans *qc comme* dans une écurie 인사도 하지 않고 거칠게 …에 쑥 들어가다.　s'entendre à *qc comme* à ramer des choux …을 전혀 모르다.　être[se trouver] Gros-Jean *comme* devant 도로 아미타불, 모든 것이 헛수고가 되다.　se fiche(r) du tiers *comme* du quart; s'en fiche(r) *comme* de sa première chemise[de l'an quarante] 전혀 개의치 않다.　se méfier[se garder] de *qn/qc comme* de la peste …을 극도로 경계하다, …을 조금도 신용하지 않다.　se moquer[se soucier] de *qn/qc comme* de sa première chemise[de l'an quarante] …을 전혀 개의치 않다, 무시하다.　parler à *qn comme* à un chien …에게 말하는 태도가 경멸적이다.　se soucier de *qn/qc comme* d'une guigne 《구어》 …을 조금도 개의치 않다.　vivre *comme* en pays de conquête 제멋대로 행동하다, 횡포한 짓을 하다.

- *Comme* tous les matins, le soleil baignait mon lit.　매일 아침처럼 해가 나의 침대를 가득 채웠다.
- *Comme* toujours, il s'est adjugé la meilleure part.　그는 늘상 그렇듯이 가장 좋은 몫을 차지했다.
- À la guerre *comme* à la guerre.　전시에는 전시에 맞도록((비상시에는 불편함을 감수해야 한다는 뜻)).
- À Rome il faut vivre *comme* à Rome.　《속담》 로마에서는 로마의 법을 따라야 한다.
- Elle m'aime *comme* jamais.　그녀는 여태껏 볼 수 없을 정도로 나는 사랑한다.
- Il s'est enrichi très vite, *comme* par l'opération du Saint-Esprit.　그는 기적처럼 벼락부자가 되었다.
- Le couteau entre dans cette viande *comme* dans du beurre.　그 고기는 칼이 잘 들어간다.
- On entre dans cette maison *comme* dans un moulin.　이 집은 아무 때나 출입할 수 있다.
- Il fait chaud[noir] *comme* dans un four.　가마 속같이 덥다[어둡다].
- Il fait doux *comme* au printemps.　봄처럼 날씨가 온화하다.
- Faites *comme* chez vous.　(댁에 계신 것처럼) 편히 하십시오.
- Il s'etait habillé[paré] *comme* pour un jour de fête.　그는 축제일인 것처럼 차려입고 있었다.
- Elle tient à cette photo *comme* à la prunelle de ses yeux.　그 여자는 이 사진을 애지중지한다.
- Il nous a volés *comme* dans un bois.　우리는 꼼짝없이 그에게 바가지를 쓰고 말았다.

❷ [comme pour *inf*]
- Son ami faisait des signes *comme* pour nous appeler.　그의 친구가 우리를 부르려는 듯이 신호를 보냈다.
- Il a ouvert sa bouche *comme* pour parler.　그는 말을 하려는 듯이 입을 열었다.

❸ · Nous nous écrirons *comme* lorsque nous étions séparés.　떨어져 있었을 때처럼 서로 편지하기로 합시다.

3) [comme + 분사 / 제롱디프]

> *comme* suit 다음과 같이.　faire *qc comme* en se jouant …을 장난하듯이[전혀 힘 안들이고] 해내다.

· Ils sont arrivés *comme* prévu.　그들은 예정대로 도착했다.
· Nous viendrons, *comme* convenu, vous voir la semaine prochaine.　우리는 예정[합의, 결정]대로 다음 주에 당신을 만나러 오겠어요.

4) [comme + 절]

❶

attendre *qn comme* les moines font l'abbé 기다리지 않고 식사를 시작하다((수도원의 식사 시간이 엄격해서 윗사람이 도착하지 않았는데도 식사를 시작한 데서 유래)).　s'en retourner *comme* on est venu 아무것도 얻지 못하고 돌아가다.　traiter *qn comme* un père traite ses enfants …을 친자식처럼 대해주다.

· *Comme* le pilote conduit le navire, ainsi le chef de l'État mène le pays.　항해사가 배를 조종하듯이 국가원수는 나라를 이끌어간다.
· Il nous a aidés *comme* il a fait pour vous.　그는 당신을 도와주었던 것과 마찬가지로 우리들을 도와주었다.
· Le moine chante *comme* l'abbé chante.　《**속담**》 아랫사람은 윗사람을 본받는다.
· Pouvoir répondre *comme* il l'a fait, ce n'est pas donné à tout le monde.　그 사람처럼 대답하는 것이 누구에게나 가능한 것은 아니다.
· Il m'aime *comme* il fait sa mère.　그는 자기 어머니를 사랑하듯이 나를 사랑한다.
· Il écrit *comme* il parle.　그는 말하듯이 글을 쓴다.
· Il ment *comme* il respire.　그는 밥먹듯이 거짓말을 한다.
· Tout s'est passé *comme* je l'ai prévu.　모든 일은 내가 예상했던 대로 진행되었다.
· Elle me soignait *comme* elle aurait fait de son père.　그는 마치 아버지를 간병하는 것처럼 나를 간병해 주었다.
· Il vous traite *comme* il traiterait son propre fils.　그 사람은 당신을 마치 자기 자식 대하듯이 대한다.

❷ 동등비교와 함께
· Qu'il fasse autant pour soi *comme* je fais pour lui.　내가 그를 위해 하는 것처럼 그가 자신을 위해 했으면.

❸ 생략문

aller *comme* une bague au doigt; aller *comme* un gant à *qn* …에게 꼭 맞다[아주 적합하다]. arriver[tomber, venir] *comme* un cheveu[des cheveux] sur la soupe 나쁜 때에 오다; 격에 맞지 않다.　fondre *comme* neige au soleil (햇볕을 쬔 눈처럼) 순식간에 사라지다.　glisser *comme*

l'eau sur les plumes d'un canard 불유쾌한 일에 조금도 개의치 않는다.　se jeter sur *qn/qc comme* la pauvreté sur le monde …에 맹렬하게 달려들다.　jouer avec *qn comme* un chat avec un souris …을 마음대로 희롱하다, 가지고 놀다.　juger[parler] d'une chose *comme* un aveugle des couleurs 장님이 색깔을 판단하듯 알지도 못하고 판단하다[말하다].　parler le français *comme* un Basque (espagnol); parler le français *comme* une vache espagnol 프랑스어를 매우 서툴게[엉터리로] 하다.

· Ça lui va *comme* des guêtres à un lapin.　그것은 그에게 전혀 어울리지 않는다.
· Ça lui va *comme* un tablier à une vache.　그것은 그에게 전혀 어울리지 않는다.
· Cela vient *comme* un cheveu sur la soupe.　그것은 그 자리에 어울리지 않는다; 형편[사정]이 나쁘다.

5) [comme si + 절]

❶ [주절 현재 / 미래 … comme si + 직설법 반과거]

comme s'il en pleuvait 비 오듯이, 많이.

· Elle agit *comme* si elle avait vingt ans.　그 여자는 마치 20세인 것처럼 행동한다.
· Il se conduit *comme* s'il était mon père.　그는 마치 자기가 나의 아버지나 되는 것처럼 처신한다.
· Il crie *comme* si on l'écorchait.　그는 가죽을 벗기는 것처럼 크게 소리 지른다.
· C'est *comme* si on flûtait.　《구어》 그것은 소용없다[헛일이다].
· C'est *comme* si on pissait dans un violon.　(행동·태도가) 전혀 쓸데없는 일이다, 아무 소용없는 일이다.
· C'est *comme* si on parlait à un sourd.　저 사람은 아주 완고한 사람이다; 쇠귀에 경 읽기다.
· Il fait *comme* si je n'existais pas là.　그는 마치 내가 그 자리에 없는 것처럼 행동한다.
· Allons, oubliez votre querelle, et serrez-vous la main *comme* si de rien n'était.　자, 당신들의 싸움을 잊으시오. 그리고 아무 일도 없었던 것처럼 악수하시오.

❷ [주절 현재 / 미래 … comme si + 직설법 대과거]
· Tu as une mère qui t'aimera *comme* si elle t'avait mis au monde.　너는 너를 낳아준 것처럼 너를 사랑할 어머니가 있다.
· Je le connais *comme* si je l'avais fait.　그 사람 일은 속속들이 알고 있다.

❸ [주절 과거 … comme si + 직설법 반과거]
· Je lui ai serré la main *comme* si je le connaissais.　나는 그를 알고 있는 것처럼 그와 악수했다.
· Les poteaux des postes ronflaient *comme* si l'on télégraphiait de tous les cantons à la fois, pour se féliciter d'un si bel après-midi.　마치 이렇게 아름다운 오후를 축하하기 위해 모든 지역에서 동시에 전보를 치는 것처럼 전신주가 윙윙 소리를 내고 있었다.

❹ [주절 과거 … comme si + 직설법 / 접속법 대과거]
- Le chauffeur a continué *comme* si rien ne s'était passé.　운전기사는 마치 아무 일도 일어나지 않은 것처럼 운전을 계속했다.
- Elle a fait *comme* si elle ne m'avait pas remarqué.　그 여자는 나를 못 본체 했다.
- Toutes les cinq, elles étaient vêtues d'une même robe de toile à carreaux bleus et blancs, *comme* si elles eussent porté un uniforme.　다섯 명 모두 제복이라도 입은 것처럼 파랗고 하얀 체크무늬가 잇는 똑같은 베옷을 입고 있었다.

❺ 감탄적 독립절
- *Comme* si j'avais le temps!　내가 어디 시간이 있어야지!
- *Comme* si tu ne le savais pas!　마치 그걸 모르고 있는 것처럼 하는군!

2. 부가 · 등위연결

1) …와, …와 함께.

> sur la terre *comme* au ciel 땅에서도 하늘에서도.　les jeunes *comme* les vieux 늙은이도 젊은이도.　(l')été *comme* (l')hiver 겨울에도 여름에도, 모든 계절에, 일 년 내내, 사시사철(=en toutes saisons).

- Les privations étiolent l'esprit *comme* le corps.　궁핍은 마음과 몸을 위축시킨다.
- J'oublierai cela *comme* le reste.　다는 다른 것들과 함께 그것을 잊겠다.

2) 주어의 연결
- L'une *comme* l'autre gardent peu de loisir disponible pour l'aventure.　둘 다 모험을 위한 한가한 시간을 별로 지니지 못하고 있다.
- Les riches *comme* les pauvres étaient bien accueillis.　부유한 사람이나 가난한 사람이나 모두 환영을 받았다.
- L'espagnol *comme* le français viennent du latin.　스페인어와 프랑스어는 라틴어에서 파생한 것이다.

> ☆ 단순히 비교 · 유사의 뜻일 때는 동사를 앞의 명사와 일치시킴.

- L'espagnol *comme* l'italien vient du latin.　스페인어는 이탈리아어와 마찬가지로 라틴어에서 파생했다.

3. 자격 · 역할 · 간주

1)
> âme conçue *comme* réalité spirituelle 정신적 실체로 간주되는 영혼.　concevoir son métier *comme* une aventure 자기 직업을 일종의 모험으로 생각하다.　se comporter *comme* un gentleman 신사답게 행동하다.　se conduire *comme* un barbare 야만인[무뢰한]처럼 행동하다.　considérer[traiter] *qn comme* (une) quantité négligeable 《비유》 …을 대수롭지 않게 여기다, 무시하다.　considérer Lautréamont *comme* un ancêtre du surréalisme 로트레아몽을 초현실주의의 한 시조로 간주하다.　se considérer

comme un personnage 자신을 대단한 인물로 생각하다.　définir un triangle *comme* une figure qui a trois côtés et trois angles 삼각형을 세 변과 세 각을 가진 도형으로 정의하다.　se définir *comme* un centriste 스스로를 중도파라고 말하다.　envisager *qn comme* son successeur …을 자기의 후계자로 생각하다.　prendre[ressentir] *qc comme* une insulte …을 모욕으로 생각하다[느끼다].　présenter *qn comme* un escroc …을 사기꾼으로 묘사하다. recevoir une critique *comme* une injure 비판을 모욕으로 받아들이다.　être salué *comme* un précurseur 선구자의 한 사람으로 평가받다.　traiter *qn comme* un inférieur …을 아랫사람처럼 대하다.　traiter *qn comme* une chose …을 물건 취급하다.　traiter *qn comme* un lépreux …와 사귀기를 꺼리다, …에게 말을 건네기조차 싫어하다.

- Il s'est affirmé *comme* l'un de nos meilleurs romanciers.　그는 자신이 우리 나라의 최고 소설가 가운데 하나라고 자임했다.
- Je vous connais *comme* un homme sincère.　나는 당신이 성실한 사람인 것으로 알고 있소.
- L'esclave était considéré *comme* une chose.　노예는 물건으로 간주되었다.
- Je la consière *comme* ma fille.　나는 그녀를 내 딸처럼 여기고 있다.
- Il considère son métier *comme* un sacerdoce.　그는 자기 직업을 천직으로 여긴다.
- Il était considéré *comme* l'oracle de son temps.　그는 살아생전에 절대 권위자로 여겨졌다.
- Elle se considère elle-même *comme* une reine.　그녀는 그녀 자신을 여왕처럼 생각한다.
- De quel droit s'est-il institué *comme* notre dirigeant?　그가 무슨 권리로 우리 지도자가 되었습니까?
- Elle avait recueilli mon retour imprévu *comme* une bénédiction du ciel.　그 여자는 나의 예기치 않은 귀환을 신의 축복으로 받아들였다.
- Je vous regarde *comme* mon bienfaiteur.　나는 당신을 은인으로 생각합니다.
- On le représente souvent *comme* un aventurier.　그는 종종 모험가로 여겨지고 있다.

2) [comme + 무관사명사]

classement *comme* site protégé 풍치보호지구의 지정.　films utilisés *comme* documents 증거자료로 활용된 필름.　tableau classé *comme* chef-d'oeuvre 걸작으로 평가되는 그림.　texte qui est donné *comme* modèle à des élèves 학생들에게 모범 답안으로 제시된 텍스트.　accepter *qn comme* époux 남편으로 맞아들이다.　s'afficher *comme* démocrate 자신을 민주주의자라고 내세우다.　appeler *qn comme* témoin …을 증인으로 소환하다.　s'assumer *comme* écrivain 작가로서의 책임을 지다[입장에 서다].　choisir *qn comme* juge …을 심판으로 정하다.　classer un édifice *comme* monument historique 어떤 건물을 역사적 기념물로 지정하다.　comparaître *comme* témoin 증인으로 출두하다.　considérer Dieu *comme* garant du salut de l'homme 신을 인간 구원의 보증인으로 여기다.　considérer *qn comme* la boue de ses souliers 《**구어**》 …을 발가락의 때만큼도 여기지 않다.　donner *qc comme* garantie …을 담보물로 제공하다.　élire *qn comme* secrétaire général des Nations unies …을 유엔 사무총장으로 선출하다.　engager *qn comme* chauffeur …을 운전기사로 쓰다.　envoyer *qn comme* ambassadeur à Paris …을 파리 주재 대사로 보내다.　être vendu *comme* esclave 노예로 팔리다.　s'établir *comme* juge de la vie des gens 사람들의 사생활에 대한 판정관으로 자처하다.　être choisi *comme* directeur 소장으로 임명되다.　être célèbre *comme* poète 시인으로 유명하다.　s'imposer *comme* chef 지도자로 인정받다.　s'offrir *comme* guide 안내하겠다고 나서다.　se placer *comme* domestique 하인으로 고용되다.

poser *comme* postulat l'existence de l'âme 영혼의 존재를 가정하다.　　se poser *comme* protecteur 보호자임을 자처하다.　　prendre le château *comme* but de promenade 성을 산책의 목적지로 하다. prendre *qn comme* modèle …을 본보기로 삼다.　　prendre *qn comme* secrétaire …을 비서로 채용하다. se proposer *comme* témoin 증인으로 나서다, 증언하겠다고 자청하다.　　réputer *qn comme* goujat …을 버릇없는 사람이라고 여기다.　　retenir une certaine somme *comme* garantie 일정액을 보증금으로 유치하다.　　retenir les journalistes *comme* otages 기자들을 인질로 잡아두다.　　se servir d'un bâton *comme* canne 막대기로 지팡이를 삼다.　　utiliser *qn comme* messager …을 심부름꾼으로 쓰다.　　utiliser *qc comme* clé …을 열쇠로 사용하다.　　utiliser ses relations *comme* tremplin pour parvenir 연고관계를 출세의 발판으로 삼다.　　vivre *comme* mari et femme 부부로 살다.

- *Comme* bagage, il avait un sac.　　그는 짐이라고는 가방 하나였다.
- *Comme* directeur il est efficace.　　지도자로서 그는 능력이 있다.
- *Comme* idiot, il se pose là.　　《구어》 그는 매우 어리석다.
- Acceptez ce livre *comme* souvenir.　　기념으로 이 책을 받으세요.
- Le jury ne les a pas admis *comme* témoin.　　배심원은 그들을 증인으로 채택하지 않았다.
- Les antipsychotiques agissent *comme* calmants de l'humeur.　　항정신질환제는 진정제로 작용한다.
- Mieux vaut l'avoir *comme* ami que *comme* ennemi.　　그를 적으로 삼기보다 친구로 삼는 것이 더 낫다.
- Je l'ai choisie *comme* secrétaire.　　나는 그녀를 비서로 뽑았다.
- Considérez cette maison *comme* vôtre.　　이 집을 당신 집처럼 생각하세요.
- Le gouvernement l'a désigné *comme* nouveau ministre.　　정부는 그를 새 각료로 임명했다.
- On l'étiquette *comme* anarchiste.　　그를 무정부주의자라고들 한다.
- Il est très bon *comme* acteur, mais non *comme* chanteur.　　그는 배우로서는 매우 훌륭하나 가수로서는 그렇지 못하다.
- Il a récemment fait ses débuts *comme* architecte.　　그는 최근에 건축가로 일을 시작했다.
- Qu'est-ce que vous faites *comme* métier[travail]?　　직업이 뭡니까?
- Il a fini sa carrière *comme* chef de service.　　그는 과장으로 직장생활을 마쳤다.
- Le directeur nous a imposé son frère *comme* collaborateur.　　부장이 우리에게 자기 동생을 협력자로 정하도록 강요했다.
- Qu'est-ce que vous prendrez *comme* dessert?　　후식으로 무엇을 드시겠습니까?
- Il me propose sa soeur *comme* secrétaire.　　그는 나에게 자기 누이를 비서로 추천한다.
- Toutes les tribus l'ont reconnu *comme* chef.　　모든 부족이 그를 족장으로 인정했다.
- Elle a servi *comme* domestique.　　그 여자는 하녀로 일했었다.
- On s'est servi de lui *comme* bouc émissaire.　　사람들은 그를 희생양으로 써먹었다.
- Je le veux *comme* époux.　　나는 그를 남편으로 맞이하고 싶다.

3) [comme + 형용사 / 분사]

concevoir la langue *comme* bien ordonnée 언어를 질서정연한 것으로 이해하다.　　considérer deux théories *comme* symétriques 두 이론이 서로 유사하게 대응된다고 간주하다.　poser *qc comme* incontestable …을 이론의 여지가 없는 것으로 인정하다.　se regarder *comme* perdu 자기를 파멸했다고 생각하다.　se présenter *comme* envoyé par le président 의장이 보내서 온 사람이라고 자기를 소개하다.

- Je te connais *comme* étant menteur.　나는 너를 거짓말쟁이로 알고 있다.
- Je considère cela *comme* peu probable.　나는 그것이 거의 가능성이 없는 것으로 생각한다.
- Je le considère *comme* responsable.　나는 그가 책임져야 하는 것으로 간주한다.
- Je considère l'état défectueux des freins *comme* responsable de l'accident.　나는 브레이크의 고장이 사고의 원인이라고 생각한다.
- Je crois *comme* certain qu'il réussira.　그가 성공할 것은 확실하다고 생각한다.
- Elle s'envisage *comme* chargée de mon avenir.　그녀는 내 미래에 대한 책임을 지고 있는 것으로 생각하고 있다.
- Elle m'a présenté cet interprète *comme* parlant cinq langues.　그녀는 내게 그 통역이 5개 국어를 하는 것으로 소개했다.
- On pensait qu'il est peintre, mais il ne s'est pas présenté *comme* tel.　그가 화가라고 생각했었는데 그는 자기를 그렇게 소개하지 않았다.

4) [comme + 전치사(구) + 명사]

regarder *qn comme* au-dessous de soi 남을 자기보다 못한 사람으로 여기다.

- Il se sert de ses diplômes *comme* d'une armure.　그는 학위증들을 방어막으로 사용한다.

4. 양태

1) …인 듯이, …와 같이.

❶
comme une fleur 《구어》 아주 쉽게.　*comme* de juste[de raison]; *comme* de bien entendu 당연히, 의당, 늘 그렇듯이.　*comme* d'ordinaire; *comme* à l'ordinaire 여느 때처럼, 평소처럼.　*comme* par hasard 우연인 듯이.　*comme* par le passé 예전과 같이.　*comme* un pet (sur une toile cirée) 빨리; 급히; 서둘러(= rapidement).　*comme* un seul homme 만장일치로, 일제히(=unanimement, ensemble).　tout seul, *comme* un grand 아무런 도움도 받지 않고(=sans aide).　aller *comme* de cire (옷이) 꼭 맞다.　arriver *comme* de cire 시간에 딱 맞게 오다, 제 때에 오다.　battre[crier] *comme* un désespéré 필사적으로 싸우다[소리치다].　faire *qc comme* un pied 《구어》 …을 아주 서툴게 하다(=très mal).　tirer *comme* un pied 총을 형편없이 쏘다.　raisonner *comme* un pied[une pantoufle, un tambour, une casserole] 《구어》 이치에 맞지 않는 소리를 하다; 궤변을 부리다.　jeter[vider] *qn comme* un malpropre …을 매몰차게 내쫓다(=sans ménagement).　s'y prendre *comme* un manche 《구어》 서투르게[바보처럼] 행동하다.　repartir *comme* en quatorze 《구어》 열의를 가지고 다시 시작하다.　travailler[jouer] *comme* un sabot 몹시 서툴게 일하다[연주하다].

- *Comme* à son habitude. il a regardé le réveil. 그는 습관대로 자명종을 쳐다 보았다.
- *Comme* d'habitude, il est en retard. 여느 때처럼 그가 늦는다.
- Il est arrivé en retard *comme* de coutume. 그는 늘 그렇듯이 늦게 왔다.
- Il fait ses cinq *comme* S. 그는 5자를 S자처럼 쓴다.
- Il est parti *comme* un pet. 그는 급히 떠났다.
- Il est passé à 8 heures, *comme* à l'accoutumée. 그는 여느 때처럼 8시에 지나갔다.
- Nous étions pressés et, *comme* un fait exprès[*comme* par un fait exprès], le train avait du retard.
  우리는 서둘렀는데, 공교롭게도 기차가 지연되었다.

❷ [comme cela; comme ça;《은어》comme ac; comac] : 이처럼(=ainsi); 그렇게 하면; (문두에서) 따라서, 그러니까(=donc); (사정 따위가) 그렇게 되어 있는; 굉장한, 멋진(=épatant).
- *Comme* ça, tout le monde sera content. 그렇게 하면 모두가 만족할 거야.
- Alors *comme* ça, vous nous quittez. 그러니까, 당신은 우리를 떠난다는 것이군요.
- C'est aberrant de riposter *comme* ça. 그렇게 대꾸한 것은 잘못된 일이다.
- Faites *comme* ça. 그렇게 해보십시오.
- Je vous réponds que ça ne se passera pas *comme* cela. 이후 이런 일이 없을 것을 약속합니다.
- Une bagnole *comme* ça! 정말 멋진 차야!

❸ [comme ci comme ça] :《구어》그럭저럭, 그런대로(=ni bien ni mal).
- Comment ça va? ‑ *Comme* ci *comme* ça. 요즘 어떻게 지내? ‑ 그저 그래.

❹ [comme quoi] : 그 결과, 따라서, 결론적으로(=d'où il s'ensuit que) ; …임을 말하는(=disant que).
- Il n'est pas venu; *comme* quoi, nous avons bien fait de ne pas compter sur lui. 그는 오지 않았다.
  결론적으로 우리가 그를 믿지 않은 것은 잘한 일이다.
- Il fait beau aujourd'hui, *comme* quoi vous n'avaiez pas beaion de vous encombrer d'un parapluie.
  오늘은 날씨가 좋았다, 그러니 당신은 우산을 귀찮게 들고 다닐 필요가 없었습니다.
- Faites-lui un certificat *comme* quoi son état de santé nécessite du repos. 그의 건강 상태가 휴식을
  필요로 한다는 내용의 증명서를 그에게 써주게.

2) [comme + 절]

❶
comme il appert de cet acte 본 영장에 의해 명백한 바와 같이. *comme* dit ma concierge 세간에서
말하는 것처럼, 통속적으로 말하면. *comme* on dit 소위, 이른바. *comme* je l'ai dit plus haut
앞에서 말한 것처럼. *comme* nous disons dans notre jargon 우리같은 사람들이 버릇처럼 쓰는
말로 표현하자면. *comme* dit le proverbe 속담에도 있듯이. *comme* on dit proverbialement 속담
에 이르기를. *comme* la cire fond au feu[au soleil] 후딱후딱; 허둥지둥. *comme* vous ne l'ignorez
sans doute pas 아마 알고 계시겠지만. *comme* on peut 힘껏. *comme* cela se pratique en général
그것이 일반적으로 행해지는 대로. *comme* nous le verrons plus bas 아래에서 보는 바와 같이.
comme vous voudrez; *comme* il vous plaira 당신 좋으실 대로(=selon votre désir). prendre les

choses *comme* elles viennent 상황을 있는 그대로 받아들이다. résumer à *qn comme* cela s'est passé …에게 그것이 어떻게 일어났는지 요약해 주다.

- Il va *comme* on le pousse. 그는 무기력하다[줏대가 없다].
- Fais *comme* tu (le) sens. 네가 느끼는 데로 하렴.
- Faites *comme* vous préférez. 좋도록 하십시오.
- Laissez-le mener sa vie *comme* il l'entend. 자기 방식대로 살아가게 해 주시요.
- Il faut prendre le temps *comme* il vient. 《속담》 상황에 적응할 줄 알아야 한다.

❷ [comme il faut] :《구어》 잘(=bien);《구어》 훌륭한, 더할 나위 없는.

monsieur[personne] très *comme* il faut. 매우 훌륭한 사람.

- Faites votre travail *comme* il faut. 당신의 일을 잘[제대로] 하시오.

3) 일종의 … 같은 것 ; 대략.

❶
avoir les jambes *comme* du coton 《구어》 다리에 힘이 없다. être pris *comme* dans un blé 《구어》 꼼짝없이 잡히다. il y a quelque chose *comme* une semaine 약 일주일 전에.

- Il a *comme* un repentir d'avoir ri. 그는 웃은 것이 마치 후회스러운 일처럼 느낀다.
- Il avait entre les mains quelque chose *comme* un fusil. 그는 손에 총과 같은 것을 가지고 있었다.
- C'est quelque chose *comme* un paquet. 그것은 상자 같은 것이었다.
- Cela fait *comme* deux mille euros. 그것은 대략 2천 유로이다.
- Il flottait *comme* un parfum de déception. 실망한 듯한 분위기가 감돌고 있었다.
- Il jeta *comme* une lueur. 그는 한 줄기 빛 같은 것을 던졌다.

❷ [être comme + 명사/ 형용사]

être *comme* une âme en peine 심한 불안[고민]에 싸여 있다. être *comme* frappé par[de] la foudre 벼락맞은 듯이 아연실색하다. être *comme* mort 죽은 것처럼 꼼짝도 않는다; 죽은 것 같다.

- Les résultats sont apparus *comme* insuffisants. 결과가 불충분한 것 같았다.
- Il était *comme* fou. 그는 미친 것 같았다.
- Sa voiture est *comme* neuve. 그의 차는 (수리가 잘 되어서) 새것 같다.
- Elle était *comme* la statue du désespoir. 그녀는 마치 절망의 화신 같았다.
- Je suis *comme* suffoqué par la fumée. 나는 연기에 숨이 막히는 듯 했다.
- Ce voyage a été *comme* un rêve. 그 여행은 꿈과 같았다.

❸ [comme qui dirait] : 말하자면 …같은 (것).
- C'est une fine poudre blanche, *comme* qui dirait de la farine. 그것은 밀가루 같은 하얀 고운

가루이다.

· J'ai aperçu *comme* qui dirait un éclair.　나는 번개 같은 것을 보았다.

5. 예시 : …등등의, … 따위의 ; 예컨대 … 같은(=tel que).

animaux domestiques *comme* le chien, le chat, le cheval 개, 고양이, 말과 같은 가축들.　émergence de puissances *comme* la Chine, l'Inde ou le Brésil 중국, 인도 또는 브라질과 같은 강대국의 부상.　équipements *comme* de l'artillerie anti-aérienne et anti-char 방공포나 대전차포와 같은 장비.　établissements de renom *comme* les universités Pierre-et-Marie-Curie et Dauphine en France, l'University College of London 프랑스의 피에르마리퀴리 대학이나 도핀느 대학, 런던 유티버시티 칼리지와 같은 저명 기관.　moteurs de recherche américains *comme* Google et Yahoo 구글이나 야후와 같은 미국의 검색 엔진.

· Nous allons investir dans des domaines *comme* l'éducation qui permettent aux simples citoyens de réaliser leur rêve.　우리는 보통 시민들이 그들의 꿈을 이룰 수 있도록 해주는 교육과 같은 부문에 투자를 할 것이다.
· Il faut manger beaucoup de fruits *comme* des pommes de terre, des bananes, des oranges.　사과나 바나나, 오렌지와 같은 과일들을 많이 먹어야 한다.

접　속　사

1. 원인 · 이유

1) …이므로, …이니까, …이기 때문에((의견 · 주장을 나타낼 때 주절 앞에 놓임)).
　· *Comme* il arrive demain, il faut préparer une chambre.　그가 내일 도착하니까 침실 하나를 준비해야겠다.
　· *Comme* le loup savait bien qu'il mangerait la petite chèvre de M. Seguin, il ne se pressait point. 늑대는 자기가 세갱 씨의 어린 염소를 잡아먹으리라는 것을 알고 있었기 때문에 전혀 서두르지 않았다.

2) 도치
　· Malade *comme* il est, il ne va pas vivre lontemps.　그는 아파서 오래 살지 못할 것이다.
　· Paresseux *comme* il était, il lâchait le travail.　그는 게을렀기 때문에 일을 소홀히 다루고 있었다.
　· Riche *comme* il est, il pourra vous aider.　그는 부자니까 당신을 도울 수 있을 것입니다.

3) 생략문
　❶ [comme + 명사 / 대명사]
　　· *Comme* chef de l'expédition, c'est à lui de décider.　원정대의 대장이니까 그가 결정해야 한다.

　❷ [comme + 형용사 / 분사]
　　· Je l'ai congédié *comme* trop paresseux.　나는 그가 너무 게을러서 해고했다.
　　· En 1802, Lucien donna une fête; j'y fus invité, *comme* ayant rallié les forces chrétiennes.　1802년에 뤼시엥은 축연을 열었고, 나는 기독교 세력을 가맹시켰기 때문에 거기에 초대를 받았다.

2. 동시성 : …할 때에, …하고 있는 중에(=au moment où, tandis que)((주절 앞·뒤 ; 직설법 반과거 사용)).

- *Comme* le soir tombait, l'homme sombre arriva. 해가 저물어가고 있을 때 그 침울한 남자가 도착했다.
- Il est arrivé précisément *comme* nous partions. 그는 마침 우리가 떠나려던 때에 도착했다.
- Le téléphone a sonné juste *comme* j'entrais dans mon appartement. 내가 아파트에 들어가는 바로 그 순간 전화가 울렸다.

3. 비례 : …함에 따라서.

- *Comme* on connaît ses sains, on les honore. 《속담》 사람이 상대방을 대하는 태도는 상대에 따라 달라진다.
- *Comme* on fait son lit, on se couche. 《속담》 만사는 자기 할 탓이다, 자업자득이다.
- *Comme* le temps passait, il s'impatientait de plus en plus. 시간이 흘러감에 따라 그는 점점 더 초조해졌다.
- *Comme* tu sèmeras, tu moissonneras. 《속담》 뿌린 대로 거두리다.

부 사 적 용 법

1. 감탄 : 어찌나, 참으로, 정말(= combien, que).

- *Comme* vous y allez! 그럴 수가!((지나치다고 생각되는 말·행동에 대한 놀라움 표시)).
- *Comme* vous vous décidez vite! 결정을 참 빨리도 내리시는군요!
- *Comme* c'est cher! 정말 비싸구나!
- *Comme* c'est contrariant qu'il ne vienne pas! 그가 오지 않아 참 난처하게 됐군!
- *Comme* c'est loin! 참 옛날 일이야!
- *Comme* tes lettres sont gentilles! 네 편지가 어찌나 친절하던지!
- *Comme* elle a grandi[est grandie]! 그녀가 정말 많이 자랐군!
- *Comme* le temps passe vite! 세월이 참 빠르기도 하다!
- *Comme* te voilà bâti! 정말 기묘한 꼴을 하고 있구나!

2. 어떻게(= comment)((종속절에서)).

1) · Je sais *comme* il est. 나는 그가 어떤 사람인지 알고 있다.
- Vous voyez *comme* il faut qu'on gouverne. 당신은 어떻게 다스려야 하는지를 봅니다.
- Mais Rome ignore encore *comme* on perd des batailles. 그러나 로마는 어떻게 해서 싸움에 지는가를 모르고 있다.
- Voilà *comme* il est bâti. 그는 그런 사람이다.

2) [Dieu sait comme] : 《경멸》 아무도 모르게, 아무도 모르는 방법으로.

· Ce travail a été fait Dieu sait *comme*!   그 일은 어떻게 이루어졌는지는 아무도 모른다.

3) [(il) faut voir comme] : 훌륭하게, 멋지게(=d'une manière remarquable).
   · Il s'en est tiré, faut voir *comme*.   그는 아주 멋지게 빠져나왔어.
   · Il lui a répondu, il faut voir *comme*!   그는 아주 멋지게 그에게 대답했어!

compris (y)

1. …을 포함하여.

les gouvernements étrangers, y *compris* français 프랑스를 포함한 외국 정부들.   les premiers ministres successifs, y *compris* le très conservateur Taro Aso 매우 보수적인 아소 타로를 포함한 역대 수상들.

· Tout le monde était là, y *compris* sa tante.   그의 고모를 포함하여 모두가 거기에 있었다.
· Il s'est fâché avec toute sa famille, y *compris* sa soeur.   그는 누이를 포함한 그의 가족 모두와 사이가 틀어졌다.
· La Corée du Sud a annulé tous les programmes d'échanges prévus, y *compris* ceux entre écoliers des deux pays.   한국은 양국의 학생간 교류 프로그램을 포함한 모든 교류 프로그램을 취소했다.
· Cela vous reviendra à 2.000 euros, y *compris* la taxe.   그것은 세금을 포함해서 2,000 유로가 될 것입니다.

☆ 명사 앞에서 y compris는 불변이고, 명사 뒤에서는 y의 사용이 임의적이며 compris를 명사와 일치시킴.
   500 euros l'éléctricité y *comprise* 전기료 포함하여 500유로.

· Ils ont fouillé toute la maison, la cave y *comprise*.   그들은 지하실을 포함하여 온 집안을 뒤졌다.

2. 전치사구와 함께

extension de l'épidémie dans le monde entier, y *compris* en Afrique ou en Asie 아프리카와 아시아를 포함한 전 세계로의 전염병의 확산.   récession dans les autres pays, y *compris* aux États-Unis 미국을 포함한 다른 국가들에서의 경기 침체.   résolution pacifique de tous les problèmes de la région, y *compris* par la reprise rapide des pourparlers à six et du dialogue intercoréen 6자회담의 재개와 남북간 대화에 의한 방법을 포함한 지역의 모든 문제의 평화적인 해결.

· Pour parvenir à cela, nous nous engageons à nous appuyer sur les progrès déjà réalisés, y *compris* en ce qui concerne les modalités.   거기에 도달하기 위해 우리는 그 방식을 포함한 이미 이루어진 발전에

의거할 것입니다.

- Nous évitons de nous approvisionner dans certains pays, y *compris* en Europe, afin d'échapper aux risques de fraudes organisées. 우리는 조직화된 사기 행위의 위험을 피하기 위해 유럽을 비롯한 일부 국가들로부터의 구입을 피하고 있다.

- La dérégulation financière était devenu parole d'Evangile y *compris* chez les démocrates. 금융규제 완화는 민주당원들을 포함한 모두에게 복음서의 말처럼 이론의 여지가 없는 것이 되었다.

3. [y compris + 부정법]

- Il pouvait tout se permettre, y *compris* propulser son fils de 23 ans à la tête de l'un des plus grandes entreprises nationales. 그는 23세의 자기 아들을 가장 큰 국경기업체 중의 하나의 책임자로 승진시키는 것을 포함하여 모든 것을 할 수 있었다.

4. [y compris + 절]

à condition d'en avertir clairement nos partenaires et d'en assumer toutes les conséquences, y *compris* qu'ils agissent de même et que l'ensemble de la zone euro en soit affaibli 우리의 파트너들에게 그에 대해 명확히 알리고 그들이 같이 행동하고, 그로 인해 유로화 지역 전체가 약화될 수 있다는 것을 포함한 모든 결과를 받아들인다는 조건하에.

concernant

1. ⋯에 관한, ⋯에 대하여(=touchant).

- *Concernant* cette nouvelle, il faudra attendre la parution du texte officiel. 그 소식에 관해서는 공식적인 문서가 나오기를 기다려야 한다.

- Nous ne pouvons rien confirmer *concernant* la santé du Président. 우리는 대통령의 건강에 대해 아주 것도 확인해 줄 수 없다.

- Il hésite de prendre une décision *concernant* cette affaire. 그는 그 사건에 대해 결정하기를 주저한다.

- La déclaration finale semble plus vague *concernant* une action coordonnée en matière de relance économique. 마지막 선언은 경제 활성화를 위한 공동 행동에 관해서는 더 모호한 것 같다.

2. 명사의 보어

exposé *concernant* de vastes projets d'avenir 미래의 거대한 계획에 관한 설명. loi *concernant* la chasse 수렵에 관한 법. mesures *concernant* la circulation des véhicules 차량 통행에 관한 조치. projet *concernant* l'installation d'une usine d'automobiles dans cette région 이 지역에 자동차 공장을 설치하는 것에 관한 계획.

· Il y a selon lui deux choses très importantes *concernant* la Russie.　그에 의하면 러시아에 관한 아주 중요한 두 가지가 있다.
· C'est une question d'importance majeure *concernant* le bien-être des habitants.　이것은 주민의 복지에 관한 중대한 문제이다.
· Il a fallu ressortir les dossiers *concernant* cette affaire.　이 사건에 관련된 서류를 다시 검토해야만 했다.

contre

1. 근접 · 접촉

1) ❶ ⋯ 곁에, ⋯에 접근하여; ⋯에 기대어; ⋯와 맞대어.

adossé *contre* qc ⋯에 등을 기댄.　cheval qui s'étrille *contre* un arbre 나무에 몸을 비비는 말. échelle appuyée *contre* un arbre 나무에 걸쳐놓은 사다리.　poutre qui bute *contre* un mur 벽에 기대놓은 들보　table à repasser qui se rabat *contre* le mur 벽 쪽으로 접히는 다림질판.　s'acculer *contre* qc (방어의 목적으로) 벽 따위에 등을 기대다.　s'adosser *contre* la barrière 울타리에 등을 기대다.　s'aplatir *contre* un mur 벽에 몸을 바싹 붙이다.　s'appuyer *contre* un arbre pour ne pas tomber 그는 넘어지지 않으려고 나무에 기대다.　s'arc-bouter *contre* un mur 벽에 몸을 기대어 버티다.　s'asseoir *contre* qn ⋯의 곁에 앉다.　se blottir *contre* l'épaule de *qn* ⋯의 어깨에 몸을 바짝 기대다.　se gratter *contre* un arbre 나무에 자기 몸을 비벼대다.　peser *contre* une porte pour la forcer 무리하게 힘을 주어 문을 열다.　se plaquer *contre* un mur 벽에 붙다.　se serrer frileusement *contre* qn 추운 듯 ⋯에게 몸을 꼭 붙이다.

· La vapeur d'eau s'est condensée *contre* la vitre.　수증기가 유리 위에 액체로 응축되었다.
· Elle s'est écrasée *contre* le mur pour éviter la voiture.　그녀는 벽에 몸을 붙이다시피 하여 차를 피했다.
· Sa maison est *contre* la nôtre.　그의 집은 우리 집에 접해 있다.
· L'enfant s'est serré *contre* son père.　아이는 자기 아버지에게 바짝 달라 붙었다.

❷ [동사 + 목적어 + contre + 명사]

accoter sa tête *contre* la colonne 기둥에 머리를 기대다.　appliquer une echelle *contre* le mur 벽에 사다리를 걸쳐놓다.　appuyer son lit *contre* la paroi 침대를 벽면에 붙이다.　buter un poutre contre un mur 들보를 벽에 기대어 놓다.　coller l'oreille *contre* la porte pour voir s'il y a quelqu'un 누가 있는지 알아보기 위해 문에 귀를 대다.　dresser une échelle *contre* un mur 사다리를 벽에 기대어 세우다.　étreindre[serrer, tenir] *qn contre* sa poitrine[son coeur] …을 가슴에 꼭 껴안다.　frotter une allumette *contre* le frottoir 성냥을 긋다.　frotter son doigt *contre* une table 손가락으로 탁자를 문지르다.　plaquer son agresseur *contre* le mur 공격자를 벽에 밀어붙이다.　poser une échelle *contre* un arbre 사다리를 나무에 걸쳐놓다.　pousser la table *contre* le mur 탁자를 벽에 밀어붙여 놓다.　raboter ses pneus *contre* le bord du trottoir 《구어》 (자동차가) 보도 가장자리에 바짝 붙어 달리다.　repousser la table *contre* le mur 테이블을 벽에 밀쳐놓다.

- Il est étendu la face *contre* la terre.　그는 바닥에 얼굴을 대고 누워 있다.

- Il m'a pressé *contre* son coeur.　그는 가슴에 껴안았다.

- Le bus a serré le cycliste *contre* le trottoir.　버스는 자전거를 탄 사람을 보도로 밀어붙였다.

❸ [… contre …]

pare(-)choc *contre* pare(-)choc (교통 혼잡으로) 자동차의 범퍼가 맞닿을 정도로 붙어서.　danser joue *contre* joue 볼을 서로 맞대고 춤을 추다.　élever autel *contre* autel 분파를 세우다, 이단 노릇을 하다; 적대 행위를 하다.

◎ [l'un contre l'autre]
- Nous étions serrés les uns *contre* les autres sans pouvoir faire un seul mouvement.　우리는 조금도 움직이지 못하고 서로 바짝 붙어 있었다.

2) 충돌·장애
❶

obus qui vient percuter *contre* le sol[mur] 땅[벽]에 맞아 터지는 포탄.　tiroir qui bute *contre* un taquet 나무 받침에 걸리는 서랍.　buter *contre* une pierre 돌에 발부리를 부딪치다.　se buter *contre* une souche 그루터기에 부딪치다.　volet qui cogne *contre* le mur 벽에 부딪쳐 덜컹거리는 덧문.　cogner *contre* la vitre (우박 따위가) 창유리를 두드리다.　se cogner *contre* une porte 문에 부딪치다.　cosser *contre* qc 《구어》 …에 머리를 부딪다.　voiture qui s'est ratatinée *contre* un mur 벽에 부딪쳐 부서진 차.　s'emboutir *contre* un arbre 나무와 충돌하다.　s'énaser *contre* qn/qc 《드물게》 …에 코를 심하게 부딪치다; …와 맞닥뜨리다.　frapper *contre* un mur 벽을 두드리다.　se heurter *contre* un lampadaire 가로등에 부딪치다.　tomber la face *contre* la terre 넘어져서 얼굴을 땅에 부딪치다.　trébucher *contre* les pierres 돌뿌리에 걸려 비틀거리다.

- Sa voiture s'est aplatie *contre* un arbre.　그의 차가 나무를 들이박고 박살이 났다.
- Sa tête a buté *contre* le pare-prise.　그의 머리가 자동차 앞창에 부딪쳤다.
- Le type est allé dinguer *contre* le mur.　그 친구가 벽에 부딪쳐 나동그라졌다.
- Le navire a échoué *contre* un écueil.　배가 암초에 걸려 좌초했다.
- L'avion s'est écrasé *contre* la falaise.　비행기는 절벽에 부딪쳐 산산조각이 났다.

- La pluie fouette *contre* les vitres.　비가 유리창에 내리친다.
- La voiture est allée percuter *contre* un arbre.　그 차는 가서 나무를 들이받았다.
- Sa tête porte *contre* le coin de la table.　그는 탁자 모서리에 머리를 부딪쳤다.

❷ [동사 + de + 신체부위명사 + contre + 명사]

> buter du nez *contre* la porte 문에 코를 부딪치다.　donner de la tête *contre* le mur 머리를 벽에 부딪치다.

- Il a buté du pied *contre* une pierre.　그는 돌에 발을 부딪쳤다.

❸ [동사 + 목적어 + contre + 명사]

> bigorner sa bagnole *contre* un arbre 나무에 부딪쳐 차를 찌그러뜨리다.　se cogner[se taper] la tête *contre* les murs 벽에 머리를 부딪치다; 불가능한 일을 시도하다, 헛수고하다.　se donner un coup *contre* un meuble 가구에 몸을 부딪치다.　heurter son front *contre* un meuble 가구에 그의 머리를 부딪치다.　se heurter la tête *contre* un meuble 머리를 가구에 부딪치다.　ratatiner sa bicyclette *contre* un arbre 나무에 부딪쳐 자전거를 망가뜨리다.

- Elle a cassé *contre* le sol son vase préféré.　그 여자는 애지중지하는 꽃병을 바닥에 떨어뜨려 깨뜨렸다.
- Le choc l'a précipité *contre* le mur.　그는 충격을 받아 벽에 부딪쳤다.

❹

> broncher *contre* qc (난관·장애물 따위에) 봉착하다, 부딪치다.　buter *contre* les difficultés 난관에 봉착하다.　buter *contre* les limites technologiques 기술적인 한계에 부딪치다.　se buter *contre* un problème[une difficulté] 문제[난관]에 부딪치다.　se casser les dents *contre* qc (어려운 일을) 헤쳐나가지 못하다, 제대로 처리하지 못하다.

❺ 명사의 보어

> battement de la pluie *contre* les vitres 유리창에 부딪치는 빗소리.　brisement des vagues *contre* la côte 해안에 닿아 부서지는 파도.　choc des gouttes de pluie *contre* la vitre 유리창에 부딪치는 빗방울 (소리).

2. 대립·역행

1) ❶ …에 반(대)하여, …을 거슬러.

> agir *contre* le bon sens 상식에 어긋나게 행동을 하다.　agir *contre* sa conscience 양심에 어긋나게 행동하다. agir *contre* la justice 정의에 따라[반하여] 행동하다.　aller *contre* le destin 운명을 거스

르다.   aller *contre* l'évidence 분명한 사실을 인정하려하지 않다.   se cabrer *contre* la morale 도덕에 어긋나게 행동하다.   contraindre *qn* à agir *contre* son gré …을 자신의 의사에 반하여 행동하도록 하다.   faire *qc contre* le gré de ses parents 부모님의 뜻을 어기고 …을 하다.   faire *qc contre* son inclination 마지못해 …하다.   faire *contre* mauvaise fortune bon coeur 용기를 잃지 않고 불운을 견디어내다.   parler *contre* sa pensée 마음에도 없는 말을 하다.   parler *contre* l'avis[la volonté] de *qn* …의 의사[의지]에 반대되는 말을 하다.   pécher *contre* la bienséance [logique] 예의범절[논리]에 어긋나다.   si vous allez *contre* ma volonté 만일 당신이 내 뜻을 거스른다면.

· Je n'irai pas *contre* sa volonté.   나는 그의 뜻을 거역하지 않겠다.
· C'est *contre* notre intérêt.   그것은 우리의 이익에 반한다.
· Il l'a mariée *contre* l'avis de ses parents.   그는 부모의 의견을 무시하고 그 여자와 결혼했다.
· Son ambition démesurée s'est retournée *contre* lui.   그의 과도한 야심은 그에게 해로웠다.

❷

contre le sens de *qc* …와 반대 방향으로   aller *contre* le courant 흐름에 역행하다.   nager *contre* le courant 물의 흐름을 거슬러 헤엄치다; 대세[시류]에 역행하다.   se placer *contre* le jour 햇빛을 등지다.

· Le bâtiment marche droit *contre* le vent.   배가 맞바람을 받으며 똑바로 항행한다.

2) 명사의 보어

crime *contre* nature 반인륜적인 죄.   goûts *contre* nature 도착취미(倒錯趣味).   vice *contre* nature 변태 성욕.

· Une telle décision *contre* le bon sens aura probablement de graves conséquences.   그러한 상식에 어긋나는 결정은 중대한 결과를 초래할 것이다.

3. 적대·대항·반대

1) ❶ …에 대(항)하여 ; …을 향하여 ; …와 충돌하여.

décision prise en réaction *contre* les mesures précédentes 이전의 조치에 반발하여 취해진 결정.   entente dirigée *contre* qn …에 대한 공모[모의].   deux pays qui se liguent *contre* qn/qc …에 대항하기 위해 동맹을 맺는 두 국가.   peuple qui s'insurge *contre* un tyran 독재자에 대항해 반란을 일으키는 민중.   prisonniers qui se mutinent *contre* leurs gardiens 간수들에 대해 들고 일어난 죄수들.   s'acharner *contre* l'ennemi en fuite 도망가는 적을 추격하다.   s'aligner *contre* l'équipe adversaire 《구어》 상대팀과 싸우다.   s'avancer résolument *contre* l'ennemi 용감하게 적진으로 나아가다.   se bagarrer *contre* la concurrence 경쟁을 물리치려고 애쓰다.   se battre *contre* l'ennemi[les préjugés, des fantômes] 적과[편견에, 환각과] 맞서 싸우다.   se battre[se défendre] *contre* l'agresseur

침략자에 대항하여 싸우다. se battre *contre* des moulins à vent (돈키호테가 풍차와 싸우듯) 가상의 적과 싸우다. cabaler *contre qn* …에 대한 음모를 꾸미다. se cabrer *contre* le patron 사장에게 대들다. clabauder *contre qn* 《문어》 …을 욕하다, 비방하다. combattre *contre* son ennemi 적에 맞서 싸우다. (se) conjurer *contre qn/qc* …에 대해 음모를 꾸미다. conspirer[comploter] *contre* l'État 국가를 전복할 음모를 꾸미다. contester *contre qc* …에 반론을[이의를] 제기하다. se courroucer *contre* un intrus 《문어》 난입자에 대해 격노하다. crier *contre qn* …을 꾸짖다[야단치다]. se débattre *contre* les difficultés[la misère] 어려움[빈곤]과 싸우다. déblatérer *contre* la grève du métro 지하철의 파업에 대해 맹렬히 비난하다. déclamer *contre* le gouvernement 《문어》 정부를 맹렬히 비난하다. se déclarer *contre* un candidat[les armement atomiques] 후보자[핵무장]에 대해 반대의 뜻을 표명하다. se défendre *contre* les envahisseurs 적과 맞서 싸우다. se dresser *contre* l'envahisseur[la guerre] 침략자에 대항하여[전쟁에 반대하여] 일어서다. s'élever *contre qn/qc* …에 항의[반대]하다. s'emporter *contre qn* …에게 화를 내다. entreprendre *contre* la vie de *qn* 《옛·문어》 …의 생명을 위협하다. être en colère[rogne] *contre qn* …에 대하여 화가 나 있다. être en garde *contre qn/qc* …에 대해 경계하다. être en guerre *contre* un pays 어떤 나라와 교전 상태에 있다. être en lutte *contre qn/qc* …와 싸우다, 실랑이하다. être en procès *contre qn* …와 소송중이다. être en rage *contre qn/qc* …에 대해 몹시 화를 내다. se fâcher *contre qn* …에게 화를 내다. fulminer *contre qn* …에게 크게 화를 내다. se gendarmer *contre qn/qc* …에 화를 내다. grogner[rouspéter] *contre* tout le monde 모든 사람들에 대해 불평하다. gronder *contre qn/qc* …에 대해 불평하다. guerroyer *contre* l'ennemi 적과 싸우다. gueuler *contre* la hausse des prix 물가 상승에 대해 항의하다. s'impatienter *contre qn* …에 대해 화를[짜증을] 내다. informer *contre qn* …의 죄상을 조사하다. s'inscrire en faux *contre qc* …을 부인[반박]하다, …에 이의를 제기하다(=contredire). invectiver *contre* le vice 《문어》 악습을 비난하다. s'irriter *contre qn/qc* …에 대하여 화를 내다. jouer *contre* l'équipe de France 프랑스 팀과 싸우다. jouter *contre qn* …와 겨루다. jurer *contre* les retards de ses employés 종업원들의 지각에 대해 욕을 해대다. se lancer dans une longue diatribe *contre qn* …을 장황하게 비난하다. lutter victorieusement *contre qn* …와 싸워 승리를 거두다. manifester *contre qn* …에(게) 반대하는 시위를 벌이다. marcher *contre* un adversaire 적군을 향해 진군하다. pester *contre* le mauvais temps[les lenteurs de l'administration] 궂은 날씨를[느린 행정을] 몹시 불평하다. plaider *contre* le réarmement 재무장에 반대하다. polémiquer *contre qn* …와 논쟁을 벌이다. se porter aux extrémités *contre qn* …에게 폭력을 휘두르다. se prononcer *contre qn/qc* …에 대해 반대를 표명하다. se protéger *contre* les attaques de ses adversaires 적의 공격으로부터 자신을 지키다. protester avec indignation *contre* une injustice 분개하여 부당 행위에 항의하다. réagir *contre* une attaque 공격에 저항하다. se rebeller *contre* le gouvernement 정부에 반역하다. se rebeller *contre* les règles 규칙을 따르지 않다. se rebiffer *contre* son supérieur 상사에게 반항하다. réclamer *contre* une injustice 부정에 항의하다. recourir aux moyens légaux *contre qn* …에 대해 법적 수단을 쓰다. se retourner *contre* ses anciens camarades 옛 동료들을 배반하다. témoigner *contre qn* …에게 불리한 증언을 하다. tempêter *contre qn/qc* …에 대해 노발대발하다. tenir ferme *contre* l'ennemi 적에게 완강히 저항하다. se tourner *contre qn* …에 거역하다, 적대시하다. s'unir *contre* l'ennemi 적에 대항하여 단결하다. voter *contre qn/qc* …에게 반대표를 던지다.

- Le chien aboie *contre* le voleur.　개가 도둑에게 짖어댄다.
- Les preuves s'amassent *contre* l'accusé.　피고에게 불리한 증거들이 쌓인다.
- Ils bataillent *contre* le gouvernement pour obtenir une augmentation de salaire.　그들은 봉급 인상을 위하여 정부를 대상으로 투쟁하고 있다.
- Samedi, il boxera *contre* le champion de Japon.　토요일에 그는 일본 챔피언과 권투시합을 할 것이다.
- Il est braqué *contre* moi[ce projet].　그는 내게[이 계획에] 반대 입장을 취하고 있다.
- Ces partis se sont braqués *contre* la loi sur l'avortement.　그 정당들은 낙태법에 맹렬히 반대했다.
- Ce témoignage conclut *contre* lui.　이 증언은 그에게 결정적으로 불리하다.
- Il s'est déchaîné *contre* le patron.　그는 고용주에 대해 분통을 터뜨렸다.
- Cet article est dirigé *contre* lui.　이 기사는 그를 공격하는 것이다.
- Sa méfiance s'exerce *contre* tout le monde.　그는 모두를 불신한다.
- Nice a gagné *contre* Lyon.　니스팀이 리용팀을 이겼다.
- A quoi bon s'indigner *contre* l'inéluctable?　불가항력적인 것에 화를 내보아야 무슨 소용이 있는가?
- L'organisme réagit *contre* la maladie.　유기체는 질병에 저항한다.
- Le procureur requérait *contre* l'accusé.　검사는 피고에 대한 논고를 하고 있었다.
- La population s'est soulevée *contre* l'occupant.　국민들은 점령군에 대항해서 봉기했다.
- Ils ont tenu bon *contre* les attaques.　그들은 공격에 저항했다.
- Le temps travaille *contre* nous.　시간은 우리에게 불리하게 작용한다.

❷ [동사 + 목적어 + contre + 명사]

adresser[lancer] une critique *contre* qn ···에게 비난을 가하다.　animer le peuple *contre* la noblesse 귀족에 반대하도록 민중을 선동하다.　assurer ses frontières *contre* les attaques de l'ennemi 적의 공격으로부터 국경을 방어하다.　avoir[éprouver] de l'animosité *contre* qn ···에게 반감을 품다. avoir de l'antipathie *contre* qn/qc ···에 대해 반감을 가지다.　avoir une mortelle envie *contre* qn ···을 몹시 시기하다.　avoir des griefs *contre* qn ···에 대해 불만을 갖다.　avoir[garder] de l'humeur *contre* qn 《문어》···에 대해 좋지 않은 감정을 품다.　avoir[concevoir] de l'inimitié *contre* qn ···에 대해 적의를 가지다.　avoir un préjugé *contre* qn/qc ···에 대해 반감을 가지다. avoir de la suspicion *contre* qn ···에 대해 의혹을 품다.　avoir quelque chose *contre* qn/qc ···에 반대하다[불만을 품다].　barrer la porte *contre* qn ···을 내쫓아버리다, 못 들어오게 하다.　cabrer qn *contre* son père[un projet] ···을 아버지에게 반항하게 하다[계획에 반대하게 하다].　décerner un mandat d'arrêt[d'amener] *contre* un inculpé 용의자에게 체포 영장[구인장]을 발부하다. déchaîner l'opinion *contre* qn ···에 대한 반대 여론을 불러일으키다.　décharger un fusil *contre* qn ···에게 총을 쏘다.　décocher une épigramme *contre* qn ···을 신랄하게 비난하다.　défendre un allié *contre* l'envahisseur 침략자로부터 동맹국을 지키다.　déposer une plainte *contre* qn ···을 고소하다, ···을 상대로 소송을 제기하다.　diriger[exercer, faire, engager] des poursuites *contre* qn ···을 기소[고소]하다.　donner[fournir] des armes *contre* soi-même (적에게) 유리한 정황을 제공하다; 빈틈을 보이다.　dresser une contrebatterie *contre* qc ···에 대한 대응책을 세우다. dresser l'opinion public *contre* le gouvernement 정부에 반대하는 여론을 불러일으키다.　élever la voix *contre qn* ···에 대한 반대의 목소리를 높이다.　entreprendre[engager, ouvrir] un procès *contre qn* ···에 대해 소송을 제기하다.　entretenir[nourrir] une haine *contre qn* ···에 대해 증오심을 품다.　envenimer (un esprit de) *qn contre qn* ···가 ···에 대하여 나쁜 감정을 가지게 하다. épancher[décharger, déverser] sa bile *contre qn* ···에게 화를 내다.　exciter *qn contre qn* ···로 하여금 ···에게 화내게 하다.　exercer des représailles *contre qn* ···에게 복수하다.　exercer sa verve *contre qn* ···을 상대로 열변을 토하다.　exercer son ironie *contre qn* ···에게 빈정거리다. faire des barricades *contre qn/qc* ···에 대해 폭동을 일으키다.　faire bloc *contre* l'agresseur 하나가 되어 침략자에 대항하다.　faire[monter, organiser] une cabale *contre qn* ···에 대해 음모를 꾸미다. faire campagne *contre qn/qc* 반대운동을 하다.　faire donner l'artillerie *contre qn/qc* ···을 맹렬하게 공격[비난]하다.　faire[porter] une accusation *contre qn* ···을 비난하다.　faire une épigramme *contre qn* ···을 풍자하는 시를 짓다.　faire[répandre] des libelles *contre qn.* ···에 대한 비방문을 쓰다.　faire ses diligences *contre qn* ···을 고소하다.　faire une sortie *contre qn* ···에게 욕설을 퍼붓다.　former un front uni *contre qn/qc* ···에 대항하여 연합전선을 형성하다.　fulminer des reproches *contre qn* ···에게 비난을 퍼붓다.　garder une dent *contre qn* 《비유》···에 대해 원한을 품다.　intenter une action *contre qn* ···을 상대로 소송을 제기하다.　jouer une personne *contre* une autre 어떤 사람을 이기기 위해서 다른 사람을 내세우다.　lâcher le faucon[les chiens] *contre* un cerf 매[개]를 풀어 사슴을 쫓게 하다.　lancer une croisade *contre qc* ···을 위해[반대하여] 운동을 벌이다.　lancer[proférer] des imprécations *contre qn* ···을 저주하다.　lancer des pierres *contre qn* ···에게 돌을 던지다.　liguer les mécontents *contre qn/qc* ···에 대항[반대]하기 위해 불평분자들을 결집시키다.　mesurer ses forces *contre qn* ···와 힘을 겨루다, ···에 도전하다.　mettre *qn* en garde *contre qn/qc* ···을 ···에 대해 경계하게 하다.　monter une attaque *contre qn* ···을 공격하다. objecter de bonnes raisons *contre* un argument 어떤 논거를 반박하는 합당한 이유들을 제시하다. ourdir un complot[une machination] *contre qn* ···에 대해 음모를 꾸미다.　porter les armes *contre qn* ···에 대항하다.　porter plainte en diffamation *contre qn* ···을 명예훼손으로 고소하다.　pousser une gueulante *contre qn* 《구어》···에 대해 격노하다.　ne pouvoir rien *contre qc* ···에는 손도 못대다, ···을 막을 수가 없다.　prédisposer *qn contre qn/qc* ···가 ···에 대해 반감을 가지게 하다. prendre parti *contre qn/qc* ···의 적이 되다, ···에 반대하다.　prendre position *contre qc* ···에 반대의 태도를 보이다.　proférer[prononcer] une malédiction *contre qn* ···을 저주하다.　proférer des menaces de mort *contre qn* ···을 죽이겠고 협박하다.　prononcer[lancer, fulminer] excommunication [l'anathème] *contre qn* ···에게 파문을 선고하다.　prononcer[écrire] une sévère mercuriale *contre qn* 《비유·문어》···에 대한 호된 꾸지람을 하다[질책의 글을 쓰다].　répandre du venin *contre qn* 《비유》···에 대해 악담을 하다.　retourner sa colère *contre qn* ···에게 화풀이를 하다.　semer des calomnies *contre qn* ···을 비방하다.　soutenir son père *contre* sa mère 어머니를 제치고 아버지 편을 들다.　tirer[prendre] avantage de *qc contre qn* ···보다 유리한 입장에 서는 데 ···을 이용하다. tourner ses armes *contre qn* ···에게 싸움을 걸다.　vomir feu et flamme *contre qn* ···에게 과격한 말을 마구 해대다.　vomir son venin *contre qn* ···에게 온갖 악담을 퍼부어대다.

· Elle a tout le monde *contre* elle.　《구어》모든 사람이 그녀에게 반대한다.

· Cette politique du logement risque de braquer les propriétaires *contre* le gouvernement.　이러한 주택 정책은 정부에 대해 부동산 소유자의 반발을 초래할 위험이 있다.

- Ceci constitue une charge *contre* le prévenu.　이것은 피의자에게 불리한 증거가 된다.
- Condoleezza Rice hausse le ton *contre* la Russie.　콘돌리자 라이스는 러시아에 대해 어조를 높였다.
- Il indispose tout le monde *contre* lui par son orgueil.　그는 거만해서 모든 사람들의 반감을 사고 있다.
- Ses réprimandes a achevé d'indisposer *contre* lui ses élèves.　그의 질책은 학생들이 그에 대해 좋지 않은 감정을 갖게 했다.
- Le procureur prononce le réquisitoire *contre* l'accusé.　검사는 피고에 대해 논고한다.

❸ [être contre + 명사]

> être *contre* la peine de mort 사형제도에 반대하다.

- Je suis *contre* votre avis.　나는 당신의 의견에 반대한다.
- Nous sommes résolument *contre* cette proposition.　우리들은 단호하게 이 제안에 반대한다.

❹ [형용사 / 부사 + contre + 명사]

> aigre *contre* qn …에게 앙심을 품은.　prédisposé *contre* qn/qc …에 대해 반감을 가진.　peuple debout *contre* l'envahisseur 침략자에 맞서 일어선 국민.　témoignage exploitable *contre* l'accusé 피고에게 불리하게 이용될 수 있는 증언.　être enragé *contre* qn/qc …에 대해 몹시 화를 내다.　être furieux *contre* qn …에 대해 격노하고 있다.　être indisposé *contre* qn …에 대해 반감을 품고 있다.　être irrité *contre* qn …에 대해 화가 나 있다.　être seul *contre* tous 혼자서 모든 사람과 맞서다.

- Elle était déchaînée *contre* lui.　그녀는 그 사람에 대해 몹시 화를 내고 있었다.
- Il est fâché *contre* moi.　그는 나에 대해 화가 나 있다.
- Il est furibond *contre* moi.　그가 나에 대해 격노하고 있다.

❺

> boxer *contre* un punching-ball 펀칭볼을 치다.　retourner le fusil *contre* soi-même 총부리를 자기 쪽으로 돌리다.　tirer *contre* un objectif 목표물을 향해 쏘다.

- On ne prescrit pas *contre* les interdits.　금치산자에 대해서는 시효를 원용할 수 없다.

❻

> bouder *contre* son ventre 《구어》 토라져서 밥 먹기를 거부하다.　se piéter *contre* la douleur 고통을 견디다.　se raidir *contre* la souffrance 고통을 꿋꿋하게 참아내다.

◎ [l'un contre l'autre]

> hommes acharnés les uns *contre* les autres 서로 필사적으로 싸우는 사람들.　se battre l'un *contre* l'autre 서로 싸우다.　se buter l'un *contre* l'autre 서로 대립하다.

- Les problèmes raciaux ont souvent armé les peuples les uns *contre* les autres. 인종문제는 종종 민족들이 서로 대립하도록 했다.
- Le rôle et la responsabilité du président sont de faire en sorte que la République rassemble les Français plutôt que les dresser les uns *contre* les autres. 대통령의 역할과 책임은 공화국이 프랑스인들을 서로 대립하게 하기보다는 결집시키는 것이다.

2) 명사의 보어

agression hitlérienne *contre* la Pologne 히틀러의 폴란드 침공. attaque de l'opposition *contre* le gouvernement 정부에 대한 반대당의 비난. blasphème *contre* la société 사회를 모독하는 말. combat *contre* la maladie 투병. complot *contre* la sûreté de l'État 국가 안위를 위태롭게 하는 음모. crime *contre* l'humanité 인류에 대한 범죄. crime *contre* les moeurs 풍속사범. déchaînement *contre* son fils 아들에 대한 분노. défense acharnée *contre* les agresseurs 침략자에 대한 완강한 저항. défense *contre* avions 방공. délit *contre* la société[morale] 사회[도덕]에 반하는 행위. entreprise *contre* la liberté 《옛·문어》 자유의 침해. exaspération *contre* son temps 자신의 시대에 대한 분개. hostilité *contre* qn …에 대한 적의. insurrection de *qn contre qc* …에 대한 …의 저항. invectives *contre* les impôts 세금에 대한 비난. lutte de la classe ouvrière *contre* la bourgeoisie capitaliste 자본주의 지배계층에 대항하는 노동자 계급의 투쟁. lutte du faible *contre* le fort 약자의 강자에 대한 투쟁. lutte *contre* la tyrannie 폭정에 대한 항거. lutte de la croix *contre* le croissant 기독교도와 회교도의 싸움. menaces de Pyongyang *contre* des vols sud-coréens 남한 비행기에 대한 평양측의 위협. mesures discriminatoires *contre* une minorité 소수집단에 대한 차별 조처. prédisposition *contre* qn/qc …에 대한 반감. protestation violente *contre* des réductions d'effectifs 정원 감축에 대한 격렬한 항의. réaction *contre* l'absolutisme 절대주의에 대한 반발. rébellion *contre* l'autorité paternelle 아버지의 권위에 대한 반항. représailles *contre* un pays 어느 국가에 대하여 보복조치. ressentiment *contre* qn …에 대한 원한. soulèvement *contre* un dictateur 독재자에 대한 봉기. la victoire par 1 à 0 *contre* l'Allemagne en finale 결승에서 독일을 상대로 한 1대 0 승리. le sieur X *contre* la dame Y (판결문에서) X씨대 Y부인. préparer un attentat *contre* un homme politique 정치인에 대한 테러를 준비하다.

- Le désespoir est un attentat de l'homme *contre* lui-même. 절망은 인간 자신에 대한 위해 행위이다.
- C'est la lutte du pot de terre *contre* le pot de fer. 《비유》 바위에 계란 치기이다.
- Les Pays-Bas sont en finale après leur victoire *contre* l'Uruguay. 네덜란드가 우루과이 전에서 승리하고 결승에 진출했다.
- Les États-Unis préparent des sanctions financières *contre* Pyongyang. 미국이 북한에 대한 경제 제재를 준비하고 있다.

4. 방지 · 예방 · 제재

1) ❶ …에 대비하여, …을 피하여.

personne immunisée *contre* une maladie 어떤 질병에 대해 면역이 된 사람. s'abriter *contre* la pluie 비를 피하다. s'armer *contre* un danger[une maladie] 위험[질병]에 대비하다. s'assurer *contre* l'incendie 화재보험에 들다.   s'assurer *contre* les incursions de l'ennemi 적의 침입에 대비하다. se barricader *contre* un beau parleur 교언하는 사람에 대해서 경계하다.   se blinder *contre* la critique 비판에 끄덕도 하지 않다.   combattre *contre* la faim 기아와의 투쟁을 하다.   se cuirasser *contre* la douleur 고통에 대해 무감각하다.   se démener *contre* la misère 빈곤과 싸우다.   s'équiper *contre* le froid 《구어》 방한 복장을 하다.   être couvert *contre* le vol 도난당할 염려가 없다. guerroyer *contre* les vices 악습과 싸우다.   lutter *contre* les insectes ampélophages 포도해충을 구제(驅除)하다.   se munir *contre* le mauvais temps 악천후에 대비하다.   se précautionner *contre* les voleurs[le froid] 도둑[추위]에 대비하다.   se prémunir *contre* la contagion 전염되지 않도록 대비하다.   être vacciné *contre* la peur 《비유·구어》 무서움을 타지 않게 되다.   se faire vacciner *contre* une maladie 예방접종을 받다.

- Avec le temps, il s'est endurci *contre* les souffrances.   시간이 흐름에 따라 그는 고통을 견디어 낼 수 있게 되었다.
- Je suis bardé *contre* de tels coups du sort.   나는 그 같은 운명의 시련을 견뎌낼 수 있다.
- Ces pastilles sont bonnes *contre* la toux.   이 정제는 기침에 잘 듣는다.
- La maison est assurée *contre* l'incendie.   그 집은 화재보험에 들어 있다.
- Cet immeuble est couvert *contre* l'incendie.   이 건물은 화재보험에 들어 있다.
- Personne n'est immunisé *contre* certaines tentations.   어떤 종류의 유혹에는 넘어가지 않는 사람이 없다.
- Nous sommes parés *contre* le froid.   우리는 월동 준비가 다 되었다.
- Le gouvernement sévira *contre* les spéculateurs.   정부는 투기꾼들을 엄하게 제재할 것이다.

❷ [동사 + 목적어 + contre + 명사]

abriter une plante *contre* le froid 식물을 추위로부터 보호하다.   aguerrir les enfants *contre* le froid 아이들을 추위에 익숙해지게 하다.   assurer *qn contre* les accidents …을 재해보험에 가입시키다.   défendre l'honneur *contre* les médisants 중상모략으로부터 명예를 지키다.   élever[mettre] une digue *contre* qc …을 가로막다[억제하다].   endurcir un enfant *contre* la maladie 아이를 질병에 저항력이 생기도록 단련시키다.   garantir un appareil *contre* tout vice de fabrication 기구의 모든 제조상의 하자에 대해 보증하다.   garantir un tableau *contre* le vol 도난에 대비에 그림을 보험에 넣다.   garder *qn contre* le froid …을 추위로부터 보호하다.   inoculer enfant *contre* qc 아이에게 …에 대한 예방접종을 하다.   prémunir *qn contre* un danger[le sida] …을 위험[에이즈]으로부터 보호하다.   prendre des mesures *contre* les absentéistes 상습적인 결석자에 대한 조치를 취하다.   utiliser un désodorisant *contre* les odeurs domestiques 집안에서 나는 냄새를 없애기 위해 탈취제를 사용하다.   vacciner *qn contre* la grippe …에게 감기 예방 접종을 하다.

- Il faudrait armer les enfants *contre* les difficultés de la vie.   아이들이 인생의 고난을 헤쳐나갈 수 있도록 대비시켜야 할 것이다.
- Les malheurs l'ont blindé *contre* l'injustice.   하도 불행을 많이 겪어서 그는 부정에 대해 무감각하게 되었다.

- Une longue expérience m'a cuirassé *contre* de telles critiques. 오랜 경험이 나를 그러한 비판에도 무감각하게 만들었다.
- On l'a piqué *contre* la variole. 그에게 천연두 예방 접종을 했다.
- Ils ont demandé de prendre des mesures[sanctions] disciplinaires *contre* les militaires coupables. 그들은 군법위반자들을 징계 처분할 것을 요구했다.
- Les lunettes teintées protègent les yeux *contre* le soleil. 엷은 색이 입혀진 안경은 태양으로부터 눈을 보호한다.
- Ces deux expériences l'ont vacciné *contre* le désespoir. 《비유·구어》그 두 번의 경험으로 그는 이제 실망 따위는 느끼지 않게 되었다.

2) 명사의 보어

aguerrissement *contre* le froid …추위에 익숙해지기. assurance *contre* les accidents[l'incendie, le vol] 재해[화재, 도난]보험. campagne[lutte] *contre* l'alcoolisme 알코올 중독 퇴치 운동. défense *contre* la contagion 감염예방. défense[protection] *contre* le feu 방화(防火). élixir *contre* la toux 기침억제시럽. d'excellents antidotes *contre* la mélancolie 우울함을 치료하는 훌륭한 방법들. garantie *contre* les risques 보험. guerre *contre* la drogue 마약 퇴치 운동. loi *contre* les attroupements 소란[소요]방지법. lotion traitante *contre* les pellicules 비듬약. lutte de l'État *contre* l'abstentionnisme 정부의 기권방지대책. lutte *contre* le trafic et la consommation de stupéfiants 마약 거래 및 복용 퇴치 운동. médicament excellent *contre* la migraine 두통에 잘 듣는 약. mesures de lutte *contre* la hausse des prix 물가 앙등에 대한 대응 조처. peinture *contre* la rouille 방청 도료. précautions *contre* les maladies 질병 예방. protection *contre* le bruit 소음 방지. protection *contre* l'incendie[les maladies] 화재[질병] 예방. remède bon *contre* les piqûres 찔린 데 좋은 약. remède *contre* le cancer 항암제. sérum *contre* les venins 해독 혈청. sirop *contre* la toux 기침 물약. vaccin *contre* la rage 광견병 예방백신. vaccin curatif[préventif] *contre* qc …에 대한 치료[예방] 백신.

- Le gouvernement a annoncé une série de mesures *contre* l'inflation. 정부는 일련의 인플레 대책을 발표하였다.
- Il n'y a pas de vaccin *contre* la jalousie. 《비유》질투에는 예방약이 없다.
- Elle a cherché auprès de lui un abri *contre* l'hostilité générale. 그녀는 세간의 적의를 피하여 그에게서 안식처를 구했다.
- C'est un remède *contre* l'amour. 《속어》매우 추한 여자다.

5. 대립 · 양보

contre toute attente 기대와는 정반대로, 전혀 예상 밖으로. *contre* son ordinaire 여느 때와는 달리. *contre* toute expectative 《문어》온갖 기대에 반하여, 기대와는 달리. *contre* toute espérance 예상과는 전혀 다르게, 예기치도 않게. *contre* vents et marées ; 《드물게》*contre* vent et marée 모든 역경에도 불구하고. envers et *contre* tout[tous] 어떤 일이 있더라도.

- *Contre* toute apparence, les affaires marchent bien. 보기와는 딴판으로 일이 잘 되어 간다.

6. 교환

1) ❶

> changer des euros *contre* des dollars 유로화를 달러화로 환전하다.　changer[troquer] son cheval borgne *contre* un aveugle 안좋은 것을 더 나쁜 것으로 바꾸다, 혹 떼러 갔다가 혹 붙이고 돌아오다.　donner un chevel *contre* un âne 말을 당나귀와 교환하다.　donner mille euros *contre* une bicyclette 자전거 값으로 천 유로를 지불하다.　faire le troc d'une chose *contre* une autre 어떤 물건을 다른 것과 맞바꾸다.　troquer du sel *contre* du blé 소금을 밀과 바꾸다.　troquer sa courte robe *contre* une jupe longue 짧은 드레스를 긴치마로 갈아입다.

- Il a changé sa vieille voiture *contre* une neuve.　그는 그의 낡은 차를 새 차와 바꾸었다.
- Elle veut changer des livres *contre* des disques.　그녀는 책을 음반과 바꾸고자 한다.
- L'enfant a échangé son stylo *contre* un porte-mine.　그 애는 자기 연필을 샤프펜슬과 맞바꾸었다.

❷
- Ils ont cédé *contre* l'assurance qu'ils auraient la vie sauve.　그들은 생명이 안전할 것이라는 보장을 받고 항복했다.

2) 명사의 보어

> documents *contre* acceptation 어음인수 서류 인도(引渡)(조건).　échange de pièces neuves *contre* des pièces usées 헌 부품의 새 부품으로의 교체.　paiement *contre* vérification 통화료 수신자 부담(전화).

7. 비율·비례

1)

> proportion de trois *contre* un 3대 1의 비율.　se battre à deux *contre* un 2대 1로 싸우다.　parier à cent *contre* un 100대 1의 내기를 하다.　il y a cent *contre* un à parier (pour) que + *ind* … 틀림없이 [십중팔구] …이다.

- Ce projet de loi est voté à 130 voix *contre* 30.　그 법률안은 130대 30으로 가결되었다.
- Il n'est pas de (la même) force *contre* elle.　그는 그녀에 비해 힘[능력]이 달린다.
- Seuls 10 % des articles sont encore fabriqués en Asie *contre* 40 % à la fin des années 1990.　1990년 대 말에는 그 물건의 40%가 아시아에서 제조되었는데 지금은 10%만이 제조되고 있다.
- Selon des données de l'OCDE, 51% des filles de 15 ans lisent au moins un livre par mois *contre* 37% des garçons.　OECD자료에 의하면 15세 소녀들의 51%가 한 달에 적어도 한 권의 책을 읽는데 비해 소년들은 37%만 그렇게 한다.

⇒ à

2)

> se battre à dix *contre* un 수적으로 유리한 처지에서 싸우다.　être à dix *contre* un dans la bataille 전투에서 병력이 우세하다.

3)
> course *contre* la montre 타임 트라이얼(time trial : 일정한 거리를 개별적으로 달려 걸린 시간으로 승부를 겨루는 방법).

8. [전치사 + contre]

à *contre* 반대 방향으로; 바람을 거슬러서.   par *contre* 반대로(= au contraire).

- Par *contre*, sa langue est bien pendue.   반면에 그(녀)는 매우 수다스럽다.
- Par *contre*, l'opinion favorable à l'égard des États-Unis chute au Japon et au Mexique.   반면에 미국에 대한 호의적인 의견이 일본과 멕시코에서는 하락했다.
- Le magasin est assez exigu, par *contre* il est bien situé.   그 가게는 좁기는 하지만, 위치가 아주 좋다.
- Si elle est laide, par *contre* elle est bien intélligente.   그녀는 못생기기는 했지만 반면에 매우 영리하다.

1. 근접 · 접촉

- Le parapet est solide; appuyez-vous *contre*.   난간은 튼튼합니다, 거기에 기대세요.

2. 반대 · 대항

aller *contre* 반대로 행하다.   se lever *contre* (기립투표로) 반대하다.   parler pour et *contre* 찬성하기도 하고 반대하기도 하다.   voter pour ou *contre* 가부를 투표하다.

- Quand on fit cette proposition, tout le monde s'éleva *contre*.   그런 제안을 하자 모든 사람이 그에 반대하고 나섰다.
- Ils ont voté pour, moi j'ai voté *contre*.   그들은 찬성투표를 했으나 나는 반대 투표를 했다.

1. 반대 · 대항

balancer le pour et le *contre* 가부(미심)를 따지다.   considérer le pour et le *contre*, impartialement 찬반 쌍방의 의견을 공정하게 검토하다.   disputer le pour et le *contre* 찬반을 논하다.   entendre le pour et le *contre* 찬반 의견을 듣다.   peser le pour et le *contre* 찬반양론을 비교 검토하다, 이해득실을 재다.

- Il y a du pour et du *contre*.   찬반양론이 있다.

2. (권투의) 받아치기; (펜싱의) 반격; (당구의) 공과 공의 키스; (브리지의) 더블.

형 용 사 적 용 법

raisons pour et raisons *contre* 찬성하는 논거와 반대하는 논거.

- Il y a douze voix pour et huit voix *contre*.   찬성 12표에 반대 8표다.
- Je suis *contre*.   나는 반대다.
- Êtes-vous pour, *contre* ou sans opinion?   찬성, 반대 혹은 기권 어느 쪽입니까?

côté

1. [côté + 무관사명사] : …에 관해서는, …의 문제에 있어서는.

- *Côté* argent, tout va bien.   금전문제는 매우 순조롭다.
- *Côté* restaurants, je m'en occuperai.   식당에 관해서는 내가 맡겠다.
- *Côté* distractions, on ne se plaint pas.   오락거리에 관한 한 사람들은 불평을 하지 않는다.

2. [à côté de *qn* / *qc*]

1) …의 옆에, …와 이웃에; …의 가까이에.

> habiter à *côté* de *qn* …의 옆에 살다.   marcher à *côté* de son père 아버지의 옆에서[가까이서] 걷다.

- Mon chambre est à *côté* de la salle à manger.   내 방은 식당 옆에 있다.
- Il se met à *côté* d'elle[à son *côté*].   그는 그녀의 옆에 자리를 잡는다.
- Une voiture est passée à toute vitesse à *côté* de la mienne.   자동차 하나가 내 차 옆으로 전속력으로 지나갔다.

◎ [l'un à côté de l'autre; à côté l'un de l'autre]

- Elles s'étaient assises l'une à *côté* de l'autre[à *côté* l'un de l'autre].   그녀들은 서로 나란히 앉아있었다.

2) ❶ (목표에서) 빗나가서, 어긋나서; (중심・핵심에서) 벗어나서, 일탈해서.

> passer à *côté* d'une difficulté 어려움을 지나치다, 어려움이 있다는 것을 깨닫지 못하다.

· Vous êtes passé à *côté* de la vérité.　당신이 말하는 것은 진실에서 벗어나고 있습니다.

· Il est resté à *côté* de la question.　그는 문제의 핵심을 여전히 모르고 있다.

❷
> être[mettre] à *côté* de la plaque 《구어》 빗나가다, 벗어나다; 틀리다.　être[mercher] à *côté* de
> ses pompes 《구어》 (몽상·무아지경 따위의) 비정상적인 상태이다.

3) …와 비교해서(=en comparaison de).

· Vos ennuis ne sont pas graves à *côté* des miens.　당신이 처한 어려움은 나와 비교할 때 그리 심각하지 않습니다.

· Les résultats sont minces à *côté* des efforts qu'ils ont fournis.　그들이 기울인 노력에 비해 결과는 미미하다.

4) ❶ …와는 별도로, …에 덧붙여.

　· À *côté* du travail, elle s'occupe des enfants.　그녀는 일하는 외에 아이들을 돌보고 있다.

　· Il y a beaucoup de choses à voir à *côté* des installations olympiques.　올림픽 시설 외에 볼 것이 많이 있다.

❷ [à côté de ça] : 《구어》 게다가, 더구나; 하지만, 반면에(= malgré cela, en revanche).

· C'est un homme très dépensier; à *côté* de ça, il lésine sur les pourboires.　그는 낭비벽이 매우 심하다. 하지만, 팁에는 인색하다.

· Elle est très bavarde, à *côté* de ça, elle n'écoute pas ce que d'autres disent.　그녀는 매우 수다스러운데다가 남들이 말하는 것을 듣지 않는다.

5) 부사적 용법

❶
> la maison (d')à *côté* 이웃집.　les gens d'à *côté* 이웃집 사람.

　· Il habite (tout) à *côté*.　그는 (아주) 가까운 곳에 산다.

　· C'est pas la porte à *côté*.　《구어》 그곳은 멀다[멀리 있다].

　· Passons à *côté*.　옆으로[옆방으로] 갑시다.

❷ · La balle est passée à *côté*.　총알이 빗나갔다[빗맞았다].

3. [aux côtés de *qn / qc*]

1) …의 곁에, 옆에.

> être aux *côtés* de *qn* …의 옆에 있다.　veiller aux *côtés* d'un malade 환자의 곁에서 철야하다.

· Il a toujours des gardes du corps à ses *côtés*.　그는 늘 자기 곁에 보디가드를 데리고 다닌다.

· Il siégeait aux *côtés* du directeur.　그는 부장 곁에 자리를 잡고 있었다.

2) …의 편에.

· Il se range aux *côtés* des démocrates.　그는 민주당원을 지지한다.

4. [du côté de *qn*/*qc*]

1) …의 쪽으로[에서](=dans[de] la direction de) ; …의 근처에(=près de).

❶

se diriger du *côté* de la gare 역 쪽으로 가다.　se placer du *côté* de la fenêtre. 창문 곁에 자리를 잡다.

· La pluie arrive du *côté* de la montagne.　비가 산 쪽에서 몰려온다.

· La foule se formait du *côté* de la place de la Bastille.　바스티유 광장 근처에 군중이 모였다.

· Vous trouverez la bouche du métro de l'autre *côté* de la route.　도로의 다른 편 쪽에 지하철 입구가 있습니다.

❷ de ce *côté*(-ci)[de ce *côté*(-là)] : 이쪽에[저쪽에] ; 이쪽으로[저쪽으로](=par ici[par là]).

· Venez de ce *côté*(-ci).　이쪽으로 오세요.

❸

de *côté* et d'autre 이쪽저쪽(으로), 여기저기.　flâner de *côté* et d'autre 이리저리 걸어다니다.
de tout *côté*; de tous *côtés* 사방으로, 사방에서(= de toute part, partout).　courir de tous *côtés* 사방으로 뛰다.

❹

habitants de l'autre *côté* de la frontière 국경 너머에 사는 주민들.　passer de l'autre *côté* de la route 도로 저편으로 가다.

2) …의 문제에 있어서, …에 관해서는.

❶ · Du *côté* du confort, il n'a plus grand-chose à souhaiter.　안락함에 있어서는, 그는 더 이상 바랄 것이 없다.

· Du *côté* du service, c'est un très bon hôtel.　서비스에 관해서는 아주 좋은 호텔이다.

❷

de mon[son, votre] *côté* 나로서는[그로서는, 당신으로서는], 내[그, 당신]에 관한 한.

· De mon *côté*, j'essaierai de vous aider.　저로서는 당신을 도울 것입니다.

❸ · De ce *côté*, il n'a rien à craindre.　그 점에 대해서는 그는 걱정할 것이 없다.

3) …의 편에.

❶

être du *côté* du faible 약자 편을 들다.　se ranger toujours du *côté* du fort 항상 강자 쪽에 붙다.

· Il est du *côté* du candidat du parti socialiste.　그는 사회당 후보를 지지하고 있다.

❷

avoir[mettre] les rieurs de son *côté* 상대를 웃음거리로 만들다; 많은 사람의 찬동을 얻다.

4) …계통[혈통]의.
· Il a trois oncles du *côté* de sa mère.　그는 외숙이 세 분 계시다.
· C'est un oncle du *côté* de mon père.　그 분은 아버지 쪽의 아저씨입니다.

dans

1. 장소

1) 위치

❶ …의 안[속]에(서).

dans l'au-delà 저승에서.　*dans* l'enceinte du tribunal 법정 내에서.　*dans* les murs 성 안에, 시내에.　bande de voyous qui sévit *dans* le quartier 동네에서 날뛰는 불량배 무리.　champignons ramassés *dans* les bois 숲에서 딴 버섯.　eau qui suinte *dans* un tunnel 터널 속에 스며나오는 물기.　morts enterrés *dans* les catacombes 지하 묘지에 묻혀있는 고인들.　partout *dans* la ville 도시의 도처에.　plantes qui prolifèrent *dans* la grotte 동굴에서 번식하는 식물.　plantes qui vivent *dans* le sable 모래밭에 사는 식물.　voyous qui rôdent *dans* la rue 거리에서 어슬렁거리는 부랑자들.　acheter *qc dans* un magasin 가게에서 …을 사다.　allumer du feu[faire une flambée] *dans* la cheminée 벽난로[난로]에 불을 지피다.　avoir des correspondants *dans* plusieurs pays 여러 나라에 펜팔 상대가 있다.　avoir[mettre, tenir] *qn dans* sa manche 《비유》 …을 제 마음대로 할 수 있다.　se cacher *dans* un buisson 수풀 속에 숨다.　chercher une aiguille *dans* une botte de foin 《비유》 불가능한 것을 찾다.　confiner un prisonnier *dans* sa cellule 죄수를 독방에 가두다.　conserver des aliments *dans* un réfrigérateur 음식물을 냉장고에 보관하다.　creuser[faire] un trou *dans* la terre 땅에 구멍을 파다.　déjeuner *dans* un snack-bar 스낵바에서 점심을 먹다.　dîner *dans* une brasserie alsacienne 알자스풍 식당에서 저녁을 먹다.　dîner *dans* un trois(-)étoiles 별

셋의 고급 식당에서 저녁식사를 하다.　emmagasiner des vivres *dans* un entrepôt 식량을 창고에 저장하다.　être *dans* la maison 집안에 있다.　être *dans* ses murs 자택에 있다 ; 자기 집을 갖고 있다.　exposer divers objets *dans* une vitrine 진열장에 다양한 물품을 진열하다.　faire une chute *dans* l'escalier 계단에서 굴러 떨어지다.　garder *qn/qc dans* sa manche 《비유》…을 예비로 남겨 두다.　ménager une salle de bain *dans* un appartement 아파트에 욕실을 설치하다.　mettre de l'argent *dans* une bonne cachette 돈을 은밀한 곳에 숨기다.　passer l'aspirateur *dans* une pièce 청소기로 방 안을 청소하다.　promener son enfant *dans* le parc 아이를 공원에서 산보시키다.　se promener *dans* les rues 거리를 산보하다.　recevoir des soins *dans* un hôpital 병원에서 치료를 받다.　se rouler *dans* l'herbe 풀밭에서 뒹굴다.　subir sa peine *dans* une prison 감옥에서 형을 치르다.　tavailler *dans* une usine 공장에서 일하다.　vieillir *dans* son pays 고향에서 노년을 보내다.　voler *dans* l'air[le ciel] 공중[하늘]을 날다.

- Le courrier s'accumule *dans* la boîte à lettres.　편지함에 우편물이 쌓이다.
- Cette agence de presse a des antennes *dans* toutes les capitales du monde.　그 통신사는 세계 모든 나라의 수도에 지국을 개설하고 있다.
- Veuillez attendre *dans* l'entrée.　현관에서 기다려 주세요.
- Il y a abondance de poissons *dans* cette rivière.　이 강에는 물고기가 많이 있다.
- Il y a une dizaine de ménages *dans* cet immeuble.　이 건물 안에 10여 세대가 살고 있다.
- Il doit y avoir un reste de fromage *dans* le réfrigérateur.　냉장고에 틀림없이 치즈가 조금 남아 있을 것이다.
- Le gibier se cache *dans* la broussaille.　사냥감이 덤불 속에 숨는다.
- Le timbre-poste doit être collé *dans* l'angle supérieur droit de l'enveloppe.　우표는 편지 봉투 오른쪽 위 귀퉁이에 붙여야 한다.
- Aucun n'est prophète *dans* son pays; Nul n'est prophète *dans* son pays.　《성서》 선지자는 자기 고향에서는 인정받지 못한다 ; 《속담》 사람의 진가를 가까운 사람들은 모른다.
- Charbonnier est maître *dans* sa maison.　《속담》 누구나 자기 집에서는 왕.
- Les hommes ne sont que des atomes *dans* l'univers.　인간은 우주에서 아주 미미한 존재에 불과하다.
- La misère est présente partout *dans* le monde.　빈곤은 세계 어디에나 존재한다.
- Le ver est *dans* le fruit.　《비유》 내부에 붕괴의 조짐이 있다.
- Il ne fait pas chaud *dans* cette pièce.　이 방은 따뜻하지가 않다.
- L'épidémie a jeté l'alarme *dans* la petite cité.　전염병은 이 소도시에 공포를 확산시켰다.
- Il a vu les enfants jouer *dans* la cours.　그는 아이들이 뜰에서 놀고 있는 것을 보았다.
- Mettez cela *dans* un coin.　그것을 구석진 곳에 놓으시오
- Il a été nourri *dans* une bouteille.　그는 바깥 세상에 대한 경험이 없다.
- Nos pas résonnaient *dans* le hall vide.　텅 빈 홀에서 우리들의 발자국 소리가 크게 울렸다.
- Aucune maison ne se ressemble pas *dans* cette rue.　이 거리의 집은 서로 비슷한 것이 한 채도 없다.
- Tous ces meubles ne peuvent pas tenir *dans* cette pièce.　그 방에 이 가구들이 다 들어갈 수 없다.

· Il traînait *dans* ce lieu un arôme acidulé.   거기에는 시큼한 향이 감돌고 있었다.

> ☆ dans은 밖과 대립되어 안을 나타내고, à는 단순히 다른 지역과 대립되는 지점을 표현. à la ville
> (시골이 아니라) 도시에(서).   *dans* la ville 시내[도심]에(서).

· Il est quelquepart *dans* la maison   그는 집안 어딘가에 있다.
· Il est à la maison.   그는 집에 있다.

◎ s'asseoir *dans* un fauteuil 안락의자에 앉다.   s'écrouler[s'affaler, s'effondrer] *dans* un fauteuil 쓰러지듯 의자에 주저앉다.   mourir *dans* son lit 자기 집에서 죽다, 편안하게 죽다; 자연사하다.   se tourner et se retourner *dans* son lit 잠자리에서 몸을 뒤척이다.
⇒ sur

◎ habiter (*dans*) le septième[7°] (arrondissement) (파리의) 7구(區)에 살다.   habiter (*dans*) une maison[une villa, un chambre d'hôtel] 집[별장, 호텔방]에서 살다.   habiter *dans* les environs de Séoul 서울 근교에 살다.   habiter *dans* un trou perdu 《**구어**》 벽촌에 살다.   habiter *dans* la ville 시내에 거주하다.   vivre *dans* la brousse 벽지에서 살다.   vivre *dans* les rochers (식물 따위가) 바위 틈에 살다.   vivre enfermé *dans* une cage 자유를 박탈당하고 살아가다.

◎ être[rester] *dans* son trou 죽치고 있다.

❷ 고유명사와 함께

> faire un camp *dans* les Alpes 알프스에서 캠핑을 하다.   faire de la natation *dans* la Mer Méditerranée 지중해에서 수영을 하다.   faire la pêche *dans* le Pacifique 태평양에서 어로작업을 하다.

· Il y a eu une grande bataille *dans* les Alpes-Maritmes.   알프마리팀므 지역에서 큰 전투가 있었다.
· Ils habitent *dans* le Tennesse.   그들은 테네시주에서 산다.
· Il va passer ses vacances dans notre villa, *dans* le Tyrol.   그는 티롤에 있는 우리 별장에서 휴가를 보낼 것이다.
· Il est réélu *dans* la Rhône.   그는 론느 현에서 재선되었다.
· J'ai vu quelqu'un tomber *dans* la Seine.   나는 어떤 사람이 센느 강으로 떨어지는 것을 보았다.

> ☆ 수식어가 붙은 도시명이나 국명 앞에서는 dans을 씀. *dans* la Chine de Mao 모택동 시대의 중국에
> 서. *dans* la Rome ancienne 고대로마에서. *dans* la belle Corée 아름다운 한국에서. *dans* la
> Corée que j'aime 내가 좋아하는 한국에서. trouver un logement *dans* le vieux Tokyo 동경의 구도
> 심에서 집을 찾다.
> ⇒ à, en

❸ 방위명과 함께

- Mon oncle a une propriété villa *dans* le Midi.　내 삼촌은 남부 지방에 소유지가 있다.
- Daegu est *dans* le sud-est de la Corée.　대구는 한국의 동남부에 있다.
- Il fait très froid en hiver *dans* le nord du pays.　그 나라의 북부 지방은 겨울에 매우 춥다.

❹ [dans tout + 단수한정사 + 명사; dans tous + 복수한정사 + 명사]

- *Dans* toutes les familles, les enfants reçoivent un cadeau à Noël.　모든 가정에서 어린이들은 크리스마스 때 선물을 받는다.
- Les enfants cavalcadent *dans* toute la maison.　아이들이 온 집안을 마구 뛰어다닌다.
- Ils ont furté *dans* tous les coins.　그들은 구석구석 뒤졌다.
- Il va neiger *dans* tout le sud de la Corée.　한국의 남부지방 전역에 눈이 올 것이다.
- Ses affaires se promènent *dans* toute chambre.　그의 소지품이 온 방에 흩어져 있다.
- Cet événement a retenti *dans* tout le monde.　그 사건은 전 세계에 반향을 일으켰다.
- Cet objet se vend *dans* tous les grands magasins.　그 물건은 모든 백화점에서 팔린다.

❺ 명사의 보어

> cassure *dans* les couches géologiques 지층 속의 단층.　un combat de nègres *dans* un tunnel 어두컴컴한 곳에서 일어난 일, 아주 불가해한 일.　contremaître *dans* une mine 갱내 감독.　un coup de tonnerre *dans* un ciel serein 청천벽력.　coupure *dans* une étoffe 천에 난 흠.　dépôt de suie *dans* une cheminée 굴뚝에 쌓인 그을음.　équilibre radiatif *dans* les atmosphères stellaires 항성 대기에서의 방사[복사] 평형.　équipe de chercheurs *dans* un laboratoire 실험실의 연구팀.　exposition de marchandises *dans* une vitrine 진열대의 상품 진열.　groupement d'usines dans *une* zone industrielle 산업 지대에 공장을 집중시키기.　implantation d'une usine *dans* une région 지방에 공장을 설치하기.　inondations *dans* le Var 바르 현의 홍수.　installation des meubles *dans* une maison 집안의 가구 배치에 몰두하다.　mare *dans* un bois 숲 속의 늪.　promenade *dans* forêt 숲속 산책.　sillage d'une couleuvre *dans* l'herbe 풀밭 위로 뱀이 지나간 자국.

2) 방향

❶ …(안)으로.

> culture qui rayonne *dans* le monde 세계로 전파되는 문화.　porte donnant accès *dans* une chambre 방으로 통하는 문.　s'aborder *dans* la rue 거리에 다다르다.　s'aiguiller *dans* une voie nouvelle 새로운 길로 향하다.　aller *dans* l'arctique 북극으로 가다.　apporter le café *dans* la salle de séjour 거실로 커피를 가져오다.　attirer *qn dans* un guet-apens …을 함정으로 유인하다.　caser ses affaires *dans* le tiroir 소지품을 서랍 안에 집어넣다.　couper un morceau du viande *dans* le fil 고기를 결에 따라 자르다.　descendre un cercueil *dans* la tombe 하관하다.　descendre *dans* la vallée 계곡에 내려가다.　engager un bateau *dans* un chenal 배를 수로에 진입시키다.　s'engager *dans* le tunnel 터널로 들어가다.　entraîner un ami *dans* un café. 친구를 카페로 끌고가다.　entrer *dans* la chambre 방으로 들어가다.　entrer *dans* une passe 항로로 들어서다.　exporter

du vin *dans* les pays du nord 북쪽의 여러 나라에 포도주를 수출하다. glisser la main furtive *dans* une poche 주머니에 슬그머니 손을 넣다. jeter une pierre[des pierres] *dans* le jardin de *qn* …의 정원에 돌을 던지다; …을 간접적으로 비난하다. mettre[ranger] *qc dans* un tiroir …을 서랍에 넣다. mettre de la viande *dans* le réfrigérateur 고기를 냉장고 안에 넣다. partir *dans* le Midi 남부 지방으로 떠나다. pénétrer *dans* une maison 가택에 침입하다. plonger *dans* la piscine 풀 속으로 뛰어들다. rentrer *dans* sa chambre 방으로 다시 들어가다. rentrer une clé *dans* une serrure 열쇠를 자물쇠에 밀어 넣다. replacer une pipe *dans* son étui 파이프를 케이스에 도로 넣다. se retrancher *dans* une forteresse 요새 속으로 피하다. sortir *dans* la rue 거리로 나가다. se précipiter *dans* le vide 허공으로 떨어지다. se propulser *dans* la nature 야외로 나가다. renvoyer des soldats *dans* leurs foyers 군인들을 귀향시키다. retourner *dans* son pays natal 자기 고향으로 돌아가다. tailler *dans* le biais 비스듬히[대각선 방향으로] 자르다. tendre le bras *dans* le prolongement de la route 팔을 도로의 연장선이 되도록 뻗다. tomber *dans* un trou 구덩이에 빠지다. verser une bouteille de vin *dans* une carafe 병에 담긴 포도주를 물병에 옮겨 담다. lorsque le rêve nous transporte *dans* une autre planète 꿈이 우리를 다른 세계로 데려갈 때.

- L'avion s'est abîmé *dans* la mer. 비행기가 바다에 빠졌다.
- Après une heure de marches, ils ont abouti *dans* un village. 한 시간을 걸은 끝에 그들은 마침내 어느 마을에 이르렀다.
- Beaucoup de cours d'eau affluent *dans* ce fleuve. 많은 하천이 그 강으로 흘러든다.
- Ce cap avance *dans* la mer. 이 곶은 바다로 돌출해 있다.
- L'égout dégorge *dans* le bassin. 하수구의 물이 못으로 흘러 들어간다.
- Cette porte donne *dans* la cuisine. 이 문은 주방으로 통한다.
- Le soleil donne *dans* la pièce. 방으로 해가 든다.
- Le vent s'engouffre *dans* le couloir. 바람이 복도로 들이친다.
- Cette rivière se jette[s'embouche] *dans* la Seine. 이 하천은 센 강으로 흘러 들어간다.
- L'oiseau monte en spirale *dans* le ciel. 새가 나선을 그리며 하늘로 올라간다.
- Un alpiniste a roulé *dans* l'abîme. 한 등산객이 깊은 구렁으로 굴러 떨어졌다.
- Elle s'est ruée *dans* la maison. 그 여자는 집안으로 달려갔다.
- Sa voiture a versé[déboulé] *dans* le fossé. 그의 자동차가 도랑으로 곤두박질했다.
- Les eaux sales se vident *dans* l'égout. 오수가 하수도로 배수된다.

❷ [dans + 특정명사]

dans la direction de *qn/qc* …쪽으로, …의 방향으로. *dans* toutes les directions; *dans* tous les sens; *dans* tous les azimuts 사방으로. *dans* le bon[mauvais] sens 올바른[그릇된] 방향으로. *dans* le sens de la largeur[longeur] 가로[세로] 방향으로. *dans* le sens des aiguilles d'une montre 시계바늘 방향으로. *dans* le sens inverse des aiguilles d'une montre 시계 반대 방향으로. *dans* le sens opposé à *qc* …와 반대 방향으로. caresser un animal *dans* le sens du poil 털의 결을 따라 동물을 쓰다듬다. tailler *dans* le sens du bois 나무 결을 따라 자르다.

· Nous allions *dans* la même direction.   우리는 같은 방향으로 가고 있었다.

❸ [de ··· dans ···]

> déboucher d'une valée *dans* une plaine 계곡에서 들판으로 빠져나가다.   déverser l'eau d'une écluse *dans* un bassin 수문의 물을 연못으로 흘려보내다.   transporter la télévision d'une pièce *dans* l'autre 텔레비전을 한 방에서 다른 방으로 옮기다.   transvider le sucre du paquet *dans* un sucrier 봉지에 든 설탕을 설탕 그릇에 옮기다.

❹ 명사의 보어

> entrée d'une armée *dans* une ville 군대의 입성.   exportation *dans* un pays 어떤 나라로의 수출.   irruption des barbares *dans* l'Empire romain 야만족의 로마 제국 침입.   pénétration *dans* le corps d'un germe infectieux 병균의 체내 침투.   rentrée *dans* l'atmosphère (로켓·인공위성 따위의) 대기권 재돌입.   transplantation des ruraux *dans* des zones urbaines 농촌 인구의 도시 이주.

3) 출처 : ···에(서).

> objets pillés *dans* un magasin 상점에서 훔친 물건.   butiner *dans* les ouvrages de qn ···의 저작물에서 표절하다.   citer un fait *dans* un procès-verbal 조서의 사건을 인증하다.   couper qc *dans* un discours ···을 연설에서 빼버리다.   découper des images *dans* un livre 책에서 그림을 오려내다.   entraîner qn *dans* un marécage ···을 수렁에서 끌어내다.   omettre qn *dans* une liste ···을 명단에서 빼다.   prendre un bonbon *dans* une boîte 상자에서 사탕을 꺼내다.   prendre une citation *dans* un ouvrage 작품에서 인용문을 따오다.   puiser de l'argent *dans* son porte-monnaie 지갑에서 돈을 꺼내다.   puiser *dans* un fonds de tradition populaire 민간전승에서 소재를 얻다.

· Le Rhône a sa source *dans* les Alpes.   론 강은 알프스에서 발원한다.

4) 범위 : ···의 안쪽에.

> *dans* un périmètre de 5km 반경 5km 이내.   *dans* un rayon de dix kilomètres autour d'une ville 도시 주위의 반경 10킬로미터 내에.   arriver *dans* un mouchoir 《비유》 (순위를 가리기 힘들게) 한꺼번에 들어오다.   être *dans* les cordes de qn ···의 목소리가 들리는 곳에 있다 ;《비유》···의 능력이[권위가] 미친다.

5) 경과 : ···을 지나(면).

· *Dans* quatre kilomètres, vous laisserez la route de Daejon pour prendre à droite.   4킬로미터를 더 가서 대전가는 길에서 오른쪽 길로 들어가세요.

· On y arrivera *dans* dix kilomètres.   10킬로미터만 더 가면 거기에 도착할 것이다.

6) [dans + 신체부위명사]

❶
boutonnage *dans* le dos 등 단추식. coup de poignard *dans* le dos 비겁한 공격. robe décolletée *dans* le dos 등이 파인 옷. veste qui a craqué *dans* le dos 쫙 하고 등이 찢어진 상의. cou engoncé *dans* les épaules 어깨에 파묻힌 목. douleurs *dans* le bas-ventre[la poitrine] 하복부[가슴] 통증. idées racornies *dans* mon cerveau 내 머리 속에 굳어진 생각. pensées qui s'agitent *dans* la tête 머릿속에 어지러이 오가는 생각들. avoir du plomb *dans* l'aile (사냥꾼이 쏜 총에 새가) 날개를 다치다, 타격을 입다. être *dans* toutes les bouches 모든 사람의 입에 오르내리다, 화젯거리가 되다. laisser fondre *dans* la bouche sans avaler 삼키지 않고 입 안에서 살살 녹이다. avoir de la force *dans* les bras 팔 힘이 세다. bercer un enfant *dans* ses bras 아이를 안고 조용히 흔들다. s'élancer[se jeter, se réfugier] *dans* les bras de *qn* …의 품에 뛰어들다; …의 보호 하에 들어가다. s'endormir *dans* les bras du Seigneur 이 세상을 떠나다, 죽다(=mourir). être *dans* les bras de Morphée 잠자고 있다. être *dans* les bras de *qn* …와 결합되다. porter *qc dans* ses bras …을 양팔로 껴안다. ne pas porter *qn dans* son coeur …에 대해 반감을 품다. tenir[serrer] *qn dans* ses bras …을 포옹하다. se projeter[voler] *dans* les bras de *qn* …의 품에 뛰어들다. avoir un hanneton *dans* le cerveau[crâne] 머리가 좀 이상하다. se mettre *qc dans* la cervelle …을 깊이 명심하다. mettre une fleur *dans* ses cheveux 머리에 꽃을 꽂다. passer un peigne *dans* ses cheveux 머리를 빗질하다. ne rien avoir *dans* la citrouille 《구어》 머리속에 아무 것도 든 것이 없다. ne rien avoir *dans* le coco 《구어》 뱃속에 든 것이 없다. ne rien avoir *dans* le corps 《구어》 먹은 것이 전혀 없다; 원기[용기]가 없다. faire rentrer ses paroles *dans* le corps à *qn* …의 말을 취소시키다, 침묵시키다. savoir[connaître] ce qu'il a *dans* le corps 《구어》 (상대의) 의도[책략·음모]를 알다. recevoir un coup *dans* le côté 옆구리를 한 대 얻어맞다. chatouiller *qn dans* le cou …의 목을 간질이다. ne rien avoir *dans* le crâne 《비유》 경솔하다, 지각이 없다. enfoncer[mettre] *qc dans* le crâne à *qn* …을 …에게 힘들게 이해시키다. donner [recevoir] des coups de pieds *dans* le cul 엉덩이를 걷어차다[걷어채이다]. avoir un morceau de musique *dans* les doigts (악보를 외워서) 완벽하게 연주하다. s'enfoncer une épine *dans* le doigt 손가락에 가시가 박히다. souffler *dans* ses doigts 손가락에 입김을 호호 내불다. donner une claque *dans* le dos à *qn* (우정의 표시로) …의 등을 치다. donner[faire] froid *dans* le dos à *qn* …에게 겁을 주다, …의 등골을 오싹하게 하다. passer la main *dans* le dos de *qn* …에게 아첨하다. porter ses cheveux *dans* le dos 머리를 등뒤로 늘어뜨리고 있다. tirer *dans* le dos 등에다 총을 쏘다; 비겁하게 행동하다. enfoncer la tête *dans* les épaules 목을 움츠리다. avoir du plomb *dans* l'estomac 《비유》 소화가 안되어 속이 묵지근하다. recevoir un coup de pied *dans* les fesses[le derrière] 엉덩이를 걷어채이다. avoir un chat[une boule] *dans* la gorge 목이 잠겨 있다[쉬어 있다]. avoir le coeur *dans* la gorge 기분이 나빠 가슴이 답답하다. faire rentrer à *qn* ses mots *dans* la gorge …에게 말을 철회[취소]시키다. avoir[éprouver] des picotements *dans* la gorge 목이 따끔거리다. éprouver un chatouillement *dans* la gorge 목이 약간 따끔거리다. avoir un diamant *dans* le gosier 목소리가 아름답다. avoir une éponge *dans* le gosier 술고래이다. avoir[sentir] des aiguilles *dans* les jambes 《구어》 다리가 저리다[쑤시다]. avoir[sentir] des fourmis *dans* les jambes 다리가 저리다. avoir des impatiences *dans* les jambes 《옛·구어》 다리가 근질근질하다, 안절부절못하다. rétablir la circulation *dans* sa jambe ankylosée 관절이 경직된 다리에 다시 피가 통하게 하다. tirer *dans* les jambes de *qn* …에게 비열한 수단을 쓰다. claquer *dans*

la main[les mains, les doigts] à[de] *qn* 《구어》 (…의 사업 따위가) 실패하다, 무너지다.   concentrer les pouvoirs *dans* les mains d'un seul 한 사람의 손에 권력을 집중시키다.   crever *dans* les mains (사업 따위가) 망하다.   tomber *dans* les mains de *qn* …의 수중에[지배하에] 들어가다.   ressentir une courbature *dans* les membres 손과 발에 통증을 느끼다.   rentrer *dans* le mou de *qn* 《구어》 …을 사정없이 때리다(=battre).   avoir un coup *dans* le nez 《속어》 취하다.   avoir une poussière *dans* l'oeil 눈에 먼지가 들어가다.   avoir le compas *dans* l'oeil 눈대중이 정확하다.   avoir une poussière *dans* l'oeil 눈에 먼지가 들어가다.   voir la[une] paille *dans* l'oeil du prochain 남의 결점은 사소한 것도 그냥 넘겨 버리지 않다.   avoir de la merde *dans* les yeux 눈이 침침하여 잘 보이지 않다; 명백한 사실을 잘 이해하지 못하다.   avoir du sable *dans* les yeux 《구어》 졸려서 눈을 비비다; 졸리다.   avoir *qc dans* l'oreille 귀에 쟁쟁하다; 기억에 남아 있다.   avoir du coton *dans* les oreilles 귀에 솜마개를 하다; 귀가 멍멍하다; 들으려[이해하려] 하지 않다.   corner *qc dans* les oreilles de *qn* 《구어》 …에게 아주 큰 소리로 …을 말하다; 귀에 못이 박히도록 말하다.   se sentir du coton *dans* les os 《구어》 몸이 노곤하다.   tirer *dans* les pattes de[à] *qn* …의 다리를 잡아당기다; 은밀하게 …의 불이익을 도모하다.   avoir *qn dans* la peau 《구어》 …을 열렬히 사랑하다, …에게 깊이 빠져 있다.   crever *dans* sa peau 《구어》 터질 듯이 뚱뚱하다; 터질 듯이 울화가 치밀다.   entrer[être, se mettre] *dans* la peau de *qn* 완벽하게 …의 역할을 해내다; …의 입장에 서다.   être bien[mal] *dans* sa peau 편안해하다[불편해하다]; 자기 자신에 만족해[불만스러워]하다.   recevoir douze balles *dans* la peau 총살당하다.   ne pas tenir *dans* sa peau (기쁨 따위로) 가만히 있지 못하다, 몸이 들썩거리다.   avoir une épine *dans* le pied 곤란한[어려운] 상황이다.   n'avoir pas de plomb *dans* la tête[cervelle] 매우 경솔하다.   chercher des poux *dans* la tête de *qn* …에게 트집을 잡다.   chercher *qc dans* sa tête[mémoire] …을 생각해[기억해]내려고 애쓰다.   s'enfoncer un chapeau *dans* la tête 모자를 깊이 눌러쓰다.   faire rentrer *qc dans* la tête de *qn* …을 …의 머리에 쑤셔 넣다, …을 …에게 억지로 이해시키다.   rouler mille projets *dans* sa tête 머리 속에 수많은 계획들을 굴리다.   saturer un trou *dans* la tête 머리의 상처를 봉합하다.   se tirer une balle *dans* la tête 머리를 총으로 쏴 자살하다.   avoir le sang qui bout *dans* les veines 혈기가 넘치다, 격앙하기 쉽다.   se sentir le sang se glacer *dans* ses veines 얼어붙는 듯한 느낌이 들다.   avoir des grenouilles *dans* le ventre 배에서 꾸르륵하는 소리가 나다.   avoir *qc dans* le ventre …의 의욕[생각, 속셈]이 있다.   enfoncer[planter, plonger] un couteau *dans* le ventre de *qn* …의 배를 칼로 찌르다.   faire rentrer les paroles *dans* le ventre à *qn* 《구어》 …로 하여금 자기가 한 말을 후회하게 하다.

· Un esprit sain[Une âme saine] *dans* un corps sain. 《격언》 건강한 신체에 건전한 정신이 깃든다.

· Rien *dans* les mains, rien dans les poches.   아무것도 감추고 있지 않다((마술사들이 속임수 없이 노름을 하자는 뜻으로 하는 말)).

· Agrafe-moi *dans* le dos.   등의 단추를 채워다오.

· Ils ont déjà 20 kilomètres *dans* les jambes.   그들은 벌써 20킬로미터나 걸었다.

· Il y avait de la bonté *dans* son visage.   그의 얼굴에는 친절한 마음씨가 감돌고 있었다.

· Les idées se bousculent *dans* ma tête.   내 머리 속에는 이런 저런 생각들이 교차하고 있다.

· Le sang circule *dans* le corps.   혈액은 체내를 순환한다.

· Un sang alcoolisé coulait *dans* ses membres.   술에 전 피가 그의 몸을 흐르고 있었다.

- La balle lui est entrée *dans* le poumon gauche.　총알이 그의 왼쪽 폐에 맞았다.
- Cet enfant est tout le temps *dans* ses jambes.　그 아이는 그에게 줄곧 달라붙어 떨어지려 하지 않는다.
- Son rhumatisme se localise *dans* l'épaule gauche.　그의 류머티즘은 왼쪽 어깨에 있는 것이 확인된다.
- Il mourra *dans* sa peau.　죽기 전에는 결코 행실을 바꾸지 못할 것이다.
- Les jambes me rentrent *dans* le corps.　《과장》 (많이 걸어) 나는 기운이 다 빠졌다.
- Ça m'est resté *dans* la gorge　그것을 받아들일 수 없다, 참을 수 없다.
- Il voit la paille *dans* l'oeil du voisin et ne voit pas la poutre *dans* le sien.　《속담》 똥 묻은 개가 겨 묻은 개 나무란다.
- Ce n'est pas tombé *dans* l'oreille d'un sourd.　잘 알았다, 명심하겠다.
- Cela me trotte *dans* la cervelle.　그 일이 머리에서 떠나지 않는다.

❷
avoir une épine *dans* le coeur 걱정이 있어 마음이 괴롭다.　avoir la mort *dans* le coeur 의기소침하다.　enfoncer le couteau *dans* le coeur de *qn* …의 마음에 심한 고통을 주다.　retourner[remuer] le couteau[le poignard, le fer] *dans* le coeur[la plaie] de *qn* …의 아픈 상처를 건드리다, 고통을 되살리다.　enraciner de bons principes *dans* l'esprit d'un enfant 아이의 정신에 도의심을 심어주다.　faire le vide *dans* l'esprit 아무 생각도 하지 않다; (선입견 따위를 버리고) 머리를 공백 상태로 만들다.　repasser des événements *dans* son esprit 여러 사건들을 머리 속에 다시 떠올리다.　avoir de la tristesse *dans* son regard 시선에 슬픈 기색이 감돌다.　avoir un tremblotement *dans* la voix 목소리가 조금 떨리다.　déclamer avec des trémolos *dans* la voix 떨리는 목소리로 낭독하다.

- Il n'y a pas une lueur d'intelligence *dans* son regard.　그의 눈빛에는 지성의 번득임이라곤 하나도 없다.
- Il s'est coulé[s'est discrédité] *dans* l'esprit des gens.　그는 사람들의 신망을 잃었다.
- La tristesse de la nuit lui entrait *dans* le coeur.　밤의 쓸쓸함이 그의 가슴 속으로 파고드는 것이었다.
- Il parle avec un tremblement *dans* la voix.　그는 떨리는 목소리로 이야기한다.

❸
la main *dans* la main 손에 손을 잡고; 서로 협조하여.

2. 시간

1) ❶ …(동안)에(=au cours de, lors de).

dans l'abord 먼저, 처음에.　*dans* les anciens jours 옛날에.　*dans* les années d'adolescence 청춘 시절에.　*dans* l'automne (de) 1981 1981년 가을에.　*dans* le courant de la semaine[du mois, de l'année] 금주[이달, 금년] 중에.　*dans* le mois en cours 이 달 중에.　*dans* l'avenir 장래에, 장차.　*dans* l'intérim 대리[공석] 기간 중.　*dans* longtemps 《구어》 오랫동안.　*dans* le passé[futur] 과거[미래]에, 옛날[장래]에.　*dans* le présent 현재에.　*dans* mon enfance 내가 어렸을 때.

dans mon jeune temps 내가 젊었을 때에.　*dans* le fort de l'été 한여름에.　*dans* sa fuite 그가 달아날 때.　*dans* la suite 그 후에.　*dans* les années soixante 60년대에.　*dans* l'espace de dix jours 열흘 동안에.　*dans* ma jeunesse 내가 젊었을 때.　*dans* son temps 그의 시대에, 그의 전성기에; 제 때에, 적기에.　hier, *dans* l'après-midi 어제 오후에.　cultiver un légume *dans* sa saison 야채를 제철에 맞게 재배하다.　être *dans* l'âge d'apprendre 배워야 할 나이이다.　ménager un creux *dans* la semaine 주중 한가한 시간을 갖다.　replacer un ouvrage *dans* son époque 작품을 그 시대 배경에 다시 놓고 생각하다.　rester à lire jusque tard *dans* la nuit 밤늦게까지 독서하다.

- *Dans* ces quelques années, il a écrit trois livres.　그 몇 해 동안에 그는 세 권의 책을 썼다.
- *Dans* l'intervalle, il avait fait d'énormes progrès en français.　그 동안에 그는 프랑스어가 크게 늘었다.
- *Dans* un moment pareil, il serait mal venu de plaisanter.　이런 때 농담하는 게 아니오.
- L'état du malade s'est aggravé *dans* la nuit d'hier.　환자의 상태가 어제 밤중에 더 악화되었다.
- Il y a douze mois *dans* une année.　1년은 12달이다.
- Il y a eu un moment difficile *dans* sa vie.　그의 생애에도 견디기 힘든 시기가 있었다.
- Ce vin ne se boit que *dans* l'arrière-saison.　이 포도주는 가을에 마셔야 한다.
- C'est *dans* sa trentaine qu'il a commencé à boire.　그는 30대에 음주를 시작했다.
- La mort nous l'a enlevé *dans* la fleur de l'âge.　죽음은 꽃다운 나이의 그를 우리에게서 앗아갔다.
- Nous partons *dans* la semaine.　우리는 금주에 떠난다.
- Répondez-lui que je ne peux le recevoir *dans* l'immédiat.　지금 당장은 만날 수 없다고 그에게 대답하시오.

❷ [서수사 / 형용사 + 특정명사]

dans ces dix dernières années 최근 10년 동안에.　*dans* les premiers jours de la vie 인생의 초기에.　*dans* les premiers[derniers] temps de l'Empire 제국의 초기[말기]에.

- *Dans* un premier temps, vous lirez ce texte, *dans* un deuxième temps, vous ferez un compte rendu.　먼저 이 텍스트를 읽고, 다음에 서평을 쓰시오.
- Je n'ai pu assister *dans* ses derniers moments.　나는 그가 임종했을 때 그의 곁을 지키지 못했다.
- Il va entrer *dans* sa vingtième année.　그는 곧 스물 살이 된다.
- Son oncle est *dans* sa soixantième année.　그의 삼촌은 지금 예순 살이다.
- Elle est *dans* son sixième mois.　그녀는 임신 6개월이다.
- Nous voilà *dans* la nouvelle année.　이제 새해다.

2) …이내에[안으로].

dans l'année[la semaine] 연[주]내로.　*dans* la journée 그날 중으로.　*dans* la matinée 오전 중으로.　*dans* les trois jours 사흘 내에((cf. *dans* trois jours 사흘 후에)).　*dans* le minimum de temps 최단시간

> 안에. *dans* une semaine; *dans* une huitaine 일주일 내에. *dans* les limites du temps qui nous est imparti 우리에게 주어진 시간 내에. travail exécuté *dans* le délai fixé 정해진 기한 내에 행해진 일.

- Le patron m'a demandé de finir ce travail *dans* les trois heures. 사장은 내게 3시간 안에 그 일을 끝내라고 요구했다.
- C'est le problème que nous devons résoudre *dans* la décennie qui vient. 그것은 우리가 다가오는 10년 내에 해결해야만 하는 문제다.
- Je vous paierai le restant *dans* un mois. 잔액을 한 달 내에 지불하겠습니다.

3) …후에.

> *dans* cinq minuites 곧. *dans* deux grandes heures 넉넉히 두 시간 후에. *dans* un instant[un moment, une minute] 곧(= bientôt). *dans* peu (de temps) 곧, 가까운 시일 내에. *dans* trois jours 사흘 후에. *dans* une semaine; *dans* huitaine 일주일 후에.

- *Dans* un mois, les jours seront plus longs de trente minuites. 한 달 있으면 낮 길이가 삼십 분 길어진다.
- *Dans* combien de temps reviendrez-vous? 얼마 후에 돌아오시렵니까?
- Sa femme accouchera *dans* un mois. 그의 아내는 한 달 후 해산할 것이다.
- Ce pommier ne s'affruitera que *dans* deux ans. 이 사과나무는 2년 후에나 열매를 맺을 것이다.
- J'arrive *dans* trois minutes. 금방 갈게.
- L'avion doit arriver *dans* dix minutes. 비행기가 10분 후에 도착할 것이다.
- J'ai rendez-vous *dans* une heure; en attendant prenons un verre. 나는 한 시간 후에 약속이 있으니 그동안 한 잔 합시다.
- Le commerce extétieur de ce pays se contractera *dans* deux ans. 2년 후에는 이 나라의 대외무역 규모가 축소될 것이다.
- L'hôpital nouvellement construit sera opérationnel *dans* un mois. 신축된 병원은 한 달 후면 정상 가동될 것이다.
- Je reviens *dans* une minute. 잠시 후에 돌아오겠다.
- On ne se reverra que *dans* trois ans. 3년 후에나 다시 보게 되겠군요.

> ☆ dans은 발화 시점을 기준으로 경과한 시기를 표현. 문장 안의 사건을 기준으로 한 후시성은 après를 씀.

- Cinq jours après, il m'a téléphoné. (그 일이 있고 나서) 닷새 후에 그가 내게 전화했다.

3. 추상적인 장소

1)

> *dans* l'intimité de la conscience 마음 속 깊은 곳에서. avenir qui n'existe que *dans* la pensée 머릿속으로만 존재하는 미래. rôle du thymus *dans* les processus immunitaires 면역과정에서의 흉선의 역할.

s'absorber *dans* sa lecture[ses pensées] 독서[생각]에 몰두하다.　se cantonner *dans* le silence 침묵을 지키다.　chercher *qc dans* sa mémoire …을 기억해내려고 애쓰다.　chercher une consolation *dans* l'étude 연구를 위안으로 삼다.　se claustrer *dans* un farouche mutisme 죽은 듯 침묵에 잠기다.　s'emmurer *dans* sa solitude 고독 속에 들어박히다.　s'encroûter[s'enfermer] *dans* préjugés 편견에 사로잡히다.　s'endormir *dans* le Seigneur 은총을 입고 죽다.　s'enfermer *dans* le mutisme 침묵을 지키다.　s'enferrer *dans* ses contradictions 자기모순에 빠지다.　s'enferrer *dans* son mensonge 자신의 거짓말로 꼼짝달싹 못하게 되다.　s'enfoncer *dans* l'erreur 과오를 범하다.　engloutir sa fortune *dans* la spéculation 투기에서 재산을 날리다.　s'emprisonner *dans* le mutisme 침묵을 고수하다.　entrer *dans* la bataille éléctorale ardente. 치열한 선거전에 들어가다.　entrer *dans* le coeur[le vif] du sujet 문제의 핵심으로 들어가다.　entrer *dans* l'illégalité 비합법 활동에 들어가다.　entrer *dans* l'immortalité 불후의 명성을 얻다.　entrer de plain-pied *dans* un sujet 단도직입적으로 본론을 말하다.　être[tomber] *dans* l'erreur 잘못 생각하다.　n'exister que *dans* l'imagination 상상 속에만 존재하다.　graver *qc dans* son souvenir …을 기억 속에 새겨두다.　se jeter *dans* la bataille 싸움에 뛰어들다.　se jeter[se lancer] *dans* la politique 정치에 투신하다.　mettre tout son espoir *dans* un projet 계획에 모든 희망을 걸다.　partir *dans* des digressions inutiles 쓸데없는 여담을 하기 시작하다.　passer *dans* les habitudes 습관이 되다.　provoquer une cassure *dans* une amitié 우정에 금이 가게 하다.　rentrer *dans* le néant 무로 돌아가다.　se retremper *dans* le milieu familial 가족적인 분위기에 다시 잠기다.　tomber[sombrer] *dans* la mélancolie 우울해지다.　travailler *dans* le silence 고요함 속에서 일하다.

- *Dans* ses calculs, il y a 5% d'erreurs.　그의 계산에는 5%의 오류가 있다.
- *Dans* cette interview, il a retracé son itinéraire intellectuel.　이 인터뷰에서 그는 자신의 지적 편력을 이야기했다.
- Ce projet s'est anéanti *dans* l'oubli.　그 계획은 망각 속에 묻혀버렸다.
- Il y a quelque chose de trouble *dans* sa conduite.　그의 행동에는 무언가 수상한 점이 있다.
- Le bonheur consiste *dans* la santé.　행복은 건강에 있다.
- Il est seul *dans* la vie.　그는 고독하게 산다.
- Le théâtralisme est fréquent *dans* l'hystérie.　연극증(극적으로 감정을 표현하려는 심리적 경향)은 히스테리에 흔하다.
- La jalousie se nourrit *dans* les doutes.　질투는 의심 속에서 커간다.
- Ils se tutoient *dans* le privé.　그들은 사생활에서는 서로 반말을 한다.

2) [dans ce que + *ind*]

- Il y a de l'affectation *dans* tout ce qu'il fait.　그가 하는 모든 일에는 진솔함이 없다.
- Il y a un fond de vérité *dans* ce que vous dites.　당신의 말 속에는 진실의 토대가 있다.
- Il me barre *dans* tout ce que j'entreprends.　그는 내가 하는 모든 일을 방해한다.
- Mettez donc du goût *dans* ce que vous faites.　하시는 일에 애정을 가지세요.

3) [dans + 인물명사]

voir toutes les perfections *dans* la personne qu'on aime 사랑하는 사람을 온통 좋게 보다.

· Cette maxime est *dans* Molière.   그 금언은 몰리에르 작품에 나온다.
· On reconnaît *dans* Jean un chef.   사람들은 장을 우두머리로 인정한다.
· On trouve un poète *dans* André Gide.   지드에게는 시인적인 요소가 있다.

4. 소속 · 포함 · 참여

1)

ensemble A inclus *dans* l'ensemble B 집합 B의 부분집합 A.   joueur de tennis classé *dans* la première série 일조에 편성된 테니스 선수.   livre qui s'insère *dans* une collection 총서 속에 포함되어 있는 책.   projet qui s'inscrit *dans* une réforme générale 전반적인 개혁 속에 포함되는 계획.   admettre un pays *dans* le Marché commun 어떤 나라의 유럽 경제 공동체 가입을 승인하다.   se compromettre *dans* une affaire louche 석연치 않은 사건에 말려들다.   empêtrer *qn dans* une méchante affaire …을 파렴치한 사건에 말려들게 하다.   encadrer un épisode *dans* un récit 이야기에 에피소드를 삽입하다.   enclore les faubourgs *dans* la ville 변두리 지역을 도시에 포함시키다.   engager *qn dans* un parti[une association] 당[협회]에 입당[가입]시키다.   s'engager *dans* dans la marine 해군에 입대하다.   englober un pays *dans* un empire 한 나라를 제국에 병합하다.   s'enrôler *dans* un parti 정당에 가입하다.   s'entremêler *dans* une querelle 싸움에 끼어들다.   entrer *dans* les cadres 직원 명부에 이름이 오르다, 정식 직원이 되다; 병적부에 이름이 오르다.   entrer *dans* la composition de *qc* …의 구성요소[성분]이다.   entrer *dans* une famille 가족의 일원이 되다.   entrer[se jeter] *dans* la mêlée 싸움[논쟁]에 뛰어들다.   entrer *dans* la Résistance 레지스탕스에 참가하다.   entrer *dans* la ronde 원무 속에 끼어들다; 무리에 끼어들다.   entrer *dans* le serpent (monétaire européen) 유럽 공동변동 환율에 관한 협약에 가입하다.   être *dans* la minorité 소수당에 속하다.   être *dans* le peloton de tête[queue] 선두[후미] 그룹에 들다; 《비유》 (경쟁 따위에서) 최상위[최하위] 그룹에 속하다.   être *dans* mon pouvoir 내 권한 내에 있다.   être *dans* le système 체제 내에 속하다.   se faufiler *dans* la foule 군중 속에 살짝 끼어들다.   s'immiscer *dans* les affaires intérieures d'un autre État 다른 나라의 내정에 간섭하다.   impliquer *qn dans* une affaire criminelle …을 범죄 사건에 연루시키다.   incorporer un conscrit *dans* un bataillon 신병을 대대에 편입시키다.   s'infiltrer *dans* les lignes ennemies 적진에 침입하다.   s'ingérer *dans* les affaires d'autrui 남의 일에 간섭하다.   insérer une clause *dans* un acte 법령에 조항을 추가하다.   intégrer plusieurs théories *dans* un système 몇 개의 이론을 하나의 체계로 통합하다.   s'intégrer *dans* une majorité 다수파에 합류하다.   intercaler une citation *dans* un texte 텍스트에 인용문을 삽입하다.   intéresser les travailleurs *dans* une affaire 노동자들을 사업에 참여시키다.   s'interposer *dans* une dispute 논쟁에 개입하다.   intervenir *dans* les affaires d'autrui 타인의 사건에 간섭하다.   introduire des mots nouveaux *dans* le dictionnaire 사전에 신어를 수록하다(−intégrer).   se laisser engrener *dans* une affaire criminelle 형사사건에 휘말리다.   mettre *qn dans* le complot …을 음모에 끌어들이다.   mettre *qn dans* le coup …을 계획의 한 패로 끌어넣다.   passer *dans* le camp de l'opposition. 반대 진영으로 가다.   passer *dans* les main de *qn* …의 수중에 넘어가다.   rentrer *dans* une catégorie 어떤 범주에 포함되다.   tremper *dans* un complot 음모에 가담하다.

· Nous l'avons accueilli *dans* notre groupe.   우리는 그를 우리 그룹에 받아들였다.
· Les frais d'envoi sont compris *dans* la facture.   계산서에 발송비가 포함되었다.
· Il s'est embarqué *dans* une affaire risquée.   그는 위험한 일에 연루되었다.

- Elle l'a embringué *dans* une affaire louche.   《구어》 그녀는 그를 수상쩍은 일에 끌어 들였다.

- Il veut engager ses amis *dans* cette association.   그는 친구들을 그 협회에 가입시키고 싶어 한다.

- Ceci n'est pas *dans* les conventions.   이러한 것은 협약의 조항에 들어 있지 않다.

- Cela n'entre pas *dans* mes compétences.   그것은 내가 관여할 문제가 아니다, 내 능력 밖의 일이다.

- La balle est *dans* votre camp.   이젠 당신이 해야 할 차례입니다.

- Ce n'est pas *dans* mes projets.   그것은 내 계획에 들어 있지 않다.

- Il est *dans* l'axe du parti.   그는 당의 주류에 속한다.

- Il n'est pas *dans* le coup.   그는 관계가 없다.

- Il était *dans* la même classe que moi.   그는 나와 같은 반이었다.

- J'inclus votre nom *dans* la liste.   나는 당신의 이름을 명단에 넣는다.

- Le pickpocket s'est vite insinué *dans* la foule.   소매치기는 금세 군중 속으로 비집고 들어갔다.

- Il s'intermet *dans* des affaires qui ne le ragardent pas.   그는 자기와 관계도 없는 일에 끼어든다.

- Cela rentre *dans* mes attributions.   그것은 내 권한에 속하는 일이다.

- On l'a versé *dans* l'infanterie.   그는 보병에 배속되었다.

- Il faudrait qu'il y ait des jeunes qui viennent *dans* notre syndicat.   젊은이들이 우리 조합에 가입해야 할 것이다.

2) 명사의 보어

admission *dans* une école 입학 허가.   entrée de *qn dans* un parti …의 입당.   depuis son entrée *dans* cette société[*dans* cette affaire] 그가 이 회사에 입사핸[이 사건에 연루된] 이래.   immixtion *dans* la vie privée de *qn* …의 사생활에 대한 간섭.   implication *dans* un scandale 추문에 연루되기.   incorporation d'une minorité religieuse *dans* une communauté 공동체의 소수 종교 흡수.   inscription d'un étudiant *dans* une faculté 학생의 대학 등록.   insertion d'une formule *dans* un contrat 계약에 서식의 추가.   intervention de l'État *dans* le domaine économique 경제 부문에 대한 국가의 개입.   introduction de *qn dans* un groupe …을 단체에 가입시키기.   intrusion de l'étranger *dans* les affaires d'un pays 국내 문제에 대한 외국의 간섭.   présence des socialistes *dans* le gouvernement 사회당원의 입각.

- Il est directeur *dans* une entreprise de construction.   그는 건설회사의 부장이다.

- Il est premier violon *dans* un orchestre.   이는 관현악단의 제1바이올린 연주자이다.

- Personne *dans* notre groupe n'a été capable de trouver la solution.   우리 그룹의 아무도 해결책을 발견할 수 없었다.

- Sa compromission *dans* cette affaire lui a porté tort.   그 사건에 연루됨으로써 그는 피해를 입었다.

- On soupçonne la présence d'un ministre *dans* cette affaire   사람들은 그 사건에 장관이 연루되지 않았나 의심하고 있다.

- Il ne tolère pas d'ingérence *dans* sa vie privée.   그는 사생활에 대한 간섭을 용납하지 않는다.

5. 영역·한정

1)

événement qui date *dans* l'histoire 역사상 획기적인 사건.　affermir *qn dans* sa résolution …의 결심을 굳히다.　s'angliciser *dans* sa toilette 영국풍으로 치장하다.　apporter[mettre] beaucoup de circonspection *dans* sa conduite 행동이 아주 조심스럽다.　approuver *qn dans* son opinion …의 의견에 찬성하다.　attaquer *qn dans* son honneur …의 명예에 상처를 입히다.　atteindre *qn dans* son amour-propre …의 자존심에 상처를 주다.　avoir de bons commencements *dans* les mathématiques 수학에 탄탄한 기초를 갖고 있다.　avoir de la fermeté[être ferme] *dans* ses résolutions 결심이 확고하다.　avoir[sentir] de la gêne *dans* la respiration 숨쉬기가 어렵다.　avoir de la suite *dans* les idées 생각이 일관성이[조리가] 있다.　baisser[monter] *dans* l'estime de *qn* …에게 받는 평가가 떨어지다[올라가다].　blesser *qn dans* sa vanité …의 자존심을 상하게 하다.　branler *dans* le manche 자루[손잡이]가 흔들리다.　brider *qn dans* ses élans …의 자유를[충동을] 억제하다.　briller *dans* l'exercice d'un art 예술 방면에서 두각을 나타내다.　cafouiller *dans* ses explications 갈피를 못잡는 설명을 하다.　concourir *dans* un championnat 선수권을 놓고 겨루다.　confirmer *qn dans* sa résolution …의 결심을 굳게 하다.　se confirmer *dans* son opinion 의견을 굳히다[견지하다].　contrecarrer *qn dans* ses projets …의 계획을 반대하다.　débuter *dans* les lettres[le monde] 문단에[사교계에] 진출하다. 등단하다.　déconcerter *qn dans* ses tentatives …의 기도를 좌절시키다.　déranger *qn dans* son sommeil[travail] 자는[일하는] 데 방해하다.　descendre plus bas *dans* l'histoire 시대를 더 내려가다.　s'enchevêtrer *dans* un raisonnement 추론을 하다가 갈피를 잡지 못하다.　s'entêter *dans* son refus 끈질기게 거부하다.　errer *dans* ses calculs 잘못 계산하다.　être en[prendre du] retard *dans* son travail 일이 더디다.　exceller *dans* sa profession 자기 직업에서 두각을 나타내다.　faire deux fautes *dans* sa dictée 받아쓰기에서 2개 틀리다.　faire époque *dans* la littérature 문학사의 한 획을 긋다.　faire preuve d'éclectisme *dans* ses lectures[relations] 다양한 분야의 독서[폭넓은 교제]를 하다.　faire preuve de légèreté *dans* ses jugements 판단에 있어서 경솔함을 내보이다.　fortifier *qn dans* sa décision …의 결심이 더욱 굳어지게 하다.　frauder *dans* les transport en commun (몰래) 무임승차하다(=resquiller).　se freiner *dans* ses dépenses 《**구어·비유**》 지출을 자제하다.　guider un étudiant *dans* le choix d'une carrière 학생의 진로 지도를 하다.　mettre de l'ordre *dans* ses idées 생각을 정리하다.　se modérer *dans* ses désirs 욕망을 억제하다.　montrer de la raideur *dans* ses rapports avec autrui 다른 사람들을 대하는 것이 부드럽지 못하다.　offenser *qn dans* sa dignité …의 자존심을 상하게 하다.　précéder *qn dans* la carrière 경력에서 …보다 앞서다.　prendre une[de l'] avance *dans* son travail 일이 빨리 진척되다.　se resserrer[se restreindre] *dans* ses dépenses 지출을 줄이다.　se signaler *dans* les sciences 학문 분야에서 이름을 떨치다.　se spécialiser *dans* l'étude d'une langue 어떤 언어를 전공하다.　succéder à son père *dans* la direction de l'usine 아버지의 뒤를 이어 공장을 경영하다.　se tromper *dans* ses pronostics 예상이 틀리다.　varier *dans* ses idées 생각이 여러 가지로 바뀌다.

· Il m'a aidé *dans* mes travaux.　그는 내 작업을 도와주었다.

· Vous êtes allé trop loin *dans* vos reproches.　당신의 비난은 너무 지나쳤다.

· Il a de la dignité *dans* les manières.　그는 태도에 품위가 있다.

· J'ai beaucoup d'arriérés *dans* ma correspondance.　써야 될 편지들이 많이 밀려 있다.

· Il y a des degrés *dans* le malheur.　불행에도 정도차가 있다.

· Il y a une fissure *dans* leur amitié.　《비유》 그들의 우정에 금이 갔다.

- Il y a de l'impudeur *dans* son attitude.   그의 태도에는 추잡한 점이 있다.
- Il y a du raffinement *dans* son langage.   그는 말솜씨가 세련되어 있다.
- Il n'y a nulle certitude *dans* les choses du monde.   세상사에 변하지 않는 것은 하나도 없다.
- Il a baissé *dans* mon estime.   그에 대한 나의 신뢰가 줄어들었다.
- Il me barre *dans* tout ce que j'entreprends.   그는 내가 하는 모든 일을 방해한다.
- On cantonne trop souvent les femmes *dans* des emplois subalternes.   여자들을 하급지위에 한정시키는 일이 지나치게 자주 있다.
- Ne vous cantonnez pas *dans* la biographie, essayez d'autres genres.   전기(傳記)만을 쓰시지 마시고 다른 장르도 시도해보십시오.
- Il chancelle *dans* sa résolution   그는 결심하는 데 망설인다.
- Cette discussion m'a conforté *dans* mon opinion.   그 토론을 통해 나의 견해는 확고해졌다.
- Son esprit se développe entièrement *dans* ce tableau.   그의 재능은 이 그림 속에서 완전히 발휘되어 있다.
- Nous divergeons souvent *dans* nos opinions.   우리는 의견이 자주 갈린다.
- Cette pensée l'a encouragé *dans* sa résolution.   그러한 생각은 그가 결심할 수 있도록 용기를 주었다.
- Il est (passé) maître *dans* l'art[le métier] de mentir.   그는 거짓말을 아주 잘 한다.
- Ils sont compétiteurs *dans* cette affaire.   그들은 이 일에서 경쟁 관계에 있다.
- Il me gêne *dans* mes projets.   그는 내 계획에 방해가 된다.
- Il s'est gouré *dans* son addition.   《**구어**》그는 덧셈을 잘못했다.
- Il a longtemps hésité *dans* ses réponses.   그는 대답하는데 오랫동안 망설였다.
- Je l'ai interrompu *dans* son travail.   나는 그의 일을 방해했다.
- L'action syndicale joue un rôle moteur *dans* l'amélioration de la condition des travailleurs.   조합 활동은 근로자의 생활조건의 개선을 위해 주도적 역할을 하고 있다.
- Il manque de mesure *dans* ses jugements.   그의 판단에는 신중함이 결여되어 있다.
- Il persiste *dans* sa résolution[ses projets].   그는 결심[계획]을 끝내 굽히지 않는다.
- Cette expression se prend *dans* cette acception.   이 표현은 그런 의미로 쓰인다.
- Il s'était spécialisé *dans* les recherches historiques.   그는 역사 연구를 전공했다.
- Ce parti a continué à se raidir *dans* son dogmatisme.   그 당은 계속 강령을 고수해 나갔다.
- La maladie l'a retardé *dans* ses études.   질병으로 그는 학업이 뒤떨어졌다.
- Personne ne vous suivra *dans* votre décision.   아무도 당신 결정에 따르지 않을 것입니다.
- Je ne trouve rien à blâmer *dans* sa conduite.   나는 그의 행동에서 나무랄 점을 찾을 수 없다.
- Les couloirs ne sont utilisés que *dans* le double.   코트 측면은 복식경기 때에만 쓰인다.

2) [형용사 + dans]

adroit *dans* tous les exercices 어떤 운동도 잘 하는.   difficile *dans* le choix de *qc* …을 선택하는 데 까다로운.   danseur qui est trop raide *dans* ses mouvements 동작이 너무 뻣뻣한 무용수.   homme consommé *dans* les affaires 사업에 능란한 사람.   homme très connu *dans* les milieux littéraires 문단에서 누구나가 알고 있는 사람.   être assidu *dans* le suivi d'une affaire 어떤 사건을 열심히 조사하다.

être buté *dans* ses opinions 자기 견해를 고집하다.　être catégorique *dans* son refus 단호하게 거부하다. être conforté *dans* son argument 자신의 이론을 굳히다.　être conséquent *dans* ses actions 행동에 일관성이 있다.　être constant *dans* ses convictions. 자신의 신념에 충실하다.　être dérangé *dans* son travail par ses amis 친구들이 와서 일을 중단하다.　être excellent *dans* les sports nautiques 수상 스포츠에 아주 능하다.　être expert *dans* cet art 그 기술에 정통하다.　être fluctuant *dans* ses opinions[goûts] 의견[취향]이 자주 바뀌다.　être grossier *dans* ses manières 태도가 거칠다.　être habile *dans* les relations sociales 사교에 능하다.　être humilié *dans* sa dignité 면목이 없게 되다.　être inconstant *dans* ses opinions politiques 정치적 의견을 쉽게 바꾸다.　être inébranlable *dans* ses résolutions 결의가 굳다.　être invariable *dans* ses opinions 의견이 확고부동하다.　être irréprochable *dans* ses moeurs 생활 태도가 나무랄 데가 없다.　être jeune *dans* le métier《**구어**》신출내기다, 일이 아직 미숙하다. être[se montrer] léger *dans* sa conduite[ses jugements] 행동[판단]이 경솔하다.　être maladroit *dans* ses mouvements 동작이 미숙하다.　être mesuré *dans* ses jugements 판단이 신중하다.　être modéré *dans* ses désirs 과욕을 삼가다.　être moderne *dans* sa manière de s'habiller 신식으로 옷을 입다. être naturel *dans* ses attitudes 태도가 자연스럽다.　être obstiné *dans* son refus 완강하게 거절하다. être trop précipité *dans* ses décisions 너무 성급하게 결정하다.　être unanime *dans* le refus 만장일치로 거절하다.　être versé *dans* les lettres et les arts 문예에 조예가 깊다.　rester vague *dans* sa réponse 명확하게 대답을 하지 않다.

- Il est très apprécié *dans* sa sphère.　그는 그의 분야에서 아주 인정을 받는다.
- Il est bien armé *dans* la lutte pour la vie.　그는 생존경쟁에 대한 대비가 잘 되어 있다.
- Il est déjà bien avancé *dans* son ouvrage.　그의 작품은 이미 상당히 진척되었다.
- Vous êtes plutôt bizaroïde *dans* vos renseignements.　당신의 설명은 정말 불가해하군요
- Elle est bien changeante *dans* ses goûts.　그녀의 취향은 참 변덕스럽다.
- Il n'est pas assez circonspect *dans* le choix de ses amis.　그는 친구를 선택하는 데 신중하지 못하다.
- Il est court *dans* ses décisions.　그는 결단이 빠르다.
- Il est déterminé *dans* sa résolution.　일단 결심하면 그는 한 치도 뒤로 물러서지 않는다.
- Il est assez entier *dans* ses opinions.　그는 자신의 생각을 굽힐 줄 모르는 사람이다.
- Il est fort en chimie, mais pas *dans* les autres matières.　그는 화학에는 강한데 다른 과목들에서는 그렇지 못하다.
- Il est illogique *dans* son argumentation.　그의 논증은 일관성이 없다.
- Il est immuable *dans* ses convictions.　그는 신념이 확고부동하다.
- Il est insurpassable *dans* l'art du calembour.　그는 말 맞히기 기술에서 따를 자가 없다.
- Il est très méticuleux *dans* son travail.　그는 일하는 것이 몹시 꼼꼼하다.
- Il est négligent et sale *dans* son travail.　그는 일처리가 소홀하고 지저분하다.
- Il est très nuancé *dans* ses jugements.　그는 판단이 매우 신중하다.
- Le port du casque est obligatoire *dans* certains sports.　몇몇 운동경기에서는 헬멧의 착용이 필수적이다.
- Soyez persévérant *dans* votre travail.　끈질기게 일을 해 보세요
- Il est réservé *dans* ses propos.　그는 언사가 신중하다.
- Elle a été sublime *dans* ce film.　그 여배우는 이 영화에서 정말 훌륭했다.

3) [dans + 특정명사]

❶

> *dans* le cadre de ses attributions 자기의 권한 내에서.　un film présenté *dans* le cadre du festival 축제의 일환으로 상영된 영화.　rester *dans* le cadre de son sujet 주제의 범위를 벗어나지 않다. philosophe qui fait une incursion *dans* le domaine des sciences 과학 분야를 넘보는 철학자. avoir une expertise confirmée *dans* un domaine 어떤 분야에 확고한 전문가의 능력을 갖고 있다. être faible[fort] *dans* le domaine des langues étrangères 외국어 분야에 약하다[강하다].　être inégalé *dans* son domaine 자기 분야에서 필적할 만한 사람이 없다.　être seul[unique] *dans* son genre 그 분야에서 유일하다, 비길 데 없다.　choisir un métier formateur *dans* un secteur d'avenir 장래성 있는 분야에서 창조적인 일을 선택하다.

- *Dans* ce genre de situation, on ne pense qu'à soi-même.　이런 상황에서는 자기 자신밖에 생각하지 않는다.
- C'est *dans* le domaine du possible.　그것은 가능한 일이다.
- Ce pays occupe le deuxième rang *dans* ce domaine.　그 나라는 그 분야에서 프랑스에 뒤이어 두 번째를 차지하고 있다.

❷

> *dans* la limite du possible 가능한 한도 내에서.　*dans* une certaine limite 어느 한도 내에서는. *dans* une certaine mesure 어느 정도는.　*dans* une large mesure 폭 넓게, 상당한 정도로.　*dans* la mesure du possible 가능한 한.　*dans* la mesure de mes possibilités 내가 할 수 있는 한.　*dans* la mesure de qc[où + *ind*] …의 범위 내에서, …하는 한; …을 고려한다면.　être *dans* les cordes de qn …의 목소리가 들리는 곳에 있다; …의 능력이[권위가] 미친다.　être *dans* les prix de qn …가 구입할 수 있는 가격이다.

- Ce n'est pas *dans* mes cordes.　그 일은 내가 관여할 문제가 아니다.
- Ce n'est pas *dans* mes prix.　그것은 내가 살 수 없는 가격이다.
- Je t'aiderai *dans* la mesure où j'en suis capable.　나의 힘이 닿은 한 너를 도와줄게.

4) 명사의 보어

> amélioration *dans* les relations entre deux pays 두 나라 간의 관계 개선.　art de l'éllipse *dans* la poésie 시에서의 생략법.　champion du monde *dans* sa catégorie 소속 체급 세계 챔피언.　changement spectaculaire *dans* l'attitude de qn …의 괄목할만한 태도 변화.　degré de consistance *dans* les réponses d'un sondage 여론조사의 응답의 일관성 정도.　dérangement *dans* ses affaires 사업의 부진.　dérive *dans* l'application de la règle 규칙의 변칙적인 적용.　différence sensible *dans* la taille des entreprises 기업 규모의 현격한 차이.　emploi de la fécule *dans* l'industrie alimentaire 식품 산업에서 전분의 사용. entêtement *dans* une attitude[opinion] 태도[생각]에 있어서의 고집스러움.　erreur *dans* une traduction 오역.　expressionnisme *dans* le ballet 발레의 표현주의.　faiblesse *dans* un équipement 장비의 취약점. fissure *dans* un raisonnement 《비유》 논리의 비약, 추론의 결함.　flottement *dans* le comportement[les opinions] de qn …의 행동[의견]의 우유부단함.　fraude *dans* un examen 시험 중 부정행위, 커닝

(=tricherie). gaucherie *dans* l'expression 표현에 있어서의 어색함. habileté *dans* les relations sociales 능란한 사교술. incohérence *dans* la conduite de *qn* …의 앞·뒤가 맞지 않는 행동. laisser-aller *dans* le travail 직무 태만. modération *dans* les idées 온건한 사상. perfection *dans* le style 문체의 완벽함. persistance *dans* son opinion[l'erreur] 자기 의견[잘못]의 고집. modernisation *dans* la desserte des banlieues 교외 도로의 현대화. perfection *dans* le style 문체의 완벽함. progrès *dans* le domaine de l'énergie 에너지 분야에서의 발전. ressemblance *dans* les goûts 취미가 서로 일치함. tromperie *dans* le commerce 상거래의 사기행위.

· La robotisation *dans* ce secteur va plus loin que *dans* les autres secteurs industriels. 그 분야의 로봇화는 다른 분야보다 더 앞서 있다.
· Leur expérience *dans* l'apprentissage d'une langue étrangère était nulle. 그들은 외국어 교습의 경험이 전혀 없었다.
· Les plus expérimentés *dans* les affaires font des fautes capitales. 사업에 아무리 경험이 풍부한 사람일 지라도 커다란 잘못을 범한다.

6. 교통기관명사와 함께

voyageurs bourrés[compressés] *dans* le métro[l'autobus] 지하철[버스]에 빽빽이 들어찬 승객들. se carrer *dans* sa voiture 자동차에 편안하게 앉다. embarquer des marchandises *dans* un wagon 화차에 화물을 싣다. empiler des voyageurs *dans* un wagon 객차에 승객을 잔뜩 태우다. entasser des déportés *dans* un train 유형수들을 기차에 몰아넣다. grimper *dans* un taxi 《**구어**》 택시를 타다. louer sa place *dans* un avion 비행기 좌석을 예약하다. monter *dans* un carrosse[une voiture] 사륜마차[승용차]에 올라타다. composter son billet avant de monter *dans* le train 기차에 타기 전에 표를 개찰하다. se pavaner *dans* sa voiture 차에 타고 보라는 듯이 으스대다. rouler un bébé *dans* son landau 아기를 유모차에 태워서 밀고 가다. voyager *dans* un compartiment de première classe 1등 칸을 타고 여행하다.

· À peine *dans* la voiture, il commença à fumer. 차에 타자마자 그는 담배를 피우기 시작했다.
· Les animaux ne sont pas admis *dans* les autobus. 동물은 버스에 탈 수 없습니다.
· Il m'a amené à la gare *dans* sa voiture. 그는 나를 차에 태워 역에 데려다주었다.
· Nous avons été bien ballottés *dans* cette vieille voiture. 이 고물 차는 꽤나 덜컹거렸다.
· Il l'a enfouré *dans* un taxi. 그는 그 사람을 택시에 황급히 태웠다.
· Ils se sont enfournés *dans* le métro. 그들은 지하철 안으로 몰려 들어갔다.
· Suis-je *dans* le bon train pour Pusan? 이 기차가 부산행이 틀림없나요?
· J'ai laissé mon parapluie *dans* l'autobus. 버스에 우산을 놓고 내렸다.
· On lui a subtilisé son portefeuille *dans* le métro. 지하철에서 누군가 그의 지갑을 소매치기해 갔다.
· Je l'ai vu passer *dans* sa voiture. 나는 그가 자기 차를 타고 지나가는 것을 보았다.
· Tous les matins, il doit voyager debout *dans* l'autobus. 그는 매일 아침 버스를 서서 타고가야 했다.

⇒ à, en, par, sur

7. 저작물 · 언론매체

1)

comme on dit *dans* la chanson 노래 가사에 있듯이.   mot que l'on trouve *dans* un dictionnaire 사전에서 찾은 단어.   vieilles notions qui traînent *dans* les livres scolaires 교과서에 남아 있는 낡은 개념.   butiner *dans* les ouvrages de *qn* …의 저작물에서 표절하다.   chercher un mot *dans* le dictionnaire 단어를 사전에서 찾아보다.   citer un fait *dans* un procès-verbal 조서의 사건을 인증하다.   ne connaître une chose que *dans* les livres 책을 통해서만[이론적으로만] 알고 있다.   s'épancher *dans* ses lettres 편지에다 심정을 토로하다.   faire Harpagon *dans* l'"Avare" de Molière. 몰리에르의 "수전노"에서 아르파공역을 맡다.   insérer un communiqué *dans* un journal 신문에 성명서를 게재하다.   lire *qc dans* un journal[un livre, une revue] …을 신문[책, 잡지]에서 읽다.   mettre une marque *dans* un livre pour retrouver facilement une page 페이지를 쉽게 찾기 위해 책에 갈피를 꽂다.   passer une publicité *dans* un journal 신문에 광고를 내보내다.   prendre une citation *dans* un ouvrage 작품에서 인용문을 따오다.   publier un article *dans* une revue 잡지에 논문을 발표하다.   trouver une faute *dans* un texte 원문에서 틀린 것을 발견하다.   supprimer un mot[passage] *dans* une oeuvre. 작품에서 어떤 단어를[단락을] 삭제하다.

- *Dans* ce livre, nous essaierons d'explquer ce phénomène social.   이 책에서 필자는 그와 같은 사회 현상을 설명하고자 한다.
- Les fautes abondent *dans* ce texte.   이 글은 오류투성이이다.
- Il s'agit *dans* ce livre des origines de la Révolution.   이 책은 프랑스 대혁명이 일어난 원인들을 다루고 있다.
- Cela n'arrive que *dans* les romans.   그런 것은 소설 속에서나 있는 일이다.
- G. Orwell anticipait le destin de la société moderne *dans* son roman "1984".   조지 오웰은 그의 소설 "1984년"에서 현대 사회의 운명을 예견하고 있었다.
- Elle a eu le courage de l'attaquer *dans* la presse.   그녀는 대담하게도 신문에서 그를 공격했다.
- L'oeuvre racinienne atteint *dans* "Phèdre" son achèvement.   라신느의 작품은 "페드르"에서 절정기에 이른다.
- Elle m'a dit *dans* sa lettre que sa mère était très malade.   그녀는 내게 보낸 편지에서 그녀의 어머니가 위독하다고 말했다.
- Je l'ai lu *dans* l'oeuvre de Baudelaire.   나는 보들레르 작품에서 그것을 읽었다.
- Les androïdes peuplent *dans* les romans de science-fiction.   인조인간은 공상과학 소설에 많이 등장한다.
- Le texte de la conférence sera reproduit *dans* ce magazine.   강연의 초고는 이 잡지에 다시 수록될 것이다.
- Elle a trouvé son numéro *dans* l'annuaire.   그녀는 전화번호부에서 그의 전화번호를 찾았다.

2)

dans les pages qui suivent 다음 페이지들에서.   *dans* ces pages et *dans* les suivantes 이 페이지들과 다음 페이지들에서.   exposer le sujet *dans* le premier acte 1막의 주제를 해설하다.   permuter deux mots *dans* la phrase 문장 내의 두 낱말의 위치를 서로 바꾸다.

- Qu'est ce qu'il veut dire *dans* ce chapitre[l'introduction]?　　그가 이 장[서론]에서 말하고자 하는 것이 무엇입니까?
- Cette question sera discutée *dans* le paragraphe suivant[la conclusion].　　그 문제는 다음 대목[결론 부분]에서 논의 될 것이다.

3) 명사의 보어

caricature d'un homme politique *dans* le journal 신문에 난 정치인의 인물 풍자화.　　découpage d'un article *dans* un journal 신문에서 기사를 오려내기.　　enchaînement[ordonnance] des mots *dans* la phrase 문장 속의 단어의 연쇄[배열].　　enregistrement de petits faits *dans* un journal 일기장에 사소한 사실들을 기록하기.　　fatalité *dans* la tragédie grecque 그리스 비극에 나오는 숙명론.　　intercalation d'une citation *dans* un texte 텍스트에 인용문을 삽입하기.　　personnage *dans* un livre 책 속의 인물.　　publication d'une interview *dans* un journal 대담의 지상 공개.　　reproduction d'un article de journal *dans* une revue 신문기사의 잡지에의 전재.　　scène des comices *dans* "Madame Bovary" "보바리 부인"에서 농사 공진회 장면.

4) [dans + 인물명사]

- Ma soeur a dit l'avoir lu *dans* Flauvert.　　누이는 플로베르 작품에서 그것을 읽었다고 말했다.
- Cette maxime est *dans* La Fontaine.　　그 금언은 라퐁텐 작품에 나온다.
- On rencontre cette phrase *dans* Molière.　　몰리에르의 작품에서 그러한 문장을 보게 된다.
- On peur trouve les idées semblables *dans* Rousseau.　　루소의 작품에서 비슷한 사상들을 찾아낼 수 있다.

8. 언어

comme nous disons *dans* notre jargon 우리 같은 사람들이 버릇처럼 쓰는 말로 표현하자면.　　s'exprimer *dans* un français très pédantesques 매우 현학적인 불어로 자기 의견을 말하다.

- Ce phénomène n'existe pas *dans* sa langue maternelle.　　그러한 현상은 그의 모국어에는 존재하지 않는다.
- Il a exprimeé sa pensée *dans* un français très correcte.　　그는 자기의 생각을 매우 정확한 불어로 표현했다.
- Est-ce qu'il existe un subjonctif *dans* les langues bantoues?　　반투어에도 접속법이 있습니까?
- On peut trouver ce phénomène *dans* les patois de l'Est.　　동부 지역의 지방어에서도 그러한 현상을 발견할 수 있다.

> ☆ 수식어가 붙지 않은 언어명을 나타낼 때는 en을 씀. discuter en anglais 영어로 토론하다.　⇒ en

9. 상태·상황·조건

1) ❶　　*dans* le branle-bas des élections 선거의 혼란 속에서.　　*dans* la chaleur de la discussion 토론의

열기에 휩싸여. *dans* cette circonstance 이 (위급한) 경우에는. *dans* les circonstances actuelles [présentes] 현재로서는. *dans* de malheureuses circonstances 딱한 상황에 처하여. *dans* un climat d'hostilité 적대적인 환경[분위기]에서. *dans* la conjoncture actuelle 현재의 상황에 있어서는. *dans* le contexte actuel 현 상황에서. auteur qui verse *dans* la facilité 무사안일주의에 빠진 작가. homme imprévisible *dans* ses colères 화나면 어떤 행동을 할지 예측할 수 없는 사람. pays plongé *dans* le deuil 애도에 잠긴 나라. un reste de fierté qui surnageait *dans* sa détresse 그의 절망 속에서도 남아있던 일말의 자긍심. s'abîmer *dans* la contemplation 명상에 잠기다. s'abîmer *dans* de sombres réflexions 침울한 생각에 빠져들다. s'absorber[se plonger] *dans* la méditation 깊은 생각에 잠기다. achever ses jours[sa vie] *dans* la retraite 은퇴해서 그의 생애를 마치다. croupir *dans* la paresse[l'ignorance] 나태함[무지]에 빠져 있다. demeurer[flotter] *dans* l'indétermination[l'indécision] 결정을 내리지 못하다. s'endormir *dans* les plaisirs 쾌락에 빠지다. enfermer *qn dans* un dilemme …을 궁지에 빠뜨리다. s'enliser *dans* la routine 타성에 빠지다. entrer *dans* une rage folle 미친 듯이 분노하다. entretenir *qn dans* une illusion …의 환상을 깨지 않다. étouffer l'affaire *dans* l'oeuf 《비유》 사건을 터지기 전에 무마하다. habiter tout le jour *dans* une profonde tristesse 종일 깊은 슬픔에 잠겨 지내다. jeter[plonger] le pays *dans* le chaos économique 나라를 경제적 혼란에 빠뜨리다. jeter *qn dans* le désarroi …을 혼란 상태에 빠뜨리다. se maintenir *dans* une attitude hostile 적대적인 태도를 유지하다. mettre *qn dans* l'enchantement …을 매우 기쁘게 하다. mourir *dans* l'abandon 버림받은 채 죽어가다. nager *dans* la confusion 혼란에 빠져 있다. nager *dans* l'opulence 호화 생활을 하다. nager[rouler] *dans* l'or 호화생활을 하다. nager *dans* la prospérité 번영을 누리다. se noyer *dans* la débauche 방탕에 빠지다. se noyer *dans* les détails 하찮은 것에 쩔쩔매다. persévérer *dans* ses anciens errements 오래된 나쁜 버릇을 버리지 못하다. pourrir *dans* l'ignorance[la misère, le vice] 무지[빈곤, 악습]에서 헤어나지 못하다. précipiter *qn dans* les malheurs …을 불행하게 하다. sombrer *dans* l'apathie 무력감에 빠지다. travailler *dans* un faux jour 조명 상태가 좋지 않은 곳에서 일하다. voyager *dans* de bonnes[mauvaises] conditions 좋은[나쁜] 조건에서 여행하다.

- *Dans* la conjoncture actuelle, il est difficile de réduire les impôts sur le revenu.　현재의 상황에서는 소득세를 줄이는 것이 어렵다.

- *Dans* le danger, le porc-épic se hérisse.　위험에 처하면 고슴도치는 털을 곤두세운다.

- *Dans* le doute, abstiens-toi.　의심스러울 때는 가만히 있어라.

- *Dans* ce genre de situation, on ne pense qu'à soi-même.　이런 상황에서는 자기 자신밖에 생각하지 않는다.

- *Dans* cette situation, un échec est plus probable qu'un succès.　이러한 상황에서는 성공보다도 실패의 가능성이 더 많다.

- Il baigne *dans* l'euphorie.　그는 행복감에 잠겨 있다.

- Il est impossible de continuer *dans* ce bruit.　이런 소란 속에서 계속한다는 것은 불가능하다.

- Sa vie s'est déroulée *dans* le bonheur.　그는 행복한 일생을 보냈다.

- Le pays s'installe *dans* une crise profonde.　국가가 심각한 위기에 빠져 있다.

- Vous m'avez mis *dans* un cas embarrassant.　당신은 나를 난처한 입장에 빠뜨렸다.

- Sa déclaration me plonge *dans* la perplexité.　그의 말은 나를 난처한 상황에 몰아넣었다.

· Cette nouvelle l'a plongé *dans* la désolation.　그 소식을 듣고 그는 비탄에 빠졌다.

· C'est *dans* le besoin qu'on reconnait ses véritables amis.　어려울 때 친구가 진정한 친구다.

· On ne s'y reconnaît pas, *dans* ce fourbi!　엉망으로 흩어져 있어 정신을 차릴 수가 없군!

· Replacez-vous *dans* les conditions où vous étiez alors.　그 무렵 당신 자신이 어떤 입장에 놓여 있었는지 생각해 보세요.

· Nous voilà *dans* un joli pétrin.　참으로 난처한 상황이로군.

◎
> plantes qui prospèrent *dans* ce climat 이 기후에서 번성하는 식물.

· Tout le paysage baignait *dans* la brume.　온 풍경이 안개에 싸여 있었다.

· Ne sortez pas *dans* cette fournaise. 이런 염천에는 외출하지 마세요.

◎ [dans un[l']état de]
> *dans* l'état actuel des choses 현재 상황에서는.　*dans* un état d'ahurissement 망연자실해서.　être *dans* un état d'abattement profond 깊은 실의에 빠져 있다.　être *dans* un état d'agitation indescriptible 극도의 흥분 상태에 있다.　être *dans* un état d'anéantissement complet 완전한 허탈 상태에 있다.　être *dans* un état d'énervement 흥분 상태에 있다.　être *dans* un état de prostration physique extrême 극도의 육체적 허탈 상태에 빠져 있다.

· Le malade est *dans* un état critique.　환자의 상태가 위태롭다.

◎ [dans l'espoir[l'espérance, l'attente] de *qc*/ *inf* / que + *ind*] : …할 것을 희망[기대]하며.
> *dans* l'espoir[l'espérance] de votre réponse (편지에서) 당신의 답장을 기대하며.　*dans* l'espoir [l'attente] de vous lire (편지에서) 당신의 회신을 기다리면서.　*dans* l'espoir[l'espérance] qu'il viendra. 그가 올 것을 기대하며.

· Je suis venu *dans* l'espoir[l'espérance]de vous revoir.　나는 당신을 다시 만나볼 희망으로 왔습니다.

❷ [être / se trouver dans]

a)
> être *dans* l'admiration de *qn/qc* …에 감탄하다.　être *dans* une alternative 양자택일해야 하는 상황에 처하다.　être *dans* le cas de *inf* …할 수 있는 입장이다.　être *dans* la confidence 비밀을 알고 있다.　être *dans* les douleurs (de l'accouchement) 진통 중이다.　être *dans* le doute (au sujet de *qc*) (…에 대해) 의심하다.　être *dans* les emmerdements jusqu'au cou 《**구어**》몹시 난처한 지경에 처하다.　être *dans* l'enchantement 매우 기뻐하다.　être *dans* un cruel embarras 난처한 지경에 처하다.　être *dans* une mauvaise forme 컨디션이 좋지 않다.　être *dans* l'ignorance de *qc* …을 모르고 있다.　être[se trouver] *dans* une impasse 궁지에 빠지다.　être *dans* l'inactivité 활동하지 않다.　être *dans* l'incertitude 불안해하다; 주저하다.　être *dans* l'indétermination

[l'indécision] 결정을 내리지 못하다. être *dans* l'impatience de *inf* …하고 싶어 안달하다. être *dans* l'impuissance de *inf* …을 할 방도가 없다. être *dans* son bon[mauvais] jour 기분이 좋다[나쁘다]. être *dans* le juste 옳다(=avoir raison). être *dans* les larmes 《옛·구어》 상(喪)중이다. être *dans* la marmelade 《비유·구어》 혼란에 빠져있다. être *dans* la méconnaissance totale d'une situation 상황을 전혀 이해하지 못하다. être *dans* les meilleures dispositions 기분이 최고다. être *dans* la mélasse 《비유》 어려운 처지에 빠져 있다. être *dans* le mépris 멸시당하다. être *dans* la merde (jusqu'au cou[jusqu'aux yeux]) 궁지에 처하다. être *dans* la misère 빈곤하다. être *dans* la mouscaille 《구어》 곤경에 빠져있다; 찢어지게 가난하다. être[se trouver] *dans* la nécessité de *inf* …해야만 할 상황에 처해 있다. être[se trouver] *dans* l'obligation de *inf* …하지 않을 수 없게 되다. être *dans* la panade 《구어》 곤궁한 상태에 처하다[빠지다]. être *dans* la plénitude de sa beauté 《문어》 아름다움의 절정에 있다. être *dans* une position difficile 어려운 입장이다. être *dans* une position intéressante 임신 중이다(=être enceinte). être *dans* une rogne terrible 몹시 화가 나 있다. être *dans* le rouge 적자이다; (재정적으로) 어려운 상황에 있다. être *dans* une situation prospère (경제적으로) 윤택하다. être *dans* une triste situation 처량한 신세다. être *dans* les vapes 《구어》 정신이 몽롱하다. être *dans* le vrai 옳다, 지당하다.

- Le malade était *dans* un grand abattement. 환자가 몹시 낙담하고 있었다.
- Tout le monde est *dans* l'attente de son retour. 모두가 그가 돌아오기를 기다리고 있다.
- Le soleil est *dans* son déclin. 해가 지고 있다.
- Elle est *dans* tout l'éclat de sa beauté. 그 여자는 미모가 절정에 달해 있다.
- Je suis *dans* l'incapacité *de* vous répondre. 나는 당신에게 대답할 수 없는 처지이다.
- Les origines de l'homme est encore *dans* obscurité. 인간의 기원은 아직도 베일에 가려있다.
- Il est *dans* une situation affligeante. 그는 괴로운 상황에 처해 있다.
- Je me trouve *dans* l'alternative de refuser ou d'accepter. 나는 거절하지 않으면 수락할 수밖에 없는 곤란한 상황에 처했다.
- Je me suis trouvé *dans* un labyrinthe d'embarras. 나는 난마처럼 얽힌 곤경에 처해 버렸다.

b) [être / se trouver + 형용사 / 과거분사 + dans]

être abîmé *dans* ses réflexions 사색에 잠기다. être impatient *dans* l'attente de *qc* …을 초조하게 기다리다. être fort *dans* l'adversité 역경을 잘 견디어 내다. être né *dans* la crasse 비천한 신분으로 태어나다. être plongé *dans* la contemplation 명상에 잠겨 있다. être plongé *dans* une profonde affliction 깊은 비탄에 잠겨 있다. être plongé *dans* un complet abêtissement 완전히 비보기 되다. être pris *dans* un encombrement 교통 체증으로 꼼짝하지 못하다. se trouver tombé *dans* l'impossibilité de *inf* 자신이 …할 수 없는 처지에 처해 있음을 알다. se trouver tombé *dans* une misère 자신이 곤궁해졌음을 알다.

- La France est aujourd'hui placée *dans* une configuration politique originale. 프랑스는 오늘날 특이한 정치적 입장에 놓여있다.

❸ [rester dans]

a)

> rester *dans* l'anonymat 이름[신분]이 노출되지 않다.　rester *dans* l'ignorance de *qc* …을 모르고 있다.　rester *dans* la neutralité 중립을 지키다.　rester *dans* la retraite 은둔 생활을 하고 있다. rester *dans* le vague 생각[의향]을 분명히 밝히지 않다.

b) [rester + 형용사 + dans]

> rester digne *dans* une cironstance difficile 어려운 상황에서도 의연한 태도를 유지하다.　rester froid *dans* le danger 위험 속에서도 냉정을 잃지 않다.

❹ [(re)tomber dans]

tomber *dans* l'assoupissement 옅은 잠이 들다.　tomber *dans* un cercle vicieux 순환논법에 빠지다. tomber *dans* le discrédit 신용을 잃다.　tomber *dans* l'excès inverse 극단에서 극단으로 치닫다. tomber *dans* la limonade 《옛·은어》 곤궁해지다.　tomber *dans* le malheur 불행에 빠지다.　tomber *dans* le mépris 멸시당하다.　tomber *dans* une misère 곤궁해지다.　tomber *dans* l'oubli[*dans* un éternel oubli] 잊혀지다[영원히 잊혀지다].　tomber *dans* la panade 《구어》 곤궁한 상태에 처하다 [빠지다].　tomber *dans* le ravissement 황홀경에 빠지다.　tomber *dans* le vulgaire 《문어》 저속함 에 빠지다.　retomber *dans* le chaos 다시 혼란에 빠지다.　retomber *dans* ses anciens errements 나쁜 버릇이 되살아나다.

❺ [vivre dans]

vivre *dans* l'abandon 버림받은 채 살아가다.　vivre *dans* l'abjection 비천하게 살다.　vivre *dans* l'abondance 풍족하게 살다.　vivre *dans* l'abstinence de tous les plaisirs 철저한 금욕 생활을 하다. vivre *dans* l'affluence 윤택하게 살다.　vivre *dans* l'aisance sans être vraiment riche 매우 부자는 아니지만 여유있는 생활을 하다.　vivre *dans* l'angoisse d'un accident 사고가 날지 모른다는 불안 속에 살다.　vivre *dans* l'anxiété 불안에 떨며 살다.　vivre *dans* le célibat 독신으로 살다.　vivre *dans* les chaînes 속박 속에 살다.　vivre *dans* la concorde 화목하게 살다.　vivre *dans* la continence 금욕생활을 하다.　vivre *dans* la crainte 두려움 속에 살다.　vivre *dans* la débauche 방탕한 생활을 하다, 주색에 빠지다.　vivre *dans* le dérèglement 무절제한 생활을 하다.　vivre *dans* le désoeuvrement 무위도식하며 살다.　vivre *dans* l'imprévoyance 앞날을 생각하지 않고 살다.　vivre *dans* l'inconfort 불편한 생활을 하다.　vivre *dans* l'incroyance 신앙 없이 살다. vivre *dans* l'inertie 무기력한[나태한] 생활을 하다.　vivre *dans* l'inquiétude 근심걱정 속에서 살다. vivre *dans* l'insécurité 불안 속에서 살아가다.　vivre *dans* l'isolement 외로이 살다.　vivre *dans* l'insouciance 무사태평하게 살아가다.　vivre *dans* les larmes 비탄의 나날을 보내다.　vivre *dans* le libertinage 방탕하게 살다.　vivre *dans* le luxe 사치스런 생활을 하다.　vivre *dans* la malpropreté 불결한 생활을 하다.　vivre *dans* la médiocrité 초라하게 살다.　vivre *dans* le mensonge 기만으로 점철된 생활을 하다.　vivre *dans* l'oisiveté 한가롭게 살다.　vivre *dans* la

pauvreté 가난하게 살다.　vivre *dans* une prison dorée 부유하지만 자유가 없는 생활을 하다.
vivre *dans* le stupre 난잡한 생활을 하다.　vivre *dans* la solitude 고독하게 살다.　vivre *dans*
le vice[la pourriture] 타락한 생활을 하다.

❻ [laisser / maintenir / tenir *qn* / *qc* dans]

laisser les choses *dans* un flou artistique 고의적으로 사태를 미궁 속에 놓아두다.　ne rien laisser
dans l'imprécision 어떤 것도 불분명한 채로 두지 않다.　maintenir une minorité *dans* la servitude
소수 민족을 억압하다.　maintenir un pays[un peuple] *dans* la sujétion 어떤 나라를[민족을] 예속
시키다.　tenir des hommes *dans* l'asservissement 사람들을 노예화하다.　tenir *qn dans* la
contrainte ⋯을 속박하다.　tenir tout un peuple *dans* l'esclavage 전 국민을 예속상태에 두다.

2) 명사의 보어

encroûtement *dans* son ignorance 무지에 안주하기.　famille *dans* le besoin 가난한 가정.　femme
dans sa fleur 한창 아름다울 때의 여자.　malade *dans* sa phase maniaque 조광 상태의 환자.
mouvement syndical *dans* la clandestinité 지하 노조운동.　négociations *dans* l'impasse 난관에 봉착한
협상.　conseiller un ami *dans* l'embarras 곤경에 처한 친구에게 조언을 해주다.　consoler un ami
dans la peine 괴로워하는 친구를 위로하다.　consoler *qn dans* ses malheurs 불행한 처지에 있는 ⋯을
위로하다.

10. 직업 · 종사

1)

dans l'exercice de ses fonctions 직무 수행 중에.　installation *dans* une fonction 관직 취임.　premières
expériences *dans* le métier 직업상의 첫 경험.　chercher une situation *dans* le cinéma 영화계에서
일자리를 찾다.　débuter *dans* les lettres 문단에 진출하다, 등단하다.　débuter *dans* le reportage 보도
기자로서 사회의 첫 발을 디디다.　s'enrichir *dans* l'alimentation 식품업으로 부자가 되다.　faire
carrière *dans* la magistrature[littérature] 법관직에 종사하다[문학을 직업으로 삼다].　faire fortune *dans*
le cuir 피혁업으로 돈을 벌다.　servir *dans* les transmissions 통신병과에 복무하다.　vieillir *dans*
un métier 어떤 직업에 오래 종사하다.

- Il s'éclate vraiment *dans* son boulot.　그는 자기 일을 하며 정말 큰 기쁨을 느낀다.
- Les plus expérimentés *dans* les affaires font des fautes capitales.　사업에 아무리 경험이 풍부한 사람
  일지라도 커다란 잘못을 범한다.
- Il a blanchi *dans* les études. 《비유》 그는 연구에 일생을 바쳤다.
- Vous ne gagnerez rien *dans* cette affaire.　그 일에서 아무 이득도 얻지 못할 거요.
- On répertorie 200 accidents par an *dans* cette profession.　이 직종에서 연간 200건의 사고가 발생한
  것으로 열거되어 있다.
- Ils se succèdent de père en fils *dans* ce commerce.　그들은 대를 이어 이 장사를 하고 있다.

· Il a tripoté *dans* pas mal d'affaires   그는 수많은 거래에서 부당 이득을 취했다.

2) [entrer dans]

abandonner l'enseignement pour entrer *dans* l'industrie privée 사기업에 입사하기 위해 교직을 버리다. entrer *dans* l'Administration 행정관리가[공무원이] 되다.   entrer *dans* le barreau 변호사가 되다.   entrer *dans* la carrière 직장 생활을 시작하다; 어려운 일을 시작하다.   entrer *dans* la cléricature; entrer *dans* l'Église 성직자가 되다.   entrer *dans* la diplomatie 외교관이 되다.   entrer *dans* l'enseignement 교직에 몸을 담다.   entrer *dans* la magistrature 법조계에 투신하다.

3) [être dans]

❶
être *dans* l'armée 직업군인으로 있다.   être *dans* les assurances 보험 업계에서 일하다.   être *dans* le bâtiment 건축업 분야에서 일하다.   être *dans* le boulange 빵 장사를 하다.   être *dans* la chaussure 제화업에 종사하다.   être *dans* le cinéma 영화계에 몸담다.   être *dans* le commerce 상업에 종사하다.   être *dans* la fonction publique 공무원이다.   être *dans* la limonade 카페를 경영하다.   être *dans* la marine 해군에서 근무하다.   être *dans* la police 경찰 업무에 종사하다.

· *Dans* quelle partie êtes-vous?   어떤 일을 하고 계십니까?
· Elle est *dans* les affaires.   그 여자는 사업가이다.
· Il est *dans* l'édition.   그는 출판사에서 일하고 있다.
· Pendant la dernière guerre, il était *dans* l'artillerie.   그는 지난 전쟁 동안 포병대에서 근무했다.

❷ [être + 형용사 + dans]

être consommé *dans* les affaires 사업에 능란하다.   être nouveau *dans* le métier 일에 미숙하다, 풋내기이다.   être vieux *dans* le métier 일에 노련하다.

· Il est plus ancien que moi *dans* le métier.   이 직종에서 그는 나보다 고참이다.
· Il est bien *dans* ses affaires.   그는 사업을 잘 한다.
· Il était neuf *dans* le métier.   그는 그 직업에 경험이 없었다.

4) [faire dans]

faire *dans* les draps 포목 장사를 하다.   faire *dans* la mode 패션계에서 일하다.   faire *dans* la recherche scientifique 과학연구에 전념하다.

· Notre société fait *dans* les produits surgelés.   우리 회사는 냉동식품을 전문으로 취급하고 있다.

5) [travailler dans]

travailler *dans* les assurances 보험 업계에서 일하다.   travailler *dans* la broderie 자수업에 종사하다.

travailler *dans* le caoutchouc 고무업계에서 일하다.　　travailler *dans* la chaussure 제화업에 종사하다.　travailler *dans* la coiffure 이발사[미용사]이다.　travailler *dans* une conserverie 통조림 제조공장에서 일하다.　travailler *dans* la couture 양장점에서 일하다.　travailler *dans* l'édition 출판계에서 일하다.　travailler *dans* la maroquinerie 피혁 공장에서 일하다.　travailler *dans* la nouveauté 복식업계에서 일하다.　travailler *dans* l'optique 광학기계산업에 종사하다.　　travailler *dans* la publicité 광고업에 종사하다.　travailler *dans* le public 공공부문에서[공무원으로] 일하다.　travailler *dans* le vêtement 의류업에 종사하다.

· Il travaille *dans* la haute finance.　그는 금융계의 중진이다.

11. 양태

1)

dans le secret 몰래, 비밀리에.　*dans* un sourire de joie 기쁨의 미소를 짓고.　*dans* un dernier sursaut (d'énergie) 마지막 힘을 다해.　*dans* les grandes larges 《**구어**》 완전히, 극도로(=complètement, au maximum).　*dans* l'huile 《**구어**》 순조롭게, 원활하게.　*dans* la plus grande discrétion 극비리에.　changement *dans* la continuité 점진적인 변화.　*dans* un sourire de joie 기쁨의 미소를 띠고.　chanter *dans* un choeur 합창하다.　connaître *qc dans* les coins …을 속속들이 알다.　dire *qc dans* un soupir 한숨을 내쉬며 …을 말하다.　examiner *qc dans* les derniers détails …을 아주 면밀하게 검토하다.　parler *dans* le vide 상대 없이 혼잣말을 하다.　promettre *dans* le vide 헛된 약속을 하다.　raconter *dans* les menus détails 소상하게 이야기하다.　vivre *dans* l'intimité[*dans* la plus grande intimité] avec *qn* …와 친밀하게[아주 친밀하게] 지내다.

· Diverses couleurs alternaient *dans* un rythme rapide.　여러 가지 색깔이 빠른 리듬으로 교대되었다.
· Le mariage aura lieu *dans* la plus stricte intimité.　결혼식은 아주 가까운 사람들만 참석한 가운데 열릴 것이다.
· Elle chante *dans* la perfection.　그녀는 더할 나위 없이 훌륭하게 노래한다.
· Il joue du violon *dans* la perfection.　그는 더할 나위 없이 훌륭하게 바이올린을 연주한다.
· On ne peut juger de cela *dans* l'absolu.　이것은 절대적으로 판단할 수 없다.

2) ❶ [dans + 소유형용사 + 명사]

dans son intégrité 완전한 형태로.　*dans* toute sa[leur] nudité 적나라하게, 숨김없이.　approuver des décisions *dans* leur ensemble 결정에 전적으로 찬동하다.　éditer l'oeuvre de Victor Hugo *dans* son intégralité 빅토르 위고의 작품을 완간하다.　envisager une question *dans* toute son ampleur 문제를 포괄적으로 검토하다.　exposer un projet *dans* ses grandes lignes 계획을 개략적으로 설명하다.　montrer un homme *dans* toute la vérité de sa nature 한 사람을 본래 있는 모습대로 보여주다.

· Les étudiants sont, *dans* leur majorité, indifférents à ces problèmes.　학생들은 다수가 그 문제에 대해 무관심하다.

❷ [dans ce que + 명사 + avoir de + 형용사]

· Il faut étudier le problème du logement *dans* ce qu'il a de relatif.   주택문제는 그것이 가지는 상대적인 측면에서 연구되어야 한다.

12. 목적·의도

dans ce but 이 목적으로.   *dans* le but de *inf* …할 목적으로.   *dans* le dessein de *inf* …하기 위해, …할 목적으로.   *dans* l'idée de *inf* …할 생각으로.   *dans* l'intérêt de *qn* …의 이익을 위해.   *dans* la seule intention de rendre service 오로지 도와주려는 의도에서.   *dans* la pensée *de inf* …할 생각으로.   *dans* la vue de *qc/inf*《옛》 …을 목적으로, …을 (하기) 위해.   acheter *qc dans* l'intention de revendre 되팔 목적으로 …을 구입하다.   agir *dans* un but utilitaire 타산적인[실리적인] 목적으로 행동하다.   agir *dans* un esprit de vengeance 복수할 의도로 행동하다.   agir *dans* l'intérêt de *qn* …의 이익을 위해 행동하다.   être *dans* le propos de *inf* …할 의도[생각]이다.

· Elle lui a dit cela *dans* son intérêt, il me semble.   내 생각에는 그녀가 그를 위해서 그것을 말한 것 같다.

· Il n'est[n'entre] pas *dans* mes intentions de partir en vacances.   나는 휴가를 떠날 생각이 없다.

· Vous êtes venu ici *dans* quel but?   당신은 무슨 목적으로 여기에 왔습니까?

13. 원인·이유

1)
dans sa distraction 방심하여.   drapeau qui ondoie *dans* le vent 바람에 펄럭이는 깃발.   laine qui dégorge *dans* l'eau tiède 미지근한 물 속에서 때가 빠지는 모직물.   père qui se glorifie *dans* ses enfants 자식들을 자랑스럽게 여기는 아버지.   silhouette qui se dilue *dans* la brume 안개로 희미해진 윤곽.   tiges qui se courbent *dans* le vent 바람결에 휘는 나뭇가지.   alambiquer son esprit[sa pensée] *dans* ces questions 이 문제로 정신을 지치게 만들다.   être gravement choqué *dans* un accident 사고로 심한 타격을 입다.   se retremper *dans* l'adversité 시련을 통해서 강해지다.   trouver la mort *dans* un accident de voiture 자동차 사고로 죽다.

· *Dans* l'affairement du départ, il a oublié de fermer les fenêtres.   그는 황망하게 출발하는 바람에 창문 닫는 것을 잊었다.

· *Dans* la bousculade du départ, j'ai oublié mon passeport.   황급히 출발하면서 나는 내 여권을 잊어버렸다.

· *Dans* sa colère, elle a commencé à le tutoyer.   그녀는 화가 나자 그에게 말을 놓기 시작했다.

· Sa figure se crispe *dans* la colère.   분노로 그의 얼굴에 경련이 일었다.

· *Dans* la crainte d'une récession de grande ampleur, la Fed baisse fortement ses taux.   연방준비위원회는 큰 폭의 경기 후퇴를 두려워하여 금리를 대폭 내린다.

· *Dans* son emportement, il a donné un coup de poing sur la table.   그는 화가 나서 주먹으로 탁자를 내리쳤다.

· *Dans* le feu de l'action, j'ai complètement oublié de vous téléphoner.   너무나 바빠서 당신에게 전화드

리는 것을 깜빡 잊고 있었습니다.

- *Dans* son ignorande, il croyait que le soleil tourne autour de la terre.　그는 무식해서 태양이 지구 주위를 돌고 있다고 믿고 있었다.
- *Dans* la précipitation du départ, il a oublié son passeport.　급히 떠나느라 여권을 놓고 왔다.
- Les peuples autant que les individus s'abêtissent *dans* la paresse.　국민은 개인과 마찬가지로 게으르면 바보가 된다.
- Le président est blessé *dans* un attentat.　대통령이 공격을 받아 부상을 입었다.
- Les arbres bruissent *dans* le vent.　나뭇잎이 바람에 살랑대는 소리를 낸다.
- Il a disparu *dans* un naufrage.　그는 배가 난파되어 실종되었다.
- Elle s'est salie *dans* ce scandale.　그녀는 그 스캔들 때문에 평판이 떨어졌다.
- Le moteur a souffert *dans* l'accident.　사고로 모터가 파손되었다.
- Il a trouvé la mort *dans* un incendie.　그는 화재로 죽었다.

2) 명사의 보어

> agitation des feuilles *dans* le vent 나뭇잎이 바람에 흔들림.　cinq morts *dans* un incendie à Nîmes 님에서 화재로 5명 사망.　ondoiement des herbes *dans* le vent 바람에 일렁이는 풀.

14. 방식·양식

1) …에 의한[따라서], …식의(=selon, d'après).

> agir *dans* les règles 규칙에 따라 행동하다.　être *dans* le droit fil de la politique gouvermentale 정부의 정치 노선에 따르다.　être *dans* la ligne du parti 당의 노선을 따르다.　être[marcher] *dans* le sillage de qn …을 뒤따르다, 본받다.　être[s'inscrire] *dans* la tradition de qn/qc …의 전통을 계승하다.　rouler *dans* l'ornière 《비유》 선례[구폐]를 따르다.　suivre qn *dans* sa foulée …을 같은 보조로 따라가다.

- *Dans* sa nouvelle version, ce film se termine bien.　그 영화의 새 버전에서는 결말이 좋게 끝난다.
- Ce n'est pas *dans* les habitudes diplomatiques.　그것은 외교상의 관례가 아니다.
- Ce[Il] n'est pas *dans* ses habitudes d'agir ainsi.　그가 평소에는 이런 식으로 행동하지 않는다.
- Ce n'est pas *dans* sa manière.　그것은 그 사람 스타일이 아니다.
- Votre dossier n'est pas rédigé *dans* les règles.　당신의 서류는 규정대로 작성되어있지 않다.

2) 명사의 보어

> bâtiment *dans* le style du Second Empire 제2제정 시대 양식의 건물.　emploi des verticales *dans* le gothique anglais 영국 고딕 건축양식에 있어서의 수직선의 사용.　personnnification des péchés capitaux *dans* la sculpture romane 로마네스크 조각에서의 죄종(罪宗)의 의인화.　robe *dans* le style du Second Empire 제2 제정 시대 양식의 드레스.　sonate *dans* la manière classique 고전주의풍의 소나타.　tableau *dans* le goût baroque 바로크풍의 그림.

3) ···에 맞는, 합치하는.

> contrat qui est *dans* les formes 형식[격식]에 맞는 계약.　être *dans* le code 합법적이다(=être légal).
> être *dans* la nature des choses 필연이다, 당연하다.　il est *dans* la nature des choses que + *sub* ···하는
> 것은 당연하다.

- C'est *dans* la logique des choses.　그것은 당연한 결과다.
- Cela n'est pas *dans* mes idées.　그건 내 소신과 다르다.
- C'est *dans* l'ordre des choses.　그것은 당연한 일이다.
- Ce n'est pas *dans* sa nature.　그것은 그의 성격에 맞지 않는다, 그답지 않다.
- Il est *dans* sa nature de se disputer avec les autres.　다른 사람들과 말다툼하는 것은 그의 타고난
  성품이다.

4) [dans + 특정명사]

> *dans* l'ordre inverse 역순(逆順)으로.　ranger *dans* un ordre croissant[décroissant] 증가[감소]하는 순으
> 로 정리하다.　*dans* la proportion de 10% 10퍼센트의 비율로.　*dans* la même proportion (que ···)
> (···와) 같은 비율로.　*dans* la proportion où + *ind* ···하는 데 따라.

- *Dans* quel ordre se sont produits ces événements?　그 사건들이 어떤 순서로 일어났습니까?

15. 관점 · 시각

dans un autre éclairage 다른 측면에서 보자면.　*dans* cette optique 이런 관점에서.　*dans* cette perspective
이러한 관점에서 보면.　*dans* une perspective à long[moyen] terme 장[중]기적 전망에서 보면.　*dans*
un sens 어떤 관점에서 보(자)면(=d'un certain point de vue).　*dans* un certain sens 어떤 의미로는.
situer un problème *dans* une optique sociologique 문제를 사회학적 관점에 두다.　travailler *dans* le même
sens 같은 취지에서 일하다.

- Ce que vous dites va *dans* mon sens.　말씀하시는 바가 제 생각과 비슷하군요.
- La vie est odieux, *dans* toute l'acception du terme.　사는 게 진짜 지긋지긋하다(= vraiment odieux).
- Il faudra interpréter ce mot *dans* un sens positif.　그 말을 긍정적인 의미로 해석해야 할 겁니다.

16. 수단 · 도구

1)
> couler sa pensée *dans* les mots 생각을 낱말로 표현하다.　crier *dans* un porte-voix 메가폰으로 외치다.
> distiller du vin *dans* un alambic 증류기로 포도주를 증류하다.　enrouler une momie *dans* des
> bandelettes 미이라를 띠로 감싸다.　exhaler sa joie *dans* un chant 기쁨을 노래에 담아 표현하다.
> faire cuire *qc dans* une cocotte ···을 스튜냄비로 익히다.　faire frire *dans* l'huile 기름에 튀기다.
> lire Platon *dans* le texte 플라톤을 원문으로 읽다.　peser *dans* sa main 손짐작으로 무게를 헤아리다.

> se perpétuer[se prolonger] *dans* ses enfants[son oeuvre] 자손들[작품]을 통해 영속하다.   venger une insulte *dans* le sang 피로써 모욕을 씻다.

- Elle s'accomplit *dans* le travail.   그 여자는 일을 통해서 자기실현을 한다.
- Ce verre n'est pas grand, je vais boire *dans* mon verre.   이 잔은 작아서, 내 잔으로 마시겠소.

17. 대립·양보

- Ce jeune homme a prouvé son courage *dans* l'adversité.   이 청년은 역경 속에서도 용기를 보였다.
- Il est possible d'être homme même *dans* l'adversité.   우리는 아무리 어려운 시련에도 인간의 존엄성을 유지할 수 있다.
- Vous ne raisonnez pas trop mal, *dans* l'ignorance où vous êtes.   당신은 모르면서도 그럴 듯하게 이론을 펴는군.

18. 가정·근거

1)
> *dans* l'affirmative 만약 그렇다면.   *dans* la négative 그것이 아니라면.   *dans* le cas contraire 반대의 경우에.   *dans* le cas où il mourrait 그가 죽는다면.   *dans* l'éventualité d'un conflit 분쟁이 일어나는 경우에.   *dans* cette hypothèse 이 가정에 따르면.   *dans* mon esprit 나의 생각으로는(=selon moi).   *dans* mon opinion 내 의견으로는.   *dans* ma pensée 내 생각에는.   *dans* cette supposition 이렇게 가정한다면.   *dans* la supposition qu'il ne viendra pas avec vous 그가 당신과 같이 오지 않을 경우.

- *Dans* ce cas-là. il faudra prendre toutes les précautions.   그러한 경우에는 모든 대비를 해야 할 것이다.
- *Dans* l'hypothèse où ils refuseraient tous, quelle serait la réaction du patron?   그들이 모두 거절한다면 사장의 반응이 어떨까요?
- *Dans* votre situation, vous feraient mieux d'accepter sa proposition.   당신이 처한 입장이라면 그의 제안을 받아들이는 것이 나을 겁니다.
- N'importe qui *dans* sa position aurait fait ainsi.   그의 입장에 한 처했더라면 누구든지 그렇게 행동했을 것이다.
- Que feriez-vous *dans* cette éventualité?   그런 사태가 생기면 어떻게 하시겠어요?
- Tu vas t'ankyloser *dans* cette mauvaise position.   그렇게 나쁜 자세로 있으면 관절 경직이 일어날 거야.

2) [특정동사 + 명사 + dans + 명사]

> lire *qc dans* les étoiles 별을 보고 …을 점치다, 예언하다.   lire l'avenir de *qn dans* les astres 별을 보고 …의 장래를 점치다.   lire un sentiment *dans* les yeux de *qn* …의 눈을 보고 감정을 알아내다.   surprendre un léger trouble *dans* la voix de *qn* …의 목소리에서 약간 당황해하는 기색을 간파하다.

19. 복장·착용

dans le plus simple appareil 속옷 차림으로(=en négligé); 벌거벗고(=tout nu).　boudiné *dans* une veste trop étroite 너무 작은 상의를 입어 몸이 꼭 끼는.　femme embarrassée *dans* sa longue jupe 긴 치마 때문에 거추장스러워하는 여자.　jeune fille gainée *dans* sa robe 몸매에 꼭 맞는 드레스를 입은 아가씨.　avoir un pied *dans* deux chaussures 《비유》 양다리를 걸치다.　se boudiner *dans* un corset 코르셋으로 몸을 꼭 죄다.　danser *dans* ses habits 옷이 커서 헐렁하다.　se draper *dans* une cape 소매 없는 망토를 걸치다.　emmailloter un bébé *dans* ses couches. 갓난애에게 배내옷을 입히다.　s'encuirasser *dans* un corset. 코르셋을 죄어 입다.　être à l'aise *dans* ses baskets 편하다, 느긋하다(=être décontracté).　être au large *dans* un vêtement 옷이 넉넉하다.　être habillé *dans* un sac 볼품없는 옷차림을 하다.　être *dans* ses petits souliers 《비유》 불편하다, 거북하다; 곤경에 처하다.　être très strict *dans* sa tenue 옷차림이 아주 단정하다.　flotter *dans* son pantalon 헐렁헐렁한 바지를 입고 있다.　se mettre *dans* le costume d'Adam 벌거벗다.　nager *dans* son patalon 《구어》 바지가 너무 커서 헐렁하다.　péter *dans* la soie[le velours] 《구어》 값비싼 옷을 입고 있다; 《비유》 부유하게 살다.　se sécher *dans* son peignoir 가운을 걸친 채 몸을 말리다.　suer *dans* son harnais 《옛》 옷을 많이 입어 둔중하다.

- *Dans* cette tenue, il ne passera pas inaperçu!　그런 옷차림으로 남의 눈에 안 띌 리가 없지!
- Je ne peux pas me présenter *dans* cette tenue.　이런 복장으로는 나갈 수 없다.
- Il avait de l'allure *dans* ce costume.　그 옷을 입으니 그는 의젓해 보인다.
- Je suis à l'aise *dans* ce costume.　이 옷은 나에게 편안하다.
- Cet homme se serre *dans* un costume trop petit.　이 사람은 너무 작은 양복을 입어 몸이 꼭 죈다.
- Je t'aime bien *dans* cette robe.　나는 네가 그 드레스를 입은 모습을 매우 좋아한다.
- Vous êtes magnifique *dans* cette robe.　그 옷을 입으니 아주 멋지군요.
- Je suis mal à l'aise *dans* ces chaussures.　나는 이 신발을 신으면 불편하다.
- On est bien *dans* ces chaussures.　이 신발은 발이 편하다.

20. 행위의 대상·목표

1)

un coup d'épée *dans* l'eau 칼로 물베기.　croyance *dans* la transmigration successive des âmes 영혼의 윤회에 대한 믿음.　grêle qui fait du ravage *dans* les légumes 채소에 큰 피해를 입힌 우박.　avoir confiance *dans* son sort 자신의 운명을 믿다.　avoir foi *dans* le socialisme 사회주의를 신봉하다.　couper[tailler, trancher] *dans* le vif 환부를 생살까지 도려내다; 단호한 조치를 취하다.　croquer *dans* une pomme 사과를 씹다.　donner un coup de canif *dans* le contrat 계약을 어기다.　envoyer des pierres *dans* une vitre 유리창에 돌을 던지다.　être confiant *dans* le succès 성공을 믿다.　fouiller[《구어》 farfouiller, fouiner, fourgonner] *dans* un tiroir 서랍을 뒤지다.　fureter *dans* tous les coins 구석구석 뒤지다.　lire *dans* la pensée de qn …의 생각을 알아내다.　mettre la hache *dans* qc 《지방어 : 캐나다》 …을 파괴하다(=détruire).　mettre une balle *dans* la cible 과녁에 총알을 맞히다.　plonger ses yeux[son regard] *dans* qc …을 뚫어지게 바라보다.　porter sa vue loin *dans* l'avenir 먼 장래를 내다보다.　regarder *dans* le vide[vague] 허공을 바라보다.　trifouiller *dans* un tiroir 서랍 속을 휘젓다.　voir *dans* l'avenir 미래를 내다보다.　voir *dans* le fond du coeur 마음속을 꿰뚫어 보다.　voler *dans* les pluims (à *qn*) 《구어》 (…에게) 달려들다, 공격하다.

- Arrête de bigler *dans* mon jeu.　내 패 좀 훔쳐보지 마.
- Elle coupe *dans* tout ce qu'on lui raconte.　그녀는 사람들이 그에게 말해주는 것을 모두 믿는다.
- Sa voiture est rentré *dans* un arbre.　그의 자동차는 나무를 들이받았다.
- Il commence à y voir clair *dans* cette affaire.　그는 그 사건을 이해하기 시작한다.
- Ne tripote pas *dans* mon tiroir.　내 서랍 속을 뒤지지 마.

2) [동사 + 목적어 + dans]

assister *qn* dans son travail …가 일하는 것을 도와주다.　blesser *qn dans* ses sentiments …의 감정을 상하게 하다.　brider *qn dans* ses élans …의 자유를[충동을] 속박하다.　frustrer *qn dans* sa curiosité[son désir] …의 호기심[욕망]을 채워주지 못하다.　regarder *qn dans* le blanc des yeux …을 똑바로 쳐다보다.

21. [dans les]

1) 수량 : 약, 거의(=à peu près).

- Elles a *dans* les quarante ans.　그녀는 40세쯤 된다.
- Ça va chercher *dans* les deux mille euros.　그것은 2천 유로는 될 것이오.
- Il faut compter *dans* les six jours pour réparer cette machine.　그 기계를 수리하려면 6일 정도 걸릴 것이다.
- Cela coûte *dans* les cinquante euros.　그것은 50유로쯤 한다.
- Cette robe coûtera *dans* les trois cents euros.　그 드레스는 약 300유로쯤 될 것이다.
- Son bureau fait *dans* les 20㎡.　그의 사무실은 20㎡쯤 된다.
- Cet outil doit peser *dans* les 40kilos.　그 도구는 무게가 40kg쯤 된다.

2) 양태 · 범위

robe *dans* les jaunes 노란 색 계통의 옷.

- Cette cravate est *dans* vos teintes.　이 넥타이는 당신이 좋아하는 색깔이다.
- Ce peintre excelle *dans* les teintes bleues.　이 화가는 푸른 색 계통의 배색이 탁월하다.
- *Dans* les (sons) aigus, ce violon a un timbre un peu dur.　이 바이올린은 고음부에서 음색이 탁하다.

3)

être *dans* les âges de *qn*. 《구어》 …의 나이쯤 되다.

de

모음·무음 h 앞에서 모음자가 생략되어 d'로 쓰임; 자음 또는 유음 h 앞에 쓰이는 정관사 le와 함께 쓰이면 du, 정관사 복수 les와 함께 쓰이면 des의 형태로 축약됨.

1. 소유·소속

1) …의, …에 속한.

> anse *d'*une tasse 찻잔의 손잡이. autorité *du* chef de l'État 국가수반의 권한. avancée *d'*un toit 처마. balancier *d'*une horloge[pendule] 벽시계[진자시계]의 추. bouchon *d'*une bouteille 병마개. caractère spécifique *de* l'espèce humaine 인류의 특성. chapelle *d'*un château 성의 예배당. compétence *d'*un préfet 도지사의 권한. cour *d'*une école 교정, 운동장. droits inaliénables et sacrés *de* l'homme 인간의 양도할 수 없는 신성불가침의 권리. entrée *d'*une maison 집 대문. entrée *d'*un tunnel 터널 입구. fenêtre *de* la maison 집의 창문. fibres *de* la chair 근육섬유. liquidités *d'*une banque 은행의 유동자산. livres *de* Pierre 피에르의 책. ménagerie *du* Jardin des Plantes de Paris 파리 식물원의 부속 동물원. organes *d'*un appareil 어떤 장치의 기관들. serrure *d'*un bureau 책상의 자물쇠. siège *d'*une organisation 조직의 본부. succursale *d'*une banque 은행 지점. tremplin *d'*une piscine 수영장의 다이빙대. trésors *du* musée du Prado 프라도 박물관의 명품. trois côtés *d'*un triangle 삼각형의 세 변. trou *de* la serrure[*d'*une aiguille] 열쇠[바늘] 구멍. vestiaire *d'*un musée 박물관의 휴대품 보관소. couper un tronc *d'*arbre 나무의 줄기를 자르다. retenir les bagages *d'*un client insolvable 지불 능력이 없는 손님의 가방을 압류하다.

- Le pied *de* la table est cassé. 탁자의 다리가 부러졌다.
- L'art ne doit plus être l'apanage *d'*une élite. 예술은 더 이상 한 엘리트의 전유물이 되어서는 안된다.
- La raison est un attribut essentiel *de* l'homme. 이성은 인간의 본질적 특성이다.
- Tête *de* fou ne blanchit jamais. 《**속담**》 바보는 결코 늙지 않는다.

2) 가족·사회관계

> femme *de* Paul 폴의 아내. fils *de* Sylvie 실비의 아들. oncle *de* Pierre 피에르의 삼촌. collègue *de* mon frère 내 형의 동료. étudiant *du* professeur 교수의 학생. voisin *du* médecin 의사의 이웃.

- C'est bien le fils *de* son père[*de* sa mère]. 그는 그 아버지[어머니]의 아들이다; 그 아버지[어머니]를 빼닮았다.
- C'est le chéri *de* ses parents 부모가 애지중지하는 자식이다.
- Elle est mère *de* trois enfants. 그녀는 세 아이의 어머니이다.

3) 소속·포함·참여

❶

appariteurs *de* la Sorbonne 소르본느 대학의 수위. capitaine *d'*une équipe de football 축구팀의 주장. les célébrités *du* monde artistique 예술계의 명사들. chef suprême *des* armées 군 최고사령관. conseiller *d'*ambassade 대사관의 참사관. guide *d'*un musée 박물관 안내인. médecin *des* armées 군의관. membres *de* l'équipage 팀의 멤버들. membre *du* Parlement 국회의원. vendeuse *de* grand magasin 백화점의 여점원. être[devenir] membre *d'*une association 어떤 모임의 회원이다 [회원이 되다]. faire partie *de* qc …의 일부를 이루다, …에 속하다. se mettre[ranger] *du* parti de *qn* …의 편을 들다.

❷ [être de]

être *de* la bande de *qn* …와 한패이다. être *de* ce monde 살아있다; 존재하다. être *de* noce(*s*) 결혼식에 참석하다. être *du* même parti 같은 진영에 속해 있다. être *de* la partie 참가하다, 끼어들다. être *de* la promotion 1980 1980년도 입학생이다.

· *De* quel genre est ce mot? 이 단어는 성이 무엇이냐?

· Ce n'est pas *de* ma compétence. 그것은 내가 관여할 문제가 아니다, 내 능력 밖의 일이다.

· Ceci n'est pas *de* mon district. 이것은 내 권한 밖의 일이다.

· Ce n'est pas *de* mon ressort. 그것은 나의 소관이 아니다; 그것은 나와 관계가 없는 일이다.

· Cette affaire est *du* ressort de la cour d'appel. 이 사건은 고등법원의 관할에 속한다.

· Il est *de* mes amis. 그는 내 친구 중의 한 사람이다.

· Il est *de* la race des héros. 그는 영웅의 부류에 속한다.

· Il n'est pas *de* ma famille. 그는 나의 친척이 아닙니다.

· Il était *de* la fête. 그는 연회에 참가했었다.

· Il était *de* ceux qui pensaient qu'il ne fallait pas céder devant les critiques. 그는 비판에 굴복해서는 안 된다는 사람들 중의 하나였다.

· Ce n'est pas (*de*) mon métier. 그것은 나의 전문 밖이다, 나와는 관계없는 일이다.

· Il n'est plus *de* ce monde. 그는 죽었다.

· La perfection n'est pas *de* ce monde. 이 세상에 완벽이란 존재하지 않는다.

· Je ne pourrai pas être *des* vôtres ce soir, je me suis déjà promis ailleurs. 오늘 저녁에는 함께 할 수 없습니다, 이미 다른 데 약속이 있습니다.

· J'étais *des* leurs dimanche dernier à dîner. 나는 지난 일요일에 그들과 함께 저녁을 먹었다.

· Vous serez *des* nôtres, samedi? 토요일에 우리 집에 와 주시겠어요?

· Vous êtes *du* nombre[*de* la famille]. 당신은 그 중에 들어 있소[가족의 일원이오].

4) 장소

air salutaire *des* montagnes 산간지방의 좋은 공기. troisième arrondissement *de* Paris 파리의 제 3구. bains *de* mer 해수욕. brise[vent] *de* mer 해풍. bruits *de* couloir 쑥덕공론. brumes *d'*Écosse 스코틀

랜드의 안개.　sept collines *de* Rome 로마의 일곱 언덕.　petite cité *de* province 지방의 소도시. climat typique *de* la Méditerranée 지중해 특유의 기후.　départements *d'*outre-mer (프랑스의) 해외 도(道)((《약》D.O.M.)).　territoires *d'*outre-mer (프랑스의) 해외 영토((《약》T.O.M.)).　Détroit du Pas *de* Calais 영불해협.　dieux *de* la Gréce 그리스의 제신.　grande exhibition *de* Londres 런던 대박람회. festival *de* Cannes 칸 영화제.　feux *de* la ville 도시의 등불.　inscription *d'*un écriteau[*d'*une étiquette] 게시판[라벨]의 글.　maison *de* campagne 전원주택.　maisons uniformes *de* la banlieue 교외의 획일적 인 집들.　maîtresse *de* maison 주부.　manoeuvres *d'*un chantier 공사장 인부.　marché financier *de* New York 뉴욕 금융시장.　route *de* l'Alaska 알래스카 하이웨이.　royaume *des* cieux 하늘나라, 천국.　usage *du* pays 지방 관행.　vaisseau *de* désert 《비유》 낙타.　voleur *de* grand chemin 노상강도

5) 시간 · 시기

ami *d'*adolescence 젊은 시절의 친구.　l'année *d'*auparavant 전해.　âpreté *de* l'hiver 겨울의 매서운 추위.　vacances *d'*hiver 겨울 방학.　attaque *de* nuit 야습.　bals *du* 14 Juillet 7월 14일(프랑스 혁명 기념일)의 경축.　boom démographique *d'*après la guerre 전후의 인구 급증[베이비붐].　chevalerie *du* Moyen Age. 중세 기사도 제도.　théâtre *du* Moyen Âge 중세 연극.　Corée *d'*aujourd'hui 오늘의 한국.　les jeunes *d'*aujourd'hui 요즈음의 젊은이들.　coup d'État *du* 2 décembre 12월 2일의 쿠데타 ((1851년 나폴레옹 3세에 의한 쿠데타)).　douze coups *de* midi 정오를 알리는 12번의 종소리. première dizaine *du* mois 초순(初旬).　écrivains *du* dix-neuvième siècle 19세기의 작가.　équinoxe *de* printemps[*d'*automne] 춘분[추분].　événements *de* mai 68 1968년 봄의 사태.　gauchistes *de* mai 68 68년 5월의 극좌파들.　habits[costume] *du* dimanche[*des* dimanches] 정장, 나들이 옷.　jeûne *du* carême 사순절 동안의 단식.　labour *d'*automne 가을갈이.　littérature *de* l'époque classique 고전주의 시대의 문학.　messe *de* minuit (크리스마스이브의) 자정 미사.　moeurs *de* maintenant 오늘날의 풍속. oeuvre *de* jeunesse 젊은 시절의 작품.　Paris *d'*autrefois 예전의 파리.　poètes et prosateurs *du* seizième siècle 16세기 시인과 산문 작가.　problèmes mondiaux *de* l'heure 당면한 세계문제.　programmes télévisés *de* la soirée 저녁 텔레비전 프로.　repas *du* matin 아침식사.　7 heures *du* soir 저녁 일곱시. silence *de* la nuit 밤의 고요함.　le 6 *de* chaque mois 매달 6일(에).　société *de* demain 미래의 사회. soldes *d'*été 여름 바겐세일.　université *d'*été 하계 대학.　tranquillité *des* soirs 밤의 정적.　veille *de* Noël 크리스마스이브.　apporter la croûte *de* quatre heures 간식을 가져오다.　avoir des jambes *de* vingt ans (나이든 사람이) 다리가 튼튼하다.　prendre le train *de* 6h 50 6시 50분 기차를 타다.

6) 신체부위

cancer *du* sein[poumon, foie] 유방[폐, 간]암.　crampe *d'*estomac 위경련.　déformation *d'*un orteil 발가락 기형.　distorsion *de* la face 안면의 비뚤어짐.　douleurs *de* l'abdomen 복부 통증.　fracture *de* la clavicule 쇄골 골절.　froissement *d'*un muscle 근육의 타박상.　inflammations[maladies] *de* l'intestin 장염[질환].　kyste *de* l'ovaire 난소 낭종.　lésion *des* chairs 상처.　mal *de* tête 두통. mal *de* coeur 구토.　maladie *de* coeur[peau] 심장[피부] 질환.　moiteur *du* front 이마의 땀.

2. 부분 · 내용

1) 부분 : …(중)의.

---

un *de* mes meilleurs amis 나의 가장 좋은 친구들 중의 하나.　un *de* ces jours 근일 중에.　l'un *d'*eux 그들 중의 한 사람.　la une *de* deux (연극의) 2막 1장.　une bonne partie *de* son salaire 그의 월급의 상당 부분.　certaines *de* ses actions 그의 행동 중 어떤 것들.　chacun *de* nous 우리들 각자.　douze mois *de* l'année 한 해의 12달.　parties antérieures *d'*un édifice 건물의 앞부분.　une personne *de* son entourage 그의 측근 중의 한 사람.　un peu *de* sucre 약간의 설탕.　la plupart *des* gens 대부분의 사람들.　première partie *du* match 시합의 전반전.　seconde partie *d'*un ouvrage 작품의 2부.　sept jours *de* la semaine 1주의 7일.　un tiers *de* mon salaire 내 월급의 3분의 1.　troisième chapitre *d'*un livre 책의 제 3장.　troisième partie *d'*un tout 전체의 세 번째 부분; 전체의 3분의 1.　choisir l'une *de* deux choses 두 가지 중에서 하나를 고르다.　consacrer deux cinquièmes *d'*un budget au loyer 가계의 5분의 2를 집세로 내다.　jouer un passage *d'*une sonate 소나타의 한 악절을 연주하다.　obtenir[recueillir] 10% *des* suffrages 10 퍼센트의 표를 얻다.

- *De* deux choses l'une.　둘 중 어느 하나다((두 가지 가능성밖에 없다)).
- *De* deux maux, il faut choisir le moindre.　《속담》 재난은 작을수록 좋다.
- *De* trois hommes, il n'en est resté qu'un.　세 사람 중에 한 사람만 남았다.
- Je n'ai pu attraper que quelques mots *de* leur conversation.　나는 그들의 대화 중에서 몇 마디 밖에 알아듣지 못했다.
- Qui *de* nous n'a ses défauts?　우리들 중 누군들 결점이 없으랴?
- Je ne connais aucun *de* ses amis.　그의 친구들 중에서 내가 아는 사람은 아무도 없다.
- Ne croyez rien *de* ce qu'il vous raconte.　그가 당신에게 말한 것은 전혀 믿을 바가 못됩니다.
- Je doute qu'aucun *d'*eux réussisse.　그들 중에서 어느 누구가 성공하는 사람이 있을 지가 의문이다.
- C'est encore une *de* ses folies.　그것 역시 그의 터무니없는 생각이다.
- Certaines phrases *de* ce texte sont équivoques.　이 글 중 몇몇 문장들은 모호하다.
- Le chantage est un *des* plus lâches assassinats.　공갈 협박은 가장 비열한 폭력 행위 중의 하나이다.
- Il est une *des* plus grandes fortunes du pays.　그는 그 나라의 큰 부호 중의 한 사람이다.
- Il est la seule personne restante *de* cette famille.　그는 이 가족의 유일한 생존자이다.
- Ils ont fait la moitié *du* chemin.　그들은 목적지까지 반 쯤 갔다.
- Il a passé le plus clair *de* son temps à dormir.　그는 대부분의 시간을 잠자는 데 보냈다.
- Ce club sportif professionnalise certains *de* ses membres.　그 스포츠클럽은 회원 중 몇몇을 직업선수로 키워낸다.
- Il a récompensé ceux *de* ses domestiques qui l'avaient bien servi.　그는 하인들 중에서 그에게 열심히 봉사한 이들에게 상을 주었다.
- La construction automobile reste un *des* piliers de l'industrie de ce pays.　자동차 제조는 이 나라 산업의 지주 중의 하나이다.
- Rien n'a transpiré *de* ce projet.　이 계획은 전혀 누설되지 않았다.
- Soixante pour cent *des* gens ont voté.　국민의 60퍼센트가 투표했다.

> ☆ 양자택일을 나타낼 때는 de를 반복함.

· Qui, *de* lui et *de* moi, vous paraît le plus sincère?　그와 나 중에서 누가 당신에게 더 진실하게 보입니까?

2) 내용

❶ une affluence *de* spectateurs 많은 구경꾼.　amas *de* neige 눈더미.　une aristocratie *d'*écrivains 정상급[엘리트] 작가들.　une armada *de* campeurs 무수히 많은 캠핑하는 사람.　une armée *de* domestiques 한 무리의 하인들.　une assiette *de* potage 수프 한 접시.　un assortiment *de* vaisselle[linge de table] 식기 한 벌[식탁보 한 세트].　une avalanche *de* coups[*d'*injures] 쏟아지는 가격[욕설].　un ballot *de* vieux vêtements 낡은 옷 보따리.　une bande *de* jeunes 일단의 젊은이들.　un bassin *d'*oranges 오렌지 한 양푼.　une bassine *de* confiture 잼 한 남비.　un bateau *de* charbon 배 한 척분의 석탄.　un bloc *de* livres 책더미, 많은 책들.　une boîte *de* chocolats 한 상자의 초콜릿.　botte *de* paille[foin] 짚[건초]단.　une bouchée *de* pain 한 입에 들어가는 빵(조각).　une bouteille *de* vin 포도주 한 병.　une brassée *de* fleurs 한 아름의 꽃.　un brin *de* folie 약간의 광기.　une brochette *de* décorations 줄줄이 단 훈장.　une brouettée *de* sable 모래 한 수레.　un camion *de* sable 트럭 한대 분의 모래; 다량의 모래.　une carafe *d'*eau 물 한 병.　une casserole *d'*eau 물 한 냄비.　un certain nombre *de* gens 상당수의 사람들.　une chaîne *de* montagnes 산맥.　une charretée *de* bois 수레 한 대분의 목재.　un chaudron *de* soupe 스프 한 냄비.　une chiée *d'*amis 많은 친구들.　un chiquet *de* vin《옛·속어》한 모금의 포도주.　une cinquantaine *de* personnes 50명가량.　une cohue *de* soldats 한 무리의 떠들썩한 병사.　le commun *des* hommes 대다수의 사람들, 일반대중.　une cruche *d'*huile 한 단지의 기름.　un cruchon *de* vin 한 조끼의 포도주.　une cuvée *d'*essence 한 통의 휘발유.　essaim *d'*abeilles 벌떼.　une cohue *de* soldats 한 무리의 떠들썩한 병사.　une cordée *de* fagots. 장작 한 단.　une coupe *de* glace 아이스크림 한 접시.　un couple *de* pigeons 한 쌍의 비둘기.　déluge *de* larmes《비유》펑펑 쏟아지는 눈물.　un doigt *de* vin 약간의 포도주.　une douzaine *d'*oeufs 달걀 한 줄.　une enfilade *de* voitures sur l'autoroute 고속도로에 늘어선 자동차들.　ensemble *des* habitants 주민 모두.　une file *de* gens 사람들의 행렬.　une forêt *de* colonnes 즐비한 기둥.　un filet *de* fumée[*d'*air] 한 줄기 연기[바람].　une fournée *de* tuiles 한 가마분 기와.　une glane *d'*oignons 양파 한 두름.　un groupe *de* touristes 관광단.　une grêle *de* coups 몰매.　une idée *de* moutarde《구어》아주 소량의 겨자.　une infinité *de* livres 엄청나게 많은 책.　intégralité *d'*un revenu 수입의 전액.　jeu *de* cravates 넥타이 세트.　une larme *de* vin 포도주 한 방울.　une léchette *de* jambon 햄 한 조각.　une légion *de* cousins 많은 사촌.　liasse *de* lettres 편지 묶음.　liste *des* lauréats 수상자 명단.　un lot *de* Français 프랑스 사람들의 무리.　une marmite[marmitée] *de* soupe 수프 한 냄비.　une mer *de* vin 대량의 포도주.　minimum *de* frais 최소한의 비용.　minorité *de* femmes 소수의 여자.　une moisson *de* souvenirs 많은 추억.　monceau *de* pierres[livres] 돌[책] 더미.　une mosaïque *de* peuples 다민족 집단.　nombre *d'*unités vendues 판매 개수.　une nuée *de* journalistes 운집한 기자들.　une paire *de* bas 양말 한 켤레.　un panier *de* pommes 한 바구니의 사과.　une panoplie *d'*arguments 일련의 논의.　un paquet *de* chewing-gums 껌 한 통.　une pelletée *de* sable 한 삽의 모래.　une pesée *de* quinine 키니네

1회분.　un petit stock *de* cigarettes 가지고 있는 약간의 담배.　une pièce *de* drap 시트 한 장.　pile *d'*assiettes 접시 더미.　une platée *de* purée 퓌레 한 접시.　une poignée *de* sel 한 줌의 소금.　une portée *de* chatons 한 배의 고양이 새끼들.　une portion *de* viande 고기의 한 사람 몫.　une poussière *d'*étoiles[*d'*îles] 《비유·구어》 무수히 많은 별[섬].　une quantité appréciable *de* fruits 상당한 양의 과일.　une quantité industrielle *de* cravates 많은 넥타이.　une ration *de* pain[tabac] 1일분의 빵[담배] 배급량.　un saladier *de* laitue 상추 한 접시.　une série *de* mesures 일련의 조치.　une suite *de* maisons 잇달아 있는 가옥들.　un tas *de* vieilleries 잔뜩 쌓인 고물.　une tasse *de* thé 한 잔의 차.　tissu *de* mensonges 《비유》 거짓투성이.　toute la gamme *des* sentiments 모든 종류의 감정.　une tranche *de* pain 빵 한 조각.　une trifouillée *de* vieux papiers 《속어》 산더미 같은 고문서.　troupe *de* pèlerins[touristes] 순례재[관광객]의 일단.　troupeau *de* taureaux 황소떼.　trousseau *de* clés 열쇠 꾸러미.　un verre *d'*eau 물 한 잔.　une volée *d'*enfants 한 무리의 아이들.　aspirer[respirer] une goulée *d'*air 공기를 크게 한 모금 들이마시다.　avaler une bonne dose *de* somnifère 많은 양의 수면제를 복용하다.　avoir une tripotée *d'*enfants 아이들이 우글우글하다.　boire un dé à coudre *de* cognac 코냑을 조금 마시다.　boire un flacon *de* vin 포도주 한 병을 마시다.　boire une goutte *d'*alcool 약간의 술을 마시다.　boire un pichet *de* cidre 능금주 한 단지를 마시다.　boire sa dose *de* vin 늘 마시는 양의 포도주를 마시다.　couper une languette *de* pain 빵을 얇게 썰다.　donner une foultitude *de* raisons 《구어》 많은 이유를 제시하다.　examiner une accumulation *d'*informations 산적해 있는 정보를 검토하다.　faire la liste *des* personnes présentes[lauréats] 출석재[수상자] 명단을 작성하다.　manger un bol *de* riz 밥을 한 사발 먹다.　prendre une petite resucée *de* café 커피를 조금 더 마시다.　recevoir trois caisses *de* bordeaux 보르도 포도주 세 상자를 받다.　réunir un faisceau *de* faits[preuves] 일련의 사실을[증거를] 한데 모으다.

- Il a un arsenal *d'*anecdotes.　그에게는 숱한 일화가 있다.
- Il n'a pas un atome[grain, gramme] *de* bon sens.　그는 양식이라고는 조금도 없다.
- Elle a un bataillon *d'*enfants.　그 여자는 아이가 아주 많다.
- Prenez une cuiller à café *de* ce sirop matin et soir.　이 시럽을 차 스푼으로 한 스푼씩 아침저녁으로 복용하시오.
- Une foule *de* clients est venue aujourd'hui.　오늘은 많은 고객이 왔다.
- Encore une louche *de* soupe?　스프 한 국자 더 줄까?
- La multitude *des* malheureux nous endurcit à leurs misères.　불행한 사람이 많기 때문에 우리는 그들의 비참에 대해 무감각하게 된다.
- Elle a débité tout un répertoire *d'*injures.　그녀는 갖은 욕설을 다 퍼부었다.
- On vend ici toutes sortes *d'*articles de sport.　여기에서는 모든 종류의 운동용품을 판다.

❷ 수량·측정 단위 명사와 함께

à cinq mètres *d'*intervalle 5미터 간격으로, 5미터마다.　à cinq pour cent *d'*intérêt 5퍼센트의 이율로.　5m³ *d'*eau 5톤의 물.　cent mètres carrés *de* surface 백 평방미터의 면적.　cinq minutes *de* pause 5분간의 휴식.　deux cents grammes *de* poisson 200 그램의 생선.　deux heures *d'*attente

두 시간 동안의 기다림. deux heures *de* chemin 두 시간 걸리는 길[거리]. deux kilos *d'*héroïne 2킬로그램의 헤로인. un gros kilo *de* pommes de terre 넉넉한 1킬로그램의 감자. un kil *de* rouge 《속어》 적포도주 1리터. deux mois *de* vacances 2개월의 휴가. un litre *de* vin rouge 1리터의 적포도주. un million *de* débits 백만 개의 판매량. longues années *d'*expérience 다년간의 경험. une trentaine *de* personnes 약 30명의 사람들. plusieurs dizaines *d'*ouvriers 수십 명의 노동자. coutume qui a plusieurs siècles *d'*existence 수 세기 동안 존속한 풍습. criminel qui a fait vingt ans *de* prison 20년 형을 산 죄수. jardin qui a 80 mètres *de* pourtour 둘레가 80미터인 정원. accorder à *qn* un jour *de* grâce …에게 하루의 유예를 주다. acheter une livre *de* fraises 딸기 1파운드를 사다. avoir dix ans *d'*ancienneté 근속 10년이다. avoir vingt ans *de* maison 같은 직장에서 20년 동안 일하다. avoir vingt heures *de* cours par semaine 주당 20시간의 수업이 있다. avoir deux heures *de* transport tous les jours 매일 출퇴근 시간이 두 시간 걸리다. avoir 3mètres *de* hauteur 높이가 3미터이다. avoir cent mètres *d'*avance sur le second 이등보다 100미터 앞서다. avoir cinq minutes *de* retard 5분 늦다. ne pas céder un pouce *de* terrain 한치의 땅도 양보하지 않다. cultiver un carré *de* terre dans un jardin 정원에 얼마 안되는 땅뙈기를 경작하다. faire 90 centimètres *de* tour de hanches 허리둘레가 90센티이다. observer une minute *de* silence 일 분간 묵념하다. payer mille euros *d'*impôts 천 유로의 세금을 내다. prendre une semaine *de* congé 일주일간의 휴가를 갖다.

- Cette ville a trois millions *d'*habitants. 그 도시는 인구가 300만이다.
- Il n'a pas une once *de* bons sens. 《비유》 그는 상식이라고는 조금도 없다.
- J'ai trois ans *de* différence avec mon frère. 나는 형과 세 살 차가 난다.
- La neige a un mètre *d'*épaisseur. 눈이 1미터 두께로 쌓였다.
- Le parc a quatre kilomètres *de* circuit. 그 공원은 둘레가 4km이다.
- Il y a deux journées *de* marche jusqu'à cette ville. 그 도시에 가려면 걸어서 이틀은 가야 한다.
- Elle a acheté cinq mètres *de* tissu. 그녀는 옷감을 5미터 샀다.
- Il a acheté dix euros *de* pain. 그는 빵을 10유로어치 샀다.
- Cette chanteuse a explosé soudain après dix ans *de* carrière sans éclat. 그 여가수는 10년간의 무명생활 뒤에 갑자기 각광을 받았다.
- Il faut compter deux jours *de* voyage. 이틀 여행은 예상해야 한다.
- Cet accident lui a valu trois mois *d'*immobilisation. 그 사고로 그는 석 달 동안 꼼짝하지 못했다.
- Je voudrais cinq kilos *de* pommes. 사과 5킬로그램을 사고 싶은데요.

3) 강조의 뜻

❶
l'as *des* as 최고 중의 최고, 일류 중의 일류. le Cantique *des* cantiques (구약성서의) 아가(雅歌) ((솔로몬의 노래)). la der *des* der(s) 《구어》 최후의 전쟁. le der *des* der(s) 《구어》 마지막 한 잔; 최종회. l'évêque *des* évêques 교황. le fin *du* fin 최상의 것, 정수. à la fin *des* fins 《구어》 겨우, 가까스로; 결국, 끝에 가서. dans les siècles *des* siècles 영원히(=éternellement). le Saint *des* Saints (유태 신전의) 지성소; 《비유》 (건물의) 가장 은밀하고 중요한 부분; (단체 따위

의) 핵심 비밀 기구.

- L'Empereur d'Éthiopie s'appelait le roi *des* rois.　에티오피아의 황제는 왕 중의 왕이라 불렸었다.
- C'est un aventurier, un vrai *de* vrai.　그는 협잡꾼 중의 협잡꾼이다.
- On la traite comme la dernière *des* dernières.　사람들은 그녀를 인간 말자 취급한다.

❷ [un(e) de ces + 복수명사] :《구어》대단한, 지독한.

avoir une *de* ces faims 배가 아주 고프다.

- Il a une *de* ces barbes!　그의 수염이 대단해[참 멋져]!
- Il a une *de* ces cosses!　그 사람 정말 게으르군!
- Elle a un *de* renards argentés!　그녀가 참 근사한 은빛 여우 모피를 입고 있군!
- J'ai une *de* ces soifs!　몹시 목마르다!

3. 출발·이탈·분리·추출

1) ❶ …부터, …에서.

*d'*amont en aval 상류에서 하류로.　avion qui décole *de* la piste 활주로에서 이륙하는 비행기. eau qui coule *d'*une source 샘에서 솟는 물.　eau qui goutte *d'*un robinet 수도꼭지에서 한 방울씩 흘러내리는 물.　lettre datée *de* Rome 로마에서 부친 편지.　odeur qui émane *du* four 오븐에서 풍기는 냄새.　rue qui part *de* la mairie 시청에서부터 시작되는 거리.　source qui se précipite *du* haut d'un rocher en cascade 바위 위에서 폭포처럼 떨어지는 샘물.　voiture qui sort *de* la route 도로를 이탈한 차.　lettre qui vient *de* Londres 런던에서 온 편지.　s'en aller *de* la maison 집을 나가다.　débarquer *du* train[*de* l'avion] 기차[비행기]에서 내리다.　débouler *du* premier étage 《구어》 2층에서 급히 내려오다.　dégager sa montre *du* mont-de-piété. 전당포에서 시계를 되찾다.　dégringoler *d'*un toit 지붕에서 굴러 떨어지다.　descendre *du* voiture 차에서 내리다. dévier *de* son chemin 길에서 벗어나다.　émettre *de* Paris 파리에서 송신하다.　être à peine sorti *de* sa coquille; ne faire que sortir *de* la coque 갓 태어나다; 미숙하다, 풋내기이다.　s'évader *d'*une prison 탈옥하다.　importer du charbon *des* États-Unis 미국에서 석탄을 수입하다.　partir *de* son pays 고국을 떠나다.　recevoir des fax *de* Londres 런던에서 팩스를 받다.　regarder *du* balcon 발코니에서 바라보다.　renvoyer les chahuteurs *de* la classe 소란피우는 학생들을 교실 밖으로 내보내다.　retirer un objet *de* la boîte 상자에서 물건을 꺼내다.　retirer son fils *d'*une pension 아들을 기숙사에서 나오게 하다.　se retirer *d'*un territoire conquis 점령지에서 철수하다. sortir *du* lit 잠자리에서 일어나다.　tirer un épée *de* sa gaine 칼을 칼집에서 뽑다.　tirer *qn de* prison …을 석방하다, 감옥에서 구해내다.　tomber *du* haut d'une maison 지붕에서 떨어지다. tomber *du* ciel 《구어》 뜻하지 않게 나타나다.　venir *de* l'école 학교에서 오다.　voir *de* l'extérieur 외부에서 바라보다.

- *De* dessous des cloches, il s'envole des oiseaux.　종 아래로부터 새들이 날아오른다.
- *De* quel monde venez-vous?　(그걸 모르다니) 도대체 어찌된 거요?

- Les volontaires affluaient *de* toutes parts.　지원자들이 도처에서 몰려왔다.
- Il est arrivé *du* fond de sa province.　그는 산간벽지에서 왔다.
- Il lui est arrivé une lettre *de* Séoul.　서울에서 그에게 편지가 왔다.
- L'eau a débordé *du* vase.　꽃병에서 물이 넘쳐흘렀다.
- Une voiture déboucha brusquement *d'*une rue latérale.　옆길에서 갑자기 차 한 대가 튀어나왔다.
- La sueur découle[dégoutte] *de* son front.　그의 이마에서 땀방울이 뚝뚝 떨어진다.
- Le stylo lui a échappé *des* mains.　그는 손에서 만년필을 놓쳤다.
- L'oiseau s'est échappé *de* sa cage.　새장에서 새가 도망가 버렸다.
- Le sang giclait *de* sa blessure.　그의 상처에서 피가 뿜어 나오고 있었다.
- J'ai glissé *de* ma chaise.　나는 의자에서 미끄러졌다.
- La faim fait sortir le loup *du* bois.　《속담》목구멍이 포도청, 사흘 굶어 담 아니 넘을 놈 없다, 필요에 몰리면 못하는 짓이 없다.
- La vérité sort *de* la bouche des enfants.　《속담》진실은 아이들 입에서 나온다, 어린아이 말도 귀담아 들어야 한다.
- Il a surgi *de* l'ombre.　그가 불쑥 그늘에서 튀어 나왔다.
- Le bateau vient *d'*aval.　배가 하류에서 온다.
- Ce bruit vient *du* dedans.　이것은 안쪽에서 나는 소리다.
- Les nuages viennent *de* l'ouest.　구름이 서쪽으로부터 몰려온다.
- Le véhicule venant *de* la droite est prioritaire.　오른쪽에서 오는 차가 우선권이 있다.

❷ fruits qui se détachent *de* l'arbre 나무에서 떨어져 나가는 과일.　pièces soustraites *du* dossiers 기록에서 절취한 서류.　arracher une arme *des* mains de *qn* ⋯의 손에서 무기를 빼앗다.　arracher un fruit *de* la tige 가지에서 과일을 따다.　bannir *du* territoire national les personnes dangereuses 위험인물들을 국외로 추방하다.　chasser *qn de* son poste ⋯을 자리에서 쫓아내다.　chasser *qn de* son trône ⋯을 폐위시키다.　couper *qn de* ses amis ⋯을 친구들로부터 떼어놓다.　désaffilier *qn d'*une organisation ⋯을 조직에서 추방하다.　se désaffilier *d'*un parti 탈당하다.　débarrasser les verres *de* la table (식탁의) 잔을 치우다.　déblayer la neige *de* la route 도로의 눈을 치우다.　déboîter la porte *de* ses gonds 돌쩌귀에서 문을 떼어내다.　déboulonner *qn de* son poste ⋯을 자리에서 면직시키다.　décrocher un poisson *de* l'hameçon 낚시에서 고기를 떼어내다.　décrocher le regard *de* la fenêtre 창에서 시선을 떼다.　déloger l'ennemi *de* ses positions 적을 진지에서 몰아내다.　démettre *qn de* son emploi[ses fonctions] ⋯을 면직시키다.　se démettre *de* ses fonctions 사직하다.　dénicher l'ennemi *d'*un bois 숲에서 적을 몰아내다.　désolidariser le moteur *de* la transmission 모터를 전동 장치에서 떼다.　destituer un officier *de* son commandement 장교를 강등시키다.　détacher un wagon *d'*un convoi 열차에서 차량을 떼어놓다.　détourner les yeux[son regard] *d'*un spectacle affreux 끔직한 광경을 안 보려고 시선을 돌리다.　divertir *qn de* sa famille ⋯을 가족과 멀어지게 하다.　effacer un nom *de* la liste 명부에서 이름을 삭제하다.　enlever un nom *de* la liste 명단에서 이름을 빼다.　éliminer[exclure] *qn d'*un groupe ⋯을 그룹에서 제외시키다.　évincer *qn de* cette place ⋯을 그 직책에서 쫓아내다.　excepter

qn de la corvée de vaisselle …을 설거지 당번에서 빼다.   exclure *qn d'un* parti …을 출당시키다.
expulser *qn de* son pays …을 국외로 추방하다.   extirper *qn de* son lit …을 간신히 침대에서
끌어내다.   extraire la houille *d'une* mine 탄광에서 석탄을 채굴하다.   fuir *de* la maison sans
prévenir 무단가출하다.   gratter la boue *des* chaussures 신발에서 흙을 털다.   isoler une phrase
de son contexte 어떤 문장을 문맥에서 떼내어 다루다.   ôter un nom *d'une* liste 명단에서 이름을
빼다.   ôter le givre *d'un* pare-brise 자동차 앞유리창의 성에를 제거하다.   proscrire *de* son oeuvre
les mots obscènes 외설스러운 말을 작품에서 삭제하다.   rayer *qn de* la liste 명부에서 …의 이름
을 삭제하다.   rayer *qn du* nombre des vivants …을 제거하다.   retrancher une cotisation *d'un*
salaire 급료에서 분담금을 공제하다.   retrancher un chapitre *d'un* texte 텍스트에서 한 장(章)을
삭제하다.   supprimer le sel *de* son alimentation 음식물에서 염분을 제하다.

· *D'un* sac à charbon ne peut sortir blanche farine.   《속담》 콩 심은데 콩 나고 팥 심은데 팥 난다.
· Sa fortune subite l'a détaché *de* son milieu.   그가 벼락부자가 되자 주위 사람들로부터 경원 당했다.
· On l'a écarté *de* la liste[*de* l'équipe].   그는 명단 [팀]에서 탈락되었다.
· Si *de* 12 on enlève 9, le reste est 3.   12에서 9를 빼면 나머지는 3이다.

❸

affranchir un people *de* la tyrannie 민족을 폭정에서 구해내다.   s'affranchir *d'une* habitude 어떤
습관을 버리다.   s'aliéner *de* ses amis 친구들로부터 소외되다[멀어지다].   s'arracher *d'un* souvenir
[*d'une* habitude] 기억[습관]을 떨쳐버리다.   débrayer *de* la réalité 현실과 담을 쌓다.   décaper
qn de ses illusions …을 환상에서 벗어나게 하다.   se déconnecter *de* la réalité 현실과 단절되다
[현실에서 벗어나다].   décrocher *de* la réalité 현실에서 벗어나다.   dégager des terres *de* toute
hypothèque 토지의 저당권을 해제하다.   délivrer *qn de* sa captivité …을 감금상태에서 해방시키다.
délier *qn d'une* promesse …을 약속에서 풀어주다.   ne pas démarrer *de* ses préjugés 자신의 편견
을 버리지 않다.   se démêler *d'embarras* 곤경에서 벗어나다.   désabuser *qn de* ses illusions …을
환상에서 깨어나게 하다.   déshabituer *qn de* l'alcool …로 하여금 술을 끊게 하다.   se désolidariser
de ses collègues 동료들과 결별하다.   détourner *qn d'un* projet …에게 계획을 단념하게 하다.
dévier *de* ses principes 원칙에서 벗어나다.   distraire *qn de* son chagrin …의 슬픔을 잠시 달래주다.
divertir *qn d'un* projet …에게 계획을 그만두게 하다.   s'écarter *du* bon sens 상식[상궤]에서 벗어
나다.   effacer *qc de* sa mémoire …을 기억에서 사라지게 하다.   éloigner *qn de* la vie politique
…을 정계에서 손을 떼게 하다.   s'émanciper *de* la domination coloniale 식민지배에서 해방되다.
s'émanciper *des* préjugés 편견에서 벗어나다.   exclure *qn d'une* succession …을 상속에서 배제하다.
guérir *qn de* ses mauvaises habitudes …의 나쁜 습관을 고쳐주다.   libérer *qn d'un* engagement
[*d'une* dette] …의 의무를 면제해 주다[채무를 변제해 주다].   se libérer *d'une* tutelle[tyrannie] 감독
[독재]에서 해방되다.   ôter une idée *de* l'esprit[*de* la tête] *de qn* …의 머리에서 어떤 생각을 지우다.
rayer *qc de* sa mémoire …을 기억에서 지워버리다.   relever *de* malade 병이 낫다.   se remettre
de ses frayeurs 두려움에서 벗어나다.   se faire renvoyer *de* son travail 직장에서 해고당하다.
revenir *de* l'exaltation (열광하다가) 평정을 되찾다.   retirer des bénéfices *d'une* affaire 사업에서
이득을 얻다.   se retrancher *du* monde 세상을 등지고 살다.   sauver[tirer] une oeuvre *de* l'oubli
잊혀졌던 작품을 발굴하다.   sortir *d'embarrass* 궁지를 벗어나다.   sortir *de* son personnage 딴
사람이 된 것처럼 달라지다.   sortir *de* soi (일시적으로) 자신을 잊다, 다른 사람이 되다; 마음을

- On ne peut rien conclure *de* cette expérience.　이 실험에서 아무런 결론도 얻을 수 없다.
- La colère lui a débordé *du* coeur.　그의 분노가 폭발했다.
- Il est déçu *de* ses privilèges　그는 특권을 상실했다.
- Les passion nous écartent souvent *du* but.　우리는 열정 때문에 종종 목표에서 벗어나게 된다.
- On ne peut rien espérer *de* la situation présente.　현 상황에서는 아무 것도 기대할 수 없다.
- Qu'exigez-vous *de* moi?　나에게 바라는 것이 무엇입니까?
- Ce sirop l'a guéri *de* sa toux.　그는 그 시럽을 복용하고 기침이 가셨다.
- Cette déclaration du témoin l'innocente, le lave *de* tout soupçon.　증인의 이 발언은 그가 무죄임을 밝히고 모든 의혹을 없애주었다.

❹

- Elle avait une main sur les yeux pour s'abriter *du* soleil.　그녀는 햇빛을 피하기 위해 손으로 눈을 가리고 있었다.
- Les vêtements nous défendent *du* froid.　옷은 우리를 추위로부터 보호해 준다.

❺ [de + 부사(구)]

- *De* là, il embrassait (d'un coup d'oeil) tout le pays.　거기에서 그는 그 고장 전체를 한 눈에 볼 수 있었다.
- *D'*en haut, on voit la mer.　위에서는 바다가 보인다.
- *D'*où est-ce que tu viens?　어디서 오는 길이니?
- Il est allé à Paris et *de* là en Angleterre.　그는 파리로 갔다가 영국으로 갔다.
- Décampez *d'*ici! 《**구어**》 여기서 꺼져!
- Il est parti *d'*en bas.　그는 비천한 신분에서 입신(立身)했다.

❻ 명사의 보어

> l'avion *de* Paris 파리발 비행기((파리행 비행기의 뜻도 됨. ⇒ 23)).   chute *de* cheval 낙마.
> courrier *de* Séoul (정기편의 발착지를 나타내어) 서울편; (통신기사의 발신지를 나타내어) 서울통
> 신.   décrochage *de* l'orbite lunaire (우주선의) 달 궤도 이탈.   exclusion *des* fonctions[emplois]
> 해임, 면직(=destitution).   liberté *de* moeurs 인습으로부터의 해방.   son retour *de* Paris 그의
> 파리로부터의 귀환.   train en provenance *de* Marseille 마르세이유발 열차.   décider l'expulsion
> *de* qn *du* parti 당에서 …의 제명을 결정하다.

- On l'attendait à sa descente *du* train.   사람들은 기차에서 내리는 그를 기다리고 있었다.

❼ [de ⋯ à ⋯]

> *du* couchant à l'aurore 《문어》 서에서 동으로.   *du* dedans au hehors 안에서 밖으로.   *de* la main
> à la main 직접, 중개인 없이, 정식 수속을 밟지 않고.   *de* la nuque aux talons 온몸에.   *d'*un
> pays à l'autre 이 나라에서 저 나라로.   *de* Séoul (jusqu')à Pusan 서울에서 부산까지.   distance
> *d'*un point à une droite 한 점에서 직선까지의 길이.   traversée *de* Calais à Douvres 칼레에서
> 도버로 건너가기.   joueur de football transféré *d'*un club à un autre 다른 클럽으로 이적한 축구
> 선수.   animal qui se transporte *d'*un lieu à l'autre 한 곳에서 다른 곳으로 이동하는 동물.
> effectuer[faire] le trajet *de* Lyon à Paris 리용에서 파리의 도정을 가다.   passer *d'*une pièce à
> une autre 한 방에서 다른 방으로 가다.   porter une cause *d'*un tribunal à un autre 소송을 다른
> 법원으로 이송하다.   se traîner *du* lit au fauteuil 침대에서 소파로 간신히 움직이다.

- *De* Monparnasse à Pigalle, c'est direct en métro.   몽빠르나스에서 삐갈까지는 지하철로 가는 것이
  제일 빠르다.
- Il y a loin *de* l'aéroport à la ville.   공항에서 도시까지는 거리가 멀다.
- Il y a[Ça fait] une bonne trotte *d'*ici à là-bas.   여기에서 거기까지는 상당한 거리이다.
- Combien y a-t-il *d'*ici à la mer?   여기서 바다까지 얼마나 됩니까?
- Ce train met sept heures pour aller *de* Paris à Marseille.   이 기차로 파리에서 마르세이유까지
  7시간 걸린다.
- Une douleur fulgurante le traverse *d'*une épaule à l'autre.   갑작스런 아픔이 그의 한쪽 어깨에서
  다른 쪽 어깨로 관통했다.

⇒ à

❽

> s'absenter *de* son domicile[poste] 집[자리]를 비우다.

- Il est absent *de* son bureau[*de* Paris].   그는 그의 사무실[파리]에 없다.

❾ [de + 전치사]

> dégager les corps des victimes *de* sous le camion 트럭 밑에서 희생자들의 사체를 꺼내다.   enlever

> les journaux *de* sur la table 책상 위의 신문을 치우다.　　retirer *qc de* dessous la voiture …을 자동차 밑에서 꺼내다.　　sortir *de* chez soi 자기 집에서 나가다.

- Les peintres me chasse *de* chez moi.　페인트공들이 일을 하는 바람에 집에서 쫓겨났다.
- Otez-vous *de* devant moi.　내 앞에서 물러서시오.
- Ôtez-moi cela *de* dessus la table.　테이블 위에서 그것을 치워 주시오.
- Il est sorti *de* derrière le mur.　그는 벽 뒤에서 나왔다.

2) 시간 : …부터.

❶

> *du* 4 jusqu'au 15 de ce mois 이 달 4일부터 15일까지.　　*de* longtemps 오래 전부터(= depuis longtemps).　　*de* temps immémorial; *de* toute ancienneté; *de* toute éternité 태고적부터, 아주 옛날부터.　　à quelques temps *de* là 그때부터 얼마 뒤에.　　contrat qui part *de* janvier 1월부터 발효되는 계약.　　préparer *qc de* longue main …을 오랜 전부터 준비하다.　　recevoir *de* 10 heures 10시부터 면회에 응하다.

- Les recrues sont alignés en vivres *du* jour de leur incorporation.　신병들은 편입된 날부터 식량을 지급 받는다.
- Il y a beau temps *de* cela.　벌써 오래 전 일이다.
- Ce n'est pas *d'*aujourd'hui que je le connais.　내가 그를 알고 있는 것은 어제 오늘의 일이 아니다, 그를 오래전부터 알고 있다.
- Chaque jour nous éloigne *de* notre jeunesse.　날이 갈수록 우리의 청춘은 멀어져 간다.
- Les oiseaux muent généralement *de* la fin de l'été jusqu'en automne.　새는 보통 여름 끝에서 가을까지 털갈이를 한다.
- Voilà vingt ans *de* cela.　그로부터 20년이 흘렀다.

❷ [de … à …]

> *d'*ici à jeudi 지금부터 목요일까지.　　*du* jour au lendemain 하룻밤 새에; 대번에, 곧.　　*du* matin au soir 아침부터 저녁까지, 하루 종일.　　*du* soir au matin 밤사이 내내.　　*d'*un soleil à l'autre 한 날에서 다음 날까지 걸쳐서.　　*du* premier janvier au trente décembre[à la Saint-Sylvestre] 1월 1일부터 12월 31일까지, 일 년 내내(=toute l'année).　　cinéma permanent *de* 14h à 24h 14시부터 24시까지 동일 영화 연속 상영관.　　période qui va *du* 1ᵉʳ avril au 15 mai 4월 1일부터 5월 15일까지의 기간.

- J'ai une heure de battement *de* sept à neuf.　7시부터 9시 사이에 빈 시간이 있다.
- Il y aura une coupure *de* quatre heures à cinq heures.　4시부터 5시까지 정전이 있을 것이다.
- Les cours vaqueront *du* 10 juillet au 31 août.　7월 10일부터 8월 31일까지 방학이다.

⇒ à

3) 수량 : …부터.

de quatre à sept femmes 4명 내지 7명의 여자.　gagner *de* sept à neuf cents euros par semaine 일주일에 7백 내지 9백 유로를 벌다.

· Elle pouvait avoir *de* quarante à quarante-cinq ans.　그녀는 40 내지 45세쯤은 되어 보였다.

☆ 어림수를 나타낼 때 중간 수가 성립하지 않으면 ou를 사용하여 quatre ou cinq femmes(4명 내지 5명의 여자)와 같이 말하는 것이 더 옳은 표현임. ⇒ à

4) 과정 · 상태 변화

❶ aller *du* concret vers l'abstrait 구체적인 것에서 추상적인 것으로 나아가다.　monter *de* cinquième en quatrième 5학급에서 4학급으로 진급하다.　partir *de* zéro 제로[무]에서 시작하다.　repartir *de* zéro (실패 후에) 재출발하다, 원점부터 다시 시작하다.　sortir *de* l'enfance 유년기를 벗어나다.

❷ [de + 형용사 + (명사) (+ que + 명사 + être), …]

· *De* paresseux, son fils est devenu travailleur.　게으르던 그의 아들이 부지런해졌다.
· *De* gentille qu'elle était, elle est devenue une femme acariâtre.　매우 상냥하던 그녀가 성마른 여자가 되었다.
· *De* simple ouvrier, son oncle devenu propriétaire d'usine.　한낱 노동자였던 그가 삼촌이 공장의 주인이 되었다.
· *De* tout petit caporal qu'il était, Napoléon devint un grand empereur.　한낱 하사관이었던 나폴레옹이 대황제가 되었다.

❸ [de … à …]

du berceau à la tombe[au cercueil] 요람에서 무덤까지, 평생 동안.　*d'*un bout à l'autre 끝에서 끝까지.　*du* commencement (jusqu')à la fin 처음부터 끝까지.　*de* pater (jusqu')à amen 처음부터 끝까지.　chapitre qui va *de* la page 20 à la page 35 20쪽에서 35쪽에 이르는 장(章).　recette dont le secret était transmis *de* mère à fille 어머니에게서 딸에게로 전수되는 비법.　aller[passer] *du* blanc au noir 극에서 극으로 가다.　conduire les élèves *du* simple au complexe 간단한 것으로부터 복잡한 것으로 학생을 가르쳐 가다.　passer[sauter] *du* coq à l'âne 횡설수설하다.　passer *du* particulier au universel 특수한 것에서 보편적인 것으로 넘어가다.　passer *d'*un sujet à un autre 화제를 바꾸다.　passer *de* vie à trépas 죽다, 운명하다.

· Il m'a tout raconté, *de* A à Z.　그는 나에게 처음부터 끝까지 모두 이야기해 주었다.
　⇒ à

4. 출신·기원

1) 출신·가문

❶ ···출신의.

> *de* bonne lignée 《문어》 명문 출신의.　*de* haut lignage 《옛》 명문 출신의.　*de* haute[bonne] naissance 명문 출신의.　Américain *d'*origine coréenne 한국계 미국인.　enfant né *de* père inconnu 아버지가 누구인지 모르는 아이.　enfants nés *du* même père 같은 아버지에게서 태어난 아이들. enfants *du* premier lit; enfants issus *d'*un premier mariage 첫 결혼에서 얻은 아이.　enfant *de* mes propres entrailles 내 속으로 낳은 아이.　famille *de* vieille race[souche] 유서 깊은 가문. homme *de* basse naissance[origine] 지체가 낮은 집에서 태어난 사람. 천한 집안에서 태생한 사람. jeune fille *de* bonne famille 양가 출신의 소녀.　fils *de* Saint Louis 생 루이의 후예.　papes sortis *du* peuple 서민 출신의 교황들.　descendre *d'*une ancienne famille 유서 깊은 가문 출신이다. descendre *de* Napoléon 나폴레옹의 후손이다.　être *de* (grande[bonne]) maison 명문 출신이다. être *de* haute noblesse 명문귀족 출신이다.　être *de* la même famille 같은 핏줄이다.　être *de* naissance[race, sang] noble 귀족 가문[명문] 출신이다.　être *d'*origine modeste 평민 출신이다. être issu *de qn* par filiation directe ···의 직계자손이다.　être issu *de* sang royal 왕가의 핏줄을 타고나다.　naître *d'*une famille illustrée 명문 태생이다.　naître *d'*un père coréen et *d'*une mère française 한국인 아버지와 프랑스인 어머니 사이에서 태어나다.　sortir *d'*une très ancienne famille 아주 오래된 가문 태생이다.

- Il se croit (sorti) *de* la côte d'Adam.　그는 자신을 명문 집안 출신이라고 생각한다.
- Cet enfant est *de* lui.　이 아이는 그의 자식이다.
- Il est *d'*origine française.　그는 프랑스계이다.
- Elle est née *de* parents riches.　그녀는 부유한 부모에게서 태어났다.
- Je ne suis pas né *de* la dernière couvée.　《비유》 나를 갓난애인 줄 아는 모양이지.
- Il vient *d'*une famille bourgeoise.　그는 부르주아 가문 출신이다.

❷ [de + 특정명사]

> muet *de* naissance 선천성 벙어리.　connaître *qn de* naissance ···을 태어났을 때부터 알다.　être bavard *de* son naturel 천성이 수다스럽다.　être travailleur *de* (sa) nature 천성적으로 근면하다.

- Il est sourd-muet *de* naissance.　그는 날 때부터 농아이다.

❸ 귀족의 표시로 성 앞

> Alfred *de* Musset 알프레드 드 뮈세.　Pierre *de* Ronsard 피에르 드 롱사르　madame *de* Maintenon 맹트농 부인.　la comtesse *du* Berry 베리 백작 부인.　le duc *de* la Rochefoucauld 라로슈푸코 공작.　les vers de *du* Bellay 뒤벨레의 시구.

2) 출신지역 · 국가

> chantre *d'*Ionie 이오니아의 시인((호메로스)).　chantre *de* la Thrace 트라키아의 시인((오르페우스)).
> garçon *de* nationalité japonaise 일본 국적의 소년.　être *de* deux nationalités 이중국적을 가지고 있다.
> être *de* France 프랑스 출신이다.　être natif *de* Lyon 리용 태생이다.　venir *du* fin fond de sa province
> 산간벽지 출신이다.

- *D'*où êtes-vous? − *De* Séoul.　당신 어디 출신입니까? − 서울 출신이요.
- *De* quel pays êtes-vous?　어느 나라 사람이세요?
- Elle est *de* nationalité italienne.　그녀의 국적은 이탈리아이다.
- Elle est originaire *de* Séoul.　그 여자는 서울 출신이다.
- Les gens *de* cet endroit sont très aimables.　그 고장 사람들은 매우 친절하다.
- Il n'est pas *de* ce pays.　그는 이 고장 사람이 아니다.
- Je ne suis pas *d'*ici.　나는 이곳 태생이 아닙니다.
- C'est la ville *d'*où il vient.　그 도시는 그의 출신지다.

3) 학업 · 경력

> ingénieur qui sort *d'*une grande école 그랑 제콜 출신의 기사.　salarié nouvellement sorti *de* l'université
> 대학을 갓나온 샐러리맨.

- *D'*où sort-il, celui là?　그 사람 어디 출신이야?((무지함, 태도 따위에 놀랄 때)).
- Pour sortir *de* la faculté de médecine, il faut étudier six ans.　의과대학을 졸업하기 위해서는 6년을 공부해야 한다.

4) 출산 · 기원

❶
> oranges originaires *d'*Amérique 아메리카산 오렌지.　vin provenant *d'*Espagne 스페인산 포도주.
> importations en provenance *de* Chine 중국으로부터의 수입품.　ogranges qui viennent *d'*Australie
> 오스트레일리아산 오렌지.

- La fondue est originaire *de* Suisse.　치즈 퐁뒤는 스위스에서 생겨난 요리이다.

❷ 명사의 보어

> baleine grise *de* Californie 캘리포니아 회색 고래.　biscuit *de* Saxe 작센 산 도자기.　bois *des*
> Iles (서인도제도산(産)의)고급 목재.　bol *d'*Arménie 아르메니아 도토(陶土).　caillou *du* Rhin
> 라인산 색수정.　caillou *d'*Égypte 이집트석((벽옥의 일종)).　canard *de* Barbarie (북아프리카 지역
> 의) 바르바리아 산 오리.　chamois *des* Pyrénées 피레네 산양.　faïences *de* Delft 델프트산 도제품.
> fourme *d'*Ambert 앙베르산 치즈.　lin *de* la Nouvelle-Zélande 뉴질랜드산의 삼(=phormion).
> nougat *de* Montélimar 몽텔리마르산(産) 누가.　porcelaine *de* Limoges 리모쥬 자기.　tigre *du*

Bengale 뱅골 호랑이.　veaux *de* rivière (주로 노르망디 지방의) 센 강 유역에서 기른 송아지. vins *de* rivière 마른 강(La Marne) 유역에서 나는 샴페인.　vin *de* sables (랑드 지방의) 사토(沙土)에서 생산된 포도주.　vins *de* Bourgogne 부르고뉴산 포도주.

- Le vin est une célébrité *de* cette région.　포도주는 이 지방의 명산물이다.
- Donnez-moi le fromage *du* pays.　이 지역의 치즈를 주세요.

5) 출처·기원

de notre correspondant(e) permanent(e) à Paris 파리 주재 본사 특파원에 의하면.　films inspirés *de* la Résistance 레지스탕스에서 착상을 얻은 영화들.　biens provenants *d'*une succession 상속으로 생긴 재산.　mot qui provient *d'*une racine grecque 그리스어의 어근에서 생겨난 낱말.　sujet de roman tiré *d'*un fait divers 사회면에서 취한 소설의 주제.　roman traduit *de* l'allmand 독일어 원본에서 번역된 소설.　biens qui lui venaient *de* son grand-père 그가 할아버지로부터 물려받은 재산.　matériau qui vient *du* pétrole 석유에서 추출된 물질.　mot qui vient *du* latin 라틴어에서 온 낱말.　apprendre[savoir] *qc de* bon lieu 확실한 출처로부터 …을 듣고 알다.　avoir des nouvelle*s de qn* …에게서 소식을 듣다.　dériver un nom *d'*un verbe 동사에서 명사를 파생시키다. recevoir une lettre *de qn* …에게서 편지를 받다.　savoir[tenir] *qc de* bonne source[*de* source sûre] 확실한 출처로부터 …의 정보를 얻다.　tirer une citation *de* Shakespeare 셰익스피어에서 인용하다.　tenir *de qn* que + *ind* …에게서 …라는 소식을 듣다.

- Cette chanson est adaptée *d'*une vieille mélodie russe.　그 노래는 러시아의 오래된 멜로디를 편곡한 것이다.
- Il l'a appris *de* son père.　그는 그것을 아버지에게서 들었다.
- J'ai appris *de* la concierge avoir oublié la clef chez elle.　나는 관리인으로부터 그녀의 집에 열쇠를 두고 왔음을 알았다.
- Cette maison lui est demeurée *de* ses parents.　이 집은 그가 부모님으로부터 물려받은 것이다.
- Le théâtre profabe dérive *du* théâtre religieux.　세속적인 연극은 종교극에서 온 것이다.
- L'homme descend *du* singe.　인간의 원숭이에서 진화해 왔다.
- C'est *de* famille.　(성격·행실 따위에 대해) 집안의 내림이다.
- Ces tonneaux sont *de* la même cuvée.　이 술통들은 같은 양조통에서 나온 것들이다.
- Cette comédie est *de* Molière.　이 희극은 몰리에르의 작품이다.
- Il a pris ces nouvelles *de* son collègue.　그는 그 소식을 그의 동료에게서 들었다.
- L'essence provient *du* pétrole.　휘발유는 석유에서 추출된다.
- C'est *d'*elle que je tiens cette nouvelle.　나는 그녀에게서 그 소식을 들었다.
- L'eau vient en abondance *de* cette source.　그 샘은 수량이 풍부하다.
- Toute justice vient *de* Dieu.　모든 정의는 신으로부터 비롯된다.

❷ 명사의 보어

chien bâtard *de* caniche et *de* fox 카니슈와 폭스테리어 잡종견.　coton *d'*Égypte 이집트 면.

dérivé *d'*un verbe 동사 파생어.   la dernière cuvée des voitures *de* chez Renault 《비유·구어》 르노 사의 신형차.   érudition *de* seconde main 전수 받은 지식.   information *de* première main 직접 들은 정보.   fromage (de lait) *de* vache[chèvre, brebis] 소[염소, 양] 젖 치즈.   lait *de* chamelle 낙타 젖.   miel *d'*acacia 아카시아 꿀.   mot *de* souche latine 라틴어에서 온 말.   nouvelle *de* source crédible[privée] 믿을 만한 소식통에[비공식적인 출처에] 의한 소식.   pain[jambon] *de* ménage 집에서 만든 빵[햄].   les produits et les sous-produits *de* la distillation du pétrole 석유 정제의 산물과 부산물.

❸ [de + 소유형용사 + 특정명사; de + 특정명사 + 형용사]

gâteaux *de* sa confection 그가 만든 과자.   pommade antiphlogistique *de* sa composition 그가 만들어낸 항염(抗炎) 연고.   objet *de* fabrication coréenne[française] 한국[프랑스] 제품.

· Est-ce une robe *de* votre fabrication?   이것은 당신이 만든 드레스인가요?
· Il nous a préparé un plat *de* son invention.   그는 자신이 고안해낸 요리를 우리에게 만들어 주었다.

6) 시간

❶ …의.

à dater *d'*aujourd'hui[*de* ce jour] 오늘[그날]부터.   *de* nouvelle date; *de* date fraîche[récente] 최근의.   *de* la dernière cuvée 《비유·구어》 최근의.   lettre datée *du* 20 mai 5월 20일자의 편지.   ouvrage qui date *de* 1940[*de* trente ans, *d'*il y a trente ans] 1940년[30년 전]의 작품.   être *de* la même date 같은 시기에 속하다.

· Cela ne date pas *d'*hier.   그것은 어제오늘의 일이 아니다.
· Ce monument date *de* l'époque romaine.   이 유물은 로마 시대의 것이다.
· Ce pain est *de* la dernière semaine. Je me demande s'il est encore bon.   이 빵은 지난 주에 만들어진 것인데 아직 괜찮은지 모르겠다..
· Ce vin est *de* 1993.   이 포도주는 1993년도 산이다.
· Tout ça, c'est *du* passé.   《구어》 다 지나간 일이야.
· Il n'est pas né *d'*hier.   그는 갓난애가 아니다, 그는 경험이 제법 있다.

❷ 명사의 보어

amitié *de* longue[vieille] date 오래 전부터의 우정.   information[nouvelle] *de* dernière minute [heure] 최신 뉴스.   lettre *du* 10 juillet 7월 10일자의 편지.   rosée *du* matin 아침 이슬.   style glamour *des* années cinquante 50년대의 글래머 스타일.

· Tous les créanciers concourent lorsqu'ils ont un hypothèque *de* même date.   저당권 등기의 날짜가 같은 채권자들은 모두가 동등한 권리를 갖는다.

7) 비유

geurre née *d*'un conflit d'intérêts 이해관계의 충돌에서 비롯된 전쟁.　mot qui part *du* coeur 마음 속에서 우러나오는 말.

- Tout progrès est issu *de* l'effort collectif　진보는 무엇이든지 집단적인 노력의 결과다.
- Il est parti *de* rien.　그는 비천한 처지에서 입신했다.
- Une guerre peut naître *de* la peur.　전쟁은 두려움 때문에 야기될 수도 있다.
- Ça sort *du* coeur. 《**구어**》이 말은 진심이야.

❷ 명사의 보어

la jalousie, fille *du* soupçon 의혹의 소산인 질투.　vers, fils *de* l'amour 사랑의 소산인 시구. être le fils *de* ses oeuvres 자수성가하다.

- C'est le produit *de* ton imagination.　그것은 네 상상력의 산물이다.
- Quel est le fruit *de* tes cogitations?　네가 한 사색의 결과가 뭐냐?
- Voici le fruit *de* nos sueurs.　우리가 흘린 땀의 결실이 바로 이것이다.

5. 구별 · 구분

opinions différentes les unes *des* autres 서로 다른 의견.　tribu qui se différencie *des* autres par ses moeurs 풍속에 의해 다른 부족들과 구별되는 부족.　se démarquer nettement *de* son prédécesseur 전임자와 명확하게 구분되다.　démêler le vrai *du* faux 진위(眞僞)를 분간하다.　différencier l'homme *des* animaux 인간을 동물과 구별하다.　discerner le bien *du* mal 선과 악을 구별하다.　distinguer le bon *du* mauvais 선과 악을 구별하다.　distinguer l'essentiel *de* l'accessoire 본질적인 것과 이차적인 것을 구별하다.　se distinguer *de* ses contemporains par la richesse de son style 문체의 화려함으로 동시대인들과 구별되다.

- À la différence *de* son frère, Jean est travailleux.　그의 형과는 달리 장은 공부를 열심히 한다.
- Son carcatère diffère *du* mien.　그의 성격은 나와 다르다.
- Elle est trés différente *de* sa soeur.　그녀는 그의 언니와 매우 다르다.
- La politique n'est pas distincte *de* la morale.　정치는 도덕과 별개의 것이 아니다.
- La raison sépare l'homme *des* autres animaux.　이성은 인간을 다른 모든 동물과 구별짓는다.

6. 논리적 근거 · 유래

1) [de + 명사, de là, d'où]

solution qui se déduit naturellement *de* l'hypothèse 가정으로부터 자연스럽게 도출되는 해답. raisonnemtnt qui part *d*'un principe faux 그릇된 원리를 바탕으로 한 추론.　échec qui résulte *d*'un manque de préparation 준비 부족으로 인한 실패.　déduire[tirer] une conclusion *de* qc …에서

결론을 끌어내다. …라는 사실에서 …라는 결론을 끌어내다.   déduire *de* sa pâleur qu'il est malade 얼굴이 창백한 것을 보고 그가 앓고 있다고 추측하다.   dégager la conclusion *d'*un exposé 설명에서 결론을 끌어내다.   induire *de* ses observations que + *ind* 그의 관찰로부터 …라는 결론을 끌어내다.   inférer une conséquence *d'*une constatation 어떤 사실의 확인에서 어떤 결과를 추론하다.   on peut conclure *de* là que + *ind* 그에 따라 …라고 결론지을 수 있다.

- *De* là vient qu'il est totalement désemparé.   그가 어찌할 바를 모르는 것은 바로 그러한 이유에서이다.
- *D'*où vient que nul n'est content de son sort?   사람이 모두 자신의 운명에 만족하지 않는 것은 무슨 까닭인가?
- Il n'a pas assez travaillé; *de* là, son échec.   그는 공부를 충분히 하지 않아서 실패했다.
- Ce divorce est la suite normale *de* sa mauvaise conduite.   이 이혼은 그 사람의 나쁜 행실의 당연한 결과로서 야기된 것이다.
- On ne peut rien conclure *de* cette expérience.   이 실험에서 아무런 결론도 얻을 수 없다.
- La liberté ne découle pas *du* droit politique.   자유는 정치적 권리에서 생기는 것이 아니다.
- Que peut-on induire *de* ces constatations?   그러한 확증된 사실로부터 어떤 결론을 내릴 수 있겠습니까?
- On ne peut pas inférer *de* l'enquête qu'il est[soit] l'assassin.   그 조사로부터 그가 암살자라는 것을 추론해낼 수는 없다.
- La philosophie de Marx procède *de* Hegel et *des* socialistes utopiques français.   《문어》 마르크스의 철학은 헤겔 철학과 프랑스의 공상적 사회주의자들의 철학에서 나온 것이다.
- Ces conclusions ressortent *d'*une vaste enquête.   이러한 결론은 광범위한 조사에서 얻어진 것이다.
- Ma conviction résulte *d'*une série de déductions.   나의 확신은 일련의 추론의 결과이다.
- Il ne m'avait pas prévenu de sa visite: *d'*où mon étonnement.   그는 내게 자신의 방문을 미리 알려주지 않았다. 그래서[그 때문에] 나는 놀랐다.

❷ [être de + 소유형용사 + faute]

- S'il n'est pas reçu à l'examen, c'est *de* ma faute.   그가 시험에 합격하지 못하면, 그것은 내 잘못이다.
- Ne pleure pas, ce n'est *de* ta faute.   울지 마라, 그것은 네 잘못이 아니다.
- Elle a bredouillé que ce n'était pas *de* sa faute.   그녀는 자기 잘못이 아니라고 중얼거렸다.

☆ 구어에서는 de가 없이 C'est sa faute. 의 형태로 쓰기도 함.

❸ 비인칭문

il appert *de* ce qui précède[*de* ce jugement] que + *ind* 전술한 바로[그러한 판결로] 미루어 …임이 명백하다.   il se dégage *de* l'étude des faits que + *ind* 사실의 검토에 의해 …이라는 것이 밝혀지다.   il résulte *de* l'observation des faits que + *ind* 사실의 고찰에서 …라는 결과가 나온다.   il suit *de* là que + *ind*; *d'*où il suit que + *ind* 그 결과[따라서] …이다.   *d'*où vient-il que + *ind/sub*? …한 것은 무슨 까닭인가?

- *D'une erreur initiale, il dérive que le résutat est faux.*   결과가 잘못된 것은 처음의 잘못에 기인한다.
- *D'où il résulte qu'il n'a pas répondu?*   어째서 그는 대답하지 않았을까?
- *Il découle de vos prémisses fausses que vous arrivez à une conclusion erronnée.*   당신이 잘못된 결론을 얻게 되는 것은 당신의 그릇된 전제에서 비롯된다.
- *Il ressort de cet examen que la situation est mauvaise.*   그것을 검토한 결과, 사정이 나쁘다는 것이 분명해졌다.
- *Il n'est rien sorti de nos recherches.*   우리 연구는 아무런 성과가 없었다.

2) [de *inf*]

- *De me retrouver au sud de la ville, j'infère avoir pris la fausse direction.*   다시 도시의 남쪽으로 되돌아왔다는 사실에서 방향을 잘못 잡았다고 추론한다.

3) [de ce que + *ind / sub*]

❶

> déduire son grand âge *de* ce qu'il marche courbé 그가 구부리고 걷는 것을 보고 나이가 많다고 추측하다.   déduire qu'il pleut *de* ce qu'elle est mouillé 그녀의 옷이 젖어 있는 것을 보고 비가 온다고 추측하다.

- *De ce qu'il avait une jambe de bois, la police a inféré qu'il était l'assassin.*   경찰은 그가 의족을 하고 있다는 사실로부터 그가 암살자라고 추론했다.
- *Cette conclusion erronnée découle de ce que vous n'avez pas vérifié vos prémisses.*   그러한 잘못된 결론은 당신이 전제를 검토해 보지 않은 데서 비롯된다.
- *Ma déconvenue provenait de ce qu'il ne fût pas mort ou séquestré.*   내 실망은 그가 죽지 않았거나 유폐되지 않았다는 것에서 오는 것이었다.
- *Tout cela vient de ce que vous négligez nos conseils.*   이 모든 것은 당신이 우리의 충고를 무시하는 데서 비롯되는 것이다.

❷ 비인칭문

- *De ce que le calcul était faux, il dérive que le résultat lui aussi faux.*   틀린 답이 나오는 것은 계산이 틀려있었기 때문이다.
- *Il découle de ce que vous avez des prémisses fausses que vos résultats le sont aussi.*   당신이 잘못된 결과를 얻게 되는 것은 잘못된 전제를 설정한 데 기인한다.

7. 원인 · 이유 · 동기

1) [de + 명사]

❶ …때문에, …해서.

> *de* ce chef 이러한 연유로, 고로.   *de* ce fait 그러므로, 따라서.   *du* fait de *qc* … 때문에.   regards qui étincellent *d'*ardeur 정열로 불타는 듯한 눈길.   son coeur qui se fend *de* chagrin 슬픔으로

터질듯이 아픈 그의 마음.　yeux[prunelles, regards] qui luisent *de* colère 분노로 번득이는 눈.　couloir qui retentit *du* bruit des voix 목소리로 울리는 복도.　pays qui a beaucoup souffert *de* la guerre 전쟁으로 큰 피해를 입은 나라.　voix qui vibre *de* plaisir 기쁨으로 떨리는 목소리.　s'affliger *de* la mort d'un ami 친구의 죽음을 슬퍼하다.　s'en aller[mourir, partir] *de* la poitrine 폐병으로 죽다.　bâiller *de* sommeil[*de* fatigue, *d'*ennui] 졸음이 와서[피곤해서, 지루해서] 하품하다.　blâmer un enfant *de* sa maladresse 아이의 실수를 나무라다.　blanchir *de* rage 분노로 창백해지다.　blêmir *de* peur 공포로 파랗게 질리다.　bondir *de* joie[rage] 기뻐서[화가 나서] 펄쩍펄쩍 뛰다.　bouillir *de* colère[*d'*impatience] 화가 나서[초조해서] 어쩔 줄 모르다.　bouillonner *de* rage 분노로 끓어오르다.　brûler[crever, mourir] *d'*envie de *inf* …하고 싶어 못 견디다.　brûler *d'*impatience 안절부절 못하다.　châtier *qn d'*une faute 잘못한 책임을 물어 …을 벌하다.　claquer des dents *de* peur[froid] 무서워서[추워서] 이를 딱딱 마주치다.　se consumer *de* douleur. 고통으로 쇠약해지다.　crever *de* faim[*d'*ennui] 굶어[지겨워] 죽을 지경이다.　crier *de* douleur 고통스러워 울부짖다.　crouler *de* fatigue 피곤해서 쓰러지다.　se dévorer *d'*inquiétude 걱정으로 애가 타다.　s'émerveiller *de* qc …에 경탄[감탄]하다.　s'émouvoir *de* la misère 빈곤에 측은한 마음이 일다.　s'empêtrer *d'*une femme peu honnête 정숙하지 못한 여자로 인해 애를 먹다.　s'empourprer *de* honte 부끄러워 낯을 붉히다.　s'énerver *du* retard des invités 손님들이 늦게 와서 짜증을 내다. étouffer *de* colère[rage] 분노로 숨이 막힐 지경이다.　être sur le point de défaillir *de* faim 배가 고파서 실신할 지경이다.　s'évanouir *de* douleur 통증이 심하여 정신을 잃다.　s'exclamer *d'*admiration [*d'*indignation] 감탄[분노]의 함성을 지르다.　se fâcher *d'*une plaisanterie 농담에 화를 내다.　flageoler *de* peur 두려움으로 다리가 후들거리다.　frémir *d'*horreur 무서워서 몸을 떨다.　frissonner *de* fièvre 열이 나서 떨다.　fumer *de* colère 《구어》 노발대발하다.　gémir *de* douleur [plaisir] 고통스러운[즐거운] 비명을 지르다.　grelotter *de* peur[fièvre] 공포[오한]으로 떨다.　griller *d'*impatience 초조해서 어쩔 줄을 모르다.　grimacer *de* dégoût 거부감 때문에 얼굴을 찌푸리다.　haleter *de* fièvre[soif] 열이 나서[목이 말라] 헐떡이다.　s'hébéter *de* travail 《문어》 지나치게 일해서 멍해지다.　hurler *de* douleur[terreur] 괴로워서[무서워서] 울부짖다.　s'indigner *de* cette machination 그러한 음모에 분개하다.　s'irriter *de* qc …때문에 화가 나다.　se jeter à l'eau *de* crainte de se mouiller 젖을 것이 두려워 물에 뛰어들다; 어떤 위험을 피하려하다 더 나쁜 상태에 빠지다.　jubiler *de* qc 《구어》 …에 대해 몹시 기뻐하다.　languir *d'*amour pour *qn* 《옛·문어》 …에 대한 사랑으로 번민하다.　mourir *d'*étouffement 질식사하다.　mourir[crever] *de* froid 얼어 죽을 지경이다.　mourir *de* plaisir 기뻐 죽을 지경이다.　mourir *de* saisissement 쇼크로 죽다.　mourir *de* vieillesse 늙어 죽다.　s'offenser *de* rien 아무것도 아닌 일로 화를 내다.　pâlir *de* peur 공포로 파랗게 질리다.　palpiter *d'*émotion 감동하여 가슴이 뛰다.　se pâmer *d'*admiration 감탄하여 넋을 잃다.　panteler *d'*émotion 《비유》 감동으로 가슴이 벅차다.　pâtir *de* la sécheresse 가뭄으로 피해를 입다.　pétiller *d'*impatience 초조함으로 안절부절 못하다.　piaffer *d'*impatience 안절부절 못하다.　piétiner *de* colère 화가 나서 발을 구르다.　se plaindre *de* douleurs[maux de tête] 고통[두통]으로 신음하다.　pleurer *de* dépit[joie] 분해서[기뻐서] 울다.　ne plus se posséder *de* joie 기뻐서 어쩔 줄을 모르다.　se ronger *d'*inquiétude 불안에 시달리다.　rougir *de* colère[honte, pudeur, plaisir] 분노로[창피해서, 부끄러워, 기쁨으로] 얼굴이 붉어지다.　ne rougir *de* rien 전혀 부끄러움을 모르다, 뻔뻔하다.　se rouler *de* douleur 고통 때문에 데굴데굴 구르다.　rugir *de* fureur 노호하다.　ruisseler *de* joie 기쁨으로 얼굴이 환하다.　sentir ses jambes mollir *de* fatigue 피곤해서 다리에 힘이 빠지는 것을 느끼다.

· *De* colère, il a envoyé promener son livre.　그는 화가 나서 책을 내던졌다.

· *De* désespoir, elle s'est fichue à la Seine.　절망한 나머지 그녀는 센느강에 몸을 던졌다.

· *Du* seul fait que vous êtes mineur, vous ne pouvez être électeur.　미성년자라는 한 가지 이유로 당신은 선거권이 없다.

· Il s'affectait *de* certaines injustices.　그는 몇몇 부당한 일로 마음이 상했다.

· Il s'alarme peu *d'*une telle menace.　그는 이런 협박에는 별로 당황하지 않는다.

· Ne vous attristez pas *de* ces événements.　이 사건으로 슬퍼하지 마시오.

· Elle s'est blessée *de* votre reproche.　그녀는 당신의 비난에 기분이 상했다.

· Le coeur lui bondissait *de* surprise.　그의 가슴이 놀라서 두근거렸다.

· Elle brillait *de* mille attraits.　그 여자는 수많은 매력으로 휜했다.

· Son front brûle *de* fièvre.　그는 열이 나서 이마가 몹시 뜨겁다.

· Il s'est choqué *de* cette question indiscrète.　그는 그같은 무례한 질문에 화를 냈다.

· Il a claqué *d'*une crise cardiaque.　《구어》 그는 심장발작으로 죽었다.

· Son visage s'est décompose *de* douleur.　그의 얼굴이 고통으로 일그러졌다.

· Son coeur se dilate *de* joie.　그의 마음이 기쁨으로 부풀어 오른다.

· Il s'est écroulé *de* fatigue.　그는 피로로 기진맥진했다.

· Le chien s'effraie *d'*un rien.　개는 아무 것도 아닌 것에 겁낸다.

· Sa joie s'empoisonnait *d'*inquiétude.　그의 기쁨은 불안 때문에 깨졌다.

· Elle s'est enchantée *du* spectacle.　그녀는 그 광경을 보고 매우 기뻐했다.

· Son visage s'est enflammé *de* honte.　그의 얼굴은 수치심에 빨갛게 상기됐다.

· Son visage s'épanouit *de* la joie.　그의 마음이 기쁨으로 밝아졌다.

· Il s'épouvante *de* la moindre difficulté.　그는 하찮은 어려움에도 불안해한다.

· Nous nous félicitons *de* l'heureuse issue de cette affaire.　그 사건이 잘 마무리된 것이 우리는 기쁘다.

· Ses yeux s'illuminent *de* joie.　그의 눈이 기쁨으로 빛난다.

· Elle s'est inquiétée *de* ma santé.　그 여자는 내 건강을 염려했다.

· Il a pris un parapluie *de* peur qu'il ne pleuve.　그는 비가 올까봐 우산을 사시고 갔다.

· Tous les matins, la rue résonne *de* cris d'enfants.　아침마다 거리는 아이들의 소리로 가득 메워진다.

· Son visage resplendit *de* joie.　그의 얼굴이 기쁨으로 환해졌다.

· On riait *de* ses bêtises.　그의 허튼 소리에 사람들이 웃었다.

· Il a senti son coeur se fondre *de* pitié.　그는 자기 마음이 연민으로 약해지는 것을 느꼈다.

- Je ne tiens plus *de* fatigue.   피곤해서 더 이상 버틸 수가 없다.
- Le chien tire la langue *de* soif.   개가 목이 말라 혀를 내밀고 있다.
- La foule trépignait *d'*enthousiasme.   군중들은 열광하여 발을 구르는 것이었다.

❷ 형용사의 보어

abruti *de* soleil[vin] 햇빛[포도주] 때문에 멍해진.   accablé *de* douleur 괴로움에 시달린.   épuisé *de* fatigue 피곤하여 녹초가 된.   bouillant *de* colère 노기등등한.   écrasé *de* fatigue 지쳐서 기진맥진한.   écumant *de* rage[colère] 노발대발하는.   éperdu *de* bonheur[joie] 행복하여[기뻐서] 어쩔 줄 모르는.   exténué *de* jeûnes et *de* veilles 굶주림과 수면 부족으로 쇠진한.   frissonnant *de* froid 추위로 몸을 떠는.   irrité *de* l'attitude de *qn* …의 태도에 화가 나 있는.   ivre *de* joie[colère] 기뻐서[화가 나서] 제 정신을 잃은.   muet *d'*admiration[*de* peur] 감격해서[겁에 질려] 말문이 막힌.   pâle *de* peur 공포로 파랗게 질린.   pâmé *d'*amour 사랑에 빠져 황홀해진.   pantelant *de* peur 공포에 질린.   tremblant *de* peur[froid] 두려움[추위]에 떠는.   valise bigarrée *d'*étiquettes multicolores 여러 색깔의 꼬리표가 붙어 얼룩덜룩한 가방.   yeux bouffis *de* fatigue[sommeil] 피로로[잠을 많이 자서] 부은 눈.   visage bouleversé *de* douleur 고통으로 일그러진 얼굴.   vière brillante *des* constellations de la nuit 밤의 별빛으로 아롱진 강.   salle bruyante *de* rires 웃음소리로 떠들썩한 방.   agressivité compliquée *d'*angoisse 심한 불안으로 가중된 공격성.   athlète défaillant *de* fatigue 피곤해서 기진맥진한 선수.   yeux embués *de* larmes 눈물이 글썽한 눈.   patron enchanté *du* travail des employés 종업원들의 일에 매우 만족해하는 고용주.   yeux étincelants *de* joie[haine] 기쁨으로[증오로] 번득이는 두 눈.   regards[yeux] flamboyants *de* haine [colère] 증오[분노]에 타오르는 시선[눈].   voix frémissante *de* colère 화가 나서 떨리는 목소리.   yeux gonflés *de* larmes 울어서 부어오른 눈.   joue grosse *de* fluxion 염증으로 부은 뺨.   cheveux hérissés *de* terreur 공포로 곤두선 머리카락.   chemise humide *de* transpiration 땀에 젖어 축축한 셔츠.   visage illuminé *de* joie 기쁨으로 환한 얼굴.   visage immobile *de* stupeur 너무 놀라 굳어버린 얼굴.   yeux lourds *de* sommeil 졸음으로 무거운 눈꺼풀.   vêtements luisants *d'*usure 닳아서 반들거리는 옷.   rameau pesant *de* fruits 열매가 잔뜩 달려 있는 나뭇가지.   front plissé *d'*inquiétude 불안해서 잔뜩 찌푸린 이마.   enfant rayonnant *de* santé 건강미가 넘치는 아이.   visage rayonnant *de* joie[satisfaction] 기쁨[만족감]으로 환하게 웃는 얼굴.   visage resplendissant *de* bonheur 행복감에 젖어 환히 빛나는 얼굴.   visage troué *de* cicatrices de variole 천연두로 얽은 얼굴.   esprit tuméfié *d'*ambitions 야망으로 부풀어 오른 마음.   visage vert *de* froid[peur] 추위로[겁에 질려] 새파래진 얼굴.   avoir l'air froissé *de* votre opinion 당신 의견에 언짢아하는 기색이다.   avoir les mains chaudes *de* fièvre 열이 나서 손이 뜨겁다.   avoir le visage congestionné *de* colère 화가 나서 얼굴이 새빨개져 있다.   être à demi-mort *de* froid 추워서 죽을 지경이다.   être accablé *de* soucis 걱정에 사로잡히다.   tre affligé *d'*une bronchite chronique 만성 기관지염으로 고생하다.   être affolé *d'*amour 사랑으로 미칠 지경이다.   être brisé *de* fatigue 피로로 기진맥진하다.   être confondu *d'*admiration[*de* surprise] 감탄한[놀란] 나머지 몸둘 바를 모르다.   être confus *de* son erreur 자기의 잘못을 부끄럽게 여기다.   être contristé *de qc* …을 몹시 슬퍼하다.   être convulsé *de* douleur 고통으로 경련이 일다.   être déçu *de* l'indifférence de *qn* …의 무관심에 실망하다.   être fâché *de* ses propos 그의 말에 불쾌해 하다[화를 내다].   être ému *de qc* …에 감동[흥분]하다.   être fatigué *de* la vie 삶에 질리다.   être fou *de* colère[*d'*étonnement] 화가 나서[놀라서] 제정신이

아니다.　être fumant *de* colère 격노하다.　être harassé *de* travail 일에 지쳐 기진맥진해지다.
être honteux *de* son ignorance 무지에 대해 부끄러워 하다.　être horrifié *de* qc …에 아연해 하다,
분개하다.　être humilié *de* son échec 실패로 인해 굴욕을 느끼다.　être joyeux *d'*un rien 별것
아닌 일에 즐거워하다.　être livide *de* peur 공포로 얼굴이 창백하다.　être malade *de* jalousie
질투심으로 끙끙 앓고 있다.　être mort *de* fatigue 피로로 탈진상태이다.　être moulu *de* fatigue
피곤해서 기진맥진하다.　être palpitant *d'*émotion 감동하여 가슴이 뛰다.　être perclus *de*
rhumatismes[douleurs] 류마티즘[통증]으로 몸이 놀지 않다.　être puni *de* son retard 지각해서
벌을 받다.　être tout raide *de* froid 추위로 몸이 완전히 굳어 있다.　être rompu *de* travail[fatigue]
일[피로]로 기진맥진하다.　être rongé[dévoré] *d'*envie 질투로 괴로워하다.　être transporté *de*
fureur 격분해 있다.　revenir éreinté *d'*une longue journée de marche 온종일 걸어서 기진맥진하여
돌아오다.

- Il est devenu tout blanc *de* peur.　그는 두려움으로 얼굴이 하얗게 질렸다.
- Je suis charmé *de* votre visite.　방문해 주셔서 기쁩니다.
- Elle a été consternée *de* l'échec de son fils.　그 여자는 아들의 실패로 인해 슬픔에 빠졌다.
- Il est complètement désespéré *de* cet échec.　이번 일의 실패로 그는 완전히 절망하고 있다.
- Il est désolant *de* bêtise.　그는 멍청해서 정말 곤란하다.
- Il est enflé *de* ses succès.　그는 성공으로 의기양양해있다.
- Il est furieux *de* votre attitude.　그는 당신의 태도에 대해 노발대발하고 있다.
- Il a été inculpé *de* meurtre.　그는 살인 혐의로 고소당했다.
- Il est inculpable *de* vol.　그는 절도의 혐의를 받을 만하다.
- Elle est inquiète *de* votre silence.　당신이 말을 하지 않아 그 여자는 불안해하고 있다.
- Il était irrité *de* mon absence.　그는 내가 있지 않았기 때문에 화가 나 있었다.
- Je suis lassé *de* ses éternelles récriminations.　그의 끝없는 불평에 진력이 난다.
- Je suis malheureux *de* cette nouvelle.　그 소식에 대해 유감으로 생각합니다.
- Elle était mourante *de* peur.　그녀는 무서워 죽을 지경이었다.
- Je suis outré *de* son ingratitude.　나는 그의 배은망덕에 화가 난다.
- J'ai été vraiment peiné *de* la douleur de mon amie.　내 친구의 고통이 나는 정말 마음 아팠다.
- Il a été puni *de* sa curiosité.　그는 호기심 때문에 곤욕을 치렀다.
- Je suis ravi *de* votre visite.　당신의 방문을 받아 매우 기쁩니다.
- Il s'estime satisfait *du* résultat.　그는 자기가 결과에 만족한다고 생각한다.
- Je suis surpris *de* l'étendue de son savoir.　나는 그의 박식함에 놀랐다.

❸ 명사의 보어

chagrin *d'*amour 사랑의 슬픔.　convulsions *de* colère 분노로 몸이 떨림.　cris *d'*indignation 분노
의 외침.　cri *de* joie 환호성.　crises *d'*angoisse 불안에 의한 발작.　crispation *de* douleur 고통으
로 인한 경련.　danger *du* tabac 담배의 해독.　déchirement *des* séparations 이별의 아픔.　déçus
du socialisme 사회주의에 환멸을 느낀 사람들.　douleurs *de* l'accouchement 출산의 고통.

exclamation *de* joie[surprise] 기쁨[놀람]의 탄성.　fatigues *d'*une longue station 체류의 고역.　faute[erreur] *d'*inattention 부주의로 인한 실수.　frémissement *de* colère[plaisir] 화로[기쁨으로] 인한 가슴의 떨림.　froid *de* la fièvre 발열에 따른 오한.　gloussement *de* satisfaction 만족하여 킬킬거리는 웃음.　grelottement *de* fièvre 오한.　grimace *de* dégoût[douleur] 혐오감[고통]으로 일그러진 얼굴.　gueulement *de* souffrance 《구어》 비명.　hébétude *de* l'ivresse 《문어》 술에 취해 몽롱한 상태.　hurlements *de* rage[terreur] 분노[공포]의 함성[아우성].　jouissance *de* l'amour 사랑의 기쁨.　larmes *d'*attendrissement 동정[감동]의 눈물.　mal *des* transports 차[배, 비행기]멀미.　maladie *de* carence 결핍증.　rougeur *de* honte 낯붉힘.　rugissements *de* colère 분노의 외침.　saisissement *de* joie 기쁨의 전율.　soupir *de* lassitude[résignation, soulagement] 낙담[체념, 안도]의 한숨.　suée *d'*angoisse 불안해서 흘리는 식은땀.　suicide *de* désespoir 절망으로 인한 자살.　transport *de* colère 《문어》 격노.　tremblement *de* fièvre 오한(惡寒).　tremblement *de* peur (공포에 의한) 전율.　veuve *de* guerre 전쟁미망인.　avoir[éprouver] un tressaillement *d'*espérance 희망으로 설레다.　résoudre ses ennuis *d'*argent 금전상의 어려움을 해결하다.

· Les décès *des* suites des cancers augmentent de plus en plus.　암으로 인한 사망자 수가 점차 늘어난다.

· Le rouge *de* la honte lui monte au front.　수치심으로 그의 얼굴이 빨개진다.

2) [de *inf*]

❶ [동사 + de *inf*]

s'alarmer *de inf* …하는 것에 겁먹다[당황하다, 깜짝 놀라다].　s'attendrir *d'*entendre son enfant prononcer ses premiers mots 자기 아기가 말을 처음 시작하는 것을 보고 감격하다.　brûler *de* parler 입이 근질근질하다.　crouler *de* rire 포복절도하다.　s'émerveiller *de inf* …에 경탄[감탄]하다.　s'émouvoir *de* voir une belle jeunesse s'adonner à la drogue 아름다운 젊은이가 마약에 탐닉하는 것을 보고 마음에 충격을 받다.　s'essouffler *de* crier 소리를 지른 나머지 숨이 가빠지다.　étouffer *de* rire 너무 웃어서 숨이 막힐 지경이다.　se fatiguer *d'*aller au cinéma 영화 구경 가기에 질리다.　se haïr *de* ne pas y avoir pensé 그에 대해 생각하지 못한 데 대해 자책하다.　s'irriter *de inf* …해서 화가 나다.　jubiler *de inf* 《구어》 …한 것에 대해 몹시 기뻐하다.　s'offenser *de* ne pas être invité 초대받지 못했다고 기분 나빠하다.　s'offusquer *de* ne pas être invité 초청을 받지 못해 기분이 상하다.　pâtir *d'*être resté trop longtemps au soleil 햇빛을 너무 오래 쬐어서 해를 입다.　se plaindre *d'*avoir trop à faire 할 일이 너무 많다고 불평하다.　rire *de* voir un sot s'exprimer d'un ton doctoral 바보가 아는 체 하는 어조로 자기 생각을 표현하는 것을 보고 웃다.　se vexer *de* ne pas avoir été invité 초청을 받지 못해서 기분이 상하다.

· *D'*avoir tant crié, il a la voix tout éraillée.　그는 소리를 많이 질러서 목이 쉬었다.

· *De* l'imaginer seul, malade, sans ressouces, les larmes lui venaient aux yeux.　그가 홀로이고, 병들고, 돈 한푼 없는 것을 상상하자 눈물이 그의 눈을 적셨다.

· *De* me voir au lit, elle se mit à pleurer.　내가 병석에 누워 있는 것을 보자 그녀는 울기 시작했다.

· *De* le voir marcher la corde raide, elle a eu un serrement de coeur.　그녀는 그가 줄타기를 하는

것을 보고 마음이 졸였다.

- Je m'afflige *de* le savoir malade.　　그가 아프다는 말을 들으니 가슴이 아프다.
- Il s'agace *de* te voir traîner autour de lui.　　그는 네가 자기 주위에서 맴도는 것 때문에 짜증스러워 한다.
- Je m'attriste *de* le voir désemparé et accablé.　　나는 그가 어찌할 바를 모르며 낙담하는 것을 보는 것이 슬프다.
- Les mains me cuisent *d'*avoir pétri des boules de neige.　　눈사람을 만들며 놀았더니 손이 얼얼하다.
- Elle se désole *de* ne pouvoir vous aider.　　그 여자는 당신을 도와주지 못해 가슴 아파한다.
- Il s'effrayait *de* voir qu'il n'y arriverait pas.　　그는 성공하지 못하리라는 것을 알고 겁이 났다.
- Je m'énerve *de* devoir attendre.　　기다려야 한다니 짜증이 난다.
- Il enrage *de* trouver la place usurpée.　　그는 그 자리를 빼앗긴 것을 알고 원통해한다.
- Je m'étonne *de* ne pas avoir été invité chez mes amis.　　내가 친구집에 초대를 못받다니 뜻밖이다.
- Il exulte *d'*avoir réussi.　　성공하자 그는 기뻐서 어쩔 줄을 모른다.
- Il se formalise *de* devoir répéter son exposé.　　그는 발표를 반복해야 해서 기분이 상해 있다.
- Personne ne se frappe *de* voir leur ressemblance.　　그들이 닮은 것을 보고 아무도 놀라지 않는다.
- Il frémissait encore *d'*avoir risqué son bonheur.　　그는 자신의 행복을 위태롭게 한 데 대해 여전히 떨고 있었다.
- Nous grillons *de* vous entendre.　　우리는 당신의 목소리가 무척 듣고 싶소.
- Je m'honore *d'*être son ami.　　나는 그의 친구인 것이 자랑스럽다.
- Il s'impatiente *de* vous voir gaspiller votre temps.　　그는 당신이 시간을 낭비하는 데 대해 화를 내고 있다.
- Il s'indigne *de* voir ce crime impuni.　　그는 그러한 범죄가 벌을 받지 않는 것에 분개한다.
- Il a remarqué que sa mère avait les yeux rouges *d'*avoir tant pleuré.　　그는 그의 어머니가 그토록 울어서 눈이 붉어진 것을 보았다.
- Je me reproche *d'*avoir manqué de courage.　　나는 용기가 없었던 것이 후회스럽다.
- Il souffre *d'*être incompris.　　그는 이해받지 못하는 것을 괴로워한다.
- Elle souriait *de* le voir si coquet.　　그녀는 그의 멋부린 모습을 보고 비웃었다.
- Il tremble *de* la perdre.　　그는 그 여자를 잃을까봐 불안에 떨고 있다.

❷ [동사 + 직접 / 간접보어 + de *inf*]

> gronder *qn d'*avoir fait *qc* …가 …한 것을 나무라다.　　incriminer un écrivain *de* corrompre la jeunesse 청소년을 타락시켰다고 작가를 비난하다.　　reprocher à un élève *d'*avoir manqué la classe 수업을 빼먹었다고 학생을 야단치다.

- On les admire *d'*y voir si clair.　　그 일의 내막을 그토록 분명히 알고 있는 그들이 놀랍기만 하다.
- Il m'a applaudi *d'*avoir réussi.　　그는 내가 성공한 데 대해 칭찬했다.
- Je vous approuve *d'*avoir pris cette décision.　　나는 당신이 그런 결정을 내린 것은 잘한 일이라고 생각한다.

- Il a blâmé son fils *d'avoir mal travaillé.*   그는 아들이 공부를 제대로 안했다고 나무랐다.
- Je vous complimente *d'avoir agi ainsi.*   그렇게 행동한 것을 치하합니다.
- Je te condamne *d'agir ainsi.*   나는 네가 그 같은 행동을 하는 것이 못마땅하다.
- On a critiqué le maire *d'avoir détruit le centre de la ville.*   시장은 도심지를 파괴했다는 비난을 받았다.
- Je le hais *de* m'avoir ainsi trompé.   그가 나를 이런 식으로 속인 데 대해 증오한다.
- On ne peut que le louer *d'avoir agi ainsi.*   그가 그렇게 처신한 것에 대해 칭찬할 따름이다.
- Je le méprise *d'avoir menti.*   그가 제의를 거짓말을 했기 때문에 나는 그를 경멸한다.
- Je la plains *d'avoir un mari pareil.*   그녀에게 그런 남편이 있음을 동정한다.
- On le plaisante *de regretter le temps de fiacre.*   사람들은 그가 삯마차가 있던 시절을 그리워한다고 놀려댄다.

❸ 형용사의 보어

être contristé *de inf* …하는 것을 몹시 슬퍼하다.   être ému *de inf* …한 것에 감동[흥분]하다. être exaspéré *d'avoir attendu si longtemps* 몹시 오래 기다려 화가 머리끝까지 난.   être haletant *d'avoir couru* 뛰어서 숨이 차다.   être honteux *d'être en retard.* 늦은 것에 대해 부끄러워하다. être horrifié *de inf* …에 아연해 하다, 분개하다.   être humilié *de inf* …한 것으로 인해 굴욕을 당하다.   être impatienté *de n'avoir pas de nouvelles* 소식을 듣지 못해 초조해 하다.   être indigné *d'être écarté des négociations* 협상에서 배제된 것에 대해 분개하다.   être joyeux *de faire qc* …하는 것을 기뻐하다.   être véxé *de n'avoir pas réussi* 성공하지 못해서 기분이 상하다.

- Enchanté *de faire votre connaissance.*   뵙게 되어 매우 반갑습니다.
- Il est affligé *d'être si mal reçu.*   그는 그토록 냉대 받아서 슬프고 가슴 아파한다.
- Je suis agacé *de l'entendre répéter la même chose.*   그 사람이 똑같은 소리를 되풀이하는 걸 듣느라 짜증이 난다.
- Je suis (fort) bien aise *de vous voir à nouveau en bonne santé.*   《문어》 건강한 당신을 다시 뵙게 되니 (대단히) 기쁩니다.
- Elle est angoissée *de voir son fils mener une vie de débauche.*   그녀는 방탕한 생활을 하는 아들의 모습에 가슴이 미어진다.
- Je suis charmé *de vous connaître.*   알게 되어 대단히 기쁩니다.
- Je suis déçu *de le voir faire aucun cas de ma demande.*   그가 내 요구를 무시하는 것을 보고 실망했다.
- Je suis désespéré *de vous avoir fait attendre si longtemps.*   당신을 이렇게 오랫동안 기다리게 해서 정말 죄송합니다.
- Je suis désolé *de vous avoir fait attendre.*   당신을 이렇게 기다리게 해서 정말 죄송합니다.
- Je suis enchanté *de faire votre connaissance.*   뵙게 되어서 기쁩니다.
- Je suis fâché *de ne pas pouvoir vous aider.*   당신을 도와주지 못하게 되어 유감스럽게 생각한다.
- Il est furieux *d'avoir à attendre.*   그는 기다려야 한다는 데 대해 노발대발하고 있다.

· Je suis heureux *de* vous voir.　당신을 뵙게 되어 기쁩니다.

· Je suis inquiet *de* ne pas recevoir de ses nouvelles.　그가 소식을 보내오지 않아 불안하다.

· J'étais malade *de* le voir partir dans de si mauvaises conditions.　그가 그토록 좋지 않는 상태에서 떠나는 것을 보니 마음이 언짢았다.

· Je suis malheureux *de* ne pas pouvoir vous aider.　도와 드릴 수 없어 유감으로 생각합니다.

· Je suis navré *de* vous avoir dérangé.　폐를 끼쳐서 참으로 미안합니다.

· Je suis ravi *de* vous connaître.　당신의 당신을 알게 되어 매우 기쁩니다.

· Elle a été soulagée *d'*apprendre son retour.　그녀는 그가 돌아온 것을 알고 마음이 놓였다.

· Elle était triste *de* voir partir son enfant.　그녀는 아이가 떠나는 것을 보고 슬퍼했다.

· Il est stupéfait *de* te voir si grandi.　그는 네가 이처럼 자란 것을 보고 깜짝 놀랐다.

· J'ai été bien surpris *de* la voir avec Pierre.　나는 그녀가 피에르와 함께 있는 것을 보고 매우 놀랐다.

3) [de ce que + *ind* / *sub*]

❶ [동사 + de ce que + *ind* / *sub*]

> s'alarmer *de* ce que + *ind/sub* …에 겁먹다[당황하다, 깜짝 놀라다].　s'attendrir *de* ce que son enfant prononce ses premiers mots 자기 아기가 말을 처음 시작하는 것을 보고 감격하다. s'émerveiller (*de* ce) que + *sub* …에 경탄[감탄]하다.　s'émouvoir *de* ce qu'elle a[ait] été la victime d'un attentat 그 여자가 테러행위의 희생자였다는 것에 흥분하다.　s'offenser *de* ce qu'on ne l'ait pas averti 그에게 미리 알려주지 않았다고 화를 내다.

· Elle s'affecte (*de* ce) que sa mère soit morte trop tôt.　그 여자는 어머니가 너무 일찍 돌아가셔서 가슴 아파한다.

· Elle s'applaudit *de* ce que sa fille a suivi ses conseils.　그녀는 딸이 자기의 충고를 따라 준 것에 대해 기뻐하고 있다.

· Il s'afflige (*de* ce) que sa mère soit souvent malade.　그는 어머니가 자주 아파서 크게 상심하고 있다.

· Il s'attriste *de* ce que la neige fond.　그는 눈이 녹는 것을 보고 슬퍼하고 있다.

· Il s'effraie *de* ce qu'on attende tant de lui.　그는 사람들이 그에게 큰 기대를 걸고 있다는 것을 두려워한다.

· Il s'énerve *de* ce que le train est[soit] en retard.　그는 기차가 연착해서 신경질을 낸다.

· Je m'étonne *de* ce qu'il ne soit[n'est] pas venu.　그가 오지 않았다니 놀랍군요.

· Il s'indigne *de* ce qu'elle vous a[ait] ainsi répondu.　그는 그녀가 당신에게 그렇게 답변한 것에 대해 분개하고 있다.

· Il se plaint *de* ce qu'on l'ait calomnié.　그는 사람들이 자신을 모략했다고 불평한다.

· Il rit *de* ce que son ami soit tombé.　그는 친구가 넘어져서 웃는다.

❷ [동사 + 보어 + de ce que + *ind / sub*]

> blâmer *qn de* ce qu'il agisse de telle façon 그런 식으로 처신한다고 …을 나무라다.　critiquer *qn* de ce que + *ind/sub* …가 …한 것을 비난하다.

· Je le hais *de* ce qu'il m'a ainsi trompé.　그가 나를 이런 식으로 속인 데 대해 증오한다.
· On l'a longtemps plaisanté *de* ce qu'il avait confondu "baiser" avec "biaiser".　사람들은 그가 "baiser"와 "biaiser"를 혼동했다고 하여 오랫동안 놀려댔다.

❸ 형용사의 보어

> être charmé *de* ce que + *sub* …하여 매우 기쁘다.　être joyeux *de* ce que + *ind/sub* …에 대해 기뻐하다.

· Je suis bien aise *de* ce que vous êtes venu.　《문어》 와주셔서 대단히 감사합니다.
· Elle éait un peu blessée *de* ce qu'il ne la plus tutoyait plus.　그녀는 그가 더이상 말을 놓고 하지 않아서 기분이 좀 상했다.
· Je suis très content *de* ce que vous avez[ayez] réussi.　당신이 성공해서 매우 기쁩니다.
· Je suis déçu *de* ce qu'il ne m'a pas répondu.　나는 그가 답장을 해주지 않아서 실망했다.
· Je suis désolé (*de ce*) qu'il ne se trouve pas ici.　그가 여기에 없다는 것이 나는 정말 애석하군요.
· Nous sommes émus (*de ce*) qu'il avait accepté cette proposition.　우리는 그가 그 제안을 받아들인 데 대해 감격했다. 나는 정말 애석하군요.
· Je suis fâché *de* ce que tu as échoué.　네가 실패한 것을 애석하게 생각한다.
· Nous sommes froissés *de* ce qu'il fait[fasse] mauvais.　우리는 날씨가 좋지 않아서 기분이 상했다.
· Il est furieux *de* ce que tu n'es pas venu le voir.　그는 네가 그를 보러 오지 않았다고 몹시 화를 내고 있다.
· Je suis ravi *de* ce que vous avez réussi.　나는 당신이 성공해서 매우 기쁩니다.
· Il est surpris *de* ce que vous êtes venu.　그는 당신이 오신 것에 놀라고 있습니다.

8. 근거

1) [형용사 + de *inf*]

> être malavisé *de inf* …하다니 신중하지 못하다.

· Vous êtes admirable *d'*être venu à bout de ce travail.　당신이 이 일을 끝까지 해내다니 놀랍습니다.
· Vous êtes bien aimable *d'*être venu.　와 주셔서 대단히 감사합니다.
· Vous êtes bien bon *de* m'avoir aidé.　도와주셔서 감사합니다.
· Je suis bête *d'*avoir oublié cela!　그것을 잊어버리다니 어리석기도 하지!
· Tu est très chic *d'*être venu me voir.　나를 보러 와 주다니 친절하기도 해라.
· Tu es dingue *d'*avoir accepté cette proposition.　그 제의를 수락하다니 미쳤구나.

- Tu es énervant *d'*arriver toujours en retard.   너는 항상 늦게 도착해서 신경질나게 한다.
- Vous êtes enviable *d'*avoir un tel métier.   그러한 직업을 가진 당신이 부럽소.
- Tu es fou *de* partir sans pneu de rechange.   예비 타이어도 없이 떠나다니 미쳤구나.
- Vous serez gentil *de* fermer la porte derrière vous.   부디 문을 닫아 주십시오.
- Vous êtes hardi *de* m'interrompre ainsi.   내 말을 이렇게 가로막다니 참 뻔뻔스럽군요.
- Elle est impardonnable *d'*avoir fait cela.   그녀가 그런 짓을 하다니 용서할 수 없다.
- Elle est imprudente *d'*avoir fait cela.   그녀가 그런 짓을 하다니 경솔하다.
- Il est bien innocent *de* croire ces balivernes.   이런 허튼 소리를 믿는 걸 보면 그는 어지간히 숙맥이다.
- Elle est inexcusable *de* m'avoir menti.   그녀가 내게 거짓말을 한 것은 용서할 수 없다.
- Vous êtes ridicule *de* porter un chapeau avec une mini-jupe.   미니스커트에 모자를 쓰다니 우습군요.
- Vous avez été sage *de* ne pas intervenir dans cette affaire.   당신이 그 일에 끼어들지 않은 건 현명한 일이었다.
- Je le trouve bien cavalier *d'*être venu avec des amis.   《경멸》 친구들을 데리고 오다니 아주 경솔한 놈이로군.

2) [il est / c'est + 형용사 + de la part de *qn* + de *inf*]

> ce n'est pas très charitable de votre part *de inf* …하시다니 당신은 도무지 친절하지 않군요.   il est dédaigneux de la part de *qn de inf* …가 …하다니 거만하다.

- C'est[Il est] bien bon de sa part *de* m'envoyer des fleurs   그가 내게 꽃을 보내 주다니 고맙기도 해라.
- Il est aberrant de sa part *de* faire une chose pareille.   그가 이런 짓을 한 것은 비상식적이다.
- Il a été abject de sa part *de* lui demander pardon.   그가 그에게 용서를 구한 것은 비열했다.
- Il est abominable de sa part *de* se comporter ainsi.   그가 이렇게 행동하다니 가증스럽다.
- Il est chic de sa part *de* me prévenir.   그가 네게 미리 알려주다니 친절하기도 해라.
- Il n'est pas habile de ta part *de* le fâcher.   네가 그를 불쾌하게 하는 것은 잘 하는 일이 아니다.

3) [c'est / il est + 형용사 + à *qn* de *inf*]
- C'est gentil à vous *d'*être venus.   당신들이 와주시다니 고맙습니다.
- C'est gentil à toi *d'*avoir pensé à mon anniversaire.   내 생일을 생각해주어서 고맙구나.
- Il est[C'est] honteux à lui *d'*avoir agi ainsi.   그가 그렇게 행동한 것은 수치스러운 일이다.

4) [du fait que + *sub*]
- Il est courageux *du* fait qu'il veuille partir.   떠나고자 하다니 그는 용감하기도 하다.

9. 수단 · 도구

1) ❶

personne armée *d'*un pistolet 권총으로 무장한 사람.   vieillard armé *d'*un cornet acoustique. 보청기를 낀 노인.   s'armer *d'*une pierre[*d'*un fusil] 돌[소총]으로 무장하다.   chanter en s'accompagnant

> *de* la guitare 기타를 치며 노래하다.   ne pas se chauffer *du* même bois 《비유》 공통점이 없다, 의견을 달리하다.   déjeuner *d'*un sandwich 샌드위치로 점심을 때우다.   s'engraisser[vivre] *de* la sueur de *qn* …의 노고를 착취하여 치부하다[먹고 살다].   se nourrir *d'*un oignon 검소하게 살다.   parler *d'*une voix émue[puissante] 감격에 겨운[우렁찬] 목소리로 말하다.   se suicider *d'*un coup de revolver 권총으로 자살하다.   vivre *du* produit de sa terre[*de* ses biens] 자기 토지[재산]의 수익으로 생활하다.   vivre *de* sa graisse (동면 동물이) 체내의 지방으로 살아가다; 《비유》 벌어놓은 돈으로 지내다[살아가다].   vivre *de* sa plume 글을 써서 먹고 살다.   vivre [faire commerce] *de* ses charmes 몸을 팔다, 매춘을 하다.   vivre *de* ses rentes 금리로 살다; 놀며 살다. voler *de* ses propres ailes 자립하다, 자기 힘으로 하다.

- Il acquiesce *d'*un signe de tête.   그는 머리를 끄떡여 동의를 표시한다.
- Son père se meurt *d'*une grave maladie.   그의 아버지는 중병에 걸려 죽어가고 있다.
- Les époux se sont séparés *d'*un commun accord.   그 부부는 합의에 의해 별거하게 되었다.
- L'homme ne vit pas que *de* pain.   사람이 빵만으로 사는 것은 아니다.
- On verra[va voir] *de* quel bois je me chauffe.   어디 두고 보라지((협박)).

❷ [동사 + 명사 + de + 명사]

> aider *qn de* ses conseils …에게 조언하다.   apostropher *qn d'*un soufflet …의 뺨을 때리다. assaisonner la conversation *de* quelques mots plaisants 몇 마디 농담으로 대화의 흥을 돋우다. ceindre son front *d'*un turban 머리에 터번을 두르다.   cingler son adversaire *d'*une réplique impitoyable 상대를 가혹하게 비판하다.   confondre *qn d'*un raisonnement serré 치밀한 논리로 …을 꼼짝 못하게 하다.   écarter *qn/qc d'*une poussée …을 옆으로 밀치다.   enclore un jardin *d'*une haie 정원을 울타리로 둘러싸다.   encourager *qn d'*un sourire pour qu'il continue …에게 계속하도록 격려의 미소를 짓다.   entourer[parer] *qn d'*une auréole …을 영광으로 둘러싸다[장식하다]; …을 격찬[찬양]하다.   éteindre dix bougies *d'*un seul souffle 단 한 번의 입김으로 10개의 촛불을 끄다.   frapper[heurter] *qc de* la corne …을 뿔로 받다.   marquer *qc d'*une croix …에 ×표시를 하다.   marquer un jour[événement] *d'*une pierre blanche 어떤 날[사건]을 영원히 기념하다.   menacer *qn d'*un couteau 칼을 들고 …을 위협하다.   nourrir un enfant *de* son lait 모유로 아이를 키우다.   parer *qn de* toutes les vertus …을 온갖 덕목을 갖춘 인물로 미화하다.   payer un crime *de* cinq ans de prison 범죄로 5년의 징역을 살다.   renverser *qn d'*un croc-en-jambe …을 다리를 걸어 넘어뜨리다.   répondre *d'*un ton raide[rogue] 완강한[건방진] 어조로 대답하다. rythmer un air *d'*un mouvement de la tête 고갯짓으로 곡조의 박자를 맞추다.   souligner un passage *d'*un trait rouge. 어떤 대목에 붉은 선으로 밑줄을 긋다.   soutenir une entreprise *de* ses capitaux 자신의 자금으로 기업을 후원하다.   trancher la discussion *d'*un seul mot 한마디로 논쟁에 종지부를 찍다.   transpercer *qn d'*un coup d'épée …의 몸을 단칼에 꿰찌르다.   tremper son mouchoir *de* ses larmes 손수건을 눈물로 적시다.

- Dieu *de* son souffle puissant a donné l'animation à la matière.   신은 강력한 숨결로 물질에 생명력을 불어 넣었다.
- Je ne veux pas vous encombrer *de* ce paquet.   이 짐이 불편하게 해 드리지 않았으면 좋겠습니다.

- Entourez *d*'un cercle le chiffre correct   맞는 숫자에 동그라미를 치시오.
- Ce boxeur a étendu raide son adversaire *d*'un seul coup de poing.   이 권투선수는 상대를 한 주먹에 눕혀버렸다.
- Vous êtes prié d'honorer la réunion *de* votre présence.   모임에 참석하셔서 자리를 빛내주시기 바랍니다((초대의 글귀)).
- Il me salue *d*'un coup de chapeau.   그는 모자를 조금 치키며 내게 인사한다.

2) [de + 무관사명사]

❶

cactus armé *de* piquants 가시가 있는 선인장.   s'amuser *de* petits riens 아무 것도 아닌 것으로 즐겁게 시간을 보내다.   prêcher *d*'exemple 솔선수범하다.   vivre *d*'amour et *d*'eau fraîche 사랑과 물만으로 살다, 사랑에 몰두하다.   vivre *d*'aumône 구걸하며 살아가다.   vivre *de* carotte 검소하게 살다.   vivre *de* cueillette 야생 식물을 채취하여 생활하다.   vivre *de* lait et *de* légumes 우유와 야채로 연명하다.

- Il ne s'alimente que *de* légumes.   그는 야채만 먹고 산다.
- Il s'arrange *de* peu.   그는 얼마 안되는 것으로 만족한다.
- Les montagnes commençait à se couvrir *de* bouquets de bois.   산들이 나무덤불로 덮이기 시작했다.
- Elle s'est barbouillée *de* confitures.   그녀는 잼으로 얼굴을 더럽혔다.
- C'est cousu *de* fil blanc.   《비유》 너무나 명백하다.
- Cette chambre est décorée *de* nombreux tableaux.   그 방은 많은 그림으로 장식되어 있다.
- Le grenier regorgeait *d*'approvisionnements de toute sorte.   다락이 각종 비축 물품으로 가득 차 있었다.
- L'homme ne vit pas seulement *de* pain.   사람은 빵만으로 사는 것은 아니다.

❷ [동사 + 명사 + de + 명사]

agrémenter son récit *d*'anecdotes 일화를 곁들여 이야기를 재미있게 하다.   alimenter les nouveaux-nés *de* lait 신생아에게 우유를 먹이다.   appuyer sa prétention *de* bonnes raisons 좋은 이유를 들어 주장을 뒷받침하다.   armer le gouvernement *de* pouvoirs exceptionnels. 정부에 비상권을 부여하다.   assaillir[assiéger] *qn de* questions 질문으로 …을 괴롭히다.   assassiner *qn de* reproches …을 끊임없는 질책으로 괴롭히다.   barbouiller un livre *d*'encre 잉크로 책을 더럽히다.   bombarder *qn de* cailloux[fleurs] …에게 돌[꽃]을 마구 던지다.   broder *de* fleurs un jardin 정원을 꽃으로 장식하다.   ceinturer une ville *de* murailles 도시의 주위를 성벽으로 둘러싸다.   charger un ouvrage *de* citations 작품을 인용문으로 채우다.   connaître *qn de* nom[réputation, vue]…을 이름[명성, 면식]으로 알다.   couvrir une tombe *de* fleurs 묘를 꽃으로 장식하다.   embellir un intérieur *de* fleurs 실내를 꽃으로 장식하다.   enceindre une ville *de* murailles 《드물게》 도시를 성벽으로 둘러싸다.   endormir *qn de* belles promesses …을 감언이설로 회유하다[속이다].   enrichir son récit *de* termes pittoresques 생동감 있는 말을 섞어 이야기를 실감나게 하다.   étayer un mur *de* poutres 벽을 들보로 떠받치다.   garnir une robe *de* dentelle[broderies, passementeries]

드레스에 레이스를[자수 장식을, 장식끈을] 달다.   harceler *qn de* réclamations continuelles 계속 이의를 제기하여 …을 괴롭히다.   illustrer *de* notes un texte difficile 어려운 텍스트를 주석을 달아 설명하다.   importuner *qn de* questions 질문 공세로 …을 괴롭히다.   larder *qn d'*épigrammes …을 신랄하게 비난하다.   maculer *de* boue son pantalon 진흙으로 바지를 더럽히다.   nourrir un exposé *d'*exemples choisis 선별된 보기들로 발표 내용을 보충하다.   orner un balcon *de* plantes vertes 발코니를 푸른 식물로 꾸미다.   pailleter *d'*or une étoffe 천을 금박으로 장식하다.   parsemer une robe *de* fleurs 옷을 꽃으로 수놓다.   payer *qn de* belles paroles 빈말로[번지르르한 말로] 때우다.   rouer *qn de* coups …을 마구 때리다.   souiller ses draps *de* vomissures 토사물로 시트를 더럽히다.   soûler *qn de* paroles 쉴 새 없이 지껄여서 …을 괴롭히다.

3) 명사의 보어

armes *de* jet 투척[발사]무기((창·활·총 따위)).   bataille *de* boules de neige 눈싸움.   caravane *de* chameaux 낙타 대상.   coup *de* pied[poing] 발길질[주먹질].   cure *de* choc 충격요법.   faïence *de* grand feu 고온 처리한 도자기.   horloge *de* sable 모래시계.   méthode *de* choc 충격요법.   trait *de* crayon 연필 선.

4) [de + 신체부위명사]

opération *de* tête 암산(=calcul mental).   signe *de* tête affirmatif[négatif] 고개를 끄덕이기[가로젓기].   avaler[boire, couver, dévorer, manger] *qn/qc des* yeux 《비유》 …을 탐욕스럽게[뚫어지게] 바라보다.   calculer *de* tête 암산하다.   caresser *qn/qc de* l'oeil[*du* regard] 《비유》 …을 사랑스럽게 바라보다.   chasser les mouches *de* la main 손을 저어 파리를 쫓다.   cogner *du* poing sur la table 주먹으로 탁자를 치다.   considérer *qc d'*un oeil critique …을 비판적인 시각으로 고찰하다.   écouter *de* toutes ses oreilles 열심히 귀를 기울이다, 건성으로 듣다.   n'écouter que *d'*une oreille; écouter *d'*une oreille distraite 별로 귀담아 듣지 않다.   ne pas l'entendre *de* cette oreille 들으려 하지 않다, 결코 응하지 않다.   faire un signe *de* la main 손짓을 하다.   menacer *qn de* l'oeil[la main] 매섭게 쏘아보고[손을 치켜들고] …을 위협하다.   percer *qn de* son regard …을 뚫어지게 바라보다.   pleurer *d'*un oeil et rire *de* l'autre 기쁨 반 슬픔 반이다.   prendre *qc d'*une (seule) main …을 한 손으로 들다.   regarder *du* coin de l'oeil 은밀히 바라보다.   saluer *qn de* la main …에게 거수경례를 하다.   suivre *qn/qc des* yeux[*du* regard] 눈으로 …을 쫓다[지켜보다].   se tenir à une corde *d'*une main 손으로 줄을 붙잡다.   trembler *de* tous ses membres 온 몸을 부들부들 떨다.   vivre *de* ses bras 육체노동으로 먹고 살다.   voir *qc d'*un bon[mauvais] oeil …을 호의[악의]적으로 보다.   voter *de* deux mains 쌍수를 들어[전적으로] 찬성하다.

· Elle écrit *de* la main gauche.   그녀는 왼손으로 쓴다.
· Je l'ai vu *de* mes propres yeux.   나는 그것을 내 눈으로 직접 보았다.

5) 동족 보어

dormir *du* dernier sommeil 영면하다.   dormir *d'*un profond sommeil 잠을 깊이 자다.   dormir *d'*un sommeil léger 선잠을 자다.   dormir *du* sommeil du juste (양심의 거리낌이 없는 사람처럼) 평안히 자다.   s'endormir *d'*un sommeil de plomb 깊이 잠들다.   s'endormir *du* dernier sommeil; s'endormir *du* sommeil de la tombe 영면하다.   mourir *de* sa belle mort 천수(天壽)를 다하다.   mourir *de* male mort 《옛》 횡사하다.

10. 재료

1) [de + 무관사명사] : …로 만든.

❶

assiette *de* porcelaine 자기 접시.   balai *de* bruyère[crin, nylon] 떨기나무[말총, 나일론] 빗자루.   bâtiment *de* pierre 석조건물.   beurre *de* cacahouette 땅콩버터.   bifteck *de* cheval 말고기 스테이크.   bonhomme *de* neige 눈사람.   bouchon *de* caoutchouc[verre] 고무[유리]마개.   bouillon *de* légumes 야채수프.   bouillon *de* poule 닭 국물.   cabane *de* branchage 나뭇가지로 지은 오두막집.   cape *de* velours 비로드 망토.   chaise[lit, pont] *de* bois 나무 의자[침대, 다리].   châle *de* cachemire 캐쉬미어 직물 쇼올.   cheval *de* bois 목마.   train *de* bois 뗏목.   chandelle *de* suif 동물 지방분으로 만든 양초.   chemise *de* coton 면 셔츠.   cloison *de* planches 판자 간막이벽.   clôture *de* haies vives 생울타리.   coiffure *de* fleurs 꽃으로 만든 머리장식.   collier *de* coquillages 조개목걸이.   compote *de* pommes 사과 설탕졸임.   conduit *de* fonte[plomb] 주철[연]관.   confiture *de* prunes 자두 잼.   cornet *de* papier 원뿔 모양으로 만 종이.   coulis *de* tomates 토마토소스.   couronne *de* chêne (로마 시대에 승자가 쓰던) 떡갈나무 잎으로 만든 관(冠).   couronne *de* laurier 월계관.   cuiller *d'*argent 은 스푼.   dalle *de* ciment[marbre] 시멘트[대리석] 포석.   dôme *de* feuillage [verdure] 둥근 지붕처럼 우거진 나뭇가지.   édifice *de* granit 화강암 건물.   étoffes[tissus] *de* soie 견직물.   ruban *de* soie 비단 리본.   farine *de* maïs[riz] 옥수수[쌀]가루.   fibre *de* verre 유리 섬유.   ficelle *de* nylon 나일론 끈.   fromage *de* chèvre 염소젖으로 만든 치즈.   gelée *de* pommes 사과 젤리.   gilet *de* tricot 편물 조끼.   granité *de* café 커피 그라니테.   huile *de* sésame[soja] 참기름[콩기름].   jus *d'*orange 오렌지 주스   liqueur *d'*oranges 오렌지 술(=curaçao)((오렌지 껍질로 담근 술)).   manteau *de* castor 비버 모피로 만든 외투.   manteau *de* cuir 가죽 망토.   manteau *de* fourrure 모피 외투.   masque *de* carton 종이 가면.   reliure *de* carton (책의) 하드커버 장정.   médaille *d'*or[*de* bronze] 금[동]메달.   meuble *d'*acajou 마호가니 가구.   monnaie *de* cuivre[papier] 동화(銅貨)[지폐].   pain *de* son 밀기울 빵.   papier *de* verre (연마용의) 사지(砂紙), 사포(砂布).   pâté *de* foie 간 파테.   peigne *de* corne 뿔빗.   poupée *de* cire 밀랍인형.   portefeuille *de* maroquin 무르크 가죽제 지갑.   ragoût *de* mouton 양고기 스튜.   robe cousue *de* paillettes 황금장식으로 수를 놓은 드레스.   sac *de* toile 마대(麻袋).   sachet *de* papier 작은 종이 봉지.   tigre *de* papier 종이호랑이.   salade *de* fruits[tomates] 과일[토마토] 샐러드.   sauce *de* soja 간장.   sirop *de* sucre[fruits] 설탕[과일]시럽.   soupe *de* légumes 야채수프   timbre *de* caoutchouc 고무스탬프   tisane *de* queues de cerises 버찌꼭지탕.   tissu *de* lin 아마포.   toit *d'*ardoises 청석돌판 지붕.   toit *de* chaume 초가지붕.   tuile *d'*ardoise 슬레이트 기와.   tuyau *de* fer 철관.   vaisselle *d'*argent[*de* procelaine] 은[자기] 식기.   vêtements *de* coton 면으로 된 옷.   frotter un parquet *de* cire 마루를 왁스로 문지르다.   plaquer des bijoux *d'*or[*d'*argent] 패물에 금[은] 도금을 하다.   poudrer *qc de* farine …에 밀가루를 묻히다.

- Ces gants sont *de* cuir.　이 장갑은 가죽으로 되어 있다.
- C'est *du* cuir véritable.　이건 진짜 가죽으로 만든 것이다.
- Ma montre est *d'*or massif.　내 시계는 순금으로 되어 있다.

❷ [faire + 명사 + de + 명사]

> pain fait *de* blé 밀로 만든 빵.　statue faite *de* marbre 대리석으로 만든 조상.　faire *d'*une maison une boutique 집을 가게로 만들다.　faire *d'*une ville un cimetière 어떤 도시를 폐허로 만들다. faire sa propriété *de* qc …을 자기 것으로 (소유)하다.　faire *de* la nuit le jour et *du* jour la nuit 낮에 자고 밤에 일하다, 낮과 밤을 거꾸로 생활하다.　faire *de* son corps une boutique d'apothicaire 약을 마구 먹다.　faire (tout) un plat *de* qc …을 두고 야단법석을 떨다; …을 공연히 과장하다.

- La guerre a fait *de* lui un infirme.　전쟁으로 그는 불구가 되었다.
- Il fera un jardin *de* ce terrain.　그는 그 땅을 정원으로 만들 것이다.
- Qu'allez-vous faire *de* votre fils? − Nous *en* ferons un ingénieur.　당신의 아들을 무엇이 되게 할 생각이세요? − 엔지니어가 되게 하려고 합니다.
- Qu'avez-vous fait *de* mon parapluie?　내 우산을 어떻게 했소?

2) 비유

> âge *d'*or 황금시대, 황금기.　âme[coeur] *de* cristal 맑은[깨끗한] 마음.　bras *de* fer 철완; 팔씨름; 대립, 대결.　discipline *de* fer 엄격한 규율.　une main *de* fer dans un gant *de* velours 외유내강한 사람.　avoir un bras *de* fer 대단히 권위가 있다; 불굴의 의지가 있다.　gouverner avec un bras *de* fer 가혹하게 다스리다.　bras *d'*airain 견고한 팔.　caractère *de* cire 《구어》 순진한[유순한] 성격. coeur *de* cire 대단히 유순한 사람.　chemin *de* velours 부드러운 잔디 길; 편안한 길[방법].　château *de* cartes 무너지기 쉬운 것, 덧없는 것.　château *de* sable 모래성, 사상누각.　ciel *de* plomb 납빛 하늘.　coeur *de* pierre[diament, marbre, roche] 무정한 마음[사람].　corps[muscles] *d'*acier 강철같은 몸[근육].　corset *de* fer 꽉 죄는 것; 구속하는 것.　feuille *de* chou 《구어》 엉터리[싸구려] 신문이나 잡지.　figure[mine] *de* papier mâché (병 따위로) 창백한 얼굴.　homme[femme] *d'*argent 타산적인 사람[여자], 돈밖에 모르는 사람[여자].　homme *de* bois 《속어》 무기력한 사람.　homme *de* paille 이름만 빌려준 사람; 《옛》 보잘것없는 사람.　homme *de* verre 청렴결백한 사람.　maison *de* verre 비밀이 없는 가정[회사].　jours filés[tissus] *d'*or et *de* soie 행복하고 유복한 시절.　linceul *de* neige 하얗게 덮인 눈.　langue *de* bois 상투적인 정치 선전 구호; 솔직하지 않은 말(↔ franc-parler).　règle *d'*or 황금률.　sentiments *de* carton-pâte 거짓된 감정.　siècle *d'*or 황금의 세기((16세기 중엽 스페인 전성시대)).　teint *de* lis 하얀 피부.　veau *d'*or 황금 송아지((출애굽기에서; 금전·권력의 상징)).　visage *de* marbre 차가운 얼굴.　visage *de* parchemin 《속어》 누렇게 뜬 얼굴.　voix *d'*airain (종의 울림처럼) 우렁찬 목소리.　voix *de* cristal 맑은[낭랑한] 목소리.　volonté *de* fer 강철같은 의지.　yeux *de* braise 이글이글 타오르는 눈(빛).　avoir un coeur *d'*amadou 《격언》 걸핏하면 성을 내다, 성미가 욱하다.　avoir un coeur *d'*or 마음씨가 매우 곱다.　avoir un estomac *d'*acier[de fer] 위가 튼튼하다. avoir un front *d'*airain 철면피이다; 의연하다.　avoir des mains *de* beurre 손에 쥔 것을 잘 놓치다.

avoir un moral *d'*acier à toute épreuve 온갖 시련에 단련된 강인한 정신을 갖추다.　avoir des yeux *de* charbon 타는 듯한 눈을 하고 있다.　dormir d'un sommeil *de* plomb 아주 깊이 자다.　être (tout) cousu *d'*or 굉장히 부자이다.　être[rester] *de* marbre 냉담하다.　être *d'*une pâte à *inf* …할 기질의 사람이다.　n'être pas *de* bois 목석이 아니다.　être *du* bois *dont* on fait les flûtes 《구어》 남의 말만 따르고 주견이 없다.　être *du* bois *dont* on fait les généraux[les chefs, les contenaires] 장군이 될[우두머리가 될, 백 세 장수할] 자질이 있다.　faire des yeux *de* velours 다정한 눈길을 보내다.　mettre un bâillon *d'*or à *qn* …을 매수하여 입을 틀어막다.　pleurer des larmes *de* sang 피눈물을 흘리다.

- Habits *de* velours, ventre *de* son. 《**속담**》 호의악식(好衣惡食).
- Il a une âme *de* bronze.　그는 냉혹한 마음을 가졌다.
- Elle a un teint *de* porcelaine.　그 여자는 피부가 백옥 같다.
- C'est une affaire *d'*or.　이것은 큰 돈벌이다.
- C'est *de* l'or en barre.　매우 가치 있다[훌륭하다].
- L'histoire est tissue *de* légende.　역사는 전설로 이루어져 있다.
- Le chat fait patte *de* velours.　고양이는 살금살금 소리 없이 걷는다.
- La parole est *d'*argent et le silence est *d'*or. 《**격언**》 웅변은 은이요 침묵은 금이다.

11. 양태·방식

1) …으로, …하게.

*d'*un air satisfait 만족스런 표정으로.　*d'*un air vacant 방심한 태도로, 건성으로.　*du* bout des dents[des lèvres] 억지로, 마지못해, 하는 수 없이; 솔직하지 못하게.　*de* cette[la] façon 이렇게 해서[하면].　*d'*un commun accord 만장일치로.　*d'*un coeur léger 가벼운 마음으로; 대범하게.　*de* tout son coeur 온힘을 다해, 성심껏.　*d'*un déclic 갑자기(=soudainement).　*d'*une façon[manière] générale 일반적으로.　*d'*une goulée 《구어》 한 입에, 한 모금에, 단숨에.　*du* même jet 동시에.　*de* la même manière 마찬가지로.　*d'*un pas tranquille 조용한 발걸음으로.　*d'*un (seul) bond 껑충 뛰어; 일약, 일거에.　*de* sa propre initiative 자발적으로, 자진하여.　*d'*un seul coup; *d'*un (seul) jet 단번에, 대번에.　*d'*un seul élan 단숨에(=par un seul effort); 단 한번에(=en une seule fois).　*d'*une seule pièce; tout *d'*une pièce 한 덩어리로, 통째로(=d'un seul bloc); 《비유》 솔직한, 직설적인, 융통성이 없는.　*du* premier bond 대번에.　*de* son propre chef 자기 권한으로, 독자적으로.　*de* son propre mouvement 자발적으로.　*du* train où va le monde 세상 돌아가는 대로.　*d'*un ton âcre 쏘는 듯한 투로.　*de* (tout) son long (몸을) 쭉 펴서.　*de* toute son âme 마음을 다하여, 성심성의껏.　tout *du* long 위에서 아래까지.　tout *d'*une tirade; (tout) *d'*une tirée; tout *d'*une trotte 단숨에.　*d'*une voix claire 또렷한 목소리로.　*d'*une voix unanime 이구동성으로.　agir *de* sa propre initiative 자발석으로 행동하다.　s'en aller *du* même pied 같은 걸음걸이로 가다.　boire un bol de café *d'*une seule haleine 커피 한 잔을 단숨에 마시다.　boire *d'*une seule lampée 단숨에 마셔버리다.　être armé *de* toutes pièces 완전무장을 하고 있다.　faire plus de vingt lieues *d'*une seule traite 쉬지 않고 단숨에 200리 이상을 가다.　happer *qc d'*un coup de gueule …을 한입에 덥석 물다.　manger *du* bout des dents 마지못해 먹다.　marcher *d'*un pas

> leger[triomphant] 경쾌한[자신감 넘치는] 걸음으로 걷다.　rayer [supprimer] *d'*un trait de plume 단번에 지워버리다.　refuser *d'*un air résolu 단호하게 거절하다.　regarder *qn du* haut de sa grandeur 우월감을 가지고 …을 바라보다, …을 얕보다[깔보다].　respirer *d'*une haleine égale 호흡이 고르다.　vider [sécher] un verre *d'*un seul trait[*d'*une seule gorgée] 단숨에 잔을 비우다.

- *De* quelle façon cela s'est-il produit.　어떻게 해서 그런 일이 일어났습니까?
- L'avion relie *d'*un coup d'aile Paris à Montréal.　비행기는 파리와 몬트리올을 곧장 연결한다.
- Elle se retourna *d'*un bloc.　그녀는 휙 뒤돌아섰다.
- Vous ne devriez pas sortir habillé *de* la sorte.　그렇게 입고 외출해서는 안될 것 같군요.

2) [de + 무관사명사]

> *de* bon[grand] coeur; *de* tout coeur; *de* gaieté de coeur; *de* bonne grâce 기꺼이, 진심으로(= avec plaisir, volontiers).　*de* mauvais coeur; *de* mauvaise grace; *de* mauvais gré 마지못해, 억지로(= à contrecoeur).　*de* belle sorte; *de* (la) bonne sorte 훌륭히, 신사적으로(=comme il faut).　*de* bon gré; *de* son (plein) gré 기꺼이, 흔쾌히(=volontairement, volontiers).　*de* bon gré ou *de* force 자발적이건 강제에 의해서건 간에, 좋든 싫든 간에.　*d'*entrée de jeu 처음부터, 애초부터(=dès le début).　*de* façon claire 명확하게.　*de* façon uniforme 일률적으로.　*de* guerre lasse 싸우다 지쳐서; 마지못해, 할 수 없이.　*de* haute lutte;《문어》*de* vive lutte 강제로, 억지로, 애를 써서.　*de* meilleure grâce 정말 기꺼이.　*d'*impromptu《문어》불시에, 갑자기(=à l'improviste).　*d'*instinct 본능적으로(=instinctivement); 자발적으로(spontanément).　*de* mémoire 외어서.　*de* pied ferme 자리를 뜨지 않고; 굳세게, 당당하게 (=courageusement, résolument).　*de* plein droit 정당한 권리를 갖고서.　*de* prime abord 처음부터, 첫눈에.　*de* propos délibéré 고의로, 일부러.　rasé *de* frais 방금 면도한.　aborder une question *de* face 문제를 정면으로 다루다.　agir *de* parti pris 단호하게 행동하다.　aller *de* compagnie avec *qn* …와 함께 가다(=accompagner).　y aller *de* bon coeur 용기 있게[힘차게] 행동하다.　appeler *d'*urgence un médecin 급히 의사를 부르다.　attendre *qn de* pied ferme 단단히 각오하고 …을 기다리다.　avoir de ses nouvelles *de* traverse 그의 소식을 간접적으로 듣다.　être frappé *de* plein fouet 큰 타격을 받다.　gagner *de* justesse 근소한 차이로 이기다.　se heurter *de* plein fouet 정면충돌하다.　manger *de* bon appétit 왕성한 식욕으로[실컷] 먹다.　parler *d'*abondance 구변좋게[유창하게] 말하다.　parler une langue *de* manière courante 어떤 언어를 유창하게 말하다.　prononcer *de* manière indistincte 불분명하게 발음하다.　traiter *qn de* pair à compagnon …을 평등하게 취급하다.　travailler *d'*arrache-pied 열심히 일하다.

- J'accepte *de* grand coeur.　기꺼이 받아들이겠다, 좋다.
- On a agi *de* sorte à dissiper ses soupçons.　사람들은 그의 의심을 사지 않도록 행동했다.
- Demandons-lui *d'*abord son avis, nous déciderons ensuite.　먼저 그의 의견을 물어 보고 그 다음에 결정합시다.
- La pluie a repris *de* plus belle.　비가 다시 심하게 내리기 시작했다.
- On se verra *de* nouveau lundi prochain.　다음 주 월요일에 다시 만나자.

12. 복장 · 착용

1) …을 입고[착용하고] 있는.

chaussé *de* bottes 장화를 신은. cravaté *de* bleu 푸른색 넥타이를 맨. vêtu *de* haillons 누더기를 걸치고 있는. vêtu *d'*un imperméable gris 회색 레인코트를 입은. vêtu *de* neuf 새 옷을 입은. âne vêtu *de* la peau du lion 사자 가죽을 쓴 당나귀, 허세를 부리는 자. hommes vêtus uniformément *du* même complet gris 똑같이 회색 정장 차림을 한 사람들. mineurs coiffés *d'*un casque 헬멧을 쓴 광부들. se barder *de* vêtements chauds 따뜻한 옷을 입다. se chausser *d'*escarpin 무도화를 신다. se coiffer *d'*un joli chapeau 예쁜 모자를 쓰다. s'encuirasser *d'*un corset. 코르셋을 죄어 입다. être coiffé *d'*un feutre gris 잿빛 펠트 모자를 쓰고 있다. être culotté *de* bleu 푸른 색 짧은 바지를 입은. être habillé *de* rose 장미 빛 옷을 입다. être habillé *de* vert 녹색 옷을 입고 있다. être vêtu *de* rouge 빨간 옷을 입다. s'habiller[se mettre] *de* dimanche 정장을 하다. s'habiller *de* neuf 새 옷을 입다. se vêtir *de* linge blanc 흰 내의를 입다.

· Il s'affuble *d'*un vieux manteau. 그는 낡은 외투를 걸친 모습이 우스꽝스러웠다.
· C'est rare qu'il se cravate *d'*un noeud papillon. 그가 나비넥타이를 매는 일은 드물다.
· Il s'est nippé *de* neuf. 《구어》 그는 새 옷을 입었다.
· Il était revêtu *de* tous les attributs de sa fonction. 그는 자신의 직분을 나타내는 표장을 모두 달고 있었다.

2) [동사 + 보어 + de + 명사]

accoutrer son enfant *d'*un habit ridicule 자기 아이에게 이상한 옷을 입히다. attifer son enfant *d'*un vêtement ridicule 《구어》 아이에게 우스꽝스런 옷을 입히다. chausser un bébé *de* chaussettes de laine 아기를 털양말을 신기다. coiffer un enfant *d'*un bonnet 어린아이에게 헝겊모자를 씌우다. couronner (la tête de) *qn de* lauriers …의 머리에 월계관을 씌우다. habiller un enfant *de* blanc 아이에게 흰옷을 입히다.

· On l'a affublé *d'*un chapeau ridicule. 사람들은 그에게 우스꽝스런 모자를 씌워 괴상하게 치장했다.
· Habillez-le *de* laine pour l'envoyer à la montagne. 그를 산에 보낼 수 있게 털옷을 입히시오.

13. 주제 · 관심

1) ❶ …에 관한[관해서].

"*De* l'esprit des lois" (몽테스키외의) "법의 정신". *de* la mode 유행론. "*De* l'origine des espèces" (다윈의) "종의 기원". adresser[faire] des compliments à *qn de* son succès …의 성공을 축하하다. avoir la curiosité *de* ce qu'il pense 그가 어떻게 생각하고 있는지 알고 싶어 하다. avoir une vue synthétique *de* la situation 상황의 전모를 파악하고 있다. avoir des fantasmes *de* richesse 부에 대한 환상을 품다. avoir la haine *de* la violence 폭력을 싫어하다. avoir[se faire]une haute idée[opinion] *de qn/qc* …을 높이 평가하다. avoir une idée précise *de* la situation

상황을 명확하게 파악하다.　avoir l'intuition *d'*un danger[*de* ce qui va se passer] 다가올 위험[일]을 직감하다.　avoir le sens *du* rythme 리듬 감각이 있다.　causer avec ses amis *de* littérature 친구들과 문학에 대해 이야기하다.　causer *de* la pluie et *du* beau temps[*de* choses et *d'*autres] 《구어》 시시한 잡담을[시시콜콜한 이야기를] 하다.　conférer avec son avocat *de* son affaire 자기 일에 관해 변호사와 협의하다.　conserver[garder] la mémoire *de* qn/qc …에 대한 추억을 간직하다.　débattre *de* la peine de mort 사형에 대해 토론하다.　délibérer *d'*une affaire 어떤 문제를 심의하다.　discourir *des* vices et *des* vertus 악덕과 미덕에 대해 의견을 개진하다.　discuter *de* politique 정치에 관해 토론하다. disserter *de* politique 정치에 관해 이야기하다.　s'entretenir *de* la situation économique 경제 상황에 대해 서로 이야기를 하다.　faire une longue litanie *de* ses malheurs 《비유》 자신의 불행을 길게 늘어놓다.　faire une longue narration *de* qc …에 대해 길게 이야기하다.　se faire une fausse[mauvaise] image *de* qn/qc …에 대해 그릇된[나쁜] 인상을 품다.　ignorer tout *de* qn/qc …에 대해 전혀 모르다.　informer qn *de* son arrivée …에게 그가 온다는 것을 알리다.　s'informer *de* la santé de qn …의 건강에 대해 알아보다.　jaser *de* qn/qc …에 대해 수군거리다.　juger mal *de* qc …에 대해 잘못 판단하다.　méjuger *des* talents de qn 《문어》 …의 재능을 과소평가하다.　palabrer *de* qc …에 대해 장황하게 늘어놓다.　traiter *de* la politique nucléaire 핵정책에 대해 논하다.　se tromper[《구어》 se gourer] *de* date 날짜를 착각하다.　se tromper *de* route 길을 잘못 들다.

- Il m'a causé *de* cette affaire.　그가 나에게 그 일에 대하여 이야기했다.
- Elle ne m'a dit rien *de* son projet.　그녀는 자기 계획에 대해 내게 아무 말도 안했다.
- Elle m'a dit beaucoup de bien *de* vous.　그녀가 내게 당신 칭찬을 많이 했습니다.
- Il est informé *de* tout.　그는 모르는 일이 없다.
- Il n'a instruit personne *de* ses projets.　그는 아무에게도 자기 계획을 알리지 않았다.
- Elle parle encore *de* lui.　그녀는 또 그에 대해서 이야기한다.
- Quand on parle *du* loup, on n'en voit la queue.　《속담》 호랑이도 제 말 하면 온다.
- Que pensez-vous *de* ce film[*d'*elle]?　이 영화[그녀]에 대해 어떻게 생각하십니까?
- Nous reparlerons *de* cette affaire un autre jour.　이 건에 대해서 후일 다시 이야기합시다.
- Je ne sais rien *de* cette affaire.　나는 그 사건에 대해 아무 것도 모른다.
- Je sais ce qu'on raconte *de* nous.　나는 사람들이 우리들에 대해 어떻게 이야기하고 있는지 알고 있다.
- Cet ouvrage traite *de* problème économique.　이 저술은 경제 문제를 다루고 있다.

❷ [동사 + de + 명사 + que + *ind* / *sub*]

dedouter *d'*un confident qu'il nous trahisse 속내 이야기를 하는 친구에 대해 우리를 배반할까 두려워하다.

- Paul craint *de* Marie qu'elle ne s'en aille.　폴은 마리가 가버릴까봐 걱정한다.
- Elle a dit *de* moi que je n'étais pas capable de faire cela.　그녀는 내가 그것을 할 수 없다고 말했다.

· Voilà la dame *dont* Pierre m'a dit qu'elle habitait à côté de lui. 저기에 피에르가 그의 옆집에 살고 있다고 말한 부인이 있다.

· Je sais *de* Pierre qu'il va partir pour la France. 나는 피에르가 곧 프랑스로 떠날 것으로 알고 있다.

◎ [parler de + 무관사명사]

a) …에 대해 이야기하다[논하다].

> parler *de* littérature 문학에 대해 논하다. parler *de* choses et *d'*autres; parler *de* la pluie et *du* beau temps 이런저런 얘기를 하다.

b) …란 말을 쓰다.

> parler *de* bourgeoisie 부르주아지란 말을 쓰다.

2) 명사의 보어

> des bruits *de* guerre 전쟁이 일어날 것이라는 소문. chanson *d'*amour 연가, 사랑의 노래. "Discours *de* la méthode" (데카르트의) "방법서설". doctrine *de* l'abondance 풍요사회론. génie *des* affaires 사업 수완, 장사 재능. goût *du* travestissement 변장 취미. livre *de* grammaire 문법책. pensée *de* la mort 죽음에 대한 생각. préoccupations *d'*avenir 장래에 대한 걱정. preuves théologiques *de* l'existence de Dieu 신의 존재에 대한 신학적 증거. sentiment *des* arts 예술 감각. sociologie *du* travail 노동 사회학. théorie *de* la connaissance 인식론. théorie *des* prix 가격 이론. traité *d'*économie 경제학 개론. "Traité *des* passions et *de* l'âme" (데카르트의) "정념론". vue prophétique *du* désastre 재난에 대한 예견.

14. 동격

au mois *de* mai 5월에. un beau brin *de* fille 늘씬한 아가씨. la botte *de* l'Italie 장화처럼 생긴 이탈리아. ce bête *de* voyage 그 어리석은 여행. ce bigre *de* farceur 그 빌어먹을 놈. ce cochon *de* brouillard 이 지긋지긋한 안개. une cochonne *de* vie 비참한 생활. ce coquin *de* Jean 이 망나니 같은 장 녀석. mon coquin *de* fils 내 아들 녀석. ce diable *d'*homme 별난 사람, 괴짜. cette chiennerie *de* métier 《경멸》 이 지겨운 직업. cette cochonnerie *de* brouillard 이 성가신 안개. cette vache *de* propriétaire 《구어》 그 못된 지주. char *du* soleil[*de* la lune] 《문어》 태양[달]. une chienlit *de* guerre 《속어》 지긋지긋한 전쟁. un damné *de* coquin 지독한 악당. un diantre *d'*homme 괴상한 사람. un drôle *de* garçon 이상한 아이. un drôle *de* moineau 《구어》 괴상한 녀석. un drôle *d'*ustensile 기묘한 것. une espèce *d'*idiot 바보 같은 놈((espèce 를 de 다음에 오는 명사에 일치시켜 남성으로 표현하기도 함. un espèce *de* vaurien 돼먹지 않은 놈.)). État *de* Californie 캘리포니아주. fonction *de* directeur 사장직. un fripon *d'*enfant 《구어》 장난꾸러기. île *de* la Cité 시테섬((파리의 발상지)). livre *du* destin[*de* la nature] 운명[자연]이라

는 책. ce maladroit *de* Luc 그 서투른 뤼크 녀석. mission *d'*accompagnement 호위 임무. le mot (*de*) justice 정의라는 말. office *de* notaire 공증인의 직. ce paresseux *de* Paul 그 게으른 폴. profession *d'*avocat[*de* professeur] 변호새[교수]직. règle *de* trois unités (고전극의) 3일치의 원칙. sa situation *de* chef du parti conservateur 보수당 당수로서의 지위. titre *de* maréchal 원수의 칭호. la ville *de* Séoul 서울시. vaisseau *d'*État 《비유》 국가(라고 하는 배). prendre le pseudonyme *de* Stendhal 스탕달이라는 필명을 사용하다.

· Espèce *d'*imbécile! 멍청한 녀석!
· Quelle horreur *d'*enfant! 참 못생긴 아이로군!
· Saloperie *de* voiture! 빌어먹을 고물 차!
· Il m'est arrivé une drôle *d'*histoire. 내게 참 묘한 일이 일어났다.
· Le terme *d'* "extériorité" convient mieux. "외재성"이라는 용어가 더 적합하다.
· Il a donné à son fils le nom *de* Paul. 그는 아들에 폴이라는 이름을 지어주었다.
· Cette garce *de* voiture est encore en panne! 《구어》 이 빌어먹을 차가 또 고장이야!
· Quel diantre *de* bruit est-ce là? 그건 웬 이상한 소리야?
· La notion *d'* "optimal" est d'usage courant en psychologie. "최적의"라는 개념은 심리학에서 흔히 사용된다.
· Le char *de* l'État navigue sur un volcan. 《비유》 국가는 위기에 처해 있다.

15. 행위자 · 주체

abaissement *du* pouvoir d'achat 구매력의 저하. accès *de* la Pologne au Marché commun 폴란드의 유럽경제공동체 가입. activité *d'*un espion 첩자의 활동. acuité *d'*une aiguille[*d'*un son] 바늘[소리]의 날카로움. affaiblissement *du* dollar 달러화 가치의 약화. affaissement progressif *de* l'intelligence 점차적인 지능 감퇴. aggravation *du* chômage 실업의 증가. agitation *de* l'eau 물결의 출렁거림. alternance *des* saisons 계절의 이어짐. apparition *d'*une comète 혜성의 출현. approbation *du* signataire 서명자의 승인. arrêt *d'*un moteur 엔진의 작동정지. arrivée *du* train 기차의 도착. assauts *de* l'ennemi 적의 습격. atterrissage *d'*un avion 비행기의 착륙. augmentation *du* coût de la vie 생활비의 상승. austérité *d'*une vie[*des* moeurs] 생활[풍속]의 엄격함. avancement *des* travaux[négociations] 공사[협상]의 진척. avènement *d'*un nouvel ordre social 새로운 사회 질서의 도래. baisse *de* température 기온의 저하. balancement *d'*un navire 배의 출렁이는 요동. ballottement *du* train 기차의 규칙적인 흔들림. battement *du* coeur 심장의 고동. bondissement *du* coeur 가슴의 두근거림. changement *de* saison[temps] 계절[날씨]의 변화. chant *du* cygne (죽기 직전의) 백조의 노래; (예술가의) 최후의 명작. chute *des* prix 물가 하락. circulation *du* sang 혈액순환. cohabitation *des* époux 부부의 동거. comparution *de* témoins 증인의 출두. confluence *de* deux fleuves 두 강의 합류. corruption *du* goût 취미의 저속화. courant *de* l'eau 물의 흐름, 유수(流水). cours[marche] *du* temps 시간의 흐름. cri strident *des* cigales 매미의 요란한 울음소리. croisement *de* deux trains 두 열차의 교행. débarquement *des* voyagers 여행객들의 하선[하차]. départ *du* train 기차의 출발. déraillement *d'*un train 열차 탈선. dictions *d'*un enfant qui apprend à lire 글 읽기를 배우는 어린이의 낭독. durcissement *d'*une attitude 태도가 강경해짐. échauffement *de* l'atmosphère 대기 온도의 상승. éclosion *d'*une fleur 꽃의 개화. efficacité *d'*un remède 약의 효력. effondrement *du* toit 지붕의 붕괴.

émergement *d'*un continent 대륙의 융기. envol *d'*un oiseau 새의 날아오름. évolution souterraine *d'*une maladie 병의 은밀한 진행. émersion *d'*un sous-marin 잠수함의 부상. férocité *du* tigre 호랑이의 사나움. fertilité *d'*un sol 토양의 비옥함. fraîcheur *d'*une cave 지하실의 서늘함. gravité *de* la situation 사태의 심각성. grincement *des* roues d'une charrette 짐수레 바퀴가 덜컹거리는 소리. grondement *du* canon [tonnerie] 요란한 대포[천둥] 소리. hausse *de* la température 기온의 상승. insurrection *de* paysans 농민 반란. intervention *de* la troupe 군의 개입. irruption *de* manifestants dans la salle de l'assemblée 시위대의 회의장 난입. jugement *de* qn …의 판단(력). liquidité *du* mercure 수은의 유동성. longévité *des* plantes vivaces 다년생 식물의 긴 생명력. lutte *d'*un peuple pour sa libération 한 민족의 해방투쟁. mollesse *d'*un matelas 매트리스의 폭신함. mort *de* mon père 아버지의 죽음. naissance *d'*un pays 국가의 탄생. oscillations *d'*un navire 배의 요동. passage *du* facteur[*d'*un autobus] 우편배달부[버스]가 지나감. pousse *des* feuilles[dents] 잎[이]의 돋아남. prolifération *des* cellules cancéreuses 암세포의 증식. propagation *de* l'épidémie 전염병의 확산. résurrection *des* morts 죽은 자의 부활. retour *de* l'hiver 겨울이 돌아옴. retournement *d'*une situation 상황의 급변. rotation *du* capital 자본의 회전. roulement *de* tambours 둥둥거리는 북소리. rugissement *de* la tempête 폭풍우의 울부짖음. sifflements *du* merle 티티새의 지저귐. solidité *d'*une construction 건축물의 견고함. sortie *d'*un personnage 어떤 인물의 퇴장. stérilité *d'*un sol 토양의 불모성. survie *d'*un blessé 부상자의 생존. survie *d'*une entreprise 기업의 존속[생존]. survivance *du* plus apte 적자생존. tiédeur *du* climat 기후의 온화함. transparence *du* cristal 수정의 투명함. trivialité *de* style 문체의 통속성. tueries *des* guerres modernes 현대전의 대량 살육. vacillation *d'*une lumière 불빛의 가물거림. va-et-vient *d'*un piston[pendule] 피스톤[진자]의 왕복 운동. variations saisonnières *de* température 기온의 계절적인 변화. variété *des* couleurs[goûts] 색깔[취미]의 다양성. vibration *d'*une machine 기계의 진동. vieillessement *d'*une population 인구의 노령화. venue *du* Messie 구세주의 강림.

· Je devinais de loin l'approche *d'*une belle personne. 멀리 어떤 미인이 다가오고 있는 것을 알았다.
· On craint une baisse *de* fréquentation des salles. 영화 관람객이 줄어들까 염려된다.

16. 목적·대상

1)

abaissement *des* barrières douanières 관세 장벽을 낮추기. abandon *d'*un droit 권리의 포기. abdication *de* ses ambitions 야망의 포기. ablation *du* larynx 후두 절제. abolition *des* privilèges 특권의 폐지. absorption *de* gaz toxiques 유독가스 흡입. abrégement *du* délai 유예기간의 단축. accélération *de* travaux 공사의 촉진. accrochage *de* deux wagons 두 객차의 연결. achat *de* devises 외화매입. acquisition *du* langage 언어습득. actualisation *d'*un souvenir 기억의 재현. administration *d'*une société 회사의 경영. adoption *d'*un projet de loi 법안의 가결. adoration *des* idoles 우상 숭배. affermissement *du* pouvoir de l'État 국가 권력의 강화. affinage *des* métaux 금속 정련. ajustement *d'*un poids (원기에 맞춘) 중량 조정. aliénation *de* territoire 영토의 양도. allongement *des* études 교육 기간의 연장. amélioration *des* conditions de travail 노동 조건의 개선. aménagement *des* horaires de travail 작업시간 조정. amour *de* la patrie 조국애, 애국심. amputation *d'*une jambe 다리의 절단(수술). analyse[étude] *des* tissus 조직 분석[연구]. annihilation *de* ses projets 계획의 폐기.

aplanissement *du* sol[*d'*un terrain] 정지작업.　application *de* la loi 법의 적용.　apport *du* bouquet de fleurs 꽃다발을 가져오기.　appréciation *d'*une oeuvre 작품의 감상.　apprivoisement *d'*un ours 곰을 길들이기.　approfondissement *d'*un sujet 주제에 대한 철저한 연구.　arrangement *d'*un mobilier 가구 배치.　arrosage *des* voies publiques 공공도로에 물뿌리기.　assemblage *des* pièces d'une machine 기계의 여러 부품 조립.　attelage *des* wagons de chemin de fer 철도 객차의 연결.　attestation *d'*un fait 어떤 사실의 증명.　attribution *d'*un rôle à un acteur 배우에게 어떤 역할을 맡기기.　balayage *d'*une chambre 방의 소제.　bannissement *de* certaines coutumes 어떤 관습의 폐지.　battage *du* blé 밀 타작.　battement *de* mains 손뼉치기, 박수.　blocage *des* avoirs à l'étrangers 해외자산 동결.　bombardement *d'*une ville par l'artillerie 포병에 의한 도시 포격.　brossage *des* cheveux 브러시로 머리 빗기.　brûlage *des* terres 잡초지를 불로 태우기.　capture *d'*un criminel 죄인의 체포.　cassage *des* pierres 쇄석(碎石).　changement *de* résidence 거주지의 변경.　cassation *d'*un testament 유언의 파기.　célébration *d'*un anniversaire 기념일 축하.　changement *de* programme 계획 변경.　choix *d'*un métier 직업의 선택.　collection *de* timbres 우표 수집.　comparaison *d'*écritures 필적의 대조, 필적감정.　conditionnement *de* l'air 공기조절, 에어컨디셔닝(=climatisation).　confirmation *d'*une nouvelle[promesse] 정보[약속]의 확인.　confiscation *des* profits illicites 국가에 의한 부당이득의 몰수.　conservation *de* la santé 건강유지.　consolidation *d'*un régime politique 정치체제의 강화.　constatation *d'*identité 신원 확인.　constitution *d'*un nouveau syndicat 새로운 노조의 설립.　construction *d'*une maison 집의 건축.　consultation *d'*un ouvrage[document] 작품[서류]의 참조.　contrôle *des* changes 환관리.　correction *des* habitudes 습관의 교정.　création *de* l'univers 우주 창조.　cueillette *des* olives 올리브 수확.　cuisson *de* la porcelaine 자기를 굽기.　culte *des* ancêtres 조상숭배.　culture *du* riz 벼농사.　débarquement *des* marchandises 화물의 하역.　déblocage *des* freins 브레이크를 풀기.　déclaration *d'*amour 사랑의 고백.　décomposition *d'*une phrase 문장의 분해[분석].　découpage *de* la viande 고기를 썰기.　découverte *d'*un trésor 보물의 발견.　défense *du* pays[*de* la ville] 국가[도시]의 방위.　démantèlement *des* barrières douanières 관세장벽의 철폐.　descente *de* la marchandise dans la cale 짐을 배의 화물창으로 내리기.　desserrage *d'*une vis 볼트 풀기.　destruction *d'*une ville par une incendie 화재로 인한 도시의 소실.　détection *des* gaz toxiques 유해 가스의 검출.　détention *d'*armes prohibées 금지된 무기의 보유.　détermination *d'*une frontière 국경의 결정[한정].　développement *d'*une intelligence 지능 개발.　direction *de* l'entreprise 기업경영.　dislocation *d'*une voiture 자동차의 해체.　dissociation *de* deux problèmes 두 문제의 분리.　distribution *de* vivres 식량 배급.　division *d'*une propriété en parts 소유지의 분할.　dressage *d'*une tente 천막 설치.　duplication *de* l'A.D.N. DNA 복제.　échange *de* lettres[*d'*informations] 서신[정보] 교환.　effacement *d'*un mot répété 중복되는 단어의 삭제.　élaboration *d'*un plan 계획을 공들여 짬.　élection *du* pape 교황 선출.　électrification *des* chemins de fer 철도의 전철화.　élevage *du* ver à soie 양잠.　élévation *d'*un fardeau 무거운 짐을 들어올리기.　élimination *d'*un nom dans une liste 명단에서의 이름 삭제.　embellissement *de* la ville 도시미화.　émission *d'*une voyelle 모음의 발음.　emmagasinage *de* la chaleur 열의 축적.　encouragement *de* l'agriculture 농업의 장려.　endiguement *de* la colère 분노를 억누르기.　endoctrinement *des* masses 대중의 교화[세뇌].　endommagement *d'*une peinture 그림의 손상.　enlèvement *d'*une tache 얼룩의 제거.　envoi *d'*argent[*de* fonds] 송금.　épuration *des* eaux usées[*d'*égout] 하수의 정화.　estimation *d'*une oeuvre d'art par un expert 전문가에 의한 예술작품의 가격 평가.　établissement *d'*un nouveau régime 새로운 체제의 수립.　étalage *des* marchandises 상품의 진열.　évaluation *de* biens 재산 평가.

éviction *du* chef d'un parti 정당의 당수 축출.   examin *d'*un cadavre 검시(檢屍).   exclusion *de* certains biens d'une succession 유산 중 일부 재산의 제외.   exécution *d'*une promesse 약속 이행.   exercice *d'*un droit 권리 행사.   expédition *de* marchandises pour l'étranger 외국으로의 상품 발송.   explication *de* textes 텍스트 해석.   exploration *d'*une caverne 동굴탐사.   exportation *de* matières premières 원료 수출.   exposition *de* l'automobile 자동차 전시회.   expression *de* l'opinion 의견 표명.   expulsion *d'*un étranger 외국인 추방.   extermination *d'*un peuple 민족 말살.   extraction *d'*une essence par distillation 증류에 의한 엑스 추출.   fabrication[affinage] *de* l'acier 제강.   fermeture hermétique *d'*une bouteille 병을 밀봉시키기.   filtrage *des* nouvelles 뉴스의 검열.   fixation *des* prix agricoles 농산물 가격의 결정.   fortification *d'*une position clé 요충지의 요새화.   fourniture *des* vivres 식량 공급.   franchissement *d'*un obstacle 장애물 넘기.   freinage *des* augmentations de salaire 임금 인상의 억제.   gérance *d'*une société 회사의 관리.   gestion *de* la production 생산 관리.   gestion *des* ressources humaines 인적 자원 관리.   glorification *de* l'homme 인간 예찬.   illustration *d'*une théorie par un fait précis 구체적인 사실을 통한 이론의 예증.   imitation *des* anciens 고대인의 모방.   immobilisation *d'*un membre blessé 다친 팔을 고정시키기.   immolation *des* vicitimes 《**문어**》희생자들을 제물로 바치기.   importation *de* voitures 자동차 수입.   indication *d'*origine 원산지 표시.   infirmation *d'*une hypothèse 가정의 무효화.   injection[inoculation] *d'*un vaccin 백신 주사.   instruction *des* enfants 어린이 교육.   inscription *d'*un nom sur un registre 장부에 이름 기입하기.   insertion *d'*un feuillet dans un livre 책 속에 갈피를 끼워넣기.   inspection *des* travaux 공사 감독.   installation *de* l'électricité 전기 가설.   interprétation *d'*un texte 텍스트 해석.   interrogation *des* témoins 증인신문.   introduction *d'*une mode dans un pays 유행의 도입.   invention *d'*une technique 어떤 기술의 개발.   justification *de* la violence 폭력의 정당화.   lâchage *des* chiens 개를 풀어놓기.   lancement *du* disque 원반던지기.   lavage *d'*une voiture 세차.   lavage[lessivage] *de* cerveau 세뇌.   lecture *d'*une carte 지도 판독.   levée *d'*un blocus 포위[봉쇄]해제.   libéralisation *des* prix 가격 자유화.   libération *des* échanges 무역 자유화.   licenciement *des* ouvriers 노동자의 해고.   limitation[réduction] *des* armements 군비제한[감축].   liquidation *d'*une société 회사의 청산.   maintien *de* l'ordre 치안 유지.   maîtrise *d'*un sentiment 감정의 억제.   maniement *des* affaires 업무 관리[처리].   manipulation *des* cours de la Bourse 주가(株價) 조작.   modulation *d'*amplitude 진폭변조.   négociation *d'*un contrat 계약의 교섭.   nomination *d'*un ministre 장관의 임명.   observation *du* règlement 규칙의 준수.   occupation illégale *d'*un logement 주거지의 불법 점유.   offre *d'*un logement 숙소의 제공.   ouverture[clôture] *d'*une session 개회[폐회].   partage *de* temps 시간 분할.   possession *d'*un bien [*d'*immeubles] 재산[부동산]의 소유.   prélèvement *d'*un échantillon (검사용) 견본[표본]의 채취.   prévision *du* temps 일기 예보.   prise *de* la ville 도시의 전령.   prise *de* sang 채혈.   privation *d'*un bien 재산 몰수.   production *de* biens de consommation 소비재의 생산.   prolongation *d'*un contrat 계약의 연장.   promotion *des* ventes 판매 촉진.   protection *de* la nature 자연 보호.   publication *d'*un journal 신문의 간행.   rationnement *du* pain 빵의 배급.   réalisation *d'*un vieux rêve 오랜 꿈의 실현.   rédaction[révision] *d'*un dictionnaire 사전 편찬[개정].   réduction *du* personnel 감원.   réformes *de* structure 구조 개혁.   remise *de* décoration 훈장 수여.   renouvellement *de* passeport 여권 갱신.   renvoi *d'*un ouvrier 노동자의 해고.   réparation *d'*un navire 선박의 수리.   reprise *d'*un fort 요새의 탈환.   reproduction *d'*un tableau 그림의 복제.   réquisition *des* terres[véhicules] 토지의 징용[자동차의 징발].   résolution *d'*un problème[*d'*une question] 문제의 해결.   respect *des* droits de l'homme 인권 존중.   restauration *d'*un meuble ancien 고가구의 복원.

restitution *d'*un monument 기념물의 복원.　restriction *des* naissances 산아 제한.　restructuration *d'*une industrie 산업 구조의 재조정.　retrait *d'*un projet de loi 법률안의 철회.　retranchement *d'*un passage 한 대목의 삭제.　saisie *d'*une pièce à conviction 증거물 압수.　serrement *de* main 악수.　simplification *d'*une fraction 분수의 약분.　soin(s) *du* cheveu 머리 손질.　soulagement *d'*une peine 고통의 완화.　subversion *d'*une civilisation 문명의 파괴.　suppression *des* impôts de consommation 소비세 폐지.　suspension *des* hostilités 적대 행위의 중지; 휴전.　tirage *des* numéros gagnants 당첨번호의 추첨.　tracé *de* la futur autoroute 고속도로 설계도.　traduction *de* la Bible 성서의 번역.　traitement *des* images 화상처리.　transcription *d'*un document 서류의 전사.　transfert *de* propriété 소유권 이전.　transmission *d'*un message[ordre] 메시지[명령] 전달.　transport *d'*une marchandise 상품 운송.　transposition *des* mots d'une phrase 문장의 어순 바꾸기.　traversée *du* Sahara 사하라사막 횡단.　tri *des* lettres 편지를 분류[정리].　triage *des* meilleurs candidats 우수한 수험생의 선발.　unification *d'*un pays 나라의 통일.　union *de* deux sociétés 두 회사의 통합.　usage *de* la force 무력의 행사.　utilisation pacifique *de* l'énergie atomique 원자력의 평화적 이용.　vénération *des* saints 성인 숭배.　ventes *de* maillots de bain 수영복 판매.　vérification *des* passeports 여권 검사.　vidange *d'*un réservoir d'huile 기름 탱크를 비우기.　violation *de* consigne 명령위반.　vomissement *de* sang 각혈.　avoir une bonne connaissance *de* la question[l'anglais] 문제[영어]를 잘 알고 있다.　avoir la disponibilité *de* qc ⋯을 마음대로 쓰다.　donner[faire] une[la] description *de* qn/qc ⋯을 서술[기술]하다.　effectuer la décoration *de* son appartement 아파트를 장식하다.　être[ne pas être] client *de* qc《비유·구어》⋯을 필요로 하다[필요로 하지 않다].　faire l'acquisition *de* qc ⋯을 취득[입수]하다; ⋯을 구매하다.　faire acte *de* bonne volonté 선의를 보이다.　faire l'appréciation *de* qc ⋯을 평가하다.　faire un approvisionnement *de* qc ⋯을 구입[저장]하다.　faire l'autopsie *d'*un cadavre 사체를 부검하다.　faire le bilan *de* la situation 상황을 종합적으로 검토하다.　faire bon marché *de* sa réputation 평판을 중히 여기지 않다.　faire bon[mauvais] usage *de* qc ⋯을 선용[악용]하다.　faire la catalogue *de* qc ⋯의 목록을 작성하다.　faire cession *de* ses droits sur une propriété 소유권을 양도하다.　faire du chantage *d'*argent 돈을 강탈하다.　faire commerce *de* son nom 자기 이름을 팔다.　faire le compte *des* suffrages exprimés 유효표를 계산하다.　faire la concession *d'*un terrain 토지를 양도하다.　faire la confession *de* son crime 범행을 자백하다.　faire la conquête *d'*un pays 어떤 나라를 정복하다.　faire de la contrebande *des* armes 무기를 밀수입하다.　faire la critique *d'*un tableau 그림을 비평하다.　faire la déduction *des* sommes déjà payées 이미 지불된 금액을 공제하다.　faire un digne usage *de* son argent 돈을 아주 가치 있게 쓰다.　faire donation *de* ses biens à qn ⋯에게 재산을 증여[기증]하다.　faire l'éducation *d'*un enfant 아이를 가르치다.　faire l'éloge *de* qn ⋯을 칭찬하다.　faire l'essai *d'*un produit[appareil] 상품을[기구를] 시험하다.　faire exhibition *de* sa richesse[ses connaissances] 부를[지식을] 과시하다.　faire un exposé complet *de* la situation 상황을 철저히 보고하다.　faire fi *de* qc ⋯을 멸시[무시]하다(=dédaigner, mépriser).　faire l'inventaire *des* dégâts causés par un typhon 태풍으로 인한 피해를 상세하게 조사하다.　faire une longue énumération *de* qc ⋯을 길게 열거하다.　faire justice *de* qc ⋯의 잘못을 가리다[반박하다].　faire litière *de* qc《문어》⋯을 중요시 하지 않다, 멸시[경멸]하다.　faire[opérer] un[le] mélange *de* divers éléments 여러 요소를 혼합하다.　faire mention *de* qn/qc ⋯을 언급하다; ⋯을 기재하다.　faire parade *de* qc 과시하다, 내보이다.　faire la part *des* choses[circonstances] 모든 것[상황]을 고려하다.　faire preuve *de* clémence 관용을 베풀다.　faire un rapide croquis *d'*une situation 간결하게 상황을 설명하다.　faire un résumé *de* qc ⋯을 요약하다.

faire trafic *d'*armes 무기를 밀매하다.   pratiquer l'oubli *des* injures[offenses] 모욕을 눈감아주다.
prendre le contrôle *de* qc …을 지배[관장]하다.

2) [행위자 + de + 명사]

(grand) abatteur *de* besogne[travail] 《**구어**》 일을 잽싸게 잘 해치우는 일꾼.   administrateur *de* biens
재산 관리인.   agenceur *de* magasins 상점 내부를 꾸미는 사람.   animateur *d'*un débat 토론의 진행자.
appréciateur *de* vin 포도주 감정인.   arbitre *du* sort de *qn* …의 운명을 좌우하는 사람.   architecte
*d'*un projet 계획의 입안자.   arracheurs *de* pommes de terre 감자 캐는 사람들.   assembleur *de*
charpente en fer 철골 조립공.   attributaire *de* prestations familiales 가족수당 수령자.   auteur *de* la
nature 조물주, 신.   batteur *d'*or 금박공.   bénéficiaire *d'*une allocation 수당을 받는 사람.   briseur
*d'*images 우상 파괴자(=iconoclaste).   buveur *d'*eau (술 대신) 물만 마시는 사람.   buveur *de* sang
유혈을 좋아하는 사람; 흡혈귀.   casseur *de* pierres 돌깨는 일꾼.   casseur *d'*assiettes[de vitres] 난동을
부리는 사람, 말썽을 일으키는 사람.   charmeur *de* serpent 피리를 불어 뱀에게 재주를 피우게 하는
사람.   chasseur *de* papillons 나비 채집가.   chercheur *de* trésor[d'or] 보물[금]을 찾는 사람.   colleur
*d'*affiches 벽보 붙이는 사람.   conducteur *d'*âme 영혼[정신]의 지도자.   conducteur *de* train 기관사.
constructeur *d'*automobiles[de navires] 자동차[선박]메이커.   contrôleur *de* la navigation aérienne (공항
의) 관제관.   convoyeur *de* fonds 자금 운반원.   coureur *d'*aventure 모험을 쫓는 사람.   créateur
du ciel et *de* la terre 천지 창조자.   déchiffreur *de* manuscrit 필사본 판독자.   décorateur *d'*intérieurs
실내장식가.   défenseur *de* la liberté[justice] 자유[정의]의 수호자.   destructeur *des* préjugés 선입관을
타파하는 사람.   détenteur *d'*un objet volé 장물 소지자.   dévoreur *de* livres 독서광, 책벌레.   directeur
des ventes 판매부장.   diseur *de* bonne aventure 점쟁이.   dispensateur *de* toutes grâces 온갖 은총을
나눠주시는 하느님.   distributeur *de* films 영화 배급업자.   dompteur *de* chevaux 조마사.   donneur
*d'*eau bénite 성수를 뿌려 주는 사람.   dresseur *de* chiens 개 조련사(=maître-chien).   éditeur *de* disques
레코드 제작자[발매원].   éleveur *d'*abeilles 양봉업자.   excitateur *de* troubles 혼란 선동자(=fomentateur).
expéditeur *d'*un colis 소포 발송인.   exploiteurs *du* peuple 민중의 착취자.   explorateur *des* fonds
marins 해저 탐사자.   fabricateur *de* fausse monnaie 사전꾼.   faiseur *de* meubles d'art 가구 제조인.
fondateur *d'*une dynastie 왕조 창시자.   forceur *de* coffre-forts 금고 여는 사람.   forgeur *de* contes
[calomnies] 이야기를[험담을] 꾸며내는 사람.   fossoyeur *d'*une civilisation 문명의 파괴자.   fraudeurs
du fisc 탈세자.   gardien *de* but 골키퍼.   gérant *d'*immeubles 건물 관리인.   grand liseur *de* romans
소설의 열렬한 애독자.   grands apporteurs *de* vérités 위대한 진리의 발견자들.   grand interprète *de*
Mozart 모짜르트의 명연주자.   graveur *de* médailles 메달 모형 조각가.   imitateurs *de* Racine 라신느의
모방자들.   inspecteur *des* finances 회계 감독관.   inspirateur *d'*un complot 음모의 선동자[배후자].
instigateur *d'*une révolution 혁명의 주모자.   introducteur *d'*une mode nouvelle 새로운 유행의 도입자.
inventeur *d'*une machine 어떤 기계의 발명가.   joueur *de* harpe 하프 연주자.   lauréat *du* prix Nobel
노벨상 수상자.   laveur *de* carreaux (건물의) 창유리 청소부.   lecteur *de* journaux[romans] 신문[소설]
구독자[독자].   libérateur *de* France 프랑스의 구원자.   liquidateur *d'*une situation difficile 어려운 사태
를 수습 처리하는 사람.   mangeur *de* grenouilles 개구리를 먹는 사람((영·미 사람들이 프랑스 사람을
가리켜 하는 말)).   manieur *d'*argent 금융업자.   manipulateur *de* radio(graphe) 방사선과 기사.
marchand *de* couleurs 염료상.   marchand *de* sommeil 악덕 숙박업자.   marqueur *de* bétail 가축에

낙인찍는 사람.　pêcheur *d'*éponges 해면 채취자.　meneur *de* jeu (라디오·TV·쇼 따위의) 사회자.　négociateur *d'*une vente 판매 중개인.　nettoyeur *de* vitres 유리창 닦는 사람.　ordonnateur *d'*une fête 축제의 조직자[사회자].　organisateur *d'*une conférence 회의의 주최자.　pêcheurs *d'*hommes 《비유》 (그리스도의) 사도, 전도자.　pêcheuse *de* coquillage 조개 따는 해녀.　perceur *de* coffres-forts 금고털이.　pilote *d'*un char 전차[탱크] 운전자.　pilote *d'*une voiture de course 카레이서.　porteur *d'*heureuses nouvelles 희소식을 전해주는 사람.　porteur *de* lunettes 안경을 낀 사람.　porteur *de* télégrammes [journaux] 전보[신문] 배달인.　poseur *de* pavés 포석 까는 인부.　possesseur *d'*un immeuble 부동산 소유자.　preneur *d'*otage 인질범.　promoteur *d'*une loi 법률의 발안자.　promoteur *d'*un complot 음모의 주동자.　propriétaire *de* biens immeubles[*d'*un brevet] 부동산[특허] 소유자.　protagonistes *d'*une révolution 혁명의 주역.　ramasseur *de* balles de tennis 테니스 경기의 공 줍는 사람.　restaurateur *de* tableaux 회화 복원자.　spectateur *d'*une catastrophe aérienne 비행기 참사의 목격자.　sponsor *d'*une exposition 전시회의 후원자.　surveillant *de* travaux 공사 감독관.　témoin *de* l'accident 사고의 목격자.　titulaire *d'*un droit 권리의 소지자.　trafiquant *de* drogue 마약 밀매상.　traîneur *de* chariot 짐수레꾼; 마부.　transporteur *de* pétrole 유조선(=pétrolier).　tricoteur *de* filet 그물 짜는 사람.　tueur *d'*éléphants 코끼리 밀렵꾼.　usager *du* français 불어 사용자.　usager *des* transports en commun 대중교통 수단 이용자.　utilisateur *d'*un ordinateur 컴퓨터 사용자.　vendeur *de* poissons 생선 장수.　vérificateur *de* films 영화 검열관.　voleur *de* voitures 차량 절도범.　être l'auteur *de* ses propres maux 불행을 자초하다, 자업자득이다.　se faire l'apôtre *d'*une idée 어떤 사상을 열심히 전파[옹호]하다.

- C'est un bouffeur *de* pain.　《구어》 저 사람은 빵을 엄청나게 많이 먹는 사람이다.
- Ce romancier est un observateur attentif *des* moeurs.　이 소설가는 사회 풍습의 면밀한 관찰자라 할 수 있다.
- Elle a été l'artisan *de* son malheur.　그 여자의 불행은 자업자득이었다.
- Elle est accordeur *de* pianos.　그 여자는 피아노 조율사이다.
- Elle est amateur *de* musique.　그녀는 음악 애호가이다.
- L'espoir est le consolateur *des* malheureux.　《문어》 희망은 불행한 사람들의 위안자이다.
- Les Incas étaient des adorateurs *du* Soleil.　잉카족은 태양을 숭배하는 종족이었다.

3) [기계·약제 + de + 명사]

activateur *de* croissance (동물의) 성장 촉진제.　analyseur *de* son[vibration] 음향분석기.　changeur automatique *de* disques 자동레코드 교환장치.　chercheur *de* fuites 가스 누출 탐지기(=cherche-fuites).　compteur *de* vitesse d'automobile 자동차 속도계(=indicateur).　convertisseur *de* tension 전압 변환기.　correcteur *de* tonalité (라디오 따위의) 음질 조절정치.　détecteur *de* mensonge 거짓말 탐지기.　distributeur automatique *de* boissons[billets de banque] 음료수 자동판매기[자동 현금지급기].　doubleur *de* fréquence 주파수 2배 증폭기.　élévateur *de* tension 승압기.　enregistreur *de* pression 자기(自記) 압력계.　freinateurs *de* l'appétit 식욕 억제제.　générateur *de* particule[rayon X] 분자[X선] 발생기.　indicateur *d'*altitude 고도계(=altimètre).　inhibiteur *de* l'ovulation 배란억제제.　injecteur *d'*huile lourde 중유 주입기.　lecteur *de* cassettes portable[disques compacts] 휴대용 카세트[콤팩트디스크] 플레이어.　variateur *de* puissance 동력 변속장치.

4) [형용사 + de + 명사]

❶

oublieux *des* bienfaits 배은망덕한. oublieux *de* ses devoirs 의무를 소홀히 하는. corps accepteur *d'*hydrogène 수소수용체. homme ambitieux *du* pouvoir 권력을 갈망하는 남자. signe annonciateur *du* printemps 봄의 전조. syntômes avant-coureurs *d'*un maladie 질병의 예비징후들. étudiant bénéficiaire *d'*une bourse 장학생. campagne de presse canalisatrice *des* divers mouvements de l'opinion 다양한 의견을 일정방향으로 수렴하는 언론 캠페인. transformation conservatrice *de* structure 구조보존의 변환. éléments constitutifs *de* l'air 공기의 구성요소. critique contempteur *des* nouveautés 새로운 것을 경멸하는 비평가. pluie dérangeuse *de* rendez-vous 데이트하는 데 방해가 되는 비. usine dévoreuse *d'*énergie 에너지를 많이 쓰는 공장. geste dispensateur *de* bienfaits 자선행위. maison distributrice *de* denrées 식품 유통회사. médicament destructeur *de* la santé 건강을 해치는 약. moyen de transport économe *d'*énergie 에너지 절약형 교통수단. fanatisme exclusif *de* toute objectivité 어떤 객관성도 허용하지 않는 광신주의. machine élévatrice *d'*eau 양수기. nom évocateur *d'*un passé pittoresque 과거를 생생하게 떠오르게 하는 이름. pays exportateurs[vendeurs] *de* blé 밀 수출[판매]국. nerfs freinateurs *du* coeur 심장 억제 신경. réminiscence gardeuse *de* détails 사소한 일들을 잊지 않고 있는 기억. acte[mouvement] générateur *de* désordre 혼란을 야기하는 행위[움직임]. usines génératrices *d'*énergie 발전소. signe indicatif *d'*une maladie 병의 징후[증세]. bras manipulateur *d'*un robot 조종에 의해 움직이는 로보트 팔. animal porteur *de* germes 보균 동물. fusée porteuse *de* satellites 인공위성 운반용 로켓. nuages porteuses *de* pluie 비를 가진 구름. pays producteurs *de* pétrole 산유국. société productrice *de* film 영화제작사. capital productif *d'*intérêts 이윤을 낳는 자본. cause productive *d'*effet 결과를 낳는 원인. société protectrice *des* animaux 동물애호 협회. courbe représentative *d'*une fonction 어떤 함수를 나타내는 곡선. personnes titulaires *du* permis de conduire 운전면허증을 가진 사람. voiture tractrice *d'*une caravane 캠핑트레일러를 끄는 자동차. métier useur *des* yeux 《드물게》 눈을 피로하게 하는 일. industries utilisatrices *d'*énergie 에너지를 사용하는 산업. agents viciateurs *de* l'air 《드물게》 공기를 오염시키는 요인. être économe *de* son temps 시간을 아끼다. être porteur *d'*un contrat 계약서를 지니고 있다.

❷ [être + 형용사 + de + 명사]

· Il est ami *de* la précision.　그는 정확한 것을 좋아한다.

· L'industrie est créatrice *d'*emplois.　산업은 고용을 창출한다.

· Le contrat est productif *d'*obligations.　계약은 의무를 낳는다.

· L'emblème représentatif *de* la Justice est la balance.　정의의 여신을 나타나는 상징은 천칭이다.

· Cette remarque est significative *de* son état d'esprit.　그렇게 말하는 것은 그의 정신 상태를 잘 나타내고 있다.

17. 동작주

1) 명사의 보어

au vu et au su *de* tout le monde[tous] 만인이 보는 앞에서, 공공연히. arbitrage *de* l'O.N.U. 국제연합의

중재.　berceuse *de* Schumann 슈만의 자장가.　la correspondance *de* Stendhal 스탕달 서한집. délibération *du* jury 심사위원회의 심의.　diagnostic[ordonnance, prescriptions] *du* médecin 의사의 진단[처방].　dictionnaire *de* l'Académie Française 아카데미프랑세즈 편찬 사전.　les dix catégories *d'*Aristote 아리스토텔레스의 열 가지 범주.　les oeuvres *de* Beckett 베케트의 작품.　pièces *de* Molière 몰리에르의 희곡.　les plus belles productions *d'*un écrivain 어떤 작가의 가장 아름다운 작품들. requiem *de* Mozart 모짜르트의 진혼곡.　résolution *de* l'Assemblée générale des Nations unies 유엔 총회의 결의.　roman *de* Dumas 뒤마의 소설.　système (*de*) Taylor 테일러 체계.　le sensualisme *de* Condillac 콩디악의 감각론.　serment *d'*ivrogne 취한 사람의 맹세; 믿을 수 없는 맹세.　signature *d'*un artiste 작가의 서명.　subventions *de* l'État aux collectivités locales 지방 단체들에 대한 국가 보조금. système *de* Linné 린네의 분류법.　le théâtre *de* Corneille 꼬르네이유의 극작품들.　théorème *de* Pythagore 피타고라스의 정리.　"Le Tiers Livre" *de* Rabelais 라블레의 "제의 3서(書)".　"Traité de radioactivité" *de* Marie Curie 마리 퀴리의 "방사능 개론".　version *des* Septante 70인에 의한 성서의 그리스어 번역.　vrai tableau *du* maître 그 거장의 진짜 그림.　citer un texte *de* Jaurès 조레스의 문구를 인용하다.　scander des vers *de* Virgile 비르길리우스의 시구를 읊조리다.

- Ce crime n'est pas l'oeuvre *d'*un professionnel.　이 범죄는 상습범의 짓이 아니다.
- Les tableaux *de* Renoir sont admirables.　르누아르의 그림은 훌륭하다.
- Vous avez lu les "Caractères" *de* la Bruyère?　라브뤼예르의 "성격론"을 읽었습니까?

2) 수동 과거분사와 함께

inconnu *de* qn …에게 알려져 있지 않은.　tyran abhorré *de* tout son peuple 모든 국민으로부터 미움받는 폭군.　peintre adulé *du* public 대중으로부터 사랑받는 화가.　jardin clos[bordé] *de* haies 울타리가 쳐진 정원.　maison couverte *de* tuiles 기와집.　maison entourée *d'*un jardin 정원에 둘러싸인 집. médecin estimé *de* ses confrères 동료[동업자]로부터 존경받는 의사.　chef d'oeuvre qui est resté longtemps ignoré *de* tous 오랫동안 모든 사람들에게 알려지지 않았던 걸작.　gouvernement mal(-)aimé *de* la foule 민심을 얻지 못한 정부.　meuble ancien piqué *des* vers 좀 먹은 고가구.　professeur respecté *de* tous ses élèves 모든 제자들의 존경을 받는 선생.　employé bien[mal] vu *de* son patron 주인에게 잘[잘못] 보인 직원.　être dévoré *des* poux 이에 물리다.　être honni *de* qn《옛·문어》…의 멸시를 받다.　être possédé *du* diable[démon] 마귀들리다.　être submergé *de* travail 일에서 헤어나지 못하다. sans être vu *de* personne 누구의 눈에도 띄지 않고.

- Elle était abandonnée *de* tous.　그녀는 모든 사람들로부터 버림받았다.
- Le ministre était accompagné *de* son secrétaire.　장관은 비서를 대동하고 있었다.
- Il est admiré et aimé *de* tous.　그는 모든 사람들로부터 감탄과 사랑을 받는다.
- Elle est adorée *de* ses filles.　그 여자는 자기 딸들로부터 무척 사랑을 받는다.
- Elle est aimée *de* tout le monde.　그녀는 모든 사람에게서 사랑을 받는다.
- Son air de découragement fut aperçu *de* Julien.　쥘리앙은 그녀의 낙담하는 기색을 포착했다.
- Cette situation est comprise *de* tous.　그 상황은 누구나 다 이해한다.
- Le toit est couvert *de* neige.　지붕이 눈으로 덮여 있다.

- Il est craint *de* tout le monde.　모두들 그를 두려워한다.
- Il est délaissé *de* tous.　그는 모든 사람에게서 버림받았다.
- Il est détesté *de* tout de monde.　그는 모든 사람의 미움을 받고 있다.
- Il n'est pas estimé *de* personne.　그는 아무에게도 존경을 받지 못한다.
- Il est mort ignoré *de* ses contemporains.　그는 자신의 동시대인들에게는 알려지지 않은 채 죽었다.
- Il sera obéi *de* ses troupes.　부하들이 그에게 복종할 것이다.
- La voiture est arrivée, précédée *d'*un bruit de ferraille.　덜거덕거리는 소리가 나더니 차가 도착했다.
- J'espère que vous n'avez été vu *de* personne en venant ici.　나는 당신이 여기에 오는 동안 아무에게도 눈에 띄지 않았으면 한다.

3) 사역·지각동사 구문

se faire haïr *de* ses subordonnés 부하들의 미움을 사다.　se faire obéir *de* ses sujets 신하들을 복종케 하다.

- Il se fait estimer *de* tous.　그는 모든 사람들로부터 존경을 받는다.
- Il s'est fait exécrer *de* tous.　그는 모두에게 경원당했다.
- Il s'est laissé accabler *de* visites.　많은 방문이 그를 괴롭혔다.
- Elle est heureuse de se voir admirer *de* tout le monde.　그녀는 모두에게서 칭찬을 받아서 행복했다.

☆ 동작주는 de와 par에 의해 유도되는데 대체로 de는 동작이 습관적·추상적·지속적일 때, par는 특수적·구체적·일시적일 때와 동작주를 강조할 때 쓰임.

18. 목적·용도

1) …을 위한.

académie *de* dessin[*d'*architecture] 미술[건축]학교.　affaires *de* toilette 세면[화장] 용구.　agence *de* publicité[voyages] 광고대행사[여행사].　aire *de* stationnement 주차장, 주차구역.　album *de* timbres 우표첩.　aliments *du* bétail 가축 사료.　anneau *de* suspension 샹들리에를 매달기 위한 천장의 고리.　appareil[instrument] *de* mesure 계기(計器).　apprêts *d'*une fête[*d'*un voyage] 축제를[여행을] 위한 채비.　arbres[plantes] *d'*ornement 관상용 나무[식물].　arme *de* guerre[chasse] 전쟁[사냥] 무기.　armure *de* guerre[parade] 전쟁용[의장용] 갑옷.　assiette *de* soupe 수프 접시.　association[société] *de* bienfaisance 자선단체.　atelier *de* réparation 수리 공장.　avion *de* chasse 전투[요격]기.　avion *de* tourisme 관광용 비행기.　bague *de* fiançailles 약혼반지.　baguettes *de* tambour 북채.　balai *de* plafond 천정용 먼지떨이.　baleinière *de* sauvetage 구명정(救命艇).　balle *de* revolver[fusil, mitrailleuse] 권총[장총, 기관총] 탄알.　baril *de* vin 술통.　barre[mur] *d'*appui 난간[옹벽].　base *de* ravitaillement 보급기지.　bassin *de* pisciculture 양어장.　bateau[navire] *de* commerce 상선.　bateau *de* guerre 전함.　bâton *de* bannière 깃대.　bâton *de* commandement 지휘봉.　bête *de* charge 짐 실어 나르는 가축.　billet *de* train[*d'*avion]

기차[비행기]표.　billet[bon, carte] *d'*entrée 입장권.　biscuit *de* chien 개먹이용 비스킷.　biscuit *de* soldat 군용 건빵.　bobine *d'*allumage 점화 코일.　boeuf[cheval] *de* labour 경작용 소[말].　bois *de* chauffage 장작.　bois *de* construction [*d'*oeuvre] 재목.　boîte[pochette, paquet] *d'*allumettes 성냥갑.　boîte *de* couleurs 화구상자.　bonnet *de* bain 수영모.　boule *de* pétanque[bowling, croquet] 페탕크[볼링, 크로켓]공.　bouteille *de* bière 맥주병.　budget *de* l'Éducation nationale 교육 예산.　bureau *de* travail 서재, 연구실.　bureau *de* vote 투표소.　cabine *de* douche 샤워실.　cabine[salle] *d'*habillage 탈의실.　cabinet *de* travail 작업실.　cache *d'*armes 비밀 무기 저장소.　cadeau *d'*anniversaire 생일 선물.　cadeau *de* mariage 신혼부부에게 주는 선물.　caméra *de* télévision 텔레비전용 카메라.　canal *d'*irrigation 용수로, 관개수로.　carte *de* voeux 연하장.　casque *de* moto 오토바이 헬멧.　casque *d'*écoute 헤드폰.　ceinture *de* sécurité 안전벨트.　centre[bureau] *d'*accueil 안내센터[사무실].　Centre national *d'*études spatiales 국립 우주 과학 연구소.　cérémonie *du* couronnement 대관식.　chaîne *de* bicyclette 자전거 체인.　chaland *de* débarquement 상륙용주정.　chambre *de* combustion 연소실.　champ *de* blé[pomme de terre] 밀[감자]밭.　champ[polygone, stand] *de* tir 사격장.　chanson *de* marche[route] 행진곡.　chapeau *de* cortège 의식용 모자.　char *de* deuil 영구차(=corbillard).　char *de* combat 탱크.　chasseur *d'*escorte 호위 전투기.　chaudière *de* chauffage central 중앙난방 보일러.　chaussures[souliers] *de* sport 운동화.　chaussures *de* ski 스키 부츠.　cheminée *d'*aération[*de* ventilation] 환기용 배관.　chèque *de* voyage 여행자 수표.　chien *de* chasse 사냥개.　chien *de* garde 집 지키는 개.　cigarette *de* troupe 군용 담배.　cloison *d'*incendie 내화벽.　combinaison *de* plongée[ski] 잠수복[스키복].　comité *de* gestion 관리위원회.　commission *de* censure 검열 위원회.　costume *de* cérémonie 예복.　costume[culotte] *de* cheval 승마복[승마용 바지].　courroie *de* ventilateur 팬벨트.　couteau *de* cuisine[table] 식칼[식탁용 나이프].　crème *de* beauté 미용크림.　dîner *de* famille[*d'*affaires] 가족[사업상의] 만찬.　discours *de* bienvenue[remerciement] 환영사[감사의 말].　draps *de* lit 침대보.　élixir *de* longue vie 불로장생액.　encre *d'*imprimerie 인쇄용 잉크.　engin *de* levage 기중기.　épingle *de* cravate 넥타이 핀.　équipage *de* construction 건설 기재.　équipements *de* survie 구명 장비.　étui *de* cartouche 탄약통.　feux *de* signalisation 교통 신호등.　filets *de* pêche 어망.　film *de* propagande 선전용 영화.　flacons *de* laboratoire 실험용 플라스크.　formule *de* télégramme 전보용지.　fossé *de* dérivation 배수거(排水渠).　fourgon *de* munitions[vivres] 탄약[식량] 운송 차량.　fourneau *de* fusion des méteaux 용광로.　fourreau *d'*épée 칼집.　frais *d'*entretien 유지비.　gants *de* boxe 권투글러브.　gilet *de* sauvetage 구명조끼.　hôtel *de* tourisme 관광호텔.　issue[porte] *de* secours 비상구.　jeton *de* téléphone 전화용 동전.　jeûne *de* protestation 단식 투쟁.　levier *de* changement de vitesse (자동차의) 변속기어 레버.　linge *d'*autel 제단용 성포(聖布).　linge *de* pansement 붕대.　livre *de* lecture 독본.　logement *de* fonction 관사, 사택.　logiciel *d'*enseignement [*de* jeu] 교육[오락]용 소프트웨어.　lunettes *de* protection (기술자·용접공 용의) 보호경.　machine *de* guerre 병기(兵器).　maillots *de* gymnastique 체조복. maison *de* convalescence 요양원.　masques *de* carnaval 사육제 놀이에 쓰는 가면.　matériaux *de* construction 건축재료.　matériel *de* couchage 침구.　médicament *de* confort 보약.　musique *de* film[danse] 영화 음악[무용곡].　oeuvre *de* bienfaisance 자선사업.　papier *d'*impression 인쇄 용지.　parc[parking] *de* dissuasion 주변 주차장((자동차의 시내 진입을 억제하기 위해 도시 주변에 설치한 것)).　parole *de* consolation 위로의 말.　pavillion *de* chasse 사냥집.　pierre *de* bornage 경계석.　planche *de* surf 서프보드.　plateforme *de* chargement (배와 부두 사이의) 하물용 잔교(棧橋).　poudre *de* lavage 분말 세제.　promenade *de* digestion 소화를 돕기 위한 산책.　puits *de* ventilation 환기갱.　radar *de* surveillance 감시 레이더.　rayon *de* lingerie (백화점의) 여자용 내의류 판매장.　réservoir *d'*irrigation 관개용 저수지.　robe *de* bal 무도회 옷.　robe *de* chambre (부인용) 실내복[잠옷].　roue *de* secours 예비 바퀴.　sabre *de* cavalerie[*d'*infanterie] 기병용[보병용]군도.　sac *de* couchage 침낭.　sac *de* pommes de terre 감자 자루; 《비유》 뚱뚱한 처녀.　sac *de* voyage 여행용 가방.　salle *de* bains 목욕탕, 욕실.　salle *de* classe 교실.　salle[salon] *d'*attente 대기실.　satellite *de* communication 통신위성.　serviette *de* bain[plage] 목욕[해수욕]수건.　short *de* tennis 테니스 반바지.　sonnette *d'*alarme 경보기.　sortie *de* secours 비상구.　station *de* ski 스키장.　station *d'*observation 관측소.　station *de* sports d'hiver 겨울 스포츠 휴양지.　stratégies *de* vente 판매[마케팅] 전략.　système *d'*éclairage 조명 장치[시설].　table *de* bridge 브리지 탁자.　table *de* travail 작업대.　tableau *d'*affichage (경기장 따위의) 기록게시판.　tenue *de* soirée 야회복, 정장.　terrain *d'*atterrissage 착륙장.　terrain *de* camping 캠핑장.　tissus *d'*ameublement 실내장식용 직물.　tissu *de* réserve 저장조직.　train *de* voyageurs[marchandises] 여객[화물]열차.　traité *d'*amitié 우호조약.　trésor *de* guerre 군자금.　troupes *de* choc[débarquement, partisans] 돌격[상륙, 게릴라]부대.　tuyau *de* gaz 가스관.　tuyau *d'*incendie 소방 호스.　unité *de* soutien 지원부대.　usine *d'*automobiles 자동차 공장.　ustensiles *de* ménage[cuisine, toilette] 살림[취사, 화장] 도구.　vedette *de* sauvetage 구명정.　vélo *de* course 경주용 자전거.　veste *d'*intérieur[*d'*appartement] 실내복.　vêtements *d'*été 여름 옷.　vin *de* dessert 디저트용 포도주.　vis *de* blocage 고정 나사.　voiture[tonneau] *d'*arrosage 살수차(撒水車).　voiture *de* location[louage] 렌트카, 전세차.　voyage *d'*exploration 탐사 여행.　zone *de* libre-échange 자유무역지대.

2) [de + 인물명사]

appartement *de* célibataire 독신자 아파트.　bâton *de* vieillesse 노인용 지팡이.　bonnet *d'*enfant 갓난아기용의 모자.　botte *de* cavalerie 기병의 장화.　bicyclette *d'*homme[*de* dame] 남성용[부인용] 자전거.　camp *de* prisonniers 포로수용소.　canne *d'*alpiniste 등산용 지팡이(=alpenstock).　casque *de* pompier 소방모.　casquette *d'*agent de police 경관 모자(=képi).　casquette *de* jockey 기수용 모자.　chaise *d'*enfant 어린이용 의자.　chariot[charrette] *d'*enfant (유아의) 보행기(補行器).　chien *d'*aveugle 장님을 인도하는 개.　cisailles *de* jardinier 전정가위.　ciseau *de* sculpteur[menuisier] 조각[목공]끌.　ciseaux *de* coiffeur 이발가위.　combinaison *de* mécanicien 작업복.　four *de* boulanger 빵 굽는 화덕.　lit *d'*enfant[*de* bébé] 유아용 침대, 요람.　roulette *de* pâtissier (제과점의 반죽 자르는) 룰렛.　pince *de* chirurgien 외과수술용 겸자(鉗子).　serre-tête *de* skieur 스키용 헤어밴드.　tricycle *d'*un enfant 어린이용 세발자전거.　trousse *de* médecin 왕진 가방.

19. 특징 · 성질

1) ❶

de bon[mauvais] aloi 질이 좋은[나쁜].　*de* haute futaie (나무가) 큰; (사람이) 강건한.　*de* haute graisse 《문어》 노골적인, 자극적인; 양질의.　accueil *de* glace 냉대.　acte *de* courage 용감함 행위.　affaire [personne] *de* conséquence 중요한 문제[인물].　affaire *de* nature à nous créer des ennuis 우리에게 걱정을 끼치는 사건.　phénomène *de* nature sociale 사회적인 현상.　affaire *d'*honneur 명예에 관한 문제; 결투(= duel).　âge *de* raison 분별력이 생기는[철이 들] 나이.　air *de* doute 회의적인 태도.　allumettes *de* sûreté 안전성냥.　serrure *de* sûreté 안전 자물쇠. aliments *de* digestion facile[difficile] 소화가 잘 되는[안 되는] 음식물.　allure[port] *de* déesse 기품 있는 거동.　ami *de* coeur 마음이 맞는 친구, 정다운 벗.　homme *de* coeur 착한 남자.　amitié *de* cour 부실한 우정, 표면뿐인 우정.　animal *de* compagnie 애완동물.　appareil *de* haute fiabilité 안전도가 좋은 기구.　arme *de* bonne trempe 담금질이 잘 된 무기.　article *de* bon[faible] débit 잘 팔리는[안 팔리는] 물건.　article *de* haute nouveauté 최신 유행의 제품.　article *de* première nécessité 필수품.　deux choses *d'*égale nécessité 똑같이 필요한 두 물건.　article *de* tout premier choix 최고급 품목.　vin *de* choix spécial 특급 포도주.　auteur[menu] *de* prédilection 특히 좋아하는 작가[메뉴].　balance *de* précision 정밀저울.　bicyclette *de* plusieurs vitesses 다단 기어 자전거. biens *de* consommation 소비재.　camion *de* gros tonnage 대형화물차.　chant *de* joie 기쁨의 노래.　chanteur *de* charme (부드러운 선율의 감상적인 노래를 부르는) 매혹의 가수.　charme *de* pudeur angélique 더할 나위 없는 정숙함이 주는 매력.　chemin *de* traverse 지름길; 샛길. client *de* passage 일시적인 손님, 뜨내기손님.　combat *d'*attente 지구전.　comédien *de* talent 재능있는 배우.　costume *d'*apparat 성장(盛裝), 정장.　coup *d'*éclat 눈부신 공적; 물의, 한바탕의 소동.　effet *de* contraste 대조 효과.　enquête *de* routine 관례적인 조사.　visite *de* routine 의례적 인 방문.　esprit *de* chicane 트집을 잘 잡는 성격.　esprit *de* clan 당파심.　esprit *de* sacrifice 희생정신.　esprit *de* suite 시종일관인[꾸준한] 사람.　esprit *de* synthèse 종합적 정신.　esprit *de* vacillation 흔들리는 마음.　femme *de* mauvaises moeurs[*de* moeurs faciles, *de* moeurs légères] 행실이 나쁜 여자.　film couleur *de* haute sensibilité 감도가 높은 천연색 필름.　fond *de* teint couvrant 피복성이 있는 파운데이션.　force *de* dissuasion (핵무기 따위의) 억제력.　formule *de* civilité 의례용어, 인사치레 말.　fruits *de* bel aspect 보기 좋은 과일.　gens *de* bas étage 하층민. gens *de* mérite 유능한 사람들.　geste *d'*agacement 짜증스러워하는 몸짓.　gouvernement[régime] *de* transition 과도 정부[정체].　guerre *d'*usure 소모전.　heures *de* liberté 자유시간.　homme *d'*action 행동가.　homme *de* bien 선행[자선]을 하는 사람; 덕이 있는 사람.　homme *de* bon [grand, haut] appétit 탐욕스런[야심만만한] 사람.　homme *de* bon sens 양식 있는 사람.　homme *de* bonne chère 미식가.　homme *de* bonne composition 원만한 사람.　homme *de* bonne volonté 선의의 사람.　homme *de* caractère 기개있는 사람.　homme *de* conscience 양심적인 사람. homme[visage] *de* contrebande 《구어》 (사교집회 따위에서) 격에 맞지않는 손님, 난입자.　homme *de* devoir 의무감이 강한 사람.　homme *d'*esprit 재기발랄한 사람.　homme *de* goût 센스있는 남자; 취미가 고상한 사람.　homme *de* haute culture 교양이 높은 사람.　homme *d'*honneur 신의 가 있는 사람.　homme *d'*intrigue 모사꾼, 책사.　homme *de* journée 날품팔이하는 사람.　homme *de* parti 당파심이 강한 사람.　homme *de* poids 중진, 영향력을 행사할 수 있는 인물.　homme *de* probité 성실한 사람.　homme sublime *de* dévoument 탄복할 만큼 헌신적인 사람.　hôte *de* marque du gouvernement 국빈.　hôtel *de* grand luxe 특급호텔.　instrument *de* haute précision 매우 정밀한 기구.　jour *de* joie 기쁜 날.　jour *de* grande chaleur 몹시 더운 날.　lien *de* confiance 신뢰 관계.　ligne *de* retard 지연 회로.　littérature *de* combat 투쟁문학.　marchandise *de* (bonne) vente 잘 팔리는 상품.　mesures *de* circonstance 임시방편.　missiles *de* courte[moyenne, longue] portée 단거리[중거리, 장거리] 미사일.　portée mots *de* sens contraire 반의어.　music-hall *de* papa 《구어》 시대에 뒤진 뮤직홀.　musique *d'*inspiration orientale 동양의 영향을 받은 음악.

nationalisme *de* choc 강한 민족주의.　nom *d'emprunt* 가명.　objet *de* forme longue 길쭉한 물체. objet *de* (grande) valeur 값비싼 물건.　objet *de* prix 귀중품.　objet *de* peu de valeur 값싼 물건. oeuvre *d'approche* difficile 이해하기 어려운 작품.　oeuvre[peintre] *de* génie 천재적인 작품[화가]. oiseau *de* haute vol 높이 나는 새.　oiseau *de* malheur 불길한 새.　ouvrage *de* grande diffusion (서점에) 대량으로 배급되는 작품.　patron[vendeur] *de* choc 정력적인 경영자[세일즈맨].　pays *de* bénédiction 천혜의 땅.　pays *de* coutume (성문법에 의하지 않고) 관습에 의한 나라.　perle *de* culture 양식 진주.　personne *de* condition élevée 신분이 높은 사람.　personne[visage] *de* connaissance 안면이 있는 사람[얼굴].　plaisanterie *de* mauvais goût 저속한 농담.　plusieurs sortes d'objets *de* même qualité 품질이 같은 여러 종류의 물품.　politesse *de* surface 겉치레 예의. politique *d'apaisement* 유화 정책.　poudre *de* perlimpinpin 《구어》 엉터리약.　produit *de* grande consommation 대량소비제품.　produits *de* marque 고급 제품.　question *de* détail 부차적인 문제. regard *de* haine 증오의 눈초리.　regards *d'intelligence* 공모의 시선.　régime *de* libre concurrence 자유경쟁체제.　régime *d'autorité* 권위주의적인 체제.　rire *de* commande 진실하지 않은 웃음. rire *de* dérision 조소.　rôle *de* composition (배우의 연기력을 요하는) 어려운 역할.　roman *de* pacotille 시시한 소설.　route *de* contournement 우회도로.　situation *d'urgence* 위기상황.　société *d'abondance* 풍요사회.　société *de* consommation 소비 사회.　solution *de* facilité 안이한 해결책. sourire *de* bonté 친절한 미소.　sourire[rire] *de* complaisance 겉치레 미소[웃음].　sourire *de* complicité 암묵적인 동조의 미소.　sourire *de* convention 의례적인 미소.　technologie *de* pointe 최첨단 기술.　un temps *de* merde 망할 놈의 날씨.　toilette simple et *de* bon goût 수수하고 고상한 차림.　trait *d'esprit* 기지 넘치는 언행.　travail *de* bénédictin 인내와 정성을 요구하는 일. travail *de* longue haleine 장시일을 요하는 일.　travail *de* tout repos 힘들지 않은 일.　troupe *d'élite* 정예부대.　verre *de* sécurité 안전유리((깨질 때 잘게 부서지는 유리)).　vertu *de* parade 남에게 보이기 위한 덕행.　vêtement *de* bon[mauvais] goût 훌륭한[좋지않은] 취향의 옷.　vin *de* bon cru 양질의 포도주.　vin *de* moindre qualité 질이 떨어지는 포도주.　vocabulaire *de* base 기본 어휘.　vote *de* confiance 신임투표.　avoir l'esprit *d'analyse* 분석능력이 있다, 두뇌가 명석하다.　avoir l'esprit *d'initiative* 진취적 기상을 가지다.　avoir une idée *d'ensemble* 총괄적인 견해를 갖다.　avoir des manières[un langage] *d'écurie* 《구어》 처신이[언어가] 거칠다.　avoir du temps[de l'argent] *de* reste 시간[돈]에 여유가 있다.　boire le calice *d'amertume* 쓴 잔을 마시다.　choisir un produit *de* qualité 질 좋은 물건을 고르다.　commettre des actes *de* barbarie 잔인한 짓을 저지르다.　devenir un homme *de* premier plan 으뜸가는[중요한] 사람이 되다.　mener une vie *de* débauche 방탕한 생활을 하다.　prendre une attitude *d'hostilité* 적대적인 태도를 취하다.

- C'est un enfant *d'une* grande émotivité.　저 아이는 감수성이 대단히 예민하다.
- C'est un homme *de* facile accommodement.　그는 조정[타협]이 가능한 사람이다.
- Ce n'est pas seulement affaire *de* psychologie.　이것은 심리적인 문제만이 아니다.

❷ 속사

être *d'attaque* 건강이 좋다.　être *d'aucune* utilité 아무 쓸모가 없다.　être *de* bon[mauvais] augure 길조[흉조]이다.　être *de* bon conseil 사려깊다, 조언자로서 신뢰할 만하다.　être *de* bon[mauvais] poil《구어》기분이 좋다[나쁘다].　être *d'un* bon user《옛·문어》질기다, 내구력이 좋다.　être *de* bonne[mauvaise] compagnie 가정교육이 잘[못]되어 있다(=être bien[mal] élevé); 품위가 있다[무례하다].　être *de* bonne[mauvaise] garde (식품이) 보관이 잘되다[안되다].　être *de* bonne[mauvaise] humeur 기분이 좋다[나쁘다].　être *d'*humeur égale[inégale] 변덕스럽지 않다[변덕스럽다].　être *de* caractère hésitant 우유부단한 성격의 소유자이다.　être *de* contrebande《구어》비합법적이다; 금지되다.　être[rester] *de* glace 아주 냉담하다, 무관심하다.　être *d'*une indolence 게으르다, 무기력하다.　être *de* mauvaise foi 악의가 있다, 기만적이다.　être *de* même opinion que *qn* …와 같은 의견이다, 찬성하다.　être *de* parti pris 편파적이다.　être *de* santé délicate 건강상태가 좋지 않다.　il est *de* notoriété publique que + *ind* …은 널리 알려진 사실이다.

- Ce film est *d'*un bête.　그 영화는 아주 형편없다.
- Ce livre n'est plus *d'*actualité.　이 책은 이젠 시대에 맞지 않는다.
- Ce vin est *de* grande qualité.　이 포도주는 최고품이다.
- Cette oeuvre est *d'*assez difficile accès.　이 책은 접근하기가 어렵다.
- Ces manières ne sont plus *de* mise.　그러한 방식은 더 이상 통용되지 않는다.
- Cet enfant est *d'*apparence chétive.　그 아이는 허약하게 보인다.
- Elle est plutôt *de* gauche.　그녀는 좌익 성향이 짙다.
- Ses explications sont *d'*un flou.　그의 설명은 알쏭달쏭하다.
- Je me sens assez *d'*attaque pour prendre le train de 6 heures du matin.　나는 아침 6시 기차를 탈 수 있을 정도로 컨디션이 좋다.

❸ 명사·형용사 특질 강조 : [être d'un(e) + 명사·형용사]

- Elle est *d'*une bêtise.　그녀는 아주 바보같다.
- Cette jeune fille était *d'*une gentillesse!　그 소녀는 참 친절했다.
- Il est *d'*une drôlerie quand il imite le président.　사장흉내를 낼 때 그는 장난기가 가득하다.
- Il était *d'*une maladresse!　그는 형편없이 서툴렀다.
- Il est *d'*une rosserie!　그는 비열한 사람이야!
- La tente-abri est *d'*un lourd!　그 소형 천막이 그렇게 무겁다니!
- Le ciel est *d'*un bleu!　하늘이 참 푸르기도 하다!
- Il trouvait ça *d'*un mauvais!　그는 이것을 나쁘다고 보았어!

❹ [tout de + 명사]

des oeuvres toutes *d'*imagination 상상력이 풍부한 작품들.　une vie toute *de* travail 아주 근면한 생활.

☆ 이때 tout는 자음으로 시작되는 형용사 앞에서처럼 변화함.

❺ [de nature + 형용사; de nature à *inf*] : ···한 성질의; ···의 종류의; ···한 체질의; ···할 수 있는, ···하기에 알맞은.

> *de* cette nature 그러한 성질[종류]의.　objets *de* même nature 같은 성질[종류]의 물건. phénomène *de* nature sociale 사회적인 현상.　enfant *de* nature maladive 병약한 아이.　nouvelle *de* nature à vous créer des ennuis 당신에게 걱정을 끼치는 소식.

2) [de + 관사 + 형용사 + 명사; de + 관사 + 명사 + 형용사]

❶

> affaire *d'*une grande importance 매우 중요한 일.　mémoire *d'*une sûreté absolue 아주 정확한 기억력.　analyse *d'*une grande lucidité 대단히 예리한 분석.　appareil *d'*une manipulation délicate 조심스럽게 다루어야 하는 장비.　appareil photo *d'*un maniement simple 사용하기 간편한 사진기. artisan *d'*une grande habileté 솜씨가 매우 좋은 장인.　chien *d'*une grande docilité 매우 순한 개. dictionnaire *d'*une consultation facile 참고하기 쉬운 사전.　écrivain *d'*une rare fécondité 작품을 매우 많이 쓰는 작가.　enfant *de* constitution délicate 체질이 허약한 아이.　femme *d'*une activité débordante 활력이 넘치는 여성.　femme *d'*une grande élégance 매우 우아한 여인.　fille *d'*une grande sagesse 아주 정숙한 처녀.　homme *d'*(une) approche facile 친해지기 쉬운 사람.　homme *d'*une parfaite impénétrabilité 속을 전혀 알 수 없는 사람.　homme *d'*un commerce difficile 사귀기 어려운 사람.　homme *d'*une grande affabilité 매우 부드러운 성품의 남자.　homme *d'*une parfaite intégrité 청렴결백[공명정대]한 사람.　homme *d'*une rare érudition 보기드문 학식의 소유자. incident diplomatique *d'*une portée considérable 중대한 외교적인 사건.　mécanisme *d'*une grande simplicité 아주 간단한 메카니즘.　observations *d'*une rare acuité 보기 드물게 날카로운 관찰. oeuvre *d'*un intérêt médiocre 재미가 별로 없는 작품.　propos *d'*une rare ineptie 매우 어리석은 말.　roi *d'*une rare idiotie 보기 드물게 우매한 왕.　roman *d'*une grande faiblesse 형편없는 소설. rosier *d'*une grande floribondité 꽃이 대단히 많이 피는 장미 나무.　traits *d'*une excessive douceur 매우 온화한 얼굴 표정.　traits *d'*une ironie mordants 신랄하게 비꼬는 독설.　urbanisme *d'*une conception nouvelle 새로운 발상의 도시 계획.　vêtement *d'*une finition impeccable 흠잡을 데 없이 마감질 된 옷.　vêtement *d'*une propreté douteuse 깨끗하다고 할 수 없는 옷.

❷ 속사

> être *d'*un abord facile 가까이 하기에 어려움이 없다.　être *d'*un âge canonique 아주 나이가 많은 (=très âgé).　être *d'*un aspect repoussant 모습이 흉측하다.　être *d'*une extrême pauvreté 찢어지게 가난하다.　être *d'*une grande maladresse 매우 어설프다.　être *d'*une grande maniabilité 조종[조작] 이 매우 쉽다.　être *d'*une grande utilité à *qn* ···에게 대단히 유용하다.　être *d'*un commerce agréable 붙임성[사교성]이 있다.　être *d'*une éclatante beauté 눈이 부시게 아름답다.　être *d'*un emploi courant 흔히 쓰이다.　être *d'*une excessive maigreur 지나치게 야위었다.　être *d'*une grande bonté 매우 착하다[친절하다].　être *d'*une grande exigence morale 도덕적으로 매우 엄격하다. être *d'*une grande imprudence 몹시 경솔하다.　être *d'*une ignorance crasse 《구어》 지독하게 무식 하다.　être *d'*une intransigeance absolu sur *qc* ···에 대해 매우 완고하다.　être *d'*une laideur

- Ce candidat est *d'*une insuffisance flagrante.　이 수험생은 현저하게 능력이 떨어진다.
- Ce film est *d'*une complète inconsistance.　이 영화는 전혀 알맹이가 없다.
- Ce garçon est *d'*une force incroyable.　그 소년은 믿기 어려울 정도로 힘이 세다.
- Ce livre est *d'*une compréhension difficile.　이 책은 이해하기 어렵다.
- Ces moules ne sont pas *de* la première fraîcheur.　이 홍합은 신선도가 좀 떨어진다.
- Cet enfant a été *d'*une sagesse exemplaire aujourd'hui.　그 아이는 오늘 아주 얌전했다.
- Cet homme politique est *d'*une grande propreté morale.　이 정치가는 대단히 결백한 인물이다.
- Cette affaire est *d'*une délicatesse qui commande la plus grande prudence.　그 일은 극도의 신중함을 요하는 예민한 문제이다.
- Cette réponse est *de* la dernière indécence.　그 대답은 무례의 극치이다.
- Elle est *d'*un âge très avancé.　그 여자는 아주 나이가 많다.
- Il est *d'*un caractère agréable.　그는 성격이 쾌활하다.
- Il est *d'*une balourdise étonnante.　그는 어지간히도 서툴다.
- Il est *d'*un entêtement incroyable.　그는 고집이 말도 못하게 세다.
- Il est *d'*une grande brutalité.　그는 성격이 매우 난폭하다.
- Il est *d'*une humeur accommodante.　그는 기질이 양순하다.
- Il est *d'*une jalousie maladive.　그의 질투심은 병적이다.
- Il est *d'*une laideur repoussante.　그는 지독하게도 못생겼다.
- Il est *d'*une lésion incroyable.　그는 엄청난 깍쟁이다.
- Il était *d'*une paresse incurable.　그는 구제불능의 게으름뱅이였다.
- Il est *d'*une rare bêtise.　그는 보기 드문 바보이다.
- Il est *d'*une stupidité incroyable.　그는 놀라울 정도로 어리석다.
- Nous sommes tous *du* même avis.　우리들은 모두다 의견이 같다.
- La perte était *d'*une ampleur inouïe.　손실은 엄청난 규모였다.
- La situation est *d'*une complication inextricable.　상황이 착잡하게 얽혀 있다.
- Ses propos sont *d'*une affligeante banalité.　그의 말은 한심할 정도로 진부한 것이다.
- Son anglais est *d'*un bon niveau.　그의 영어는 수준급이다.
- Il me paraît *d'*une ignorance incroyable.　그는 믿을 수 없을 정도로 무지하다.
- Cet outil semble *d'*une grande utilité.　이 도구는 매우 유용한 것 같다.

3) 크기 · 형태

나무. armoire *d'une grande contenance* 용적이 큰 가구. cheminée *d'une grande hauteur* 매우 높은 굴뚝. chemise *d'encolure* 39 목둘레가 39인 셔츠. composition *de forme sonate* 소나타 형식의 작품. construction *de forme circulaire* 환상(環狀) 건축물. objet *de forme allongée* 길쭉한 형태의 물건. disque *de petit format* 소형 음반. journal *de format tabloïd* 타블로이드판 신문. deux bâtons *de même longueur* 같은 길이의 막대기 두 개. truite *de bonne longueur* 꽤 큼직한 송어. église *d'une simple architecture* 건축 양식이 단순한 교회. homme *de robuste encolure* 목이 굵은 남자. homme *de forte corpulence* 좋은 체격의 사람. homme *d'une forte carrure* 건장한 어깨의 사내. homme *de haute taille* 키가 큰 사람. homme *d'une taille gigantesque* 거한(巨漢). meuble *de faible encombrement*[*d'encombrement réduit*] 차지하는 면적이 작은 가구. mur *d'une épaisseur de vingt centimètres* 20센티 두께의 벽. objet *de dimension ordinaire*[*grande*] 보통 크기[대형]의 물건. obus *de gros calibre* 거포탄(巨砲彈). oeufs *de calibres différents* 크기가 서로 다른 계란들. pistolet *de calibre 7,65* 7.65 구경의 권총. pays *d'une grande*[*vaste*] *étendue* 광대한 면적을 가진 국가. personne *de haute stature* 키가 큰 사람. veston *de coupe classique* 전통적 방식으로 재단된 웃저고리. vêtement *de coupe sobre* 디자인이 수수한 옷.

- C'est un écrivain *d'une toute autre stature* que ses concurrents. 저 사람은 경쟁자들과는 스케일이 전혀 다른 작가이다.
- Il est *d'une taille élevée*(= il est grand). 그는 키가 크다.
- Il est *de taille bien prise*. 그는 몸맵시가 좋다.
- Le plancher n'est pas *de niveau*. 바닥이 수평이 아니다.

4) 색깔

de plusieurs couleurs 다색(多色)의(=multicolore). couleur *d'ambre* 호박색, 황갈색. couleur *de chair* 살색. homme[femme] *de couleur* 유색인. voiture *de couleur rouge* 붉은색 자동차. charpe *d'un rose vif*[*pâle*] 진한[옅은] 장밋빛 스카프. cheuvex *d'un blond ardent* 적갈색 머리털. cheveux *d'un brun roux*[*brun-roux*] 적갈색의 머리. cheveux *d'un châtain clair* 옅은 밤색 머리. ciel *de cuivre* 구릿빛 하늘. cigare bagué *d'or* 금색 종이 띠를 두른 시가. écu bandé *d'or et de sable* 금색과 흑색으로 띠를 두른 방패(꼴의 가문). eau *d'un bleu sombre* 검푸른 물. nuit *d'encre* 칠흑 같은 밤. peau *de lait* 우유빛 피부. peau *de pêche* 발그레하고 여린 피부; 보풀이 있는 부드러운 천. robe *d'un vert tilleul* 담록색 드레스. yeux *d'une belle émeraude* 아름다운 에메랄드빛의 눈. yeux *d'un bleu lavé* 연한 청색의 눈.

- Le ciel est *d'un bleu délavé*. 하늘은 엷은 청색이다.
- Ce journal est *d'une couleur politique indécise*. 《비유》 이 신문은 정치적 색채가 불분명하다.

5) 비유

beauté *de dieu* 그지없는 아름다움. blancheur *de cygne* 순백(純白). candeur *de cygne*[*d'agneau*] 순진 무구함. cou[col] *de cygne* 길고 가느다란 목. cou *de taureau* 굵고 강인한 목. cinéma[littérature]

d'avant-garde 전위 영화[문학].　fièvre *de* cheval 고열.　remède *de* cheval 강력한 치료법, 극약(劇藥).
froid *de* canard[loup] 지독한 추위.　langage *de* charretier 상스러운 말.　oeuvre *de* titan 초대작(超大作).
pas *de* chasseur 잰 걸음.　taille *de* guêpe 매우 가는 허리.　temps *de* cochon 악천후.　tête[visage]
de fouine 가늘고 뾰족한[교활한] 얼굴.　tête *de* pioche 고집불통, 벽창호.　tour *de* cochon 치사한
수작[술책].　travail *de* cyclope[titan] 거대한 사업, 대역사(大役事).　travail *de* fourmi; travail *de*
Romains 많은 노력을 요하면서 오래 걸리는 일.　toilette *de* chat　대충 하는 몸단장; 고양이 세수.
vacarme *d'*enfer 굉장한 소란.　vie *de* château 호화로운[안락한] 생활.　avoir une barbe *de* fleuve (강의
신처럼) 수염이 길다.　avoir une cervelle[memoire] *de* lièvre 기억력이 매우 나쁘다.　avoir une cervelle
de moineau[*d'*oiseau] 머리가 나쁘다, 경솔하다.　avoir la chair *de* poule (추위·무서움 따위로) 살갗에
소름이 돋다.　donner la chair *de* poule à *qn* …을 소름끼치게 하다.　avoir un coeur *de* lion 용감무쌍하다.
avoir une cote *d'*enfer 굉장히 인기가 있다.　avoir des dents *de* lapin 앞니가 유난히 길다.　avoir
un estomac *d'*autruche 위가 튼튼하다.　avoir une faim *de* loup 배가 아주 고프다.　avoir des jambes
de coq[*d'*échassier] 다리가 길고 가늘다.　avoir une patience *d'*un saint[ange] 참을성이 많다.　avoir
la pesanteur *de* boeuf 소처럼 둔중하다[몸이 무겁다].　avoir du sang *de* navet 빈혈증이 있다; 무기력하
다; 용기가 없다.　avoir une tête *de* cochon 성격이 나쁘다, 고집이 세다.　avoir des yeux *de* cochon
《구어》 눈이 아주 작다.　avoir des yeux *de* lynx 눈매가 날카롭다.　être d'une humeur *de* chien[dogue]
《구어》 성을 잘 내다; 기분이 매우 언짢다.　faire l'oeil[des yeux] *de* carpe 다정한 눈으로 보다.　faire
des yeux *de* carpe pâmée 기절한 척하다; 다정한 눈으로 보다.　faire le pied *de* grue 오랫동안 서서
기다리다.　mener une vie *de* chanoine 풍족[쾌적]한 생활을 누리다.　mener une vie *de* galère[galérien]
고된[비참한] 생활을 하다.　mener une vie *de* patriarche 가족에 둘러싸여 평온하게 살다.　pousser
des cris *de* paon 날카로운 소리를 내다;《비유》 시끄럽게 항의하다.　se sentir une fringale *de* loup
배가 몹시 고프다.

· Il a la lourdeur *d'*un éléphant.　그는 코끼리처럼 둔중하다.
· Ce garçon a la ruse *du* renard.　그 소년은 여우처럼 꾀가 많다.

20. 종류

1)

de tout poil; *de* tous poils (사람이) 온갖 종류의, 각양각색의.　accent *de* durée[*de* hauteur, *d'*intensité]
장단[고저, 강약] 악센트.　acteur *de* théâtre[cinéma] 연극[영화]배우.　adverbe *de* lieu[temps, quantité]
장소[시간, 수량]부사.　aiguille *d'*heure[*de* minute, *de* seconde] 시침[분침, 초침].　armée de terre[*de*
mer, *de* l'air] 육[해, 공]군.　avion[pilote] *de* ligne 정기 노선 비행기[조종사].　banque *d'*affaires 상업은행.
banque *de* dépôt 예금은행.　arts *du* temps (음악, 무용, 영화 따위의) 시간예술.　as *de* carreau[coeur,
pique, trèfle] 다이아몬드[하트, 스페이드, 클로버] 에이스.　camarade *de* classe[régiment, travail] 급우,
동급생[군대 동지, 직장동료].　combats *de* rue 시가전.　comédic *de* caractères[moeurs] 성격[풍속]
희극.　commerce *de* détail 소매상.　compagnon *de* travail[voyage] 작업동료[여행의 동반자].　coq
de combat 싸움닭.　coureur *de* fond[demi-fond, vitesse] 장[중, 단]거리 주자.　course *d'*automobiles[*de*
motos] 자동차[오토바이] 레이스.　dent *de* lait 젖니.　deux romans *de* la même veine 동일한 착상의
두 소설.　école *de* garçons[filles] 남자[여자]학교.　emploi *de* bureau 사무직.　fête *de* famille 가족

잔치.　film *de* long[court] métrage 장편[단편]영화.　film *d'*aventures 모험영화.　film *d'*horreur 공포 영화.　film *de* science-fiction 공상과학 영화.　fonctionnaire *de* police 경찰공무원.　fonctionnaire *d'*État 국가공무원.　formule *de* politesse 인사의 말투[문구].　immeuble *de* bon[grand] standing 고급 주택.　industrie *de* consommation 소비재 산업.　industrie *d'*exportation 수출 산업.　journal *d'*entreprise 사보.　journal *de* province 지방 신문.　journal *de* voyage 여행 일기.　journaliste *de* télévision 텔레비전 방송 기자.　langages[langues] *de* spécialités 전문용어.　lettre *d'*amour 연애편지.　livre *de* poche 문고본.　magasin *de* vente en gros[au détail] 도매점[소매점].　match *de* football 축구 경기.　modèle standard et modèle *de* luxe 표준형과 고급형.　objet *d'*art 공예품.　ouvrier *d'*usine 공장 노동자.　pas *de* route[*d'*ordinaire] 보통 걸음.　pilote *de* chasse 전투기 조종사.　service *de* jour 주간 근무.　travaux[ouvrages] *de* dames[*d'*aiguille] 바느질.　sports *d'*équipe 단체 경기.　thèse *de* doctorat 박사학위 논문.　verres *de* contact 콘택트렌즈.

2) [de + 특정명사 + 형용사]

choses *d'*ordres différents 서로 다른 종류의 사물.　jazzmen *de* premier ordre 일류 재즈연주가.　problème *d'*ordre général 일반적인 문제.　climat *de* type continental 대륙형 기후.　animal *de* race pure[pure race] 순종의 동물.　enfant *du* sexe masculin[féminin] 남자[여자]아이.　enseignement *du* premier[second] degré 초등[중등]교육.　équation *du* premier[second] degré 1차[2차] 방정식.　étoile *de* première[deuxième] grandeur 1[2]등성.　hôtel *de* cinquième catégorie 최저 등급 호텔.　ingénieur *de* première classe 일류기사.　wagon *de* première[seconde] classe 1등석[2등석] 열차.　viande *de* premier catégorie 일등급 쇠고기.　images *de* ce genre 이러한 유형의 이미지들.　personnages *de* la même espèce 같은 종류의 인물들.　meuble *de* style anglais 영국풍의 가구.　vin *de* la première [seconde] cuvée 1급[2급] 포도주.　être *du* même ordre 같은 종류에 속하다.

· Ces gredins sont *du* même calibre.　그 불량배들은 다 똑같은 놈들이다.
· Il est *d'*une tout autre classe.　그는 등급이 전혀 다르다.
· Ils sont *du* même acabit.　《경멸》 그들은 모두 똑같은 놈들이다.
· J'ai vu un film *du* même type.　나는 같은 종류의 영화를 보았다.
· Je ne discute pas avec des gens *de* son espèce.　나는 그와 같은 사람과는 상대하지 않는다.
· Le problème n'est plus *d'*ordre technique, mais plutôt *d'*ordre économique.　이 문제는 기술적 차원의 것이 아니라 오히려 경제적 차원의 것이다.
· Son estomac répugne aux nourritures *de* cette sorte.　그의 위는 이런 종류의 음식을 받지 않는다.
· Voici un autre modèle *du* même genre.　여기 같은 종류의 다른 모델이 하나 있다.

21. 정도·측정

1) 진척·차이

❶ …만큼.

immeuble qui surpasse *de* plusieurs étages les constructions environnantes 주변의 건축물보다 몇

층이 높은 건물.   abaisser[hausser] une note *d'*un demi-ton 반음 내리다[올리다].   allonger une robe *de* quelques centimètres 드레스의 길이를 몇 센티 더 늘리다.   augmenter *de* 10 milliards de dollars 100억 달러 증가하다.   augmenter les employés *de* dix pour cent 종업원의 월급을 10% 인상하다.   avancer *d'*un pas 한 걸음 앞으로 나가다.   avancer son départ *de* deux jours 출발을 이틀 앞당기다.   ne pas avancer[bouger] *d'*une semelle 한 발짝도 나아가지[움직이지] 못하다.   ne pas bouger *d'*un iota 꼼짝도 않다.   ne pas céder *d'*un pouce 조금도 양보하지 않다.   ne pas reculer[bouger, avancer] *d'*un pouce 꼼짝도 하지 않다.   décaler *d'*une heure tous les trains 모든 기차 시간을 한 시간씩 변경시키다.   dévaloriser le won *de* 3% par rapport au dollar 달러에 대해 원화를 3% 평가절하하다.   diminuer une longueur *de* (la) moitié 길이를 반으로 줄이다.   élargir une rue *de* 2 mètres 도로 폭을 2미터 확장하다.   enchérir *de* mille euros sur *qn* …보다 천 유로를 더 올려 부르다.   être en avance[retard] *de* cinq minutes 5분 빠르다[늦다].   exhausser un mur *d'*un mètre 벽을 1미터 높게 올리다.   s'en falloir (*de* l'épaisseur) *d'*un cehveu 위기일발이다, 큰일날 뻔하다.   grossir *de* cinq kilogrammes en trois mois 체중이 3개월 동안에 5킬로그램 늘다.   hausser une maison *d'*un étage 집을 한 층 더 올리다.   maigrir *de* trois kilos 체중이 3킬로그램 빠지다.   majorer les salaires *de* 10% 봉급을 10% 인상하다.   monter *d'*un échelon 한 단계[계급] 올라가다.   prolonger son séjour *d'*une semaine 체류 기간을 1주일 연장하다.   proroger *de* quatorze jours l'échéance d'un loyer 집세의 지불 기일을 2주 연기하다.   ne pas quitter *qn* *d'*un pas …와 늘 붙어다니다.   rabaisser le prix d'une robe *de* cent euros 드레스의 가격을 100유로 내리다.   raccourcir un texte *de* plusieurs paragraphes 여러 문단을 줄여 텍스트를 요약하다.   reporter une conférence *d'*un mois 회의를 1개월 연기하다.   retarder une montre *de* cinq minutes 시계를 5분 늦추다.   rétrécir un pantalon *de* dix contimètres 바지를 10cm 줄이다.   serrer[lâcher] sa ceinture *d'*un cran 혁대를 구멍 하나만큼 조이다[풀다].   surélever une maison *d'*un étage 집을 한 층 올려 증축하다.   se tromper *d'*un euro en rendant la monnaie 거스름돈을 1유로 틀리게 내주다.

- *De* combien s'en faut-il?   얼마나 부족한가?
- La population s'est accrue *de* deux millions de personnes.   인구가 200만 명 증가했다.
- Le sol s'est affaissé *de* plus d'un mètre.   지반이 1미터 이상 내려앉았다.
- On a ajourné les élections *d'*une semaine.   선거가 일주일 연기되었다.
- Notre locataire s'est arriéré *de* plusieurs termes.   우리 집에 세든 사람은 여러 분기의 집세가 밀렸다.
- La prise en charge a augmenté *d'*un euro.   기본요금이 1유로 올랐다.
- Sa collection s'est augmentée *de* plusieurs tableaux.   그의 수집품에는 여러 점의 그림이 늘었다.
- Le balcon avance *d'*un mètre sur le mur.   발코니가 벽보다 1미터 돌출해 있다.
- Cette montre avance[retarde] *de* 10 minutes.   이 시계는 10분 빠르다[늦다].
- La rivière a baissé *d'*un mètre.   강 수위가 1미터 내려갔다.
- La production croît *de* 10% par an.   생산량이 일 년에 10% 증가한다.
- Cette pierre déborde le mur *de* 2cm.   이 돌은 벽에서 2cm 솟아 있다.
- La consommation annuelle de riz par habitant a décru *de* 25 % en une décennie.   쌀의 연간 소비량이 10년 동안 25% 감소했다.

- Il m'a demancé *de* trois minutes[trois points].   그는 나보다 3분[3점] 앞섰다.
- Les jours ont diminué *d'*une heure.   낮 시간이 한 시간 짧아졌다.
- Il s'en est fallu *d'*un poil.   간발의 차이였다.
- Il a grandi *de* cinq centimètres cette année.   그는 올해 키가 5센티미터 컸다.
- Le prix des denrées se haussent *de* 10%.   식료품 가격이 10% 오른다.
- Nous nous sommes loupés *de* peu.   우리는 간발의 차이로 어긋났다.
- La température a monté[baissé] *de* 10 degrés.   온도가 10도 올랐다[내렸다].
- Il m'a précédé *de* cinq minutes.   그가 나보다 5분 일찍 왔다.
- Il a rajeuni *de* 10 ans.   그는 10년은 젊어졌다[젊어 보인다].
- Ils se sont ratés[loupés] *de* peu.   그들은 간발의 차이로 서로 만나지 못했다.
- Il faut réduire *de* 30 % le taux des émissions de carbone.   탄소 배출률을 30% 낮추어야 한다.
- Il a été repêché *de* deux points.   그는 2점을 올려받아 합격하였다.
- La tempête a retardé son arrivée *de* deux jours.   폭풍우로 그의 도착이 이틀 늦어졌다.
- Cette coiffure vous vieillit *de* cinq ans.   그런 머리 모양을 하니 5년은 늙어 보입니다.
- Vous me vieillissez *de* deux ans.   나를 두 살이나 더 위로 보시는군요.
- Il se vieillit *d'*au moins trois ans.   그는 적어도 3살은 보태서 말하고 있다.

❷ 명사의 보어

> abattement[remise] *de* trente pour cent 30%의 할인. une baisse du chômage *de* 1,4 % 실업율의 1.4% 하락. décalage *de* deux mètres[*d'*une semaine] 2미터[일주일]의 편차. décrue *d'*un mètre en deux jours 이틀에 1미터의 수위 저하. déduction *de* 20% 2할 할인. démarque *de* six points 6점 감점. dénivellement *de* cent mètres 100 미터의 고저차. sursis de départ *de* deux jours 이틀간의 출발 연기. accorder[faire] un escompte *de* 3% 3퍼센트의 할인을 하다.

- Il y a une différence *de* deux ans entre lui et sa femme.   그와 그의 부인은 두 살 차가 난다.
- Elle est mon aînée *de* deux ans.   그 여자는 나보다 두 살 위다.
- L'industrie alimentaire a un bond important *de* 11%.   식품 산업이 11%의 급성장을 했다.

❸ 형용사의 보어

> description trop longue *d'*un tiers 삼분의 일은 없어도 좋을 장황한 묘사. deux événements distants (l'un de l'autre) *de* trois mois. (서로) 3개월의 간격이 있는 두 사건. être trop lourd *de* trois kilogrammes 5킬로그램 더 무겁다.

- *De* combien est-il plus âgé que moi?   그는 나보다 몇 살 위인가?
- Ces deux villes sont distantes l'une de l'autre *d'*environ cent kilomètres.   이 두 도시는 서로 약 100킬로미터 떨어져 있다.
- Cet événement est antérieur à votre naissance *d'*une dizaine d'années.   그 사건은 당신이 태어나기 10여 년 전의 일이다.

- Dans un mois, les jours seront plus longs *de* trente minuites.　한 달 있으면 낮 길이가 삼십 분 길어진다.
- Le départ du train est décalé *d'*une heure.　기차의 출발 시간이 한 시간 변경되었다.
- Il est *de* trois ans plus âgé que moi.　그는 나보다 나이가 세살 많다.
- Il est plus jeune[vieux] que vous *de* cinq ans.　그는 당신보다 다섯 살 아래대[위다].
- Ce puits est profond *de* 6m.　이 우물은 깊이가 6m이다.
- Il est sept heures passées *de* cinq minutes.　일곱 시가 5분 지났다.
- Sa jupe est trop longue *de* deux doigts.　그녀의 치마가 손가락 두 개의 폭만큼 길다.

2) 수량 · 가격 · 가치

❶

créditer *qn de* 100 euros ⋯의 대변에 100유로를 기입하다.　s'endetter *de* plusieurs millions de dollars 수백만 달러의 빚을 지다.　entuber *qn de* mille euros ⋯에게 천 유로를 사기 치다. ganter *du* sept 사이즈 7의 장갑을 끼다.　retaper *qn de* cent euros 《구어》 ⋯에게 다시 백 유로를 빌리다.

- *Du* combien chaussez-vous? – Je chausse *du* 40.　당신의 신발치수는 얼마입니까? – 나는 치수가 40인 신발을 신습니다.
- Il y est allé *de* dix mille euros.　그는 만 유로나 돈을 걸었다.
- Je coiffe *du* 50.　내 모자의 치수는 50이다.

❷ [être de]

- A la mi-temps, la marque était *de* deux à un.　전반전의 득점상황은 2대 1이었다.
- L'échelle de ce plan est *de* 1/1000.　이 도면은 축척이 천분의 일이다.
- Le nombre moyen d'élèves par classe est *de* 35.　학급당 평균 학생 수가 35명이다.
- Le prix de ce livre est *de* trois cents euros.　이 책값은 300유로이다.
- La probabilité de ce phénomène est *de* 85%.　이런 현상이 일어날 확률은 85퍼센트이다.
- La vitesse de ce train est *de* 200km/h.　이 기차의 속도는 시속 200km이다.

❸ 명사의 보어

à une distance *d'*environ trois mètres 약 3미터 거리에서.　amende *de* 350 euros 350유로의 벌금. ampoule *de* 100watts 100와트의 전구.　amplificateur d'une puissance *de* 100watts 출력 100와트의 증폭기.　angle *de* 90 degrés 직각(=angle droit).　angle *de* 180 degrés 평각(=angle plein). à-pics *de* 200 mètres 200미터 높이의 낭떠러지.　autonomie de vol *de* six mille kilomètres 무급유 항속거리 6천 킬로.　balance d'une portée *de* 20kg 20kg까지 달 수 있는 저울.　bijou *de* quatre sous 가치없는 보석.　restaurant *de* quatre sous 보잘 것 없는 식당.　billet *de* cent dollars 100달러 짜리 지폐.　bottes *de* sept lieues (동화 "le Petit Poucet"에 나오는) 한 번에 70리를 갈 수 있는 장화.　bouteille *d'*un litre et demi 1리터 반짜리 병.　brûlures *du* premier degré 1도 화상.

caméra *de* huit mm 8mm 카메라.　camion *de* dix tonnes 10톤 트럭.　caractère *de* 12 points 12 포인트 활자.　carte *de* demi-tarif 반액권.　cerf *de* dix cors 가지뿔이 10개인 사슴.　chaussure *du* 40 치수가 40인 신발.　chèque *de* cent euros 백 유로짜리 수표.　courant *de* 50 périodes par seconde 초당 50 헤르츠의 전파.　cuvée *de* cent tonneaux 100통 분량의 생산량.　délégation *de* cent mille euros 10만 유로의 양도 증서.　diamant *de* 12 carats 12캐럿짜리 다이아몬드.　espace *de* 1m entre le lit et le mur 침대와 벽 사이의 1m의 간격.　femme *d'*un mètre soixante 키가 1미터 60센티 되는 여자.　figure *de* demi-nature 실물의 1/2 크기의 상(像).　film *de* 35mm 35밀리 필름.　gants de boxe *de* quatre onces 4온스짜리 권투 글러브　gants *du* 6 치수 6의 장갑.　golf *de* 18 trous 18홀의 골프장.　inflation *de* 10% par an 연 10%의 인플레.　intervalle *de* huit notes 옥타브.　intervalle *de* tierce 3도 음정.　jet *de* 70m au javelot 70m의 투창 투척거리.　longeur *de* 1000km 천 킬로미터의 거리.　mur *de* vingt centimètres d'épaisseur; mur d'une épaisseur *de* vingt centimètres 20센티 두께의 벽.　pente *de* dix pour cent 10% 경사도.　pièce *de* cinq centimes 5상팀짜리 동전.　pièce *de* trois mètres sur quatre 가로 세로가 6미터와 8미터인 방.　pièce (d'artillerie) *de* soixante-quinze 75미리 포.　pouls normal *de* 72 pulsations 1분에 72회 뛰는 정상 맥박.　pression *de* dix atmosphères 10기압의 압력.　réfrigérateur *de* cents litres 100리터 들이 냉장고.　superficie *de* cent hectares 100헥타의 면적.　table *de* 1,20m de long sur 0,80m de large 세로 1.2 미터, 가로 0.8 미터의 탁자.　tapis *de* tant de long sur tant de large 길이와 폭이 같은 양탄자.　ticket *de* cent grammes de pain 100그램짜리 빵 배급표.　timbre-poste *de* cinq cents 5센트짜리 우표.　trajet *de* trois cents kilomètres 300킬로미터의 여정.　tribut *de* trois cents chevaux 말 삼백 필의 조공.　tronc *de* deux mètres de diamètre 직경 2미터인 나무둥치.　valeur *d'*un litre 약 1리터의 양.　vin *de* 11 degrés 11도짜리 포도주.　voiture *de* six cylindres 6기통 자동차.　voiture *de* quatre chevaux 4마력짜리 자동차.　déposer[verser] une caution *de* 500 euros 500유로의 보증금을 예치하다[불입하다].　envoyer à *qn* un mandat *de* 400 euros …에게 400유로짜리 우편환을 보내다.　faire une avance *de* deux mille euros à un employé 직원에게 2천 유로 가불해 주다.　faire du bénéfice *de* cinq cents euros 500유로의 이익을 남기다.　faire des étapes quotidiennes *de* 40km 매일 40km씩 돌아다니다.　faire une retenue *de* 10% sur le salaire 급료에서 10%를 공제하다.　placer des assiettes par groupes *de* deux 접시를 두 개씩 짝지어 놓다.　rouler à une moyenne *de* 70km/h 평균 시속 70킬로미터로 차를 몰다.

· Il en coûte la gentille somme *de* mille euros.　1000유로라는 상당한 돈이 든다.

· Ce lac couvre un espace *d'*un hectare.　이 호수는 1헥타르의 면적을 차지하고 있다.

· Le clocher s'élève à une hauteur *de* vingt mètres.　종루가 20미터나 높이 솟아 있다.

· J'ai fait une promenade *de* 4km aujourd'hui.　나는 오늘 4킬로미터의 산보를 했다.

· Il remporta l'épreuve de saut avec un bond *de* 2,10m.　그는 높이뛰기에서 2미터 10을 뛰어 우승했다.

❹ 형용사의 보어

fleuve longue *de* trois mille kilomètres 전장(全長) 삼천 킬로미터에 이르는 강.　tour haute *de* 20 mètres 20미터 높이의 탑.

· Ce livre est épais *de* 10cm.　이 책은 두께가 10cm이다.

· Ici, le fleuve est large *de* cent mètres.　여기는 강 폭이 100 미터이다.

3) 기간·연령

❶

dater le crâne *de* 2 millions d'années 두 개골의 연대를 200만년 전의 것으로 추정하다.　écoper *de* deux ans de prison 징역 2년형을 받다.　trinquer *de* quinze jours de prison 2주간 구류 처분을 당하다.

· L'âge moyen des étudiants est *de* 22 ans.　선수들의 평균 연령은 22세이다.
· La durée d'incubation est *de* vingt et un jours pour la poule.　암탉이 알을 품는 기간은 21일이다.

❷ 명사의 보어

abonnement *de* six mois 6개월간의 정기구독.　âge *de* soixante ans 60세. bail *de* trois ans 3년의 임대차 계약.　barbe *de* huit jours 한 주일째 깎지 않은 수염.　bébé *de* quatre mois 생후 4개월의 아기.　fille *de* douze ans 열두 살짜리 소녀.　garantie *d'*un an 1년간의 보증.　gérance *de* trois ans 3년간의 관리기간.　gosse *d'*une dizaine d'années 열 살 가량의 사내 아이.　la guerre *de* Cent Ans 백년전쟁.　guerre *des* Six Jours 6일 전쟁((1967년 6월의 이스라엘과 아랍국과의 전쟁)).　intervalle *d'*une heure 한 시간의 간격.　journée *de* huit heures (de travail) 1일 8시간 노동.　période *d'*un an 일 년의 기간.　préavis *d'*un mois 한 달간의 예고 기간.　semaine *de* quarante heures 주 40시간 노동.　travail *de* plusieurs années 여러 해가 걸리는 일.　demander[accorder] un congé *de* trois jours 3일간의 휴가를 신청[허가]하다.　impartir un délai *de* deux semaines *à qn* …에게 2주일의 유예 기간을 주다.　obtenir un délai *de* dix jours 열흘간의 유예를 얻다. travailler par équipe *de* huit heures 8시간 그룹 교대제로 일하다.

· C'est l'affaire *d'*une seconde.　이것은 금방 끝날 일이다.
· Les enfants *de* dix ans et au-dessous paient demi-place.　열 살 이하의 아이들은 요금이 반이다.
· Nous avons un battement *de* trente minuites pour changer de train.　30분을 기다려야 기차를 갈아탈 수 있다.

◎ *d'*un jour 잠깐 동안의.　succès *d'*un jour 잠깐동안의 성공.

❸ 형용사의 보어

cycle long *d'*un cinquantième de seconde 오십분의 일 초의 주기(週期).　être âgé *de* trente ans 나이가 서른 살이다.　être enceinte *de* trois mois 임신 3개월이다.　trancher des procès vieux *de* vingt ans 이십년 묵은 송사를 종결짓다.

· Agée *de* quarante ans, elle en paraît dix de plus.　40세인 그 여자는 열 살은 더 들어보인다.

4) 구성 · 구조

appartement[logement] *de* cinq pièces 방이 다섯 개인 아파트[집].   appartement *de* deux étages 복층 아파트.   armée *de* cent mille combattants 십만대군.   équipe *d'*une dizaine de personnes 10여명의 팀.   immeuble *de* douze étages 13층 건물.   jeu *de* 52 cartes 52장으로 된 카드 한 벌.   jupe *de* six lés 여섯 폭의 치마.   livre *de* trois cents pages 300페이지의 책.   mot *d'*une syllabe 단음절어.   mot *de* huits bits 8비트 문자(=octet).   nombre *de* deux[trois] chiffres 두[세] 자리 숫자.   orchestre *de* soixante exécutants 60명의 연주자로 편성된 오케스트라.   page *de* vingt lignes 20행으로 된 페이지.   service de table *de* cinquante-six pièces 56점으로 된 식기 세트.   table *de* huit couverts 8인석 식탁.   train *de* dix voitures 10량으로 편성된 열차.   vers *de* six[douze] syllabes 6[12]음절 시행.   village *d'*une trentaine de familles 가구수가 서른 가량 되는 마을.   ville *de* cent mille âmes 인구 10만 명의 도시.   recevoir une députation *de* six personnnes 여섯 명의 대표단을 맞이하다.

· Cette maison se compose *de* quatre pièces.   이 집은 방이 네 개가 있다.
· Cette langue consiste *de* nombreux dialectes.   이 언어는 여러 개의 방언으로 구성되어 있다.
· Notre équipe se constitue *d'*éléments très divers.   우리 팀은 아주 다양한 사람들로 구성되어 있다.

22. 적합

1) 명사의 보어

fruits *de* saison 제철의 과일들.   habit *de* circonstance 때와 장소에 맞는 복장.   avoir la physique[la tête, 《구어》 la gueule] *de* l'emploi 외모가 배역에 어울리다; 적임을 맡고 있다.

· Ce n'est pas un temps *de* saison.   계절에 맞지 않는 날씨이다.

2) [être de + 명사]

être *de* son âge 나이에 어울리다; 시류에 어울리다.   être *du* goût de *qn* …의 기호[취향]에 맞다, …의 마음에 들다.   être *de* pratique courante 관례가 되어 있다.   n'être pas[plus] *de* saison 계제에 어울리지 않다, 적절하지 못하다.

· Ce livre n'est plus *d'*actualité.   이 책은 이젠 시대에 맞지 않는다.
· C'est bien *de* lui.   그것은 바로 그 사람답다.
· Cela est *de* règle.   그것이 관례이다.
· Ce n'est pas *de* circonstance.   그것은 적당하지 않다.
· Ce n'est pas *d'*un honnête homme.   그것은 신사의 짓이 아니다.
· La fourrure n'est pas *de* saison.   모피 옷은 계절에 맞지 않는다.
· Les huîtres ne sont plus *de* saison.   굴은 이제 계절이 지났다.

❷ 비인칭문

il est *de* la bienséance de *inf*[que + *sub*] …하는 것이 예절에 맞다.   il est *de* tradition de *inf*

> [que + *ind*] ···하는 것이 관례이다.

· Il est *d'*un homme paresseux de toujours remettre les choses importantes au lendemain.　중요한 일을 늘 다음날로 미루는 것은 게으른 사람이 하는 소행이다.
· Il est *de* règle qu'on fasse soi-même la demande.　스스로 요청하는 것이 당연하다.
· Il est *d'*usage d'offrir un cadeau.　선물을 주는 것이 상례다.

23. 방향

1) ···쪽으로, ···에.

> *de* çà et *de* là 여기저기.　*de*-ci *de*-là 이리저리; 여러 곳에서; 여러 경우에.　*de* ce côté-ci[côté-là] 이쪽에[저쪽에]; 이쪽으로[저쪽으로](=par ici[là]).　*des* deux côtés de la rue 길 양쪽에.　*de* tout côté; *de* tous côtés 사방으로[사방에서].　*du* côté de la barbe 남자 측에.　*de* droite et *de* gauche; *de* gauche à droite 이쪽저쪽으로; 사방으로(=de tous les côtés).　*de* part et *d'*autre de la frontière 경계선의 양쪽에서.　jambe *de* çà, jambe *de* là (말에) 걸터타고.　aller *de* l'avant 앞으로 나가다, 전진하다.　revoir sa stratégie pour repartir *de* l'avant 전진하기 위해 전략을 재검토하다.　approcher une chaise *de* la table[*de* son invité]. 의자를 탁자[손님] 가까이 가져다 놓다.　attaquer *de* flanc 측면을 공격하다.　attaquer *de* front l'ennemi 적을 정면 공격하다.　fermer la porte *de* dedans[dehors] 안[밖]에서 문을 닫다.　jeter un coup d'oeil *de* biais 곁눈질하다.　regarder *qn de* biais ···을 흘겨보다.　marcher *du* côté de la gare 역 쪽으로 걸어가다.　pencher *du* côté de *qn* ···의 편을 들다.　mettre [poser]des briques *de* chant 장방향이 수평이 되도록 벽돌을 쌓다.　retenir la place *de* face 좌석을 열차의 진행 방향으로 해서 앉다.　tirer la couverture *de* son côté 《**구어**》 담요를 자기 쪽으로 더 많이 잡아당기다; 자기 몫 이상을 요구하다.

· L'eau sourd *de* toutes parts dans cette chaîne.　이 산맥에서는 도처에서 물이 솟아난다.
· Mettez-vous *de* ce côté[*de* l'autre côté].　이쪽에[저쪽에] 자리를 잡으세요.
· Le navire s'approche *de* la terre.　배가 육지로 접근한다.
· Des problèmes surgissent *de* toutes parts.　도처에서 문제점들이 나타난다.
· La société de consommation nous sollicite *de* toutes parts.　소비사회는 모든 방면에서 우리를 자극한다.

2) 명사의 보어

> attaque *de* front[côté, flanc] 정면[측면]공격.　élévation *de* face[côté] 정면도[입면도].　route *de* Strasbourg 스트라스부르행 도로.　route *des* Indes 인도 항로.　route *du* bonheur 《**비유**》 행복에의 길.　train *de* Rome 로마행 열차((로마발 열차의 뜻도 됨)).　suivre le chemin[sentier] *de* la vertu 덕의 길을 따르다.

· L'avion *de* Paris vient de décoller.　파리행 비행기가 지금 막 이륙했다.

24. 형용사의 부분적 주제

beau *de* visage 얼굴이 예쁜.　pauvre *d'*esprit[*de* talent] 《**문어**》 머리가 나쁜[재능이 없는].　usé *de* corps et *d'*âme 심신이 쇠약해진.　chambre basse[haute] *de* plafond 천장이 낮은[높은] 방.　maison basse[haute] *de* toit 지붕이 낮은[높은] 집.　chapeau haut *de* forme 실크해트.　bâtiments très modernes *de* conception 아주 현대적인 발상의 건축물들.　décision lourde *de* conséquences 중대한 결과를 가져오는 결정.　fille sage, fraîche *de* coeur autant que *de* figure 얼굴만큼 마음도 고운 얌전한 소녀.　garçon bien fait, agréable *de* sa personne 잘 생긴, 용모가 사람의 마음을 끄는 소년.　des gens simples *d'*esprit 아둔한 사람들.　homme bien *de* sa personne 풍채가 좋은 사람.　homme sain *d'*esprit 정신이 건전한 사람.　jupe trop large *de* ceinture 허리가 너무 큰 치마.　mots vides *de* sens 의미 없는 말.　pays riche *de* potentialités économiques 경제적인 잠재력이 풍부한 나라.　réputation vierge *de* tout soupçon 전혀 의혹의 여지가 없는 명성.　robe passée *de* mode 유행이 지난 옷.　veste trop étroite *de* carrure 어깨 폭이 너무 좁은 옷.　être adroit[maladroit] *de* ses mains 손재주가 좋다[없다].　être bas *de* plafond 《**구어**》 머리가 나쁘다, 바보이다.　être bien fait *de* sa personne 멋진 풍채를 하고 있다.　être court *d'*haleine 활력이 부족하다.　être court *de* mémoire 기억력이 나쁘다.　être court *de* taille 키가 작다.　être dérangé *de* son travail par ses amis 친구들이 와서 일을 중단하다.　être fort *des* haches 허리가 굵다.　être fort *des* jambes 다리가 튼튼하다.　être dérangé *du* ventre 배탈이 나다.　être dur *d'*oreille 귀가 어둡다.　être embarrassé *de* ses mains[sa personne] 손[몸] 둘 곳을 모르다.　être étroit *d'*esprit 생각이 옹졸하다.　être faible *du* foie[*des* jambes] 간장이[다리가] 약하다.　être fragile *de* l'estomac 위가 약하다.　être habile *de* ses mains[doigts] 손재주가 좋다.　être plus habile *de* la main droite 오른손잡이이다.　être impotent *d'*un bras 한쪽 팔을 못쓰다.　être infirme *d'*un bras 팔이 불구인.　être jeune *de* corps 육체가 젊다.　être large *d'*épaules 어깨가 떡 벌어졌다.　être malade *du* coeur 심장병을 앓고 있다.　être manchot *du* bras droit 오른쪽 팔이 없다.　être négligé *de* sa personne 옷차림을 아무렇게나 하고 있다.　être orphelin *de* père 아버지가 없다.　être raide *de* caractère 성격이 완고하다.　être sain *de* corps et *d'*esprit 심신이 건강하다.　être sensible *de* la gorge 목이 약하다, 감기가 쉽게 들다.　être simple *d'*esprit 지능이 낮다.　être vieux *de* caractère 성격이 늙은이 같다.

- Apparemment, il est sain *d'*esprit.　그는 겉으로 보기에는 정신이 말짱한 것 같다.
- Elle est large *d'*idées.　그녀는 사고의 폭이 넓다.
- Elle est mieux *de* corps que *de* tête.　그녀는 얼굴보다 몸매가 더 낫다.
- Il est admirable *de* courage.　그의 용기가 놀랍다.
- Ces personnels sont admirables *de* dévouement et *de* compétences.　그 사람들은 헌신적인 면에서나 능력의 측면에서 아주 탁월하다.
- Il était court *de* stature.　그는 키가 작았다.
- Il est trop mou et trop bénin *de* caractère.　그는 성격이 지나치게 무르고 순하다.
- Elle est pauvre *d'*imagination.　그녀는 상상력이 빈약하다.
- Il est petit *de* taille.　그는 키가 작다.
- Il est sourd *d'*une oreille.　그는 한쪽 귀가 들리지 않는다.
- Ils sont différents *d'*opinion.　그들은 의견이 다르다.

25. 동작·상태의 주제·내용

1) 동작·상태의 주제

❶

augmenter[diminuer] *de* volume 부피가 줄다[늘다].　boiter *du* pied droit 오른쪽 발을 절다.　changer *de* cap[direction, route] 방향을 바꾸다.　changer *de* place avec qn ···와 장소[자리·입장]를 바꾸다.　ne différer que *du* plus ou *du* moins 많고 적고의 차이일 뿐이다.　doubler *de* volume 부피가 배로 늘어나다.　lutter *de* vitesse avec qn ···와 속도경쟁을 하다.　maigrir *de* visage 얼굴이 야위다.　se faire opérer *d'*un cancer 암수술을 받다.　grossir *des* hanches 허리에 살이 찌다.　passer *de* mode 유행이 지나다.　rivaliser *de* courage avec un ami 친구와 용기를 겨루다.　se tromper *d'*adresse 번지수가 틀리다.　varier *de* tonalité 음조가 변하다.

· Ils diffèrent *d'*opinion.　그들은 의견이 다르다.

· Cet article a augmenté[diminué] *de* prix.　이 물건의 값이 내렸다.

· Ils rivalisent *d'*esprit.　그들은 재치를 겨룬다.

· Les terrains ont triplé *de* valeur.　땅값이 세 배로 올랐다.

❷ [동사 + 목적어 + de + 명사]

changer un fonctionnaire *de* poste 공무원의 부서를 바꾸다.　changer sa voiture *de* place 차의 위치를 바꾸다[이동하다].　changer son fusil *d'*épaule 총을 다른 어깨로 갈아메다; 의견[계획·방법·직업·정당]을 바꾸다.　gagner qn *de* vitesse ···을 앞지르다(=dépasser);《비유》선수를 치다, 예방하다(=prévenir).

2) 동작·상태의 대상·내용

❶

grenier qui grouille *de* souris 생쥐가 들끓는 다락방.　phrases qui grouillent *de* comparaisons 《비유》곳곳에 직유법이 많이 쓰인 문장.　sous-sol qui foisonne *de* richesses minières 광물자원이 풍부한 지하.　se fournir *de* charbon 석탄을 구입하다.

· Il s'est corrigé *de* sa paresse.　그는 자신의 게으름을 고쳤다.

· Il a été opéré *de* l'appendicite[la prostate].　그는 맹장[전립선] 절제 수술을 받았다.

· Ce pays surabonde *de* richesses minières.　이 나라에는 광물 자원이 무진장하게 묻혀있다.

❷ [동사 + 목적어 + de + 명사]

approvisionner un boucher *de* viande 정육점 주인에게 고기를 공급하다.　assortir un magasin *d'*articles variés 상점에 다양한 물품을 공급하다.　charger le peuple *de* taxes 국민에게 세금을 (무겁게) 과하다.　décharger un wagon *de* charbon 화차의 석탄을 부리다.　décoiffer un militaire *de* son képi 군인의 모자를 벗기다.　dégarnir un appartement *de* ses meubles 아파트의 가구를 치우다.　démunir une machine *de* son équipement 기계에서 부품을 빼내다.　dépouiller un arbre *de* ses branche*s* 나무를 가지치기 하다.   dessaisir une société *de* ses propriétés 회사 소유지를 수용하다.   doter sa fille *d'*un million de euros 딸에게 백만 유로의 지참금을 주다.   ensemencer une terre *de* blé 땅에 밀을 파종하다.   équiper une automobile *d'*une alarme 자동차에 경보장치를 장착하다.   fournir un grand restaurant *de* vins et *de* boissons 대형 음식점에 포도주와 음료를 공급하다.   frustrer *qn de* ses biens ···의 재산을 사취하다.   garnir une citadelle *de* soldats 요새에 병사들을 배치하다.   gaver enfant *de* gâteaux 아이에게 과자를 많이 먹이다.   indemniser *qn de* ses frais 비용을 보상해주다.   inféoder *qn d'*une terre ···에게 영지를 주다.   investir un ministre *de* pouvoirs extraordinaires 한 장관에게 특별한 권한을 부여하다.   mêler *d'*eau le vin 포도주에 물을 타다.   munir un voyageur *d'*un peu d'argent 여행자에게 약간의 돈을 마련해주다.   nettoyer le bassin *des* ordures 연못의 오물을 치우다.   pourvoir *qn d'*un emploi ···에게 일자리를 마련해주다.   pourvoir sa voiture *de* ceintures de sécurité 자동차에 안전벨트를 갖추다.   priver un héritier *de* ses droits 상속인에게서 권리를 박탈하다.   vider le grenier *de* tous les meubles 다락방의 가구를 모두 치우다.

- On l'a amputé *d'*un bras.   그의 팔 하나를 절단수술 했다.
- Si seulement cette mesure pouvait le corriger *de* son vice!   이 조치로 그의 나쁜 습관이 고쳐질 수 있기만 하다면!
- La nature l'a doué *de* beaucoup de patience.   그는 대단한 인내심을 갖고 태어났다.
- Il m'a filouté *de* 500 euros.   그는 내게서 500유로를 사취했다.
- On l'a gratifié *d'*un nouveau bureau.   사람들은 그에게 새 책상을 마련해 주었다.
- La chance l'a loti *d'*un talent.   운 좋게도 그는 재주를 타고 났다.
- La panne a privé la ville *d'*électricité.   고장으로 도시가 정전되었다.

3) 동사·형용사성 명사의 보어

antipathie *de* caractères 완전히 다른 성격.   déficience *de* vitamines 비타민 결핍.   défaut *de* vitamines 비타민 결핍.   différence *d'*interprétation[*d'*opinions] 해석의 차이[의견 차이].   disconvenance*s d'*âge[*de* condition] 나이개[신분이] 어울리지 않음.   discordance *de* couleurs 색채의 부조화.   disette*de d'*eau[*de* vivires] 물[식량]부족.   disparité *des* revenus[salaires] 소득[봉급] 격차.   disproportion *d'*âge[*de* taille, *de* fortune] entre deux personnes 두 사람 사이의 나이[키, 재산]의 차이.   dissemblance *de* forme 형태의 상이성.   dissonance *de* couleurs 색의 부조화.   divergence *d'*opinions 견해차.   diversité *des* goûts[opinions] 취미[의견]의 나양성.   égalité *des* droits[chances] 권리[기회]의 평등[균등].   équilibre *de* la balance des paiements 국제 수지의 균형.   erreur *de* calcul[jugement] 계산[판단]의 오류.   festival *du* film Nouvelle Vague 누벨바그 영화제.   fête *des* vendages 포도 수확제.   orphelin *de* mère 어머니가 없는 아이.   pénurie *de* vivres[médicaments, devises] 식량[의약품, 외화]의 부족.   problème *de* société[*du* chômage] 사회[실업] 문제.   être à égalité *de* points 동점을 이루고 있다.

- Il a une grande facilité *d'*élocution.   그는 말재주가 비상하다.
- Il est plombier *de* son métier.   그는 본업이 배관공이다.

26. 측정의 주제

canon de 57mm *de* calibre 57mm 포.   rivière de 20mètres *de* large 폭이 20미터인 강.   table de 1,20m *de* long sur 0,80m *de* large 세로 1.2미터, 가로 0.8미터의 탁자.   tissu en 140cm *de* large 폭 140 cm의 천.

· Cette cuisine fait 6 mètres sur 3 *de* large.   이 부엌은 길이 6미터에 폭 3미터이다.
· Cette pièce fait vingt mètres *de* superficie.   이 방은 면적이 이십 평방미터이다.
· Cette tour a 20 mètres *de* haut.   이 탑은 높이가 20미터이다.
· Le stade a cinq cents mètres *de* long.   이 운동장은 길이가 500미터다.
· Ce tiroir a 50cm *de* profondeur.   이 서랍의 안 길이는 50cm이다.

27. 대가 · 교환

1)

dédommager *qn* d'une perte ···에게 손해 배상을 해주다.   se dédommager *de* ses pertes 손해를 메우다.   se dédommager *d'*un long travail 오랫동안 일한 대가를 받다.   donner dix mille euros *d'*une voiture 차 값으로 만 유로를 지불하다.   offrir dix mille euros *d'*un tableau 그림을 만 유로에 사겠다고 나서다.   payer dix mille euros *de* reprise (가구 · 시설 따위의) 인수 대금으로 만 유로를 지불하다.   payer *qn* *de* ses services[sa peine] ···에게 수고료를 주다.

· Il m'a compté mille euros *de* réparation(s).   그는 수리비용으로 내게 천 유로를 주었다.
· Je vous *en* donne cent euros.   나는 그 값으로 백 유로를 지불하겠소.
· Rien ne peut me payer *d'*une telle perte.   나의 그러한 손실은 그 무엇으로도 보상이 안된다.
· Vous serez récompensé *de* vos efforts.   당신의 노력은 보답받게 될 것입니다.
· Il veut deux mille euros *de* sa voiture.   그는 그의 자동차에 대해 2만 유로를 요구한다.

2) [de *inf*]
· Il a payé bien cher *d'*avoir été si insouciant.   그는 무심했던 대가를 비싸게 치렀다.

28. 배분 : ···당.

prix *du* kilomètre d'avion 1km당 항공 운임.   payé 5 euros (*de*) l'heure 시간당 5유로 지불되는.   gagner soixante euros *de* la journée 하루에 60유로 벌다.

· Il demande 100 euros *de* l'heure.   그는 시간당 100유로를 요구한다.
· Il donner vingt euros *de* l'heure à un ouvrier.   그는 일꾼에게 시간당 20유로의 임금을 준다.

☆ 배분을 나타낼 때 대개는 [par + 무관사명사]를 쓰고 구어에서는 전치사 없이 정관사를 씀. vingt euros par semaine 시간당 유로. dix euros le kilo 킬로그램당 10유로.

29. 막연한 시간

(*d'*)aujourd'hui en huit[quinze] 내주[내내주]의 오늘.　(*de*) demain en huit 일주일 후의 내일.　*de* bon matin 아침 일찍.　*de* bonne heure 일찍.　*de* meilleure heure 더 일찍.　*de* bon[grand] matin 아침 일찍, 이른 아침에.　*de* notre temps 현대에는.　*de* nos jours 오늘날.　*de* mon temps 내가 젊었을 때(는). *de* tout temps 언제 어느 때에나, 예로부터 언제나.　*du* temps de nos grands-mères 옛날에는.　*de* retour au pays 고국에 돌아오자.　*du* vivant de *qn* ⋯가 살아 있었을 때.　aux bien-aimés qu'il ne reverra *de* plusieurs années 그가 여러 해 동안 보지 못할 가장 사랑하는 사람들에게.　ne pas fermer l'oeil *de* la nuit 밤새 한숨도 못 자다.　ne rien faire *de* la journée[semaine] 종일[일주일 동안] 아무 일도 하지 않다. travailler *de* jour 낮에 일하다.

- *Du* temps de molière, les comédiens avait mauvaise réputation.　몰리에르 시대에는 희극배우들의 평판이 좋지 않았다.
- Elle n'a pas décoléré *de* la journée.　그녀는 종일 노여움을 가라앉히지 못했다.
- Il ne s'est pas déridé *de* la soirée.　그의 얼굴이 저녁 내내 침울했다.
- Il n'a pas ouvert la bouche *de* la soirée.　그는 저녁 내내 아무 말도 하지 않았다.
- Elle n'a pas dormi *de* (toute) nuit.　그녀는 밤새 한숨도 못 잤다.
- Il ne dormait pas *de* deux nuits.　그는 이틀 밤 동안 자지 않았다.
- Pareille occasion ne se représentera *de* sitôt.　그런 기회가 조만간에는 다시 오지 않을 것이다.
- Il ne les reverra *de* plusieurs années.　그는 그들을 여러 해 동안 보지 못할 것이다.
- Je ne vous reverrai pas *de* ma vie.　나는 생전에 당신을 다시 보지 못할 것이오.
- Il ne viendra pas *d'*aujourd'hui.　그는 오늘은 오지 않을 것이다.

30. 비교

1) 비교급

❶ [plus / moins / autant de + 수량표현]

en moins *de* deux 《구어》 아주 빨리.　plus *de* la moitié 절반 이상.　plus *d'*une fois 여러 번. enfant plus *de* dix ans 열살 이상의 아이.　hausse des prix contenue moins *de* 10% 10% 이내로 억제된 물가상승.　acheter *qc* pour moins *de* cent euros ⋯을 백 유로도 안주고 사다.　avoir moins *de* trente ans 30세 미만이다.　avoir plus *d'*une carte dans son jeu 수가 한두 가지가 아니다.

- Plus *d'*un a commis la faute.　여러 사람이 과오를 범했다.
- Plus *de* deux ans sont passés.　2년 이상이 흘렀다.
- Moins *d'*un mois est passé.　한 달이 다 지나지 않았다.
- Elle a moins *de* 50 ans.　그녀는 50세 미만이다.
- Il a autant *de* défauts que *de* qualités.　그는 장점만큼이나 단점도 갖고 있다.
- Je ne pensais pas qu'il aurait autant *de* patience.　그가 그토록 인내심을 갖고 있으리라고는 생각하지 못했었다.

- Il y a plus *d*'un âne (à la foire) qui s'appelle Martin.　이름 또는 성격이 같은 사람들이 얼마든지 있을 수 있다.
- Ce dictionnaire contient plus *de* quarante mille articles.　이 사전은 4만개 이상의 항목을 수록하고 있다.
- Ça coûtera plus *de* mille euros.　그것은 천 유로 이상의 값이 나갈 것이다.
- Sa voix ne s'entend pas à plus *de* trois mètres.　그의 목소리는 3 미터가 넘는 곳에서는 들리질 않는다.
- Ce travail est plus[moins] *d*'à demi[moitié] fait.　그 일은 반 이상 되었다[반도 안 되었다].
- Il était moins *d*'une heure.　한 시가 못되었다.
- Il était plus *de* minuit.　자정이 지난 시간이었다.
- La bouteille était moins *d*'aux trois quarts pleine.　그 병은 4분의 3도 차지 않았다.
- Je ne peux rester plus *d*'une journée à Grenoble quand j'y mène Louise.　루이즈를 데리고 갈 때에는 하루 이상 그르노블에 눌러있을 수가 없다.

❷ [수량 + de plus / moins … (que …)]
- Il a deux ans *de* moins que moi.　그는 나보다 두 살 적다.
- Il a la tête *de* plus que moi.　그는 나보다 머리 부분만큼 크다.
- Il y a mille dollars *de* moins.　천 달러가 모자란다.
- Son visage marquait cinq ou six ans *de* plus que son corps.　그의 얼굴은 신체보다 대여섯 살 더 들어 보였다.
- Il veut rester un mois *de* plus en Corée.　그는 한국에 한 달 더 머물고자 한다.
- Âgé de trente ans, il en paraît dix *de* plus.　30세인 그는 열 살은 더 들어보인다.

❸ [ne … rien de plus / moins que …]
- Il n'est rien *de* moins qu'un héros.　그야말로 영웅이다.
- Il n'est rien *de* plus qu'un pauvre homme.　그는 가련한 사나이에 지나지 않는다.
- Il ne s'agissait de rien *de* moins que du plus beau musée de Paris.　그것은 바로 파리에서 가장 훌륭한 미술관에 관한 이야기였다.

2) 최상급
❶ [최상급 + de + 명사]
a)

> le derner élève *de* la classe 학급의 꼴지.　étudiant le plus intelligent *de* la classe. 반에서 가장 영리한 학생.　les jours les plus froids *de* l'année 연중 가장 추운 시기.　médecin le plus réputé *de* la ville 도시에서 가장 이름이 나 있는 의사.　le meilleur *de* ses pensées 그의 사상의 정수.　le meilleur écrivain *de* son temps 그 시대의 가장 훌륭한 작가.　le moins âgé *de* la famille 가족 중에 나이가 가장 어린.　la plus belle femme *du* monde 세상에서 가장 아름다운 부인.　le plus vieux métier *du* monde 매춘(賣春).　la nouvelle la plus extraordinaire *de* l'année 연중 최고의 뉴스.　partie la plus charnue *de* son individu 자기 몸의 가장 살찐

> 부분.　partie la plus intime *de* notre être 우리 존재의 가장 깊숙한 부분.　peintres les plus distingués *du* siècle 당대의 가장 뛰어난 화가들.　le pire *des* malheurs 최악의 불행.　la pire *de* toutes les jalousies 가장 나쁜 질투.　le plus beau *de* l'histoire 가장 놀라운[흥미로운] 일.　la plus belle période *de* l'art égyptien 이집트 예술의 황금기.　les plus fines nuances *de* la pensée 사고의 가장 미묘한 뉘앙스.　la plus grande tristesse *de* ma vie 내 일생일대의 비극.　le plus jeune *des* deux 두 사람 중 나이가 적은 사람.　calculer le moindre *de* ses gestes 아주 작은 행동도 궁리 후에 행하다.　manger le moins *de* nous tous 우리들 중에서 가장 적게 먹다.

- *De* deux maux, il faut choisir le moindre.　《속담》 재난은 작을수록 좋다.
- *De* nous tous, c'est lui qui court le plus vite.　우리 모두 중에서 그가 가장 빨리 달린다.
- *De* tous les luxes, la femme est celui qui coûte le plus cher.　여자야말로 가장 값비싼 사치품이다.
- C'est le moindre *de* mes soucis.　나는 그런 일에는 조금도 개의치 않는다.
- Cet acte est le plus faible *de* la pièce.　이 막이 전체 극 중에서 가장 부족한 부분이다.
- Delacroix est le plus suggestif *de* tous les peintres.　들라크루아는 모든 화가 중에서 가장 암시적인 화가이다.
- Il n'était pas le moins *du* monde fatigué.　그는 조금도 피곤하지 않았다.
- L'éléphant est le plus gros *des* bêtes.　코끼리가 짐승 중에서 제일 몸집이 크다.
- Elle sera la première *de* mes amies à se marier.　그녀가 내 친구들 중에서 맨 먼저 결혼할 것이다.
- La liberté est le plus cher *des* biens.　자유보다 소중한 것은 없다.
- Le pire *de* tout est d'adorer l'opportunisme.　모든 것 중 가장 나쁜 것은 기회주의를 좋아하는 것이다.
- Le roi n'est lui-même que le plus privilégié *des* privilégiés.　왕 자신도 특권자 중의 가장 큰 특권자일 뿐이다.
- Je vous remercie. – C'est la moindre *des* choses.　감사합니다. – 천만에요, 별것도 아닌걸요
- La Communauté européenne représente la première puissance commerciale *du* monde.　유럽 공동체는 세계 무역에서 가장 큰 힘을 갖고 있다.

b) 생략문
- Pas le moins *du* monde.　조금도, 추호도.

❷ [특정명사 + de + 명사]

> l'apogée *de* sa grandeur 그의 영화(榮華)의 절정기.　la doyenne *des* Français 최고령 프랑스 여성.　la fine fleur *de* l'armée française 프랑스 육군의 정예.　le génie *du* christianisme 기독교 정수.　la moelle *d'une* théorie 이론의 정수.　le suc *de* la science 과학의 정화.　le point culminant *de* sa gloire 영광의 절정.　pantomime qui est la quintessence *de* la comédie 희극의 정수인 무언극.　atteindre la cime *des* honneurs 최고의 명예를 획득하다.

- C'est la crème *des* hommes.　《비유·구어》 저 사람이야말로 사나이 중의 사나이이다.

· Il est le benjamin *de* sa classe.   그는 자기 학급에서 제일 어리다.

· Il est le cadet *de* six enfants.   그는 여섯 자식 중의 막내이다.

❸ [des plus[moins] + 형용사]

> famille *des* plus respectable(s) 아주 존경할 만한 집안.   être *des* moins aimables 가장 불친절하다.

· Ce travail est *des* moins facile(s).   이 일은 매우 어렵다.

· Cet homme est *des* plus aimable(s).   그 사람은 아주 친절하다.

· C'est un chirurgien de Paris, et non *des* moindres, qui l'a opéré.   그를 수술한 사람은 파리의 유명한 외과 의사이다.

· La situation est *des* plus embarrassantes.   더할 나위 없이 난처한 상황이다.

❹ [des plus[moins] + 부사]

· Il parle *des* moins correctement.   그는 가장 부정확하게 말한다.

· Il travaille *des* plus sérieusement.   그가 가장 열심히 일한다.

Ⅱ 문법적 기능

1. 주어

1) [de *inf*]

· C'est une trompette douloureuse. *De* l'entendre me fait mal.   그것은 슬픈 트럼펫 소리다. 그것을 듣는 것은 괴로운 일이다.

· *D*'être tête à tête à leur table les dérida.   한 테이블이 마주 앉게 되자 그들의 굳은 표정이 풀려버렸다.

· *De* voir sa fille heureuse le rajeunit.   딸이 행복한 것을 보니 그는 다시 젊어진 것 같았다.

· *De* penser à vous me soutiendra.   당신을 생각하는 것으로 나는 기운이 되살아날 것이다.

· *De* le voir passer m'a suffi pour le juger.   그가 지나가는 것만 보아도 그를 판단하기에 충분했다.

2) [de *inf* …, ça / cela …; ça / cela …, de *inf* …]

· *De* m'en aller, cela va me faire souffrir.   내가 떠나야 한다는 생각은 나를 가슴 아프게 할 것이다.

· (*De*) faire de la bicyclette, cela me procure un certain plaisir.   자전거를 타는 것이 내게 상당한 즐거움을 가져다준다.

· (*D*')apprendre qu'il est guéri, cela me soulage de mes craintes.   그가 완쾌된 것을 알고 나는 근심을 덜었다.

· (*D*')aller au cinéma ce soir, cela ne me tente guère.   오늘 저녁에 영화관에 가는 것이 별로 내 마음에 내키지 않는다.

· Ça compte beaucoup, *d*'avoir bien répondu.   잘 대답했다는 것이 매우 중요하다.

· Ça ne m'a servi à rien, *d*'y aller.   거기에 가는 것은 내게 아무 소용이 없었다.

2. 논리적 주어

1) [de + 명사]

· Dans cette affaire, il ne s'agit pas *des* intérêts du pays. ça.　그 일은 국익의 문제다.

· Il suffit *d'*un peu de chance pour y parvenir.　거기에 이르기 위해서는 약간의 운만으로도 충분하다.

· Il me souvient *des* jours de mon enfance.　나는 어린 시절의 나날들이 기억난다.

2) [c'est / ça / cela ⋯ de *inf*]

❶ [ça / cela + 동사 ⋯ de *inf*]

> ça[cela] m'amuse *de inf* ⋯하는 것이 재미있다.　ça[cela] m'ennuie de *inf* ⋯하는 것은 난처하다[걱정이다].

· Ça ne coûte rien *d'*essayer.　시도한다고 해서 돈이 드는 것은 아니다.

· Ça me cuit *de* le voir partir seul.　그가 혼자 떠나는 것을 보니 괴롭다.

· Cela me fâche *de* voir une telle débauche.　이런 난잡한 행동을 보니 불쾌하다.

· Ça vous ferait du bien *de* faire une petite promenade.　가벼운 산책을 하는 것이 몸에 좋을 것입니다.

· Ça me fait rager *d'*avoir manqué mon train.　기차를 놓치다니 분통 터지는 일이다.

· Ça me plairait *de* le connaître.　그를 알게 되면 좋을 텐데.

· Ça te prend souvent *de* partir sans prévenir?　너는 미리 알리지 않고 떠나버리고 싶은 생각이 들 때가 자주 있니?

· Cela ne nous suffit pas *d'*avoir de l'argent pour être heureux.　우리가 행복하기 위해서는 돈이 있다는 것만으로는 충분치 않다.

· Ça ne vaut pas la peine *d'*en parler.　그것은 언급할 만한 가치가 없다.

· Cela ne me tente guère (que) *d'*aller au cinéma ce soir.　오늘 저녁에 영화관에 가는 것이 별로 내 마음에 내키지 않는다.

❷ [c'est / ça[cela] est + 형용사 ⋯ de *inf*]

· Ça m'est égal *de* partir.　나는 떠나도 상관없다.

· C'est difficile *de* le convaincre.　그를 설득한다는 것은 어려운 일이다.

· C'est fou *de* gaspiller sa jeunesse comme ça.　청춘을 그렇게 헛되이 보내는 것은 무분별한 짓이다.

· C'est honteux (à lui) *d'*avoir agi ainsi.　(그가) 그렇게 행동한 것은 수치스러운 일이다.

· C'est inutile *d'*essayer.　해봤자 소용없어요.

· C'est joli *de* dire du mal des absents!　자리에 없는 사람 흉을 보다니 참 훌륭하시군!

· Ce serait trop long *de* vous expliquer.　설명드리기에는 너무 깁니다.

· Ce n'est pas marrant *de* se lever si tôt!　그렇게 일찍 일어나는 것은 싫어!

· C'est nécessaire *de* prendre une décision.　결정을 내리는 것이 필요하다.

❸ [c'est + 명사 ⋯ de *inf*]

> c'est une erreur *de inf* ⋯하는 것은 잘못이다.　c'est une infamie *de inf* ⋯하는 것은 비열한 짓이

다. c'est merveille *de inf* …하는 것은 훌륭하다, 멋지다; 놀랍다. c'est la mode *de inf* …하는 것은 유행이다. c'est mon office *de inf* …하는 것은 내 직무이다. c'est la tradition *de inf* …하는 것이 관례이다. ce n'est pas une petite affaire *de inf* …하는 것은 쉬운 일이 아니다. ce n'est pas chose aisé[facile] *de inf* …하는 것은 쉬운 일이 아니다.

· Ce n'est pas la même chose *d'*apprendre la grammaire d'une langue et *de* savoir la parler. 어떤 언어의 문법을 배운다는 것과 그것을 구사할 줄 한다는 것은 별개의 문제이다.
· C'est un fardeau *d'*élever trois enfants. 세 아이를 기르는 것은 힘든 일이다.
· Ce n'est pas son genre *de* partir sans rien dire. 그는 아무 말 없이 가는 법이 없다.
· Ce n'est pas son habitude *d'*agir ainsi. 그가 평소에는 이런 식으로 행동하지 않는다.
· C'est une joie *de* vous revoir. 다시 뵙게 돼서 기쁩니다.
· C'est ton métier *de* garder le bébé. 아이를 보는 것이 너의 임무이다.
· C'est un miracle *de* vous voir. 당신을 여기서 만나다니 정말 놀랍군요.
· C'est belle mort (que) *de* mourir pour la liberté. 자유를 위해 죽는 것은 훌륭한 죽음이다.
· C'est toujours une nouveauté *de* voir son enfant grandir. 자식이 자라는 것을 보면 언제나 신기할 따름이다.
· Ce sera pour lui une plaisanterie *de* battre ce record. 그 기록을 깨는 일은 그에겐 아주 쉬운 일일 것이다.
· C'est un plaisir *de* les voir. 그들을 만나는 것은 즐거운 일이다.
· C'est bien son style *de* rater le train le jour de son voyage de noces. 신혼여행 가는 날 기차를 놓치다니 과연 그 다운 일이다.

❹ [c'est à *qn* de *inf*] : …하는 것은 …의 일이다[차례이다].
· C'est à vous *de* décider. 당신이 결정해야 합니다.
· C'est à nous *de* jouer. 우리 차례입니다.
⇒ à

3) [il … de *inf*]
❶ [il + 동사 … de *inf*]
· Il s'agit maintenant *d'*être sérieux. 이제는 진지해질 필요가 있다.
· Il appartient aux parents *d'*élever leurs enfants. 자녀를 양육하는 것은 부모의 의무이다.
· Il arrive à tout le monde *de* se tromper. 누구나 착각하는 일이 경우가 있다.
· Il n'y a que *d'*être aimée qui compte. 중요한 것은 사랑을 받는 것뿐이다.
· Il m'en coûte *de* vous l'avouer. 당신에게 그 사실을 고백한다는 것은 나로서는 여간 괴로운 일이 아니다.
· Il de dépend que de vous *de* réussir. 성공 여부는 오로지 당신에게 달려있다.
· Il lui est entré dans l'esprit *de* refuser cette proposition. 그는 그 제안을 거절해야 되겠다는 생각이 들었다.
· Il n'entre pas dans mes projets *de* faire cela. 그렇게 하는 것은 내 계획에 들어 있지 않다.

- Il importe *de* ne pas se tromper.　착각하지 않는 것이 중요하다.
- Il incombe au président de la république *de* nommer le premier ministre.　수상의 임명권은 대통령에게 있다.
- Il ne nuit pas *de* connaître plusieurs langages.　여러 언어를 알아서 나쁠 건 없다.
- Il m'a toujours plu *d'*obéir aux règles.　나는 언제나 규칙을 준수하는 것이 좋았다.
- Il me répugne *de* devoir vous le dire.　이것을 당신에게 꼭 말해야만 하는 것이 정말 괴롭습니다.
- Il revient à l'avocat *de* choisir le meilleur système de défense.　가장 좋은 변호 방법을 택하는 것은 변호사의 일이다.
- Il ne me souvient pas *de* les avoir rencontrés.　나는 그들을 만난 기억이 없다.
- Il ne suffit pas *d'*avoir de l'argent pour être heureux.　행복하기 위해서는 돈만 있다고 충분한 것은 아니다.
- Il me tarde *de* vous voir revenir.　나는 당신이 돌아오는 것을 어서 보고 싶습니다.
- Il ne tient qu'à moi *de* vous recevoir.　당신을 접대하는 것은 오로지 당신에게 달려 있습니다.
- Il m'est venu à l'idée *d'*aller voir un film.　영화를 보러가고 싶은 생각이 났다.

❷ [il est / devenir / faire / paraître … + 형용사 … de *inf*]

> il est faux *de* prétendre …라고 주장하는 것은 잘못이다.　il est incroyable *de* inf …라는 것은 믿어지지 않는다.　il est inutile *de* inf …해도 소용없다.　il est maladroit *de* inf …하는 것은 분별없는 짓이다.　il est odieux *de* inf …하는 것은 가증스러운 짓이다.　s'il m'est un jour donné *de* pouvoir de le rencontrer 언젠가 그를 만날 수 있다면.

- Il devient urgent *de* donner un début de réponse à ces questions.　그 질문에 답을 시작하는 것이 급한 일이 되고 있다.
- Il me serait agréable *de* vous rencontrer.　만나 뵐 수 있다면 기쁘겠습니다.
- Il est bon *de* parler, et meiller *de* se taire.　웅변도 좋지만 침묵은 더욱 좋다.
- Il est difficile *de* juger les gens sur les apparences.　사람을 겉만 보고 판단하기는 어렵다.
- Il n'est pas digne de Marie *d'*agir ainsi.　이러한 행동은 마리답지 않다.
- Qu'il est dur *de* haïr ceux qu'on voudrait aimer.　사랑하고 싶은 사람을 증오하는 것이 얼마나 고통스러운 일인가!
- Il lui était parfaitement égal *d'*être ici ou là.　여기든 저기든 그에게는 전혀 상관없다.
- Il est essentiel *de* garder l'équilibre entre pouvoir central et pouvoirs régionaux.　중앙과 지방 사이에 힘의 균형을 유지하는 것은 중요하다.
- Il est honteux *de* mentir.　거짓말하는 것은 수치스러운 일이다.
- Il est impoli *d'*arriver en retard.　지각하는 것은 예의에 어긋난다.
- Il est important *de* vérifier ce fait.　그 사실을 확인하는 것이 중요하다.
- Il m'est impossible *de* partir plus tôt.　내가 더 일찍 떠나는 것은 불가능하다.
- Il est inexact *de* le prétendre.　그렇게 주장하는 것은 틀린 것이다.
- Il est injuste *d'*agir ainsi.　이렇게 행동하는 것은 옳지 못하다.

· Il est juste *de* le démommager de sa peine.　　그가 노고에 대한 보상을 받는 것은 당연하다.

· Il est mal *de* voler même si ce n'est qu'un sou.　　비록 1전이라도 훔치는 것은 나쁜 짓이다.

· Il serait malhonnête *de* lui faire croire ça.　　그에게 그것을 믿게 하는 것은 정직하지 못한 짓이다.

· Il serait plus malin *d'*attendre sa réponse.　　그의 답변을 기다리는 것이 더 현명할 것이다.

· Il est naturel *d'*aider ses parents.　　부모를 돕는 것은 당연하다.

· Il est obligatoire *de* passer une visite médicale.　　의무적으로 검진을 받아야 한다.

· Il serait périlleux *de* poursuivre.　　계속한다면 위험할 수도 있을 것이다.

· Il est préférable *de* faire ceci (plutôt) que *de* faire cela.　　그것을 하는 것보다 이것을 하는 것이 더 낫다.

· Il est prématuré *de* tirer des conclusions définitives.　　최종적인 결론을 내리는 것은 시기상조다.

· Il est raisonnable *de* penser que les savants n'ont pas toujours raison.　　학자들의 말이 늘 옳지는 않다고 생각하는 것은 합당하다.

· Il est sain *de* se promener après le repas.　　식사 후에 산보하는 것은 건강에 좋다.

· Il est souhaitable *de* l'aider.　　그를 돕는 것이 바람직하다.

· Il est urgent *d'*appeler un médecin.　　급히 의사를 불러야 한다.

· Il est parfois utile *de* cacher la vérité.　　때로는 진실을 숨기는 것이 좋다.

· Il fait bon *de* vivre.　　산다는 것은 즐거운 일이다.

· Il paraît nécessaire *d'*agir ainsi.　　반드시 그렇게 행동해야 할 것 같다.

❸ [il est de + 명사 … de *inf*]

> il est de toute[stricte] justice *de inf* …하는 것은 아주 당연하다.　　il est de toute nécessité *de inf* 반드시 …하지 않으면 안된다.　　il est d'usage *de inf* …하는 것이 관례이다.

· Il est de notre devoir *de* répondre.　　대답하는 것은 우리의 의무이다.

· Il est d'un homme paresseux *de* toujours remettre les choses importantes au lendemain.　　중요한 일을 늘 미루는 것은 게으른 사람이 하는 소행이다.

· Il est d'une importance capitale *de* le prévenir.　　그에게 그것을 미리 알려주는 것이 매우 중요하다.

· Il est de règle *de* rendre visite à son supérieur.　　상사를 찾아보는 것이 상례다.

❹ [il est + 명사 … de *inf*]

> il n'est pas chose aisé[facile] *de inf* …하는 것은 쉬운 일이 아니다.

· Il n'est pas son habitude *d'*agir ainsi.　　그가 평소에는 이런 식으로 행동하지 않는다.

❺ [il est + 부사구 / 전치사구 … de *inf*]

> il serait hors de propos *de inf* …하는 것은 형편[때]에 맞지 않을 것이다.　　il est à propos *de inf* …하는 것은 적절하다.

- Il est au-dessous de lui *de* se plaindre.　　그가 불평을 하다니 그이답지 않다.
- Il n'est pas dans ses habitudes *d'*agir ainsi.　　그가 평소에는 이런 식으로 행동하지 않는다.
- Il n'est pas dans mes intentions *de* voyager.　　나는 여행할 의사가 없다.
- Il est dans sa nature *de* se disputer avec les autres.　　다른 사람들과 말다툼하는 것은 그의 타고난 성품이다.
- Il n'est pas en mon pouvoir *de inf*　　…하는 것은 내 능력[권한] 밖의 일이다.

4) 생략문

- Impossible *de* le dire.　　그것은 말할 수 없다.
- Inutile *d'*insister.　　우겨도 소용없다.
- Inutile *de* le persuader, il s'obstine.　　그를 설득시키려고 애써도 소용없다. 그는 고집을 부리고 있다.

5) 비인칭수동문

- Il n'est pas autorisé *de* porter des armes.　　무기 휴대는 허용되지 않는다.
- Il est défendu *de* passer par là.　　그쪽으로 지나가는 것은 금지되어 있다.
- Il m'est interdit *d'*en parler.　　나는 그에 대해 말하는 것이 금지되어 있다.
- Il est formellement interdit *de* fumer dans la salle.　　홀 안에서의 흡연은 공식적으로 금지되어 있다.
- Il vous est permis *de* penser tout autrement.　　당신이 전혀 달리 생각하셔도 됩니다.
- Il lui était réservé *de* mourir jeune.　　그는 요절할 운명이었다.

3. 속사

1) [de + 명사·형용사]

> qualifier une affaire *de* débilitant 어떤 일을 사기를 저하시키는 성질의 것이라고 규정하다.　se qualifier *de* génial 천재적이라고 자칭하다.　taxer *qn d'*incapable …을 무능하다고 생각하다.　taxer *qc d'*injuste …을 부당하다고 생각하다.　traiter *qn d'*idiot …을 바보로 취급하다.

- Il m'a qualifié *d'*imbécile.　　그는 나를 바보라 불렀다.
- Il a qualifié *d'*escroquerie cette simple négligence.　　그는 그 단순한 태만을 사기라고 했다.
- La presse anglaise avait alors qualifié *de* plus grand choc de l'histoire de la Coupe du monde.　　그 당시 영국의 언론은 월드컵 역사상 가장 큰 충격이라고 했다.
- Cette discipline est qualifiée *d'*inutile.　　이 교과목은 무용하다고 규정지어졌다.
- Elle m'a traité *de* voleur.　　그녀는 나를 도둑놈이라고 했다.
- Ils se sont traités *d'*ignorants.　　그들은 서로 무식쟁이 취급을 한다.

2) [être (《옛》 que) de + 인물명사]

- Si j'étais (que) *de* vous(=si j'étais à votre place), je ne le lui dirais pas.　　내가 당신이라면 그에게 그런 말을 하지 않을 거야.
- Si j'étais (que) *de* vous, je ne le ferais pas.　　만약 내가 당신이라면 그렇게 하지 않을 것이다.

- Si j'étais *de* Pierre, je montrerais plus de patience. 내가 만약 피에르라면 더 참을 것이다.
- Si j'étais *de* ton père, je l'aurais tapé. 네가 너의 아버지라면 그를 때렸을 것이다.

3) [de *inf*]

personnes dont le métier est *de* coudre 바느질이 직업인 사람들. ce qui compte, c'est *de inf* 중요한 건, …하는 것이다. l'indispensable est *de inf* …하는 것이 꼭 필요하다. le meilleur, c'est *de inf* …하는 것이 가장 좋다.

- Après le séisme, l'urgence est *de* combattre les épidémies. 지진이 일어난 후 시급한 일은 전염병을 퇴치하기 위해 애쓰는 것이다.
- Autre chose est *de* parler, autre chose (est) *d'*agir. 말과 행동은 별개이다.
- Ce qui importe, c'est *de* conserver la santé. 중요한 것은 건강을 유지하는 일이다.
- Ce que je crains, c'est *de* le voir partir. 내가 걱정하는 것은 그가 떠날까 하는 것이다.
- L'important est *de* participer. 참여하는 것이 중요하다.
- Son affaire à lui, c'est *d'*écrire. 그의 관심사는 글쓰는 일이다.
- Sa force est *de* céder à propos. 그의 강점은 적당한 때에 양보하는 것이다.
- Le mieux est *d'*attendre. 최선의 길은 기다리는 것이다.
- Mon objet est *de* vous exposer la théorie de relativité. 나는 여러분께 상대성 이론에 대해 설명하고자 합니다.
- Mon seul désir est *de* vivre tranquillement. 내 유일한 바람은 조용히 사는 것이다.
- Le principal rôle des médias est *d'*informer le public. 매체의 주요역할은 사람들에게 정보를 제공하는 것이다.
- Le problème, c'est *de* vendre. 문제는 파는 것이다.
- Son métier est *d'*écrire. 그는 작가이다.
- Son premier soin a été *de* nous avertir. 그의 첫 번째 관심사는 우리에게 기별하는 일이었다.
- Le plus sûr est *de* ne pas trop compter sur les autres. 다른 사람들에게 너무 기대하지 않는 것이 최상책이다.
- Toute mon ambition est maintenant *de* fuir les embêtements. 지금 내 소망은 골칫거리를 피하는 것이다.
- Vous pouvez réussir, le tout est *de* travailler. 당신은 성공할 수 있다. 요는 일[공부]하는 것이다.

4. 명사의 보어

1) ❶

abolition *des* privilèges de la noblesse 귀족의 특권 철폐. art *du* chant (가)창법. cette habitude *de* l'ajournement perpétuel 고질적으로 미루는 버릇. contentement *de* soi 자기만족. convoitise *des* richesses 금전욕. crainte *du* châtiment[gendarme] 처벌[헌병]에 대한 두려움. cupidité *d'*honneurs 명예욕. danger *de* mort[chute] 죽음[추락]의 위험. dédain *de* l'argent 금전에 대한 무관심. dégoût *de* la lecture 독서에 대한 싫증. désir *de* changement 변화에 대한 욕구. espoir *d'*une réussite 성공에

대한 희망.　faculté *de* travail 일을 처리하는 능력.　griserie *du* pouvoir 권력에 심취하기.　interdiction *de* séjour 거주제한; 추방.　ivresse *de* l'amour[la victoire] 사랑[승리]의 도취.　mandat *d'*arrêt 체포 영장.　manie *de* la persécution 피해망상증.　manque *de* vivres[*d'*argent] 식량[돈]부족.　moyens *d'*existence 생활 수단.　nécessité *de* la mort 죽음의 불가피성.　offre *de* négociation 협상 제의.　permis *de* chasse[pêche] 수렵[낚시] 허가증.　peur *de* la mort 죽음에 대한 공포.　plaisir *du* voyage 여행의 기쁨을 기대하다.　risque *d'*extermination des éléphants 코끼리의 멸종 위기.　secret *de* réussite 성공의 비결.　soif *de* l'inconnu 미지의 것에 대한 갈망.　souci *du* mot exact 적절한 단어를 쓰려는 배려.　transmission *des* caractères 형질 유전.　volonté *de* domination[puissance] 지배욕[권력욕].　avoir l'apparence *de* la faiblesse 겉으로는 약해 보인다.　avoir le don *de* l'éloquence 웅변에 능하다.　avoir envie *d'*une voiture 차를 갖고 싶다.　avoir la folie *des* grandeurs 거대한 것을 좋아하다, 터무니없는 야심을 품다.　avoir une fringale *de* louange 칭찬받고 싶어 안달하다.　avoir le génie *des* affaires 사업에 타고난 재능이 있다.　avoir horreur *de* la guerre 전쟁을 혐오하다.　avoir intelligence *de* qc …을 이해[파악]하다.　avoir une grande liberté *de* pensée 자유롭게 생각하다.　avoir la maladie *d'*une collection 수집광이다.　avoir la manie *de* la propreté 결벽증이 있다.　avoir le mérite *de* qc …한 장점을 가지다.　avoir l'obsession *de* la mort 죽음에 대한 강박관념을 가지다.　avoir l'orgueil *de* ses enfants[sa maison] 자식[집] 자랑을 하다.　avoir la passion *du* bibelot 골동품을 몹시 좋아하다.　avoir soif *de* vengeance[tendresse] 복수심에 불타다[애정에 굶주리다].　avoir[éprouver] un sentiment *de* solitude 고독감을 느끼다.　avoir soin *de* ses affaires 물건을 잘 간수하다.　avoir des velléités *de* travail 일할 의사가 있다.　calculer[évaluer] ses chances *de* succès 성공할 확률을 계산하다.　conserver[perdre] le souvenir *de* qc …의 기억을 간직하다[잊다].　être sous la dépendance *de* qn …에게 종속되어 있다.　se faire une fête *de* qc …을 학수고대하다, 즐거운 마음으로 기다리다.　prendre l'initiative *du* sommet européen 유럽국가의 정상회담개최를 발의하다.　vivre dans l'assurance *de* la réussite 성공을 확신하며 살다.

- Elle avait l'air *d'*une somnambule.　그녀는 몽유병 환자 같았다.
- Je n'ai pas la mémoire *des* noms[chiffres].　나는 이름을[숫자를] 잘 기억하지 못한다.
- On n'a pas idée *de* cela.　그런 일은 상상조차 할 수 없다.
- Cet orateur a un grand pouvoir *de* persuasion.　그 웅변가는 대단한 설득력이 있다.
- N'y a-t-il pas risque *de* conflit?　분쟁의 소지가 생기지나 않을까요?
- On lui confia le soin *de* la maison.　그 사람에게 집 관리를 맡겼다.
- Il ne me donne[fait] pas l'impression *de* menteur.　그는 거짓말쟁이 같이 보이지는 않는다.
- Le besoin *de* célébrité est un puissant aiguillon.　유명해지고 싶은 욕구는 강력한 자극제이다.
- Tout le monde est dans l'attente *de* son retour.　모두가 그가 돌아오기를 기다리고 있다.
- Quel est le motif *de* votre visite?　무슨 일로 오셨습니까?
- Cette déclaration a fait l'effet *d'*une bombe.　그 선언은 마른하늘에 날벼락 같았다.
- La pensée *de* la mort ne le quittait pas.　죽음에 대한 관념이 그의 머리를 떠나지 않았다.

❷ [인물명사 + de + 명사]

un assoiffé *de* lecture 독서에 목이 마른 사람.　chargé *de* cours (대학의) 시간강사.　chargé *de* mission 특별 임무를 띤 관리[각료].　un fanatique *du* football 축구광.　fana[fondu] *du* ski 광적인 스키애호가.　gourmet *de* la littérature 문학에 조예가 깊은 사람.　un maniaque *de* la vitesse 속도광.　une obsédée *de* la propreté 결벽증이 있는 여자.　partisan *du* moindre effort 게으름뱅이(=paresseux).　passionné *de* football 축구광.　être maître *de* son destin 운명을 지배하다.

· C'est un fou *du* jazz.　그는 재즈광이다.
· Il est l'arbitre *de* la paix ou *de* la guerre.　그는 평화냐 전쟁이냐에 대한 결정권을 쥐고 있는 사람이다.

2) [de *inf*]

❶

appréhension *d'*échouer 실패하지나 않을까 하는 두려움.　art *de* ciseler le métal 금속 조각술. bonheur *de* vivre 삶의 행복.　dégoût *de* travailler 일에 대한 싫증.　envie *de* voyager 여행하고 싶은 마음.　espoir *de* vaincre 승리하리라는 희망.　façon *d'*agir 행동 방식.　façon *de* parler 말투.　faculté *de* juger 판단력.　le fait *de* parler 말하는 행위.　fièvre *d'*écrire 집필욕(欲). habitude *de* boire 술 마시는 습관.　impossibilité *de* communiquer 연락 불가능.　incapacité *de* marcher 보행불능.　instinct *d'*apprendre 배우려는 본능.　interdiction *de* stationner 주차금지. joie *de* vivre 삶의 환희.　mandat *d'*amener 구인장.　manière *d'*être 존재 방식.　manière *de* penser[vivre] 사고[사는] 방식.　moyen *de* supprimer le chômage des jeunes 청년층의 실업을 해소할 방책.　obsession *de* grossir 살찐다는 강박관념.　ordre *de* faire comparaître 출두명령. passion *de* vivre 생에 대한 강한 집념. 애착.　permis *de* construire 건축허가(증).　plaisir *de* vivre 산다는 기쁨.　promesse *de* ne pas s'évader 달아나지 않겠다는 약속.　refus *de* comparaître 출두 거부.　secret *de* plaire aux femmes 여자들의 환심을 사는 비법.　soif *de* connaître 지식욕. sommation *de* paraître en justice 법정 소환 최고.　abandonner à *qn* le soin *de* décider …에게 결정하는 것을 맡기다.　ne pas cacher son orgueil *d'*avoir réussi 성공했다는 자부심을 감추지 않다.　demander[donner, obtenir] la permission *de* faire *qc* …을 하는 허가를 구하다[해주다, 얻다]. donner envie *de* manger 군침이 돌게 하다.　donner[laisser] à *qn* la licencie *de inf* …에게 …할 자유를 주다.　donner[engager] sa foi *de inf* …하겠노라고 맹세[약속]하다.　se donner[s'autoriser, s'offrir, se payer] le luxe *de inf* (평소와 달리 마음먹고) 특별히 …할 생각을 하다.　eprouver[sentir] le besoin *de inf* …하고 싶은 욕구를 느끼다.　éprouver une grande impatience *de inf* 몹시 …하고 싶어 안달하다.　faire à *qn* la grâce *de inf* …에게 …하는 친절을 베풀다.　faire[former] le projet *de inf* …할 계획을 세우다.　faire l'offre *de inf* …할 것을 제의하다.　faire le simulacre *de inf* …하는 시늉을 하다.　se faire une fête *de inf* …하는 것을 학수고대하다, 즐거운 마음으로 기다리다.　se faire une règle *de inf* …하는 것을 규칙[방침]으로 삼다.　se faire une obligation *de inf* …하는 것을 자신의 의무로 생각하다.　faire le serment *de inf* …하겠다는 맹세[선서]를 하다. former le dessein *de inf* …할 계획을 세우다.　former le propos *de inf* 《문어》 …할 의도를 품다. former le souhait *de* réussir 성공의 소망을 말하다.　prendre la décision[résolution] *de inf* …할 결심을 하다.　prendre la précaution *de* fermer la porte à clé avant de sortir 외출하기 전에 주의하여 열쇠로 문을 잠그다.　recevoir l'injonction *de* faire *qc* …을 하도록 지령을 받다.　prendre la liberté *de inf* 멋대로[실례를 무릅쓰고] …을 하다.　c'est le cas *de inf* …할 적절한 기회다.　"défense *de* fumer" "금연".   "défense absolue *de* stationner" "주차 엄금".

- Dans l'attente *de* vous revoir, je vous prie de croire à mes sentiments distingués.   당신을 다시 만나뵙기를 바라며, 이만 총총((편지 말미의 인사)).
- L'espoir *de* le revoir s'amenuisait peu à peu.   그를 다시 보리라는 희망이 점점 희박해졌다.
- Le moment *de* partir est venu.   떠날 때가 되었다.
- Il y a la place *de* mettre une table.   탁자를 놓을 여지가 있다.
- On m'a confié la charge *de* diriger cette équipe.   나는 그 팀을 지도할 책임을 맡았다.
- Ce voyage m'a donné l'occasion *de* reparler français.   이 여행으로 불어를 다시 말할 수 있는 계기가 나에게 생겼다.
- Il s'est donné la peine *de* venir me voir.   그는 수고스럽게도 나를 만나러 와 주었다.
- J'espère que nous aurons bientôt le plaisir *de* vous voir.   곧 당신을 만나게 되기를 바랍니다.
- J'espère que vous me ferez l'amitié *de* venir dîner chez moi.   나의 집에 저녁 식사를 하러 꼭 오시기를 바랍니다.
- Ce n'est pas le moment *de* traînasser.   꾸물거릴 때가 아니다.
- Il est l'heure *de* fermer le magasin.   상점 문을 닫을 시간이다.
- Cette robe me fait l'effet *d'*être trop longue.   이 드레스는 내게 너무 긴 것 같다.
- Il m'a fait l'impression *d'*être un homme heureux.   그는 행복한 사람처럼 보였다.
- Il faut prendre soin *d'*arroser les fleurs.   꽃에 물주는 것을 신경써야 한다.
- Je vous laisse le soin *de* le prévenir.   그 사람에게 기별해 주십시오.
- Mes occupations ne me laisse pas le loisir *de* vous écrire.   제가 너무 바빠서 편지 드릴 여가가 없군요.
- J'ai passé l'âge *de* le faire.   나는 그런 일을 할 나이가 지났다.
- J'ai perdu l'espoir *de* la retrouver.   나는 그녀를 다시 만날 희망을 잃었다.
- Il lui prend parfois la lubie *de* téléphoner à une heure indue.   그는 가끔 이상한 시간에 전화를 걸고 싶은 욕망에 사로잡힌다.
- Cet appareil présente la singularité *de* fonctionner avec des piles.   이 기계는 건전지로 작동하는 특이한 점이 있다.
- Je ne vois pas la nécessité *de* faire cela.   나는 그렇게 해야 될 필요성을 느끼지 않는다.
- Loin de moi la pensée *de* le critiquer.   전혀 그를 비판할 생각이 없다.

❷ [명사 ⋯ de *inf*]

la question était posée *de* savoir si ⋯ ⋯인지 알아보는 문제가 제기되었다.

- Le temps me dure *de* partir en vacances.   휴가 떠날 날을 고대하다.
- L'idée m'est venue *de* lui téléphoner.   그에게 전화를 해야겠다는 생각이 들었다.
- L'heure est venue *de* vous révéler ce secret.   이 비밀을 당신에게 알려줄 때가 왔소.
- Le moment est venu *de* se lancer dans la politique.   정계에 투신할 때가 왔다.

❸ [avoir + 명사 + de *inf*]

avoir l'aplomb *de inf* 뻔뻔스럽게도 …하다.　avoir l'assurance *de* réussir 성공하리라는 확신을 가지다.　avoir l'audace *de inf* 대담하게[뻔뻔하게도]…하다.　avoir[demander, refuser] l'autorisation *de inf* …하는 허가를 받다[청하다, 거절하다].　avoir la bonhomie *de inf* 고지식하게도 …하다. avoir la bonne[mauvaise] fortune *de inf* 다행히도[불행히도] …하다.　avoir la chance *de inf* 운좋게 …하다.　avoir le choix *de inf* ou non …하고 안 하고는 자유다.　avoir le coeur *de inf* …할 용기가 있다, 감히 …하다.　avoir la commission *de inf* …할 권한을 (위임)받다.　avoir la complaisance *de inf* 친절하게 …하다.　avoir le courage *de inf* …하는 용기가 있다.　avoir [prendre] coutume *de inf* …하는 버릇이 있다[몸에 붙다].　avoir le cran *de refuser* 《구어》 대담하게 거절하다.　avoir une démangeaison *de inf* 《비유》 …하고 싶어 안달하다.　avoir le désir *de voyager* 여행을 하고 싶어하다.　avoir le devoir *de inf* …할 의무가 있다.　avoir le don *de persuader* 설득하는 재주가 있다.　avoir la douleur *de faire part du décès de qn* 애도하는 마음으로 …의 작고를 알리다((부고장의 문구)).　avoir le droit *de voter* 투표권을 가지다.　avoir l'effronterie *de inf* 뻔뻔스럽게 …하다.　avoir envie *de vomir* 토할 것 같다, 구토증을 느끼다. avoir la facilité *de rencontrer qn* …을 쉽게 만날 수 있다.　avoir la faiblesse *de inf* 마음 약하게도 …하다.　avoir la fantaisie *de inf* …하고 싶은 생각이 나다.　avoir la fierté *de inf* 도도하게[당당하게]도 …하다.　avoir la flemme *de faire qc* 《구어》 …을 할 의욕이 없다.　avoir la folie *de inf* 어리석게도 …하다.　ne plus avoir la force *de inf* 더 이상 …할 힘이 없다.　avoir la fortune *de inf* 다행히도 …하다.　avoir le front *de inf* 뻔뻔스럽게도 …하다.　avoir le génie *de inf* …하는 재능이 있다.　avoir[prendre] la hardiesse *d'entreprendre qc* 대담하게 …을 시도하다.　avoir hâte *de inf* 속히 …하고 싶어하다.　avoir horreur *de se lever tôt* 일찍 일어나기를 몹시 싫어하다. avoir l'impression *de glisser* 미끄러지는 것 같다.　avoir l'imprudence *de inf* 경솔하게도 …하다. avoir l'indiscrétion *de inf* 경솔하게도 …하다.　avoir l'ingénuité *de inf* …할 정도로 순진하다. avoir l'innocence *de croire que* …라고 생각할 정도로 순진하다.　avoir l'insolence *de inf* 건방지게 …하다.　avoir l'intelligence *de inf* 통찰력 있게 …하다.　avoir toute latitude *de inf* 아주 자유롭게 …할 수 있다.　avoir la maladie *de se mêler des affaires d'autrui* 《비유》 다른 사람의 일에 끼어드는 나쁜 버릇이 있다.　avoir la malchance *de inf* 불운하게도 …하다.　avoir la marotte *de inf* 《비유》 …하는 데 미쳐 있다.　avoir mauvaise grâce *de inf* …하는 것은 부당하다, …할 자격이 없다.　avoir le mérite *de inf* …한 장점을 가지다.　avoir mission *de faire qc* …할 임무가 있다. avoir des motifs *de refuser* 거절할 만한 이유가 있다.　avoir l'outrecuidance *de inf* 《문어》 자만심을 가지고 …하다.　avoir de la paresse *de inf* …하기를 귀찮아하다.　avoir[présenter] la particularité *de inf* …한 특성을 지니다[나타내다].　avoir peur *d'être renvoyé* 쫓겨날까봐 두려워하다.　avoir la possibilité *de inf* …할 수 있다.　avoir le pouvoir *de inf* …할 수 있는 능력이 있다.　avoir souvenir *de inf* …한 것을 기억하고 있다.　avoir le triste privilège *de prononcer une oraison funèbre* 추도사를 해야하는 수고를 떠맡다.　voir la prudence *de s'assurer contre l'incendie* 용의주도하게[현명하게도] 화재보험에 가입하다.　avoir la sagesse *d'attendre le moment favorable.* 현명하게 적절한 때를 기다릴 줄 알다.　avoir la sottise *de inf* 어리석게도 …하다. avoir la surprise *de inf* …하게 되어 놀라다.　avoir le temps *de inf* …할 시간이 있다.　avoir la veine *de inf* 《구어》 운이 좋게 …하다.　avoir des velléités *de travailler* 일할 의사가 있다. n'avoir aucune[pas la moindre] velléité *de inf* 전혀 …할 생각이 없다.　avoir la volonté *de inf*

- Ayez[Faites-moi] la charité *de* m'écouter.   죄송하지만 제 말 좀 들어주시겠어요.
- N'avez-vous pas la curiosité *de* savoir ce qui s'est passé?   무슨 일이 일어났는지 알고 싶지 않으십니까?
- Auriez-vous la gentillesse *de* m'aider?   절 좀 도와주시겠습니까, 절 도와주시면 고맙겠습니다.
- Ayez l'honnêteté *de* le reconnaître.   솔직히 그것을 인정하시오.
- Ayez[Veuillez avoir] l'obligeance *de* venir me voir.   부디 저를 보러 와주시기 바랍니다.
- Ayez au moins la pudeur *de* vous taire.   입을 다물고 좀 다소곳하게 있으시오.
- Il a eu l'adresse *de* ne rien révéler.   그는 전혀 내색하지 않는 재주가 있었다.
- Il a l'ambition *de* devenir président.   그는 대통령이 되려는 야망을 갖고 있다.
- Ce problème n'a pas l'air *d'*être difficile.   이 문제는 어려워 보이지 않는다.
- Cette solution a l'avantage *de* ne léser personne.   이 해결책은 아무에게도 해가 되는 않는다는 장점이 있다.
- J'ai eu la bêtise *d'*accepter sa proposition.   나는 어리석게도 그의 제안을 받아들였다.
- Il eut le bonheur *d'*échapper à la catastrophe.   그는 운 좋게도 재난을 피할 수 있었다.
- Voulez vous avoir la bonté *de* me passer le journal?   신문 좀 건네주시겠습니까?
- Il avait la certitude *de* l'avoir déjà vue.   그는 그 여자를 전에 봤다는 확신을 갖고 있었다.
- Il a un chic particulier *de* dire sans blesser personne.   그는 누구의 기분도 상하지 않게 말하는 특별한 재주가 있다.
- Il a de la constance *de* nous attendre si longtemps.   그는 끈기있게도 우리를 아주 오랫동안 기다리고 있다.
- Il a le défaut *d'*arriver toujours en retard.   그는 항상 늦게 오는 단점이 있다.
- La famille Vincent a la douleur *de* vous faire part de la perte cruelle qu'elle vient d'éprouver.   이번 뱅상가(家)는 불행한 일을 당하였기에 이를 알려 드리는 바입니다((부고장의 형식)).
- J'ai l'espérance *de* réussir.   나는 성공하리라는 희망을 갖고 있다.
- Il a la fureur *de* lire.   그는 독서에 열중하고 있다.
- Les voyageurs ont l'habitude *d'*amplifier.   여행자들은 과장해서 말하는 경우가 흔하다.
- Il a eu l'honneur *d'*être élu président.   그는 영광스럽게도 회장으로 선출되었다.
- J'ai l'honneur *de* vous saluer.   삼가 이만 줄입니다((편지 말미의 경구(敬具))).
- J'ai eu l'idée *d'*aller me promener dans un parc.   나는 공원에 산책하러 갈 생각이 들었다.
- J'ai l'initiative *de* rester ou pas.   남아있을 것인지 아닌지는 내가 결정할 문제이다.
- Il a l'intention *de* partir.   그는 떠날 작정이다.
- Il a eu le malheur *d'*échouer à l'examen.   그는 불운하게도 시험에 떨어졌다.
- Je n'ai pas la naïveté *de* croire qu'elle viendra vraiment.   그녀가 정말 오리라고 믿을 정도로 어리석지 않다.
- Je n'ai pas la patience *de* supporter la faim.   나는 배고픔을 참지 못한다.
- Il a de bonnes raisons *de* contester.   그는 항의할 만한 충분한 이유가 있다.

- Il a la réputation *d'*être menteur.   그는 거짓말쟁이로 평이 나 있다.
- Il avait la sensation *d'*être traqué.   그는 누군가에 의해 추적당하고 있다는 느낌이 들었었다.
- Vous n'avez pas sujet *de* vous plaindre.   당신은 불평할 이유가 없습니다.
- Il a le tic *de* se passer le doigt sur l'aile du nez.   그는 손가락으로 콧방울을 문지르는 버릇이 있다.

5. 동사(구)의 보어

1) [동사 + de + 명사]

❶

abuser *de* son pouvoir 권력을 남용하다.   approcher *de* la conclusion 결론에 근접하다.   approcher *de* la quarantaine (나이가) 마흔에 가까워지다.   bénéficier *de* nombreux avantages 여러 가지 특혜를 누리다.   changer *d'*avis[*de* partenaire] 의견을[파트너를] 바꾸다.   déborder *de* joie[*d'*enthousiasme] 기쁨이 넘치다[몹시 열광하다].   décider *de* l'éducation des enfants 자녀 교육에 대해 결정을 내리다.   démériter *de* son pays 조국의 명예를 더럽히다.   se démettre *de* son droit 자신의 권리를 포기하다.   ne pas démordre *de* son avis 자신의 의견을 굽히지 않다.   douter *de* qn/qc …을 의심하다.   exciper *de* la prescription 시효를 이유로 항변하다.   hériter *d'*une immense fortune 막대한 재산을 상속받다.   jouer *du* piano[violon] 피아노[바이올린]를 연주하다.   jouer *de* son ascendant 영향력을 행사하다.   jouir *d'*un privilège 특권을 누리다.   jurer *de* l'honnêteté de *qn* …의 정직성에 대해 장담하다.   justifier *de* sa nationalité 국적을 증명하다.   manquer *d'*argent[*de* bon sens, *de* naturel] 돈이 없다[양식이 없다, 자연스럽지 못하다].   médire *de* ses voisins 이웃 사람들을 비방하다.   mésuser *de* qc《문어》…을 악용하다, 남용하다.   ordonner *du* sort de *qn* …의 운명을 좌우하다.   parler *d'*un accident[*de* son oncle] 사고[삼촌]에 대해 이야기하다.   préjuger *de* la réponse de *qn* …의 대답에 대해 속단하다.   préméditer *de* s'enfuir 도망칠 계획을 하다.   protester *de* son innocence 자신의 결백을 주장하다.   relever *de* la justice d'un pays 어떤 나라의 사법권의 관할에 속하다.   retâter *de* la prison 다시 감옥살이를 하다.   souffrir *de* privations 궁핍한 생활에 시달리다.   se soûler *de* ses propres paroles 자신의 말에 도취되다.   sourir *d'*un naïf 순진한 사람을 비웃다.   témoigner *de* sa probité 그의 청렴함을 증명하다.   tenir compte *d'*une circonstance paticulière 어떤 특별한 사정을 고려하다.   tirer parti *de* qc …을 이용하다.   trafiquer *de* son influence 직권을 남용하다.   triompher *de* son adversaire 적을 물리치다.   user *de* ruse 술책을 쓰다.

- Elle a accouché *d'*une fille.   그 여자는 딸을 낳았다.
- Il argue *de* son bon droit pour conserver cet avantage.   그는 이 특권을 유지하기 위해 자신의 정당한 권리를 내세운다.
- Il argumente *de* cette situation pour retarder les élections.   그는 현상황을 이유로 선거 연기를 주장한다.
- On a souvent besoin *d'*un plus petit que soi.   사람이란 흔히 자기보다 더 약한 사람이 필요한 법이다.
- Elle en avait marre *de* lui.   그 여자는 그에게 질렸다.
- Elle ne veut pas convenir *de* son erreur.   그 여자는 자기 잘못을 인정하려 하지 않는다.

- La probabilité d'une théorie dépend *de* sa capacité à expliquer les phénomènes.　어떤 이론의 확실성은 현상을 설명하는 능력에 달려 있다.
- Il finit par désespérer *du* général.　그는 결국 장군에 대해 실망하게 된다.
- Il dispose *d'une* voiture.　그는 자동차를 한 대 가지고 있다.
- Il a goûté *de* la vie militaire.　그는 군대 경험이 있다.
- L'oeil juge *de* la différence des couleurs.　눈은 색깔의 차이를 식별한다.
- Il a bien mérité *de* la patrie.　《문어》그는 조국에 지대한 공헌을 하였습니다.
- Cet ouvrage participe *du* roman policier.　《문어》그 작품은 탐정 소설의 성격을 띠고 있다.
- Tous ses parents raffolent *d'elle*.　친척들 모두가 그 여자를 몹시 좋아한다.
- Elle me répond qu'elle (en) a soupé *de* la petite fleur bleue.　《구어》그녀는 감상(感傷)에 질렸다고 내게 대답한다.
- Il a tâté *de* la prison.　그는 감옥살이를 경험해 보았다.
- Il tient *de* son grand-père.　그는 자기 할아버지를 닮았다.
- Qu'il soit encore en vie après cet accident tient *du* prodige.　그런 사고를 겪고도 그가 살아있다는 것은 기적에 가깝다.

❷

s'abstenir *de* vin 술을 안하다.　s'acquitter *de* ses obligations[fonctions] 의무[직무]를 이행하다. s'approvisionner *de* bois pour l'hiver 겨울용 땔감을 장만하다.　s'assurer *du* farfait état de la voiture 자동차의 상태가 완전무결하다는 것을 확인하다.　se blaser *d'une* vie routinière 틀에 박힌 생활에 싫증나다.　se confesser *d'un* vol 도둑질했음을 자백하다.　se contenter *d'un* repas par jour 하루 한 끼 식사로 만족하다.　se convaincre *des* avantages de la solution 그 해결책의 이점을 깨닫다. se débarrasser *d'un* objet encombrant 거추장스러운 물건을 치우다.　se décharger *d'un* fardeau 짐을 부리다.　se décommander *d'un* dîner 저녁 식사 약속을 취소하다.　se décramponner *d'une* maîtresse 정부를 떨쳐버리다.　se décrocher *d'une* activité 활동을 그만두다. se dédire *d'une* affirmation[*de* ce qu'il a dit] 단언[한 말]을 취소하다.　se défaire *d'une* voiture[*d'un* tableau] 자동차를[그림을] 처분하다.　se défausser *de* l'as de coeur 하트의 에이스를 버리다.　se défendre *de* toute compromissions 모든 타협을 거절하다.　se défier *des* apparences 외관을 믿지 않다. se dégager[se désengager] *d'une* obligation 의무에서 해방되다.　se démettre *de* son droit 자신의 권리를 포기하다.　se départir *de* son impassibilité 냉정을 잃다.　se déprendre *d'une* habitude 습관을 버리다.　se désabonner *d'une* revue 잡지의 정기 구독을 중지하다.　se désaccoutumer *du* tabac 담배를 끊다.　se désadapter *d'un* milieu 환경에 적응하지 못하다.　se désaffectionner *de* son entourage 주위에 무관심해지다.　se désengouer *du* théatre moderne 현대극에 대한 열정이 식다.　se désister *d'une* action 고소를 취하하다.　se dessaisir *de* ses biens 재산을 포기하다. s'embarrasser *d'un* paquet volumineux 덩치가 큰 상자를 거추장스럽게 여기다.　s'emparer *du* pouvoir 권력을 탈취하다.　s'empiffrer *de* gâteaux entre les repas 식간에 과자를 너무 많이 먹다. s'enivrer *de* ses succès 성공으로 우쭐해지다.　s'engouer *d'un* bibelot 골동품에 심취하다. s'enorgueillir *de* sa culture 자기 교양을 뽐낸다.　s'enquérir *du* prix d'un nouveau modèle 신모델의 가격을 알아보다.　s'enticher *d'une* femme 한 여자에 미치다.　s'éprendre *d'une* belle femme 미녀에게 반하다.　s'étourdir *de* champagne 샴페인에 취하다.　s'exalter *de* qc …에 열광하다, 도취하

다. s'excuser *de* son retard 지각에 대해 변명을 하다. s'exempter *du* tribut 조공을 면제받다. s'exonérer *d'*une dette 부채가 면제되다. se flatter *de* ses talents 자신의 재능을 뽐내다. se frustrer par sa propre faute *d'*un grand plaisir 자신의 잘못으로 큰 기쁨을 상실하다. se gaver *de* bonbons 사탕을 실컷 먹다. se glorifier *de* ses exploits 자신의 공적에 자만하다. se goinfrer *de* pâtisseries 《**구어**》 과자를 아귀아귀 먹다. se gorger *de* gâteaux 과자를 실컷 먹다. se griser *d'*orgueil[*de* ses propres paroles] 자만심[자기 말]에 도취되다. s'imprégner *de* matérialisme 물질 주의에 젖어들다. s'infatuer *de* soi-même 《**문어**》 자만[우쭐]하다. se justifier *d'*une accusation 고소에 대해 결백함을 증명하다. se méfier *d'*un flatteur 아첨꾼을 믿지 않다. mésuser *de qc* 《**문어**》 …을 악용하다, 남용하다. se mêler *des* affaires d'autrui 남의 일에 참견하다. se moquer[railler] *de qn/qc* …을 조롱하다. se munir *de* patience 인내력을 키우다, 꾹 참다. se nantir *d'*un peu d'argent 약간의 돈을 준비하다. se pénétrer *de* la sincérité de ses paroles 그의 말의 진실성을 확신하다. se piquer *de* philosophie 철학을 안다고 자부하다. se plaindre *de* son sort 자신의 신세를 한탄하다. se pourvoir *de* provisions 식량을 준비하다. se précautionner *d'*une provision de dattes sèches 말린 대추야자를 비축하다. se préoccuper *de* ses enfants 아이들 걱정을 하다; 아이들에게 전념하다. se préserver *du* froid[*d'*un péril] 추위[위험]으로부터 자기를 보호하다. se priver *de* nourriture 스스로 금식하다. se repentir *d'*une faute 잘못을 뉘우치다. se ressaisir *de* tous ses biens 전 재산을 도로 찾다. se rétracter *de* tout ce qu'il a dit 한 말을 모두 취소하다. se saisir *d'*un braconnier 밀렵꾼을 붙잡다. se servir *de qc* …을 이용하다. ne pas se soucier *des* contingences 중요하지 않은 일에 신경을 쓰지 않다. se soûler *de* ses propres paroles 자신의 말에 도취되다. se vanter *de* ses prouesses 만용을 자랑하다.

- Il s'affolera *de* Marie au point de faire toutes les sottises.   그는 온갖 어리석은 짓을 할 정도로 마리에게 홀딱 반할 것이다.

- Elle s'est amusée *de* toi.   그 여자는 너를 놀렸다.

- Elle s'est amourachée *de* son moniteur de tennis.   그 여자는 자기의 테니스 코치에게 반했다.

- Il s'est assoté *d'*une femme.   그는 어떤 여자에게 홀딱 반했다.

- Nous nous sommes tous assurés *du* parfait état de la voiture.   자동차의 상태가 완전무결하다는 것을 우리 모두가 확인했다.

- Je me charge *de* ce travail.   이 일은 내가 맡겠소.

- Je me contrefous *de* ses problèmes.   그의 문제 따위는 아무래도 좋다.

- Il s'est dégoûté *de* la viande.   그는 고기에 싫증이 났다.

- Je m'ennuie *de* Paris.   나는 파리가 싫증이 난다.

- Son visage s'empreint *de* douleur.   그의 얼굴에는 괴로운 기색이 역력하다.

- Il ne s'épate *de* rien.   그는 어떤 일에도 놀라지 않는다.

- Il s'est fendu *d'*une bouteille.   그는 술 한 병을 냈다.

- Elle se fiche *de* son travail.   그녀는 일에 관심이 없다.

- Il se fout *de* tout.   그는 어떤 일에도 아랑곳하지 않는다.

- La terre s'imbibe *d'*eau. 대지가 물기를 빨아들인다.

- Le mur s'est infiltré *d'*eau. 벽에 물이 스며들었다.

· Elle s'est inondée *de* parfum.   그 여자는 향수를 잔뜩 뿌렸다.

· Le romancier s'est inspiré *d'*une légende populaire.   그 소설가는 민간 전설에서 영감을 받았다.

· Elle finira par se lasser *de* lui.   그 여자는 결국 그에게 싫증을 낼 것이다.

· Il se méfie toujours *des* autres.   그는 항상 타인들을 불신한다.

· Elle trouve que son mari ne s'occupe pas *d'*elle.   그녀는 남편이 보살펴 주지 않는다고 생각한다.

· Il se prive *de* tout.   그는 모든 것을 포기하고 있다.

· Elles se sont rendues compte *de* leur erreur.   그 여자들은 자신들의 실수를 깨달았다.

· Les rebelles se sont saisis *de* l'aéroport.   반도(叛徒)는 공항을 점거하였다.

· Il se soucie toujours *des* autres.   그는 언제나 남들을 걱정한다.

· Je me souviens *de* mon enfance.   나는 어린 시절을 회상한다.

2) [동사 + 명사 + de + 명사]

> approcher une chaise *de* la table[son invité]. 의자를 탁자[손님] 가까이 가져다 놓다.   débiter *qn d'*une somme 어떤 금액을 …에게 부담시키다.   imprégner un tissu *d'*eau 천에 물이 스며들게 하다.   infecter *qn de* violence《옛·문어》…을 폭력에 물들게 하다.   justifier *qn d'*un crime …의 무죄를 증명하다.   munir une radio *de* piles 라디오에 전지를 끼우다.   nantir un voyageur *de* provisions 여행자에게 식량을 제공하다.   ponctuer ses phrases *de* soupirs 말끝마다 한숨을 짓다.   préserver *qn des* dangers[*d'*une maladie] …을 위험[질병]으로부터 보호하다.   repaître *qn de* vaines espérances《비유》…에게 허황된 희망을 품게 하다.   saisir un tribunal *d'*une affaire 사건을 법원에 제소하다.   soupçonner *qn de* vol …에게 도둑질의 혐의를 두다.   suspecter *qn d'*hérésie …에게 이단의 혐의를 두다.

· Il a convaincu son auditoire *de* la gravité de la situation.   그는 청중들에게 사태의 심각성을 납득시켰다.

· On peut le créditer *d'*une bonne gestion.   그가 관리를 잘했다고 인정할 수 있다.

· Ce résultat l'a découragé *d'*une nouvelle tentative.   그러한 결과는 그에게 새로운 시도를 해 볼 용기를 잃게 했다.

· Cette médiocre rémunération les dégoûte *du* travail.   보수가 형편없어서 그들의 일할 의욕을 잃게 한다.

· Nous l'avons dissuadé *de* ce procès.   우리는 그를 설득하여 이 소송을 단념하게 했다.

· L'humidité infeste la région *de* moustiques.   그 지역은 습해서 모기가 들끓는다.

· Il m'a persuadé *de* la sincérité de ses intentions.   그는 자기 의도의 진실함을 내게 설득하려 했다.

3) [동사 + de *inf*]

❶ a)

> accepter *de inf* …할 것을 받아들이다, 수락하다.   comploter *d'*assassiner le roi 왕의 암살 음모를 꾸미다.   continuer *de* parler 계속해서 말하다.   ne pas décesser *de inf*《속어》계속해서 …하다.   entreprendre *de* faire une expédition polaire 극지 탐험을 시도하다.   essayer *de* dormir 자려고 애쓰다.   être à même *de inf* …할 수 있다.   être hors d'état *de inf* …할 수 없다.   éviter *de* prendre le métro aux heures de pointe 러시아워에 전철 이용을 삼가다.   exiger *d'*être payé immédiatement 즉시 지불을 요구하다.   feindre *de* ne pas comprendre 못

> 알아들은 척하다. finir *de inf* ···하는 것을 끝마치다. jouir *d'*être respecté 존경받기를 좋아하다. jurer *de* dire toute la vérité 모든 진실을 이야기하겠다고 맹세하다. négliger *de* fermer les portes 문단속을 게을리 하다. parier *de* faire *qc* ···하는 데 내기를 걸다. parler *de* se marier 결혼하겠다고 말하다. prendre garde *de* ne (pas) attraper froid 감기에 걸리지 않도록 주의하다. prendre le parti *de* partir 떠날 결심을 하다. projeter *de* faire *qc* ···할 계획을 하다. tenter *de* résoudre des questions politiques 정치적 문제의 해결을 시도하다.

- Il a achevé *de* ranger ses papiers. 그는 서류 정리를 끝냈다.
- Elle affecte *de* m'ignorer. 그 여자는 나를 모른 척한다.
- Il ambitionne *de* devenir ministre. 그는 장관이 되기를 갈망한다.
- J'appréhende *de* le rencontrer. 그를 만날까 두렵다.
- Je n'approuve pas *de* devoir faire cela. 나는 그렇게 해야 한다고 생각지 않는다.
- Il a arrêté *de* fumer après sa maladie. 그는 병이 난 다음부터 담배를 끊었다.
- Ils ont arrêté *d'*agir ensemble. 그들은 함께 행동하기로 결정했다.
- Attendez *d'*être sorti pour fumer. 담배를 피우려면 외출하게 될 때까지 기다리세요.
- On en a marre *d'*attendre. 기다리는 것은 신물이 난다.
- Il n'a pas cessé *de* pleuvoir hier. 어제는 하루 종일 비가 내렸다.
- Il faut choisir *de* partir ou *de* rester. 떠날 것인지 남아 있을 것인지 결정을 해야 한다.
- Ils ont concerté *de* partir ensemble. 그들은 함께 떠나기로 계획을 세웠다.
- Après divers avis, on a conclu *de* lui donner le permis. 다각적인 협의를 한 결과 그에게 허가증을 주자는 결론에 도달했다.
- Ils conviennent *de* partir ensemble. 그들은 함께 떠나기로 합의했다.
- Il craint *d'*être découvert. 그는 들킬까봐 두려워한다.
- Nous avons décidé *de* partir le plus tôt possible. 우리는 가능한 한 빨리 떠나기로 결정했다.
- Il dédaigne *de* me répondre. 《문어》그는 내게 대답조차 안하려 한다.
- Il ne désespère pas *de* réussir un jour. 그는 언젠가 성공할거라는 희망을 버리지 않는다.
- Ne différez pas *de* lui écrire. 《문어》그에게 편지 쓰는 것을 미루지 마시오.
- Il ne doute pas *d'*y parvenir. 《문어》그는 해낼 수 있으리라는 걸 의심하지 않는다.
- J'ai enduré *d'*habiter ce taudis. 나는 이 누추한 집에서 참고 살았다.
- Il envisage *de* mettre ses enfants en pension. 그는 아이들을 기숙사에 넣을 계획이다.
- Faites attention *de* ne pas tomber. 떨어지지 않도록 주의하시오.
- Accepter ce poste implique *de* déménager. 그 자리를 수락하는 것은 이사하는 것을 전제로 하는 것이다.
- Il languit *de* la voir. 그는 그 여자를 만나길 애타게 기다리고 있다.
- Elle avait manqué (*de*) mourir. 그 여자는 죽을 뻔 했었다.
- Je ne manquerai pas *de* vous informer. 반드시 통보해드리겠습니다.
- Il méditait *de* se venger. 그는 복수할 궁리를 하고 있었다.
- Le mur menace *de* s'écrouler. 벽이 무너질 위험이 있다.

- Les terroristes ont menacés *de* tuer les otages.　테러범들은 인질을 죽이겠다고 위협했다.
- Cet élève mérite *de* réussir.　이 학생이라면 반드시 잘 해 나갈 수 있다.
- Cette idée mérite *d'*être approfondie.　그 생각은 깊이 연구해 볼 만하다.
- La situation nécessite *de* prendre des mesures urgentes.　그 상황은 긴급조치를 필요로 한다.
- Il a obtenu *de* travailler ici.　그는 이곳에서 일해도 좋다는 허락을 받았다.
- N'omettez pas *de* les prévenir.　그들에게 미리 알리는 것을 잊지 마시오.
- Il a oublié *de* nous prévenir.　그는 우리에게 알리는 것을 잊어버렸다.
- Il a pris soudain conscience *d'*avoir dit ce qu'il ne fallait pas.　그는 말해서는 안될 것을 말했다는 사실을 돌연 깨달았다.
- Je refuse *de* lui adresser la parole.　나는 그 사람에게 말을 걸지 않는다.
- Je regrette *de* ne pas l'avoir rencontré.　그를 만나지 못해 유감스럽다.
- Il a résolu *de* partir son pays.　그는 자기 나라를 떠나기로 결심하였다.
- Une augmentation des impôts risque *d'*abaisser le pouvoir d'achat.　세금인상은 구매력의 저하시킬 위험이 있다.
- J'en ai soupé *de* les entendre!　그 사람들 이야기는 진절머리가 난다!
- Elle ne supporte pas *de* rester inactive.　그녀는 빈둥거리고 지내는 것을 견디지 못한다.
- Dorénavant, tâchez *d'*être à l'heure.　이제부터 늦지 않도록 하시오.
- Ce livre vaut *d'*être lu et relu.　그 책은 여러 번 되풀이해서 읽을 만한 가치가 있다.

b) [venir /《구어》sortir de *inf*] : 방금 …하다((근접과거; 주로 직설법 현재·반과거로 사용))
- Je viens *de* lui téléphoner.　조금 전에 그에게 전화를 했다.
- Son train vient *de* partir.　그의 기차는 방금 떠났다.
- Je sors *de* travailler.　나는 방금 일하고 났다.
- Je sors *d'*avoir avec elle une conversation sur ce problème.　나는 방금 그녀와 그 문제에 대해 대화를 가졌다.

c) [être en + 명사 + *de inf*]

> être en droit *de inf* …할 권리가 있다.　être en disposition *de inf* …할 기분이다.　être en mesure *de inf* …할 힘이 있다, …할 수 있다.　être en passe *de inf* …할 만한 상황에 있다; …하려고 하다.　être en position *de inf* …할 수 있다.　être en possession *de inf*《옛》…할 권리가 있다; …할 수 있다.　être en posture *de inf* …할 입장에 있다.　être en sa puissance *de inf* …할 능력[가능성]을 지니고 있다.　être en situation *de inf* …할 수 있는 입장이다, …할 수 있다.

- Sa fille est en âge *de* se marier.　그의 딸은 결혼할 나이이다.
- Je ne suis pas en état *de* l'admettre.　나는 그것을 인정할 수가 없다.
- Je ne suis pas en humeur *de* plaisanter.　나는 농담할 마음이 없다.
- Elle est en train *de* travailler.　그녀는 일[공부]하는 중이다.
- Le gâteau est en train *de* cuire.　과자가 구워지고 있는 중이다.

❷

se charger *de* réserver les places. 자리를 예약하는 일을 떠맡다.　se confesser *de inf* ···했음을 고백하다.　se convaincre *d'*avoir raison 옳다고 확신하다.　se défendre *d'*accepter les offres 제의를 수락하지 않다.　se désaccoutumer *de* fumer 담배를 끊다.　se déshabituer *de* fumer 담배를 끊다.　s'enorgueillir *d'*avoir réussi 성공했다고 뻐기다.　s'exempter *de* faire une visite 들르지 않아도 되다.　se flatter *de* descendre d'une famille noble 귀족 가문임을 자랑하다.　se hâter *de* finir son travail 서둘러서 일을 끝내다.　s'imposer *de* se promener chaque jour 매일 산책하기로 하다.　s'interrompre *de inf* ···하기를 멈추다.　se lamenter *d'*avoir essuyé un échec 실패한 것을 통탄하다.　se lasser *d'*attendre 기다리다 지치다.　se passer *de* manger 식사를 거르다.　se piquer *d'*être habile 솜씨가 좋다고 뻐기다.　se préoccuper *de* faire *qc* ···하는 것에 마음을 쓰다.　se priver *de* fumer 금연하다.　se vanter *d'*avoir réussi 성공했다고 자랑하다.

- Elle s'est abstenue *de* me questionner.　그 여자는 나한테 물어보길 삼갔다.
- Pour répondre, elle s'est contentée *de* sourire.　그 여자는 대답 대신 미소만을 지었다.
- Il s'est dégoûté *de* faire du ski.　그는 스키에 싫증이 났다.
- Je me dois *de* le prévenir.　나는 그에게 미리 알려야 할 의무가 있다.
- J'ai décidé de me dispenser *de* vos services.　당신의 도움을 사양하기로 마음 먹었습니다.
- Elle s'est efforcée *de* l'aider.　그 여자는 그를 도우려 애썼다.
- Il s'est empressé *d'*en avertir tout le monde.　그는 모든 이에게 그것을 서둘러 알렸다.
- Je me fiche *d'*être là ou ailleurs.　난 여기 있거나 다른 곳에 가 있거나 아무 상관없다.
- Il s'impatiente *de* la voir.　그는 그녀를 애타게 보고 싶어한다.
- Lorsqu'il se mêle *de* travailler, il réussit mieux qu'un autre.　그가 일단 일을 하려고 하면 그는 누구보다 잘 한다.
- Il se moque *de* tromper ses amis.　그는 자기 친구들을 아무렇지도 않게 속여 먹는다.
- Je me propose *de* déménager bientôt.　곧 이사할 생각이다.
- Il s'est repenti amèrement *d'*avoir trop parlé.　그는 너무 많이 지껄인 것을 깊이 후회했다.
- Je ne me soucie pas *de* le savoir.　나는 그것을 알고 싶은 생각이 없다.
- Je me souviens *d'*être tombé en panne à cet endroit.　그 장소에서 자동차 고장이 났던 일이 생각난다.

4) [동사 + 명사 + de *inf*]

décourager *qn de* travailler ···에게서 일할 의욕을 앗아가다.　préserver *qn d'*être induit en erreur ···가 그릇된 길로 끌려들어가는 것을 막아주다.　requérir un journal *d'*insérer une rectification 신문사에 정정문의 게재를 요구하다.　sommer *qn de* comparaître ···에게 출두할 것을 명하다.　soupçonner *qn d'*avoir volé ···에게 도둑질의 혐의를 두다.

- Je vous adjure *de* quitter le pays.　제발 이 나라를 떠나시오.
- Cela m'a arrêté *de* t'écrire.　그 일 때문에 네게 편지를 쓰지 못했다.
- Je vous conjure *de* me croire.　제발 제 말을 믿어주십시오.
- Nous l'avons convaincu *de* rester.　우리는 그가 머물러 있도록 설득했다.

- Je vous défie *de* courir 100 mètres en 12 secondes.   100미터를 12초에 뛸 수 있으면 한 번 뛰어보시오.
- Cette médiocre rémunération les dégoûte *de* travailler.   보수가 형편없어서 그들의 일할 의욕을 잃게 한다.
- Je vous désavoue *d'*avoir pris cette décision.   당신이 그런 결정을 내린 것을 인정하지 못하겠습니다.
- Nos succès ne nous dispensent pas *de* suivre nos efforts.   우리들이 성공했다고 해서 그것이 우리가 노력을 계속하지 않아도 된다는 것은 아니다.
- Il m'a dissuadé *d'*y aller.   그는 내가 거기 가지 못하게 말렸다.
- Le bruit m'empêche *de* travailler.   시끄러워서 공부를 못하겠어.
- Je vous enjoins solennellement *d'*obéir.   복종할 것을 엄중히 명한다.
- Excusez-moi *de* vous déranger.   방해를 해서 미안합니다.
- Je vous implore *de* me pardonner.   제발 저를 용서해 주십시오.
- Il faut le persuader *de* partir maintenant.   지금 떠나도록 그를 설득해야 한다.
- Je vous prie *de* me croire.   아무쪼록 나를 믿어주세요.
- Je l'ai sollicité *d'*intervenir en ma faveur.   나를 위해 힘을 써달라고 그에게 간곡히 부탁했다.
- Je vous supplie *de* vous taire.   제발 좀 조용히 해 주세요.

5) [동사 + à + 명사 + de *inf*]

> déconseiller à *qn de* partir seul …가 혼자 떠나는 것을 만류하다.   défendre à ses enfants *de* jouer dans la rue 아이들이 길에서 노는 것을 금지하다.   imposer *à qn de* terminer le travail avant midi …에게 정오까지 일을 끝내도록 강요하다.   permettre à *qn de* sortir …가 외출하는 것을 허락하다.   prêcher *à qn de inf* …에게 …하도록 권장하다.   préconiser à *qn de* prendre du repos …에게 휴식을 취하도록 권하다.   téléphoner[télégraphier] à *qn de* venir …에게 오라고 전화하다[전보를 치다].

- Le directeur ne m'a pas accordé *de* prendre mes vacances en août.   책임자는 내가 8월에 휴가를 떠나는 것을 허가해 주지 않았다.
- Ils m'ont concédé *de* construire sur ce terrain.   그들은 내가 이 땅에 건축할 수 있도록 허가해 주었다.
- Je vous conseille *de* partir tôt.   일찍 떠나시는 게 좋겠습니다.
- Il lui cria *de* se taire.   그는 그 사람에게 조용히 하라고 소리쳤다.
- Je lui ai demandé *d'*être à l'heure.   나는 그에게 시간을 지켜달라고 당부했다.
- Je dois à mon professeur *d'*avoir été reçu.   내가 입학하게 된 것은 내 선생님 덕분이다.
- Je lui ai dit *de* prendre ce qu'il faut pour un voyage.   나는 그에게 여행에 필요한 것을 가지고 가라고 말했다.
- Son coup de téléphone m'a épargné *de* devoir lui écrire.   그가 전화를 해 주어서 그에게 편지를 쓸 필요가 없게 되었다.
- Je ne vous garantis pas *de* pouvoir faire cela pour vous.   당신을 위해 그것을 할 수 있다고 보장할 수는 없습니다.
- On lui a imputé *d'*avoir voulu détourner des fonds.   그는 자금을 횡령하려 했다는 혐의를 받았다.
- Je t'interdis *de* lui répondre.   나는 네가 그에게 답하는 것을 금한다.

- Je lui ai offert *de* le loger chez moi.　　나는 그에게 우리 집에서 숙박하도록 제의했다.
- On nous a ordonné *de* faire silence sur cette affaire.　　우리는 이 사건에 대해 입을 다물라는 지시를 받았다.
- L'honneur nous prescrit *de* ne pas nous rendre.　　명예가 항복하지 말도록 명한다.
- Je vous promets *de* faire mon possible.　　최선을 다할 것을 약속드립니다.
- Il m'a proposé *de* me raccompagner.　　그는 나에게 배웅해 주겠다고 제안했다.
- Mon père m'a répondu *de* faire ce que je voulais.　　아버지는 내가 하고 싶은 것을 하라고 허락하셨다.
- On lui a signifié *de* ne plus commettre désormais une erreur si grossière.　　그는 또다시 그처럼 커다란 잘못을 저지르지 말라는 주의를 받았다.
- Ils s'ennuyaient, je leur ai suggéré *d'*aller au cinéma.　　그들이 따분해하기에 나는 영화관에 갈 것을 넌지시 권해 보았다.

6) [동사 + 속사 + de *inf*]

> estimer indispensable *de* faire *qc* …을 하는 것을 필수불가결하다고 생각하다.

- Je crois inutile *de* le prévenir.　　나는 그에게 미리 알릴 필요가 없다고 생각한다.
- L'officier a imaginé bon *de* nous faire marcher 60km.　　장교는 우리가 60km나 행군하는 것이 좋다고 생각했다.
- Il a jugé nécessaire *d'*agir plus vite.　　그는 신속하게 행동하는 것이 필요하다고 생각했다.
- Il a trouvé bon *de* partir.　　그는 떠나는 것이 좋겠다고 생각했다.
- Je trouve naturel *d'*aider ses amis.　　나는 친구를 돕는 것이 당연하다고 생각한다.

7) [동사 + 부사 + de *inf*]

- Il a mal accueilli *de* ne pas avoir été mis au courant.　　그는 자기에게 아무 말도 하지 않은 것을 못마땅하게 여겼다.
- Vous avez bien[mal] fait *de* m'appeler.　　당신이 나를 부르기를 잘했다[나를 부른 것은 잘못이다].
- Vous ferez mieux *de* démissionner.　　사임하는 것이 더 좋을 것입니다.
- Ils ont vite fait *d'*écraser les hordes rebelles.　　그들은 반란 집단을 순식간에 분쇄했다.
- Passe encore *d'*emprunter, mais t'avise pas de voler.　　꾸는 것은 어쩔 수 없다 하더라도, 훔칠 생각은 마라.

8) [동사 + de ce que + *ind* / *sub*]

> se décourager *de* ce que + *sub* …한 것에 대해 낙담하다.　　s'enorgueillir (*de ce*) *que* + *ind/sub* …을 자랑스럽게 여기다, … 때문에 의기양양하다.　　se venger *de* ce que + *sub* …한 데 대해 복수하다.

- Le cuisinier s'est excusé *de* ce que le dîner n'était pas prêt.　　요리사는 저녁식사가 준비되어있지 않은 것을 사과했다.
- Il jouit (*de* ce) qu'on lui montre tant de respect.　　그는 사람들이 그에게 그토록 존경을 표하는 것을

좋아한다.

- Il se moque *de* ce que vous n'êtes[ne soyez] pas content.   그는 당신이 만족스러워 하지 않아도 아랑곳 하지 않는다.
- Ils ont profité *de* ce que nous n'étions pas là pour faire des bêtises.   그들은 우리가 거기에 없는 틈을 타서 바보같은 짓을 했다.
- Il a protesté *de* ce qu'il n'en savait rien.   그는 아무것도 몰랐다고 주장했다.
- Je me réjouis *de* ce que vous êtes[soyez] en bonne santé.   당신이 건강하시니 기쁩니다.

9) [동사 + 보어 + de ce que + *ind* / *sub*]

envier son ami *de* ce qu'il sait[sache] parler le français 친구가 불어를 할 줄 아는 것을 부러워하다.
préserver *qn de* ce qu'il (ne) tombe 《드물게》 …가 넘어지지 않게 막아주다.

- Je l'ai convaincu *de* ce qu'il est parfaitement capable de faire cela.   그가 그런 일을 얼마든지 할 수 있다는 것을 그로 하여금 확신하게 만들었다.
- Il y a de quoi décourager Jean *de* ce qu'il recommence.   장이 다시 시작해 볼 엄두도 내지 못하는 것은 당연하다.
- L'avocat implora les juges *de* ce qu'ils prennent en compte la jeunesse de l'accusé.   《드물게》 변호사는 피고의 나이가 어린 점을 고려해 달라고 간청했다.
- Mon père se plaignait à d'autres *de* ce que je ne l'aimais pas.   내 아버지는 내가 그를 사랑하지 않는다는 것에 대해 다른 이들에게 불평하셨다.

6. 형용사의 보어

1) [de + 명사]

appréhensif *du* danger 위험을 두려워하는.   avide *de qc* …을 탐내는.   craintif *des* mondes inconnus 미지의 세계를 두려워하는.   curieux *de* tout 모든 것에 호기심을 갖다.   dédaigneux *du* malheur des autres 《문어》 타인의 불행을 거들떠보지도 않는.   dégoûté *de* la vie 삶에 싫증을 느낀.   désabusé *d'*une illusion 환상에서 벗어난.   doué *d'*une bonne mémoire 기억력이 아주 좋은.   imbu *de* tous les préjugés 온갖 편견에 물든.   infatué *de* soi-même[sa supériorité] 자만심[우월감]에 빠져 있는.   insouciant *du* lendemain 내일을 걱정하지 않는.   ivre *d'*amour 사랑에 도취된.   jaloux *de qc* …을 시새우는.   négligent *de* son avenir 장래에 무관심한.   partisan *de* négociations 협상을 시시하는.   passionné *de* musique 음악에 열중하는.   pénétré *d'*eau 물이 스며든.   pénétré *d'*une vérité 진리를 확신하는.   préoccupé *de* son avenir 장래에 대해 걱정하는.   soigneux *de* sa santé 건강에 유의하는.   vain *de* son talent 《문어》 재능에 우쭐해 있는.   dieu affairé *de* chacun de nous 우리들 각자를 적극적으로 돌보는 신.   tigre altéré *de* sang 피에 굶주린 사자.   règle de grammaire assortie *de* nombreuses exceptions 많은 예외가 있는 문법 규칙.   robe constellée *de* perles 진주가 박힌 옷.   texte criblé *de* fautes 오자투성이의 글.   casserole débordant *de* lait bouillant 우유가 끓어서 넘치는 냄비.   coeur débordant *d'*espoir 희망으로 가득찬 마음.   arbre dégarni *de* ses feuilles 잎이 진 나무.   parapluie dégouttant *de* pluie 빗물이 똑똑 떨어지는 우산.　rumeur dénué *de* fondement 근거없는 소문. autoroute déserte *de* voitures 자동차가 한 대도 보이지 않는 고속도로.　maison éloignée *de* la route 길에서 멀리 떨어져있는 집.　pré emperlé *de* rosée 이슬 맺힌 초원.　gare encombrée *de* voyagers et *de* bagages 여행객과 짐으로 혼잡한 역.　ton empreint *de* douceur 상냥함이 깃들인 어조.　homme encroûté *de* préjugés 편견에 사로잡힌 사람.　chapeau endeuillé *d'*un crêpe 상장을 단 모자.　lecteurs engoués *de* ce roman 이 소설의 애독자들.　réussite entachée *de* scandales 스캔들로 얼룩진 성공. château flanqué *d'*une tour 탑에 아주 가까이 있는 성.　forêt foisonnante *de* gibier 사냥감이 많은 숲.　vie fourmillante *d'*incidents malheureux 불행한 일들로 점철된 인생.　couche garnie *d'*un matelas et *des* draps 매트리스와 시트를 갖춘 침대.　coeur gorgé *d'*ambition 야심만만한 속셈.　toit hérissé *d'*antennes de télévision 텔레비전 안테나들이 뾰족히 솟아있는 지붕.　avare idolâtre *de* son argent 《문어》 돈을 끔찍이 아끼는 수전노.　chaussures imbibées *d'*eau 물이 배어든 신발.　papier imprégné *d'*eau 물을 머금은 종이.　enfant incapable *d'*attention 집중할 줄 모르는 아이.　circonstances indépendantes *de* notre volonté 우리의 의지와는 무관한 상황.　peuple infecté *d'*hérésie 이단에 물든 민족.　mur infiltré *d'*eau 물이 스며든 벽.　joues inondées *de* larmes 눈물로 범벅이 된 두 뺨.　homme insatiable *de* gloire 끈질기게 명예를 탐하는 사람.　jeunes femmes intoxiquées *de* littérature 문학에 홀딱 빠진 젊은 여자들.　corps labouré *de* cicatrices 상처투성이의 몸.　visage laqué *de* sueur 땀으로 번들거리는 얼굴.　coeur lassé *de* tout 모든 것에 흥미를 잃은 마음.　esprit libre *de* préoccupations [préjugés] 선입관[편견]에 젖지 않은 정신.　région limitrophe *d'*une autre 다른 지역에 접해 있는 지역. allée lisérée *de* fleurs 길가에 꽃이 심어져 있는 산책로.　éloges mitigés *de* critiques 비판이 섞인 칭찬.　front moite *de* sueur 땀에 젖은 이마.　porte munie *d'*un verrou 빗장 문.　esprit nourri *de* mille pensée 많은 사상으로 형성된[함양된] 정신.　coeur noyé *de* tristesse 슬픔에 잠긴 마음. insouciance nuancée *d'*une certaine tristesse 어느 정도 슬픔의 기미가 있는 태평함.　femme qui est orgueilleuse *de* sa beauté 아름다움을 뽐내는 여자.　ciel parsemé[piqueté] *d'*étoiles 별이 총총한 하늘. homme pétri *du* limon de la terre 진흙으로 만들어진 인간.　visage piqué *de* taches de rousseur 주근깨 투성이의 얼굴.　son front plein *de* rides transversales 가로 주름투성이인 그의 이마.　peine privative *de* liberté 자유를 박탈하는 형.　plante privée *d'*eau 수분이 부족한 식물.　événements tout proches *de* nous 최근에 우리에게 일어난 사건.　front ruisselant *de* sueur 땀으로 흠뻑 젖은 이마.　gens soucieux *de* leur seul repos 그들의 휴식만을 생각하는 사람들.　homme sûr *de* soi 자신만만한 사람. textes susceptibles *d'*interprétations différentes 여러 가지 의미로 해석될 수 있는 글들.　témoins suspects *de* partialité 공정성에 의혹이 가는 증인들.　être affamé *de* gloire[richesse] 영광을[부를] 갈망 하다.　être affecté *d'*une maladie 병에 걸리다.　être[tomber] amoureux *de* qn ···을 사랑하다, ···와 사랑에 빠지다.　être assoiffé *d'*argent[de plaisir] 돈을[쾌락을] 쫓는.　être avare *de* compliments 칭찬 에 인색하다.　être capable *de* toutes les saloperies 어떤 비열한 짓이라도 할 수 있다.　être captif *de* ses passions[préjugés] 정념[편견]에 사로잡히다.　être chargé *de* dettes 빚이 잔뜩 있다.　être chargé *de* famille 가족을 책임지고 있다.　être chiche *de* ses paroles 말수가 적다.　être conscient *de* ses responsabilités 자기의 책임을 자각하다.　être convaincu[persuadé] *de* la bonne volonté de qn ···의 선의를 믿다[확신하다].　être[se rendre] coupable *d'*un délit 경범죄를 짓다.　être coutumier *du* fait (흔히 나쁜 뜻으로) 그런 버릇이 있다.　être déchargé *d'*un travail 일이 면제되다.　être démuni *d'*argent 무일푼이다.　être dézsassorti *de* qc ···이 품절되다.　être enceinte *de* son mari 남편의 아기를 배다. être enceinte *de* son premier fils 첫째 아들을 배다.　être ennemi *de* la peinture abstraite 추상화를

매우 싫어하다.　être envieux *du* bonheur d'autrui 타인의 행복을 부러워하다.　être exempt *du* service militaire 병역이 면제되다.　être fanatique[《구어》 fana] *de* musique 음악에 열광하다.　être fier *de* ses enfants 자식들을 자랑스럽게 여기다.　être fou *de* musique 음악에 열중하다.　être tout fiérot *de* son succès 자기의 성공을 아주 뽐내다.　être gonflé *d'*orgueil 오만으로 가득 차 있다.　être ignorant *des* usages[*de* ce qui se passe] 관습을[무슨 일이 벌어지고 있는지] 알지 못하다.　être impatient *de* la victoire 승리를 열망하다.　être indemne *de* toute responsabilité 어떤 책임도 지지않다.　être indépendant *des* autres 다른 사람에게 매어있지 않다.　être insoucieux *du* lendemain 《문어》 내일을 염려하지 않다.　être irrespectueux *de* la loi 법을 지키지 않다.　être jaloux *de* qn/qc …을 질투하다, 시샘하다.　être justiciable *de* l'opinion publique 여론에 따르다.　être malade *du* cinéma 《구어》 영화에 미치다.　être mécontent *de* son sort 자기 운명을 탓하다.　être mouillé[trempé, baigné, ruisselant] *de* sueur 땀에 흠뻑 젖다.　être nanti *de* titres universitaires 학위를 가지고 있다.　être net *d'*impôt 세금이 면제되다.　être pourri *de* fric[talent] 《구어》 돈[재능]이 아주 많다.　être pourvu *de* vêtements chauds 따뜻한 옷을 갖추고 있다.　être prodigue *de* paroles[compliments] 말이 많다[칭찬을 아끼지 않다].　être respectueux *de* la tradition 전통을 존중하다.　être solidaire *de* qn …와 굳게 결속이 되어 있다.　être sûr *de* résultat[*du* succès] 결과에 대해[성공을] 자신하다.　être sursaturé *de* films d'aventures 모험 영화에 진력이 나다.　être veuf *de* qn …와 사별하다.　rendre les petits enfants comptables *de* leurs promesses 어린아이들에게 약속을 책임지게 하다.　se sentir solidaire *de* qn …와 연대의식을 느끼다.

- Il se croit dispensé *de* tout effort.　그는 자신이 전혀 노력할 필요가 없다고 생각한다.
- Je suis anxieux *de* l'avenir.　나는 장래에 대해 불안해한다.
- Nous sommes assurés *du* succès.　우리는 성공을 확신하고 있다.
- L'homme est capable *d'*abstraction et *de* généralisation.　인간은 추상화와 일반화의 능력을 갖고 있다.
- Je suis certain *de* son honnêteté.　나는 그의 정직성을 확신한다.
- On n'est jamais content *de* son sort.　사람은 결코 자신의 운명에 만족하지 않는다.
- Il est désenchanté *de* tout.　그는 모든 것에 환멸을 느낀다.
- Il est très épris *d'*elle.　그는 그 여자에게 홀딱 반했다.
- Nous sommes étonnés *de* cette décision.　우리는 그와 같은 결정에 경악했다.
- Il est fondu *de* musique.　그는 음악에 미쳐있다.
- Le sage est franc *d'*ambition.　현자는 야망을 초월한다.
- Il est friand *de* pâtisserie.　그는 과자를 특히 좋아한다.
- Elles sont complètement gagas *de* lui.　《구어》 그 여자들은 그에게 완전히 반해 있다.
- Il est très gourmand *de* gibier.　그는 불치고기를 아주 즐겨 먹는다.
- Il était honteux *de* lui-même.　그는 그 자신이 부끄러웠다.
- Elle est indigne *de* notre confiance.　그 여자는 우리의 신뢰를 받을 자격이 없다.
- Il est innocent *du* crime dont on l'accuse.　그는 사람들이 그가 저질렀다고 한 죄를 짓지 않았다.
- Je suis las *de* vos insolences.　나는 당신의 무례한 태도에 신물이 난다.
- Les contrevenants sont passibles *d'*une amende.　법규 위반자는 벌금을 내야만 한다.
- Le terme "animal" est prédicable autant *de* l'homme que *de* la bête.　"동물" 이라는 용어는 짐승에게와 마찬가지도 인간에게도 적용된다.

- Il est prisonnier *de* ses habitudes. 《비유》 그는 자신의 습관에 매여 있다.
- Il est repu *de* cinéma. 《비유》 그는 이제 영화에 신물이 났다.
- Dans ce groupe, chacun est responsable *des* actes de tous. 이 집단은 각자가 전원의 행위에 대해 각자가 책임을 지고 있다.
- Il n'est pas satisfait *du* résultat. 그는 결과에 만족하지 않는다.
- Il est soûl *de* plaisir. 그는 쾌락에 진절머리가 나 있다.
- Elle était superbe *d'*indifférence. 그녀는 놀라울 정도로 냉담했다.
- Cet incident est symptomatique *du* malaise politique. 이 사건은 정치적 불안정의 징후로서 나타난 것이다.
- Chacun est tributaire *de* sa destinée. 인간은 자기의 운명을 피할 수 없다.
- Je me sentais victorieux, oui victorieux *de* moi-même. 나는 나 자신을 완전히 이겼다는 승리감을 느꼈다.

2) [de *inf*]

---

dédaigneux *de* s'instruire 《문어》 배우는 일을 경시하는. dégoûté *de* vivre 삶에 싫증을 느낀. empressé *de* inf 《문어》 …하는 데 열의가 있는; …하기를 열망하는. las *d'*attendre 기다리다 지친. préoccupé *de* faire qc …하는 것에 마음을 쓰는. soigneux *d'*étaler de l'érudition 박식함을 과시하려고 애쓰는. femme ambitieuse *de* se distinguer 유명해지기를 갈망하는 여자. huissier chargé *de* signifier un jugement 판결문을 통고하는 집달리. mesures susceptibles *de* créer des emplois 고용 증대의 효과가 기대되는 조치들. être éloigné *de* inf …하는 것과 거리가 멀다, …할 의향이 없다. être impatient *de* partir 몹시 떠나고 싶어하다. être infichu[infoutu] *de* comprendre qc 《구어》 …을 이해하지 못하다. être insoucieux *de* courir un danger 《문어》 위험을 무릅쓰는 것을 걱정하지 않다. être libre *de* inf …하는 것은 자유다. être partisan *d'*accepter une proposition 제의를 수락하는 데 찬성하다. être sûr *de* réussir 성공하리라고 확신하다. être satisfait *de* inf …하는 것에 만족해 하다.

- Il m'écoutait patiemment, soucieux *de* me marquer sa déférence. 나에 대한 경의를 표하려고 그는 내 말을 참을성 있게 들었다.
- Je l'estime capable *de* faire cela. 나는 그가 그렇게 할 능력이 있다고 생각한다.
- Il est anxieux *de* connaître le résultat de concours. 그는 경기 결과를 알고싶어 안달한다.
- Es-tu bien certain *d'*avoir fermé la porte? 문은 분명히 닫았니?
- Je suis chiche *de* lire ce livre en trois heures. 나는 이 책을 세 시간 안에 읽을 수 있다.
- Je suis content *de* vous voir. 만나뵙게 되어 반갑습니다.
- Il est convaincu *de* ne pas se tromper. 그는 실수하지 않았다고 확신하고 있다.
- Je serais curieux *de* connaître votre opinion. 당신의 의견을 알고 싶습니다.
- Il est désireux *d'*en savoir davantage. 그는 그것에 대해 더 많이 알고 싶어 한다.
- J'ai été très étonné *de* le rencontrer. 그를 만나게 되어 나는 매우 놀랐었다.
- Personne n'est exempt *de* se tromper. 누구나 실수를 하게 마련이다.
- Il est fier *d'*avoir réussi. 그들은 성공한 것을 자랑으로 여기고 있다.
- Il est foutu *de* manquer le train. 그가 기차를 놓칠 수도 있다.

- Il est incapable *de* mentir.　　그는 거짓말을 못하는 성격이다.
- Ce livre est indigne *de* figurer dans ma bibliothèque.　　이 책은 내 서가에 꽂아둘 만한 가치가 없다.
- Vous êtes libre *d'*accepter ou *de* refuser.　　수락하거나 거부하는 것은 당신의 자유입니다.
- Elle est malvenue *de* se plaindre.　　그녀는 불평할 권리가 없다.
- Il est mécontent *de* ne pas vous avoir vu.　　그는 당신을 만나지 못한 것이 불만이다.
- Vous n'êtes pas obligé *de* répondre.　　억지로 대답하실 필요는 없습니다.
- Nous voilà forcés *de* rester.　　우리는 할 수 없이 남아있어야 했다.

3) [de ce que + *ind* / *sub*]

> dédaigneux *de* ce que + *ind/sub* 《문어》 …하는 것을 경멸[경시]하는.　　être satisfait *de* ce que + *sub* …하는 것에 만족해하다.

- Heureuse *de* ce que ses enfants sont bien portants, cette mère est attentive à ce que rien ne leur manque.　　자식들이 건강한 것을 기쁘게 여기는 어머니는 그들에게 아무런 부족함이 없도록 신경을 쓴다.
- Je suis très content *de* ce que vous avez[ayez] réussi.　　당신이 성공해서 매우 기쁩니다.
- Il est irrité *de* ce qu'on l'a fait attendre.　　그는 자기를 기다리게 한 것에 대해 화가 나 있었다.
- Je suis ravi *de* ce que vous êtes venu.　　당신이 와주셔서 매우 기쁩니다.

7. 부사(구)의 보어

1) [de + 명사]

❶

> abstractivement *de* qc …을 고려하지 않는다면.　　règle qui joue indépendamment *des* circonstances 상황과 별도로 작용하는 규칙.　　agir différemment *des* autres 다른 사람들과 달리 행동하다. s'asseoir près *de* qn …의 가까이에 앉다.

- Indépendamment *de* son titre, il est très respecté.　　직함과 무관하게 그는 매우 존경 받는다.
- Son frère habite loin *de* son bureau.　　그의 형은 사무실에서 멀리 떨어진 곳에 산다.
- Loin *des* yeux, loin *du* coeur.　　《속담》 헤어져 있으면 마음조차 멀어진다.

❷ [수량부사 + de + 명사]
- Il n'y a pas assez *de* verres.　　잔이 충분하지 않다.
- Il a beaucoup *de* livres.　　그는 책이 많다.
- Il a plus[moins] *de* patience que Paul.　　그는 폴보다 참을성이 많다[적다].
- Cela fait plus *de* mal que *de* bien.　　그것은 이득보다 손해가 더 크다.
- Cela coûtera moins *d'*argent.　　그것은 돈이 덜 들 것이다.
- Elle mange peu *de* viande.　　그녀는 고기를 거의 먹지 않는다.
- Il a dépensé un peu *d'*argent.　　그는 돈을 조금 썼다.
- J'ai acheté trop *de* pommes.　　나는 사과를 너무 많이 샀다.

· Combien *de* frères avez-vous?　형제가 몇입니까?
· Il a gagné énormément *d*'argent.　그는 거액의 돈을 벌었다.
· Ils ont suffisamment *d*'argent.　그들은 돈을 충분히 가지고 있다.
· Il y a tellement *de* bruit.　《구어》몹시 소란스럽다.

2) [de *inf*]

> être près *de* sortir 막 외출하려 하다.

· Loin *de* le décourager, les difficultés le stimulent.　그는 난관에 봉착해서 의기소침하기는 커녕 오히려 힘을 낸다.
· Il était loin *de* s'attendre à cela.　그는 그것을 전혀 기대하지 않았다.

3) [de ce que + *ind*]
· Indépendamment *de* ce qu'il arrive, c'est l'attente qui est magnifique.　무슨 일이 일어날는지는 모르지만, 기다린다고 하는 것은 멋진 일이다.

> ☆ [de + 명사]나 [de *inf*]를 보어로 삼는 동사·형용사·부사가 절을 보어로 취할 때 대개 [que + *ind* / *sub*]의 형태가 되는데 그 중 다수가 [de ce que + *ind* / *sub*]의 형태가 되기도 함.

· Je m'étonne (*de* ce) qu'il soit rentré si tôt.　그가 이렇게 빨리 돌아오다니 놀랍다.

8. 특수 용법

1) [de *inf*] : 역사적 또는 서술의 부정법
· Il approcha, et les oiseaux *de* s'envoler.　그가 가까이 오자 새들이 날아갔다.
· Il fit une bonne plaisanterie, et tout le monde *de* rire.　그가 멋진 농담을 하자 모두들 웃었다.
· Aussitôt les ennemis *de* s'enfuir et *de* jeter leurs armes.　적들은 곧 도망치면서 무기를 버렸다.
· Grenouilles aussiôt *de* sauter dans les ondes.　개구리들은 곧 물결 속으로 뛰어 들어갔다.
· "Je sais bien quelle est votre tristesse⋯" Et elle *de* répliquer d'une voix consternée : "Il n'est pas question de tristesse et ⋯"　"당신의 고통이 어떠한지를 잘 알고 있습니다⋯" 그러자 그녀가 놀란 목소리로 답했다 : "슬픔이 문제가 아닙니다. 그리고⋯"

2) 비교의 대상인 부정법 앞
· Détruire est plus facile que *de* construire.　건설하는 것보다 파괴하는 것이 더 쉽다.
· J'aimerais mieux rester seule que (*de*) vivre avec lui.　그 사람과 함께 사느니 차라리 홀로 있겠다.
· Je ne demande pas mieux que *de* l'aider.　저는 그를 도울 수 있기만을 바라고 있습니다.
· Il est plus facile de consoler les autres que *de* se consoler soi-même.　자신의 마음을 달래는 것보다는 딴 사람을 위로하는 것이 한결 쉽다.

- Il est préférable de faire ceci (plutôt) que *de* faire cela.   그것을 하는 것보다 이것을 하는 것이 더 낫다.
- Je préfère souffrir plutôt que (*de*) mourir.   나는 죽는 것보다는 고통을 받는 것이 낫다.
- Je ne redoute rien tant que *de* m'en laisser accroire.   내 자신을 과신하는 것보다 내가 더 두려워하는 것은 없다.
- Il ne trouve rien de plus intéressant que *de* jouer aux cartes.   그는 카드를 치는 것보다 더 재미있는 것을 찾지 못했다.
- Il vaut mieux se taire[qu'on se taise] que *de* mentir.   거짓말하는 것보다는 차라리 침묵하는 편이 더 났다.
- Il n'y a pas d'autre moyen d'entrer que *de* forcer la porte.   문을 부수는 것 말고는 달리 들어갈 방법이 없다.

3) [de + 형용사] : 부정·의문대명사 뒤

> quelque chose *d'*étonnant. 어떤 놀라운 일.   quelque chose *de* plus noir 더 새까만 것.   un je ne sais quoi *de* charmant 형용키 힘든 야릇한 매력.   conduite qui n'offre rien *de* répréhensible 전혀 나무랑 데 없는 행동.

- Il n'y a personne *de* blessé.   부상자는 아무도 없다.
- Dans cette affaire, il y a quelque chose *d'*anormal.   이 일에는 뭔가 비정상적인 것이 있다.
- Il y a quelque chose *de* trouble dans sa conduite.   그의 행동에는 무언가 수상한 점이 있다.
- Y a-t-il quelqu'un *d'*autre?   누구 다른 사람이 있나요?
- (Il n'y a) rien *de* nouveau sous le soleil.   《**속담**》 하늘 아래 새로운 것은 없다.
- Il n'y a rien *de* perdu.   아직 실망하긴 이르다.
- Je ne connais rien *de* meilleur.   그보다 더 좋은 것을 알지 못한다.
- Je ne vois rien *de* bien ici.   나는 여기서 좋은 것이라곤 하나도 찾아볼 수 없다.
- Je n'ai rien vu *d'*aussi joli (que cela).   나는 그렇게 아름다운 것을 본 적이 없다.
- Quand on se plaint de tout, il ne vous arrive rien *de* bon.   무슨 일에나 불평하는 사람에게는 좋은 일이 일어날 수 없다.
- Rien *de* neuf, si ce n'est que notre départ est retardé.   우리의 출발이 늦추어진 것 외에는 특별한 일은 없다.
- Rien ne peut arriver *de* pire que cette indifférence.   이런 무관심보다 더 나쁜 것은 일어날 수 없다.
- Sa tenue n'avait rien *d'*attrayant.   그의 몸가짐은 전혀 마음에 들지 않는다.
- N'importe qui *d'*autre avait pu faire cela.   다른 아무라도 그것은 할 수 있었다.
- Qui *d'*autres avez vous rencontrés?   다른 누구를 만났습니까?
- Quoi *de* nouveau?   뭐 새로운 일이라도 있소?

4) 지시대명사 ce, ceci, cela 뒤
   ❶ [de + 형용사]

ce qu'il a *d'*original 그가 지니고 있는 독창적인 점.　ce que j'ai trouvé *de* beau 그가 찾아낸 아름다운 것.　ce qu'il y a *d'*étrange dans sa conduite, c'est que ⋯. 그의 거동에서 이상한 점은 ⋯이다.

· La bêtise a ceci *de* terrible qu'elle peut ressembler à la plus profonde sagesse.　어리석음은 가장 심오한 지혜와 흡사할 수 있다는 놀라운 점이 있다.

· La vertu a cela *d'*heureux qu'elle se suffit à elle-même.　덕은 그 자체로 충분하다는 훌륭한 점이 있다.

· C'est toujours ça (*de* gagné[*de* pris]).　《구어》 그만큼 이득을 본 셈이다, 이만만 해도 감지덕지이다.

· Ces poires sont tout ce qu'il y a *de* bon.　이 배들은 아주 맛있는 것이다.

❷ [ce ⋯ de + 비교급](=최상급)

ce qu'il y *de* moins agréable 가장 불쾌한 것.　ce qu'il a *de* plus original[*de* meilleur] 그가 지니고 있는 가장 독창적인 점[가장 좋은 점].　ce que j'ai vu *de* plus beau 내가 본 가장 아름다운 것. ce qu'il y a *de* plus fort, c'est que + *ind* 가장 놀라운[지독한] 것은 ⋯라는 사실이다.

· C'est tout ce qu'il y a *de* plus comique.　그것은 우습기 짝이 없다.

· Le sacrifice est ce que j'ai vu *de* plus beau au monde.　희생은 세상에서 가장 아름다운 것이다.

> ☆ de 다음의 형용사는 중성으로 보아 그대로 두기도 하나 때로는 일치시키기도 함.

· C'est une mort tout ce qu'il y a *de* plus naturelle.　그것은 아주 자연스런 죽음이다.

5) 중성대명사 en 뒤

· En avez-vous *de* plus récents?　더 최근의 것이 있습니까?

· Je n'ai plus de vin. il faut en acheter *de* bon.　포도주가 떨어져서, 좋은 것을 사야 한다.

· Je n'en ai jamais lu *de* semblable dans les faits-divers de mon journal.　나는 신문의 잡보기사에서 그 비슷한 것을 읽은 적이 없다.

· J'ai été à son côté dans toutes les batailles et il y en a eu *de* très dures.　나는 모든 전투에서 그의 곁에 있었는데, 그 중에는 매우 힘든 전투도 있었다.

> ☆ 구어에서는 복수형 des를 de로 바꾸지 않고 그대로 쓰기도 함.

· J'en ai *des* grosses et *des* petites.　큰 것과 작은 것이 있습니다.

> ☆ 형용사가 수사와 함께 쓰일 때는 de의 사용이 필수적임.

· En voici une *de* terminée.　그 중 하나가 끝났다.

· J'en ai vu trois *de* très bons.　나는 아주 좋은 것 셋을 보았다.

6) [de + 형용사] : 수량적인 표현 뒤

avoir toujours un boyau *de* vide 언제나 허기에 차있다.   avoir du temps (*de*) libre 여가가 있다.

- Il a trois jours *de* libres cette semaine.   그는 금주에 3일의 휴일이 있다.
- Il n'y a pas de temps *de* perdu.   시간이 허비되지 않았다.
- Si la mer bouillait, il y aurait bien des poissons *de* cuits.   《속담》 걱정도 팔자다.
- C'est autant *de* gagné[*de* fait, *de* perdu, *de* pris].   그만큼이라도 득을 본[해치운, 손해 본, 빼앗긴] 셈이 된다.
- Ça fait encore un carreau de plus *de* cassé.   깨어진 유리창이 또 한 장 더 생겼군.
- Tu as passé cinq années à étudier le coréen avant d'aller en Corée. – Oui et c'est autant *de* gagné.   너는 한국에 가기 전에 5년간 한국어를 배웠지. – 그래, 그만큼 덕본 셈이지.
- Un(e) *de* perdu(e), dix *de* retrouvé(e)s.   (실연한 사람을 위로하기 위해) 어디 남자[여자]가 그 사람뿐이냐.

☆ [de + 형용사]의 형태로 수량적인 표현을 수식하는 용법은 주로 존재의 개념을 나타내는 avoir, rester, il y a, voici, voilà와 같은 표현과 함께 쓰임.

- Il reste encore dix places *de* libres.   아직도 두 자리가 비어 있다.
- Voici un carreau de plus *de* cassé   유리창이 한 장 더 깨졌군.

7) [ce que … de + 명사]

ce qui me reste *d'*argent 내게 남아 있는 돈.   tout ce qu'emporte *de* risques la précipitation dans le travail 일을 서두름으로써 생길 수 있는 모든 위험.

- Tout ce qu'il y avait *de* notabilités assistait à la réunion.   모든 명사들이 회합에 참석했다.
- Tout ce qu'il y a *de* beauté dans cette oeuvre est gâté par son manque de style.   그 작품의 모든 아름다운 점이 문체의 결여로 훼손되었다.
- Ce que j'ai *de* gendarmes viennent d'occuper deux boulangeries.   내 휘하의 헌병들이 방금 빵가게 두 곳을 점령했다.

8) [ce que … de + 명사!]

- Ce que c'est que *de* nous!   우리는 왜 이 모양인가!
- Ce qu'il y a *de* moustiques dans votre maison!   너의 집이 온통 모기 투성이야!
- Ce que j'ai versé *de* larmes!   얼마나 많은 눈물을 흘렸는지!
- Ce que sa mère a dû avoir *de* peine!   그의 어머니 얼마나 고통스러웠을까!

9) ❶ [ne … de + 형용사 … que]

- La conclusion est mélancolique et n'a *de* brutal que l'apparence.   결론은 우울하고, 거칠게 보이는 것은 외관뿐이었다.

· Il n'y a *de* beau que le vrai.   진실만이 아름답다.

· Il n'y avait *de* vivantes que les deux sentinelles de la prison.   살아 있는 사람은 감옥의 보초 두 명뿐이었다.

> ☆ [ne ··· de + 형용사 ··· que]구문에서 형용사의 일치는 수의적임.

❷ [ne ··· que ··· de + 형용사]

· Il n'y a que lui *de* changé.   변한 것은 그 사람뿐이었다.

· Il n'y avait plus que cette phrase-là *de* vraie.   진실한 것은 이제 그 문구뿐이었다.

❸ [ne ··· personne / rien que de + 형용사]

· Je n'y ai vu personne que *de* très aimable.   나는 매우 친절한 사람 이외에는 본 적이 없다.

· Il n'a rien fait que *de* très ordinaire.   그는 매우 평범한 일을 한 것뿐이다.

10) ❶ [ne ··· de + 명사 ··· que]

· Les choses n'ont *de* prix que celui que nous leur attachons.   사물은 우리가 그것들에게 부여하는 가치 이외의 가치는 가지고 있지 않다.

❷ [ne ··· que ··· de + 명사]

· Il n'y a que vous *d'*officier.   장교는 당신뿐이오.

11) 《구어》 수를 세면서 강조의 뜻

> Et *de* deux, et *de* trois, ···. 둘, 셋, ···.

· Il est bête, et *d'*un, et il est méchant, et *de* deux.   첫째, 그는 바보요. 둘째, 그는 성질이 고약하다.

9. 1) [de ··· à ···]

❶

d'égal à égal 동등하게, 대등하게(=sur un pied d'égalité).   traiter *qn* d'égal à égal ···을 대등하게 취급하다.   d'homme à homme 남자대 남자로, 솔직히.

❷ [de ··· à l'autre]

d'un instant à l'autre 곧(=bientôt); 절박하게.   d'une année à l'autre 연년세세, 해를 거듭할수록.   d'une minute à l'autre 매순간.   d'une heure à l'autre 시시각각.   d'un jour à l'autre 나날이, 수시로   changer d'avis d'un jour à l'autre 수시로 의견을 바꾸다.   d'un soleil à l'autre 한 날에서 다음 날까지 걸쳐서.

· On l'attend *d'*un instant[*d'*un jour] à l'autre.   사람들이 이제나 저제나 하고 그를 기다리고 있다.

- Les prix diffèrent *d'*un magasin à l'autre.　가격이 가게에 따라 다르다.
- Le secret de cette liqueur a été transmis *d'*une génération à l'autre.　이 술의 비결은 대대로 전해져 내 려왔다.
- Il vieilli *d'*un jour à l'autre.　그는 나날이 늙어 간다.

❸

> *de* bouche à oreille 남모르게 직접, 귓속말로.　　*de* vous à moi 당신과 나 사이에.

2) [de … en …]

❶

> *de* minute en minute 매순간, 계속해서.　*de* jour en jour 나날이, 날로.　*d'*âge en âge (역사의) 시대를 가로질러.　*d'*année en année 연년세세, 해를 거듭할수록.　rentes qui se grossissent *d'*année en année 매년 늘어나는 수입.　*de* bout en bout 끝에서 끝으로, 처음부터 끝까지.　exécuter *de* bout en bout 완수하다.　lire un livre *de* bout en bout 책 한권을 끝까지 다 읽다.　*de* degré en degré 점점, 서서히, 조금씩.　*de* distance en distance 간격을 두고, 여기저기에; 때때로.　*d'*étape en étape 점진적으로.　*de* génération en génération 대대로, 대대손손.　*de* loin en loin 때때로(=par intervalles, de temps en temps); 군데군데.　bornes placées *de* loin en loin 군데군데 놓인 경계표.　*de* moins en moins 점점 덜.　*de* moment(s) en moment(s) 시시각각; 간간이.　*de* part en part 한쪽에서 저쪽으로, 관통해서.　percer un mur *de* part en part 벽을 관통해서 뚫다.　*de* place en place 이리 저리, 여기저기서.　*de* plus en plus 점점 더.　*de* point en point 문자 그대로, 철저하게, 정확하게(=entièrement, exactement).　exécuter des ordres *de* point en point 명령을 철저히 수행하다.　*de* proche en proche 차츰, 점점.　*de* temps en temps 때때로, 이따금.　*de* siècle en siècle 긴 세월 동안.　paroles[nouvelles] qui passent[circulent] *de* bouche en bouche 입에서 입으로 전해지는 말[소식].　aller *de* ville en ville 이 도시에서 저 도시로 가다.　caboter *de* port en port 항구에서 항구로 연안 항해를 하다.　courir[voler] *de* victoire en victoire 연전연승하다.　demander *de* porte en porte 문전걸식하다.　renvoyer *qn de* guichet en guichet …을 이 창구에서 저 창구로 돌아다니게 만들다.　sauter *de* branche en branche 새가 이 가지 저 가지로 날아다니다;《비유적》변덕부리다, 꾸준하지 못하다.

- *De* propos en propos, nous sommes arrivés à parler de notre jeunesse.　우리는 이런저런 이야기를 하다가 마침내 우리의 젊은 시절에 대해 말하게 되었다.
- Mon âme s'affaisse *de* jour en jour.　내 영혼은 나날이 쇠잔해져 간다.
- Son caractère ombrageux prenait *de* jour en jour des angles plus vifs.　그의 그늘진 성격은 날이 갈수록 더 괴팍해져 갔다
- Le jour diminue *de* moins en moins.　해가 점점 짧아진다.
- Ses forces diminuent *de* jour en jour.　그의 기력이 나날이 약해지고 있다.
- La foule s'épaississait *d'*heure en heure.　관중이 시시각각 불어나고 있었다.
- C'est *de* pire en pire.　점점 더 나빠진다.
- Il a été sur la défensive *de* bout en bout de la réunion.　그는 회의 시작부터 끝까지 방어 태세를 지켰다.

- Il passe un autobus *de* demi-heure en demi-heure.　30분마다 버스가 한 대씩 있다.
- Les techniques se sophistiquent *de* plus en plus.　기술이 점점 더 고도화되어 간다.
- Ils ne se voient plus que *de* loin en loin.　그들은 겨우 이따금씩만 만난다.
- Cette nouvelle volait *de* bouche en bouche.　그 소식은 입에서 입으로 순식간에 퍼져갔다.
- Les papillons voltigent *de* fleur en fleur.　나비들이 이 꽃 저 꽃 날아다닌다.

❷

> *de*[*du*] haut en bas 위에서 아래까지; 완전히, 철저히(=complètement); 거만하게, 멸시하여.
> rouler *de*[*du*] haut en bas de l'escalier 계단 위에서 아래까지 굴러 떨어지다.　nettoyer une maison
> *de*[*du*] haut en bas 집안을 샅샅이 청소하다.　regarder *qn de*[*du*] haut en bas …을 얕보다, 경멸하
> 다.　traiter *qn de* haut en bas …을 깔보다.　*de* père en fils 부자대대의, 부자대대로.　tradition
> transmise *de* père en fils 대대로 내려오는 전통.　*de* fil en aiguille 조금씩, 차츰차츰(=petit à
> petit); 못 느낄 정도로(=insensiblement).　*de* fond en comble 위에서 아래까지(=de haut en bas);
> 완전히(=complètement).　*de* long en large 이리저리.　marcher *de* long en large 지그재그로
> 걷다.　*de* mal en pis 점점 나쁘게.　armé *de* pieds en cap 완전무장을 한.　armer *qn de* pied
> en cap (de toutes pièces) …을 완전무장시키다.　visiteurs qu'on se renvoie *de* service en service
> 이 부서 저 부서로 끌려다니는 방문객.　renvoyer *de* sept en quatorze 계속 미루기만 하다.
> rouler *de* patrons en patrons 이 직장 저 직장을 전전하다.

- Il faut changer vos plans *de* fond en comble.　당신 계획을 완전히 수정해야 합니다.
- Ils se succèdent *de* père en fils dans ce commerce.　그들은 대를 이어 이 장사를 하고 있다.
⇒ en

 부분의 뜻을 나타내는 소사

1. 정관사와 결합하여 부분관사 du, de la, des 형성

1) 셀 수 없는 불특정 물질·추상·집합 명사 앞

> animaux qui mangent *de la* chair 육식 동물.　acheter *des* épinards[*des* légumes] 시금치[채소]를 사다.
> allumer[faire] *du* feu 불을 피우다.　avoir *du*[*des*] bien[s] 부자이다.　avoir *du* caractère 기개가 있다.
> avoir *de la* conscience 양심적이다.　avoir *de la* fièvre 열이 있다.　avoir *du* génie 천재성이 있다.
> avoir *de l'*imagination 상상력이 풍부하다.　avoir *de la* patience 참을성이 있다.　avoir *de la* respiration
> difficile 호흡이 곤란하다.　boire *de la* bière[*du* café] 맥주[커피]를 마시다.　éprouver *de la* honte
> 수치심을 느끼다.　manger *du* pain[*des* laitages, *de la* salade] 빵을[유제품을, 샐러드를] 먹다.　montrer
> *de la* hardiesse 대담함을 보여주다.　recevoir *de l'*aide 도움을 받다.　vendre *du* drap[*de la* viande]
> 천을[고기를] 팔다.　verser *de l'*huile 기름을 붓다.

- *De l'*eau s'est répandue sur la plancher.　마룻바닥에 물이 퍼져나갔다.
- *Des* nuages couvrent le ciel.　구름이 하늘을 뒤덮고 있다.

- On veut aquérir *de la* gloire[*des* connaissances].   사람들은 영광[지식]을 얻고자 한다.
- Il y a *de l'*ambiance ici.   이곳은 분위기가 썩 좋다.
- Il y a[Il fait] *du* vent.   바람이 분다.
- Il va faire[y avoir] *de l'*orage.   뇌우가 닥칠 듯하다.
- Si j'avais *de l'*argent, j'achèterais une voiture.   만일 돈이 있다면 자동차를 한 대 살 텐데.
- Tant qu'il y a *de la* vie, il y a *de l'*espoir.   살아 있는 한 희망은 있다.
- Les enfants, ça donne *du* souci.   자식들, 그놈들은 항상 속을 썩여.
- C'est *du* flan.   《구어》 엉터리야, 거짓말이야.
- C'est *de la* (pure) folie.   전혀 터무니없는 일이다.
- Pêchons ici : Il y a *de la* sardine.   여기서 잡읍시다, 정어리가 있으니.

> ☆ 셀 수 있는 명사도 셀 수 없는 명사처럼 쓰이면 부분관사를 씀. manger *du* boeuf[cheval] 소[말]고
> 기를 먹다.

2) 특정의 셀 수 없는 명사의 일부
  - J'a bu *de l'*eau de cette bouteille.   이 병의 물을 좀 마셨다.
  - Il a bu *du* vin qu'elle lui a envoyé.   그는 그녀가 보내준 술을 마셨다.
  - Ils ont mangé *de la* viende que nous avons acheté.   그들은 우리가 산 고기를 (조금) 먹었다.
  - Prenez *des* fruits qui sont sur la table.   식탁 위에 있는 과일을 좀 드세요.

2. 정관사 이외의 한정사 · 대명사 앞

perdre *de* sa popularité 인기가 떨어지다, 덕망을 잃다.   rabattre *de* ses exigences 요구를 완화하다.

- Nous n'avons pas eu *de* ses nouvelles.   우리는 그의 소식을 듣지 못했다.
- Vous aurez[entendrez] *de* mes nouvelles!   어디 두고 봅시다((상대를 위협하는 말)).
- Bois *de* ce vin. Il va te réchauffer.   이 포도주를 좀 마시게. 그러면 몸이 좀 따뜻해질 거야.
- Il nous a fait boire *de* son vin.   그는 우리에게 자기 포도주를 마시게 했다.
- Il faut *de* tout pour faire un monde.   세상에는 좋은 일 나쁜 일이 있게 마련이다.
- Il mange *de* tout, il n'est pas difficile.   그는 식성이 까다롭지 않아 뭐든지 잘 먹는다.
- Je ne mange pas *de* ce pain-là.   그런[이런] 방식은 싫다.
- Mange *de* ces raisins. Ils sont très délicieux.   이 포도 좀 먹어보세요. 맛이 아주 좋습니다.
- Ça perd *de* son intérêt.   그것은 흥미 없어진다.
- Je voudrais *de* ceci.   이것 좀 먹고[마시고, 갖고] 싶어.
- Nous voulons *de* vous.   우리는 당신이 필요합니다.

3. 부정관사 복수 des

1) 셀 수 있는 명사의 불특정의 수

abattre *des* quilles (볼링에서) 핀을 쓰러뜨리다.   acheter *des* fleurs à une fille 소녀에게서 꽃을 사다. aligner *des* soldats 병사들을 전투대형으로 정렬시키다.   amasser *des* preuves 증거를 모으다.   appuyer un édifice par *des* arcs-boutants 건물을 버팀기둥으로 받치다.   donner *des* poupées aux enfants. 아이들에게 인형을 주다.   étaler *des* livres devant *qn* …앞에 책들을 펼쳐 놓다.   inviter *des* amis à un cocktail 친구들을 칵테일파티에 초대하다.   lâcher[lancer, larguer] *des* bombes sur un objectif 목표물에 폭탄을 투하하다.   ranger[classer] *des* noms alphabétiquement 인명을 알파벳순으로 분류하다.

- *Des* astronautes ont aluni pour la première fois en 1969.   1969년에 최초로 우주비행사들이 달에 착륙했다.
- *Des* guerres continuelles ont appauvri ce pays.   그 나라는 계속된 전쟁으로 피폐했다.
- Il y a *des* enfants dans la cour.   마당에 아이들이 몇 명 있다.
- Ce raisonnement se base sur *des* faits.   그 추론은 여러 사실에 기초를 두고 있다.
- Tout règle comporte *des* exceptions.   모든 규칙에는 예외가 있다.
- Ce commerçant a créé *des* annexes en province.   이 상인은 지방에 몇몇 지사를 설립했다.
- Il a fait appel à *des* jazzmen de premier ordre pour animer la soirée.   그는 연회의 분위기를 고조시키기 위해 일류 재즈연주가에게 도움을 청했다.
- À défaut de poires, je prendrai *des* pommes   배가 없으면 사과를 먹겠다.

2) 특정의 셀 수 있는 명사의 불특정의 수

des bouches inutiles qui consomment sans produire 생산은 하지 않고 소비만 하는 쓸데없는 식구들.   *des* descriptions qui ne font qu'alanguir le récit 이야기의 생동감을 없앨 뿐인 묘사.   *des* nymphes qui peuplaient les bois d'alentour 주변 숲에 가득한 요정들.   *des* pneus qui adhèrent bien à la route dans les virages 커브길에서 잘 미끄러지지 않는 타이어.   citer[donner] *des* exemples d'un auteur 어떤 작가를 인용하다.   enchaîner *des* mots *des* phrases 문장의 낱말을 연결하다.

- Pour *des* rasions qui m'appartiennent, je me suis abstenu.   내 개인적인 이유로 인해 단념[삼가]했다.
- Il y a *des* fautes qui ne s'excusent pas.   용서받지 못할 잘못이 있다.
- Ce sont *des* choses qui ne doivent pas se dire.   그것은 말해서는 안되는 것들이다.
- Il est *des* choses qui, par leur nature, ne sont pas appropriables.   그 성질상 자기 것으로 할 수 없는 것들이 있다.
- Ce sont *des* contrats qu'ils ont librement acceptés.   이 계약은 그들이 멋대로 동의해 버렸다.
- Il s'intermet dans *des* affaires qui ne le ragardent pas.   그는 자기와 관계도 없는 일에 끼어든다.

4. 형용사 앞에서 부분관사 de, de la는 de가 됨

de bon pain 좋은 빵.   manger *de* bonne viande 좋은 고기를 먹다.

- Il faut acheter *de* bon vin.　좋은 포도주를 사야 한다.
- Il a *de* bon tabac.　그는 좋은 담배를 가지고 있다.
- Dans la chambre, il y a *de* bon feu.　방에 난로가 잘 피워져 있다.

> ☆ 구어에서는 du, de la를 de로 바꾸지 않고 그대로 쓰는 경향이 있음. *de* la bonne encre et *du* bon papier 좋은 잉크와 종이. [형용사 + 명사]가 복합명사처럼 쓰이거나 제한하는 어구가 붙으면 그대로 씀. *du* bon sens 양식. *de* la bonne volonté 선의. dire *des* bons mots 재치있는 말을 하다. *des* bons fruits qu'il a achetés 그가 산 맛있는 과일. *du* bon vin qu'il m'a envoyé 그가 보내준 좋은 술.

5. 형용사 앞에서 des는 de가 됨

de chaudes félicitations 뜨거운[열렬한] 축하.　*de* longs cheveux 긴 머리.　*de* solides connaissances 확실한 지식.　société qui subit *de* profondes mutations 심각한 변동을 겪고 있는 사회.　avoir *de* belles formes 몸매가 아름답다.　avoir *de* bonnes[mauvaises] jambes 다리가 튼튼하다[약하다], 잘 걷다[걷지 못하다].　crier après *de* mauvais élèves 불량학생들을 꾸짖다.　entraîner[impliquer] *de* graves conséquences 중대한 결과를 가져오다.　faire *d'*amers reproches à *qn* …을 가혹하게 비난하다.　faire *de* larges concessions 대폭 양보하다.　faire *de* vains efforts 쓸데없는 노력을 하다.　supporter *de* lourdes charges 무거운 세금 부담을 건디다.

- Il a *de* grandes qualités, malgré ses travers.　그는 그의 결점에도 불구하고 큰 장점들을 가지고 있다.
- Les mauvais ouvriers ont toujours *de* mauvais outils.　**《속담》** 서툰 일꾼이 연장 탓한다.
- Ces H.L.M. sont *de* véritables prisons.　이 서민주택은 진짜 감옥 같은 곳이다.
- Vous et moi, nous sommes *de* vieux amis.　당신과 나, 우리는 오랜 친구다.
- Cette solution offre *de* nombreux avantages.　이 해결책은 많은 이점이 있다.
- Cet arbre produit *de* beaux fruits.　이 나무는 맛있는 과일을 맺는다.
- Cela soulève *de* grosses difficultés.　그것은 커다란 어려움을 제기한다.
- La série des articles a suscité *de* nombreuses réactions.　일련의 기사들이 수많은 반발을 불러 일으켰다.
- Je voudrais apprendre *d'*autres langues étrangères.　나는 다른 외국어들도 배우고 싶다.

> ☆ 구어에서는 de로 바꾸지 않고 그대로 쓰는 경향이 있음. [형용사 + 명사]가 복합명사처럼 쓰이면 항상 그대로 씀. *des* grands hommes 위인들. *des* jeunes filles 소녀들. *des* jeunes gens 젊은 사람들.

6. 부정문

1) 타동사의 목적어 앞에서 du, de la, des는 de가 됨

> n'avoir plus *d'*as dans ses jeux 속수무책이다(=être sans ressources).　d'un ton qui n'admet pas *de* réplique 대답의 여지를 용납치 않는 어조로.

- Ne lui apportez plus *de* jouets, il en a beaucoup.　　그에게 장난감을 더 갖다 주지 마시오, 많이 가지고 있으니까.
- L'argent n'a pas *d'*odeur.　　《속담》 돈에는 귀천이 없다.
- L'art n'a pas *de* patrie.　　예술에는 국경이 없다.
- Cet homme n'a *de* racine nulle part.　　그 사람은 부평초 같은 신세이다.
- Il n'a pas *d'*ami.　　그는 친구가 없다.
- Je n'ai guère *d'*argent.　　나는 거의 돈을 가지고 있지 않다.
- Ventre affamé n'a pas *d'*oreilles.　　《속담》 배고픈 사람에겐 들리는 것이 없다.
- Je n'ai pas bu *de* vin.　　나는 포도주를 마시지 않았다.
- Sa générosité ne connaît pas *de* bornes.　　그의 아량에는 끝이 없다.
- Il ne ferait pas *de* mal à une mouche.　　그는 파리 한 마리도 죽이지 못할 사람이다.
- Il parle sans faire *de* fautes.　　그는 틀리지 않고 말한다.
- Ne perdons pas *de* temps à écouter ces billeversées.　　그런 무의미한 말을 듣느라 시간 낭비하지 맙시다.
- Elle ne porte pas *de* soutien-gorge.　　그 여자는 브래지어를 하고 있지 않다.

> ☆ 제한하는 어구가 붙거나 대조를 나타내면 그대로 씀.

- Je n'ai pas *de* l'argent pour lui donner.　　(돈이 있어도) 그에게 줄 돈은 없다.
- Je ne demande pas *du* pain mais *du* café.　　나는 빵을 원하는 게 아니라 커피를 원한다.

2) 이중 부정문
- Il ne peut parler sans faire *de*(s) fautes.　　그는 틀리지 않고서는 말을 하지 못한다.
- Il ne reviendra pas sans obtenir *de* résultat.　　그는 별 성과가 없이는 돌아오지 않을 것이다.

3) 비인칭문의 논리적 주어 앞에서 du, de la, des는 de가 됨
- Il n'est pas encore arrivé *d'*invités.　　초대한 사람들이 아직 도착하지 않았다.
- Il n'y a pas *d'*arbre dans le jardin.　　정원에 나무가 없다.
- Il n'y a pas *de* comparaison possible.　　비교의 여지가 없다.
- Il n'y a pas *d'*effet sans cause.　　《속담》 아니 땐 굴뚝에 연기 나랴.
- Il n'y a pas *de* petites économies.　　《속담》 티끌 모아 태산.
- Il n'y a pas *de* raison.　　그러실 필요 없습니다((상대방의 배려에 대해 쓰는 표현)).
- Il n'est pas *d'*homme qui ne désire être heureux.　　행복해지기를 바라지 않는 사람은 없다.
- À bon vin, il ne faut pas *de* bouchon.　　《속담》 좋은 포도주에는 간판이 필요 없다, 상품이 좋으면 광고할 필요가 없다.
- Il ne se passe pas *de* jour qu'il ne vienne.　　하루도 그가 오지 않는 날이 없다.
- Il n'est guère venu *de* touristes.　　관광객이 별로 오지 않았다.

4) 생략문
- A sotte demande, point *de* réponse.　　《속담》 어리석은 질문에는 대답할 필요가 없다.

- Allons, pas *de* panique!　자, 불안해할 것 없어!
- Il a frappé à la porte, mais pas *de* réponse.　그는 문을 두드렸다. 그러나 아무 대답이 없었다.
- Paris était mort, plus *d'*autos, plus *de* passants.　파리는 죽은 것 같았다. 자동차도, 행인도 없었다.
- Pas *de* bêtises!　바보같이 굴지마라!
- Pas *de* blague!　농담 그만해!
- Pas *de* boniments, viens au fait lui-même.　허튼 소리 그만 하고 본론으로 들어가자.
- Pas *de* chance!　운이 없군!
- Pas *de* commentaires!　《구어》 설명은 필요없다!, 듣기 싫다!
- Pas *de* fumée sans feu.　《속담》 아니 땐 굴뚝에 연기 나랴.
- Pas *de* nouvelles, bonnes nouvelles.　《속담》 무소식이 희소식.
- Pas *de* réplique!　말대꾸하지 마!
- Pas *de* roses sans épines.　《속담》 가시 없는 장미는 없다.
- Pas *de* salads!　엉터리 수작 그만해요!
- Pas *d'*histoires!　여러말 할 것 없어!
- Plus *d'*hésitation!　더 이상 주저하지마!
- Plus *de* mot!　더 이상 말하지 마!
- Point *d'*argent, point *de* Suisse.　돈이 없으면 아무 일도 시킬[할] 수 없다.
- Tu peux venir demain? – Pas *de* problème!　내일 올 수 있어? – 물론이지!

7. 과장적 용법

1)
> *des* tonnes de fruits 엄청나게 많은 양의 과일.　depuis *des* siècles 아주 오래 전부터.　passer *des* heures devant la glace à se bichonner 거울 앞에서 몸치장하는데 많은 시간을 보내다.

- Elle accapare la salle de bains pendant *des* heures.　그녀는 목욕탕을 몇 시간 째 저 혼자만 쓰고 있다.
- Vous avez *des* idées, Monsieur.　선생께서는 대단한 생각을 가지고 계시는군요.
- Avez-vous *de la* famille?　가족들이 많아요?
- Il y a *des* années que je ne l'ai vue.　그녀를 본지가 여러 해 되었다.
- Il y a *des* siècles (que je ne t'ai pas vu).　《구어》 (너를 마지막으로 본 지도) 무척 오랜 세월이 지났다.
- Il y a *du* monde dehors.　밖에 많은 사람들이 있다.
- Vingt mille euros, c'est *de l'*argent.　2만 유로라면 상당히 큰돈이다.
- C'est ainsi depuis *des* générations.　조상 대대로 그래 왔다.
- Ça fait *des* lustres.　오래되었다, 오랫만이다.
- Ça fait *des* sous!　돈이 된다!
- Elle est restée *des* heures à regarder la télévision.　그녀를 몇 시간이나 텔레비전을 보면서 보냈다.
- En voilà *des* façons!　《구어》 몹시 버릇없이 구는군!

2) 수사와 함께

> *des* douzaines de personnes 수십명의[많은] 사람들.　gagner *des* deux cents dollars par heure 시간당 2백 달러나 벌다.

- Et cet enfant part à *des* dix heures!　그 아이가 10시에야 떠난단 말이야!
- Elle rentre à présent à *des* une heure du matin!　그녀가 이제 새벽 한 시에야 들어온단 말이야!
- Il lui fallait rester *des* vingt minutes à attendre.　그는 20분이나 기다려야 했다.
- Il soulève *des* soixante kilos comme un rien.　그는 60킬로그램을 아무것도 아닌 것처럼 들어올린다.

3) 이중적 사용

> il y a *des* mois et *des* mois 아주 여러 달 전에.　pendant *des* heures et *des* heures 몇 시간 동안이나.

- Ce gosse a été absent *des* jours et *des* jours.　그 녀석이 여러 날 결석했다.
- Après *des* jours et *des* jours de marche de marche, nous sommes pervenus enfin au Canada.　우리는 여러 날을 걷고 걸은 끝에 마침내 캐나다에 도착했다.
- Après *des* kilomètres et *des* kilomètres de piste, sa vieille voiture est tombée en panne.　수 킬로의 길을 달리고 달리더니 그의 낡은 자동차는 고장났다.
- Il a lu *des* pages et *des* pages.　그는 여러 페이지를 읽었다.

8. faire의 보어에 붙어서 학예·운동·전문·종사 분야 따위를 나타냄

1) 학문·예술

> faire *de la* chimie 화학을 전공하다.　faire *du* cinéma 영화를 만들다, 영화에 출연하다.　faire *du* dessin 데생을 하다.　faire *de la* géographie 지리 공부를 하다.　faire *du* français[*de l'*italien] 불어[이탈리아어]를 공부하다.　faire *du* marketing 마케팅을 공부하다.　faire *de la* musique 음악을 연주[공부]하다.　faire *de la* peinture 그림을 그리다, 화가이다.　faire *du* piano 피아노를 치다.　faire *du* théâtre 연극을 하다; 배우가 되다; 꾸며서 말[행동]하다.

- Son frère fait *de la* médecine[*des* droits] à l'université.　그의 형은 대학에서 의학[법학]을 전공한다.

2) 운동·오락

> faire *de l'*auto(-)stop ; 《구어》 faire *du* stop ; 《지방어 : 캐나다》 faire *du* pouce 히치하이킹을 하다.　faire *de la* bicyclette[*du* vélo] 자전거를 타다.　faire *du* camping 야영하다.　faire *du* cheval 승마를 하다.　faire *du* cross 크로스컨트리 경주를 하다.　faire *de l'*escrime 펜싱을 하다.　faire *de la* gymnastique 체조를 하다.　faire *du* jogging 조깅을 하다.　faire *de la* marche (건강을 위해) 걷다.　faire du mur 《구어》 (테니스에서) 벽치기하다.　faire *du* nudisme sur la plage 해변에서 나체로 돌아다니다.　faire *du* patin artistique 피겨 스케이트를 타다.　faire *de la* plongée sous-marine 스쿠버 다이빙을 하다.　faire *du* rocher 암벽 등반을 하다.　faire *du* roller 롤러스케이트를 타다.　faire *du* ski 스키를 타다.

faire *du* sport 운동[경기]을 하다.　faire *du* squash 스쿼시를 하다.　faire *du* tennis 테니스를 하다. faire *du* trapèze 그네를 타다.

3) 종사 · 전문 분야

faire *du* business 사업을 하다.　faire *du* commerce 장사를 하다.　faire *de l'*herbe 풀을 베다.　faire *de la* charpenterie 목수일을 하다.　faire *de la* chiromanie 손금을 보다.　faire *de la* clientèle (의사·변호사가) 개업하다.　faire *de la* contrebande des armes 무기를 밀수입하다.　faire *du* direct 생방송을 하다.　faire *de l'*import-export 수출입 업종에 종사하다.　faire *de l'*intérim 임시[대리] 근무를 하다. faire *du* jardin 정원을 가꾸다.　faire *du* journalisme 신문·잡지업에 종사하다.　faire *de la* pâtisserie 과자를 만들다.　faire *de la* politique 정치에 관여하다.　faire *du* porte à porte 방문판매를 하다. faire *de la* prison 복역하다.　faire *de la* représentation 판매대리업을 하다.　faire *du* syndicalisme 노조활동을 하다.　faire *du* thé 차를 타다.　faire *du* tricot 뜨개질 하다.

- Il veut faire *de l'*enseignement plus tard.　그는 장차 교직에 종사하고자 한다.
- Ici, ils font *des* pommes de terre.　여기서 그들은 감자를 재배한다.
- Ces paysans font *du* riz.　이 농민들은 쌀농사를 짓는다.

9. 인물 명사와 함께

1) 인물 따위의 특징 · 성질

des Rastignac(s) 라스티냑과 같은 사람들.　quand un pays a eu *des* Jeanne d'Arc et *des* Napoléon 한 나라에 잔다르크나 나폴레옹과 같은 사람들이 있었을 때.

- Ce qu'il a écrit, c'est *du* Baudelaire!　그가 쓴 것은 마치 보들에르 것 같다!
- Il y a *de l'*enfant[*du* Picasso] en elle.　그녀에게는 어린애[피카소] 같은 면이 있다.
- On trouve *du* lycéen en lui.　그에게서 고등학생 같은 점을 발견할 수 있다.

2) …가의 사람

des Bourbons 부르봉 왕가의 사람들.　*des* Valois 발루아 왕가의 사람들.　*des* Guise 기즈 가문의 사람들.

3) 작품

des Cezanne 세잔느의 작품들.　jouer *du* Chopin 쇼팽의 곡을 연주하다.　réciter *du* Valéry 발레리의 시를 낭송하다.

- J'ai lu *du* Racine.　나는 라신느의 작품을 읽었다.
- Ce musée expose en ce moment *des* Dufy.　그 미술관은 요즘 뒤피의 작품을 전시하고 있다.

10. 관용적 용법

avoir[garder] *de l'*humeur contre *qn* …에 대해 앙심[좋지 않은 감정]을 품다.   prendre *de l'*humeur 버럭 화를[신경질을] 내다.   faire *de l'*argent 부자가 되다.   faire *du* bruit 소란을 피우다; 커다란 반향을 일으키다.   faire *du* cent à l'heure 시속 100킬로미터를 내다.   faire *du* chiffre 매상고를 늘리다.   faire *de l'*effet 효과가 있다; 강한 인상을 주다.   faire[se donner] *du* genre 어떤 태도를 꾸며내다(=affecter certaines manières); 잘난 체하다.   faire *de la* graisse 《**구어**》 (하는 일 없이) 먹고 잠만 잔다, 빈둥빈둥 놀고 지내다. faire *du* lèche-vitrine 진열창 안의 상품을 구경만 하고 돌아다니다.   faire *de la* monnaie (큰돈을) 잔돈으로 바꾸다.   faire *de l'*oeil à *qn* …에게 눈짓을 하다, 추파를 던지다.   faire *de la* route 차로 장거리 여행을 많이 하다.   faire *du* sentiment 《**구어**》 사사로운 감정에 따라 행동하다.   faire *de l'*usage 《**구어**》 (물건이) 질기다, 튼튼하다.   faire *de la* vitesse 질주하다.   mettre *des* formes (감정·기분이 상하지 않도록) 조심스럽게 말[행동]하다.   y mettre *du* sien[leur, nôtre, vôtre] 그[그들, 우리, 당신] 나름대로 노력하다, 공헌하다; 생각을 가미하다.   y mettre *de la* provocation 도전적인 태도로 나가다.   prendre *de l'*âge 나이들다, 늙다. prendre *de l'*air 산책하다; (신선한 공기를 마시기 위해) 밖으로 나가다, 교외로 가다; (비행기가) 이륙하다; 도망치다.   prendre *de l'*ampleur 발전하다, 규모가 커지다; 살찌기 시작하다.   prendre *du* champ (격투사들이 도약을 위해) 뒤로 물러서다; 《**비유**》 뒤로 물러서다.   prendre *du* temps 시간이 걸리다.   prendre *du* vent 포도주가 시어지다.

deça

1. 《옛》 …의 이쪽에.

deça et delà *qc* 《옛》 …의 이쪽과 저쪽에.

· La Provence est *deça* les Alpes.   프로방스는 알프스 산맥의 이쪽에 있다.

2. 《옛》 [au deça de *qc*] : …의 이쪽에.

3. [en deça de *qc*]

1) …의 이쪽에.

en *deça* de la tombe 생전에.

· La gare est située en *deça* de l'école.   역은 학교의 이쪽에 위치해 있다.

· Jusqu'au coup de pistolet, tenez-vous en *deça* de cette ligne.　권총 소리가 날 때까지 이 선 안쪽에 있으시오.

2) …이하로.

> être en *deça* de l'attente[de ce que nous attendons] 기대에 미치지 못하다.　être en *deça* de la moyenne 평균 이하이다.　être[rester] en *deça* de la vérité 진실을 파악하지 못하고 있다.

dedans

1. 《옛》 …의 안에(서).

dehors et *dedans* nos murailles 성벽의 안과 밖에서.

· Il est *dedans* la maison.　그는 집안에 있다.
· Dieu n'est ni *dedans*, ni dehors le monde.　신은 세상 안에도 밖에도 없다.

2. 1) [de dedans *qc*] : …의 안으로부터.

> retirer ses mains de *dedans* ses poches 호주머니에서 손을 빼다.

2) [par(-)dedans *qc*] : …의 안에(서), …의 안을 통해서.

3. [au(-)dedans de *qn* / *qc*] : …의 안(쪽)에, 마음속에.

sentiments gardés longtemps au(-)*dedans* de moi 오랫동안 내 마음 속에 간직했던 감정들.

· Au(-)*dedans* de lui-même, il regrettait ses paroles.　그는 마음속으로 그가 한 말에 대해 후회하고 있었다.
· Au(-)*dedans* de la ville se voyaient des jardins.　도시 안에는 정원들이 눈에 띄었다.
· Sa gloire était affermie au(-)*dedans* du royaume.　그의 영광은 왕국 안에서 확고하게 되었다.

4. [en dedans de *qn* / *qc*] : …의 안(쪽)에, 범위 안에 ; 마음속에.

en *dedans* de ses moyens 그가 취할 수 있는 수단의 범위 내에서.　être en *dedans* de mes possibilités

내가 할 수 있는 범위에 있다.

· En *dedans* d'elle-même, elle éprouvait du remordre.　그녀는 마음속으로 회한을 느끼고 있었다.
· Il riait en *dedans* de lui-même.　그는 속으로 웃고 있었다.

dehors

1. 《옛》 …의 밖에 (= hors).

dehors et dedans nos murailles 성벽의 안과 밖에서.

· Dieu n'est ni dedans, ni *dehors* le monde.　신은 세상 안에도 밖에도 없다.

2. [par(-)dehors *qc*] : …의 밖에(서), …의 밖을 통해서.

passer par *dehors* la ville 도시의 외곽을 따라가다.

3. [au(-)dehors de *qc*] : …의 밖에서, 외지에서.

au(-)*dehors* de sa maison 집 밖에서.　placer tout son argent au(-)*dehors* de son pays 모든 돈을 국외로 옮기다.

· On dit que cette solution présente de grandes avantages, mais ils sont au(-)*dehors* de nous.　그 해결책이 우리에게 큰 이익을 가져온다고 하지만 그런 이익은 우리 손에 없다.

4. [en dehors de *qn* / *qc*]

1) …의 밖에, 밖으로.

en *dehors* de l'école 학교 밖에서.　en *dehors* de ses frontières 그의 국경 밖에서.　accord sur la mobilité de la main-d'oeuvre entre les deux pays, sans précédent en *dehors* de l'Union européenne 유럽 연합 권 밖에서는 전례가 없는 노동력의 국가간 유동성에 관한 협약.　son premier centre de recherche en *dehors* des États-Unis 미국 이외의 지역에 설립한 그의 첫 번째 연구센터.　se pencher en *dehors* de la fenêtre 창밖으로 몸을 내밀다.

- Elle voulait avoir un appartement en *dehors* de la ville.   그녀는 교외에 아파트를 한 채 가지고 싶어 했다.
- Il a vécu plusieurs années en *dehors* de son pays   그는 여러 해를 국외에서 살았다.
- La défaillance du système financier japonais, dans les années 1990, ne s'était guère fait ressentir en *dehors* de l'Archipel.   일본 금융 체계의 문제점이 일본 열도 밖에서는 거의 느껴지지 않았다.

2) … 이외의, 밖의, …을 벗어나서 ; …을 제외하고.

❶
en *dehors* du cadre des institutions 체제의 틀을 벗어나서.   en *dehors* du secteur hospitalier 병원 이외의 부문에서.   événement en *dehors* de notre action 우리의 힘으로 어쩔 수 없는 사건.   manger en *dehors* des repas 식간(食間)에 먹다.

- En *dehors* de cela, il n'y a rien d'étonnant.   그것을 제외하면 놀랄 만한 것이 아무 것도 없다.
- C'est en *dehors* de la question.   그것은 별개의 문제이다.
- C'est une tâche en *dehors* de mes capacités.   그것은 내 역량 밖의 일이다.
- Cela est en *dehors* de ses attributions.   그것은 그의 권한 밖의 일이다.

❷
en *dehors* de moi 내가 없는 동안에.

- Cette décision est prise en *dehors* de nous.   그 결정은 우리와 무관하게 내려졌다.

delà

1. 《옛》 …의 저쪽에(= plus loin que).

delà les monts 산 저쪽에.

2.

par(-)*delà* qc …을 넘어.   par(-)*delà* le bien et le mal 선과 악을 넘어서.   par(-)*delà* les mers 바다 저쪽에.

3. [au(-)delà de *qc*]

1) …의 저쪽으로, …의 저편에서.

> au(-)*delà* du Rhin 라인강을 넘어서.　s'en aller au(-)*delà* de la mer 바다 너머로 가버리다.　passer au(-)*delà* de la frontière 국경을 넘어가다.

- Au(-)*delà* des montagnes, c'est l'Italie.　산 너머에 이탈리아가 있다.
- Allez au(-)*delà* du pont.　다리 저쪽으로 가세요.
- La pologne est au(-)*delà* de l'Allemagne.　폴란드는 독일 저쪽에 있다.

2) …을 넘어서, …이상으로.

> au-*delà* de toute imagination 모든 상상을 초월해서.　au-*delà* d'un seuil 한계를 넘어서서.

- C'est au(-)*delà* de nos capacités.　그것은 우리들의 능력을 넘어선다.
- Ce que je vais vous dire est au(-)*delà* de tout ce que vous pouvez imaginer.　내가 당신에게 이야기하려고 하는 것은 당신이 상상조차 할 수 없는 것이다.
- Ne fumez pas au(-)*delà* de dix cigarettes par jour.　하루에 10개비 이상의 담배를 피우지 마시오.
- Il a réussi au(-)*delà* de nos espérances.　그는 우리의 기대 이상으로 성공하였다.

> ☆ 간혹 au(-)delà를 전치사구처럼 사용하여 au(-)*delà* les proches frontières(가까운 국경을 넘어서)와 같이 표현하기도 함.

depuis

1. 시간

1) ❶ …이래로, …이래.

> *depuis* le 15 mars 3월 15일부터.　*depuis* l'accord du 13 février 2월 13일의 협정 이후.　*depuis* cette affaire 그 사건 이후로　*depuis* l'âge de 12 열두 살부터.　*depuis* alors 그 때부터.　*depuis* ce 그 후부터.　*depuis* le commencement 처음부터.　*depuis* la création du monde 천지개벽 이래로.　*depuis* le matin jusqu'au soir 아침부터 저녁까지.　*depuis* mon affiliation à la Société 내가 협회에 가입한 이래.　*depuis* son enfance 그가 어렸을 때부터.　*depuis* sa mort 그가 죽은 후.　*depuis* ma sortie du pays 내가 고향을 떠난 이후.　*depuis* ce temps-là 그때 이후.　*depuis* un temps immémorial 아득한 옛날부터.

- *Depuis* son arrivée à Paris, son goût s'est affiné.　그는 파리에 도착한 이후 취미가 세련되었다.

- *Depuis* lors, je n'ai plus cessé d'y penser.　그때부터 나는 줄곧 그것을 생각했다.
- *Depuis* le lycée, ses connaissances s'étaient estompées.　고등학교 시절 이후로 그의 지식은 흐려졌다.
- *Depuis* cette brouille, il m'ignore.　그런 불화가 있은 뒤로 그는 나를 모른 체 한다.
- *Depuis* son acquittement, la police ne l'a plus inquiété.　그가 석방된 이후 경찰은 그를 더 이상 귀찮게 하지 않았다.
- *Depuis* la mort de son mari, elle se laisse aller.　남편이 세상을 떠난 뒤부터 그녀는 될 대로 되라는 식으로 살아간다.
- *Depuis* sa promotion, il ne se sent plus.　그는 승진하고부터 얼이 빠져 있다.
- *Depuis* le temps, je l'ai complètement perdue de vue.　그 이후로 나는 전혀 그녀를 안 만났다.
- *Depuis* quand apprenez-vous l'anglais?　언제부터 영어를 배웠습니까.
- *Depuis* quand est-il permis d'entrer sans frapper?　《비꼼》 언제부터 노크도 없이 들어오게 되었소?
- Sa santé s'est affermie *depuis* son séjour à la montagne.　그는 산에 체류한 이래 건강이 아주 좋아졌다.
- Elle n'arrête pas de se contredire *depuis* le début de son récit.　그녀의 이야기는 시작부터 앞뒤가 맞지 않는다.
- Elle s'est bien assagie *depuis* son mariage.　그녀는 결혼 후에 많이 침착해졌다.
- Les plus grands penseurs, *depuis* Aristote, se sont attaqués à ce problème.　아리스토텔레스 이래 가장 위대한 사상가들이 그 문제를 해결하려 애써 왔다.
- Leurs relations se sont attiédies *depuis* lors.　그들의 관계는 그때부터 냉각되었다.
- Il s'est bâti de nouveaux quartiers *depuis* la guerre.　전쟁 이후로 새로운 시가지들이 건설됐다.
- La position de la direction de la compagnie aérienne n'a pas changé *depuis* samedi soir.　항공사 집행부의 입장이 토요일 저녁 이후로 변하지 않았다.
- Elle a contracté cette manie *depuis* l'adolescence.　그는 그런 버릇이 청년기부터 있다.
- Ils ont durci leur point du vue *depuis* cette réunion.　그 모임이 있은 다음부터 그들은 그들의 입장을 더욱 굳혔다.
- Leurs relations sont fraîches *depuis* cet accident.　그 사건 이후로 그들의 관계가 냉각되었다.
- Ces deux pays ont fraternisé *depuis* la fin des hostilités.　두 나라는 전쟁이 끝나자 우호적인 관계가 되었다.
- Il est handicapé *depuis* son accident de moto.　그는 오토바이 사고로 장애자가 되었다.
- Il n'a rien mangé *depuis* hier.　그는 어제부터 아무 것도 먹지 않았다.
- Le quartier a rajeuni *depuis* l'ouverture de ce grand magasin.　이 백화점이 개장한 이후 이 거리가 활기를 되찾았다.
- Il a bien repris *depuis* son opération.　수술 후 그는 눈에 띄게 건강을 회복하였다.
- La situation s'est tendue *depuis* cet incident.　그 사건 이후로 상황이 긴박해졌다.
- Il travaille en usine *depuis* l'âge de dix-huit ans.　그는 열여덟 살 때부터 공장에 다니고 있다.
- Ils se tutoient *depuis* le collège.　그들은 중학교 때부터 서로 말을 놓고 한다[친하게 지낸다].
- Elle a beaucoup vieilli *depuis* sa maladie.　그녀는 앓고 나더니 부쩍 노쇠했다.

❷ [depuis le temps que + *ind*] : …한 이래로 ; (강조의 뜻을 나타내어) …인 이상, …이므로.

> *depuis* le temps qu'existe le cinéma 영화가 출현한 이래로.

· *Depuis* le temps qu'il apprend le français, il devrait le parler bien.　그는 오래 전부터 불어를 배웠<u>으므로</u> 말을 잘 할 것이다.

2) [depuis que + *ind*]

> *depuis* qu'elle n'est plus 그녀가 죽은 이후로.　*depuis* qu'elle existe 그 여자가 태어난 이래로.　*depuis* que le monde est monde 천지개벽 이래.

· *Depuis* qu'il a appris cette nouvelle, il est effondré.　그 소식을 알게 된 후로 그는 실의에 빠져 있다.
· *Depuis* qu'il a hérité, il mène grand train.　상속받은 이후로 그는 흥청망청 돈을 쓴다.
· *Depuis* que j'ai commencé à collaborer à ce dictionnaire, mes connaissances lexicales se sont élargies. 이 사전 일에 협력하기 시작한 이후로 내 어휘 지식이 풍부해졌다.
· *Depuis* que Washington est passé de la confrontation à la négociation avec la RPDC, le Japon se retrouve isolé dans son intransigeance vis-à-vis du régime.　미국이 북한과의 대립에서 협상으로 전환한 이후로 북한에 대해 완강한 입장을 취하고 있는 일본은 고립되었다.
· Votre fille s'apprivoise peu à peu *depuis* qu'elle est chez moi.　당신 딸이 내 집에 온 뒤로 점차 온순해진다.
· Le temps lui dure *depuis* qu'il attend votre arrivée.　당신을 기다리기 시작한 이후로 그에게는 시간이 더디 간다.
· Il s'est étoffé *depuis* qu'il fait du sport.　그는 운동을 하기 시작하면서부터 몸이 좋아졌다.
· Le bateau est plus propre *depuis* qu'on lui a donné un coup de peinture.　새로 칠한 후 배가 더 깨끗해졌다.
· Nous sommes sans nouvelles *depuis* qu'il est parti.　그가 떠난 이후로 소식을 듣지 못했다.
· Il ne se ressemble plus *depuis* qu'il est marié.　그는 결혼하고 나서 사람이 달라졌다.

3) [depuis + 명사 + 분사]

> *depuis* votre lettre reçue 당신의 편지를 받은 이후로.

4) 《옛》 [depuis *inf*]

> *depuis* avoir connu cet homme 그 사람을 알게 된 후로.

> ☆ depuis는 de보다 더 강조적이고 jusqu'à와 쓰이되 à와는 쓰이지 않음.
> *depuis* le matin jusqu'au soir 아침부터 저녁까지.

> ☆ depuis는 과거의 출발점만을 나타내며 dès는 과거·현재·미래에 통용됨.
>
>   ⇒ dès

2. 기간 · 지속

1) …전부터, 동안.

> *depuis* peu (de temps) 조금 전부터, 최근에. *depuis* bien des années 여러 해 전부터. *depuis* quinze grands jours 족히 보름 전부터. *depuis* plus de quarante ans 40년 이상 전부터. *depuis* des lustres 오래 전부터. *depuis* des siècles 여러 세기 전부터, 아주 오래 전부터. *depuis* toujours 오래 전부터. le chômage aux États-Unis au plus haut *depuis* quinze ans 15년 이래로 가장 높은 미국의 실업. dinde qui couve *depuis* une semaine 1주일 전부터 알을 품고 있는 칠면조. gouvernements qui se sont succédé *depuis* soixante ans 육십년 전 이래로 이어져 온 정부들.

- *Depuis* quelques mois, cette ville connaît un crescendo de violence. 몇 달 전부터 그 도시에 폭력 행위가 증가하고 있다.
- *Depuis* quelque temps, elle est devenue invisible. 얼마 전부터 그녀는 자취를 감추었다.
- *Depuis* combien de temps[jours] êtes-vous ici? 언제부터[며칠 전부터] 이 곳에 계셨습니까?
- Elle n'allaite plus *depuis* un mois. 그녀는 한 달 전부터 젖을 먹이지 않는다.
- Il t'attend *depuis* deux heures. 그는 두 시간 동안 너를 기다렸다.
- Je vous attends *depuis* une éternité. 아주 오랜 전부터 당신을 기다리고 있었습니다.
- Il a beaucoup baissé *depuis* cinq ans. 그는 5년 동안 기력이 많이 쇠해졌다.
- Il chôme *depuis* trois mois. 그는 3개월 전부터 실직 중이다.
- C'est ainsi *depuis* des générations. 조상 대대로 그래 왔다.
- Il n'est pas abordable *depuis* quelques jours. 그는 며칠 전부터 대하기 어렵다.
- Elle est morte *depuis* dix ans. 그 여자가 죽은 지 10년이다.
- Elle lorgne ce jeune homme *depuis* un moment. 그 여자는 조금 전부터 이 젊은이에게 추파를 던지고 있다.
- Il ne s'est pas manifesté *depuis* longtemps. 그가 모습을 드러내지 않은지 오래 되었다.
- Il n'a pas paru à son travail *depuis* deux jours. 그는 이틀 전부터 직장에 출근하지 않았다.
- Le malade n'a rien pris *depuis* deux jours. 환자가 이틀 전부터 아무것도 먹지 않았다.
- La mort rôde autour de moi *depuis* des années. 몇 년 전부터 죽음의 그림자가 내 주위를 떠돈다.
- L'épidémie sévissait *depuis* plusieurs mois. 전염병이 몇 달째 창궐하고 있었다.
- Il n'est pas tombé[Nous n'avons pas eu] une goutte de pluie *depuis* des mois. 몇 달 전부터 비가 한 방울도 내리지 않았다.

2) [depuis + 부사 + 기간]
- Je suis marié *depuis* bientôt vingt ans. 내가 결혼한 지 곧 20년이 된다.

3) [depuis des + 명사 + et des + 명사]

> *depuis* des années et des années 수년 전부터.　　*depuis* des semaines et des semaines 수주일전부터.

· Il est absent *depuis* des jours et des jours.　　그는 여러 날 전부터 결석했다.

3. 장소

1) …부터, …에서.

> *depuis* Séoul jusqu'à Pusan 서울에서 부산까지.　　*depuis* le haut jusqu'en bas 위에서 아래까지.　　mettre un satellite en orbite *depuis* son site de lancement 위성을 발사기지로부터 궤도에 진입시키다.

· *Depuis* Suwon, nous avons marché.　　우리는 수원에서부터 걸어왔다.
· *Depuis* la Beauce, la Brie ou la Picardie, des milliers d'agriculteurs sont donc montés dans la capitale pour crier haut et fort leurs inquiétudes.　　보스, 브리, 피카르디로부터 수천 명의 농민들이 소리 높여 그들의 불안을 호소하기 위해 수도로 올라왔다.
· Nous avons eu de la pluie *depuis* Cheonan.　　천안에서부터 비가 내렸다.
· Il cria *depuis* le perron.　　그가 층계에서 소리를 질렀다.
· Elle nous regardait *depuis* le balcon.　　그녀가 발코니에서 우리를 바라보고 있었다.
· Les Pyrénées s'étendent *depuis* l'Atlantique jusqu'à la Méditerranée.　　피레네 산맥은 대서양에서 지중해까지 펼쳐져 있다.
· La fusée lancée aujourd'hui *depuis* la Corée du Nord semble être passée en direction de l'océan Pacifique, après avoir survolé le Japon.　　오늘 북한에서 발사된 미사일이 일본 상공을 지나 태평양 쪽으로 날아간 것 같다.
· Ce pays a procédé à un nouveau tir de missile à courte portée *depuis* une base de sa côté est.　　그 나라는 동해안 기지로부터 새로운 단거리 미사일 발사를 시행했다.

2) 방송

> radiodiffusion de "Carmen" *depuis* le théâtre de l'Opéra 오페라 극장으로부터의 카르멘 방송.　　transmis *depuis* Tokyo 동경으로부터 중계되는.　　transmission *depuis* Hongkong 홍콩으로부터의 중계.

· Notre reporter parle *depuis* Paris.　　우리 기자가 파리에서 전해드립니다.
· On nous a transmis *depuis* Tokyo la nouvelle d'un accident aérien.　　동경으로부터 비행기 사고의 소식이 전달되었다.

> ☆ 이 경우에 de를 쓰는 것이 더 옳은 표현임.

4. 순서 · 서열 · 범위

depuis A (jusqu')à Z A에서 Z까지, 처음부터 끝까지, 완전히.　*depuis* le premier jusqu'au dernier 처음 것[사람]부터 마지막 것[사람]까지.　*depuis* le cèdre jusqu'à l'hysope《옛·비유》큰 것에서 작은 것에 이르기까지((성서의 비유에서)).　*depuis* pater (jusqu')à amen 처음부터 끝까지.　*depuis* Monsieur Dubois jusqu'à la vieille servante, tout le monde 뒤부아 씨를 비롯하여 늙은 하녀에 이르기까지 모두.　reprendre une histoire *depuis* le début 이야기를 처음부터 되풀이하다.

· Il faut juger la femme *depuis* la chaussure jusqu'à la coiffure.　여자는 머리끝에서 발끝까지의 복장을 통해 평가해야 한다.

5. [depuis + 전치사]

· Elles se connaient bien *depuis* avant mon arrivée à Séoul.　그 여자들은 내가 서울에 오기 전부터 서로 잘 알고 있었다.

부　사　적　용　법

· *Depuis*, ils sont inquiets.　그 후로 그들은 불안해하고 있다.
· Il est parti il y a deux ans et je ne l'ai pas revu *depuis*.　그가 2년 전에 떠났는데, 나는 그 후로 그를 다시 보지 못했다.
· Il est passé beaucoup d'années *depuis*.　그 후로 여러 해가 흘렀다.
· Nous l'avons vu dimanche, mais pas *depuis*.　그를 일요일에 보았는데 그 후론 못 보았다.

derrière

1. 장소

1) ❶ …의 뒤에, 뒤로(↔ devant).

derrière la façade 건물의 내부에.　accroupi *derrière* un buisson 덤불 뒤에 웅크린.　avoir[se croiser] les mains *derrière* le dos 뒷짐을 지다.　cacher les mains *derrière* le dos 손을 등 뒤로 숨기다.　se cacher[se dissimuler] *derrière* un pilier 기둥 뒤에 숨다.　écouter *derrière* la cloison 칸막이 뒤에서 엿듣다.　être loin *derrière* qn …의 뒤에 멀리 떨어져 있다.　fuir sans regarder *derrière* soi 뒤도 돌아보지 않고 도망하다.　se poster *derrière* l'arbre 나무 뒤에서 살피다.　se retrancher *derrière* un mur 벽 뒤로 몸을 피하다.　tirer une porte *derrière* soi 방에 들어와서 문을 닫다.

- En sortant il a claqué la porte *derrière* lui.   나가면서 그는 문을 쾅하고 닫았다.
- Le soleil a disparu *derrière* l'horizon.   태양이 수평선 너머로 사라졌다.
- Il habite *derrière* l'église   그는 교회 뒤에 산다.
- Retournez-vous, elle est juste *derrière* vous.   뒤돌아보세요, 그녀가 바로 당신 뒤에 있습니다.

❷

être *derrière* les barbelés 포로수용소에 갇혀 있다.   être *derrière* les barreaux[grilles] 감옥에 있다, 옥살이를 하다.   être *derrière* la caméra 영화를 제작하다(=réaliser un film).

2) 명사의 보어

traiter un objectif *derrière* les lignes ennemis 적의 후방 목표물을 파괴하다.

- Il avait surpris un soir deux amoureux *derrière* une meule.   그는 어느 날 저녁 건초 더미 뒤에 있는 두 연인을 발견했다.

2. 순서 · 서열

1) …을 뒤따라, …에 이어서.

arriver *derrière* qn …에 이어서 도착하다.   courir *derrière* qn …을 뒤쫓아가다.   laisser qn loin *derrière* soi …을 훨씬 능가하다[앞서다](=dépasser, surpasser).   passer *derrière* qn/qc …의 뒤에 가다.   placer le pays au 8e rang mondial *derrière* le Japon 그 나라를 일본에 이어 세계 8위에 올려놓다.   venir loin *derrière* qn …에게 훨씬 뒤지다.

- *Derrière* la France, ce pays occupe le deuxième rang dans ce domaine.   그 나라는 그 분야에서 프랑스에 뒤이어 두 번째를 차지하고 있다.
- Il s'est attardé *derrière* le groupe.   그는 무리에서 뒤떨어졌다.
- Cette équipe se classe troisième *derrière* la vôtre.   그 팀이 당신 팀에 이어 3위이다.
- Nous sommes le deuxième au monde *derrière* la Corée du Sud.   우리가 한국에 이어 세계에서 두 번째이다.
- De nouveaux signes montrent que le pire de la crise est peut-être *derrière* nous.   새로운 징후들은 아마도 최악의 위기 상황은 지났다는 것을 보여주고 있다.
- Les enfants galopaient *derrière* lui.   아이들이 그를 따라 급히 달려가고 있었다.
- Elle marche *derrière* son mari.   그녀가 남편을 뒤따라 걷고 있다.
- En français, l'adjectif se place *derrière* le nom.   불어에서는 형용사가 명사 뒤에 놓인다.
- La France représente 5,9% des parts de marché, loin *derrière* les États-Unis(55 %), le Royaume-Uni(13 %) et la Russie(9.5 %).   프랑스는 5.9%의 시장 점유율을 차지하고 있는데 55%를 점하고 있는 미국이나, 13%를 점하고 있는 영국, 9.5%를 점하고 있는 러시아에 비해 많이 뒤져 있다.

◎ [l'un derrière l'autre]

> marcher l'un *derrière* l'autre 종대로 걷다.

2) 명사의 보어

> deuxième destination des exportations sud-coréennes *derrière* la Chine 중국에 이어 한국 수출의 2번째 수출지역.   train de wagons *derrière* une locomotive 기관차에 끌려오는 객차의 대열.

3. 《구어·드물게》 시간 : …의 다음에(= après).

se lever *derrière* qn …보다 늦게 일어나다.   servir le vin rouge *derrière* le vin blanc 백포도주 다음에 적포도주를 내놓다.

4. 《비유》 …의 이면에, …뒤에.

deviner de la haine *derrière* son apparente cordialité 겉으로 드러난 친절의 이면에 도사리고 있는 증오심을 간파하다.   regarder *derrière* les apparences 사물의 이면을 보다, 본질을 꿰뚫어보다.

- *Derrière* les mots, on découvre un profond sens religieux.   낱말들 이면에 담겨있는 깊은 종교적 의미를 발견한다.
- Sa méchanceté se cache *derrière* l'indifférence.   그는 무관심한 척 하지만 속으로는 악의를 품고 있다.
- Le romancier s'efface *derrière* ses personnages.   작자는 등장인물 배후에 숨어 있다.
- C'est lui qui est *derrière* ce complot.   그가 그 음모의 배후자다.
- Les lobbyistes et les intérêts particuliers sont souvent *derrière* ce type de demande.   그러한 유형의 요구 이면에는 흔히 로비스트와 특별한 이해관계가 있다.
- Il faut voir les motifs qui se cachent *derrière* cette attitude.   그러한 태도 뒤에 숨겨져 있는 동기를 알아야 한다.

5. 《비유》 …의 (등) 뒤에서, 몰래.

1)
> agir *derrière* le dos de qn …의 뒤에 숨어서 행동하다.   dire du mal *derrière* le dos de qn …의 등 뒤에서 욕하다.   faire qc *derrière* (le dos de) qn …몰래 …을 하다.

- Il a singé le professeur *derrière* son dos.   그는 선생님 등 뒤에서 선생님 흉내를 냈다.

2)
> être toujours *derrière* (le dos de) qn 《구어》 …가 하는 일을 항상 뒤에서 확인하다[감시하다].   repasser

> *derrière qn* …의 일을 점검하다; …을 신용하지 않고 자신의 눈으로 일의 성과를 확인하다.

6. 《비유》 지지 · 비호 : …의 지지[비호]를 받아.

s'abriter *derrière* son chef 상사의 위세를 방패로 삼다.   s'abriter *derrière* la tradition 전통을 구실로 삼다.
avoir *qn derrière* soi …의 지지를 받다.   se retrancher *derrière* son autorité 자기의 권위를 방패로 삼다.

· Nous sommes *derrière* vous.   당신 뒤에는 우리가 있소.

7. [선치사 + derrière]

1) [de derrière]

❶ …의 뒤에서.

· Il est sorti de *derrière* le mur.   그는 벽 뒤에서 나왔다.

❷ 《비유》 …이면의, 배후의.

idée[pensée] de *derrière* la tête 감춰진 생각, 속마음.   vin[bouteille] de *derrière* les fagots (술 창고에서 오랫동안 묵힌) 비장의 포도주, 고급 포도주.

2) [par(-)derrière] : …의 뒤에서, 뒤를 통해서.
· Elle est passée par(-)*derrière* cette maison.   그녀는 그 집 뒤로 돌아갔다.

부   사   적   용   법

1. 뒤에(서).

1)

robe boutonnée *derrière* 뒷단추가 달린 옷.   vêtement qui se boutonne *derrière* 뒤에서 단추를 채우는 옷.   monter *derrière* (자동차의) 뒷자리에 타다.   passer *derrière* 뒤에 가다.   regarder *derrière* 뒤를 보다.   rester *derrière* 뒤에 남아 있다.

· Cette robe s'attache *derrière*.   이 옷은 뒤로 채워진다.
· Il marchait *derrière*.   그는 뒤를 따라 걸어갔다.

2)

laisser *qn* (bien) loin *derrière* …을 훨씬 능가하다[앞서다].

· Ses adversaires sont loin *derrière*.   그의 경쟁자들은 많이 뒤떨어져 있다.

2. [par(-)derrière] : 뒤에(서), 뒤로; 몰래.

saisir *qn* par(-)*derrière* …을 등 뒤에서 붙잡다.

· Elle a dit du mal de lui par(-)*derrière*.　그녀는 뒤에서 그 사람을 욕한다.

3.

(sens) devant *derrière*;《옛》(le) devant *derrière* 반대로, 거꾸로(=à l'envers).　mettre un vêtement sens devant *derrière* 옷의 앞뒤를 바꿔 입다.

dès

1. 시간

1) …부터 (바로, 곧, 이미), …하자마자.

> *dès* aujourd'hui 오늘 부터.　*dès* ce moment 그때부터 바로.　*dès* maintenant[à présent] 지금부터 바로, 당장.　*dès* l'abord 처음부터, 첫눈에; 당장, 즉시(=immédiatement).　*dès* l'aube 새벽부터.　*dès* là 그때부터; 곧, 즉시.　*dès* le début[commencement] 처음부터 바로.　*dès* le début du voyage 여행을 시작하자마자.　*dès* le 20 juin 2007 2007년 6월 20일부터 바로.　*dès* vendredi 금요일부터.　*dès* mercredi matin 수요일 아침부터.　*dès* le mois de mai 오월부터.　*dès* la fin mai 오월 말부터.　*dès* la mi-septembre 구월 중순부터.　*dès* l'automne 2007 2007년 가을부터.　*dès* le premier mois de ce conflit 그 분쟁의 첫 달부터.　*dès* la semaine prochaine 다음 주부터.　*dès* sa première année de mandat 그의 임기 첫 해부터.　*dès* les années 1990 1990년대부터.　*dès* la fin des années 1960 1960년대 말부터.　*dès* longtemps《옛》오래 전부터.　*dès* l'origine 시초[처음]부터.　*dès* l'antiquité grecque 고대 그리스 시대부터.　*dès* le berceau 어릴 때부터.　*dès* son plus jeune âge 그가 더 젊었을 때부터.　*dès* la dernière bouchée 식사를 마지사마사.　*dès* la mamelle《비유》아주 어렸을 때부터.　*dès* mon retour 내가 돌아오는 대로.　*dès* son retour à Séoul 그가 서울에 돌아오는 대로.　*dès* l'adoption du traité de Maastricht 마스트리히트 조약이 채택된 때부터.　*dès* son élection en 2005 2005년에 그가 당선되자마자.　*dès* la sortie de l'enfance 유년기를 탈피하자마자.　*dès* le ventre de ma mère 어머니의 뱃속에 있을 때부터.

· *Dès* la sixième années, j'ai été parfois malheureux comme peut l'être un homme accompli.　여섯 살 때부터 나는 마치 어른처럼 이따금 불행했다.

· *Dès* cinq ans, il jouait du piano.　그는 다섯 살 때부터 이미 피아노를 연주했다.

· *Dès* septembre 2009, les élèves passeront ce type de bac.　2009년 9월부터 학생들은 그 유형의 대학입학자격고사를 치르게 될 것이다.

· *Dès* dimanche, la Banque centrale américaine avait pris des mesures nécessaires.　일요일부터 미국의 중앙은행은 필요한 조치를 취했다.

· *Dès* l'âge de dix-huit ans, il a travaillé pour se suffire.　자립하기 위해 그는 열여덟 살 때부터 일을 했다.

· Les traits les plus marquants du caractère s'accusent *dès* l'enfance.　성격의 가장 특징적인 점들은 어릴 때부터 나타난다.

· Je vais m'y atteler *dès* ce soir.　나는 오늘 저녁부터 그 일에 매진하겠다.

· L'entreprise a cafouillé *dès* le départ.　그 계획은 출발부터가 엉망진창이었다.

· L'armistice devient effectif *dès* demain matin.　휴전 협정은 내일 아침부터 발효한다

· Il a neigé *dès* le lendemain de notre arrivée.　우리가 도착한 다음날부터 눈이 내렸다.

· J'ai pour consigne de téléphoner *dès* mon arrivée.　나는 도착하자마자 전화를 하라는 명령을 받았다.

· Je vous verrai *dès* mon arrivée.　도착하면[하자마자] 뵙겠습니다.

> ☆ dès는 과거·현재·미래에 통용되는데 비해 depuis는 과거의 출발점만을 나타냄.
> 　⇒ depuis

> ☆ 도착점을 가리켜서 à, jusqu'à와 함께 사용하는 것은 고어투로 현재는 쓰지 않음.

2) [dès que + *ind*]

❶
> *dès* qu'il y aura un cessez-le-feu 휴전이 성립되자마자.　*dès* que la politique aura été déterminée 정책이 결정되자마자.

· *Dès* que je suis à côté de cet homme qui fume, j'ai un mal de tête abominable.　담배 피우는 그 사람 옆에만 있으면 나는 머리가 지독히 아프다.

· *Dès* qu'il a un peu bu, il devient égrillard.　그는 술을 조금만 마셔도 상스러워진다.

· *Dès* que vous serez (arrivé) à Séoul, envoyez-moi un télégramme.　서울에 도착하자마자 내게 전보를 치세요.

· Son regard s'anime *dès* qu'il parle du cinéma.　그는 영화 이야기를 하자마자 눈이 빛난다.

· La tension s'apaisera *dès* que la demande américaine se sera stabilisée.　미국의 수요가 안정되면 긴장이 완화될 것이다.

· Nous nous sommes appréciés *dès* que nous nous sommes connus.　우리는 알게 된 이후로 서로 존중했다.

· Je suis à vous *dès* que j'ai fini avec Monsieur.　그 분 일이 끝나면 곧 (돌)보아 드리겠습니다.

· Venez-me voir *dès* que vous pourrez.　되도록 빨리 나를 보러 오십시오.

❷ 생략문

    dès que possible 가능한 한 빨리.

❸ 《옛》 …인 이상, …이므로(=dès lors que).

3) [dès + 명사 + 과거분사]

    dès la nuit tombée 밤이 되자.   *dès* la porte refermée 문이 닫히자마자.

- *Dès* son baccalauréat passé, il s'est engagé.   대학입학자격시험을 치르자마자 그는 입대했다.
- *Dès* votre lettre reçue, il partit.   당신 편지를 받자마자 그는 떠났습니다.

4) 《옛·지방어》 [dès en + 현재분사]

    dès en entrant 들어오자마자.   *dès* en naissant 태어나면서부터.

5) ❶ [dès l'instant[le moment] que[où] + *ind*] : …하자마자; …한 이상, …하니까(=puisque).

    dès l'instant[le moment] qu'il est parti 그가 떠나자마자.   *dès* l'instant où il est d'accord 그가 동의한 이상.

❷ [dès là que + *ind*] : 《옛》 …하자마자(=aussitôt que); …인 이상, …이므로(=étant donné que, puisque).

6) ❶ [dès lors] : 그때부터; 그러므로(=en conséquence, donc).
- *Dès* lors, il ne fuma plus.   그때부터 그는 담배를 끊었다.
- *Dès* lors, quelqu'un doit payer.   그러므로 누군가가 지불해야 한다.
- *Dès* lors, une grande quantité d'argent volatil a commencé à affluer dans leurs économies, créant une bulle spéculative.   그때부터 그들 국가의 경제에 많은 불안정한 돈이 유입되기 시작하여 투기적 거품을 형성했다.
- Il a fourni un alibi: *dès* lors on peut reconnaître son innocence.   그가 알리바이를 제시했으므로 그가 무죄라고 인정할 수 있다.

❷ [dès lors que + *ind*] : …하자마자; …인 이상, …이므로.
- *Dès* lors que vous êtes l'ami de Monsieur, vous êtes mon ami.   당신이 그 분의 친구인 이상 당신은 내 친구입니다.
- *Dès* lors que vous me trompez, je ne peux plus avoir confiance en personne.   당신이 나를 속이는

이상 이제는 아무도 믿을 수 없게 되었다.

- *Dès* lors que la France veut jouer encore un rôle actif dans les affaires du monde, elle ne peut pas être absente de la zone de toutes les tensions.　세계의 여러 가지 문제에서 프랑스가 아직도 적극적인 역할을 하고자 하는 이상 모든 긴장 지역에 관여할 수밖에 없다.
- Je suis prêt à lui prêter mon appareil de photo, *dès* lors qu'il ne le brisera pas.　나는 그가 파손시키지만 않으면 그에게 사진기를 빌려줄 용의가 있다.
- Les allégements de taxes ont pour effet d'encourager les entreprises à proposer des produits moins polluants, *dès* lors que leur prix devient plus attrayant pour l'acheteur.　세금의 경감은 구매자에게 가격이 더 매력적으로 되므로 기업들로 하여금 오염을 덜 유발하는 제품을 제공하게 하는 효과를 가지게 된다.

2. 장소

1) …에서부터.

> *dès* l'entrée 입구에 들어서자.　empoigner *qn dès* la porte (환대의 표시로) …을 문에서부터 붙어다니다.

- *Dès* Cheonan il a plu sans cesse.　천안을 지나자마자 줄곧 비가 왔다.
- *Dès* le seuil, on entendait battre l'horloge a plu sans cesse.　문지방을 넘어서자 벽시계의 치는 소리가 들려왔다.
- J'ai été malade *dès* Suwon et j'ai endurere jusqu'à Séoul.　수원을 지나자마자 아파서 서울에 올 때까지 참아야 했다.

3. 서열 · 순서

1) …부터.

> *dès* les demi-finales 준결승전부터.　*dès* le premier chapitre 첫 번째 장부터.　*dès* le deuxième échelon 2단계[등급]에서부터.　*dès* la phase de poule 결승리그전부터.

- *Dès* la deuxième chanson, elle se mit à pleurer.　두 번째 노래에서부터 그녀는 울기 시작했다.
- Il a compris que l'allemand est difficile à apprendre *dès* le troisième leçon.　그는 3과에서부터 독일어가 배우기 어렵다는 것을 알았다.
- L'apprentissage des langues *dès* l'école primaire est aussi quelque chose de fréquent dans un grand nombre de pays de l'OCDE.　초등학교에서부터의 언어교육이 많은 OECD국가들에서도 흔한 일이다.

4. [dès + 전치사]

1) [dès avant *qc*] : …의 전부터.

> *dès* avant l'aurore 동트기 전부터.　*dès* avant le repas 식사를 하기 전부터.

2) [dès après *qc*] : ···의 직후에.

> *dès* après la guerre 전쟁이 끝나자마자.

dessous

1. 《옛》 ···의 밑에(서), 아래에.

· Cherchez *dessous* la table.　탁자 밑을 찾아보세요.

2. 1) [de dessous *qc*] : ···의 밑으로부터.

> tirer une feuille de *dessous* une pile de livres 책 더미 아래에서 종이 한 장을 꺼내다.　retirer *qc* de *dessous* la voiture ···을 자동차 밑에서 꺼내다.　sortir de *dessous* la table 탁자 밑에서 나오다.

2) [par-dessous *qc*] : ···의 아래에(서), 아래로.

> par-*dessous* la jambe 《옛》 아무렇게나; 무례하게.　passer par-*dessous* la porte 문 밑으로 빠져나가다.

· Il m'a pris par-*dessous* les bras et m'a soulevé de terre.　그는 겨드랑이 밑으로 나를 들어올렸다.

3. [au-dessous de *qn* / *qc*]

1) ···의 아래에.

> jupe au-*dessous* du genou 무릎 밑까지 오는 치마.　frapper *qn* au-*dessous* de la ceinture ···의 하복부를 치다; ···을 비겁한 방식으로 공격하다.

· Il est expressément défendu aux athlètes de s'apprehender au-*dessous* de la ceinture.　운동선수들에게는 허리띠 밑으로 잡히는 것이 절대 금물이다.
· Le village est au-*dessous* de cette montagne.　마을은 그 산 밑에 있다.
· Daejon est au-*dessous* de Cheonan.　대전은 천안 남쪽에 있다.

2) (수량·정도 따위가) ···이하로[의], 미만의.

> dix degrés au-*dessous* de zéro 영하 10도.　acheter[vendre] un objet au-*dessous* de sa valeur 물건을 제값보다 싸게 사다[팔다].

- C'est interdit aux enfants au-*dessous* de 12 ans.   그것은 12세 이하의 어린이들에게는 금지되어 있다.
- Dans ce pays, les femmes ne peuvent se marier au-*dessous* de 16 ans.   그 나라에서는 16세 미만의 여자들은 결혼할 수 없다.
- Ces prix sont au-*dessous* des cours.   그 가격은 시세보다 싸다.

3) (지위·가치·능력 따위가) …보다 아래에, …보다 밑에, …보다 못한.

❶
> apprécier[estimer] *qc* au-*dessous* de sa valeur …을 실제보다 낮게 평가하다(=sousestimer). épouser *qn* au-*dessous* de soi 자기보다 신분이 낮은 사람과 결혼하다.   être au-*dessous* de l'attente 기대에 미치지 못하다.   être au-*dessous* de sa place 지위를 감당해내지 못하다.   être au-*dessous* de sa tâche 일을 해낼 능력이 없다(=n'être pas capable de l'assumer).   être au-*dessous* de tout 아무 일도 감당못하다, 무능하다(=n'être capable de rien).   regarder *qn* comme au-*dessous* de soi 남을 자기보다 못한 사람으로 여기다.

- Notre situation est au-*dessous* de la vôtre.   우리의 처지는 당신들보다 못하다.
- Tout ce que l'on peut dire des camps d'extermination est au-*dessous* de la vérité.   집단 처형소에 대해서 떠도는 이야기는 실상과 다르다.
- Il reste au-*dessous* de lui-même.   그는 자기 진가를 충분히 발휘하지 못하고 있다.

❷ 비인칭
- Il est au-*dessous* de lui de se plaindre.   그가 불평을 하다니 그이답지 않다.

4. [en dessous de *qn* / *qc*]

1) … 아래에(서).

> se cacher en *dessous* de la table 탁자 밑에 숨다.   mettre un pull-over en *dessous* de son manteau 외투 안에 스웨터를 입다.

2) … 이하에(서).

> en *dessous* de la moyenne 평균 이하의.

- Il a fait un mariage en *dessous* de sa condition.   그는 자기 처지보다 못한 결혼을 했다.
- Au point de vue mental, il est en *dessous* des enfants de son âge.   정신적인 측면에서 볼 때 그는 같은 나이의 아이늘보다 어리다.

dessus

1. 《옛》 …위에(서).

mettre *qc dessus* la table …을 탁자 위에 놓다.

2. 1) [de dessus *qc*] : …의 위로부터.

· Ôtez-moi cela de *dessus* la table.   테이블 위에서 그것을 치워 주시오.

2) [par(-)dessus *qn* / *qc*]

❶ …의 위에(서); …을 넘어서.

> lire le journal par(-)*dessus* les épaules de *qn* …의 어깨너머로 신문을 보다.   jeter *qc* par(-)*dessus*
> bord 배에서 …을 집어던지다.   mettre un gilet par(-)*dessus* sa chandail 자켓 위에 조끼를 입다.
> sauter par(-)*dessus* un obstacle 장애물을 뛰어넘다.

❷ …을 건너뛰어, …의 의견을 듣지 않고.

> s'adresser directement au président par(-)*dessus* le ministre 장관을 거치지 않고 대통령에게 이야기
> 하다.

❸

> (en) avoir par-*dessus* la tête de *qc* …에 진절머리가 나다.   par-*dessus* la jambe 아무렇게나; 무례
> 하게.   faire *qc* par-*dessus* la jambe …을 되는대로 해버리다.   traiter *qn* par-*dessus* la jambe
> …을 업신여기다.   par(-)*dessus* tout 무엇보다도, 특히.

· Il nous a recommandé par(-)*dessus* tout de partir assez tôt.   그는 우리에게 무엇보다도 충분히
일찍 출발하라고 충고했다.

❹ [par(-)dessus le marché] : 합의된 것 이상으로(= en supplément); 그 위에, 그밖에(= en plus).

· Vous avez perdu la guerre, vous n'allez pas nous faire tuer par(-)*dessus* le marché.   당신들은
졌소. 우리를 죽게 만들기까지야 하지 않겠지요.

3. [au-dessus de *qn / qc*]

1) ···의 위에(=en haut de).

> arbre qui projette ses branches au-*dessus* du mur 담장 위로 가지를 내뻗은 나무.   brume qui flotte au-*dessus* des prés 풀밭 위에 드리워진 안개.   jupe au-*dessus* du genou 무릎 위까지 오는 치마.   montagne qui culmine au-*dessus* des sommets voisins 옆의 봉우리들보다 우뚝 솟은 산.   agiter son épée au-*dessus* de sa tête 머리 위로 칼을 내휘두르다.   élever les bras au-*dessus* de sa tête 머리 위로 팔을 올리다.   poser la lampe au-*dessus* de la table 탁자보다 위에 전등을 놓다.

- L'avion est au-*dessus* de la Pacifique.   비행기는 태평양 상공을 날고 있다.
- Elle habite au-*dessus* de chez nous.   그녀는 우리 위층에 산다.
- Quelques gratte-ciel jaillissent au-*dessus* de la cité.   몇몇 마천루가 도심의 하늘을 찌르고 있다.
- L'Ain se jette dans le Rhône au-*dessus* de Lyon.   엥강은 리옹 북쪽에서 론느강과 합류한다.

2) (수량·정도 따위가) ··· 보다 이상의[으로](=plus).

> dix degré au-*dessus* de zéro 영상[영하] 10도.   acheter[vendre] un objet au-*dessus* de sa valeur[du cours] 물건을 제값[시세]보다 비싸게 사다[팔다].

- C'est trop cher, c'est au-*dessus* de mes moyens.   너무 비싸서 살 엄두가 나지 않는다.
- Le thermomètre marquait dix degrés au-*dessus* de zéro.   온도계는 영상 10도를 가리키고 있었다.
- Les enfants au-*dessus* de 7 ans payent place entière.   7세 이상의 아이들은 1인분의 좌석료를 낸다.

3) (지위·가치·능력 따위가) ···보다 더 높은, 상위에[의], 우수한[하게].

> facultés intellectuelles au-*dessus* de la moyenne 평균을 상회하는 능력.   intelligence au-*dessus* de l'ordinaire 범상치 않은[뛰어난] 지성[지능].   apprécier[estimer] *qc* au-*dessus* de sa valeur ···을 실제보다 높게 평가하다(=surestimer).   s'élever au-*dessus* des intérêts humains 이해관계를 뛰어넘다.   être au-*dessus* de ses affaires 《구어》 사업이 번창하고 있다, 흑자를 내고 있다.   être au-*dessus* de la calomnie 모함을 개의치 않다.   être au-*dessus* de tout éloge 아무리 칭찬해도 부족하다.   être au-*dessus* de la flatterie 아첨에 넘어가지 않다.   être au-*dessus* de soi-même 자기 실력 이상의 능력[힘]을 발휘하다.   être au-*dessus* de tout 무슨 일이든지 잘해낸다, 뛰어나다.   faire un mariage au-*dessus* de sa condition 자기보다 지체 높은 사람과 결혼하다.

- Le colonel est au-*dessus* de la capitaine.   대령은 대위보다 계급이 높다.
- Cela est au-*dessus* de ses facultés.   그것은 그의 능력을 넘어서는 일이다.
- Ce travail est au-*dessus* de ses forces.   이 일은 그의 힘으로는 할 수 없다.
- Il n'est guère au-*dessus* d'un paysan.   그는 농부나 다름없다.
- Il est au-*dessus* de tout soupçon.   그는 조금도 의심받을 점이 없다.
- Elle se met au-*dessus* du qu'en dira-t-on.   그녀는 남의 소문은 문제시 하지 않는다.

devant

1. 공간

1) ···앞에(서), ···앞을.

prêtre prosterné *devant* l'autel 재단 앞에 꿇어 엎드린 사제.　rue qui prend *devant* la gare 역 앞에서 시작되는 길.　apparaître *devant* qn ···의 앞에 나타나다.　attendre qn *devant* l'école ···을 학교 앞에서 기다리다.　s'attêter *devant* les étalages 쇼윈도 앞에 멈춰 서다.　balancer l'encensoir *devant* l'autel 제단 앞에서 향로를 흔들다.　faire[esquisser] des génuflexions *devant* l'autel 제단 앞에 무릎을 꿇다.　se signer en passant *devant* l'autel 제단 앞을 지나면서 성호를 긋다.　danser *devant* le buffet 《구어》 먹을 것이 없다.　étaler des livres *devant* qn ···앞에 책들을 펼쳐 놓다.　être *devant* un miroir[une porte] 거울[문] 앞에 있다.　jouer *devant* les banquettes[des banquettes vides] (관객이 없는) 빈 객석 앞에서 공연하다.　parler *devant* un auditoire 청중 앞에서 말하다.　passer des heures *devant* la glace à se bichonner 거울 앞에서 몸치장하는데 많은 시간을 보내다.　prendre le frais *devant* sa porte 문 앞에 나와 바람을 쐬다.　venir se planter *devant* qn ···의 앞을 막아서다.

- Les passants se sont agglutinés *devant* la vitrine.　행인들이 진열창 앞에 빽빽이 모여들었다.
- La route s'allongeait *devant* nous.　우리 앞으로 길이 길게 뻗어있었다.
- Une myriade de taxis attend *devant* la gare de Séoul, moteurs coupés, malgré le froid.　추위에도 불구하도 서울역 앞에서 많은 택시들이 엔진을 끈 채 기다리고 있다.
- L'ailier a centré *devant* le but.　윙이 문전으로 센터링했다.
- Je vous descendrai *devant* votre maison.　댁 앞에 내려드리겠습니다.
- Il est *devant* moi en classe.　그는 반에서 나보다 앞자리에 앉는다; 그는 나보다 학업 성적이 우수하다.
- C'est droit *devant* vous.　똑바로 당신의 앞쪽에 있습니다.
- Il ne peut plus mettre un pied *devant* l'autre.　더 이상 걸을 수 없다(= il ne peut plus marcher).
- Une route ondulait *devant* eux.　그들 앞에 길이 구불구불 나있었다.
- Je passe *devant* vous, vous permettez?　제가 먼저 지나가도 괜찮겠습니까?
- Je passe mon temps dans le garage plutôt que *devant* l'écran.　나는 텔레비전 화면 앞에서보다는 차고에서 (차를 손보며) 시간을 보낸다.
- Le fauteuil se place *devant* la cheminée.　안락의자는 벽난로 앞에 놓여 있다.
- Il[Le taxi] l'a posée *devant* sa maison.　그[택시]가 그녀를 집 앞에 내려주었다.
- Regardez droit *devant* vous.　똑바로 앞을 보세요.
- Une foule nombreuse stationne *devant* l'entrée du théâtre.　수많은 군중들이 극장 입구에서 움직이지 않고 서있다.

❷

> mots qui dansent *devant* les yeux 눈앞에 아른거리는 단어들.   paysage qui se déroule *devant* nos yeux 우리 눈앞에 펼쳐지는 풍경.   avoir un brouillard *devant* les yeux 눈이 잘 보이질 않다.

❸

> aller[marcher] droit *devant* soi 곧장 앞으로 나아가다; (곤란·장애에 굽히지 않고) 목적을 향해 결연히 나가다.   balayer *devant* sa porte 자기 앞가림하다; 남이 뭐라든 자기식대로 행동하다.

2) 명사의 보어

> file d'attente *devant* un guichet 창구에서 기다리는 대열.   le marchand de pommes *devant* l'université Sangmyung à Séoul 서울의 상명대학교 앞의 사과장수.   un grand rassemblement *devant* l'ambassade d'Iran à Paris 파리 주재 이란 대사관 앞의 대규모 집회.

· Il a pris la deuxième place *devant* Jean.   그는 장 앞의 두 번째 자리에 앉았다.

2. 순서·서열 : …보다 앞에, …에 앞서.

arriver *devant* qn …보다 먼저 도착하다.   marcher *devant* les autres 다른 사람들의 앞장을 서다.   mettre la charrette[charrue] *devant* les boeufs 일의 순서가 바뀌다; 본말이 전도되다.   passer *devant* qn pour lui montrer le chemin …을 앞서서 길을 안내하다.

· La Chine est devenue le premier émetteur mondial de CO2 *devant* les États-Unis.   중국이 미국에 앞서 세계에서 첫 번째 CO2 배출국이 되었다.
· La Russie a des chances de devenir le plus gros marché européen *devant* l'Allemagne.   러시아가 독일에 앞서 가장 큰 유럽의 시장이 될 수 있다.
· Il est *devant* moi en classe.   그는 나보다 학업 성적이 우수하다; 그는 반에서 나보다 앞자리에 앉는다.
· Pour les 12-25 ans, le Web est la première source d'information et de divertissement, *devant* la télévision.   12세에서 25세의 연령대에서는 텔레비전에 앞서 웹이 첫 번째 정보와 오락의 원천이 되고 있다.
· La Chine vient de passer *devant* notre pays pour ce qui est de son poids dans les dépenses mondiales de recherche.   중국이 세계 연구비 지출 비중에 있어서 우리나라를 추월했다.
· En anglais, l'adjectif se place *devant* le nom.   영어에서는 형용사가 명사 앞에 놓인다.
· La Coréenne Yu-na Kim a ravi le titre de championne du monde junior, en 2006, *devant*, déjà, la Japonaise Mao Asada.   한국의 김연아가 2006년에 이미 일본의 아사다 마오에 앞서 주니어세계선수권 타이틀을 차지했다.
· Si New York et Chicago conservent leur suprématie en Amérique du Nord, Singapour ravit la quatrième place mondiale à Chicago, *devant* Hongkong.   뉴욕 시카고가 북미에서 우위를 점하고 있지만 싱가포르가 시카고에서 홍공에 앞서 4위를 차지하고 있다.

3. …의 앞에, …의 면전에서.

1)

devant l'ampleur du désastre 엄청난 재앙에 직면하여.　message du président de la République lu *devant* le Parlement 대통령의 대국회 교서.　s'abaisser *devant* Dieu 하느님 앞에서 겸손해지다.　s'agenouiller *devant* la force 힘 앞에 굴복하다.　s'aplatir *devant* qn …앞에서 비굴하게 굴다.　baisser les bras *devant* qn/qc …에 굴복하다; …로부터 손을 놓다, 단념하다(=renoncer à poursuivre).　baisser pavillon[mettre pavillon bas] *devant* qn …에게 패배를 자인하다, 항복하다.　brûler[offrir] de l'encens *devant* qn …에게 향을 바치다; …에게 아첨하다.　se buter *devant* les difficultés 난관에 봉착하다.　céder *devant* les menaces 위협에 굴하다.　chercher à rabaisser qn *devant* des tiers 제3자들 앞에서 …을 헐뜯으려고 애쓰다.　comparaître *devant* Dieu (사후에) 신의 심판을 받다.　comparaître *devant* le tribunal; se présenter *devant* la justice 법정에 출두하다.　se contraindre *devant* qn … 앞에서 자제하다.　se coucher[ramper] *devant* qn 《구어》 …에게 꼼짝 못하다, … 앞에서 벌벌 기다.　se courber *devant* qn/qc 《문어》 …에 복종하다.　se décourager *devant* la constance de ses échecs 계속되는 실패 앞에서 낙담하다.　défendre un projet de loi *devant* l'Assemblée nationale 국회에서 법률안을 지지하는 발언을 하다.　diminuer qn *devant* ses amis …을 친구들 앞에서 깎아내리다.　s'effacer *devant* qn …의 우위[권위]를 인정하여 물러나다.　être *devant* un dilemme 진퇴양난이다.　faiblir *devant* l'adversité 역경에 직면하여 약해지다.　faire des courbettes *devant* qn …에게 굽신거리다.　faire la grimace *devant* qn …에게 싫은 표정[얼굴]을 하다, …을 냉대하다.　faire une légère[profonde] inclination *devant* qn …에게 가볍게[정중하게] 인사하다.　fléchir[plier, ployer] le genou[les genoux] *devant* qn (예찬·두려움·굴복의 표시로) …앞에 무릎을 꿇다; 비굴하게 굴다, 굴복하다.　fuir *devant* les responsabilités 책임을 회피하다.　s'humilier *devant* la richesse[le vainqueur] 부[정복자] 앞에 굴복하다.　s'incliner *devant* le courage de qn …의 용기에 경의를 표하다.　s'incliner *devant* les faits 사실에 굴복하다.　jeter des marguerites *devant* les pourceaux 돼지발에 진주를 끼워주는 격이다.　jurer *devant* Dieu 신 앞에 맹세하다.　justifier qn *devant* ses accusateurs 고소인들에게 …의 결백함을 증명하다.　se mettre à plat ventre *devant* qn …에게 비굴하게 굴다.　parler latin *devant* les clercs 신부에게 라틴어로 말하다, 주제넘은 짓을 하다.　passer *devant* le tribunal 법정에 출두하다.　être passé *devant* le maire 《옛·구어》 정식으로 결혼하다.　placer qn *devant* une alternative …로 하여금 양자 택일하게 하다.　plier *devant* la force 힘에 굴복하다.　porter une affaire *devant* les tribunaux[le(s) juge(s)] 사건을 법원에 제소하다.　porter plainte *devant* le commissaire 경찰에 고발하다.　se prosterner *devant* le pouvoir[l'argent] 권력[돈]에 굽실거리다[굴복하다].　poursuivre qn *devant* le tribunal …을 기소[고소]하다.　se poursuivre qn *devant* le tribunal de première instance 1심법원에 상소하다.　reculer *devant* le danger 위험에 직면하여 뒷걸음치다.　refuser de courber la tête *devant* l'autorité 권위를 무시하다.　rester en contemplation *devant* une l'oeuvre d'art 예술작품을 유심히 바라보다.　se retirer *devant* un adversaire trop fort 너무 강한 적을 만나 기권하다.　se rétracter *devant* les juges 재판관 앞에서 증언을 번복하다.　signer *devant* témoin 입회인의 면전에서 서명하다.　trouver grâce *devant* qn …의 마음에 들나, 총애를 받다.

· *Devant* lui, personne n'ose bouger.　그의 앞에선 아무도 감히 움직이지 않는다.

· *Devant* le Conseil de sécurité de l'ONU, le président français a mis en doute l'un des fondements de la nouvelle politique déployée par Barack Obama.　프랑스 대통령은 유엔 안전보장이사회에서

버락 오바마 대통령에 의한 새로운 정책의 근거에 대해 의구심을 표명했다.

· *Devant* l'impasse des négociations israélo-palestiniennes, il s'est prononcé en faveur de la création d'un État palestinien indépendant.　이스라엘과 팔레스타인의 협상이 교착상태에 빠진 상태에서 그는 독립된 팔레스타인 국가 수립을 찬성하는 입장을 표명했다.

· Il s'abaisse *devant* ses supérieurs.　그는 상사들 앞에서 비굴하게 군다.

· On le bafoua *devant* tout le monde.　그는 모든 사람 앞에서 망신당했다.

· Il ne baste *devant* aucune autorité.　《지방어 : 스위스》그는 어떤 권위 앞에서도 굴복하지 않는다.

· Il a calé *devant* l'adversaire.　그는 적 앞에 무릎을 꿇었다.

· Elle a cédé *devant* les objurgations de ses parents.　그 여자는 부모의 질책에 못이겨 생각을 바꾸었다.

· Il a dû céder *devant* le fait accompli.　그는 기정사실 앞에서 꺾일 수밖에 없었다.

· Il ne faut pas clocher *devant* les boiteux.　《속담》불구자 앞에서 흉내내면 안된다.

· Le Premier ministre a déclaré *devant* le Parlement que le pire a été passé.　수상은 국회에서 최악은 지났다고 천명하였다.

· Ne dites pas cela *devant* les enfants.　아이들 앞에서 그런 말하지 마세요.

· Les attaques ennemies ont échoué *devant* notre résistance.　우리의 저항에 적의 수차에 걸친 공격이 무위로 끝났다.

· Les Américains sont *devant* un choix: globalisme ou démocratie.　미국인들은 세계화냐 민주주의냐를 선택해야 하는 입장에 있다.

· J'ai fondu *devant* sa gentillesse.　나는 그의 친절 앞에서 마음이 누그러졌다.

· Il ne faut pas parler latin *devant* les clercs.　《속담》공자 앞에서 문자 쓰기, 번데기 앞에서 주름 잡기.

· En cas de refus, le seul recours consiste à porter l'affaire *devant* le Conseil de sécurité.　거부할 경우의 유일한 수단은 그 문제를 유엔안전보장회의에 회부하는 것이다.

· Il est[serait] indécent de prononcer cette expression *devant* des enfants.　어린이들 앞에서 그런 표현을 쓰는 것은 좋지 않다.

· Ces choses-là ne peuvent se raconter *devant* des étudiants.　그런 것들은 학생들 앞에서 이야기할 수 없다.

· Pour faire triompher leurs convictions, ils ne reculent *devant* rien.　그들은 자신들의 신념을 확립하기 위해서는 여하한 일에도 주춤거리는 법이 없다.

· Ne reculant *devant* aucun sacrifice, la maison a décidé de baisser ses prix.　온갖 손해를 무릅쓰고 그 상사(商社)는 물건 값을 내리기로 결정했다.

· Il a osé soutenir cela *devant* elle.　그는 대담하게 그녀 앞에서 그것을 주장했다.

· Ils ont tenu bon *devant* les attaques.　그들은 공격에 저항했다.

· Je me trouve *devant* une décision difficile à prendre.　나는 중요한 결정에 직면해 있다.

2) 형용사와 함께

acteur intimidé *devant* le public 관객 앞에서 위축된 배우.　chien soumis *devant* son maître 주인 말을

잘 듣는 개.　gouvernement responsable *devant* le Parlement 의원내각제.　histoire inracontable *devant* des enfants 아이들 앞에서는 할 수 없는 이야기.　peuple courbé *devant* l'occupant 점령군에 굴복당한 민중.　demeurer[rester, se trouver] court *devant* les objections 반론 앞에서 어찌할 바를 모르다[말문이 막히다].　être plat (comme une carpette) *devant* qn …앞에서 비굴하게 굴다.　être serein *devant* la mort 죽음을 앞에 두고도 태연자약하다.　se faire plus petit qu'une fourmi *devant* qn …의 앞에서 기를 펴지 못하다.　rester confondu *devant* une question difficile 어려운 문제 앞에서 어리둥절해하다 [당황하다].　rester froid *devant* les avances de qn …가 말을 붙여도 냉담한 채 있다.　rester impassible *devant* la mort 죽음 앞에서도 태연하다.　rester impavide *devant* le danger 위험 앞에서 의연하다.　rester stoïque *devant* le danger 위험 앞에서 의연하게 대처하다.　se sentir faible *devant* l'adversité 역경에 처해 자신의 무력함을 느끼다.　se sentir gêné *devant* qn …와 마주하면 서먹서먹하다.

- Elle est capable de n'importe quelle sortie *devant* les gens.　그녀는 사람들 앞에서 어떤 무례한 말이라도 할 수 있는 여자다.
- Ce n'est pas correct *devant* une personne âgée.　나이 많은 사람 앞에서 그것은 실례다.
- Ce soldat a été lâche *devant* l'ennemi.　그 병사는 적 앞에서 비겁하게 물러섰다.
- La science reste désarmée *devant* certaines maladies.　과학도 어떤 질병에 대해서는 속수무책이다.
- J'admire que vous restiez impassible *devant* tant de sottises.　당신이 그 많은 어리석은 짓들을 보면서 태연하다니 놀랍다.
- Il reste impuissant *devant* ce désastre.　그는 이 재난 앞에서 속수무책이다.

3) 명사의 보어

aplatissement *devant* le pouvoir 권력 앞에서의 굴종.　citation *devant* les tribunaux civils 민사재판소에의 소환.　son discours *devant* les étudiants de l'Ecole économique 경제학교 학생들 앞에서의 그의 연설.　son dernier discours *devant* l'Assemblée générale de l'ONU. dbsps 총회에서의 그의 마지막 연설.　fuite *devant* ses responsabilités 책임 회피.　humilité *devant* les grands 어른 앞에서의 공손.　indifférence *devant* les malheurs d'autrui 타인의 불행 앞에서의 무관심.　inquiétude des consommateurs *devant* la perspective d'une hausse de 20% 20% 인상 전망에 대한 소비자들의 불안.　ordonnance de renvoi *devant* le tribunal correctionnel 경범죄 재판소에의 이송 결정.　présentation d'un rapport *devant* une commission 위원회에 보고서를 제출하기.　avouer son incompréhension *devant* la physique moderne 현대 물리학에 대한 무지를 고백하다.

4. …의 앞날에, …의 전도에.

❶

avoir un bel avenir *devant* soi 전도양양한 미래가 펼쳐져 있다.　creuser un abîme *devant* qn …의 파멸을 준비하다, …의 앞에 함정을 파놓다.

- Il n'a que quelques années *devant* lui.　그는 살 날이 몇 해밖에 안 남았다.
- Vous êtes jeune, vous avez (toute) la vie *devant* vous.　당신은 아직 젊습니다, 앞날이 창창합니다.

· Une vie nouvelle s'ouvrait *devant* lui.　새로운 인생이 그 앞에 열려있었다.

· Cela leur laisse de beaux jours *devant* eux.　그것은 그들에게 아름다운 날들을 열어주었다.

· Toutes les analyses admettent qu'en matière de chômage, le pire est *devant* nous.　모든 분석은 실업에 대해 최악이 우리 앞에 다가오고 있다고 인정하고 있다.

❷

avoir du temps[de l'argent] *devant* soi 시간[돈]에 약간 여유가 있다.

· Nous avons encore une heure *devant* nous.　우리에게 아직 한 시간이 남아있다.

· Je n'avais plus que trois cents euros *devant* moi.　나는 300 유로밖에 돈의 여유가 없었다.

5. 판단의 근거 · 비교의 대상

1) …에 비추어, …에 비하여; …에 대하여.

se cabrer *devant* une exigence absurde 터무니없는 요구에 반발하다.　s'émerveiller *devant* qc …에 경탄[감탄]하다.　éprouver de la répugnance *devant* qc …에 대해 혐오감을 느끼다.　être en admiration *devant* qn/qc …에 감탄하다.　être en adoration *devant* qn …을 몹시 사랑하다, 경애하다.　être en extase *devant* qn/qc; s'extasier *devant* qn/qc …앞에서 황홀감에 잠겨 있다[넋을 잃다].　être très admiratif *devant* qn/qc …에 탄복하다.　froncer le sourcil *devant* certaines bizarreries 엉뚱한 행동을 보고 눈살을 찌푸리다.

· *Devant* cette nouvelle preuve, l'accusé s'est troublé.　새로운 증거가 앞에 피고는 당황했다.

· Comment s'est-il comporté *devant* cette nouvelle?　이 소식을 듣고 그는 어떻게 처신했습니까?

· Tous les hommes sont égaux *devant* la loi.　만인은 법 앞에서 평등하다.

· On est tous égaux *devant* la mort.　인간은 죽음 앞에서는 모두 같다.

· Le gouvernement est responsable *devant* le Parlement.　정부는 국회에 대해 책임을 진다.

· Il était en admiration *devant* ce tableau.　그는 이 그림에 탄복했다.

· Qu'est-ce que ce petit défaut *devant* tant de mérites?　그렇게 많은 장점에 비해 이 사소한 결점이 무슨 문제가 되겠는가?

· Il manifeste une joie bruyante *devant* le succès de son équipe favorite.　그는 자기 응원팀이 이기자 꽤나 신이나 한다.

· Il se sentait faible et désarmé *devant* elle.　그는 그녀 앞에서는 마음이 약해져서 화를 내지 못하게 된다.

· Comment va-t-il être jugé *devant* la postérité?　그는 후세에게 어떻게 평가될까?

2) 명사의 보어

égalité *devant* la loi 법 앞의 평등.　inégalité (des chances) *devant* l'enseignement 교육 기회의 불균등.

6. 《옛·드물게》 시간

1) 전에, 앞서(=avant).

· On le faisait lever *devant* l'aurore.   사람들은 해뜨기 전에 그를 깨우곤 했다.

2) [devant que de *inf*; devant que + *sub*] : ⋯하기 전에.

> *devant* que d'évacuer la ville 도시에서 철수하기 전에.   *devant* que de mourir 죽기 전에.

7. [devant + 전치사]

passer *devant* chez son ami 친구 집 앞을 지나다.

· Le magasin *devant* chez nous reste ouvert jusqu'à minuit.   우리 집 앞의 가게는 자정까지 문을 연다.

8. [전치사 + devant]

1) [de devant *qn* / *qc*] : ⋯의 앞에서.
· Otez-vous de *devant* moi.   내 앞에서 물러서시오.
· Retirez-vous de *devant* la porte.   문 앞에서 떠나시오.

2) [par(-)devant *qn* / *qc*]

❶ ⋯앞을, ⋯앞에서.
· Il est passé par(-)*devant* la maison.   그는 집 앞을 지나갔다.

❷ ⋯의 입회하에.

> conclure une affaire par(-)*devant* (le) notaire 공증인 입회하에 사건을 매듭짓다.

❸ [par(-)devant] : 앞에(서).

> voiture endommagée par-*devant* 전면에 손상을 입은 자동차.

· Il est passé par *devant*.   그는 앞쪽으로 지나갔다.

9. [au devant de *qn* / *qc*] : ⋯의 앞에[으로]; (흔히 aller, venir와 함께 쓰여) 마중[맞이]하러.

aller au-*devant* du danger 과감하게 위험에 맞부딪치다 ; 무모하게 위험을 자초하다.   aller au-*devant* d'une défaite 패배를 자초하다.   aller au-*devant* des désirs[souhaits] de *qn* ⋯가 바라는 바를 미리 알아서 조처하다.

- Quand il voit son père, il va au-*devant* de lui.　아버지의 모습이 보이면 그는 마중 나간다.
- Prenez la rue en face de la gare et nous irons au-*devant* de vous.　역의 앞길로 오시오, 그러면 우리가 당신을 마중 나갈 테니까.

■ 부　사　적　용　법 ■

1. 앞으로, 앞에(서).

1)

> robe boutonnée *devant* 앞 단추가 달린 옷.　robe décolletée *devant* 앞이 파인 옷.　vêtement qui se ferme *devant* 앞에서 채우는 의복.　être vent *devant* (배가) 맞바람을 받다.　monter *devant* (자동차의) 앞좌석에 타다.

- Il est assis 3 rangs *devant*.　그는 (우리보다) 세 줄 앞좌석에 앉아 있다.
- Gare *devant*!　앞을 조심해!
- Il marche *devant*.　그는 선두에서 걸어간다.

2)　· Passez *devant*, je ne suis pas pressé.　먼저 가세요. 저는 바쁘지 않습니다.

2. 1) ci-devant

❶ 앞에, 이전에(=auparavant).

> penser à *qn* ni plus ni moins que ci-*devant* …을 예전과 다름없이 생각하다.

❷ 《옛》 형용사적으로 : 옛날의, 이전의(=ancien).

> ci-*devant* roi 선왕.　ci-*devant* prêtre 전직 사교(司敎).　Dupont et Cie, ci-*devant* Leblanc 뒤퐁사, 구(舊) 르블랑사.

❸ 명사적으로 :《복수불변》 (대혁명 당시에) 칭호를 박탈당한 귀족;《구어》 몰락한 집안, 시대에 뒤떨어진 사람.

2)

> comme *devant* 《옛·문어》 예전과 같이(=comme avant).　être[se trouver] Gros-Jean comme *devant* 이전보다 나아진 것이 없다, 헛수고가 되다; 기대가 깨지다.　s'en aller[partir] les pieds comme *devant*. 《구어》 죽다.

- Les ailes de son moulin allaient toujours leur train comme *devant*.　그의 방앗간 풍차의 날개는 예전처럼 여전히 돌아가고 있었다.
- Le voilà Gros-Jean comme *devant*!　모든 것이 도로 아미타불이 되었구나!

3. (sens) *devant* derrière ; 《옛》 (le) *devant* derrière 반대로, 거꾸로(= à l'envers).

⇒ derrière

devers

1. 《옛》 ··· 쪽으로(=du côté de).

devers la porte 문 쪽으로.

2. [par(-)devers *qn/qc*] : ···의 앞에, 앞으로(=par-devant) ; 《문어》 소유하여, 소지하고(=en possession de).

se pourvoir par(-)*devers* le juge 재판관에게 상고하다.   avoir[garder] des documents par(-)*devers* soi 서류를 수중에 가지고[간직하고] 있다.

durant

1. 1) 명사 앞 : ··· 동안.

durant les six jours de mon séjour 6일간의 나의 체류기간 중에.   *durant* les derniers mois de son mandat 그의 임기 마지막 몇 달 동안에.   *durant* l'année 2009 2009년도에.   *durant* plusieurs décennies 수십 년 동안.   *durant* la nuit 밤 동안에.   *durant* l'automne 2009 2009년 가을 동안.   *durant* plusieurs siècles 수 세기 동안.   *durant* le siècle et demi précédent 지난 1세기 반 동안.   *durant* cet intervalle 그 기간 동안에.   *durant* les grandes[fortes] chaleurs 혹서기 동안.   *durant* toute sa vie active 그의 활발한 전 생애 동안.   *durant* sa campagne électorale 그의 선거 운동 기간에.   *durant* ses discussions avec ses homologues chinois 그의 중국 측 상대와의 회담 동안에.   *durant* la visite de la secrétaire d'État américaine Hillary Clinton 힐러리 클린턴 미국 국무장관 방문 동안에.

· Plus de 200 personnes ont été blessées *durant* le week-end au cours de violents heurts entre la police et les manifestants.   주말 동안에 경찰과 시위자들 사이의 충돌로 인해 200명 이상의 사람들이 부상을

입었다.

- J'ai souvent pensé à vous *durant* votre voyage.　당신이 여행하는 동안 종종 당신을 생각했다.
- Ce programme de dénucléarisation visait à rendre impossible une reprise des activités *durant* au moins un an.　그 비핵화 프로그램은 적어도 1년간은 활동의 재개가 불가능하도록 하는 것을 목적으로 하고 있다.
- Des civils sud-coréens prévoient de se rendre en Corée du Nord *durant* la semaine.　남한의 민간인들이 주중에 북한을 방문할 예정이다.
- 755 délégués se réunirent autrefois *durant* le fameux 7e plénum du parti.　예전에 당의 그 유명한 7차 총회에 755명의 대표가 모였다.
- Le colis a subi un léger aplatissement *durant* le transport.　소포가 운송 도중 약간 눌렸다.
- George Bush a précisé avoir invité Barack Obama à venir à la Maison Blanche le plus vite possible *durant* cette période de transition.　조지 부시 대통령은 버락 오바마 대통령 당선자가 그 과도기 기간 동안에 가능한 한 빨리 백악관을 방문하도록 초청했다고 밝혔다.

2) 《옛·문어》 [durant que + *ind*] : … 하는 동안.

> *durant* que me parlait cette femme 그 부인이 내게 말하는 동안.

- Elle continue, ainsi, de lire, *durant* qu'il dort.　그가 자고 있는 동안에 그녀는 그렇게 독서를 계속한다.

2. 명사 뒤 : … 동안 내내.

plusieurs semaines *durant* 몇 주일 동안.　quarante ans *durant* 40년 동안.　parler une heure *durant* 한 시간 내내 이야기하다.

- Ils ont consacré, trente ans *durant*, 60% du budget à l'achat d'oeuvres d'artistes vivant et travaillant à New York. 그들은 30년 동안 예산의 60%를 뉴욕에 살면서 활동하는 작가들의 작품을 구입하는 데 썼다.
- On a discuté un semaine *durant* sans aboutir.　일주일 한 달 동안 토론을 했으나 결론에 도달하지 못했다.
- Vous toucherez cette rente votre vie *durant*.　당신은 평생 이 연금을 수령하게 될 것입니다.

égard

1. [à l'égard de *qn* / *qc*]

1) ❶ …에 관하여, …에 대하여.

déconsidération des enfants *qn* à l'*égard* de *qn* 아이들의 …에 대한 불신.　sa ferveur à l'*égard* de *qn/qc* …에 대한 그의 열정.　immunité à l'*égard* des poisons 독에 대한 면역성.　indifférence de *qn* enfants à l'*égard* des enfants …의 아이들에 대한 무관심.　opinion favorable à l'*égard* des États-Unis 미국에 대한 호의적인 의견.　politique menée à l'*égard* de la Chine 대(對)중국 정책.　avoir[prendre] un comportement bizarre à l'*égard* de *qn* …에 대해 이상한 태도를 보이다.　avoir de la gratitude à l'*égard* de *qn* …에 대해 감사하는 마음을 가지다.　commettre une injustice à l'*égard* de *qn* …에게 부당한 짓을 하다.　se comporter poliment l'*égard* de *qn* …에 대해 정중하게 행동하다.　concevoir de l'amitié[de la jalousie] à l'*égard* de *qn* …에게 우정을[질투를] 느끼다. éprouver[ressentir] de la défiance à l'*égard* de *qn* …에 대해 의심을 품다.　être aimable à l'*égard* de *qn* …에 대해 친절[상냥]하다.　être exigeant à l'*égard* de *qn* …에게 까다롭게 굴다.　faire preuve d'ingratitude à l'*égard* de *qn* …에게 배은망덕하게 굴다.　montrer de la complaisance à l'*égard* de *qn* …에게 호의를 베풀다[배려를 하다].　se montrer bienveillant à l'*égard* de *qn* …에게 친절하게 대하다.　se montrer critique à l'*égard* de *qn* …에 대해 비판적인 태도를 취하다.

· Il est sévère à l'*égard* de son fils.　그는 그의 아들에게 엄격하다.
· Quelle est son attitude à l'*égard* de ce problème?　이 문제에 대한 그의 태도는 어떠합니까?

❷

avoir une attention délicate à son *égard* 그에 대해서 세심하게 마음을 쓰다.

· Il est très chic à mon *égard*.　그는 내게 매우 친절하다.
· Il n'a pas été très civil à mon *égard*.　그는 나에 대해 그다지 공손하지 않았다.
· Il est bien disposé à votre *égard*.　그는 당신에 대해 호의를 갖고 있습니다.
· Votre injustice à son *égard* l'a ulcéré.　그에 대한 당신의 부당함에 그는 깊은 상처를 받았다.

❸

à cet *égard* 그 점에 대해서는; 그러한 관점에서(=de ce point de vue).　choses différents à tous (les) *égards* 모든 면에서 다른 것들

· Cela m'arrange à bien des *égards*.　그것은 여러 면에서 내게 도움이 된다.
· N'ayez aucun souci à cet *égard*.　그 점에 대해서는 아무 염려하지 마세요.
· Il est de bon médecin à tous *égards*.　그는 모든 면에서 훌륭한 의사이다.
· Elle a raison à certains *égards*.　어떤 면에서는 그녀가 옳다.

2) 《옛》 …와 비교하여, …에 견주어(= au regard de).

2. [en[eu] égard à *qn / qc*] : …을 고려[참작]하여(=en considération de, en tenant compte de).

en *égard* aux circonstances 정상을 참작하여.　en *égard* au mauvais temps 악천후를 고려하여.　eu *égard* à son grand âge 그가 고령인 점을 고려하여.

· Eu *égard* à son origine sociale, on a adouci sa peine. 그의 사회적 출신을 고려하여 그의 형량을 낮추었다.

3. 1) [par égard pour *qn* / *qc*] : …을 고려하여.

   · Si elle l'a fait, c'est par *égard* pour vous. 그녀가 그것을 한 것은 당신을 존경하기 때문입니다.
   · Ils ont évité de chanter par *égard* pour la femme du voisin qui était décédée. 그들은 이웃의 부인이 사망한 것을 고려하여 노래를 부르지 않았다.

2) [sans égard pour *qn* / *qc*] : …을 고려하지 않고.
   · Ils nous ont condamnés sans (le moindre) *égard* pour nos explications. 그들은 우리의 설명을 (전혀) 고려하지 않고 우리를 비난했다.
   · Elle m'a téléphoné la nuit sans *égard* pour l'heure. 그녀는 시간 따위는 고려하지 않고 밤에 내게 전화했다.

 장소

1. 위치

1) …에(서).

> *en* avant 앞에, 앞으로. *en* bas de page 페이지 하단에. *en* ce lieu 이곳에(서). *en* lieu sûr 안전한 곳에; 엄중한 감시 하에, 감옥에. *en* autre endroit 다른 곳에서. *en* première page du journal 신문의 1면. *en* tous lieux 도처에서. artisan qui travaille *en* chambre 자택에서 일하는 직공. huttes qui se groupent *en* village 모여서 촌락을 이루고 있는 오두막집들. navire qui disparaît *en* mer 바다에서 실종된 난파선. poissons qui nagent *en* surface 수면 가까이서 헤엄치는 물고기들. villa située *en* bord de mer 바닷가에 위치한 별장. acclimater une plante tropicale *en* pays tempéré 열대식물을 온대 지역에 순응시키다. avoir de l'argent *en* caisse 현금을 쥐고 있다, 돈을 저축하고 있다. avoir un compte *en* banque 은행에 구좌를 가지고 있다. avoir du vin *en* cave 포도주를 지하에 저장하다. se balader *en* forêt 숲에서 산책하다. camper *en* montagne 산에서 캠핑하다. déclarer un enfant *en* mairie 시청에 아이의 출생 신고를 하다. être assis *en* bout de table 테이블 끄트머리에 앉다. être *en* prison 투옥되어 있다. étudier *en* Sorbonne 소르본느 대학에서 수학하다. tenir *qn en* prison …을 감금하다. faire une veillée *en* colonie de vacances 임간 학교에서 야간 오락 행사를 가지다. filmer une scène *en* studio 스튜디오에서 한 장면을 촬영하다. garder des marchandises *en* entrepôt

상품을 창고에 보관하다.　laisser la clef *en* dedans 열쇠를 안에 두고 오다.　loger *en* chambrée 내무반에 묵다.　mettre *qc en* lieu sûr …을 안전한 곳에 놓다.　mettre[faire pousser] une plante *en* serre 식물을 온실에서 키우다.　paraître *en* justice 법정에 출두하다.　témoigner *en* justice 법정에서 증언하다.　placer un satellite *en* orbite basse 인공위성을 낮은 궤도에 올려놓다.　plaider *en* audience publique 공개법정에서 변론하다.　présenter des marchandises *en* vitrine 진열장에 상품을 진열하다.　se promener *en* forêt 숲에서 산책하다.　stocker des marchandises *en* magasin 상품을 창고에 저장하다.　tavailler *en* usine 공장에서 일하다.　vivre *en* brousse 벽지에서 살다.　vivre *en* cage 자유를 박탈당하고 살아가다.　vivre *en* meublé 가구가 딸린 임대 아파트에서 살다.　vivre *en* province 시골에 살다.

- *En* ce monde, il n'y a rien de constant.　세상에서 변하지 않는 것은 없다.
- Il attend *en* bas.　그는 아래에서 기다리고 있다.
- Elle a deux cents euros *en* poche.　그녀는 주머니에 2백 유로를 가지고 있다.
- Nous n'avons pas cet article *en* magasin.　저희 가게의 재고엔 그 상품이 없습니다.
- Paris est *en* amont de Rouen.　파리는 루앙 상류에 있다.
- Aucun[Nul] n'est prophète *en* son pays.　《성서》 선지자는 자기 고향에서는 인정받지 못한다 ; 《**속담**》 사람의 진가를 가까운 사람들은 모른다.
- Son oncle habite *en* ville[banlieue].　그의 삼촌은 시내[교외]에 산다.
- Il a noté ses appréciations *en* marge du texte.　그는 자기의 평가 의견을 텍스트의 여백에 기록해 두었다.
- Les oiseaux se soutiennent *en* l'air au moyen de leurs ailes.　새들은 날개로 하늘에 떠 있는다.
- Les mains *en* l'air!　손들어!
- Je suis tombé en panne *en* rase campagne.　허허벌판에서 차가 고장이 났다.
- La terre a encore tremblé *en* cette région.　이 지역에서 또 지진이 일어났다.

2) 명사의 보어

actes de brigandage *en* territoire occupé 점령지에서의 약탈.　bain *en* piscine 수영장에서의 물놀이.　circulation *en* ville 시내의 교통소통.　conduite *en* ville 시내운전.　compte *en* banque 은행 구좌.　culture *en* serre 온실 재배.　débats *en* justice 법정 토론.　déclaration *en* douane 세관 신고.　diamant *en* bague 반지에 세팅된 다이아몬드.　difficultés des transports *en* région parisienne 파리 지역의 교통난.　éditorial *en* première page 제1면의 사설.　excursion *en* mer[montagne] 항해[등반] 여행.　fauve *en* cage 우리에 갇힌 야수.　ghetto *en* pays musulman 회교국가의 유태인 거류지.　grande balade *en* montagne 등산, 산타기.　maison *en* contre-bas[contre-haut] d'une route 길 보다 저지대[고지대]에 있는 집.　marchandises *en* devanture 진열 상품.　marchandises *en* entrepôt 창고에 보관 중인 상품.　notes *en* marge 방주(傍註).　prises de vues *en* extérieur 야외 촬영.　promenade *en* forêt 숲속 산책.　séjour *en* clinique 입원.　soupape *en* tête (자동차의) 오버헤드 밸브.　sports *en* chambre[salle] 실내 스포츠.　voyage *en* province 지방 여행.

3) ❶ 국가 · 지명

> ambassadeur de Corée *en* France 주불 한국 대사.　armes nucléaires stationnées *en* Asie 아시아에 배치된 핵무기.　implantation des missiles américains *en* Asie 미국 미사일의 아시아 지역 배치.　sorciers *en* Afrique 아프리카의 주술사.　voyages *en* Orient 동방 여행.　avoir un ami *en* Inde 인도에 친구가 한 명 있다.　faire un voyage *en* Afrique[Alaska] 아프리카[알래스카] 여행을 하다.

· Le fleuve naît *en* Chine.　그 강은 중국에서 발원한다.
· L'action du film se passe *en* France[Normandie].　그 영화는 프랑스[노르망디]를 무대로 하여 전개된다.
· Son bateau a été torpillé *en* Mer du Nord, le 11 mars 1942.　그의 배는 1942년 3월 11일 북해에서 어뢰에 격침당했다.
· La Corée du Nord poursuit ses tirs *en* mer Jaune.　북한은 황해에서 포격을 계속하고 있다.

> ☆ 여성 국명이나 모음 · 무음 h로 시작되는 남성 국명 앞에서는 en을 쓰고 그 외의 경우에는 à를 씀. ⇒ à

> ☆ province명 앞에는 le Maine, le Perche, le Velay의 경우에는 dans, 나머지의 경우에는 en을 씀. département명 앞에는 보통 dans을 쓰지만 et로 연결된 복합어의 경우에는 en을 씀. *en* Seine-et -Marne 센에마른느에(서).

> ☆ 잘 알려졌거나 큰 섬에는 en, 잘 알려지지 않았거나 작은 섬에는 à를 쓰고 군도에는 aux를 씀. *en* Corse 코르시카 섬에(서).　aux Antilles 서인도 제도.

❷ 신체부위명사

> vin long[court] *en* bouche 마신 후에 맛이 입 안에 남는[남지 않는] 포도주.　coucher[mettre] *en* joue un fusil 총을 겨냥하다.　avoir trois trèfles *en* main 클로버를 세 장 쥐고 있다.　avoir tous les atouts *en* main 성공의 모든 조건들을 갖고 있다.　être *en* bonnes mains 신뢰할 만한[유능한] 사람의 손에 맡겨져 있다.　prendre *qc en* main(s) …을 맡다[담당하다].　prendre *en* main l'éducation d'un enfant 아이의 교육을 맡다.

❸ 용기

> bière *en* bouteille 병맥주.　couleurs *en* tube 물감 튜브.　mayonnaise *en* tube 튜브에 든 마요네즈. eau de toilette *en* atomiseur 스프레이 용기에 담긴 화장수.　lait *en* bôite 팩 우유.　moutarde *en* verre 병에 담긴 겨자.　poulet (*en*) cocotte 삼계탕.　oeufs (*en*) cocotte 반숙란.　vin *en* carafe 음료병에 담긴 술.　vin *en* pichet (음식점에서) 단지에 담은 포도주.　vin conditionné *en* brique[brick] 팩으로 포장한 포도주.　mettre des fruits *en* bocal 과일을 병에 넣어 저장하다.

mettre *qc en* silo …을 사일로에 저장하다.

❹ [en plein + 명사]

en plein dedans 한복판에.　*en* pleine rue 거리에서, 밖에서.　*en* plein soleil 해가 내리쬐는 곳에서; 《비유》 대중 앞에서.　arbre *en* plein vent 노지 재배의 과수.　boutique *en* plein vent 노점. décor *en* plein air 야외무대.　piscine *en* plein air 실외수영장.　dormir *en* plein vent 노숙하다. établir un cantonnement *en* pleine nature 야영하다.　être *en* pleine mer 바다 한가운데에 있다. nager *en* pleine eau 깊은 물속을 헤엄치다; 호사스럽게 살다;《속어》 깊이 빠지다.　passer la nuit *en* plein(s) champ(s) 들판에서 밤을 보내다.　plaider *en* pleine audience 공개법정에서 변론하 다.　replanter des boutures *en* pleine terre 꺾꽂이 가지를 한데에 옮겨 심다.　vivre *en* plein air 야외에서 생활하다.

- Le moteur a calé *en* plein milieu du carrefour.　네거리 한복판에서 모터가 꺼지고 말았다.
- L'avion a explosé *en* plein ciel.　비행기가 상공에서 폭발했다.
- La balle l'a frappé *en* pleine poitrine.　총탄이 그의 가슴 한가운데에 박혔다.
- Il a pris un coup de poing *en* pleine figure.　그는 얼굴 정면을 주먹으로 맞았다.
- Le train est reparti pour stopper une seconde fois, *en* pleine montagne.　기차가 다시 출발했지만 산 한가운데서 두 번째로 멈춰버렸다.

❺ [en + 특정명사]

s'arrêter *en* chemin 도중에 멈추다.　s'arrêter *en* bon chemin 《비유》 성공을 목전에 두고 그만두다. ne pas s'arrêter *en* si bon chemin 《비유》 (지금껏) 잘 해오던 대로 계속하다.　se mettre *en* chemin 출발하다.　s'arrêter *en* route 중도에서 포기하다.　rester *en* chemin[route] 중도에서 그만 두다; 좌절하다.

- Nous allons déjeuner, après quoi nous nous mettrons *en* route.　우리는 점심을 먹은 후에 길을 떠날 것이다.
- L'étape est longue; il ne faudra pas s'amuser *en* chemin[route].　갈길이 머니 도중에서 빈둥거려서 는 안 된다.
- Ils l'ont rencontré *en* chemin.　그들은 도중에 그를 만났다.

2. …위에(서)(=sur).

démarrage *en* côte (자동차의) 언덕에서의 출발.　gravure *en* médaille 메달의 장식 부조.　portrait *en* pied 전신상.　statue *en* pied 입상.　attacher[clouer, mettre] *qn en* croix …을 십자가에 못박아 죽이다; 몹시 괴롭히다.　avoir un casque *en* tête 머리에 헬멧을 쓰고 있다.　entrer *en* scène 무대에 등장하다. mettre des genoux *en* terre 땅에 무릎을 꿇다.

· Le professeur est *en* chaire.　　교수님은 강의 중입니다.
· Le Christ est mort *en* croix.　　그리스도는 십자가 위에서 돌아가셨다.

3. 방향

1) …에, …으로.

séquence filmée *en* contre-plongée 아래에서 위로 잡은 화면.　　aller *en* arrière 뒤로 물러가다, 역행하다 (=reculer).　　aller *en* avant 전진하다(=avancer).　　aller *en* classe 수업 받으러 가다.　　aller *en* clinique 진료소에 가다.　　aller *en* paradis 천당에 가다.　　conduire un accusé *en* prison 피고를 구치소로 호송하다. couper un morceau de carton *en* biais 마분지 조각을 비스듬하게 자르다.　　déplacer des usines *en* province 공장을 지방으로 이전하다.　　faire un pas *en* avant 앞으로 한 걸음 나아가다.　　habiter *en* face de l'église 교회의 맞은편에 살다.　　mener les vaches *en* pâture 소들을 방목장으로 데려가다. mettre *qc en* sac …을 자루에 넣다.　　mettre du vin *en* bouteille 포도주를 병에 담다.　　monter *en* voiture 차에 올라타다.　　partir *en* France[province] 프랑스로[지방으로] 떠나다.　　ramener ses cheveux [se tirer les cheveux] *en* arrière 머리를 뒤로 빗어 넘기다.　　tomber la tête *en* bas 거꾸로 떨어지다.

· Cette maison donne *en* plein sud.　　이 집은 정남향이다.
· Le train entre *en* gare.　　기차가 역으로 들어온다.
· Cette famille s'est transplantée *en* Argentine.　　그 가족은 아르헨티나로 이주했다.
· Le bateau vient *en* aval.　　배가 하류로 온다.

2) 명사의 보어

le bond *en* avant de l'expansion industrielle. 산업의 급속한 성장.　　expédition française *en* Egypte 프랑스의 이집트 원정.　　le grand bond *en* avant chinois de 1958 1958년의 중국 경제의 대약진 (운동). entrée d'un train *en* gare 기차의 역 진입.　　un important afflux de travailleurs immigrés *en* France 이민 노동자들의 프랑스로의 대량 유입.　　renvoi *en* commission 위원회에의 파견.　　transfert d'une entreprise *en* provence 회사의 지방 이전.

3) [en + 특정명사]

en sens contraire 반대 방향으로.　　*en* tous sens 사방으로.　　circulation *en* sens unique 일방통행. train *en* direction de Paris 파리행 열차.　　détachement de blindés qui pousse une pointe *en* direction d'une ville 도시 방향으로 진격하는 기갑 분견대.　　faire le trajet *en* sens inverse 왔던 길로 되돌아가다.

· Un taxi venait *en* sens inverse.　　택시가 반대 방향에서 오고 있었다.

4)

trois pièces *en* façade 정면 쪽의 세 개의 방.　　habiter *en* face de l'église 교회의 맞은편에 살다.　　regarder *qn en* face …을 정면으로 바라보다.　　regarder *en* arrière 뒤를 돌아보다; 《비유》 과거를 돌아보다.

Ⅱ 시간

1. 시기·시점

1)
> *en* début[fin] de semaine 주초[주말]에.   *en* fin de la journée 저녁때.   *en* mai 오월에.   *en* été[hiver] 여름[겨울]에.   *en* automne de l'année 1981 1981년 가을에.   *en* âge de servir 징병적령의.   enfant *en* bas âge 유년기의 아이.   *en* l'an 2000 서기 2000년에.   *en* l'an de grâce 1470 서력 1470년에.   *en* période de récession économique 경제 쇠퇴기에.   *en* ce temps-là 그때, 당시.   *en* saison 시즌 중에.   *en* toute(s) saison(s) 일 년 내내.   *en* semaine 주중에.   *en* ce temps chahuté d'après guerre 전후 엉망진창의 이 시기에.   *en* même temps 동시에.   *en* temps de paix[guerre] 평화시[전시]에.   *en* son temps 그의 시대에, 그의 전성기에; 제 때에, 적기에.   *en* des temps immémoriaux 태고적에.   *en* temps utile[opportun, voulu] 알맞은 때에, 적절한 시기에.   *en* tout temps 언제 어느 때에나, 예로부터 언제나.   traitement de données *en* temps réel 실시간 전산처리.   être *en* âge de connaissance 철이 들 나이이다.

- *En* vacances, je lis à loisir.   나는 바캉스 때 책을 마음껏 읽는다.
- *En* l'absence du directeur, voyez son adjoint.   책임자가 없을 때엔 그의 보좌관을 만나십시오.
- Chaque chose *en* son temps.   《**속담**》 무슨 일에나 때가 있다.
- Il est arrivé beaucoup d'événements *en* son absence.   그가 없는 동안에 많은 사건이 일어났다.
- Paris fut assiégé *en* 1870-1871.   파리는 1870-1871년에 포위 공격을 받았다.
- Les ventes ont augmenté *en* septembre.   9월에 매상이 늘었다.
- Ma fille est *en* âge de se marier.   내 딸은 결혼할 나이이다.
- Il s'est fait exécuter *en* deux rounds.   그는 2라운드에서 KO패 당했다.
- Ce musée expose *en* ce moment des Dufy.   그 미술관은 요즘 뒤피의 작품을 전시하고 있다.
- C'est *en* automne qu'il ferait bon voyage.   여행을 하기에 좋은 계절은 가을이다.
- Il est né *en* 1960.   그는 1960년에 태어났다.
- Cette année-là, trois accidents d'avion se sont produits *en* l'espace de dix jours.   그 해에는 열흘 동안에 비행기 사고가 세 차례나 났다.
- Sa faiblesse s'est trahie *en* cette occasion.   그때 그의 나약함이 드러났다.

> ☆ 계절을 나타낼 때 printemps은 au, 나머지는 en을 씀.

2) [en plein + 명사]

> *en* plein jour 대낮에, 백주에.   *en* pleine nuit 한밤중에.   *en* plein sommeil 한참 자는 중에.   faire voir les étoiles *en* plein midi à *qn* …에게 눈에서 불꽃이 튀게 하다; …을 호되게 때리다.

- On se croirait *en* plein été.   날씨가 더운 게 마치 한여름 같다.
- Il est mort *en* pleine jeunesse.   그는 한창 젊을 때 죽었다.

2. 소요 기간

1)

> *en* cinq sec 잠시 동안에, 순식간에.　*en* un clin d'oeil 눈 깜짝할 사이에.　*en* un instant[moment] 순식간에, 눈 깜짝 할 사이에(=très vite).　*en* un (seul) jour 하루에.　*en* moins de cinq minutes 5분도 안 걸려서((*en* plus de는 쓰이지 않음)).　*en* moins de rien;《구어》*en* moins de deux; *en* moins de temps qu'il n'en faut pour le dire 순식간에, 아주 빨리.　*en* deux[trois, cinq] coups de cuiller à pot《구어》재빨리, 삽시간에.　*en* un temps record 아주 빠른 시간 안에, 속히.　*en* deux temps, trois mouvements 날쌔게, 재빠르게.　*en* trois sauts《구어》순식간에.　*en* un tour de main 순식간에, 눈 깜짝할 사이에. décrue d'un mètre *en* deux jours 이틀에 1미터의 수위 저하.　bâtisse qui flambe *en* quelques instants 순식간에 불타는 건물.　leçon qui s'apprend *en* quelques jours 며칠 만에 배울 수 있는 학과.　progrès accomplis *en* une vingtaine d'années 20여 년 동안 이룩한 발전.　quantité d'eau écoulée *en* un temps donné 일정한 시간에 흐르는 물의 양.　courir 100 mètres *en* 12 secondes 100미터를 12초에 달리다. faire un devoir *en* deux heures 두 시간 만에 숙제를 하다.　grossir de cinq kilogrammes *en* trois mois 체중이 3개월 동안에 5킬로그램 늘다.

- *En* deux ans, ce terrain a acquis beaucoup de valeurs.　2년 사이에 그 땅은 값이 많이 올랐다.
- La production a centuplé *en* cinquante ans.　50년 동안 생산량이 백배로 늘었다.
- L'avion couvre cette distance *en* une heure.　비행기는 그 거리를 한 시간에 난다.
- La consommation annuelle de la viande a crû de 20 % *en* une décennie.　고기의 연간 소비량이 10년 동안에 20% 증가했다.
- Il a dépensé *en* une soirée la bagatelle de 5.000 euros.　그는 하루 저녁에 무려 5천 유로를 썼다.
- Les enfants ont dévasté la maison *en* une demi-heure.　아이들이 반시간 만에 온통 집을 어질러 놓았다.
- Ses craintes ont disparu *en* un clin d'oeil.　그의 두려움은 순식간에 걷혔다.
- La traversée s'effectue *en* 13 jours.　횡단하는 데는 13일 걸린다.
- La fièvre l'a emporté *en* quelques jours.　열병이 며칠 사이에 그의 목숨을 앗아갔다.
- Il s'est engagé à payer ses dettes *en* six mois.　그는 6개월 동안에 채무를 갚겠다고 약속했다.
- Il a engouffré son sandwich *en* deux minutes.　그는 2분만에 샌드위치를 먹어 치웠다.
- Vous y serez *en* deux secondes.　곧 도착합니다.
- Ses espoirs se sont évanouis *en* un instant.　그의 희망이 일순간에 사라졌다.
- Le travail a été exécuté *en* moins de temps qu'il n'était prévu, c'est une belle performance!　그 일은 예정보다 더 빨리 행해졌다. 대성공이다!
- Rome n'est pas fait *en* un jour.　로마는 하루아침에 이루어진 것이 아니다.
- Ils ont parcouru tout le pays *en* trois jours.　그들은 3일 만에 전국을 돌아다녔다.
- La douleur passe *en* deux heures.　두 시간이면 통증이 없어진다.
- Nos bénéfices ont septuplé *en* trois ans.　우리 이익이 3년 사이에 7배 늘었다.

2)

> (d')aujourd'hui *en* huit[quinze] 내주[내내주]의 오늘.　(de) demain *en* huit 일주일 후의 내일.

3. 횟수

achat *en* dix mensualités 10개월 할부 구매.   médicaments à ingérer *en* trois prises quotidiennes 하루 3회 복용하는 약.   s'acquitter *en* plusieurs versements 빚을 여러 번에 나누어 갚다.   convoler *en* secondes noces avec *qn* …와 재혼하다.   faire *qc en* deux temps …을 두 단계로 나누어 하다.   payer *en* une fois 한 번에 지불하다.   payer une maison *en* 30 annuités   30년 할부로 집을 구입하다.   transporter toutes les valises *en* un seul voyage 모든 짐을 한 번에 운반하다.

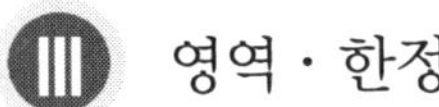

Ⅲ   영역 · 한정

1. 추상적인 장소

1) …에(서).

❶

en mon âme et conscience 내 마음속에서.   avoir foi *en* l'avenir 미래에 기대를 걸다.   avoir des projets *en* tête 머리 속에 계획을 가지고 있다.   avoir[garder] *qc en* mémoire …을 기억하다. avoir *qn/qc en* vue …을 고려[계획, 생각]하다.   se claustrer *en* un farouche mutisme 죽은 듯 침묵에 잠기다.   entrer *en* ligne de compte 고려[계산]의 대상이 되다.   mettre *qn/qc en* ligne de compte …을 고려[계산]하다.   mettre (de l'argent) *en* jeu (돈을) 걸다.   mettre une scène *en* perspective 풍경을 한 눈에 조망하다.   se représenter *qc en* pensée …을 마음속에 그려보다.

· Sa mère lui est apparue *en* rêve.   그의 꿈에 어머니가 나타났다.

· Il ne se contraint *en* rien.   그는 어떤 일에도 참지 못한다.

· Ces deux propositions diffèrent *en* un point.   그 두 제안은 한 가지 점에서 다르다.

· La voix de ce chanteur est belle *en* bas.   이 가수의 목소리는 저음이 곱다.

· La difficulté réside *en* ceci.   어려움은 다음과 같은 점에 있다.

❷ [prendre + 명사 + en]

prendre *qn en* affection …을 좋아하게 되다.   prendre *qn en* amitié …을 사랑하다.   prendre *qn/qc en* aversion …을 혐오하다.   prendre *qn/qc en* charge …을 책임지다.   prendre *qn/qc en* chasse …을 뒤쫓다.   prendre *qc en* considération …을 고려하다.   prendre *qc en* dégoût …을 싫어하다.   prendre *qn en* filature …을 미행하다.   prendre *qn/qc en* haine …을 증오하다. prendre *qn/qc en* horreur …을 미워하다, … 대해 혐오감을 느끼다.   prendre *qn/qc en* ligne de compte …을 고려[계산]하다.   prendre *qc en* patience …을 꾹 참다.   prendre *qn en* pitié …을 측은히 여기다.

❸

en haut lieu 고위층에서.   dîner *en* petit comité 친한 사이끼리 저녁식사를 하다.   avoir foi *en* *qn* …을 믿다[신뢰하다].   passer le dimanche *en* famille 일요일을 가족과 보내다.   régler *qc*

> *en* famille ···을 (외부에 잡음을 내지 않고) 집안사람끼리 처리하다.   sortir *en* famille 가족과 함께 외출하다.   laver son linge sale *en* famille 《**구어**》 집안의 수치를 밖에 드러내지 않다.   vie *en* société 사회생활.   savoir se tenir *en* société 사교계에서의 예절을 알고 있다.

- Il passe tous les après-dîners *en* famille.   그는 저녁 식사 후의 시간을 가족과 함께 지낸다.
- Les gens tristes sont peu appréciés *en* société.   성격이 어두운 사람은 사회에서 인정받지 못한다.

2) [en + 인물명사]

> puissances obscures qui agissent *en* nous 우리 마음속에 작용하는 모호하고 강한 것.   se concentrer *en* soi-même 자기 속에 틀어박히다; 깊이 생각에 잠기다.   descendre *en* soi-même 반성하다.   être confiant *en* ses amis 친구들을 믿다.   jeter le trouble *en qn* ···을 동요[불안]하게 하다.   mettre de grands espoirs *en qn* ···에게 큰 기대를 걸다.   mettre ses espérances *en qn* ···에 기대를 걸다.   rentrer *en* soi 자신을 되돌아 보다.

- La doute s'est profondément ancrée *en* elle.   의심이 그녀의 마음 속 깊이 자리잡았다.
- J'ai confiance *en* lui.   나는 그를 신뢰한다.
- Il y a *en* lui quelque d'étrange.   그에게는 이상한 어떤 점이 있다.
- Il y a quelque chose *en* l'homme qui l'approche des esprits immortels.   인간에게는 그를 불멸의 존재와 대등하게 하는 무엇인가가 있다.
- Confiez-vous *en* moi.   나를 믿으시오.
- Elle se disait, *en* elle-même que c'était trop fort.   그녀는 속으로 그것은 좀 지나치다고 생각했다.
- Ce poème éveille *en* nous des résonances profondes.   이 시는 우리들에게 깊은 반향을 일으킨다.
- On reconnaît *en* Paul un chef.   사람들은 폴을 우두머리로 인정한다.
- La foule qui l'acclamait saluait *en* lui le libérateur.   그에게 환호하는 군중들은 그를 해방자로 떠받들고 있었다.
- La tristesse sourdait *en* elle.   그녀의 마음속에 슬픔이 피어올랐다.
- Il surgit un soupçon *en* lui.   그의 마음 속에 한 가지 의혹이 인다.
- On trouve un poète *en* André Gide.   지드에게는 시인적인 요소가 있다.

3) 명사의 보어

> confiance *en* soi 자신감.   mise *en* mémoire d'une information 정보의 입력.   part d'humanité et d'animalité *en* chaque homme 각 사람 속의 인간성과 동물성의 부분.   union des deux natures *en* Jésus-Christ 예수 그리스도에 있어서의 신성과 인성의 결합.

- Tout *en* lui la repousse.   그의 모든 것이 그녀에게 혐오감을 준다.

4) [en ce que + *ind*]
- Celui-ci diffère de l'autre *en* ce qu'il est plus complet.   이것은 더욱 완벽하다는 점에서 저것과 다르다.

- Ces deux frères diffèrent *en* ce que l'un est blond, tandis que l'autre est brun.   그 두 형제는 하나는 금발인데 비해 다른 하나는 갈색 머리인 점에서 다르다.
- Les services se distinguent des marchandises *en* ce qu'ils sont immatériels.   용역은 형태가 없다는 점에서 상품과 구별된다.
- La démocratie réside *en* ce que le citoyen est censé exercer librement ses droits.   민주주의는 시민이 그의 권리를 자유롭게 행사한다고 여겨지는 데 있다.

2. 영역·분야

1) ❶ …에, …의 분야에.

> mot qui varie *en* genre et *en* nombre 성과 수에 따라 변화하는 낱말.   poids total autorisé *en* charge 차량 총중량(운전자, 승객, 화물의 무게를 합한 총중량)(= P.T.A.C.).   aller vite[lentement] *en* besogne 일손이 빠르다[느리다].   augmenter *en* nombre[quantité, intensité] 수[양, 강도]가 증가하다.   avancer[monter] *en* grade 승진하다.   avoir des connaissances *en* astronomie 천문학에 관해 조예가 깊다.   avoir des opinions extrêmes *en* politique 정치에 대해 극단적인 견해를 갖다.   avoir zéro *en* mathématiques 수학에서 영점을 받다.   croître *en* nombre[volume, étendue] 수[부피, 넓이]가 늘어나다.   croître *en* âge et *en* sagesse 나이를 먹으면서 점점 더 현명해지다.   décider souverainement *en* toute matière 모든 문제에서 전권을 가지고 결정하다.   défier *qn en* combat singulier …에게 결투를 신청하다.   employer la ruse *en* politique 정치에서 권모술수를 쓰다.   enchérir *en* audace sur son adversaire 상대방보다 더 대담하다.   être le premier[dernier] *en* date 시간[연대]적으로 가장 빠르다[늦다].   exceller *en* mathématiques 수학에 뛰어나다.   faire une spécialisation *en* droit international 국제법을 전공하다.   gagner *en* sagesse[précision] 더 현명[정확]해지다.   grandir *en* beauté[sagesse] 더욱 아름다워지다[지혜로워지다].   imiter *qn en* tout …을 모든 면에서 본받다.   innover *en* art 예술분야에서 혁신을 일으키다.   instruire un enfant *en* sciences 아이에게 어떤 과학에 대해 가르치다.   passer *en* chimie 화학에 합격하다.   passer *qn en* beauté 《옛·문어》 …보다 아름답다.   se perfectionner *en* anglais 영어 실력이 늘다.   précéder *qn en* mérite 재능에서 …을 능가하다.   surpasser *qn en* habilité 능숙함에 있어서 …을 능가하다.   toucher *qn en* un point vulnérable …의 약점을 찌르다.   tricher *en* amour 변심하다.   truster des médailles *en* gymnastique 《비유·구어》 체조 경기에서 메달을 독차지하다.   vaincre *qn en* générosité …보다 더 관대하다.

- Elle a augmenté *en* beauté.   그 여자는 더 아름다워졌다.
- Elle a un blocage *en* maths.   그녀는 수학이라면 질색이다.
- Il a de la facilité *en* mathématiques.   그는 수학에 재능이 있다.
- Elle a beaucoup d'intuition *en* affaires.   그녀의 사업적인 예측력은 뛰어나다.
- Elle n'a pas de rivale *en* beauté.   그 여자의 아름다움에 필적할 만한 미인은 없다.
- Il a une spécialisation *en* gestion.   그는 경영에 전문지식을 갖고 있다.
- Elle ne lui cède *en* rien.   그는 무엇에서도 그보다 낫다.
- Personne ne peut l'égaler *en* intelligence.   영리함에서 그와 필적할만한 사람이 없다.
- C'est un béotien *en* musique.   그는 음악에 문외한이다.

- Il est grand clerc *en* la matière.　그는 그 문제의 전문가이다.
- Je me suis rendu compte que je n'étais pas doué *en* musique.　나는 내가 음악에 재능이 없다는 것을 깨달았다.

❷

entrer *en* politique 정치가가 되다.　entrer *en* religion 수도사[수녀]가 되다.

2) 명사의 보어

❶

accord *en* genre 성의 일치.　conceptions audacieuses *en* architecture 건축에 있어서 기발한 착상.　courtage *en* valeurs mobilières 유가증권 중개업.　couverture des besoins *en* énergie 에너지 수요에 대한 공급율.　croissance *en* volume 양적 증가.　dilettantisme *en* musique 음악에 대한 애호.　expérimentation *en* physique 물리 실험.　extrémisme *en* politique 정치 과격주의.　faiblesse d'un élève *en* mathématiques 학생의 수학실력 부족.　fantastique *en* littérature 환상적 계열의 문학.　figures libres *en* patinage artistique 피겨 스케이팅의 자유연기.　incapacité *en* matière d'organisation. 조직력 부재.　infériorité *en* nombre 수적 열세.　licence *en* droit 법학사.　sa nullité *en* mathématiques 그의 형편없는 수학 성적.　objectivité *en* histoire 역사학에서의 객관성.　succès *en* affaires 사업에서의 성공.　techniques exploratoires *en* médecine 의료 탐사 기법.　tromperie *en* affaire 상거래의 사기행위.　tromperie *en* amour 부정, 배신행위.　usage des nombres *en* géométrie 기하학에서의 숫자의 사용.　vin à 10% *en* volume d'alcool 알코올 도수 10도의 포도주.

- Ses progrès *en* musique ont été surprenants.　그는 음악에서 놀라운 발전을 보여주었다.
- Je reconnais mon ignorance *en* ce domaine.　이 분야에 대한 나의 무지를 인정한다.

❷

as *en* cuisine 요리의 명인.　commissionnaire *en* librairie 서적 외판원.　conseil *en* gestion 경영고문.　docteur *en* droit[médecine] 법학[의학] 박사.　étudiant *en* chimie[médecine] 화학[의학]을 전공하는 학생.　expert *en* acoustique 음향 전문가.　expert *en* assurances 보험 평가인.　faux-monnayeurs *en* dévotion 《비유》 사이비 신자들.　hérétique *en* littérature 문학의 이단자.　ingénieur spécialiste *en* informatique 정보과학의 전문기술자.　initiateur *en* informatique 컴퓨터의 기초 교습자.　spécialiste *en* rhumatologie 류머티스 전문의.　technicien *en* communication 홍보전문가.

3) 형용사의 보어

égal *en* nombre 수가 같은.　unique *en* son genre 그 분야에서 유일한.　homme correct *en* affaires 양심적으로 장사하는 사람.　étudiant doué *en* mathématiques 수학에 재능이 있는 학생.　ennemi inférieur[supérieur] *en* nombre 수적으로 열세인[우세한] 적.　adjectif invariable *en* genre 성 변화하지 않는 형용사.　homme loyal *en* affaires 정직한 사업가.　élève médiocre *en* français 불어를 잘 못하는 학생.　homme prudent *en* affaires 사업에 신중한 사람.　homme sobre *en* paroles 말수가 적은 사람.　homme strict *en* affaires 일에 꼼꼼한 사람.　mot variable *en* genre et *en* nombre 성과 수에 따라

변화하는 낱말.　être bon[nul] *en* orthographe 정서법에 숙달되어 있다[미숙하다].　être carré *en* affaires 일처리가 분명하다.　être continent *en* paroles 언어구사가 간결하다.　être dur *en* affaires 일에 있어서 엄격하다.　être éclectique *en* littérature 문학적 취향이 폭넓다.　être érudit *en* qc …에 조예가 깊다.　être excellent *en* chimie 화학에 능하다.　être exclusif *en* amour 외곬으로 사랑하다. être expéditif *en* affaires 일을 신속하게 처리하다.　être expert *en* mécanique 역학에 정통하다. être ferré (à glace) *en* qc 《비유》 …에 정통하다, …을 잘 알고 있다.　être fort *en* maths 수학에 능하다.　être fort *en* gueule 《구어》 입담이 좋다.　être habile[malhabile] *en* paroles 말재주가 좋다[없다].　être haute *en* parole 언성이 높다; 고압적으로 말하다.　être ignare[ignotant] *en* musique 음악에 무지하다.　est incollable *en* physique.《구어》 물리의 척척박사이다.　être incompétent *en* politique 정치의 문외한이다.　être méchant *en* actions[paroles] 하는 짓[말]이 고약하다.　être outrageux *en* paroles 말이 심하다.　être rond *en* affaires 거래에 있어서 일처리가 정확하다.　être très versé *en* architecture romane 《문어》 로만 건축양식에 아주 정통하다.

- Elle est très avancée *en* âge.　　그 여자는 아주 나이가 많다.
- Mon frère est bon *en* mathématiques.　　내 형은 수학을 잘 한다.
- Cet élève est bon *en* calcul.　　이 학생은 산수를 잘한다.
- Il est rudement calé *en* physique.　《구어》 그는 물리를 매우 잘한다.
- Il est peu délicat *en* affaires.　　그는 일처리가 꼼꼼하지 못하다.
- Il est dur[rond] *en* affaires.　　그는 에누리 없이[융통성 있게] 장사한다.
- L'expérimentation est essentielle *en* chimie.　　화학에서 실험은 필수적이다.
- Il est excessif *en* tout.　　그는 매사에 극단적이다.
- Le patron n'est pas facile *en* affaires.　　사장이 업무에 대해서는 까다롭게 군다.
- Il est faible *en* mathématiques.　　그는 수학에 약하다.
- Il est flottant *en* politique.　　그는 정치 문제에 있어 정견(定見)이 없다.
- Expliquez-moi, je suis profane *en* la matière.　　설명해 주세요, 나는 그 문제에 문외한입니다.

3. 대상·내용·주제

1) ❶

en matière de religion 종교 문제에 관해서는.　ma pays qui abonde *en* vigne 포도밭이 많은 고장. texte qui abonde *en* citations 인용이 풍부한 글.　sous-sol qui foisonne *en* richesses minières 광물 자원이 풍부한 지하.

- *En* ce qui concerene le service, c'est un très bon restaurant.　서비스로 말하자면 아주 좋은 식당이다.
- *En* fait de nourriture, ces enfants ne sont pas si exigeants.　식사에 관해서는 그 아이들은 그렇게 까다롭지 않다.
- *En* valeur nutritive, deux cents grammes de poisson équivalent à cent grammes de viande.　영양 가로 보면 생선 200 그램은 육류 100 그램과 맞먹는다.
- *En* vin, nous n'avons plus que du bordeaux.　포도주는 이제 보르도산 포도주 밖에 없다.
- Elle abondait *en* saillies charmantes.　그 여자는 매력적인 재치가 넘쳐흘렀다.

· Ce pays surabonde *en* richesses minières.   이 나라에는 광물 자원이 무진장하게 묻혀있다.

❷ [동사 + 목적어 + en + 명사]

a)

alimenter un moteur *en* combustible 모터에 연료를 공급하다.   alimenter une usine *en* matières premières 공장에 원료를 공급하다.   approvisionner une machine *en* combustible 기계에 연료를 보충하다.   approvisionner un village *en* eau 마을에 물을 공급하다.   desservir une région *en* éléctricité 어떤 지역에 전기를 공급하다.   ensemencer une terre *en* blé 땅에 밀을 파종하다.   fournir *qn en* légumes …에게 야채를 공급하다.   planter des terrains *en* gazon 땅에 잔디를 심다.   mettre une terre *en* blé 밭에 밀을 심다.   planter un village *en* vigne 마을에 포도나무를 심다.   rationner les automobilistes *en* carburant 운전자들에게 연료를 배급하다.   ravitailler une automobile *en* carburant 자동차에 연료를 보급하다.   ravitailler une ville[armée] *en* vivres 도시[군대]에 식량을 공급하다.   replanter une forêt *en* chênes 숲을 떡갈나무로 재식림하다.

· La grève des transports déapprovisionne la ville *en* denrées.   운수업계의 파업으로 도시가 식료품 부족을 겪고 있다.

· Les recrues sont alignés *en* vivres du jour de leur incorporation.   신병들은 편입된 날부터 식량을 지급 받는다.

b)

demander *qn en* mariage …에게 청혼하다.   intenter une action *en* diffamation 명예 훼손으로 고소하다.   poursuivre *qn en* contrefaçon …을 위조죄로 소추하다.   poursuivre *qn en* jugement …을 기소[소추]하다.

· S'il y a des dégâts, j'actionnerai la compagnie *en* dommages et intérêts.   피해를 입을 경우 나는 그 회사에 대해 손해 배상 청구 소송을 제기하겠다.

❸ [대명동사 + en + 명사]

s'approvisionner *en* fruits 과일을 사다.   se fournir *en* charbon 석탄을 구입하다.   se ravitailler *en* essence à l'entrée de l'autoroute 고속도로 입구에서 기름을 넣다.   se réapprovisionner *en* vivres 식량을 다시 보급받다.   se réassortir *en* couverts 식기 세트의 빠진 것을 사서 채우다.

2) 명사의 보어

❶

alimentation d'un moteur *en* combustible 모터의 연료 공급.   alimentation des villes *en* électricité 마을의 전력 공급.   approvisionnement d'une machine *en* combustible 기계의 연료 보충.   approvisionnement d'une ville *en* vivres 도시에 대한 식량 공급.   carence *en* fer[calcium] 철분[칼슘]부족.   déficit *en* main-d'oeuvre 일손 부족.   demande biologique[chimique] *en* oxygène 생물학적[화학적] 산소 요구량((**약**》 D.B.O.[D.C.O.])).   dépense *en* gaz 가스 소비량.   dotation d'un service *en* véhicules 부서에 대한 차량 지급.   ravitaillement *en* vivres[munitions] 식량[탄약]의

보급. récolte *en* blés 밀 수확.

❷

charpentier *en* bois 목수. charpentier *en* fer 철골공(鐵骨工). connaisseur *en* vins 포도주 감정가. coupeur *en* peausserie[ganterie] 가죽[장갑] 재단사. courtier *en* immeuble 부동산 알선업자. couvreur *en* ardoises 슬레이트 기와장이. détaillant *en* fruits et légumes 청과물 소매상. façonnier *en* porcelaine 도자기 세공인. menuisier *en* meubles[sièges] 가구[의자] 제조인. négociant *en* vins 포도주 도매상인. ouvrier *en* dorure (금)도금공. représentante *en* épicerie[produits de beauté] 식료품[화장품] 세일즈 우먼.

❸

ressources *en* eau des pays méditerranéens 지중해 국가들의 수자원. ressources *en* hommes et *en* matériel 인적·물적 자원. teneur *en* or d'un minérai 광석의 금 함유량. teneur *en* alcool d'une solution 용액의 알코올 농도.

❹

action *en* bornage 토지 경계 획정 소송. action *en* réclamation d'état 신분 확인 청구 소송. action *en* recherche de paternité (사생아의) 부자 관계 확인 소송. demande *en* distraction 압류 해제 청구. demande *en* mariage 청혼, 구혼. demande *en* renvoi 이송(移送)청구. demandeur *en* appel 공소인(控訴人). procès *en* diffamation 명예 훼손에 관한 소송. procès *en* discrimination 인종차별에 관한 소송. former une demande *en* divorce[dommages-intérêts] 이혼 [손해배상]소송을 제기하다.

3) 형용사의 보어

coûteux *en* temps[énergie] 시간[정력]을 필요로 하는. pays abondant *en* vin et *en* produits de toutes sortes 포도주와 온갖 산물이 풍성한 고장. magasin approvisionné *en* marchandises 물품을 갖춘[공급 받은] 가게. grain déficient *en* calcium 칼슘이 부족한 곡물. année déficitaire *en* blé 밀이 흉작인 해. journée féconde *en* événements 사건이 많은 날. nation féconde *en* grands hommes 위인을 많이 배출 한 나라. terre fertile *en* blés 밀이 잘 되는 토지. période fertile *en* événements 《비유》 사건이 많이 일어난 시기. personne fertile *en* expédients 《비유》 수완이 좋은 사람. voiture gourmande *en* essence 기름이 많이 드는 자동차. bibliothèque abondamment fournie *en* ouvrages contemporains 현대 작가 의 작품을 풍부하게 구비한 도서관. aliment pauvre *en* calories 저열량 식품. vie pauvre *en* événements 변화없는 평범한 생활. village pauvre *en* estaminets 카페가 거의 없는 마을. champ planté *en* maïs 옥수수를 심어 놓은 밭. champs prodigue *en* moissons 수확이 많은 밭. aliment riche *en* vitamines 비타민이 풍부한 식품. pays riche *en* produits agricoles 농산물이 풍부한 나라. lait supplémenté *en* vitamines 비타민이 보강된 우유. air sursaturé *en* vapeur d'eau 수증기로 과포화 된 공기.

· L'Allemagne est prodigue *en* chefs d'orchestre. 독일은 오케스트라 지휘자가 많다.

· La Fontaine est riche *en* proverbes.   라 퐁텐느의 작품은 격언의 보고이다.

4. 과정 · 단계

1)
en premier[deuxième, dernier] lieu 첫째로[둘째로, 마지막으로].   *en* première ligne 최전선에(서); 우선, 먼저.   adopter une loi *en* première lecture 법률을 일차 심의에서 채택하다.   aller *en* demi-finale 준결승에 진출하다.   arriver *en* finale 결승에 진출하다.   jouer *en* finale 결승전을 하다.   arriver *en* troisième position 3위로 도착하다.   concourir *en* finale 결승전에 나가다.   entrer *en* classe de seconde 2학년으로 올라가다.   épouser *qn en* secondes noces …와 재혼하다.   être *en* deuxième année d'internat 인턴 2년차이다.   être *en* haut[bas] de l'échelle 높은[낮은] 층위에 속하다.   être *en* sixième 중학교 1학년이다.   monter de cinquième *en* quatrième 5학급에서 4학급으로 진급하다.   passer *en* première[seconde] 기어를 1단[2단]으로 바꾸다.   passer *en* troisième année 3학년에 진급하다.   rentrer *en* troisième 3학년에 진학하다.   rétrograder *en* troisième 3단으로 기어를 바꾸다.   tomber *en* seconde division 2부 리그로 떨어지다.

· La Corée du Sud et l'Argentine vont *en* huitièmes.   한국과 아르헨티나가 16강에 진출한다.
· La Corée est *en* demi-finale après sa victoire sur l'Italie.   한국팀이 이탈리아팀을 누르고 4강에 진출했다.
· Elle est *en* quatrième année de médecine.   그 여자는 의과대학 4학년이다.
· Est-elle *en* quelle année?   그녀는 몇 학년 입니까?
· L'Argentine rejoint l'Allemagne *en* quarts.   아르헨티나가 8강에 독일과 합류했다.
· Notre équipe vient *en* deuxième position après la vôtre.   우리 팀이 당신들 팀의 뒤를 이어 2위를 차지하고 있다.

2) 명사의 보어

étudiant *en* cours de maîtrise 석사 과정 학생.   élimination *en* huitième finale 16강에서의 탈락.   industries *en* amont 생산 전단계 산업.   problèmes *en* aval 후속단계의 문제들.   jugement *en* premier[dernier] ressort 1심[종심] 재판.   passage *en* sixième 6학년으로 진급하기.

· Il est étudiant *en* première année.   그는 대학 1년생이다.

 상태 · 양태 · 방법 · 목적

1. 상태

1)
en bouillie 짓이겨진, 흐물흐물해진; 묵사발이 된.   *en* danger 위험에 처해 있는.   *en* germe 잠재[잠복] 상태의.   *en* nage 땀에 흠뻑 젖은.   *en* (sur)saturation (과)포화 상태의.   *en* vadrouille 《구어》 산책 중인; 외출 중인.   captif réduit *en* esclavage 노예상태가 된 포로.   loi tombée *en* désuétude 실효한 법.   pays tenu *en* sujétion par un autre 다른 나라의 속국.   maintenir *qn en* captivité …을 억류하다.

se maintenir *en* bonne santé 여전히 건강하다.　mourir *en* odeur de sainteté 훌륭한 기독교인으로 세상을 뜨다.　partir *en* douce 《구어》 슬그머니 떠나다.　plonger *en* apnée 호흡을 멈추고 잠수하다.　répondre *en* écho (상대방과) 같은 말로 대답하다.　rester *en* contemplation devant une l'oeuvre d'art 예술작품을 유심히 바라보다.　rester *en* rapports étroits[*en* liaison étroite] avec *qn* …와 긴밀한 관계를 유지하다.　se sentir *en* (pleine) forme 컨디션[건강]이 (매우) 좋다.　surprendre *qn en* galante compagnie …가 여자와 함께 있는 것을 목격하다.　tenir *en* équilibre 평형을 유지하다.　se tenir *en* embuscade 매복하다.　se trouver *en* désaccord avec *qn* sur *qc* …에 관해 …와 의견이 대립되다.　tomber *en* catalepsie 경직 상태에 빠지다.　tomber *en* léthargie 가사상태에 빠지다.　tomber *en* syncope 가사상태에 빠지다[기절하다].　travailler *en* faux jour 조명 상태가 좋지 않은 곳에서 일하다.　vivre *en* captivité 갇혀 지내다.　vivre *en* guerre avec *qn* …와 반목하며 살다.　vivre *en* sûreté 안전하게 살아가다.

· Elle paraissait *en* colère.　그녀는 화가 나 있는 것 같았다.

· Sa voiture est restée *en* panne.　그의 자동차는 고장난 채로 방치되어 있다.

· Les mousses peuvent survivre *en* anhydrobiose.　이끼는 무수상태에서도 생존할 수 있다.

· L'ennemi se tenait *en* observation.　적은 경계 태세에 들어가 있었다.

· L'avion est tombé *en* flammes.　비행기가 불길에 휩싸여 추락했다.

· Ils vieillirent *en* paix parmi les leurs.　그들은 가족들과 함께 평화롭게 여생을 보냈다.

2) ❶ [être en + 명사]

couleurs qui ne sont pas *en* harmonie 어울리지 않는 색깔.　être *en* abomination à *qn* …의 미움을 받다.　être *en* admiration devant *qn/qc* …에 감탄하다.　être *en* adoration devant *qn* …을 몹시 사랑하다, 경애하다.　être *en* apprentissage 견습 중이다.　être *en* bénédiction 존경과 사랑을 받고 있다.　être *en* bonheur (승부·내기에서) 운이 좋다.　être *en* bonne[mauvaise] humeur 기분이 좋다[좋지 않다].　être *en* bonne[mauvaise] passe 《비유》 좋은[좋지 않은] 상황에 처해 있다.　être *en* bonne santé 건강하다.　être *en* boule 화가 나 있다.　être *en* captivité 갇혀 지내다.　être *en* chômage 실직 중이다.　être *en* cloque 임신중이다.　être *en* communion avec la nature 자연과 일체가 되다, 자연에 몰입해 있다.　être *en* galante compagnie (남자가) 여성을 동반하다.　être *en* considération 존중되고 있다.　être *en* contestation avec *qn* …와 계쟁(係爭) 중이다.　être *en* contradiction avec *qn/qc* …와 대립[모순]되다.　être *en* contravention 위반하다.　être *en* convalescence 회복기에 있다.　être *en* couches 출산하다; 산후조리 중이다.　être *en* courroux 《문어》 화가 나 있다.　être *en* crédit 신용[신망]을 얻고 있다; 신용이 있다.　être *en* déficit 적자 상태이다; 부족하다.　être *en* défonce 《구어》 환각 상태에 있다.　être *en* désaccord avec *qn* sur *qc* …에 관해 …와 의견이 대립되다.　être *en* grand désarroi 큰 혼란에 빠져 있다.　être *en* désordre 무질서하다, 어질러져 있다.　être *en* dette avec *qn* …에게 빚이 있다.　être *en* différend 분쟁 중이다.　être *en* difficulté 곤경에 처해 있다.　être *en* discrédit auprès de *qn* …의 신임을 얻지 못하다.　être *en* dissidence 반항 중이다.　être *en* doute (au sujet de *qc*) (…에 대해) 의심하다.　être *en* embuscade 매복하다.　être *en* alerte 경계태세에 있다.　être *en* extase devant *qn/qc* …앞에서 황홀감에 잠겨 있다.　être *en* éveil 깨어있다, 경계하다.　être *en* faveur auprès de *qn* …의 신임을 받다.　être *en* fête 축제분위기에 젖어 있다, 유쾌하다.　être *en* fougue 격분하고 있다.　être *en* froid avec *qn* …와 틀어져 있다[불화 중이다].　être *en* gain (투자를 해서) 이득을 보다.　être *en* garde contre *qn/qc* …에 대해 경계하다.　être *en* garnison à Metz 메츠에 주둔하고 있다.　être *en* grève 파업중이다.　être *en* guignon 《옛·구어》 불운이 계속되다.　être *en* guerre contre un pays 어떤 나라와 교전 상태에 있다.　être *en* inactivité 휴직[귀휴] 중이다.　être *en* incandescence 작열하다.　être *en* infraction à *qc* …에 위반되다.　être *en* larmes 자꾸만 눈물을 흘리다.　être *en* ligne 전열[경기]에 참가하고 있다; 통화하고 있다; (펜싱에서) 어깨와 팔, 검이 일직선상에 있다.　être *en* lutte avec[contre] *qn/qc* …와 대립상태에 있다.　être *en* méforme 슬럼프에 빠지다.　être *en* minorité 소수파이다; (표결에서) 패하다.　être sans cesse *en* mouvement 끊임없이 움직이다, 매우 활동적이다; 차분하지 못하다.　être *en* overdose 마약을 과다 복용하다.　être *en* panne 고장 나 있다.　être *en* possession de toutes ses facultés 정신 상태가 정상이다.　être *en* prière 기도를 하고 있다.　être *en* procès avec[contre] *qn* …와 소송중이다.　être *en* promenade 산보중이다.　être *en* rage contre *qn/qc* …에 대해 노발대발하다.　être *en* relations épistolaires avec *qn* …와 편지 왕래를 하다.　être *en* retard sur la mode 유행에 뒤지다.　être *en* rouge 적자이다; (재정적으로) 어려운 상황에 있다.　être *en* sueur 땀을 흘리고 있다.　être *en* suspicion 혐의를 받고 있다.　être *en* sympathie avec les malheureux 불행한 사람들을 동정하다.　être *en* transpiration 땀투성이 이다.　être *en* vacances 휴가 중이다.　être *en* verve (이야기에) 흥이 나다, (평소보다) 열기가 있다.　être *en* vie 살아 있다.　être *en* vigie 망을 보다.　être *en* visite à *qc* …을 방문 중이다.

- L'horloge est *en* avance[retard].　벽시계가 빠르다[늦다].

- Plusieurs candidats sont *en* ballottage.　여러 후보자가 2차[결선]투표를 기다리고 있다.

- Sa chambre est *en* bordel.　그의 방은 온통 어질러져 있다.

- Ils sont *en* brouille.　그들은 반목 중이다.

- Elle était *en* compagnie de son frère.　그 여자는 자기 동생과 함께 있었다.

- Il est *en* colère[rogne], mais cela passera.　그가 화가 나 있는데 곧 진정될 거다.

- Ils sont *en* parfaite correspondance d'idées.　그들은 생각이 완전히 일치한다.

- La ligne[Le téléphone] est *en* dérangement.　전화가 혼선[고장]이다.

- La nature est *en* deuil.　《비유》 자연은 슬픔에 젖어 있다.

- Le roi de France était *en* difficulté avec l'Église.　프랑스 왕은 교회와 불편한 관계에 있었다.

- Le projet de loi est *en* discussion.　법안이 심의 중이다.

- Ces cartons empilés ne sont pas *en* équilibré, ils risquent de tomber.　쌓아놓은 상자들이 불안정하여 넘어질 위험이 있다.

- L'arbre est *en* fleur.　나무에 꽃이 피어 있다.

- Il est déjà *en* froid; il ne faudrait pas que cela dégénère.　그는 이미 감기에 걸렸는데 더 이상 악화되면 안된다.

- Le suspect est *en* garde à vue.　용의자가 감치 상태에 있다.

- L'ennemi était *en* observation.　적은 경계 태세에 들어가 있었다.

- Tout est *en* pagaille.　온통 뒤죽박죽이다.

· L'ascenceur est *en* réparation.　엘리베이터는 수리중이다.

❷ [être en plein + 명사]

> être *en* plein boom 한창이다, 활황이다.　être *en* pleine célébrité 명성이 자자하다.　être *en* pleine course 전력질주 중에 있다.　être *en* plein délire 완전히 미쳐버리다.　être *en* pleine déprime 몹시 의기소침해 있다.　être *en* plein désarroi 큰 혼란에 빠져 있다.　être *en* pleine efflorescence 한창 피어나고 있다.　être *en* pleine euphorie 행복감에 젖어 있다.　être *en* (plein) fonctionnement (최대한) 작동[가동]중이다.　être *en* (pleine) forme 컨디션[건강]이 (매우) 좋다.　être *en* plein gâchis 큰 혼란에 빠져 있다.　être *en* pleine hystérie 몹시 흥분해 있다.　être *en* pleine liquéfaction 《비유·문어》 완전히 탈진 상태다.　être *en* plein trip d'acide 완전히 환각 상태에 빠져 있다.

3) ❶ [avoir / tenir + 명사 + en + 명사]

> avoir *qn/qc en* abomination ···을 몹시 싫어하다.　avoir la tête[les membres] *en* compote 머리[사지]가 묵사발이 되다.　avoir le bras *en* confiture 《구어》 팔이 으스러지다.　avoir[tenir] *qn/qc en* haute[grande] estime ···을 대단히 존경하다, 높게 평가하다.　avoir *en* expectative une place[un emploi] 《문어》 어떤 지위[일자리]를 기대하고 있다.　avoir *qn/qc en* exécration 증오하다.　avoir *qn/qc en* horreur ···을 미워하다, ···에 대해 혐오감을 느끼다.　avoir la conscience *en* paix 양심에 거리낄 것이 없다.　avoir[tenir] *qn en* son pouvoir ···을 자기의 지배하에 두다.　avoir ses papiers *en* règle 신분증에 하자가 없다.　avoir *en* vénération l'opinion publique 여론을 매우 존중하다.　tenir *qn en* balance ···을 어느 쪽에도 붙지 못하게 하다, 불안 상태에 두다.　tenir *qn en* échec ···을 궁지에 몰다, 꼼짝 못하게 하다.　tenir *qn en* alarme ···에게 불안감을 갖게 하다, ···을 불안 속에 몰아넣다.　tenir *qn en* échec ···을 궁지에 몰다, 꼼짝 못하게 하다.　tenir *qn en* estime ···을 존경하다.　tenir *qn en* haleine ···에게 숨돌릴 겨를을 주지 않다; 조마조마하게 하다.　tenir *qn en* lisière(s) ···을 보호[감독]하다; ···에게 영향력을 행사하다.　tenir *qn en* mépris ···을 존경[경멸]하다.　tenir *qn en* mésestime ···을 얕보다[경멸하다].　tenir *qn en* respect ···에게 경외심을 갖게 하다; ···에게 버릇없이 굴지 못하게 하다; ···을 (무기로) 위협하여 꼼짝 못하게 하다.　tenir *qn en* suspicion 《문어》 ···에게 의혹의 눈길을 보내다.　tenir *qn en* tutelle ···을 보호[감독]하다.

· Elle a la tête tout *en* combustion pour le mariage.　그녀는 결혼 때문에 머리가 아주 혼란스러운 상태이다.

· Le boxeur avait le nez *en* marmelade.　《비유·구어》 그 권투선수는 코가 깨졌다.

· L'absence de nouvelles m'a tenu *en* alarme jusqu'au soir.　소식이 없어서 나는 저녁 때까지 불안에 사로잡혔다.

❷ [entrer / se mettre en + 명사]

> entrer *en* action[application, vigueur] (법 따위가) 적용[발효]되다.　entrer *en* activité 활동을 시작

하다; 활발해지다.　entrer *en* compétition avec *qc* …와 경쟁하게 되다.　entrer *en* conflit avec *qn* …와 충돌하다.　entrer *en* dissidence 반기를 들다.　entrer *en* exercice 취임하다.　entrer *en* fermentation 발효하기 시작하다.　entrer *en* fureur 격노하다.　entrer *en* fusion 녹기 시작하다.　entrer *en* guerre 전쟁에 돌입하다.　entrer *en* liaison avec *qn/qc* …와 관계를 맺다.　entrer *en* méditation 묵상에 잠기다.　entrer *en* possession de *qc* …을 소유하게 되다.　se mettre *en* boule 화를 내다.　se mettre *en* contravention 위반하다.　se mettre *en* fureur 격노하다.　se mettre *en* garde 방어 자세를 취하다.　se mettre *en* grève 파업하다.　se mettre *en* grumeaux 엉기다, 응고하다.　se mettre *en* ligne 정렬하다.

❸ [laisser / mettre + 명사 + en + 명사]

laisser son chien *en* garde chez son voisin 개를 이웃집에 맡기다.　laisser *qn en* paix …을 귀찮게 하지 않고 내버려두다.　laisser *qn/qc en* repos …을 가만히 두다.　laisser la terre *en* repos[guéret] 토지를 휴경하다.　laisser[mettre] une affaire *en* sommeil 어떤 일을 부진한 상태로 내버려두다.　laisser *qc en* suspens …을 중단상태[미결상태]로 내버려두다.　mettre *qn/qc en* action …을 동원하다; …을 실천에 옮기다.　mettre une théorie *en* application 이론을 적용하다.　mettre *qn en* apprentissage …에게 수련을 쌓도록 하다.　mettre *qc en* branle …을 움직이게 하다, 추진하다.　mettre des espèces[des billets] *en* circulation 화폐[지폐]를 발행하다.　mettre *qn en* colère[rogne] …을 화나게 하다.　mettre deux corps *en* contact 두 물체를 접촉시키다.　mettre une question *en* délibération 문제를 토의에 부치다.　mettre *qn en* déroute …을 패주시키다, 당황케 하다.　mettre *qn en* désarroi …을 혼란에 빠뜨리다.　mettre *qc en* désordre …을 뒤죽박죽으로 만들다.　mettre la ville *en* émoi 도시를 혼란 상태로 몰아넣다.　mettre l'opinion *en* éveil sur un sujet 어떤 문제에 대해 여론을 불러일으키다.　mettre *qn en* furie …을 격노하게 하다.　mettre *qn en* gaieté …을 즐겁게 하다.　mettre des bijoux *en* garde dans une banque 보석을 은행에 보관하다.　mettre *qn en* garde contre *qn/qc* …을 …에 대해 경계하게 하다.　mettre un fonds de commerce *en* gérance 영업재산을 관리하다.　mettre *qn en* haleine pour *qc* …에게 …할 마음이 생기게 하다.　mettre *qn en* liberté …에게 자유를 주다.　mettre *qc en* (pleine) lumière …을 드러내다, 밝히다(=mettre *qc* au grand jour).　mettre *qn en* minorité …을 (표결에서) 패배시키다.　mettre les vergues *en* pantenne 조의를 표하기 위해 활대를 비스듬히 하다.　mettre *qn/qc en* péril …을 위태롭게 하다.　mettre *qn en* rage …을 격분케 하다.　mettre un élève *en* retenue (벌로) 학생을 방과 후에 남아 있게 하다.　mettre *qc en* vente …을 발매하다.

❹

prendre *qn en* flagrant délit …을 현행범으로 체포하다.　prendre *qn en* faute …가 과외[죄]를 범하고 있는 현장을 덮치다.

3) 명사의 보어

❶

chausettes *en* accordéon 양말이 흘러내려 주름잡힌 모양.　circulation *en* accordéon 교통체증.

fonctionnaire *en* activité 현직 공무원.　volcan *en* activité[éruption] 활화산.　loi *en* application[vigueur] 현행법.　dossiers *en* attente 미결 서류.　voyageurs *en* attente 대기중인 여행자들.　idées très *en* avance pour son époque 시대에 앞선 사상.　drapeau *en* berne 반기, 조기.　fille *en* bourgeons 숫처녀.　fleur *en* bouton 꽃봉오리.　rose *en* bouton 봉오리 진 장미.　troupes *en* cantonnement[stationnement] 숙영중인 부대.　affaire *en* cause 계쟁중인[문제의] 사건.　viande *en* charpie 푹 삶아서 흐물흐물해진 고기.　or *en* chaux 분말금.　capital *en* chômage 유휴 자본.　ouvriers *en* chômage 실업 노동자.　monnaie *en* circulation 유통중인 화폐.　rivaux *en* compétition 시합의 경쟁자들.　marchandises *en* consigne à la douane 세관에 차압된 물건.　soldats *en* consigne 금족령을 받은 병사들.　affaire *en* continuation 진행중인 소송사건.　question *en* controverse 논란이 되고 있는 문제.　immeuble *en* copropriété 공동소유의 건물.　flots *en* courroux《문어》 성난 파도.　travail *en* cours 하고 있는 일.　pays *en* crise 위기에 처한 국가.　homme politique *en* défaveur 신망을 잃은 정치인.　budget *en* déficit[excédent] 적자[흑자] 예산.　industrie *en* déliquescence 사양(斜陽)산업.　navire *en* dérive 표류하는 배.　entreprise *en* déroute 파산한 기업.　famille *en* désaccord 화목하지 못한 가정.　pile de livres *en* déséquilibre 불안하게 쌓여있는 책더미.　chambre *en* désordre[fouillis] 난잡하게 어질러져 있는 방.　âme *en* détresse 비탄에 잠긴 사람.　train *en* détresse 꼼짝 못하고 서있는 열차.　eau *en* ébullition 끓는 물.　président *en* exercice 현직 대통령.　arbre *en* fleurs 꽃이 만발한 나무.　pommiers *en* pleine floraison 꽃이 만발한 사과나무.　jardin *en* friche 황폐한 정원.　action *en* garantie 보증주(株).　champ *en* friche 황무지.　adolescent *en* fugue 가출 청소년.　soldat *en* fuite 탈주병.　fauve *en* furie 미친 듯이 날뛰는 야수.　métal *en* fusion 용해된 금속.　femme *en* gestation 임신중인 여성.　projet *en* gestation 구상중인 계획.　invités *en* goguette《구어》 얼근히 취한 손님들.　café *en* grains 원두커피.　usine *en* grève 파업 중인 공장.　bois *en* grume (껍질이 붙어 있는) 원목.　sel *en* grumeaux 덩어리진 소금.　blé *en* herbe 이삭이 패지 않은 밀(=blé vert); 신인, 풋내기.　substance *en* ignition 연소중인 물질.　sous-marin *en* immersion 잠수중인 잠수함.　ruelle *en* impasse 막다른 골목길.　affaire *en* instance 심의중인 사건.　livre de bibliothèque *en* lecture 열람[대출]중인 도서관 책.　foule *en* liesse《문어》 환희에 찬 군중.　cas *en* litige 소송[계쟁]중인 사건.　deux groupes *en* lutte 대립하고 있는 두 집단.　écrivain *en* mal d'inspiration 영감이 떠오르지 않아 고심하는 작가.　enfant *en* manque d'affection 애정 결핍의 아이.　train *en* marche 주행 중인 열차.　sucre *en* morceau 각설탕.　machine *en* ordre de marche 정상으로 작동하는 기계.　maison propre et *en* ordre 깨끗하게 정돈된 집.　ascenseur *en* panne 고장난 승강기.　bateau *en* partance 출범 직전의 배.　navire *en* perdition 난파 위기의 배.　lune *en* son plein 만월, 보름달.　lait *en* poudre 분유.　piment *en* poudre 고춧가루.　roman *en* préparation 집필 중인 소설.　deux équipes *en* présence 대치하고 있는 두 팀.　personne *en* prière 기도를 드리고 있는 사람.　chemin de fer *en* projet 계획 중인 철도.　économie *en* pleine prospérité 한참 호황기에 있는 경제.　pays *en* retard du point de vue économique 경제적인 후진국.　armée *en* retraite 퇴각 중인 군대.　fonctionnaire *en* retraite 퇴직 공무원.　voiture *en* rodage 시험운전 중인 자동차.　corps *en* rotation 회전체.　sustance *en* solution 용해 물질.　affaires *en* souffrance 미결 사건.　voitures *en* stationnement 주차된 차.　ascenseur *en* surcharge 승강기의 정원초과.　personnel *en* sureffectif 필요 이외의 직원.　avion[navire] *en* surveillance 초계중인 비행기[선박].　projets *en* suspens 보류 상태의 계획들.　poussières *en* suspension dans l'air 공기중에 (현탁 상태로) 떠 있는 먼지들.　troupe *en* tournée 순회중인 극단.　malade *en* traitement 치료 중인

환자. passagers *en* transit 통과여객. femme *en* travail 진통 중인 산모. personne *en* tutelle 피후견인. mot *en* usage 통용어. médicament *en* vente libre 자유롭게 시판되는 약품. tonneau *en* vidange 거의 비어 있는 통. balle *en* volée 플라이볼.

❷

entrée *en* action 활동 개시; 시효(時效). entrée *en* charge d'un fonctionnaire 공직(公職)에의 취임. entrée *en* fonction(s) du nouveau gouvernement 신정부의 발족. entrée *en* jeu 경기 시작; 참여, 연루. entrée *en* vigueur 발효(發效). mise *en* circulation de fausses nouvelles 헛소문의 유포. mise *en* liberté provisoire 가(假)석방. mise *en* marche (엔진의) 시동; (사업 따위의) 가동. mise *en* oeuvre d'un projet 계획의 실행. mise *en* valeur des périmètres irrigués 관개 지역 개발. se faire une mise *en* plis (미장원에서) 머리를 세트하다.

4) ❶ [en cours / voie de + 명사]

en cours de route 여정 중에; 도중에. objet *en* cours de fabrication 제조중인 물건. convalescent *en* voie de guérison 회복기의 환자. espèce *en* voie de disparition 사라져가고 있는 종. espèce animale *en* voie d'extinction 멸종 위기에 처한 동물. pays *en* voie de développement 개발도상국. pays *en* voie d'industrialisation 산업화 과정에 있는 국가. être *en* cours d'analyse 분석치료를 받고 있다. être *en* cours[voie] de formation 형성중이다.

· Nous sommes *en* voie d'accommodement.   우리는 타협하는 중이다.

❷ [en état de + 명사 ; en état + 형용사]

a)

en état d'apesanteur 무중력 상태의[에서]. *en* état d'inconscience 무의식 상태로. auditoire *en* état d'hypnose 도취 상태에 빠진 청중. blessé *en* état de choc 쇼크 상태의 부상자. conduite *en* état alcoolique[d'ivresse] 음주[취중]운전. machine *en* parfait état de marche 완벽하게 작동되는 기계. yogi *en* état de transe 최면상태의 요가 수행자. conserver un monument *en* bon état 기념물을 훌륭한 상태로 보존하다. se déclarer *en* état d'alerte 비상사태를 선언하다. être *en* état d'alerte 경계태세에 있다. être *en* état d'ébriété 취한 상태이다. être[se mettre] *en* état de défense 방어 태세를 갖추다. mettre[placer] *en* état d'alerte 전투태세를 취하게 하다. mettre *qc en* état de propreté …을 깨끗이 하다, 정리하다. se mettre *en* état d'arrestation 구금되다. tenir *qn en* état d'alarme …에게 불안감을 갖게 하다, …을 불안 속에 몰아넣다. vivre *en* état de guerre avec *qn* …와 반목하며 살다.

· Les derniers envois sont arrivés *en* bon état.   마지막에 보낸 것이 이상 없이 도착했다.

b) [en état de *inf*]

être *en* état de *inf* …할 수 있다. mettre une terre *en* état de produire 토지를 개간하다.

· Je ne suis pas *en* état de sortir maintenant.　나는 지금 외출할 수가 없다.

❸ [en train de *inf*]

· J'ai aperçu les enfants *en* train de jouer au coin de la rue.　나는 길모퉁이에서 놀고 있는 그 아이들을 얼핏 보았다.

· Un miracle est *en* train de s'accomplir.　기적이 일어나고 있다.

· Le musicien est *en* train de composer.　음악가가 작곡을 하고 있다.

❹ [en position / situation de + 명사; en position / situation + 형용사]

a)
être *en* position de défense 방어 태세를 갖추다.　être *en* position de force (협상·싸움 따위에서) 우위를 점하다.　mettre une pièce *en* position de tir 포격 준비를 갖추다.　se mettre *en* position de défense 방어 태세를 갖추다.　des jeunes *en* situation d'échec 좌절 상태의 젊은이들.　étrangers *en* situation irrégulière 불법체류하는 외국인.　officier de reserve placé *en* situation d'activité 현역으로 돌아온 예비역 장교.　être *en* situation d'infériorité 지위가 낮다.

b) [en position / situation de *inf*]

être *en* position de *inf* …할 수 있다.　être *en* situation de *inf* …할 수 있다, …할 수 있는 입장이다.

· Je n'étais pas, à l'époque, *en* situation de m'opposer à ce projet.　그 당시에는 내가 그 계획에 반대할 수 있는 입장이 아니었다.

2. 추세·경향

1)
en (pleine) évolution 발전 중의.　lune qui est *en* décours 이지러지고 있는 달.　être *en* augmentation 증가하고 있다.　être *en* extension croissante. 점점 확대[확산]되다.　être *en* hausse[baisse] constante 계속해서 상승[하락]하다.

· Les cours sont *en* baisse.　시세(時勢)가 하락하고 있다.

· Ses actions sont *en* baisse.　그의 주가가[평판이·인기가] 하락하고 있다.

· La fièvre est *en* décroissance[décours].　열이 내리고 있다.

· Le baromètre est *en* hausse.　기압이 오르고 있다.

· Les actions de cette société sont *en* hausse.　그 회사의 주가가 상승하고 있다.

2) 명사의 보어

classe *en* pleine ascension sociale 신흥 계급.　popularité *en* baisse 하락중인 인기.　économie *en* croissance 성장기의 경제.   entreprise *en* pleine croissance 급속히 발전하는 기업.   rivière *en* crue 불이 불어나고 있는 강.   industrie *en* déclin 사양 산업.   industrie *en* plein essor 비약적 발전 중인 산업.   nombre de chômeurs *en* hausse de 58.500 en avril 4월에 58,500명 증가한 실업자 수.   société *en* pleine mutation 변혁기 사회.   marché *en* reprise (급락 후의) 상승[반등] 시황.

3. 가정 · 조건 · 상황

en ce cas 그러면(=alors).   *en* certains cas 어떤 경우에.   *en* cas d'accident 사고가 나는 경우에.   *en* cas de besoin 필요하면.   *en* cas de dédit 해약 시에는.   *en* cas de malheur 불행한 일이 일어나면. *en* cas de non-comparution 출두하지 않을 경우.   *en* cas urgent; *en* cas d'urgence 긴급한 경우에는. *en* tel[pareil] cas 그러한 경우에.   *en* cas que + *sub* …의 경우에, 만약 …한다면; 설사 …할지라도. *en* de telles circonstances 그런 상황에서.   *en* vraie grandeur 실제 상황에서(=dans des circonstances réelles).   *en* certaines occasions 몇몇 경우들에서는.   *en* toute occasion 모든 경우에, 어떤 경우라도. *en* l'occurrence 이 경우(에는).   *en* pareil occurrence 그런 경우(에는).

- *En* cas d'imprévu, téléphonez-moi.   예기치 않은 일이 있으면 전화하시오.
- *En* cas de partage, le voix du président est prépondérante.   가부 동수일 때는 의장의 표가 결정권을 지닌다.
- *En* toute hypothèse, nous devons être sur nos gardes.   어떤 경우이건 우리는 조심을 해야 한다.
- Les antibiotiques se prescrivent *en* cas d'infection.   감염된 경우에는 항생제가 처방된다.
- Il y a péril *en* la demeure.   조금이라도 지체하면 위험하다.
- Il n'y a pas péril *en* la demeure.   급할[서두를] 것 없다.
- Il se montre vrai *en* toutes circonstances.   그는 어떤 상황에서나 성실하게 행동한다.

4. 형태 · 형상

1)

en arc (de cercle) 활 모양의[으로].   *en* forte décliveté 심하게 경사진.   *en* dos d'âne 등성이진, 활 모양으로 휜.   *en* faucille 낫 모양의.   *en* hémicycle 반원형의.   *en* rang d'oignon 한 줄로.   *en* sabre (가볍게 휜) 검(劍) 모양의.   *en* volute 소용돌이 모양의.   armée rangée *en* (ordre de) bataille 전투 대형을 취한 부대.   bombes lancées *en* chapelet 계속해서 투하되는 폭탄.   branches[routes] *en* étoile 방사형으로 뻗은 나뭇가지[도로].   chat roulé *en* boule 동그랗게 몸을 움츠린 고양이.   cheveux retombant *en* anneaux 곱슬곱슬하게 컬하여 내려뜨린 머리.   colline qui descend *en* pente douce. 완만한 경사를 이루고 있는 언덕.   courbé *en* crosse 갈고리 모양으로 굽은.   lignes qui se coupent *en* croix 직각으로 교차하는 선.   mur posé *en* porte-à-faux 내어붙인 벽.   rue qui part *en* oblique 비스듬히 나 있는 길.   troupes disposées *en* croissant 초승달 모양으로 포진한 부대.   ventre qui avance *en* saillie 불쑥 나온 배.   voitures garées *en* épi 횡렬 주차된 자동차들.   s'asseoir *en* couronne autour de la table 책상을 중심으로 둥그렇게 앉다.   s'asseoir *en* rond 둥그렇게 둘러앉다.   s'asseoir *en* tailleur 책상 다리를 하고 앉다.   avancer *en* huit 8자를 그리며 나아가다.   avoir une bouche *en* passe-boule

입을 크게 벌리다.　avoir les bras *en* croix 팔짱을 끼다.　se coucher *en* chien de fusil 웅크리고 자다.　dessiner *en* grand 실물 크기로 그리다.　disposer *qc en* équerre …을 직각으로 배치하다. s'élever *en* amphithéâtre 층층으로 높아져[이루어져] 있다.　marcher *en* procession 줄지어 걸어가다. marcher *en* zigzag 갈지자로 걷다.　mettre la main *en* cornet (잘 들리도록) 귀에 손을 갖다 대다. mettre sa main *en* conque(sur son oreille) 귀에 손을 나팔처럼 갖다대다.　mettre ses mains *en* porte-voix 양손을 메가폰처럼 입에 대다.　mettre[porter] son chapeau *en* bataille 모자를 비스듬히[아무 렇게나] 눌러쓰다.　stationner *en* bataille (보도와) 비스듬히 주차하다.　mettre les voiles *en* ciseaux 서로 바람을 막지 않도록 돛을 엇갈리게 돌리다.　planter des arbres *en* careé[quinconce] 4각형[5점형] 으로 나무를 심다.　plier *qc en* double …을 겹으로 접다.　plier des serviettes de table *en* bonnet d'évêque 냅킨을 주교관 모양으로 접다.　relever ses cheveux *en* chignon 머리를 틀어 올리다.　se rouler *en* boule 공처럼 몸을 웅크리다.　sauter *en* ciseaux 가위뜀뛰다.　tailler *en* biseau 비스듬히 절단하다.　travailler *en* bosse un ouvrage d'orfèvrerie 세공품에 돋을새김을 하다.　traverser une rue *en* diagonale 길을 비스듬히 건너다.

· On s'est tous assis *en* cercle autour du feu.　모두들 불 둘레에 둥글게 앉았다.
· La mer a découpé la cote *en* dents de scie.　바닷물이 해안선을 톱니 꼴로 침식했다.
· Il tenait les cartes *en* éventail.　그는 카드를 부채꼴로 펼쳐 들고 있었다.

2) 명사의 보어

aile *en* delta 삼각날개.　arc *en* plein cintre 반원형 아치.　attaque *en* piqué 급강하 폭격.　balcon *en* encorbellement[saillie] 돌출 발코니.　bandage *en* T T자형 붕대.　barbe *en* collier 얼굴 가에만 기른 수염.　barbe *en* éventail[pointe] 부채 모양으로[뾰족하게] 기른 수염.　barbe *en* fourche 둘 갈래 로 갈라진 수염.　barrières *en* chicane 지그재그로 놓인 방책.　batterie *en* cascade[série] 직렬전지. bijou *en* cercle (목걸이 따위의) 원형 보석.　bouée d'enfant *en* forme de canard 오리 모양의 어린이용 튜브.　édifices *en* forme de cercle 원형 건축물.　champ *en* hache 남의 땅에 깊이 파고 든 땅. champignons *en* entonnoir 깔때기 모양을 한 버섯.　chemin montant *en* pente raide 가파른 경사의 오르막 길.　cheveux *en* bataille[broussaille(s)] 더부룩한 헝클어진 머리.　cheveux *en* brosse 짧고 위로 선 머리.　cinéma *en* relief 입체영화.　gravure *en* relief 양각 판화.　colonne *en* fuseau 방추형 기둥.　couplage[montage] *en* parallèle 병렬접속[연결].　croisement *en* trèfle 네 잎 클로버 모양의 입체 교차로.　cultures *en* gradins 계단식 경작지.　décolleté *en* pointe V네크.　déodorant *en* stick 막대기형 방향제.　diagramme *en* bâton 막대 도표.　disposition *en* rayon 방사상의 배치.　échancrure *en* croissant 초승달 모양으로 패인 부분.　érosion *en* boule 구형 침식.　escalier *en* caracole[colimaçon, escargot, hélice, spirale, 《옛·지방어》limaçon] 나선형 계단.　fer *en* barre 쇠막대.　feuille *en* doloire 도끼 모양의 잎.　figure[menton, tête] *en* casse-noisette(s) 주걱턱, 턱이 위쪽으로 휘어진 얼굴. fleur[corolle] *en* gueule 입술 모양으로 벌어진 꽃[화관].　foulard *en* triangle 삼각 스카프.　glace (taillée) *en* biseau 비스듬히 절단한 유리.　graphique *en* colonnes[demi-cercle] 막대[반원] 그래프. greffe *en* couronne 관접(冠接).　jardin *en* amphithéâtre 계단식 정원.　jupe *en* corolle 아래로 너부죽이 벌어진 치마.　menton *en* galoche 《비유·구어》주걱턱.　moustache *en* croc 카이제르 수염.　mur *en* surplomb 앞으로 기운 벽.　nez *en* bec d'aigle 매부리코.　nez *en* pied de marmite 《비유》납작코

nuages *en* flocons 양떼구름. pétale *en* cuiller 숟가락 모양의 꽃잎. pièces *en* enfilade 한 쪽으로 쭉 나 있는 방들. pièce toute *en* longueur 아주 길쭉한 방. porte *en* arceau 상부가 둥근 문. position *en* oeuf 달걀형 자세. queue *en* panache d'un écureuil 다람쥐의 더부룩한 꼬리. queue *en* tire-bouchon des cochons 돼지의 돌돌 말린 꼬리. rideaux *en* filet 그물무늬의 커튼. route *en* lacet(*s*) 구불구불한 길. route *en* zigzag 지그재그형의 길. rues[ville] *en* damier 바둑판 모양을 이루고 있는 거리[도시]. saut *en* ciseau 가위뛰기. sucre *en* morceaux[cube] 각설탕. table *en* demi-cercle 반원형 탁자. table *en* potence T자 모양의 탁자. toit *en* bâtière 길마 모양의 지붕. toit *en* éteignoir 원추형 지붕. tour *en* cercle 선회. tube *en* U U자관. vigne *en* ouillère 줄을 맞춰 심은 포도밭. virage *en* S (길의) S자형 커브. visage *en* lame de couteau 가늘고 뾰족한 얼굴. voûte *en* berceau 반원천장. voûte *en* hémisphère 반구형 궁륭(=coupole). voûte *en* ogive 첨두형 궁륭. yeux *en* amande (편도 모양의) 가늘고 긴 눈. avoir le dos *en* cerceau 등이 구부정하다. avoir le dos *en* cerceau 등이 구부정하다. avoir les jambes *en* parenthèses 《**구어**》 다리가 휘었다. avoir un nez[profil] *en* coupe-vent 《**구어**》 코가[얼굴이] 뾰족하다.

5. 양태

1)

en abondance 풍족하게. *en* mon âme et conscience 진심으로, 거짓없이. *en* aperçu 간략하게. *en* apparence 겉으로는, 겉치레는, 남 보기에는. *en* cadence 박자를 맞추어, 규칙적으로. *en* caravane 무리지어. *en* (grande) cérémonie 엄숙하게; 격식을 갖추고. *en* toute certitude 확신을 품고. *en* chiffres ronds 우수리를 없애고, 어림수로. *en* pleine[toute] clarté 아주 분명하게(=très clairement). *en* conscience 솔직히 말해서, 양심에 거리낌 없이. *en* contrebande 밀수로, 불법적으로; 몰래. *en* coup de vent 질풍처럼, 신속하게. *en* dérogation aux articles 규정을 위반하여; 규정의 예외로. *en* discontinu 간헐적으로. *en* toute équité 아주 공정하게. *en* exclusivité 독점적으로. *en* filigrane 암암리에, 함축적으로(=d'une façon implicite). *en* toute bonne foi 진심으로. *en* une seule foulée 단번에, 단숨에. *en* toute franchise 솔직하게[숨김없이] (말해서). *en* fraude 불법으로, 부정하게; 몰래, 숨어서(=clandestinement). *en* frime 《**구어**》 머리를 맞대고. *en* hâte 급히. *en* toute[grande] hâte 부랴부랴. *en* toute honnêteté 솔직히 말해서(=honnêtement). *en* toute humilité 매우 공손[겸허] 하게. *en* toute impartialité 공명정대하게. *en* toute innocence 악의없이(=innocemment). *en* bonne [toute] justice 정당하게, 당연히. *en* toutes lettres 글자로만 된; 생략하지 않고; 숨김없이; 분명히. *en* toute[bonne] logique 논리[이론]적으로 당연히. *en* grand mystère 극비리에. *en* partenariat avec *qn/qc* …와 협력[제휴]하여. *en* grande[majeure] partie 대부분. *en* permanence 항상, 언제나 (=constamment, toujours); 영구적으로; 매우 자주. *en* pure perte 아무 쓸데없이, 무익하게. *en* grande pompe 성대하게, 거창하게. *en* quantitié industrielle 대량으로. *en* rang d'oignon 한 줄로. *en* bonne règle 규정[관례]에 따라. *en* règle générale 일반적으로, 대개의 경우. *en* secret 몰래, 비밀리에. *en* toute sérénité 아주 침착하게. *en* toute simplicité 아주 소박하게, 매우 자연스럽게. *en* toute sincérité 아주 솔직하게. *en* supplément 추가[부가]로. *en* tête-à-tête 단 둘이서. *en* grand tralala 멋지게, 기세좋게. *en* toute tranquillité 평온하게, 안심하고. *en* triomphe (개선식처럼) 호화찬란하게; 의기양양하게. affaire à traiter *en* urgence 급히 처리해야 할 일. hanches souples qui roulaient *en*

rythme 율동적으로 흔들리는 유연한 허리.　aborder *en* biais une question 문제를 간접적으로 다루다.
agir *en* ordre dispersé 각자 뿔뿔이 행동하다.　agir *en* toute[pleine] liberté 자유롭게 행동하다.　aller
en bande 떼를 지어가다.　s'approcher *en* catimini 슬그머니 접근하다.　arriver *en* avance[retard] 일찍
[늦게] 도착하다.　atterrir *en* douceur 연착륙하다.　chanter *en* canon 돌림곡으로 부르다.　chanter
en choeur 합창하다. rire *en* choeur 모두 다 웃다.　chanter *en* duo 이중창을 하다.　danser[jouer]
en mesure 박자에 맞추어 춤을 추다[연주하다].　débattre un problème *en* public 어떤 문제에 대해서
공개적으로 토론하다.　se déguiser *en* courant d'air《구어》슬그머니 사라지다.　se déplacer *en* convoi
무리지어 이동하다.　dîner *en* détrempe 초라한 식사를 하다.　fabriquer *en* grand 대량 생산하다.
s'entretenir *en* aparté avec *qn* ⋯와 은밀히 속삭이다.　s'éveiller *en* sursaut 소스라쳐 깨어나다.
exécuter[pendre] *qn en* effigie ⋯의 허수아비를 처형하다[교수형에 처하다].　expliquer les choses *en*
bref 상황을 간략하게 설명하다.　fabriquer un modèle *en* grande série 하나의 모델을 대량으로 생산하
다.　faire des yeux *en* coulisse 삐딱하게 보다, 훔쳐 보다.　fonctionner *en* continu 연속적으로 작동하
다.　fumer *en* cachette 몰래 흡연하다.　faire *qc en* décontraction ⋯을 쉽게 하다.　rire *en* cachette
속으로 웃다.　jouer *en* solo 독주하다.　lire *en* diagonale《구어》건성건성 훑어보다.　lire un livre
en entier 책을 처음부터 끝까지 읽다.　se meubler *en* rustique 시골풍으로 가구를 갖추다.　monter
en amazone 두 다리를 한쪽으로 모아 말을 타다.　parler *en* confidence 내밀히 이야기하다.　parler
en mal de *qn/qc* ⋯에 대해 좋지 않게 말하다.　parler à *qn en* particulier ⋯에게 개인적으로 말하다.
parler *en* diligence 서둘러서 떠나다.　partir *en* troupe 무리를 지어 떠나다.　passer un marché *en*
bloc 일괄 거래를 하다.　planter des arbres *en* careé[quinconce] 4각형[5점형]으로 나무를 심다.　plier
qc en double ⋯을 겹으로 접다.　plier des serviettes de table *en* bonnet d'évêque 냅킨을 주교관 모양으
로 접다.　prendre *qc en* bonne[mauvaise] part ⋯을 좋게[나쁘게] 해석하다.　présenter *en* détail une
théorie 이론을 상술하다.　raconter son voyage *en* raccourci 자신의 여행에 대해 간단히 말하다.
raisonner *en* diachromie 통시적으로 추론하다.　réveiller *qn en* douceur ⋯을 조용히 깨우다.　terrasser
son adversaire *en* souplesse 상대를 쉽게 쓰러뜨리다.　tourner *en* surrégime 과회전하다.　traîner les
choses *en* longueur 일을 질질 끌다.　traiter un problème *en* particulier 문제를 별도로 다루다.　travailler
en détente 마음 편하게[긴장을 풀고] 일하다.　travailler *en* synergie avec d'autre profession 다른 분야
종사자들과 공조해서 일하다.　vendre *qc en* gros ⋯을 도매로 팔다.　vendre *qc en* solde[réclame]
⋯을 염가로 팔다.　venir *en* grand apparat 화려하게 등장하다[나타나다].　vivre *en* accord 화목하게
살다.　vivre *en* amitié 사이좋게 지내다.　vivre *en* commun[communauté] 공동생활을 하다.　vivre
en symbiose 공생하다.　voir les choses *en* face 사태를 직시하다.　voler *en* rase-mottes 초저공비행하
다.　vivre *en* vase clos 두문불출하다.　voyager *en* groupe 단체 여행을 하다.

- *En* clair, qu'est-ce que tu veux dire? 분명히 말해서 무엇을 말하고 싶은 거야?
- Il est arrivé *en* trombe.　그는 질풍처럼 달려왔다.
- Ils ont choisi *en* majorité cette solution.　그들의 대다수가 그 해결책을 채택했다.
- Je l'ai dit *en* toute ingénuité.　나는 아주 진솔하게 그 이야기를 했다.
- Nous discuterons ce point *en* priorité.　우리는 무엇보다도 먼저 그 점을 논의할 것이다.
- C'est vrai *en* partie.　그것은 부분적으로는 사실이다.
- Puis-je vous parler *en* privé?　단 둘이 말할 수 있을까요?
- Tout se passait d'ailleurs *en* sourdine.　게다가 모든 일이 은밀히 이루어졌다.

· Il a posé ses affaires *en* vrac sur la table.   소지품을 탁자 위에 난잡하게 늘어놓았다.
· Le public est venu *en* foule.   많은 청중들이 몰려들었다.
· Il faut voir les choses un peu *en* grand.   상황을 좀 더 대국적으로 보아야 한다.
· Je voudrais le même modèle mais *en* petit.   같은 모델의 작은 걸로 주세요.

2) 명사의 보어

actualité *en* bref 토막소식[뉴스].   chèque *en* blanc 백지수표.   cheveux *en* bataille[broussaille(s)] 더부룩한 헝클어진 머리.   collision[réaction] *en* chaîne 연쇄충돌[반응].   commerçant *en* gros 도매상인.   commerce *en* gros 도매상.   économie *en* circuit fermé 자급자족적인 경제.   télévision *en* circuit fermé 폐쇄회로 TV.   escalade *en* solo 단독 등반.   événements *en* cascade 끊임없이 일어나는 사건.   fabrication *en* grande série 대량 생산.   film *en* exclusivité 독점상영 영화.   médicaments *en* comprimés 정제 약품.   oeuvre[ouvrage] *en* détrempe 졸작.   regard *en* coin 흘겨보는 눈길.   révolution *en* douceur 소리없는 혁명.   sourire *en* coin 빈정거리는 미소.   taxe et frais *en* sus 세금 및 비용 별도.   transports *en* commun 공공운송, 대중교통.   travail *en* groupe 공동 작업.   vente *en* discount 할인판매 ((공식 권장어는 ristourne)).   vente *en* gros 도매.   vente *en* série 대량 판매.   vin *en* supplément (식당에서) 포도주 별도 계산.   vol *en* rase-mottes 초저공비행.

6. 복장 · 착용

1) …을 입고 있는.

en civelot 《속어》 평복으로.   *en* costume-cravate 넥타이를 맨 정장 차림으로.   *en* costume d'Adam [d'Ève] 완전히 벌거벗은(=tout(e) nu(e)).   *en* déshabillé 실내복 차림으로.   *en* grand uniforme 예복을 입은.   *en* guenille[haillons, loques] 누더기를 걸치고 있는.   *en* pantoufle 슬리퍼를 신고; 편안히, 한가로이.   *en* pingouin 《구어》 턱시도를 입은.   être *en* bikini 비키니 차림이다.   être *en* blanc[deuil] 흰옷[상복]을 입고 있다.   être[se mettre] *en* manche[bras] de chemise 셔츠 바람이다; 복장이 단정치 못하다.   être *en* jaquette 모닝코트를 입고 있다.   être *en* short 반바지 차림이다.   être *en* slip 팬티 차림이다.   être *en* grande tenue 정장을 하고 있다.   être habillé *en* noir[vert] 검정색[녹색] 옷을 입고 있다.   habiller un enfant *en* blanc 아이에게 흰옷을 입히다.   habiller *qn en* cow-boy …에게 카우보이처럼 옷을 입히다.   s'habiller *en* civil[uniforme] 사복[제복]을 입다.   s'habiller *en* demi-mesure 반마춤 옷을 입고 있다.   s'habiller[se mettre] *en* dimanche 정장을 하다.   s'habiller *en* pékin 《군대은어 · 경멸》 (군인이) 사복을 입다.   s'habiller *en* soldat 군인 옷차림을 하다.   se mettre *en* maillot (de bain) 수영복을 입다.   se mettre *en* noir 검은 옷을 입다.   se mettre *en* robe[chemise] 드레스[셔츠]를 입다.   se mettre *en* smoking 스모킹을 차려 입다.   se promener *en* pan de chemise 셔츠 자락을 내놓은 채 산책하다.   répéter une pièce *en* costume (실제의 공연에서처럼) 의상을 모두 갖추고 연습하다.   rester *en* chapeau[lunettes] 모자를[안경을] 쓰고 있다.   sortir *en* veste 외투를 걸치지 않고 웃옷만을 입고 외출하다.   venir *en* habit 예복을 입고 오다.

· Il apparut *en* pyjama.   그는 잠옷 바람으로 나타났다.
· Cette jeune fille était *en* jean.   그 소녀는 청바지를 입고 있었다.

· Elle s'est présentée *en* hanbok pour passer son examen. 그녀는 시험을 치르는 데 한복을 입고 나왔다.

· Il est venu à Paris *en* sabots. 그는 나막신을 신고 파리에 왔다, 그는 무일푼에서 출세하였다.

2) 명사의 보어

baigneuses *en* maillot 수영복 차림 여성 물놀이객. bal *en* costume 가장무도회. cardinaux *en* robe rouge 붉은 법의를 입은 추기경. cavalier *en* cuirasse 갑옷 차림의 기병. homme *en* uniforme 제복을 입고 있는 사람. les hommes *en* blanc 《비유》 외과의사들. paysan *en* sabots 나막신을 신은 농부. policier *en* bourgeois 사복 경관. policier *en* civil 사복경찰. portier *en* livrée 제복 차림의 문지기[도어 맨]. soldat *en* tenue de camouflage 위장한 병사. soldat *en* treillis 훈련복[전투복]을 입은 병사. sortir *en* bourgeois 사복[평복]을 입고 외출하다.

· La dame *en* manteau jaune, c'est sa voisine? 노란색 외투를 입고 있는 부인이 그의 이웃집 여자입니까?

7. 색깔

clown qui se badigeonne le visage *en* blanc 자기 얼굴을 하얗게 칠하는 어릿광대. film[photo] *en* couleur 컬러 영화[사진]. gravure *en* couleurs 채색 판화. télévision *en* couleur 컬러텔레비전. impression *en* couleurs[*en* noir et blanc] 컬러[흑백] 인쇄. peinture exécutée *en* demi-teintes 반농담의 그림. plafond peint *en* bleu 푸르게 칠해진 천장. soldat *en* kaki 카키색 옷을 입은 병사. colorer[teindre] *qc en* rouge …을 붉게 채색하다[물들이다]. décliner un tissu *en* plusieurs couleurs 천을 여러 가지 색깔로 제조하다. entourer les fautes *en* rouge 틀린 것에 붉은 동그라미를 치다. mettre *en* couleur un film noir et blanc 흑백영화를 채색하다. peindre *qc en* jaune[vert] …을 노란색[녹색]으로 칠하다. peindre des volets *en* gris 겉창을 회색으로 칠하다. teindre[teinter] *qc en* bleu …을 푸르게 물들이다.

· Préférez-vous les (cartes postales) *en* noir ou les *en* couleurs. 《구어》 흑백 엽서를 사시겠어요 아니면 컬러 엽서를 사시겠어요?

· Soulignez les verbes *en* rouge. 동사에 빨간색으로 밑줄을 그으시오.

8. 재료

1) …로 된(=de).

cloisons faites *en* lattes 널판으로 만든 칸막이. livre relié *en* basane 양가죽으로 장정한 책. vêtement tricoté *en* laine 모직 니트웨어. construire *qc en* brique 벽돌로 건축하다. couvrir un toit *en* tuile 기와로 지붕을 이다. modeler une statue *en* terre 흙으로 조상(彫像)을 만들다. mouler *en* cire[plâtre] 밀납으로[석고로] 형을 뜨다.

· Son bracelet est *en* or. 그의 팔찌는 금으로 되어 있다.

· Ces gants sont *en* cuir. 이 장갑은 가죽으로 되어 있다.

❷ 명사의 보어

assiette *en* carton 종이 접시.　bague[montre] *en* or 금반지[금시계].　baignoire *en* marbre[tôle émaillée, acrylique] 대리석[칠보, 아크릴]욕조.　buste *en* marbre 대리석 흉상.　bonhomme *en* sucre 설탕인형(과자).　bouteille *en* verre[plastique] 유리[플라스틱]병.　boutons *en* corne 뿔단추.　câble *en* fils d'acier 강선 케이블.　caisse *en* planches 나무상자.　casserole *en* cuivre 구리 냄비.　ceinture *en* cuir 혁대.　chaussures *en* autruche 타조 가죽 신발.　collier *en* perles 진주 목걸이.　colonne *en* tronçons 원통형 석재로 이루어진 돌기둥.　construction *en* éléments fabriqués 조립식 건물.　cravate[foulard] *en* soie 실크 넥타이[스카프].　couverture *en* tuiles 기와지붕.　cuiller *en* argent 은 스푼.　échafaudage *en* tubes 파이프로 된 비계.　ensemble *en* maille 니트 옷 한 벌.　éventail *en* bois[ivoire] 상아[나무]부채.　évier *en* inox 스테인레스 개수대.　filament *en* tungstène 텅스텐 필라멘트.　filtre *en* étoffe[papier] 헝겊[종이]필터.　flottes *en* liège 코르크 부표.　foulard *en* mousseline blanche 흰 모슬린천 머플러.　gilet *en* tricot 편물 조끼.　jouets *en* celluloïd 셀룰로이드 장난감.　lit *en* bois 나무 침대.　lunettes de soleil *en* polaroïd 폴라로이드로 된 선글래스.　maison *en* briques 벽돌집.　manteau *en* poil de chameau 낙타털 모직으로 만든 망토.　meubles *en* bois 목재 가구.　meubles *en* pin 소나무로 만든 가구.　natte *en* sparte tressé 에스파르트로 짠 돗자리.　perruque *en* cheveux naturels[fibres synthétiques] 자연모[합성섬유]가발.　pont *en* béton 콘크리트 다리.　portefeuille *en* lézard 도마뱀 가죽 지갑.　pull-over *en* angora 앙고라털 스웨터.　récipients *en* fer 철제 용기.　revêtement *en* brique 벽돌로 한 외장.　sabots *en* tilleul 참나무 나막신.　sac *en* papier 종이 봉지.　sac *en* parchemin 양가죽 가방.　sac *en* vache 소가죽 핸드백.　statue *en* marbre 대리석상.　store *en* bambou 대나무 발.　stylo *en* matière plastique 플라스틱으로 된 만년필.　table *en* chêne massif 원목 참나무 탁자.　tuile *en* ciment 시멘트 기와.　verre *en* cristal 크리스털 잔.　verre jetable *en* plastique 일회용 플라스틱 컵.　veste *en* jean marron 밤색 청바지 옷감 상의.　veste *en* velours 비로드 천의 저고리.　veston *en* fil-à-fil 두 가지 실로 짠 모직 조끼.　vêtement *en* tissu calorifugé 내열복.

2) 비유

bouche *en* cerise 앵두같은 입술.　chèque *en* bois 《비유》 부도수표.　mon petit lapin *en* sucre 내 귀여운 아가.　avoir les jambes *en* coton[flanelle, pâté de foie] 《구어》 다리에 힘이 없다.　avoir les jambes *en* nougat 《속어》 몹시 지쳐 다리가 풀린 상태이다.　avoir les mains faites *en* chapon rôti 《속어》 손버릇이 나쁘다.　avoir les mains *en* or 솜씨가 아주 좋다.　ne pas être *en* sucre 《구어》 그다지 허약하지 않다.

☆ 재료를 나타낼 때 de와 en이 구별 없이 쓰여 왔지만 현재는 en이 더 많이 쓰임. 단, 비유적인 뜻일 때는 보통 de를 씀. volonté *de* fer 불굴의 의지.
　⇒ de

9. 구성 · 구조

1)

> jouer *en* deux[trois] manches 3[5]판 2[3]승제로 승부를 겨루다.   stationner *en* double file 두 줄로 주차하다.   taper *qc en* double interligne ···을 더블 스페이스로 타자하다.

· Cette langue consiste *en* nombreux dialectes.   이 언어는 여러 개의 방언으로 구성되어 있다.

2) 명사의 보어

> combat *en* dix reprises 10라운드 경기.   comptabilité *en* partie simple[double] 단식[복식]부기. dictionnaire *en* six volumes 6권으로 된 사전.   étoffe *en* grande[petite] largeur 광폭[소폭]의 피륙. feuilleton *en* dix épisodes 10부작 연속극.   livre *en* cinq volumes 5권으로 된 책.   manche *en* six jeux 6게임으로 된 한 세트.   match *en* cinq sets 5세트 시합.   méthode d'anglais *en* vingt leçons 20과로 나누어져 있는 영어 교본.   oeuvre *en* trois volumes 3권으로 된 작품.   ouvrage *en* deux tomes 두 권으로 된 책.   papier *en* simple[double] épaisseur 한[두] 겹으로 된 종이.   partie de ping-pong *en* 21 points 21포인트제 탁구 시합.   partie de tennis *en* cinq sets 5 세트로 된 테니스 게임.   permis de conduire *en* trois volets 세 쪽으로 접힌 운전 면허증.   pièce *en* trois actes 3막짜리 희곡. plan[projet] *en* plusieurs volets 《비유》 여러 측면을 지닌 계획.   pont *en* treillis 트러스교(橋).   roman *en* plusieurs livres 여러 권으로 된 소설.   structure *en* double hélice de l'A.D.N. 디엔에이의 이중나선 구조.   tissu *en* 140 cm de large 폭 140 cm의 천.   tragédie *en* cinq actes 5막으로 된 비극.   usine *en* trois corps de bâtiment 건물 세 채로 된 공장.

10. 비례 · 상관

en contact[relation] avec ···와의 관계[관련]속에서(=en relation avec).   *en* corrélation avec *qc* ···와 상관하여, ···와 관련하에.   *en* proportion de[avec] *qc* ···에 비례하여, ···에 따라.   être *en* raison directe[inverse] de *qc* ···에 정비례[반비례]하다.   traiter de divers sujets *en* fonction de l'actualité 현실과 관련하여 다양한 주제를 다루다.

· L'attraction s'exerce *en* raison directe de la masse et *en* raison inverse du carré de la distance.   인력(引力)은 질량에 정비례하고 거리의 제곱에 반비례한다.
· Le prix varie *en* raison des besoins.   물가는 수요에 비례해서 변동한다.
· La mode varie *en* fonction l'âge.   유행은 시대에 따라 변화한다.

11. 방법 · 수단

1) ···(으)로.

❶

> *en* chiffre rond 어림셈으로, 우수리를 없애 버리고   pull lavable *en* machine 세탁기로 빨아도

되는 스웨터.   roman construit *en* manière de poème 시(詩)로 이루어진 소설.   volume exprimé *en* mesures cubiques 입방체 치수로 나타낸 용적.   acheter des locaux *en* crédit-bail 부지를 임대 구입하다.   acheter une voiture *en* leasing 리스[신용임대차] 방식으로 자동차를 구입하다.   ciseler [graver, sculpter] *en* burin 끌로 조각하다.   décrire *qc en* traits vifs et émouvants …을 생생하고 감동적인 필치로 묘사하다.   dire[répondre] à *qn en* cinq lettres …에게 개똥같은 놈이라고 욕하다 ((‘merde’의 다섯 자로 대답하다)).   échoir *en* héritage 상속을 받아 얻어지다.   exprimer *en* chiffres 숫자로 나타내다.   indiquer l'augmentation du prix *en* pourcentage 물가 상승을 백분율로 나타내다.   payer *en* euros 유로로 지불하다.   payer *en* liquide[nature, or] 현금으로[현물로, 금으로] 지불하다.   payer *en* petites[grosses] coupures 소액[고액]권으로 지불하다.   payer *en* monnaie de singe 《구어》 (돈을 주지 않고) 그럴듯한 말로 때우다.   payer *qn en* même monnaie …에게 보복을 하다.   payer ses créanciers *en* pirouettes 빚쟁이에게 그럴듯한 거짓말로 핑계를 대며 돈을 갚지 않다.   préparer un million *en* billet de cent euros 100유로 지폐로 백만 유로를 준비하다.   répandre *en* paroles son dédain 경멸감을 말로써 털어놓다.   vendre *qc en* détail[gros] …을 소매 [도매]로 팔다.   vendre *qc en* vrac …을 무게로 팔다.

· La joie des spectateurs se traduisait *en* exclamations.   관객들의 기쁨이 환호로 나타나는 것이었다.
· Le concombre se mange *en* salade.   오이는 샐러드를 해서 먹는다.

❷ 명사의 보어

apports *en* numéraire 금전 출자.   assemblage *en* onglet 연귀이음.   définition *en* extension 외연적인 정의.   don *en* argent 기부금, 구호금.   restaurant *en* libre service 셀프 서비스 식당.

❸ a)

dissiper sa santé *en* débauches 방탕으로 건강을 망치다.   dissiper son temps *en* occupations frivoles 하찮은 일로 시간을 낭비하다.   s'exhaler *en* injures[imprécations] 욕설을[저주를] 퍼붓다.   s'épuiser *en* efforts inutiles 헛수고 하느라고 힘을 다 빼다.   se gaspiller *en* efforts inutiles 헛수고를 하다.   perdre son temps *en* allée*s* et venues 분주히 뛰어다니며 시간을 보내다.   perdre son temps *en* discours. 쓸데없는 이야기로 시간을 보내다.   perdre son temps *en* palabre*s* 장황한 이야기로 시간을 낭비하다.   perdre son temps *en* puérilités 시시한 생각[짓]으로 시간을 낭비하다.   se perdre *en* des divagation*s* 여담에 열중하다.   ruiner sa famille *en* dissipation*s* 낭비로 가정을 망쳐놓다.   se ruiner *en* médicaments 약값으로 많은 돈을 쓰다.

· Son chagrin s'est épanché *en* larmes.   그의 슬픔이 눈물로 표출되었다.
· Sa colère s'est exhalée *en* paroles vives.   그의 분노가 심한 말이 되어 나왔다.

b)

en forme probante 정식으로.   représentation *en* perspective 원근도법.   délivrer une attestation *en* bonne et due forme 규정대로의 증명서를 발부하다.   dessiner une maison *en* perspective 원근법에 따라서 집을 그리다.

c)

meubler un appartement *en* moderne 아파트에 현대식 가구를 갖추다.　se meubler *en* chippendale 치펜데일 양식으로 가구를 갖추다.　se meubler *en* moderne 가구를 현대식으로 갖추다.　se meubler *en* Empire 제정 양식의 가구를 갖추다.　se meubler *en* rustique 시골풍으로 가구를 갖추다.　peindre *en* grisaille 그리자이유 기법으로 그리다.

d)

dépêche *en* clair 약어나 암호를 쓰지 않은 전보.　diffusion *en* clair 방해전파가 없는 TV방송, 전신 약호화되지 않은 TV방송.　émission *en* couleur 컬러 방송.　émission *en* noir et blanc 흑백 방송.　émission transmise *en* stéréo 스테레오 방송.　émission *en* stéréophonie 입체음향 방송, 스테레오 방송.　émission *en* différé 녹음[녹화] 방송.　émission *en* direct 생방송.　théâtre *en* direct 극장에서 생중계하는 연극.　émission *en* duplex 이원방송.　émission de radio réalisée *en* multiplex avec Londres et Madrid 런던과 마드리드에서의 다원동시 라디오 방송.　retransmission *en* direct[*en* différé] 직접[녹화] 중계방송.　chanter *en* direct à la télévision 텔레비전에서 생방송으로 노래하다.　envoyer un message *en* phonie 무선으로 전갈을 보내다.　mettre *qc en* ondes …을 라디오 방송으로 내보내다, 전파에 싣다.

e)

film *en* version originale 원어판 영화((《약》 V.O.[veo])).　film américain *en* version française ((《약》 V.F.)) 프랑스어로 더빙한 미국 영화.　film *en* version originale sous-titrée 원어 자막을 넣은 영화.

f)

acheter *en* disques l'intégrale des symphonies de Beethoven 베토벤의 교향곡 전집 음반을 사다.　filmer *qc en* vidéo …을 비디오로 녹화하다.　filmer *en* super-huit (영화를) 수퍼에이트((영화 필름의 8 밀리와 16 밀리 중간의 (규격)))로 찍다.

g)

imprimerie *en* taille-douce 동판 인쇄.　livre imprimé *en* offset 옵셋 인쇄본.　imprimer *en* offset 옵셋으로 인쇄하다.

h)

en ré mineur 라단조의.　*en* si bémol 내림나장조의.　Messe *en* si mineur de Bach 바하의 나단조 미사곡.　morceau *en* majeur 장조곡.　symphonie *en* do majeur 다장조 교향곡.　mettre un poème *en* musique 시에 곡을 붙이다.

l)

héritier *en* ligne direct 직계상속인.　parents *en* ligne directe[collatérale] 직계[방계]혈족.　descendre *en* directe ligne de *qn* …의 직계 후손이다.

2) 교통수단

❶ a)

aller *en* auto 자동차로 가다.   faire le voyage *en* auto 자동차로 여행하다.   aller *en* bicyclette 자전거를 타고 가다.   aller *en* litière[daumont] 가마[4두 마차] 타고 가다.   aller *en* vélo 자전거를 타고 가다.   descendre la rivière *en* canoë 카누를 타고 강을 내려오다.   descendre[remonter] la rivière *en* kayak 카약을 타고 강을 내려가다[거슬러 오르다].   être malade *en* bateau 배멀미를 하다.   faire une course *en* voiture 드라이브하다.   faire une promenade *en* gondole 곤돌라를 타고 뱃놀이하다.   faire la traversée de l'Atlantique *en* paquebot 여객선을 타고 대서양을 횡단하다.   mettre[prendre, porter] *qn en* croupe …을 말 엉덩이에 태우다; …을 오토바이의 뒤에 태우다.   monter *en* carrosse 사륜마차에 타다.   partir *en* car 버스로 떠나다.   partir en vacances *en* caravane 캠핑 트레일러로 휴가를 떠나다.   passer *en* voiture 자동차를 타고 지나가다.   rouler *en* décapotable 지붕 여닫이식 승용차를 타고 달리다.   se promener [sortir] *en* bateau 배를 타고 유람하다.   transporter *qn en* ambulance …을 구급차로 실어나르다.   transporter *qc en* camion …을 트럭으로 수송하다.   se trimbal(l)er *en* voiture 자동차로 이리저리 돌아다니다.   se tuer *en* voiture 자동차 사고로 죽다.   voyager *en* jet privé 자가용 제트비행기로 여행하다.   voyager *en* train; voyager *en* chemin de fer 기차로 여행하다.

· Il est allé de Paris à Rome *en* avion.   그는 파리에서 로마까지 비행기를 타고 갔다.

· Il m'a raccompagné *en* voiture.   그는 나를 자동차로 데려다 주었다.

· On ira *en* bagnole. 《**구어**》 자동차로 갈 예정이다.

· On va plus vite *en* métro qu'*en* voiture à l'heure de pointe.   러시아워에는 차보다 지하철편이 더 빠르다.

b)

voyager *en* première classe 일등칸으로 여행하다.   voyager *en* sleeping 침대차를 타고 여행하다.

c)

en luge 썰매를 타고.   aller *en* patins 스케이트를 타고 가다.   aller *en* ski 스키를 타고 가다. filer *en* ramasse (하산용) 썰매로 내리다.   voyager *en* traîneau 썰매로 여행하다.

d)

faire une ascension *en* ballon 기구를 타고 올라가다.   monter *en* ballon 기구로 하늘을 오르다. se jeter *en* parachute 낙하산을 타고 뛰어내리다.

e)

aller à Nice *en* auto(-)stop 히치하이킹[무료편승]으로 니스에 가다.   voyager *en* auto(-)stop 히치하이킹[무료편승]으로 여행하다.

❷ 명사의 보어

> descente *en* ski 스키 할강. prix[tarif] de la course *en* taxi 택시의 주행요금. promenade *en* barque 보트놀이. promenade *en* voiture 드라이브. saut *en* parachute 낙하산 강하. transport d'un blessé *en* ambulance 부상자의 앰블런스 수송. voyage *en* avion[bateau, train, voiture] 비행기[선상, 기차, 자동차] 여행. voyage *en* ballon 기구 여행. voyage *en* moto 자전거 여행.

- La traversée de la ville *en* voiture peut prendre une heure. 자동차로 시내를 통과하는 데 한 시간 가량 걸릴 것이다.

  ⇒ à, dans, par, sur

3) 언어·문자

❶

> auteur traduit *en* dix langues 작품이 10개국 언어로 번역된 작가. film sous-titré *en* français 불어 자막을 넣은 영화. lettre écrite *en* bon français 정확한 불어로 씌어진 편지. doubler un film italien *en* anglais 이탈리아 영화를 영어로 더빙하다. écrire *en* caractères majuscules 대문자로 쓰다. écrire *en* grosse 굵은 자체로 쓰다. écrire *qc en* code …을 암호로 쓰다. écrire *en* majuscule[minuscule] 대문재[소문자]로 쓰다. s'exprimer *en* français 불어로 자신의 생각을 표현하다. graver[marquer] *en* caractères ineffaçables 지울 수 없는 흔적을 남기다. mettre *en* code 약호화하다, 약호체계에 따라 작성하다. mettre un texte *en* français 원문을 불어로 번역하다. mettre un mot *en* italique 어떤 단어를 이탤릭체로 하다. parler *en* anglais 영어로 말하다. parler (*en*) patois 사투리를 쓰다. traduire de l'anglais *en* coréen 영어를 한국어로 번역하다. traduire un texte russe *en* français 러시아어로 쓰인 글을 프랑스어로 번역하다. traduire un programme informatique *en* langue machine 전산 프로그램을 기계언어로 번역하다. transcrire un texte grec *en* caractères latins 그리스어로 쓰인 글을 라틴어 문자로 옮겨적다.

- *En* argot de prison, le mouton est un mouchard. 감옥 용어로 "양"은 경찰의 끄나풀이다.
- *En* français, cet objet s'appelle manteau. 불어로는 그것을 망토라고 부른다.
- Ce terme n'a point d'analogue *en* français. 불어에는 이 용어와 유사한 것이 없다.
- Comment dit-on "chien" *en* anglais? "개"는 스페인어로 무엇이라고 합니까?
- Ecrivez votre nom *en* capitales. 대문자로 이름을 기입하십시오.
- Le s est la marque du pluriel *en* français. s는 불어에서 복수 표지이다.
- "Blase" signifie "nom" et "nez" *en* argot. "블라즈"는 은어로 "이름"과 "코"를 의미한다.

❷ 명사의 보어

> capitale *en* romain[italique] 로마체[이탤릭체] 대문자. conte *en* créole 크레올어로 된 이야기. doublage d'un film *en* français 이태리 영화의 불어판 녹음. écriture *en* caractères d'imprimerie 인쇄체. instructions *en* langage machine 기계어 명령. lettre *en* braille 점자 편지. signaux *en* morse 모르스 신호. substrat gaulois *en* français 불어에 있어서의 갈로와 기층어. titre *en* grosses lettres 굵은 글자로 된 제목. traduction de la Bible *en* français 성서의 프랑스어 번역본.

· La netteté de l'articulation française s'oppose au relâchement de l'articulation *en* anglais. 불어 발음의 명확성은 영어의 느슨한 발음과 대조를 이룬다.

❸

· Ma réponse tiendra *en* trois mots. 내 대답은 세 마디로 요약될 것이다.
· Voici *en* quelques lignes la substance de cette discussion. 이번 토론 내용을 몇 줄로 요약하면 다음과 같습니다.

❹ 비유

4) 단위
❶

· Sa fortune se chiffre *en* milliards. 그의 재산이 수십 억 유로에 이른다.
· La foule s'est éparpillée *en* petits groupes. 군중들이 삼삼오오 흩어졌다.
· L'amplitude d'accommodation s'évalue *en* dioptries. 안구 조절작용의 정도는 디옵터 단위로 측정된다.
· Le titre d'un fil se mesure *en* tex. 철사의 번수는 텍스로 측정된다.
· Les diamants se pèsent *en* carats. 다이아몬드는 캐럿으로 계량된다.

❷

> branchages assemblés *en* fagots 다발로 묶어놓은 가지.　carottes *en* botte 단으로 묶은 홍당무.
> colonne *en* faisceau 여러 개의 작은 기둥이 모여 외관상 한 개로 된 기둥.　oignons qui pendent
> *en* grappes le long d'un mur 다발로 묶어 벽에 메달아놓은 파.　pièces de menuiserie *en* fagots
> 다발로 묶은 목공품.　lier des fleurs *en* bouquet 꽃을 다발로 묶다.　lier[nouer] *qc en* faisceau
> …을 다발로 묶다.　mettre le blé *en* gerbes 보리를 다발로 묶다.　mettre *qc en* liasse …을 철하다
> [묶다](= enliasser).

12. 목적 · 동기

1) ❶ …을 위하여 ; …로 인하여.

> *en* commémoration de l'armistice 휴전 기념으로.　*en* hommage de ma gratitude 나의 감사의 표시
> 로.　*en* souvenir de nos rencontre 우리 만남을 기념하여.　*en* votre honneur 당신을 명예롭게
> 하기 위해.　*en* reconnaissance de *qc* …에 대한 감사의 표시로.　boire *en* honneur de *qn* …을
> 위해 축배를 들다.　appeler *qn en* témoignage …을 증인으로 소환하다.　envoyer *qn en* course
> [vacances] …을 심부름[휴가] 보내다.　mettre *qc en* vente …을 팔려고 내놓다.

- Il a agi ainsi *en* haine de son père.　그는 아버지에 대한 반감으로 그렇게 행동했다.
- Les cloches sonnent *en* l'honneur de leur mariage.　그들의 결혼을 축하하여 종이 울린다.

❷ [en vue de *qc* / *inf*]

> *en* vue de leurs intérêts 그들의 이익을 위해.　*en* vue de la paix mondiale 세계 평화를 위해.
> accord de circonstance *en* vue des élections 선거를 위한 일시적인 타협.　observer *en* vue de
> savoir ce qui se passe 무슨 일이 일어나는지 알기 위해 관찰하다.

❸ [faire en sorte de *inf* / que + *sub*]

- Il a fait *en* sorte d'assoupir l'affaire.　그는 사태를 진정시키려고 애썼다.
- Fais *en* sorte que leurs chambres soient en ordre.　그들의 방이 정돈되도록 하라.

2) [aller / partir en]

> aller *en* journée 날품팔이하러 가다.　aller *en* patrouille 순찰[정찰]을 떠나다.　aller *en* pèlerinage
> 순례의 길을 떠나다.　aller *en* reconnaissance de *qn/qc* …을 찾으러 가다.　aller[partir] *en* promenade
> 산책하러 가다.　partir *en* camping 캠핑을 떠나다.　partir *en* classe de neige[mer] 겨울[여름]계절학습
> 을 떠나다.　partir *en* croisade 십자군으로 출정하다.　partir *en* croisière 항해 유람을 떠나다.　partir
> *en* excursion 소풍가다.　partir *en* exploration 탐험 여행을 떠나다.　partir *en* guerre 출정하다.　partir
> *en* tournée avec un théâtre 단원들과 순회공연을 떠나다.　partir *en* vacances[voyage] 휴가를[여행을]
> 떠나다.

3) 명사의 보어

> action *en* recherche de paternité (사생아의) 부자 관계 확인 소송.   discours *en* hommage aux victimes de la guerre 전쟁희생자에 대한 추도 연설.   exemplaire *en* hommage 기증본.   manifestation parisienne *en* soutien aux sans-papiers 파리 시민들의 불법체류자 지지 시위.

13. 변화의 결과

1) …(으)로.

❶

> bouillon qui prend *en* gelée 엉긴 부이용.   brouillard qui se résout *en* pluie. 비로 바뀌는 안개.   canapé convertible[transformable] *en* lit 침대 겸용 소파.   fée qui métamorphose une fille *en* truie 소녀를 돼지로 변신시켜버리는 요정.   malheur qui se transmue *en* joie 기쁨으로 바뀐 불행.   s'en aller[s'évanouir, partir] *en* fumée 연기처럼[허황되게] 사라지다.   s'en aller *en* poussière 산산이 부서지다, 박살나다.   réduire *qc en* poussière …을 가루로 만들다; 《비유》…을 분쇄[파괴]하다.   tomber *en* poussière 가루가 되다; 허물어지다, 붕괴하다.   aménager une petite pièce *en* bureau 작은 방을 사무실로 개조하다.   battre des blancs *en* neige 달걀 흰자위를 거품이 일도록 휘젓다.   battre *qn/qc en* brèche[ruine] …의 (평판)을 여지없이 손상시키다.   camoufler un meurtre *en* suicide 살인을 자살로 위장하다.   commuer la peine de mort *en* celle de prison à vie 사형을 종신형으로 감형하다.   convertir une lande *en* pâturage 황무지를 목장으로 바꾸어 놓다.   déguiser un homme *en* une femme 남자를 여자로 분장시키다.   éclater *en* sanglots 오열을 터뜨리다.   emmener[réduire] *qn* en esclavage …을 노예로 만들다.   se faire[se rendre] *en* esclave à *qc* …의 포로가 되다.   (faire) cuire *en* ragoût (약한 불에 익혀) 스튜로 만들다.   faire tourner *qn en* bourrique …을 들볶아 멍청하게 만들다, …을 안절부절 못하게 만들다.   faire tourner *qn en* chèvre …을 화가 치밀어 오르게 하다, 약올리다.   grimer un acteur *en* vieillard 어떤 배우를 노인으로 분장시키다. muer des métaux vils *en* or 《문어》 싼 금속을 금으로 변화시키다.   passer *en* proverbe 속담이 되다, 주지의 사실이 되다, 정평이 나다.   réduire *qc en* cendre …을 잿더미로 만들다.   réduire *qc en* poudre …을 가루로 만들다.   tirer du métal *en* fils 금속을 늘여 철사로 뽑다.   tomber *en* ruine 붕괴하다.   tourner *qc en* plaisanterie …을 농담으로 돌리다, 우습게 여기다.   transmuer l'argent *en* or 은을 금으로 변환시키다.

- Madame s'abrège *en* Mme.   Madame이라는 단어는 Mme으로 줄여진다.
- Ses espoirs sont allés *en* fumée.   그의 희망은 연기처럼 사라졌다.
- Les hautes règles de la justice s'avâtardissent *en* paravent pour jeux sordides.   정의의 고귀한 규칙이 비열한 책동에 대한 방패막이로 전락한다.
- Ses rancoeurs ont cristallisé *en* haine.   그의 원한이 증오로 나타났다.
- Le soufre cristallise *en* prisme oblique.   유황은 사각주체(斜角柱體)의 형태로 결정한다.
- La dispute a dégénéré *en* bagarre.   언쟁이 싸움으로 변했다.
- Un rhume négligé peut dégénérer *en* bronchite.   감기를 소홀히 하면 기관지염이 될 수 있다.
- Sa fureur dégorgea *en* un torrent d'injures. 《비유》 그는 화가 나서 욕설을 퍼부었다.

- La neige se dissout *en* eau.　눈이 녹아 물이 된다.
- L'eau est convertible *en* vapeur.　물은 수증기로 변환될 수 있다.
- La sympathie s'est muée *en* amour.　《**문어**》동정이 사랑으로 바뀌었다.
- Le t se sonorise *en* d.　t는 d로 유성화된다.
- Elle tréssait *en* guirlandes des coquelicots.　그녀는 개양귀비를 엮어 화환을 만들고 있었다.
- Son amour se tourne *en* haine.　그의 사랑은 증오로 바뀐다.

❷ [changer / transformer ＋ 목적어 ＋ en]

> changer les métaux *en* or 금속을 금으로 바꾸다.　changer *qc en* bien[mal] …을 좋게[나쁘게]하다. transformer un château *en* hôpital 성을 병원으로 개조하다.　transformer un gaz *en* plasma 가스를 플라스마 상태로 바꾸다.　transformer le plomb *en* or 납을 황금으로 변환시키다.

- Il a changé sa boutique *en* atelier.　그는 가게를 작업실로 바꾸었다.
- La pluie a changé la route *en* bourbier.　비가 와서 도로가 진창으로 변했다.
- La neige s'est changée[transformée] *en* pluie.　눈이 비로 변했다.
- Ses soupçons se sont changés *en* certitude.　그의 의심은 확신으로 변했다.
- L'eau se transforme *en* vapeur sous l'action de la chaleur.　물은 열을 받아 수증기로 변한다.

❸ [mettre ＋ 목적어 ＋ en]

> mettre *qc en* poussière …을 가루로 만들다;《**비유**》…을 분쇄[파괴]하다.　mettre *qn en* capilotade 《**구어**》…을 녹초가 되도록 때리다; …에게 욕설을 퍼붓다.　mettre *qc en* cendre …을 잿더미로 만들다.　mettre *qn/qc en* chansons …을 우스갯거리로[풍자의 대상으로] 하다.　mettre *qn en* confiture 《**구어**》…을 묵사발이 되게 두들기다.　mettre *qc en* ruine …을 파괴하다.　mettre son bien *en* viager 재산을 종신 연금으로 전환하다.

❹ [특정동사 ＋ en]

> se confondre *en* excuse[remerciements] 황송해하며 사과하다[고맙다고 되풀이하다].　fondre *en* pleurs[larmes] 울음을 터뜨리다.

- Tous les bruits se fondaient *en* un seul bourdonnement.　모든 소음이 뒤섞여서 하나의 웅웅거리는 소리가 되었다.
- Tout son argent est parti *en* disques.　그는 음반을 사는 데 돈을 모두 썼다.
- Un temps précieux se perdait *en* niaiseries.　하찮은 일로 귀중한 시간이 허비되고 있었다.

❺ [특정동사 ＋ en]

> finir *en* beauté 화려하게[성공리에] 끝나다.　finir *en* queue de poisson 용두사미로 끝나다.　mot

qui finit *en* -ou "-ou"로 끝나는 단어. rue finissant *en* cul-de-sac 막다른 골목으로 끝나는 길. discussion qui se termine *en* pugilat 결국 난투극이 되는 논쟁. se solder *en qc* …의 결과가 나타나다, 결국 …이 되다.

2) 명사의 보어

abréviation de Mademoiselle *en* Mlle Mademoiselle의 Mlle로의 단축. changement *en* bien[mieux] 호전. changement *en* mal[pire] 악화. changement *en* plus[moins] 증가[감소]. métamorphose des métaux *en* or (연금술에 의해) 비금속이 금으로 변함. modification *en* mieux[pire] 개선[개악]. résolution de la neige *en* eau 눈이 물로 용해되기. transformation du sucre *en* alcool 당분의 알코올로의 변환.

· Les alchimistes croyaient à la conversion des métaux *en* or. 연금술사들은 금속이 황금으로 변환될 수 있다고 믿고 있었다.

14. 결합 · 분할 · 복제의 결과

1) 결합

groupuscules qui fusionnent *en* un seul parti 하나의 정당으로 통합된 파벌들. régions qui se sont unifiées *en* un seul pays 하나의 국가로 통합된 지역들. bloquer deux paragraphes *en* un seul 두 문단을 한 문단으로 묶다. s'unir *en* un tout 하나로 결합되다, 융합되다.

· Les sables se sont agglomérés *en* dunes. 모래가 쌓여 사구들을 이루었다.
· La chaleur a agglutiné les bonbons *en* un gros bloc. 더위에 사탕들이 한 덩어리로 들러붙었다.

2) 분할 · 복제

parti politique divisé *en* plusieurs courants 여러 파로 갈라진 정당. parti qui éclate *en* plusieurs courants 몇 개의 계파로 갈라지는 정당. section fractionnée *en* deux groupes 두 그룹으로 나뉜 소대. briser[réduire] *qc en* fragments …을 깨뜨리다, 산산조각 내다. casser *qc en* mille morceaux …을 산산 조각으로 부서뜨리다. couper du fromage *en* dés 치즈를 네모나게 썰다. couper *qc en* morceaux …을 조각내다(=morceler). couper *qc en* plusieurs tronçons …을 여러 토막으로 자르다. couper *qc en* tranches minces …을 얇은 조각으로 자르다(=émincer, trancher). déchirer une photo *en* mille morceaux 사진을 갈기갈기 찢다. décomposer une phrase *en* propositions 문장을 절로 분해[분석]하다. découper du fromage *en* lamelles 치즈를 얇게 썰다. découper un gâteau *en* quatre morceaux 케이크를 네 조각으로 자르다. distribuer ces plantes *en* quatre espèces 이 식물들을 4종류로 분류하다. diviser une population *en* strates 인구를 계층별로 분류하다. diviser *qc en* trois parties …을 세 부분으로 나누다. faire une copie *en* trois exemplaires 사본을 3장 만들다. fractionner une opération *en* plusieurs temps 작업을 여러 단계로 세분하다. mettre *en* cannelle 《**구어**》 …을 산산조각내다. mettre *qc en* charpie ···을 산산조각으로 만들다; 갈기갈기 찢어 버리다.　mettre *en* lambeaux 갈기갈기 찢다.　mettre *qc en* pièces ···을 산산조각 내다.　organiser des chercheurs *en* sous-groupes de travail 연구자들을 소그룹으로 편성하다.　partir[tomber] *en* lambeaux 갈가리 찢어지다.　partager *qn en* deux moitiés ···을 반으로 나누다.　partager *qc en* plusieurs lots ···을 여럿으로 나누다.　regrouper[répartir] *qn/qc en* plusieurs catégories ···을 몇몇 유형으로 나누다.　reproduire une clef *en* quatre exemplaires 곁쇠를 4개 만들다.　résoudre un corps *en* ses éléments 어떤 물질을 그 구성요소로 분해하다.　tailler *qn/qc en* pièces ···을 섬멸하다, 분쇄하다.　voler *en* éclats 풍비박산이 나다; 산산조각 나다.

· Le vase s'est cassé *en* morceaux.　화병이 산산조각 났다.
· Le mica se clive *en* fines lamelles.　운모는 얇은 조각으로 쪼개진다.
· Sa phrase s'était débitée *en* trois tronçons.　그의 문장은 세 부분으로 나뉘었다.
· La lumière blanche est décomposée par le prisme *en* couleurs spectrales.　햇빛은 프리즘을 통과하면 스펙트럼 색으로 갈라진다.
· Ce pays est divisé *en* deux blocs adverses.　그 나라는 국론이 둘로 갈라졌다.
· L'événement fissurait l'Europe *en* deux blocs.　《비유》그 사건으로 유럽은 두 진영으로 분열되었다.
· L'assemblée s'est fractionnée *en* trois groupes　의회는 세 파로 분열되었다.
· On peut grouper ces animaux *en* trois familles.　이 동물들을 3개의 과로 분류할 수 있다.
· On a réparti les élèves *en* deux groupes de travail.　학생들을 2개 실습반으로 나누었다.
· Le fleuve se sépare *en* deux bras.　강물이 둘로 갈라져서 흐른다.
· Chaque volume se subdivise *en* dix fascicules.　각 권(卷)은 다시 10개의 분책으로 나뉜다.

3) 명사의 보어

débit[débitage] d'un chêne *en* planches 참나무를 잘라 판자로 만들기.　fractionnement d'un pays *en* plusieurs États 국가를 여러 주로 분할하기.　décomposition de l'eau *en* hydrogène et oxygène 물을 수소와 산소로 분해하기.　différenciation d'une société *en* classes 사회의 계급 분화.　division *en* classes 계급[등급] 분류.　division *en* série 종별 분류.　division d'un tout *en* plusieurs parts 전체를 여러 부분으로 나누기.　mise *en* facteurs 인수분해.　subdivision d'un chapitre *en* trois sections 한 장을 세 절로 나누기.

4) [en + 수사]

coupeur de cheveux *en* quatre 《구어》 지나치게 세밀히 따지는 사람.　couper[fendre] les cheveux *en* quatre 《구어》 지나치게 세밀히 따지다.　couper[diviser] *qc en* trois ···을 셋으로 자르다[나누다].　couper un pain *en* quatre 빵을 네 조각으로 자르다.　couper la poire *en* deux 《비유》 이익과 위험을 함께 나누다; 공평하게 양보하다[타협하다].　diviser une pièce *en* deux par une cloison 칸막이로 방을 양분하다.　fendre une bûche *en* deux 장작을 두 개로 쪼개다.　ouvrir un homard *en* deux 가재를 둘로 가르다.　partager une pomme *en* trois 사과를 셋으로 나누다.

15. 교환·전환

1)

> chèque convertible *en* espèces 현금화 가능한 수표.　changer son pain blanc *en* pain bis 밑지는 교환을 하다.　convertir ses actions *en* devises 자기 주식을 현금으로 바꾸다.　convertir ses biens *en* espèces 자기 재산을 현금으로 전환하다.

- Je voudrais changer ce billet de 100 euro *en* petite monnaie,.　나는 100유로짜리 지폐를 잔돈으로 바꾸고 싶습니다.
- Il veut convertir ces dollars *en* euros.　그는 그 달러를 유로로 바꾸고자 한다.

2) 명사의 보어

> conversion d'une somme d'argent liquide *en* valeurs 일정 현금의 유가 증권으로의 전환.

- Il faut suspendre la convertibilité du dollar *en* or.　달러를 금으로 태환하는 것을 정지시켜야 한다.

 자격·역할·비교

1. 자격·역할

1) ❶ …로(서)(= comme).

> *en* annexe à[de] ce document 이 문서의 참고자료로서.　*en* paiement de ses achats 구매 대금으로.　*en* simple particulier; *en* tant que particulier 개인으로, 사적으로.　*en* préface à[de] *qc* …의 서두로서.　*en* prélude à des négociations 협상의 전단계로.　*en* qualité de …의 자격으로.　*en* réponse à *qc* …에 대한 회답으로서; …에 대응[호응]하여.　*en* représentation de *qn* …의 대리로.　*en* témoignage de *qc* …의 증거[표시]로.　*en* témoin de quoi 《옛》 그 증거로서.　châtiment infligé *en* expiation d'un crime 범죄에 대해 속죄로서 내려진 벌.　cycliste qui court *en* individuel 개인 자격으로 출전한 사이클 선수.　veau offert *en* sacrifice 희생으로 바쳐진 송아지.　ajouter *qc en* complément …으로 보완하다.　aller au ministre *en* délégation 대표단의 일원으로 장관을 만나러 가다.　apporter *qc en* dot …을 지참금으로 가져오다.　avoir *qc en* partage …을 제 몫으로 가지다.　citer *qn en* exemple …을 예로 들다.　courber la tête *en* signe d'humilité 겸손의 표시로 고개를 숙이다.　demander[obtenir] une somme d'argent *en* dédommagement de *qc* …에 대한 손해 배상금을 요구하다[받다].　déposer une somme[des valeurs] *en* caution 보증금으로 일정 금액[유가증권]을 공탁하다.　détenir des objets *en* gage 물품을 담보로 잡다.　donner *qc en* aumône …을 동냥으로 주다.　donner[recevoir] *qc en* cadeau …을 선물로 주다[받다].　donner *qc en* nantissement …을 저당잡히다.　envoyer *qn en* ambassade …을 대사로 파견하다.　envoyer *qn en* mission …을 사절로 파견하다.　ériger un criminel *en* héros 범죄자를 영웅으로 추켜세우다.　s'ériger *en* prophète 예언자임을 자처하다.　faire *qc en* dilettante …을 도락으로[취미 삼아서] 하다.　góuverner *en* despote 전제 군주로 군림하다.　juger[parler] *en* connaissaur 전문가로서

감정[말]하다.　laisser[mettre] *qc en* gage …을 저당 잡히다.　livrer un fait divers *en* pâture à la presse 가십거리를 언론에 던져 주다.　offrir une bague à *qn en* gage de son amour …에게 사랑의 표시로 반지를 주다.　s'offrir *en* otages 인질이 되겠다고 자원하다.　se poser *en* justicier 심판자로 자처하다.　prendre[servir] *qc en* hors-d'oeuvre …을 전채로 먹다[내놓다].　raisonner *en* logicien 논리적으로 추론하다.　recevoir *qc en* don …을 기증 받다[선물로 받다].　régner *en* maître 지배자로 군림하다.　remplir une fonction *en* titre[remplacement] 정식으로[대리로] 어떤 지위를 맡다.　retenir les journalistes *en* otages 기자들을 인질로 잡아두다.　transmettre *qc en* héritage …을 유산으로 물려주다.　travailler *en* amateur 취미로 일하다.　travailler *en* free-lance 자유계약직으로[프리랜서로] 일하다.　travailler *en* sous-ordre 부하로서 일하다.　vivre *en* célibataire 독신생활을 하다; 남편[아내]와 이혼하고 살아가다.　vivre *en* cénobite 금욕 생활을 하다.　vivre *en* égoïste 이기적으로[자기본위로] 살다.　vivre *en* réprouvé 소외당한 삶을 살다.

· *En* compensation des heures perdues, vous bénéficierez d'une prime.　허비한 시간에 대한 보상으로 당신은 상여금을 받게 될 것이다.
· On m'a envoyé *en* éclaireur.　《비유》 미리 알아보라고 나를 보냈다.
· Le pronom 'toi' est *en* apostrophe dans "Toi, viens ici!".　"너, 이리 와"에서 '너'는 호격이다.
· Gardez ceci *en* souvenir.　기념으로 이것을 가지세요.
· Je vous parle *en* ami.　나는 친구로서 말하는 겁니다.
· On peut continuer à se voir, mais *en* camarades.　계속 만날 수는 있겠지만 친구로서 만납시다.

❷ [agir / se comporter / se conduire en]

agir[se comporter, se conduire] *en* gentilhomme[gentleman, galant homme, vrai chevalier] 신사답게 행동하다.　agir *en* grande dame 귀부인답게 행동하다.　agir *en* homme 남자답게 행동하다.　agir *en* honnête homme 성실한 사람으로 처신하다.　se conduire *en* brave 용감하게 행동하다.　se conduire *en* inconscient 지각없이 행동하다.　se conduire *en* père de famille 가장으로 행동하다.

❸ [prendre / traiter *qn/qc* en]

prendre *qn en* traître …을 배신자 취급하다.　prendre *qc en* bon augure …을 길조로 여기다.　prendre *qc en* gage …을 저당 잡다.　traiter *qn en* ami[ennemi] …을 친구로[적으로] 여기다.　traiter *qn en* indésirable 불청객 취급을 하다.　traiter *qn en* lépreux …와 사귀기를 꺼리다, …에게 말을 건네기조차 싫어하다.　traiter *qn en* parent pauvre …을 푸대접[박대]하다.　traiter *qn en* petit garçon …을 어린애 취급하다.

· Je n'accepte pas d'être traité *en* enfant.　내가 어린애로 취급되는 것은 감수하지 않겠다.

2) 명사의 보어

commandant *en* chef 군사령관.　ingénieur *en* chef 주임기사.　rédacteur *en* chef 편집장.　mot *en* apostrophe 호격어.　mot[substantif] (mis) *en* apposition 동격으로 쓰인 낱말[실사].　qualification de crimes de guerre *en* crime contre l'humanité 전쟁범죄를 인류에 대한 범죄로 결정함.

2. 비교

en bon père de famille 선량한 가장처럼 신중하게.　*en* coup de vent 질풍처럼, 신속하게.　cheval qui rue *en* vache 소처럼 뒷발을 앞쪽으로 당기면서 발길질하는 말.　liquide qui retombe *en* pluie 비처럼 방울져 떨어지는 액체.　aller[avancer, marcher] *en* escargot 느릿느릿 가다[전진하다, 걷다].　arriver *en* cyclone 맹렬한 기세로 달려오다.　descendre *en* feuille morte (비행기가) 낙엽처럼 하강하다.　donner des coup (de pied) *en* vache 《비유》 배신적인 행위를 하다.　dormir *en* lièvre[gendarme] 편히 자지 못하다; 경계[걱정]하다.　écrire *en* Victor Hugo 빅톨 위고처럼 쓰다.　entrer *en* bombe 《구어》 후다닥 뛰어 들어오다.　marcher *en* canard (les pieds *en* dehors) 팔자걸음을 하다.　marcher *en* crabe 게걸음[옆걸음]치다.　monter *en* danseuse 자전거를 엉덩이를 들고 몸을 좌우로 흔드는 자세로 타다.　mourir *en* bête 《구어》 짐승처럼 죽다; 영성체를 못하고 죽다.　mourir *en* héros 영웅적인 죽음을 하다.　partager *en* frère 평등하게 분배하다.　se regarder *en* chiens de faïence 말없이 적대적인 태도로 서로 노려보다.　se retourner [revenir] *en* boomerang 부메랑처럼 되돌아오다; 자업자득이다.　vivre *en* bohème 자유분방한 생활을 하다.　vivre *en* père peinard 한가롭게 살다.　vivre *en* pépère 평온하게 살다.

- Il y était entré *en* conquérant avec l'approbation de la ville entière.　그는 온 시민들의 박수갈채를 받으며 의기양양하게 귀환했다.
- Il porte *en* breloque une amulette arabe.　그는 아라비아 부적을 패물처럼 갖고 다닌다.
- Il vit *en* roi la campagne.　그는 시골에서 왕처럼 살고 있다.

 **Ⅵ** 관용적 표현

1. [de … en …]

1) 장소

de distance *en* distance 간격을 두고, 여기저기에; 때때로.　de part *en* part 한쪽에서 저쪽으로, 관통해서.　de place *en* place 이리 저리, 여기저기서.　de main(s) *en* main(s) 손에서 손으로, 이 사람 저 사람으로.　bornes placées de loin *en* loin 군데군데 놓인 경계표.　visiteurs qu'on se renvoie de service *en* service. 이리저리 끌려다니는 방문객.　aller[voyager] de ville *en* ville 이 도시에서 저 도시로 가다[여행하다].　caboter de port *en* port 항구에서 항구로 연안 항해를 하다.　demander de porte *en* porte 문전걸식하다.　renvoyer *qn* de guichet *en* guichet …을 이 창구에서 저 창구로 돌아다니게 만들다.　rouler de patrons *en* patrons 이 직장 저 직장을 전전하다.　sauter de branche *en* branche 새가 이 가지 저 가지로 날아다니다; 《비유》 변덕부리다, 꾸준하지 못하다.

- La nouvelle circule[passe, vole] de bouche *en* bouche.　그 소식은 입에서 입으로 퍼져간다.

· Les papillons voltigent de fleur *en* fleur.　나비들이 이 꽃 저 꽃으로 날아다닌다.

 d'amont *en* aval 상류에서 하류로.　armé de pieds *en* cap 완전무장을 한.　se balancer d'avant *en* arrière 앞뒤로 흔들다.　marcher de long *en* large 이리저리 서성거리다.　rouler du haut *en* bas de l'escalier 계단 위에서 아래까지 굴러 떨어지다.

2) 시간

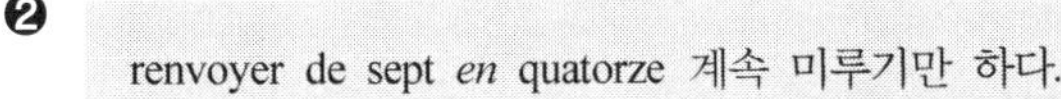 d'âge *en* âge (역사의) 시대를 가로질러.　de minute *en* minute 매순간, 계속해서.　de moment(s) *en* moment(s) 시시각각; 간간이.　de siècle *en* siècle 긴 세월 동안.　de temps *en* temps 때때로.　de génération *en* génération 대대로, 대대손손.　rentes qui se grossissent d'année *en* année 매년 늘어나는 수입.

· Mon âme s'affaisse de jour *en* jour.　내 영혼은 나날이 쇠잔해져 간다.
· La foule s'épaississait d'heure *en* heure.　관중이 시시각각 불어나고 있었다.
· Ils ne nous visitent plus que de loin *en* loin.　그들은 우리를 겨우 이따금씩만 찾아온다.

 renvoyer de sept *en* quatorze 계속 미루기만 하다.

3) 정도·이행

de degré *en* degré 점점, 서서히, 조금씩.　d'étape *en* étape 점진적으로.　de point *en* point 문자 그대로, 철저하게, 정확하게(=entièrement, exactement).　de proche *en* proche 차츰, 점점.　succession de mâle *en* mâle 남계(男系) 상속.　aller d'échec *en* échec 실패를 거듭하다.　courir [voler] de victoire *en* victoire 연전연승하다.　exécuter de bout *en* bout 완수하다.　lire un livre de bout *en* bout 책 한권을 끝까지 다 읽다.　voltiger de propos *en* autre 이런 저런 이야기로 화제를 바꾸다.

· De propos *en* propos, nous sommes arrivés à parler de notre jeunesse.　우리는 이런저런 이야기를 하다가 마침내 우리의 젊은 시절에 대해 말하게 되었다.
· C'est de pire *en* pire.　점점 더 나빠진다.
· La vie[le coût de la vie] augmente de plus *en* plus.　생활비가 점점 오른다.
· Le jour diminue de moins *en* moins.　해가 점점 짧아진다.

de fil *en* aiguille 조금씩, 차츰차츰(=petit à petit); 못 느낄 정도로(=insensiblement).　tradition transmise de père *en* fils 대대로 내려오는 전통.　regarder[traiter] *qn* de haut *en* bas …을 얕보다, 경멸하다.

· Il faut changer vos plans de fond *en* comble.　당신 계획을 완전히 수정해야 합니다.

· Les choses vont de mal *en* pis.　사태가 점점 더 나빠진다.

4) 주기·단위

compter *qc* de dix *en* dix ···을 열 개씩 세다.　prendre des médicaments de trois heures *en* trois heures 세 시간마다 약을 복용하다.

· Il passe un autobus de demi-heure *en* demi-heure.　30분마다 버스가 한 대씩 있다.

2. [aller en + 현재분사] : 갈수록 ···하다((사태가 점차적으로 진행되어가는 것을 표현.))

· Sa maladie va *en* s'aggravant de jour en jour.　그의 병세는 나날이 악화되어 간다.
· Les conditions du travail vont *en* s'améliorant.　노동 조건이 점점 개선되고 있다.

☆ 《**문어**》에서는 en을 생략하는 경우가 많음

· Le bruit va croissant.　소음이 점점 커진다.
· La route va s'élargissant.　도로가 점점 넓어진다.

3. 부정대명사·형용사·부사 따위와 관용구 형성

en général[particulier] 일반적으로[특별히].　*en* gros 대체로.　*en* gros et *en* gros détail 《비유》 전체적으로 그리고 상세하게.　*en* long et *en* large 어떤 의미로든; 《**비유·구어**》 어쨌든.　*en* tout 통틀어서.　*en* vain 헛되이.　voir les choses *en* grand 일을 대국적인 견지에서 보다.

 [en + 현재분사] (= gérondif)

1. 때

1) ···할 때.

marchandise qui s'abîme *en* voyageant 운송 중에 파손된 상품.　balancer les bras[hanches] *en* marchant 걸으면서 팔을[엉덩이를] 흔들다.　se découvrir *en* entrant dans l'église 예배당에 들어가면서 모자를 벗다.　faire une erreur *en* composant un numéro de téléphone 전화번호를 틀리게 돌리다[누르다]. roussir du linge *en* repassant 다림질하다가 란제리를 눋게 하다.　se signer *en* passant devant l'autel 제단 앞을 지나면서 성호를 긋다.　venir voir *qn en* passant 지나는 길에 ···을 보러 오다.　se tromper *en* comptant 계산을 틀리다.

· *En* arrivant à Paris, j'irai tout de suite chez mon ami.　파리에 도착해서 곧바로 친구 집으로 갈 것이다.
· *En* descendant du train, je l'avais remarqué.　기차에서 내릴 때에 나는 그를 알아보았다.
· *En* rentrant, passez chez le boulanger.　돌아올 때 빵집에 들러서 오세요.

- *En* sortant du bureau, je l'ai rencontrée.   사무실에서 나오면서 그녀를 만났다.
- Il s'animait fort *en* discutant.   그는 토론하면서 몹시 흥분했다.
- N'oubliez pas de prendre le parapluie *en* sortant.   나갈 때 우산을 가지고 가는 것을 잊지 마시오.
- Il s'est perdu *en* venant.   그는 오다가 길을 잃었다.
- Ne traîne pas *en* rentrant de l'école.   하교 길에 딴전 피우지마라
- Il a versé des arrhess *en* commandant son costume.   그는 양복을 주문하면서 선금을 지불했다.

2) ···함에 따라.

> devenir solide *en* se refroidissant 식으면서 단단해지다.   s'embourgeoiser *en* prenant l'âge 나이를 먹어
> 감에 따라 소시민화되다.

- Les fruits s'adoucissent *en* mûrissant.   과일은 익으면서 달아진다.
- Les blonds brunissent *en* grandissant.   금발머리 아이들은 크면서 머리가 갈색으로 된다.
- Ce vin gagne *en* vieillissant.   이 포도주는 오래될수록 맛이 좋아진다.
- La barque grossit *en* se rapprochent.   배가 가까이 다가올수록 크게 보인다.
- L'appétit vient *en* mangeant.   식욕은 먹으면서 생기는 법이다.

◎ 《옛·지방어》 [dès en + 현재분사]

dès *en* naissant 태어나면서부터.

⇒ dès

> ☆ gérondif의 주어는 원칙적으로 주절의 주어와 같으나 속담·격언에서 또는 문장의 의미가 애매하지
> 않을 때는 그렇지 않는 경우가 있음.

- *En* rouvrant les yeux, la mémoire m'est revenu aussitôt.   눈을 뜨자 곧바로 기억이 되살아났다.
- L'appétit vient *en* mangeant.   《속담》 먹다보면 식욕이 생기는 법이다.

2. 동시성((tout로 강조할 수 있음))

allaiter tout *en* travaillant 일을 하면서 젖을 먹이다.   corriger un texte *en* gardant le sens intact 의미를
손상시키지 않고 텍스트를 고치다.   gesticuler *en* parlant 말하면서 줄곧 몸짓을 하다.   instruire *en* amusant
즐기면서 가르치다.   se pousser du coude *en* gloussant 시시덕거리며 팔꿈치로 서로 쿡쿡 찌르다.   siffler
en applaudissant 박수갈채하며 휘파람을 불다.   tricoter *en* regardant la télévision 텔레비전을 보면서 뜨개질
을 하다.

- *En* revoyant Séoul, j'ai pensé à vous.   서울을 다시 보면서 당신 생각을 했습니다.
- Il aime soliloquer *en* se promenant.   그는 산책하면서 혼잣말하길 좋아한다.
- Ne lis pas le journal, *en* mangeant.   음식을 먹으면서 신문을 읽지 마라.

- Le chasseur resta accroupi derrière la haie *en* guettant le vol de la perdrix.   사냥꾼은 자고새가 날기를 기다리면서 담장 뒤에 몸을 쭈그리고 있었다.
- Il travaille (tout) *en* chantant.   그는 노래하며 일한다.

3. 결과 · 후시성

- Le château a changé de destination *en* devenant un hôtel de tourisme.   그 성은 용도가 바뀌어 관광호텔이 되었다.
- L'hydrogène réagit avec l'oxygène *en* donnant de l'eau.   수소는 산소와 작용하여 물을 생성한다.

4. 원인 · 이유

se blanchir *en* s'appuyant contre le mur 벽에 기대는 바람에 옷이 뿌옇게 되다.   se blesser *en* tombant 넘어져서 다치다.   se salir *en* tombant 넘어져서 옷을 더럽히다.   découvrir une frontière *en* retirant des troupes 부대를 철수시켜 국경이 무방비 상태로 되다.   se délabrer la santé *en* buvant trop 지나친 음주로 건강을 해치다.   se détraquer la santé *en* abusant des transquillisants 신경 안정제 남용으로 건강을 해치다.   s'empoisonner *en* mangeant des conserves avariées 상한 통조림을 먹고 식중독을 일으키다.   se faire une bosse au front *en* se cognant 부딪쳐 이마에 혹이 생기다.   plisser ses vêtements *en* dormant tout habillé 옷을 입고 자는 바람에 옷을 구기다.

- *En* l'entendant, son oncle s'est écroulé de rire.   그의 이야기에 그의 삼촌은 포복절도했다.
- *En* roulant trop vite à droite, il a accidenté un cycliste.   너무 급하게 우회전을 하다가 그는 자전거 탄 사람을 다치게 했다.
- *En* voyant son embarras, le soldat s'est fait plus aimable.   그가 당황해하는 것을 보았기 때문에 병사는 좀 더 친절해졌다.
- Ma montre s'est abîmée *en* tombant par terre.   시계가 땅에 떨어져 망가졌다.
- La mère s'est affolé *en* constatant la disparition de son fils.   어머니는 자기 아들이 없어진 것을 확인하고는 제정신이 아니었다.
- Il a eu un sursaut *en* entendant frapper à la porte.   그는 문 두드리는 소리에 소스라치게 놀랐다.
- Il s'est dégradé *en* acceptant ce compromis.   그 타협안을 받아들임으로써 그의 품위가 손상되었다.
- Il s'est disqualifié *en* tenant de pareils propos.   그런 이야기를 함으로써 그는 자기 얼굴에 먹칠을 했다.
- Je me suis enrhumé *en* attendant dehors.   밖에서 기다리느라 감기가 들었다.
- Il se prostitue *en* écrivant dans de mauvais journaux.   그는 저질 신문에 글을 씀으로써 자신의 재능을 더럽히고 있다.

5. 수단 · 방법

ajourer un réduit obscur *en* perçant une lucarne 천창(天窓)을 내어 어두운 골방에 빛이 들게 하다.   arrondir une somme *en* y ajoutant un supplément. 돈을 조금 보태어 우수리를 없애다.   classer des livres *en* respectant l'ordre alphabétique 알파베트 순에 따라 책을 분류하다.   conduire *en* évitant les cahots 길의 울퉁불퉁한 곳을 피해 운전하다.   couler un navire *en* le torpillant 어뢰로 배를 침몰시키다.   crever un pneu *en* le perçant 타이어에 구멍을 뚫어 펑크를 내다.   se dérouiller *en* faisant de la gymnastique 체조로 몸을 풀다.   désigner un objet *en* le montrant 어떤 물건을 가리키면서 지시하다.   éclaircir une peinture *en* ajoutant du blanc 흰색을 더해서 그림의 색조를 더 밝게 만들다.   enjoliver le récit *en* y ajoutant des détails imaginaires 상상적인 세부 사항들을 첨가하여 이야기를 윤색하다.   faire[gagner] de la place *en* se débarrassant des objets inutiles 필요없는 물건을 치워서 공간을 만들다.   gagner une heure *en* prenant un raccourci 지름길을 택하여 1시간을 벌다.   mélanger des liquides *en* les agitant 액체를 흔들어 혼합하다.   obtenir qc *en* usant de menace 협박하여 …을 얻어내다.   renouveler l'air d'une pièce *en* l'aérant 환기시켜 방의 공기를 신선하게 하다.   saluer qn *en* s'inclinant …에게 고개 숙여 인사하다.   se suicider *en* se pendant[*en* se noyant] 목매달아[물에 투신하여] 자살하다.   traiter qn *en* lui offrant un bon repas 훌륭한 식사로 …을 대접하다.   se tuer *en* se tirant une balle dans la tête 머리에 총을 쏘아 자살하다.   valoriser un terrain *en* le transformant en terrain à bâtir 토지를 대지로 변경함으로서 가격을 올리다.

- Le patron l'a alléché *en* lui proposant un salaire plus élevé.   사장은 더 나은 보수를 주겠다고 하면서 그를 유혹했다.
- Il s'annonçait toujours *en* frappant 3 fois.   그는 세 번 노크하는 것으로 늘 자신의 도착을 알리곤 했다.
- On apprend *en* écoutant, *en* lisant, *en* étudiant, *en* voyageant.   듣고, 읽고, 공부하고, 여행을 함으로써 배운다.
- Le caméléon peut se camoufler *en* changeant de couleur selon l'endroit où il se trouve.   카멜레온은 장소에 따라 색을 바꿔 몸을 은폐할 수 있다.
- C'est *en* forgeant qu'on devient forgeron.   《격언》 자꾸 단련해야 숙달한다.
- Il croit se grandir *en* dénigrant autrui.   그는 타인을 비방함으로써 위대해진다고 생각한다.
- Il s'est instruit *en* lisant.   그는 독서로 배웠다.
- Il nous a rendu service *en* nous prêtant sa voiture.   그는 우리에게 자동차를 빌려줌으로써 도움을 주었다.
- Le gouvernement a réplqué à cette déclaration *en* rappelant son ambassadeur.   정부는 대사를 소환함으로써 그 선언에 반격을 가하였다.
- L'homme se trouve lui-même *en* s'oubliant.   인간은 자신을 망각함으로써 자신의 참모습을 알게 된다.

6. 양태

besogne faite *en* courant 서둘러 날림으로 해치운 일.   s'accroupir *en* se tenant le ventre de douleur 아픈 배를 잡고 웅크리다.   chanter *en* s'accompagnant à la guitare 기타를 치며 노래하다.   dire *en* haletant 헐떡거리며 말하다.   s'étirer *en* bâillant 하품을 하며 기지개를 펴다.   exprimer son mécontentement *en* fronçant les sourcils 눈썹을 찌푸리며 불만을 표시하다.   fouiller *en* bouleversant tout 모든 것을 뒤죽박죽을 만들면서 뒤지다.   marcher *en* boitant 절뚝거리며 걷다.   marcher *en* traînant les pantoufles 슬리퍼를 끌며 걷다.   marcher *en* se trémoussant 몸을 흔들면서 걷다.   parler *en* balbutiant 더듬는 말을 하다.   regarder le tableau *en* clignant des yeux 눈을 가늘게 뜨고 그림을 바라보다.   solfier un exercice *en* battant la mesure 연습곡을 박자를 맞추며 계명으로 노래하다.　　voler *en* rasant le sol 지면을 스치듯이 날다.

- Cet enfant fume en *se* cachant de ses parents.　　그 아이가 부모 몰래 담배 피운다.
- Il parle l'anglais *en* aboyant un peu.　　그는 좀 쉰 목소리로 영어를 한다.
- Il parle *en* bégayant.　　그는 더듬거리며 말을 한다.
- Il est parti *en* claquant la porte.　　그는 꽝하고 문을 닫으면서 떠났다.

7. 조건·가정

en admettant que cela soit vrai 그것이 사실이라고 가정하면.　　*en* mettant les choses au mieux[au pire] 최선[악]의 상태를 가정하고

- *En* partant à neuf heures, nous il pourra y arriver avant midi.　　9시에 출발하면 그는 오전에 거기에 도착할 수 있을 것이다.
- *En* prenant cette ruelle, vous arriverez plus vite.　　이 길로 가면 더 빨리 도착할 겁니다.
- *En* suivant les flèches, vous arriverez au but.　　화살표를 따라가면 목적지에 닿을 것이다.
- *En* travaillant avec plus de méthode, il aurait réussi.　　좀 더 체계적으로 일을 했더라면 그는 성공했을 텐데.
- *En* vieillissant, on se résigne.　　사람은 늙어가면 체념하는 법이다.
- Rien qu'*en* vous écoutant, il sera fixé.　　당신의 말을 듣기만 해도 그의 마음이 결정될 것이다.
- Vous cherchez l'accident *en* conduisant si vite.　　그렇게 차를 빨리 몰다가는 사고를 당하고야 말 것이오.
- Il croyait déroger *en* faisant ce métier.　　그는 그러한 일을 하면 체면이 손상되는 것으로 생각하고 있었다.
- Vous me désobligeriez beaucoup *en* refusant.　　거절하신다면 저는 매우 가슴아파할 것입니다.
- Elle réussirait, *en* s'y prenant autrement.　　다르게 하면 그녀는 성공할 텐데.

8. 양보((même로 강조할 수 있음))

- Même *en* prenant cette route, vous n'arriverez pas à l'heure.　　그 도로로 간다 해도 제시간에 도착하지 못할 겁니다.
- Même *en* travaillant toute la nuit, il n'aurait pas réussi à l'examen.　　밤을 세워 공부를 했더라도 그는 시험에 합격하지 못했을 것이다.

9. 대립((tout로 강조할 수 있음))

- *En* prétendant nous aider, il a mis l'obstacle à notre affaire.　　그는 우리를 도와준다고 주장했지만 우리 일을 방해했다.
- Tout *en* étant heureuse là-bas, elle voulait retourner chez elle.　　그녀는 그곳에서 행복했지만, 집으로 돌아가고 싶어 했다.
- Tout *en* étant riche, il vit très simplement.　　그는 부유하지만 매우 검소하게 생활한다.

- Tout *en* protestant de sa fidélité, il nous a trahis.　　그는 충성을 확약해 놓고 우리를 배신했다.
- Il n'est pas venu, *en* sachant bien que je l'attendais.　　그는 내가 기다린다는 것을 알면서도 오지 않았다.

encontre

1. 《옛》 …에 반대하여; …을 향하여.

2. 1) [à l'encontre] : 반대하여[로].
   - Je n'ai rien à dire à l'*encontre*.　　나는 전혀 반대 의견이 없다.
   - Je n'irai pas à l'*encontre*.　　나는 반대하지 않겠다.

   2) [à l'encontre de *qn/qc*]

   ❶ …에 반대하여[로].

   > à l'*encontre* de vous, je pense que + *ind* 나는 당신과는 반대로 …라고 생각한다.　　agir à l'*encontre* des idées reçues 일반적인 생각과 반대로 행동하다.　　aller à l'*encontre* de *qn* …에게 반대하다.

   - Il a agi à l'*encontre* de nos conseils.　　그는 우리의 충고와 반대로 행동을 했다.
   - Je ne vais pas à l'*encontre* de ce que vous dites.　　나는 당신이 말하는 것에 반대하는 것은 아닙니다.
   - Cette politique va à l'*encontre* des intérêts du pays.　　그러한 정책은 국가 이익과 배치된다.

   ❷ 《옛》 …와 반대 방향으로.

   > navires qui vont à l'*encontre* l'un de l'autre 서로 반대 방향으로 가는 배.

   ❸ 《옛·문어》 …을 추구하여, 향하여(= à la rencontre de).

endéans

《지방어 : 벨기에》 …의 기한 내에.
endéans huit jours 일주일 이내에.

entre

1. 공간

1) ❶ … 사이에(서).

> *entre* quatre murs 집안에만 들어박혀; 감옥 속에서.　herbes folles poussées *entre* les pierres 돌 사이에 자란 잡초.　ligne aérienne faisant la jonction *entre* deux villes 두 도시를 잇는 항공로.　paragraphe qui s'insère *entre* deux chapitres 두 장 사이에 추가되는 단락.　serré *entre* des objets 물건들 사이에 끼어서.　broyer le blé *entre* les meules 밀을 맷돌로 갈다.　enfermer *qn entre* quatre murailles …을 감옥[수도원]에 가두다.　faire du slalom *entre* les tables 탁자 사이를 요리조리 피해서 가다.　faire le va-et-vient *entre* deux endroits 두 지점을 왔다갔다하다.　mettre une citation *entre* guillemets 인용문을 인용 부호로 묶다.　mettre[placer] un mot *entre* crochets 낱말을 괄호에 넣다.　mettre une phrase *entre* parenthèses 문장을 괄호 속에 넣다.　se mettre[se glisser] *entre* deux draps 잠자리에 들다(=se coucher).　naviguer *entre* les écueils 위험을[장애를] 교묘히 피하다.　parler à[recevoir] *qn entre* deux portes 문간에 세워놓고 말하다.　passer *entre* deux personnes 두 사람 사이를 지나가다.　suspendre un hamac *entre* deux arbres 두 나무 사이에 그물 침대를 매달다.　tirer *entre* les poteaux 골인시키다.

- *Entre* deux vertes, une mûre. 《**속담**》 나쁜 일 가운데에도 좋은 일은 있다; 불행중 다행.
- Il n'y a plus de camapgne *entre* ces deux villes.　그 두 도시 사이에 이제 전원 지대가 없다.
- Cette montagne forme obstacle *entre* deux pays.　이 산이 두 나라 사이의 장벽을 이루고 있다.

❷

> *entre* parenthèses 여담으로.　être assis[se trouver] *entre* deux chaises; 《**구어**》 être[avoir] le cul *entre* deux chaises 불확실한[불안정한, 위험한, 곤란한] 상황에 처해 있다.　être cloué *entre* quatre planches 죽어서 관속에 들어가다.　être *entre* l'enclume et le marteau (두 사람) 사이에 끼어 이러지도 저러지도 못하다.　être *entre* deux feux 협공을 당하다.　lire *entre* les lignes 숨은 뜻을 알아내다.　nager *entre* deux eaux 잠수하다; 양편의 비위를 잘 맞추다.

❸ 신체부위명사와 함께

a)
> avoir *qc entre* les oreilles 머릿속에 남아 있다.　être *entre* les griffes de *qn* …의 마수에 걸려들다.　filer *entre* les jambes 두 다리 사이로 빠져나가다.　glisser[filer] *entre* les doigts (comme une anguille[une couleuvre, un poisson]) (미꾸라지[뱀, 물고기]처럼) 빠져 달아나다.　mettre des gages *entre* les mains de *qn* 보증금을 …의 손에 맡기다.　parler *entre* ses dents 입안에서 어물어물 말하다.　porter *qc entre* ses bras …을 양팔로 껴안다.　serrer *qn/qc entre* ses bras …을 팔로 껴안다[포옹하다].　tenir un enfant *entre* ses bras 아이를 팔 안에 안다.　tenir

> *entre* ses mains la destinée de *qn* ···의 운명을 손안에 쥐고 있다.　tomber *entre* les mains de *qn* ···의 수중에 떨어지다.

- Il a reçu un coup de poing *entre* les deux yeux.　그는 두 눈 사이를 주먹으로 얻어맞았다.
- L'argent lui fond *entre* les mains.　그는 돈을 물 쓰듯 한다.
- L'argent file *entre* mes doigts comme du sable.　돈이 모래알처럼 내 손에서 빠져나간다.

b) [entre cuir et chair] : 피하(皮下)에; 살짝, 남몰래.

> blessure *entre* cuir et chair 가벼운 상처.　pester *entre* cuir et chair 몰래 욕하다.　rire *entre* cuir et chair 속으로 웃다.

❹ [entre ··· et ···]

> *entre* ciel et terre 공중에, 하늘 높이.　enclaver un adjectif *entre* l'article et le nom 관사와 명사 사이에 형용사를 삽입하다.　faire la navette *entre* Séoul et Pusan 서울과 부산 사이를 정기적으로 왕복하다.　laisser un espace de 1m *entre* le lit et le mur 침대와 벽 사이에 1m의 간격을 두다.　perdre son portefeuille *entre* la gare et la maison 역과 집 사이에서 지갑을 잃어버리다.　prendre[saisir] un objet *entre* le pouce et l'index 엄지와 검지로 물건을 집다.　être suspendu *entre* ciel et terre 공중에 떠 있다.

- *Entre* l'arbre et l'écorce il ne faut pas mettre le doigt.　《속담》손해 볼 일에 끼어들지 말라; 집안싸움에는 참견하지 말라.
- Il est toujours *entre* ciel et terre.　《비유》그는 항상 공상에 잠겨 있다.
- La Mer Jaune se trouve *entre* la Corée et la Chine.　황해는 한국과 중국 사이에 있다.

2) 명사의 보어

❶

> créneau *entre* deux voitures en stationnement 주차된 두 자동차 사이의 빈 공간.　décalage horaire *entre* deux pays 양국간의 시차.　distance *entre* deux points 두 점 사이의 거리.　distance des coureurs *entre* eux 경주자들 사이의 간격.　éclair de soleil *entre* les nuages 구름 사이로 반짝 비치는 태양.　éclaircie *entre* les nuages 구름 사이로 잠시 비치는 햇볕.　étroit intervalle *entre* deux murs 두 벽 사이의 좁은 간격.　limite *entre* deux pays 두 나라의 경계.　passe *entre* deux falaises 두 절벽 사이의 협로.　vide *entre* deux objets 두 물체를 사이의 공간.　voie la plus directe *entre* les deux villes 두 도시를 연결하는 제일 빠른 길.　zone d'activité sismique intense *entre* les plaques 플레이트 사이의 강한 지진 활동대.　délimiter la frontière *entre* deux États 두 나라 사이의 국경선을 정하다.　élargir[réduire] l'espacement *entre* deux arbres 두 나무 사이의 간격을 넓히다[좁히다].

❷

> *entre* guillemets 소위, 이른바(＝prétendu); 자칭(＝soi-disant).　artiste *entre* guillemets 자칭 예술

가.　la queue *entre* les jambes 꼬리를 감추고, 기가 죽어서(=la queue basse).

❸ [entre … et …]

interposition de la Lune *entre* le Soleil et la Terre 태양과 지구 사이에 달이 끼어들기.　navette gratuite *entre* l'hôtel et l'aéroport 호텔과 공항 사이의 무료 셔틀 버스

· Ce train est omibus *entre* Séoul et Cheonan.　이 열차는 서울과 천안 사이를 운행하는 완행이다.

2. 시간

1) ❶

entre deux âges 중년의.　*entre* (les) deux classes[cours] 쉬는 시간에.　*entre* deux dates données 주어진 두 날짜 사이에.　*entre* (les) deux guerres; *entre* deux-guerres 1차 대전과 2차 대전 사이에. *entre* deux soleils 해가 질 때부터 해가 뜰 때까지.　*entre* temps 그 동안에.　chômer *entre* deux jours fériés 휴일과 휴일 사이에 쉬어버리다(=faire le pont).　manger *entre* les repas 식간(食間)에 먹다.　marquer une pause *entre* deux phrases 말하는 중간에 잠시 사이를 두다.　passer *entre* les gouttes 소나기[비]를 피하다.

· Elle m'a téléphoné *entre* deux avions.　그녀는 비행기를 환승하는 사이에 내게 전화를 했다.

❷ [entre chaque[chacun de] + 명사] : … 사이에(서).

entre chaque plat 나오는 요리와 요리 사이에.　*entre* chaque tableau 각각의 그림 사이에.

· Il ne faut pas oublier de mettre un point *entre* chacune de phrases.　각 문장 사이에 마침표를 찍는 것을 잊지 말아야 한다.

❸ [entre … et …]

entre une et deux heures 1시와 2시 사이에.　*entre* midi et 3 heures 정오와 3시 사이에.　*entre* chien et loup 땅거미가 질 무렵.　*entre* la poire et le fromage 디저트 시간에, 식사가 끝날 무렵에, 화제가 부드러워질 때에.

· *Entre* sa sixième et sa septième année, il a appris à écrire.　그는 6, 7세 사이에 글쓰기를 배웠다.
· La vitesse de réaction s'apprécie par le temps qui s'écoule *entre* un événement réalisé et un événement anticipé.　반응 속도는 실제 사건과 예견된 사건 사이에 흘러간 시간으로 측정된다.

2) 명사의 보어

❶

intermède de calme *entre* deux époques tourmentées 격동의 두 시대 사이의 평온한 시기.　longs intervalles *entre* des phénomènes 두 현상간의 긴 기간.

❷ [entre ⋯ et ⋯]

quatre jours d'écart *entre* les épreuves écrites et les épreuves oraux de l'examen 필기시험과 구두시험 사이의 나흘간의 간격.

3. 정도·상태

1) ❶

entre les deux 이것도 저것도 아닌, 중간쯤인.   *entre* deux vins 얼근히 취한.   être ballotté *entre* des sentiments contraires 상반된 감정 사이에서 갈등하다.   être écartelé *entre* des désirs contraires 상반된 욕망 때문에 이러지도 저러지도 못하다.

· Fait-il chaud ou froid? *Entre* les deux.   날씨가 덥습니까, 춥습니까? 덥고 추운 중간입니다.

❷ [entre ⋯ et ⋯]

entre haut et bas 언성을 너무 높이지 않고.   *entre* la veille et le sommeil 비몽사몽간에.   être *entre* la mort et la vie 생사지경을 헤매고 있다.   être *entre* le zist et le zest 《구어》 이럴까 저럴까 망설이다, 우유부단하다; (사람·물건이) 뭐라고 규정짓거나 판단하기 어렵다.   parler *entre* l'aigre et le doux 부드러우면서도 가시가 돋힌 어조로 말하다.

2) 명사의 보어

❶

écart *entre* les températures du jour et de la nuit 일교차.   fossé[gap] *entre* les générations 세대간의 단절[격차].   nuances *entre* les synonymes 동의어 사이의 미묘한 의미 차이.

❷ [entre ⋯ et ⋯]

compromis *entre* l'indifférence et le mépris 무관심과 경멸이 뒤섞인 태도.   couleur incertaine *entre* le rouge et le pourpre 적색과 자색 중간의 미묘한 색깔.   homme *entre* le zist et le zest 《구어》 정체가 분명치 않은 사람.   primates fossiles intermédiaires *entre* l'être humain et le singe 인간과 원숭이 사이의 영장류 화석

4. 수량

1)

rouler *entre* 80 et 100 kilomètres à l'heure 시속 80 내지 100킬로미터로 달리다.

· Ils avaient tous *entre* 10 et 13 ans.   그들은 모두 10세에서 13세가량 되었다.
· Le taux d'intérêt s'établira *entre* 7% et 8%.   이율이 7%와 8% 사이에서 결정될 것이다.

· L'augmentation de la salaire est comprise *entre* 5 et 6%.   봉급 인상은 5%에서 6% 사이이다.

· Il faudra *entre* dix et quinze ans avant que ce pays puisse développer seul un véhicule.   그 나라가 독자적으로 자동차를 개발하기 위해서는 10년 내지 15년이 걸릴 것이다.

· Cet article se vend *entre* 100 et 200 euros.   이 물건은 100유로와 200유로 사이의 가격으로 팔린다.

5. 선택·분할·비교

1) ❶

couleurs qui crient *entre* elles 서로 어울리지 않는 색깔.   personnes[choses] comparables *entre* elles 서로 비교될 수 있는 사람[사물]들.   choisir *entre* deux solutions 두 가지 해결책 중에서 선택하다.   abattre[faire tomber] les cloison *entre* les classes 계층들 사이의 장벽을 무너뜨리다. comparer plusieurs artistes *entre* eux 몇몇 예술가들을 서로 비교하다.   confronter les témoins *entre* eux 증인들을 대질시키다.   creuser un abîme *entre* deux personnes 두 사람 사이를 더욱 소원하게 하다.   creuser un écart *entre* deux grandeurs 두 규모 간의 차를 더욱 크게 하다. demeurer[rester] indécis *entre* deux solutions 두 가지 해결책 사이에서 망설이다.   distinguer *entre* deux choses 두 사물을 구별하다.   diviser l'héritage *entre* les enfants 유산을 자식들에게 분배하다. enfoncer un coin *entre* qn/qc 《비유》…을 갈라놓다[분열시키다](=dissocier, séparer).   établir une comparaison[faire la comparaison] *entre* deux choses 두 가지 것을 비교하다.   établir[faire] un parallèle *entre* deux questions 두 문제를 대조하다.   faire un choix *entre* deux solutions 두 가지 해결책 중에서 하나를 선택을 하다.   faire[établir] la[une] distinction *entre* deux choses 두 물건을 구별하다.   hésiter *entre* deux solutions 두 해결책 중에서 어느 것을 택할까 망설이다.   mettre une barrière *entre* deux personnes 두 사람 사이에 장벽을 만들다.   mettre la brouille *entre* deux frères 두 형제 사이의 의를 갈라놓다.   osciller *entre* deux positions 두 가지 입장 사이에서 망설이다. partager son héritage *entre* deux fils 재산을 두 아들에게 분배하다.

· *Entre* ces deux solutions, laquelle est préférable?   그 두 가지 해결책 중에서 어떤 것이 더 바람직합니까?

· Il y a un abîme *entre* les deux idéologies.   두 이데올로기 사이에는 큰 차이가 있다.

· Il y a antinomie *entre* ces deux façons de voir.   이 두 가지 시각은 서로 모순된다.

· C'est un point commun *entre* eux.   그것이 그들의 공통점이다.

· Il faut faire une séparation nette *entre* ces deux problèmes.   이 두 문제는 명확하게 구분해야 한다.

· Les frais sont partagés à égalité *entre* les deux pays.   비용은 두 국가 간에 균등하게 분할된다.

· Il était tiraillé *entre* toutes les possibilités qui s'offraient à lui.   자신에게 주어진 모든 가능성 사이에서 그는 고민했다.

❷ [entre … et …]

a)

choisir *entre* Hillary Clinton et Barack Obama le futur candidat du Parti démocrate 힐러리 클린턴과 바락 오바마 중에서 미래의 민주당 후보를 선택하다.   être ballotté *entre* son père et

> sa mère 양친의 어느 편도 들지 못해 고민하다.   faire écran *entre* A et B A와 B의 관계를 차단하다, A와 B를 가로막다.   faire le partage *entre* A et B A와 B를 구별하다.

- Il y a une parfaite adéquation *entre* ce qu'il dit et ce qu'il fait.   그의 말과 행동은 전적으로 일치한다.
- Il y a une excessive disparate *entre* ses paroles et ses actes.   그의 언행은 지나치게 괴리되어 있다.
- Il y a une ressemblance frappante *entre* cet enfant et son père.   이 아이는 자기 아버지와 꼭 닮았다.
- Il n'y a aucune commune mesure *entre* Shakespeare et ses contemporains.   셰익스피어는 동시대의 작가들 보다 훨씬 뛰어나다.
- Il n'y a qu'un pas *entre* la médisance et la calomnie.   중상이나 비방이나 그게 그거다.
- Vous avez le choix *entre* le thé et le café.   차와 커피 중에서 고를 수 있습니다.

b)
> hésiter *entre* se taire et parler 침묵을 지킬 것인가 (아니면) 입을 열 것인가를 망설이다.

2) 명사의 보어

❶
> antiparti *entre* deux couleurs 두 색깔간의 부조화.   clivage *entre* des opinions 의견의 대립.   conformité *entre* deux choses 두 사물의 유사성.   contraste *entre* deux choses 두 가지 사물의 대조.   différence *entre* deux choses 두 물건 사이의 상이함.   différenciation *entre* deux timbres 두 음색(音色)의 구별.   disproportion d'âge[de taille, de fortunee] *entre* deux personnes 두 사람 사이의 나이[키, 재산] 차이.   parenté *entre* deux langues 두 언어의 동족성.   partage des tâches *entre* les conjoints 부부간의 가사의 분담.   partage d'une terre *entre* les conquérants 정복자들간의 영토 분할.   ressemblance *entre* deux objets 두 물체 사이의 유사함.   rideau servant de séparation *entre* deux parties d'une pièce 방을 둘로 나누는 경계 역할을 하는 커튼.   réclamer la parité des traitements *entre* les traitements 평등한 대우를 요구하다.

❷ [entre … et …]
> ces perpétuels balancements *entre* la gauche et la droite 좌파냐 우파냐를 놓고 벌이는 이 끊임없는 망설임.   coupure *entre* son passé et l'avenir 자신의 과거와 미래와의 단절.   décalage *entre* le rêve et la réalité 꿈과 현실의 괴리.   décalage *entre* riches et pauvres 빈부의 격차.   démarcation *entre* l'exécutif et le législatif 행정부와 입법부의 구분.   désaccord *entre* ses actes et ses paroles 언행의 불일치.   différence *entre* une chose et une autre 두 물건 사이의 상이함.   différence *entre* le débit et le crédit 대차(貸借) 차액.   discrimination *entre* l'essentiel et le superflu 본질적인 것과 부수적인 것의 구별.   distance *entre* le désir et la réalité 욕망과 현실의 거리.   écart *entre* le prix de revient et le prix de vente 원가와 판매가의 차액.   fossé *entre* le tiers monde et les

pays industrialisés 제3세계와 선진국간의 격차.   manque de proportion *entre* les jambes et le buste 다리와 상반신의 불균형.   proportion *entre* la hauteur et la largeur 높이와 폭의 비율.

6. 상호관계

1) ❶ 서로, …끼리의, …사이에서(의).

entre gens de même formation 같은 수준의 교양을 갖춘 사람들끼리.   (soit dit) *entre* nous; *entre* nous (soit dit) 우리들끼리의 이야기이지만.   *entre* quatre(-z-)yeux 서로 마주보고, 단 둘이(=《구어》 quat'z'yeux).   couleurs qui jurent *entre* elles 서로 어울리지 않는 색깔.   droites perpendiculaires *entre* elles 수식으로 교차하는 두 직선.   enfant tiraillé *entre* ses parents divorcés 이혼한 부모 사이에서 마음이 찢기는 아이.   événements qui interfèrent *entre* eux 서로 경합하는 사건들. plans bien coordonnés *entre* eux 서로 잘 연계된 계획들.   tribu où les familles ne s'apparentent qu'*entre* elles 서로 한 가족끼리만 결혼하는 부족.   s'aider *entre* voisins 이웃 사이에 서로 돕다. débattre un problème *entre* eux 어떤 문제에 대해서 서로 토론하다.   dîner *entre* amis 친구들끼리 식사를 하다.   discuter *entre* intimes 친한 사람들끼리 논의하다.   s'entremettre *entre* deux parties 두 당사자를 중재하다.   établir un pont *entre* ces deux doctrines 《비유》 두 학설 사이에서 교량 역할을 하다.   mettre la paix *entre* deux personnes 두 사람을 화해시키다.   répartir équitablement une somme *entre* plusieurs personnes 돈을 몇몇 사람들에게 똑 같이 분배하다.   servir de trait d'union *entre* deux groupes opposés 적대적인 두 그룹 사이에서 중계 역할을 맡다.   tenir la balance égale *entre* deux personnes[deux opinions] 두 사람[의견]사이에서 중립을 지키다.   tenir l'équilibre *entre* les personnes 사람을 공평하게 대하다, 편파적인 대우를 하지 않다.

· *Entre* hommes, on aime se raconter ce genre d'histoires.   남자들 사이에서는 그런 이야기를 하기를 좋아한다.

· *Entre* eux, il y a un très bel esprit d'équipe.   그들은 단결력이 아주 좋았다.

· *Entre* les étudiants commençait à se répandre un esprit de révolte.   학생들 사이에 반발심이 확산되기 시작했다.

· Alors, ça s'arrange *entre* eux?   자, 그들 사이는 괜찮아졌어?

· Les trois chapitres s'articulent très bien *entre* eux.   세 개의 장은 아주 잘 연결되고 있다.

· Il y a un cadavre *entre* eux.   그들은 무서운 비밀을 숨긴 공범 사이이다.

· Il y a une forte complicité *entre* eux.   그들 사이에는 강한 결탁 관계가 있다.

· Y a-t-il une corrélation *entre* ces deux faits?   그 두 사실들 사이에 상호관련이 있습니까?

· Il y a un dissentiment *entre* nous sur ce point.   이 점에 관해 우리는 서로 견해가 다르다.

· Il y a *entre* eux de l'émulation.   그들 사이에는 경쟁 심리가 있다.

· Il y a des malentendus *entre* eux.   그들은 사이가 좋지 않다.

· Il y a quelque chose *entre* eux.   그들 사이에는 뭔가가 있다.

· Il n'y a aucun sujet de friction *entre* les deux familles.   양 집안 간에는 어떤 불화거리도 없다.

· Il y a du tirage *entre* elles. 《구어》 그녀들 사이에 알력이 있다.

- Qu'y a-t-il *entre* eux?　　그들 사이에 무슨 일이 있습니까?
- Ces étrangers baragouinent *entre* eux.　　이 외국인들은 저희끼리 알아들을 수 없는 말을 한다.
- Ça biche très bien *entre* nous.　　우리 사이는 아주 원만하다.
- Le torchon brûle *entre* eux.　　그들은 불화 중이다.
- Elles se connaissent bien *entre* elles.　　그녀들은 서로 잘 안다.
- Les loups se dévorent *entre* eux.　　늑대들은 자기들끼리 서로 잡아먹는다.
- Tout est fini *entre* eux.　　그들 사이는 이제 끝장이 났다.
- La question d'intérêt ne joue pas *entre* eux.　　그들은 이해관계를 따지는 사이가 아니다.
- Les loups ne se mangent pas *entre* eux.　　《속담》 도둑에도 의리가 있고 땅꾼에도 꼭지가 있다.
- La discorde règne *entre* eux.　　그들 사이에는 불화가 심하다.
- Ce secret doit rester *entre* nous.　　그 비밀은 다른 사람에게 이야기하지 마시오.
- Les voleurs finissent toujours par se voler *entre* eux.　　도둑들은 결국 자기들끼리 서로 훔치게 마련이다.
- Pas de formalités *entre* nous, on se tutoie!　　격식차리지 말고 반말로 하자!

❷ [être entre]

- Nous étions *entre* amis.　　우리는 친구사이였다.
- Nous sommes *entre* des gens de connaissance.　　우리는 서로 아는 사이이다.

❸ [entre … et …]

- Il y a déséquilibre *entre* l'offre et la demande.　　공급과 수요 사이에 불균형이 있다.
- Il y a du froid *entre* la mère et la fille.　　모녀간에 냉기가 돈다.
- Il y a un hiatus *entre* leurs désirs et la manière dont ils les expriment.　　그들의 소망과 그것을 표현하는 방식 사이에는 간극이 존재한다.
- Des bagarres ont éclaté *entre* la police et les manifestants.　　경찰과 시위대 사이에 난투극이 벌어졌다.
- Un accord est intervenu *entre* la direction et les grévistes.　　경영자측과 파업자 사이에 합의가 이루어졌다.

2) 명사의 보어

❶

accord *entre* des conjurés 가담자들간의 공모.　accord de coopération *entre* deux États 양국간 공조협정.　accrochage *entre* deux patrouilles 두 순찰대 사이의 교전.　affrontements *entre* sectes 분파간의 대립.　amélioration dans les relations *entre* deux pays 두 나라 간의 관계 개선.　amitié *entre* frères 형제애.　choc *entre* deux corps 두 물체의 충돌.　cohérence *entre* deux choses 두 사물 사이의 무모순성.　cloison étanche *entre* des classes sociales 사회 계급 사이의 완전한 단절.　communication *entre* des êtres vivants 생물체간의 의사소통.　compétition *entre* partis politiques 정당간의 경쟁.　complicité muette *entre* eux 그들 사이의 암암리의 묵계.　concentration du pouvoir *entre* quelques mains 《비유》 몇몇 사람에로의 권력 집중.　concertation politique *entre* les Grands 강대국들 간의 정치적인 협의.　concours *entre* créanciers 채권자간의 경합.　conflit *entre* deux pays 양국간의 분쟁.　contentieux territorial *entre* deux pays 두 나라간의 영토분쟁.　convenances de goût *entre* deux amis 두 친구 간의 취향의 일치.　correspondance biunivoque *entre* deux ensembles 두 집합 사이의 일대일 대응.　correspondance *entre* les parties d'un édifice 건물 각 부분간의 조화[균형].　covenant de 1588 *entre* les presbytériens d'Écosse 1588년 스코틀랜드 장로파 교회의 동맹.　croisement *entre* deux espèces 두 종(種) 사이의 교잡.　croisement *entre* races 혼혈(=métissage); 이품종 교배.　léger[grave] désaccord *entre* les époux 부부 사이의 가벼운[심한] 불화.　dîner *entre* amis 친구들 사이의 저녁식사.　dispute *entre* époux 부부싸움 (=scène de ménage).　divorce caché *entre* deux personnes 두 사람 사이의 감춰진 반목.　donation *entre* époux 부부간의 증여.　entente *entre* entreprises 기업간 협정.　entretien *entre* les deux chefs d'État 양국 수뇌 사이의 회담.　équilibre *entre* les États 국가간의 세력균형.　face-à-face télévisé *entre* deux candidats aux élections 두 입후보자의 텔레비전 토론.　fusionnement *entre* deux syndicats 두 조합의 통합.　incompatibilité d'humeur *entre* deux personnes 두 사람 사이의 성격의 불일치.　incompréhension *entre* deux personnes 두 사람 사이의 상호 이해 부족.　intimité *entre* deux amis 두 친구 간의 친밀함.　lien *entre* deux événements 두 사건 사이의 관계.　liens sympathiques *entre* eux 그들 사이의 서로 통하는 관계.　mariage *entre* homosexuels 동성끼리의 결혼.　mariage *entre* membres de clans différents 타부족 성원간의 결혼.　match *entre* deux équipes 두 팀 사이의 경기.　médiateur *entre* deux pays 두 나라 사이의 중재자.　pacte *entre* plusieurs pays 다국간의 협정.　politique de dégel *entre* deux pays 양국간의 관계 개선 정책.　réouverture des négociations *entre* deux pays 양국간의 교섭 재개.　répartition des tâches *entre* collaborateurs 동참자간의 작업 분담.　solidarité *entre* plusieurs personnes 여러 사람들 사이의 연대.　symbiose *entre* deux théories 두 이론간의 밀접한 연계.　symbiose *entre* micro-organismes 미생물들간의 공생(관계).　sympathie qui existe *entre* eux 그들 상호간의 호감.　tension *entre* les deux pays 양국간의 긴장.　tiraillements *entre* divers partis politiques 여러 정당간의 알력.　union *entre* deux partis pour un but commun 공동 목적을 위한 두 당의 연합.　va-et-vient d'idées *entre* deux pays 양국간의 의견 교환.　diminuer les inégalités *entre* les entreprises 기업 간의 불균형을 줄이다.　ménager une entrevue *entre* deux personnes 두 사람 사이의 회담을 주선하다.　rechercher un accommodement *entre* deux gouvernements 두 정부 사이에 타협안을 찾다.　réduire[résoudre] l'antagonisme *entre* les deux nations 국가간의 반목이 해소되다.　ressouder une alliance *entre* les gouvernements 정부간의 동맹을 더욱 공고히 하다.

· Les querelles *entre* amants créent des fêlures que rien ne ressoude.　연인 사이의 다툼은 그 무엇으로도 치유할 수 없는 균열을 낳는다.

· Le secret *entre* jeunes filles ne se garde pas bien.　소녀들 사이의 비밀은 잘 지켜지지 않는다.

❷ [entre … et …]

accord *entre* le geste et la parole 동작과 말의 일치.　appariement heureux *entre* le sujet et l'auteur 주제와 작가의 훌륭한 결합.　bousculade *entre* les policiers et les manifestants 경찰과 시위대의 몸싸움.　compensation *entre* les gains et les pertes 득실의 상쇄.　connexité *entre* la psychologie et la morale 심리학과 윤리학과의 연관[관계].　contradiction *entre* les paroles et les actes d'un homme politique 정치가의 말과 행동 사이의 모순.　dissonance *entre* les principes et la conduite 원칙과 행동의 불일치.　distorsion *entre* l'offre et la demande d'un produit 제품의 공급과 수요 사이의 불균형.　divorce *entre* la théorie et la pratique 이론과 실천 사이의 불일치.　duel *entre* la droite et la gauche 우익과 좌익의 투쟁.　échauffourée *entre* la police et les manifestants 경찰과 시위대 간의 충돌.　équilibre *entre* pouvoir central et pouvoirs régionaux. 중앙권력과 지방권력 간의 균형.　fusion *entre* l'homme et la nature 인간과 자연의 융화.　guerre *entre* la raison et les passions 이성과 정념의 갈등.　inégalité *entre* l'offre et la demande 공급과 수요의 불균형.　jalousie *entre* frères et soeurs 남매 사이의 질투심.　lutte *entre* le bien et le mal 선악의 대립.　mésintelligence *entre* le frère et la soeur 남매간의 불화.　négociation *entre* les syndicats et le patronat 노사간의 협상.　rapports *entre* patrons et employés 노사관계.　nouveau regain de tension *entre* le Venezuela et la Colombie 베네수엘라와 콜롬비아 사이의 새로운 긴장의 고조.　rôle d'interposition *entre* A et B A와 B 사이의 중재 역할.　rupture *entre* leur passé et leur présent 그들의 과거와 현재 사이의 단절.　tiraillement *entre* le bien et le mal 선과 악 사이에서의 번민.　tractations *entre* la police et les preneurs d'otages 경찰과 인질범 사이의 뒷거래.　égaliser la balance *entre* le beau et l'utile 미와 실용을 겸비하다.　rétablir l'équilibre *entre* les recettes et les dépenses 지출과 수입의 균형을 맞추다.

· L'amitié *entre* homme et femme est délicate.　남녀간의 우정은 미묘한 것이다.

7. (여럿) 중에(서), 가운데(서).

1)
entre autres (choses) 그 중에서도(특히).　*entre* tous[toutes] 그 중에서도 특히.　choisir le représentant *entre* plusieurs candidats 여러 후보들 중에서 대표자를 선출하다.　choisir[hésiter] *entre* plusieurs possibilités 여러 가지 가능성 사이에서 선택하다[망설이다].　être trouvé *entre* les morts 사망자들 중에서 발견되다.

· J'ai visité les cathédrales, *entre* autres, celle de Tolède.　나는 성당들, 그 중에서도 특히 톨레도 성당을 방문했다.

2)
être brave *entre* les braves 용사 중의 용사이다.

8. 《옛》 포함

· Il compte *entre* les plus grands rois.　그는 가장 위대한 왕 중의 한 사람이다.

9. [d'entre]

1) · On l'a retirée d'*entre* ses mains.　그녀를 그의 수중에서 구출했다.

2) celui, 부정[의문]대명사, 수량적인 표현, 최상급의 보어가 인칭대명사일 때

certains d'*entre* eux 그들 중 몇 명.　deux[quelqu'un, la plupart] d'*entre* eux 그들 중 두 사람[어떤 사람, 대부분].　les meilleurs d'*entre* nous 우리들 중 가장 훌륭한 사람.　le moindre d'*entre* nous 우리들 중 가장 하찮은 사람.　n'importe lequel d'*entre* vous 당신들 중 누구라도.　le plus âgé d'*entre* nous 우리들 중 가장 나이가 많은 사람.　plusieurs d'*entre* eux 그들 가운데 몇몇.　quelques-uns d'*entre* nous 우리들 중 몇 명.　un seul d'*entre* eux 그들 중 (단) 한 명.

· Lequel d'*entre* vous accepte?　여러분들 중에서 누가 수락하겠소?

· Il est sans comparaison le meilleur d'*entre* nous.　우리들 중에서는 단연 그가 최고다.

· La plupart d'*entre* nous étaient en vacances.　우리들 중 대부분이 휴가 중이었다.

· Aucune d'*entre* ces robes ne lui a plu.　그 드레스 중에서 아무것도 그녀의 마음에 들지 않았다.

· Pas un d'*entre* eux n'a réussi.　그들 중 아무도 성공하지 못했다.

· Hier soir, j'ai vu des Français à la fête, plusieurs d'*entre* eux sont mes camarades.　어제 저녁 파티에서 프랑스인들을 만났는데, 그들 중 몇몇은 내 동료였다.

부 사 적 용 법

· La pièce doit être dans les fentes du plancher, elle est tombée *entre*.　동전은 마루의 틈 속에 있을 것이다. 그 사이로 떨어졌으니까.

envers

1. (주로 정신적 관계를 나타내어) …에 대하여(=à l'égard de).

1) ❶

s'acquitter *envers* ses créanciers 채무자들에 대한 빛을 갚다.　afficher le mépris *envers* tous les hommes 모든 사람에게 공공연히 경멸을 드러내다.　avoir de la charité *envers* le prochain 이웃에 대해 베푸는 마음씨를 갖다.　avoir[prendre] un comportement bizarre *envers* qn …에 대해 이상한 태도를 보이다.　avoir des délicatesses *envers* qn …에 대해 세심한 배려를 하다.　avoir des dettes *envers* ses parents 부모에게 은혜를 입고 있다.　avoir de la gratitude *envers* qn …에 대해 감사하는 마음을 가지다.　contracter des obligations[une dette, des dettes] *envers* qn …에게 신세

를 지다; 채무가 있다, 빚이 있다.   commettre une impolitesse *envers qn* …에게 실례를 범하다.   s'engager *envers qn* …에 대해 의무를 지다.   éprouver une certaine attirance *envers qn/qc* …에 대해 매력을 느끼다.   éprouver[ressentir] de la défiance *envers qn* …에 대해 의심을 품다.   éprouver de la répugnance *envers qn/qc* …에 대해 혐오감을 느끼다.   être d'une grande exigence morale *envers* soi-même 자기자신에게 도덕적으로 매우 엄격하다.   être d'une grande faiblesse [d'une faiblesse coupable] *envers qn* …에게 지나치게 관대하다.   exercer des représailles *envers qn* …에게 복수하다.   faire preuve d'indulgence *envers qn* …에 대해 관대한 태도를 취하다.   manifester de la sympathie *envers qn* …에게 호의를 나타내다.   manquer de respect *envers qn* …을 무례하게 대하다.   montrer de la complaisance *envers qn*[soi-même] …에[자기 자신에] 흡족해하다.   montrer de l'irrespect *envers qn* …에게 불손한 태도를 취하다.

- Comment pourrai-je m'acquitter *envers* vous?   어떻게 이 은혜를 갚을 수 있을까요?

❷ [envers et contre tout[tous]] : 모든 것을 무릅쓰고, 무슨 수를 써서라도.
   - Il a réussi *envers* et contre tout.   그는 모든 어려움을 극복하고 성공했다.
   - Il va nous soutenir *envers* et contre tous.   그는 어떻게 해서라도 우리를 지원할 것이다.
   - Ils ont résisté *envers* et contre toutes les complots de ce dictateur.   그들은 그 독재자의 모든 음모에 대하여 저항했다.

2) [동사 + 특정 부사 + envers]

agir bien[mal] *envers qn* …을 잘[나쁘게] 대해주다.   agir déloyalement *envers qn* …에 대해 비열하게 행위를 하다.   agir mesquinement *envers qn* …에 대해 치사하게 행동을 하다.   se comporter[se conduire] bien[mal] *envers qn* …에게 제대로[잘못] 처신하다, …에 대해 예의를 지키다[못되게 굴다].

- Il n'avait pas agi ainsi *envers* ses parents.   그는 부모님에게 그런 식으로 행동하지 않았었다.

☆ 같은 뜻으로 pour를 사용하기도 하며 일상어에서는 avec를 쓰기도 함.

3) 형용사의 보어

brusque *envers qn* …에게 거칠게 구는.   indulgent *envers qn* …에 대해 너그러운.   obéissant *envers* son père 아버지의 말을 잘 따르는.   poli *envers qn* …에 대해 예의바른.   actes hostiles *envers* le régime 체제에 적대적인 행위.   attitude bizarre *envers* les autres 타인을 대하는 이상한 태도.   enfant insolent *envers* ses parents 부모에게 불손한 아이.   enfant irrévérencieux *envers* ses professeurs 선생에 대해 예의가 없는 아동.   personne obligée *envers* un créancier 채권자에게 채무를 지고 있는 사람.   propos outrageants *envers qn* …에게의 모욕적인 언사.   vainqueur généreux *envers* le vaincu 패자에게 너그러운 승자.   être affable *envers qn* …에게 친절하다.   être bien[mal] disposé *envers qn* …에 대해 좋은[달갑지 않은] 생각을 갖다.   être brutal *envers qn* …에게 난폭하게 굴다.   être[se montrer] complaisant *envers* *qn* ···에게 싹싹하다.　être coupable *envers* *qn* ···에게 잘못하다, 죄를 짓다.　être cruel *envers* les animaux 동물들에게 잔인하다.　être déloyal *envers* une cause 명분에 반(反)하다.　être exigeant *envers* *qn* ···에게 까다롭게 굴다.　être faible *envers* *qn* ···에게 약하다, 엄하지 못하다.　être[se montrer] froid *envers* *qn* ···에게 쌀쌀맞게 대하다.　être grossier *envers* *qn* ···에게 무례하게 굴다.　être impitoyable *envers* *qn* ···에 대해 무자비하다.　être impoli *envers* *qn* ···에게 무례하다.　être intolérant *envers* *qn* ···에게 냉혹하게 대하다.　être juste *envers* *qn* ···에 대해 공정하다.　être malintentionné *envers* *qn* ···에 대해 악의를 품고 있다.　être malveillant *envers* *qn* ···에 대해 적의를 가지고 있다.　se montrer bienveillant *envers* *qn* ···에게 친절히 대하다.　se montrer clément *envers* *qn* ···에게 너그럽게 대하다.　se montrer critique *envers* *qn* ···에 대해 비판적인 태도를 취하다.　se montrer déférent *envers* *qn* ···에게 공손하게 대하다.　se montrer galant *envers* les dames 여성들에게 징궁하게 대하다.　se montrer magnanime *envers* *qn* ···에게 관대한 태두를 취하다.　se montrer paternel *envers* *qn* ···을 인자[관대]하게 대하다.

- Vous n'êtes pas charitable *envers* lui.　그에게 자비롭지 않으시군요.
- Ce fonctionnaire est comptable de ses actes seulement *envers* le président.　이 관리는 대통령에 대해서만 자기 행동에 대한 책임을 진다.
- Il a été désobligeant *envers* nous.　그는 우리들에게 무례하게 굴었다.
- Vous n'avez pas été juste *envers* vos amis.　당신은 친구들을 공평하게 대하지 않았습니다.
- Elle a été loyale *envers* lui.　그 여자는 그에게 충실했다.
- Il est respectueux *envers* ses maîtres.　그는 선생을 존경하고 있다.
- Il s'est montré distant *envers* nous.　그는 우리를 쌀쌀맞게 대했다.

4) 명사의 보어

charité *envers* les pauvres 가난한 사람들에 대한 자비.　devoirs des parents *envers* leurs enfants 자녀에 대한 부모의 의무.　sa ferveur *envers* *qn* ···에 대한 그의 열정.　hostilité *envers* *qn* ···에 대한 적의.　incompréhension *envers* *qn/qc* ···에 대한 몰이해.　incorrection *envers* *qn* ···에게 버릇없이 굴기.　libéralité *envers* *qn* ···에 대한 관대함.　loyauté *envers* *qn* ···에 대한 충성.　malveillance *envers* *qn* ···에 대한 적의.　méfiance du roi *envers* ses sujets 신하들에 대한 왕의 불신.　mollesse d'un père *envers* son fils 아버지의 아들에 대한 지나친 너그러움.　neutralité *envers* *qn/qc* ···에 대한 중립.　offense *envers* le président 대통령에 대한 모독.　parjure *envers* son meilleur ami 가장 친한 친구에 대한 배반(자).　perversité d'un enfant *envers* les animaux 어린이의 동물 학대 도착증세.　racisme *envers* les femmes 여성에 대한 적의, 여성 차별주의.　ressentiment *envers* *qn* ···에 대한 원한.　servilité *envers* un supérieur 상사에게 보이는 비굴한 태도.　trahison *envers* la patrie 조국에 대한 배신.　respecter[tenir] ses engagements *envers* *qn* ···에게 약속을 존중하다[지키다].

- Je me suis acquitté de ma promesse *envers* vous.　당신에 대한 약속을 이행했습니다.
- Ce dernier versement m'acquitte de ma dette *envers* vous.　이 마지막 지불로써 당신에 대한 나의 부채는 청산된다.

2. 《옛》 …에 마주 대하여(=en face de).

3. 《옛》 …에게(서)(=auprès de).

perdre son crédit *envers qn* …의 신임을 잃다.

environ

1. 《옛》 공간 : …근처에(=aux alentours de).

2. 《문어》 시간 : …쯤, 경, 무렵(=vers).

> *environ* (l'année) 1950 1950년경에.　*environ* le début du XVIIIe siècle 18세기 초엽에.　*environ* cette époque 대략 그 시기에.

부　사　적　용　법

1. 시간 : 대략, 약(=à peu près).

il y a *environ* dix ans[dix ans *environ*] 약 10년 전에.　homme d'*environ* trente ans 약 30세쯤 된 남자.

· Elle a *environ* quarante ans[quarante ans *environ*].　그녀는 40세쯤 되었다.

2. 공간

· C'est à 100km *environ* d'ici.　그곳은 여기에서 약 100킬로미터쯤 된다.

3. 수량 · 가격

environ un tiers de sa fortune 그의 재산의 약 3분의 1.

· Sa maison vaut *environ* trois cent mille euros.　그의 집은 약 30만 유로쯤 된다.

명 사 적 용 법

1. (복수형으로 쓰여) 근처, 부근(=alentours).

habiter dans les *environs* d'une grande ville 대도시 근교에 살다.

- Il y a une usine dans les[aux] *environs*.   근처에 공장이 있다.
- On le connaît dans tous *environs*.   근처에서는 모두 그를 안다.
- Il habite dans les *environs* de Daejon.   그는 대전 근교에 산다.

> ☆ 단수형은 드물게 쓰임.

dans quelque *environ* de Séoul   서울의 어느 근교에.

2. [aux[dans les] environs de *qc*]

1) 공간 : …근처에, 부근에.

> habiter aux *environs* de Paris 파리 근교에 살다.

2) 시간 : …쯤에, 경에.

> aux *environs* de 1980 1980년경에.   aux *environs* de Noël 크리스마스 즈음에.

3) 수량·가격

> aux *environs* de 30% 약 30퍼센트.   coûter aux *environs* de 200 euros 가격이 약 200유로쯤 되다.

- Elle doit avoir aux *environs* de 40 ans.   그녀는 40세쯤 되었을 것이다.
- La population de cette ville se monte dans les *environs* de 2 millions.   그 도시의 인구가 늘어서 200만 명쯤 된다.

ès

1. (학위 따위에서) …에 있어서.

docteur *ès* lettres[sciences] 문학[이학]박사.   doctorat *ès* lettres 문학박사학위.   licence *ès* lettres 문학사학위.   licencié *ès* sciences 이학사.

> ☆ 학문 분야의 명칭이 단수일 때에는 en 을 사용함.

docteur *en* médecine[théologie]   의학[신학]박사.

2. 법률용어에서

agir *ès* qualités 공적인 입장으로 행동하다.   verser une somme *ès* mains de *qn* …의 손에 어떤 금액을 지불하다.

· Le préfet est intervenu *ès* qualités.   지사는 직권으로 개입했다.

excepté

1. …을 제외하고, …이외에는(=sauf).

1)
> tous les jours *excepté* les dimanches et fetes 일요일과 축제 때를 빼고는 날마다.   geler toutes les dépenses dans tous les domaines *excepté* la défense 방위비를 제외하고 모든 분야의 지출을 동결하다.

· Elle a des cours tous les jours *excepté* le samedi et dimanche.   그녀는 토요일 일요일 외에는 매일 수업이 있다.
· Toutes ses filles sont mariées, *excepté* Sylvie[la plus jeune].   그의 딸들은 실비[가장 어린 딸]만 제외하고 모두 결혼했다.

> ☆ 후치되면 형용사로서 명사와 일치시킴.

- Ils sont tous morts, trois ou quatre personnes *exceptées*. 그의 친구들은 서너 명을 제외하고는 모두 사망했다.

2) [excepté + 전치사]

> grand homme pour tout le monde *excepté* pour sa femme 아내를 제외하고 모두에게 위대하다고 인정 받는 사람. répondre à toutes les questions *excepté* à la dernière 마지막 질문을 제외하고는 모든 질문에 답하다.

- Il est toujours à Séoul, *excepté* pendant le mois de décembre. 그는 12월만 제외하고는 늘 서울에 있다.
- La question nord-coréenne est loin des préoccupations de l'Union européenne, *excepté* en ce qui concerne le nucléaire. 핵문제를 제외하고는 북한 문제는 유럽연합의 관심사가 전혀 아니다.
- Les fourmis ont pénétré partout *excepté* dans le frigo. 개미가 냉장고를 제외하고는 모든 곳에 침입했다.

2. [excepté de[à] *inf*]

- On leur permet tout *excepté* de ne pas réussir. 그들에게 실패하는 것을 제외하고는 무엇이나 허용된다.

3. 1) [excepté que + *ind*/*cond*]

- Nous avons eu beau temps, *excepté* qu'il a plu un peu vers midi. 정오경에 비가 조금 온 것 말고는 날씨가 좋았다.
- Ils se valent, *excepté* que l'un serait plus travailleur que l'autre. 그들은 한 사람이 다른 사람보다 좀 더 부지런하리라는 점을 제외하고는 우열이 없다.

2) [excepté + 접속사]

- Ne bougez pas d'ici *excepté* si quelqu'un frappe à la porte. 누군가가 문을 노크할 때를 제외하고는 여기에서 움직이지 마시오.
- Je vais à pied, *excepté* quand il fait mauvais. 악천후가 아니면 걸어서 간다.

façon/manière

1. [à la façon / manière de *qn/qc* ; à la façon / manière + 형용사]

1) …처럼, …가 하듯이(= comme).

se conduire à la *façon* d'un aristocrate 귀족인 양 행동하다.

· Il parlait à la *manière* d'un orateur.　그는 연설하는 사람처럼 말했다.

2) ···식의, ···처럼.

plat à la *façon* coréenne 한국식 요리.　vers à la *manière* de Hugo 위고 식의 시구(詩句).　fabriquer un sonnet à la *manière* de Ronsard 롱사르를 모방하여 소네트를 쓰다.　s'habiller à sa *façon*[*manière*] 자기 방식대로 옷을 입다.

3) 명사적 용법

un à la *manière* de *qn* ···의 모작(模作).

2. [de / d'une façon / manière + 형용사] : ···하게.

1)

de la bonne *manière* 훌륭히, 나무랄 데 없이(= comme il faut).　de *façon* claire 명확하게.　d'une *façon* générale 일반적으로.　d'une *manière* irrécusable 거절하기 어렵게.　de quelque *manière* que ce soit 어떤 방식으로라도.　écrire d'une *manière* illisible 읽을 수 없게 쓰다.　s'habiller de *manière* élégante 우아하게 옷차림을 하다.

· De quelle *manière* cela s'est-il passé.　어떻게 해서 그런 일이 일어났습니까?
· J'admire la *manière* dont il s'y prend.　나는 그가 처신하는 방법에 경탄한다.
· Elle ressemble *à* sa mère d'une *manière* frappante.　그녀는 어머니를 꼭 닮았다.

2)

de cette[la] *façon* 이렇게 해서[하면](=ainsi, comme ça).　de la bonne[belle] *manière* 《옛·비꼼》 몹시, 호되게.　d'une certaine *manière* 어떤 면[관점]에서는(=en un sens).　de la même *manière* 마찬가지로, 마찬가지 방식으로(=pareillement).　d'une *façon* ou d'une autre ; de *façon* ou d'autre 어떻게 해서든지 ; 어차피.

· De toute(s) *façon*(s), il est trop tard.　어쨌든 너무 늦었소.

3. 1) [de façon / manière à *inf*] : ···하기 위해서, ···할 수 있도록(= afin de *inf*).

mettre des bourrelets aux fenêtre de *façon* à éviter les courants d'air 외풍이 없도록 창문에 틈막이를 하다.　se placer de *manière* à être vu 눈에 띄도록 자리 잡다.　travailler de *manière* à gagner sa vie 생활비를 벌기 위해 일하다.

· Il parle lentement de *maniére* à être compris.   그는 알아듣도록 천천히 말한다.

2) 《문어》 [de façon / manière à ce que + *ind* / *sub*]

portique disposé de *manière* à ce qu'on trouvât de l'ombre à toute heure 언제나 그늘이 지도록 배치된 문.

4. [de (telle) façon / manière que + 절]

1) 목적 : [de (telle) façon / manière que + *ind* / *sub*]

· Il a parlé de (telle) *façon* qu'on l'a compris.   그는 사람들이 알아들을 수 있게 말했다.
· Il a préparé de (telle) *façon* que tout aille bien.   모든 것이 순조롭도록 준비했다.
· Il travaille de (telle) *manière* qu'il puisse vivre.   그는 살아가기 위해 일을 한다.

2) 결과 : [de (telle) façon / manière que + *ind*]

· Il a crié de (telle) *façon* qu'il m'a réveillé.   그가 소리를 지르는 바람에 잠이 깼다.
· Il a beaucoup travaillé de (telle) *manière* qu'il a pu réussir à lexamen.   그는 열심히 공부해서 시험에 합격할 수 있었다.

5. [par façon / manière de *qc* / *inf*] : ⋯ 삼아.

par *manière* d'acquit 소홀하게, 되는 대로; 형식적으로

· Je lui ai dit cela, par *façon* de plaisanterie[plaisanter].   나는 그에게 그것을 농담 삼아 말했다.

faute de

1. [faute de *qn* / *qc*] : ⋯이 없어서, 모자라서, 결핍되어(=par manque de).

entreprise qui échoue *faute* de coordination (업무 따위의) 연계성 결여로 도산하는 기업.   plantes qui s'étiolent *faute* de soins 돌보지 않아 시드는 식물.   succession dévolue à l'État, *faute* d'héritiers 상속인이 없어서 국가에 귀속된 유산.   rester à la maison *faute* d'argent 돈이 없어 나가지 않고 집에 있다.

· *Faute* de grives, on mange des merles.   《속담》 꿩 대신 닭.
· *Faute* d'un point, Martin a perdu son âne.   작은 일 때문에 손해를 보거나 일을 그르칠 수 있다.
· *Faute* de poires, je prendrai des pommes.   배가 없어서 사과를 먹겠다.

- *Faute* de temps, je n'ai pas pu terminer ce travail. 시간이 없어서 그 일을 끝내지 못했다.
- Il a été arrêté, puis relâché *faute* de preuves. 그는 체포되었으나 증거 부족으로 석방되었다.
- Et le combat cessa *faute* de combattants. 이리하여 싸우는 자가 없어 싸움이 끝났도다(코르네이유). ((토론이 끝났을 때 사용됨))

2. [faute de *inf*] : …하지 않아서.

---

faute de connaître une autre manière d'agir 다른 행동방식을 알지 못하여. congé *faute* de plaider (원고의 결석으로 피고가 얻는) 결석판결.

- *Faute* d'avoir écouté attentivement, il ne comprend pas. 그는 주의깊게 듣지 않았기 때문에 이해하지 못한다.
- *Faute* de prendre ces précautions, on aura des ennuis. 그런 점을 조심하지 않으면 난처한 일을 당하게 될 것입니다.

3. 1)[faute de mieux] : 하는 수 없이, 더 나은 방도가 없어서.
    - *Faute* de mieux, il faudra nous contenter d'un repas par jour. 어쩔 수 없이 우리는 하루 한 끼 식사로 만족해야 할 것이다.
    - Nous avons décidé d'accepter cette proposition, *faute* de mieux. 우리는 하는 수 없이 그 제안을 수락하기로 결정했다.

2) [faute de quoi] : (앞 문장의 내용을 받아) 그렇지 않으면(=sinon, autrement).
    - Il faut arriver à l'heure, *faute* de quoi vous serez considéré comme absent. 제 시간에 도착해야 한다, 그렇지 않으면 결석으로 처리될 것입니다.
    - Tu dois travailler avec ardeur, *faute* de quoi tu ne pourras passer à l'éxamen. 열심히 공부해야 한다, 그렇지 않으면 시험에 합격하지 못할 것이다.

fors

《옛》 …을 제외하고, …외에(=excepté, hormis).
- Tout est perdu, *fors* l'honneur. 명예만 제외하고 모든 것을 잃었다.

fur

1. [au fur et à mesure de *qc*] : ···에 따라(서).

1)
> dépenser de l'argent au *fur* et à mesure de leurs besoins 그들의 필요에 따라 돈을 쓰다.

- L'amour s'approfondit au *fur* et à mesure des années. 해가 갈수록 사랑이 깊어졌다.
- Un pays changeait au *fur* et à mesure de l'ouverture des grandes ou petites lignes de train. 크고 작은 철도 노선이 개통됨에 따라 국가가 변화하였다.
- Chez l'enfant, les poumons se développent, s'amplifient, au *fur* et à mesure de la croissance. 어린이의 폐는 몸의 성장에 따라 발달하고 증대한다.

2) · Nous ne cessons de lui avancer de l'argent, mais il dépense tout au *fur* et à mesure. 우리는 그에게 돈을 계속 대주는데, 그는 족족 다 써 버린다.

2. [au fur et à mesure que + *ind*]

- Au *fur* et à mesure qu'elle avançait, la voiture s'embourbait. 앞으로 나아갈수록 자동차는 진창 속에 빠졌다.
- Au *fur* et à mesure que ses capacités mentales se développent, l'enfant va apprendre à s'identifier au masculin et au féminin. 정신적인 능력이 발달함에 따라 아이는 남성 또는 여성과 동일시하는 것을 배우게 된다.
- Au *fur* et à mesure que j'écrivais, je recevais des commentaires et des questions de lecteurs dont les deux tiers étaient ces jeunes. 글을 씀에 따라 그들의 3분의 2가 젊은이들인 독자들의 논평과 질문을 받게 된다.
- Au *fur* et à mesure qu'on se rapproche des marges désertiques, les plantes s'espacent. 사막 경계지역에 접근할수록 식물들이 드문드문해진다.
- Il recule au *fur* et à mesure que j'avance. 그는 내가 앞으로 나아감에 따라 물러선다.

grâce à

1. [grâce à *qc*] : (좋은 일에 대해) ··· 덕분에, 덕택에.

grâce à un climat favorable aux affaires et à un système juridique et économique stable 사업에 호의적인 분위기와 안정적인 사법적, 경제적 체제 덕분에.

· Les spammeurs collectent des adresses électroniques sur internet *grâce* à des logiciels appelés "robots". 스팸메일을 보내는 사람들은 로봇이라고 불리는 프로그램을 이용해서 인터넷에서 전자주소를 모은다.

· Le cinéma coréen a récemment connu une embellie *grâce* à un système de quotas qui le protégeait de l'hégémonie hollywoodienne. 한국의 영화는 헐리우드의 주도권으로부터 보호해주는 쿼터제도 덕분에 최근에 호전되는 상황을 맞이했다.

· Ce pays pourrait développer six ou sept ogives nucléaires *grâce* à un stock de plutonium estimé à 40 kilos. 그 나라는 40킬로그램 정도로 추정되는 비축 플로토늄으로 6내지 7개의 핵탄두를 개발할 수도 있다.

· C'est *grâce* à son aide que nous avons pu terminer ce travail. 우리가 그 일을 끝낼 수 있었던 것은 그의 도움 덕분이다.

· Nous avons pu arriver à l'heure *grâce* à sa voiture. 그의 자동차 덕분에 우리는 제시간에 도착할 수 있었다.

· Ses muscles se sont fortifiés *grâce* à l'exercice. 운동을 해서 그의 근육이 단련되었다.

2. [grâce à *qn*]

· *Grâce* à vous, nous avons pu réussir. 당신 덕분에 우리는 성공할 수 있었다.

· Il a pu trouver une situation *grâce* à un ami. 그는 친구 덕분에 취직할 수 있었다.

3. [grâce à Dieu; grâce au Ciel] : 하느님 덕분에, 다행스럽게(= heureusement).

· *Grâce* au Ciel, nous sommes encore en bonne santé! 하느님 덕분에 우리가 아직 건강하구나!

· *Grâce* à Dieu, ils ont réussi à l'éxamen. 다행히 그들은 시험에 합격했다.

gré

1. 1) [au gré de *qn*]

❶ ···의 뜻[마음]대로.

> au *gré* de chacun 각자의 뜻대로. trouver *qn/qc* à son *gré* ···을 좋게 생각하다, ···을 마음에 들어 하다.

· À votre *gré*. 좋을 대로 하세요.
· Je ne peux pas changer cela à mon *gré*. 내가 그것을 마음대로 바꿀 수 없습니다.

❷ …의 생각에 의하면.

- Au *gré* de mon père, ce travail est trop difficile pour moi.　아버지의 생각에 의하면 그 일은 내게 너무 어렵다.
- Au *gré* du patron, les tapisseries ne vont pas avec le mobilier.　사장의 생각에 의하면 벽지가 가구와 어울리지 않는다.
- Cela est préférable à notre *gré*.　우리 생각으로는 그것이 더 좋습니다.

2) [au gré de *qc*] : …대로.

> au *gré* de mes désirs 내 마음대로.　au *gré* du vent 바람 부는 대로 표류해서.　bateau qui flotte au *gré* des flots 파도치는 대로 떠다니는 배.　changer de camp au *gré* des événements[des circonstances] 상황에 따라 당파를 옮기다.　écrire au *gré* de son imagination 상상력에 따라 쓰다. vagabonder dans la rue au *gré* de son caprice 마음 내키는 대로 거리를 방황하다.

2. [contre gré de *qn*] : …의 뜻[의사]에 반하여.

faire *qc* contre le *gré* de sa famille 가족의 의사에 반하여 …을 하다.　se marier avec *qn* contre le *gré* de ses parents 부모님의 뜻을 어기고 …와 결혼하다.

hormis

1. 《옛·문어》 …을 제외하고, …이외에(=à part, excepté).

hormis le cas d'urgence 위급한 경우를 제외하고.　*hormis* les cas de force majeure 불가항력적인 경우를 제외하고.　*hormis* ses dépenses militaires 그의 군비 지출을 제외하면.　*hormis* un excellent entretien avec le sinologue Léon 중국학자 레옹과의 훌륭한 대담을 제외하고.

- *Hormis* ce handicap, les trois émergents partagent un certain nombre de caractéristiques structurelles positives.　그 세 신흥국은 그러한 약점을 제외하고는 구조적으로 긍정적인 많은 특징을 공유하고 있다.
- *Hormis* la question du territoire, quelle est la fracture entre les deux États?　영토문제를 외에 양국 사이의 간극은 무엇인가?
- *Hormis* la mise sous surveillance des paradis fiscaux, rien n'a abouti.　조세 피난처를 감시하는 것을 제외하고는 아무 것도 성공하지 못했다.

- *Hormis* le solide Paraguay, la Nouvelle-Zélande et la Slovaquie sont des équipes à l'expérience internationale modeste.　강한 파라과이를 제외하면 뉴질랜드와 슬로바키아는 국제경험이 많지 않은 팀이다.
- *Hormis* la visite d'Hillary Clinton à Pékin, les débats préparatoires au sommet de Londres tournent au dialogue entre Européens et Américains.　힐러리 클린턴의 북경 방문을 제외하고는 런던 정상회담의 예비 논의가 유럽과 미국과의 대화로 변해버렸다.
- C'est pour cette raison que, *hormis* Dexia, le cas ne s'est pas présenté en France.　프랑스에서는 덱시아를 제외하고는 그러한 경우가 나타나지 않은 것은 그러한 이유 때문이다.
- Tous sont présents *hormis* deux ou trois personnes.　두세 사람을 제외하고는 모두 출석했다.

2. [hormis (de) *inf*] : …하는 것을 제외하고.

- Elle lui permet tout *hormis* de ne pas rentrer à la maison la nuit.　그녀는 그에게 밤에 집에 들어오지 않는 것을 제외하고는 무엇이나 허용한다.

3. 1) [hormis que + *ind*] : …하는 것을 제외하고.

- enfant très bien doué, *hormis* qu'il est étourdi　침착하지 못한 것을 제외하면 재능이 많은 아이.

2) [hormis que (ne) + *sub*] : …이 아니라면.
- *Hormis* que le printemps n'arrive bientôt, je ne sais pas ce que nous allons faire.　봄이 곧 돌아오지 않으면 우리는 어떻게 해야 할지 모르겠다.

hors

 [hors de]

1. 장소

1) …의 밖에(서), …을 지나[넘어, 벗어나].

hors des murs 성[시내] 밖에.　dauphin qui bondit *hors* de l'eau 물위로 뛰어오르는 돌고래.　malade à demi versé *hors* du lit 몸의 절반 가량이 침대 바깥으로 나와 있는 환자.　avoir une épine *hors* du pied 어려운 상황을 벗어나다.　chasser *qn hors* de son pays …을 고향[고국]에서 추방하다.　couper *hors* des chemins 길 아닌 데로 질러가다.　déhaler un navire *hors* d'une passe 배를 수로 밖으로 예인하다.　s'élancer *hors* de sa chambre 방 밖으로 뛰쳐나가다.　laisser divaguer des bestiaux *hors* de leur pâturage (도로 따위에) 가축을 방치하다.　maintenir sa tête *hors* de l'eau 머리를 물 밖으로 내놓다.　mettre l'épée *hors* du fourreau 전투 준비가 되다; 적의를 보이다.　transférer les usines *hors* des concentrations (인구) 밀집지역 밖으로 공장들을 이전하다.　vivre *hors* du monde 세속을 떠나 살다.

- *Hors* de l'Eglise, point du salut.　교회 밖에서는 구원이 없다.
- *Hors* d'ici!　여기에서 나가!
- Il s'efforce à l'entraîner *hors* de la maison.　그는 그를 집 밖으로 끌어내려 애쓴다.
- Echappant à la surveillance du pion, les écoliers ont fait une escapade *hors* de la ville.　감독 선생의 눈을 피해 학생들은 교외에 놀러 빠져 나갔다.
- La Chine investit dans des mines de métaux rares situées *hors* de ses frontières.　중국은 국경 밖의 지역에 위치한 희귀 광물 광산에 투자하고 있다.
- Un juge ne peut juger *hors* de son district.　판사는 자기 관할구를 벗어나 재판할 수 없다.
- Dans l'accident, les passagers ont été propulsés *hors* de la voiture.　사고 시에 승객들이 차 밖으로 내동댕이쳐졌다.
- La faim fait sortir le loup *hors* du bois.　《속담》 목구멍이 포도청, 사흘 굶어 담 아니 넘을 놈 없다, 필요에 몰리면 못하는 짓이 없다,

2) 명사의 보어

expulsion du foetus *hors* de l'utérus 출산.　jardin *hors* de la ville 교외의 정원.　être comme un poisson *hors* de l'eau 물을 떠난 물고기 같다, 난처[곤란]하게 되다.

2. 시간

1)

hors du temps 시간을 초월한, 영원한(=intemporel).　être *hors* de saison 철이 지나다; 부적절하다.

- Nous voilà *hors* d'hiver.　이제 겨울은 지나갔다.

2) [hors d'âge]

cognac *hors* d'âge 아주 오래 숙성된 꼬냑.　vêtement *hors* d'âge 시대에 뒤처진 옷.　voiture *hors* d'âge 노후한 차.

3. 한도·범위

1) ❶ a)

hors de créance 신용할[믿을] 수 없는.　*hors* du sujet 주제를 벗어난.　aller à quelques excursions *hors* du sujet 주제를 벗어나 옆으로 새다.   être *hors* de comparaison[pair] 비할 데 없다, 뛰어나다.   être *hors* de la juridiction 법원의 관할권의 밖에 있다.   être *hors* de page 《옛·문어》 시동의 연한을 마치다; 어린아이가 아니다, 독립하다.   mettre *qn hors* de cour …의 소송을 기각하다.   rester[se placer] *hors* de la mêlée 싸움[논쟁]에 초연하다, 중립을 지키다.

- Il est *hors* du coup.   《구어》 그는 관계[흥미]가 없다.
- Ce tableau est *hors* de prix.   이 그림은 터무니없이 비싸다.
- Cela est *hors* de mon pouvoir.   그것은 내 능력을 넘어서는 일이다.

b) 비인칭
  - Il est *hors* de question qu'il y aille.   그가 거기에 간다는 것은 문제 밖의[생각할 수도 없는] 일이다.

❷ [hors d'atteinte (de *qn/qc*)]

mettre les médicaments *hors* d'atteinte des enfants 약을 아이들의 손이 닿지 않는 곳에 두다. se mettre *hors* d'atteinte des balles 총알이 날아오지 않는 안전한 곳에 있다.

- Sa réputation est *hors* d'atteinte.   《비유》 그의 명성은 확고부동하다.

❸ [hors de cause] : 사건[본건]과 관계가 없는, 문제가 되지 않는.
  - Cela est *hors* de cause.   그것은 문제 밖이다, 의심의 여지가 없다.
  - Son alibi l'a mis *hors* de cause.   그는 알리바이 덕분으로 혐의를 벗었다.

❹ [hors de (la) portée de *qn/qc*]

hors de (la) portée de fusil 총의 사정거리 밖에.   *hors* de (la) portée de *qn* …의 손이 미치지 않는 곳에; …의 이해력[능력]의 범위 밖에.

- Ce bonheur est *hors* de ma portée.   그 행복은 내가 미치지 못하는 곳에 있다.

❺ [hors de propos] : 문제 밖이; 시기 나쁠 때에, 계제 니쁘게(=à contretemps); 덩치 않은; 함부로.
a)

reproches *hors* de propos 부당한 비난.

- C'est *hors* de propos.   그것은 당치 않다.
- Il est intervenu *hors* de propos.   그는 부적절할 때에 끼어들었다.

b) 비인칭

il serait *hors* de propos de *inf* …하는 것은 때[형편]에 맞지 않을 것이다.

❻ *hors* de là 그것을 제외하고, 그 점은 별도로 치고

2) 명사의 보어

> embardée *hors* du sujet 주제에서 벗어나기.   épisode *hors* du sujet 주제와 관계가 없는 삽화(挿話). évasion *hors* de la réalité par le rêve 몽상에 의한 현실 도피.   événement *hors* de notre action 우리의 힘으로 어쩔 수 없는 사건.   femme sage, *hors* d'atteinte 넘볼 수 없는 정숙한 여자.   oeuvre *hors* du commun 뛰어난 작품, 걸작.   pesonnalité *hors* du commun 비범한 인물.

· C'est une tâche *hors* de mes capacité.   그것은 내 역량 밖의 일이다.

4. 상태·상황

1) ❶ a)

> *hors* d'affaire 난국[어려운 상황]을 모면한.   *hors* de comparaison[pair] 비길 데 없는, 뛰어난. *hors* de proportion avec *qc* …와 어울리지 않는; …와 비교도 안되는.   *hors* de (son bon) sens 분별력[이성]을 잃은.   *hors* de service 사용 불능의, 폐용의.   marchandise *hors* de vente 팔리지 않는 상품.   être *hors* d'action 운행 정지[불능]상태이다.   être *hors* de course 경쟁에서 뒤떨어지다; 세상물정에 어둡다[뒤지다].   être *hors* de son élément 불편한 처지에 있다. 자신 의 기를 펼 수 없는 처지에 있다.   être *hors* d'haleine 숨이 차다[가쁘다].   faire *qc hors* de la présence de *qn* …가 없을 때 …을 하다.   se mettre *hors* de cause 혐의가 풀리다.   mettre *qn/qc hors* de combat …을 완패시키다, 전투능력을 상실하게 하다.   mettre[jeter] *qn hors* de ses gonds 《비유》 격노하게 하다(=exaspérer).

· La mère et l'enfant sont tous *hors* de danger.   어머니와 아이 모두 위험한 상태는 벗어났다.
· Son honnêteté est *hors* de doute.   그의 성실성은 의심의 여지가 없다.
· Cet outil est *hors* d'usage.   이 도구는 사용 불능이다.

b) 비인칭

> il est *hors* de doute que + *ind* …은 의심할 여지가 없다.

❷ [hors d'état de *inf*] : … 할 수 없는.

> *hors* d'état de nuire 해를 끼칠 수 없는 상태에, 엄중한 감시 아래.

· Il était *hors* d'état de continuer ses études.   그는 학입을 계속할 상태가[형편이] 아니었다.

❸ [hors de soi(-même)] : 제 정신이 아닌, 이성을 잃은.

> mettre *qn hors* de soi …을 격노하게 하다.

· Ils sont *hors* d'eux.   그들은 극도로 흥분한 상태이다(= ne plus se maîtriser).

· Elle semble *hors* d'elle.　　그 여자는 화가 치밀어 정신이 없는 듯하다.

2) 명사의 보어

> navire *hors* d'état de naviguer 항해 불가능한 상태의 배.　　expression *hors* d'usage 사용되지 않는 표현.　　vêtements *hors* d'usage 헌옷.

5. 《옛》 [hors de *inf*] : …하는 것을 제외하고(는).

· *Hors* de la battre, il ne pouvait la traiter plus mal.　　그녀를 때리는 것을 제외하고 더 가혹하게 그녀를 대할 수는 없었다.

Ⅱ　de 없이 단독으로

1. 장소

hors les murs 성 밖에.　　cabaret *hors* la ville 교외의 카바레.　　la langue tirée *hors* la bouche 입에서 혀를 내밀고.　　nécessité de changements radicaux dans, mais aussi *hors* l'école 학교 밖에서 뿐만 아니다 학교 안에서의 근본적인 변화의 필요성.　　habiter *hors* la ville 교외에 살다.

· Ce pays dispose de plus de 7 millions d'hectares à cultiver *hors* territoire national.　　그 나라는 영토 이외의 지역에 7백만 헥타르 이상의 경작지를 가지고 있다.

2. 범위·한도·상태

1) ❶ [hors + 무관사명사]

> *hors* cadre 본 근무 외의, 비상근(非常勤)의 ; 정규 편제 부대 외의(((《약》 H.C.)).　　*hors* castes 불가촉(不可觸) 천민(=paria, intouchable).　　mettre *qn hors* castes …을 사회적으로 추방하다.　　*hors* courant 전기가 통하지 않는.　　*hors* feu (용광로의) 불이 꺼진.　　*hors* jeu 오프사이드의 ; 문제가 되지 않는, 논외의.　　*hors* pair 비길 바 없는, 뛰어난(=exceptionnel, remarquable).　　*hors* rang 비전투 부대의.　　*hors* sujet 주제를 벗어난.　　être *hors* circuit 더 이상 유통이 안되다 ; 더 이상 일에 관여하지 않다.　　être *hors* gamme 《옛》 당황하다.　　mettre *qn hors* gamme 《옛》 …을 당황하게 하다.　　faire du ski *hors* saison 계절에 맞지 않게 스키를 타다.　　mettre un appareil *hors* circuit 기구의 스위치를 켜다[끄다].

❷ [hors la loi] : 법의 테두리 밖에 ; 무법의.

> être *hors* la loi 무법자이다.　　mettre[placer] *qn hors* la loi …으로 하여금 법의 보호를 받지 못하게 만들다.　　se mettre *hors* la loi 규칙을 단호하게 거부하다.

2) 명사의 보어

> exemplaire *hors* commerce 비매품.　heures *hors* cloche 잔업, 시간외 근무.　fonctionnaire *hors* cadre 비상근 공무원.　position *hors* cadre 비상근직.　hôtel *hors* classe 특급호텔.　illustration *hors*(-)texte 별면삽화.　ingénieur *hors* classe 특출한 기사.　joueur *hors* jeu 오프사이드 반칙을 한 선수.　marchandise *hors* commerce 비매품.　marché *hors* cote 장외(場外)거래시장(=le hors-cote).　prix [valeur] *hors* taxes 세금제외가((《약》 H.T.)).　ressources *hors* enveloppe 예산외의 재원.　restaurant *hors* catégorie 초일류 식당.　procurer des récoltes *hors* saison 제철이 아닌 수확물을 공급하다.

3) ❶ [hors concours] : (뛰어나기 때문에) 경쟁 외의, 무심사의; 뛰어난, 유례없는.《옛》 콩쿠르 참가 자격을 상실한, 실격한.

> fromage *hors* concours 최고급 치즈.

❷ [hors ligne] : 비길 바 없는, 뛰어난(=exceptionnel, remarquable).

> talent *hors* ligne 뛰어난 재능.　vin de cuvée *hors* ligne 특급 포도주.

❸ [hors serie] : 권외의; 범상치 않은; 예외적인(=exceptionnel).

> numéro spécial *hors* série (잡지 따위의) 권외 특별호.　destin *hors* série 유별난 운명.　modèle *hors* série (주문을 받아 제조된) 특수 모델.　personnalité *hors* série 비범한 인물.

❹ [hors service]((《약》 H.S.)) : 사용할 수 없는, 사용중지의; 근무할 수 없는, 휴직중의;《비유 · 구어》 (사람이) 몹시 지쳐 있는(=très fatigué).

> être *hors* service 사용 불능이다[고장나다].

· Il est enrhumé, il est complètement *H.S.*　그는 독감에 걸려 꼼짝도 못하고 있다.

3. 《문어》 …이외에(는), …을 제외하고(는)(=excepté, hormis).

1)
> *hors* cela 그것을 제외하고.　*hors* goût pour ls musique 그의 음악에 대한 취미를 제외하고는.

· *Hors* lui, tous étaient là.　그를 제외하고는 모두 거기에 있었다.
· *Hors* le directeur, tout le monde était au courant.　부장을 제외하고는 모두 알고 있었다.
· *Hors* Chine, les exportations du Brésil en Asie explosent.　브라질의 중국 외의 아시아 지역으로의 수출이 급증하고 있다.
· Ils y sont tous allés, *hors* deux ou trois.　그들은 2, 3인을 제외하고 모두 거기로 갔다.
· Tous les moyens sont bons, *hors* la violence.　폭력을 제외하고는 어떤 수단이든 좋다.

2) [hors + 절]

❶

> *hors* quand il pleut 비가 올 때를 제외하고.

❷ [hors que + *ind/cond*] : …을 제외하고.
- Il a tout essayé *hors* qu'il demande ton aide.   그는 너의 도움을 청하는 것 이외에는 온갖 시도를 다 해보았다.
- Il lui a fait toutes sortes de mauvais traitements, *hors* qu'il ne l'a pas battue.   그는 그녀를 때리는 것을 빼고는 온갖 나쁜 대우를 했다.

❸ [hors que (ne) + *sub*] : …이 아니라면, …하지 않는 한.

> *hors* qu'un commandement exprès du roi me vienne 지엄한 왕명이 내게 내리지 않으면.

instar de (à l') 

《문어》 …을 본떠서, …을 따라, …처럼(= à l'exemple de, à la manière de, de même que).

à l'*instar* de ses frères 그의 형제를 따라서.   faire son droit à l'*instar* de son père 아버지를 따라 법률 공부를 하다.

- Elle se coiffait à l'*instar* d'une actrice connue.   그녀는 유명한 배우를 본떠서 머리치장을 했다.
- Plusieurs pays asiatiques et latino-américains avaient accumulé des réserves, à l'*instar* de la Corée du Sud, une fois la crise venue.   아시아와 남미의 여러 나라들이 위기가 닥치자 한국을 본떠서 준비금을 비축했다.
- Les deux Bourses de Moscou ont clôturé en forte baisse de plus de 10%, effaçant, à l'*instar* des autres places mondiales, tous les gains de la veille.   모스크바의 두 증시가 세계의 다른 시장들과 마찬가지로 전날의 상승을 모두 되돌리면서 10%이상의 강한 하락세로 마감했다.
- Ce pays a invoqué son droit à développer un programme spatial à l'*instar* de l'Iran qui a placé en orbite son premier satellite début février.   그 나라는 2월 초에 위성을 궤도에 올린 이란처럼 우주계획을 발전시킬 권리를 내세웠다.

insu de (à l')

···에게 알리지 않고, ···이 모르는 사이에.

à mon *insu* 나도 모르는 사이에, 나에게 알리지 않고.   à l'*insu* de tout le monde 아무도 모르게.

- À son *insu*, il m'a livré le fond de sa pensée.   그는 자기도 모르게 내게 자기 생각을 털어놓았다.
- C'était à l'*insu* de leurs parents cruels.   그것은 잔인한 그들의 양친이 모르는 사이에 생겨났다.
- Tout cela s'est décidé à son *insu*.   그 모든 것이 그가 모르는 사이에 결정되었다.
- Il est parti à l'*insu* de sa famille.   그는 가족에게 알리지 않고 떠났다.
- Elle est sortie à l'*insu* de ses parents.   그녀는 부모 몰래 외출했다.

jouxte

1. 《옛》 ··· 근처에(= près de).

jouxte la gare 역 근처에.

2. 《옛》 ···에 따라(= selon).

jouxte la copie originale 원본에 따라.

jusque

1. 공간

1) ❶

*jusqu'*ici 여기[지금]까지.   *jusque*-là 거기[그때]까지.   *jusque* bien[fort] loin 매우 멀리까지.

❷

*jusqu'*aux confins de l'horizon 지평선 끝까지.　l'endroit *jusqu'*où il est allé 그가 다다른 장소. forêt qui s'étend[vient] *jusqu'*à la rivière 하천까지 펼쳐져 있는 숲.　manteau qui pend *jusqu'*à terre 처져서 땅에 닿는 외투.　route qui descend en pente *jusqu'*à la rivière 아래로 하천까지 경사를 이루며 뻗어 있는 도로.　accompagner *qn jusqu'*à la porte …을 대문에 까지 배웅하다. conduire[mettre] *qn jusqu'*à la gare …을 역에까지 데려다 주다.　continuer une route *jusqu'*à Pusan 도로를 부산까지 연장하다.　déscendre *jusqu'*à Cheonan 천안까지 내려가다.　entrer dans l'eau *jusqu'*à la ceinture 물이 허리까지 닿도록 들어가다.　être nu *jusqu'*à la ceinture 상반신이 알몸이다.　grimper[monter] *jusqu'*à la cime d'un arbre 나무 꼭대기까지 오르다.　grimper *jusqu'*au sommet d'un glacier 빙하 꼭대기까지 올라가다.　propager l'incendie *jusqu'*à la forêt 불이 숲까지 번지게 하다.　suivre *qn jusqu'*au bout du monde …을 세상 끝까지 따라가다.

- *Jusqu'*où vas-tu?　어디까지 가니?
- L'armoire va *jusqu'*au plafond.　옷장이 천정까지 이른다.
- Il y a deux journées de marche *jusqu'*à cette ville.　그 도시에 가려면 걸어서 이틀은 가야 한다.
- Cette route continue *jusqu'*à Londres.　이 길은 런던까지 이어진다.
- Cette chaîne de montagne court *jusqu'*à la mer.　이 산맥은 바다까지 이어지고 있다.
- Un bois de pins dégringole *jusqu'*à la côte.　소나무 숲이 해안가로 내리닫고 있다.
- J'ai été malade dès Suwon et j'ai endurere *jusqu'*à Séoul.　수원을 지나자마자 아파서 서울에 올 때까지 참아야 했다.
- Son renom s'est étendu *jusqu'*aux États-Unis.　그의 명성은 미국에까지 알려져 있다.
- Il ne fit qu'un bond *jusqu'*à l'école.　그는 학교까지 단숨에 뛰어갔다.
- Cette information a filtré *jusqu'*à Paris.　그 정보가 파리까지 전해졌다.
- Poussons *jusqu'*au prochain village.　다음 마을까지 갑시다.
- Suivez la rivière *jusqu'*au pont.　이 강가를 따라 다리까지 가세요.

❸ à 이외의 전치사와 함께

aller *jusqu'*en Europe 유럽까지 가다.　regarder *jusque* sous la table 탁자 밑까지 들여다보다.

- Il l'accompagne *jusque* chez elle.　그는 그녀의 집까지 그녀를 따라간다.
- Ils ont avancé *jusqu'*en face de la porte.　그들은 문 앞까지 나아갔다.

❹ 인물명사와 함께
- Le bruit de votre succès est arrivé *jusqu'*à moi.　당신이 성공했다는 소식은 나도 들었소

2) 신체부위명사와 함께

❶

*jusqu'*au fond de l'être 마음 속 깊숙한 곳까지.　*jusqu'*à la racine des cheveux 완전히, 철저하게. armé *jusqu'*aux dents 철저히 무장을 한.　boutonné *jusqu'*à la gorge 몹시 입이 무거운.　crotté *jusqu'*à l'échine[*jusqu'*aux oreiles] 온 몸이 진흙투성이인.　percé *jusqu'*au fond du coeur 마음 속 깊이 상처받은.　avoir de l'esprit[du talent] *jusqu'*au bout des doigts 재기[재주]가 넘치다.　creuser une idée *jusqu'*aux entrailles 어떤 생각을 철저하게 파고들어가다.　être dans la merde *jusqu'*aux yeux 궁지에 처하다.　être ému *jusqu'*à l'âme[*jusqu'*au fond de l'âme] 깊이 감동되다.　être enceinte *jusqu'*aux yeux 《구어》 만삭이다.　être endetté *jusqu'*aux oreilles 온통 빚에 쪼들리다.　mettre[se fourrer] le doigt dans l'oeil *jusqu'*au coude 큰 실수를 저지르다.　s'en mettre *jusqu'*aux yeux 《구어》 푸짐하게 먹고 마시다.　rougir *jusqu'*aux yeux[*jusqu'*au blanc des yeux, *jusqu'*aux oreilles] 얼굴이 새빨개지다.

· Le bruit est arrivé *jusqu'*à ses oreilles.　소문이 그의 귀에까지 들어갔다.
· Le pardessus lui descend *jusqu'*aux mollets.　그의 외투가 징띤지끼지 늘이저 있다.

❷ [jusqu'au cou]

endetté *jusqu'*au cou 빚더미에 올라앉은.　enfoncé *jusqu'*au cou dans les affaires 일에 완전히 몰두한.　être dans le caca (*jusqu'*au cou) 난처한 처지에 있다.　être dans la merde (*jusqu'*au cou) 궁지에 처하다.　être plongé *jusqu'*au cou dans les études 연구에 완전히 몰두하다.

❸ [jusqu'au menton]

boutonné *jusqu'*au menton 몹시 입이 무거운.　corsage qui emprisonne le cou *jusqu'*au menton 목은 물론 턱까지 꽉 죄는 블라우스　en avoir[s'en mettre] *jusqu'*au menton 진탕 먹다.

❹ [jusqu'à la moelle (des os); jusqu'aux moelles]

avoir froid *jusqu'*à la moelle (des os) 추위가 뼛속까지 스며들다.　être vidé *jusqu'*à la moelle (des os) 《구어》 기진맥진하다.　sucer *qn jusqu'*à la moelle (des os) 《구어》 …을 골수까지 빨아먹다.

❺ [jusqu'aux os]

mouillé[trempé] *jusqu'*aux os 속속들이 흠뻑 젖은.　froid qui nous pénètre *jusqu'*aux os 뼛속까지 파고드는 추위.　être gelé *jusqu'*aux os 뼛속까지 얼어붙다.

3) [de / depuis … jusque …]

du[depuis le] haut *jusqu'*en bas 위에서 아래까지.　depuis Paris *jusqu'*à Lyon 파리에서 리용까지.

· Il a dormi dans le train depuis Daejon *jusqu'*à Pusan.　그는 열차가 대전에서 부산에 올 때까지 잠을 잤다.

· Les Pyrénées s'étendent depuis l'Atlantique *jusqu'*à la Méditerranée. 피레네 산맥은 대서양에서 지중해까지 펼쳐져 있다.

2. 시간

1) ❶

> *jusqu'*alors 그때까지. *jusqu'*aujourd'hui; *jusqu'*à aujourd'hui 오늘까지. durer *jusque* tout récemment 아주 최근까지 지속되다. rester à lire *jusque* tard dans la nuit 밤늦게까지 독서하다. travailler *jusque* très tard la nuit 밤늦게까지 공부하다.

❷

> *jusqu'*à ce jour 오늘[그날]까지. *jusqu'*à maintenant 지금까지. *jusqu'*à demain 내일까지. *jusqu'*à présent 지금까지. *jusqu'*à une heure aussi avancée 그렇게 늦은 시각까지. *jusqu'*à la dernière minute 최후의 순간까지. *jusqu'*à avis contraire 추후 반대 통지가 있을 때까지. *jusqu'*à l'accomplissement de votre tâche 당신이 임무를 완수할 때까지. *jusqu'*à la consommation des siècles 세상이 끝날 때까지. *jusqu'*à plus ample informé 좀 더 상세한 조사를 할 때까지, 새로운 증거가 나올 때까지. *jusqu'*à la dernière minute 최후의 순간까지. *jusqu'*à nouvel ordre 새로운 명령이 내려올 때까지; 상황이 변할 때까지. *jusqu'*à parfaite solution (부채의) 전액 상환할 때까지. *jusqu'*à son dernier souffle 죽을 때까지. réunion qui s'est prolongée *jusqu'*à minuit 자정까지 계속된 회의. sessions qui s'étendent *jusqu'*au 18 octobre 10월 18일까지 계속되는 회기. attendre *jusqu'*à perpète 언제까지나 기다리다. se battre *jusqu'*à une décision 결말이 날 때까지 싸우다. se battre *jusqu'*à la mort 죽을 때까지 싸우다. dormir *jusqu'*à huit heures et demis 8시 반까지 자다. jeûner *jusqu'*au soir 저녁때까지 굶다. vivre *jusqu'*à quatre-vingt-quatre 84세까지 살다. faire *qc jusqu'*au moment[*jusqu'*à l'instant] où + *ind* …할 때까지 …하다.

· La grève ira à son terme *jusqu'*à lundi minuit. 파업이 월요일 자정까지는 끝날 것이다.

· Pour le pain, ça ira *jusqu'*à lundi. 빵은 월요일까지 사지 않아도 되겠다.

· Je vous attendrai chez moi *jusqu'*à midi. 제 집에서 정오까지 당신을 기다리겠습니다.

· Elle l'a attendu *jusqu'*à passé minuit. 그녀는 그를 자정이 지나도록 기다렸다.

· Les enfants croissent *jusqu'*à un ceratin âge. 아이들은 어느 연령까지만 성장한다.

· Il était demeuré là *jusqu'*à la nuit noire. 그는 밤이 깊도록 거기에 머물러 있었던 것이다.

· L'esposition dure *jusqu'*à quand? 전시회가 언제까지 열리나요?

· La station de métro sera fermée *jusqu'*à l'achèvement des travaux. 지하철역은 공사가 끝날 때까지 닫힐 것이다.

· Il a neigé *jusqu'*à il y a deux heures. 두 시간 전까지 눈이 내렸다.

· Les froids ont persisté *jusqu'*au début d'avril. 추위가 사월 초까지 계속되었다.

· Il a plu *jusqu'*à près de cinq heures. 다섯 시경까지 비가 내렸다.

· La conférence se poursuivra *jusqu'*au 28 mai. 회의가 5월 28일까지 계속될 것이다.

· Les magasins resteront ouverts *jusqu'*à 22 heures. 가게는 저녁 10시까지 문을 열고 있을 것이다.

· L'absence de nouvelles m'a tenu en alarme *jusqu'*au soir. 소식이 없어서 나는 저녁 때까지 불안에 사로잡혔다.

· Le beau temps tiendra *jusqu'*au week-end.   좋은 날씨가 주말까지 계속될 것이다.

❸ à 이외의 전치사와 함께

jusque vers le mois de juin 6월경까지.   remonter *jusqu'*en 1750 1750년까지 거슬러 올라가다.

· L'abonnement va *jusqu'*en décembre.   구독신청은 12월까지 유효하다.
· J'ai attendu son coup de téléphone *jusque* vers 9 heures.   나는 9시경까지 그의 전화를 기다렸다.
· Ce travail me tient occupé *jusqu'*en juillet.   나는 그 일 때문에 7월까지 바쁘다.

2) [de / depuis … jusque …]

d'ici *jusqu'*à fin 1885 지금부터 1885년까지.   du[depuis le] matin *jusqu'*au soir 아침부터 저녁까지.
du 4 *jusqu'*au 15 de ce mois 이 달 4일부터 15일까지.   depuis sa naissance *jusqu'*à l'âge de sept
ans 그가 태어날 때부터 7세까지.

· Il a eu la grippe depuis jeudi dernier *jusqu'*à hier.   그는 지난 목요일부터 어제까지 감기를 앓았다.
· Le deuxième semestre dure de septembre *jusqu'*en décembre.   2학기는 9월부터 12월까지이다.
· Les oiseaux muent généralement de la fin de l'été *jusqu'*en automne.   새는 보통 여름 끝 무렵에서
가을까지 털갈이를 한다.

3) ❶ [jusqu'à ce que + *sub* / 《옛·문어》 *ind*]
· Il va t'attendre *jusqu'*à ce que tu aies terminé ce travail.   그는 네가 그 일을 끝낼 때까지 가다릴
것이다.
· Il a battu ce chien *jusqu'*à ce que mort s'ensuive.   그는 그 개를 죽을 때까지 때렸다.
· Le prix du pétrole montera *jusqu'*à ce que la demande commence à fléchir.   유가가 수요가 줄어들
기 시작할 때까지 오를 것이다.
· Ne partez pas *jusqu'*à ce qu'il soit revenu.   그가 돌아올 때까지 떠나지 마시오.
· Tout homme accusé est présumé innocent *jusqu'*à ce qu'il ait été déclaré coupable.   유죄판결이
나기 전까지는 모든 피고인은 죄가 없는 것으로 간주된다.
· Restez là, *jusqu'*à ce que je revienne.   내가 돌아올 때까지 그곳에 있어 주시오.
· Travaillez *jusqu'*à ce que vous réussissiez.   당신이 성공할 때까지 일하시오.

❷ 《옛·지방어》 [jusqu'à tant que + *sub*] : …할[될] 때까지(= jusqu'à ce que).
· Je vais t'attendre *jusqu'*à tant que tu aics terminé ce travail.   네가 그 일을 끝낸 때까지 기다리겠다.

3. 수량 · 순서 · 정도

1) ❶

*jusqu'*à certain point 어느 정도까지는.   *jusqu'*à due concurrence 해당금액까지, 적정액까지.

*jusqu'*à l'excès 지나치게, 과도하게.　*jusqu'*à la gauche 완전히, 철저하게(=complètement). *jusqu'*au fond de la douleur 고통의 극단까지.　*jusqu'*où on peut aller trop loin 극한[극단]적으로. ami *jusqu'*à la bourse 《구어》 위급할 때 믿을 수 없는 친구.　amour maternel poussé *jusqu'*au sacrifice 헌신적인 모성애.　colère qui va *jusqu'*à la fureur 격분에까지 이르는 노여움.　verre plein *jusqu'*au bord 가장자리까지 찰랑찰랑하게 찬 컵.　aller *jusqu'*au bout 철저하게 하다.　en avoir *jusqu'*aux bretelles 《구어》 이러지도 저러지도 못하게 되어 있다; 곤드레만드레 취해 있다. boire *jusqu'*à la lie 찌꺼기까지[남김없이] 마시다.　boire le calice *jusqu'*à la lie 어떤 괴로움도 끝까지 참고 견디다.　creuser *jusqu'*au tuf 《비유》 근본까지 파내려가다.　descendre *jusqu'*aux détails 상세히 밝히다.　élever *qn jusqu'*au ciel …을 극찬하다.　s'enferrer *jusqu'*à la garde 완전히 착각하다; 헤어나지 못할 지경에 처하다.　être rebelle *jusqu'*au bout 철두철미하게 반항적이다. exposer un fait *jusque* dans ses moindres circonstances 어떤 일을 아주 상세한 부분까지 설명하다. se faire avoir *jusqu'*au trognon 《구어》 속속들이 착취당하다.　lire *jusqu'*au fond de la pensée [de l'âme] …의 속을 들여다보다.　lutter *jusqu'*à (l')extinction de ses forces 힘이 다할 때까지 싸우다.　pousser une action *jusqu'*au bout 행동을 끝까지 밀고 나가다.　pousser une division *jusqu'*à la deuxième décimale 소수점 두 자리까지 나누다.　remplir un tonneau *jusqu'*à la bonde 통을 가득 채우다.　tenir *jusqu'*au bout 끝까지 버티다.

- *Jusqu'*à combien de kilos peut-il porter?　그는 몇 킬로그램까지 들 수 있나요?
- La fièvre a baissé *jusqu'*à 27°.　열이 27도까지 내려갔다.
- Ils ont combattu *jusqu'*au bout.　그들은 최후까지 항전했다.
- Cet enfant sait compter *jusqu'*à vingt.　이 아이는 스물까지 셀 줄 안다.
- Il doit rembourser *jusqu'*à concurrence de cent mille euros.　그는 10만 유로까지 상환해야 한다.
- Ils ont été mis en examen pour recel de malfaiteurs et risquent *jusqu'*à trois ans de prison et 45.000 euros d'amende.　그들은 범인들을 은닉한 죄로 조사를 받았고 징역 3년에 45,000 유로의 벌금까지 부과될 수 있다.
- L'intérêt de la pièce se soutient *jusqu'*au dernier acte.　이 연극은 마지막 막까지 흥미진진하다.

❷ [en avoir jusque-là (de *qc*); s'en mettre jusque-là (de *qc*)]

en avoir *jusque*-là 《구어》 너무 많이 먹다(= avoir trop mangé); 이젠 지긋지긋하다(= en avoir assez).　s'en mettre *jusque*-là 《구어》 많이 먹다(= manger beaucoup).

- J'en ai *jusque*-là de ses complaintes.　그의 하소연은 이젠 지긋지긋하다.

❸ [jusqu'à ⋯ inclus] : ⋯까지 (포함해서)(=jusques et y compris).

*jusqu'*au 17 décembre inclus 12월 17일까지 (포함해서).　*jusqu'*au troisième chapitre inclus 3장까지 (포함해서).

2) [de / depuis ··· jusque ···]

de[depuis] A *jusqu'*à Z 처음부터 끝까지, 완전히. du commencement[début] *jusqu'*à la fin 처음부터 끝까지. de[depuis] pater *jusqu'*à amen 처음부터 끝까지. depuis le premier *jusqu'*au dernier 처음 것[사람]부터 마지막 것[사람]까지. depuis le cèdre *jusqu'*à l'hysope 《옛·비유》 큰 것에서 작은 것에 이르기까지((성서의 비유에서)). depuis Monsieur Dubois *jusqu'*à la vieille servante, tout le monde 뒤부아 씨를 비롯하여 늙은 하녀에 이르기까지 모두.

· Il faut juger la femme depuis la chaussure *jusqu'*à la coiffure. 여자는 머리끝에서 발끝까지의 복장을 통해 평가해야 한다.

4. 정도·결과

1)

*jusqu'*à la fureur 열렬히; 격렬[맹렬]하게. *jusqu'*à la nausée 싫증이 날 정도로. *jusqu'*à satiété 마음껏. consciencieux *jusqu'*au scrupule 세심할 정도로 양심적인. franc *jusqu'*à la brusquerie 무례할 정도로 솔직한. métal chauffé *jusqu'*à l'incandescence 백열하도록 달구어진 금속. poli *jusqu'*à l'obséquiosité 비굴하게 느껴질 정도로 정중한. tapis usé *jusqu'*à la trame 씨실이 보이도록 낡은 양탄자. tissu usé *jusqu'*à la corde 낡아빠진 천. argument usé *jusqu'*à la corde 《비유》 진부한 논지. aimer *qn jusqu'*à l'idolâtrie ···을 맹목적이리만치 열렬히 사랑하다. boire *jusqu'*à plus soif 더 이상 목마르지 않게[양껏] 마시다. descendre *jusqu'*à la familiarité 친근하게 느껴질 정도로 자신을 낮추다. descendre *jusqu'*au mensonge 비열하게 거짓말까지 하게 되다. se gratter *jusqu'*au sang 피가 날 정도로 긁다. manger *jusqu'*au dégoût 물리도록 먹다. manger *jusqu'*à l'écoeurement 신물나게[물리도록] 먹다. être obéré *jusqu'*à la ruine 빚을 져서 망할 지경이다.

· Il est élimé *jusqu'*à la corde. 그는 아주 녹초가 되었다.
· Elle l'a pincé *jusqu'*au sang. 그 여자는 그를 피가 나도록 꼬집었다.
· Il s'abaisse *jusqu'*à des compromissions. 그는 타협을 받아들일 정도로 비굴해졌다.

2) [jusqu'à *inf*]

aller *jusqu'*à *inf* 마침내 ···하기에 이르다. s'approcher de *qn jusqu'*à le toucher ···에게 닿을 정도로 가까이 가다. courir *jusqu'*à tomber épuisé 지쳐서 쓰러질 때까지 달리다. descendre *jusqu'*à mendier 걸식해야 할 지경에 이르다. descendre *jusqu'*à mentir 비열하게 거짓말까지 하게 되다. s'oublier *jusqu'*à injurier son chef 자제심을 잃고 상사를 욕하다. pousser la gentillesse *jusqu'*à nous accompagner à la gare 친절하게도 우리를 역까지 바래다주기까지 했다.

· Il s'abaisse *jusqu'*à lui demander pardon. 그는 비굴하게도 그에게 용서를 구한다.
· Elle a couru *jusqu'*à en avoir la respiration coupée. 그녀는 숨이 끊어질 정도로 뛰었다.
· Personne ne s'est enhardi *jusqu'*à le questionner. 아무도 그에게 질문할 정도로 대담하지 못했다.
· Elle en fut affligée *jusqu'*à en être malade. 그녀는 그 일로 병이 날 정도로 슬퍼했다.

5. 강조

1) ···까지도, ···마저, ···일지라도(=même).

> *jusqu'*à la dernière goutte de sang 끝까지, 마지막까지(=jusqu'au bout).　crotté *jusqu'*à l'échine 온통 진흙투성이가 된.　aimer *jusqu'*à ses ennemis 원수까지 사랑하다.　boire *jusqu'*à la dernière goutte 마지막 한 방울까지 마시다.　compromettre *jusqu'*à sa vie 그의 목숨까지도 위태롭게 하다.　pressurer *jusqu'*à la dernière goutte 마지막 한 방울까지 짜내다, 골수까지 착취하다.　laisser dans une affaire *jusqu'*à sa dernière chemise 사업에 실패하여 빈털터리가 되다.　payer *jusqu'*au dernier denier[sou] 마지막 한 푼까지 털다.　sucer *qn jusqu'*au dernier sou ···의 돈을 마지막 한 푼까지 착취하다.

- *Jusqu'*au son de leur voix m'étonnait.　그들의 목소리까지 나를 놀라게 했다.
- *Jusqu'*à lui, qui nous trahit!　그마저 우리를 배반하다니!
- *Jusque* dans sa colère, il sait être juste.　그는 화가 나 있을 때에도 공평할 줄 아는 사람이다.
- Il y a des souris *jusque* dans le buffet de la salle à manger.　식당 찬장 속에까지 생쥐가 있었다.
- Il avait des accointances parmi les hommes du pouvoir, et *jusque* dans le monde de la police.　그는 권력자들과 교분이 있다 보니 경찰계통에까지 줄이 있었다.
- Elle est allemande *jusqu'*au bout des ongles.　그 여자는 철두철미 독일인이다.
- Les traits m'échappent et *jusqu'*à la couleur.　그 표정이 생각나지 않는다, 심지어 그 눈빛까지도.
- Il fait sa cour à tout le monde, *jusqu'*au chien du logis.　그는 모든 사람의 마음에 들려고 한다, 집안의 개의 마음에까지도.
- Il a fouillé partout et regardé *jusque* sous le lit.　그는 사방을 뒤지고 침대 밑까지 들여다보았다.
- Il a tout sacrifié, *jusqu'*à sa vie.　그는 모든 것을 희생했다, 그의 목숨까지도.

2) [jusqu'à *inf*]

> aller *jusqu'*à dire que··· ···라고까지 말하다, 극언하다.　s'avancer *jusqu'*à *inf* 경솔하게 ···하기까지 하다.　s'enhardir *jusqu'*à lui écrire 대담하게도 그에게 편지를 쓰기까지 하다.

- Il est allé *jusqu'*à prétendre qu'il ne l'avait pas vue.　그는 그녀를 보지도 못했다고 주장하기에 이르렀다.
- Certaines marques vont *jusqu'*à recruter des stars nippones pour promouvoir leurs produits directement dans l'Archipel.　어떤 고급 제품 제조회사들은 일본 열도에의 제품 판촉을 위해 일본 스타들을 채용하기도 한다.
- Le Sankei allait *jusqu'*à évoquer des rumeurs selon lesquelles ce pays annoncerait la mort du président.　산케이 신문은 그 나라가 대통령의 사망했음을 발표할 것이라는 소문을 거론하기도 했다.

3) ❶ [il n'y a pas[il n'est pas] jusqu'à *qn* / *qc* qui ne + *sub* / 《드물게》 *ind*] : ···마저도 ···하다((이중부정으로 강한 긍정)).
- Il n'y a pas *jusqu'*à son regard qui n'ait changé.　그의 눈빛마저도 달라졌다.
- Il n'y a pas *jusqu'*aux domestiques qui ne montrassent un zèle inusité à me servir.　하인들까지도

나의 시중을 들어주는 데 특별한 열의를 보이지 않는 사람이 없었다.

· Il n'est pas *jusqu'*aux enfants qui ne sachent cela.　어린애까지도 그것을 모르는 사람이 없다.

· Il n'était pas *jusqu'*à Paul qui ne l'avait ébranlé.　폴까지도 그의 마음을 동요시켰다.

> ☆ 직설법이 쓰일 때 허사 ne가 생략되기도 함.

· Il n'est pas *jusqu'*aux enfants qui ne mêlent.　하인들까지도 그 일에 관계한다.

❷ il n'est pas, il n'y a pas의 생략

· *Jusqu'*à mon meilleur ami qui ne m'a pas cru.　심지어 나의 가장 친한 친구까지도 내 말을 믿지 않았다.

jusques

1. 《옛·문어》 ···까지(=jusque).

jusques au fond du coeur 마음 깊은 곳까지.　*jusques* à quand 언제까지.

· Cette nouvelle n'était pas encore venue *jusques* à moi.　그 소식은 아직 내게까지는 오지 않았다.

2. [jusques et y compris] : ···까지 (포함해서).

jusques et y compris la page trente 30페이지까지 (포함해서)(=jusqu'à la page incluse).

malgré

1. 1) ···에도 불구하고, ···을 무릅쓰고(=en dépit de).

❶ *malgré* cela 그럼에도 불구하고　*malgré* la presque absence de femmes 여자들은 거의 참석하지

않았는데도 불구하고. *malgré* toutes les difficultés 온갖 어려움을 무릅쓰고. *malgré* l'opinion générale 일반적인 견해와는 달리. *malgré* la pluie 비가 오는데도. *malgré* le mauvais temps 악천후에도 불구하고. souvenirs qui subsistent *malgré* le temps 세월이 흘러도 남아있는 기억들. visage qui semble mou, *malgré* l'accent de certains traits 화장으로 몇 군데 액센트를 주었음에도 생기 없어 보이는 얼굴. aller[se promener] *malgré* le thermomètre 날씨가 매우 추운데도[더운데도] 밖에 나가다[산보하러 가다]. continuer à lire *malgré* le bruit 소음에도 불구하고 독서를 계속하다. être belle encore *malgré* les dégâts du temps 세월의 풍상에도 여전히 아름답다. manger du chocolat *malgré* la défense de sa mère 어머니의 금지에도 불구하고 초콜릿을 먹다.

· *Malgré* plusieurs sommations, les manifestants ne se sont pas dispersés. 몇 차례의 경고에도 불구하고 데모대는 해산하지 않았다.

· *Malgré* son âge, il est encore gaillard. 나이에도 불구하고 그는 여전히 원기 왕성하다.

· *Malgré* ses quatre-vingt-dix ans, elle n'est pas du tout sénile. 그 할머니는 90세나 되었지만 아직 정정하시다.

· *Malgré* ses pertes d'hier, il espère se rattraper. 그는 어제의 손실에도 불구하고 만회할 것으로 기대하고 있다.

· *Malgré* la condamnation du Conseil de sécurité de l'ONU, la Corée du Nord a procédé, vendredi 29 mai, à un nouveau tir de missile à courte portée. 유엔 안전보장이사회의 비난에도 불구하고 북한은 5월 29일 금요일 새로운 단거리 미사일 발사를 시행했다.

· *Malgré* tout son talent, elle n'y ai pas réussi. 뛰어난 재주에도 불구하고 그녀는 성공하지 못했다.

· Elle avait de grandes qualités, *malgré* ses travers. 그 여자는 몇 가지 결점도 있지만 큰 장점을 가지고 있었다.

· Il a été condamné *malgré* les supplications de sa famille. 가족들의 탄원에도 불구하고 그는 유죄 판결을 받았다.

· Il s'entêtait, *malgré* les adjurations de sa famille. 그는 가족들의 간절한 요청에도 불구하고 고집을 부렸다.

· Il n'a jamais été gentil envers sa femme *malgré* tout ce qu'elle a fait pour lui. 그는 그의 부인이 그를 위해 모든 일을 해주었는데도 불구하고 그녀에게 친절하게 대해 준 적이 없다.

· Elle est svelte *malgré* l'âge. 그 여자는 나이가 들었어도 몸매가 날씬하다.

· Nous sommes repartis à sa recherche *malgré* notre fatigue. 우리는 피곤하였지만 그를 찾으러 다시 나섰다.

· L'état général, *malgré* l'apparence, restait inquiétant. 겉보기와는 달리 전반적인 상황은 불안한 상태였다.

· Il a su rester très simple *malgré* ses nouvelles fonctions. 그는 새로운 지위에도 불구하고 전혀 티를 내지 않았다.

· Cette entreprise surnage *malgré* la récession économique. 그 기업은 경기 침체에도 불구하고 살아남아 있다.

❷ [malgré tout] : 어떤 일이 있더라도, 기어코 ; 그래도 역시, 어쨌든(=pourtant, quand même) ; 누가 뭐라고 해도(=quoi qu'on en dise[pense]).

· *Malgré* tout, nous réussirons. 어떤 일이 있어도 우리는 성공할 것이다.

· Il a des défauts, mais *malgré* tout c'est un brave homme. 그는 결점이 있기는 하지만 정직한 사람이다.

· C'était un grand homme, *malgré* tout. 그는 누가 뭐라 해도 위대한 인물이었다.

2) ❶ [malgré *qn*] : …의 뜻에 반하여.

> se marier avec *qn malgré* ses parents[sa famille] 부모[가족]의 반대에도 불구하고 …와 결혼하다.

· Il se fit chanteur *malgre* son père. 그는 아버지의 반대에도 불구하고 가수가 되었다.

❷ [malgré soi] : 본의 아니게(=involontairement) ; 자기 뜻에 반하여, 마지못해(=bien à contrecoeur).

· Nous avons accepté cette proposition *malgré* nous. 우리는 마지못해 그 제의를 수락했다.

· J'ai entendu votre conversation *malgré* moi. 본의 아니게 당신의 대화를 들었습니다.

· Ils ont suivi leur directeur *malgré* eux. 그들은 본의 아니게 부장의 말을 따랐다.

❸ les *malgré*-nous : 2차 대전 때에 강제로 독일군에 징병된 알자스·로렌 사람들; 강제로 징병된 사람들.

2. [malgré que + *sub*[《드물게》 *ind*]] : …임에도 불구하고(=quoi que).

1)
> *malgré* que j'aie beaucoup de choses à faire 할 일이 많이 있지만. *malgré* qu'il soit[est] bête 그는 바보지만. *malgré* qu'on ait pu dire ici 사람들이 여기서 뭐라고 했더라도.

· Les voilettes de sa femme sentaient le tabac, *malgré* qu'il ne fumât jamais. 그는 담배를 피우지 않지만 그의 아내의 베일에서는 담배 냄새가 났다.

2)
> *malgré* que j'en aie[que tu en aies, qu'il en ait] 《문어》 내가[네가, 그가]아무리 싫더라도, 어쩔 수 없이 (= quel que mal gré que j'en aie[que tu en aies, qu'il en ait]).

· Tu dois obéir, *malgré* que tu en aies. 너는 좋든 싫든 복종해야 한다.

manière

⇒ façon.

modulo

(수학에서) …을 법(法)으로 하여.
· 7 est congru à 13 *modulo* 3.　　7과 13은 3을 법으로 하여 합동이다.

moins

1. [moins + 명사/ 수사]

1) …을 제외하고.

les alliés européens *moins* la Grèce 그리스를 제외한 유럽 연합국.

· *Moins* l'emballage, ça vous ferait deux cents euros.　　포장비를 빼면 200유로가 됩니다.
· J'ai retrouvé mon sac, *moins* le portefeuille.　　핸드백은 되찾았는데 지갑이 없었다.

2) ❶ (수학에서) …을 뺀.
· Dix *moins* trois font[égalent, restent] sept.　　10 빼기 3은 7이다.
· Huit *moins* cinq égalent combien?　　8빼기 5는 얼마죠?

❷ 음(수)의, 마이너스의.

moins l'infini 마이너스 무한대(-∞).　　accroissement de *moins* trois pour cent 마이너스 3% 성장.
dix puissance *moins* cinq 10의 마이너스 5제곱.

· *Moins* cinq plus *moins* trois font *moins* huit.　　마이너스 5 더하기 마이너스 3은 마이너스 8이다.

3) (시간이) …전(前)의.
· Il est sept heures *moins* vingt[le quart].　　7시 20분[15분] 전이다.
· Il est midi *moins* dix.　　12시 10분 전이다.
· Dépêchez-vous, il est presque *moins* cinq.　　서두르시오, 거의 5분 전입니다.

4) (온도가) 영하의.

- Il fait *moins* dix (degrés).   영하 10도이다.

5) · Il était[C'était] *moins* une[cinq].   간발[약간]의 차이였다.

2. [moins de + 명사/ 수사]

1) ❶ 비교급 : [moins de + 명사]

- Cette méthode coûtera *moins* d'argent.   그 방법이 돈이 덜 들 것이다.
- Elle a *moins* de livres que lui.   그녀는 그보다 책이 적다.
- Il a *moins* de capacité que de bonne volonté.   그는 선의가 없는 것보다도 능력이 없다.
- Elle n'a pas *moins* de capacité que lui.   그녀가 그이 못지않은 능력이 있다.

❷ 최상급 : [le moins de + 명사]

- C'est lui qui a le *moins* de talent de la classe.   반에서 가장 재능이 없는 사람은 그이다.

2) [moins de + 수량 표현] : ···이하[미만]의.

❶

acheter *qc* pour *moins* de cent euros ···을 백 유로도 안주고 사다.

- *Moins* de deux ans sont passés.   2년이 다 지나지 않았다.
- Il a *moins* de quarante ans.   그는 40세 미만이다.
- Ce verre n'a pas *moins* de dix millimètres d'epaisseur.   이 유리는 적어도 두께가 10밀리미터는 된다.
- Il y avait *moins* de 100 personnes à cette réunion.   그 모임에는 100명이 안되는 사람들이 있었다.
- Il était *moins* de deux heures.   두 시가 못되었다.
- Ce travail est *moins* d'à demi[moitié] fait.   그 일은 반도 안 되었다.
- La bouteille est *moins* d'aux trois quarts pleine.   병이 4분의 3도 차지 않았다.

❷ 명사적 용법

film interdit aux *moins* de 19 ans 19세 미만 관람 금지 영화.

3) [de moins en moins de + 명사]

- On accorde à cette affaire de *moins* en *moins* d'importance.   사람들은 그 일에 점점 더 중요성을 부여하지 않고 있다.
- Dans les grandes villes, il y a de *moins* en *moins* d'espaces verts.   대도시에서 녹지 공간이 점점 줄어들고 있다.

3. 1) [à moins de *qc*]

❶ ···이하로.

article à *moins* de vingt euros 20유로 이하의 물건.

· Vous trouverez la gare à *moins* de 700 mètres d'ici.　700미터가 안되는 곳에 역이 있을 것입니다.

· Je ne le vendrai pas à *moins* de 200 euros.　나는 그것을 200유로 이하로는 팔지 않겠다.

❷ ···이 없는 한.

· À *moins* de folie, il acceptera.　정신이 나가지 않는 한 그는 수락할 것이다.

· À *moins* d'une opposition du gouvernement, tout devrait bien se passer.　정부의 반대가 없는 한 모든 일이 잘 될 것이다.

· Ils n'accepteraient pas cette proposition à *moins* d'une augmentation.　그들은 인상이 없는 한 그 제안을 수락하지 않을 것이다.

· Elle va venir à *moins* d'un incident imprévu.　그녀는 예기치 않은 일이 없는 한 올 것이다.

2) ❶ [à moins (que) de *inf*] : ···하지 않는 한.

· À *moins* d'avoir ce permis, vous ne pourrez y entrer.　이 허가증을 가지지 않고는 당신은 거기에 들어갈 수 없을 것입니다.

· À *moins* d'être fou, on ne saurait y aller.　미치지 않으면 거기에 가지 못할 것이다.

· On n'arrivera jamais à l'heure *moins* de prendre un raccourci.　지름길로 가지 않으면 절대로 제시간에 도착하지 못할 것이다.

· Il ne fera pas ce travail à *moins* d'être payé.　그는 돈을 받지 못하면 그 일을 하지 않을 것이다.

· Je ne pouvais pas lui parler plus nettement à *moins* que de le quereller.　그를 책망하지 않고는 그에서 보다 더 분명하게 말을 할 수가 없었다.

· Venez dimanche à *moins* de recevoir un contre-ordre.　취소 명령을 받지 않는 한 일요일에 오시오

❷ [à moins que (ne) + *sub*]

à *moins* que le temps ne n'améliore 날씨가 좋아지지 않으면.　à *moins* que vous ne veniez 당신이 오지 않으면.

· Je vais vous téléphoner ce soir, à *moins* qu'il ne soit trop tard quand je finirai ce travail.　그 일을 끝냈을 때 시간이 너무 늦지 않을 것 같으면 오늘 저녁에 전화를 드리겠습니다.

· J'irai vous voir demain soir à *moins* qu'il ne pleuve.　내일 저녁에 비가 오지 않으면 당신을 보러 가겠습니다.

· Il ne viendra pas à *moins* que le patron (ne) l'ordonne.　사장이 명령을 내리지 않으면 그는 오지 않을 것이다.

· La Chine, qui dispose d'un droit de veto, pourrait s'y opposer, à *moins* qu'elle n'accepte les preuves fournies par Séoul.　거부권을 가진 중국은 한국이 제시한 증거를 받아들이지 않는 한 그에 대해 반대할 것이다.

4. [en moins de + 기간] : ⋯ 이내로.

en *moins* de dix jours 10일도 안 걸려서.　en *moins* de deux ans 2년 이내로.　en *moins* de rien;《구어》 en *moins* de deux; en *moins* de temps qu'il n'en faut pour le dire 순식간에.

· Il viendra ici en *moins* de trente minutes.　그는 30분 안에 여기에 올 겁니다.
· Ce travail sera terminé en *moins* d'une semaine.　그 일은 일주일 이내에 끝날 것이다.

moyennant 

1. 1) ⋯에 의해, ⋯을 이용하여(=au moyen de); ⋯의 덕분으로(=grâce à); ⋯을 조건으로 하여(=à la condition de).

moyennant un effort intellectuel 지적 노력에 의해.　*moyennant* un effort soutenu 꾸준한 노력으로. *moyennant* finance(s) 돈을 지불하고, 돈을 써서(=en payant, en échange d'argent).　*moyennant* récompense 보수를 주고[받고].　acquérir une chose *moyennant* un prix convenu 합당한 값을 치르고 물건을 구입하다.

· Il a obtenu cette autorisation *moyennant* finances.　그는 돈을 써서 그 인가를 받았다.
· Le colosse a été réalisé *moyennant* la cession par l'État à une société immobilière de vastes terrains. 그 거대한 구조물은 국가가 부동산 회사에 커다란 땅을 양도함으로써 실현되었다.

2) [moyennant quoi] : 그렇게 하면, 그런 조건으로(=en échange de quoi); 그 덕분에(=grâce à quoi).
· Il a bu toute une bouteille de rouge, *moyennant* quoi il était complètement parti.　그는 적포도주 한 병을 다 마신 탓에 완전히 취했다.
· Donne-moi de l'argent, *moyennant* quoi je ferai le travail.　돈을 주면 일을 하겠다.

2. 《드물게·문어》 [moyennant que + *ind / sub*] : ⋯라는 조건으로, ⋯하기만 한다면(=à condition que, pourvu que).

moyennant que l'été me fournit un pavot rouge 여름이 내게 빨간 양귀비 꽃 한 송이를 갖다 주기만 하면.

- On aura ses services *moyennant* qu'on le payera.　대가를 지불하면 그의 도움을 받을 것이다.

ôté

…을 제외하고, …외에는(=excepté).

- *Oté* deux ou trois chapitres, ce livre est excellent.　두세 장을 제외하면 이 책은 훌륭하다.
- De vingt, *oté* douze reste huit.　20에서 12를 빼면 8이 남는다.

outre

1. 1) …을 넘어서, … 저쪽에(=au-delà de).

  poursuivre l'ennemi *outre* Somme 솜므강을 건너 적을 추격하다.

2) ❶
  outre-mer 바다 저편에, 해외에.　commerce d'*outre*-mer 해외무역.　départements (français) d'*outre*-mer (프랑스의) 해외도((《약》 D.O.M.)).　territoires d'*outre*-mer 해외영토((《약》 T.O.M.)).

❷
  outre-Atlantique 대서양 저편에, 미국에.　*outre*-Manche 영불해협 저편에, 영국에.　*outre*-monts 산 저쪽에, 산 너머; 알프스[피레네] 저쪽으로, 이탈리아[스페인]에.　*outre*-Rhin 라인강 저편에, 독일에.　*outre*-tombe 무덤 저편에, 사후에.

2. 1) … 이상으로, … 이외에(=en plus de).
  ❶
  outre mesure 과도하게, 지나치게(= excessivement, au-delà de la normale).　*outre* cette somme 그 금액 이외에.

- *Outre* le shopping, les Japonais vont également en Corée du Sud pour jouer au casino.　일본인들은 쇼핑 외에 카지노에서 도박을 하기 위해 한국에 간다.

· *Outre* une grande villa, il a encore un bateau.   그는 커다란 별장 이외에 배도 가지고 있다.

· *Outre* ce plaisir, vous aurez celui de la voir.   당신은 그 기쁨 외에도 그녀와 만나는 기쁨을 누리게 될 것입니다.

· *Outre* la crise financière, d'autres facteurs, d'ordre structurel ceux-là, pourraient freiner l'élan.   재정 위기 외에 구조적인 다른 요인들이 비약적인 성장을 제한할 수 있다.

· *Outre* cette déclaration, un plan d'action précis a été rédigé.   그 선언 외에 실행 계획이 수립되었다.

· *Outre* le déficit du commerce extérieur, le recul de la production industrielle, la plus mauvaise nouvelle est venue de la croissance: seulement 0,3 % de hausse au deuxième trimestre.   대외무역 적자, 산업생산의 후퇴 외에 가장 좋지 않은 소식이 3분기에 0.3%밖에 성장하지 못한 성장률 쪽에서 들려왔다.

· Ce travail ne l'avait pas fatiguée *outre* mesure.   그 일로 그녀가 과노하세 피도 해지지는 않았다.

· Elle utilise, *outre* les panneaux publicitaires, la publicité dans les revues et sur Internet.   그녀는 광고판 이외에 잡지와 인터넷 광고를 이용한다.

❷ [outre le fait que + *ind*] : …라는 사실 외에, …라는 사실은 말할 것도 없고(=sans parler du fait que).

> *outre* le fait que, depuis 2002, le chômage des jeunes d'origine étrangère a doublé 2002년 이후로 외국 출신 젊은이들의 실업이 두 배로 늘었다는 사실은 말할 것도 없이.   *outre* le fait qu'un tel scénario bouleversera considérablement les équilibres stratégiques asiatiques 그러한 시나리오는 아시아의 전략적 균형을 심각하게 흔들리게 할 것이라는 사실 외에.

2) [outre que + *ind / cond*] : …뿐만 아니라.

· *Outre* qu'elle aime la lecture, elle écrit des poèmes.   그녀는 독서를 좋아할 뿐만 아니라 시도 쓴다.

· *Outre* qu'il est très maladroit, il ne fait attention à rien.   그는 아주 서투를 뿐만 아니라 아무 것에도 주의를 기울이지 않는다.

· *Outre* qu'il est riche, il est très généreux.   그는 부유할 뿐만 아니라 매우 너그럽다.

· *Outre* que l'objectif est inchangé, toute approche du conflit repose inévitablement sur un volet militaire, une aide au développement.   목표가 변하지 않았을 뿐만 아니라 분쟁에 대한 접근이 불가피하게 군사적인 부문과 발전을 위한 원조에 의거하게 된다.

· *Outre* que le nombre d'armes atomiques pourrait être fortement réduit, le Président s'est engagé à faire ratifier le traité d'interdiction complète des essais nucléaires(CTBT) par le Congrès.   핵무기의 수를 현저하게 줄일 수 있을 뿐만 아니라, 대통령은 의회가 핵실험을 완전히 금지하는 조약을 비준하게 하겠다고 약속했다.

3. 1) [en outre de *qn / qc*] : …이외에도, …에 더해서.

· Même à la cour, l'usage est établi qu'un homme ait une amie régulière en *outre* de sa femme.   궁정에서도 남자가 부인 이외에 정식 애인을 한 사람씩 둔다는 관례가 이루어졌다.

2) [en outre] : 게다가, 그리고 또(= de plus, en plus de cela).

· Il est tombé malade, (et) en *outre*, il a perdu sa femme. 그는 병에 걸린 데다가 부인까지 잃었다.

· Le Japon est en *outre* opposé à la suppression de la RPDC de la liste des pays soutenant le terrorisme en raison de la question non résolue des enlèvements de ses ressortissants. 일본은 또한 미해결된 일본인 납치문제를 이유로 북한을 테러지원국 명부에서 제외시키는 것을 반대하고 있다.

4. [passer outre à *qc*] : …을 무시하다 ; (반대 따위를) 무릅쓰고 강행하다.

passer *outre* à l'interdiction 금지된 것을 무시하다.

· Je me gardai bien, au début, de passer *outre* à cette réserve du partenaire. 나는 처음에 그 파트너라는 조건을 무시하지 않으려고 조심했다.

par

1. 장소

1) 통과 · 경유

❶ …으로, …을 통해서.

absorption de l'eau *par* les terrains perméables 투수층을 통한 물의 흡수. chambre qui communique avec l'extérieur *par* une terrasse 테라스을 통해 옥외로 통하는 방. voyageurs qui transitent *par* Londres pour aller à Paris 파리에 가기 위해 런던을 경유하는 여행자. aborder une montagne *par* la face nord 북쪽 사면으로 산에 이르다. couper *par* la forêt 숲을 가로질러 곧장 가다. entrer *par* la brèche 돌파구를 통해 침입하다; 억지를 써서 해내다. gravir une montagne *par* la contre(-)pente 반대 사면[급사면]쪽을 택해 등반하다. passer le bras *par* la fenêtre 창문으로 팔을 내밀다. passer *par* le Japon au retour 돌아올 때 일본을 거쳐서 오다. en passant *par* qn/qc …을 경유하여. se pencher *par* la fenêtre 창문으로 몸을 내밀다. regarder *qc par* la fênetre 창문으로 …을 바라보다. regarder *par* le trou de la serrure 열쇠 구멍으로 들여다보다. ressortir *par* la porte opposée (들어간 사람이) 반대편 문으로 나가다. sortir *par* la porte de secours 비상구를 통해서 나가다.

· L'eau débonde *par* une ouverture. 구멍으로 물이 흘러나온다.

· L'eau de pluie s'écoule *par* les goutières. 빗물이 물받이로 흘러 내려간다.

· Le gaz s'est enfui *par* cette fissure. 가스가 이 틈으로 새어 나왔다.

· Il jailllit des flots de spectateurs *par* toutes les portes du stade. 경기장 문마다 관람객들이 쏟아져

나왔다.

· On le ferait passer *par* le trou d'une aiguille.　　그는 무척 겁이 많다[수줍어 한다].

· Cette route passe *par* Lyon.　　그 도로는 리용을 경유한다.

· En sautant *par* la fenêtre, il s'est foulé la cheville.　　그는 창문을 뛰어넘으려다 발목을 삐었다.

❷

> s'acheminer *par* des sentiers creux 인적이 드문 오솔길로 나아가다.　aller *par* le plus court chemin
> 지름길로 가다.　aller *par* la route 도로로 가다.　descendre vers le sud *par* la route nationale
> 국도를 따라 남쪽으로 내려가다.　passer *par* un autre chemin 다른 길로 가다.　repasser *par*
> le même chemin 같은 길을 다시 지나가다.

· *Par* la traverse, il y a trois lieues.　　지름길로 30리이다.

· On accède à la mer *par* un petit chemin privé.　　바다로 가려면 조그마한 사유도로를 이용해야
한다.

· On y arrive *par* une rue étroite.　　좁은 길을 따라가면 그곳에 갈 수 있다.

· Il n'arrivera pas à ses fins *par* ce chemin.　　그는 이런 방식으로는 목적을 이룰 수 없을 것이다.

❸ [par + 무관사명사]

> commerce *par* mer 해운무역.　transport *par* air 공수(空輸).　ransport *par* chemin de fer 철도
> 수송.　transports *par* terre[route] 육상[도로]교통.　voyager *par* chemin de fer 기차로 여행하다.
> voyager *par* terre[mer] 육로[해로]로 여행하다.

· En passant *par* montagne, vous vous rallongez de deux heures.　　산길을 통해 가면 두 시간은
더 걸립니다.

❹ [par + 신체부위명사]

> évacuation *par* la bouche 구토.　expiration *par* le nez 코에 의한 호흡.　idée[pensée] qui me
> passe *par* la tête 내 머리를 스치는 생각.　idée qui lui trotte *par* la tête 그의 머릿속에서 떠나지
> 않는 생각.　vaccination *par* la bouche 경구 접종.　passer *par* les mains de *qn* …의 손을 거치다;
> …의 권한[책임]이다.　respirer *par* le nez[la bouche] 코로[입으로] 숨을 쉬다.

· La balle est ressortie *par* le dos.　　탄환이 등을 관통했다.

· Cela lui entre *par* une oreille et lui sort *par* l'autre.　　그는 이것을 한 귀로 듣고 한 귀로 흘려버린다.

· Les baleines soufflent de la vapeur d'eau *par* leurs évents.　　고래는 분수구멍을 통해 물줄기를
뿜어낸다.

❺ 비유

> ne pas y aller *par* quatre chemins 단도직입적으로 하다[말하다](=aller droit au but, agir sans

détours).　ne pas y aller *par* trente-six chemins 단도직입적으로 말하다; 직접 행동을 개시하다.　entrer[passer] *par* la grande porte 정문으로 당당하게 들어가다; 실력으로 출세하다.　entrer *par* la petite porte 뒷구멍으로 들어가다; 줄을 타고 승진[취직]하다.　essayer de[vouloir] faire passer un chameau *par* le trou d'une aiguille 불가능한 일을 시도하다.　jeter l'argent *par* les fenêtres 돈을 낭비하다.

- Si on le chasse *par* la porte, il rentre *par* la fenêtre.　대문으로 쫓아내면 창문으로 들어온다, 그는 끈질긴 사람이다.
- Il faut passer *par* là ou *par* la porte.　《**구어**》그걸 참고 하든지 아니면 포기하든지 양자택일해야 한다.
- Elle a dû en passer *par* ses voilontés.　그녀는 그의 뜻에 따를 수밖에 없었다.
- Il faut en passer *par* là.　그것은 불가피한 일이다.
- Il n'a rien vu que *par* le trou d'une bouteille.　그는 세상 물정을 통 모른다, 우물 안의 개구리이다.

2) 행위의 장소

aller *par* monts et *par* vaux 방방곡곡을[사방으로] 돌아다니다(=à travers le pays tout entier).　chercher *par* mer et *par* terre 사방을 찾아다니다.　se promener *par* les rues 거리를 이리저리 산보하다.　courir[trotter] *par* les rues 거리를 쏘다니다.　voyager *par* le monde 세계 각지를 여행하다.　voyager *par* toute la planète 온 세계를 여행하다.

- Cet été, il y a une sécheresse *par* toute l'Europe.　금년 여름에는 유럽 전체가 가물다.
- Cette rumeur s'est répandue *par* toute la ville.　그 소문이 온 시내에 퍼져 있다.

3) 위치 · 방향

par l'avant 앞쪽[정면]으로.　*par*(-)dedans 안(쪽)에서; 안을 통해서.　*par* le haut 위쪽에[으로].　*par* l'intérieur 안으로부터; 관계자의 입장에서.　juger *par* l'intérieur 관계자의 입장에서 판단하다.　corselet qui se lace *par*-devant 앞으로 매는 가슴받이.　maison belle *par*(-)dehors 외관상 아름다운 집.　s'allonger[se coucher] *par* terre 바닥에 드러눕다.　se ficher *par* terre 땅바닥에 넘어지다.　être assis *par* terre 땅바닥에 앉다.　s'écrouler *par* la base 기초부터 무너지다.　envoyer le navire *par* le fond 배를 침몰시키다.　monter dans une voiture *par* le côté gauche 자동차를 왼쪽 편에서 타다.　passer *par*(-)dehors 외부로[밖으로]지나가다.　passer *par* en haut[bas] 위[아래]쪽으로 지나가다.　recevoir un coup de poing *par* la figure 주먹으로 얼굴을 맞다.　tirer *par* en bas 아래쪽에서 잡아당기다.

- *Par* le flanc droit!　우향 우!
- *Par* ici la sortie!　출구는 이쪽이에요!
- *Par* ici la bonne soupe!　돈[이익]은 내게[우리에게] 가져오게!
- Attendez-moi *par*(-)delà.　저쪽에서 저를 기다려 주십시오.
- Il y a du danger à passer *par* là.　그 쪽으로 지나가면 위험하다.

· Entrez *par* ici.　이쪽으로 들어오세요

· Passez *par* ici, s'il vous plaît.　이리로 오십시오.

· Pas *par* là, ça (nous) rallonge!　그리로 가지 말자, 더 멀어!

· Ça raccourcit de passer *par* là.　저기로 가는 것이 빠르다.

· La projectile est tombé *par* deça.　포탄이 이쪽에 떨어졌다.

· Attention, vos lacets traînent *par* terre.　조심하세요, 구두끈이 땅에 끌려요.

❷ [par + 수량적인 표현]

île située *par* 60° de latitude sud et 40° 20' de longitude ouest 남위 60도, 서경 40도 20분에 위치한 섬.

· Le navire repose *par* 20 mètres de fond.　배가 20미터 해저에 가라앉아 있다.

· Le navire se trouve *par* 30° de latitude Nord.　배가 북위 30도에 위치하고 있다.

❸

nivellement *par* la base[*par* le bas] 최저 수준에 맞춘 평등화.　niveler *par* le bas[haut] 하형[상형] 평준화하다.　aller *par* haut et *par* bas 구토설사하다.

4) 단계·과정

❶

passer *par* des alternatives de douleur et de joie 괴로움과 즐거움을 번갈아가며 체험하다.　passer *par* les baguettes 태형(笞刑)을 받다; 혹독한 비평[모욕]을 받다.　passer *par* toutes les couleurs 얼굴이 붉으락푸르락하다.　passer *par* le creuset de la malheur 《문어》 고통이라는 시련을 거치다. passer *par* la filière pour devenir directeur 단계를 밟아 승진하여 중역이 되다.　passer *par* de rudes épreuves 심한 시련을 겪다.　passer *par* tant d'épreuves 많은 시련을 겪다.　passer *par* une suite de gradations 일련의 단계를 거치다.　passer *par* tous les degrés d'une hiérarchie 모든 서열을 다 거치다.

· Il est passé *par* l'université.　그는 대학 교육을 받은 사람이다.

· Je suis passé *par* là.　나도 그런 고생을 겪어봤다.

· Jeune ou non, il faut passer *par* là.　젊은이건 아니건 그 일은 겪어야 한다.

· Il la fait passer *par* où il veut.　그는 그녀를 제가 원하는 대로 행동하게 한다.

· Il a repassé *par* une période difficile.　그는 어려운 시기를 다시 겪었다.

❷

passer *par* une tierce personne; passer *par* personne interposée 제삼자를 사이에 세우다.

5) 친인척 관계

> cousin *par* alliance 사촌의 배우자, 배우자의 사촌.　parenté *par* alliance 인척관계.　frère *par* la mère 이부(異父)형제.　père *par* adoption 양부.　héritier *par* le sang 혈연상속인.　être issu de *qn* *par* filiation directe …의 직계자손이다.

· Elle descend de la Reine Victoria *par* sa mère.　그녀는 어머니 쪽으로 빅토리아 여왕의 후손이다.
· Il est français *par* son père.　그는 아버지 쪽이 프랑스인이다.

2. 수단·도구·방법

1) ❶

par le consensus commun; *par* le consentement universel 만장일치로.　*par* l'épée et *par* le feu 무력으로.　*par* le jeu d'alliances secrètes 밀약(密約)에 의해서.　*par* une méthode empirique 경험적 방법으로; 주먹구구로.　*par* tous les moyens 모든 수단을 다 사용하여.　*par* des moyens peu chrétiens 《구어》 비양심적인 수단으로, 부정직한 방법으로.　*par* des négociations 협상에 의해.　actionné *par* la vapeur 증기로 구동(驅動)된.　caractère transmissible *par* l'hérédité 유전형질.　coeurs unis *par* l'affection 애정으로 결합된 마음.　herbe desséchée *par* le soleil 볕에 말린 풀.　médaillon suspendu au cou *par* une chaine 줄로 목에 걸린 메달.　missile propulsé *par* une fusée à combustible liquide 액체 연료 로케트로 추진되는 미사일.　phénomène économique représenté *par* un graphique 그래프로 나타낸 경제 현상.　tranchée protégée *par* des sacs de terre 모래주머니로 보호되는 참호.　abattre définitivement l'Allemagne *par* une défaite militaire 군사적인 패배로 독일을 결정적으로 약화시키다.　accoupler deux roues *par* une bielle 연결봉을 사용하여 두 바퀴를 연결하다.　acquérir une bonne technique *par* un constant exercice 부단한 훈련으로 훌륭한 기술을 습득하다.　adoucir le jour *par* un rideau de voile 망사로 된 커튼으로 햇빛을 은은하게 하다.　apaiser des mécontents *par* une déclaration rassurante 안심시키는 성명을 발표하여 불만을 가진 자들의 마음을 달래다.　appâter *qn* *par* de belles promesses …을 감언이설로 유혹하다.　apprendre la nouvelle *par* la rumeur publique 소식을 소문을 통해 소식을 듣다[알다].　approfondir[enrichir] ses connaissances *par* l'étude 연구를 통해 지식을 풍부히 하다.　appuyer un édifice *par* des arcs-boutants 건물을 버팀기둥으로 받치다.　arriver aux mêmes conclusions *par* des démarches différentes 다른 방식을 통해 동일한 결론에 도달하다.　asphyxier *par* les gaz ashpyxiants 유독가스로 질식시키다.　assassiner[tuer] *qn* *par* le poison …을 독살하다.　blesser *qn* *par* des propos innocemment dits 악의없이 한 말로 …의 마음을 상하게 하다.　buter un pont *par* une culée 다리를 교대(橋臺)로 떠받치다.　chercher à intimider *qn* *par* la fermeté de son attitude 단호한 태도로 …에게 위압감을 주려고 하다.　circonscrire une proptiété *par* des piquets 말뚝으로 소유지를 둘러싸다.　compenser une perte *par* un gain 이득으로 손해를 벌충하다.　ne connaître une chose que *par* les livres 책을 통해서만[이론적으로만] 알고 있다.　corriger la vue de *qn* *par* des verres de contact 콘택트렌즈로 …의 시력을 교정하다.　couper une pièce *par* une cloison 칸막이를 쳐서 방을 둘로 나누다.　découvrir *qc* *par* l'observation 관찰에 의해 …을 발견하다.　défigurer une façade *par* des graffitis 낙서로 벽면을 흉하게 하다.　définir un phénomène *par* ses propriétés 현상을 특성에 의해 정의하다.　se délivrer *par* un sanglot 《비유》 울어서 기분이 후련해지다.　démontrer *par* l'absurde 귀류법으로 증명하다.　désigner *par* un vote 투표로 뽑다(=élire).　développer ses muscles *par* l'exercice 운동으로 근육을 발달시키다.　diviser une pièce en deux *par* une cloison 간막이로 방을 양분하다.　doubler l'intérêt d'un spectacle *par* la publicité 광고를 통해서 한 영화에 대한 관심을 배가시키다.　drainer la main-d'oeuvre étrangère *par* une politique d'immigration 이민 정책으로 외국인 노동력을 흡수하다.　éclaircir un mot ambigu *par* le contexte 문맥을 통해 모호한 단어의 의미를 밝히다.　émoustiller ses convives *par* quelque histoire drôle 우스운 이야기로 회식자들을 흥겹게 하다.　empêcher *qn* d'agir *par* (la) contrainte …의 행동을 강제로 제지하다.　endormir la chagrin *par* des paroles de consolation 위로의 말로 슬픔을 덜어주다.　endormir *qn par* un débit monotone 단조로운 어조로 …을 지루하게 하다.　s'enrichir *par* la spéculation 투기로 돈을 벌다.　ensorceler *qn par* une formule …을 주문(呪文)을 외어 마술을 걸다.　entrecouper un récit *par* des commentaires 이야기의 중간중간에 해설을 덧붙이다.　équilibrer un poids *par* un contrepoids 어떤 무게를 평형추로 평형을 이루게 하다.　fermer une lettre *par* un cachet de cire 편지를 봉랍으로 봉하다.　être apitoyée *par* tant de soumission 그토록 순종함으로써 동정을 얻다.　exalter son auditoire *par* des paroles éloquentes 웅변으로 청중을 열광시키다.　exciter *qn par* des railleries 농담으로 …의 화를 돋구다.　expier ses péchés *par* la pénitence 회개로써 죄를 속죄하다.　expliquer *par* des exemples 예를 들어 설명하다.　exprimer *qc par* la gesticulation 몸짓으로 …을 표현하다.　fabriquer[transformer] *qc par* des procédés mécaniques 기계 공정으로 …을 제조[가공]하다.　fatiguer *qn par* des demandes[plaintes répétées] 각종 요구 사항으로[되풀이되는 불평으로] …을 못살게 굴다.　figurer des églises sur la carte *par* une croix. 지도에 십자가로 교회를 표시하다.　gagner *qn par* ses cajoleries 아부를 해서 …의 환심을 사다.　garrotter la presse *par* la censure 검열로 언론을 억압하다.　illustrer la définition d'un mot *par* des citations 인용을 통해 단어의 뜻을 설명하다.　s'immoler *par* le feu 분신하다.　joindre indissolublement un homme et une femme *par* les liens du mariage 결혼을 통해 한 남자와 한 여자를 영원히 결합시키다.　se libérer *par* un paiement 채무를 완전히 변제하다.　lier des propositions *par* une conjonction 절을 접속사로 연결하다.　marquer chacune de ses phrases *par* un geste de la main 한마디 한마디를 손짓으로 강조하다.　mener *qn par* la lisière …을 보호[감독]하다; …에게 영향력을 행사하다.　mesurer *qc par* le calcul 계산으로 …을 산출해 내다.　obtenir *qc par* la force[menace] …을 완력으로[협박하여] 얻다.　obtenir *qc par* (la) ruse 술수를 써서 …을 얻다.　offenser *qn par* une raillerie 빈정거려 …의 감정을 상하게 하다.　se particulariser *par* sa toilette 유별나게 화장을 하다.　passer[mettre] *qc par* l'alambic …을 체로 거르다; …을 면밀히 조사하다.　périr *par* la hache 참수형에 처해지다.　perturber une assemblée *par* des cris et des sifflets 고성과 휘파람 소리로 회합을 방해하다.　pondérer des forces politiques *par* des dispositions législatives 입법 조치로 정치권력을 견제하다.　prêcher *par* l'exemple 솔선수범하여 가르치다.　prouver une proposition *par* un raisonnement 추론에 의해 명제를 논증하다.　raccourcir une robe *par* un grand ourlet 옷단을 넓게 접어 감쳐서 드레스를 짧게 하다.　ranimer un noyé *par* la respiration artificielle 물에 빠진 사람을 인공호흡으로 소생시키다.　reconnaître le titre *par* la pierre de touche 시금석으로 (금·은의) 함유율을 확인하다.　regarder *par* le gros[petit] bout de la lunette 과대[과소] 평가하다.　régler un différend *par* les armes 분쟁을 무력으로 해결하다.　répondre à la force *par* la force 힘에는 힘으로 맞서다.　répondre *par* l'affirmative[la négative] 긍정적[부정적]으로 대답하다.　répondre *par* une pirouette 《구어》 진지한 질문을 농담으로 받아넘기다, 얼렁뚱땅 대답하

다. représenter l'accroissement des accidents *par* une courbe 사고 건수의 증가를 곡선으로 나타 내다. représenter les sons d'une langue *par* des lettres 말의 소리를 문자로 표시하다. reproduire un dessin *par* la photographie 데생을 사진으로 복제하다. retenir les cheveux *par* un ruban 리본 으로 머리를 묶다. réunir deux lettres *par* une attache 편지 2통을 클립으로 묶다. saisir *qc par* l'intuition …을 직관적으로 이해하다. saluer une chanteuse *par* des applaudissements 박수갈 채로 가수를 환영하다. sentir *par* le toucher 만져서 느끼다. se soigner *par* les plantes 약초를 써서 자신의 몸을 다스리다. soumettre *qn par* un sortilège …에게 마술을 걸다. subjuguer le public *par* ses discours 연설로 청중을 사로잡다. symboliser la mort *par* un squelette armé d'une faux 긴 낫을 든 해골귀신 모습으로 죽음을 상징하다. témoigner des sentiments *par* des actes 감정을 행동으로 표시하다. traduire *par* les mille combinaisons du son les tumultes de l'âme 영혼의 혼란을 수천 가지 소리의 결합으로 표현하다. traiter le lait *par* la pasteurisation 우유를 저온살균법으로 처리하다. traiter un cancer *par* les rayons 방사선으로 암을 치료하다. transporter l'énergie *par* des lignes à haute tension 고압선으로 에너지를 보내다. se transporter *par* la pensée dans l'espace 상상 속에서 우주 공간으로 날아가다. vérifier une hypothèse *par* l'expérience 가설을 실험을 통해 실증하다. Faisons savoir *par* ces présentes que … 이 문서에 의해 …임을 증명합니다.

- *Par* ce tour d'horizon, vous aurez un aperçu de la question. 이렇게 두루 살 펴봄으로써 당신은 문제를 대충 파악하실 수 있을 것입니다.
- *Par* le mariage, j'ai aliéné volontairement ma liberté. 나는 결혼함으로써 스스로 자유를 포기했다.
- *Par* quelle procédure définissez-vous les mots? 당신은 어떤 방식으로 단어를 정의하십니까?
- L'habilité s'acquiert *par* l'entraînement. 능력은 훈련을 통해 얻어진다.
- Cette robe s'attache *par* des boutons. 이 옷은 단추로 채워진다.
- Il cachait mal *par* un sourire gauche le profond bouleversement qui l'affectait. 그는 어색한 미소를 띠어보았지만 마음속의 심한 동요를 잘 감추지 못했다.
- Cette dépense se compensera *par* les revenus à venir. 이 지출은 앞으로의 수입으로 벌충될 것이다.
- L'attention peut s'exercer *par* un entraînement. 주의력은 훈련에 의해 길러질 수 있다.
- Pourquoi les avoir leurrés *par* de faux espoir? 왜 헛된 희망으로 그들을 속였는가?
- L'auteur pose à nouveau le problème de la liberté *par* le biais de la fiction. 저자는 소설이라는 간접적인 수단을 통해 자유의 문제를 다시 제기하고 있다.
- Le Christ, *par* sa mort, a racheté le genre humain. 그리스도는 자신의 죽음으로 인류의 죄를 대속했다.
- Elle s'est rachetée *par* une conduite exemplaire. 그 여자는 모범적인 행동으로 명예를 회복했다.
- Elle essaie de se rajeunir *par* tous les moyens. 그녀는 이렇게 해서든지 젊게 보이려 애쓴다.
- Ce rapport se représente *par* les signes suivants. 이 관계는 다음과 같은 기호로 나타내어진다.
- On peut résoudre ce problème autrement que *par* l'algèbre. 이 문제는 대수가 아닌 다른 방법으로 풀 수 있다.
- Ce qui vient de la flûte s'en retourne[s'en va] *par* le tambour. 쉽게 번 돈은 쉽게 나간다.
- Il a réussi *par* sa persévérance. 그는 인내력으로 성공했다.

- Ils ont suplée *par* le courage à l'inférioroité de l'armement.　그들은 화력의 열세를 용맹성으로 극복해냈다.
- Il s'en est tiré *par* une cabriole.　그는 얼버무려서 궁지에서 벗어났다.
- Une crise économique se traduit *par* un malaise politique.　경제적 위기는 정치적 불안으로 표출된다.
- Transportez-vous *par* la pensée à Pékin.　당신이 북경에 있다고 생각해 보세요.
- Je me vengerai de cette humilation *par* une éclatante victoire.　나는 빛나는 승리로 이 굴욕을 씻을 것이다.

❷　*par* le canal de *qn/qc*; *par* l'intermédiaire de *qn/qc*; *par* *qn/qc* interposé ···의 중개[중재]로, ···을 매개로, ···을 통해.　*par* l'intermède de *qc* ···의 중개로, ···을 매개로 하여.　*par* la médiation de *qn* ···의 중개로.　obtenir une place *par* l'entremise d'un ami 친구의 알선으로 일자리를 얻다.

❸　appeler les gens *par* leur nom 사람들의 이름을 부르다.　appeler les choses *par* leurs noms 솔직하게 말하다.　désigner *qn* *par* son nom[un diminutif] ···을 이름[애칭]으로 호명하다.　se faire appeler *par* son surnom 별명으로 부르게 하다.

❹　j'entends *par* là que ··· 내가 말하고자 하는 것은 ···이다.

- *Par* bonne distribution, il faut entendre non distribution égale, mais distribution équitable.　훌륭한 분배란 동등한 분배가 아니라 공정한 분배를 뜻해야 한다.
- Qu'entendez-vous *par* ce mot?　당신은 어떤 의미로 이 말을 합니까?
- Que faut-il entendre *par* là?　그 말이 뜻하는 것은 진짜 뭡니까?
- Que voulez-vous insinuer *par* là?　그 말은 무슨 뜻으로 하시는 것입니까?

❺　démontrer[prouver] *qc*[que + *ind*] *par* a plus b ···을 수학적으로 엄밀하게 증명하다.

2) 명사의 보어

bâillonnement de la presse *par* les pouvoirs publics 공권력을 동원한 언론의 입 틀어막기.　centre d'aide *par* le travail 신체장애자부조센터((《약》 C.A.T.)).　conservation des aliments *par* le froid 음식물의 냉동보존[저장](=congélation).　contraction d'un gaz *par* la pression 압력에 의한 가스의 수축.　démonstration *par* l'absurde 귀류법(歸謬法)에 의한 논증.　divination *par* les cartes 카드 점(=cartomancie).　divination *par* le marc de café 커피 점(占).　illustration d'une théorie *par* un fait précis 구체적인 사실을 통한 이론의 예증.　irradiation d'une tumeur *par* les rayons X 종기 부위에 X선 조사.　jonction de deux cours d'eau *par* un canal 운하를 통한 두 물줄기의 합류(점).　nettoyage par le vide 진공 청소.　perpétuation de l'espèce *par* la reproduction des individus 개체의 재생산에 의한 종의 보존.　rachat des fautes *par* la souffrance 고통을 통한 과오의 대속.　repérage des avions *par* le radar 레이더에 의한 비행기의 위치 포착[탐지].　représentation d'un objet *par* une figure 사물의 그림에 의한 표시.　reprise d'une entreprise en difficulté *par* ses salariés 경영난에 처한 기업의 종업원에 의한 인수.　reprise d'une voiture d'occasion *par* un garagiste 수리공장의 중고차 인수. reproduction de la nature *par* l'art 예술을 통한 자연의 재현.　reproduction des sons *par* un magnétophone 녹음기에 의한 소리의 재생.　stérilisation *par* le chauffage 열에 의한 살균.　vote *par* l'appel nominal 호명 투표.

3) [par + 무관사명사]

❶ *par* allégorie 우의[비유]적으로.　*par* insinuation 넌지시.　*par* truchement de *qn/qc* …의 중개로. bail renouvelable *par* tacite reconduction 묵시적 갱신 가능 임대계약.　dérivation *par* suppression de suffixe 역성 파생.　fissure bouchée *par* plâtre 회칠을 해서 막은 균열.　guérisseur qui procède *par* attouchement 안수로 병을 고치는 사람.　responsabilité exercée *par* rotation 교대 책임제, 윤번제.　agir *par* délégation 위임을 받아 행동하다.　consulter la nation *par* référendum 국민투표에 의해 국민의 의사를 묻다.　asphyxier *par* strangulation 목을 졸라 질식시키다.　calculer *par* approximation 어림잡아 계산하다.　calculer *qc par* défaut …을 반올림하여 계산하다. classer[ranger] *qc par* catégories …을 종류별로 분류하다.　calquer une inscription *par* frottement 비문의 탁본을 뜨다.　classer *par* séries 계열별로 분류하다.　être condamné à mort *par* contumace 궐석재판에 의해 사형을 선고 받다.　condenser un gaz *par* pression 압력을 가해 가스를 액화하다.　cristalliser un sel *par* évaporation de la solution 용액을 증발시켜 소금을 결정시키다. décomposer de l'eau *par* électrolyse 물을 전기분해하다.　déféquer une liqueur *par* précipitation 침전시켜서 용액을 맑게 하다.　discuter *par* demandes et *par* réponses 문답형식으로 토론을 전개하다.　donner *qc par* testament …을 유증(遺贈)하다.　échoir *par* succession 승계를 통해 얻어지다.　écrémer[essorer] *par* centrifugation 원심분리법으로 탈지하다[탈수하다].　effacer un mot *par* grattage 단어를 긁어서 지우다.　élire[nommer] *qn par* acclamation …을 만장일치로 선출하다[지명하다].　engraisser des oies *par* ingurgitation 《드물게》 억지로 목에 사료를 집어넣어서 거위를 살찌게 하다.　enlever un garçon *par* séduction[fraude] 사내아이를 유괴하다.　entrer dans une famille *par* adoption 어떤 가정에 입양되다.　étouffer *qn par* pendaison …을 교수형에 처하다. être exempt d'une obligation *par* faveur spéciale 특혜로 의무를 면제받다.　être payé *par* vacation 자유 계약에 의해 보수를 받다.　exprimer *par* suggestion 암시를 통해 표현하다.　s'exprimer [parler] *par* gestes 몸짓으로 말하다.　faire un classement *par* sujet 주제별로 분류하다.　se faire détartrer les dents *par* ultrasons 초음파 치석 제거 치료를 받다.　gagner un match de boxe *par* knock-out 권투시합을 KO로 이기다.　gagner *par* tricherie 속임수를 써서 이기다.　localiser *par* radar un engin spatial 레이더로 우주선의 위치를 측정하다.　mettre en valeur *par* contraste 대조를 통해 강조하다.　obtenir *qc par* contrainte …을 강제로 손에 넣다.　obtenir[prendre] *qc par* force 힘으로 …을 손에 넣다.　obtenir *qc par* protection 후원(자) 덕분으로 …을 얻다.　parler de *qc par* conjecture …에 관해 추측해서 말하다.　parler *par* allusion 돌려서 말하다.　parler *par* circonlocutions 완곡하게 말하다.　parler *par* périphrases 에둘러 말하다.　parler *par* sous-entendus

암시적으로 말하다. ne parler que *par* apophtegmes 늘 명언을 섞어가며 말하다. payer *par* acomptes 분할 지불하다. pénétrer dans une maison *par* effraction 자물쇠를 파괴하고 가택에 침입하다. procéder *par* élimination 소거법에 의해 처리하다. propager des fleurs *par* semis 꽃을 씨를 뿌려서 번식시키다. raisonner *par* analogie[induction, déduction] 유추[귀납, 연역]하다. ranger *qc par* classes …을 종류별로 정리하다. ranger des livres *par* séries 책을 부문별로 정리하다. répondre *par* oui ou *par* non 가부(可否)로 대답하다. soigner un cor *par* excision 티눈을 제거하다. tirer *par* agrandissement 확대 인화하다. tirer *par* rafales 연속 사격하다; 속사하다. transformer le fer en acier *par* cémentation 침탄법으로 철을 강철로 변환시키다. travailler *par* équipe de huit heures 8시간 그룹 교대제로 일하다. vendre une maison *par* procureur[procuration] 대리인을 내세워 집을 팔다. voter *par* assis et levée 기립으로 표결하다.

· La propriété peut s'acquérir *par* incorporation.   소유권은 합병에 의해 얻어질 수 있다.

· Les angles s'adoucissent *par* frottement.   연마로 모가 둥글어진다.

· Cette maladie se communique[se propage] *par* contact direct.   이 병은 직접적인 접촉을 통해 전염된다.

· Il s'exprime mieux oralement que *par* écrit.   그는 생각을 글보다는 말로 더 잘 표현한다.

· Vous payez *par* chèque ou avec une carte de crédit?   수표로 지불하시렵니까 아니면 카드로 지불하시렵니까?

· La lumière se propage *par* ondes.   빛은 파동으로 전달된다.

· On reproduit *par* semis la plupart des végétaux.   대다수의 식물은 파종으로 증식된다.

· Il a réussi *par* raccroc.   그는 요행수로 성공했다.

· Le vent souffle *par* rafales.   바람이 휘몰아친다.

· La propriété se transmet généralement *par* succession.   재산은 보통 상속에 의해 양도된다.

❷ 명사의 보어

accord *par* syllepse 실렙시스(문법 규칙에 따르지 않고 의미에 따라 성·수를 일치시키는 법)에 의한 일치. affinage du verre *par* élimination des bulles 기포 제거를 통한 유리 정제. apprentissage *par* essais et erreurs 시행착오에 의한 학습. appropriation *par* violence[ruse] 강탈[사취]. approximation *par* défaut[excès] 반올림한 근사치. jugement *par* défaut 궐석 재판. association *par* contiguïté (심리학에서) 인접관계에 의한 관념연합. atterrissage *par* contrôle au sol 지상관제에 의한 착륙. baptême *par* immersion 침례(=immersion baptismale). castration *par* ablation des testicules[ovaires] 고환[난소] 절제에 의한 거세. catalogue *par* matières 분류 목록. catéchisme *par* demandes et réponses 교리 문답. chauffage *par* accumulation 축열 난방. chauffage *par* capteur solaire 태양열 집적 난방. chauffage *par* rayonnement 복사식 난방. clarification *par* ébullition 증류에 의한 정화. complicité *par* provocation 교사 공범. concession de travaux publics *par* adjudication 입찰에 의한 공사 허가. concours *par* coups (골프의) 타수경기, 스트로크 플레이. conservation des enzymes *par* lyophilisation 동결건조에 의한 효소 보존. contrainte *par* saisie de biens 압류처분. crédit *par* caution 보증 대출. datation *par* thermoluminescence d'objets préhistoriques 선사시대 물건의 열광에 의한 연대측정. dérivation *par* suffixe 접미사 파생.

dessiccation *par* étuvage 증기 건조.　développement *par* inversion 반전 현상(現像)법.　divorce *par* consentement mutuel 합의이혼.　donation *par* acte notarié 공증 증서에 의한 증여.　élimination des impuretés *par* filtrage 여과에 의한 불순물 제거.　enquête *par* sondage 여론조사.　évaluation d'un dommage *par* expertise 전문가의 감정에 의한 손해 평가.　évocation des démons *par* la magie 주술에 의한 악마부르기.　exploration *par* auscultation 청진(聽診).　extension *par* traction 견인에 의한 신장.　formation de mots *par* dérivation 파생에 의한 단어의 형성.　fougères multipliés *par* apogamie 무배생식으로 번식한 고사리.　freinage *par* frottement 마찰식 브레이크.　génération *par* insémination artificielle 인공수정에 의한 생식.　imagerie *par* résonance magnétique 자기 공명 영상법, MRI.　intégration *par* substitution 치환적분.　irrigation *par* aspersion 살포[스프링쿨러] 관개.　langage *par* gestes 수화(手話).　mensonge *par* omission (진실을 은폐하려고) 고의로 말을 빠뜨림.　méthodes *par* approximation successives (수학에서의) 점근법(漸近法).　navigation *par* inertie 관성 항법.　nettoyage *par* aspiration 진공청소.　preuve *par* écrit 서증(書證).　prolifération des cellules *par* division 분열에 의한 세포 증식.　propulsion *par* jet de gaz[réaction] 제트 추진.　prospection *par* téléphone 전화를 통한 시장조사.　raccord de pièces métalliques *par* soudure 용접에 의한 금속 부품의 접합.　radionavigation *par* satellite 위성 항법.　reproduction *par* insémination artificielle 인공 수정에 의한 생식.　reproduction des plantes *par* semis[bouture] 종자[꺾꽂이]에 의한 식물의 증식.　retransmission *par* satellite 위성 중계 방송.　raisonnement *par* analogie 유추.　répartition *par* âge[sexe] 연령별[성별] 분류.　séchage *par* évaporation 증발 건조.　séparation des isotopes *par* centrifugation 동위원소의 원심분리.　société *par* actions 주식회사.　sondage *par* ultrasons 초음파에 의한 수심측정.　suicide *par* empoisonnement[absorption d'un poison] 음독자살.　surhaussement d'un immeuble *par* ajout d'un étage 건물에 한 층을 더 올려 높이기.　vaccination *par* injection 주사 접종.　vainqueur *par* knock-out (권투의) K.O. 승자.　victoire *par* K.-O. 케이오 승.　vente *par* adjudication 경매를 통한 매각.　vente *par* licitation 경매 처분.　versement *par* chèque 수표로 하는 지불.　voleur *par* effraction 침입 강도.　vote *par* assis et levée 기립 표결.　vote *par* procuration 위임투표.

❸ [par (l')ordre + 형용사 ; par (l')ordre de +명사]

par ordre d'importance 중요한 순서에 따라.　*par* ordre décroissant 큰 것에서부터 작은 것의 순서로.　catalogue *par* ordre alphabétique 알파벳 순 목록.　classer *par* l'ordre alphabétique 알파벳순으로 분류하다.　faire un classement *par* ordre de taille 크기별로 분류하다.

· Procédons *par* ordre!　하나씩 차례대로 처리합시다!

❹ [par (la) voie ⏐ 형용사 ; par (la) voie de + 명사]

par la voie de mise publique 공개 경매를 통해.　desserte d'un port *par* la voie ferrée 항구까지의 철도 연결.　médicament qui s'administre *par* voie buccale[orale] 먹는 약.　transmission des biens *par* voie de succession 재산 상속.　agir *par* voie de requête 청원서로 소송을 일으키다.　contraindre *qn par* voie de droit …을 법적으로 구속하다.　léguer *par* voie de succession 상속을

통해 양도하다.   régler une affaire *par* la voie contentieuse 소송을 통해 문제를 해결하다.   régler le litige *par* voie de négociations 협상을 통해 분쟁을 해결하다.

· Ce médicament s'injecte *par* voie intraveineuse.   이 약은 정맥에 주사한다.

❺

mener *qn par* le (bout du) nez ⋯을 마음대로 다루다.   mener[tirer] *qn par* le licou ⋯을 마구 부리다.

4) 교통수단

❶

arriver[voyager] *par* le train 기차로 도착[여행]하다.   monter *par* l'ascenseur 승강기로 올라가다. partir *par* le car 버스로 떠나다.

· Nous allons partir *par* le ferry-boat[la rapide] de 8h 20.   우리는 8시 20분 페리선으로[특급열차로] 떠날 것이다.

❷ [par + 무관사명사]

expédition *par* bateau 선편 발송.   marchandise transportable *par* train 열차 운송이 가능한 상품. transport *par* chariot 수레 운반.   transports *par* chemin de fer 철도 교통.   transports *par* voie de terre[d'eau] 육상[해상]교통.   amener des fruits exotiques à Paris *par* avion 외국산 과일들을 파리로 공수하다.   expédier des marchandises *par* avion 상품을 항공편으로 발송하다.   faire enlever *par* camion les meubles 가구를 트럭으로 운반하다.   rentrer *par* bateau 배로 돌아오다. voyager *par* chemin de fer 기차로 여행하다.

· Ce lieu n'est accessible que *par* avion.   그곳은 비행기로밖에 갈 수 없다.
· Ces fruits ont été apportés *par* avion.   이 과일들은 항공편으로 운반되어 왔다.
· Il faut expédier cette commande *par* bateau.   그 주문품을 선편으로 보내야 한다.
· Elle voyage en général *par* Air France.   그녀는 여행을 할 때 대개 에어프랑스 비행기를 탄다.
  ⇒ à, dans, en, sur

5) 매체 · 통신

❶

arrosage publicitaire *par* les médias 언론을 통한 대대적 선전.   expédition d'un colis *par* la poste 소포 우송.   appeler *qn par* l'interphone ⋯을 인터폰으로 부르다.   apprendre la nouvelle *par* une lettre 편지를 통해 소식을 듣다[알다].   envoyer[expédier] une lettre[un colis] *par* la poste 편지[소포]를 우송하다.   influencer l'opinion *par* les médias 매체를 이용하여 여론에 영향을 미치다. s'informer *par* la presse 언론을 통해 정보를 얻다.

· Il a appris cette nouvelle *par* la radio.   그는 라디오를 통해 그 소식을 들었다.

❷ [par + 무관사명사]

> roman *par* lettres 서간체 소설.　télévision *par* câbles 유선 텔레비전.　transmission *par* câble sous-marine 해저 케이블을 통한 전송.　vente *par* correspondance 통신판매.　vote *par* correspondance 우편투표.　vente *par* lettre 우편 판매.　appeler un radio-taxi *par* téléphone 전화로 택시를 호출하다.　commander qc *par* correspondance[minitel] 통신으로[미니텔로] …을 주문하다.　communiquer *par* téléphone[lettre] 전화로[편지로] 연락하다.　effectuer une réservation *par* minitel 미니텔로 예약하다.　envoyer un message *par* fax 팩스로 전갈을 보내다.　guider un avion *par* radio 무선으로 비행기를 유도하다.　informer qn *par* lettre de son arrivée …에게 그가 온다는 것을 서신으로 알리다.　répondre *par* câble 유선 통신으로 답하다.

· Ce sentiment n'est pas communicable *par* téléphone.　전화로는 그 느낌을 전할 수 없다.

6) 신체·물건의 일부분

❶

> enfant qui se présente *par* le siège (분만시) 궁둥이부터 나오는 애기, 역산아(逆産兒).　parler *par* la bouche de qn …로 하여금 대신 말하게 하다.　pousser qn *par* les épaules …을 어깨로 밀치다.　souffler la fumée *par* la bouche 입으로 연기를 내뿜다.

❷ …의 …을.

> contrainte *par* corps (민사상의) 신병구속. attraper un poisson *par* les ouïes 물고기의 아가미를 잡다.　attraper qn *par* la peau du cou[du dos, du cul, des fesses] 《**구어**》 (달아나는) …을 간신히 붙잡다.　couper le mal *par* la racine 악을 근절하다.　crocher[crocheter] qn *par* le bras …의 팔을 끼다.　happer qn *par* le bras …의 팔을 붙잡다.　prendre[empoigner, saisir] qn *par* le bras …의 팔을 잡다.　prendre qn *par* le collet …의 덜미를 잡다.　prendre qc *par* le manche …의 자루를 잡다.　prendre[saisir] qn *par* la nuque …의 목덜미를 잡다.　prendre[saisir] qn *par* la taille[le milieu de corps] …의 허리를 잡다.　se prendre *par* les oreilles 서로 드잡이하다.　retenir qn *par* le bras …의 팔을 잡다; 제지하다, 말리다.　saisir un cheval *par* la bride 말의 고삐를 붙잡다.　saisir le cheval *par* les crins 말의 갈기를 잡다.　saisir une marmite *par* l'anse 남비의 손잡이를 잡다.　tenir qc *par* la mache …의 손잡이를 잡다.　tenir qn *par* la main …의 손을 잡다.　tirailler qn *par* le bras[la manche] …의 팔을[옷소매를] 자꾸 잡아끌다.　tirer qn *par* la manche …의 소매를 잡아당기다; 《**비유**》 …의 주의를 끌다.　tirer un enfant *par* la main 아이를 손을 잡아끌다.

· Ils se sont pris *par* le bras.　그들은 서로 팔을 잡았다.
· Cela se prend *par* le milieu.　그것은 중간을 잡아야 한다.
· Les deux amoureux se prenaient *par* la main.　사랑하는 두 사람은 손을 맞잡고 있었다.
· Il la tenait *par* le cou, elle essayait de se libérer.　그가 그녀의 목을 쥐어 그녀는 벗어나려 애썼다.

❸

explication tirée *par* les cheveux 억지 설명. brider son âne[cheval] *par* la queue 《옛》 일의 순서를 뒤바꾸다. 일을 거꾸로[서투르게] 처리하다. échorcher l'anguille *par* la queue 일의 순서를 거꾸로 하다. brûler la chandelle *par* les deux bouts 재산을 낭비하다; 무리하게 체력을 소모하다. manger les pissenlits *par* la racine 《구어》 죽다(=être mort). prendre *qn* *par* son côté faible …의 약점을 잡다. prendre le taureau *par* les cornes 어려움[난관]에 정면으로 대응하다. prendre *qn* *par* son faible …의 약점을 찌르다. saisir l'occasion *par* les cheveux 기회를 재빨리 잡다, 호기를 놓치지 않다.

7) 맹세·선서 : …을 걸고, …의 이름으로.

par ma foi 명예를 걸고, 맹세코. *par* tous les dieux 천지신명께 맹세코. jurer *par* le ciel 하늘을 두고 맹세하다. jurer *par* le sang de *qn* …의 생명을 걸고 맹세하다. ne jurer (plus) que *par* *qn*/*qc* …을 맹목적으로 믿다[따르다].

· Elle ne jure plus que *par* lui. 그녀는 그 사람만 떠받든다.

8) 관점·시각

à considérer la chose *par* cet endroit 일을 이러한 측면에서 고찰해 보면. examiner un problème *par* les deux bouts[*par* tous les bouts] 두 가지 측면에서[모든 각도에서] 문제를 검토하다. se faire voir *par* son bel endroit 좋은 면만을 보여주다. prendre *qc* *par* le bon bout …을 능숙하게 처리하다. prendre une chose *par* le bon côté 긍정적[낙관적]으로 보다, 좋은 쪽으로 생각하다. voir *qc* *par* les yeux de *qn* …을 …의 시각[견지]에서 보다.

· *Par* certains côtés, cette proposition est intéressante. 몇 가지 점에 있어서 이 제안은 흥미롭다.
· *Par* quel biais le prendre? 그것을 어떤 관점에서 볼 것인가?
· C'est *par* ce biais qu'il faut adorder le problème. 이런 각도에서 그 문제에 접근해야 한다.

3. 동작주

1) 능동형과 함께

apprendre la nouvelle *par* un ami 소식을 친구로부터 듣다. comparaître *par* avoué 변호사가 대리로 출정하다.

· C'est *par* Paul que je les ai connus. 나는 폴의 소개로 그들을 알게 되었다.
· C'est *par* mon voisin que j'ai su qu'elle voulait partir en France. 나는 이웃을 통해 그녀가 프랑스로 떠나고자 한다는 것을 알았다.
· Les réfugiés reçoivent du courrier *par* des amis. 피난민들은 친구들을 통해 편지를 받고 있다.

2) 명사의 보어

absorption d'une entreprise *par* une multinationale 다국적기업에 의한 기업 합병.　acceptation *d'un* cadeau *par qn* …에 의한 선물 수령.　annexion de l'Autriche *par* l'Allemagne en 1938 1938년 독일에 의한 오스트리아의 합병.　annulation de la dette des pays en voie de développement *par* les pays riches 개발도상국이 선진국에 진 부채의 탕감.　appréciation du tableau *par* un expert 전문가에 의한 그림의 감정.　assignation de parts *par* le testateur 유언자에 의한 상속 재산의 할당.　assujettissement de la Grèce *par* les Romains 로마인의 그리스 정복[지배].　bouclage d'un quartier *par* la police 경찰에 의한 한 구역의 봉쇄.　choix d'un député *par* les électeurs 유권자에 의한 국회의원 선출.　confiscation *par* l'État des profits illicites 국가에 의한 부당이득의 몰수.　conquête de l'espace *par* les astronautes 우주비행들에 의한 우주정복.　cuisson du pain *par* le boulanger 빵장수가 빵을 굽는 것.　découverte *par* Fleming de la pénicilline 플레밍에 의한 페니실린의 발견.　détermination d'un acte humain *par* le milieu 환경에 의한 인간 행위의 결정[규정].　distribution de courrier *par* le facteur 우체부의 우편물 배달.　énoncé des pricipes *par* le premier ministre 수상의 방침 표명.　envahissement d'un pays *par* une armée ennemie 어떤 나라를 적의 군대가 침공하는 것.　estimation d'une oeuvre d'art *par* un expert 전문가에 의한 예술작품의 가격 평가.　évangélisation de la Chine *par* les jésuites 예수회의 중국 포교.　exploitation de l'homme *par* l'homme 인간에 의한 인간의 착취.　gestion des biens de la communauté *par* le maire 시장에 의한 시 재산의 관리.　improvisation d'un discours *par* un orateur 연설가의 즉석연설.　interprétation des lois *par* la Cour de cassation 파기원의 법률 해석.　intoxication *par* l'oxyde de carbone 일산화탄소 중독.　invasion du Koweit *par* l'Irak 이라크의 쿠웨이트 침공.　oppression du faible *par* le fort 강자에 의해 약자가 받는 억압.　son portrait *par* Gogh 고흐에 의한 그의 초상화.　prescription de manuels *par* les enseignants 교사에 의한 개론서의 추천.　preuve *par* témoins 증언.　prévision du temps *par* la météorologie 기상학에 의한 일기예보.　prise de deux kilos d'héroïne *par* la police 경찰에 의한 헤로인 2킬로그램 압수.　raccrochage des passants *par* un camelot 행상의 호객행위.　rachat des péchés *par* le Christ 그리스도에 의한 속죄.　représentation du mandant *par* le mandataire 대리인에 의한 위임자의 대리.　saisie *par* créancier 채권자에 의한 차압.　transmission du virus du sida *par* les séropositifs 에이즈 바이러스 보균자에 의한 전염.　utilisation des résidus *par* l'industrie 폐기물의 공업적 이용.　se présenter comme envoyé *par* le président 의장이 보내서 온 사람이라고 자기를 소개하다.

· Les hôpitaux donnent la mesure du niveau de vie atteint *par* une société.　병원은 한 사회의 생활수준의 척도가 된다.

3) 형용사의 보어

avion indetectable *par* les radars 레이더에 잡히지 않는 비행기.　métal inattaquable *par* l'acide 내산성 (耐酸性) 금속.　produits confiscables *par* la douane 세관에 의해 몰수되는 제품.　substances inassimilables *par* l'organisme 유기체가 흡수할 수 없는 물질.　texte compréhensible *par* les enfants 아이들이 이해할 수 있는 텍스트.

· Ce texte n'est lisible que *par* des spécialistes.　이 텍스트는 전문가들만이 이해할 수 있다.

- Ce morceau n'est interprétable que *par* un excellent pianiste. 이 작품은 훌륭한 피아니스트에 의해서만 연주가 가능하다.
- C'est une situation qui ne sera pas supportable *par* les pays de la zone euro. 그것은 유로화 사용지역 국가들에게는 용인할 수 없는 상황일 것이다.

4) 수동 과거분사와 함께

soutenu *par* son parti 당으로부터 지원을 받은. action centrifuge exercée *par* des nationalités minoritaires 소수 민족들이 벌이는 분리 독립 운동. arbres déracinés *par* la tempête 폭풍우로 뿌리가 뽑힌 나무들. carrosserie mangée *par* la rouille 녹이 슨 차체. centre audiovisuel subventionné *par* l'État et ouvert à tous 국가보조를 얻어 일반인에게 개방되는 시청각센터. corps qui est appelé *par* une force 어떤 힘에 의해 끌린 물체. dégâts causés *par* un accident 사고로 인한 피해. enseignement assisté *par* l'ordinateur(=E.A.O.) 컴퓨터 지원 학습. fer attaqué[rongé] *par* la rouille 녹슨 쇠. film produit *par* une grande société de production américaine 미국의 대형 영화제작사가 만든 영화. la même scène traitée tour à tour *par* Vinci, Michel-Ange et Corrège 다빈치, 미켈란젤로, 코레쥬가 차례로 다룬 똑같은 장면. meuble rongé *par* les vers 벌레들이 갉아 먹은 가구. pays défendu *par* les alliés 연합국에 의해 지켜진 국가. pays menacé *par* un puissant voisin 군사력이 강한 이웃 나라로부터 위협받고 있는 나라. piéton renversé *par* une voiture 자동차에 치어 넘어진 보행인. région menacée *par* une inondation 홍수 위험지역. résolutions prises *par* le congrès d'un parti 전당 대회 결의안. secret découvert *par* un bavard 수다쟁이에 의해 밝혀진 비밀. supplices infligés *par* l'Inquisition 종교재판소에 의해 부과된 형벌. théorie qui se trouve vérifiée *par* qn …에 의해 옳다는 것이 입증된 이론. traîneau tiré *par* des chiens 개가 끄는 눈썰매. traitement ordonné[prescrit] *par* le médecin 의사가 지시[처방]한 치료. veillard assisté *par* une infirmière 간호원의 도움을 받는 노인. visage bruni *par* le hâle 볕에 그을린 얼굴. être appointé *par* qn/qc …에게서 봉급을 받다. être arrêté[saisi] *par* des agents 경관에게 붙잡히다. être assailli *par* l'ennemi 적에게 공격을 받다. être assiégé *par* des créanciers 빚쟁이 때문에 괴로워하다. être attaqué *par* deux loubards 두 명의 불량배에게 얻어맞다. être entraîné *par* le courant 물 흐름에 이끌려가다. être gagé *par* qn …에 의해 고용되다. être renversé *par* le camion 트럭에 치이다. être requis *par* un policier de payer une amende 경찰관으로부터 벌금 지불의 명령을 받다. être saisi *par* une curiosité violente 강한 호기심에 사로잡히다. être submergé *par* la foule 군중 속에 묻혀버리다. être traqué *par* la police 경찰에 쫓기다.

- Une mode est abolie *par* une plus nouvelle. 유행이 더 새로운 유행에 의해 사라졌다.
- Le chanteur, accompagné *par* Mme Dubois, ravit l'auditoire dès le début. 뒤부아 부인의 반주로 노래한 그 가수는 처음부터 관중을 매료했다.
- Elle avait été très vite adoptée *par* ce monde de savants. 그 여자는 곧바로 그 학자들 모임에 받아들여졌다.
- J'ai été alléché *par* cette offre. 나는 그 제안에 귀가 솔깃해졌다.
- Le coupable a été appréhendé *par* la police. 범인이 경찰에 의해 체포되었다.
- Il se sentait approuvé *par* tous ses amis. 그는 모든 자기 친구들로부터 지지를 받고 있다고 느꼈다.
- Il est couvert *par* son ministre. 그는 장관이 돌보아주고 있다.

- Il est détesté *par* tout de monde.   그는 모든 사람의 미움을 받고 있다.
- J'ai été frappé *par* la singularité de son comportement.   나는 그의 기이한 행동에 놀랐었다.
- Je suis invité *par* M. Legrand.   나는 르그랑 씨의 초대를 받았다.
- La mine est paralysée *par* une grève.   광산은 파업으로 조업정지 상태이다.
- Tout son corps était parcouru *par* une vibration.   전율이 그의 전신을 스쳐 지나갔다.
- La fièvre jaune est provoquée *par* un arbovirus.   황열은 아르보바이러스가 유발한다.
- Les accusés ont le droit d'être représentés *par* des avocats.   피고인은 변호사에게 대리시킬 수 있는 권리가 있다.
- Il est saisi *par* un prurit de gloire.   그는 강한 명예욕에 사로잡혀 있다.
- On n'est jamais si bien servi que *par* soi-même. 《격언》 스스로 하는 것이 가장 좋다.
- Quantité de maisons près du port ont été soufflées *par* les explosions.   폭발로 인해 항구 근처의 많은 집들이 파괴되었다.
- Tout le monde est touché *par* ces mesures.   모든 사람들이 이 조치에 충격을 받았다.
- On n'est jamais trahi que *par* les siens.   믿는 도끼에 발등 찍힌다.

⇒ de

5) 사역 · 지각동사 구문

faire bâtir[construire] une maison *par* un architecte 건축가에게 집을 짓게 하다.   faire évaluer un tableau *par* un expert 전문가에게 그림을 감정시키다.   se faire assister *par* qn …의 보좌를 받다.   se faire exploiter *par* qn …에게 이용당하다.   se faire haïr *par* ses subordonnés 부하들의 미움을 사다.   se faire examiner *par* un spécialiste 전문의에게 진찰을 받다.   se faire piquer *par* un serpent 뱀에게 물리다.   se faire sponsoriser *par* un industriel 어떤 기업인의 후원을 받다.   se laisser accaparer *par* son travail 자기 일에 몰두하다.   se laisser emporter *par* la passion 흥분[격노]하다.   se laisser influencer *par* la publicité 광고에 의해 영향을 받다.   se laisser subjuguer *par* une femme 여자에 쥐여 끌려 다니다.   se laisser surprendre *par* une averse 갑작스레 소낙비를 맞다.   entendre chanter une chanson *par* son frère 동생이 노래 부르는 것을 듣다.

- Elle s'est fait aborder *par* un inconnu.   낯선 사람이 그녀에게 말을 걸어왔다.
- Ce ministre s'est fait acheter *par* une grande compagnie.   그 장관은 대기업에 매수당했다.
- Il s'est fait agrafer *par* les flics.   그는 경찰에게 체포되었다.
- Il se fait lire la lettre *par* sa femme.   그는 아내에게 편지를 읽게 한다.
- Les élèves qui trichaient se sont fait repérer *par* le maître.   부정행위를 하고 있는 학생들이 선생의 눈에 띄었다.
- Le ministre s'est fait représenter à la cérémonie *par* son chef de cabinet.   장관은 기념식에 그의 비서실장을 대리로 출석시켰다.
- Il s'est laissé attraper *par* la police.   그는 경찰에 잡혔다.
- J'ai entendu dire cela *par* mon voisin.   나는 이웃사람이 그렇게 말하는 것을 들었다.

4. 동기

par acquit de conscience 꺼림칙하지 않도록.　*par* amitié 우정으로[에서].　*par* amour 사랑해서, 좋아해서.
par bienséance 예의상.　*par* bienveillance 호의로.　*par* bravade 허세로.　*par* compassion 동정심에서.
par considération pour *qn* …을 고려하여.　*par* convenance 예의상, 체면을 생각해서.　*par* coquetterie
멋지게 보이려고.　*par* crainte des représailles 보복을 두려워하여.　*par* facétie 농담[장난]으로.　*par*
mesure de sûreté 안전을 위한 조처로, 안전을 기하기 위해.　*par* pure ostentation 순전히 허영[자만심]으로
par souci d'élégance 우아하게 보이려고　*par* souci d'exactitude 정확성을 기하기 위해.　*par* souci
d'honnêteté 정직성을 배려하여.　*par* (souci d')hygiène 위생을 생각하여, 건강을 위해.　*par* vanité 자만[허
영]심에서.　plus *par* conscience que *par* politique 정략에 의해서라기보다 양심에 의해.　médisance faite
par malignité 악의로 행해진 비방.　agir *par* calcul 타산적으로 행동하다.　agir *par* caprice 기분에 따라
행동하다.　agir *par* devoir 의무감에 의해 행동하다.　agir *par* intérêt 이해관계에 의해 행동하다.　agir
par méchanceté 악의로 행동하다.　agir *par* (esprit de) vengeance 복수심에서 행동하다.　agir *par* pure
malice 순전히 악의로 행동하다.　céder *par* lassitude 싫증나서 양보하다.　dessiner *par* distraction 심심풀
이로 그림을 그리다.　se détourner *par* discrétion 조심하느라 시선을 돌리다.　dire *qc par* amusement
농담삼아 …을 말하다.　dire[faire] *qc par* politesse 예의상 …이라고 말하다[…을 하다].　dissimuler sa
jalousie *par* orgueil 자존심 때문에 질투를 숨기다.　donner *qc par* aumône …을 동냥으로 주다.　écouter
aux portes *par* une simple curiosité 단순한 호기심으로 엿듣다.　épouser *qn par* amour[intérêt] …와 사랑
해서[타산적으로] 결혼하다.　étaler ses richesses *par* pure gloriole 순전히 허영심으로 재산을 과시하다.
faire *qc par* (pure) cérémonie 의례상 …을 하다.　faire *qc par* complaisance 호의로 …을 하다.　faire
qc par désoeuvrement 시간 보내기 위해 …을 하다.　faire *qc par* goût 취미로[좋아서]…을 하다.　faire
qc par mortification 고행으로 …을 하다.　faire *qc par* pitié 가련해서 …을 해주다.　faire une grimace
à *qn par* dérision …을 놀리려고 얼굴을 찡그리다.　faire *qch par* jeu 재미로 …을 하다.　faire des
provisions *par* crainte de la pénurie 결핍을 염려하여 식량을 비축하다.　se faire vacciner contre la grippe
par (mesure de) prudence 신중을 기하기 위해 감기 예방접종을 받다.　manger *par* compensation 먹는
것으로 스트레스를 해소하다.　mentir *par* plaisir 장난삼아 거짓말을 하다.　pratiquer un sport *par*
dilettantisme 취미 삼아서 운동을 하다.　se taire *par* délicatesse 조심스럽게 침묵을 지키다.

- *Par* pitié, laissez-moi tranquille.　제발, 나 좀 내버려 두세요.
- Il agit ainsi *par* haine de sa belle-mère.　그는 의붓어머니에 대한 반감으로 그렇게 행동한다.
- Ils ne chauffent pas, *par* économie.　돈을 아끼려고 그들은 난방을 하지 않는다.
- Elle a mal pris ce qu'il a dit *par* plaisanterie.　그녀는 그가 농담으로 말한 것을 나쁘게 받아들였다.
- Je lui ai dit cela, *par* façon de plaisanter.　나는 그에게 그것을 농담 삼아 말했다.
- Il faut le faire, sinon pour le plaisir, du moins *par* devoir.　그걸 좋아서는 아닐지라도 적어도 의무감
때문에서라도 해야 한다.
- Si je l'ai fait, c'est *par* égard pour vous.　내가 그것을 한 것은 당신을 존경하기 때문이오.
- Les trahisons sont toujours motivées *par* l'intérêt et l'ambition.　반역의 동기는 언제나 탐욕과 야망이다.

5. 원인·이유·근거

1) ❶

par la force des choses 사태의 추이에 의해, 어쩔 수 없이. *par* une ironie du sort 운명의 장난으로. *par* la volonté d'un seul 단 한 사람의 뜻에 따라서. à en juger *par* son attitude 그의 태도로 판단하면. abruti *par* l'alcool 만취상태의. abruti[fatigué] *par* le bruit[tumulte] 소음[소란] 때문에 얼이 빠진, 멍한. accablé *par* la douleur 괴로움에 시달린. épuisé *par* une longue marche 오래 걸어 기진맥진한. figé *par* la peur 무서움에 꼼짝 못하는. irrité *par* l'attitude de *qn* …의 태도에 화가 나 있는. arborisations produites *par* le gel sur les vitres 유리창에 얼어붙은 성에. article admirable *par* la qualité 품질이 뛰어난 물건. banqueroute simple liquidée *par* un concordat 강제 화의에 의해 청산된 파산. bruit étouffé *par* l'éloignement 먼 거리로 인해 들리지 않게 된 소리. mon coeur brisé *par* un abandon si cruel 그토록 잔인한 저버림으로 상처받은 내 마음. économie ravagée *par* la guerre civile 내란으로 황폐한 경제. économie saignée à blanc *par* la crise 경제위기로 인해 피폐화된 경제. édifice gâté *par* des ajouts 증축하여 미관을 망친 건축물. fruits gâtés *par* l'humidité 습기로 인해 상한 과일. enfant décourageant *par* son inertie 무기력해서 가르칠 마음이 나지 않게 하는 학생. famille cahotée *par* la guerre 전쟁으로 고난을 겪은 가족. femme irrésistible *par* sa beauté 홀딱 반하게 되는 아름다운 여자. femme remarquable *par* sa beauté 미모로 사람의 눈을 끄는 여인. fichier altéré *par* un arrêt de système 시스템 다운으로 손상된 파일. gaucherie commise *par* l'ignorance 무지로 빚어진 실수. gouvernement qui sort de la légalité *par* un excès de pouvoir 합법성을 벗어나는 정부. homme diminué *par* l'âge 나이가 들어 쇠약해진 사람. légumes dévitaminés *par* la cuisson 열처리로 비타민이 상실된 야채. lésion produite *par* un coup 충격으로 인한 타박상. les mains rougies *par* les engelures 동상으로 붉어진 손. mode qui plaît *par* sa nouveauté 색다름으로 인기를 얻고 있는 유행. oeuvre qui vaut surtout *par* son originalité 특히 그 독창성에 의해 가치를 지닌 작품. papier moisi *par* l'humidité 습기로 인해 곰팡 슨 종이. parquet qui se bombe *par* l'humidité 습기에 의해 휘는 마루판. des pas appesantis *par* la tristesse 슬픔으로 무거워진 발걸음. peinture abîmée *par* la pluie 비를 맞아 손상된 그림. personne connue *par* son talent 재능이 있는 것으로 알려진 사람. raisonnement vicié *par* des données fausses 그릇된 자료로 인해 잘못된 추론. région fameuse *par* ses crus 특산 포도주로 이름 높은 지방. rivière polluée *par* des agents chimiques 화학 물질에 의해 오염된 하천. rumeur grossie *par* les affabulations 구구한 억측으로 불어난 소문. travaillé *par* la maladie 병마에 시달리는. tribu qui se différencie des autres *par* ses moeurs 풍속에 의해 다른 부족들과 구별되는 부족. visage contracté *par* la douleur 고통으로 일그러진 얼굴. visage défait *par* la maladie 병환으로 수척해진 얼굴. avoir la gorge serrée *par* l'angoisse 괴로워서 목이 메이다. caler son moteur *par* une fausse manoeuvre 조작을 잘못하여 엔진을 꺼뜨리다. se déconsidérer auprès de tous *par* une mauvaise conduite 좋지 않은 행동으로 모든 사람에게 신용[신망]을 잃다. se décrier *par* sa mauvaise conduite 좋지 않은 행동으로 비난받다. délabrer sa santé *par* des excès 무절제한 생활로 건강을 해치다. se diminuer *par* une conduite malhonnête 정직하지 못한 행동으로 평판이 떨어지다. se distinguer *par* leur couleur 색깔로 구별되다. s'endetter *par* des achats 물건을 사느라고 빚지다. enliser sa voiture dans un champ *par* une fausse manoeuvre 운전 실수로 차를 밭에 처박다. s'éterniser *par* une découverte remarquable 주목할 만한 발견으로 이름을 영원히 남기다. être célèbre *par* ses actions 행실로

유명하다. être cloué au lit *par* la maladie 병 때문에 침대에 꼼짝없이 누워 있다. être convulsé *par* la douleur 고통으로 경련이 일다. être démoralisé *par* une échec à l'examen 시험의 실패로 의기소침해지다. être handicapé *par* son accident 사고로 장애자가 되다. être humiliant *par* son échec 실패로 굴욕감을 느끼다. être paralysé *par* la terreur 무서워서 꼼짝도 못하다. être rongé *par* la maladie 병으로 수척해지다. se frustrer *par* sa propre faute d'un grand plaisir 자신의 잘못으로 큰 기쁨을 상실하다. offusquer *qn par* ses plaisanteries 농담으로 …의 기분을 상하게 하다. se retremper *par* l'adversité 시련을 통해서 강해지다. se sentir humilié *par* l'attitude de *qn* …의 태도에 굴욕을 느끼다. se soulager *par* l'aveu de sa faute 자신의 잘못을 고백함으로써 마음이 가벼워지다[양심의 가책으로부터 해방되다].

- *Par* son comportement, il représente bien la classe moyenne. 그의 처신으로 보아 그는 전형적인 중산계급이다.

- *Par* quelle fatalité en est-il arrivé là? 무슨 운명의 장난으로 그 지경이 된 것일까요?

- Je suis agité tout entier *par* la curiosité. 나는 온통 호기심에 사로잡혀 어쩔 줄을 모른다.

- Le pays est anémié *par* le ralentissement de l'activité économique. 그 나라는 경제 활동 부진으로 피폐해졌다.

- Elle était atterrée *par* cette nouvelle. 그 여자는 그 소식을 듣고 심한 충격을 받았었다.

- Il avance ses jours *par* les excès. 그는 방탕으로 자기 생명을 단축시킨다.

- On est bloqué plusieurs heures sur la route *par* un accident. 사고로 도로 위에서 몇 시간 동안 꼼짝 못했다.

- Il brillait *par* son absence. 《비꼼》 그가 없는 것이 눈에 띄었다.

- Elle a été choqué *par* son attitude. 그 여자는 그의 태도에 감정이 상했다.

- Je suis très contrarié *par* ce contretemps. 나는 이 뜻하지 않은 사고로 아주 난처하게 되었다.

- Elle s'est desservie *par* sa franchise. 그 여자는 솔직했기 때문에 피해를 입었다.

- Il s'est dévalorisé *par* cette action. 이번 행동으로 그는 신용을 잃었다.

- Il s'est enrichi très vite, comme *par* l'opération du Saint-Esprit. 그는 기적처럼 벼락부자가 되었다.

- Cet enfant m'étonne *par* sa bêtise. 그 아이의 어리석은 짓으로 나는 흠칫하곤 한다.

- Il est des choses qui, *par* leur nature, ne sont pas appropriables. 그 성질상 자기 것으로 할 수 없는 것들이 있다.

- Elle était malheureuse *par* la faute du mari. 그 여자는 남편 때문에 불행했다.

- La figure était gâtée *par* un trop gros nez. 지나치게 큰 코가 얼굴을 망치고 있었다.

- Il m'horripile *par* sa lenteur. 그가 굼떠서 신경에 거슬린다.

- Il indispose tout le monde *par* son orgueil. 그는 거만해서 모든 사람들의 반감을 사고 있다.

- Il ne faut pas juger de l'arbre *par* l'écorce. 《속담》 겉만 보고 판단하지 말라.

- Il est immobilisé *par* une grippe. 그는 감기 때문에 몸져누웠다.

- J'étais licencié *par* une mesure de réduction du personnel. 나는 인원감축 조치로 해고되었다.

- Il est mort *par* l'asphyxie. 그는 질식사했다.

- Je suis outré *par* son ingratitude. 나는 그의 배은망덕에 화가 난다.

· Elle plaisait *par* son air d'abandon.　그녀는 자연스런 태도로 호감을 샀다.

· Il s'est ruiné *par* ses prodigalités.　그는 낭비로 인해 파산했다.

· Nous étions suffoqués *par* cette chaleur humide.　우리는 그 같은 더위로 인해 숨이 막힐 지경이었다.

· Il a trahi son secret *par* son bavardage.　그는 수다를 떨다가 자신의 비밀을 드러내고 말았다.

❷ · Il est timide et *par* là[*par* le fait même] peu sociable.　그는 소심하고, 그로 인해 아주 사교적이지 못하다.

❸ 명사의 보어

> abattis de maisons *par* le tremblement de terre 지진으로 무너진 집더미.　contamination de l'eau *par* des produits chimiques 화학물질에 의한 수질오염.　corrosion *par* un acide 산에 의한 부식. perversion du goût *par* l'abus d'alcools 과음으로 인한 이상 미각.　répercussion d'un son *par* l'écho 메아리에 의한 소리의 반향.　solidification d'un corps *par* le froid 한기에 의한 응결.

2) [par + 무관사명사]

❶

> *par* frousse 겁이 나서.　*par* inattention 부주의하여.　*par* mégard 부주의로, 실수로(=involontairement). *par* oubli 깜박 잊고.　*par* ouï-dire 소문으로, 들리는 바에 의하면.　erreur commise *par* ignorance 무지에서 비롯된 잘못.　　fautes qui se commettent *par* étourderie 덤벙대다 저지른 잘못. montagnes formées *par* plissement 습곡산맥.　lante qui se flétrit *par* manque d'eau 물이 부족해 말라죽는 식물.　pointe devenue mousse *par* usure 닳아서 무뎌진 끝.　sottise commise *par* irréflexion 몰지각해서 저지른 바보짓.　syllabe longue *par* position (그리스·라틴 운율법의) 위 치에 의한 장음절.　visage bouleversé *par* angoisse 고뇌로 일그러진 얼굴.　abandonner *par* découragement 낙담하여 포기하다.　agir *par* démagogie 선동에 의해 행동하다. baisser les yeux *par* timidité[honte] 부끄러워[창피하여] 시선을 떨구다.　blesser *qn par* maladresse 사려 없이 … 의 기분을 상하게 하다.　cacher son chagrin *par* pudeur 부끄러워 마음의 괴로움을 좀처럼 드러내 지 않다.　rougir *par* pudeur 부끄러워 얼굴이 붉어지다.　commettre un homicide *par* imprudence 과실치사를 범하다.　se détourner de sa route *par* erreur 잘못해서 옆길로 빗겨나다.　échouer *par* paresse 게을러서 실패하다.　enlever un point *par* faute 실수로 1점을 깎다.　être[rester] cloué sur place *par* peur 공포 때문에 꼼짝달싹 못하다.　se laisser conduire[entraîner, mener] *par* faiblesse 마음이 약해 남하는 대로 끌려가나.　mettre en valeur *par* contraste 대조를 통해 강조하다.　oublier *qc par* distraction 부주의로 …을 잊어버리다.　oublier *qc par* inadvertance 부주의하여 …을 잊다.　oublier un rendez-vous *par* négligence 부주의하여 약속을 잊다.　passer un mot[une ligne] *par* mégarde 부주의로 한 단어[줄]를 빠뜨리다.　pécher *par* ignorance 무지로 인해 과오를 범하다.　pécher *par* orgueil 오만의 죄를 짓다.　surexposer un cliché *par* erreur de mise au point. 잘못 조작하여 필름을 과도하게 노출시키다.

· J'ai accepté *par* nécessité plus que *par* choix.　선택에 의해서라기보다는 부득이해서 수락했다.

· Ce colis vous a été envoyé *par* erreur.　이 소포는 착오로 당신에게 송달된 것입니다.

· La plupart des choses ne sont bonnes ou mauvaises que *par* comparaison.　대부분의 사물은 오직 비교에 의해서만 좋거나 나쁠 뿐이다.

❷

par tempérament 기질적으로, 선천적으로.　être travailleur *par* (sa) nature 천성적으로 근면하다.

· Ils aiment le jardinage *par* atavisme.　그들은 유전적으로 정원 가꾸기를 좋아한다.

❸ [par suite de + 명사]

déroutement *par* suite d'une avarie 손상으로 인한 항로 변경.

· *Par* suite de la hausse du prix du pétrole, le prix de l'essence a augmenté.　원유가의 상승으로 결국 휘발유 값이 인상되었다.
· Ce pays s'affaissa *par* suite d'une guerre civile.　그 나라는 내전이 일어나 무너졌다.

❹ 명사의 보어

asphyxie *par* submersion[strangulation, absorption de gaz irrespirables] 익사[교살, 유독 가스 흡입]에 의한 질식.　cristallisation *par* sublimation 승화에 의한 결정.　définition *par* extension [énumération] 외연적인[매거법에 의한] 정의.　différenciation *par* cristallisation 결정분화작용. étouffement *par* noyade 익사(溺死).　gaspillage *par* manque de soin ou d'attention 태만 또는 부주의로 인한 손실.　généralisation d'un cancer *par* métastases 전이(轉移)에 의한 암의 확산. maladie causée *par* suralimentation 영양과다로 인한 질병.　maladie *par* carence 결핍증.　mariage *par* enlèvement 납치 결혼.　mort *par* accident 사고에 의한 사망.　mort *par* asphyxie [électrocution] 질식[감전]사.　mort *par* overdose 마약 과용으로 인한 사망자.　mutation *par* décès 사망으로 인한 이전.　paresse *par* défaut de volonté 의지박약에 의한 무기력.　rupture *par* fatigue (자재·부품 따위의) 무리한 조작으로 인한 파열.　usure *par* frottement 마모. vacance *par* demissoin 사임으로 인한 공석.

3) 《옛》 [par *inf*]

se fatiguer *par* trop écrire 글을 너무 써서 피곤하다.

6. 양태

par bribes 단편적으로, 토막토막.　*par* dérogation *aux* articles 규정을 위반하여; 규정의 예외로.　*par* excellence 훌륭하게.　*par* gradation 서서히, 점진적으로(=graduellement).　*par* intermittence 불규칙하게, 간헐적으로, 발작적으로(=irrégulièrement).　*par* manière d'acquit 소홀하게, 되는 대로; 형식적으로.　*par* tradition 전통[관례]적으로.　agir *par* étourderie 경솔하게 행동하다.　agir *par* générosité 너그럽게 행동하다.

aller *par* sauts et *par* bonds 껑충껑충 뛰어서 가다.   n'aller que *par* sauts et *par* bonds 《비유》(글 · 이야기 따위가) 지리멸렬하게 전개되다.   aller *par* bande 떼를 지어가다.   attaquer *par* surprise 기습적으로[불시에] 공격하다.   avancer[progresser] *par* bonds 약진하다.   attaquer *par* bonds 파상적으로 공격하다.   parler de *qc par* dérision ···에 대해 조롱하듯이 말하다.   parler[rire] *par* saccades 헐떡거리며 말하다[웃다].   raconter *qc par* le menu ···을 상세히 이야기하다.   régler une dette *par* anticipation 빚을 미리 갚다.   répondre *par* des à-peu-près 적당히 대충 대답하다.   traiter *qn par* le mépris 멸시하는 태도로 ···을 대하다.   travailler *par* crises 갑자기 일에 열을 내다.   travailler *par* roulement 교대로 일하다.   venir[être donné] *par* surcroît   자연히[필연적으로] 딸려오다.

- La voiture avançait *par* saccades.   차가 덜컹거리며 나아갔다.
- Ce mot ne s'emploie aujourd'hui que *par* dénigrement.   이 단어는 요즈음 경멸적인 의미로밖에 사용되지 않는다.
- Elle a pris cet enfant *par* la douceur.   그녀는 그 아이를 부드럽게 다루었다.
- Le malade a[est] ressuscité *par* miracle.   환자는 기적적으로 목숨을 건졌다.
- J'ai su *par* le menu détail tout ce qui s'est passé.   나는 사건 전부를 소상하게 알았다.
- Il travaille *par* à-côtés.   그는 불규칙하게 공부한다.

7. 행위의 기점 · 종료 · 결과

1)

mot qui finit *par* -ou "-ou"로 끝나는 단어.   tentatives qui se soldent *par* un échec 실패로 끝난 시도.   commencer une séance *par* un discours 연설로 개회하다.   conclure *par* remerciement 사의를 표하는 것으로써 말을 맺다.   débuter *par* des excuses 변명하면서 이야기를 시작하다.   symphonie qui débuter *par* un allégro 알레그로로 시작되는 교향곡.   finir sa vie *par* un exploit 위업을 이루고 생을 마감하다.   ouvrir un cours *par* des généralités 개론으로 강의를 시작하다.   préluder *par* de vagues mélodies 은은한 멜로디로 연주를 시작하다.   terminer un procès *par* une transaction 소송을 취하하고 합의로서 종결짓다.

- *Par* où allez-vous commencer?   어디서부터 시작하시겠습니까?
- *Par* où débuter?   무엇부터 시작할까?
- Le Rhône s'achève *par* un énorme delta.   론강은 거대한 삼각주로 끝난다.
- Il commence *par* où il devrait finir.   그는 끝내야 할 곳에서 시작하고 있다.
- Charité bien ordonnée commence *par* soi-même.   《속담》 다른 사람 일을 생각하기 전에 우선 자기 자신부터 생각하라.
- Il commence sa journée *par* la lecture du journal.   그는 신문을 읽는 것으로 하루를 시작한다.
- Le spectacle a commencé *par* un ballet.   공연은 무용으로부터 시작되었다.
- On commence *par* ceci, on continue *par* cela.   우선 이것부터 시작하고 다음에는 저것을 계속하자.
- Il a conclu son discours *par* un appel à l'unité.   그는 단결을 호소하며 연설을 끝맺었다.
- Les négociations se sont conclues *par* un échec.   교섭은 실패로 끝났다.

- Tout finit *par* des chansons. 모든 것이 노래로 끝난다((프랑스인의 경박함을 가리킨 말)).
- Cette maladie se manifeste d'abord *par* l'apparition de rougeurs. 이 병은 먼저 붉은 반점으로 나타난다.
- Le récit s'ouvre *par* une longue description des lieux. 그 이야기는 장소에 관한 긴 묘사로 시작된다.
- C'est *par* la tête que le poisson pourrit. (사회 지도인사를 비난하며) 생선도 대가리부터 썩는다.
- Le budget de cette année se solde *par* un déficit de deux millions. 올 예산에서 2백만 유로의 결손이 났다.

2) [par *inf*]

> commencer *par* s'emporter 화부터 내다. débuter *par* s'excuser 변명하면서 이야기를 시작하다. finir *par* accepter 마침내 수락하다.

- Vous allez commencer *par* vous asseoir. 우선 자리에 앉으세요.
- Elle finira *par* se lasser de lui. 그 여자는 결국 그에게 싫증을 낼 것이다.
- Il a fini *par* accoucher d'un mauvais roman. 그는 마침내 형편없는 소설을 하나 써냈다.
- Il a fini *par* se radoucir. 그는 결국 기분이 누그러지고 말았다.
- Sa façon de conduire m'affole; il finira *par* avoir un accident. 운전하는 꼴 좀 봐. 불안해 죽겠어. 사고가 나고 말 거야.
- Supposez comment il a fini *par* se faire entendre. 그가 어떻게 사람들을 설득시켰는지 생각해 보세요.

8. 단위·분배·반복

1) 단위

> à raison de deux euros *par* le paquet 한 꾸러미에 2유로씩. audience *par* tranche horaire (텔레비전의) 시간대에 따른 시청률. coulomb *par* kilogramme 일 킬로그램의 공기에 부하된 전기량(의 단위)(《약》 C/kg). courant de 50 périodes *par* seconde 초당 50 헤르츠의 전파. deux fois *par* semaine 일주일에 두 번. pays qui produit dix millions de tonnes d'acier *par* an 연간 천만 톤의 철을 생산하는 국가. prix *par* mètre courant 미터당 가격. prix *par* personne 1인당 가격. quantité de travail que peut fournir une machine *par* unité de temps 한 대의 기계가 단위 시간당 제공하는 일의 양. revenu *par* habitant 주민 1인당 소득. vingt kilomètres *par* heure 시속 20 킬로미터. usine qui fabrique 2,000 unités *par* mois 매월 2천 개를 생산하는 공장. volt *par* mètre 미터당 볼트(V/m). ajouter dix grammes de sucre *par* 100 grammes de farine 100그램의 밀가루당 10그램의 설탕을 넣다. avoir vingt heures de cours *par* semaine 주당 20시간의 수업이 있다. faire trois repas *par* jour 하루에 세 끼 식사를 하다. gagner 1,000 euros *par* mois 한 달에 천 유로를 벌다. payer son loyer *par* trimestre 3개월마다 집세를 지불하다.

- Elle se change deux fois *par* jour. 그녀는 하루에 옷을 두 번 갈아입는다.
- Ça coûte vingt euros *par* tête. 1인당 20유로이다.
- Cette fontaine débite 5m^3 d'eau *par* seconde. 이 샘에서는 초당 5톤의 물이 나온다.

- Le prix du riz y est trois fois supérieur à celui du blé -1,61 dollar *par* kilo.　쌀값이 킬로그램당 1.61달러로 밀값보다 세 배 비싸다.
- Il gagne tant *par* an.　그는 매년 그만큼 번다.
- On répertorie 200 accidents *par* an dans cette profession.　이 직종에서 연간 200건의 사고가 발생한 것으로 열거되어 있다.

2) 배분 · 분류

❶
> *par* centaines 수백명씩; 대량[다량]으로.　*par* fournée(s) 무리지어, 집단적으로.　*par* paquets 무더기로, 떼를 지어.　*par* petites pesées 한 번에 조금씩.　*par* poignées 한 움큼 쥐어서; 《비유》 많이, 다량으로(=en abondance).　*par* portions égales 균등하게.　*par* troupes de dix 열 명씩 짝을 지어.　en rang *par* trois 세 명씩 열을 지어.　oignons qui pendent *par* grappes le long d'un mur 다발로 묶어 벽에 메달아 놓은 파.　acheter *qc par* douzaines …을 다스로 사다.　avancer *par* groupes 삼삼오오 짝을 지어 앞으로 나아가다. classer les animaux *par* genres et espèces 동물을 속(屬)과 종(種)으로 분류하다.　se grouper *par* petits paquets 작은 무리를 지어 모이다.　emballer des canettes de bière *par* dizaines 맥주병을 10개씩 포장하다.　se grouper *par* trois 세 명씩 무리를 지어 모이다.　partager une pomme *par* moitié 사과를 반으로 나누다.　payer le reste *par* mensualités 잔액을 월부로 지불하다.　placer des assiettes *par* groupes de deux 접시를 두 개씩 짝지어 놓다.　répartir les charges *par* (la) moitié 짐을 반씩 나누다.　vivre *par* troupes 군거하다.

- Les perdreaux vont *par* bandes.　자고새들이 떼 지어 간다.
- Dans la Basilique St-Pierre à Rome, il y avait des touristes *par* milliers.　로마의 성베드로 대성당에는 수천 명의 관광객이 있었다.
- Ça se compte *par* milliers.　그건 수천을 헤아린다.
- Sa fortune se chiffre *par* milliards.　그의 재산이 수십 억 유로에 이른다.
- Le Sénat est renouvelable *par* tiers tous les quatre ans.　상원은 4년 마다 3분의 1씩 개선(改選)된다.

❷ 명사의 보어

> classement *par* équipes 팀순위.　course *par* étapes 구간 경주.　distribution de choses *par* classes 사물의 등급별 분류.　groupement de mots *par* catégories 어휘를 범주별로 분류하기.　meuble *par* éléments qui se posent et s'enlèvent facilement 설치도 쉽고 걷기도 쉬운 유닛 가구.　publication d'un ouvrage *par* fascicules 작품의 낱권 출판.　travail *par* postes 교대 근무 노동.

3) [수사 + par + 수사]

> défiler deux *par* deux 2열종대로 행진하다.　monter les marches deux *par* deux 층계를 두 계단씩 올라가다.　partir trois *par* trois 세 사람씩 출발하다.

4) 비례

> équipe qui mène (*par*) deux à un 2대 1로 앞서고 있는 팀.　gagner *par* trois buts à zéro 3대 0으로 이기다.

- L'équipe a été battue *par* trois à zéro.　그 팀은 3대 0으로 졌다.
- Notre équipe l'a emporté *par* trois buts à un.　우리 팀이 3대 1로 이겼다.
- La France mène *par* trois buts à zéro.　프랑스가 3대 0으로 이기고 있다.

5)

> système procédant *par* soixante 60진법.　diviser dix *par* quatre 10을 4로 나누다.　multiplier *par* sept 7을 곱하다.　multiplier sept *par* trois 7에 3을 곱하다.

- Dans la division de 20 *par* 6, le quotient est 3 et le reste 2.　20 나누기 3은 몫이 3이고 나머지가 2이다.
- Dix-huit est divisible *par* trois.　18은 3으로 나누어진다.

6) 반복

❶

> *par* échapées 《문어》 잠깐잠깐, 문득문득.　*par* échelons 단계적으로.　*par* endroits 군데군데. *par* minute(s)[moments, instants] 때때로, 가끔.　terrain qui descend *par* étages 계단식으로 낮아지는 땅.　réforme *par* étapes 단계적인 개혁.　faire le chemin *par* étapes 길을 쉬지 않고 쉬어가며 가다.　s'avancer *par* degrés vers un but 목표를 향해 서서히 나아가다.　progresser *par* paliers 점진적으로 발전하다.　verser *qc par* gouttes …을 한방울 한방울 따르다.　voyager *par* petites étapes 하루하루의 여정이 짧은 여행을 하다.

- *Par* trois fois, il a crié ce nom.　그녀는 세 번씩이나 그의 이름을 외쳤다.
- Cette traduction accroche *par* endroits.　이 번역은 군데군데 매끄럽지 못한 데가 있다.
- Les fortes pluies ont affaissé la route *par* endroits.　세찬 비로 도로 곳곳이 내려앉았다.
- On entendait *par* intervalles clapoter l'eau.　이따금 물이 찰랑거리는 소리가 들리곤 했다.
- On commence à moissonner *par* places.　곳곳에서 수확을 시작한다.

❷ [명사 + par + 명사]

> étape *par* étape 점진적으로.　pierre *par* pierre 하나씩 하나씩; 《비유》 차츰(=progressivement). point *par* point 빠짐없이, 정확하게.　sou *par* sou 조금씩 조금씩(=petit à petit).　assauts vague *par* vague 파상 공격.　tir coup *par* coup 단발(單發)식 사격.

- J'ai lu cette traduction phrase *par* phrase.　나는 그 번역문을 한 문장 한 문장 읽어보았다.
- Il a suivi les consignes point *par* point.　그는 지시에 정확히 따랐다.

9. 시간 · 시기 · 날씨

1)

> *par* une belle après-midi d'automne 어느 화창한 가을날 오후에. *par* le froid qu'il fait 이렇게 추운 날에. *par* un beau jour de printemps 어느 화창한 봄날에. *par* une claire journée d'été 어느 화창한 여름날. *par* une froide journée d'hiver 추운 겨울날에. *par* un matin glaciale d'hiver 몹시 추운 어느 겨울날 아침에. *par* une belle nuit étoilée 별이 빛나는 아름다운 밤에. *par* le passé 과거에, 옛날에. *par* cette pluie 이렇게 비가 내리는 때에. *par* temps de brume 안개가 낀 날씨에. *par* le(s) temps qui cour(en)t 《구어》 요즘은, 현재에, 현재로서는. porter des snow-boots *par* temps de pluie 비오는 날에 덧장화를 신다. sortir *par* tous les temps 어떤 날씨에도 외출하다. voyager *par* la neige 눈이 오는데 여행을 하다.

· *Par* ces temps difficiles, il faut savoir économiser le pétrole. 이렇게 어려운 시기에는 기름을 아낄 줄 알아야 한다.

· On n'arrive pas à dormir *par* cette chaleur. 이러한 더위에서는 잠을 잘 수가 없다.

· Tout le monde est gai *par* ce beau dimanche de mai. 5월의 이렇게 좋은 일요일에는 모두가 즐거워한다.

· Il fait bon se promener *par* ce temps. 이런 날씨에 산책하는 것은 기분이 좋다.

· Personne ne sort *par* ce temps. 이런 날씨에는 아무도 외출하지 않는다.

2) · On a appris *par* la suite que cette invention avait une importance capitale. 그 후에 우리는 그 발명이 매우 중요하다는 것을 알게 되었다.

· Je vous répondrai *par* retour (de courrier). 편지를 받는 즉시 답장하겠습니다.

10. 부사구 형성

1) [par + 무관사명사]

> *par* contraire 반대로. *par* bricole 간접적으로, 에둘러서. *par* chance 다행히. *par* charretées 많이. *par* contraire 반대로. *par* contrecoup 여파로. *par* définition 정의상. *par* exemple 예를 들어. *par* fortune 《옛》 다행히; 우연히. *par* guet-apens 고의로. *par* habitude 습관에 의해서, 타성에 의해서. *par* le plus grand des hasards 전혀 뜻밖에, 예상외로. *par* malencontre 공교롭게, 불운하게. *par* malheur 불행히도, 불운하게도. *par* occasion 우연히, 어쩌다가. *par* parenthèse 여담으로 *par* prédilection 특히, 유달리 (좋아해서)(=de fréterence). *par* préférence à qn/qc …보다 오히려[우선]. *par* priorité 무엇보다도 먼저, 우선적으로, 제 1차적으로. *par* représailles 보복으로서. *par* surcroît 설상가상으로 *par* suite; *par* voie de conséquence 따라서. fonction exercée *par* intérim 대리 수행된 일. lieutenant commandant *par* intérim la compagnie 임시로 중대를 지휘하는 중위. apprendre[réciter] *par* coeur 암기[암송]하다. connaître qn/qc *par* coeur …을 속속들이 알다. dîner *par* coeur 《구어》 먹은 셈치다, 끼니를 거르다. approuver qc *par* avance …에 대해 다수결로 사전에 동의하다. faire qc *par* inclination 기꺼이 …하다. prendre *par* avance toutes les mesures 미리 모든 조처를 취하다.

· *Par* bonheur, on est arrivé avant la nuit. 다행히 어둡기 전에 도착했다.

- Aujourd'hui, *par* exception il est en retard.   그는 오늘 전례 없이 지각을 했다.
- Il aime la musique *par* excellence.   그는 특히 음악을 좋아한다.
- J'ai appris *par* hasard un secret.   나는 우연히 비밀을 알게 되었다.
- Il a échappé à la mort *par* miracle dans cet accident.   그는 그 사고에서 기적적으로 죽음을 모면했다.
- Il est *par* hypothèse opposé à notre proposition.   추측하건대 그는 우리의 제안에 반대하는 것 같다.
- Il n'est pas inscrit, *par* conséquent il n'a pas le droit de voter.   그는 등록되어 있지 않다. 따라서 투표권이 없다.
- J'ai refusé *par* correction.   나는 정중하게 거절했다.
- Le langage est *par* définition un moyen de communication.   언어는 본래 의사소통의 수단이다.

❷ [par mesure de + 명사]

> *par* mesure d'économie 절약할 목적으로.   *par* (mesure de) précaution 신중을 기하기 위해, 대비책으로

❸ [par soi-même]

> faire *qc par* soi-même ⋯을 혼자서 하다.

- Décidez *par* vous-même.   혼자서 결정하세요.
- Il a réussi *par* lui-même.   그는 자수성가한 사람이다.

2) [par + 부사(구)]

> *par* contre 그 반면에.   *par* ailleurs 다른 데[길]로; 한편으로 보면; 게다가, 더구나.   *par* trop 너무나도, 지나치게.   être *par* trop cruel 너무 잔인하다.

- C'est *par* trop injuste.   그것은 너무나도 부당하다.

3) [par + 형용사]

> *par* indivis 공유로, 공동으로.   si, *par* impossible, j'étais absent   만일에라도 내가 없으면.

11. [de par + 명사]

1) ⋯의 이름으로 ; ⋯에 따라[의해].

> de *par* le roi 왕의 이름으로.

- De *par* la loi, je vous arrête.   법에 의해 당신을 체포합니다.

2) ···에 의해, ··· 때문에.

> de *par* sa curiosité 호기심에 의해.

- De *par* ses fonctions, le Président a le droit de muer une peine capitale en prison à vie. 대통령은 직무상으로 사형을 무기징역으로 바꿀 수 있다.
- Il était, de *par* sa complexion, franc du service militaire. 그는 체질 때문에 병역을 면제받았다.

3) ···에 걸쳐.

> de *par* le monde 세계 도처에; 세상 어디엔가. vagabonder de *par* le monde 세계를 유랑하다.

- Il a de *par* le monde un cousin qui a fait une grande fortune. 그에게는 세상 어디엔가 거부가 된 사촌이 있다.

12. [par chez *qn*] : ···의 집을 거쳐; 《구어》 ···의 (집) 근처에.

- Je suis passé *par* chez son oncle. 삼촌 집에 들러왔다.
- Quel temps fait-il *par* chez vous? 댁이 계신 곳의 날씨는 어떻습니까?

⇒ delà

⇒ dedans

par(-)derrière

⇒ derrière

par(-)dessous

⇒ dessous

par(-)dessus

⇒ dessus

par(-)devant

⇒ devant

par(-)devers

⇒ devers

parmi

1. 셋 이상의 복수 · 집합명사와 함께

1) ❶ …중에(서), … 가운데, … 사이에(서).

> ces gens *parmi* lesquels elle a vécu 그녀가 그들 가운데서 살았던 사람들. maisons disséminées *parmi* les arbres 나무 사이에 산재해 있는 집들. choisir le représentant *parmi* plusieurs candidats 여러 후보들 중에서 대표자를 선출하다. distinguer sa femme *parmi* d'autres 다른 이들 사이에서 자기 아내를 알아보다. être *parmi* les trois premiers 선두 세 사람 중에 끼다. faire un tri *parmi* des candidats 지원자 중에서 선발하다. glisser un trait d'ironie *parmi* les éloges 찬사에 비꼬는 투를 집어넣다. se perdre *parmi* la foule 군중 사이로 사라지다. vivre *parmi* les livres 책 속에 묻혀 살다.

- *Parmi* ces livres il y en a un que j'ai acheté hier. 이 책 중에는 내가 어제 산 것도 있다.
- *Parmi* nous certains étaient d'accord, d'autres pas. 우리 중 어떤 사람들은 찬성했지만 또 다른 사람들은 그렇지 않았다.
- *Parmi* ces pièces d'argent, il en a faufilé une fausse. 《옛 · 비유》 그는 이 은화들 속에 가짜를 하나 교묘하게 섞어 놓았다.
- Il avait des accointances *parmi* les hommes du pouvoir, et jusque dans le monde de la police. 그는 권력자들과 교분이 있다 보니 경찰계통에까지 줄이 있었다.
- Il y a des blessés *parmi* les manifestants et les forces de l'ordre. 시위대와 진압대 모두에 부상자가 생겼다.
- La grippe gagne de proche en proche *parmi* les écoliers. 유행성 감기가 초등학생들 사이에 점점 번지고 있다.
- Elle se mêla *parmi* eux. 그녀는 그들 사이에 끼어들었다.
- Il est revenu *parmi* les siens. 그는 주변 사람들 곁으로 다시 돌아왔다.
- Ils vieillirent en paix *parmi* les leurs. 그들은 가족들과 함께 평화롭게 여생을 보냈다.

❷

> classer la baleine *parmi* les mammifères 고래를 포유류로 분류하다. classer *qn parmi* les grands écrivains …을 대작가 속에 넣다. se classer *parmi* les meilleurs 최상급으로 분류되다. compter *qn parmi* ses amis …을 친구로 치다.

- Il l'a admis *parmi* ses intimes. 그는 그 사람을 자기의 아주 친한 친구로 쳤다.
- Cet auteur compte *parmi* les plus grands. 이 작가는 가장 위대한 작가들 중의 한 사람이다.
- Je le compte[range] *parmi* mes ennemis. 나는 그를 적으로 간주한다.

· Un pompier figure *parmi* les victimes.　소방대원 한 명이 희생자 명단에 끼어 있다.

· Je mets Molière *parmi* les plus grands écrivains.　나는 몰리에르를 가장 위대한 작가의 한 사람으로 간주한다.

❸ · Il en est ainsi *parmi* les Français.　프랑스인들 사이에서는 그렇습니다.

❹ 최상급과 함께

· *Parmi* mes camarades, Jean est le plus intelligent.　내 동료들 중에 장이 가장 영리하다.

· *Parmi* nos amis, Paul est le premier à être venu nous aider.　우리 친구들 중에 폴이 제일 먼저 우리를 도와주러 왔다.

2) 명사의 보어

❶

âne *parmi* les singes 악한들 중의 바보, 사람들의 웃음거리; 지독한 고집불통.　un exemple *parmi* (tant) d'autres 많은 예들 중의 하나.　une femme *parmi* les assistants 청중들 가운데 한 사람의 여자.　inégalité *parmi* les hommes 인간의 불평등.

· Personne *parmi* les enfants n'a osé bouger.　아이들 중 아무도 움직이지 못했다.

· Plus d'une *parmi* elles sont sorties[est sortie] du monastère.　그 여자들 가운데 여럿이 수도원을 나갔다((plus d'un(e)이 주어가 될 경우 동사는 단수복수가 다 가능하나 상호적 의미일 경우에는 복수)).

· Combien *parmi* eux peuvent arriver à l'heure?　그들 중에 몇 명이나 제시간에 도착할 수 있을까?

· Qui *parmi* vous cinq pourrait le soulever tout seul?　당신들 다섯 명 중에 누가 그것을 혼자 들 수 있을까?

❷

un homme brave *parmi* les braves 용사 중의 용사.

2. 《옛·문어》 단수명사와 함께 : …의 안[속]에(서).

parmi le désert 사막에서.　*parmi* cet univers 이 세계에서.　*parmi* ce grand bonheur 그러한 커다란 행복 속에서.　*parmi* ce plaisir 그러한 기쁨 속에서.　*parmi* le silence de la nuit 밤의 정적 속에서.

부　사　적　용　법

《옛·속어》 그 중에(는) ; 그 동안에.

· Il y en a de bons *parmi*.　그 중에는 좋은 것도 있다.

passé

1. 공간 : …을 지나서.

- *Passé* les arbres, le vent criait moins.　　나무들이 있는 곳을 지나자 바람 소리가 덜 났다.
- *Passé* le Cheonan, nous avons pris l'autoroute.　　우리는 천안을 지나서 고속도로를 탔다.
- *Passé* le cathédrale, tournez à droite.　　성당을 지나서 오른쪽으로 돌아가세요.
- *Passé* le coin de la rue, vous trouverez la gare.　　길모퉁이를 지나면 역이 있을 겁니다.

2. 시간

- *Passé* 11 heures et demie, il n'y a plus de train.　　11시 반이 지나면 기차가 없다.
- *Passé* le mois de juin, les étudiants sont en vacances.　　6월이 지나면 학생들은 방학이다.
- *Passé* 22 heures, les portes seront fermées.　　밤 열 시가 지나면 문이 닫힐 것이다.
- *Passé* cette date, votre billet est périmé.　　그 날짜가 지나면 당신의 표는 무효가 된다.
- Il l'a attendue jusqu'à *passé* minuit.　　그는 그녀를 자정이 지나도록 기다렸다.

3. 수량·정도

- *Passé* ce nombre, on divise la classe en groupes séparés.　　그 숫자가 넘으면 반을 나눈다.
- *Passé* cette température, on ne travaille pas.　　그 온도가 넘으면 작업을 하지 않는다.

> ☆ 명사 뒤에 오면 형용사로서 명사와 일치시킴.

la belle saison *passée* 아름다운 계절이 지나면.　　robe *passée* de mode 유행이 지난 옷.

- Elle a trente ans *passés*.　　그는 서른 살이 넘었다.
- Il était huit heures *passées* (de trois minutes).　　열 시가 (3분) 지났었다.

> ☆ 명사 앞에 올 때도 명사에 일치시키는 예가 드물지 않음.

passée la belle saison 아름다운 계절이 지나면.　　*passés* les remparts de la vieille forteresse 그 오래된 요새의 성벽을 지나서.

pendant

1. [pendant + 명사]

1)

> *pendant* son directorat 그가 책임자로 있는 동안에.   *pendant* une fraction de seconde 눈 깜짝할 사이에. *pendant* l'intérim 대리[공석] 기간 중.   *pendant* deux nuits 이틀 밤 동안.   *pendant* les restrictions 식량[물자] 제한의 (궁핍한) 시기에.   *pendant* son service 그의 군복무 중에.   *pendant* le trajet 도중에. *pendant* les vendanges 포도 수확기 동안에.   *pendant* toute étendue de sa vie 그의 전생에 동안. *pendant* le voyage 여행 중에.   écoliers qui jouent *pendant* la récréation 쉬는 시간에 뛰어노는 초등학생들.   médicament à prendre *pendant* les repas 식사와 함께 복용해야 하는 약.   annoter son manuel *pendant* un cours 수업 중 교과서에 주요 사항을 적어 넣다.   chômer *pendant* la morte-saison 불경기에 조업을 중단하다.   couler les rossignols *pendant* les soldes《구어》할인 판매 기간에 철지난 상품들을 팔아치우다.   griffonner *pendant* une réunion 회의 시간에 낙서하다.   grincer des dents *pendant* le sommeil 자면서 이빨을 갈다.   visiter une ville *pendant* l'escale 기항시간 동안에 도시를 둘러보다.

· *Pendant* le repas, la conversation ne chômait pas.   식사 중에도 대화가 계속 이어졌다.

· *Pendant* la durée des travaux, le magasin reste ouvert.   공사 중에도 계속 영업합니다.

· C'est *pendant* cette campagne que s'est livrée la bataille don't il nous a parlé.   그가 우리에게 말한 전투가 벌어진 것은 바로 그 전쟁 때였다.

· Les deux conducteurs alternèrent au volant *pendant* tout le voyage.   여행 동안 내내 두 운전사가 교대로 운전을 했다.

· Nous avons eu un beau temps *pendant* les vacances.   휴가 기간에 날씨가 좋았다.

· Il se commet beaucoup d'atrocités *pendant* les guerres.   전시에는 많은 끔찍한 일들이 자행된다.

· Je l'ai connu *pendant* sa jeunesse.   나는 그가 젊었을 때 알았다.

· Les abandons ont été nombreux *pendant* la dernière étape.   마지막 구간에서 많은 기권이 있었다.

· Il est interdit de fumer *pendant* le travail.   근무 중 흡연은 금지되어 있다.

· Le coureur s'est maintenu en tête *pendant* plusieurs étapes.   그 주자가 몇 구간 동안 선두를 지켰다.

· Il a servi *pendant* la guerre.   그는 전쟁 중에 복무했다.

· Il ne souffre aucune interruption *pendant* son travail.   그는 작업이 도중에 중단되는 것을 절대 용인하지 않는다.

2) [pendant + 시간명사]

> *pendant* des[quelques] années 수년 동안.   *pendant* ces dix dernières années. 최근 10년 동안에. *pendant* trois heures[quelques jours] 세 시간[며칠] 동안.   *pendant* (une durée de) quinze jours 15일 간.   *pendant* cet intervalle 그 기간 동안에.   *pendant* cette journée 오늘 중에.   *pendant* longtemps

오랫동안. *pendant* un moment 잠시 동안. *pendant* la saison 시즌 중에. *pendant* un quart de siècle 25 년 동안. *pendant* le même espace de temps 같은 시간[기간] 동안에. *pendant* l'hiver 겨울 동안에. *pendant* ce temps 그 동안에.

- *Pendant* huit ans, l'administration de George Bush s'est désintéressée du dossier du désarmement. 부시 행정부는 8년 동안 군축 문제에 대해서 관심이 없었다.
- Elle accapare la salle de bains *pendant* des heures.　그녀는 목욕탕을 몇 시간째 저 혼자만 쓰고 있다.
- Nous avons demeuré à Lausanne *pendant* plusieurs années.　우리는 여러 해를 로잔느에서 살았다.
- La guerre n'a pas discontinué *pendant* vingt ans.　이십년 동안 내내 전쟁이 그치지 않았다.
- Leur équipe a dominé *pendant* la première mi-temps.　전반전에는 그들의 팀이 이겼다.
- L'herbe s'épaissit *pendant* la saison pluvieuse.　우기에는 풀이 더욱 무성해진다.
- Elle était absente *pendant* deux mois.　그 여자는 두 달간 없었다.
- Il ne sara pas joignable *pendant* le week-end.　주말 동안에는 그를 만날 수 없을 것이다.
- Si on achète une voiture neuve, il faudra se mettre la ceinture *pendant* toute l'année.　새 차를 사면 1년 내내 허리띠를 졸라매야 할 것이다.
- Il a plu *pendant* six jours consécutifs.　엿새 동안 계속해서 비가 왔다.
- Louis XIV régna *pendant* plus d'un demi-siècle.　루이 14세는 반세기도 넘는 기간 동안 통치했다.
- Il va falloir le subir *pendant* toute la journée.　하루 종일 참고 그를 대해야 할 것이다.

> ☆ 시간을 나타내는 보어 앞에서 흔히 생략됨.
> ne rien faire (*pendant*) toute la journée 하루 종일 아무것도 하지 않다. tenir *qn* (*pendant*) une heure …을 한 시간 동안 잡아두다.

- (*Pendant*) le jour, il travaille dans une usine.　그는 낮에는 공장에서 일한다.
- Il a été absant (*pendant*) cinq jours.　그는 5일 동안 자리를 비웠다.
- Il a vécu à Séoul (*pendant*) deux ans.　그는 서울에서 2년 동안 살았다.

2. [pendant que + *ind*]

1) 동시성 : …할 때.

pendant qu'ils sont en France 그들이 프랑스에 있는 동안에. *pendant* que Madame Dupont n'est pas là 뒤퐁 부인이 거기에 없는 동안에. *pendant* qu'il était au bain 그가 목욕을 하고 있을 때.

- *Pendant* qu'on hésite, la situation se détériore.　사람들이 머뭇거리는 동안 상황은 악화된다.
- *Pendant* que nous sommes ici, nous voyons, pour la première fois depuis longtemps, les républicains et les démocrates réunis pour essayer d'élaborer une solution à la crise fiscale.　우리가 여기에 있는 동안 오랜만에 처음으로 공화당원들과 민주당원들이 재정위기에 대한 해결안을 마련하기 위해 모인 것을 보았다.

- Allongez la jambe droite, *pendant* que la gauche fléchit.　왼쪽 다리는 구부리고 오른쪽 다리를 쭉 뻗으세요
- Amusons-nous *pendant* que nous sommes jeunes.　젊었을 때 즐깁시다.
- Tu amuseras le caissier *pendant* qu'on ouvrira le coffre.　금고를 열 동안 현금출납원으로 하여금 관심을 딴 데로 돌리도록 하게.
- Il faut battre le fer *pendant* qu'il est chaud.　《격언》쇠는 달구어졌을 때 두드려야 한다; 일은 제 때에 처리해야 한다.

2) 대립 : …인데.
- *Pendant* que ses amis travaillent, il est là à ne rien faire.　친구들은 일하고 있는 데, 그는 거기에서 아무 것도 하지 않고 있다.
- Faut-il demander pourquoi les joueurs très habiles se ruinent au jeu, *pendant* que d'autres hommes y font leur fortune?　다른 사람들이 도박에서 큰돈을 버는데 비해 능란한 도박꾼들이 왜 망하는가를 물을 필요가 있을까?
- La communauté internationale ait détourné le regard, *pendant* que le régime sri-lankais tentait de terminer la guerre de trente-sept ans.　스리랑카 정부가 37년간의 전쟁을 끝내려고 시도하고 있는데 국제사회는 외면하고 있다.
- Les déplacements quotidiens effectués en voiture y ont explosé de 60% en dix ans, *pendant* que la population n'augmentait que de 12%.　10년 동안 인구는 12% 증가했는데, 자동차를 이용한 이동은 60%의 폭발적인 증가를 보였다.

3) 이유 · 원인 : …이므로, …이니까.
- *Pendant* que j'y pense, n'oubliez pas de venir chez moi demain soir.　생각난 김에 하는 말인데, 내일 저녁에 우리 집에 오는 것을 잊지 마시오.
- *Pendant* que tu y es, ramène mes affaires à la maison.　이왕 오는 김에 내 소지품을 집으로 가져다주게.
- Traitez-moi de voleur, *pendant* que vous y êtes!　《비꿈》이왕이면 나를 도둑으로 취급하시지요!

부　사　적　용　법

- Son frère n'a pas assisté à toute la réunion, il est arrivé *pendant*.　그의 형은 모임에 처음부터 끝까지 참석하지 않았다. 그는 모임 중간에 도착했으니까.
- Il a su ma maladie, mais ni *pendant* ni après il n'est venu me voir.　그는 내가 아프다는 것을 알고 있었는데, 앓고 있는 동안에도 그 후에도 나를 보러 오지 않았다.

plus

1. [plus + 명사 / 수사]

1) ···을 더해서.

> 500 euros d'amende, *plus* les frais 500유로의 벌금에 소송비용.

- Il y avait tous les membres de l'équipe *plus* le directeur.　팀의 모든 구성원과 부장이 있었다.
- La réparation coûtera 500euros *plus* la taxe.　수리비는 500유로에 세금이 더해진다.
- Vous paierez le loyer, *plus* les charges.　집세와 관리비를 내십시오.

2) ❶ (수학에서) ···을 더한.

- Six *plus* trois font[égalent, donnent] neuf.　6 더하기 3은 9이다.
- J'ai appris que deux *plus* deux font quatre.　나는 2 더하기 2는 4임을 배웠다.

❷ 양(수)의, 플러스의.

> *plus* quatre 플러스 4, +4.　*plus* l'infini 플러스 무한대(+∞).

2. [plus de + 명사 / 수사]

1) ❶ 비교급 : [plus de + 명사]

> pour *plus* de commodité 더욱 편리하게.　pour *plus* de clarté 더 명확하게 하기 위해, 더 잘 이해하기 위해서(=pour encore mieux comprendre).　faire *plus* de bruit que de besogne 《속어》 말만 지껄이고 일은 별로 안하다.　vérifier la carte d'identité pour *plus* de sûreté 보다 확실을 기하기 위해 신분증을 확인하다.

- J'ai *plus* de livres que lui.　나는 그보다 책이 많다.
- Elle a *plus* de charme que de beauté.　그녀는 아름답다기보다 매력적이다.
- Elle a *plus* de souvenirs que si elle avait cent ans.　그녀에게는 백년을 산 것보다 더 많은 추억이 있다.
- Il y a beaucoup *plus* de monde qu'on ne croit.　생각보다 훨씬 더 사람이 많다.
- Il y a *plus* de sorties que de rentrées ce mois-ci.　이번 달에는 수입보다 지출이 더 많다.
- Cela coûtera *plus* d'argent.　그것은 돈이 더 들 것이다.
- La gourmandise tue *plus* d'hommes que l'épée; La gueule tue[fait périr] *plus* de gens que le glaive. 《속담》 식탐은 전쟁보다도 더 많은 사람을 죽인다; 전쟁에서 죽는 사람보다 지나치게 먹어서 죽는

사람이 많다.
· Voulez-vous un peu *plus* de café.　커피를 좀 더 들릴까요?

❷ 최상급 : [le plus de + 명사]

> le *plus* de livres possible(s) 가능한 한 많은 책.

· C'est lui qui a reçu le *plus* d'argent.　그가 가장 많은 돈을 받았다.
· C'est elle qui a le *plus* de talent de la famille.　가족 중에서 가장 재능이 있는 사람은 그녀이다.
· Il nous a rendu le *plus* de services.　그가 우리를 가장 많이 도와주었다.

2) [plus de + 수량 표현]
❶ …이상의.

> *plus* d'une fois 여러 번.　*plus* de la moitié 절반 이상.　*plus* du double[du quart] 두 배[4분의
> 1] 이상.　pour *plus* d'une raison 여러 가지 이유로 해서.　enfant *plus* de douze ans 열두 살
> 이상의 아이].　métier féminisé à *plus* de 80% 여자가 80 퍼센트를 넘는 직업.　acheter *qc* pour
> *plus* de mille euros …을 천 유로 이상을 주고 사다.

· *Plus* d'un a commis la faute.　여러 사람이 과오를 범했다.
· *Plus* d'un mois a passé.　여러 달이 흘렀다.
· *Plus* d'une parmi elles sont sorties[est sortie] du monastère.　그 여자들 가운데 여럿이 수도원을
  나갔다.
· Elle a *plus* de trente ans.　그는 30세 이상이다.
· Il y a *plus* d'un âne (à la foire) qui s'appelle Martin.　이름 또는 성격이 같은 사람들이 얼마든지
  있을 수 있다.
· Il y avait *plus* de trois mille personnes sur la place.　광장에는 3천 명이상의 사람들이 있었다.
· Ce monument compte *plus* de deux cents ans d'existence.　이 기념 건축물은 200년이 넘었다.
· Ce dictionnaire contient *plus* de quarante mille articles.　이 사전은 4만개 이상의 항목을 수록하고 있다.
· Cela coûtera *plus* de mille euros.　그것은 천 유로 이상이 들 것이다.
· Sa voix ne s'entend pas à *plus* de trois mètres.　그의 목소리는 3 미터가 넘는 곳에서는 들리질
  않는다.
· Il était *plus* de minuit.　자정이 지난 시간이었다.
· Cela est *plus* d'à demi[moitié] fait.　그것은 반 이상 되었다.
· Ce lait stérilisé peut se garder *plus* de deux mois.　이 살균 처리된 우유는 2개월 이상 보관할 수 있다.
· Il régna absolument pendant *plus* d'un demi-siècle.　그는 반세기도 넘는 기간 동안 전제군주로서
  통치했다.

> ☆ plus d'un(e)이 주어가 될 경우 동사는 보통 단수를 쓰나 복수도 가능하고, 상호적 의미일 경우
> 　또는 plus d'un(e)이 반복될 경우에는 복수형을 씀.

- On voit que *plus* d'un fripon se dupent l'un l'autre.   서로를 속이는 사기꾼이 한둘이 아니다.
- Je suis sûr que *plus* d'une anguille, *plus* d'un barbeau, *plus* d'une truite suivaient le courant.
  나는 조류를 따라가고 있는 뱀장어, 돌잉어, 송어가 한두 마리 정도가 아니라고 확신한다.

❷ 명사적 용법

les *plus* de dix-neuf ans 19세 이상의 사람들.

3) ❶ [de plus en plus de + 명사]
- Ils accordent à ceux-ci de *plus* en *plus* d'importance.   그들은 거기에 점점 더 많은 중요성을
  부여하고 있다.
- Nous avons de *plus* en *plus* de raisons pour nous méfier.   우리는 경계해야 할 이유가 더 많아졌다.
- Elle le regarde avec de *plus* en *plus* de curiosité.   그녀는 점점 더 많은 호기심을 가지고 그를
  바라본다.

❷ [de plus ou moins de + 명사]

donner *plus* ou moins d'ampleur à une jupe 치마에 다소 여유를 두다, 치마를 다소 크게 만들다.

- Tout dépend du *plus* ou moins d'ardeur que vous y mettez.   모든 것은 당신이 거기에 쏟는 열의의
  많고 적음에 달려있다.

3. [en plus de *qn / qc*] : ⋯이외에도.

en *plus* de ce qu'il nous doit 그가 우리에게 빚지고 있는 것 이외에도.

- En *plus* d'une résidence secondaire, il a encore un bateau.   별장 이외에 그는 배도 가지고 있다.
- En *plus* des Coréens, il y avait là de nombreux étrangers.   거기에는 한국인들 이외에도 많은 외국인들이
  있었다.
- Il est tombé malade, (et) en *plus* de cela, il a perdu sa place.   그는 병에 걸린데다가 직위까지 잃었다.

pour

1. 목적

1) ···을 위한[위하여].

> *pour* plus de clarté 더 명확하게 하기 위해, 더 잘 이해하기 위해서. *pour* plus de commodité 더욱 편리하게. *pour* la sûreté des voyageurs 여행객들의 안전을 위해. abandonner la littérature *pour* les mathématiques 수학을 하기 위해 문학을 포기하다. assembler[ouvrir] un congrès international *pour* la paix 국제평화회의를 개최하다. boire *pour* la convivialité 잔치 기분을 내려고 한 잔 하다. concourir *pour* le prix 상을 타기 위해 경합하다. faire *qc pour* le[son] plaisir[amusement] 심심풀이 삼아 ···을 하다. mandater *qn pour* la gestion d'une affaire ···에게 일처리를 위임하다. s'unir *pour* un but commun 공동의 목적을 위해 단결하다. travailler *pour* sa croûte 《구어》 밥벌이하다. verser son sang *pour* la révolution 혁명을 위해 피를 흘리다[목숨을 바치다].

- *Pour* plus de sureté, ferme la porte à clé. 더 안전을 기하기 위해 문을 열쇠로 잠궈라.
- Les infirmières l'ont apprêté *pour* l'opération. 간호사들이 그에게 수술 받을 준비를 시켰다.
- Ils s'apprêtent *pour* la lutte. 그들은 싸움에 대비한다.
- J'ai insisté *pour* une entrevue. 나는 면담을 끈질기게 요구했다.
- Il se livre à ce travail *pour* son divertissement personnel. 그는 나름대로의 기분전환을 위해 그 일에 열중하고 있다.
- Toute la famille est mobilisée *pour* la fête. 《구어》 축제를 준비하기 위해 온 가족이 다 나섰다.
- Ils se présentent concurremment *pour* cette place. 그들은 이 자리를 놓고 경쟁한다.

2) 명사의 보어

> l'art *pour* l'art 예술을 위한 예술, 예술 지상주의. dictée *pour* l'apprentissage de l'orthographe 철자법을 습득하기 위한 받아쓰기. doublage d'un fenêtre *pour* l'isolation phonique 방음을 위해 이중창으로 하기. lutte *pour* le pouvoir 권력 투쟁. lutte *pour* la vie 생존 경쟁. union entre deux partis *pour* un but commun 공동 목적을 위한 두 당의 연합. Union *pour* la défense de la République 공화국 수호연합.

- Il y a plusieurs concurrents *pour* ce poste. 이 자리를 놓고 여러 사람이 경합하고 있다.

3) [pour *inf*]

❶
> abandonner l'enseignement *pour* entrer dans l'industrie privée 사기업에 입사하기 위해 교직을 버리다. assouplir des règlemenations *pour* favoriser la production 생산을 향상시키기 위해 규제를 완화하다. boire *pour* oublier 근심을 잊기 위해 술을 마시다. brûler du bois *pour* se chauffer 몸을 덥히려고 나무를 때다. cabrer *pour* sauver son altitude 고도를 유지하기 위해 급상승하다. se cacher *pour* ne pas être arrêté 체포되지 않으려고 은신하다. se culbuter *pour* voir l'acteur 배우를 보려고 서로 밀치다. dire[faire] *qc pour* s'amuser 장난삼아 ···을 말하다[하다], 농담으로 ···을 말하다[하다]. se dresser sur la pointe des pieds *pour* mieux voir 더 잘 보려고 발끝으로 서다. explorer un pays *pour* en connaître les ressources 자원을 알아보기 위해 어떤 나라를 탐사하다. façonner de la terre glaise *pour* en faire un pot 항아리를 만들기 위해 점토를 이기다.

se faire effort *pour* être calme 냉정해지려고 노력하다.　faire de grands apprêts *pour inf* …하기 위해 대대적인 준비를 하다.　faire des efforts *pour* se ressaisir 냉정을 찾으려고 노력하다. faire des singeries *pour* amuser ses camarades 급우들을 웃기려고 우스꽝스런 몸짓을 하다. flatter *pour* obtenir *qc* …을 얻기 위해 아첨하다.　frotter ses yeux *pour* mieux voir 더 잘 보려고 눈을 비비다.　se griser *pour* noyer son chagrin 슬픔을 달래기 위해 취하다.　s'incliner *pour* ramasser *qc* …을 주우려고 몸을 굽히다.　jeûner *pour* protester 단식 투쟁하다.　lever la main *pour* prêter serment 선서를 하기 위해 손을 들다.　lire *pour* s'instruire 지식을 넓히기 위해 독서하다.　lutter *pour* sortir de la misère 비참한 처지에서 벗어나려고 갖은 노력을 다하다.　mener une action transversale *pour* résoudre un problème 문제 해결을 위해 다방면으로 노력하다. mobiliser toute son énergie *pour* lutter contre le malheur 불행과 싸우기 위해 있는 힘을 다 동원하다. motiver *qn pour* faire *qc* …에게 …을 할 의욕을 불어넣다.　ouvrir les fenêtres *pour* aérer 환기하기 위해 창문을 열다.　se pencher *pour* examiner les traces de pas 발자국을 살펴보기 위해 몸을 굽히다.　prendre une lampe de poche *pour* s'éclairer dans le cave 지하실에서 앞을 비추기 위해 손전등을 들다.　prospecter un quartier *pour* trouver un appartement 아파트를 구하기 위해 구역을 구석구석 돌아다니다.　recourir à la diplomatie *pour* régler un différend 분쟁을 외교적 수단에 의해 해결하다.　se retenir *pour* ne pas éclater en sanglots 울음을 터뜨리지 않으려고 참다. retirer sa tête *pour* éviter un coup 맞지 않으려고 머리를 뒤로 젖히다.　saisir la rampe *pour* ne pas tomber 넘어지지 않으려고 난간을 움켜잡다.　soulever le capot *pour* examiner le moteur 엔진을 점검하기 위해 보네트를 들어 올리다.　user de moyens illégaux *pour inf* …하기 위해 불법적인 수단을 사용하다.　utiliser tous les moyens *pour* parvenir à ses fins 목적을 달성하기 위해 모든 수단을 사용하다.　voyager *pour* se rafraîchir la tête[les idées] 머리를 식히려고[기분 전환을 위해] 여행을 하다.

- *Pour* concevoir, l'intelligence abstrait et généralise.　이해를 위해서, 지성은 추상화하고 일반화한다.
- *Pour* avoir l'amande, il faut casser le noyau.　《속담》고생 끝에 낙이 온다.
- Couper[Abattre] l'arbre *pour* avoir le fruit.　《속담》소탐대실(小貪大失).
- Nous avons accouru *pour* l'aider.　우리는 그를 돕기 위해 달려왔다.
- Il agrippait la balustrade *pour* ne pas tomber.　그는 넘어지지 않으려고 난간을 움켜잡았다.
- Les coureurs s'alignent *pour* prendre le départ.　경주자들이 출발하기 위해 출발선에 정렬했다.
- Le gouvernement l'a commissionné *pour* étudier la solution.　정부는 그에게 해결책의 검토를 위임했다.
- Composez[Faites] le dix-neuf *pour* téléphoner à l'étranger.　외국으로 전화하려면 19를 누르시오.
- Ils se sont concertés *pour* trouver une solution en commun.　그들은 공동 해결책을 찾기 위해 협의하였다.
- Ses amis se sont cotisés *pour* lui offrir un cadeau de mariage.　친구들이 그에게 결혼선물을 하려고 갹출을 했다.
- C'est *pour* l'aider que je suis intervenu.　내가 개입한 것은 그를 돕기 위해서이다.
- C'est *pour* passer le temps.　심심풀이로 하는 일이다.
- Ce n'était pas sérieux, c'était *pour* jouer.　그건 진담이 아니라 농담이었다.

- Il a fait beaucoup d'efforts *pour* bien parler le français.　그는 불어를 잘하기 위해 많은 노력을 했다.

- Il a tout fait *pour* m'aider.　그는 나에게 최대한의 원조를 아끼지 않았다.

- Il faut faire des sacrifices *pour* y arriver.　그렇게 하기 위해서는 온갖 희생을 감수해야 한다.

- Il insiste *pour* vous parler.　그는 당신에게 말할 것을 간청하고 있다.

- Il faut manger *pour* vivre et non pas vivre *pour* manger.　살기 위해 먹어야지, 먹기 위해 살아서는 안된다.

- Il faut partir tout de suite *pour* ne pas arriver en retard.　늦지 않게 도착하려면 곧 출발해야 한다.

- Elle a pris ses lunettes *pour* lire le journal.　그는 신문을 보기 위해 안경을 썼다.

- Il a pris son chapeau *pour* sortir.　그는 외출하기 위해 모자를 썼다.

- On doit prendre le train *pour* y aller.　거기에 가기 위해서는 기차를 타야 한다.

- Il faut réduire le budget et *pour* ce faire, supprimer des dépenses.　예산을 줄여야 하는데, 그러기 위해서는 지출을 억제해야 한다.

- On repeint la maison *pour* lui donner une belle apparence.　집이 볼품 있도록 다시 칠한다.

- Unissons nos forces *pour* résister à l'ennemi.　적에 대항하기 위해 우리의 힘을 합칩시다.

- Il est venu ici *pour* nous aider.　그는 우리를 돕기 위해서 여기에 왔다.

❷ · Le Créateur a fait les êtres *pour* se soutenir.　창조주는 인간들이 서로 돕도록 만들었다.

- Il est né *pour* commander.　그는 지휘자가 되도록 운명지어졌다.

- Nous sommes nés *pour* agir.　우리는 행동하기 위해 태어났다.

❸ 명사의 보어

blocus *pour* affamer un peuple 주민을 기아 상태로 몰아넣기 위한 봉쇄.　combat implacable *pour* parvenir au pouvoir 권력을 얻기 위한 집요한 투쟁.　contre-mesures *pour* empêcher la spéculation 투기 방지 대책.　lutte *pour* s'assurer les ressources 자원 쟁탈전.　requête *pour* obtenir une grâce 사면을 위한 탄원.　réunion *pour* désamorcer le conflit 분쟁을 예방하기 위한 회담.　sortie *pour* prendre l'air 바람을 쐬기 위한 외출[산책].

4) [pour que + *sub*]

❶

négociations secrètes entre Washington et Pékin *pour* que la Banque de Chine ne vende pas les emprunts du Trésor américain qu'elle détient 중국 은행이 보유하고 있는 미국 국채를 팔지 않도록 하기 위한 미국과 중국 사이의 비밀 협상.　accoter une bouteille *pour* qu'elle ne se renverse pas 병이 넘어지지 않도록 괴다.　encourager *qn* d'un sourire *pour* qu'il continue ses études …에게 학업을 계속하도록 격려의 미소를 짓다.　faire tout ce qu'il peut *pour* que sa femme soit contente 아내가 만족할 수 있도록 할 수 있는 모든 것을 다하다.　fermer la porte *pour* que son enfant ne sorte pas 아이가 나가지 못하도록 문을 닫다.　implorer *qn pour* qu'il fasse *qc* …에게 …해주기

· Il a dû accepter cette concession *pour* que le G20 soit un succès.   그는 주요 20개국 회의가 성공적인 것이 되도록 하기 위해 그 양보를 수락해야 했다.
· Nous avons l'engagement de la France *pour* que ceux qui veulent venir faire des études puissent le faire.   우리는 공부하러 오고자하는 사람들이 그렇게 할 수 있도록 프랑스로부터 약속을 받았다.
· Arrange-toi *pour* qu'il vienne.   그가 오도록 해봐.
· Eclairez-moi *pour* que je regarde le moteur.   엔진을 볼 수 있도록 불 좀 비추어주시오.
· Que faire alors *pour* que ce peuple ne soit pas abandonné à la folie d'une dictature ubuesque?   그 국민이 기괴한 독재의 광기에 내맡겨지지 않도록 하기 위해 무엇을 할 것인가?
· Il a fait beaucoup *pour* que l'équipe gagne le championnat.   그는 팀이 우승할 수 있도록 많은 일을 했다.
· Ils insistent *pour* qu'elle participe à la réunion.   그들은 그녀가 회의에 참석할 것을 강요한다.
· Le gouvernement prendrait des mesures *pour* qu'un tel incident ne se reproduise pas à l'avenir.   정부는 미래에 그러한 사고가 일어나지 않도록 조치를 취할 것이다.
· Je veux réduire l'impôt sur les sociétés *pour* que les entreprises restent aux États-Unis et y créent des emplois.   나는 기업들이 미국에 머물러 일자리를 창출할 수 있도록 회사에 부과하는 세금을 줄이고자 한다.

❷ [pour (ne) pas que + *sub*]
· Il faut fermer la porte *pour* ne pas qu'il ne sorte.   그가 나가지 못하도록 문을 닫아야 한다.

2. 용도 · 필요

1) …을 위한, …에 쓰이는.

carte de crédit utilisée *pour* la retraite d'espèces 현금 인출 카드.   emplacement aménagé *pour* le tennis 테니스 코트로 구획 정리된 용지.   film fait *pour* la télévision 텔레비전용 영화.   gène codant *pour* la production de l'hormone de croissance 성장 호르몬 생성의 유전 정보를 지닌 유전자.   salle disposée *pour* une conférence 강연이나 회의용으로 배치된 방.   table installée *pour* les secrétaires 비서용으로 설치된 탁자.   temps alloué *pour* la réparation 수리에 할당된 시간.   voiture conçue *pour* la circulation urbaine 도시용 자동차.   voiture parfaitement habitable *pour* quatre personnes 4명이 타기에 충분한 자동차.   adapter un roman *pour* le théâtre[la télévision] 소설을 희곡으로[텔레비전 영화로] 각색하다.   arranger un morceau *pour* l'orchestre 오케스트라용으로 곡을 편곡하다.   avoir des places *pour* un spectacle 공연의 좌석권을 갖고 있다.   ne pas avoir le premier sou *pour* qc …을 살 돈이 없다.   chercher une location *pour* les vacances 방학을 지낼 셋집을 찾다.   choisir un lieu *pour* qc …을 위한 장소를 정하다.   choisir une robe *pour* le mariage 결혼식을 위한 드레스를 고르다.   dégager des crédits *pour* un projet gouvernemental 정부 계획을 위해 예산을 지출하다.   dessiner des costumes *pour* un film 영화 의상을 디자인하다.　se documenter *pour* sa thèse de doctorat 박사 논문 자료를 수집하다.　engager deux extras *pour* un cocktail 칵테일파티 일로 일꾼 둘을 임시로 고용하다. s'équiper *pour* une expédition 원정 장비를 갖추다.　garder une poire *pour* la soif 훗날을 위해 저축하다. garder de la viande *pour* le dîner 저녁 식사를 위해 고기를 남겨 두다.　marquer au sol des points de repères *pour* un hélicoper 헬기 착륙용으로 지면에 안표를 그리다.　présenter un contre-projet *pour* des travaux d'urbanisme 도시계획사업에 대한 대안을 제출하다.　retenir une part de notre salaire *pour* la retraite 연금을 위해 급료의 일부를 공제하다.　réserver une somme d'argent *pour* les besoins imprévus[les vieux jours] 뜻밖의 필요에 대비하여[노후를 위해] 얼마간의 돈을 저축하다.　théâtraliser un roman *pour* la scène 소설을 무대에 올리려고 각색하다.　se travestir *pour* un bal costumé 가장 무도회에 가려고 가장을 하다.　trouver un coin peinard *pour* les vacances 바캉스를 보낼 조용한 곳을 발견하다.　utiliser l'énergie solaire *pour* le chauffage domestique 가정용 난방을 위해 태양 에너지를 이용하다.

- Cela m'a beaucoup aidé *pour* la préparation du concours.　시험 준비에 그것이 많은 도움이 되었다.
- Cet équipement a été conçu *pour* la plongée sous-marine.　이 장비는 해저 잠수용으로 고안되었다.
- La bibliothèque dispose d'un crédit de cent mille euros *pour* l'achat de nouveaux livres.　이 도서관은 신간서적 구입비로 10만 유로의 예산을 사용한다.
- Trois jours lui suffiront *pour* ce travail.　그가 이 일을 마치는 데에는 사흘이면 족할 것이다.
- Il a transcrit *pour* le piano des pièces d'orgue de Bach.　그는 바하의 오르간곡을 피아노곡으로 편곡했다.
- Voilà du chocolat *pour* ton goûter.　네 간식거리는 초콜릿이다.

2) 형용사의 보어

armes bonnes *pour* la défense 방어 수단이 될 만한 무기.　couteau nécessaire *pour* l'épluchage 껍질을 벗기는 데 필요한 칼.　endroit possible *pour* les vacances 휴가 장소로는 괜찮은 곳.　habit commode *pour* le voyage 여행에 알맞은 옷.　lieu commode *pour* la conversation 대화하기에 적합한 장소. lieu convenable *pour* la méditation 명상하기에 알맞은 장소.　objets indispensables *pour* le voyage 여행에 꼭 필요한 물건.　tissu suffisant *pour* la confection d'une robe 드레스 한 벌 만들기에 충분한 천.

3) 명사의 보어

❶

adaptation d'un roman *pour* le cinéma 소설의 영화각색.　aire de jeu *pour* les enfants 어린이 놀이터.　appui *pour* le coude[la main] 팔걸이[머리받침].　artifices *pour* signaux de détresse 조난신호용 조명탄.　asile *pour* les orphelins 고아원.　assurance (*pour* la) vieillesse 노후 보험. baleine *pour* les cols de chemises d'hommes 남성 와이셔츠 칼라 고정 두름띠.　barrage *pour* la dérivation des eaux 취수용 댐.　bât *pour* le transport des blessés 부상자 운반용 안장.　cadeau *pour* l'anniversaire 생일 선물.　cahier d'exercices *pour* le violon 바이올린 연습곡집.　casse-croûte *pour* le voyage 여행용 도시락.　centre[camp] d'hébergement *pour* sinistrés 이재민 수용소. ciseaux *pour* les gauchers 왼손잡이용 가위.　concours *pour* l'attribution d'un prix 수상자 결정

콩쿠르.　contes *pour* les enfants 아이들을 위한 동화.　crème *pour* le corps[les mains] 보디[핸드] 크림.　crème grasse *pour* la peau sèche 건성 피부용 지방 크림.　désodorisant *pour* la toilette 화장실용 탈취제.　emploi du béton *pour* la construction 건축을 위한 콘크리트 사용.　enclos *pour* les poulains 울타리로 막은 작은 목장.　fard *pour* les cils 마스카라.　film *pour* les jeunes 젊은층을 위한 영화.　filtre *pour* le thé 차 여과장치.　laque *pour* les cheveux en aérosol 분무기 모양으로 된 머리 래커.　lectures *pour* la jeunesse 청소년을 위한 책.　médicament *pour* l'estomac 위장약.　musique *pour* le clavier 건반악기를 위한 음악.　pastilles *pour* la gorge 목 트로치.　plans *pour* les vacances 바캉스 계획.　pommade rosat *pour* les lèvres 장미향 립크림.　produit dégraissant *pour* la vaisselle 설겆이용 세제.　publications *pour* la jeunesse 청소년 도서.　remède *pour* le mal de tête 두통약.　sondage d'un groupe de consommateurs *pour* une étude de marché 시장조사를 위한 소비자 집단 표본조사.　souscription *pour* la restauration d'une église 교회 보수를 위한 기부.　traitement *pour* la repousse des cheveux 두발 재생법[치료].　tribunaux *pour* les enfants 소년법원.　joindre une enveloppe timbrée *pour* la réponse 우표가 붙은 반송용 봉투를 동봉하다.

❷ [pour + 무관사명사]

antigel *pour* radiateurs d'automobile 자동차 부동액.　arrangement *pour* piano 피아노를 위한 편곡.　cassette vidéo *pour* magnétoscope(=vidéocassette) 카세트 비디오.　chambre *pour* deux à un lit 더블베드가 있는 이인용 침실.　chaussures *pour* pieds sensibles 예민한 발을 가진 사람을 위한 구두.　chemise *pour* femme 블라우스(=chemisier).　chevalet *pour* linge 빨래 걸이대.　concerto *pour* clarinette et orchestre 클라리넷과 오케스트라를 협주곡.　congé *pour* allaitement 수유 휴가.　couches *pour* incontinents 요실금자용 기저귀.　cours *pour* débutants 초심자를 위한 강의.　crème *pour* chaussures 구두약.　dictionnaire *pour* apprenants 학습자를 위한 사전.　école *pour* arriérés 정신박약아 학교.　fauteuil roulant *pour* infirme 신체장애자용 휠체어.　films *pour* enfants [adultes] 어린이[성인]용 영화.　fleurs *pour* bordures 가장자리를 따라 심은 꽃들.　foyer *pour* étudiants 대학 기숙사; 학생회관.　gants *pour* dames 부인용 장갑.　gélifiant *pour* confitures 잼 만드는 교화제.　hôpital *pour* lépreux 나환자 병원.　littérature *pour* enfants 아동문학.　oratorio *pour* choeur et solistes 합창과 독창을 위한 오라토리오.　parking *pour* femmes avec des places de stationnement plus larges 더 넓은 면적의 여성 전용 주차장.　passage[pont] *pour* piétons 횡단보도[인도교].　percale *pour* doublure 안감으로 쓰이는 퍼케일천.　piste *pour* cavaliers 숲 속의 승마로(乘馬路).　provision *pour* hausse des prix 물가 상승에 대비한 적립금.　ragtimes *pour* piano 피아노 랙타임 곡.　remèdes *pour* constipés 변비 치료제.　résidence *pour* personnes âgées 노인을 위한 고급 주택.　route *pour* automobile 자동차 전용도로.　shampoing [shampooing] *pour* cheveux secs 건조한 미리용 샴푸.　sonate *pour* piano 피아노 소나타.　suite *pour* piano et orchestre 피아노와 관현악을 위한 조곡.　transposition *pour* baryton d'un lied *pour* ténor 테너용 가곡의 바리톤으로의 이조.　trio *pour* piano, violon et violoncelle 피아노・바이올린・첼로 삼중주.　variations *pour* piano 피아노를 위한 변주곡.　véhicules *pour* handicapés physiques 신체 장애인을 위한 자동차.　vêtements anti-g *pour* aviateurs 내중력 비행복.

4) [pour + 전치사구]

· Avez-vous un moment *pour* chez moi?   우리 집에 잠시 들를 틈이 있습니까?

5) [pour *inf*]

armes bonnes *pour* se défendre 방어 수단이 될 만한 무기.   chiffon *pour* effacer le tableau 흑판 지우개. code symbolique universel *pour* enseigner aux débutants 초보자 교육용 다목적 상징 코드.   coton-tige *pour* ôter le cérumen 귀후비개용 면봉.   couteau *pour* éplucher 껍질 벗기는 칼.   crin de ligne *pour* pêcher (말총으로 만든) 낚싯줄.   débouché *pour* se tirer d'affaire 궁지에서 빠져 나오기 위한 돌파구. demi-mots *pour* mitiger l'annonce fatale 비보(悲報)를 완화시키기 위한 완곡어법.   fourrure *pour* affronter l'hiver 겨울을 대비한 모피 옷.   frais *pour* réparer une vieille maison 낡은 집을 수리하는데 드는 비용.   gravures *pour* agrémenter la pièce 방을 장식하기 위한 판화들.   instruments *pour* percer 구멍 뚫는 도구.   liquide *pour* effacer 수정액.   lunettes *pour* conserver la vue 시력유지용 안경. ouvrage bon *pour* connaître les moeurs du temps 그 시대의 풍속을 아는 데 좋은 책.   produit *pour* débroussailler 가시덤불 제거제.   qualité indispensable *pour* réussir 성공하기 위해서 꼭 필요한 자질. râteau *pour* ramasser le sel 소금 긁어모으는 고무래.   remède *pour* chasser les vers 구충약.   secret *pour* guérir une maladie 병을 치료하는 비법.   sortie *pour* prendre l'air 바람을 쐬기 위한 외출. avoir[attraper, prendre] le coup *pour* faire *qc* ⋯하는 요령[비결]을 터득하다.   avoir du courage *pour* *inf* ⋯하는 용기가 있다.   chercher un alibi *pour* s'exempter de ses obligations 의무를 면하기 위해 구실을 찾다.   chercher un biais *pour* refuser une invitation 초대를 거절할 핑계를 찾다.   chercher un coin tranquille *pour* pique-niquer 소풍을 가기 위해 조용한 곳을 찾다.   chercher un endroit *pour* camper 야영할 쾌적한 장소를 찾다.   emmener un livre *pour* se distraire 심심풀이용으로 책을 가지고 가다.   faire une conjuration *pour* écarter les esprits maléfiques 악령을 쫓기 위해 푸닥거리를 하다. laisser de la marge à *qn pour inf* ⋯에게 ⋯할 여유를 주다.   louer un local *pour* faire une fête 축제 장소를 빌리다.   ménager du temps *pour* faire *qc* ⋯하기 위한 시간을 마련하다.   puiser dans la tristesse même les forces *pour* agir 슬플 때에도 행동하기 위해 활력을 얻어내다.   réserver une somme d'argent *pour* partir en vacances 휴가를 가기 위해 얼마간의 돈을 저축하다.   tracer des repères *pour* marquer le niveau des eaux 수위를 표시하는 선을 긋다.   trouver un logement *pour* caser un ami 친구가 머무를 집을 찾다.   trouver une place *pour* se garer 주차할 장소를 발견하다.   trouver le truc *pour inf* ⋯하는 방법을 찾아내다.

· *Pour* emprunter de l'argent, il me faudrait des garants.   돈을 빌리는 데 보증인이 필요할 것이다.

· Il n'a pas le courage nécessaire *pour* agir.   그는 행동에 필요한 용기가 없다.

· Je n'ai pas de prise *pour* attraper[tenir] cet outil.   이 연장은 잡을 곳이 없어서 못 들겠다.

· Nous n'avons pas une minute *pour* respirer.   우리는 숨돌릴 겨를이 없다.

· Vous avez tout demain *pour* réfléchir.   내일 생각해 봐도 돼.

· Vous aviez tout hier *pour* vous décider.   당신은 어제 하루 종일 결정할 시간을 가지셨습니다.

· Il y a assez d'armes dans cet arsenal *pour* armer des milliers d'hommes.   이 무기고에는 수천 명의 사람들을 무장시키기에 충분한 무기가 있다.

· Il n'y a pas de place *pour* stationner.   주차할 자리가 없다.

- Tu as mal choisi le moment *pour* lui parler.　　그에게 말할 시기를 잘못 선택했다.
- Combien de temps comptez-vous *pour* finir les travaux?　　공사를 끝내려면 얼마나 걸릴까요?
- Tu connais la combine *pour* entrer sans payer?　　《구어》돈 내지 않고 들어가는 방법을 알고 있니?
- Je connais un bon système *pour* entrer sans payer.　　나는 공짜로 입장할 수 있는 좋은 방법을 안다.
- Je vous donne deux jours *pour* faire ce travail.　　이 일을 하도록 이틀의 여유를 주겠소.
- Enlevez le prix, c'est *pour* faire un cadeau.　　가격표를 떼어주세요, 선물할 거니까요.
- C'est la meilleure manière *pour* réussir.　　그것이 성공하기 위한 가장 좋은 방법이다.
- Ce n'est pas lieu *pour* en parler.　　여기는 그것에 대해 이야기할 곳이 못된다.
- Le style n'est pas le seul critère *pour* juger la valeur d'une oeuvre.　　문체가 작품의 가치를 평가하는 유일한 기준은 아니다.
- Cette voiture n'est pas faite *pour* transporter dix personnes.　　이 자동차는 10명을 태우고 가기에는 적합하지 않다.
- Il faut une heure *pour* y aller.　　거기에 가려면 한 시간이 필요하다.
- Les mots me manquent *pour* en parler.　　표현하기에 적당한 말이 생각나지 않는다.
- Il a trouvé la bonne méthode *pour* s'enrichir.　　그는 축재할 수 있는 좋은 수단을 찾았다.
- Trouvez une combinaison *pour* en sortir!　　난국을 타개할 만한 방책을 찾아보시오.
- Il se trouvera bien des gens *pour* l'aider.　　그를 도와줄 사람이 많이 있을 것이다.
- Le fausset est utilisé *pour* iodler.　　요들송에는 가성이 사용된다.
- Il ne vaut pas la corde *pour* le pendre.　　그는 아무 짝에도 쓸모없는 인간이다.

6) [pour que + *sub*]

> qualité indispensable *pour* qu'on réussisse 성공하기 위해서 꼭 필요한 자질.

- C'est suffisant *pour* qu'on obtienne un bon logiment.　　그 정도면 좋은 숙소를 얻기에 충분하다.
- Nous réformerons la formation professionnelle indispensable *pour* que chacun ait la chance d'un emploi.　　우리는 각자가 직업의 기회를 가지는데 불가결한 직업 교육을 개혁하고 있다.
- Il nous suffira de trois jours *pour* que le travail soit achevé.　　우리가 그 일을 끝내는 데는 사흘이면 족할 것이다.
- Il a vu la demande excéder l'offre ces dernières années et il ne voit aucune raison *pour* que ça change.　　그는 최근 몇 년 동안 수요가 공급을 초과하는 것을 보았고, 그것이 바뀌어야 할 아무런 이유도 모른다.

3. 이익 · 이해

1) …을 위해, …에게.

> *pour* le bien de *qn/qc* …을 위해.　　*pour* l'intérêt de *qn* …의 이익을 위해.　　*pour* son utilité personnelle 개인적인 편의를 위해.　　une cuiller[cuillerée] *pour* maman, une cuiller[cuillerée] *pour* papa 《구어》 엄마 위해 한 숟가락, 아빠 위해 한 숟가락((먹지 않는 어린아이에게 먹이기 위해 하는 말)).　　acheter une bicyclette *pour* son petit-fils 손자에게 자전거를 사주다.　　agir *pour* le compte d'autrui 남을 위해

행동하다. ajouter un couvert *pour* un arrivant 새로 오는 회식자를 위해 1인분을 추가하다. choisir une cravate *pour* son mari 남편의 넥타이를 고르다. combattre[mourir] *pour* une cause 명분을 위해 싸우다[죽다]. combattre *pour* la patrie 조국을 위해 싸우다. donner de la confiture *pour* les cochons 《속담》 돼지에 진주(=jeter des perles aux cochons[pourceaux]). donner[fournir] caution *pour* qn …의 보증을 서다. s'engager *pour* qn …에게 보증을 서 주다. être aux petits soins *pour* qn …을 위해 세심한 배려를 하다. faire la cueillette *pour* les pauvres 가난한 사람들을 위해 모금을 하다. faire une exception *pour* qn …을 위해 특례를 만들다. faire de la publicité *pour* un produit 어떤 제품의 광고를 하다. faire qc *pour* ses enfants 아이들을 위해 …을 하다. former des voeux *pour* qn …을 위해 성공·행운 등을 기원하다. se jeter dans le feu[au feu] *pour* qn …을 위해서라면 물불을 가리지 않다. mourir *pour* la croix 기독교를 위해 순교하다. mourir *pour* la patrie 조국을 위해 싸우다. se porter[se rendre] caution *pour* qn …의 보증인이 되다. préparer un gateau *pour* ses enfants 아이들을 위해 케이크를 만들다. prier *pour* (le repos de) l'âme de qn …의 명복을 빌다. sacrifier tout *pour* sa famille 가족을 위해 모든 것을 희생하다. travailler *pour* l'avenir de ses enfants 아이들의 미래를 위해 일하다. travailler *pour* le roi de Prusse 무보수로 봉사하다.

- Chacun *pour* soi et Dieu *pour* tous. 《속담》 저마다 자기 일에 전념하고 남의 일은 신에게 맡겨라.
- Le soleil brille *pour* tout le monde. 《속담》 태양은 만인을 위해 비춘다, 누구에게나 같은 권리가 있다.
- Le père doit se conserver *pour* ses enfants. 아버지는 자식들을 위해 건강을 유지해야 한다.
- Il se damnerait *pour* elle. 《구어》 그는 그녀를 위해서라면 지옥에라도 갈 것이다.
- Il s'est beaucoup dévoué *pour* nous. 그는 우리를 위해서 무척 애를 썼다.
- Il s'est engagé *pour* son ami. 그는 친구를 위해 보증을 서주었다.
- C'est *pour* son profit et non *pour* le leur. 그것은 그들의 이익을 위한 것이 아니라 그의 이익을 위한 것이다.
- C'est *pour* vous et non *pour* moi. 그것은 당신을 위한 것이지 나를 위한 것이 아니다.
- Si je t'ai grondé, c'est *pour* ton bien. 너를 야단친 것은 너 자신을 위해서다.
- C'est expressément *pour* toi que j'ai fait cela. 나는 특별히 너를 위해 그것을 했다.
- Ce cadeau est *pour* vous. 이 선물은 당신을 위한 것입니다.
- Ce cadeau n'est pas seulement *pour* toi, il est aussi *pour* ta soeur. 이 선물은 너를 위한 것일 뿐만 아니라 네 누이를 위한 것이기도 하다.
- Ce qui tombe dans le fossé est *pour* le soldat. 《속담》 주운 사람이 주인이다.
- Les autres n'existent pas seulement *pour* vous. 다른 사람들이 당신만을 위해 존재하는 것은 아니다.
- Je le fais *pour* elle et pas *pour* moi. 그녀를 위해 그렇게 하는 것이지 나를 위해 하는 것은 아니다.
- Ne faites pas cela, *pour* l'amour de vos enfants. 당신의 아이들을 위해서라도 그것은 하지 마십시오.
- Pouvez-vous faire quelque chose *pour* ces orphelins? 이 고아들을 위해서 뭔가 좀 도와주실 수 있습니까?
- Qu'il fasse autant *pour* vous que j'ai fait *pour* lui. 내가 그를 위해 한만큼 그도 당신을 위해서 해야 한다.
- Il a obtenu un poste *pour* son fils. 그는 아들을 위해 일자리를 하나 얻어주었다.
- Relâchez-le, je me porte garant *pour* lui. 그를 풀어주시오, 내가 그의 보증을 서겠소.
- Que puis-je *pour* vous? 내가 당신을 위해 무엇을 할 수 있겠습니까?

- Elle s'est sacrifiée *pour* ses enfants.　그 여자는 자식들을 위해 자신을 희생했다.
- Chacun travail *pour* soi.　저마다 자신을 위해 일한다.
- Le temps travaille *pour* notre armée.　시간은 아군에게 유리하게 작용한다.
- Ça ne vaut rien *pour* la santé.　그것은 건강에 해롭다.
- L'égoïste ne vit que *pour* soi.　이기주의자는 자기자신만을 위해 산다.

◎ [l'un pour l'autre]

travailler[vivre] l'un *pour* l'autre 서로를 위해 일하다[살다].

2) 형용사의 보어

clause de contrat désavantageuse *pour* *qn* …에게 불리한 계약 조항.　mesures salubres *pour* l'économie du pays 국가 경제에 이로운 조처.　remède bon *pour* les reins 신장에 좋은 약.　être excellent *pour* la santé 건강에 매우 좋다.

- Le surmenage n'est pas bon *pour* la santé.　과로는 건강에 좋지 않다.
- C'est bon[mauvais] *pour* la santé.　그것은 건강에 이롭다[해롭다].
- L'abus de l'alcool est pernicieux *pour* la santé.　알코올의 남용은 건강에 해롭다.

4. 감정·관심의 대상

1) ❶ …에 대한[대해].

afficher une défaveur *pour* *qn/qc* …에 대해 좋지 않은 태도를 보이다.　brûler *pour* *qn* …을 연모(戀慕)하다.　se captiver *pour* le rock 록음악에 열중하다.　concevoir de l'amitié *pour* *qn*; se prendre d'amitié *pour* *qn* …에게 우정을 품다.　concevoir de l'inimitié *pour* *qn* …에 대해 적의를 가지다.　s'enfiévrer *pour* la politique 정치에 열중하다.　s'engouer *pour* *qc* …에 심취하다.　s'éprendre d'amour *pour* *qn* …을 사랑하는 마음을 품다.　éprouver[ressentir] de l'affection *pour* *qn* …에 대해 애정을 느끼다.　éprouver l'amour *pour* *qn* …을 사랑하다, 애정을 품다.　éprouver un attrait romantique *pour* le malheur 불행에 대해 낭만적인 매력을 느끼다.　éprouver une certaine attirance *pour* *qn/qc* …에 대해 매력을 느끼다.　éprouver de la commisération *pour* *qn* …에 대해 동정심을 느끼다.　éprouver du dédain *pour* *qn/qc* …을 경멸[경시]하다.　éprouver de la déférence *pour* *qn* …을 공경심을 느끼다.　éprouver[ressentir] de la défiance *pour* *qn* …에 대해 의심을 품다.　éprouver du dégoût *pour* *qn/qc* …에 대해 혐오감[반감]을 느끼다.　éprouver du désir *pour* *qn* …에 대해 욕정을 느끼다.　éprouver de la haine *pour* *qn* …에 대해 증오심을 느끼다.　éprouver de l'horreur *pour* *qn/qc* …에 대해 혐오감을 느끼다.　éprouver de la répugnance[répulsion] *pour* *qn/qc* …에 대해 혐오감을 느끼다.　éprouver de la tendresse *pour* *qn* …에게 애정을 느끼다.　être plein d'attentions *pour* *qn* …에게 대단히 친절하게 대하다.　être plein d'égards *pour* *qn* …에 대한 존경심으로 가득 차다.　se faire du souci *pour* *qn/qc* …에

대해서 걱정하다.　mettre *qn* en haleine *pour qc*　···에게 ···할 마음이 생기게 하다.　montrer de la complaisance *pour qn* ···에게 호의를 베풀다[배려를 하다].　montrer de l'indulgence *pour* les fautes de *qn* ···의 잘못에 대해 관용을 베풀다.　montrer un intérêt trés vif *pour* un projet 계획에 비상한 관심을 보이다.　montrer[témoigner] de l'attachement *pour qn* ···에게 애정을 보이다[표시하다].　montrer de l'inclination *pour* l'aventure 모험심을 과시하다.　nourrir de vieilles haines *pour qn* ···에 대해 오랜 증오를 품고 있다.　nourrir une passion *pour qn* ···에게 뜨거운 연정을 품다.　se passionner *pour* la chimie 화학에 열중하다.　prendre de l'attache *pour qc* ···에 애착을 갖다, ···을 좋아하다.　se prendre d'affection[d'aversion] *pour qn* ···에 대해 사랑[혐오감]을 느끼다.　ressentir de la sympathie *pour qn* ···에 대해 호감을 느끼다.

· Pas de pitié *pour* les traîtres.　배신자는 용서 없다.
· Il s'enthousiasme *pour* le football.　그는 열렬한 축구 팬이다.
· J'ai flashé *pour* cette robe.　《구어》 그 드레스를 보자마자 내 마음에 꼭 들었다.

❷ [avoir + 명사 + pour + 명사]

avoir de l'admiration *pour qn/qc* ···에 감탄하다.　avoir de l'adoration *pour qn* ···을 몹시 사랑하다, 경애하다.　avoir de l'affection *pour qn* ···에 대해 애정을 갖다.　avoir l'amour *pour qn* ···을 사랑하다, 애정을 품다.　avoir de l'antipathie *pour qn/qc* ···에 대해 반감을 가지다.　avoir de l'attache *pour qc* ···에 애착을 갖다, ···을 좋아하다.　avoir de l'attrait *pour qc* ···에 마음이 쏠리다, ···을 좋아하다.　avoir de la charité *pour* le prochain 이웃에 대해 베푸는 마음씨를 갖다.　avoir de la commisération *pour qn* ···에 대해 동정심을 갖다.　avoir de la compassion *pour qn* ···에게 동정심을 갖다, ···을 동정하다.　avoir un coup de foudre *pour qn/qc* ···에(게) 한눈에 반하다.　avoir un culte *pour qn* ···을 숭배하다; 예찬하다.　avoir de la curiosité *pour* la calligraphie 서예에 관심을 가지다.　avoir du dédain *pour qn/qc* ···을 경멸[경시]하다.　avoir de la déférence *pour qn* ···을 공경하다.　avoir du dégoût *pour qn/qc* ···에 대해 혐오감[반감]을 갖다.　avoir de la détestation *pour qn* ···을 증오하다.　avoir des dispositions favorables *pour qn* ···에 대해 호의적 태도를 갖다.　avoir un faible *pour qn/qc* ···에 오금을 쓰지 못하다.　avoir le feu sacré *pour qc* ···에 대한 숭고한 열정을 지니다.　avoir un goût prononcé *pour qc* ···을 특히 좋아하다.　avoir du[peu de] goût *pour qn/qc* ···을 좋아하다[좋아하지 않다].　avoir de grandes attentions *pour qn* ···에게 대단히 친절하게 대하다.　avoir une grande dévotion *pour* Racine. 라신에 대해 커다란 애착을 갖다.　avoir une grande répugnance *pour* le mensonge 거짓말하는 것을 아주 싫어하다.　avoir de la gratitude *pour qn* ···에 대해 감사하는 마음을 가지다.　avoir de l'indulgence *pour* les fautes de *qn* ···의 잘못에 대해 관용을 베풀다.　avoir de l'inimitié *pour qn* ···에 대해 적의를 가지다.　avoir pcu d'intérêt *pour* la musique 음악에 거의 흥미가 없다.　n'avoir que du mépris *pour qn* ···에 대해 경멸의 마음밖에 갖지 않다.　avoir de la négligence *pour* les petites choses 사소한 일을 대수롭지 않게 여기다.　avoir un penchant *pour qn* 《문어》 ···을 좋아하다.　avoir une pensée *pour qn* ···에 대해 호감을 가지다[마음을 쓰다].　avoir une pente *pour qn* 《옛》 ···에게 마음이 기울다.　avoir un pépin *pour qn* 《옛·비유》 ···에게 반하다.　avoir une prédilection *pour qn/qc* ···을 특히 좋아하다.　avoir des préférences *pour* certains élèves 어떤 학생들을 편애하다.

avoir du respect *pour qn* ···을 존경하고 있다.　avoir du respect *pour* les opinions de *qn* ···의 의견을 존중하다.　avoir de la sympathie *pour qn* ···에 대해 호감을 갖다[느끼다].　avoir de la tendresse *pour qn* ···에게 애정을 품다[느끼다].　avoir une tocade *pour* une femme 여자에 일시적으로 빠지다.　avoir de la vénération *pour qn* ···을 존경하다.

- J'ai beaucoup d'amitié *pour* vous.　나는 당신에 대해 깊은 우정을 갖고 있습니다.
- J'ai une forte attirance *pour* ce genre d'étude.　나는 이런 종류의 연구에 대단한 흥미를 느낀다.
- Il a une grande complaisance *pour* ce qu'il a fait.　그는 자기가 한 일에 아주 흐뭇해 있다.
- Il n'a aucun égard *pour* la situation sociale de son interlocuteur.　그는 대화 상대의 사회적 지위를 전혀 고려하지 않는다.
- J'ai la plus grande estime *pour* ses efforts.　나는 그의 노력에 대해서 최고의 평가를 한다.
- Il a une préférence marquée *pour* le vin blanc.　그는 백포도주를 특히 좋아한다.
- Je vous remercie de toutes les gentillesses que vous avez eues *pour* moi.　당신이 내게 베풀어준 온갖 친절에 대해 감사드립니다.

2) 형용사의 보어

passionné *pour* une femme 여자에 홀딱 반한.　attitude insultante *pour qn* ···을 모욕하는 태도.　attitude vexante *pour qn* ···에 대한 모욕적인 태도.　enfant très attentionné *pour* ses parents 부모를 공경하는 아이.　paroles désagréables *pour qn* ···의 기분을 상하게 하는 말.　propos offensants [outrageants] *pour qn* ···에게의 모욕적인 언사.　être admiratif *pour qn/qc* ···에 탄복하다.　être bien[mal] disposé *pour qn* ···에 대해 좋은[달갑지 않은] 생각을 갖다.　être chipé *pour qn* ···에게 반하다.　être compatissant *pour* les vaincus 패자에 대해 관대하다.　être[se montrer] complaisant *pour qn* ···에게 싹싹하다.　être courageux *pour* l'étude 공부를 열심히 하다.　être dur *pour* les fautes d'autrui 남의 실수를 용납하지 않다.　se montrer dur *pour qn* ···에 대해 몰인정하게 굴다.　être faible *pour qn* ···에게 약하다, 엄하지 못하다.　être gentil *pour qn* ···에게 친절하다.　être impitoyable *pour qn* ···에 대해 무자비하다.　être implacable *pour qn* ···에 대해 무자비하다.　être indulgent *pour qn/qc* ···에 대해 관대하다.　être[se montrer] ingrat *pour qn* ···에 대해서 배은망덕하게 굴다.　être inique *pour qn* ···에게 편파적으로 대하다.　être juste *pour qn* ···에 대해 공정하다.　être malveillant *pour qn* ···에 대해 적의를 가지고 있다.　ne pas être tendre *pour qn/qc* ···에게 엄격[가혹]하다.　se montrer bienveillant *pour qn* ···에게 친절히 대하다.　se montrer galant *pour* une femme 여자에게 정중하게 대하다.　se montrer magnanime *pour qn* ···에게 관대한 태도를 취하다.

- Elle est bonne *pour* tous.　그녀는 누구에게나 친절하다.
- Elle est trop cassante *pour* ses collaborateurs.　그 여자는 동료들에게 너무 퉁명스럽게 군다.
- Il n'est pas très chaud *pour* cette affaire.　그는 이번 일에 그다지 열성적이 아니다.
- Elle est engouée *pour* la peinture.　그 여자는 그림에 심취해 있다.

3) 명사의 보어

❶

acharnement *pour* le travail 일에 대한 정열.   affection d'une mère *pour* ses enfants 어머니의 자식에 대한 사랑.   amour de Dieu *pour* les hommes 신의 인간에 대한 사랑.   son amour *pour* elle 그녀에 대한 그의 사랑.   attachement d'un chien *pour* son maître 주인에 대한 개의 충성.   chic *pour* qn 《속어》 …에 대한 박수갈채.   déconsidération de qn *pour* qn …의 …에 대한 불신.   dégoût *pour* la lecture 독서에 대한 싫증.   désaffection du public *pour* la cinéma 대중의 영화에 대한 무관심.   dévouement *pour* une personne aimée 사랑하는 사람에 대한 애정.   engouement *pour* la photo 사진에 대한 심취.   fanatisme intellectuel[artistique] *pour* qn/qc …에 대한 지적[예술적] 심취.   inclination *pour* qn 《문어》 …에 대한 연정.   incompréhension *pour* qn/qc …에 대한 몰이해.   indifférence *pour* les malheurs d'autrui 타인의 불행에 무감동함.   intérêt *pour* le sport 운동에 대한 관심.   partialité *pour* qn …에 대한 편애.   passion *pour* les richesses 부에 대한 집념. profonde dilection *pour* la poésie 시에 대한 깊은 사랑.

· Il y a beaucoup d'aspirants *pour* cette place.   《옛》 이 자리를 차지하고 싶어하는 지원자들이 많다.

· Son amitié *pour* Marie s'est diminuée.   마리에 대한 그의 우정이 식었다.

· Son amour *pour* jazz n'a duré qu'un mois.   재즈에 대한 그의 열정은 한 달밖에 못 갔다.

◎ [l'un *pour* l'autre]

la haine des hommes les uns *pour* les autres 사람들 사이의 증오.

❷ [pour *inf*]

· Elle n'a aucun goût *pour* s'habiller.   그녀는 복장에 대한 센스가 없다.

5. 대상·영역

1) ❶

pour des yeux avertis[prévenus] 미리 알고 있는 사람에게는.   avoir des conséquences *pour* qn …에 중대한 영향을[결과를] 가져다주다.   constituer[être] un appoint *pour* qc …에 도움이 되다.   être en arrière *pour* ses études 학업이 늦어지다.   faire une soumission *pour* qc …에 입찰하다.   parier gros *pour* les courses de chevaux 경마에 거금을 걸다.   il y a accord *pour* qc …하는 것으로 의견이 모이다.

· Un colis est arrivé *pour* vous.   당신 앞으로 소포가 하나 와 있습니다.

· Quand (il) y en a *pour* deux, (il) y en a *pour* trois.   (분배·식사 초대 따위에서) 두 사람이나 세 사람이나 마찬가지이다.

· La durée d'incubation est de vingt et un jours *pour* la poule.   암탉이 알을 품는 기간은 21일이다.

· Gardez cela[ce secret] *pour* vous.   그것[그 비밀]은 당신만 알고 계십시오.

- J'ai trouvé un acquéreur *pour* ma voiture.　　내 차를 살 사람을 만났다.
- Cette loi[remarque] vaut *pour* tout le monde.　　이 법[지적]은 모든 사람에게 적용된다.

❷

désigner *qn pour* un poste …을 어떤 자리에 임명하다.　　opter *pour* la nationalité française 프랑스 국적을 택하다.　　présenter *qn pour* un emploi …을 일자리에 추천하다.

- Il incline *pour* cette solution.　　그는 이 해결책으로 마음이 쏠리고 있다.
- Après plusieurs jours de doute, il a opté *pour* cette solution.　　며칠 동안 주저한 끝에 그는 이 해결책을 택했다.
- Je penche *pour* la première hypothèse.　　첫 번째 가설이 타당한 것 같다.
- Il a été proposé *pour* ce poste.　　그는 이 직책에 추천되었다.
- Il s'est proposé *pour* ce poste.　　그는 이 직책에 지원했다.

❸

être un exemple *pour* nous tous 우리 모두에게 귀감이다.　　être du grec[latin] *pour qn* …로서는 통 알아들을 수가 없다, 그게 뭐가 뭔지 모르겠다.　　être une manne céleste *pour qn* …에게 하늘이 내게 내린 은총이다.

- *Pour* elle, il est plus qu'un professeur.　　그녀에게 그는 선생님 이상의 존재이다.
- *Pour* moi, 400 euros, c'est une somme.　　400유로는 나에게는 큰돈이다.
- Cette affaire n'a pas de mystère *pour* lui.　　그는 이 사건에 대해 모르는 것이 없다.
- Tous les biens de ce monde ont *pour* moi peu d'appas.　　이 세상의 재물이란 나에게는 별로 흥미가 없다.
- La solitude a *pour* elle beaucoup d'attrait.　　그녀에게 있어 고독은 많은 매력을 주고 있다.
- Il n'y a pas d'heure *pour* les braves. 《**속담**》 용감한 자는 (시기에 구애받지 않고) 언제나 용감하기 마련이다.
- Il n'y a pas de héros *pour* son valet de chambre.　　그의 하인에게 있어서 영웅인 자는 아무도 없다((위대한 사람의 측근에 있는 사람들은 너무도 그의 단점을 잘 알기 때문에 그를 존경하기 어렵다)).
- Cela compte beaucoup *pour* moi.　　그것은 내게 아주 중요하다.
- Ce que tu dis, c'est de l'algèbre *pour* moi.　　난 네가 무엇을 말하는지 통 모르겠다.
- C'était une cruelle épreuve *pour* lui.　　그것은 그에게 견디기 어려운 시련이었다.
- C'est un grand bonheur *pour* moi de collaborer avec vous.　　함께 일하게 되어 참으로 기쁩니다.
- C'est de la bouillie *pour* les chats.　　알아들을 수 없는 설명[이야기]이다 ; 별로 소용이 되지 않는다, 무익하다.
- C'est une grosse décharge *pour* la famille.　　그것은 집안의 부담을 많이 덜어 주었다.
- C'est un inconnu *pour* moi　　그 사람은 내게 제삼자이다.
- C'est *pour* lui une impossibilité.　　그것은 그에게 불가능한 일이다.

- C'est *pour* moi un gros sacrifice.　　나로서는 크게 손해를 보는 겁니다.
- Ce n'est qu'un jeu *pour* lui.　　그건 그 사람에게는 식은 죽 먹기다.
- Ce n'est un mystère *pour* personne.　　누구나 그 사실을 알고 있다.
- C'est le rouge *pour* les taureaux. 《구어》불난 데 부채질하는 격이다, 사람을 자극하는 짓이다.
- Cet ami est *pour* elle un véritable trésor.　　이 친구는 그 여자에게 있어 보배와 같은 존재이다.
- Ces documents seraient *pour* vous une lettre morte.　　이 서류들은 당신에게는 의미가 없는 것들일 겁니다.
- Cet enfant est un perpétuel souci *pour* ses parents.　　이 아이는 늘 부모의 속을 썩인다.
- L'homme est un loup *pour* l'homme.　　인간은 인간에 대한 늑대다((라틴어 경구)).
- Il est tout *pour* elle.　　그녀에게는 그가 전부이다.
- Je ne veux pas être un embarras *pour* vous.　　나는 당신에게 폐가 되고 싶지 않습니다.
- La lecture est un aliment *pour* l'esprit.　　독서는 마음의 양식이다.
- La lecture est *pour* moi un délassement.　　나에게 있어서 독서는 휴식거리이다.
- Ce livre est *pour* lui l'équivalent de la Bible.　　이 책은 그에게는 성경이나 마찬가지이다.
- Sa mort est une calamité *pour* la famille.　　그의 죽음은 가족에게 큰 불행이다.
- Les propos du maître étaient souvent un oracle *pour* ses disciples.　　선생의 말은 그의 제자들에게 흔히 신의 말과 같았다.
- La raison de ce refus est *pour* moi une lettre close.　　이 거절의 이유를 나로서는 도저히 알 수 없다.
- Un trajet de trois cents kilomètres n'est rien *pour* lui.　　그에게 300킬로의 여정은 아무 것도 아니다.
- Ce travail n'est pas une charge *pour* moi.　　그 일은 내게 부담이 되지 않는다.
- Tu es un vrai frère *pour* moi.　　너는 나에게 형제나 같다.
- Plus rien n'existe *pour* lui lorsque'il travaille.　　그가 일할 때는 다른 어떤 것도 그에게 중요하지 않다.
- Cela ne représente pas grand-chose *pour* lui.　　그것은 그에게는 대단한 것이 못된다.
- Cela ne signifie rien *pour* lui.　　그건 그에게 아무런 의미도 없는 것이다.

❹ [Il en va + 양태 + pour *qc*] : …에 대해서 사정은 …하다.
- Il en va de même *pour* cette question.　　그 문제에 있어서도 사정은 마찬가지이다.
- Il en va tout autrement *pour* notre affaire.　　우리 사업의 경우에는 사정이 전혀 다르다.

2) 형용사의 보어

âge compétent *pour* le mariage 법적으로 결혼이 가능한 연령.　　animal impur *pour* les musulmanes 회교도가 금기시하는 동물.　　billet bon *pour* deux personnes 두 사람이 들어갈 수 있는 표 démonstration incompréhensible *pour* ceux qui ne sont pas spécialistes 전문가 아닌 사람은 이해할 수 없는 증명.　　lecture trop sérieuse *pour* un enfant 아이가 읽기에는 너무 딱딱한 내용.　　parti sortable *pour* leur fille 그들의 딸에게 어울리는 혼처.　　piste impraticable *pour* les voitures 자동차 통행이 불가

능한 길.   question importante *pour qn/qc* …에(게) 중요한 문제.   repas trop juste *pour* dix personnes 10명이 먹기에는 너무 빠듯한 식사.   sentiment nouveau *pour* lui 그에게 새로운 감정.   situation très perturbante *pour* les enfants 아이들에게 매우 혼란스런 상황.   temps délicieux *pour* une promenade 산책하기에 좋은 날씨.   être avantageux *pour qn* …에게 유리하다.   être clair *pour* tout le monde 주지의 사실이다, 모두에게 알려진 것이다.   être dangereux *pour qn/qc* …에게 위험하다.   être doué *pour* les langues 외국어에 재능이 있다.   être paresseux *pour qc* …에 태만하다.

- *Pour* l'agnostique, l'absolu n'est pas connaissable.   불가지론자에게는 절대는 인식할 수 없는 것이다.
- Le tabac est devenu un besoin impérieux *pour* lui.   담배는 그에게 반드시 필요한 것이 되었다.
- C'est capital *pour* lui.   그에게는 아주 중대한 것이다.
- C'est trop compliqué *pour* moi.   나한테는 너무 어렵다.
- C'est facile *pour* un homme comme lui.   그것은 그와 같은 사람에게는 용이한 일이다.
- C'est humiliant *pour* lui.   이것은 그에 대한 모독이다.
- Ce n'est pas perdu *pour* tout le monde.   그걸로 득을 보는 사람도 있다.
- C'est trop salé *pour* mon goût.   그것은 너무 짜서 내 입맛에 맞지 않는다.
- C'est triste *pour* un vieux.   그것은 노인에게는 슬픈 일이다.
- Ce bagage est déjà très lourd pour un homme, à plus forte raison *pour* une femme.   이 짐은 남자가 들기에도 벌써 무척 무거운데, 더구나 여자라면 말할 것도 없다.
- La richesse, *pour* elle, c'est bien abstrait.   부란 그녀에게 다만 생각으로만 존재한다.
- Ce scandale est fâcheux *pour* notre parti.   그 추문은 우리 당에겐 난처한 일이다.
- La garde de deux filles est une charge un peu trop pesante *pour* moi.   두 여자 아이를 양육하는 것은 내게 좀 너무 부담스럽다.
- La justice doit être égale *pour* tous.   법은 만인에게 차별을 두지 않아야 한다.
- Il est plus aisé *pour* un chameau d'entrer par le trou d'une aiguille que pour un riche d'entrer dans le royaume de Dieu.   부자가 하늘나라에 들어가는 것보다 낙타가 바늘귀를 지나가는 것이 더 쉽다((성서, 마태복음 19: 24)).
- Il est bon *pour* les travaux manuels.   그는 손재주가 있다.
- Il est plus commode *pour* moi de partir en voiture.   나로서는 자동차로 출발하는 것이 더 쉽다.
- La Chine, Hongkong ou la Corée du Sud ont toujours été une terre fertile *pour* ce type de bâtiments.   중국이나 홍콩 또는 한국에는 그러한 종류의 건물들이 많다.
- Il est trop jeune *pour* cet emploi.   그는 그 일을 하기에는 너무 젊다.
- Le père est responsable *pour* ses enfants.   아버지는 자식에 대한 책임이 있다.
- Ça fait trop jeune *pour* lui.   그렇게 하니 너무 젊어 보인다.
- On le juge insuffisant *pour* cette charge.   그는 이 임무를 맡기에는 재능이 부족하다고 판단된다.

3) 부사와 함께

- Heureusement *pour* moi[lui].   내[그]에겐 다행이야.
- Tant mieux[pis] *pour* lui!   그에게 참 잘됐군[딱한 일이군]!

· C'est déjà trop *pour* moi que de vous écouter.　당신의 말씀을 듣는 것만으로도 제게는 과분합니다.

4) 명사의 보어

inaptitude *pour* qc …하기에 부적격함.　grand achoppement *pour* l'esprit 정신에 있어서의 큰 장애. cécité *pour* les couleurs 색맹.　excitant *pour* l'esprit 정신적 자극.　politique contingentaire *pour* les impotations 수입량 할당[제한]정책.　talent naturel *pour* la musique 음악에 대한 천부적인 재능. avoir des (pré)dispositions *pour* les mathématiques 수학에 재능이 있다.　avoir un don *pour* les maths [langues] 수학[언어]에 대한 재능이 있다.　manifester des aptitudes *pour* les mathématiques 수학에 소질을 보이다.　prendre un brevet *pour* une nouvelle invention 신발명품의 특허를 취득하다.　recevoir en partage un talent *pour* la musique 천부적으로 음악에 대한 재능을 타고나다.

· Il a de la facilité *pour* les mathématiques.　그는 수학에 재능이 있다.

5) [pour *inf*]

❶

inaptitude *pour* faire qc …하기에 부적격함.　constituer[être] un appoint *pour inf* …하는 데 도움 이 되다.　avoir le génie *pour inf* …하는 재능이 있다.　avoir toute liberté *pour inf* 마음대로 …할 수 있다.　éprouver une certaine gêne *pour* marcher 걷기가 힘이 든다.

· Il y a accord *pour* poursuivre le dialogue politique.　정치적 대화를 계속하기로 의견이 수렴되었다.
· Êtes-vous d'accord *pour* venir ce soir?　오늘 저녁 오시는 데 찬성하십니까?
· Nous nous sommes entendus *pour* ne rien entreprendre en son absence.　우리는 그가 없는 동안에 는 아무 일도 추진하지 않기로 합의했다.
· Son âge est un sérieux handicap *pour* obtenir ce poste.　그에게는 나이가 그 일자리를 얻는 데 아주 불리한 조건이 되고 있다.
· Il n'a pas fait de difficultés *pour* accepter cette proposition.　그는 두말없이 그 제안을 수락했다.
· Elle ne s'est pas gênée *pour* lui dire ce qu'elle pensait.　그녀는 거리낌 없이 그에게 자기 생각을 말했다.
· Elle s'est proposée *pour* garder les enfants.　그 여자가 어린이들을 돌보겠다고 나섰다.
· Il ne reste qu'une possibilité *pour* y aller, c'est le train.　이제 거기에 갈 수 있는 방법은 하나밖에 없는 데 그것은 기차를 타고 가는 것이다.

❷ 형용사의 보어

endroit propice *pour* camper 야영하기에 적합한 장소.　poutre faible *pour* supporter un tel poids 그 정도의 무게를 버티기에는 약한 대들보.　être avantageux *pour inf* …하기에 유리하다.　être efficace *pour inf* …하는 데 효과적이다.　être fort *pour* parler 말을 잘하다.　être paresseux *pour inf* …하는 데 태만하다.

· Le maire n'est pas compétent *pour* prendre cette décision.　시장은 그런 결정을 내릴 권한이 없다.

· Il n'est pas doué *pour* parler avec éloquence.　그는 구변좋게 말하는 재주가 없다.

6. 찬성 · 지지

1) …을 찬성하여[하는].

afrikaner qui est *pour* l'apartheid 인종차별 정책에 찬성하는 네덜란드계 백인.　se décider *pour* le premier candidat[la voiture rouge] 첫 번째 후보[빨간색 자동차]로 정하다.　se déclarer *pour* un candidat[les armement atomiques] 후보자[핵무장]에 대해 찬성의 뜻을 표명하다.　être *pour* l'abolition de la peine de mort 사형제도 폐지에 찬성이다.　faire campagne *pour* qn/qc 지지 운동을 하다.　faire de la propagande *pour* qc …을 선전하다.　lancer une croisade *pour* qc …을 위해[반대하여] 운동을 벌이다.　prendre fait et cause *pour* qn …을 두둔하다, 지지하다.　prendre parti *pour* qn/qc …의 편이 되다, …에 찬성하다.　prendre position *pour* qc …에 찬성의 태도를 보이다.　se prononcer *pour* qn/qc …에 대해 찬성을 표명하다.　témoigner *pour* qn …에게 유리한 증언을 하다.　tenir *pour* qn/qc …을 지지하다(=s outenir).　voter *pour* qn/qc …에 찬성표를 던지다.

· Personne n'est *pour* cette proposition.　아무도 그 제안에 대해 찬성하지 않는다.
· La plupart d'entre eux sont *pour* l'augmentation des salaires.　그들 대부분은 급료 인상에 대해 찬성이다.
· Le parlementaire plaide *pour* son programme.　의회는 그의 계획을 옹호하고 있다.
· Ses mérites plaident *pour* lui.　그의 과거의 공적이 그에게 유리하게 작용하고 있다.

2) [pour *inf*]
· Je suis *pour* partir en vacances demain mation.　나는 내일 아침 휴가를 떠나는 데 대해 찬성이다.

3) [pour que + *sub*]
· Je suis *pour* que tout le monde vienne.　나는 모든 사람이 다 오는 데 대해 찬성한다.
· Je suis *pour* qu'on y aille.　거기에 가는 데에 나는 찬성한다.

7. 결과 · 인과 관계

1)

pour comble[surcroît] de malheur[infortune] 설상가상으로.　*pour* comble[surcroît] de bonheur 금상첨화로.

· *Pour* la grande joie de nous tous, il est revenue sain et sauf.　우리 모두에게 무척 기쁘게도 그가 무사히 돌아왔다.
· *Pour* son malheur, il a voulu se lancer dans la politique.　그는 불행히도 정치에 투신하고자 했다.
· *Pour* sa peine, il a été obligé de quitter son pays.　애석하게도 그는 고국을 떠나야만 했다.
· Beaucoup de bruit *pour* rien.　《속담》태산명동 서일필(泰山鳴動 鼠一匹).
· Je l'ai rencontré *pour* mon malheur.　불행하게도 그를 만나게 되었다.
· N'ai-je donc tant vécu que *pour* cette infamie?　내가 살아온 결과가 이런 수치뿐이란 말인가?

2) [pour *inf*]

❶

> *pour* empirer les choses 설상가상으로, 엎친 데 덮치어서.   se courber *pour* saluer 허리를 굽혀 인사하다.   se déranger[s'effacer] *pour* laisser passer *qn* 비켜서서 …을 지나가게 하다.   donner un oeuf *pour* avoir un boeuf 되로 주고 말로 받다.   fendre la foule *pour* se frayer un passage 《구어》 군중을 헤치고 길을 뚫다.   passer devant *qn pour* lui montrer le chemin …을 앞서서 길을 안내하다.   passer par[suivre] la filière *pour* devenir directeur 단계를 밟아 승진하여 중역이 되다.   pousser *qn* du coude *pour* l'avertir …에게 팔꿈치로 쳐서 기별하다[눈치를 주다].   soulever un bonnet *pour* saluer 모자를 들어 인사하다.   tousser *pour* expectorer 기침을 해서 가래를 뱉다.   s'unir avec ses amis *pour* former une association 친구들과 손을 잡고 조합을 결성하다.

- Tu t'arranges toujours *pour* avoir des taches.   니는 기이고 얼룩을 만들어 놓는구나.
- Elle est arrivée à cinq heures *pour* repartir aussitôt.   그녀는 다섯 시에 도착하더니 곧 다시 떠났다.
- Sur quoi vous basez-vous *pour* dire cela?   무엇에 근거를 두고 그렇게 말하십니까?
- La chèvre s'est battue toute la nuit avec le loup *pour* être mangée le matin.   염소는 밤새 늑대와 싸웠고, 아침에 늑대에게 잡아먹혔다.
- La consommation annuelle de riz par habitant a ainsi décru de 25 % en une décennie, *pour* atteindre 76 kilogrammes annuels.   1인당 연간 쌀 소비량이 지난 10년 동안 25%나 감소 76kg로 줄어들었다.
- Elle s'est écrasée contre le mur *pour* éviter la voiture.   그녀는 벽에 몸을 붙이다시피 하여 차를 피했다.
- Qu'est-ce qu'il a fait *pour* être si malheureux!   그가 어떻게 했기에 그렇게 불행할까!
- Elle l'a fait travailler toute la journée *pour*, le soir, ne lui donner que dix euros.   그녀는 그에게 하루 종일 일을 시키더니, 저녁때 고작 10유로를 주었다.
- Elle est partie *pour* ne plus revenir.   그녀는 떠나더니 다시 돌아오지 않았다.
- Il portera ses chaussures *pour* les finir.   그는 신발이 해질 때까지 신을 것이다.
- Il a profité d'une accalmie *pour* sortir.   그는 비바람이 잠시 멈춘 틈을 타 밖으로 나갔다.
- Le train est reparti *pour* stopper une seconde fois, en pleine montagne.   기차가 다시 출발했지만 산 한가운데서 두 번째로 멈춰버렸다.

❷ [assez / trop … pour *inf*]

- Il a été assez cruel *pour* tuer ce chien.   그는 잔인하게도 그 개를 죽였다.
- Il n'est pas assez naïf *pour* y croire.   그는 그것을 믿을 만큼 어리석지 않다.
- Elle se respecte assez *pour* ne pas faire une chose pareille.   그녀는 체면을 중하게 여기기 때문에 그러한 짓은 하지 않는다.
- Il a trop de discrétion *pour* vous rendre visite sans prévenir.   그 사람처럼 신중한 이가 예고없이 당신을 방문하지는 않을 것이다.
- Il est trop malin *pour* se laisser prendre à ce piège.   그는 영리해서 그러한 계략에는 걸려들지 않는다.
- Il est trop prudent *pour* brusquer les choses.   그는 너무 신중해서 일을 서두르지 않는다.

3) [pour que + *sub*]

❶ · Il faut attendre 1975 *pour* que soit commercialisée la première voiture de série conçue en Corée du Sud, la Pony de Hyundai.   1975년이 되어서야 한국에서 만들어진 첫 번째 자동차인 현대의 포니가 상용화되었다.

· Qu'est-ce que vous lui avez dit, *pour* qu'il soit parti sans dire un mot?   그에서 무어라고 했기에 그가 한마디도 하지 않고 떠났습니까?

· Que lui a-t-elle dit, *pour* qu'il soit si bouleversé?   그녀가 무어라고 했기에 그가 그렇게 정신이 나가 있습니까?

· Les moutons sont timides, le moindre bruit extraordinnaire suffit *pour* qu'ils se précipitent.   양들은 겁이 많아서, 조금이라도 이상한 소리가 나면 도망가기 바쁘다.

· Le krach observé depuis quelques jours, et plus encore ce matin, sur l'ensemble des places boursières met une pression terrible sur le G7, et *pour* que celui-ci annonce des mesures fortes et coordonnées.   며칠 전부터, 그리고 오늘 아침까지의 전체 주식시장의 대폭락은 선진 7개국에 커다란 압력이 되었고, 선진 7개국은 강하고 서로 공조가 이루어진 조치를 하겠다고 예고했다.

❷ [assez / trop ··· pour que + *sub*]

· Il y a dans le peuple français quand il est rassemblé assez d'énergie, d'intelligence et de courage *pour* que nous ayons ensemble confiance dans l'avenir.   프랑스 국민들이 결집했을 때는 충분한 에너지와 지성과 용기가 있어서 우리 모두는 미래에 대해 믿음을 가질 수 있다.

· Il est assez grand *pour* qu'on ne le traite plus comme un enfant.   그는 이제 커서 더 이상 어린애 취급을 할 수 없다.

· Il parle assez fort *pour* qu'on entende.   그는 사람들이 다 들을 수 있을 정도로 크게 말했다.

· Il est trop menteur *pour* qu'on puisse le croire.   그는 거짓말을 너무 잘해서 믿을 수 없다.

· Le temps est trop précieux *pour* qu'on le gaspille.   시간은 너무 귀중한 것이라 낭비할 수 없다.

8. 원인 · 이유 · 동기

1) **❶**

pour cela 그런 이유로.   *pour* l'acquit de sa conscience 꺼림칙하지 않도록.   *pour* la bonne cause 정당한 이유로, 대의를 위하여; 《구어》 결혼을 목적으로.   *pour* une cause indéterminée[sérieuse] 확실치 않은[심각한] 이유로   *pour* la décharge de ma conscience 양심의 가책을 받지 않기 위해; 마음을 달래려고   *pour* un motif que j'ignore 내가 알 수 없는 이유로   *pour* le bon motif 정당한 이유로; 《옛 · 구어》 결혼할 목적으로.   *pour* un oui (ou) *pour* un non 사소한 일로, 이유없이(=à tout propos, sans raison).   *pour* des raisons variées 여러 가지 이유로.   *pour* une raison quelconque 그 어떤 이유로든지.   *pour* une raison ou (*pour*) une autre 이러저러한 이유로; 어떤 이유가 있어서.   région réputée *pour* ses vins 포도주로 유명한 지방.   se blesser[se vexer] *pour* un rien 사소한 일에 언짢아하다[화내다].   se brouiller *pour* une bêtise 대수롭지 않은 일로 사이가 틀어지다.   se disputer *pour* une broutille 사소한 문제로 다투다.   être célèbre *pour* ses découvertes scientifiques 과학적인 발견으로 유명하다.   se fâcher *pour* un rien 하찮은 일로 화내다.   faire *qc pour* les

- (Toutes mes) félicitations *pour* votre mariage!   결혼을 진심으로 축하합니다.
- Merci *pour* tout.   여러 가지로 (도움을 받아) 감사합니다.
- Tu ne vas pas t'angoisser *pour* si peu.   《구어》 그렇게 사소한 일로 불안에 떨 필요는 없다.
- Elle s'alarme *pour* un rien.   그녀는 아무 것도 아닌 일에 겁을 먹는다.
- Ma mère s'alarmait sans cesse *pour* mon père.   어머니는 늘 아버지 때문에 걱정이셨다.
- C'est *pour* ça que son oncle est arrivé en retard?   그의 삼촌이 늦게 도착한 것은 그 때문이냐?
- Elle a la tête tout en combustion *pour* le mariage.   그녀는 결혼 때문에 머리가 아주 혼란스러운 상태이다.
- Ne te bile pas *pour* si peu.   아무것도 아닌 걸 가지고 걱정하지 마.
- Ils se sont brouillés *pour* une bagatelle.   그들은 별것도 아닌 문제로 사이가 틀어졌다.
- Il ne faut pas te culpabiliser *pour* si peu.   그러한 사소한 일로 죄의식을 가져서는 안된다.
- Ne vous dérangez pas *pour* moi.   저 때문에 일어나지 마시고 계속 하세요.
- Elle l'aurait épousé *pour* l'argent.   그녀는 돈 때문에 그와 결혼한 것 같다.
- Les frères sont brouillés *pour* un problème mineur.   형제가 사소한 문제 때문에 사이가 틀어졌다.
- Je suis inquiet *pour* lui.   그 사람 일이 걱정된다.
- L'hôtel est réputé *pour* sa cuisine.   그 호텔은 요리로 유명하다.
- C'est *pour* mon silence que vous me faites visite?   그런데, 당신이 나를 찾아 온 것은 내가 입을 다물고 있기 때문이요?
- Mon père est un grand anxieux, il s'inquiète *pour* un rien.   내 아버지는 몹시 소심한 분이어서 아무 것도 아닌 것에 불안해하신다.
- Ne vous tracassez pas *pour* si peu.   그렇게 하찮은 일로 애태우지 마세요.
- Elle tremble *pour* son fils qui est à la guerre.   그녀는 전쟁터에 나간 아들 때문에 불안에 떨고 있다.
- Elle ne l'a pas vu *pour* la (simple) raison qu'elle se trouvait absent.   그녀가 그를 만나지 않은 것은 (단지) 그녀가 그 자리에 없었기 때문이다.
- En voilà des histoires *pour* une malheureuse somme!   하찮은 금액 가지고 이 무슨 말썽인지!
- Voilà bien des cérémonies *pour* si peu de chose.   하찮은 걸 가지고 너무 까다롭게 구는군.

❷ [동사 + 목적어 + pour + 명사]

un élève *pour* son succès à l'examen 학생의 시험 합격을 축하하다.　critiquer *qn pour* son attitude ···의 태도를 비난하다.　envier *qn pour* sa réussite ···의 성공을 부러워하다.　épouser *qn pour* sa beauté[fortune] 미(美)[재산]에 이끌려 ···와 결혼하다.　gourmander *qn pour qc* ···때문에[···에 대해서] ···을 야단치다.　être jugé *pour* le meurtre de *qn* ···을 살인한 죄목으로 재판을 받다.　être poursuivi *pour* un délit 위법 행위로 기소되다.　réprimander un enfant *pour* sa conduite 어린이의 행동을 꾸짖다.　respecter *qn pour* ses qualité humaines ···을 인간적인 장점 때문에 존경하다.

- Il me chine *pour* rien.　그는 사소한 일로 내게 트집을 잡는다.
- On a choisi ce matériau *pour* sa légèreté.　이 자재는 가벼워서 선택되었다.
- Il a été emprisonné *pour* des raisons politiques.　그는 정치적인 이유로 수감되었다.
- Je te félicite *pour* ton succès au concours.　시험의 합격을 축하한다.
- On doit le louer *pour* son courage.　그의 용기를 가상스럽게 여겨야 한다.

2) [pour + 무관사명사]

❶

pour raison à moi[vous] connue 나로서는 그럴 만핸[당신도 알 만한] 이유가 있었기에.　citation *pour* contravention 경범죄로 인한 소환.　condamnation *pour* vol[meurtre] 절도[살인]죄.　déchéance d'un brevet *pour* non-exploitation 이용하지 않은 특허(권)의 실효.　fermeture de l'autoroute *pour* travaux 작업 관계상 도로 폐쇄.　massacres perpétrés *pour* cause de religion 종교로 인해 저질러진 학살.　nullité *pour* vice de forme 형식[서식]상의 하자에 의한 무효.　s'absenter *pour* raison de santé 건강상의 이유로 결석하다.　attraper une contravention *pour* excès de vitesse 과속으로 딱지를 받다.　divorcer *pour* incompatibilité d'humeur 성격차로 이혼하다.　être absent *pour* maladie 아파서 결석하다.　payer une contravention *pour* stationnement interdit 주차위반으로 벌금을 물다.

- Fermé *pour* cause de décès.　상중(喪中) 휴업.
- Le magasin est fermé *pour* cause d'inventaire.　재고조사 때문에 상점이 문을 닫았다.
- Le bureau sera fermé pendant un mois *pour* réparation.　수리를 위해 사무실이 한 달 동안 문을 닫을 것이다.
- Il a eu un procès-verbal *pour* excès de vitesse.　그는 속도위반으로 딱지를 떼었다.

❷ [동사 + 목적어 + pour + 무관사명사]

arrêter *qn pour* port d'armes prohibé ···을 불법무기 소지죄로 체포하다.　être condamné *pour* fait d'insoumission 불복종의 이유로 처벌을 받다.　être condamné *pour* vol[meurtre] 절도[살인] 혐의로 유죄 선고를 받다.　être pénalisé *pour* excès de vitesse 과속으로 벌금을 물다.　révoquer *qn pour* excès de pouvoir ···을 권한 남용으로 해임하다.

- Il a été condamné *pour* coups et blessures.　그는 폭력치상죄로 유죄 판결을 받았다.
- Il a été condamné *pour* corruption de fonctionnaires.　그는 공무원 수뢰로 유죄 판결을 받았다.

- Il a été éliminé *pour* dopage.　그는 약물복용으로 실격되었다.
- Il est licencié *pour* incompétence.　그는 무능하여 해고당했다.
- Il a été mis en examin *pour* meurtre.　그는 살인 혐의로 심문을 받았다.

3) [pour *inf*]

> être condamné à douze ans de prison *pour* avoir tué un homme 살인죄로 12년형을 받다.　critiquer *qn pour inf* …을 …한 것을 비난하다.　être récompensé *pour* avoir bien travaillé 일을 잘해서 상을 받다.　risquer sa santé *pour* avoir trop bu 술을 너무 마셔서 건강을 위협하다.

- Il s'est claqué *pour* préparer son examen.　그는 시험 준비로 녹초가 되었다.
- Je suis bien embêté *pour* vous répondre.　당신에게 대답하기가 매우 난처하군요.
- Marie Curie est célèbre *pour* avoir découvert le radium.　마리 퀴리는 라듐을 발견한 것으로 유명하다.
- Il a peur d'être grondé *pour* être en retard.　그는 지각해서 꾸중을 들을까봐 두려워한다.
- Tu seras (mis) à l'amende *pour* avoir parlé du travail pendant le repas.　식사 중에 일에 대해 말했으니 너는 벌금을 물어야 할 것이다.

9. 양보 · 대립

1) …이지만.
- *Pour* un étranger, il parle bien le coréen.　외국인이지만 그는 한국어를 잘 한다.
- Ma cousine, *pour* belle de visage, n'est pas charmante.　내 사촌은 얼굴은 예쁘지만 매력적이지는 않다.

2) [pour *inf*]

> ne rien perdre *pour* attendre 기다린다고 손해 볼 것은 없다; (반어적으로) 늦게라도 당할 것은 당한다.

- *Pour* être plus âgés, ils n'en sont pas toujours plus sages.　그들이 나이가 많다고 해서 항상 더 현명한 것은 아니다.
- *Pour* avoir été condamné, il n'est pas forcément un bandit.　그는 유죄 판결을 받기는 했지만 반드시 악당은 아니다.
- *Pour* avoir modelé quelques méchantes figures, je ne suis pas un sculpteur.　하찮은 조각품 몇 점 만들었다고 해서 내가 조각가인 것은 아니다.
- *Pour* avoir obtenu[remporté] un grand succès, il n'en est pas moins humble.　대성공을 거두었지만 그는 여전히 겸손하다.
- *Pour* passer une nuit dehors, nous n'en mourrons point.　밖에서 하룻밤을 지낸다고 해서 우리가 죽는 것은 아니다.
- La Bastille, *pour* être une vieille forteresse, n'en était pas moins imprenable.　바스티유는 낡은 요새이기는 하지만 난공불락이었다.

- C'est une maladresse, *pour* ne pas dire une bêtise.　그것은 바보짓이라고까지는 말하지 않더라도 서투른 짓이다.

3) [pour + 형용사 + que + *sub*/《드물게》 *ind*]
- *Pour* froid et austère que l'on soit, il est généreux pour les pauvres.　그는 아주 냉정하고 엄하지만 가난한 사람들에게는 너그러운 사람이다.
- *Pour* pauvre que l'on soit, on peut être heureux.　아무리 가난해도 행복할 수 있다.
- *Pour* riche qu'il est, il vit très simplement.　그는 매우 부유하지만 아주 검소하게 생활한다.
- L'eau, *pour* profonde qu'elle soit, n'en est pas moins transparente à ravir.　물은 아주 깊지만 황홀해질 정도로 맑다.
- Ces arguments, *pour* justifiés qu'ils soient, n'ont guère de valeur, et l'Union européenne ne saurait s'exonérer de ses responsabilités.　그러한 논거는 정당화되었다 하더라도 거의 효력을 지니지 못하며, 유럽연합은 그 책임을 면할 수 없다.

4) [pour + si/aussi + 형용사 + que + *ind*/*sub*]
- Cette critique du capitalisme, *pour* aussi vive qu'elle soit, n'était après tout qu'une critique.　그 자본주의 비판은 아무리 신랄해도 결국은 하나의 비판에 지나지 않는다.
- Ces deux frères, *pour* si différents qu'ils soient, se rejoignent dans l'amour de la musique.　그 두 형제는 무척 다르지만 음악을 좋아하는 점에서는 일치한다.

10. 판단의 근거 · 이유 : [pour *inf*]

- *Pour* aimer ces films, il faut être vicieux.　《구어》 그런 영화를 좋아하다니 별나군.
- Il faut être fou *pour* agir ainsi.　미치지 않고는 그렇게 행동할 수 없다.
- Il faut être imbécile *pour* ne pas comprendre cela.　바보가 아니라면 그걸 이해하지 못할 리가 없다.
- Il faut qu'elle l'aime beaucoup *pour* être si bonne avec lui.　그녀가 그에게 그렇게 친절하게 대하는 것을 보니 그를 좋아하는 것이 틀림없다.
- Il faut vraiment qu'elle soit malade *pour* ne pas être venu.　그녀가 오지 않는 것을 보니 아픈 것이 틀림없다.

11. 제한 · 조건 : [pour *inf*]

pour abréger 요컨대, 간단히 말해서.　*pour* ainsi dire 말하자면, 이를테면.　*pour* conclure 결론으로서. *pour* débuter 우선.　*pour* finir 결론적으로 ; 결국, 최후에.　*pour* ne pas dire de plus ((흔히 [plys])) 아주 줄잡아 말하더라도.　*pour* ne rien vous cacher 숨김없이 말하지면.　*pour* citer un exemple 예를 하나 들자면. *pour* dire (le) vrai 사실대로 말하자면.　*pour* (le) faire court 간단히 말하면.　*pour* parler confidentiellement 우리끼리 하는 말인데.　*pour* me résumer 내 말을 요약하자면.　*pour* revenir à notre sujet 우리의 본론으로 다시 돌아가면.　*pour* simplifier, nous dirons … 간단히 말해보자면 …라고 할 수 있다.

- *Pour* commencer, prenons un apéritif.　우선 아페리티프 한 잔씩 마십시다.

- *Pour* compléter, il se met à pleuvoir!　《비꼼》설상가상으로, 비가 오기 시작한다.
- *Pour* tout dire, je ne pense pas qu'il soit impossible.　한 마디로 말해서, 나는 그것이 불가능하다고 생각지 않는다.
- *Pour* être honnête, je reconnais qu'il a raison.　정직하게 말해서, 그가 옳다는 것을 인정한다.
- *Pour* être sincère, je ne suis pas à mon aise ici.　솔직히 말해서 나는 이곳이 편하지 않다.
- Cela s'est passé, *pour* être exact, à dix heures.　그 사건은 정확히 말해 바로 10시에 일어났다.
- La plupart de mes amis, *pour* ne pas dire tous, veulent y aller.　내 친구들은 모두는 아니지만 대부분이 거기에 가기를 원한다.

12. 목적지

1) ❶ …행의, …을 향해서.

> embarquer des voyageurs *pour* telle destination 정해진 목적지로 승객들을 태우다.　s'embarquer *pour* le Brésil 브라질행 배[비행기, 기차]를 타다.　être en route *pour qc* …을 향해 가고 있다.　se mettre en route *pour qc* …을 향해 출발하다.　partir *pour* une destination inconnue 어딘지도 모르는 곳으로 가버리다.　partir *pour* le front 전선으로 향하다.　partir *pour* Lyon 리용을 향해 떠나다.

- *Pour* où part-il?　그가 어디로 떠나니?
- Ce cargo charge *pour* Marseille.　이 화물선은 마르세유행의 짐을 싣고 있다.
- Le ministre s'est envolé *pour* le Japon.　장관이 비행기를 타고 일본으로 출발했다.
- Ce train est *pour* Rome.　이 열차는 로마행입니다.
- Ils ont quitté le Japon *pour* la Corée.　그들은 일본을 떠나 한국으로 향했다.

❷

> partir *pour* la chasse 사냥하러 가다.　partir *pour* la croisade 십자군으로 출정하다.　partir *pour* la guerre 출정하다.

- Mon oncle part *pour* de longues vacances.　삼촌은 긴 휴가를 떠난다.

❸ [pour + 부사]

- Ce n'est *pour* ici, c'est *pour* ailleurs.　여기에 올 것이 아니고 다른 데로 가야 할 물건이다.
- Je voulais partir *pour* très loin.　나는 아주 먼 곳으로 떠나고 싶었다.

2) 명사의 보어

> acheminement des trains *pour* Paris 파리행 열차의 운행.　un aller (simple) *pour* Marseille 마르세이유행 편도표 한 장.　avion *pour* Hongkong 홍콩행 비행기.　expédition de marchandises *pour* l'étranger 외국으로의 상품 발송.　train direct *pour* cette destination 그곳으로 가는 직행열차.　train[voyageurs] en partance *pour* Paris 파리행 기차[승객].　voyageurs *pour* l'Allemagne 독일로 가는 승객들.

- Correspondance *pour* Pusan, quai numéro deux.　부산행 환승열차는 2번 플랫폼입니다.
- Suis-je dans le bon train *pour* Paris?　이 기차가 파리행이 틀림없나요?
- À quand (est fixé) votre départ *pour* Lyon.　당신의 리옹으로의 출발이 언제로 정해졌습니까?
- On va construire une nouvelle route *pour* Daegu.　대구로 가는 새로운 도로가 건설될 것이다.

13. 예정 시간

1) 예정 시기

❶
départ qui est prévu *pour* demain[le 6 mai] 내일[5월 6일]로 예정된 출발.　convoquer une assemblée *pour* telle date 어느 날짜로 의회를 소집하다.　se promettre un voyage *pour* le week-end 주말여행을 예정하다.

- *Pour* quand est le mariage?　결혼식이 언제입니까?
- On annonce de la pluie *pour* demain.　내일은 비가 온다는 예보이다.
- Il m'annonce son arrivée *pour* le mois prochain.　그는 내게 다음 달에 도착할 예정이라고 알린다.
- Nous l'attendons *pour* ce midi.　우리는 그가 오늘 정오에 올 것을 기대하고 있다.
- Que dit la météo *pour* ce week-end?　주말의 일기예보는 어때?
- Le remaniement ministériel est *pour* bientôt.　개각이 임박했다.
- Je sais que c'est *pour* bientôt.　나는 때가 다 되었다는 것을 알고 있다.
- Alors, c'est *pour* bientôt, ton voyage en France?　너 프랑스 여행 곧 떠날 거니?
- Le mariage est (prévu) *pour* le dix du mois.　결혼식은 이달 10일로 예정되어 있다.
- C'est prévu *pour* après-demain.　그것은 모레로 예정되어 있다.
- Tout sera prêt *pour* quand?　언제 모두 준비될까요?
- Il fait déjà si froid en novembre, ça promet *pour* cet hiver.　11월에 벌써 이렇게 춥다니 올 겨울이 염려되는군.
- Le ciel promet du beau temps *pour* l'après-midi.　하늘을 보니 오후에는 날씨가 좋을 것 같다.
- Cela tient toujours *pour* samedi?　《구어》그것은 토요일 예정임에 변동이 없지요?
- Ce forum vise à préparer un accord sur les questions climatiques *pour* l'après-2012.　그 포럼은 2012년 이후의 기후 문제에 대한 협정을 준비하는 것을 목적으로 하고 있다.

❷ [pour + 선지사(→)]
- Ce cera *pour* après Pâques. Ce n'est pas trop tard?　그것이 부활절 이후가 될 텐데 너무 늦지 않은가요?
- Gardez ces livres *pour* après votre service militaire: vous en aurez besoin.　이 책들을 병역을 마친 후를 위해 보관하세요, 그것들이 필요할 겁니다.
- Ce sera fini *pour* avant les vacances.　그것은 휴가 전에는 끝날 것이다.
- C'est *pour* quand, son départ? – *Pour* dans trois jours.　그의 출발이 언제로 예정되어 있습니까? – 오늘 3일 후입니다.
- L'arrivée de l'avion, ce sera *pour* dans deux heures.　비행기의 도착은 두 시간 후가 될 것이다.

2) 예정 기간

pour une durée déterminée 일정 기간 동안.　*pour* jamais 영원히, 언제까지나.　*pour* longtemps 오래, 오래도록.　*pour* un mandat de cinq ans 5년의 임기로.　*pour* le restant de mes jours 내가 죽는 날까지. *pour* un temps 일시적으로.　(*pour*) un[certain] temps 일시적으로, 한동안.　*pour* toujours 영원히. *pour* la vie 평생 동안.　auberge où gîter *pour* la nuit 밤을 묵을 여관.　billet valable (*pour*) quinze jours 2주일간 유효한 표.　montre garantie (*pour*) trois ans 3년간 보증되는 시계.　s'absenter *pour* quelques instants 잠시 나가다.　s'assurer les vivres *pour* un mois 한 달 분의 식량을 확보하다. se croire riche *pour* des temps indéfini 자신이 영원토록[언제까지나] 부자라고 믿다.　durer *pour* l'éternité 영원히 지속되다.　être élu *pour* cinq ans non renouvelable 5년 단임으로 선출되다.　faire des approvisionnements *pour* deux mois 2개월분을 저장하다.　garantir une voiture *pour* deux ans 자동차를 2년간 보증하다.　interdire un fonctionnaire *pour* six mois 공무원을 6개월간 정직시키다. partir en voyage *pour* deux mois 2개월 예정으로 여행을 떠나다.　partir *pour* le week-end 주말여행을 떠나다.　renouveler un contrat *pour* trois ans 계약을 3년간 연장하다.　réserver une chambre *pour* une nuit 방을 하룻밤 동안 예약하다.

- Le médecin l'a arrêté *pour* huit jours. 《구어》 의사는 그에게 일주일간 병가를 내게 했다.
- Les co-signataires ont stipulé s'associer *pour* un an. 공동서명자들은 1년 간 협력할 것을 약정했다.
- Je n'en ai pas *pour* longtemps. 그리 오래 걸리지 않는다.
- Je n'en ai que *pour* un moment. 그저 잠깐이면 됩니다.
- Il y en a *pour* cinq mois avant que ce travail soit fini. 그 일이 끝나려면 3개월이 있어야 한다.
- Il a loué cette maison *pour* un an. 그는 이 집을 1년 계약으로 세냈다.
- On a décidé de renvoyer un élève *pour* cinq jours. 학생을 5일간 정학 처분하기로 결정했다.

3) 시기 · 기회

pour le coup 이번에는; 당장에는.　*pour* la dernière fois 마지막으로.　*pour* l'immédiat 당장(에는). *pour* l'instant; *pour* le moment 당분간은, 당장에는, 지금으로서는.　*pour* maintenant 지금으로서는. *pour* le présent;《구어》*pour* l'heure 지금은, 당장은, 지금으로서는.　provision de légumes *pour* l'hiver 겨울을 대비한 채소의 저장.　s'approvisionner de bois *pour* l'hiver 겨울용 땔감을 장만하다.　demander des garanties *pour* l'avenir 미래에 대한 보장을 요구하다.　donner un grand bal *pour* ses dix-huit ans 18세 생일을 기념하기 위해 댄스파티를 하다.　échafauder des projets *pour* les vacances 휴가 계획을 짜다.　garder[réserver] le meilleur *pour* la fin 마지막에 쓰려고 가장 좋은 것을 남겨두다; 최선의 상태를 끝까지 유지하다.　habiller un enfant *pour* la rentrée 신학기를 맞아 아이에게 옷을 사주다. mettre ses souliers devant la cheminée *pour* Noël 크리스마스 선물을 받으려고 신발을 벽난로 앞에 놓다.　parer *qn pour* une fête 축제를 위해 …을 성장시키다.　prendre *qn pour* les bons comme *pour* les mauvais jours …와 배우자로서 고락을 같이 하다.　se réserver *pour* une meilleure occasion 보다 나은 기회를 기다리다.

- *Pour* cette fois, je vous excuse, mais ne recommencez pas. 이번에는 용서해줄테니 다시는 그러지 마십시오.

- *Pour* la première fois de son histoire, le pétrole a atteint le prix de 100 dollars le baril.   석유 값이 역사상 처음으로 배럴당 100달러에 이르렀다.
- *Pour* samedi soir, j'ai un plan d'enfer!   토요일 저녁에 대해 내게 기발한 계획이 있어!
- Va *pour* samedi.   《구어》 토요일로 결정하자, 토요일이면 좋겠다.
- Elle a emporté beaucoup de romans policiers *pour* les vacances.   그 여자는 다량의 책을 가지고 휴가를 떠났다.
- C'est *pour* aujourd'hui ou *pour* demain?   《구어》 당장에 말입니까?
- Ce n'est pas *pour* demain.   《구어》 그것은 오늘 내일 일이 아니다; 쉽게 이루어질 일이 아니다.
- C'est tout *pour* aujourd'hui.   오늘은 이것으로 됐다.
- Passe *pour* cette fois.   이번만은 괜찮아.
- Passe *pour* une fois, mais que cela ne se répète pas!   한 번은 봐주겠다. 그러나 두 번 다시 그런 일이 생기지 않도록 해라.
- Elle se plaint de n'avoir rien de se mettre *pour* demain.   그녀는 내일 입고 갈 옷이 없다고 불평한다.
- Je te le repète *pour* la ixième fois.   내가 그 말을 너에게 몇 번이나 되풀이 하고 있지.
- Je vous le répète *pour* la ennième fois.   거듭 말씀드립니다.

4) [être pour *inf*]

❶ 근접미래 : 막 …하려 하다(=être sur le point de).
  - Nous sommes *pour* partir en voyage.   우리는 막 여행을 떠나려는 참이다.

❷ [ne pas être pour *inf*] : …할 수 없다, …할 성질의 것이 아니다(=ne pas être nature à).
  - C'est une aventure qui n'est pas *pour* être longtemps secrète.   그것은 오랫 동안 비밀로 남아 있을 수 없는 사건이다.

❸ [ne pas être pour *inf*] : …할 생각이 없다(=ne pas avoir l'intention de).
  - Nous ne sommes pas *pour* leur dire la vérité.   우리는 그들에게 진실을 말해 줄 생각이 없다.

5)
partir *pour* raconter son passé 자기의 과거를 이야기하기 시작하다.   être partant *pour* un voyage 《구어》 여행을 할 뜻이 있다.

14. 가격 · 대가 · 교환

1) 가격

pour une bouchée de pain 헐값에.   *pour* un prix dérisoire 엄청나게 싸게.   *pour* prix de ses soins 배려에 대한 보상으로.   *pour* une somme équivalente au moitié 가격의 반에 상당하는 금액으로. ni *pour* or ni *pour* argent ; *pour* tout l'or du monde 이 세상의 아무리 값비싼 것을 주어도, 절대로(=à aucun prix).   acheter *qc pour* une bagatelle …을 헐값에 사다.   acheter *qc pour* deux cents euros

···을 200유로에 사다.　céder[se défaire de] *qc pour* 100 euros ···을 100유로에 내주다[처분하다].　souscrire un billet *pour* deux mille euros 2천 유로짜리 어음을 발행하다.　travailler 8 heures par jour *pour* cinq cents euros par mois 한 달에 5백 유로를 받고 하루에 8시간씩 일하다.

· Je l'ai eu *pour* pas cher.　《구어》 그거 비싸게 주고 사지 않았어.
· Je vous laisse ce tapis *pour* deux mille euros.　2천 유로면 이 양탄자를 싸게 파는 겁니다.
· On peut faire un voyage à Athènes *pour* trois cents euros.　3백 유로에 아테네 여행을 할 수 있다.
· Des agences de voyages proposent *pour* quelque 50.000 euros des voyages de trois jours.　여행사들은 3일 여행을 약 5만 유로에 제안하고 있다.

2) 대가

❶

pour solde de (tout) compte 청산금으로.　à titre de compensation *pour* les dégâts 피해에 대한 보상으로, 위자료로.　compensation reçue *pour* des services rendus[des dommages] 봉사[손해]에 대해서 받은 보상.　juste punition *pour* un coupable 죄인에 대한 당연한 벌.　supplément *pour* excédant de bagages 짐의 초과 부담 요금.　s'attacher à *qn pour* la vie 목숨을 바쳐 ···을 사랑하다.　demander 200.000 euros *pour* sa maison 집값으로 20만 유로를 요구하다.　dépenser sa salive *pour* rien 소득없이[헛되이]떠들다.　donner mille euros *pour* une bicyclette 자전거 값으로 천 유로를 지불하다.　se faire rembourser les consignes *pour* les bouteilles 병 값을 되돌려 받다.　offrir mille euros à *qn pour* son travail ···에게 일의 대가로 천 유로를 지불하다.　payer douze euros *pour* un billet de train 기차표 값으로 12유로를 내다.　payer cent euros *pour* une cravate 넥타이 값으로 100유로를 지불하다.　recevoir une rétribution *pour* un travail 일에 대한 보수를 받다.　récompenser *pour* son aide ···에게 그의 도움에 대해 사례하다.　rendre à *qn* fève *pour* pois ···에게 호되게 되갚음하다, 되로 받고 말로 주다.　rendre le bien *pour* le mal 악을 선으로 갚다.　travailler *pour* des haricots 《비유》 쓸데없는 일을 하다.　travailler *pour* des nèfles 《구어》 헛수고하다.

· Je ne céderais pas ma place *pour* un empire.　내 자리를 절대로 양보하지 않겠다.
· Il m'a compté mille euros *pour* la réparation.　그는 수리비용으로 내게 천 유로를 주었다.
· Vous lui compterez mille euros *pour* son travail.　일의 대가로 그에게 천 유로는 치러야 할 겁니다.
· Je vous dédommagerai *pour* les ennuies que je vous ai causés.　걱정을 끼쳐 드린 데 대해 보답을 해 드리겠습니다.
· Il vous en donne *pour* votre argent.　그는 당신이 내는 돈만큼의 것을 당신에게 줄 것이다.
· Quelles sont vos conditions *pour* une chambre avec salle de bains?　욕실이 달려있는 방값이 얼마입니까?
· Je ne le ferais pas *pour* un royaume.　왕국을 준다고 해도 그건 못한다.
· Elle a pris cent euros *pour* ce travail.　그녀는 그 일에 대한 대가로 백 유로를 받았다.
· Il m'a pris deux cents euros *pour* ces réparations.　그는 수리비용으로 내게 2백 유로를 받았다.
· Il veut quatre mille euros *pour* sa voiture.　그는 그의 자동차에 대해 4천 유로를 요구한다.

❷

en avoir *pour* son argent 돈[애]쓴 보람이 있다.　en vouloir *pour* son argent 돈 낸 만큼 보상을 요구하다, 본전을 찾으려고 하다.

❸

en être *pour* qc《비꼼》…의 대가로 아무것도 얻지 못하다.　en être *pour* son argent[sa peine] 돈만 내버리고 말다[헛수고만 하다].

3) 교환·교체

❶

changer[troquer] son cheval borgne *pour* un aveugle 안 좋은 것을 더 나쁜 것으로 바꾸다, 혹 떼러 갔다가 혹 붙이고 돌아오다.　changer sa voiture *pour* une moto 자동차를 오토바이와 교환하다. échanger sa vieille montre *pour* une neuve 헌 시계를 새 것과 바꾸다.　troquer du sel *pour* du blé 소금을 밀과 바꾸다.

· Il a changé son argent *pour* des euros.　그는 돈을 유로화로 바꾸었다.
· Il a changé sa vieille voiture *pour* une neuve.　그는 그의 낡은 차를 새 차와 바꾸었다.

❷

abandonner l'idée de se venger *pour* la fuite 복수할 생각을 버리고 달아나다.　abandonner un point de vue *pour* l'autre 견해를 다른 견해로 바꾸다.　délaisser les sciences *pour* les lettres 과학을 포기하고 문학을 선택하다.　donner un chevel *pour* un âne 말을 당나귀와 교환하다.　quitter l'université *pour* l'industrie 대학을 그만두고 산업체로 가다.

4) [pour *inf*]

❶

être payé *pour* savoir[connaître, comprendre] qc/que + ind《비유》쓰라린 경험을 통해 …을 알고 있다. prendre cent euros *pour* inf …하는 대가로 100유로를 받다.

· Le jardinier me coûte tant *pour* entretenir mes pelouses.　내 잔디밭을 손질하는 일로 정원사에게 지불하는 비용이 엄청나다.
· Je donnerais beaucoup[tout au monde, n'importe quoi, cher] *pour* vous sauver.　당신을 구할 수만 있다면 어떤 대개[희생]라도 치르겠다.
· Je ne vous paie pas *pour* ne rien faire!　일하지 않으면 돈 받을 생각도 말아요!

❷ [Il en coûte à qn + 금액 + pour qc/inf]
· Il vous en coûtera tant *pour* réparer votre toiture.　당신 집 지붕을 수리하는 데에는 비용이 엄청날 겁니다.

15. 분량·수량

1)

> avoir encore *pour* une heure de travail[marche] 아직 한 시간은 더 일해야[걸어야] 한다.   contribuer *pour* un tiers 삼분의 일을 부담하다.   souscrire *pour* deux cents euros à la construction du monument 기념비 건립에 200유로의 기부를 약속하다.

- Elle a acheté *pour* vingt euros de pommes.   그녀는 20유로어치의 사과를 샀다.
- Avant l'instauration en 2003 de l'embargo, la Corée du Sud achetait *pour* 850 millions de dollars de boeuf américain chaque année.   2003년 수입 금지를 하기 전에 한국은 매년 8억5천만 달러어치의 미국산 소고기를 샀다.
- Ce malade n'a que *pour* trois ou quatre mois à vivre.   그 환자는 서너 달밖에 살지 못한다.
- Cette faute compte *pour* deux points.   이 실수는 2점짜리이다.
- Donnez-moi ça *pour* cent euros.   그거 100유로어치만 주세요.
- L'eau entre *pour* moitié dans la composition de ce produit.   이 생성물의 성분의 반은 물이다.
- La Corée du Nord aurait importé, en 2004, *pour* 8 millions de dollars de cigarettes étrangères.   북한은 2004년에 8백만 달러어치의 외국산 담배를 수입한 것 같다.
- Je vais vous mettre *pour* 50 mille wons d'essence.   5만원어치 주유하겠습니다.
- Des pommes, vous en voulez *pour* combien, Madame?   사과 얼마치를 드릴까요, 부인?

2) [être / entrer pour + 부정대명사 / 수량부사 + dans *qc*] : ···에 관계가[책임이] 있다; ···에 기여하다, 역할이 크다.

> entrer *pour* beaucoup[peu] dans *qc* ···에 있어서 중요하다[중요하지 않다].   être *pour* moitié dans *qc* ···에 적지 않은 책임이 있다.

- Il est *pour* quelque chose dans cette affaire.   그는 그 일에 힘이 되고 있다.
- Il n'est *pour* rien dans cette affaire.   그는 사업에 아무런 관련도 없다.
- Je n'y suis *pour* rien.   나는 그 일에 아무런 책임[관계]이 없다.
- J'ai été *pour* quelque chose dans son échec.   나는 그의 실패에 대해 어느 정도 책임이 있다.
- Si ce projet réussit, vous y êtes *pour* beaucoup.   만일 이 계획이 성공한다면 당신 덕택일 것입니다.
- Vous avez été *pour* beaucoup dans sa décision.   그가 그렇게 결심하는 데에 당신은 크게 기여했소.
- Vous êtes *pour* moitié *dans* cet accident.   당신은 그 사고에 적지 않은 책임이 있소.

16. 대리

dire un mot *pour* un autre 실언하다.   payer *pour* qn ···대신 지불하다; ···대신 희생[대가]을 치르다.   signer *pour* son fils 자기 아들 대신 서명하다.   tenir la plume *pour* qn ···의 비서 역을 맡다.

- Je ne peux décider *pour* le parti, c'est l'affaire de la comité central.   나는 당을 대신해서 결정할 수는

없다, 그것은 중앙위원회의 일이다.

· Dites-lui bonjour[merci] *pour* moi.　　그에게 내 대신 인사말[감사의 말]을 전해 주시오.

· Je lui dirai bonjour *pour* vous, quand je le verrai.　　그를 보게 되면 당신 대신에 인사의 말을 전하겠습니다.

· Elle a écrit une lettre *pour* moi en anglais.　　그녀가 내 대신 영어로 편지를 써주었다.

· Son action parle *pour* lui.　　그의 행위가 그를 변호해 주고 있다.

· Il a parlé *pour* nous tous à la réunion.　　그가 회의에서 우리 모두를 대표해서 말했다.

· Il a payé *pour* tout le monde.　　그는 모든 사람들을 대신해 희생되었다.

· Je peux vous aider mais pas penser *pour* vous.　　당신을 도와줄 수는 있으나 생각을 대신해 줄 수는 없다.

· Je n'ai pas le temps d'aller à la librairie. Veux-tu achetre ce livre *pour* moi?　　서점에 갈 시간이 없는데, 내 대신 그 책을 사다줄래?

17. 비교 · 비례

1) 비교 : …에 비해.

> une chaleur anormale *pour* l'automne 비정상적 가을 더위.　　des idées très en avance *pour* son époque 시대에 앞선 사상.　　être habillé trop fraîchement *pour* la saison 계절에 비해 너무 춥게 옷을 입다.

· *Pour* un homme de 80 ans, il est bien portant.　　그는 80세의 노인으로서는 매우 건강하다.

· *Pour* le peu de temps qu'il a eu, il a bien fini ce travail.　　그가 가진 짧은 시간에 비하면 일을 잘 끝냈다.

· C'est un peu léger *pour* une thèse de doctorat.　　그것은 박사 논문으로는 약간 가볍다[부족하다].

· Ce n'est pas mal *pour* un premier essai.　　첫 번째 시도치고는 나쁘지 않다.

· C'est un vieux *pour* un nageur de compétition.　　그는 수영 선수로는 나이가 많다.

· Cet enfant est avancé[précoce] *pour* l'âge[son âge].　　이 아이는 나이에 비해 조숙하다.

· Cet enfant est grand *pour* son âge.　　그 아이는 나이에 비해 키가 크다.

· Sa grand-mère est très allante *pour* son âge.　　그의 할머니는 연세에 비해 매우 정정하시다.

· Il est agile, *pour* un homme de sa corpulence.　　그는 뚱뚱한 사람치고는 민첩하다.

· Il fait chaud *pour* la saison.　　계절에 비해 날씨가 덥다.

· Quinze personnes sont mortes, à la suite de pluies torrentielles exceptionnelles *pour* la saison.　　계절에 비해 예외적인 폭우로 인해 15명이 사망했다.

· Il me paraît d'une ignorance incroyable *pour* quelqu'un qui possède un doctorat.　　그는 박사 학위를 소지한 사람치고는 매우 무지한 것 같다.

2) 비례 : …에 비례해서, …대한.

> vingt *pour* cent du chiffre d'affaires 총 매상고의 10퍼센트.　　publier le nombre des spectateurs *pour* chaque match de rugby 럭비의 시합당 관중 수를 발표하다.

· *Pour* dix élèves filles, nous avons huit élèves garçons.　　여학생 10명당 8명의 남학생이 있다.

· *Pour* vingt étudiants qui passent l'examen de la Bourse du gouvernement français, un seul sera reçu. 프랑스 정부장학생 시험을 치르는 20명의 학생 중에서 한 명만이 합격할 것이다.

18. 자격 · 역할

1) …으로.

bombardements qui ont *pour* objectif de démoraliser l'ennemi 적의 사기를 저하시키는 것을 목적으로 하는 폭격.   accepter[prendre] *qn pour* époux 남편으로 맞아들이다.   adopter *qn pour* (son) fils …을 양자로 삼다.   s'afficher *pour* démocrate 민주주의자라고 뻐기다.   avoir[s'assigner, se donner, se fixer, se poser] *pour* but *qc/de inf* …(하는 것)을 목적으로 삼다.   avoir *qc pour* conséquence; avoir *pour* conséquence de *inf* 결괴로서 …을 가져오다, …의 결과를 초래하다.   avoir *pour* corollaire *qc* …을 당연한 결과로 얻다.   avoir *pour* devoir de *inf* …할 의무가 있다.   avoir *pour* effet *qc/de inf* …을 결과로 초래하다.   avoir *pour* excuse l'inexpérience 무경험을 핑계 삼다.   avoir *pour* habitude de se lever tôt le matin 아침에 늦게 일어나는 습관이 있다.   avoir[tenir] *pour* maxime que +*ind* …하는 것을 규범으로 하다.   avoir[se donner] *pour* mission de *inf* …하는 것을 임무로 하다.   avoir *pour* objectif *qc/de inf* …(하는 것)을 목적으로 하다.   avoir *pour* objet *qc/de inf* …(하는 것)을 목표로 하다.   avoir[se fixer] *pour* principe de *inf* …하는 것을 원칙으로 삼다.   avoir *pour* règle de *inf* …하는 것을 규칙[방침]으로 삼다.   avoir *pour* résultat *qc/de inf* …의[하는] 결과를 얻다[초래하다].   avoir *pour* rôle de *inf* …하는 역할을 하다.   choisir *qn pour* juge …을 심판으로 정하다.   choisir la raison *pour* guide 이성에 따라 행동하다.   être choisi *pour* directeur 소장으로 임명되다.   demander une jeune fille *pour* femme 청혼하다.   désigner *qn pour* son successeur …을 자기의 후계자로 지명하다.   s'imposer *pour* chef 지도자로 인정받다.   laisser *qc pour* gage(s) …을 저당 잡히다; …을 잃다(=perdre).   laisser un bien *pour* héritage 재산을 유산으로 남기다.   mettre *qc pour* enjeu …을 걸다.   prendre *qn pour* arbitre …을 중재자로 삼다.   prendre *qn/qc pour* cible …을 표적으로 삼다.   prendre *qn pour* dupe …을 속이다, 이용하다.   prendre *qn pour* femme …을 아내로 맞이하다.   prendre *qn pour* modèle …을 본보기로 삼다.   prendre *qn pour* son banquier …을 물주로 삼다.

· *Pour* son premier voyage à l'étranger, le premier ministre se rendra à partir du vendredi 16 novembre aux États-Unis.   수상은 첫 번째 외국 방문으로 11월 16일 목요일부터 미국에 갈 것이다.

· *Pour* ta pénitence, tu copieras cent lignes.   벌로 100줄을 베껴 써야 한다.

· Qu'est-ce que cela aura *pour* conséquence?   결과가 어떠할까요?

· Ce sommet américano-soviétique a *pour* enjeu le désarmement.   미소정상회담은 군축을 초점으로 하고 있다.

· Dans ce débat, j'avais Monsieur Leblanc *pour* antagoniste.   이 토론에서 나의 맞수는 르블랑씨이다.

· J'ai *pour* consigne de téléphoner dès mon arrivée.   나는 도착하자마자 전화를 하라는 명령을 받았다.

· J'avais *pour* camarade de classe un certain Renaud.   급우 중에 르노라는 녀석이 있었지.

· La Révolution a eu *pour* cause immédiate une grande crise financière.   대혁명의 직접적인 원인은 심각한 재정 위기였다.

· La loi a *pour* fondement l'assentiment du plus grand nombre.   법률은 최대다수의 동의를 원칙으로 한다.

- Je vous donne cela *pour* étrenne.　당신에게 이것을 새해 선물로 드립니다.
- Ses qualités le désignent *pour* ce rôle.　그 사람은 그런 장점이 있어 그 일에 적임자다.
- La secrétaire d'État a pris *pour* exemple un article du Washington Post.　국무장관은 워싱턴포스트의 기사를 예로 들었다.
- On l'a pris *pour* témoin.　사람들은 그를 증인으로 삼았다.
- Qu'est-ce que vous voulez *pour* dessert?　디저트로 무엇을 원하세요?

2) [pour *inf*]

> désigner *qn pour* représenter 대표로 …을 임명하다(=déléguer).

- *Pour* compenser, je t'emmènerai au théâtre.　보상으로 극장에 데려가마.
- *Pour* répondre, elle s'est contentée de sourire.　그 여자는 대답 대신 미소만 지었다.
- Il est désigné *pour* remplir ce rôle.　그는 그 일을 하도록 임명되었다.

3) [pour tout / seul + 명사]

- *Pour* toute arme, il avait une canne.　그는 무기라고는 지팡이 하나뿐이었다.
- *Pour* tout bagage, je n'ai qu'une petite valise.　짐이라고는 작은 가방뿐이다.
- *Pour* seul parent du monde, il n'a que son oncle.　그는 이 세상에 친척이라곤 삼촌밖에 없다.
- Elle avait *pour* tout bagage un sac et un parapluie.　그녀에게 짐이라곤 손가방 하나, 우산 하나가 전부였다.
- Elle avait *pour* tout domestique deux servantes.　그녀에게 하인이라곤 하녀 둘밖에 없었다.
- Elle lui a donné une gifle *pour* toute réponse.　그녀는 대답하는 대신에 뺨을 때렸다.

19. 간주

1) ❶

compter une première mesure *pour* rien (연주를 시작할 때에) 첫 소절을 세지 않다.　compter *qn/qc pour* du beurre (fondu)[des prunes] 《구어·어린애말》 …을 하찮게 여기다; (놀이 따위에서) 제외되다.　compter *pour* du poivre et du sel 무시하다, 등한시하다.　se donner *pour* un progressiste 진보주의자라고 자처하다.　se faire passer *pour* un étranger 외국인 행세를 하다.　prendre la maison de *qn pour* une auberge …의 집에 유숙하다; …의 집에 불청객이 자주 와서 저녁을 얻어먹다.　prendre martre *pour* renard 《구어》 (닮아서) 잘못 알다.　prendre ses désirs *pour* des réalités 현실이 원하는 대로 되리라고 생각하다, 환상을 품다.　prendre *qc pour* argent comptant …을 고지식하게 믿다, 곧이곧대로 받아들이다.　prendre *qc pour* bon augure …을 길조로 여기다.　prendre *qc pour* ce qu'il vaut …을 사실 그대로 받아들이다.　prendre *qn pour* un autre …을 잘못 알아보다; 잘못 판단하다.　se prendre *pour* le centre du monde 자기를 세계의 중심으로 생각하다.　prendre[tenir] *qn pour* un imbécile …을 바보로 여기다.　se prendre *pour* un héros 자신을 대단한 인물로 생각하다.　ne pas se prendre *pour* une[de la] merde 우쭐거리다.　ne pas se prendre *pour* de la petite bière 《구어》 자신만만하다, 스스로를 대단하게 여기다.　tenir

qn pour un artiste …을 예술가로 생각하다.　se tenir *pour* un grand peintre 자기를 훌륭한 화가라고 생각하다.

- Cela (ne) compte *pour* rien.　그건 전혀 중요하지 않다.
- Il pourrait passer *pour* son frère.　그는 남들이 그의 형으로 알겠다.
- Elle a pris notre silence *pour* un acquiescement.　그녀는 우리의 침묵을 승낙의 신호로 받아들였다.
- Elle est si folle de lui qu'elle prend chaque mot *pour* article de foi.　그녀는 그에게 완전히 빠져 그의 말이라면 절대적으로 신봉한다.
- Ils nous prennent *pour* des gogols!　그들은 우리를 바보로 취급한다!
- Vous me prenez *pour* un naïf!　나를 바보로 아는 거요!
- Le médecin militaire a pris le soldat *pour* un simulateur.　군의관은 그 병사를 꾀병환자로 보았다.
- Il se prend *pour* un autre.　그는 자신을 과대평가한다.
- Il se prend *pour* un grand artiste.　그는 자기를 훌륭한 예술가라고 생각한다.
- Je vous reconnais *pour* mon roi.　나는 당신을 나의 왕으로 인정합니다.

❷ [pour + 형용사 / 부사]

avoir *pour* agréable *qc*[de *inf* *que* + *sub*] 《옛》 …을 좋다고 판단하다, …에 동의[찬성]하다. donner une information *pour* certaine 정보를 확실한 것으로 제공하다.　se donner *pour* riche 부자라고 자처하다　passer *pour* riche 부자라고 알려지다.　prendre *qc pour* dit …을 당연하다고 [더 말할 것 없다고] 생각하다.　tenir *qc pour* sûr …을 믿다; 틀림없는 것으로 여기다.　tenir *pour* acquis que + *ind* …임을 당연한 일로 여기다.　se tenir *pour* intelligent 자기가 영리하다고 생각하다.　se le tenir *pour* dit; se tenir *pour* dit que + *ind* …을 납득하다; 승낙하다.　il passe *pour* certain que + *ind* …은 확실시되고 있다.

- Cela compte *pour* beaucoup.　그건 아주 중요하다.
- Il compte cela *pour* beaucoup[peu].　그는 그것을 중요하게[하찮게]여긴다.
- Je le compte *pour* mort.　나는 그를 죽은 것으로 간주한다.
- On le donne *pour* coupable.　그는 죄인으로 알려져 있다.
- Elle ne reçoit aucune chose *pour* vrai.　어떤 것도 진실로 받아들이지 않다.
- Il tient *pour* peu probable qu'elle ait menti.　그는 그녀가 거짓말했을 가능성이 거의 없다고 생각한다.
- Je le tiens *pour* certain.　나는 그것을 확실한 것으로 여긴다.
- On répute son jugement *pour* faux.　《드물게》 사람들은 그의 판단이 잘못된 것으로 생각한다.
- Tenez *pour* assuré qu'il viendra.　그는 반드시 올 것이다.
- Je le reconnais *pour* vrai.　나는 그것을 진짜라고 인정한다.

2) [pour *inf*]

personnage bien connu *pour* avoir collaboré avec nazis 나치와 협력한 것으로 잘 알려진 사람. professeur réputé *pour* être très sévère 아주 엄하다고 알려진 교수.

- Je te connais *pour* être menteur.　나는 너를 거짓말쟁이로 알고 있다.
- Il passe *pour* avoir inventé cette machine.　그는 이 기계를 발명한 것으로 알려져 있다.
- Cet homme n'est pas réputé *pour* être un bon payeur.　그 사람은 돈을 잘 내는 사람으로 알려져 있지 않다.

20. 관점

1) · *Pour* la loi, il s'agit d'un délit.　법적으로 보면 위법 행위다.
- · *Pour* lui, elle n'avait pas raison.　그가 보기에는 그녀가 옳지 않았다.
- · *Pour* moi, c'est une affaire réglée.　내가 보기에는 그것은 끝난 일이다.
- · *Pour* nous, cela vient avant tout le reste.　우리가 보기에는 그것이 무엇보다도 중요하다.

2) · *Pour* mon compte, je n'ai rien à dire.　나로서는 아무 할 말이 없다.

21. 주제

1) ···에 관해서.

> *pour* cela 그 점에 관하여.　*pour* l'article de *qc* ···에 관한 문제에 대해서는.　*pour* le reste 그 밖의 것에 관해서는, 그 이외는.　*pour* ce qui concerne *qn/qc* ···와 관련되어서는.

- · *Pour* plus amples renseignements, adressez-vous au bureau.　보다 상세한 것은 사무실에 물어보세요.
- · *Pour* le riz, ça ira jusqu'à samedi.　쌀은 토요일까지 사지 않아도 되겠다.
- · *Pour* la culture, il ne faut pas trop creuser.　《구어》 그 사람의 교양 수준은 수박 겉핥기식이다.
- · *Pour* les affaires, je ne suis qu'un apprenti.　나는 사업에 관해서는 초심자에 불과하다.
- · *Pour* la suite, je ne suis pas encore décidé.　다음 일에 대해서는 나는 아직 결정하지 않았다.
- · *Pour* la mathématique. il est imbattable.　그는 수학에 관해서는 타의 추종을 불허한다.
- · *Pour* un tel voyage, le train paraît (bien) préférable.　그러한 여행에는 기차가 (훨씬) 더 나은 것 같다.
- · *Pour* cette proposition, qu'est-ce qu'on a fait?　그 제안에 대해서는 어떻게 했습니까?
- · *Pour* l'héritage, ils peuvent faire tintin.　유산이라면 그들은 없이 지낼 수도 있다.
- · Peut-être devrais-je consulter *pour* cette affaire?　이 일에 대해 의견을 들어 보아야겠시요?
- · L'Europe est tributaire des pays tropicaux *pour* un certain nombre de denrées.　유럽은 몇 가지 식료품을 열대지방의 나라들에 의존하고 있다.
- · On a fait beaucoup de mousse *pour* une affaire banale.　평범한 일을 매우 부풀렸다.
- · Connaissez-vous le nom des propriétaires de ces villas? − *Pour* quelques-unes, oui. Mais *pour* la majorité, non.　그 별장들의 주인 이름을 알고 있습니까? − 몇 몇에 대해서는 알고 있지만 대부분은 모릅니다.

2) [pour ce qui est de *qn / qc*]

❶ …에 관해서는.

· *Pour* ce qui est de ce problème, nous en parlerons plus tard.   그의 용기에 대해서는 나중에 이야기합시다.

· Il n'est pas question de faire marche arrière *pour* ce qui est de droits acquis.   기득권을 포기하는 것은 있을 수 없는 일이다.

· La Chine vient de passer devant notre pays *pour* ce qui est de son poids dans les dépenses mondiales de recherche.   중국이 세계 연구비 지출 비중에 있어서 우리나라를 추월했다.

❷ [pour ce qui est de *inf*]

· *Pour* ce qui est de courir vite, le zèbre court vite.   빠르게 달리기로 말하자면, 얼룩말이 빠르게 달린다.

· *Pour* ce qui est de parler beaucoup, elle parle beaucoup.   말이 많기로 말하자, 그녀가 말이 많다.

22. 강조

1) 주어

· *Pour* moi, je ne le pense pas.   나는 그렇게 생각하지 않는다.

· Il a beaucoup voyagé, *pour* moi, je n'ai presque jamais quitté le pays.   그는 여행을 많이 했으나, 나는 이 나라를 거의 떠난 적이 없다.

2) 목적어

· *Pour* son caractère, je le crois vif et emporté.   그의 성격을 말하자면 격하고 화를 잘 낸다.

· *Pour* des torts, il en a lui aussi.   잘못으로 말하면 그에게도 역시 잘못이 있다.

· *Pour* ces affaires, nous en reparlerons plus tard.   그 일에 대해서는 나중에 다시 이야기합시다.

3) 속사

· *Pour* coléreux, le directeur l'est vraiment.   화를 내기로 말한다면 부장이 정말로 화를 잘 낸다.

· *Pour* aimable, elle l'est vraiment.   귀엽기로 말한다면 그녀가 정말로 귀엽다.

· *Pour* un imbécile, c'en est un.   바보로 말한다면 그가 정말 바보다.

4) 부정법절

· *Pour* la connaître, je la connais aussi bien que vous.   그녀를 알기로 말한다면 내가 당신만큼 그녀를 잘 안다.

· *Pour* être intelligent, il l'est, mais pas autant que son frère.   영리하기로 말하자면 그가 영리하지만, 그의 형만큼은 아니다.

· *Pour* être arrogant, son père l'est.   거만하기로 말하자면 그의 아버지가 거만하다.

· *Pour* parler, sa femme parle beaucoup, mais elle ne dit que des bêtises.   말하기로 말하면, 그의 부인이 말이 많은데, 바보 같은 말만 한다.

5) 《구어》[pour ce que …!] : 단정·부정 따위의 감정적 표현.

· *Pour* ce que cela te sert!　　그것이 네게 소용이 되다니!

· *Pour* ce que je m'en moque!　　그런 것은 아무래도 좋아!

23. 동일한 어휘의 반복

1) 대응·상응

chou *pour* chou 저마다의 값어치를 지니고; 《구어》꼭 그대로, 꼭 맞게; 적절히.　　composer chou *pour* chou 원고 그대로 조판하다.　　copier[reproduire] trait *pour* trait 그대로 복사[복제]하다.　　ressembler trait *pour* trait 쏙 빼닮다.　　jouer le tout *pour* le tout 모든 것을 건 단판 승부를 하다.　　rapporter un propos mot *pour* mot 이야기를 한 마디도 빠짐없이 그대로 옮기다.　　rendre coup *pour* coup 주먹질에 주먹질로 맞서다.　　répéter un ordre mot *pour* mot 명령을 한 마디도 틀리지 않고 그대로 반복하다.　　rendre le mal *pour* le mal 악을 악으로 갚다.　　répondre de *qn* corps *pour* corps 책임지고 …의 일을 도맡다.　　virer cap *pour* cap 방향을 180도 회전하다.　　virer lof *pour* lof 뒷바람을 받도록 키를 조종하다.　　il y a deux ans jour *pour* jour 2년 전 같은 날.

· Oeil *pour* oeil, dent *pour* dent.　　눈에는 눈, 이에는 이.

· Il y a quinze ans, presque jour *pour* jour, ce pays, terre de violence et de ségrégation raciale, organisait des élections générales.　　15년 전 거의 같은 날 폭력과 인종분리의 땅이었던 그 나라는 총선을 치렀다.

2) 선택

· Démission *pour* démission, autant démissionner tout de suite.　　사임할 바에는 당장 사임하는 것이 낫다.

· Voyage *pour* voyage, autant que ce soit en automne.　　여행할 바에는 가을이 낫다.

· Mourir *pour* mourir, je préfère que ce soit sur le champ de bataille.　　기왕 죽을 바에는 전쟁터에서 죽겠다.

· Perdus *pour* perdus, autant nous battre jusqu'à la fin.　　기왕 질 바에야 끝까지 싸워보자.

1. 목적

· Si on veut réussir, il faut travailler *pour*.　　《구어》성공하려면 일을 해야 한다.

2. 용도·필요

· Sers-toi de cet outil, c'est fait *pour*.　　이 도구를 사용해라, 그 용도로 만들어 진 것이니까.

3. 찬성 · 지지

---

se lever *pour* (기립투표로) 찬성하다.　parler *pour* et contre 찬성하기도 하고 반대하기도 하다.　voter *pour* ou contre 가부를 투표하다.

· Ils ont voté contre, moi j'ai voté *pour*.　그들은 반대 투표를 했으나 나는 찬성 투표를 했다.

명　사　적　용　법

---

balancer le *pour* et le contre 가부(可否)를 따지다.　considérer le *pour* et le contre, impartialement 잔반[쌍방]의 의견을 공정하게 검토하다.　disputer le *pour* et le contre 찬반을 논하다.　entendre le *pour* et le contre 찬반 의견을 듣다.　peser le *pour* et le contre 찬반양론을 비교 검토하다, 이해득실을 재다.

· Il y a du *pour* et du contre.　찬반양론이 있다.

형　용　사　적　용　법

---

raisons *pour* et raisons contre 찬성하는 논거와 반대하는 논거.

· Il y a douze voix *pour* et huit voix contre.　찬성 12표에 반대 8표다.
· Je suis *pour*.　나는 찬성이다.
· Vous êtes *pour* ou contre.　당신은 찬성합니까, 반대합니까?
· Ils sont ni *pour* ni contre.　그들은 찬성도 반대도 아니다.

près

1. 《옛·지방어》 …의 가까이에.

1)
rond-point *près* l'escalier du potager 채소밭 계단 옆에 있는 계단.

2) 지명

> Châteaulin *près* Brest 샤토렝프레브레스트.   Saint-Denis-*près*-Martel 셍드니프레마르텔.

2. 《옛·지방어》 … 주재의; …의 주위에.

ambassadeur *près* le gouvernement anglais 주영 대사.   ambassadeur *près* le Saint Siège 교황청 주재 대사.

· Il est avocat *près* la Cour.   그는 법원 소속 변호사이다.

3. [près de *qn* / *qc*]

1) 공간 : …가까이에.

> s'asseoir *près* de son père 그의 아버지의 가까이에 앉다.   habiter (tout) *près* de l'école 학교에서 (아주) 가까운 곳에 살다.   mettre les fleurs *près* de la fenêtre 꽃을 창가에 놓다.   se tenir *près* de la porte 문 가까이에 있다.

· L'Allier et la Loire confluent *près* de Nevers.   알리에강과 루아르강은 느베르 부근에서 합류한다.
· Sa maison est *près* de la gare.   그의 집은 역 근처에 있다.
· Nous sommes passé *près* de chez lui en voiture.   우리는 자동차로 그의 집 근처를 지나왔다.
· Je suis stationné[Ma voiture est stationnée] *près* d'ici.   내 차는 근처에 주차시켜 놓았다.

◎ [l'un près de l'autre; près l'un de l'autre]
  · Ils habitent l'un *près* de l'autre.   그들은 서로 가까이 살고 있다.

2) 시간

> être *près* de la quarantaine 40세에 가깝다.

· Nous sommes *près* de la fin de notre voyage.   이제 우리 여행이 끝날 때가 되었다.
· Il est *près* de huit heures.   아홉 시 가까이 되었다.
· Nous sommes *près* de Noël.   곧 성탄절이 다가온다.

3) 수량 : 거의, 약.

> toucher *près* de deux cents euros 200유로쯤 받다.

· *Près* du tiers des ouvriers sont absents.   일꾼들의 3분의 1가까이가 결근했다.
· *Près* de 80 ans se sont depuis lors écoulés.   그로부터 무려 80년의 세월이 흘렀다.
· Je l'ai vue il y a *près* de six jours.   약 6일 전에 그녀를 보았다.

4) 정도

> vêtement (coupé) *près* du corps 몸에 꼭 맞는 옷.

- Elle n'avait jamais été si *près* d'une confession à coeur ouvert.　그녀는 그렇게 심중을 털어놓고 고백하고 싶은 충동을 느낀 적이 없었다.
- On est passé *près* de la catastrophe.　재난을 당할 뻔했다.

◎ [l'un près de l'autre; près l'un de l'autre]
- Tous les candidats étaient très *près* les uns *des* autres.　모든 지원자들의 실력이 거의 비슷했다.

5) [près de *inf*] : ⋯하려고 하다 ; ⋯할 뻔하다.

> être *près* de sortir 막 외출하려 하다.

- La maison est *près* de s'écrouler.　집이 쓰러지려고 한다.
- Le train est *près* de partir.　기차가 출발하려고 한다.
- Il a été tout *près* de mourir.　그는 거의 죽을 뻔했다.
- Elle a été *près* d'éclater en sanglots.　그녀는 거의 울음을 터뜨릴 뻔했다.

6) 《드물게》비교 : ⋯와 비교해서.
- Mais combien les phrases, hélas! devenaient pâles *près* des actes!　아, 글이란 행동에 비하면 얼마나 힘이 없을까!

7)
> avoir la tête *près* du bonnet 걸핏하면 화를 내다.　être *près* de son argent[ses pièces, ses intérêts, ses sous]《구어》돈에 대해 까다롭다, 인색하다.　naviguer *près* du vent (배가) 바람을 타고 항해하다.

4. [à *qn* / *qc* près]

1) ⋯의 차이로 ; ⋯의 정확도로.

> échouer à deux points *près* 2점 차이로 낙제하다.　à un cheveu[poil] *près*《구어》간신히, 아슬아슬하게.　balance précise au milligramme *près* 1밀리그램까지 정확한 저울.

- À dix minutes *près*, je la rencontrais.　10분만 차이가 났어도 그녀를 만났을 텐데.
- Il a manqué son train à cinq minutes *près*.　그는 5분 차이로 기차를 놓쳤다.

2) ⋯을 제외하고.

> à peu d'exceptions *près* 약간의 예외를 제외하고.　à cette différence *près* que + *ind* ⋯라는 차이를

제외하면. à ceci[cela] *près* que + *ind* ···라는 점을 제외하면.

· Le dossier est complet à quelques détails *près*. 몇 가지 세부적인 사항을 제외하고는 서류는 완벽하다.

3) ❶ [à beaucoup près] : (흔히 부정문에서) 상당히, 훨씬.

   · Ce n'est pas, à beaucoup *près*, la somme qu'il nous faut. 그것은 우리가 필요한 금액에는 많이 모자란다.

   · Il n'est pas aussi brave que son frère, à beaucoup *près*. 그는 그의 형만큼 용감하지 못한다, 훨씬 못 미친다.

   · Il ne paraît pas son âge, à beaucoup *près*. 그는 나이보다 훨씬 젊게 보인다.

❷ [à peu près] : 거의, 대략.

   a) · Il y a à peu *près* trois mille hommes. 약 3천명의 사람이 있다.

      · Il est à peu *près* minuit. 거의 자정쯤이다.

      · Le restaurant est à peu *près* vide. 식당이 거의 비어 있다.

   b) 명사적 용법 : [à(-)peu(-)près] : 대략, 개산(概算), 근사(近似); 부정확한 것.

      calculer une somme par à peu *près* 금액을 개산(概算)하다. répondre par des à peu *près* 적당히 대충 대답하다.

      · Les scientiques ont horreur de l'à peu *près*. 과학자들은 부정확한 것을 매우 싫어한다.

❸ [au plus près] : 가장 정확[엄밀]하게.

      évaluer au plus *près* 가장 정확하게 평가하다. courir au plus *près* (du vent) (배가) 바람을 타고 달리다.

❹ [à peu de chose(s) près] : 거의, 대략(=presque, à peu près).

   · Il y en a deux mille, à peu de choses *près*. 약 2천 명쯤 된다.

   · Il a gagné deux mille euros, à peu de choses *près*. 그는 약 2천 유로를 벌었다.

   · Elle ressemble à sa mère, à peu de choses *près*. 그녀는 거의 그의 어머니를 닮았다.

❺ [ne pas (en) être à *qc* près] : ···쯤은 개의치 않다, ···은 아무래도 좋다.

   · Il n'en est pas à cela *près*. 그는 그런 것쯤은 개의치 않는다.

   · Il n'en est pas à cent euros *près*. 그는 백 유로쯤은 아무렇지 않게 여긴다.

quant à

1. 1) [quant à *qc*] : …에 관해서는, …로 말하자면, …로서는.

> *quant* à présent 지금으로서는. *quant* au reste 그 밖의 것에 관해서는, 그 이외는. incuriosité *quant* à *qc* …에 흥미 없음. être incrédule *quant* à *qc* …에 대하여 회의적이다. se perdre en considérations *quant* à *qc* …에 대한 성찰에 몰입하다.

- *Quant* à cette question, j'y arrive. 그 문제에 관한 것은 이제 곧 다룰 것입니다.
- *Quant* à son caractère, je le crois très agréable et optimiste. 그의 성격에 대해 말하자면 나는 매우 쾌활하고 낙천적인 것으로 알고 있다.
- *Quant* à l'avenir, c'est un point d'interrogation. 미래에 대해서는 미지수다.
- *Quant* aux prix du blé, s'ils se sont envolés cet été à la suite de l'annonce russe, ils restent inférieurs de 38 % à leur record de juin 2008. 밀 값으로 말하자면 금년 여름에 러시아의 발표 이후 급등했지만, 여전히 2008년의 기록적인 가격에 비해 38% 낮은 수준에 있다.
- Elle ne m'a rien dit *quant* à ses projets. 그녀는 그녀의 계획에 대해 네가 아무 이야기도 하지 않았다.
- Il subsiste quelques doutes *quant* à son innocence. 그의 결백성에 관해서는 여전히 몇 가지 의혹이 남아있다.

2) [quant à *qn*]

- *Quant* à moi, je vais passer mes vacances à la campagne avec ma famille. 나로 말하자면 휴가를 시골에서 가족과 함께 보낼 것이다.
- Je me suis trompé *quant* à elle. 나는 그녀를 오해했다.

3) [quant à ce qui est de *qn* / *qc* / *inf*]

- *Quant* à ce qui est de regarder les gens en face, je ne peux pas. 사람들의 얼굴을 정면으로 바라본다는 것은 할 수 없다.

4) 명사적 용법 : [quant-à-moi/soi] : 오불관의 태도; 내색을 하지 않는 태도.

> garder[prendre, tenir] son *quant*-à-soi ; rester[se mettre, se tenir] sur son *quant*-à-soi 오불관의 태도를 취하다, 관망하기만 하다; 새침한 태도를 취하다, 점잔빼다. si elle se tient sur son *quant* à moi[soi] 그녀가 점잔뺀다면.

- Il est resté sur son *quant* à moi[soi]. 그는 관망하기만 했다.

2. [quant à *inf*] : ···에 관해서는, ···로 말하자면, ···로서는.

· *Quant* à jouer d'un instrument, il n'a rien appris.　악기 연주하는 것에 대해서 그는 아무것도 배우지 않았다.

· *Quant* à parler de traître, c'est vraiment exagéré.　배신자라는 말을 쓰는 것은 정말 지나치다.

· *Quant* à lui faire dire la vérité, je pense qu'il vaut mieux renoncer.　그가 진실을 말하도록 하는 일이라면 포기하는 것이 나을 것 같다.

quitte

1. [quitte de *qc*] : ···에서 벗어난, 면제된.

1)
quitte de ses dettes envers *qn* ···에 대한 빚을 모두 갚은.　*quitte* du service militaire 병역이 면제된. être *quitte* de tous droits et taxes 모든 납부금과 세금이 면제되다.　tenir[considérer, estimer] *qn quitte* de *qc* ···에게 ···을 면제시켜 주다.

· Je le tiens *quitte* de ce qu'il me doit.　나는 그가 내게 진 빚을 없는 것으로 해주겠다.

2)
en être *quitte* à bon marché[compte] 별다른 일이 없이 끝나다.　en être *quitte* pour la peur 겁만 났을 뿐[걱정만 했을 뿐] 별다른 일이 없이 끝나다.

2. 1) [quitte à *inf*] : ···할 것을 무릅쓰고, 감수하고, ···해도 좋으니까.

quitte à agir seul si la nécessité s'en présente 필요성이 대두되면 단독으로 행동하는 것을 감수하고.　*quitte* à fermer complètement des sites trop controversés 너무 논란의 대상이 되는 사이트를 완전히 폐쇄하는 한이 있더라도.　*quitte* à se retirer du pays 그 나라에서 철수하는 한이 있더라도.

· Je serai demain matin devant votre porte *quitte* à vous attendre s'il faut.　필요하면 기다릴 것을 각오하고 내일 아침에 당신 집 앞에 있겠어요.

· Je le ferai *quitte* à être puni.　나는 벌을 받는 한이 있어도 그것을 하겠다.

· Il avait assuré qu'il ne laisserait pas tomber les agriculteurs, *quitte* à provoquer une crise européenne.　그는 유럽 위기를 초래하는 일이 있더라도 농민들이 몰락하도록 내버려두지는 않을 것이라고 단언했다.

2) [quitte à ce que + *sub*]

· Les multinationales implantent des laboratoires là où les marchés se développent, *quitte* à ce que les innovations qui y ont vu le jour soient ensuite exportées vers des marchés matures.　다국적 기업들은 개발된 신기술을 성숙한 시장이 있는 지역으로 다시 수출하는 한이 있더라도 신흥 시장 지역에 실험실을 설치하고 있다.

· Face aux pressions de leur allié géorgien, les Américains se raidissent, *quitte* à ce que Moscou profite des divergences qui apparaissent entre Washington et l'UE.　미국은 러시아가 미국과 유럽연합 사이의 의견대립을 이용하는 것을 감수하고 동맹국 그루지아의 압력에 대해 강경한 태도를 취하고 있다.

revoici

1. 《구어》 다시 왔다 ; 다시 …이다 (=voici de nouveau)

· Me *revoici*!　나 다시 왔다.

2. [revoici + 명사 / 대명사 + 형용사 / 과거분사 / 상황보어]

· Me *revoici* tranquille.　내 마음이 다시 진정되었다.
· Nous *revoici* au printemps.　다시 봄이 되었다.
· Nous *revoici* dans la même situation.　우리가 다시 같은 상황에 처했다.

3. [revoici + 명사 / 대명사 + qui + *ind*]

· Le *revoici* qui vient nous présenter ses excuses.　그가 우리에게 사과를 하러 다시 왔다.
⇒ voici

revoilà

1. 《구어》 다시 거기에 왔다 ; 다시 …이다 (=voilà de nouveau).

· *Revoilà* le soleil.　저기 태양이 다시 나타났다.
· Nous *revoilà*.　우리가 다시 왔다.
· Les *revoilà*, regarde!　그들이 다시 왔다, 보라니까.

2. [revoilà + 명사/ 대명사 + 형용사/ 과거분사/ 상황보어]

- Le *revoilà* riche.　그가 다시 부자가 되었다.
- Nous *revoilà* à Noël.　다시 성탄절이 돌아왔다.
- Et nous *revoilà* avec le même problème.　우리는 다시 같은 문제를 안게 되었다.

3. [revoilà + 명사/ 대명사 + qui + *ind*]

- Tiens, *revoilà* le chien qui aboie.　저런, 개가 다시 짖는다.
- Les *revoilà* qui viennent nous dire adieu.　그들이 우리에게 작별 인사를 하러 다시 왔다.

⇒ voilà

sans

1. 부재 · 부족 · 제외

1) ❶

sans pareil 비길 데 없는, 유일무이의, 최고의. "*sans* déduction" "정가". *sans* l'intention de *inf* …하려는 의도 없이. *sans* obligation de *inf* …할 필요 없이. crime commis *sans* mobile apparent 명백한 동기 없이 저지른 범죄. accepter *qc sans* murmure …을 이의 없이 받아들이다. agir *sans* méchanceté 악의없이 행동하다. agir *sans* la permission de *qn* …의 승인을 받아[받지 않고] 행동하다. aller au bois *sans* hache 《속어》 준비 없이 일을 시작하다. chanter *sans* accompagnement de piano 피아노 반주없이 노래하다. chasser *sans* permis 무면허로 사냥하다. combattre *sans* chiqué 진짜로 싸우다. déplacer *sans* heurt un objet fragile 깨어지기 쉬운 물건을 충격을 주지 않고 옮기다. dormir *sans* oreiller 베개를 베지 않고 자다. s'embarquer[partir] *sans* biscuit 준비 없이 여행을 떠나다; 경솔하게 일을 시작하다. être *sans* âme 박정하다, 인정이 없다. être *sans* argent; 《구어》 être *sans* le[un] sou 한 푼도 없다. être *sans* conscience 비양심적 이다. être *sans* défense 《구어》 (공격·유혹 따위에 대해) 저항할 수 없다, 맞서 대응할 수 없다. être *sans* emploi[travail] 실업자이다. être *sans* force 힘이 다하다. être *sans* illusions sur *qn/qc* …에 대해 아무런 환상도 품지 않다. être *sans* souci 마음이 편안하다. être *sans* préjugés 편견 이 없다. être *sans* prix 값을 따질 수가 없을 만큼 가치가 있다(=être de très grande valeur). être *sans* utilité 아무 쓸모가 없다. faire *qc sans* témoins 아무도 없을 때 …을 하다. fumer *sans* pipe et *sans* tabac 《속어》 노발대발하다. jouer *sans* musique 악보없이 연주하다. jouer *sans* nuances (강약 없이) 단조롭게 연주하다. juger *sans* appel 확정 판결하다. juger de *qc sans* passion …을 감정에 의한 편견을 가지지 않고 판단하다. marcher *sans* bruit 소리를 내지 않고 걷다, 살금살금 걷다. se marier *sans* le consentement de ses parents 부모의 승낙을 받지 않고 결혼하다. partir *sans* esprit de retour 돌아올 생각없이 떠나다. partir *sans* un mot d'explication 해명의 말도 없이 가버리다.　pleurer *sans* oignon 《비유》 눈물을 잘 흘리다.　se rendre *sans* condition 무조건 항복하다.　sortir *sans* cravate 넥타이를 매지 않고 나가다.　souffrir *sans* une plainte 신음소리 없이 참아내다.　se tirer *sans* mal d'un accident 사고에서 다치지 않다.　tomber *sans* connaissance 기절하다.　traiter *qn sans* aménité …을 거칠게 다루다.　travailler *sans* filet 《비유》 위험을 무릅쓰다(=prendre des risques).　travailler *sans* protection 보호장비 없이 작업하다.　vivre *sans* but 목적 없이 살다.　voyager *sans* bagages 짐 없이 여행하다.　soit dit *sans* offense 이런 말씀 드려서 실례가 될지 모르지만.

- *Sans* blague!　설마! 농담이겠지!
- *Sans* commentaire!　《구어》 마음대로 판단하시오! 노코멘트!((종종 경멸적))
- Avec ou *sans* glaçon?　(음료 따위에) 얼음을 넣어드릴까요?
- Jamais deux *sans* trois.　《속담》 두 번 일어난 일은 세 번도 일어난다((불행·사고 따위에 대하여)).
- Votre café, avec ou *sans* sucre?　커피에 설탕을 타시겠습니까, 안 타시겠습니까?
- Il s'est abstenu *sans* raison[cause] apparente.　그는 뚜렷한 이유 없이 기권했다.
- Vous pouvez essayer notre article, *sans* obligation de l'acheter.　우리 제품을 시험 삼아 써 보신 후, 꼭 구입하시지 않으셔도 좋습니다.
- Je vous le dis *sans* ironie.　비꼬는 게 아니라 진심으로 드리는 말입니다.
- J'ai dit ça *sans* malice.　나는 악의 없이 그렇게 말했다.
- C'est *sans* espoir.　희망이 없다[절망적이다].
- C'est *sans* problème.　그건 쉬운 일이다.
- Êtes-vous pour, contre ou *sans* opinion?　찬성, 반대 혹은 기권 어느 쪽입니까?
- Soyez *sans* crainte à ce sujet.　그 문제라면 두려워하지 마시오.
- Soyez *sans* inquiétude.　걱정하지 마세요(=Ne vous inquiétez pas).
- Ta faute est *sans* excuse.　너의 잘못은 변명의 여지가 없다.
- Cette plainte est dès lors *sans* objet.　따라서 이 고소는 성립이 되지 않는다.
- Il n'est pas encore arrivé. Partons *sans* lui.　그가 아직 도착하지 않았다. 그를 빼놓고 떠납시다.
- Tout s'est passé *sans* incident.　모든 것이 별 문제[말썽]없이 진행되었다.
- Vous pouvez pratiquer ce sport mais *sans* excès.　이 운동은 해도 되지만 지나쳐서는 안 됩니다.
- Sa protestation est restée *sans* écho.　그의 항의에 대해 아무도 찬동해주지 않았다.
- Il est malsain de vivre *sans* soleil.　햇빛을 받지 못하고 생활하는 것은 건강에 좋지 않다.

❷ 명사의 보어

absences *sans* motif 무단결석[결근].　accident *sans* gravité 가벼운 사고　accident *sans* mort d'homme 인명피해가 없는 사고　accouchement *sans* douleur 무통 분만.　acier *sans* rouille 스테인레스 스틸.　acteur (qui se trouve) *sans* engagement 출연계약이 없는 배우.　ambitieux *sans* scrupules 출세주의자(=arriviste).　argument *sans* substance 알맹이 없는 논지.　assemblage de faits *sans* lien 관계없는 사실들의 집합.　attaque *sans* provocation 전격적인 공격.　atterrissage *sans* visibilité 무시계(無視界)착륙, 계기(計器)착륙((《약》 A.S.V.)).　aventure *sans* exemple 전례

없는 굉장한 모험. avocat *sans* causes 고객 없는 변호사. bas *sans* couture 솔기가 없는 양말. beauté *sans* apprêt 자연미. beauté *sans* artifice 꾸밈없는 아름다움. bien *sans* maître 소유주가 없는 재산. bière *sans* faux col[*sans* mousse] (거품 없이) 가득 따른 맥주 잔. bonheur *sans* lendemain 덧없는 행복. bonheur *sans* mélange 순수한 행복. capitulation *sans* conditions 무조건 항복. caractère *sans* consistance 우유부단한 성격. catastrope *sans* analogue dans l'histoire 사상 유례없는 대참사. catastrophe *sans* équivalent 유례없는 재앙. chagrins *sans* égal 비할 데 없는 슬픔. chambre d'hôtel à deux cents euros par jour, *sans* le petit déjeuner 아침 식사가 포함되지 않은 하루 오백 유로짜리 호텔방. charbon *sans* fumée 무연탄. chasse *sans* autorisation 밀렵. chasseur *sans* permis 밀렵꾼. chèque *sans* provision 부도수표(=《구어》 chèque en bois). chewing-gum *sans* sucre 무가당 껌. cigarette *sans* filtre 필터가 달린[없는] 담배. classement *sans* suite 불기소처분. coiffure *sans* raie 가르마 없는 머리 모양. jeune conducteur *sans* expérience 경험이 없는 젊은 운전수. confiture *sans* adjonction de conservateur 방부제가 첨가되지 않은 잼. contrat d'assurance *sans* franchise 기본부담 비약정의 보험 계약. corps *sans* âme 얼빠진 사람, 생기없는 사람[사물]; 지도자를 잃은 집단. craintes *sans* fondement 까닭모를 두려움. crime *sans* préméditation 우발적 범죄. décision *sans* appel 최종 결정. déclaration *sans* équivoque 오해의 여지가 없는 천명. député *sans* étiquette 《비유》 무소속 국회의원. détail *sans* importance 하찮은 것[일]. deux ans de prison *sans* sursis 집행유예없이 금고 2년의 실형판결. document *sans* indication de date 날짜 표시가 되어있지 않은 서류. document *sans* importance 중요하지 않은 서류. élargissement *sans* fin 끝없는 확장. enfant *sans* famille 고아. engin *sans* pilote 자동추진장치가 달린 미사일; 자동제어회로가 있는 기관. erreur *sans* conséquence 대수롭지 않은 실수. esprit *sans* culture 교양이 없는 사람. essence *sans* plomb 무연 휘발유. essor d'une imagination *sans* frein 지나친 상상력의 비약. être *sans* foyer 떠돌이, 부랑자. être *sans* personnalité 개성없는 존재. études *sans* débouchés 취업 전망이 없는 전공 영역. femme *sans* compagnon 미망인. femme bien faite, mais *sans* grâce 몸매는 좋지만 매력은 없는 여자. fureur *sans* bride 격노(激怒). histoire *sans* paroles 이야기가 없는 그림책. homme *sans* caractère 무기력한 사람. homme *sans* éducation 교양없는 사람. homme *sans* envergure 포용력이 없는 사람. homme *sans* instruction 무식한 사람, 교양없는 사람. homme *sans* nerf et *sans* courage 기력도 용기도 없는 사람. homme *sans* nuance 융통성 없는[비타협적인] 사람. homme *sans* probité 성실한[성실하지 못한] 사람. homme *sans* reproche 나무랄 데 없는 사람. joie *sans* bornes 한없는 기쁨. jus de fruit *sans* conservateur 방부제가 없는 과일주스. maison *sans* étage 단층집. marché *sans* activité 침체된 시장. Médecins *sans* frontières 국경 없는 의사회. mémoire *sans* défaillance 확실한 기억. ménage *sans* enfants 아이가 없는 부부. mesure *sans* portée pratique 실효성이 없는 조치. ministre *sans* portefeuille 무임소 장관. négociation *sans* préalable 전제조건 없는 협상. nuit *sans* lune 달 없는 밤. opération *sans* danger 안전한 수술. pain *sans* levain 효모를 안 쓴 빵. personnage *sans* pitié 냉혹한 사람. personne *sans* domicile fixe 일정한 주거지가 없는 사람. pouvoir *sans* contrôle 절대권력. réception *sans* façon 격식 차리지 않은 간단한 리셉션. remarques *sans* lien 서로 관련성이 없는 지적. robe *sans* manche 소매 없는 드레스. rue[voie] *sans* issue 막다른 길. soutien *sans* réserve 무조건적인 지원. style *sans* couleur 개성 없는 문체. style *sans* mouvement 생동감 없는 문체. succès *sans* précédent 전례 없는 성공. téléphonie *sans* fil 무선 전화. tentative *sans* résultat 성과를 거두지 못한

기도.   vis *sans* fin 무한 나사.   visage *sans* barbe 수염없는 얼굴(=visage glabre [imberbe]). voiture *sans* compartiment 칸막이가 없는 차.   voix *sans* timbre 울림이 없는 음색.   ses yeux *sans* expression 생기 없는 그의 눈.   long comme un jour *sans* pain 대단히 긴[지루한].   louer une voiture *sans* chauffeur 운전사 없이 차를 빌리다.   prendre une chambre *sans* pension 식사 제공 없이 방만 빌리다.   rêver d'une société *sans* classes 계급없는 사회를 꿈꾸다.

· Nul pain *sans* peine.   《속담》 고생이 없으면 얻는 것도 없다.
· Nulle peine *sans* loi.   법률 없이 형벌 없다((프랑스 대혁명기의 표어)).
· Pas de vie *sans* épine.   인생은 고난의 연속이다.
· Le médecin m'a astreint à un régime *sans* sel.   의사는 내게 무염식을 하게 했다.
· Il n'y a pas d'effet *sans* cause.   원인 없는 결과란 없다.
· Il n'y a pas de bonne fête *sans* lendemain.   《속담》 좋은 것에도 반드시 끝이 있다; 즐거운 축제는 계속되어야 하는 법이다.
· Il n'y a pas de fumée *sans* feu.   《속담》 아니 땐 굴뚝에 연기 날까.
· (Il n'y a) pas[point] de règle *sans* exception.   《속담》 예외없는 규칙은 없다.
· Il n'y a pas de roses *sans* épines.   《속담》 고난 없는 기쁨은 없다.
· Cette chanteuse a explosé soudain après dix ans de carrière *sans* éclat.   이 여가수는 10년간의 무명생활 뒤에 갑자기 각광을 받았다.
· Une société *sans* conflits est une utopie.   갈등이 없는 사회는 이상에 불과하다.
· La vie est une bataille *sans* trêve et *sans* merci.   인생이란 중단도 인정사정도 없는 싸움이다.

❸ [sans aucun / nul + 명사]

sans nulle exception 전혀 예외 없이.   homme *sans* aucun scrupule 전혀 조심성이 없는 사람. phrase *sans* aucun sens, qui ne fait qu'une juxtaposition de mots 단어를 나열해 놓은 데 불과한 의미 없는 문장.   agir *sans* nulle crainte 아무런 두려움도 없이 행동하다.   être *sans* aucune expérience 경험이 전혀 없다.

· C'est *sans* (aucune) comparaison.   그것은 비할 데가 없다.
· Il l'a fait *sans* aucune difficulté.   그는 별로 힘들이지 않고 그것을 해치웠다.

❹ [sans guère / jamais / même / presque de + 명사]

sans guère de chance 거의 언제나 운이 없어.   *sans* jamais de curiosité 호기심을 갖는 일이 전혀 없이.   *sans* même d'inclination 애정마저도 전혀 없이.   *sans* presque d'efforts 거의 힘도 들이지 않고.

❺ [ne … pas / non sans + 명사]

non *sans* cause[raison] 이유가 없는 것은 아니다, 그럴 만도 하다.

- Leur collaboration ne va pas *sans* heurts.　그들의 협조관계는 마찰이 없지는 않다.
- La vie ne va pas *sans* difficulté.　인생에는 어려움이 따르게 마련이다.
- Il a été élu, non *sans* peine[mal].　그는 어렵게 당선됐다.
- Ce n'est pas *sans* danger.　그것은 위험이 뒤따른다.
- Ce soupçon n'est pas *sans* apparence.　그 의혹은 전혀 근거가 없는 것은 아니다.
- Ne sortez pas *sans* parapluie.　우산 없이 외출하지 마시오.
- Il ne vient jamais *sans* sa moitié.　그는 항상 아내와 함께 온다.

❻ [sans plus]

- Je l'ai vu sortir, *sans* plus.　나는 단지 그가 나가는 것을 보았을 뿐이다.
- Il la trouvait gentille, mais *sans* plus.　그는 그녀가 상냥하다고 생각했다. 그러나 단지 그뿐이었다.

❼ [sans … ni …]

sans distinction de race ni de confession 인종과 종파의 구별없이.　*sans* spécification de l'heure ni du lieu 시간도 장소도 명시하지 않고　enfant *sans* frère ni soeur 형제도 자매도 없는 아이.　ces films *sans* queue ni tête 그런 지리멸렬한 영화들.　être *sans* feu ni lieu 집[의지할 곳]이 없다.　être *sans* sou ni maille 《옛》 무일푼이다.

❽ [compter sans *qn* / *qc*]

- On avait compté *sans* la grève.　파업을 고려하지 않았었다.

❾ 명사적 용법 : [sans(-) + 명사]

sans-abri[logis] (재난으로 인한) 집 없는 사람, 이재민.　*sans*-coeur 무정한 사람.　*sans*-culotte (프랑스대혁명 때의) 과격 공화파의 별명.　*sans*-culottisme (프랑스대혁명 때의) 과격 공화주의. sans domicile (fixe) 떠돌이, 유랑인((《약》 S.D.F.)).　*sans*-emploi[travail] 실업자.　*sans*-fil 무선전신.　*sans*-grade 졸병.　*sans*-le-sou 빈털터리, 가난뱅이.　*sans*-parti 무소속.　*sans*-patrie 무국적자.　*sans*-soin 조심성이 없는 사람.　*sans*-souci 낙천가.

- Il est vraiment *sans*-façons.　그는 정말 소탈한[무례한] 사람이다.
- C'est un *sans*-gêne.　그는 스스럼없는 사람이다.

2) [sans *inf*]

❶

sans me flatter 《문어》 내 자랑이 아니라.　*sans* s'inquiéter des conséquences 결과는 신경쓰지 않고　*sans* aucunement intervenir 전혀 개입하지 않고　*sans* parler de *qn/qc* …은 말할 것도 없이.　*sans* savoir pourquoi 까닭도 모르고　*sans* le vouloir 본의 아니게.　des bouches inutiles qui consomment *sans* produire 생산은 하지 않고 소비만 하는 쓸데없는 식구들.　accepter un prix *sans* le débattre 흥정 없이 가격을 그대로 받아들이다.　appliquer toute son énergie *sans* jamais fléchir 결코 굴하지 않고 온 힘을 다하다.　apprendre *sans* comprendre 이해하지 못하고 배우다.　arriver à Paris *sans* connaître personne 아무도 아는 사람 없이 파리에 도착하다. dépenser *sans* calculer 계산 없이 돈을 쓰다.　entrer *sans* frapper 노크하지 않고 들어오다. exister *sans* vivre 생활 없이 생존하다.　fuir de la maison *sans* prévenir 무단가출하다.　laisser fondre dans la bouche *sans* avaler 삼키지 않고 입 안에서 살살 녹이다.　obéir *sans* murmurer 군말 없이 복종하다.　payer *sans* marchander 물건을 흥정하지 않고 사다.　répondre *sans* hésiter 주저하지 않고 대답하다.　sortir *sans* fermer la porte à clé 문을 열쇠로 잠그지 않고 나가다. souffrir *sans* se plaindre 신음하지 않고 참아내다.　tenir plusieurs jours *sans* rien manger 아무 것도 먹지 않고 며칠 동안 버티다.　il va *sans* dire que + *ind* …은 물론이다[자명한 일이다].

- *Sans* ouvrir les persiennes, j'ai regardé par les fentes.　덧창을 열지 않고 나는 창틈으로 보았다.

- Il a accepté *sans* moufter.　그는 군소리 없이 받아들였다.

- Cela va *sans* dire.　그것은 두말할 필요도 없다.

- Elles s'en sont allées *sans* rien dire.　그 여자들은 아무 말 않고 떠나갔다.

- Il est arrivé *sans* crier[《옛》 dire] gare.　그는 예고 없이 왔다.

- Il attendait, *sans* nullement s'impatienter.　그는 조금도 안달하지 않고 기다렸다.

- Il y a péril à traverser le désert *sans* avoir suffisamment d'eau.　충분한 물 없이 사막을 횡단하는 것은 위험하다.

- Il a un chic particulier de dire *sans* blesser personne.　그는 누구의 기분도 상하지 않게 말하는 특별한 재주가 있다.

- Il n'a pas l'instruction nécessaire pour exercer ce métier, *sans* compter qu'il est paresseux.　게으른 것은 차치하고라도, 그는 그 직업에 필요한 교육이 되어 있지 않다.

- Ils étaient quatre, *sans* compter les enfants.　아이들은 빼고 그들은 넷이었다.

- Le recensement a été fait *sans* comprendre les étrangers.　인구조사는 외국인을 포함시키지 않고 이루어졌다.

- Il a fait cela *sans* penser[songer] à mal.　그가 악의를 가지고 그렇게 한 것은 아니다.

- Le roi, *sans* approfondir davantage, vous laissera partir.　왕은 더 깊이 조사해 보지 않고 당신이 떠나도록 할 것이다.

- Nous mangeons *sans* guère parler.　우리는 식사하는 동안에 거의 말을 하지 않는다.

- Partez *sans* différer.　늦추지 말고 떠나시오.

- Il a payé *sans* sourciller.　그는 눈썹 하나 까딱 않고 돈을 냈다.

- Il est presque impossible de résumer sa penseé *sans* la fausser.　그의 생각을 왜곡 없이 요약하기란 거의 불가능하다.

- Il a roulé six mois *sans* crever.　그는 6개월 간 펑크 한번 안 내고 차를 몰고 다녔다.

- Je n'admets pas qu'il vienne *sans* prévenir.　나는 그 사람이 기별도 없이 오는 것을 용납할 수 없어.

> ☆ 부정법에 비특정적인 목적어가 오면 부정의 de를 씀.
>
> disparaître *sans* laisser de traces 흔적도 없이 사라지다.   marcher *sans* faire de bruit 소리를 내지 않고 걷다, 살금살금 걷다.

· Le Figaro donne la nouvelle *sans* faire[ajouter] de commentaires.   「피가로」지는 그 소식을 아무런 해설 없이 전하고 있다.

· Elle a passé une journée *sans* boire de café.   그녀는 하루 종일 커피를 마시지 않고 지냈다.

> ☆ 그러나 강조의 뜻을 나타내거나 부분적·상대적 부정일 때는 부정·부분관사를 그대로 씀.
>
> *sans* brûler une amorce 총을 한 방도 쏘지 않고.   copier un texte *sans* changer un iota 글자 한 안 틀리게 원본을 베끼다.   quitter *sans* dire un mot 한 마디도 없이 떠나다.

· *Sans* dire un mot, il bâfrait son ragoût de mouton.   그는 말 한마디 없이 양고기 스튜를 게걸스레 먹고 있었다.

· Il ne peut pas parler *sans* faire des fautes.   그가 말을 할 때는 언제나 틀린다.

❷ [sans *inf* ni *inf*]

> *sans* rien manger ni rien boire 아무것도 먹지도 마시지도 않고.   *sans* préciser le calendrier ni inclure des objectifs chiffrés 일정을 명시하거나 수치화된 목표를 포함하지도 않고.

· Il a exhorté les Français à rester unis et à débattre *sans* se déchirer ni s'insulter.   그는 프랑스인들에게 단합을 유지하고, 토론을 하되 분열되거나 서로 욕하지 말 것을 권유했다.

· Il pense que des autocrates peuvent mener leur pays vers des performances économiques exceptionnelles *sans* organiser d'élections ni respecter les droits de l'homme.   그는 독재자들이 선거를 하지 않거나 인권을 존중하지 않으면서 그들의 국가가 예외적인 경제적 성과를 이룰 수 있게 할 수 있다고 생각한다.

❸ [être sans *inf*]

· Il a été longtemps *sans* manger.   오랫동안 그는 아무 것도 먹지 않았다.

· Après son coup de téléphone, elle a été *sans* pouvoir dormir.   그의 전화를 받고 나서 그녀는 잠을 잘 수가 없었다.

❹ [ne pas être sans *inf*]

· Vous n'êtes pas *sans* savoir qu'elle s'est mariée.   당신은 그녀가 결혼했다는 것을 모를 리 없다[잘 알고 있다].

· Je ne suis pas *sans* y songer sérieusement.   나는 그 일을 진지하게 생각하지 않을 수 없다.

· Vous n'êtes pas *sans* avoir entendu dire qu'il est malade.   그가 아프다는 사실을 당신이 못 들었을 리 없다.

❺ [sans plus *inf*]

> *sans* plus se soucier de rien 이젠 아무 걱정 없이.   *sans* plus tarder 즉각, 지체없이.

- Il vaut mieux partir *sans* plus attendre.   더 이상 기다리지 않고 출발하는 것이 좋겠다.
- Il faut trancher *sans* plus hésiter.   더 이상 망설이지 말고 결단을 내려야 한다.

❻ [non sans *inf*]

- Mon père est revenu, non *sans* avoir l'air inquet.   아버지는 초조해 하시면서 돌아오셨다.

❼

> soit dit *sans* vous fâcher 실례의 말씀이지만.   soit dit *sans* (vouloir) vous offenser 이런 말씀 드려서 실례가 될지 모르지만.

❽ 동일한 동사를 반복하여

- Elle y croyait *sans* y croire.   그녀는 반신반의했다.
- Il est coupable *sans* être coupable.   그는 유죄이기도 하고 무죄이기도 하다.

3) [sans que + *sub*]

❶

> *sans* qu'on s'en aperçoive 사람들이 알아차리지 못하게.   *sans* que personne le sache 아무도 몰래.
> faire du bien *sans* qu'il y paraisse 드러내지 않고 선행을 하다.   persif(f)ler les gens *sans* qu'ils
> le sentent 눈치 채지 않게 사람들을 야유하다.

- Elle l'ai compris *sans* même qu'il ait ouvert la bouche.   그녀는 그가 입을 여기도 전에 그가 하고 싶은 말을 알았다.
- Ne faites pas cela, *sans* qu'il soit averti.   그에게 알리지 않고 그것을 하지 마시오.
- Il a parlé *sans* que personne le contredise.   그는 누구의 방해도 받지 않고 말을 했다.
- Il est parti, *sans* qu'on le remarque.   그는 아무도 모르게 떠났다.
- Il ne se passe pas de jour *sans* qu'il ne téléphone à sa mère.   그는 하루도 거르지 않고 어머니에게 전화한다.

❷ [non sans que + *sub*]

- L'incendie a été maîtrisé, non *sans* que les pompiers aient dû intervenir.   화재가 진압되기 위해서는 소방수들이 출동해야 했다.

❸ [sans que … ni + *sub*]

- Elle est partie *sans* que son père ni sa mère le sachent.   그녀는 아버지도 어머니도 모르게 떠나버렸다.

2. 조건

1)

> *sans* ça 그렇지 않으면(=sinon).　refuser d'être interrogé *sans* son avocat 변호사가 없는 심문을 받지 않겠다고 거절하다.

- On n'a rien *sans* mal.　노력 없이는 아무것도 얻을 수 없다.
- La géographie ne peut s'enseigner *sans* cartes.　지리는 지도 없이는 가르칠 수가 없다.
- On ne peut pas entrer ici *sans* ticket.　표가 없이는 여기에 들어올 수 없습니다.
- Je veux bien essayer de réparer la fenêtre, mais *sans* garantie.　창문을 고쳐 보기는 하겠지만 보장은 못합니다.
- Il faut expérimenter *sans* idée préconçue.　선입관 없이 실험해야 한다.
- Je ne peux rien faire *sans* l'accord de mes collègues.　나는 내 동료들의 승인 없이는 아무 것도 할 수 없다.
- Il a refusé de traiter *sans* gages suffisants.　그는 충분한 보증이 없이는 교섭할 수 없다고 거절했다.

2)
- *Sans* ce médecin, il serait mort.　그 의사가 없었다면 그는 죽었을 것이다.
- *Sans* signature, cet acte n'a aucune valeur.　서명이 없으면 이 증서는 전혀 효력이 없다.
- *Sans* toi, j'étais mort!　네가 없었다면 난 죽었어!
- Dépêche-toi, *sans* quoi tu seras en retard.　서둘러, 안 그러면 늦을 거야.
- Je me pose souvent cette question: que deviendrais-tu *sans* moi?　나는 자주 다음과 같이 자문하곤 한다. 내가 없다면 너는 무엇이 될까?
- Ce projet est intéressant, mais *sans* argent, ce n'est qu'un gadget.　그 계획은 흥미롭기는 한데 자금이 없으면 하나의 안(案)에 불과하다.
- Sortez tout de suite, *sans* cela[quoi] je me fâche.　당장 나가시오, 그렇지 않으면 화내겠소.
- Je conçois que, *sans* vous, elles ne viendraient pas.　당신 없이는 그 여자들이 오지 않을 겁니다.

3) [sans *inf*]
- On ne peut s'agrandir *sans* disposer de capitaux.　자본이 없으면 사업을 확장할 수 없다.
- On ne fait pas d'omelettes *sans* casser des oeufs.　《속담》 희생 없이는 아무 것도 얻을 수 없다.
- Vous ne devez rien entreprendre *sans* avoir une couverture.　당신은 윗사람의 보증 없이는 아무 것도 시도해서는 안 됩니다.
- On ne peut parler de cela *sans* l'avoir expérimenté.　경험하지 않고서는 그것에 대해 말할 수 없다.
- Décemment, je ne peut pas partir *sans* lui dire au revoir.　상식적으로 그에게 인사를 하지 않고 떠날 수는 없다.
- On peut vivre heureux *sans* être riche.　부자가 아니더라도 행복하게 살 수 있다.

3. 양태

1) ❶

sans acception de personne 누구도 차별하지 않고.　*sans* accident 무사히.　*sans* adoucissement 사정없이, 가차없이.　*sans* ambiguïté 명확하게.　*sans* appel 결정적으로.　*sans* arrière-pensée 딴 생각 없이.　*sans* (aucun) calcul 이해관계를 따지지 않고, 사심 없이.　*sans* cautèle 진솔하게.　*sans* certitude 확신없이.　*sans* complaisance 냉철[냉정]하게.　*sans* compliment 가식없이, 솔직하게.　*sans* conviction 확신[열의] 없이.　*sans* contrainte 거리낌 없이, 무람없이.　*sans* contredit 이론의 여지없이(=incontestablement).　*sans* déconcert 태연[침착]하게.　*sans* délibération 깊이 생각하지 않고, 경솔하게(=sans réfléchir).　*sans* distinction d'origine, de race ou de religion 출신, 인종 또는 종교상의 차별 없이.　*sans* dessein 무심코.　*sans* emphase 과장 없이.　*sans* exagération 과장 없이.　*sans* (aucune) exception 예외 없이.　*sans* autre forme de procès 정식 절차를 밟지 않고, 간단히(=sans formalité).　*sans* hâte 서두르지 않고.　*sans* aucune incertitude 주저없이.　*sans* limitation de temps 무기한으로.　*sans* merci 인정사정없이, 가차없이.　*sans* miséricorde 사정없이, 무자비하게.　*sans* préambule 서두도 없이, 갑자기.　*sans* préavis 예고 없이.　*sans* précaution 조심성 없이.　*sans* précipitation 서두르지 않고, 차근차근히.　*sans* aucun préparatif 아무런 준비도 없이.　*sans* raison précise 분명한 이유도 없이.　*sans* trêve 중단없이, 계속 (=continuellement).　ordre à exécuter *sans* discussion 이의없이 집행해야할 명령.　phénomènes qui se succèdent et se répètent *sans* interruption 끊임없이 연속해서 일어나는 현상들.　accepter *qc sans* contestation …을 이의없이 받아들이다.　accepter une invitation *sans* façon 사양하지 않고 초대에 응하다.　accepter *qc sans* hésitation …을 주저함 없이 받아들이다[수락하다].　accueillir une nouvelle *sans* émotion 어떤 소식을 태연하게 받아들이다.　agir *sans* circonspection 경솔하게 행동하다.　agir *sans* considération 분별없이[무분별하게] 행동하다.　agir *sans* énergie 무기력하게 행동하다.　agir *sans* méthode précise 확고한 방침없이 행동하다.　approuver *qc sans* restriction …에 전적으로 동의하다.　se conduire *sans* ménagement 제멋대로[난폭하게] 행동하다.　dépenser *sans* mesure 도를 넘어선 낭비를 하다.　se dérouler *sans* complications 아무 지장없이 진행되다.　dire le fait *sans* paraphrase 단도직입적으로 사실을 말하다.　discourir *sans* fin 한없이 이야기하다.　faire *qc sans* difficulté …을 별 어려움 없이 해내다.　parler *sans* accent 남프랑스[외국인] 티가 없는 발음으로 말하다.　parler *sans* ambages 단도직입적으로 말하다.　parler *sans* déguisement 숨김없이[솔직하게] 말하다.　parler *sans* fard 《옛·비유》 솔직하게 말하다.　parler *sans* flamme 열의 없이 말하다.　parler *sans* le moindre gêne 조금도 거리낌 없이 말하다.　parler *sans* préparation 준비 없이 말하다.　parler *sans* réticence 숨김없이 말하다.　poursuivre une politique *sans* défaillance 정책을 관철하다.　questionner *qn sans* répit 끊임없이 …을 계속 신문하다.　travailler *sans* discontinuité 쉴 새 없이 일하다.　travailler *sans* interruption 쉬지 않고 일하다.

- *Sans* indiscrétion, peut-on demander votre âge? 나이를 물어도 실례가 되지 않겠습니까?
- Ils l'ont condamnée *sans* (le moindre) égard pour ses explications. 그들은 그녀의 설명을 (전혀) 고려하지 않고 그 여자를 비난했다.
- Venez dîner chez nous *sans* façon. 사양하지 말고 우리 집에 저녁 식사하러 오세요.
- Je le dis *sans* coquetterie. 나는 솔직하게 그것을 말한다(= franchement).
- Je vous le dis *sans* détour(s). 사실을 솔직하게 말씀드립니다.

· Ils se disputent *sans* arrêt.　그들은 끊임없이 다툰다.

· Le retrait russe doit être effectué *sans* délai.　러시아의 철수가 지체없이 이루어져야 한다.

· Il est *sans* comparaison le meilleur d'entre nous.　우리들 중에서는 단연 그가 최고다.

· Il est, *sans* conteste, le meilleur.　확실히 그가 제일이다.

· Vous pouvez parler *sans* crainte.　마음놓고 말씀하십시오.

· Parlez *sans* gêne.　툭 터놓고 말씀하세요.

· Ils seront punis *sans* aucune pitié.　그들은 가차없이 처벌될 것이다.

· Il me tourmente *sans* cesse.　그는 끊임없이 나를 괴롭힌다.

· Il travaille *sans* grand enthousiasme.　그는 별다른 열의 없이 일한다.

· Venez demain, *sans* faute.　내일 꼭 오세요.

· Venez donc dîner ce soir *sans* (plus de) cérémonie(s).　오늘 저녁 가볍게 식사나 하러 오시지요.

❷ [sans doute]

a)

> *sans* aucun[nul] doute 틀림없이, 의심의 여지없이.

· Il a *sans* doute du talent, mais il est paresseux.　그는 재능이 있지만 게으르다.

· Elle prendra *sans* doute l'avion de six heures.　그 여자는 아마 6시 비행기를 탈 것이다.

> ☆ sans doute가 문두에 오면 흔히 주어와 동사가 도치됨.

· *Sans* doute arrivera-t-elle demain soir.　그녀는 아마 내일 저녁에 도착할 것이다.

b) [sans doute que + *ind* / *cond*]

· *Sans* doute qu'il l'a oublié.　아마 그가 잊어버렸을 것이다.

❸ a) [sans ··· ni ···]

> *sans* arme ni bagage 아무런 준비 없이.　*sans* cesse ni repos 휴지도 휴식도 없이.　*sans* fin ni cesse 쉼도 끝도 없이.　*sans* hésitation ni murmure 두말 않고, 선뜻(=sans discussion). *sans* repos ni trêve 쉬지 않고.　*sans* rime ni raison 함부로; 도리에 맞지 않게.　partir[déloger, dénicher] *sans* tambour ni trompette 슬그머니 사라지다.

b) [sans ··· ni ··· ni ···]

> *sans* tolérer ni détournement ni abus 전용이나 오용을 용인하지 않고.

2) [sans *inf*]

> *sans* rien ajouter d'autre 그저, 간략하게.　*sans* bouger le petit doigt 손가락 하나 까딱않고, 꼼짝도 않고.　*sans* déconner 정말로, 진정으로(=sérieusement)((《약》 *sans* déc[sɑ̃dɛk])).　*sans* délibérer 주저하지 않고.　*sans* se départir de son[flegme] impassibilité 냉정을 잃지 않고.　*sans* se déranger 움직이지 않고; 태연하게.　*sans* s'émouvoir le moins du monde 마음에 추호의 동요도 없이(=sans s'inquiéter).　*sans* y entendre malice; *sans* y mettre aucune malice 악의 없이.　*sans* faillir 꺾이지 않고, 단호하게.　*sans* forcer 무리없이.　*sans* s'interrompre 멈추지[쉬지] 않고.　*sans* lanterner 지체없이.　*sans* se lasser 지치지 않고, 악착같이(=inlassablement).　*sans* manifester le moindre étonnement 조금도 놀란 빛을 띠지 않고.　*sans* manquer 틀림없이.　*sans* mentir 사실은, 정말로(=à vrai dire).　*sans* perdre une minute 한 순간도 지체하지 않고.　obéir *sans* discuter 군말없이 복종하다.　réciter sa leçon *sans* broncher une fois 맡은 과제를 한 번도 안 막히고 암송하다.　remplir sa tâche *sans* défaillir 반드시 임무를 완수하다.　revenir *sans* retarder 지체없이 돌아오다.　travailler *sans* s'arrêter 쉬지 않고 일하다.

- *Sans* exagérer, il me faudra bien un mois pour ce travail.　과장 없이 말해서, 내가 이 일을 하는 데는 족히 한 달은 걸릴 것이다.
- Il pleut *sans* discontinuer depuis hier.　어제부터 줄곧 비가 온다.

4. 결과

1)
> faire plusieurs essais *sans* résultats 몇 차례 시도했으나 결과가 없다.

- Ses efforts furent *sans* fruit.　그의 노고는 성과가 없었다.
- Ils ont débattu *sans* résultat.　그들은 토론을 했으나 결론을 얻지 못했다
- Il a imploré *sans* résultat.　그가 애원했으나 허사였다.
- J'ai essayé de lui parler, mais *sans* succès.　그 사람과 이야기를 나누고자 했지만 헛일이었다.

2) [sans *inf*]
> mourir *sans* laisser de lignée; mourir *sans* (laisser de) postérité 자손이 없이 죽다.　poursuivre un idéal *sans* jamais l'atteindre 결코 도달하지도 못하면서 이상을 추구하다.

- La police a battu la campagne *sans* retrouver le disparu.　경찰이 샅샅이 뒤졌으나 행방불명자를 찾지 못했다.
- On a discuté deux jours durant *sans* aboutir.　한 달 동안 토론을 했으나 결론에 도달하지 못했다.
- Il parle *sans* se faire comprendre.　그가 이야기해도 이해하는 사람이 없다.
- L'idéal, nous le poursuivons *sans* jamais l'atteindre.　우리는 이상을 추구하지만 결코 도달하지는 못한다.
- Il a travaillé beaucoup *sans* obtenir de résultat.　그는 열심히 일했으나 별 성과가 없었다.

3) [sans que (ne) + *sub*]

· On ne jette rien dans l'onde *sans* que tout ne remue.　무언가를 물속에 던지면 수면 전체가 움직인다.

· Elle ne pouvait penser à lui *sans* que son coeur défaillit de joie.　그를 생각할 때마다 그녀의 마음은 기뻐서 미칠 것만 같았다.

5. 양보 · 대립

1)
> être élégant *sans* recherche 꾸밈이 없으면서도 우아하다.　faire *qc sans* envie ⋯을 마지못해 하다.
> manger *sans* appétit 마지못해 먹다.

· *Sans* reproche, il aurait pu quand même nous remercier.　탓하려는 것은 아니지만 그는 우리에게 감사의 뜻을 표할 수 있었을 텐데.

· Continuez *sans* moi.　내가 없어도 계속하시오.

· Il vous regarde avec confiance, *sans* naïveté toutefois.　그는 당신을 신뢰하지만 순진하게 그러는 것은 아니다.

2) [sans *inf*]

> croire *sans* comprendre 이해도 못하면서 믿어버리다.　plaindre *qn sans* l'excuser ⋯을 불쌍히 여기지만 용서하지는 않다.　vivre dans l'aisance *sans* être vraiment riche 그야말로 부자는 아니지만 여유있는 생활을 하다.

· *Sans* se classer parmi les tout premiers, il a cependant obtenu une bonne note.　그는 최상위권은 아니지만 좋은 성적을 얻었다.

· *Sans* être belle, sa femme est charmante.　그의 부인은 미인은 아니지만 매력적이다.

· Tout le monde s'abordait, s'interrogeait *sans* se connaître.　모두들 서로 알지도 못하면서 서로에게 다가가 질문을 하는 것이었다.

3) 《드물게》 [sans que (ne) + *sub*]

· Je le ferai bien *sans* que vous me le disiez.　당신이 말하지 않아도 그렇게 하겠소.

형 용 사 적 용 법

les jours avec et les jours *sans* 재수좋은 날과 재수없는 날((1940-1945년 동안 식량배급으로 술과 고기 등을 구한 날과 그렇지 못한 날을 뜻함)).

부 사 적 용 법

- J'ai oublié mes lunettes et je ne peux pas lire *sans*. 나는 안경을 잃어버렸는데, 안경이 없으면 읽을 수 없다.
- Pourquoi porter des lunettes si vous y voyez *sans*? 안경이 없이도 잘 보이는데 왜 안경을 씁니까?
- Chacun a son manteau, on ne sort pas *sans*. 각자 외투가 있기 때문에 외투 없이 외출하지 않는다.

sauf

프랑스어 전치사 사전

1. …을 제외하고 ; …이 아니라면(=excepté, hors, hormis).

1) ❶

perdre tout *sauf* l'honneur 명예를 제외하고 모든 것을 잃다.

- Les céréales, *sauf* le sarrasin, sont des graminées. 낟알 식물은 메밀을 빼고는 화본과 식물이다.
- Si l'Europe faiblit, ce pays pourra piétiner tous les pays européens l'un après l'autre, *sauf* la Grande-Bretagne. 만일 유럽이 약해진다면 그 나라는 영국을 제외한 유럽 국가들을 차례대로 깔아뭉갤 것이다.
- Ils travaillent tous les jours, *sauf* le dimanche. 그들은 일요일을 제외하고는 매일 일한다.

❷ [sauf *qn*]

- Tout le monde est admis *sauf* les enfants en dessous de 13 ans. 13세 이하의 어린이들을 제외하고는 모두 입장할 수 있다.
- Tous les invités sont arrivés *sauf* sa tante. 그의 고모를 제외하고는 초대받은 사람들이 모두 도착했다.
- Tout le monde était content, *sauf* lui. 그를 제외하고는 모두 만족했다.
- Personne ne le sait *sauf* moi. 나를 제외하고는 아무도 그것을 모른다.

2) [sauf + 무관사명사]

sauf correction 내가 틀리지 않았다면; 틀렸으면 고치기로 하고. *sauf* dépense imprévue 예기치 않은 비용이 발생하지 않으면. *sauf* erreur ou omission 오류·누락의 경우는 제외함((계산서 사본 따위에 적는 말)). *sauf* imprévu 뜻밖의 일이 일어나지 않는 한. *sauf* urgence 위급한 경우가 아니면.

- *Sauf* changement, la réunion aura lieu le 15. 변동이 없으면 15일에 모임이 있을 것이다.
- Cet accident a eu lieu, *sauf* erreur, en 2007. 착오가 아니라면 그 사고는 2007년에 일어났다.

- Ce sont les chiffres, *sauf* erreur de notre part.   우리 쪽의 착오가 없다면 이것이 그 숫자[액수]입니다.
- Tous les garçons, *sauf* exceptions, sont comme lui.   모든 소년들이 예외적인 경우를 빼고는 그와 같다.
- Partez demain, *sauf* contre-ordre.   명령 취소가 없는 한 내일 출발하시오.
- Venez demain, *sauf* avis contraire.   이의가 없으면 한 내일 오시오.

3)
> *sauf* votre respect; *sauf* le respect que je vous dois 실례지만, 미안한 말씀이지만.

- Et, *sauf* votre respect, vous avez quel âge?   실례입니다만, 나이가 어떻게 되시죠?
- Cet homme est, *sauf* votre respect, un parfait imbécile.   미안하지만 그 사람은 완전히 바보다.

4) [sauf + 전치사구]

❶ · Il y en a pour tous *sauf* pour elle.   그녀의 몫만 제외하고는 모두의 것이 있다.
- Il n'y a pas de montée significative d'un populisme anti-européen, *sauf* en Grande-Bretagne.   영국을 제외하고는 반 유럽적인 민중주의가 두드러지게 고조되고 있는 것은 아니다.
- Il est toujours à Séoul, *sauf* en janvier.   그는 1월 달만 제외하고는 항상 서울에 있다.
- Les risques sont donc limités, *sauf* pour les actionnaires des banques.   은행 주주들을 제외하고는 위험이 제한적이다.
- N'existent pas, *sauf* dans les jeux vidéo, les guerres aux soldats qui ressuscitent.   비디오 게임에서가 아니라면 병사들이 다시 살아나는 전쟁은 없다.
- Les positions françaises restent menacées, notamment parce que les dépenses militaires augmentent partout dans le monde, *sauf* en Europe.   특히 유럽을 제외한 전 세계 어디서나 군비 지출이 증가하고 있기 때문에 프랑스의 입지가 위협받고 있다.
- Nous parlons de tout, *sauf* de politique.   우리는 정치를 제외하고는 모든 것에 대해 말한다.
- Il a répondu à toutes les questions, *sauf* à la dernière.   그는 마지막 질문만 빼고는 모든 질문에 대답했다.
- On n'en trouvera nulle part, *sauf* chez ce pharmacien.   그 약국이 아니면 다른 어떤 곳에서도 그것을 찾을 수 없을 것이다.

❷ [sauf + 전치사 + *inf*]

> *sauf* pour dénoncer unilatéralement le traité de 1972 일방적으로 1972년의 조약을 비난하기 위한 것이 아니라면.   *sauf* pour y répandre les déchets du monde développé 거기에 선진국의 페기물을 버리기 위한 것이 아니라면.

2. 1) [sauf *inf*] : 동사가 순수부정법을 목적어로 할 때

- Qu'ils fassent de lui ce qu'ils veulent *sauf* le tuer.   죽이는 것만 제외하고는 그를 어떻게 해도 좋다.

2) [sauf à + *inf*] : ···할 가능성이 있을지 모르지만 ; ···할 권리를 유보하고(= quitte à).

> *sauf* à admettre le fait du prince 공권력의 전제적 행사를 인정할지도 모르지만. *sauf* à laisser à leurs adversaires le loisir d'utiliser l'ONU comme caisse de résonance 그들의 상대방에게 유엔을 공명실로 이용할 여지를 줄지 모르지만.

· Inutile d'aviver ces fantasmes, *sauf* à perdre en crédibilité. 그에 대한 신뢰성을 잃을 수도 있지만 그러한 환상을 부추기는 것은 무용하다.
· Je consens, *sauf* à revenir sur ma decision. (후에) 결정을 제고하게 될지도 모르지만 찬성한다.
· Faites vite, *sauf* à corriger plus tard. 나중에 고치더라도 빨리하시오.
· Nous avons pris cette décision, *sauf* à changer plus tard. 우리는 나중에 변경할 수 있다는 조건하에 그러한 결정을 내렸다.

3. [sauf + 절]

1) · Ils ne vont pas à l'église, *sauf* quand il y a des funérailles. 그들은 장례식이 있을 때를 제외하고는 교회에 가지 않는다.
· Il est toujours de bonne humeur, *sauf* quand il vient de se lever. 그는 막 자고 일어났을 때를 제외하고는 늘 기분이 좋다.
· Les Etats-Unis ont veillé à préserver leur monopole, et les Palestiniens, *sauf* lorsqu'ils sont de passage en Europe, font en sorte de complaire aux Américains. 미국은 그의 독점을 유지하려고 신경을 쓰고, 팔레스타인인들은 유럽에 잠시 체류할 때를 제외하고는 미국의 마음에 들도록 행동한다.

2) ❶ [sauf que + *ind*]

> *sauf* que c'est un faux-semblant 그것이 가장이 아니라면. *sauf* que le Conseil constitutionnel a jugé que cette taxe était inefficace et injuste 헌법위원회가 그 세금이 비효율적이고 부당하다고 판단하지 않는다면.

· C'est un très bon étudiant *sauf* qu'il s'absente quelquefois des cours. 그는 가끔 수업을 빼먹는 것만 제외하고는 좋은 학생이다.
· Le rôti était excellent, *sauf* qu'il était un peu trop cuit. 약간 탄 것을 제외하고는 구운 고기는 아주 훌륭했다.
· Tout s'est bien passé, *sauf* qu'il a fait très mauvais temps. 날씨가 아주 나빴던 것을 제외하고는 모든 일이 잘됐다.
· Le voyage s'est bien passé, *sauf* que, à un moment, nous nous sommes trompés de route. 우리가 한때 길을 잘못 든 것을 제외하고는 여행은 잘 되었다.

❷ [sauf que + *sub*] : 주절의 동사가 접속법을 요구할 때
· Qu'est-ce que vous avez à craindre, *sauf* que vous vous fassiez mouiller un peu. 조금 젖기야

하겠지만 그 외에 두려워할 게 무엇이 있습니까?

· Je ne désire rien, *sauf* que vous me laissiez en paix.　나는 내버려 두어달라는 것을 제외하고는 당신에게 부탁할 것이 아무것도 없어요.

3) [sauf si + *ind*]

sauf si l'abonné demande explicitement à être désinscrit 가입자가 명시적으로 취소를 요구하지 않으면. *sauf* s'il juge que son premier devoir à la tête de l'État est de privilégier le droit sur la politique 국가수반으로서 그의 첫째 임무가 정책보다 법을 우선시하는 것이라고 판단하는 것이 아니라면.

· Je n'irai pas, *sauf* si vous venez avec moi.　나는 가지 않겠다, 당신이 함께 간다면 모르지만.
· Vous ne pourrez pas entrer *sauf* si vous avez une carte d'identité.　신분증이 없으면 입장하지 못할 것입니다.
· Je viendrai *sauf* s'il pleut.　비가 오는 경우를 제외하고는 가겠다.

4. 《옛》…을 손상시키지 않고.

sauf votre honneur 당신의 명예를 손상시키지 않고.

selon

1. 1) …에 따라, 의거하여(=conformément à, suivant); …만큼(=en proportion de).

❶

selon l'article 63 du code de procédure pénale 형사소송법 63조에 의해. *selon* sa coutume 평상시의 습관대로. *selon* formule 처방에 따라서((《약》 S.F.)). *selon* la coutume du pays 그 나라의 관습에 따라. *selon* le gré de *qn* …의 뜻[입맛, 마음]대로; …의 생각에 의하면. *selon* son humeur 기분에 따라. *selon* l'inspiration du moment 즉흥적으로, 순간적 충동으로. *selon* la législation en vigueur 현행법에 따라. *selon* une logique rigoureuse 엄밀한 논리에 따라. *selon* les nécessités 필요에 따라. *selon* le processus habituel 관례적인 절차에 따라. *selon* la proportion de 10% 10퍼센트의 비율로. *selon* le protocole 외교의례에 따라. *selon* les règles 규정[규칙]대로의, 어김없는. chacun *selon* ses besoins, *selon* ses mérites 각자 필요한 만큼, 능력만큼. habitants classés *selon* leur revenu 소득별로 분류된 주민. agir *selon* sa conscience 양심에 따라 행동하다. agir *selon* ses désirs 뜻대로 움직이다. agir *selon* la justice 정의에 따라 행동하다. dépenser *selon* ses moyens 자기의 능력에 따라 지출하다. dessiner une maison *selon* les lois de la perspective 원근법에 따라서 집을 그리다. être habillé *selon* la dernière mode 최신 유행의

옷을 입고 있다.　faire *qc selon* ses caprices …을 기분에 따라서 하다.　interpréter un message *selon* son code 전언을 그 기호체계에 따라 해석하다.　juger *selon* l'équité (법률의 조문에 구애되지 않고) 형평에 따라 판결하다.　payer *selon* ses possibilités 능력에 따라 급료를 지불하다. séparer *selon* la classe[la catégorie] 등급[범주]에 따라 분류하다.　traiter les gens *selon* leurs mérites 사람들을 능력에 따라 대우하다.　trier les fruits *selon* leur grosseur 과일을 크기에 따라 분류하다.　vivre *selon* son état 신분에 맞는 생활을 하다.

- *Selon* ta bourse, gouverne ta bouche.　《속담》 분수에 맞게 살아라.
- *Selon* son habitude. il a regardé le réveil.　그는 습관대로 자명종을 쳐다보았다.
- A chacun *selon* ses capacités; à chaque capacité *selon* ses oeuvres.　각인은 그 능력에 따라서, 각자의 능력은 그 하는 일에 따라서 (보답 받아야만 하는 것이다). ((생시몽의 공상 사회주의의 이념))
- Il faut aller *selon* sa bourse.　《속담》 분수에 맞게 살아야 한다, 송충이는 솔잎을 먹고 살아야 한다.
- Le rêve associe les images *selon* ses lois.　꿈은 제 나름대로의 법칙에 따라 이미지를 결합한다.
- Chacun sera jugé *selon* ses oeuvres.　각자 그의 행위에 따라 심판을 받을 것이다.
- Chacun doit vivre *selon* sa condition.　사람은 각자 자기 분수대로 살아야 한다.

❷ (상황·경우에) 따라서.

selon le(s) cas[circonstances] 경우에 따라.　*selon* les circonstances 상황[경우]에 따라.　*selon* le(s) temps 시대[상황, 날씨, 계절]에 따라.　*selon* le temps qu'il fera 날씨가 어떠하냐에 따라. *selon* ce que les circonstances prescrivent 상황에 따라.　moeurs qui varient *selon* les pays 나라에 따라 다른 풍속.　règlements variables *selon* les pays 국가에 따라 다른 규칙.

- *Selon* le vent, la voile. 《속담》 바람을 보고 돛을 펴라, 누울 자리를 보고 멍석을 펴라.
- La mode diffère *selon* les pays.　유행이 나라마다 다르다.
- L'économie évolue différemment *selon* les pays.　경제가 국가에 따라 서로 다르게 발전한다.

❸ [selon le coeur de *qn*] : …의 마음에 드는.

roi *selon* le coeur de Dieu 신의 마음에 드는 왕.

- C'est une personne *selon* mon coeur.　그는 내 마음에 드는 사람이다.

❹ · C'est *selon*.　《구어》 그건 경우[상황]에 따라 다르다(=Cela dépend; C'est suivant.).

❺ 명사의 보어

modulation des tarifs *selon* les revenus 수입에 따른 세율의 조정.　tri *selon* l'âge 나이 별 분류.

2) [selon + 절]

❶ [selon que + *ind*] : ···하는가에 따라; 《**문어**》 ···하는 것처럼.

- *Selon que* l'on est africain ou européen ce mot revêt-il la même signification?　아프리카인이냐 또는 유럽인이냐에 따라 그 낱말이 같은 의미를 지닐까?

- *Selon* que vous travaillerez ou non, vous gagnerez plus ou moins.　당신이 열심히 일을 하느냐에 따라 수입이 많을 수도 있고 적을 수도 있다.

- Son humeur change *selon* qu'on l'admire ou la critique.　그의 기분은 사람들이 칭찬하는가 비난하는가에 따라 달라진다.

❷ - C'est *selon* comment ils ont été élevés.　그것은 그들이 어떻게 양육되었느냐에 달렸다.

- La façon dont je le demande varie *selon* si ça m'intéresse vraiment ou pas.　그것이 정말로 나의 흥미를 끄는가 그러지 않는가에 따라 그것을 요구하는 방식이 다르다.

2. ···에 의하면; ···의 관점으로 보아.

1)

selon l'agence sud-coréenne Yonhap 남한의 연합통신에 의하면.　*selon* les autorités nord-coréennes 북한 당국에 의하면.　*selon* un communiqué de l'Elysée 엘리제궁의 성명에 의하면.　*selon* sa propre déclaration 그 자신이 말한 바에 의하면.　*selon* mes estimations 나의 예상에 의하면.　*selon* une expérience de 1995 1995년의 실험에 의하면.　*selon* sa propre expression 그 자신의 표현에 의하면.　*selon* la formule de *qn* ···의 표현에 따르면.　*selon* les journaux 신문 보도에 의하면.　*selon* des médias russes cités par l'agence de presse japonaise 일본 언론이 인용한 러시아 매체에 따르면.　*selon* le New York Times 뉴욕타임스에 의하면.　*selon* l'opinion de *qn* ···의 의견에 의하면.　*selon* le principe qu'il affiche 그가 표방하는 원칙에 따르면.　*selon* un rapport publié le 10 juin par la Banque mondiale 세계은행의 6월 10일자 보고서에 의하면.　*selon* les services de renseignement sud-coréens 남한의 정보기관에 의하면.　*selon* une source diplomatique 외교소식통에 의하면.　*selon* une source gouvernementale sud-coréenne 남한의 정부 소식통에 의하면.　*selon* telle théorie 그러한[어떠어떠한] 이론에 따르면.　*selon* les témoignages des conducteurs 운전자들의 증언에 의하면.　*selon* ses propres termes 그 자신의 표현에 의하면.

- *Selon* la chaîne de télévision YTN, le bateau a envoyé un message dimanche à 11 heures indiquant qu'il faisait route vers le port de Songjin.　YTN 뉴스채널에 의하면 그 배는 일요일 11시에 성진항으로 가고 있다는 메시지를 보냈다.

- *Selon* les prévisions de l'organisation, la croissance mondiale devrait atteindre 3,9% en 2008.　그 기관의 예측에 의하면 2008년 세계의 경제 성장이 3.9%에 이를 것이다.

- *Selon* une étude australienne, les ménages qui utilisent Internet pour réaliser des achats en ligne, effectuer des opérations bancaires et des réservations économisent quatre heures de temps par semaine.　오스트레일리아의 한 연구에 따르면 온라인 구매를 하거나 은행 업무 또는 예약을 하기 위해 인터넷을 사용하는 가정에서는 일주일에 4시간을 절약하게 된다

- *Selon* la Bible, Jacob a engendré douze fils.　성서에 따르면 야콥이 일곱 아들을 낳았다.

· *Selon* ce qui est écrit dans la Bible, Dieu est Amour.　성서의 기록에 따르면 하느님은 사랑이다.
· *Selon* les Evangiles, Jésus-Christ a[est] ressuscité le troisième jour après sa mort.　복음서에 의하면 예수 그리스도는 죽은 지 3일 만에 부활했다.
· *Selon* l'agence Chine nouvelle, la Corée du Nord serait prête à retourner à la table des négociations à six.　신화통신에 의하면 북한은 6자회담에 복귀할 준비가 되어 있는 듯하다.
· *Selon* les chiffres fournis par la Fédération allemande de l'industrie musicale, la loi aurait fait chuter de moitié le nombre d'infractions.　독일 음악산업연합회의 수치에 의하면 그 법이 위반 건수를 반으로 줄어들게 한 듯하다.
· *Selon* CNN, Bill Clinton, 63 ans, a été hospitalisé jeudi à l'hôpital de l'Université Columbia après avoir ressenti des douleurs à la poitrine.　CNN방송에 의하면 63세의 빌 클린턴은 가슴 통증을 느낀 후에 콜롬비아 대학 병원에 입원했다.
· *Selon* des données de l'OCDE, 51% des filles de 15 ans lisent au moins un livre par mois.　OECD의 자료에 의하면 15세 소년들의 51%가 한 달에 적어도 한 권의 책을 읽는다.
· *Selon* une étude de la Réserve fédérale américaine, la quantité d'Américains propriétaires de leur logement passe de 65% à 69% en 10 ans.　미국 연방준비위원회의 연구에 의하면 미국 주택 소유자가 10년 사이에 65%에서 69%로 늘었다.
· Cette revalorisation, *selon* l'Elysée, répond à un besoin de notre économie.　엘리제궁에 의하면 그러한 재평가는 우리 경제의 요구에 부응하는 것이다.

2) [selon *qn*]

> *selon* des diplomates occidentaux 서방 외교관들에 의하면.　*selon* des experts américains 미국의 전문가에 의하면.　*selon* les observateurs de la RPDC à Séoul 서울의 북한 옵서버들에 의하면.　*selon* le porte-parole du département d'État 미국무성 대변인에 의하면.

· *Selon* les avocats de la défense, seulement deux ou trois dizaines d'entre eux pourraient l'être.　변호사들에 의하면 그들 중에 단지 20 내지 30여 명만이 그럴 수 있다는 것이다.
· *Selon* Sartre l'existence précède l'essence.　사르트르에 의하면 실존은 본질에 선행한다.
· *Selon* lui, les effets ne se verront que sur le long terme.　그에 의하면 그 효과가 장기적으로만 나타날 것이다.
· Il y a *selon* moi deux choses très importantes concernant la Russie.　내 생각으로는 러시아와 관련해서 매우 중요한 두 가지 점이 있다.
· L'Arabie va augmenter sa production de pétrole pour faire baisser les prix, *selon* Ban Ki-moon.　반기문 사무총장에 의하면 아라비아는 유가를 낮추기 위해 석유 생산을 늘릴 것이다.

3)
> *selon* toute apparence 어느 모로 보나.　*selon* toute probabilité 아마, 대개, 십중팔구(=vraisemblablement).　*selon* toute vraisemblance 십중팔구.

3. 《문어》 …에 의해 (이루어진).

Évangile *selon* saint Luc 누가복음.   Evangile *selon* saint Jean 요한복음.   journal élaboré *selon* un nouveau concept 새로운 개념에 따라 제작되는 신문.   monarchie *selon* la Charte 헌장에 기초한 군주제. non-prolifération nucléaire *selon* Barack Obama 버락 오바마에 의한 핵 비확산.

sitôt

《문어》 …하자마자, …직후에(=dès).

sitôt le petit déjeuner 아침을 먹자마자.   *sitôt* le seuil 문턱을 넘자마자.

- *Sitôt* les premiers jour de l'automne, les feuilles des arbres commencent à jaunir.   가을 초입에 접어들자마자 나뭇잎들이 노랗게 물들기 시작한다.
- Il viendra me voir *sitôt* mon retour.   그는 내가 돌아오는 즉시 날 만나러 올 것이다.

부 사 적 용 법

1. [sitôt avant/après] : …직전[후]에.

- Venez me voir *sitôt* avant le cours.   강의가 시작되기 시작되기 직전에 나를 보러 오세요.
- Ils sont arrivés *sitôt* après notre départ.   그들은 우리가 떠나자마자 도착했다.

2. [ne … pas … de sitôt]

- Pareille occasion ne se représentera de *sitôt*.   그런 기회가 조만간에는 다시 오지 않을 것이다.
- On ne le reverra pas de *sitôt*.   그들 그렇게 빨리는 볼 수 없을 것이다.

3. 과거분사와 함께 : …하자마자(=aussitôt).

1) - *Sitôt* arrivée à Séoul, elle lui a téléphoné.   그녀는 서울에 도착하자마자 그에게 전화를 했다.
   - *Sitôt* entré, il a ouvert la fenêtre.   그는 들어오자마자 창문을 열었다.

2) - *Sitôt* dit, *sitôt* fait.   말이 떨어지자 곧 실행되었다.

4. [sitôt (après) que + *ind*] : …하자마자 곧, …하는 즉시로(= aussitôt que, dès que).

· *Sitôt* que vous serez arrivé, téléphonez-moi.   도착하시는 대로 내게 전화주세요.

· *Sitôt* (après) qu'il a eu passé sa maîtrise, il est parti en France.   그는 석사학위를 취득하자마자 곧 프랑스로 떠났다.

· Il s'empresse de dépenser son argent *sitôt* qu'il l'a gagné.   그는 돈을 벌면 쓰지 못해 안달이다.

SOUS

1. 위치 · 장소

1) ❶ …아래에[에서, 로], …밑에[에서, 으로].

> *sous* l'ombrage[les ombrages] des arbres 나무 그늘에서.   *sous* un jour insolite 야릇한 불빛 아래에서.   jupon qui passe *sous* la robe 드레스 밑으로 나와 있는 속치마.   aménager un cagibi *sous* l'escalier 계단 밑에 골방을 마련하다.   s'aplatir pour passer *sous* les barbelés 철조망 아래로 통과하기 위해 엎드리다.   balayer *sous* les meubles 가구 밑을 청소하다.   chercher un abri *sous* un arbre 나무 밑으로 피난하다.   glisser un levier *sous* une pierre 돌 밑에 지레를 끼워 넣다.   jouer *sous* un arbre 나무 아래서 놀다.   se laver[passer] *sous* la douche 샤워하다(=se doucher).   loger *sous* les combles 다락방에 기거하다.   mettre une cale *sous* le pied d'une table bancale 건들거리는 책상 다리에 받침을 괴다.   mettre la clef *sous* la porte[le paillasson] 문[깔개] 밑에 열쇠를 놓다 ; 《비유》 몰래 떠나다, 사라지다.   mettre *qc sous* verre …을 유리 액자에 넣다 ; 《비유》 …을 애지중지하다.   passer *sous* un pont 다리 밑을 지나가다.   se promener *sous* le couvert des sapins 전나무 그늘 아래에서 산책하다.

· Attendez-moi *sous* l'orme.   《속담》 느릅나무 밑에서 기다리시오((기다려 봐야 헛일이라는 뜻)).

· Il est resté deux heures enterré *sous* les décombres.   그는 무너진 더미에 두 시간 동안 깔려 있었다.

· Il faut se baisser pour passer *sous* cette voûte.   이 궁륭을 통과하려면 몸을 숙여야 한다.

· Il ne veut pas passer *sous* une échelle, c'est de la superstition.   그는 사다리 밑을 지나기를 꺼리는데, 그것은 미신 때문이다.

· Ils se sont resserrés *sous* l'abat jour.   그들은 램프의 갓 아래에 바싹 모여들었다.

❷ …안에[에서, 으로], …속에[에서, 으로].

> à cent mètres *sous* terre 지하 100미터 지점에.   températures enregistrées *sous* abri 백엽상에서 채록(採錄)한 기온.   s'abriter *sous* un parapluie 우산 속으로 몸을 피하다.   cacher un pistolet

sous son manteau 외투 속에 권총을 감추다.　se cacher *sous* un drap 시트 속에 숨다.　dormir *sous* une moustiquaire 모기장을 치고 자다.　mettre une lettre *sous* enveloppe[pli] 편지를 봉투에 넣다.　nager *sous* l'eau 물속에서 수영하다.　vivre *sous* la tente 천막에서 생활하다.　vouloir rentrer *sous* terre (창피스러워) 쥐구멍이라도 있으면 숨을 생각이다.

· Le feu couve *sous* la cendre.　재 속에서 불꽃이 은근히 타고 있다.

❸

sous ces climats 그러한 기후에서는; 그 지방에서는.　plante cultivée *sous* toutes les latitudes (지구의) 모든 지방[풍토]에서 재배되는 식물.　vue d'une montagne *sous* la neige 산의 설경.　s'installer *sous* des ciels plus cléments 기후가 더 온화한 지역에 자리잡다.　marcher *sous* une pluie fine 부슬비를 맞으며 걷다.　se promener *sous* la pluie 빗속을 거닐다.　vivre *sous* les tropiques 열대지방에 살다.

· Le village disparaissait *sous* la neige.　마을은 눈에 덮여 보이지 않았다.

❹

sous le ciel de Paris 파리의 하늘 아래에서, 파리 지방에서.　*sous* le ciel[les cieux] 이승에서 (=ici-bas, au monde).　*sous* d'autres cieux 타향에서.　*sous* le firmament 《문어》 이 세상에서.

· Tout est vanité *sous* le soleil.　이 세상의 모든 것은 헛된 것이다.
· (Il n'y a) rien de nouveau *sous* le soleil.　《속담》 하늘 아래 새로운 것은 없다.

❺

passer *sous* les fenêtres de *qn* …의 창 밑을[집 앞을] 지나가다.

2) 명사의 보어

câble *sous* gaine 피복 케이블.　culture *sous* abri 하우스 재배.　cultures *sous* plastique 비닐하우스 재배.　viande *sous* plastique 비닐봉지에 싼 고기.　hauteur *sous* ventre (차체의) 바닥 높이.　tirants *sous* des arcades 아케이드 아래의 이음보.　villages *sous* la neige 눈 속에 덮인 마을.

3) 비유

❶

le feu *sous* la cendre 속으로 타오르는 정념 따위.　cacher[mettre, garder, laisser, tenir] *qc sous* le boisseau …을 숨기다.　cacher[mettre] la lampe[lumière] *sous* le boisseau 진상을 숨기다.　être né *sous* le toit de chaume 가난한 집에서 태어나다.　être reçu *sous* la Coupole 아카데미 프랑세즈 회원이 되다.　mettre *qn sous* cloche …을 (위험 따위로부터) 지키다[보호하다].　mettre *qn/qc sous* globe …을 위험으로부터 안전하게 지키다, …을 소중히 간직하다.　passer *sous* les fourche caudines 굴욕적인 조건을 받아들이다((B.C. 321년 로마군이 패한 Caudium 근처의 협로

에서 포로들을 창문(槍門)으로 지나가게 한 것에서 유래)).　soupçonner anguille *sous* roche. 《속어》 눈치[낌새]를 채다; 냄새를 맡다.

· Il y a anguille *sous* roche.　무엇인가 수상하다, 무엇인가 있다.
· La révolution couvait *sous* la cendre.　혁명이 은밀히 진행되고 있었다.
· Vous avez trouvé cela *sous* votre chevet.　꿈에서나 본 거겠지.

❷

sous la curiosité de tous 모두의 호기심 속에.　*sous* bonne escorte 엄중한 호위[호송] 하에. *sous* un tonnerre d'applaudissements 우레와 같은 박수갈채 속에서.　accabler *qn sous* une grêle d'injures. …에게 욕설을 퍼붓다.　s'enfuir *sous* les huées 야유를 받으며 달아나다.　fuir *sous* la mitraille 비오듯 쏟아지는 총탄 사이를 뚫고 달아나다.　*sous* l'investigation de son regard 탐색하는 듯한 그의 눈길을 받으며.　être *sous* le feu des projecteurs 스포트라이트를 받다, 주목의 표적이 되다.

· Cela tombe *sous* le sens.　그건 자명한 일이다, 당연하다.

❸

ce fragment de ma vie que je passe *sous* silence 침묵 속에서 보낸 내 인생의 한 시기.　passer *qc sous* silence …을 언급하지 않다, 묵과하다.

4) 신체부위명사와 함께

❶

sous les yeux[le regard] de *qn* …의 눈앞에서.　biscuit qui craque *sous* les dents 씹으면 바삭거리는 비스킷.　sol qui enfonce *sous* les pas 발밑에 움푹 패이는 땅.　administrer de l'histamine *sous* la peau 히스타민을 피하에 투여하다.　avoir *qc sous* la main …을 수중에 갖고 있다. avoir une ampoule *sous* le pied 발바닥에 물집이 잡히다.　avoir le couteau *sous* la gorge 목에 칼이 들어오다, 위협을 당하다.　ne rien avoir à se mettre *sous* la dent 먹을 것이 조금도 없다. couper[faucher] l'herbe *sous* le pied de *qn* 《비유》 …을 몰아내고 이익을 취하다.　creuser un abîme *sous* (les pieds de) *qn* 《비유》 …을 파멸시키려고 계략을 꾸미다.　faire croc *sous* la dent 깨물려서 바드득하고 부서지다.　faire passer *qc sous* les yeux de *qn* …을 …에게 보여주다. mettre le couteau[l'épée, pistolet] *sous* la gorge à *qn* …에게 강요하다, 협박하다.　mettre un oreiller *sous* la tête 머리 밑에 베개를 베다.　porter son livre *sous* son bras 책을 팔 밑에 끼고 다니다.　tenir *qc sous* le bras …을 겨드랑이에 끼다.　regarder *qn sous* le nez (반항적으로) …을 노려보다.　tomber *sous* la main de *qn* …의 수중에 들어가다.

· L'augmentation nous passera encore *sous* le nez cette année.　올해도 우리의 임금 인상은 물 건너갈 것이다.
· Le piano parle *sous* ses doigts.　그의 손가락 밑에서 피아노가 울리고 있다.
· Le sol s'est dérobé *sous* mes pieds.　발 아래의 땅이 꺼져 들어갔다.

- Un soldat agonise *sous* nos yeux.　우리 눈앞에서 한 병사가 죽어가고 있다.
- Le taxi m'est passé *sous* le nez.　택시가 내 눈앞을 지나가 버렸다.
- Il triche *sous* le nez du professeur.　그는 교수의 코앞에서 커닝을 한다.

❷ [sous *qn*]

- Ses jambes se dérobaient *sous* lui.　그는 다리의 기운이 쭉 빠졌다.
- Ses jambes ployèrent *sous* lui.　그의 다리가 휘청거렸다.

❸

sous le coude 보류중인, 미해결의(=en attente).　garder un dossier *sous* le coude 서류를 아직 마치지 못하다; 사건을 완결하지 못하다.

❹ · Cela ne se trouve pas *sous* les pieds[sabots] d'un cheval[âne].　《**구어**》 (대개 많은 액수에 대해 말할 때) 그리 흔하지 않다; 십사리 구할 수 없다.

5) [de sous *qc*]

dégager[tirer] les corps des victimes de *sous* le camion 트럭 밑에서 희생자들의 사체를 꺼내다.

- Une mèche de cheveux lui sortait de *sous* son chapeau.　머리타래가 그의 모자 밖으로 나와 있었다.

2. 지배·종속·예속

1) …밑에(서), …치하에(서).

❶

sous la conduite de *qn* …의 지휘[지도]로, 안내로　*sous* la direction de *qn* …의 지도하에.　*sous* les enseignes de *qn* …의 지휘[감독] 아래.　*sous* la férule des dictatures militaires 군사 독재의 엄한 감독 하에.　*sous* l'Occupation 나치 독일 점령하에.　*sous* la responsabilité de *qn* …의 책임하에. église placée *sous* l'invocation d'un saint 어떤 성자의 가호 하에 세워진 교회(성자에게 봉헌된 교회). courber *qn sous* la loi …로 하여금 법을 따르도록 하다.　courber *sous* la volonté de *qn* …의 의사를 따르다.　être *sous* l'autorité de *qn* …의 권한에 속하다.　placer un employé *sous* l'autorité d'un chef de bureau 직원을 실장의 감독하에 두다.　être[vivre] *sous* la botte de *qn* …의 압제 하에 있다[살나]. être *sous* le charme de *qn* …의 매력에 사로잡혀 있다.　mettre[tenir] *qn sous* le charme …을 매혹시키다.　être *sous* le contrôle[la tutelle] de *qn* …의 감독[후원]하에 있다.　être[se trouver] *sous* la coupe de *qn* (카드놀이에서) …가 패를 끊은 후 첫 번째로 치다; 《비유》 …의 지배하에 있다. être *sous* la dépendance de *qn* …에게 종속되어 있다.　être *sous* la domination de *qn* …에게 예속되어 있다.　être *sous* l'emprise de *qn/qc* …의 지배하에 있다, …의 지배를 받고 있다.　être *sous* les griffes de *qn* …의 마수에 걸려들다.　tomber *sous* la griffe de *qn* …의 수중에 떨어지다.　être *sous* l'oeil de *qn* …의 감시를 받고 있다.　être *sous* les ordres de *qn* …의 휘하에 있다[아랫사람이다]. être *sous* la surveillance de *qn* …의 감시 하에 있다.　faire passer *qn sous* le joug …을 굴복시키다. tomber *sous* le joug de *qn* …의 지배하에 들어가다.　ployer *sous* le joug 속박에 굴복하다.　faire son apprentissage *sous qn* ···의 밑에서 수련을 쌓다.   se mettre[se placer] *sous* la protection de *qn* ···의 보호하에 들어가다.   prendre *qn sous* sa protection ···의 후원재[보호자]가 되다.   plier *qn sous* la loi ···을 법을 지키게 하다.   ployer l'homme *sous* les nécessités 인간으로 하여금 자연적 욕구를 따르게 하다.   prendre[tenir] *qn sous* sa garde ···을 보호[간호]하다.   prendre *qn sous* son égide ···을 보호하다.   prendre *qn sous* son parapluie ···을 비호하다.   (re)tomber *sous* la sujétion de *qn* ···의 압제를 (다시) 받게 되다.   servir *sous* un roi 왕을 섬기다.   tenir *qn sous* sa patte ···을 지배하다, 자기 뜻대로 움직이다.   tenir un pays[un territoire] *sous* ses lois 국가[영토]를 자기 지배하에 두다.   tomber *sous* la patte[griffe] de *qn* ···의 수중에 떨어지다, ···의 독수(毒手)에 걸리다.   vivre *sous* la dictature de *qn* ···의 독재치하에 살다.

- J'ai travaillé douze ans *sous* lui.   나는 그의 밑에서 12년 동안 일했다.
- Elle a écrit sa thèse *sous* sa direction.   그녀는 그의 지도하에 논문을 썼다.
- Il est *sous* l'empire de sa femme.   그는 부인의 지배하에 있다.
- Les chevaux sont *sous* les ordres du starter.   말들이 곧 출발할 것이다.

❷

maintien *sous* les drapeaux 병역 기간 연장.   être applé *sous* les drapeaux 군에 입대하다, 군복무하다.   combattre[marcher, se ranger] *sous* la bannière de *qn* ···의 휘하에서 싸우다; ···의 편을 들다.   combattre *sous* les drapeaux de *qn/qc* ···의 깃발 아래 싸우다.   naviguer *sous* pavillon français 프랑스 국기를 달고 항해하다.   se ranger[se rallier] *sous* le drapeau de *qn* ···의 진영에 가담하다, 주장에 동의하다.   se ranger *sous* l'étendard de la liberté 자유의 깃발 아래 모이다.

❸

camper[être, rester] *sous* la ville 도시 부근에[도시에서 아군의 원호가 미치는 지역 내에] 주둔하다.

2) [sous + 무관사명사]

sous contrôle 지배[감시]하의; 진압된.   femmes *sous* oppression 억압받고 있는 여성들.   pays placé *sous* protectorat français 프랑스의 보호 아래 놓인 국가.   territoire *sous* mandat britannique 영국의 위임통치를 받는 영토.   territoire *sous* tutelle 신탁통치령.   mettre *qn/qc sous* bonne garde ···을 엄중히 감시하다.   mettre *qn sous* haute[étroite] surveillance ···을 엄중한 감시 하에 두다.

- L'incendie était *sous* contrôle.   화재가 진압되었다.

3. 원인·작용·영향

1) ···에 의해, ···의 영향으로.

❶

sous l'appui de *qn* ···의 보호[후원]하에.   *sous* les auspices de *qn* ···의 후원으로[찬조로].   *sous* le patronage de *qn/qc* ···의 후원으로   *sous* la pression de *qn* ···의 압력을 받고.   courbé *sous* le fardeau des ans 나이 탓으로 허리가 굽은, 늙어버린.   extorsion de fonds *sous* la menace 협박에 의한 재물 강요(죄).   gala de bienfaisance placé *sous* le patronage du président de la République 대통령이 후원하는 자선 공연.   porte qui a cédé *sous* la poussée 압력에 못 이겨 부서진 문. poutre qui fatigue *sous* une trop forte poussée 너무 큰 압력을 받아 휘어진 들보   soie qui grippe *sous* le pied-de-biche 의자 다리에 눌려 주름이 진 비단.   s'abriter *sous* l'aile de sa mère 어머니의 보호 아래에 있다.   prendre *qn sous* son aile …을 보호하다.   accepter *sous* la menace 협박에 못 이겨 수락하다.   agir *sous* la contrainte 강압에 의해 행동하다.   agir[parler] *sous* la dictée des circonstances 상황에 따라 행동하다[말하다].   écrire[prendre] *sous* la dictée (de *qn*) …의 구술을 받아 적다.   agir *sous* l'empire de la colère 화가 치밀어 행동하다.   agir *sous* l'emprise de la passion 정열에 사로잡혀 행동하다.   agir *sous* l'éperon de la nécessité 필요에 따라 행동하다. agir *sous* l'impulsion de la colère 홧김에 행동하다.   agir *sous* l'influence de la colère 화가 몹시 난 상태에서 행동하다.   ahaner *sous* le fardeau 《문어》 무거운 짐을 지고 헐떡이다.   avouer *sous* la torture 고문을 받고 자백하다.   être accablé *sous* une charge 직무에 치여 꼼짝을 못하다. être *sous* le couteau 협박을 받다.   être *sous* l'empire du poison 중독되어 있다.   être *sous* la férule de *qn* 《문어》 …의 엄격한 감독 하에 있다.   être *sous* le feu de l'ennemi 적의 포화를 받다.   être *sous* la menace d'une expulsion 추방될 위기에 처하다.   naviguer *sous* le vent 역풍을 받고 항해하다.   parler *sous* la torture 고문에 의해 자백하다.   plier *sous* le faix 《옛·문어》 무거운 짐을 견디어 내지 못하다.   ployer *sous* la charge 하중 때문에 휘다.   succomber *sous* un fardeau 무거운 짐에 짓눌리다.   voler *qn sous* la menace …을 협박하여 돈을 갈취하다.

· *Sous* l'émotion, il se mit à balbutier, puis à pleurer.   감동한 나머지 그는 말을 더듬고 급기야 울기 시작했다.

· Il n'avait pas son libre arbitre, il a agi *sous* la menace.   그는 자기의사가 아니라 협박을 받고 행동한 것이다.

· La voile s'arrondit *sous* le vent.   돛이 바람을 받아 부풀었다.

· La peau se bleuissait *sous* les matraques.   곤봉으로 맞아 피부가 퍼렇게 멍들었다.

· Il a beaucoup changé *sous* l'influence de son ami.   그는 친구의 영향을 받아 많이 변했다.

· Les coutures ont craqué *sous* l'effort.   힘을 주자 솔기가 타졌다.

· C'est *sous* son inspiration que le comité fut créé.   그의 권고에 따라 위원회가 창설되었다.

· La salle croule *sous* les applaudissements.   박수갈채로 장내가 무너져 내리는 듯 했다.

· La bûche sue *sous* la flamme.   장작에 불에 타며 진이 스미어 나온다.

· Le feuillage tremble *sous* la brise.   나뭇잎이 미풍에 살랑댄다.

❷ [sous l'action de + 명사]

incendie qui se ravive *sous* l'action du vent 바람의 영향으로 다시 타오르는 불길.   rail qui se dilate *sous* l'action de la chaleur 열의 작용에 의해 팽창되는 레일.

· Le tournesol bleuit *sous* l'action d'une base.   염기의 작용으로 리트머스액이 푸르게 변한다.

❸ [sous le coup de + 명사]

agir *sous* le coup de la colère 화가 치밀어 행동하다.　être *sous* le coup d'une condamnation 유죄판결을 받을 위험이 있다.　être *sous* le coup d'une saisie 압류 상태에 있다.　tomber *sous* le coup de la loi 법에 저촉되다, 법을 위반하다.

· Le fer se dilate *sous* le coup de la chaleur.　철은 열의 작용을 받으면 팽창한다.
· Il est encore *sous* le coup de cette émotion.　그는 아직도 흥분 상태이다.

❹ [sous l'effet de + 명사]

peau qui se fendille *sous* l'effet du froid 추위로 인해서 튼 피부.　être *sous* l'effet d'une drogue 마약에 취해 있다.

· *Sous* l'effet de l'âge, les rides se prononcent.　나이가 들어 주름살이 뚜렷이 나타난다.
· La douleur s'atténue *sous* l'effet du médicament.　약의 효과로 통증이 가라앉는다.
· La terre se craquelle *sous* l'effet de la sécheresse.　가뭄으로 인해 땅이 갈라진다.

❺ [sous le poids de + 명사]

accablé *sous* le poids des années 나이를 먹어 고달픈.　accablé *sous* le poids de la responsabilité 책임감의 중압감에 짓눌린.　courbé *sous* le poids[le fardeau] des ans 나이 탓으로 허리가 굽은, 늙어버린.　courbé comme un vieillard *sous* le poids des années 세월의 무게에 짓눌린 노인처럼 허리가 굽은.　branche qui cède[courbe, plie] *sous* le poids des fruits[de la neige] 열매[눈]의 무게로 휘어지는 가지.

· La branche s'affaissait *sous* le poids des fruits.　가지가 열매의 무게로 처졌다.

2) [sous + 무관사명사]

agglomération *sous* pression 압축응결.　appareil électrique *sous* tension 전류가 통하고 있는 전기기구. malade *sous* antibiotiques 항생물질로 치료받는 환자.　opération *sous* anesthésie 마취 수술.　voiture qui est encore *sous* garantie 아직 보증 기간이 지나지 않은 차.　accoucher *sous* péridurale (경막외 마취에 의한) 무통분만을 하다.

3) ❶

être né *sous* un astre favorable 행운을 타고나다.　être né *sous* une heureuse étoile 행운을 타고 태어나다.　être né *sous* une bonne[heureuse] planète 좋은 별자리로 태어나다; 복받고 태어나다. être né *sous* une bonne[mauvaise] étoile 좋은[나쁜] 사주팔자를 타고 나다.

❷ [sous le signe de + 명사]

> *sous* le signe de la bonne humeur 화기애애한 분위기에서.　être né *sous* le signe de Saturne (별자리가) 목성 자리일 때 태어나다.

❸　· Ils ont succombé *sous* le nombre.　그들은 상대방에게 수적으로 압도당했다.

4. 수단·방법

1) …밑에, …의 이름으로.

❶

> *sous* couleur de …라는 명목으로, …을 핑계삼아(=avec l'apparence de, sous prétexte de). attaquer *sous* couleur de se défendre 자기방어를 한다는 핑계삼아 공격하다.　*sous* couverture d'amitié[de dévouement] 우정[헌신]을 구실[핑계]로.　*sous* l'ombre de *qn/qc* …을 가장[빙자]하여.　*sous* un prétexte spécieux 그럴듯한 핑계로.　*sous* prétexte de *qc/inf* …라는 구실[핑계]로.　*sous* aucun prétexte 어떤 사정이 있더라도[결코] (… 아니다).　acte *sous* seing privé (공증되지 않은) 사문서.　se cacher *sous* un pseudonyme 가명을 사용하여 은신하다.　comprendre plusieurs choses *sous* une même dénomination 동일한 명칭으로 여러 사물을 포괄하다.　dissimuler tant de bonté *sous* des dehors austères. 엄격한 겉모습 아래 상당한 친절을 감추고 있다.　envoyer *qc sous* bande …을 띠를 둘러 우송하다, …을 인쇄물 우편으로 보내다.　se présenter aux élections *sous* le label socialiste 사회당 후보로 선거에 출마하다.　publier une vidéocassette *sous* le label R.C.V. RCV라는 상표로 비디오카세트를 내놓다.　vendre divers produits *sous* sa griffe 자기 상표를 붙인 다양한 제품을 팔다.

❷ [sous le couvert de + 명사]

> *sous* le couvert de l'anonymat 익명으로.　*sous* le couvert de dévouement 헌신을 구실[핑계]로.　agir *sous* le couvert de ses chefs 상사들의 책임 하에 행동하다(=*sous* la responsabilité de).　trahir *qn sous* le couvert d'amitié 우정을 가장하여 친구를 저버리다(=*sous* le prétexte de).

❸ [sous la forme de + 명사; sous forme de + 무관사명사]

> *sous* la forme de *qn/qc* …형태로.　dividende payé *sous* forme d'action 주식 배당.　médicament *sous* forme de cachets 정제로 된 약.　roman *sous* forme de journal 일기 형식의 소설.　roman qui est ressorti *sous* forme de livre de poche 포켓판으로 재출판 된 소설.　vice *sous* toutes les[ses] formes 온갖 형태의 악.　apparaître *sous* la forme d'un cygne 백조의 모습으로 나타나다.　se présenter *sous* (la) forme de *qc* …의 모습을 띠다.

❹ [sous le nom de + 명사]

sous le nom de X, X라는 이름으로. *sous* un nom supposé 가명으로. agir *sous* le nom de ses chefs 상사들의 책임하에 행동하다. baptiser un enfant *sous* le nom de Georges 아이에게 조르주라는 이름을 붙이다. écrire une lettre à *qn sous* le nom d'un tiers qui la lui remettra 당사자에게 전해 줄 편지를 제 3자의 이름으로 된 봉투에 넣어서 보내다. trahir *qn sous* le nom d'amitié 우정을 가장하여 친구를 저버리다.

❺

sous cette rubrique 이런 이름[명목]으로. article publié *sous* la rubrique des sciences 과학란에 난 기사 classer plusieurs choses *sous* la même rubrique 여러 가지를 동일 항목으로 분류하다. être inscrit *sous* tel numéro 이러이러한 번호로 등록되어 있다.

2) ❶

violon qui jure *sous* l'archet 거슬리는 소리가 나는 바이올린. se décrasser *sous* la douche 샤워를 하다. étouffer le feu *sous* la cendre 재를 덮어 씌워 불을 끄다. périr *sous* la hache 참수형에 처해지다.

❷

enfermer *qn sous* clé ⋯을 열쇠로 잠가서 감금하다. mettre[tenir, garder] *qc sous* clé ⋯을 열쇠로 잠가 보관하다. mettre *qn sous* clé ⋯을 감금하다.

· Il est *sous* clé. 그는 감금되어 있다.

❸

sous la plume de *qn* ⋯의 붓에 의해, ⋯가 집필한. idées qui se pressent *sous* la plume 써나감에 따라 떠오르는 생각들.

· L'histoire s'enjolive *sous* sa plume. 역사가 그의 필치로 윤색된다.

❹

noyer une nouvelle importante *sous* des faits divers 중요한 뉴스를 잡보에 가리게 하다. noyer son chagrin[sa peine] *sous* l'alcool 슬픔[괴로움]을 술로 달래다[삭히다].

❺

sous le manteau 은밀히, 불법으로(= secrètement, clandestinement). *sous* le manteau de *qc* ⋯을 틈타서, ⋯의 구실로. livre publié *sous* le manteau 불법으로 발간된 책.

❻

> *sous* cape 은밀히(= secrètement)　　rire *sous* cape 내심으로[몰래] 웃다.　　vendre *qc sous* corde
> …을 도매로 팔다.

5. 조건

1) …하에, …조건으로.

> *sous* de fâcheux[funestes, tristes] auspices 운 나쁘게, 불리한 조건 밑에.　　*sous* de favorables[d'heureux,
> de riants] auspices 운 좋게, 좋은 조건 밑에, 전도유망[양양]하게.　　*sous* bénéfice d'inventaire 한정
> 승인부로, 보류부(附)로; 후에 확인한다는 조건부로.　　*sous* contrat 계약하에.　　*sous* correction 틀렸으
> 면 고치기로 하고.　　*sous* déduction de 20% 2할 할인으로.　　*sous* réserve d'erreur 오류가 없는 한.
> *sous* le sceau du secret[de la confession] 비밀 엄수로, 비밀을 지킨다는 조건으로.　　acheter[vendre]
> *sous* condition 조건부로 사다[팔다]((구매자의 마음에 들지 않으면 반환한다는 조건)).　　donner son
> accord *sous* réserve 조건부로 동의하다.　　être marié *sous* le régime de la communauté 공유재산제로
> 하고 결혼하다.　　être marié *sous* le régime de la séparation 부부간의 재산 분할을 전제로 결혼하다.
> mettre *qn* en liberté *sous* caution …을 보석으로 석방하다.　　témoigner *sous* serment[*sous* la foi du
> serment] 선서[서약, 맹세] 후 증언하다.

- *Sous* bénéfice de ces observations, j'approuve votre projet.　　이런 점들에 대해 유보하고서 나는 당신의
  계획에 찬성한다.
- Défense de stationner, *sous* peine d'amende.　　주차금지, 위반자는 벌금형에 처함.
- Elle a accepté *sous* réserve qu'on attende quelques jours.　　그녀는 며칠 기다려준다는 조건으로 나는
  수락하였다.
- Je participerai aux frais *sous* réserve d'être consulté avant.　　사전에 상담을 받는다는 조건이라면 비용을
  분담하겠습니다.

2) 명사의 보어

> déclaration *sous* serment 선서.　　distillation[emballage] *sous* vide 진공 증류[포장].　　liberté *sous* caution
> 보석.

3)
> être arrêté *sous* l'inculpation d'assassinat 살인 혐의로 체포되다.

6. 관점 · 시각 · 외양

1)
> *sous* la figure humaine 인간의 모습으로.　　*sous* le masque de *qc* …의 탈을 쓰고.　　*sous* ce point

de vue 그러한 관점에서.　*sous* ce rapport[point de vue] 이런 관계[관점]에서.　bien *sous* tous (les) rapports 어느 모로 보나 훌륭한.　cacher un coeur d'or *sous* une écorce bourrue 외견으로는 까다로운 사람으로 보이나 부드러운 마음을 갖고 있다.　dissimuler tant de bonté *sous* des dehors austères 겉으로 보기에 엄하지만 많은 호의를 감추고 있다.　examiner une situation *sous* toutes ses faces 상황을 모든 측면에서 검토하다.　examiner *sous* toutes les coutures 여러 각도에서[매우 주의깊게] 검토하다. exposer *qc sous* des couleurs trompeuses[flatteuses] …을 그릇되게[미화해서] 제시하다.　peindre *qn sous* les traits d'un personnage subalterne …을 비천한 인물로 묘사하다.

- *Sous* des abords froides, il est charmant.　겉으로는 냉정해 보이지만 그는 친절한 사람이다.
- *Sous* cet éclairage, les choses sont différentes.　이러한 관점에서 보면 사태가 달리 해석된다.
- *Sous* un extérieur bien modeste, il est très riche.　외양은 매우 수수해 보이지만, 그는 매우 부유하다.
- Sa méchanceté se cache *sous* l'indifférence.　그는 무관심한 척 하지만 속으로는 악의를 품고 있다.
- Elle est méconnaissable *sous* son déguisement.　가장을 한 그 여자의 모습은 알아볼 수 없다.
- Il est sensible, *sous* sa carapace.　그는 겉보기와는 달리 예민한 사람이다.
- Il m'a trompé *sous* (l')apparence de l'amitié.　그는 진실을 가장하여 나를 속였다.

2) ❶ [sous l'angle de *qn*/*qc*; sous un angle + 형용사]

sous l'angle de *qn*/*qc* …의 관점에서.　*sous* un autre angle 다른 각도[관점]에서(는).　envisager une question *sous* un certain angle 문제를 어떤 각도[관점]에서 고찰하다.　étudier l'histoire *sous* cet angle 이러한 각도[관점]에서 역사를 연구하다.　voir *qc sous* un angle différent …을 다른 시각에서 보다.

❷ [sous l'aspect *qn*/*qc*; sous un aspect + 형용사]

sous cet aspect 이런 면에서.　*sous* un aspect nouveau 평소와는 다른 모습으로.　considérer *qc sous* tous ses aspects …을 모든 측면[각도]에서 고찰[검토]하다.　envisager une question *sous* un certain aspect 문제를 어떤 측면에서 고찰하다.

❸ [sous un jour + 형용사]

montrer[présenter] *qc sous* un jour favorable …을 호의적으로 나타내다.　se montrer *sous* son véritable jour 있는 그대로의 모습을 보이다.　présenter *qn sous* un jour avantageux …을 돋보이게[칭찬하여] 소개하다.　présenter *qc sous* un jour nouveau …을 새로운 시각으로 보여주다.　voir un problème *sous* un faux jour 문제를 잘못된 관점에서 보다.

7. 상태·진행

1)
sous voiles 돛을 올리고, 항해중에.　biens mis[placés] *sous* séquestre 기탁중인 재산.　mise *sous*

séquestre 기탁.　être *sous* pilule (경구용 피임약을 사용하여) 피임 중이다.　être *sous* perfusion 관류 받다.　être *sous* traitement 치료 중이다.

· Elle est maintenant *sous* la douche.　그 여자는 지금 샤워 중이다.
· Le malade est *sous* évanouissement provoqué.　환자는 마취로 인해 의식을 잃었다.

2)
être[se mettre] *sous* les armes[drapeaux] 군복무중이다; 전투상태에 있다.　être *sous* les barreaux 감옥에 있다, 옥살이를 하다.　être *sous* les grilles 감옥에 갇혀 있다.　mettre *qn sous* les grilles ⋯을 투옥하다. être *sous* les verrous 감옥에 갇히다, 감금되다.　mettre *qn sous* les verrous ⋯을 가두다.

8. 복장

1)
sous un chapeau 모자를 쓰고.　blanchir *sous* le harnais 일생을 무인(武人)으로 보내다 ;《비유》 어떤 직업에 일생을 바치다.　être nu *sous* sa chemise 슈미즈만 입고 있다.　être *sous* l'uniforme 군인이다. se promener *sous* son manteau 외투를 입고 산책하다.

· Sa poitrine abondante saillait *sous* sa chemise.　그 여자의 풍만한 가슴이 속옷 아래로 불룩 솟아 있었다.
· Elle frissonnait *sous* une blouse légère.　그녀는 가벼운 블라우스를 입은 채 떨고 있었다.
· Ses seins pointent *sous* son pull.　풀오버 스웨터 위로 그녀의 가슴이 봉긋하다.

2)
en avoir *sous* la casquette 학식이 있다, 총명하다.

· Ce sont deux têtes *sous* un (même) bonnet.　그들은 쌍둥이 같다[일심동체다].

3)
une main de fer *sous* un gant de velours 외유내강(外柔內剛)(인 사람).

9. 시간

1) ⋯시대에, 치세에.

sous Charles X 샤를르 10세 치하에.　*sous* le ministère Chirac 시라크 내각 시대에.　*sous* le septennat précédent 전(前) 대통령의 (7년) 임기 중에.　*sous* la Révolution française 프랑스 대혁명기에.　trois ordres de la société française *sous* l'Ancien Régime 구체제하에서의 프랑스 사회의 세 계급((귀족, 성직자, 평민)).

· C'est *sous* Louis XIV qu'elle est née.　그녀가 태어난 것은 루이 14세 시대였다.

- La Chine a vécu *sous* les Ming pendant plusieurs siècles.　중국은 수세기 동안 명나라의 지배하에 있었다.
- Sa famille a vécu *sous* le régime communiste pendant vingt ans.　그의 가족은 20년 동안 공산주의 체제하에서 살았다.

2) …이내에.

> *sous* huitaine 일주일 이내에, 금주 내로.　*sous* quinzaine 15일 이내에.　*sous* peu (de temps) 곧, 즉시, 가까운 시일 내에(=bientôt).

- Une trêve à Gaza devrait être annoncée *sous* 48 heures.　가자 지구에서의 휴전이 48시간 내에 발표될 것이다.

suivant

1. 1) …에 따라서; …에 의거하여(=selon).

❶
> *suivant* la coutume 관례에 따라.　*suivant* ses désirs 그의 바람에 따라.　*suivant* son habitude 자기 습관대로.　*suivant* son humeur 기분에 따라.　*suivant* la loi 법에 따라.　*suivant* la valeur 가격에 따라[준하여].　*suivant* la volonté du défunt 고인의 유지(遺志)에 따라.　agair *suivant* les consignes données 주어진 지시에 따라 행동하다.　classer *suivant* le genre[le type, la qualité] 장르[유형, 질]에 따라 분류하다.　travailler *suivant* ses forces 능력에 따라 일하다.

- *Suivant* son habitude. il a regardé le réveil.　그는 습관대로 자명종을 쳐다보았다.
- *Suivant* un régime, il mange à peine de pain.　식이요법에 따라서 그는 겨우 빵만 먹는다.
- Choisissez *suivant* vos goûts.　취향에 따라 고르시오.
- Le président y assistera, *suivant* le principe que l'événement est sportif et non pas politique, quoi qu'en disent des pourfendeurs du régime chinois.　중국 체제의 비판자들이 어떻게 말하든 그 행사가 정치적이 아닌 스포츠 행사라는 원칙에 따라 주석이 거기에 참석할 것이다.
- Détachez *suivant* le pointillé.　점선 부분을 따라 자르시오.

❷ (상황·경우에) 따라서.

> *suivant* le cas 경우에 따라.　*suivant* le jour 날에 따라.　*suivant* l'occurrence 상황[경우]에 따라[맞추어].　*suivant* le(s) temps 시대[상황, 날씨, 계절]에 따라.

- La mode diffère *suivant* les pays.　유행이 나라마다 다르다.

· Les moeurs varient *suivant* les pays et les âges.　풍속은 나라와 시대에 따라 다르다.
· Les procédés de mémorisation varient beaucoup *suivant* les individus.　기억하는 방법이 개인에 따라 매우 다양하다.

2) [suivant que + *ind*]

· *Suivant* qu'on va par bateau ou par avion, le voyage dure trois jours ou six heures.　배로 가느냐 비행기로 가느냐에 따라 여행은 3일 또는 6시간이 걸린다.
· Le point de vue change, *suivant* qu'on est d'un parti ou d'autre.　어떤 측에 속하느냐에 따라 각자의 견해가 달라진다.

2. …에 의하면; …의 관점으로 보아.

1)

suivant sa propre expression 그 자신의 표현에 의하면.　*suivant* l'opinion de cet expert 그 전문가의 의견에 따르면.　*suivant* ce qui est écrit dans les journaux 신문에 보도된 바에 따르면.

· *Suivant* ce que dit le Président[*Suivant* les dires du Président], l'affaire est plus grave qu'on ne le croit.　대통령의 말에 따르면, 사건이 생각보다 심각하다.
· *Suivant* la doctrine originelle française, l'arme nucléaire évite la guerre par la menace de dommages inacceptables.　프랑스의 본래 주장에 의하면, 핵무기는 받아들일 수 없는 피해 위협에 의해 전쟁을 피하게 해준다.

> ☆ 매체 앞에는 suivant을 쓰지 않고 d'après나 selon을 씀.
> d'après la télévision 텔레비전 방송에 의하면.

2) [suivant *qn*]

suivant Pascal[Socrate] 파스칼[소크라테스]에 의하면.

> ☆ 인칭대명사 앞에는 suivant을 쓰지 않고 일반 인물명사 앞에서도 일반적으로 d'après나 selon을 씀.

supposé

1. …을 가정하면 ; …을 가정하더라도.

supposé même sa conversion 그가 개종했다 하더라도.　*supposé* cette hypothèse vraie 이 가설이 옳다고 가정하면[가정하더라도].

2. [supposé que + *sub*] : …라고 가정하면[가정하더라도].

supposé qu'il fasse beau 날씨가 좋다고 가정하고.

· Aucune n'a la petite vérole une seconde fois, *supposé* que l'inoculation ait été parfaite.　예방접종이 완벽했다고 가정하면, 아무도 천연두에 두 번 걸리지 않는다.

sur

1. 위치

1) …의 위에.

❶

vêtements qui traînent *sur* une chaise 의자 위에 흩어져 있는 옷가지들.　s'allonger *sur* un canapé 소파에 드러눕다.　s'asseoir *sur* le sol 땅바닥에 앉다.　s'asseoir *sur* le trône 권좌에 앉다, 군림하다.　atterrir *sur* la lune; atterrir *sur* le sol lunaire 달에 착륙하다.　coucher[jeter] *qn sur* le carreau …을 땅바닥에 쓰러뜨리다.　laisser *qn sur* le carreau (산 사람을) 죽었다고 생각하고 내버려두다.　se coucher *sur* un lit de feuillage 나뭇잎 더미 위에 눕다.　déposer des fleurs *sur* une tombe 무덤에 꽃을 놓다.　immoler une victime *sur* l'autel d'un dieu 신의 제단에 제물을 바치다.　déjeuner[se rouler] *sur* l'herbe 풀밭에서 점심을 먹대[뒹굴다].　lier[ligoter] un prisonnier *sur* une chaise 죄수를 의자에 붙들어 매다.　mettre une couvercle *sur* une casserole 냄비에 뚜껑을 덮다.　mettre un enfant *sur* une chaise 아이를 의자에 앉히다.　monter *sur* le trône 즉위하다.　placer *qn sur* le trône …을 즉위[취임]시키다.　resserrer les livres *sur* un rayon 서가에 책을 빽빽하게 꽂다.　servir du poisson *sur* une assiette 생선을 접시에 담아 대접하다.　se vautrer *sur* son lit 침대에 누워 뒹굴다.

· Mettez le livre *sur* la table.　책을 책상 위에 놓으시오.

· Il s'est allongé *sur* le lit.　그는 침대 위에 길게 드러누웠다.

· Tout ce qui reste des fruits est[《옛》 sont] *sur* la table.　남은 과일은 모두 테이블 위에 있다.

◎ [l'un sur l'autre]

amonceler des livres les uns *sur* les autres 책을 차곡차곡 쌓아올리다.　vivre les uns *sur* les autres 비좁은 곳에서 모여 살다.

❷

bateau qui danse *sur* les flots 물결에 흔들리는 배.　voguer *sur* l'eau 물 위를 저어가다.

· Le bateau a culbuté *sur* les vagues énormes.　배가 큰 파도로 인해 전복되었다.

❸

bifteck cuit *sur* le gril 석쇠에 구운 스테이크.　cuire[griller] de la viande *sur* la braise 숯불에 고기를 굽다.　faire griller de la viande *sur* des charbons 고기를 탄불에 굽다.　mettre une casserole *sur* le gaz 가스 불에 냄비를 올려놓다.　mettre un plat *sur* un feu 접시를 불에 올려놓다.

· Des marrons crépitent *sur* le feu.　밤이 구어지며 탁탁거린다.

❹ 비유

aller[marcher] *sur* le velours 안전하게 행동하다; (일 따위를) 쉽게 하다.　apporter *qc* à *qn sur* un plat (d'argent) (상대가 원하는 것을) 즉시 제공하다.　arriver[tomber, venir] comme un cheveu[des cheveux] *sur* la soupe 나쁜 때에 오다; 격에 맞지 않다.　coucher[être] *sur* la paille 몹시 가난하다.　mettre *qn sur* la paille …을 파산시키다.　mourir *sur* la paille 빈곤 속에서 죽다.　danser *sur* un volcan 절박한 위험에 처해 있으면서도 태평하다.　être *sur* son petit nuage; vivre *sur* son nuage 현실을 벗어나 자족하며 살다.　être[dormir] *sur* un volcan 일촉즉발의 상태에 있다.　être comme Job *sur* son fumier 몹시 궁핍하다.　mourir *sur* le fumier 가난 끝에 죽다, 말로가 비참하다.　être[avoir les pieds] *sur* la braise 《구어》 안절부절 못하다.　être *sur* des charbons (ardents) 안절부절 못하다, 어쩔 줄 모르다.　être *sur* des épines 불안하고 초조하다.　être *sur* le gril 《비유·구어》 안절부절 못하다, 매우 초조해 하다.　tenir[mettre, retourner] *qn sur* le gril …의 애간장을 태우다.　hisser[lever, porter] *qn sur* le pavois …을 높은 지위에 오르게 하다((프랑크족이 새로운 왕을 방패 위에 태우고 행진한 데에서 유래)); 상찬(賞讚)하다.　jouer cartes *sur* la table 솔직하게[공정하게] 행동하다.　marcher *sur* les charbons ardents[*sur* des oeufs] 위험한 상황에 처해 있다.　marcher *sur* des épines 역경에 처하다.　marcher *sur* des oeufs 위험한 상황에 처해 있다; 조심스럽게 걷다; 신중하게 행동하다.　mettre[placer] *qn sur* un piédestal …을 우러러 받들다, 찬미하다.　publier *qc sur* les toits …을 세상에 떠벌리다.

· Le char de l'État navigue *sur* un volcan.　국가가 위기에 처해 있다.

❺ 명사의 보어

apparition des mammifères *sur* la Terre 포유류의 지구상 출현.　atterrissage *sur* un porte-avion 항공모함에 착륙하기.　atterrissage *sur* la Lune 달 표면에의 착륙.　glissement d'une barque *sur* l'eau 배가 수면을 미끄러져가기.　oeuf *sur* le plat 계란반숙 프라이.　être hardi comme un coq *sur* son fumier 유리한 입장에 있기 때문에 대담하다.

2) 수직면 접촉

agrafage d'une toile *sur* un mur 벽에 그림을 걸어 고정시키기.   le petit doigt *sur* la couture du pantalon 차렷 자세로.   apposer une affiche[plaque] *sur* un mur 벽에 광고문[표지판]을 붙이다.   attacher[clouer, mettre] *qn sur* la croix …을 십자가에 못박아 죽이다; 몹시 괴롭히다.   épingler une carte *sur* le mur 핀을 꽂아 지도를 벽에 붙이다.   grimper[faire l'escalade] *sur* un arbre[mur] 나무[벽]에 기어오르다.   installer des rayonnages *sur* un mur 벽에 선반을 설치하다.   laisser la clef *sur* la porte 열쇠를 자물쇠에 꽂은 채 놓아두다.   maroufler une peinture *sur* une toile 캔버스에 그림을 붙이다.   mettre *sur* sa robe une broche de diamant 옷에 다이아몬드 브로치를 달다.

· Il a son nom *sur* la porte.   그는 문에 문패를 달고 있다.

· La clef est *sur* la porte.   널쇠는 문에 꽂혀 있다.

· Le chèvrefeuille s'entortille *sur* les branches.   인동덩굴이 가지를 휘감는다.

3) 간격

cycliste couché *sur* son guidon 핸들 쪽으로 몸을 숙인 자전거 선수.   soleil rayonnant *sur* la mer 바다 위에서 빛나는 태양.   courber le front[la tête] *sur* un livre 책 위로 머리를 숙이다.   construire [jeter, lancer] un pont *sur* la rivière 강에 다리를 놓다.   placer une pendule *sur* une cheminée 벽난로 위쪽에 추시계를 위치시키다.

· Une brume légère flotte *sur* la rivière.   강물 위로 희미한 안개가 떠다닌다.

· L'avion passe[vole] *sur* une île.   비행기가 섬 위를 날고 있다.

· Des nuages passent *sur* nos têtes.   우리 머리 위로 지나는 구름.

· Elle est penchée *sur* sa couture.   그녀는 바느질거리 쪽으로 상체를 구부리고 있다, 열심히 바느질을 하고 있다.

4) 표면

❶

armes gravées *sur* un cachet 도장에 새겨진 가문(家紋).   buée qui se gèle *sur* les vitres 유리창에 서린 김.   nom gravé *sur* un collier de chien 개 목걸이에 새겨놓은 이름.   papier imprimé *sur* deux faces 양면에 인쇄된 종이.   peinture applicable *sur* la verre 유리에 칠할 수 있는 도료.   plume qui trotte *sur* le papier 종이 위에서 빠르게 움직이는 펜.   voiture qui dérape[glisse] *sur* le versglas 빙판에서 미끄러진 자동차.   appliquer[mettre] un adhésif *sur* une plaie 상처 부위에 반창고를 붙이다.   appliquer[apposer, mettre] un cachet *sur* qc …에 도장을 찍다.   appliquer des couleurs *sur* la toile d'un tableau 화포에 물감을 칠하다.   appliquer[étaler, étendre] un enduit *sur* une surface 표면에 도료를 바르다.   apposer le tampon officiel *sur* un passeport 여권에 관인을 찍다.   attacher[mettre] une étiquette *sur* un colis 소포에 짐표를 붙이다.   bomber des slogans *sur* un mur 《구어》 벽에 선전 구호를 쓰다.   broder des initiales *sur* une chemise 셔츠에 머리글자를 수놓다.   broyer du rouge *sur* sa palette 팔레트에 빨강 물감을 개다.   centrer un titre *sur* une page 제목을 지면의 가운데에 배치하다.   chiffonner un ruban *sur* une robe 옷에 리본을

달다. coller une pièce *sur* une chambre à air 튜브의 펑크를 때우다. coller[mettre] un timbre *sur* une enveloppe 봉투에 우표를 붙이다. dorer un livre *sur* tranche 책의 단면에 금박을 입히다. écrire *sur* du parchemin 양피지에 글을 쓰다. étaler[étendre] du beurre *sur* du pain 빵에 버터를 바르다. étendre de l'asphalte *sur* la chaussée 차도를 아스팔트로 포장하다. faire une encoche *sur* une morceau de bois 나무 조각에 홈을 내다. faire grincer la craie *sur* le tableau 칠판에 분필을 그어 끽하는 소리를 내다. fixer les couleurs *sur* un tissu 천에 색깔을 염착시키다. frapper un décor *sur* le plat d'une reliure 표지 장정에 장식 무늬를 찍어 넣다. frotter son doigt *sur* une table 손가락으로 탁자를 문지르다. graver une image *sur* du bois 목판에 그림을 새기다. imprimer des fleurs *sur* une étoffe 옷감에 꽃무늬를 넣다. imprimer ses pas *sur* la neige 눈 위에 발자국을 남기다. inscrire une épitaphe *sur* une tombe 묘석에 비명을 새기다. mettre des autocollants *sur* sa voiture 자동차에 스티커를 붙이다. mettre[passer] un coton *sur* une plaie 상처를 솜으로 닦다. mettre de la cire *sur* le parquet 마루에 왁스를 바르다. mettre[verser] de l'huile *sur* les plaies de *qn*《옛》 …의 고통을 덜어주다, …을 위로하다. mettre un sparadrap *sur* une ampoule 물집에 반창고를 붙이다. mettre un timbre *sur* une lettre 편지에 우표를 붙이다. passer l'aspirateur *sur* le tapis 진공청소기로 양탄자를 청소하다. passer de la cire *sur* le parquet 마루에 밀랍을 칠하다. passer le fer *sur* le drap 시트를 다림질하다. patiner[glisser] *sur* la glace 얼음을 지치다, 스케이트를 타다. représenter fidèlement le paysage *sur* la toile 화폭에 풍경을 사실적으로 그리다. tirer deux barres *sur* un chèque 수표에 두 줄 횡선을 긋다. tirer des plans *sur* la comète 실현성이 없는 계획을 세우다. tracer[tirer] une ligne *sur* le sol 지면에 줄을 긋다. trouver une contravention *sur* un pare-brise 앞유리창에서 주차위반 딱지를 발견하다. verser du café *sur* le tapis 양탄자에 커피를 엎지르다.

· *Sur* les gazons, la lune versait une molle clarté. 잔디 위로 은은한 달빛이 비치고 있었다.

· C'est la cerise *sur* le gâteau. 비록 대수롭지 않은 것이지만 이것은 모든 것을 바꿔놓는다, 일의 대미를 장식하는 것이다.

· Les injures s'inscrivent *sur* l'airain et les bienfaits *sur* le sable. 《속담》 욕은 청동에 새겨지나 은혜는 모래 위에 새겨진다, 남에게서 당한 모욕은 쉽게 잊지 못하나 은혜는 쉽게 잊는다.

· J'ai oublié de mettre l'adresse *sur* l'enveloppe. 편지봉투에 주소 적는 것을 잊었다.

· Ne mets pas d'encre *sur* la nappe. 식탁보에 잉크를 묻히지 않도록 해라.

· Le vin s'est répandu *sur* la nappe. 포도주가 식탁보 위에 쏟아졌다.

❷

écrire une adresse *sur* un carnet 수첩에 주소를 적다. marquer un numéro de téléphone *sur* son carnet 수첩에 전화번호를 기록하다. être écrit *sur* le livre rouge 전과자의 낙인이 찍히다((제정 러시아 시대에 범죄자 명부 표지가 적색이었던 데서 유래)). être *sur* la liste[photo] 명단[사진]에 있다. vérifier l'emplacement d'une ville *sur* une carte 지도상에서 어떤 도시의 위치를 확인하다.

· Cette route n'est pas marquée *sur* la carte. 이 길은 지도상에 나와 있지 않다.

· Il ne figure pas *sur* votre calendrier. 《구어》 그는 당신 친구가 아니다.

· Mettez ça *sur* votre calepin! 이것을 잊지 말고 교훈으로 삼아라.

❸

projeter des diapositifs[un film] *sur* l'écran 슬라이드[필름]를 영사막에 비추다.

· Prochainement *sur* cet écran.　(영화 예고편 안내에서) 우리 극장에서 곧 개봉합니다.
· Le texte s'inscrit *sur* l'écran de l'ordinateur.　텍스트가 컴퓨터 화면에 나타난다.

❹

doigts glissant doucement *sur* les touches 건반을 부드럽게 스쳐가는 손가락.　doigts qui se promènent *sur* le clavier 건반 위에서 움직이고 있는 손가락.　promener un archet *sur* les cordes 활로 현악기를 연주하다.

❺

défaut de provision *sur* un compte en banque 은행 예금구좌의 잔고 부족.　mettre l'argent *sur* un compte 돈을 계좌에 입금하다.　passer[porter] *qc sur* le compte ···을 계정에 올리다.　verser de l'argent *sur* son compte 구좌에 돈을 넣다.　virer une somme *sur* le compte de *qn* ···의 구좌에 일정 금액을 이체하다.

❻

couleur qui ressort *sur* un fond neutre 수수한 바탕색에서 두드러지게 나타나는 색.　montagnes découpées *sur* l'horizon 지평선 위로 능선이 뚜렷하게 드러나는 산들.　rouge qui tranche *sur* un fond noir 검은 배경에 튀는 빨강.　voile blanche qui se détache *sur* le ciel bleu 푸른 하늘에 또렷이 보이는 흰 돛.

· Les montagnes découpent leurs cimes *sur* l'horizon.　지평선 위로 산봉우리들의 윤곽이 뚜렷하게 드러난다.
· La silhouette de la tour se découpait[se détachait] *sur* un fond sombre.　어두운 배경 위로 탑의 윤곽이 뚜렷이 드러났다.
· C'est écrit noir *sur* blanc.　명백하게 씌어 있다, 이론의 여지가 없다.

❼ 명사의 보어

applicage d'un motif *sur* une poterie 도기에 모티브를 새겨 넣기.　applique de velours *sur* un manteau 망토 위에 놓은 비로드 아플리케 자수.　bandes d'arrêt d'urgence *sur* une autoroute 고속도로 상의 긴급정차선.　brèches *sur* une lame d'acier 칼날의 이 빠진 곳.　brûlure de cigarette *sur* une moquette 바닥깔개에 난 담배불 자국.　comportement des pneus *sur* une chaussée verglacée 결빙 노면 위에서의 타이어의 작동.　désignation des marchandises *sur* leurs étiquettes 상표의 상품 표시.　empreinte des pas *sur* le sable 모래 위의 발자국.　étoile *sur* un pare-brise 자동차 앞창에 난 방사성 균열.　graveur *sur* métaux 금속 조각가.　gravure *sur* cuivre[pierre] 동[석]판화.　impression d'un cachet *sur* la cire 밀랍 위에 찍은 봉인.　indication d'un virage *sur* un panneau routier 도로 표지판의 커브길 표시.　inscription d'un électeur *sur* une liste électorale 선거인 명부에의 유권자 등록.　inscription gravée *sur* une pierre 비문(碑文).

localisation d'avions *sur* l'écran d'un radar 레이더 스크린에서의 비행기 위치 측정. jupe à pois blancs *sur* le fond bleu 푸른색 바탕천 위에 흰색 물방울무늬의 치마. manuscrit *sur* parchemin [vélin] 양피지[독피지]에 쓴 사본. marques de doigts *sur* une feuille de papier 종이 위에 찍힌 손가락 자국. motifs de fleurs *sur* le fond beige 베이지색 바탕 위의 꽃무늬 문양. pas *sur* la neige 눈 위의 발자국. projection *sur* écran géant 초대형 화면 상영. rayures *sur* un meuble 가구의 긁힌 홈집. ronds de graisse *sur* un bouillon 수프에 뜬 기름방울. tirage *sur* papier mat[brillant] 무광택지[광택지] 인화. trace d'une droite *sur* un plan 한 평면 위 직선의 자취.

5) 신체부위 명사와 함께

❶

bien dégagé *sur* les oreilles 《구어》 (머리형이) 매우 짧게 깎은. boutons qui viennent *sur* le visage 얼굴에 난 여드름. cheveux qui se rabattent *sur* le front 이마로 늘어져 내린 머리털. lunettes qui tiennent *sur* le bout des narines 코끝에 걸려 있는 안경. sourire qui *erre* sur ses lèvres; sourire errant *sur* ses lèvres 그의 입가에 감도는 미소. appliquer un emplâtre *sur* son dos 등에 고약을 붙이다. appuyer la main *sur* son coeur 가슴에 손을 얹다. baiser *qn sur* la bouche …의 입에 키스하다. camper son chapeau *sur* sa tête 모자를 머리에 눌러쓰다. camper *qc sur* le dos[les bras] de *qn* 《속어》 …의 책임을 …에게 씌우다. se coucher *sur* le dos 등을 대고 눕다. décharger un coup *sur* la tête 《옛·구어》 머리를 한 대 갈기다. donner [recevoir] une claque *sur* la joue 따귀를 때리다[맞다]. donner[taper] *sur* les doigts à *qn* …을 꾸짖다, 벌하다. donner *sur* les fesses à *qn* …의 엉덩이를 때리다(=fesser). donner *sur* les nerfs à *qn* 《구어》 …의 신경을 거슬리게 하다. dormir *sur* ses deux oreilles 베개를 높이 베다, 안심하고 푹 자다. s'embrasser *sur* la bouche 서로 입맞춤을 하다. s'enfoncer un chapeau *sur* la tête 모자를 깊이 눌러쓰다. être *sur* le cul 기진맥진하다. étreindre *qn sur* son coeur[sa poitrine] …을 가슴에 껴안다. faire dresser les cheveux (*sur* la tête) 머리카락이 쭈뼛하게 하다, 공포에 질리게 하다. embrasser *qn sur* la joue …의 볼에 입맞추다. foutre *sur* la gueule à *qn* 《구어》 …의 얼굴을 갈기다. laisser à *qn* la bride *sur* le cou …을 제멋대로 하게 내버려두다, 방임하다. se laisser manger[tondre] la laine *sur* le dos 몽땅 빼앗기다; 착취당하다. manger la soupe *sur* la tête de *qn* 《구어》 …보다 키가 크다. marcher[passer] *sur* le corps[ventre] de *qn* 《구어》 …을 짓밟다, 무시하다; …을 희생시키고 목적을 달성하다. marcher *sur* les pieds de *qn* …의 발을 밟다; 《비유》 주의력이 부족하다(=manquer d'égards); …을 쫓아내려 하다 (=chercher à l'évincer). marcher *sur* la tête 《비유》 엉뚱하게 행동하다. passer sa main *sur* le front 손으로 이마를 쓰다듬다. se passer de la crème *sur* le visage 얼굴에 크림을 바르다. planter son chapeau *sur* la tête 《구어》 모자를 푹 눌러 쓰다. porter son cartable *sur* son dos 책가방을 어깨에 메다. porter *qn* à califourchon *sur* ses épaules 무등태우다. rabattre le bord de son chapeau *sur* ses yeux 모자의 차양을 눈 위까지 내리다. ramener son chapeau *sur* ses yeux 모자를 눈 위까지 다시 눌러쓰다. recevoir un coup *sur* la saignée du bras 팔뚝 오금에 바늘을 꽂고 사혈을 받다. recevoir un coup *sur* la tête[《구어》 le cigare, 《구어》 le citron] 머리를 얻어맞다. recevoir un rude pavé *sur* la tête[le crâne] 난데없이 험한 사태에 처하다. rester [demeurer] *sur* le coeur[l'estomac] (먹은 것이) 내려가지 않다; (불쾌한 일·말 따위가) 마음에 걸리다. en rester *sur* le cul 깜짝 놀라 넋을 잃고 있다. serrer *qn/qc sur* son coeur …을 가슴에

껴안다.　taper *sur* le ventre de *qn*《비유》…을 허물없이 대하다.　tomber *sur* le cul 엉덩방아를 찧다; 깜짝 놀라다.　tomber *sur* un os《구어》어려움에 빠지다, 곤란한 문제에 처하다.

- Une rougeur s'épand *sur* sa joue.　그의 뺨이 빨개진다.
- Un sourire flottait[glissait, passait] *sur* ses lèvres.　그의 입가에 미소가 감돌고[스치고] 있었다.
- La vieillesse a imprimé de profondes rides *sur* son front.　나이가 들어 그의 이마에 깊은 주름이 생겼다.
- Les muscles s'insèrent *sur* les os.　근육은 뼈에 달라붙어 있다.
- La colère se lisait *sur* son visage.　그의 얼굴에 분노의 빛이 역력했다.
- Un sourire naît *sur* son visage.　그의 얼굴에 미소가 떠오른다.
- Il paraissait des taches *sur* son corps.　그의 몸에 반점이 나타났다.
- Il passerait *sur* le corps de tout le monde pour arriver à ses fins.　그는 자신의 목적 달성을 위해서라면 모든 사람을 짓밟을 것이다.
- La pluie plaquait sa robe *sur* son corps.　비를 맞아 그녀의 드레스가 몸에 들러붙었다.
- Il a reçu un coup *sur* la tirelire.　《구어》그는 얼굴에 한 대 맞았다.
- La confiance resplendissait *sur* son visage.　그의 얼굴에 자심감이 충만했다.
- Une pierre lui tomba *sur* la tête.　돌이 그의 머리 위에 떨어졌다.
- Je n'ai jamais vu autant de larmes *sur* son visage.　그토록 눈물에 젖은 그의 얼굴을 나는 본 적이 없다.

❷ [avoir + 명사 + sur + 명사]

avoir l'âme *sur* les lèvres《속어》죽어가고 있다.　avoir un bandeau *sur* les yeux 진실을 받아들이기를 거부하다, (정세에)눈이 어둡다(=s 'aveugler).　avoir un boeuf *sur* la langue 돈을 받고 침묵을 지키다.　avoir la bride *sur* le cou 말이 제멋대로 하게 내버려두다; 행동이 자유롭다, 제약을 받지 않다.　avoir un chapeau *sur* la tête 머리에 모자를 쓰고 있다.　avoir un cheveu *sur* la langue 슈음([ʃ], [ʒ])을 스음([s], [z])으로 발음하다(=zézayer).　avoir le coeur *sur* les lèvres 구역질이 나다; 마음을 터놓고 말하다.　avoir le coeur *sur* la main《구어》관대하다(=être généreux). avoir le couteau *sur* la gorge 협박을 받다.　avoir un grain de beauté *sur* la joue 뺨에 애교점이 있다.　avoir la mort[l'âme] *sur* les lèvres 빈사상태에 있다.　avoir un mot *sur* le bout de la langue; avoir le mot *sur* les[*sur* le bord des] lèvres 말이 입에서 맴돌다.　avoir un pavé[plâtras, poids] *sur* l'estomac (소화불량으로) 뱃속이 거북하다.　avoir *qc sur* le bout de la langue (단어·이름 따위가) 입안에서 뱅뱅 돌다.　avoir *qc sur* le coeur …을 잊지 않고 마음속에 간직하다. avoir un sourire ironique *sur* les lèvres 입술에 조소를 띠고 있다.　ne pas avoir un poil *sur* le caillou; n'avoir plus de mousse *sur* le caillou《속어》대머리이다.　n'avoir que la peau *sur* les os 몹시 여위다, 피골이 상접하다(=être très maigre).　n'avoir rien à se mettre *sur* le dos 입을 옷이 하나도 없다.　en avoir gros *sur* le coeur 가슴 아프다, 괴롭다; 원통하다.

- Elle avait une main *sur* les yeux pour s'abriter du soleil.　그녀는 햇빛을 피하기 위해 손으로 눈을 가리고 있었다.

❸ [mettre + 명사 + sur + 명사]

mettre un bandeau *sur* les yeux de *qn* …을 속이다.　mettre un cachet *sur* la bouche de *qn* 《구어》 …의 입을 다물게 하다.　mettre le couteau[l'épée] *sur* la gorge à *qn* …에게 강요하다, 협박하다. mettre le doigt *sur* la bouche 손가락을 입에 대다((정숙을 요구할 때)).　mettre la main *sur* son coeur 가슴에 손을 얹다.　mettre les poings[mains] *sur* les hanches 주먹[손]을 허리에 대다; 도전 적인 태도를 취하다.　mettre sa main en conque *sur* son oreille 귀에 손을 나팔처럼 갖다 대다. mettre sa main *sur* l'épaule de *qn* …의 어깨위에 손을 올려놓다.　mettre *qn sur* le cul …을 깜짝 놀라게 하다.　mettre[porter] son chapeau[bonnet] *sur* l'oreille (기세를 부려) 모자를 삐딱하 게 쓰다.　se mettre un châle *sur* les épaules 어깨에 숄을 걸치다.

· Elle a mis son chapeau *sur* la tête.　그녀는 머리에 모자를 썼다.

❹ 명사의 보어

apparition de boutons *sur* la peau 피부 부스럼의 발진.　un baiser *sur* la joue 볼에 하는 입맞춤. une profonde balafre *sur* la joue 뺨에 난 깊은 칼자국.　cheveux *sur* le front 이마 위로 늘어진 머리카락.　coup *sur* l'oeil 눈가의 멍(=coquard).　coup *sur* les fesses 볼기 때리기(=fessée). croûtes de sel *sur* la peau (해수욕 후에) 피부에 묻은 소금기.　emplâtre *sur* une jambe de bois 적합하지 않은 약, 소용없는 조치[수단].　marque *sur* la peau 상흔(傷痕).　zébrure d'un coup de fouet *sur* le dos 등에 난 길쭉한 채찍 자국.

6) [de sur *qc*]

enlever les journaux de *sur* la table 책상 위의 신문을 치우다.

· Il ne levait jamais les yeux de *sur* son journal.　그는 결코 신문에서 눈을 들지 않았다.
· Il m'a répondu sans lever les yeux de *sur* son livre.　그는 책에서 시선을 떼지 않은 채 내게 대답했다.

2. 지탱·기반

1) …에 의지하여, … 위에.

arme qui se porte ordinairementr *sur* l'épaule 보통 어깨에 메는 무기.　faisan qui juche *sur* une branche 나뭇가지에 앉아 있는 꿩.　fille perchée *sur* de hauts talons 굽 높은 신발을 신은 소녀.　madrier qui pose *sur* un mur 벽 위에 걸쳐 있는 널빤지.　navire bien assis *sur* l'eau 물위에 균형이 잘 잡힌 배.　pneu monté *sur* jante métallique 금속 휠에 싱착한 타이어.　poutre qui bute *sur* un mur 벽에 기대놓은 들보.　accoter sa tête *sur* son fauteuil 안락의자에 머리를 기대다.　s'accouder *sur* une table 탁자에 팔꿈치를 괴다.　amarrer des caisses *sur* un camion 트럭 위의 상자들을 밧줄로 묶어두다. appuyer sa tête *sur* un fauteuil 의자에 머리를 기대다.　s'appuyer *sur* des béquilles 목발로 몸을 지탱하 다.　s'appuyer *sur* une canne 지팡이를 짚다.　s'appuyer *sur* le coude 팔꿈치를 괴어 몸을 기대다

(=s'accouder).   s'appuyer *sur* un roseau[une planche pourrie] 믿을 수 없는 사람[것]에게 의지하다.
asseoir un pillier *sur* des bases solides 단단한 토대 위에 기둥을 세우다.   attacher une malle *sur* le
toit de la voiture 트렁크를 차 지붕 위에 묶어두다.   bâtir *qc sur* des fondements solides …을 확고한
기초 위에 세우다.   bâtir *qc sur* le[du] roc …을 반석 위에 세우다; …을 확고하게 하다.   bâtir *qc*
sur le[du] sable …을 모래 위에 세우다; 사상누각을 세우다, 불확실한 사업을 하다.   cabaner un navire
sur cale 배를 선박 수리대 위에 뒤집어 놓다.   charger[porter] un fardeau *sur* les épaules 어깨에 짐을
메다.   charger une valise *sur* son épaule 여행 가방을 어깨에 메다.   claveter une poulie *sur* un arbre
de transmission 도르래를 전동축에 쐐기로 고정시키다.   construire une maison *sur* un terrain solide
단단한 지반 위에 집을 짓다.   se dresser *sur* ses étriers 등자를 밟고 몸을 세우다.   écrire *sur* ses
genoux 무릎에 받치고 쓰다.   être à cheval *sur* une branche d'arbre 나뭇가지에 걸터앉아 있다.
être comme l'oiseau *sur* la branche 불안정한[위험한] 입장에 처해 있다.   être ferme[fort] *sur* ses étriers
말 안장 위에 떡 버티고 앉아 있다;《비유》(의견·결의 따위를) 굳히다, 고수하다.   être[marcher]
sur la corde raide 《비유》위태롭다, 위기에 처해 있다.   fendre du bois *sur* un billot 통나무 위에
놓고 장작을 패다.   flotter *sur* l'eau 물에 뜨다.   fonder un pont *sur* le bon sol 견고한 땅위에 다리를
세우다.   garrotter les jambes *sur* des éclisses 다리에 부목을 단단히 대다.   goupiller une roue *sur*
un axe 핀으로 바퀴를 축에 고정시키다.   installer un paratonnerre *sur* le clocher d'une église 교회
첨탑에 피뢰침을 설치하다.   marteler un métal *sur* l'enclume 쇠를 모루 위에 놓고 단련하다.   mettre
ses coudes *sur* la table 탁자에 팔꿈치를 괴다 ; 무심하게 있다.   mettre du vin *sur* le chantier 포도주통
을 받침대 위에 올려놓다.   nicher sa tête *sur* l'épaule de *qn* 《구어·옛》…의 어깨에 머리를 기대다.
se peser *sur* une balance 저울에 올라 체중을 재다.   porter une lourde charge *sur* son dos 등에 무거운
짐을 지다.   prendre son élan *sur* un tremplin 점프대에서 도약하다.   ramener ses mains *sur* les bras
du fauteuil 양손을 의자의 팔걸이에 도로 올려놓다.   reposer le combiné *sur* son support 수화기를
내려놓다.   reposer ses jambes *sur* un tabouret 두 다리를 발받침 위에 올려놓다.   scier la branche
sur laquelle on est assis 스스로 위험한 처지에 빠지다. 자기 묘혈을 파다.   soulever d'énormes poids
sur son dos 등에 엄청난 무게의 짐을 지다.   tourner *sur* un axe 축을 중심으로 회전하다.

· Le toit appuie *sur* les piliers.   지붕이 기둥 위에 얹혀 있다.
· Il s'est solidement campé *sur* ses jambes en attendant l'assaut.   그는 공격을 기다리며 양다리로 단단히
  버티고 섰다.
· Il songeait, le coude *sur* les livres.   그는 책에 팔꿈치를 괴고 몽상에 잠기곤 했다.
· Tout (le poids de) l'édifice porte *sur* ces colonnes.   건물의 모든 무게가 이 기둥들에 걸려 있다.
· Prends appui *sur* moi.   내게 기대라.
· La maison reposait *sur* un grand rocher.   집은 큰 바위 위에 세워져 있었다.

2)

chat dressé *sur* son train 뒷발로 선 고양이.   chat qui retombe *sur* ses quatre pattes 네 발로 착지하는
고양이.   cheval qui galope *sur* le pied droit 오른쪽 발을 먼저 내딛고 뛰는 말.   chien assis *sur*
son arrière-train 엉덩이를 대고 앉은 개.   grue debout *sur* une patte 한쪽 다리로 서있는 두루미.
oiseau haut *sur* pattes 다리가 긴 새.   plantes qui gèlent *sur* pied 수확 전에 얼어 죽은 식물들.

s'asseoir (la croupe) *sur* les talons 쭈그리고 앉다.　s'assurer *sur* ses jambes 두 발로 딱 버티고 서다.
se dresser *sur* ses ergots 《비유》 공격적[위협적인] 자세를 취하다.　se dresser[s'élever, se hausser] *sur*
la pointe des pieds pour mieux voir 더 잘 보려고 발끝으로 서다.　être *sur* les genoux 《구어》 몹시
지치다, 피곤하다(=être très fatigué).　mettre *qn sur* les genoux …을 피로하게[기진맥진하게] 만들다.
être bas[court] *sur* pattes 다리가 짧다. être solide *sur* ses jambes 꼼짝 하지 않고 제자리에 서 있다.
ne pas être solide *sur* ses pattes 제대로 서지 못하다.　être *sur* un bon pied (사회적인) 지위가 높다.
flageoler *sur* ses jambes 비틀거리다(=chanceler).　se grandir en se haussant *sur* la pointe des pieds
발돋움해서 키가 크게 보이게 하다.　marcher *sur* les mains 손으로 짚고[물구나무서서] 걷다.　mettre
qc sur pied …을 설립하다, 조직하다(=organiser, constituer); (계획·대책 따위를) 세우다, 준비하다.
pirouetter *sur* ses talons 발꿈치를 축으로 회전하다.　retomber *sur* ses pattes[pieds] 능숙하게 착지하다;
《비유》 어려운 상황에서 능숙하게[운좋게] 벗어나다.　tenir en équilibre *sur* un pied 한쪽 발을 딛고
평형을 유지하다.　ne plus tenir *sur* ses jambes[《구어》 cannes] 더 이상 서 있지 못하다.　vaciller
sur ses jambes 다리가 후들거리다.

· Mon fils n'est pas encore d'aplomb *sur* ses jambes.　내 아들은 아직 두 발로 잘 서지 못한다.
· Ce bébé est déjà ferme *sur* ses jambes.　그 아이는 벌써 두 다리로 꼿꼿하게 선다.
· Il est bien planté (*sur* ses jambes).　그는 체격이 건장하다.
· Il ne pouvait plus tenir *sur* ses jambes.　그는 더 이상 서 있을 수가 없었다.

3)
avion qui se pose *sur* le ventre 동체 착륙하는 비행기.　homme allongé *sur* le dos[ventre] 등을[배를]
대고 누워있는 남자.　s'asseoir *sur* le derrière 엉덩이를 깔고 앉다.　atterrir *sur* la cabane (항공기가)
추락하여 전복하다.　se coucher *sur* le côté[flanc] 옆으로[모로] 눕다.　se coucher *sur* le ventre 엎드려
자다.　être assis *sur* le boût des fesses 엉거주춤 앉다.　mettre un cheval *sur* les hanches 말이 엉덩이
부분에 체중을 싣고 달리게 하다.　se soulever *sur* le coude 팔꿈치를 대고 몸을 일으키다.　tomber
sur le dos 거꾸로 넘어지다.　(en) tomber *sur* le derrière 놀라 자빠지다.　se trouver *sur* les fesses
털썩 주저앉다; 《비유》 깜짝 놀라다.

4)
barque qui joue *sur* son ancre 닻에 묶여 출렁거리는 배.　navire qui chasse *sur* son ancre 닻을 끌며
표류하고 있는 배.　se balancer *sur* ses ancres (배가) 정박하다.　gouverner *sur* son ancre[sa bouée]
(배가) 조류[바람]에 밀려가다.

5)
confidences *sur* l'oreiller 베갯밑공사(公事), 베갯머리송사.　caler sa tête *sur* un oreiller 베게를 베다.
dormir *sur* les[ses] deux oreilles 안심하고 자다.　ne dormir que *sur* une oreille 편히 자지 못하다;
경계[걱정]하다.　se raccomoder *sur* l'oreiller 잠자리에서 화해하다.

6)

> ne pas savoir *sur* quel pied danser 어찌할 바를 모르다, 어리둥절해 하다.　danser *sur* rien 교살 당하다.

7) 명사의 보어

> appui du corps *sur* les jambes 다리로 몸을 지탱하기.　appui des pieds *sur* le sol 발을 땅에 디디기.　arbre *sur* pied 서 있는[살아있는] 나무.　bétail *sur* pied 살아있는 짐승.　atterrissage *sur* le ventre 동체착륙.　autorail *sur* pneus 타이어식 레일카.　battement du fer *sur* l'enclume 쇠를 모루에 올려놓고 두드리기.　brasse *sur* le dos 배영(背泳).　dent *sur* pivot 지주 위에 심은 이.　équilibre *sur* les mains 물구나무 서기. grosse tête *sur* un petit corps 작은 몸체에 커다란 머리.

3. 행위의 장소

1) ❶ …에(서).

> personne accidentée *sur* l'autoroute 고속도로에서 다친 사람.　phénomène qui a déferlé *sur* les campus universitaires 대학가에 급격히 확산 된 현상.　le vertige qui nous prend *sur* les hauteurs 우리가 높은 곳에 있을 때 느끼는 아찔함.　appeler un porteur *sur* le quai d'une gare 역의 플랫폼에서 짐꾼을 부르다.　assurer la présence *sur* les marchés étrangers 외국 시장에서의 점유를 확보하다.　boire une bière *sur* le zinc 《**구어**》 카운터에서 맥주를 한잔 마시다.　chasser *sur* les terres d'autrui 남의 사유지에서 밀렵하다; 《**비유**》 남의 권익을 침해하다.　distribuer des prospectus *sur* la voie publique 한길에서 전단을 배포하다.　être *sur* la même latitude 동일 위도상에 위치하다.　faire des fouilles *sur* l'emplacement d'une ville disparue 사라진 도시의 유적을 발굴하다.　faire monter[poser] un antivol *sur* sa voiture 자기 차에 도난 방지 장치를 설치하다.　se former *sur* le tas 현장에서 기술을 익히다.　garer sa voiture *sur* le bas-côté 차를 인도에 잠시 주차시키다.　habiter *sur* le même palier 같은 층에 살다.　s'imposer *sur* le marché (제품·회사 따위가) 시장에서 인정받다.　monter *sur* les planches 무대에 서다; 배우가 되다; 연극을 하다.　se promener *sur* les trottoirs 거리를 산책하다.　rendre la clef *sur* le comptoir de son hôtel 호텔의 카운터에 열쇠를 반납하다.　se rendre *sur* les lieux du sinistre 재해 지역에 가다.　se replier *sur* ses bases 기지로 철수하다.　représenter (une pièce de) Racine *sur* un théâtre 극장에서 몰리에르의 작품을 상연하다.　rester *sur* le champ de bataille 전사하다.　voyager *sur* le continent (유럽) 대륙을 여행하다.

- La grosse pluie s'abattit *sur* le jardin.　정원에 굵은 빗줄기가 쏟아졌다.
- Les spectateurs débordent *sur* la chaussée.　구경꾼들이 차도로 몰려들었다.
- Le séchage du café s'effectue à l'air libre *sur* de grandes surfaces planes.　커피의 건조작업은 통풍이 잘되는 넓고 평평한 지면 위에서 행해진다.
- La ville est assise *sur* la colline.　그 도시는 구릉에 자리 잡고 있다.
- Un brouillard épais plane *sur* la vallée.　짙은 안개가 골짜기에 떠돌고 있다.
- Ce chanteur rentra *sur* la scène.　그 가수는 다시 무대에 섰다.

· Le procureur s'est transporté *sur* les lieux.　검사가 사건현장에 갔다.

❷
sur mer et *sur* terre 해상과 육상에서.　cultiver des melons *sur* couche 온상에 멜론을 재배하다. rester *sur* place 꼼짝하지 않고 있다.

· Il neige *sur* Séoul.　서울에 눈이 내리고 있다.

2) ❶
être *sur* le chemin de retour 돌아가는 길이다.　être toujours *sur* les chemins 늘 (밖으로) 돌아다닌 대[활동하고 있다].　être *sur* le chemin du succès 승승장구하다.　être *sur* la bonne route 제 길[방향]로 가고 있다; 순조롭게 나아가고 있다.　être *sur* la piste de *qn/qc* …을 추적중이다. faire une promenade *sur* l'avenue de l'Opéra 오페라가에서 산책하다.　rencontrer *qn sur* sa route 여정에서 …을 만나다.　rouler pendant une heure *sur* un mauvais chemin de campagne 좋지 않은 시골길을 한 시간 동안 달리다.　trouver *qn/qc sur* son chemin …에게[에] 방해를 받다; …의 방해에 부딪치다.　se trouver *sur* le chemin de *qn* …에게 방해가 되다.　voler *sur* les grands chemins 대로상에서 강도 행각을 벌이다.

· *Sur* les routes non goudronnées, les voitures soulevaient des trombes de poussière.　비포장 도로 위로 지나가는 자동차가 먼지 폭풍을 일으키고 있었다.
· L'avion vient d'atterrir *sur* la piste.　비행기가 금방 활주로에 착륙했다.
· La carriole brandillait *sur* un chemin rural.　짐수레가 시골길을 요동치며 가고 있었다.
· Il est *sur* le bon chemin.　그는 길을 잘 들었다[잘 하고 있다].
· Je passerai à la banque, c'est *sur* mon chemin.　마침 가는 길이니 내가 은행에 들르겠다.
· La police est *sur* sa piste.　경찰이 그를 추적하고 있다.
· La pluie les a pris *sur* la route.　그들은 노상에서 비를 만났다.
· Il s'est tué stupidement *sur* la route.　그는 어처구니없게 자동차 사고로 죽었다.

❷ [sur le passage de *qn/qc*]
· Le typhon a tout balayé *sur* son passage.　태풍이 지나면서 모든 것을 휩쓸어 갔다.
· La troupe ennemie a tout culbuté *sur* son passage.　적군은 지나가면서 모든 것을 파괴했다.
· Le torrent emporte tout *sur* son passage.　급류가 지나가면서 모든 것을 휩쓸어 간다
· La foule s'ouvrait *sur* mon passage.　군중들은 내가 지나는 길을 열어주었다.

❸
canoter *sur* le lac du bois de Boulogne 불로뉴 숲의 호수에서 뱃놀이하다.　se faire bronzer *sur* la plage 바닷가에서 몸을 태우다.　patiner *sur* un lac gelé 얼음이 언 호수에서 스케이트를 타다.

· *Sur* la plage, les enfants s'amusaient à construire des châteaux de sable.　해변에서 어린애들은 모래성을 쌓으면서 놀고 있었다.
· Le corps d'armée cantonnait *sur* la Marne.　본대가 마른느 강가에 숙영하고 있었다.

· Il est *sur* la rivière en train de pêcher.　그는 하천에서 낚시질을 하고 있다.

· Il fera beau *sur* la côte atlantique.　대서양 연안의 날씨가 좋을 것이다.

❹

essayer de se retenir *sur* la pente glissante 미끄러운 비탈에서 멈춰 서려고 애쓰다.　être *sur* la[une] bonne[mauvaise] pente 좋은[나쁜] 방향으로 이끌려가다.　être *sur* une pente glissante[un terrain glissant] 미끄러운 비탈[지역]에 있다; 위험한[곤란한] 상황에 처해 있다.　glisser *sur* une mauvaise pente 나쁜 길로 빠지다.

· Vous vous engagez *sur* un terrain dangereux.　당신은 위험한 일을 하고 있다.

❺ a)

aller[marcher] *sur* les brisées *de qn* …가 이미 다져놓은 영역에서 …와 겨루다.　revenir *sur* ses brisées 《구어》 멈췄던 일을 다시 시작하다.　arriver *sur* les pas de *qn* …을 바로 뒤따라 도착하다.　retourner[revenir] *sur* ses pas 되돌아가다; 《비유》 방침[의견]을 변경하다.

b)

revenir *sur* ses jugements 의견을 바꾸다.

· J'envisage que je puisse revenir *sur* ma décision.　나의 결정을 취소할 수 있으리라고 생각한다.

❻

être *sur* les rails (사업·정책 따위가) 순조롭게 진행되다, 궤도에 오르다.　mettre[remettre] *qc* *sur* les rails (사업·정책 따위를) 다시 진행시키다, 궤도에 올리다.

❼

injecter *sur* orbite un engin spatial 우주선을 궤도에 올려놓다.　mettre[placer] un satellite artificiel[vaisseau spatial] *sur* (son) orbite 인공위성[우주선]을 궤도에 진입시키다.　mettre[placer] *qn/qc* *sur* orbite …에게 성공의 발판을 마련해주다, …을 궤도에 올려놓다.

❽

déverser du sable *sur* un chantier 작업현장에 모래를 쏟아내리다.　être *sur* le chantier 작업 중이다, 진행 중이다.　mettre *qc* *sur* le chantier …에 착수하다(= commencer).

· Le port du casque est obligatoire *sur* les chanticrs.　작업장에서는 헬멧의 착용이 필수적이다.

3) **❶**[rester sur *qc*] : … 상태에 있다; …에 집착하다, …을 고집하다; (인상 따위를) 강하게 계속 받다.

rester *sur* sa faim 충분히 먹지 않다; 《비유》 (연극·소설 따위가) 어딘지 모자라다, 불만스럽다.

rester *sur* sa soif 갈증이 완전히 가시지 않다; 《비유》무언가 부족감이 있다, 만족을 느끼지 못하다.　rester *sur* une impression de malaise après avoir vu un film 어떤 영화를 본 뒤 거림직한 느낌이 계속 남다.

· Continuons, ne restons pas *sur* un échec.　한 번 실수에 너무 집착하지 말고 계속해 나갑시다.

❷ crier famine *sur* un tas de blé 여유가 있으면서도 우는 소리를 하다.　dormir *sur* son travail 일을 하는 둥 마는 둥 하다.　s'endormir *sur* une affaire[besogne] 일을 게을리 하다.　s'endormir[se reposer] *sur* ses lauriers 첫 성공에 안주하다; 배전의 노력을 게을리 하다.　s'endormir *sur* le rôti 성공에 도취해서 태만하게 지내다.　s'endormir *sur* ses succès 성공에 안주하다.　ne pas s'endormir *sur* le rata 《1928》 부지런하다, 근면하다.　rester *sur* une victoire 승리감에 계속 도치되어 있다.　rouler *sur* l'or 호화롭게 생활하다.

4) 명사의 보어

❶ abandon des matériaux *sur* la route 도로 위에 자재를 버리기.　accalmie *sur* le front après la bataille 전투가 끝난 뒤의 전선의 소강상태.　concomitance des attaques *sur* tous les fronts 모든 전선에서의 동시 공격.　arrivée du poisson *sur* le marché 생선류 입하.　surabondance de produits *sur* le marché 생산물의 과잉 출하.　formations de spécialistes *sur* le tas 현장 전문가 양성.　navire *sur* le chantier 건조 중인 배.　vives interruptions *sur* les bancs de l'opposition 야당석에서 터져나오는 격렬한 야유.　représentants de Dieu *sur* la terre 신의 대리인; 성직자.　le sermon *sur* la Montagne 산상수훈.　stationnement *sur* l'accotement 갓길 주차.　transport *sur* les lieux (예심판사·검사의) 현장 검증.　travaux *sur* une route 도로상의 공사.　trois kilomètres de retenue *sur* le périphérique 외곽 순환도로의 3km에 이르는 차량 정체.　voiture en rade *sur* le bord de la route 도로가에 방치된 고장난 자동차.

❷ chèque *sur* Paris 파리에서 지불되는[지불 가능한] 수표.　combat *sur* mer 해전.　conduite *sur* autoroute 고속도로에서의 운전.　course *sur* piste 트랙 레이스.　courses cyclistes *sur* route 도로 사이클 경주.　danse *sur* glace 피겨스케이팅.　hockey *sur* glace[gazon] 아이스[필드]하키.

5) faire du *sur*(-)place (사이클링에서) 출발 자세를 취하다; 평형을 잡고 정지해 있다; (자동차가 정체되어) 그 자리에 서 있다.

4. 방향

1) …쪽에; …쪽으로.

sur votre gauche 당신 왼쪽에.　fenêtre qui a vue *sur* la rue 거리 쪽으로 향해 있는 창.　hôtel d'où l'on a une perspective *sur* la ville 시내의 전망을 볼 수 있는 호텔.   porte qui s'ouvre *sur* un couloir 복도 쪽으로 난 문.   terrasse d'où la vue plane *sur* la ville entière 온 도시가 한 눈에 내려다보이는 테라스.   tête un peu incliné*e* *sur* l'épaule 어깨 쪽으로 조금 기울어진 머리.   veston à fentes *sur* les côtés 양 옆을 튼 양복 상의.   s'acheminer *sur* la forêt 숲으로 나아가다.   braquer un revolver *sur qn* …에게로 권총을 겨냥하다.   braquer les projecteurs *sur qn/qc* …에 헤드라이트를 향하게 하다; …에 주목하다.   dérouter un avion *sur* un autre aérodrôme 비행기의 항로를 다른 비행장으로 변경시키다.   diriger un colis *sur* Paris 소포를 파리로 발송하다.   diriger son regard *sur* un objet 어떤 물건을 향해서 시선을 돌리다.   être logé *sur* le derrière d'un immeuble (건물의 도로에 면하지 않은) 뒤쪽에 살다.   faire route *sur qc* …을 향해 가다.   mettre le cap *sur qc* …의 방향으로 나아가다.   mettre[poser] des briques *sur* chant 최소 측면을 앞으로 해서 벽돌을 쌓다.   orienter la lampe *sur* son livre 전등을 책 쪽으로 돌리다.   ouvrir une fenêtre *sur qc* …에 면한 창문을 열다;《비유》…을 보여주다, …에 대한 전망을 제시하다.   porter ses yeux[regards] *sur qn/qc* …쪽으로 시선을 돌리다.   prendre jour *sur qc* (방 따위가) …로부터 햇빛이 들어오다, …에 면해 있다.   prendre *sur* la droite 오른쪽으로 향하다.   rabattre les manifestants *sur* une rue déserte 시위대를 행인이 없는 거리로 유도하다.   se rabattre *sur* le flanc de l'ennemi 급선회해서 적의 측면으로 쇄도하다.   tirer à bout portant *sur qn* …에게 바로 총구를 들이대고 쏘다.   tirer une porte *sur* soi 방에 나와서 문을 당겨 닫다.   tirer *sur* une cible 과녁을 향해 쏘다.   tomber *sur* le derrière de l'ennemi 적의 배후를 덮치다.   tourner *sur* la droite[gauche] 오른쪽[왼쪽]으로 돌다.   venir *sur* bâbord[tribord] 좌[우]현으로 항로를 바꾸다.

- Cette robe s'agrafe *sur* le côté.   이 드레스는 단추를 옆에서 채운다.
- Cette maison a deux fenêtres *sur* la rue.   그 집은 거리 쪽으로 두 개의 창이 있다.
- De cette chambre, j'ai une vue magnifique *sur* le jardin.   이 방은 정원 쪽으로 전망이 아주 좋다.
- Ce gilet se boutonne *sur* le côté.   이 조끼는 옆으로 단추를 채운다.
- L'armée va déboucher *sur* l'ennemi.   아군이 적을 향해 진격할 것이다.
- Cette rue débouche *sur* une place immense.   이 도로는 커다란 광장으로 통한다.
- Tu ne peux pas te baigner deux fois dans le même fleuve, car de nouvelles eaux coulent *sur* toi.   새로운 물결이 밀어 닥치므로, 같은 물에 두 번 몸 담글 수 없다; 한 번 지나간 것은 다시 붙잡을 수 없다.
- L'avion s'est détourné *sur* Paris à cause d'un orage.   뇌우(雷雨)때문에 비행기는 목적지를 파리로 바꾸었다.
- Les fenêtres de cette maison donnent *sur* la mer.   그 집의 창문들은 바다를 향해 나 있다.
- Le navire s'est embabouiné *sur* des récifs.   배가 암초길로 접어들었다.
- Cette poutre enjambe *sur* le mur du voisin.   이 들보는 이웃집 벽 쪽으로 삐져 나와 있다.
- C'est *sur* votre droite.   당신의 오른쪽입니다.
- Cette colline offre une belle vue *sur* la ville.   이 언덕에서는 아름다운 도시의 모습을 볼 수 있다.
- Cette fenêtre ouvre *sur* la mer.   이 창은 바다 쪽으로 나 있다.
- La porte d'entrée s'ouvrait directement *sur* le large couloir.   그 문은 넓은 복도로 직통해 있었다.
- Fou de colère, il s'est rué *sur* nous.   그는 머리끝까지 화가 나서 우리에게 달려들었다.
- On se rue *sur* les postes vacants.   빈자리들을 차지하려고 사람들이 몰려든다.

- Un camion a surgi *sur* la droite.　갑자기 우측에서 트럭이 나타났다.

2) 명사의 보어

appartement *sur* rue et cour 길과 안마당에 면해 있는 아파트.　chambres *sur* le devant 도로 쪽으로 나 있는 방.　une belle échapée *sur* la mer 바다가 일부 보이는 아름다운 조망.　port *sur* la mer Noire 흑해에 임한 항구.　ruée *sur* les magasins au moment des soldes 할인판매 기간에 상점들로 쇄도하는 인파.　vue *sur* la mer 바다를 향한 전망.

- Vous prenez le premier couloir à gauche et c'est la troisième porte *sur* votre droite.　왼쪽 첫 번째 복도로 가시다가 오른편으로 세 번째 문입니다.

3)

aiguiller la conversation *sur* un autre sujet 대화를 다른 주제로 돌리다.　aiguiller un jeune homme *sur* un chemin normal 젊은이를 정상적인 길로 이끌다.　brancher la conversation *sur* un autre sujet 대화를 다른 주제로 돌리다.　orienter la conversation *sur* un sujet 주제에서 벗어나지 않게 회의를 진행하다.　reporter son affection *sur* une autre personne 애정을 다른 사람에게 쏟다.

- N'amenons pas la conversation *sur* ce sujet.　대화를 그 문제로 돌리지 맙시다.
- Cela constitue pour les enfants une ouverture *sur* le monde de demain.　그것은 어린아이들에게 내일의 세계를 이해하는 수단이 된다.
- Il a ramené la question *sur* l'achat éventuel d'une automobile.　그는 문제를 결국 자동차를 한 대 사야할 지도 모른다는 쪽으로 귀착시켰다.
- Les voix des communistes se sont reportées *sur* le candidat socialiste.　공산당 지지표가 사회당 후보에게로 옮아갔다.

5. 거리 · 지역 · 범위

1) ⋯에 걸쳐; ⋯을 거쳐.

propriété qui chevauche *sur* deux communes 두 군에 걸쳐 있는 소유지.　route bordée d'arbres *sur* toute sa longueur 길을 쭉 따라 가로수가 심겨져 있는 도로.　village à cheval *sur* deux départements 두 도에 걸쳐 있는 마을　transporter les voyageurs *sur* de grandes distances 여행객들을 먼 거리까지 수송하다.

- La champ de blé s'étend *sur* quatre kilomètres.　밀밭이 4킬로미터에 걸쳐 펼쳐져 있다.
- Ce service de fret régulier reliera la ville de Munsan au Sud et celle de Bongdong au Nord, *sur* une vingtaine de kilomètres.　그 정기 화물 운송은 20여 킬로미터 거리의 남한의 문산과 북한의 봉동역을 연결하게 될 것이다.

2) [sur des + 명사 + et des + 명사]

· On voyait des champs de blés *sur* des kilomètres et des kilomètres.   집들이 수 킬로미터에 걸쳐 펼쳐져 있었다.

6. 충격 · 충돌 · 장애

1)

coups frappés *sur* des tambourins 북치는 소리.   broncher *sur* qc ⋯에 부딪치다, 봉착하다.   buter *sur* une pierre 돌에 발부리를 부딪치다.   cogner *sur* la vitre (우박 따위가) 창유리를 두드리다.   cogner du poing *sur* la table 주먹으로 탁자를 치다.   donner *sur* les écueils (배가) 좌초하다.   s'emboutir *sur* un arbre 나무와 충돌하다.   frapper *sur* la table 탁자를 치다.   pianoter *sur* son minitel 미니텔의 자판을 두드리다.   pianoter de la main *sur* la table 손으로 테이블을 두드리다.   trébucher *sur* qc ⋯에 걸리다, 채이다.

· Il a choppé *sur* une pierre et il serait tombé sans la corde qui le retint.   그는 돌에 발을 부딪쳤는데, 몸을 지탱하고 있는 줄이 없었다면 넘어졌을 것이다.
· Il a buté du pied *sur* une pierre.   그는 돌에 발을 부딪쳤다.
· La barque s'est fracassée *sur* un écueil.   그 배는 암초에 걸려 산산조각이 났다.
· Sa tête porte *sur* le coin de la table.   그는 탁자 모서리에 머리를 부딪쳤다.

2)

achopper *sur* un mot difficile 어려운 단어에 부딪치다.   buter *sur* chaque mot (말하는데) 말끝마다 막히다.   buter *sur* les difficultés 난관에 봉착하다.   buter *sur* les limites technologiques 기술적인 한계에 부딪치다.   se casser les dents *sur* qc (어려운 일을) 헤쳐 나가지 못하다, 제대로 처리하지 못하다.

· La conférence a accroché *sur* un point délicat.   회담은 미묘한 문제에 봉착하였다.
· Tous les efforts se sont brisés *sur* cette difficulté.   그 난관을 극복하려는 모든 노력은 수포로 돌아갔다.
· J'ai calé *sur* ce problème, il était trop difficile.   나는 이 문제가 너무 어려워서 손들고 말았다.
· Il a chuté *sur* la dernière question.   《구어》 그는 마지막 문제에서 실패했다.
· Il a trébuché *sur* le mot.   그는 그 단어에 걸려 머뭇거렸다.

3) 명사의 보어

choc du marteau *sur* l'enclume. 모루를 망치로 치기[치는 소리].   déferlement des vagues *sur* les brisants 방파제에 부딪쳐 부서지는 파도.   fouettement de la pluie *sur* les vitres 유리창에 내리치는 비.   frappe *sur* clavier d'ordinateur 컴퓨터 자판 두드리기.

7. 목표 · 대상

1) ❶ ⋯을 향해 ; ⋯에로.

chèque tirée *sur* qn ⋯앞으로 발행된 수표.   cruautés excrcées *sur* les prisonniers 죄수에 대한

가혹 행위.   maladie qui retentit *sur* l'état psychique 심리 상태에 영향을 미치는 병.   regard accommodé *sur* l'horizon 지평선[수평선]을 응시하는 눈길.   sondage effectué *sur* un échantillon représentatif de la population 국민의 대표적인 샘플로 실시한 통계조사.   trouble psychique qui réagit *sur* l'organisme 인체에 영향을 미치는 심리적 불안.   vautour qui plonge *sur* sa proie 먹이를 덮치는 독수리.   accommoder le regard *sur* quelque objet lointain 멀리 있는 어떤 물건에 눈길을 주다.   s'acharner *sur* l'ennemi en fuite 도망가는 적을 추격하다.   appeler[attirer, éveiller] l'attention de *qn sur qc* …에 대해 …의 주의를 촉구하다[환기시키다].   appeler le malheur *sur qn* …에게 불행이 닥치기를 기원하다.   appuyer[poser] son regard *sur qn/qc* …을 응시하다.   appuyer[pousser] *sur* un bouton 버튼을 누르다.   appuyer *sur* la sonnette 초인종을 누르다.   appuyer *sur* l'accélérateur[《**구어**》 le champignon] 액셀러레이터 페달을 밟다, 가속하다.   arrêter son attention[ses soupçons] *sur qn* …에게 주의를 하다[의심을 품다].   arrêter[fixer, porter] son choix *sur qn/qc* …을 선택하기로 하다.   asseoir une pension *sur qn* …에게 연금을 주다.   asseoir une hypothèque *sur* un immeuble 부동산에 저당을 설정하다.   attacher son regard[les yeux] *sur qn/qc* …을 뚫어지게 쳐다보다.   attirer l'attention de *qn sur qc* …의 주의를 …로 이끌다.   bigler *sur* les femmes 《**구어**》 여자들에게 눈독들이다.   braquer les yeux[ses regards] *sur qn* …을 주시하다.   carotter *sur* le budget de la nourriture 식비를 착복하다.   causer[produire] une forte impression *sur qn* …에게 강한 인상을 주다.   charpenter *sur qn* 《**속어**》 …을 세게 때리다.   chier *sur qn/qc* 《**구어·속어**》 …을 멸시하다, 얕잡아 보다.   clabauder *sur qn* 《**문어**》 …을 욕하다, 비방하다.   concentrer son attention[son énergie, son esprit] *sur* une question 어떤 문제에 주의[정력, 정신]를 집중시키다.   concentrer[diriger] le tir *sur qc* …에 화력을 집중하다.   courir *sur* l'ennemi 적을 공격하다.   cracher *sur* le crucifix 신앙을 버리다.   cracher *sur qn* toutes les malédictions …에게 온갖 저주를 퍼붓다.   crier[dire] raca *sur qn* …을 매도하다.   darder son regard *sur qn/qc* …을 쏘아보다.   débouler *sur qn* …을 향하여 돌진하다; …쪽으로 잽싸게 달려가다.   décharger sa colère *sur qn* …에게 화를 내다.   décharger un fusil *sur qn* …에게 총을 쏘다.   se défouler *sur qn/qc* …에게 울분을 풀다.   dériver son mécontentement *sur* les autres 불만을 다른 사람들에게 표출하다.   déverser sa bile[sa rancune] *sur qn* …에게 노여움을[분노를] 토로하다.   donner un coup de chiffon *sur qc* …을 걸레질하다.   donner un coup de plumeau *sur qc* …을 깃털 비로 쓸다.   donner[porter, taper] *sur* les nerfs 신경을 건드리다[자극하다](=agacer, énerver). s'élancer *sur qn* …에게 덤벼들다.   émettre[exprimer, porter] un jugement *sur qc* …에 대해 판단을[평가를] 내리다.   épancher[décharger, déverser] sa bile *sur qn* …에게 화를 내다.   être buté *sur* d'horribles souvenir d'enfance 유년 시절의 끔찍한 추억에 집착하다.   expérimenter un vaccin *sur* un cobaye 모르모트에 백신을 실험하다.   faire pleuvoir des baisers *sur qn* …에게 키스를 퍼붓다.   fermer les yeux *sur qc* …을 못 본 체하다.   fixer son attention *sur qn/qc* …에 주의를 집중하다.   fixer[attacher] les yeux[sa vue, son regard] *sur qn/qc* …에 시선을 고정하다.   focaliser son attention *sur qc* …에 대해 주의를 집중시키다.   foncer *sur* l'ennemi 적을 공격하다.   imposer les contribuables *sur* leurs revenus 납세자의 소득에 대해 과세하다.   se jeter[tomber] *sur qn* à bras raccourcis 있는 힘을 다해서 치다[공격하다]; …을 격렬히 비난하다.   se jeter *sur qn* pour l'attaquer …을 공격하려고 덮치다.   lâcher le faucon[les chiens] *sur* un cerf 매[개]를 풀어 사슴을 쫓게 하다.   lancer des pierres *sur qn/qc* …에(게) 돌을 던지다.   lancer[décocher] ses flèches *sur qn* …에게 공격의 화살을 퍼붓다; …을 조롱하다.   lever la main[le poing] *sur qn* (때리려고) 손을 들어올리다.   lever sa canne *sur qn* …을 향해 지팡이를 들어올리다.   loucher *sur* une jolie fille 예쁜 소녀를 훔쳐보다.   marcher *sur qn/qc* …을 거칠게 [적대적으로] 대하다.   ouvrir le feu *sur* un objectif 목표물에 포문을 열다[사격을 개시하다].   ouvrir les yeux à *qn* (*sur qc*) (…에 대해) …을 계몽하다, 깨우쳐 주다.   passer sa colère *sur qn* …에게 화풀이하다.   passer ses nerfs *sur qn/qc* …에(게) 화풀이하다.   peiner *sur* un problème 문제를 풀기 위해 애쓰다.   se pencher *sur* une question 어떤 문제를 연구하다.   peser *sur* un levier 지레를 힘주어 밀다.   peser lourdement *sur qc* …에 중대한 결과를 초래하다.   pisser *sur qn/qc* …을 경멸하다, 업신여기다.   se polariser *sur* son travail 자신의 일에 몰두하다.   se précipiter *sur qn* …에게 달려들다.   porter son attention *sur qc* …에 주의를 기울이다.   porter la main *sur qn* …을 때리다.   pratiquer le pincement *sur* la vigne 포도덩굴의 순을 자르다.   prendre une option *sur* un appartement 아파트를 가계약 하다.   projeter une pierre *sur qn* …에게 돌을 던지다.   promener sa main[ses doigts] *sur qc* …을 어루만지다.   promener ses regards[yeux] *sur qc* …을 두루 살펴보다.   répercuter une taxe *sur* le prix 세금을 가격에 전가시키다.   retourner *sur* le passé 과거를 회고하다.   rogner *sur* les dépenses de nourriture[*sur* la nourriture] 식비를 줄이다.   sauter[tomber] *sur* le râble à *qn* …에게 덤벼들다, 불의의 기습을 가하다.   souffler *sur* le feu 입김을 불어 불을 일으키다; 선동하다, 흥분시키다.   souffler *sur* sa soupe 입김을 내불어 수프를 식히다.   subtiliser *sur* les mots et les tours de phrases 단어와 문장 사용법을 가다듬다.   tirailler *sur* l'ennemi 적에게 난사하다.   tirer (un coup de feu) *sur qn* …에게 발포하다.   tirer un trait *sur qc* …을 말소하다; 포기[단념]하다.   tirer le rideau[un voile] *sur qc* …을 감추다, 불문에 붙이다.   tomber[sauter, donner] *sur* le casaquin à[de] *qn* 《구어》 …에게 달려들다, …을 때리다.   tomber *sur* le dos de *qn* …에게 덤벼들다; …의 앞에 뜻하지 않게 나타나다; (사건 · 책임 따위가) …에게 닥치다[돌아오다].   tomber *sur* le paletot à *qn* 《구어》 …에게 달려들다, 공격하다.   transférer des sentiments *sur qn* …에게 감정을 전이하다.   veiller *sur* un enfant 아이를 돌보다.   veiller *sur* sa santé 건강을 돌보다.   se venger d'une calomnie *sur* son collègue 동료에게 중상에 대한 앙갚음을 하다.   se venger du père *sur* les enfants 아버지에 대한 원수를 아이들에게 갚다.   verser le mépris *sur qn* …에게 경멸의 말을 퍼붓다.

· L'aigle s'abattit *sur* la proie.   독수리가 먹이에게 달려들었다.

· Une férocité naturelle acharnait les soldats *sur* les vaincus.   병사들의 본능적 잔인함이 패잔병들에 대해 격렬한 증오심을 야기시켰다.

· J'attire votre attention *sur* ce point.   이 점에 주의해야 합니다.

· Le chat a bondi *sur* la souris.   고양이가 생쥐에게 달려들었다.

· Les regards se concentrent *sur* lui.   뭇 시선이 그에게 집중된다.

· Il ne crache pas *sur* l'alcool.   《비유·구어》 그는 술을 좋아한다.

· L'évolution des techniques déteint *sur* les moeurs.   《비유》 기술의 진보는 생활 습관에 영향을 미친다.

· Son choix s'est fixé *sur* une robe bleue.   그녀는 푸른색 드레스를 선택하기로 결정했다.

· Tous les malheurs ont fondu *sur* lui à la fois.   모든 불행이 그에게 한꺼번에 닥쳐왔다.

· La boue a giclé *sur* les passants.   행인들에게 진창이 튀었다.

· Quand il pleut *sur* le curé, il dégoutte *sur* le vicaire.   주인이 재앙을 만나면 그 밑의 사람에게도

그 여파가 미친다.

· En français, l'accent tonique porte *sur* la dernière syllabe prononcée.　프랑스 말은 발음되는 마지막 음절에 강세가 주어진다.

· Il pose *sur* elle un regard admirable.　그는 그녀에게 감탄어린 눈길을 준다.

· Dieu répand ses bienfaits *sur* tous les hommes.　신은 모든 사람에게 두루 은혜를 베푼다.

· L'augmentation des tarifs ferroviaires se répercutent *sur* les prix.　철도 운임의 인상은 물가에 영향을 미친다.

· Ecumant de rage, il a sauté *sur* l'adversaire.　화가 치밀어 그는 상대에 달려들었다.

❷ [avoir + 명사 + sur + 명사]

accident malheureux qui a profondément influé *sur* sa vie 그의 삶에 심대한 영향을 끼쳤던 불행한 사고.　mesures qui auront un profond retentissement *sur* l'économie 경제에 커다란 영향을 미치게 될 조치.　avoir des conséquences *sur* qc ⋯에 중대한 영향[결과]을 가져다주다.　avoir des desseins *sur* qn/qc ⋯의 환심을 사려고 하다, ⋯에 대한 계획을 세우다.　avoir la hautee main *sur* qc ⋯의 주도권을 쥐고 있다.　avoir un impact[de l'impact] *sur* qn/qc ⋯에 영향을 미치다.　avoir de l'influence *sur* qn ⋯에게 영향을 주다.　avoir des projets *sur* qn/qc ⋯을 손에 넣으려고 기도하다; ⋯을 (결혼 상대자 따위로) 생각해[점찍어] 두다.　avoir des soupçons *sur* qn/qc ⋯에 의혹을 품다.　avoir des vues *sur* la fortune de qn ⋯의 재산을 노리다.　avoir les yeux rivés *sur* qn/qc ⋯에 시선을 고정시키다.

· J'ai des vues *sur* lui pour la direction des affaires.　그를 일의 관리자로 지목하고 있다.

❸ [exercer / faire + 명사 + sur + 명사]

exercer une attirance *sur* qn ⋯의 마음을 끌다, 유혹하다.　exercer une attraction *sur* qn ⋯의 마음을 끌다.　exercer une sévère critique *sur* qn/qc ⋯을 엄하게 비판하다.　exercer des sévices *sur* qn ⋯에게 가혹행위를 하다.　exercer une surveillance *sur* qn ⋯을 감시[감독]하다.　exercer un (pouvoir de) chantage *sur* qn ⋯을 협박하다.　exercer sa vengeance *sur* qn ⋯에게 복수하다.　faire une croix *sur* qc ⋯을 포기하다, 단념하다.　faire une fixation *sur* qc ⋯에 정신이 팔리다, 집착하다.　faire une forte impression *sur* qn ⋯에게 강한 인상을 주다.　faire l'impasse *sur* qc 위험을 무릅쓰고 ⋯을 고려하지 않다[제외하다].　faire levier *sur* qc 지렛대로 ⋯을 움직이다.　faire main basse *sur* qn/qc ⋯을 죽이다; 약탈하다.　faire des ratures *sur* qc ⋯을 삭제하다.　faire (toute) la lumière *sur* qc ⋯의 진상을 밝히다.

· Ce grand magasin fait une braderie *sur* les chaussures.　그 백화점에서는 신발을 바겐세일 한다.

· Son intervention a fait très mauvais effet *sur* l'auditoire.　그의 발언은 청중에게 아주 나쁜 인상을 심어주었다.

· Ce produit fait merveille *sur* les taches.　이 제품은 얼룩제거에 아주 좋다.

❹ [jeter / mettre + 명사 + sur + 명사]

jeter l'anathème *sur* qn/qc ···을 맹렬히 비난하다.   jeter[faire tomber] un blâme *sur* qn ···을 비난하다.
jeter un coup d'oeil *sur* qc ···을 힐끗 보다.   jeter la déconsidération *sur* qn ···에게 불신의 눈초리
를 던지다.   jeter son dévolu *sur* qn/qc ···을 선택하다; ···에 눈독을 들이다.   jeter le discrédit
sur qn/qc ···의 신용을 떨어뜨리다.   jeter une douche froide *sur* l'enthousiasme de qn ···의 열의에
찬물을 끼얹다.   jetter de l'huile *sur* le feu 불 난 데 부채질하다; 욕망을 돋우다.   jeter l'interdit
sur qn/qc ···을 배척하다.   jeter le jour *sur* qc ···에 빛을 비추다; ···을 명백하게 하다.   jeter
une ombre *sur* le bonheur de qn ···의 행복에 암운을 드리우다.   jeter un regard *sur* qn/qc ···에(게)
눈길을 던지다.   mettre un cache *sur* une partie d'un texte 텍스트의 일부를 가리다.   mettre le
doigt *sur* la plaie 남의 아픈 곳을 찌르다; 고통의 원인을 규명하다.   mettre l'embargo *sur* les
exportations de technologies de pointe 첨단기술의 수출을 금지시키다.   mettre[《옛》 avoir, jeter] le
grappin *sur* qn/qc ···을 움켜쥐다, 붙잡다; ···을 독차지하다.   mettre[verser] de l'huile *sur* les plaies
de qn ···의 고통을 덜어주다, ···을 위로하다.   mettre la main *sur* qn/qc ···을 찾아내다; 손에 넣다,
훔치다; 때리다; 체포하다, 압류하다.   mettre la patte *sur* qn/qc ···을 붙잡다; 발견하다, 마주치다.

· L'auteur jette une lumière nouvelle *sur* la question.   저자는 그 문제를 새롭게 규명하고 있다.
· Il a mis l'accent *sur* les problèmes sociaux.   그는 사회적인 문제의 중요성을 역설했다.

❺ [l'un sur l'autre]
· La politique et l'économie réagissent l'une *sur* l'autre.   정치와 경제는 서로 영향을 미친다.

❻ 명사의 보어

abus sexuels *sur* les enfants 어린이에 대한 성적학대.   appréhension d'une menace *sur* son
bonheur 자기의 행복이 위협받지나 않을까 하는 두려움.   appui de la voix *sur* une syllabe[un
mot] 어떤 음절[단어]에 힘주어 발음하기.   légères aspersions d'eau *sur* les plantes 식물에 물을
조금 주기.   contrôle *sur* soi-même 자제력.   coup de frein *sur* les prix 물가 억제.   droits *sur*
les boissons 주세(酒稅).   étude d'impact *sur* l'environnement 환경 영향 평가.   incidence de la
hausse des prix *sur* le pouvoir d'achat 가격 상승이 구매력에 미치는 영향.   répercussion de la
hausse des cours du pétrole *sur* le niveau général des prix 유가 인상이 전체 물가에 미치는 영향.
taxes *sur* les transactions 거래세.   zoom *sur* les nouveautés 《비유》 신제품으로의 관심집중.

2) [특정동사 + (de) + 명사 + sur + 명사]

se décharger d'un travail[d'une faute] *sur* un autre 일[잘못]을 다른 사람에게 떠맡기다[전가하다].
se défausser d'un problème *sur* qn ···문제의 해결을 ···에게 떠맡기다.   détourner les soupçons *sur*
une autre personne (자기가 받고 있는) 혐의를 다른 사람에게 전가하다.   faire retomber *sur* qn la
faute d'un échec 실패를 ···의 탓으로 돌리다.   mettre qc *sur* le dos de qn ···의 책임을 ···에게 전가하
다.   rejeter une faute *sur* qn ···에게 잘못을 떠넘기다.   rejeter *sur* qn la responsabilité d'un crime[d'une
erreur] ···에게 어떤 범죄[과오]의 책임을 전가하다.

3) ❶

> aller *sur* les droits de *qn* …의 권리를 침해하다.   anticiper *sur* les droits[les terres] de *qn* …의 권리[토지]를 침해[침범]하다.   anticiper *sur* sur un héritage[ses revenus] 유산(遺産)상속[수입]을 예상하고 미리 쓰다.   empiéter *sur* les attributions de *qn* …의 권한을 침해하다.   entrendre *sur* les droits de l'individu 《옛·문어》 개인의 권리를 침해하다.   usurper *sur* (les droits de) *qn* …의 권리를 침해하다.

- Je ne veux pas anticiper *sur* le récit que j'écrirai plus tard.   나는 나중에 쓸 이야기에 관해 이러쿵저러쿵 하고 싶지 않다.
- Le pouvoir politique déborde *sur* le domaine judiciaire.   정치권력이 사법권을 침해하다.
- Le psychologue envahit *sur* le philosophe.   심리학자들이 철학자의 영역으로 분야를 넓혀 가고 있다.
- La mer gagne *sur* la côte.   바다가 해안을 침식한다.

❷ 명사의 보어

> empiètement d'une plantation *sur* les terres du voisin 한 대농장에 의한 이웃 대농장 토지 잠식.   entreprise *sur* la liberté 《옛·문어》 자유의 침해.

4)

> pari *sur* le résultat d'une course 경마 도박.   jouer *sur* *qc* …에 투기[투자]하다.   jouer mille euros *sur* un cheval (경마에서) 말에 천 유로를 걸다.   mettre une grosse somme *sur* un cheval 말에 거금을 걸다.   miser dix euros *sur* un cheval 어떤 말에 10유로를 걸다.   miser *sur* l'impair 홀수 번호에 걸다.   parier cent euros *sur* le favori 우승 후보마에 100유로를 걸다.   parier *sur* le 6 6번에 판돈을 걸다.   spéculer *sur* l'échec de ses concurrents 경쟁자들의 실패를 이용하다.

- Il spécule *sur* les terrains à bâtir.   그는 건축 용지에 투기를 한다.

5) ❶

> avoir le nez *sur* *qc* …에 몰두[전념]하다.   s'exciter *sur* un projet 어떤 계획에 몰두하다.   s'hypnotiser *sur* un travail 일에 몰두하다.   pâlir *sur* les livres[un travail] 오랜 시간 공부[일]에 열중하다.

- Il a bien sueé *sur* ce travail.   그는 이 일을 하느라 진땀을 흘렸다.
- Il a transpiré *sur* son devoir.   그는 숙제를 하느라 진땀을 뺐다.

❷ [etre / rester sur]

> être *sur* l'antenne 방송 중이다.   rester *sur* un travail 한 가지 일에 매달리다.

- Il est *sur* cette affaire depuis un mois.   그는 한 달 전부터 그 일에 매달려 있다.
- Il est toujours *sur* les livres.   그는 항상 책을 읽는다.

6)

> frauder *sur* le poids 무게를 속이다.   gagner[voler] *sur* l'aunage 길이를 속이다.   jouer *sur* les mots 말장난을 하다.   tricher *sur* les prix[le poids] 값을[무게를] 속이다.   tromper *sur* la marchandise 상품을 속여 팔다.

- Il mégote *sur* les pourboires.   그 사람은 팁이 짜다.
- Le cuisinier a forcé *sur* le sel.   《**구어**》요리사가 소금을 너무 썼다.

7)

> haler *sur* un cordage 밧줄을 당기다.   tirer *sur* la ficelle[corde] 끈을 잡아당기다;《**비유**》지나친 짓을 하다; 욕심을 지나치게 부리다.   tirer *sur* les rênes 고삐를 당기다.   tirer *sur* sa pipe 파이프를 빨다.

- Je compte *sur* votre participation.   당신의 참여를 기대합니다.
- On ne peut pas compter *sur* elle, bien qu'elle l'ait promis.   그녀가 그것을 약속하기는 했지만 그녀를 믿을 수는 없다.

8. 결합·연결

> système d'alarme branché *sur* la police 경찰에 직결된 경보체계.   brancher une lampe *sur* la prise 전등을 소켓에 연결하다.   se brancher *sur* un poste étranger 외국방송을 수신하다.   s'embrancher *sur* l'autoroute 고속도로에 연결되다.   greffer un nouvel acte *sur* une pièce de théâtre 희곡에 새로운 1막을 첨가하다.   greffer un rosier *sur* un églantier 들장미나무에 장미를 접붙이다.   mettre *qn* sur (table d')écoute …의 전화를 도청하다.   placer un nom *sur* un visage 이름과 얼굴을 일치시키다.

- Le médecin de famille m'a branché *sur* un spécialiste.   주치의는 나를 어떤 전문의에게 보냈다.
- Cette machine se branche *sur* la batterie.   그 기계는 배터리에 연결된다.
- La ville est en prise directe *sur* l'autoroute.   이 도시는 고속도로에 직결된다.
- La deuxième question est en prise directe *sur* la question posée ce mation.   두 번째 문제는 오늘 아침에 제기한 문제와 밀접한 관련이 있다.
- Ils sont *sur* écoute.   그들은 도청당하고 있다.

9. 결과·종결

> discuissions qui ne débouchent *sur* rien 아무런 결론도 얻지 못한 토론.   problèmes qui débouchent *sur* la métaphysique 형이상학으로 귀착되는 문제.   s'achever *sur* un échec 실패로 끝나다.   se focaliser *sur* les points essentiels 요점들로 집약되다.

- Le sommet de l'OTAN s'achève *sur* un consensus.   나토 정상회담은 합의를 이루고 끝났다.
- Les négociations se sont conclues *sur* un échec.   교섭은 실패로 끝났다.
- Faute d'argent, elle s'est rabattue *sur* une voiture d'occasion.   돈이 없어서 그 여자는 중고차로 만족했다.

· L'aînée l'ayant évincé, il s'est rabattu *sur* la cadette.   그는 장녀한테 퇴짜를 맞았기 때문에 차녀로 만족했다.

10. 주제

1) ❶ …에 관해.

sur l'article de *qc* …에 관한 문제에 대해서는.   conversation qui retombe toujours *sur* le même sujet 늘 같은 주제로 되돌아오는 이야기.   discussuion qui porte *sur* la politique du gouvernement 정부 정책에 대한 토론.   adresser[faire] des compliments à *qn sur* son succès …의 성공을 축하하다.   s'attarder *sur* un sujet 어떤 문제를 오랫동안 논의하다, 어떤 문제에서 헤어나지 못하다.   avoir des clartés *sur qc* …에 대해 환히 알다.   avoir un doute[des doutes] *sur qn/qc*…에 대해 의구심을 갖다.   avoir des lumières *sur qc* …에 대해 다소간의 지식이 있다.   avoir des préoccupations *sur qc* …에 대해 염려하다.   axer son discours *sur* un thème 연설에서 어떤 주제를 중심으로 삼다.   broder *sur qc* …에 대해 과장해서 이야기하다.   causer *sur* le compte de *qn*《구어》…을 뒤에서 험담하다.   chercher[trouver] la vérité *sur qn/qc* …에 대한 진상을 규명하다.   chipoter *sur* les moindres détails 하찮은 일을 두고 따지다.   communiquer *sur* un produit 제품을 광고하다.   concevoir des doutes *sur* un témoignage 증언에 대해 의심을 품다.   conférer avec son avocat *sur* son affaire 자기 일에 관해 변호사와 협의하다.   conjecturer *sur* ce qu'on ignore 알지 못하는 것에 대해 추측하다.   en connaître beaucoup[long] *sur qc* …에 정통하다, …을 잘 알고 있다.   en connaître un bout *sur qn/qc* …에 정통하다, 유능하다.   contester *sur* des détails 아무 것도 아닌 일에 이의를 제기하다.   débattre *sur* la peine de mort 사형에 대해 토론하다.   débiter des horreurs *sur qn* …에게 악담을 지껄이다.   décider *sur* la valeur d'un ouvrage 작품의 가치를 결정하다.   déclamer *sur* le patriotisme《경멸》애국주의에 대해 거창하게 떠들어대다.   délibérer *sur* le développement de la région 지역개발에 대해 토의하다. demander l'explication à *qn sur qc* …에게 …에 대한 해명을 요구하다.   demander[donner] des précisions *sur qc* …에 대한 상세한 내용을 묻다[알리다].   dialoguer avec un ami *sur* l'avenir 친구와 장래에 대해 이야기를 나누다.   dire des atrocités *sur* (le compte de) *qn* …에 대해 험담하다.   dire [colporter] des cancans *sur qn* …에 대한 험담을 하다[옮기다].   discourir *sur qc* …에 대해 논하다.   discuter *sur* des détails 세부사항을 논의하다.   discuter[raisonner] *sur* la pointe d'une épingle [*sur* des pointes d'épingle] 사소한 일을 의논하다.   discuter *sur* le sexe des anges 긴급한 논의는 제처두고 쓸데없는 논쟁만 하다.   disputer *sur* des subtilités 미묘한 사항을 놓고 논쟁하다.   disputer *sur* le tien et le mien 네 것 내 것 따지며 싸우다.   disserter *sur* la politique 정치에 관해 이야기하다.   donner des détails *sur qc* …에 관해 상세히 서술하다.   donner son point de vue *sur* une question 어떤 문제에 대해 자신의 견해를 제시하다.   écrire une synthèse *sur* l'histoire de la Corée 한국사의 총론을 기술하다.   s'édifier *sur* le caractère de *qn* …의 성격을 잘 알다.   élever une contestation *sur* un point 어떤 점에 관해서 이의를 제기하다.   émettre[faire] des réserves *sur* un projet 어떤 계획에 전적으로는 찬성하지 않다, 의문을 표시하다.   enquêter *sur* l'origine des fonds 자금의 출처에 대해 조사하다.   s'entendre *sur* le prix 값을 흥정하다.   s'entretenir *sur* la situation économique 경제 상황에 대해 서로 이야기를 하다.   épiloguer *sur* la qualité d'une oeuvre 작품의 질에 대해 이러쿵저러쿵 흠을 잡다.   s'étaler *sur* ses projets 자기 계획에 대해 길게 이야기하다.   s'étendre *sur* un sujet 어떤 주제에 대해 상술하다.   être à cheval *sur* sa naissance 가문에 대해 으스대다.　être à cheval *sur* le protocole 예의범절에 까다롭다. être au clair *sur qc* …에 대해 분명히 알다.　être d'accord *sur* l'essentiel 본질적인 점에 있어서는 동의하다.　être en débat *sur qc* …에 관해 토론 중이다.　être[se trouver] en désaccord avec *qn sur qc* …에 관해 …와 의견이 대립되다.　être en retard *sur* la mode 유행에 뒤지다.　être sans illusions *sur qn/qc* …에 대해 아무런 환상도 품지 않다.　examiner un élève *sur* les mathématiques 학생에게 수학 시험을 보게 하다.　s'extasier *sur qc* …에 경탄하다.　faire des commentaires *sur qn/qc* …에 대해 이러쿵저러쿵 애기하다; 비난하다.　faire[former] des conjectures *sur* l'avenir 미래에 대해 추측하다.　faire une conférence *sur* Balzac 발작에 관해 강연을 하다. faire une digression *sur qc* …에 관해 여담을 하다.　faire une dissertation *sur* sa maladie 자기 병에 대해 긴 이야기를 늘어놓다.　faire[procéder à] une enquête *sur qc* …에 관하여 조사하다. faire un exposé *sur* un sujet 어떤 주제에 대해 발표하다.　faire une hypothèse *sur qc* …에 대해 추측을 하다.　faires des potins *sur qn* …에 대한 험담을 하다.　faire un reportage *sur* le Japon 일본 탐방 기사를 쓰다.　faire[prononcer] un sermon *sur qc* …에 대해 설교하다.　se faire des illusions *sur qn/qc* …에 대해 환상을 품다, 착각하다.　se faire une opinion *sur qn/qc* …에 대한 의견을 가지다.　fantasmer *sur qn/qc* …에 대해 환상을 품다.　gémir *sur* ses malheurs 자신의 불행에 대해 한탄하다.　gloser *sur* tout 온갖 것을 다 상관하다.　s'illusionner *sur* ses chances de succès 자신의 성공 가능성에 헛된 기대를 품다.　insister *sur* l'urgence d'une solution 해결의 긴급성을 역설하다.　s'interroger *sur* le sens de la vie 삶의 가치에 대해 자문(自問)하다.　jaser *sur qn/qc* …에 대해 수군거리다.　méditer *sur* la bêtise humaine 인간의 어리석음에 대해 이리저리 생각해 보다.　mentir *sur* son âge 나이를 속이다.　négocier avec *qn sur qc* …와 …에 대해 교섭하다.　organiser une table ronde *sur qc* …에 대한 원탁회의를 주최하다.　organiser une tribune *sur* un sujet d'actualité 시사문제에 대한 좌담회를 마련하다.　ouvrir des horizons nouveaux *sur qc* …에 관한 새로운 지평[사고방식]을 열다[내보이다].　parler *sur* la situation politique 정치 상황에 대해 이야기하다.　se perdre en considérations *sur qc* …에 대한 성찰에 몰입하다.　plaisanter *sur qn/qc* …에 대해서 농담하다.　pleurer *sur* la mort de ses parents 부모님이 돌아가심을 슬퍼하다.　porter un jugement *sur qc* …에 대하여 판단을 하다.　prêcher *sur* les devoirs 의무에 대해 지루하게 설교하다.　présenter des considérations *sur qc* …에 대해 의견을 제시하다.　promener sa pensée *sur qc* …에 대해 이리저리 생각하다.　raffiner *sur* les détails 세부적인 사항들에 지나치게 신경을 쓰다.　raisonner *sur* des questions importantes 중요한 문제들을 곰곰히 따져 보다.　réfléchir *sur* sa vie écoulée 자신의 걸어온 삶을 돌이켜보다.　se répandre en critiques *sur qc* …에 대해 비난을 퍼붓다.　se requalifier *sur* des machines modernes 신식 기계를 다룰 수 있는 자격을 얻다.　réunir de la documentation *sur* un sujet 어떤 주제에 관한 자료를 모으다.　spéculer *sur* le monde 세계에 대해 사색하다.　tenir un forum *sur* l'éducation 교육에 관한 토론회를 개최하다.　théoriser *sur* un problème 어떤 문제에 대해 이론을 세우다.　tirer des plans *sur* la comète 실현 불가능한 계획을 세우다.　travailler *sur* ce sujet 그 문제를 검토하다.　se tromper *sur* les intentions de *qn* …의 의도를 잘못 알다.

· *Sur* sa femme, il est tout mystère.　그는 자기 부인에 대해서는 일절 말하지 않는다.

· Elles se sont apitoyées *sur* son sort.　그 여자들은 그 사람의 불운을 불쌍히 여겼다.

· Il s'appesantit *sur* les détails.　그는 세부적인 것을 길게 늘어놓는다.

· Il n'a aucun droit *sur* ce terrain.　그는 이 땅에 대해 아무런 권리도 없다.

- Elle a des idées très arrêtés *sur* la question.　그 여자는 그 문제에 관해 아주 분명한 생각을 가지고 있다.
- Je vous accorde que vous avez raison *sur* ce sujet.　이 문제에 대해서 당신이 옳다는 것을 인정합니다.
- Il y a une grande variété d'avis *sur* ce point.　그 점에 대해서는 의견이 매우 분분하다.
- Il a briefé ses collaborateurs *sur* ce sujet.　그는 동료들에게 이 문제에 대해 브리핑을 했다.
- Dès le début, la discussion a été centré *sur* les moyens à employer.　처음부터 논의가 이용 수단에 집중되었다.
- Il a consulté avec l'avocat *sur* cette affaire.　그는 이 문제에 대해 변호사와 의논했다.
- Le conférencier a débuté *sur* une anecdote.　연사는 일화를 소개하면서 이야기를 시작했다.
- Il ne veut pas se déclarer *sur* ce point.　그는 그 점에 대해 자기의 의사를 밝히려 하지 않는다.
- Nous différons *sur* cette question.　우리는 그 문제에 대해 의견이 다르다.
- Ces quelques mots en disent beaucoup *sur* ses intentions.　그 몇 마디는 그가 어떤 의도를 가지고 있는지 잘 말해주고 있다.
- Il a écrit des pages brûlantes *sur* son amour.　그는 자기의 사랑에 대해 정열적인 글을 썼다.
- Entendons-nous *sur* l'heure du rendez-vous.　약속시간을 맞춰봅시다.
- Elle s'est expliquée *sur* ce qu'on lui impute.　그녀는 자신에게 가해지는 비난에 대해 해명했다.
- On nous a ordonné de faire silence *sur* cette affaire.　우리는 이 사건에 대해 입을 다물라는 지시를 받았다.
- Il a fait toute une tirade *sur* le bonheur.　그는 행복에 관해 길게 이야기했다.
- Glissons *sur* ce détail.　그러한 세부적인 것은 대충 넘어갑시다.
- Il a longtemps hésité *sur* le parti à prendre.　그는 결심하는데 오랫동안 망설였다.
- On ne saurait trop insister *sur* cette question.　이 문제는 아무리 강조해도 지나치지 않을 것이다.
- Vous vous méprenez *sur* mes intentions.　당신은 나의 의도를 오해하고 있습니다.
- Les critiques se partagent *sur* ce roman.　그 소설에 대한 비평가들의 의견이 서로 다르다.
- Voilà ce que je pense *sur* cette question.　그 문제에 대한 생각은 이렇소.
- Le médecin ne s'est pas encore prononcé *sur* ce cas.　의사는 이 경우에 대해 의견을 말하지 않았다.
- Je sais ce qu'on raconte *sur* nous.　나는 사람들이 우리들에 대해 어떻게 이야기하고 있는지 알고 있다.
- Chacun se raidit *sur* ses positions.　각자 자기 입장을 더욱 굳게 고집하고 있다.
- Il nous a ressorti son couplet *sur* la décadence des moeurs.　그는 풍속의 퇴폐에 대해 똑같은 넋두리를 늘어놓았다.
- L'entretien roulait *sur* l'affaire.　대화는 사업 이야기로 시종했다.
- La commission statuera *sur* cette affaire.　위원회가 그 문제에 대해서 결정을 내릴 것이다.
- Il a tiqué *sur* le prix de la location.　그는 임대료에 마음에 내키지 않는 표정을 보였다.
- Les opinions varient *sur* ce point.　그 점에 대해서는 의견이 분분하다.

❷ [동사 + 인물명사 + sur + 명사]

> attaquer *qn sur* ses actes …의 행위를 비난하다.　chicaner *qn sur* ses manières …에게 태도에 대해 트집을 잡다.　congratuler l'heureux père *sur* la naissance de sa fille 《옛·비꼼》 딸의 출산을 본 아버지에게 축하의 말을 하다.　consulter *qn sur qc* …에 대해 …의 견해를 듣다.　gourmander *qn sur qc* …에 대해서 …을 야단치다.　interroger *qn sur* ses intentions …의 의도에 대해 묻다. informer *qn sur qn/qc* …에게 …에 관한 정보를 주다.　ironiser *sur qn/qc* …을 비꼬다, 조롱하다. plaisanter *qn sur qc* …에 대해 …을 놀리다.　renseigner les touristes *sur* les hôtels 여행자에게 호텔에 대한 안내를 하다.　réprimander un enfant *sur* sa conduite 어린이의 행동을 꾸짖다. (re)tâter *qn sur* une affaire 일에 대해 …의 의향을 (다시) 타진하다.　tuyauter *qn sur* les cours de la Bourse 《구어》 …에게 증권 시세에 관한 정보를 제공하다.

- Tâchez de l'apitoyer *sur* le sort de ce malheureux.　그가 이 불행한 사람의 처지를 불쌍히 여길 수 있게 하시오.
- Un poteau indicateur vous renseignera *sur* la direction de la gare.　도로 표지판을 보면 역으로 가는 방향을 알 수 있을 것입니다.

2) 형용사의 보어

> client sourcilleux *sur* la qualité des articles 상품의 질에 까다로운 고객.　être branché *sur* l'actualité politique 현재의 정치상황에 정통하다.　être délicat *sur* la nourriture 입맛이 까다롭다.　être[se montrer] difficile *sur* la nourriture 음식에 대해 까다롭게 굴다.　être exigeant *sur* la propreté 청결에 집착하다.　être ferré (à glace) *sur qc* 《비유》 …에 대해 잘 알다.　être fort *sur* les questions politiques 정치 문제에 정통하다.　être intransigeant *sur* les principes 원칙에 대해 비타협적이다.　être très pessimiste *sur* l'évolution de la maladie 병세의 진전에 대해 매우 비관적이다.　être souple *sur qc* …에 대해서 융통성이 있다.　être strict *sur* le chapitre de l'honneur. 그는 명예에 관하여는 엄격하다.

- Il n'est pas branché *sur* le jazz.　그는 재즈에 흥미가 없다.
- Quand il est branché *sur* ce sujet, il est intarissable.　그 주제와 관련될 때면 그는 이야기가 끝이 없다.
- Quand il a embrayé *sur* ce sujet, on ne peut plus l'arrêter.　그가 그 주제에 대해서 말하기 시작하면 아무도 그를 말릴 수가 없다.
- Je ne suis pas encore fixé *sur* ce que je ferai.　나는 아직도 무엇을 할 것인지 결심이 서지 않았다.
- Je suis fixé *sur* ses intentions.　나는 그의 의도를 잘 알고 있다.
- Il a été formel *sur* ce point.　그는 그 점에 대해서는 단호했다.
- Il est très ignorant *sur* cette question.　그는 그 문제에 대해 아주 무지하다.
- Il est indécis *sur* le parti à prendre.　그는 태도를 결정하지 못하고 있다.
- Les experts sont partagés *sur* ce point[sujet].　그 점[주제]에 대해 전문가들의 의견이 서로 다르다.
- Il est très pointillé *sur* le protocole.　그는 너무 격식을 따진다.
- Il est très strict *sur* la discipline.　그는 규율에 대해 매우 엄격하다.
- Ils sont unanimes *sur* ce point.　그들은 그 점에 대해 모두 의견이 같다.

3) 명사의 보어

> accord *sur* le non-recours à la force 무력 불사용에 관한 협정.　critiques *sur* le fond 내용에 대한 비판.　débats *sur* un projet de loi 법률안의 심의.　débat *sur* le thème de la paix 평화에 대한 주제 토론.　doute *sur* soi-même 자기 자신에 대한 회의.　enquête d'un journal *sur* l'opinion publique 신문의 여론조사.　étude *sur* l'article 관사에 관한 연구.　le prise de position *sur* qc ···에 대한 태도 결정, 의견[입장] 표명.　prophéties *sur* la guerre prochaine 다음 전쟁에 대한 예측.　renseignements *sur* un sujet d'études 어떤 연구 테마에 관한 참고자료.　sondage *sur* l'image du Premier Ministre 수상의 평판에 대한 여론조사.　spéculations des philosophes *sur* les qualités abstraites de la matière 물질의 추상적 특질에 관한 철학자들의 사색.　théorie *sur* la nature de la lumière 광(光)이론.　écrire un livre *sur* le cinéma 영화에 관한 책을 쓰다.　établir[examiner] un dossier *sur* qn/qc ···에 관한 서류를 작성[검토]하다.　passer une émission *sur* des animaux 동물에 관한 방송을 내보내다.　publier une étude *sur* Balzac 발자크에 관한 연구서를 출판하다.　publier un travail *sur* qc ···에 관한 연구를 발표하다.

- Silence *sur* cette histoire!　이 이야기는 발설하면 안돼!
- Nous n'avons aucune information *sur* les causes de l'accident de voiture.　우리는 자동차 사고의 원인에 관해 아무런 정보를 가지고 있지 않다.
- Ce roman est un précieux témoignage *sur* notre époque.　이 소설은 우리 시대에 대한 귀중한 증언이다.
- Quelle est sa doctrine *sur* ce point?　이 점에 관한 그의 의견은 무엇이냐?
- Quelle est votre impression *sur* lui?　그에 대해 어떻게 생각하십니까?
- Je reconnais mon ignorance *sur* ce chapitre.　이 문제에 대한 나의 무지를 인정한다.

4) [sur + 특정명사]

> *sur* le plan de l'efficacité 능률의 관점에서 볼 때.　*sur* le plan logique 논리적 차원에서.　examiner les problèmes *sur* le même plan 문제를 같은 차원에서 검토하다.　examiner *sur* toutes les coutures 여러 각도에서[매우 주의 깊게] 검토하다.

- Cet homme est inattaquable *sur* le plan moral.　그 사람은 도덕적인 면에서 흠잡을 데가 없다.

11. 근거 · 기준

1) ❶ ···에 의거해서; ···을 토대로.

> *sur* mon âme 《옛》 명예를 걸고, 목숨을 걸고.　*sur* la foi de qn/qc ···을 믿고, ···에 의거하여.　*sur* ma foi 명예를 걸고, 맹세코　*sur* l'invitation de qn ···의 권유에 따라.　*sur* ma parole 맹세코　*sur* ma vie 목숨을 걸고　*sur* le modèle de qn/qc ···을 모범으로 삼아.　*sur* le papier 이론상으로는.　*sur* la proposition de qn ···의 제안에 따라.　*sur* la requête de qn ···의 요청[신청]에 의하여.　*sur* la réquisition de la partie civile 민사 원고 측의 심리 청구에 의해.　*sur* ses conseils 그의 조언에 따라.　*sur* le témoignage de qn ···의 증언에 의하면.　arguments appuyés *sur* des faits 사실에 근거를 둔 논의.　certitude fondée *sur* des preuves 증거에 입각한 확신.　fortune édifiée *sur* la ruine d'autrui 남을 파산시키고 치부한 재산.　opinion fondée *sur* le raisonnement ou

l'expérience 이성이나 경험에 기초한 견해.　　programme calqué *sur* le nôtre 우리 것을 표절한 계획.　　salaire calqué *sur* la valeur professionnelle 직업적 재능에 따라 산정된 봉급.　　raisonnement qui s'étaie *sur* des arguments solides 확고한 논거에 근거를 둔 추론.　　raisonnement qui repose *sur* une hypothèse 가설을 근거로 한 추론.　　rente viagère indexée *sur* l'indice du coût de la vie 생계비 지수에 따라 연동하는 종신 연금.　　sondage d'opinion effectué *sur* un échantillon de 1.000 personnes 천 명을 대상으로 한 여론 조사.　　soupçons qui ne posent *sur* rien de certain 확실한 근거가 없는 의심.　　agir *sur* (l')ordre d'un supérieur 상사의 명령대로 행동하다.　　s'appuyer *sur* des preuves matérielles 물적 증거에 근거하다.　　danser *sur* un air[une musique] 곡[음악]에 맞추어 춤을 추다.　　danser *sur* un blues 블루스에 맞추어 춤을 추다.　　être fait *sur* le même moule 같은 유형이다.　　se guider *sur* les indications routières 도로 표지판을 따라 길을 가다.　　se guider *sur* l'exemple de *qn* …을 본받다.　　juger *sur* les faits 사실에 비춰 판단하다.　　jurer *sur* la Bible[l'Évangile, le crucifix] 성서[복음서, 십자가]에 손을 얹고 맹세하다.　　jurer *sur* l'honneur que 명예를 걸고 …라고 맹세하다.　　jurer *sur* la vie[le sang] de *qn* …의 생명을 걸고 맹세하다.　　lire *sur* les traits de *qn* …의 표정에서 감정의 변화를 알아내다.　　marcher *sur* les pas[traces] de *qn* …을 뒤따라가다; 《비유》 …을 본받다.　　peindre *sur* le vif 실물대로 그리다, 사생하다.　　travailler *sur* un canevas 초안을 가지고 작업하다.　　travailler *sur* le motif (묘사의) 소재를 놓고 작업하다.

- *Sur* quoi vous fondez-vous pour affirmer cela?　　무슨 근거로 그렇게 단언하는 겁니까?
- *Sur* le signe de l'agent, le camion s'est arrêté.　　경찰의 신호에 따라 트럭이 멈추었다.
- Les syndicats se sont alignés *sur* le même programme de revendications.　　노동조합들이 같은 요구안에 따라 보조를 맞추었다.
- Il s'était appuyé *sur* l'assurance qu'elle lui avait donnée de lui garder fidélité.　　그는 자신에게 신의를 지키겠다고 한 그녀의 약속을 기대하고 있었다.
- Il s'appuie *sur* sa propre expérience.　　그는 자신의 경험에 의존한다.
- Ce raisonnement se base *sur* des faits.　　그 추론은 여러 사실에 기초를 두고 있다.
- Il a copié *sur* son voisin.　　그는 옆 사람의 답을 베꼈다.
- Ne copiez pas *sur* votre voisin.　　옆 사람 것을 보고 쓰지 마시오.
- Cet adjectif se décline *sur* la 3e déclinaison.　　이 형용사는 제3 곡용형으로 변화한다.
- Le succès reposera *sur* ses efforts.　　성공은 그의 노력 여하에 달려있다.

❷ [동사 + 목적어 + sur + 명사]

accorder un circuit *sur* une fréquence déterminé 회로를 일정 주파수에 맞추다.　　acheter[choisir] *qc sur* échantillons 견본을 보고 …을 사다[고르다].　　affirmer *qc sur* de bons garants 확실한 권위자에 근거를 두고 …을 단언하다.　　ajuster un air *sur* des paroles 가사에 맞게 곡조를 붙이다.　　aligner une monnaie *sur* son cours 다른 시세에 맞추어 통화 가치를 조정하다.　　aligner sa politique *sur* la stabilité 안정의 추구에 정책의 기반을 두다.　　appuyer[baser, fonder] sa croyance *sur qc* …에 근거를 두고 믿다.　　appuyer ses dires *sur* des preuves valables 타당한 증거에 근거를

두고 말하다.   asseoir une théorie *sur* des faits 사실을 근거로 이론을 세우다.   baser son raisonnement *sur* une hypothèse 어떤 가설을 기초로 하여 추론하다.   bâtir[fonder] de grandes espérances *sur* qc …에 대해 큰 희망을 걸다.   calquer une robe *sur* un modèle 견본에 따라 옷을 짓다.   croire qc *sur* la foi de qn …을 신용하여 …을 믿다.   découper une étoffe *sur* un patron 천을 본에 맞추어 재단하다.   contrôler une traduction *sur* l'original 번역을 원문과 대조·확인하다.   échafauder sa fortune *sur* des affaires véreuses 의심쩍은 사업으로 부를 축적하다.   établir sa renommée[réputation] *sur* un ouvrage 작품으로 명성을 얻다.   établir son pouvoir *sur* des assises solides 확고한 기반 위에 권력을 확립하다.   façonner un chapeau *sur* la forme 본에 따라 모자를 만들다.   faire qc *sur* la demande de qn …의 요청으로 …을 하다.   faire qc *sur* le désir de qn …의 희망에 따라 …을 하다.   porter ses espérances *sur* qn/qc …에 기대를 걸다.   hypothéquer une créance *sur* un immeuble 부동산을 담보로 채무를 보증하다.   improviser *sur* un canevas 상황이나 줄거리 따위만을 가지고 즉흥적으로 연기하다.   indexer un emprunt *sur* le cours de l'or 부채를 금 시세에 연동시키다.   jouer sa fortune *sur* un coup de dés 주사위를 던져 행운을 점치다.   juger qn *sur* sa mise …을 옷차림을 보고 판단하다.   lire un sentiment *sur* le visage de qn …의 얼굴[눈]을 보고 감정을 알아내다.   modeler sa conduite *sur* celle de son héros préféré 좋아하는 영웅을 본떠서 행동하다.   mouler les lois *sur* les moeurs générales 일반적인 관례에 맞추어 법을 만들다.   pomper la solution *sur* son voisin 《학생은어》 옆 사람의 답을 베끼다.   prendre une hypothèque *sur* une maison 집을 담보로 잡다.   prendre une hypothèque *sur* l'avenir 《비유》 소유하기 전에 사용[처분]하다; 장래를 걸다.   régler sa marche *sur* celle d'un enfant 걸음걸이를 어린아이의 걸음걸이에 맞추다.   régler sa montre *sur* l'horloge de l'église 교회의 시계를 보고 자기 시계를 맞추다.   tailler un habit *sur* un patron 옷본에 따라 옷을 재단하다.

· Sa démonstration est solidement basée *sur* des faits.   그의 증명은 여러 사실에 확고한 근거를 두고 있다.

· Le festival d'Avignon a été créé *sur* l'initiative de Jean Vilar.   아비뇽 연극제는 장 빌라가 제창하여 만들어진 것이다.

· J'ai déchiffré *sur* son visage qu'il se parjurait.   나는 그의 얼굴 표정을 보고 그가 위증하고 있음을 알아챘다.

· Il est difficile de juger les gens *sur* les apparences.   사람을 겉만 보고 판단하기는 어렵다.

· Je le jure *sur* l'honneur.   명예를 걸고 맹세합니다.

· Ils sont tous taillés *sur* le même patron.   《비유》 그들은 모두 엇비슷하게 생겼다.

❸ [prendre exemple / modèle sur + 명사]

prendre exemple *sur* qn …을 본받다, 모범으로 삼다.   prendre modèle *sur* qn/qc …을 모델로 삼다, 본받다.

· La Pologne prend modèle *sur* la Corée du Sud.   폴란드는 한국을 모델로 삼고 있다.

❹ [sur + 특정명사]

> *sur* la base d'une loi 어떤 법률을 기초로 하여.　être payé *sur* la base de tant la page 페이지
> 당 얼마를 기준으로 지불받다.　raisonner *sur* des bases sûres 확실한 근거에 기초해서 추론하다.

2) 명사의 보어

> alignement *sur* la politique étrangère d'une grande puissance 강대국 외교정책의 추종.　assurance *sur*
> la vie 생명 보험.　complet *sur* commande 맞춤 신사복.　entrée *sur* invitation uniquement 초대장
> 가진 사람만 입장 가.　improvisation *sur* un thème 주제에 의한 즉흥곡.　indexation des salaires *sur*
> le coût de la vie 임금을 생계비에 연동시키기.　mutation *sur* demande 의원(依願)이동.　prêt *sur*
> nantissement 담보 대부.　prêteur *sur* gages 전당포.　rentes *sur* l'État 국채.　serment *sur* l'honneur
> 명예를 걸고 하는 맹세.　variation *sur* un thème 주제에 의한 변주.

3) [sur + 무관사명사]

> *sur* mesure 치수에 맞추어; 형편에 맞추어.　coutume[vêtement] *sur* mesure 주문복, 맞춤복.　s'habiller
> *sur* mesure 옷을 맞추다.　admission *sur* concours 경쟁시험을 통한 선발.　recrutement *sur* concours
> 선발시험을 통한 채용.　avance *sur* créance[marchandises] 채권[물품]담보 대부.　médicament délivré
> seulement *sur* ordonnance 처방전이 필요한 약((항생물질·수면제 따위)).　promesse *sur* parole 신사협
> 정.　divorce *sur* requête conjointe 공동신청에 의한 이혼.　acheter un appartement *sur* plan 설계도를
> 보고 아파트를 사다.　choisir *sur* catalogue 상품 목록을 보고서 물건을 고르다.　croire *qn sur* parole
> 말만 듣고 …을 믿다.　décider[juger] *sur* pièces 증거에 입각하여 결정[판단]을 내리다.　emprunter
> [prêter] de l'argent *sur* gages 담보물을 잡히고[잡고] 돈을 빌리다[빌려주다].　emprunter *sur* hypothèque
> 저당잡히고 돈을 빌리다.　être arrêté *sur* dénonciation 고발에 의해 체포되다.　être payé *sur* vacation
> 자유 계약에 의해 보수를 받다.　livrer *sur* demande 주문에 의해 배달하다.　recevoir *qn sur* lettre
> d'audience 약정한 바에 따라 …을 접견하다.

- Il faut vous donner un emploi du temps *sur* mesure.　당신에 맞추어 시간표를 짜야겠습니다.
- Elle lui ai prêté cette somme *sur* parole.　그녀는 구두약속만으로 그에게 그 돈을 빌려주었다.

12. 우위·지배·비교

1) …에 대해; …보다.

> aller[courir] *sur* le marché de *qn* …보다 높은 값을 붙이다;《비유》…을 제치고 내신 차지하려고 들다.
> s'asseoir *sur qn*《구어》…을 찍 소리 못하게 하다.　avoir de l'action *sur qn/qc* …에 영향(력)을 지니다.
> avoir[exercer] l'ascendant *sur qn* …에게 영향을 미치다.　avoir autorité *sur qn* …에 대한 권한을 갖다.
> avoir une[de l'] avance *sur qn* …보다 앞서다.　avoir un avantage *sur* son rival 상대보다 우위에 서다.
> avoir[prendre] barre(s) *sur qn* …보다 낫다, 우세[우월]하다; …을 지배[좌우]하다.　avoir cent mètres

d'avance *sur* le second 이등보다 100미터 앞서다.　avoir le commandement *sur qn/qc* ···에 대해 명령권을 갖다, ···을 지휘하다.　avoir droit de vie et de mort *sur qn* ···의 생사여탈권을 갖다.　avoir [prendre] de l'empire *sur* soi-même 자제력을 갖다[발휘하다].　avoir[exercer] de l'emprise *sur qn* ···에게 영향력을 갖다[행사하다].　avoir[prendre] le meilleur *sur qn* ···보다 우위에 서다, 능가하다 ; ···을 이기다.　avoir[prendre] le pas *sur qn* ···을 앞서다 ; ···보다 우위에 서다.　avoir du pouvoir *sur qn* ···에 대해 영향력을 가지고 있다.　exercer le pouvoir *sur qn* ···에 대해 영향력을 행사하다.　avoir la prééminence *sur qc*《문어》 ···보다 우위에 있다.　avoir[obtenir] la préférence *sur qn* ···보다 우선적으로 선택되다.　avoir la prépondérance *sur qc* ···에 대한 지배권을 지니다.　avoir la préséance *sur qn* ···보다 상석에 앉다.　avoir priorité *sur* un autre à un croisement 교차로에서 다른 차보다 우선권을 갖다.　avoir (de) la supériorité *sur qn* ···보다 우세하다[뛰어나다].　l'emporter *sur* ses rivaux 경쟁자를 물리치고 승리하다.　enchérir de millle euros *sur qn* ···보다 천 유로를 더 올려 부르다.　enchérir en audace *sur* son adversaire 상대방보다 더 대담하다.　être en avance[retard] *sur* son temps 시대에 앞서다[뒤지다].　l'emporter *sur qn/qc* ···보다 우세하다 ; ···을 이기다.　exercer une action *sur qn* ···에게 영향력을 미치다.　exercer[jeter] un charme *sur qn* ···을 매혹시키다.　exercer un contrôle *sur* la presse 출판 검열을 하다.　exercer un contrôle sévère *sur* la conduite de *qn* ···의 행동을 엄격하게 감시하다.　exercer sa domination *sur qn* ···을 지배하다.　exercer sa tyrannie *sur qn* ···에 대해 절대적 권력을 휘두르다.　gagner *sur* son adversaire 상대방을 이기다.　influer *sur qn/qc* ···에[에게] 영향을 미치다.　pouvoir tout *sur qn* ···에 대해 절대적인 힘이 있다.　prédominer *sur* ses concurrents 경쟁자들보다 우세하다.　prendre l'avantage *sur qn* ···보다 유리한 고지를 점하다.　privilégier la pratique *sur* la théorie 이론보다 실천을 중시하다.　régner *sur qn/qc* ···을 지배하다, ···위에 군림하다.　remporter un véritable triomphe *sur* son adversaire 적을 누르고 진정한 승리를 쟁취하다.　surenchérir *sur qn* ···보다 더 유리한 조건을 제시하다.

· Sa volonté n'avait pas cessé d'agir *sur* son destin.　의지가 끊임없이 그의 운명에 영향을 끼쳤었다.

· Le dictateur appesantit sa domination *sur* le pays.　그 독재자는 학정으로 나라를 짓누른다.

· Ce professeur a de l'autorité[n'aucune autorité] *sur* ses élèves.　그 교수는 학생들에게 권위가 있다[전혀 없다].

· Elle a *sur* sa soeur l'avantage de l'intelligence.　그 여자는 자기 언니보다 지능이 뛰어나다.

· Je n'ai aucune prise *sur* mon fils.　나는 내 아들에게 전혀 영향력이 없다.

· L'équipe a dominé *sur* ses adversaires tout au long du match.　그 팀이 시종적 팀을 압도했다.

· Le président n'embraye plus *sur* la réalité politique.　대통령은 더 이상 현 정국에 대헤 영향력이 없다.

· L'amour l'emporte *sur* l'amitié dans son coeur.　그의 마음은 우정보다 사랑으로 더 많이 기울어져 있다.

· Toutefois, il convient que la raison entreprenne *sur* le sentiment.　그렇지만 이성이 감정을 제압하도록 하는 것이 옳다.

· Elle exerce *sur* lui une étrange fascination.　그 여자는 그에게 이상한 마력을 발휘한다.

· L'autorité royale s'exerce *sur* tout le pays.　왕의 권위가 온 나라에 미치고 있다.

2) 비교

> *sur* toute(s) chose(s) 우선, 무엇보다도.　propositions en retrait *sur* les précédents 이전의 제안에 비해 한 걸음 후퇴한 제안.　arriver (avec) 3 minutes d'avance (*sur* l'horaire) (정시보다) 3분 빨리 도착하다. avancer *sur* son époque 시대에 앞서 가다.　avoir le désavantage du nombre *sur* qn …에 비해 수적으로 열세이다.　retarder *sur* son temps[époque, siècle] 시대에 뒤지다.

- Le balcon avance d'un mètre *sur* le mur.　발코니가 벽보다 1미터 돌출해 있다.
- Il est en avance *sur* son âge.　그는 나이에 비해 조숙하다(= précoce).

3) 명사의 보어

> action de l'âme *sur* le corps 신체에 미치는 정신의 작용.　action de la thyroïde *sur* la croissance[les métabolismes] 성장[신진대사]에 대한 갑상선의 작용.　autorité du tuteur *sur* le mineur 미성년자에 대한 보호자의 권한.　empire du soi *sur* soi 자기자신에 대한 자신의 지배.　excédant de l'actif *sur* le passif 차변에 대한 대변의 초과액.　excédent des exportations *sur* les importations 수입에 대한 수출 초과.　excès de l'offre *sur* la demande 수요에 대한 공급 과잉분.　mainmise d'un pays *sur* des térritoires étrangères 어떤 나라에 의한 외국 영토에 대한 지배.　pouvoir du père *sur* son fils 아들에 대한 아버지의 권위.　prédominance de l'esprit *sur* le corps 육체에 대한 정신의 우위.　souveraineté d'un prince *sur* un territoire 영토에 대한 군주의 지상권.　victoire *sur* soi-même 극기(克己).　victoire *sur* la tentation[maladie] 유혹[질병]의 극복.

- L'Allemagne est en demi-finale après sa victoire *sur* le Portugal.　독일팀이 포르투갈팀을 이기고 4강에 진출했다.

13. 비율·비례

1) …중, …가운데.

> chiffre qui n'est sorti qu'une fois *sur* mille coups 수천 번 만에 단 한번 당첨된 숫자.　cinq Coréens *sur* huit 한국 사람 여덟 명 중 다섯 명.　neuf fois *sur* dix 십중팔구는, 대부분은.　un jour *sur* trois 3일 중에 하루.　vingt-quatre heures *sur* vingt-quatre 24시간 내내, 주야로.　arriver sixième *sur* dix 열 명 중에서 7번째로 도착하다.　finir seizième *sur* vingt (경주 따위에서) 20명 중 16등이 되다.　lever un morceau *sur* une dinde 칠면조에서 한 토막을 자르다.　obtenir la note de douze *sur* vingt 20점 만점에 12점을 받다.　prendre une partie *sur* un tout 전체에서 일부를 취하다.

- *Sur* cent députés, cinq se sont abstenus.　100명의 의원들 중에서 5명이 기권했다.
- *Sur* vingt passagers, trois ont été blessés.　20명의 승객 중 세 명이 다쳤다.
- *Sur* dix personnes, six sont venues.　열 명 중에 여섯 명이 왔다.
- Il y a une chance *sur* trois (pour) que ça marche.　그것이 잘 될 가능성은 3분의 1이다.
- Il se comptait neuf représentants des États-Unis *sur* trente joueurs.　서른 명의 선수 중에 미국 대표가 아홉이었다.

· Il vient un jour[un mercredi] *sur* deux.   그는 하루건너[격주로 수요일마다] 온다.

2) 비례·대비 : …대(對).

> hall de quinze trente mètres de long *sur* dix-huit mètres de large 세로 15미터에 가로가 18미터인 홀.
> table de 1,20m de long *sur* 0,80m de large 가로 0.8 미터에 세로가 1.2 미터의 탁자.   pièce de cinq
> mètres *sur* six 가로 5미터에 세로가 6미터인 방.   section de trois files *sur* dix rangs 3열 종대, 10열
> 횡대로 정렬한 소대.   tapis de tant de long *sur* tant de large 길이와 폭이 같은 양탄자.

· Cette table a 1,5 mètres de long *sur* 2 de large.   이 탁자는 길이 1.5미터에 폭이 2미터이다.
· Cette cuisine fait 5 mètres *sur* 4 de large.   이 주방은 길이 5미터에 폭 4미터이다.
· Cette planche mesure deux mètres *sur* deux.   이 판자는 폭 2 미터에 길이가 2 미터이다.

14. 추출·선발

1) ❶ …에서; … 중에서.

> abeilles qui butinent *sur* les fleurs 꽃의 꿀을 모으는 꿀벌.   commerçants qui rabiotent *sur* tout
> 모든 것에서 약간의 추가 이득을 남기는 상인.   somme imputable *sur* les crédits extraordinaires
> 특별 예산에서 지출해야 할 금액.   somme rabattue *sur* un prix fixe 정가에서 할인된 금액.
> avancer 1,000 euros à un employé *sur* son salaire 직원에게 급여에서 1,000 유로를 가불해 주다.
> demander une avance *sur* son salaire 월급에서 가불을 신청하다.   épargner les petites sommes
> *sur* son salaire 봉급에서 약간의 돈을 저축하다.   économiser *sur* le chauffage 난방을 절약하다,
> 난방을 줄이다.   faire une retenue de dix pour cent *sur* le salaire 급료에서 10%를 공제하다.
> faire saisie *sur* l'avoir de *qn* …의 재산을 압류하다.   imputer un acompte *sur* les sommes à verser
> 선불금을 총액에서 공제하다.   lever[prélever] une dîme *sur* *qc* …의 일부를 징수하다[사취하다].
> lever un mètre *sur* une pièce d'etoffe 천에서 1미터를 잘라내다.   opérer une importante ponction
> *sur* la fortune des épargnants 예금자의 저축금에서 막대한 금액을 미리 징수하는 세금.   prélever
> dix mille euros *sur* ses économies 그의 예금에서 만 유로를 떼다.   prélever *sur* son salaire 자기
> 월급에서 미리 공제하다.   prendre de l'argent *sur* son compte 은행 계좌에서 돈을 인출하다.
> prendre une cotisation *sur* le salaire 봉급에서 분담금을 떼다.   rabattre vingt euros *sur* le prix
> fixe 정가에서 20유로를 깎다. retrancher une cotisation *sur* un salaire 급료에서 분담금을 공제하다.

· Il économise *sur* ses modestes rentes.   그는 얼마 안되는 연금에서 저축을 한다.
· Il a pris mille euros *sur* ses économies pour dépanner son ami.   그는 궁지에 빠진 친구를 구하기
  위해 저축한 돈에서 천 유로를 인출했다.
· Il a pris une journée *sur* son congé pour m'aider dans mon travail.   그는 휴가 중의 하루를
  할애해서 내 일을 도와주었다.
· Je prendrai cette somme *sur* ma cassette personnelle.   나는 내 구좌에서 이 액수를 인출할거요.

❷

> accorder[consentir, faire] un rabais *sur* un produit 제품의 값을 깎아주다.   gratter *sur* tout 《비유·

구어》 무슨 일에서건 소소한 이득을 챙기다.　lever un tribut *sur* la population 백성들에게서 연공을 거두다.　perdre *sur* une marchandise 어떤 상품에서 손해를 보다.　prélever un tribut *sur* qn …에게 조세를 징수하다.　saisir un kilo d'héroïne *sur* un passager 한 여행객에게서 1킬로의 헤로인을 압수하다.

· La douane va prendre cent euros de droit *sur* cet article.　세관은 그 물건에 대해 100유로의 관세를 징수할 것이다.

2) 명사의 보어

impôt *sur* les bénéfices industriels et commerciaux 사업세.　impôt *sur* le revenu[les sociétés] 소득세[법인세].　prélèvement automatique *sur* un compte bancaire 은행 구좌로부터의 자동 납부.　rabais de 10% *sur* les prix affichés 정가의 10퍼센트 할인.

15. 양태 · 태도

1) …으로 ; …에 처해서.

sur une grande[large, vaste] échelle 대규모로.　*sur* le pied de guerre 임전태세의 ; 반목하고 있는.　*sur* la pointe des pieds 매우 신중하게 ; 조심조심.　continuer *sur* sa lancée 여세를 몰아 계속 나아가다.　crier[réclamer] *sur* l'air des lampions (3박자로) 일제히 함성을 지르며 요청[항의]하다((1827년 가로등 개량을 요구하며 군중이 'Des lampions!'을 3박자로 합창한 데서 유래)).　être[se mettre] *sur* son bien-dire 점잖게 말하다 ; 조심해서 말하다.　être[se mettre, rester, se tenir] *sur* la défensive 방어 태세를 갖추다 ; 수세에 몰려있다.　être[se mettre, se tenir] *sur* ses gardes[le qui-vive] 경계 태세를 취하고 있다.　faire des calculs *sur* des à-peu-près 대략 계산하다.　marcher *sur* la demi-pointe des pieds 발끝으로 걷다.　mettre *qn* *sur* la défensive …에게 방어태세를 갖추게 하다, 조심하게 하다.　parler *sur* un ton ironique 빈정거리는 어조로 말하다.　parler *sur* le ton de la raillerie 조소적인 어조로 말하다.　se tenir *sur* la négative 부정적인 태도를 취하다.

· Le navire court *sur* son erre.　진항 속도로 계속 나아가다.
· Il m'a parlé *sur* son ton hautain.　그는 예의 거만한 어조로 내게 말했다.

2)

camper *sur* ses positions 자신의 입장을 견지하다.　être[vivre] *sur* les nerfs (지친 나머지) 악만 남아 있다 ; 극도의 긴장 상태에 있다, 신경이 날카로워져 있다.　rester *sur* ses positions 자신의 입장을 고수하다.

3)

appartement *sur* deux étages 복층 아파트.　croisement *sur* deux niveaux 입체 교차(= saut-de-mouton).

soldats rangés *sur* une ligne 일렬로 정렬해 있는 군인들.　ventiler les élèves *sur* plusieurs classes 《비유》 학생들을 여러 반으로 나누다.

· Le journal étale cet événement *sur* cinq colonnes.　신문이 그 사건을 5단 기사로 보도했다.

4)

être[se mettre] *sur* son trente et un 가장 좋은 옷으로 차려입다.

16. 수단 · 도구

1) 교통수단

❶

aller *sur* les patins 스케이트를 타고 가다.　aller *sur* son vélo 자전거를 타고 가다.　aller[marcher] comme *sur* des roulettes 《비유》 (계획 · 사업 따위가) 아주 순조롭게 진행되다.　arrimer un colis *sur* son porte-bagages 카트에 짐을 붙들어 매다.　charger du charbon *sur* une péniche 짐배에 석탄을 싣다.　charger des pierres *sur* une civière 돌을 들것에 담다.　embarquer des troupes *sur* un bateau 군대를 승선시키다.　faire une promenade *sur* une gondole 곤돌라를 타고 뱃놀이하다.　mettre un poids *sur* un véhicule 차량에 화물을 적재하다.　monter *sur* un bateau 배를 타다.　monter *sur* une bicyclette 자전거에 타다.　monter *sur* un cheval 말에 올라타다.　prendre passage *sur* un paquebot 여객선을 타다.　transporter un blessé *sur* un brancard 부상자를 들것에 실어 나르다.

· Il crâne *sur* sa moto neuve.　그는 새 오토바이를 타고 뽐낸다.
· Il est parti *sur* la bicyclette de son père.　그의 아버지의 자전거를 타고 떠났다.
⇒ à, dans, en, par

❷ 명사의 보어

chargement du charbon *sur* une péniche 짐배에 석탄을 싣기.　cycliste *sur* sa machine 자전거를 타고 있는 사람.　embarquement des passagers *sur* un bateau 승객들의 승선.

2) 매체

sur CNN CNN 방송에서[방송을 통해].　*sur* les grandes ondes 장파(長波)로.　émission *sur* la cinq 채널 5번 방송(= la Cinq).　enregistrement *sur* cassette[disque] 카세트[음반] 녹음.　film *sur* la une 1번 채널에서 방영하는 영화.　écouter une émission *sur* ondes courtes 단파 라디오 방송을 듣다.　émettre *sur* modulation de fréquence FM으로 방송하다.　enregistrer *sur* bande[cassette, disque] 릴 테이프[카세트, 음반]에 녹음하다.　enregistrer *sur* film 필름에 수록하다.　être *sur* le journal 《구어》 신문에 나다.　laisser un message *sur* un répondeur 자동응답기에 전언을 남기다.　lire qc *sur* le

journal 《구어》 …을 신문에서 읽다.   passer *sur* les ondes 라디오에 나오다.   regarder une émission *sur* la deuxième chaîne 2번 채널에서 방송을 시청하다.

· *Sur* quelle chaîne?   몇 번 채널이지?

· *Sur* CBS, Obama confirme ses promesses de campagne.   CBS 방송에서 오바마 대통령은 선거공약을 확인한다.

· Le président Barack Obama a mené une grande offensive médiatique *sur* les chaînes de télévision américaines pour défendre son projet très controversé de réforme du système de santé.   오바마 대통령은 미국의 텔레비전 방송을 통해 많은 논란의 대상이 되고 있는 건강보험 체계를 옹호하기 위해 대대적인 언론 공세를 폈다.

3)
compter *sur* ses doigts 손가락으로 헤아리다.

· On les compte (*sur* les dix doigts).   (열 손가락으로 셀 수 있을 정도로) 드물다.

4)
enregistrer un fichier *sur* disquette 파일을 디스켓에 저장하다.   envoyer un texte *sur* disquette 작성한 글을 디스켓으로 옮겨놓다.   travailler *sur* ordinateur 컴퓨터로 작업하다.

5) ❶
cribler[passer] du sable *sur* une claie 모래를 체로 치다, 체질하다.   laisser s'égoutter des fromages *sur* un clayon 작은 체에 받쳐 치즈의 물이 빠지게 하다.

❷
enfiler des morceaux de viande *sur* une brochette 고기 조각을 꼬치에 끼우다.   enrouler du fil *sur* une bobine 실패에 실을 감다.

❸
vivre *sur* le commun 남의 덕으로 살아가다.   vivre *sur* sa graisse (동면 동물이) 체내의 지방으로 살아가다; 《비유》 벌어놓은 돈으로 지내다[살아가다].   vivre *sur* un pied de camaraderie avec qn …와 서로 도움을 주고받으며 살아나가다.

❹
Cet appareil ne va pas *sur* le 220v. 이 기구는 220볼트로는 작동하지 않는다.

❺
frapper[plaquer] un accord *sur* un piano 피아노 건반 위에 화음을 누르다.   jouer *sur* un

> stradivarius 스트라디바리우스로 연주하다.

❻
> remplacer les cordes qui se sont détendues *sur* une raquette 느슨해진 테니스 라켓 줄을 갈다.

17. 시간

1) ❶ …의 직후에.

> *sur* le coup 즉석에서. 곧바로. *sur* le coup de midi 낮 열두시 땡 칠 때; 정오 무렵에. *sur* ces entrefaites 그때(=alors, à ce moment); 그 동안에(=dans l'intervalle). *sur* ces mots 이 말을 듣자 곧. avance *sur* commande 선금. attraper *qn sur* le fait …을 현행범으로 체포하다. être pris *sur* le fait 현행범으로 체포되다.

- Il arriva *sur* ces entrefaites.   그때 그가 도착했다.
- Il a enchaîné *sur* ma remarque.   그는 내 말을 받아 즉각 응수했다.

❷ [sur ce; sur quoi] : 그러고 나서; 그래서, 그런데.
- *Sur* ce, il est parti.   그렇게 말하고 나서 그는 떠나버렸다.
- *Sur* ce, il faut que je vous quitte.   그리고, 저는 이만 가보겠습니다.
- Et *sur* ce, il nous quitta.   그러고 나서 그는 우리 곁을 떠났다.
- Il a prononcé ces paroles, et *sur* quoi, je me suis obligé d'abandonner.   그 말을 했다. 그래서 나는 포기할 수밖에 없었다.

❸ [sur + 특정명사]

> *sur* le moment 당장에(는), 즉석에서.   ne pas répondre *sur*-le-champ 즉답을 회피하다.

- *Sur* le moment, il n'a pas compris ce qui lui arrivait.   그는 당시에는 그에게 무슨 일이 일어나고 있는지를 몰랐다.
- Décidez-vous *sur*-le-champ.   당장에 결정하시오.
- Obéissez *sur* l'heure.   당장 복종하시오.

2) ❶ … 즈음에; …무렵에.

> *sur* âge 노년에 이른.   *sur* le midi 12시경에.   *sur* le minuit 자정 무렵에; 한밤중에.   *sur* le soir 저녁 무렵에.   *sur* une heure de l'après-midi 오후 1시경에.   *sur* les cinq heures 다섯 시경에.   passion *sur* son déclin 식어 가는 정열.   marcher *sur* ses quarante ans 《구어》 (나이가) 40이 가깝다, 40줄에 접어들다. se retirer *sur* son gain (도박에서) 땄을 때 자리를 뜨다.

- *Sur* ses vieux jours, il s'est installé près de chez ses enfants.   만년에 그는 자식들 가까이에 정착했다.

- Il a calé *sur* le cassoulet.   그는 스튜가 나올 때 식사를 그만두었다.
- Mon père court *sur* ses soixante ans.   나의 아버지는 곧 60세가 된다.
- Il va *sur* ses trente ans.   그는 서른 살을 바라보고 있다.

❷ [être sur]

> être *sur* la[sa] fin 끝나가다, 임종이 가깝다.   être *sur* ses fins (사람이) 힘이 거의 다해가고 있다; (사냥감이) 막다른 골목에 처해가고 있다.   être *sur* le penchant de l'âge 《옛·비유》 이미 인생의 전성기를 지나다.   être *sur* le point de *inf* 막 …하려는 참이다.   être *sur* le retour 돌아오려고 하고 있다; 초로기에 접어들다.

- Il est *sur* le[son] départ.   그는 막 떠나려 하고 있다.
- Le soleil est *sur* son déclin.   해가 지고 있다.

3) …동안, …에 걸쳐.

> à cheval *sur* deux périodes 두 시기에 걸쳐서.   licenciement *sur* six mois 6개월간의 (임시)해고.   exposition qui s'étale *sur* quatre jours 4일 동안 계속되는 전시회.   niveau record de l'inflation *sur* les douze derniers mois 12개월간 기록적인 인플레이션 수준.   plan qui s'étage *sur* six ans 6년에 걸쳐 단계적으로 시행되는 계획.   réforme échelonnée *sur* plusieurs années 몇 년 간에 걸친 개혁.   avoir[prendre] un crédit *sur* dix ans 10년 상환 대출을 받다.   bloquer ses jours de congé *sur* le mois de décembre 휴가를 12월로 한데 몰아서 받다.   échelonner un travail *sur* un an 일을 1년에 걸쳐 계획[추진]하다.   étager des augmentaions *sur* cinq ans 5년간 단계적으로 인상하다.   étaler le paiement des dettes *sur* dix ans 부채를 10년에 걸쳐 분할하여 상환하다.   répartir le programme de travaux *sur* trois années 작업[공사]계획을 3년간으로 할당 배분하다.

- La consommation d'un mois est bloquée *sur* une seule semaine.   한 달간의 소비량이 단 일주일로 집중되었다.
- Les vacances sont concentrées *sur* une période relativement courte.   비교적 짧은 기간에 휴가가 몰려 있다.
- Le nombre de demandeurs d'emploi de longue durée a diminué de 3% *sur* un mois.   장기 구직자 수가 한달 사이에 3% 줄었다.
- On a laissé les gens s'endetter *sur* trente ans pour acheter des logements trop chers.   사람들로 하여금 너무 비싼 집을 사기 위해 30년 동안 빚을 지게 한다.
- La hausse des prix se stabilise à 3% *sur* un an.   일 년 동안 물가 상승이 3%로 안정되고 있다.

18. [sur soi]

1) ❶ 수중에.

> avoir de la monnaie *sur* soi 잔돈을 가지고 있다.   n'avoir plus d'argent *sur* soi 수중에 돈이 한

푼도 남아 있지 않다. porter un passeport *sur* soi 여권을 소지하다.

- Je n'ai pas d'argent *sur* moi. 나는 지금 수중에 가진 돈이 없다.
- Elle porte *sur* elle un carnet. 그녀는 수중에 수첩을 가지고 다닌다.

❷

prendre *sur* soi 자제하다, 감정을 누르다 ; 모든 책임을 떠맡다.

- Elle a pris *sur* elle pour écouter ces accusations. 그는 꾹 참고 그 비난을 들었다.
- Elle a pris *sur* elle la faute de sa fille. 그녀가 딸의 과실에 대한 책임을 떠맡았다.
- Elle a pris *sur* elle de le prévenir. 그녀는 그에게 알리는 책임을 맡았다.

2) [sur soi-même]

se replier *sur* soi-même 자신의 세계에 틀어박히다. se retourner *sur* soi-même ; faire un retour *sur* soi-même 자성(自省)하다.

- La secte s'est repliée *sur* elle-même. 그 집단은 외부세계와 단절하였다.
- Il fit volte-face *sur* lui-même. 그는 돌아섰다.

19. [무관사명사 + sur + 무관사명사]

1) 반복 · 누적

coup *sur* coup 연이어서, 계속해서(= successivement). accumuler erreur *sur* erreur 실수를 거듭하다. faire bêtise *sur* bêtise 바보같은 짓을 거듭하다. faire faute *sur* faute 잘못을 거듭하다. fumer cigarette *sur* cigarette 줄담배를 피우다. mettre pierre *sur* pierre 돌을 하나씩 쌓아올리다. ne pas laisser pierre *sur* pierre (건물 · 도시 따위를) 완전히 파괴하다. recevoir visite *sur* visite 계속해서 방문객을 받다.

2)

cinq *sur* cinq 완전히, 모두. recevoir *qn* cinq *sur* cinq 수신 상대가 양호하다.

travers

1. [à travers *qc*] : ⋯을 가로질러; ⋯너머로; ⋯을 통하여; ⋯ 사이에.

1) 공간

❶

douleur qui rayonne à *travers* tout son corps 그의 온몸으로 번져 가는 고통.　liquide qui pénètre à *travers* une membrane 막을 투과하는 액체.　lumière qui se diffuse à *travers* les vitraux 채색유리를 통해 확산되는 빛.　lumière qui passe à *travers* un prisme 프리즘을 통과하는 빛.　sentier qui se prolonge à *travers* bois 숲 속으로 계속 이어지는 오솔길.　aller à *travers* champs 들판을 통해 지나가다.　apparaître à *travers* *qc* ⋯을 통해 보이다.　couler un liquide à *travers* un filtre 액체를 여과장치로 거르다.　couper à *travers* champs 벌판을 질러가다.　entendre les voisins à *travers* les murs 벽을 통해 이웃 사람이 말하는 것을 듣다.　se frayer un chemin à *travers* les broussailles 가시덤불을 뚫고 지나가다.　passer à *travers* bois 숲을 가로질러 가다.　passer la main à *travers* les barreaux 창살 너머로 손을 넣다.　promener un ami étranger à *travers* Séoul 외국 친구를 데리고 서울을 돌아다니다.　tracer une route à *travers* un parterre 화단을 가로질러 길을 내다.　vaguer à *travers* la ville 시내를 떠돌아다니다.　voyager à *travers* le monde 세계 각처를 여행하며 돌아다니다.　voir à *travers* un verre 유리창 너머로 보다.

· Un sentier cheminait à *travers* la forêt.　숲을 가로질러 오솔길이 나 있었다.

· L'eau filtre à *travers* le sable.　물이 모래를 통해 스며든다.

· Sa voix flue à *travers* le rideau.　커튼 너머로 그의 목소리가 흘러나온다.

· Des rayons de soleil glissent à *travers* le feuillage.　햇빛이 나뭇잎 사이로 스며든다.

· Il a trembalé sa soeur à *travers* les musées.　그는 자기 누이를 끌고 여기저기 박물관을 순례했다.

· Le jour transparaîssait à *travers* les rideaux.　커튼 사이로 햇살이 비쳐들고 있었다.

❷

aller à *travers* choux 《속어》 경솔하게 행동하다.　se sauver à *travers* champs 들을 가로질러 도망하다; 《구어》 (질문에 대해) 이리저리 회피하다.　se sauver à *travers* les buissons (논쟁에서) 궤변으로 회피하다.

2) 시간

à *travers* les âges 각 시대를 통하여.　l'influence exercée par l'Église à *travers* les siècles 수세기에 걸친 교회의 영향.

3) 단계·과정·수단

❶

à *travers* le vécu 체험을 통하여.　juger *qn* à *travers* les préjugés de sa classe ⋯을 계급적 편견을

통해 판단하다.   voir à *travers* un prisme 색안경을 끼고 보다, 왜곡된 눈으로 보다.   voir tout à *travers* le prisme des préjugés 모든 것을 편견을 가지고 보다.

- Il ne faut pas juger Stendhal uniquement à *travers* "Le Rouge et le Noir".   스탕달을 오로지 "적과 흑"만을 통해 판단해서는 안 된다.
- Quand il était jeune, il a passé à *travers* beaucoup d'épreuves.   그는 젊었을 때 많은 시련을 겪었다.
- La personnalité se structuralise à *travers* le langage.   인격은 언어를 통해 형성된다.

❷

passer à *travers* tous les contrôles 모든 검열을 피하다.   passer à *travers* bien des malheurs 온갖 불행을 극복하다.

4) 명사의 보어

le bonheur du groupe à *travers* la satisfaction des individus 개인들의 만족을 통한 집단의 행복. irradiation du soleil à *travers* les nuages 구름을 뚫고 비추는 햇빛.   lumière (qui passe[pénètre]) à *travers* les branches 나뭇가지 사이로 새어드는 빛.   promenade à *travers* la campagne 전원 산책.

5) 부사적 용법

- Les vitrines sont si sales qu'on ne peut pas voir à *travers*.   유리창이 너무 더러워서 그 너머를 볼 수 없다.

2. [à travers *qn*]

1) …을 통하여, … 사이로.

se faufiler à *travers* la foule 군중 속에 살짝 끼어들다.   se frayer un chemin[un passage] à *travers* la foule 군중을 헤치며 나아가다.

2) …을 통하여, 매개로.

ce que ce romancier cherche à dépeindre à *travers* ce personnage 소설가가 이 인물을 통하여 그리고자 하는 것.

- À *travers* elle, c'est la femme idéale que je croyais atteindre.   나는 그녀를 통해서 이상적인 여성을 만나게 되었다고 생각했다.

3. [au travers de *qc*]

1) ···을 통하여, ···사이로; (장애물 따위를) 통과하여, 헤치고.

navire qui fait route au *travers* des écueils 암초를 헤치고 나아가는 배.   transsudation de l'eau au *travers* d'un vase 꽃병을 통해 물이 스며나옴.   passer son épée au *travers* du corps 몸에 칼을 찌르다.

- Au *travers* de la brume, on aperçoit l'église.   안개 사이로 교회가 보인다.
- J'ai passé au *travers* de bien des maleurs dans ma vie.   나는 살아가면서 많은 불행한 일을 겪었다.

2) ❶ ···에 의하여, ···을 통하여, 매개로.

au *travers* de cette comparaison 이러한 비교를 통하여.

❷

passer au *travers* d'une punition 벌을 모면하다.

3) 부사적 용법
- Les nuages se dissipaient et on voyait le soleil au *travers*.   구름이 걷혀서 그 사이로 해가 보였다.

4. [en travers de *qc*]

1) ···을 가로질러서, ···에 가로로, 옆으로.
- Il gisait, les bras écartés, en *travers* du lit.   그는 양팔을 벌린 채 침대에 가로 누워 있었다.
- Des barres étaient mises en *travers* de la porte.   문을 가로질러 빗장들이 걸려 있었다.
- L'arbre est tombé en *travers* de la route.   나무가 도로를 가로질러 쓰러졌다.

2) [se mettre[se jeter] en travers de *qc*] : ···을 가로막다, ···에 맞서다.

se mettre[se jeter] en *travers* de la route de *qn* ···의 통행을 막다.

- Il ne faut pas se mettre[se jeter] en *travers* de ce que fait notre temps.   시대의 조류에 저항해서는 안 된다.

3) [rester en travers de la gorge] : 용인[승복]하지 못하다 ; 마음에 걸리다, 한이 남다.
- Ça m'est resté en *travers* de la gorge.   그것을 받아들일 수 없다, 참을 수 없다.
- Qu'il ait été puni nous est resté en *travers* de la gorge.   그가 벌을 받았다는 사실은 우리 마음속에 응어리가 되어 남았다.

4) 부사적 용법

profil en *travers* 횡단면. être en *travers* à la lame (배가) 물결을 측면으로 받다.   mettre un navire en *travers* 물결·바람을 측면으로 받도록 배를 돌리다.   scier une planche en *travers* 판자를 가로톱질하다.

· La route est barrée par un camion arrêté en *travers*.   트럭이 길을 가로질러 멈추어 있어서 길이 막혀 있다.

5. [par le travers de *qc*] : …을 관통하여, 꿰뚫고.

passer son épée par le *travers* du corps 검으로 상대의 몸을 꿰찌르다.

vers

1. 공간

1) 방향 : …의 쪽으로, …을 향해서(=en direction de).

❶
cyprès qui pointent *vers* le ciel 하늘로 향해 뻗은 삼나무들.   forces qui concourent *vers* un point 일점으로 향하는 두 개의 힘.   lieu *vers* lequel il m'entraînait 그가 나를 데리고 갔던 곳.   maison qui regarde *vers* midi 남향집.   porte qui s'ouvre *vers* l'extérieur 밖으로 여닫는 문.   rivière qui coule *vers* un fleuve 강으로 흘러드는 하천.   route qui va *vers* Pusan 부산으로 가는 도로.   terrain qui penche *vers* la rivière 하천 쪽으로 경사진 토지.   train qui m'emportait *vers* le front 나를 전선으로 실고 간 기차.   acheminer des troupes *vers* les points menacés 군대를 위험한 지점으로 내보내다.   acheminer des vivres *vers* Rome 로마에 식량을 보내다.   allonger le bras *vers* la télévision 텔레비전 쪽으로 팔을 뻗다.   s'avancer[marcher] *vers* l'ennemi 적을 향해 전진하다.   diriger[porter] ses pas *vers* qc …을 향해 발걸음을 옮기다   descendre *vers* le sud par la route nationale 국도를 따라 남쪽으로 내려가다.   se diriger *vers* la droite 오른쪽으로 향하다.   se diriger *vers* le nord 북쪽을 향해 가다.   drainer la circulation *vers* une nouvelle route 교통량을 새로운 도로로 유도하다.   exporter du vin *vers* les pays du nord 북쪽의 여러 나라에 포도주를 수출하다.   extrader un terroriste *vers* le pays requérant 테러리스트를 요청 국가로 인도하다.   faire route *vers* qc …을 향해 가다.   gouverner *vers* bâbord 좌현 쪽으로 배를 돌리다.   graviter *vers* la terre 지구로 끌려가다, 지구로 떨어지다.   se hâter *vers* la porte 문 쪽으로 달려가다.   lancer une fusée *vers* la lune 달에 로켓을 쏘아 올리다.   marcher *vers* le but 목적지를 향해 걷다.   orienter la lampe *vers* son livre 전등을 책 쪽으로 돌리다.   pousser ses vaches *vers* l'étable 소를

외양간으로 몰다.   se précipiter *vers* la sortie 출구 쪽으로 뛰어가다.   rabattre le gibier *vers* les chasseurs 사냥거리를 사냥꾼들 쪽으로 몰아가다.   ramener le ballon *vers* le centre 공을 운동장 중앙으로 도로 차 보내다.   tirer sa jupe *vers* le bas 치마를 밑으로 더 당겨 내리다.

- Les chutes de neige abondantes ont attiré les vacanciers *vers* les stations de ski.   많은 눈이 휴가객들을 스키장으로 오게 했다.
- Deux droites non parallèles concourent *vers* un même point.   평행하지 않은 두 직선은 같은 점에서 교차한다.
- Plusieurs routes convergent *vers* le village.   여러 갈래의 도로가 마을로 집중된다.
- Les cours d'eau descend *vers* la mer.   하천이 바다로 흘러 내려간다.
- L'équipe adverse descend *vers* nos buts.   상태 팀이 우리 골대를 항해 공격해 온다.
- Des taxis dévalaient *vers* l'Opéra.   택시들이 오페라극장 쪽으로 질주하고 있었다.
- Les exportations du Brésil ont doublé en avril *vers* Taïwan et la Corée du sud.   브라질의 대만과 한국으로의 수출이 4월에 2배로 늘었다.
- Le clocher élance sa flèche *vers* le ciel.   종루는 하늘을 향해 철탑을 치켜들고 있다.
- Le courant entraîne le navire *vers* la côte.   조류에 의해 배가 해안으로 밀려간다.
- Le vent pousse les nuages *vers* l'est.   바람이 구름을 서쪽으로 몰고 간다.
- Rangez-vous un peu plus *vers* la gauche.   조금 더 왼쪽으로 다가 서세요.
- La façade de l'immeuble regarde *vers* le sud.   건물 정면은 남쪽을 향해 있다.
- La foule m'a repoussé *vers* la sortie.   군중들이 나를 출구 쪽으로 떠밀었다.
- Nous roulons *vers* Lyon.   우리는 리용을 향해 차를 몬다.
- La foule se rua *vers* la sortie.   군중들이 출구 쪽으로 몰려들었다.

◎ [l'un vers l'autre]

　　aller l'un *vers* l'autre 서로에게 다가가다.

❷ [vers *qn*]

　　doigt tendu *vers* lui 그를 가리키는 손가락.   regards dirigés *vers* moi. 나를 향한 시선. braquer[pointer, diriger] une arme *vers* qn. ···에게 무기를 겨누다.   se tourner *vers* qn 몸을 ···에게로 돌리다.   tourner la tête *vers* qn ···의 쪽으로 고개를 돌리다.   voler *vers* qn ···에게로 달려가다.

- Avancez *vers* moi!   이리 오시오!
- Cet enfant a couru *vers* son père à toute allure.   그 아이는 아버지 쪽으로 전속력으로 뛰어갔다.
- Il se dirigea donc *vers* nous.   그래서 그는 우리 쪽으로 향해 왔다.
- Il pointait son index *vers* moi.   그는 집게손가락으로 나를 가리키고 있었다.
- Le vent rabat la fumée *vers* moi.   바람에 연기가 나에게로 낮게 날려온다.
- Il venait *vers* moi.   그는 내 쪽으로 오고 있었다.

- La voiture viens *vers* nous.　차가 우리 쪽으로 온다.

❸ 명사의 보어

> acheminement des trains *vers* Paris 열차들의 파리로의 운행.　arrêt de la contrebande d'armes *vers* le territoire palestinien 팔레스타인 지역으로의 무기 밀수입 중단.　délocalisation des industries *vers* les pays à moindres coûts de main-d'oeuvre 노동력이 싼 국가로의 산업의 이동.　extradition *vers* un pays 어떤 나라로의 범인 인도.　ruée des invités *vers* le buffet 음식 테이블로 몰려드는 하객들.　ruée *vers* l'or 골드러시.　rush des vacanciers *vers* les plages 해변으로 밀려드는 휴가 인파.

- C'est la route *vers* Mokpo.　그것은 목포로 가는 도로다.
- Les exportations coréennes de voitures *vers* les États-Unis augmentent.　한국의 대미 자동차 수출이 증가하고 있다.

2) 장소 : …의 쪽에서, …의 부근에서(=du côté de).
- *Vers* l'est, il y a un village.　동쪽으로 마을이 하나 있다.
- *Vers* la fin du poème, le ryhhme s'alanguit.　시의 끝 부분에서 리듬이 희미해진다.
- L'accident est arrivé *vers* le bout de la rue.　사고는 거리의 끝 부분에서 발생했다.
- Nous nous sommes arrêtés *vers* Daegu.　우리는 대구 근처에서 멈췄다.
- Le wagon-restaurant est *vers* l'avant du train.　식당칸은 기차의 앞쪽에 있다.
- Son oncle habite *vers* la gare de Jinju.　그의 삼촌은 진주 역 근처에 산다.

2. 시간 : …경(頃), 무렵(=à peu près, environ).

vers une heure de l'après-midi 오후 1시경에.　*vers* cinq heures et demi 5시 반경에.　*vers* l'âge de 9 ou 10 mois 생후 9내지 10개 월 쯤에.　*vers* les années 1960 1960년대 경에.　*vers* le début[la fin] de l'Empire 나폴레옹의 제정 초기[말기]에.　*vers* trois ou quatre plombe du matin 《은어》 새벽 두세 시 경에.

- *Vers* trente ans, je l'ai rencontré.　내가 서른 살 쯤 되었을 때 그를 만났다.
- Elle allait *vers* 20 ans.　그녀는 20세를 바라보고 있었다.
- Le Soleil attcint son apogée *vers* le 5 juillet.　태양은 7월 5일 경 원지점에 이른다.
- Théoriquement, l'avion devrait atterrir *vers* midi.　예정대로라면 비행기는 정오경에 착륙하게 되어 있다.
- J'ai un créneau *vers* quinze heures.　오후 3시쯤에 짬이 난다.
- Son mariage aura lieu *vers* la mi-juillet.　그의 결혼식은 7월 중순 무렵 있을 예정이다.
- La construction de cet église a commencé *vers* 2001.　그 교회의 건축이 2001경에 시작되었다.
- Le brouillard a disparu *vers* dix heures.　안개는 열시 경에 걷혔다.
- Cet enfant a été propre *vers* un an.　이 아이는 한 살 무렵에 대소변을 가렸다.
- Ce film est très intéressant, spécialement *vers* la fin.　이 영화는 아주 재미있는데, 특히 마지막 부분이 그렇다.

· Ses biographes le font mourir *vers* 1450.　전기 작가들은 그의 사망을 1450년경으로 보고 있다.

· Le spectacle finira *vers* minuit.　공연은 자정 무렵에 끝날 것이다.

3. 수량·정도

bénéfices qui tendent *vers* zéro 거의 제로에 가까운 이익.

· Le gazole commence à distiller *vers* 230°.　디젤유(油)는 약 230도에서 증발분리되기 시작한다.

· L'avion naviguait *vers* neuf mille mètres.　비행기가 고도 9000m 부근에서 비행하고 있었다.

> ☆ 수량·가격·무게 등을 나타낼 때는 보통 à peu près, environ을 씀.

4. 《비유》 …에의, …을 향한, …을 지향하는.

1)
> *vers* une solution du problème 문제의 해결을 지향하여.　artiste qui tend *vers* la perfection 완벽을 추구하는 예술가.　journal qui incline *vers* la gauche 좌파 성향의 신문.　parti qui évolue *vers* l'anarchisme 무정부주의가 되어가는 정당.　aller du concret *vers* l'abstrait 구체적인 것에서 추상적인 것으로 나아가다.　s'avancer par degrés *vers* un but 목표를 향해 서서히 나아가다.　avoir une pente *vers* qn《옛》 …에게 마음이 기울다. bifurquer *vers* les sciences 과학으로 방향을 바꾸다.　bramer *vers* qn/qc …을 애타게 찾다, 갈구하다.　courir *vers* la ruine 파산해 가다.　crier *vers* Dieu 신에게 애원하다.　s'efforcer *vers* la volupté 쾌락을 얻으려 애쓰다.　s'élancer *vers* la gloire[victoire] 영광을[승리를] 향해 돌진하다.　être haletant *vers* qc《옛·문어》 …을 열망하다.　être poussé *vers* qn/qc …에(게) 이끌리다.　se frayer un chemin *vers* honneur 영광의 길을 개척하다.　mener leur pays *vers* des performances économiques exceptionnelles 그들의 국가를 예외적인 경제적 성과를 거두도록 이끌다.　orienter un élève *vers* les sciences 학생을 이과계로 가도록 지도하다.　s'orienter *vers* les études médicales 의학의 길로 나아가다.　ouvrir aux hommes le chemin *vers* le bonheur 인간에게 행복의 길을 열어주다.　pencher *vers* l'indulgence 관대한 쪽으로 마음이 기울다.　se retourner *vers* une solution extrême 극단적인 해결책을 쓰다.　ne plus savoir *vers* qui se retourner 이제 누구에게 의지해야 할지 모르다.　tendre les bras *vers* qn/qc …에 도움을 청하다, …에 탄원하다.

· Il faut aller *vers* un lycée plus diversifié où les élèves se préparent davantage à l'enseignement supérieur.　학생들이 더 많이 고등교육을 위해 준비하는 더 다양화된 고등학교를 지향해야 한다.

· La crise nucléaire nord-coréenne chemine *vers* une solution de compromis.　북한 핵문제가 타협안 쪽으로 진전되고 있다.

· Le pays s'achemine *vers* une situation tragique, si rien n'est fait pour enrayer la crise alimentaire.　식량 위기를 막기 위해 아무런 조치도 내려지지 않으면 그 나라는 비극적인 상황으로 가게 된다.

· On devrait diriger ce garçon *vers* les sciences.　이 소년은 과학을 전공하도록 이끌어줘야 할 것이다.

· Elle se dirige *vers* la médecine.　그녀는 의학을 전공하려 한다.

· L'opinion glisse *vers* la droite.　여론은 우경화되고 있다.

- L'irresponsabilité des dirigeants a poussé l'entreprise *vers* la faillite.　경영진들의 무책임으로 회사가 도산에 빠졌다.
- Il faut donc se tourner *vers* des énergies nouvelles.　그러므로 새로운 에너지 쪽으로 관심을 돌려야 한다.

2) 명사의 보어

> aspiration *vers* Dieu 신에 대한 희구.　aspiration *vers* l'inconnu[l'éternel] 미지의 세계[영원한 것]에 대한 동경.　le meilleur chemin *vers* un ordre international plus prospère et plus ouvert 보다 번영되고 개방적인 국제질서를 향한 가장 좋은 길.　décalage *vers* le rouge (천문학에서의) 적색편이(赤色偏移).　élévations de l'âme *vers* Dieu 신을 향한 영혼의 고양.　une étape *vers* la relance de son réacteur 원자로 재가동을 향한 단계.　transition *vers* une démocratie véritable 진정한 민주주의로의 이행.

- La crise financière, la plus grave depuis 1929, accélérera le glissement du centre du monde *vers* l'Asie.　1929년 이래 가장 심각한 금융 위기는 세계 중심의 아시아로의 이행을 가속화시킬 것이다.
- Les leaders démocrates du Congrès et le secrétaire au Trésor ont annoncé des progrès importants *vers* une signature du plan.　민주당의 의회 지도자들과 재무장관은 계획의 서명을 위한 중요한 진전을 발표했다.
- Il n'a jamais un élan *vers* elle.　그는 그녀에게 결코 애정을 갖고 있지 않다.
- La destruction de la tour de Yongbyon est un premier pas *vers* la dénucléarisation du pays.　영변 냉각탑의 파괴는 그 나라의 비핵화를 위한 첫걸음이다.
- C'est le premier pas *vers* la découverte de la vérité.　그건 진실 규명을 향한 첫걸음이다.
- Chaque instant de la vie est un pas *vers* la mort.　인생의 매 순간은 죽음으로 가는 과정이다.
- Toute la vie est un acheminement *vers* la mort.　모든 삶은 죽음에 이르는 노정이다.

versus

…대(對), …에 대비(對比)히여(=contre, en face de, par opposition à) ((주로 《약》 vs로 쓰임)).

l'affaire Durand *versus* Dupond 뒤랑 대 뒤퐁의 사건.　Manchester United *vs* Liverpool F.C. 맨체스터 유나이티드 대 리버풀 F.C.　vieux *vs* neuf 구(舊) 대 신(新).

- Dieu *versus* Darwin: Les créationnistes vont-ils triompher de la science?　신대 다윈 : 창조주의자가 과학에 승리할 것인가?

via

1. ···통하여, 경유하여(=par).

transit *via* Hongkong 홍콩을 통한 운송.　aller de Séoul à Pusan *via* Daegu 서울에서 대구를 경유하여 부산으로 가다.

· Les réfugiés de la Corée du Nord avaient été envoyés en Corée du Sud *via* Taïwan.　탈북자들이 대만을 거쳐 한국으로 보내졌다.
· Il est revenu en Corée du Sud *via* le Pôle Nord.　그는 북극을 경유하여 한국으로 돌아왔다.

2. ···통하여, ···에 의한.

via la recherche 연구를 통해.　blanchiment d'argent *via* les casinos 카지노를 이용한 자금 세탁.　diffusion massive d'un message *via* Internet 인터넷을 통한 메시지의 대량 유포.　organisation d'un voyage *via* une agence de tourisme 여행사를 통한 여행의 기획.

· La croissance doit s'appuyer sur une réduction de la pauvreté dans les campagnes, *via* l'amélioration de la productivité agricole.　성장이 농업 생산성의 향상을 통한 시골에서의 빈곤을 줄이는 것에 근거해야 한다.
· Cette menace doit être traitée *via* une coopération internationale la plus large possible.　그러한 위협이 가능한 한 폭넓은 국제적 협력을 통해 다루어져야 한다.

vis-à-vis

1. 《옛》 ···와 마주보고, ···의 정면에(=face à face, nez à nez).

vis-à-vis la mairie 시청을 마주보고, 시청 맞은편에.　fenêtre qui donnait sur une ruelle, *vis-à-vis* une vieille petite église 한 골목길 쪽을 향하여 어느 낡고 작은 교회를 마주보고 있는 창.

2. [vis-à-vis de *qn* / *qc*]

1) ···와 마주보고, ···의 정면에(=en face de).

> *vis-à-vis* de la mairie 시청 맞은편에.　chambre *vis-à-vis* de la mer 바다를 향해 있는 방.　bâtiment *vis-à-vis* de l'église 교회와 마주하고 있는 건물.　s'asseoir *vis-à-vis* de *qn* ···와 마주보고 앉다.　habiter *vis-à-vis* de la gare 역 앞에 살다.

- Sa maison est *vis-à-vis* de la nôtre.　그의 집은 우리 집 맞은편에 있다.
- Je me suis placé *vis-à-vis* de lui.　나는 그의 맞은편에 자리 잡았다.

◎ [l'un vis-à-vis de l'autre, vis-à-vis l'un de l'autre]

> statues placées l'une *vis-à-vis* de l'autre 서로 마주보게 놓인 조상.　être *vis-à-vis* l'un de l'autre 서로 마주하고 있다.

- Ils se tenaient tous deux les jambes croisées *vis-à-vis* l'un de l'autre.　그들은 둘 다 책상다리를 하고 서로 마주하고 있었다.

2) ···와 대면하여, ···의 면전에서(=en présence de).
- J'en ai honte *vis-à-vis* de lui.　나는 그를 대하면 그 일이 부끄럽다.
- Tranchons le mot; je n'ai pas le sou, et me voilà exactement *vis-à-vis* du rien.　솔직히 말하면 한 푼도 없습니다. 바로 무일푼에 직면하고 있습니다.
- Il a tenu à exprimer sa profonde tristesse *vis-à-vis* d'un jugement qui n'a aucune base légale.　그는 어떤 법적인 근거도 없는 판정에 그의 깊은 슬픔을 표현하고자 했다.

3) ···에 비하여(=en comparaison de).
- Mon talent est modeste *vis-à-vis* du sien.　그의 재능에 비하면 내 재능은 보잘 것 없다.

4) ···에 대하여, ···을 향하여(=envers); ···에 관하여(=à l'égard de, en ce qui concerne).

> son attitude *vis-à-vis* de ce problème 그 문제에 대한 그의 태도.　indifférence des citoyens *vis-à-vis* de la politique 시민들의 정치에 대한 무관심.　son intransigeance *vis-à-vis* du régime 체제에 대한 그의 완강함.　politique américaine *vis-à-vis* des pays arabes 미국의 대 아랍국가 정책.　nouvelle stratégie *vis-à-vis* de la Corée du Nord 북한에 대한 새로운 전략.　ce que j'ai fait *vis-à-vis* de vous 내가 당신에게 한 것.　se comporter bien[mal] *vis-à-vis* de *qn* ···에게 제대로[잘못] 처신하다.　éprouver[ressentir] de la défiance *vis-à-vis* de *qn* ···에 대해 의심을 품다.　être[se montrer] ingrat *vis-à-vis* de *qn* ···에 대해서 배은망덕하게 굴다.

- Le mark s'est apprécié *vis-à-vis* du dollar.　달러에 대한 마르크의 가치가 평가절상되었다.
- Sois dur *vis-à-vis* de toi-même.　너 자신에게 엄격해라.

- L'énergie nucléaire est importante pour mettre fin à notre dépendance *vis-à-vis* du pétrole étranger.
  핵에너지는 외국 석유에 대한 의존에 종지부를 찍는 데 중요하다.
- Qu'est-ce que vous allez faire *vis-à-vis* de Pierre.   피에르에 대해서 어떻게 할 생각입니까?

◎ [l'un vis-à-vis de l'autre, vis-à-vis l'un de l'autre]

des discours agressifs les uns *vis-à-vis* des autres 서로에 대한 적대적인 연설.

부　사　적　용　법

- Ils étaient assis *vis-à-vis*.   그들은 서로 마주보고 앉아 있었다.
- Nous nous sommes trouvés *vis-à-vis*.   우리는 서로 마주하고 있었다.

voici

1. 제시 · 소개

1) ❶ 여기에 …이 있다, 이것이 …이다.
- *Voici* mon adresse email.   이것이 나의 이메일 주소입니다.
- *Voici* un arbre vieux d'un siècle.   여기에 약 백년이 된 나무가 있다.
- *Voici* la fenêtre.   여기에 창문이 있다.
- *Voici* des fruits.   여기 과일들이 있다.
- *Voici* la gare, la poste est après.   여기가 역이고 우체국은 이 다음이다.
- *Voici* un autre modèle du même genre.   여기 같은 종류의 다른 모델이 하나 있다.
- *Voici* le fruit de nos sueurs.   우리가 흘린 땀의 결실이 바로 이것이다.
- *Voici* le dictionnaire que vous cherchez.   당신이 찾는 사전이 여기에 있습니다.
- *Voici* une lettre qui vous concerne.   당신과 관련된 편지가 한 통 있다.
- *Voici* le livre dont on a parlé.   사람들이 이야기 하던 책이 이것이다.

❷
- *Voici* un enfant.   여기 한 아이가 있다.
- *Voici* ma fille.   이 아이가 내 딸입니다.
- *Voici* notre homme.   우리가 말한 그 사람이야.

❸ [voici …, voilà …]
- *Voici* mon livre; voilà le vôtre.　　이것은 내 책이고 저것은 당신의 것이다.
- *Voici* ma maison, et voilà le jardin.　　여기가 우리 집이고, 저기에 정원이 있다.
- *Voici* votre bureau et voilà le mien.　　이것은 당신의 책상이고 저것은 내 책상입니다.

❹ 어원적
- Et Pilate leur dit: *Voici* l'homme.　　빌라도가 그들에게 말했다: 이 사람을 보시오. ((성서)).

2) [인칭대명사 + voici]
- Me *voici*.　　나 여기 있다[왔다].
- Nous *voici*.　　우리 여기 있다[왔다]; 다 왔다.
- Le *voici* justement près de vous.　　바로 당신 곁에 그가 있습니다.
- Vous voulez de l'argent? En *voici*.　　돈을 원하신다면 여기에 있습니다.

3) [명사/ 대명사 + que voici]

> monsieur que *voici* 여기에 계시는 분.

- Mon ami que *voici* vous l'expliquera.　　여기에 있는 내 친구가 당신에게 그것을 설명할 것입니다.

4) 생략문 : 물건을 보여[건네] 주면서
- Auriez-vous l'oblgeance de me donner la clef? – *Voici*, monsieur.　　열쇠를 저에게 주시기 바랍니다. – 예, 여기 있습니다.
- Remettez-moi cette lettre, s'il vouys plaît. – *Voici*, monsieur.　　그 편지를 저에게 돌려줘요. – 예, 여기 있습니다.

2. 도착·근접

1) 오다, 도착하다 ; 시작하다 ; 일어나다, 발생하다.
- *Voici* l'heure du déjeuner.　　점심시간이다.
- *Voici* l'heure de vérité.　　이제 진실을 밝혀야 하는 시간이 되었다.
- *Voici* la pluie.　　비가 온다.

2) [voici + 부정법 + 명사]
- Et *voici* commencer la rêve de son père.　　그의 아버지의 꿈이 시작된다.
- *Voici*, de la maison, sortir un Salavin épineux et glacé.　　까다롭고 쌀쌀맞은 살라뱅 같은 사람이 집에서 나오고 있다.
- *Voici* venir la foudre.　　벼락이 닥쳐온다.
- *Voici* venir le Noël[le printemps].　　성탄절[봄]이 다가온다.
- *Voici* venir une voix.　　어떤 목소리가 들려온다.

3) ❶ [voici + 명사 + qui + 동사]
- *Voici* le vent qui s'abat.　바람이 잔다.
- *Voici* le Noël qui arrive.　드디어 성탄절이다.

❷ [대명사 + voici + qui + 동사]
- La *voici* qui vient.　그녀가 오는군.

4) [voici que + *ind*]

> Et *voici* que tout à coup … 그런데 갑자기 ….

- *Voici* que les jours grandissent.　이제 밤이 길어지기 시작한다.
- *Voici* que tombe la nuit.　이제 밤이 된다.
- *Voici* que des intellectuels parmi les plus connus se mettent à discuter des vrais problèmes.　가장 저명한 인사들 중의 몇몇 지성인들이 실제의 문제들에 대해 토론하기 시작했다.
- Il est mort en 1985, mais *voici* que paraît son roman inédit.　그는 1985에 죽었는데 이번에 그의 미간행 소설이 출판된다.
- Puis soudain *voici* que lui survenait un grand orage de dure actualité.　그리고 곧 그에게 어려운 현실의 격동이 닥쳐왔다.

3. 특징적인 상태의 표현

1) ❶ [voici + 명사 + 형용사/ 과거분사]
- *Voici* nos collaborateurs enfin arrivés.　드디어 우리의 협력자들이 도착했다.
- *Voici* revenus les beaux jours.　날씨 좋은 날들이 다시 찾아왔다.

❷ [voici + 수량표현 + de + 형용사/ 과거분사]
- *Voici* un carreau de plus de cassé.　유리창이 한 장 더 깨졌군.
- En *voici* une de terminée.　그 중 하나가 끝났다.

❸ [대명사 + voici + 명사/ 형용사/ 과거분사]
- Le *voici* maintenant auteur et producteur à part entière.　그는 이제 완전한 작가이자 제작자이다.
- Nous *voici* arrivés.　우리들이 드디어 도착했다.
- Vous *voici* tranquille.　자네가 이제 좀 마음이 가라앉았군.
- Me *voici* de retour.　내가 돌아왔어.

2) ❶ [voici + 명사 + 상황보어]
- *Voici* les amants dans les bras l'un de l'autre.　연인들이 서로 껴안고 있다.

❷ [대명사 + voici + 상황보어]
- Nous *voici* à Noël.   이제 성탄절이다.
- Nous *voici* au printemps.   이제 봄이다.
- Nous *voici* au coeur du problème.   우리는 문제의 핵심에 들어간다.

3) ❶ [voici + 명사 + à *inf*]
- *Voici* les enfants à courir à toute vitesse.   아이들이 이제 전 속력으로 달리고 있다.

❷ [대명사 + voici + à *inf*]
- La *voici* à trembler comme un criminelle.   그녀는 죄인처럼 떨고 있다.

4. …은 다음과 같다.

1) · *Voici* le cadre de ses exploits.   이것이 그가 공을 세운 배경이다.
- *Voici* les expressions avec le mot botte.   botte라는 낱말을 이용한 표현은 다음과 같다.
- *Voici* le fin mot de l'histoire.   이것이 역사의 진상이다.
- *Voici* un hit-parade des fautes que nous rencontrons très souvent.   우리가 자주 접하게 되는 오류의 순위는 다음과 같다.
- *Voici* les résultats.   결과는 다음과 같다.
- *Voici* votre tâche pour ce soir.   이것이 오늘 저녁 당신이 해야 할 과제다.
- *Voici* les motifs qui me conduisent à écrire cet ouvrage.   이것이 나로 하여금 이 책을 쓰게 한 동기이다.
- *Voici* le problème qui nous occupe aujourd'hui.   이것이 오늘날 우리의 관심사이다.
- *Voici* en quelques lignes la substance de cette discussion.   이번 토론 내용을 몇 줄로 요약하면 다음과 같습니다.
- J'ai bien réfléhi et *voici* mes conclusions.   내가 숙고를 했고 결론은 다음과 같다.

2) [voici + 간접의문절]
❶ · *Voici* comment ma candidature s'est agencée.   나의 입후보는 바로 이렇게 이루어졌다.
- *Voici* comment il faut faire.   다음과 같이 하면 된다.
- *Voici* ce qu'elle m'a dit.   그녀는 내게 다음과 같이 말했다.
- *Voici* ce qui vous reste à faire.   이것은 당신이 해야 할 것이다.
- En abrégé, *voici* ce qui s'est passé.   요컨대, 사건의 전모는 다음과 같다.
- *Voici* pourquoi elle est partie.   그녀가 떠난 것은 바로 이 때문이다.

❷ 생략문
- *Voici* pourquoi.   이것 때문이다.
- C'est faux, et *voici* pourquoi.   그것은 틀렸다. 그 이유는 다음과 같다.

3) [명사 + que voici]

> petite histoire que *voici* 다음과 같은 짧은 이야기.

· Je vous présente la preuve que *voici*.   다음과 같은 증거를 보여드리겠습니다.

4) 생략문.
· Vous m'en demandé la cause? *Voici*.   이유를 알고 싶습니까? 그것은 이렇습니다.

5. 《문어》 ···전에(= il y a).

1) · Ils sont partis *voici* seulement dix minutes[*voici* dix minutes à peine].   그들은 불과 10분 전에 출발했다.
· Cet accident s'est passé *voici* cinq ans.   그 사고는 5년 전에 일어났다.
· Je l'ai vue *voici* deux ans.   나는 2년 전에 그녀를 보았다.
· La Maison Blanche a annoncé, *voici* quelques semaines, la nomination du nouveau responsable.   백악관은 몇 주 전에 새로운 책임자의 임명을 발표했다.

2) [voici + 시간표현 + que + *ind*]
· *Voici* dix jours que je ne l'ai pas vu.   열흘 전부터 그를 보지 못했다.
· *Voici* bien quinze jours que je ne l'avais vu.   내가 그를 못 본 지 2주일이 되었었다.
· *Voici* deux ans qu'elle habite ici.   그녀는 2년 전부터 여기에 살고 있다.
· *Voici* tantôt trois mois que l'on ne l'a vu.   그를 못 본지가 곧 3개월이 된다.
· *Voici* longtemps que nous ne nous sommes pas vus.   우리가 서로 못 본지 오래 되었다.

6. 1) · En *voici* (bien) d'une autre.   이상한 일이군, 생각지도 못한 일이 일어났다.

2)
> Nous y *voici*. 드디어 도착했다; 마침내 실현되었다; 이제부터가 문제다.

voilà

1. 제시 · 소개

1) ❶ 저기[거기, 여기]에 ···이 있다, 저것[그것, 이것]이 ···이다.
· *Voilà* mon cadeau pour toi.   이것은 네게 주는 선물이야.

- *Voilà* un château. Je suis merveillé de ses pièces.　여기 성이 있는데 나는 그방들에 감탄한다.
- *Voilà* du chocolat pour ton goûter.　네 간식거리는 초콜릿이다.
- *Voilà* cent euros, vous paierez la différence.　여기 백 유로가 있는데, 나머지 차액은 당신이 지불하시오.
- Tenez, *voilà* mille euros, vous les avez bien gagnés.　자, 천 유로인데, 당연히 받아야 하고말고.
- *Voilà* des fruits.　저기에 과일들이 있다.
- *Voilà* la porte.　저기에 창문이 있다.
- *Voilà* une maison. La porte en est fermée.　여기에 집이 있는데 문이 닫혀 있다.
- *Voilà* votre monnaie.　여기 거스름돈이 있습니다.
- *Voilà* mon imprudent!　저런 경솔한 놈을 봤나!
- *Voilà* l'outil qu'il vous faut.　당신에게 필요한 연장이 여기 있습니다.
- *Voilà* ce que vous voulez.　자 이것이 당신이 바라는 것입니다.

❷
- *Voilà* mon ami Jean.　이 사람이 내 친구 장입니다.
- *Voilà* le criminel!　저이가 그 장본인이다!
- *Voilà* ma frangine.　제 누이입니다.
- *Voilà* un garçon.　저기에 한 소년이 있다.
- *Voilà* mon homme.　내가 찾던 사람이 바로 이 사람이다.

❸ [voici …, voilà …]
- Voici mon livre; *voilà* le vôtre.　이것은 내 책이고 저것은 당신의 것이다.
- Voici la maison du maire (et) *voilà* celle du curé.　여기는 시장의 집이고 저기는 사제의 집이다.
- Voici votre place et *voilà* la sienne.　이것은 당신의 자리이고 저것은 그의 자리입니다.

> ☆ 본래 voici는 말하는 사람에게 공간·시간적으로 가까운 것을, voilà는 먼 것을 가리키나, 현재는 이러한 구별은 점차 사라지고 voilà가 voici 대신에 많이 쓰임.

2) [인칭대명사 + voilà]
- Nous *voilà*.　우리 여기 있다[왔다]; 다 왔다.
- Le *voilà*, regarde!　저기 있군, 보라니까.
- Le *voilà*, c'est lui.　저기 그 애가 있다.
- Coucou, me *voilà*!　야, 나 여기 있다[나 왔다]!
- Tiens, vous *voilà*!　아니[이], 여기 계셨군요.
- Vous voulez du pain? En *voilà*.　빵을 원하신다면 여기에 있습니다.
- En *voilà* trois qui ont un fameux poil dans la main.　저기 그 유명한 게으름뱅이 세 사람이 있다.
- Des tomates? En *voilà* trois bien mûres.　토마토라면 여기에 잘 익은 것 세 개가 있습니다.
- Où êtes-vous? – Me *voilà*.　당신 어디 있어요? – 나 여기 있어요.

3) [명사 / 대명사 + que voilà]

> ce bâtiment que *voilà* 저기 있는 건물.   lui que *voilà*, pleurant sans cesse 저기서 계속 울고 있는 그 사람.

4) 생략문 : 물건을 보여[건네] 주면서

- *Voilà*, de ton frère.   이것은 네 형에게서 온 것이야.
- Prêtez-moi votre dictionnaire, s'il vous plaît. – *Voilà*, monsieur.   내게 사전 좀 빌려 주세요. – 자, 여기 있습니다.
- Je voudrais la carte touristique de la ville. – *Voilà*, monsieur.   도시의 관광지도를 찾습니다. – 예, 여기 있습니다.

2. 도착 · 근접 · 발생

1) ❶ 오다, 도착하다; 시작하다; 일어나다, 발생하다.

- Enfin, *voilà* les invités.   드디어 손님들이 도착했다.
- *Voilà* l'heure de partir.   이제 떠날 시간이다.
- *Voilà* enfin le printemps.   마침내 봄이 되었다.
- *Voilà* la fin de l'hiver.   이제 겨울이 끝나는구나.
- *Voilà* bientôt la gare de Daejon.   곧 대전역에 도착한다.
- *Voilà* bien des cérémonies pour si peu de chose.   하찮은 걸 가지고 너무 까다롭게 구는군.
- Vingt-deux! *Voilà* les flic*s*!   조심해, 경찰이 떴다!

❷ [대명사 + voilà]

- Vous *voilà* enfin!   드디어 오셨군요!
- Enfin, vous *voilà*! Je ne vous espérais plus.   이제야 오시는군요! 오시지 않을줄 알았어요.
- Les *voilà*! Ils sont arrivés.   봐라! 그들이 왔다.
- En *voilà* une autre!   또 문제[난처한 일]가 생겼군!

2) ❶ [voilà + 명사 + qui + 동사]

- *Voilà* la danse qui va commencer.   드디어 전투 개시다; 자 이제부터다.
- *Voilà* votre fils qui arrive.   당신의 아들이 옵니다[왔습니다].
- *Voilà* le facteur qui passe dans la rue.   저기 우체부가 거리를 지나간다.
- *Voilà* une jeune fille qui s'avance vers nous.   저기 한 소녀가 우리에게 다가온다.
- *Voilà* un garçon qui est bien digne de son père.   그 아버지에 그 아들이다((자주 《**경멸**》의 뜻)).
- *Voilà* le Noël qui arrive.   드디어 성탄절이다.
- *Voilà* une nouvelle qui m'ébahit.   바로 이 소식이 나를 경악케 한다.
- *Voilà* le réveil qui sonne.   어, 자명종이 울리는군.

❷ [대명사 + voilà + qui + 동사]

- Les *voilà* qui arrivent[viennent].　저기 그들이 왔다.
- La *voilà* qui se met en colère.　그녀가 화를 내기 시작했다.
- Le *voilà* qui rentre.　그가 돌아왔다.
- Le *voilà* qui s'en vient vers nous.　그가 우리 쪽으로 온다.

3) [voilà que + *ind*]

- *Voilà* que son oncle arrive; *Voilà* qu'arrive son oncle.　그의 삼촌이 도착한다.
- Tiens, *voilà* qu'il neige.　어, 눈이 온다.
- *Voilà* qu'on sonne.　벨이 울린다.
- Allons bon! *Voilà* que ça recommence!　저런! 또 시작이군!
- Et bien, dites donc! *Voilà* qu'il me raille à présent!　아, 참! 이제 나는 그의 놀림감이 됐어요!
- *Voilà* que s'affrontent deux puissances, l'étranger et l'indigène.　외국인과 토착민 두 세력이 대치하고 있다.
- *Voilà* qu'on nous apprend ce matin que ce pays a proclamé l'état de siège.　그 나라가 계엄령을 선포했다는 사실을 우리는 오늘 아침에 알게 되었다.
- Tout était calme; soudain, *voilà* qu'on entend des cris perçants.　모든 것이 조용했다. 그런데 갑자기 날카로운 외침 소리가 들려왔다.
- *Voilà* que ça le reprend!　저 봐, 또 그런 짓 하고 있군!

4) 《드물게》 [voilà *inf*]

- *Voilà* bien instruire une affaire.　본분을 잘 가르치고 있구나.

3. 특징적인 상태의 표현

1) **❶** [voilà + 명사 + 형용사 / 과거분사]

- *Voilà* nos amis enfin arrivés.　드디어 우리의 친구들이 도착했다.
- *Voilà* du travail propre.　일을 올바로 했구나.
- *Voilà* le bon vieux temps revenu.　옛날의 좋은 시절이 다시 생각났다.
- Patatras! *Voilà* le verre cassée!　쨍그랑하고 컵이 떨어져서 깨졌다.

❷ [voilà + 수량표현 + de + 형용사 / 과거분사]

- *Voilà* encore dix places de libres.　아직 열 자리가 비어있다.
- En *voilà* une de cassée.　그 중 하나가 깨졌다.

❸ [대명사 + voilà + 명사 / 형용사 / 과거분사]

- Nous *voilà* arrivés!　자, 우리가 왔습니다.
- Me *voilà* tranquille.　이제 마음이 진정됐어.
- Vous *voilà* bien avancé!　《비꼼》 수고만 했군요!(= La belle avance!)

- Le *voilà* bien arrangé!   저 친구 옷차림이 엉망이군!
- Nous *voilà* remis à notre place.   우리가 우리 자리로 되돌아왔다
- Le *voilà* aujourd'hui meilleur écologiste de ce pays.   그는 오늘날 그 나라의 가장 훌륭한 생태학자이다.
- Vous *voilà* joliment arrangé!   단단히 혼나셨군요!((반어적))
- Te *voilà* content!   이로써 너는 만족하지.
- Et maintenant, vous *voilà* content!   《비꼼》 당신이 한 일은 헛수고였소.
- Après son dernier discours, nous *voilà* édifiés!   그의 요전 이야기를 듣고 우리는 정신이 번쩍 들었다.
- Me *voilà* forcé de partir.   나는 할 수 없이 떠나야 했다.
- Le *voilà* lancé dans les affaires.   이제 그가 그 사업에 뛰어들었다.
- Le voilà *lancé*, il ne s'arrêtera plus.   그는 이야기에 끼어들었다 하면 말을 그치는 법이 없다.
- Et crac, le *voilà* parti.   그러더니 그는 훌쩍 떠나버렸다.
- Nous *voilà* propres!   《구어》 이제 우리는 손들었다.
- La *voilà* encore rêvassant.   그녀가 아직도 몽상에 빠져있군.

❹ · Comme le *voilà* grand!   그가 정말 많이 컸구나!
- Comme te *voilà* bâti!   정말 기묘한 꼴을 하고 있구나!
- Comme vous *voilà* fait!   무슨 이럴 꼴을 하고 있나.

2) ❶ [voilà + 명사 + 상황보어]
- *Voilà* les convives en train de boire du champagne.   회식자들이 지금 샴페인을 마시고 있구나.

❷ [대명사 + voilà + 상황보어]
- Le *voilà* à son affaire.   그는 자기에게 맞는 일을 찾았다.
- Nous *voilà* en panne, c'est gai!   고장이 나다니 이거 낭패로군!
- Nous *voilà* au printemps.   이제 봄이다.
- Nous *voilà* à la plage.   자, 이제 바닷가에 도착했다.
- Nous *voilà* au coeur du problème.   우리는 문제의 핵심에 들어간다.
- Le *voilà* avec son éternel sourire aux lèvres.   그가 입가에 특유의 미소를 짓고 있다.
- Nous *voilà* dans un joli pétrin.   참으로 난처한 상황이로군.
- Nous *voilà* en plein mélodrame!   우리는 진짜 멜로드라마 같은 상황에 처했다!
- Nous *voilà* hors d'hiver.   이제 겨울은 지나갔다.
- Te *voilà* en train de jouer! Va pour un enfant, mais pas toi.   너 또 장난하고 있구나! 어린아이 같으면 몰라도 너는 그래서는 안 돼.

3) ❶ [voilà + 명사 + à *inf*]
- *Voilà* les enfants à jouer dans la ajrdin.   아이들이 정원에서 놀고 있다.

❷ [대명사 + voilà + à *inf*]

· La *voilà* encore à pleurer.　그녀가 아직 울고 있구나.

❸ 《속어》 [대명사 + voilà + de *inf*]

· La *voilà* de sortir avec lui du cinéma.　그녀가 그와 함께 극장에서 나오고 있다.

4. 1) …은 다음과 같다, 이상과[이하와] 같다.

· *Voilà* mon avis; maintenant, vous ferez ce que vous voudrez.　내 의견은 이상과 같소, 이제 당신이 원하는 대로 하시오.

· *Voilà* la configuration politique qui serait la plus favorable à l'Europe.　이상이 유럽에 가장 유리할 수 있는 정책의 윤곽이다.

· *Voilà* tout.　이상이 전부이다; 더 이상 말할 필요가 없다.

· Il avait persévéré, *voilà* tout. Secret de tous les triomphes.　그에게는 인내가 전부였다. 인내야말로 모든 성공의 비밀이었던 것이다.

· *Voilà* le cheveu.　그게 어려운 점이다.

· *Voilà* le diantre.　그것이 문제다.

· *Voilà* un autre son de cloche.　그것은 다른 견해이다.

· *Voilà* le fruit de ses élucubrations.　이것이 그의 노고의 결실이다.

· *Voilà* les gaietés de la province.　이것이 지방의 묘한 점이다.

· *Voilà* les hommes[les Coréens].　그것이 바로 남자라는[한국인이라는] 것이다.

· *Voilà* le hic.　바로 그게 난점이다.

· *Voilà* ses motifs.　이상이 그가 말한 동기이다.

· *Voilà* du soigné.　《속어》 이건 최고야; 《반어적》 이건 심하군.

· *Voilà* le train du monde.　이것이 바로 세상 돌아가는 형편이다.

· Et *voilà* le travail!　제대로 된 솜씨이다.

· Être ou ne pas être, *voilà* la question.　사느냐 죽느냐, 이것이 문제다.

· Ne pas m'en faire, *voilà* ma devise.　걱정하지 않는 것, 그것이 내 좌우명이다.

· Aimer, prier, chanter, *voilà* toute ma vie.　사랑하고, 기도하고, 노래하고, 이것이 나의 온 생애이다.

· Un jour tout sera bien, *voilà* notre espérance.　언젠가는 만사가 좋아질 것이라는 것이 우리의 희망이다.

· Peindre des caractères, *voilà* donc l'objet de la haute comédie.　인간의 여러 가지 성격을 그리는 것, 그것이 바로 격조있는 희극의 목적이다.

· Que devons-nous protéger? *Voilà* la réelle question à laquelle le gouvernement et la société doivent répondre.　우리는 무엇을 보호해야 하는? 이것이 정부와 사회가 답해야 하는 실실적인 문제다.

2) [voilà + 간접의문절]

❶ · *Voilà* ce qui s'appelle parler.　이거야말로 말한다고 할 만하다, 지당한 말이다, 명언이다.

· *Voilà* ce qui s'appelle une vanité.　그게 바로 허영심이라 불리는 것이다.

· *Voilà* ce qui fonde la réclamation.　이 때문에 그 요구는 정당하다.

- *Voilà* ce qui a motivé notre décision.　　우리 결정의 이유가 되는 것이 바로 이것입니다.
- *Voilà* ce qu'il m'a dit, mais il faut en déduire.　　그것이 그가 내게 한 이야기이지만 에누리해서 들어야 한다.
- *Voilà* ce que je pense sur cette question.　　그 문제에 대한 생각은 이렇소.
- *Voilà* comme il est bâti.　　그는 그런 사람이다.
- *Voilà* comment cet accident s'est passé.　　그 사고는 바로 그렇게 일어났다.
- *Voilà* au vrai comment les choses se sont passées.　　일이 어떻게 되었는지는 실은 이러했다.
- *Voilà* comment il faut faire.　　이렇게 하면 된다.
- *Voilà* comment il faut procéder.　　일은 이렇게 처리하는 것이다.
- *Voilà* où le bât (le) blesse.　　이것이 그[그것]의 약점이다.
- *Voilà* où je veux en venir.　　그것이 바로 내가 목표로 삼는 것이다.
- *Voilà* où siège la difficulté.　　어려움은 바로 거기에 있다.
- *Voilà* pourquoi elle est partie.　　그녀가 떠난 것은 바로 그 때문이다.
- *Voilà* pourquoi elle n'a rien pu dire.　　그것이 그녀가 아무 말도 할 수 없었던 이유이다.

❷ [voilà qui + *ind*]

- *Voilà* qui change la thèse!　《구어》 그건 또 이야기가 달라지는데.
- *Voilà* qui est[va] bien.　　그것은 좋습니다, 그것으로 충분합니다.
- *Voilà* qui est dit.　　잘 알았다, 잘 알아들었다.
- *Voilà* qui est fait.　　이상과 같습니다.
- *Voilà* qui est nouveau!　　처음 듣는 이야기다! 참 놀랍다!
- *Voilà* qui invite à croire qu'elle est malade.　　그러기 때문에 그녀가 아플 것이라는 생각이 든다.
- *Voilà* qui me paraît louche.　　석연치가 않다.
- *Voilà* qui se passe de commentaires!　　이거야말로 설명할 필요조차 없이 뻔하군((특히 비난하는 뜻으로)).
- Il pleut à seaux, *voilà* qui m'enchante.　《비꿈》 비가 억수로 잘 쏟아지는군.
- Je suis grand père, *voilà* qui ne me rajeunit pas.　　내가 손자를 봤으니, 늙지 않을 수 없군.

❸ 생략문

- *Voilà* pourquoi.　　이것 때문이다.
- C'est faux, et *voilà* pourquoi.　　그것은 틀렸다. 그 이유는 다음과 같다.

3) [명사 + que voilà]

- Elle m'a raconté l'histoire que *voilà*.　　그녀는 내게 이런 이야기를 해주었다.

4) 생략문.

- Enfin, *voilà*.　　자, 이상입니다.
- Et *voilà*, c'est ainsi que le premier pas est fait.　　이리하여 첫걸음을 내딛게 된 겁니다.

- *Voilà* pour le principe, passons à la pratique.　　원칙은 이상과 같고 이제는 실천에 옮깁시다.

5. ···전에(= il y a).

1) · Ils sont partis *voilà* deux heures.　　그들은 두 시간 전에 출발했다.
   · Cet accident est arrivé *voilà* trois ans.　　그 사고는 3년 전에 일어났다.
   · Je l'ai rencontrée *voilà* huit jours.　　나는 일주일 전에 그녀를 만났다.
   · *Voilà* quelques jours, le journal a révélé qu'il était un espion.　　며칠 전에 신문이 그가 스파이였다는 것을 폭로했다.
   · Facebook a décidé, *voilà* deux semaines, de modifier les conditions générales d'utilisation de son site.　　페이스북은 2주일 전에 그의 사이트 전반적인 사용 조건을 바꾸기로 결정했다.

2) [voilà ＋ 시간표현 ＋ que ＋ *ind*]
   · *Voilà* trois jours que je n'ai rien mangé.　　나는 3일전부터 아무것도 먹지 않았다.
   · *Voilà* seulement huit jours, tout au plus, que je commence à être tranquille.　　내가 평온해지기 시작한 것은 고작해야 겨우 일주일 밖에 안된다.
   · *Voilà* cinq ans que je le connais.　　나는 5년전부터 그와 알고 지냈다.
   · *Voilà* près de dix ans qu'elle habite ici.　　그녀가 여기에 산지 10여년이 된다.
   · *Voilà* tantôt trois ans qu'il est mort.　　그가 죽은 지 곧 3년이 된다.
   · *Voilà* beau temps qu'il est parti.　　그가 떠난 것은 벌써 오래 전 일이다.
   · *Voilà* longtemps que nous ne nous sommes pas vus.　　우리가 서로 못 본지 오래 되었다.

3) · *Voilà* vingt ans de cela.　　그로부터 20년이 흘렀다

6. 간투사적 용법

1) 대답
   · Garçon! – *Voilà*, j'arrive.　　여보게요! – 예, 갑니다.

2) 주의의 환기
   · *Voilà.* je m'appelle Jean et je suis son nouveau mari.　　그런데, 내 이름은 장이고 그녀의 새 남편입니다.

3) 행위의 완료
   · *Voilà*, c'est fini.　　자 이제 끝났다.
   · *Voilà*, nous avons gagné.　　자, 우리가 이겼다.

4) 동의
   · Je n'ai pas pu y aller à l'heure à cause du retard du train. – Ah, *voilà*.　　기차가 연착되어 거기에 제시간에 갈수 없었습니다. – 아, 그랬습니까.

- Vous avez participé à cette réunion? Alors, vous l'avez rencontré? – *Voilà*.　그 회의에 참석했습니까? 그러면, 그를 만났겠군요? – 그렇습니다.
- *Voilà*. la mauvaise conduite appelle une punition.　그렇습니다, 나쁜 행실을 하면 벌을 받게 되지요.

5) 논점의 강조 : 그런데, 사실은. 결국.
- Il a voulu venir avec nous, oui, mais *voilà*, il était trop occupé.　그는 우리와 같이 오고 싶어 했는데, 그런데 말이지요, 그는 너무 일이 많았어요.
- C'était très facile, seulement *voilà*, personne ne voulait le faire.　그것은 매우 용이했는데, 단지 말이에요, 아무도 그것을 하려고 하지 않았어요.
- Pourquoi êtes-vous en retard? – Et bien *voilà*, le train est retardé par la tempête.　왜 늦으셨습니까? – 실은 폭풍우로 기차가 연착했습니다.

6) 이야기의 마무리
- Ah! *voilà*!　이제, 그만큼 했으면 됐어!
- Il suffit d'un peu de chance pour y parvenir, (et) *voilà*!　그 일을 이루기 위해서는 조금만 운이 따라 주면 됩니다.
- Vous ne voulez pas me voir, et bien, je n'irai pas vous voir, *voilà*.　나를 보기를 원치 않으시는군요, 좋아요, 그러면 나도 당신을 보러 가지 않겠어요.

7. 1) · En *voilà* assez.　그것으로 충분하다 ; 그만해, 이제 지긋지긋하다.
- Nous y *voilà*.　드디어 도착했다 ; 마침내 실현되었다 ; 바로 그렇습니다 ; 이제부터가 문제다, 이제부터 본론에 들어간다.
- *Voilà* votre ballot.　《구어》 그건 당신한테 안성맞춤이오.
- *Voilà* bien une autre chanson.　또 귀찮은 일이 생겼다 ; 그것은 별 문제이다.
- Me[Nous] *voilà* bien[frais]!　《비꼼》 큰일 났군, 곤란하게 되었군, 진퇴양난이군.

2) [en voilà + 명사] : 어처구니없는 …이다.
- En *voilà* une blague.　어처구니없는 허풍이다.
- En *voilà* des façons[manières]!　《구어》 몹시 버릇없이 구는군!
- En *voilà* une idée!　당치않은 생각이다!
- En *voilà* un imbécile!　정말 바보로군!
- En *voilà* une bonne!　《속어·비꼼》 거 참 재미있는걸!
- En *voilà* une histoire.　귀찮은 일이 하나 생겼군.
- En *voilà* des histoires pour une malheureuse somme!　하찮은 금액 가지고 이 무슨 말썽인지!
- En *voilà* un raisonnement! c'est du gâtisme!　되지도 않는 말을 하다니 망령이 났군!

3) [en voilà pour + 수량·기간 표현]
- En *voilà* pour vingt euros.　이것으로 20유로어치입니다.

- En *voilà* pour un an.　이것으로 1년분은 된다.
- Elles commencent à bavarder; en *voilà* pour jusqu'à midi[toute la matinée].　그 여자들은 수다를 떨기 시작했는데 오전 내내 계속될 거야.

4) [en voilà un qui + *ind*]
- En *voilà* un qui fera son chemin!　그는 출세할 사람이야!

5) [en veux-tu(,) en voilà] : 원하는 대로, 얼마든지.

> boire du champagne en veux-tu(,) en *voilà* 샴페인을 마음껏 마시다.　recevoir des coups en veux-tu(,) en *voilà* 호되게 얻어맞다.

6) [voilà ce que c'est (que) de *inf*]
- *Voilà* ce que c'est (que) de désobéir.　말을 듣지 않으니까 그 모양이지.
- *Voilà* ce que c'est (que) de mentir.　거짓말을 하면 결과는 이렇다.

7) [que voilà + 명사]
- Que *voilà* un beau enfant!　정말 잘 생긴 아이구나.
- Que *voilà* donc du sens commun!　이것이 바로 상식이라는 것이다.

8) [《지방어·구어》 (ne) voilà-t-il pas que + *ind* ; 《속어》 voilà pas que + *ind*]
- *Voilà*-t-il pas!　놀랍다!
- (Ne) *voilà*-t-il pas que le pont s'effondre?　아니 다리가 붕괴되고 있지 않은가?
- (Ne) *Voilà*-t-il pas qu'il se fâche?　그는 화를 내고 있는 건 아닌가?
- (Ne) *Voilà*-t-il pas qu'il neige?　눈이 내리고 있지 않은가?

vu

1. …에 비추어, …을 고려하여.

vu l'article 121 du Code pénale 형법 121조에 의거하여.　*vu* la difficulté de traverser la frontière 국경을 넘는 것이 어렵다는 것을 고려하여.　*vu* la loi sur la presse 언론에 관한 법에 비추어 보아.

- *Vu* ses proportions, ce meuble n'ira pas dans la chambre.　크기를 보건대 이 가구는 방에 들어가지 않을 것 같다.

- *Vu* la qualité, c'est trop cher.   품질에 비추어 그것은 너무 비싸다.
- *Vu* l'heure tardive, il nous a fallu y renoncer.   늦은 시간이기 때문에 우리는 그것을 포기해야만 했다.
- *Vu* les circonstances, il vaut mieux attendre.   상황에 비추어 기다리는 것이 낫겠다.

2. [vu que + *ind*] :《옛·지방어》…에 비추어, …이므로(= attendu que).

- *Vu* que vous êtes dans votre tort, il vous faut payer l'amende.   당신의 실수이기 때문에 벌금을 내셔야 합니다.
- Je m'étonne qu'elle ait entrepris cela, *vu* qu'elle n'est pas assez hardie.   나는 그녀가 대담하지 못하다는 사실에 비추어 그것을 시도했다는 것이 놀랍다.
- Elle ne viendra pas, *vu* qu'elle est malade.   그녀는 아프기 때문에 오지 않을 것이다.

3. 1) [au[sur le] vu de *qn* / *qc*] : …을 보고, 검토하고.

> au *vu* du caractère sérieux de la demande 요구의 심각성을 검토하고.

- Au *vu* des premiers éléments d'enquête, cet incident était un "accident".   조사의 1차 자료들을 보건데 그 사건은 사고였다.
- Au *vu* de ce qui vient de se passer en Grèce et dans la zone euro, on se dit que ce sont bien les créanciers qui détiennent le pouvoir.   그리스와 유로 지역에서 일어난 일을 보고 권력을 지닌 것은 채권자라고 생각한다.

2) [au vu et au su de *qn* / *qc*] : …이 보는 앞에서.

> au *vu* et au su de tout le monde[tous] 누구나 보아 알고 있는 바와 같이 ; 만인이 보는 앞에서, 공공연히.

- Il l'a critiquée au *vu* et au su de toute la ville.   그는 온 도시 사람들이 보는 앞에서 그녀를 비판했다.

Le Bon Usage, M. Grevisse, 8e édition, Gembloux, Duclot, 1964.

Dictionnaire du français langue étrangère, Larousse niveau 1, 1979; niveau 2, 1980.

Dictionnaire des prépositions françaises, 大修館書店, 1975.

Französisches Verbelexion, W. Busse et J. P. Dubost, Klete-Cotta, 1977.

Grammaire française, 5 vol, K. Togeby, Copenhague, Akademisk Forlag.

Grand Dictionnaire Encyclopéque Larousse, 10 vol, Larousse. 1982.

Grand Larousse de la langue française, 7 vol, Larousse. 1971-78.

Le Grand Robert de la langue française, dictionnaire alphabétique et analogique de la langue française,
　　　2e édition, 9 vol., Le Robert, 1985.

Le Nouveau Petit Robert, dictionnaire alphabétique et analogique de la langue française, Le Robert, 2009.

Petit dictionnaire de la langue française, Larousse, 1987.

Robert Méthodique, Le Robert, 1980.

Trésor de la langue française, 16 vol., CNRS-Klincksieck, 1971-94.

동아 프라임 불한사전, 정지영 · 홍재성 편, 두산동아, 2006.

모델 불한 중사전, 한국불어불문학회 편, 삼화출판사, 1988.

불어학사전, 한국불어불문학회 편, 삼화출판사, 1979.

엣센스 불한사전, 이휘영 편, 민중서림, 1984.

프랑스어 전치사 사전

초판인쇄 2011년 3월 25일
초판발행 2011년 3월 31일

저 자 구기헌
발 행 인 윤석현
발 행 처 제이앤씨
등록번호 제7-220호
책임편집 박채린

우편주소 132-702 서울시 도봉구 창동 624-1 북한산현대홈시티 102-1206
대표전화 (02) 992-3253(대)
전   송 (02) 991-1285
홈페이지 www.jncbms.co.kr
진자우편 jncbook@hanmail.net

ISBN 978 89-5668-847-3   91760   **정가** 38,000원

※ 이 사전은 2010년도 상명대학교 교내연구비지원으로 발간되었음